Orchideenatlas

Helmut Bechtel
Phillip Cribb
Edmund Launert

Orchideenatlas

Die Kulturorchideen
Lexikon der wichtigsten Gattungen und Arten

720 Farbaufnahmen
von Helmut Bechtel
150 Zeichnungen

Verlag Eugen Ulmer Stuttgart

CIP Kurztitelaufnahme der Deutschen Bibliothek

Bechtel, Helmut:
Orchideenatlas: d. Kulturorchideen; Lexikon d. wichtigsten Gattungen u. Arten/Helmut Bechtel; Phillip Cribb; Edmund Launert: – Stuttgart, Ulmer 1980.
ISBN 3-8001-6028-5

NE: Cribb, Phillip:; Launert, Edmund:

Gerokstraße 19, 7000 Stuttgart
Printed in Germany
Umschlagentwurf: Alfred Krugmann
Satz, Druck und Bindung: Passavia Druckerei GmbH Passau

Vorwort

Die Farbbilder dieses Werkes stammen bis auf wenige Ausnahmen von Helmut Bechtel, Düsseldorf, Text- und Bildautor zahlreicher naturkundlicher Bücher. Die folgenden Fotos stellte David Menzies zur Verfügung: *Angraecum infundibulare, Bulbophyllum barbigerum, Cattleya leopoldii, Cattleya violacea, Catasetum discolor* var. *roseo-album, Coelogyne dayana, Coelogyne lentiginosa, Dendrobium formosum, Isochilus major, Paphiopedilum rothschildianum, Pecteilis sagarikii, Phragmipedium hartwegi, Polystachya paniculata, Solenidium racemosum.*

Für den Text zeichnen Phillip Cribb, Mitarbeiter am Orchideenherbarium der Königlichen Botanischen Gärten zu Kew (England) und Edmund Launert, ebenfalls wissenschaftlicher Mitarbeiter in Kew, aber mit ständigem Amtssitz am Britischen Museum (N.H.) in London, verantwortlich.

Die botanischen Zeichnungen wurden von Miss Victoria Goaman, Mrs. Ann Davis, Mrs. Mair Swann und Miss Christabel King angefertigt.

Folgenden Persönlichkeiten sind die Textautoren zu besonderem Dank verpflichtet: Professor J.P.M. Brenan, Direktor, und Mr. Peter Green, Stellvertretender Direktor der Royal Botanic Gardens Kew, für die Erlaubnis zur Benutzung des Herbariums und der Bibliothek; Mr. Peter Taylor, Leiter der Orchideenabteilung in Kew; Mr. David Menzies, Orchideengärtner in Kew, für die freundliche Hilfe bei der Ausarbeitung der Kulturanleitungen. Weiterhin erhielten die Autoren wertvolle Hinweise von Mr. C.J. Seth in Bromsgrove *(Cymbidium)* und Mr. Mark Wood in Great Bardfield, Essex *(Paphiopedilum)*.

London, Herbst 1980 — Dr. E. Launert, Dr. P. Cribb

Inhaltsverzeichnis

Einführung

Im Textteil dieses Werkes sind nahezu 200 Orchideengattungen beschrieben. Obgleich das nur etwa ein Viertel aller bekannten ist, darf diese Auswahl als repräsentativ für die in Kultur befindlichen Gattungen gelten. Von jeder Gattung wird eine Reihe der am häufigsten im Gewächshaus gehaltenen Arten im Text vorgestellt und nahezu ausnahmslos abgebildet. Hybriden wurden im Hinblick auf ihre große Zahl nicht behandelt.

Die Gattungen und innerhalb dieser die Arten sind alphabetisch geordnet. Unter jeder Gattung wird ihre Stellung im System durch Angabe der Tribus oder Subtribus angegeben. Dabei folgten wir dem System von Dressler (1974), auf das sich auch der auf Seite 30 wiedergegebene Schlüssel zu den Unterfamilien und Tribus stützt. Jede Gattungsbeschreibung enthält zunächst die wichtigsten Merkmale, die zur Unterscheidung von nahe verwandten Gattungen besonders wichtig sind. Es folgen in Stichworten Informationen zur Verbreitung und Artenzahl. Neben einem kurzen Abriß der Gattungsgeschichte und der Angabe der Typus-Art finden sich vielfach Hinweise auf neuere Monographien oder Revisionen, die den speziell interessierten Leser weiterführen.

Für den Orchideenfreund und -gärtner folgen dann die wichtigen Kulturhinweise. Die drei hauptsächlich empfohlenen Kultursubstrate sind durch die Buchstaben A, B, C gekennzeichnet und haben folgende Zusammensetzung:

Substrat A:
10 Teile Kiefernrinde, stark zerkleinert
3 Teile grober Torf
3 Teile zerhacktes Sphagnum
3 Teile stark zerkleinertes Buchenlaub
3 Teile Holzkohle
3 Teile Perlite

Substrat B:
Gleiche Teile Torf, Lehm oder Löß, scharfer Sand.

Substrat C:
Wie für B, aber unter Zusatz von gesiebtem Laubblattkompost.

Angaben zu weiteren Substraten oder verfeinerten Rezepten, zur Kultur und Düngung bestimmter Arten hätten den Rahmen des Werkes gesprengt. Der Leser sei – nicht nur in diesem Zusammenhang – auf das im Verlag Ulmer erschienene Buch »Orchideenkultur« verwiesen. Die Artbeschreibungen beschränken sich auf wesentliche Merkmale und Größenangaben. Dabei ist zu beachten, daß jede Art eine mehr oder minder große Variabilität aufweist und deshalb nicht jede Pflanze exakt mit der gegebenen Beschreibung übereinstimmen muß. Die Verbreitungsangaben geben den heutigen Stand unseres Wissens wider; auch sie sind nicht als absolut verbindlich anzusehen. Die Angaben zur Geschichte einer Art sind gegebenenfalls im Zusammenhang mit den am Schluß der Beschreibung genannten Synonymen (Nebennamen) zu lesen. Diese Synonymangaben haben auch deshalb Bedeutung, weil konservativ eingestellte Orchideenliebhaber und Gärtner viele von ihren Pflanzen nur unter alten, heute überholten Namen kennen und handeln. Am Schluß dieses Werkes befindet sich ein alphabetisches Verzeichnis der hier im Orchideenatlas vorkommenden Synonyme (Nebennamen) mit den Hinweisen auf ihre wissenschaftlich korrekten Namen.

Die Blüte der Orchideen

Die Orchideen bilden nicht nur die artenreichste Familie der Blütenpflanzen (mit über 20000 Arten repräsentieren sie zwischen 7% und 9% aller Blütenpflanzen), sie zeichnen sich auch durch eine in keiner anderen Pflanzengruppe vorkommende Mannigfaltigkeit der Blütengestaltung aus. Selbst der Uneingeweihte kann sich von der verblüffenden Vielfalt der Formen schon beim bloßen Durchblättern dieses Werkes überzeugen. Dabei ist man immer wieder erstaunt über den krassen Gegensatz zwischen der Einförmigkeit und Farbarmut der vegetativen Organe und dem mit Worten nicht zu beschreibenden Formenreichtum und der oft feuerwerkartigen Farbausstattung der Blüten.

In der Größe reicht die Skala von wenigen Millimetern, wie z.B. bei der einheimischen *Goodyera repens,* bis zu Blüten mit einem Durchmesser von fast 13 cm, wie z.B. bei der tropischen *Cattleya dowiana.* Die Formen der Blüten sind oft geradezu phantastisch. Die Spiellaune der Natur hat neben einfach gebauten Blüten, wie denen der in England oder Deutschland heimischen *Cephalanthera rubra,* groteske Schöpfungen hervorgebracht, z.B. *Bulbophyllum barbigerum, Oncidium kramerianum, Cirrhopetalum makoyanum, Gongora quinquenervis,* um nur einige zu nennen, auch hochkomplizierte Gebilde wie bei *Catasetum* und *Coryanthes.* Siehe hierzu die betreffenden Abbildungen im Bildteil.

Im System der Blütenpflanzen gehören die Orchideen zu den Einkeimblättrigen oder Monokotyledonen und stehen den Liliengewächsen verwandtschaftlich nahe. Gemeinsam mit den *Burmanniaceae* bilden sie die Ordnung der *Microspermae,* die einen unterständigen Fruchtknoten, drei Fruchtblätter und eine Vielzahl winziger Samen besitzen und sich außerdem dadurch auszeichnen, daß die Staubblätter völlig oder zum Teil mit dem Griffel verwachsen sind; außerdem haben sie vorwiegend zwittrige und stets zygomorphe Blüten.

Die Orchideenblüte ist sitzend oder gestielt und immer von einem Tragblatt begleitet. Da der Fruchtknoten erst nach der Befruchtung anschwillt, läßt er sich vorher mitunter nicht klar vom Blütenstiel unterscheiden. Beim Erblühen oder kurz zuvor wendet sich die Blüte meistens durch eine Drehung des Fruchtknotens und/oder des Blütenstieles um 180°; diesen Vorgang bezeichnet man als **Resupination.** Ausnahmsweise kann durch eine Verdrehung des Blütenstiels um 360° (z.B. bei *Angraecum eburneum*) oder durch Drehung um 180° bei hängenden Blüten (z.B. *Cycnoches chlorochilon*) die Blüte wieder in ihre Ausgangstellung zurückkommen (Zeichnung).

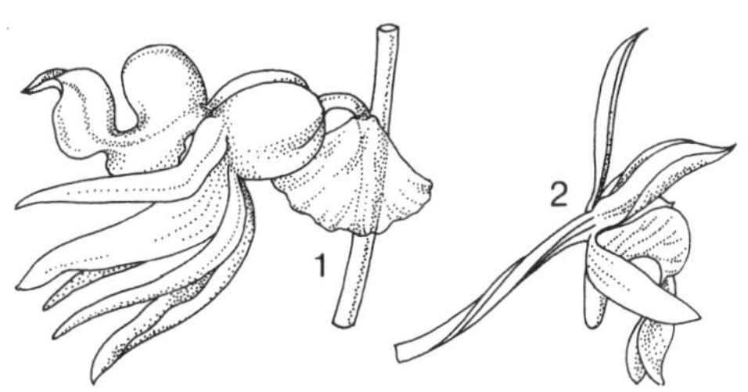

Beispiel einer nichtresupinierten (1) und einer resupinierten (2) Blüte
Beachte Lippenstellung
1 = *Epipogium aphyllum* (× $1^{4}/_{5}$)
2 = *Oeceoclades saundersiana* (× 1)

Das **Perianth** (Blütenhülle) besteht aus sechs, in zwei Kreisen angeordneten Segmenten: Während diese bei der Mehrzahl der Monokotyledonen gleich gestaltet und meist auch gleichfarbig sind – man spricht dann von **Tepalen** –, gliedern sie sich bei den Orchideen in einen äußeren, aus drei **Sepalen** bestehenden Kelch und einen aus drei **Petalen** bestehenden inneren Kreis. In der Knospenlage ist immer eine Sepale dem Tragblatt und die beiden anderen paarig der Achse zugewandt. In Form und Größe können die Sepalen den Petalen entweder ähnlich oder sehr verschieden sein; bei einigen Arten sind sie größer, in der Mehrzahl aber findet man sie kleiner. Sie sind vorwiegend grün, können aber auch bei zahlreichen Arten den Petalen ähnlich gefärbt sein. Untereinander können die Sepalen nahezu gleich oder verschieden gestaltet sein; manchmal sind sie miteinander verwachsen z.B. bei *Physosiphon;* bei manchen Gruppen sind die paarigen gänzlich oder zum Teil miteinander verwachsen, z.B. bei *Oncidium;* bei der Gattung *Disa* bildet die unpaarige

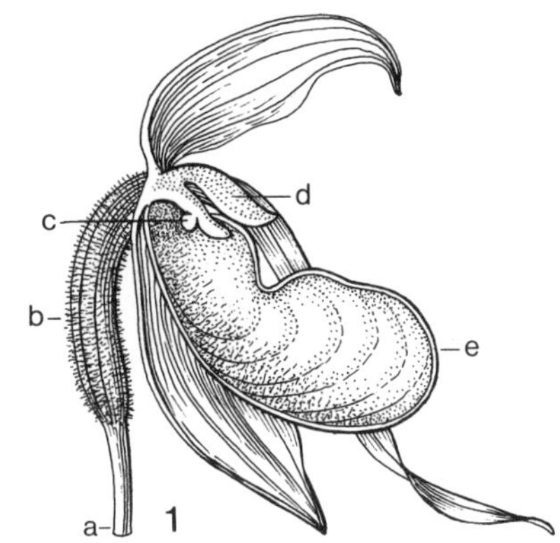

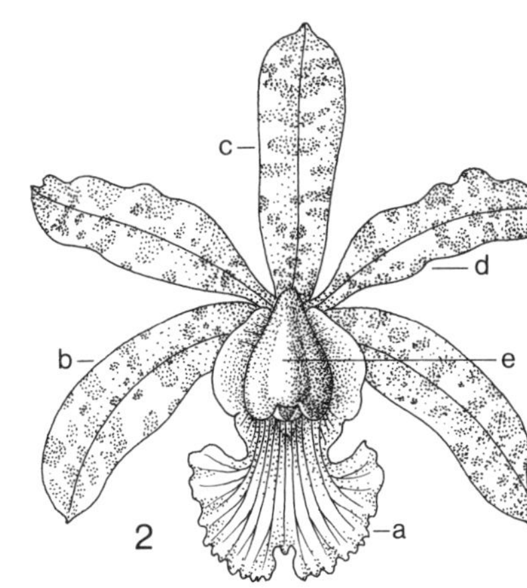

Cypripedium, Cattleya
1 = Blüte von *Cypripedium* (Halblängsschnitt) (× $1^{1}/_{3}$)
a = Blütenstiel
b = Fruchtknoten
c = eine der beiden Antheren
d = Staminodium
e = Lippe

2 = Blüte von *Cattleya aclandiae* (× $^{3}/_{5}$)
a = Lippe
b = seitliche Sepale
c = mittlere Sepale
d = Petale
e = Säule von oben gesehen

Sepale einen Sporn, die beiden seitlichen Sepalen bilden bei der Gattung *Comparettia* an der verwachsenen Basis ein spornartiges Mentum.
Von den drei Elementen des inneren Kreises, den Petalen, ist das mittlere (in der Knospenlage obere) meistens wesentlich größer als die seitlichen und unterscheidet sich auch in Färbung und Struktur von ihnen. Nach erfolgter Resupination steht es von der Blütenachse abgewandt und bildet das **Labellum** (Lippe). Die beiden seitlichen Petalen variieren stark in Größe, Form und Färbung. Nur bei sehr wenigen Gattungen sind sie größer als das Labellum; manchmal sind sie den Sepalen ähnlich und nur in wenigen Fällen kleiner als diese oder völlig zurückgebildet; bei einigen Arten sind sie korkenzieherartig verdreht (z.B. *Trichopilia tortilis,* siehe dort) oder fadenartig ausgezogen. Bemerkenswert sind die streifenartig herabhängenden und bis über 35 cm langen Petalen einiger *Paphiopedilum*- und *Phragmipedium*-Arten. Verwachsungen der seitlichen Petalen mit den Sepalen findet man bei einigen Gattungen. Bei anderen sind sie mit den Rändern der mittleren Sepale scheinbar verwachsen (verklebt). In wenigen Fällen, wie bei Arten der Gattung *Habenaria,* sind sie mehr oder minder tief zweigespalten. Fortsätze und Anhängsel verschiedener Art werden bei den entsprechenden Beschreibungen im Textteil erwähnt.

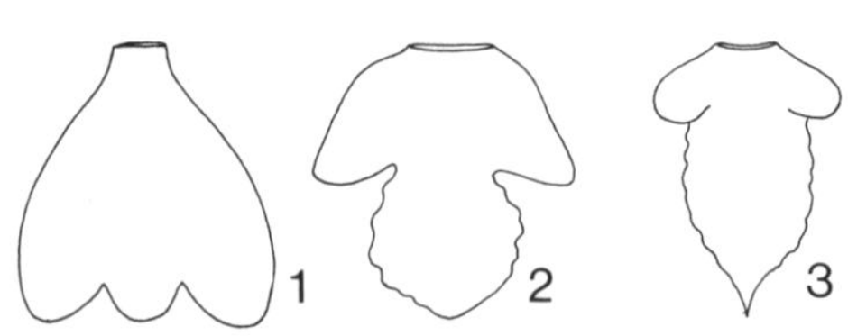

Typische Lippenspaltungen
1 = *Anguloa*
2 = *Ansellia*
3 = *Leptotes*

Kein anderes Organ der Orchideenblüte ist bei den einzelnen Arten so unterschiedlich gebaut wie die Lippe. Nur in wenigen Fällen ist sie den seitlichen Petalen ähnlich. Sie kann einfach und ungeteilt oder mehr oder weniger tief geteilt und mit allen möglichen Auswüchsen versehen sein. Typische Lippenformen sind in der Zeichnung hier oben zu sehen. Am häufigsten findet man sie in zwei Seitenlappen und einen oft wesentlich größeren und manchmal wiederum gespaltenen Mittellappen geteilt; den zentralen, nicht zerteilten Bereich der Lippenoberfläche bezeichnet man als Platte (Zeichnung). Am Grunde ist die Lippe

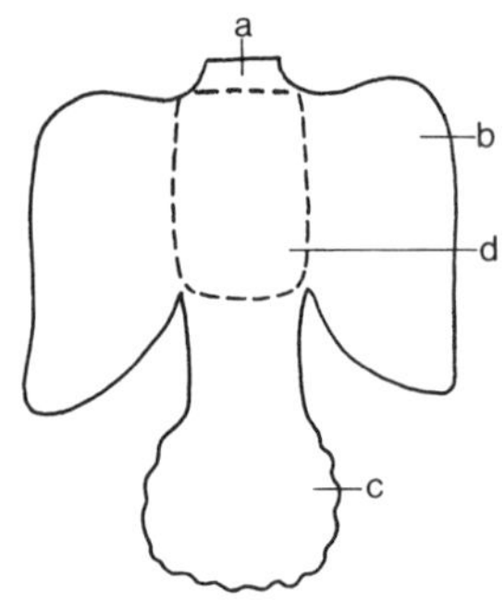

Gliederung der Lippe
a = Nagel
b = Seitenlappen
c = Mittellappen
d = Platte

bei verschiedenen Arten mehr oder weniger lang genagelt (Zeichnung). An den Rändern kann sie gänzlich oder teilweise eingerissen, gekerbt, gezähnt, behaart oder bewimpert sein. Im allgemeinen ist sie konkav, doch kann sie auch sackartig vertieft oder – vorwiegend am Grunde – in einen Sporn ausgezogen sein (Zeichnungen auf Seite 11); bei einigen Arten, wie z.B. *Angraecum sesquipedale,* ist dieser Lippensporn (bis zu 30 cm) länger als die Blüte. Bei manchen Gattungen hat die ganze Lippe ein sackartiges Aussehen, bei anderen ist sie schuhförmig ausgebildet (z.B. bei *Phragmipedium* und *Paphiopedilum*). Beweglich angeordnete Lippen findet man u.a. bei den Gattungen *Acanthephippium* und *Bulbophyllum.*
Bei den außerordentlich kompliziert geteilten Lippen einiger Gattungen unterscheidet man ein (unteres) **Hypochil**, ein **Mesochil** und ein meistens blattartiges **Epichil;** die beiden ersterwähnten sind mitunter fleischig und hin und wieder gelenkartig miteinander verbunden. Auf besondere Auswüchse und Fortsätze, die den Lippen mancher Arten ein abenteuerliches Aussehen verleihen, wird in den Gattungsbeschreibungen verwiesen. Auf der Oberseite der Lippe, und meistens auf die Platte beschränkt, besitzen unzählige Arten unterschiedlich gestaltete Lamellen, Kämme und Schwielen, die nicht selten wichtige Artunterscheidungsmerkmale abgeben.

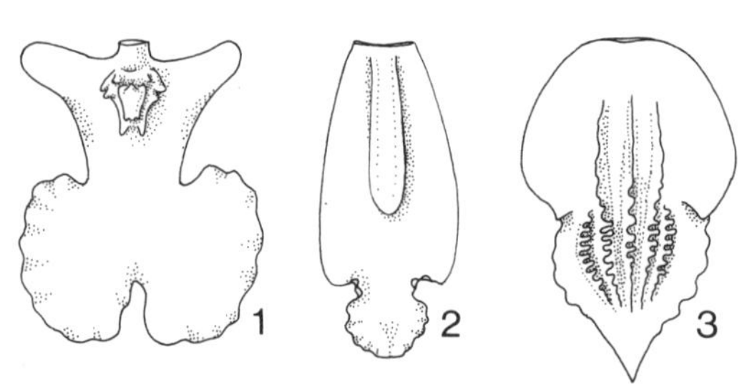

Beispiele von Schwielen
1 = *Oncidium citrinum*
2 = *Maxillaria ringens*
3 = *Coelogyne suaveolens*

Der stets unterständige Fruchtknoten besteht aus drei mit ihren Rändern verwachsenen Fruchtblättern und ist in den meisten Fällen einfächerig mit parietaler **Placenta.** Nur in wenigen Gattungen, wie z.B. *Cypripedium,* sind die Fruchtblätter so miteinander verwachsen, daß ein Fruchtknoten mit axillärer Placenta zustande kommt.
Wie erwähnt, sind bei den meisten Orchideen die Staubblätter mit dem Griffel zu einem als Säule bezeichneten Organ vereinigt; lediglich bei einigen Gattungen, wie z.B. *Cypripedium* und *Spiranthes,* ist diese Verwachsung nur teilweise zu beobachten.

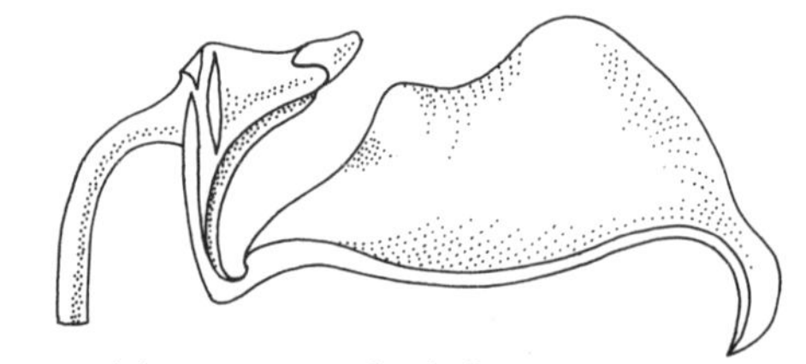

Beispiel für einen Säulenfuß
Säule und Lippe von *Dendrobium hildebrandii* im Längsschnitt (× $3^{4}/_{5}$)

Die **Columna** (Säule) stellt eine Verlängerung der Blütenachse dar. Durch eine seitliche, vom Gipfel des Fruchtknotens ausgehende Erweiterung der Achse werden bei einigen Gruppen die paarigen Sepalen auseinandergerückt. Auf diese Weise entsteht eine als **Säulenfuß** bezeichnete Struktur, an deren oberen Ende, also entfernt von den seitlichen Sepalen, die mittlere Sepale und die seitlichen Petalen inseriert sind (siehe Zeichnungen). Die Lippe erscheint zwischen den seitlichen Sepalen. In Seitenansicht zeigen die mit einem Säulenfuß ausgestatteten Blüten meistens am Lippengrund einen mehr oder minder deutlich ausgeprägten, eckigen oder abgerundeten, als **Mentum** (Kinn) gekennzeichneten Vorsprung (Zeichnungen auf Seite 11), dessen Hinterseite vom Säulenfuß geformt wird. Durch Verwachsung der seitlichen Sepalen an ihren oberen Rändern wird das Mentum bei einigen Gattungen zu einem Kelchachsensporn. Eine Verwachsung der freien Ränder der Lippe unter Einschluß des Säulenfußes führt zur Bildung eines Kronachsensporns; einige Beispiele der Spornbildung in Orchideenblüten sind auf Seite 11 unten zu sehen.

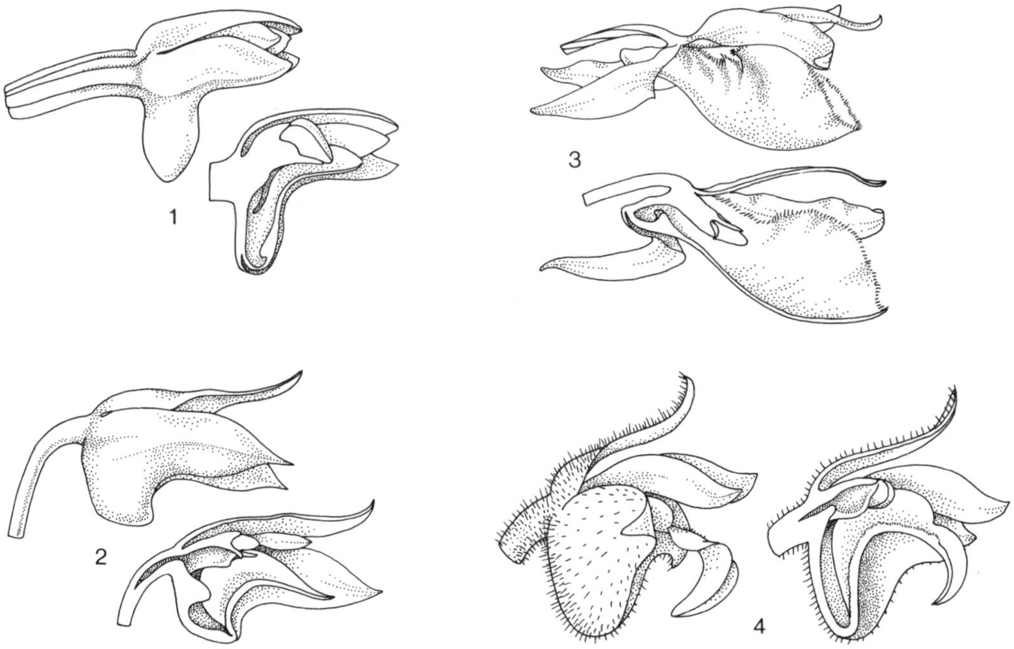

Das Mentum am Beispiel verschiedener Arten
(Blüten in Seitenansicht und im Längsschnitt)
1 = *Appendicula angustifolia* (× $6\frac{1}{2}$)
2 = *Bulbophyllum gibbosum* (× $4\frac{1}{3}$)
3 = *Dendrobium primulinum* (× 1)
4 = *Polystachya affinis* (× $3\frac{1}{3}$)

Möglichkeiten und Formen der Spornbildung
1 = an der Lippe, fädlich *(Amesiella philippinensis)* (× $1\frac{1}{2}$)
2 = an der mittleren Sepale *(Disa erubescens)* (× $1\frac{1}{2}$)
3 = an der Lippe *(Calanthe aureiflora)* (× $1\frac{1}{2}$)
4 = am Säulenfuß *(Aeranthes caudata)* (× $1\frac{1}{2}$)
5 = Doppelsporn an der Lippe *(Satyrium nepalense)* (nicht resupiniert!) (× $2\frac{1}{5}$)
6 = an der Lippe sackartig *(Eulophia cucullata)* (× $1\frac{1}{2}$)

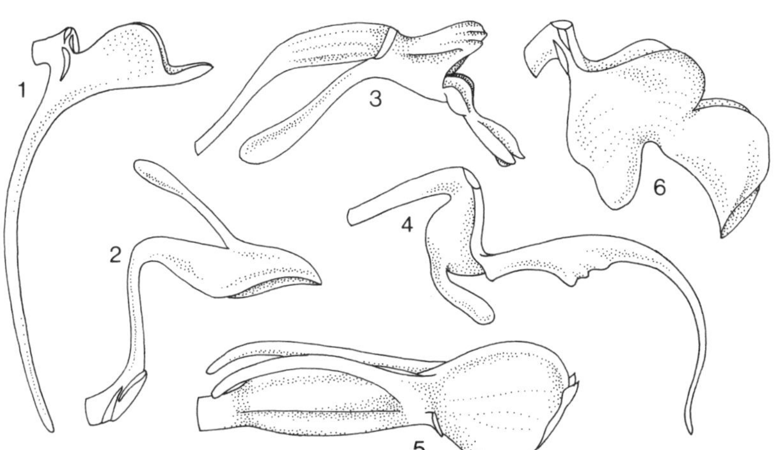

Die eigentliche Säule, das **Gynostemium,** entsteht durch eine meist erst kurz vor dem Öffnen der Blüte stattfindende Verlängerung der Blütenachse. Auf diese Weise werden bei den meisten Orchideenblüten die Narben und Antheren über die anderen Blütenorgane hinausgeschoben.

Das **Androeceum** der Orchideen läßt sich vom sechsgliedrigen der *Liliaceae* ableiten. Man findet jedoch nur drei Staubblätter vor, wobei entweder nur das unpaarige des äußeren Kreises (Unterfamilie *Orchidoideae*) oder die zwei paarigen des inneren Kreises (Unterfamilie *Cypripedioideae*) voll entwickelt und funktionsfähig sind. Im ersten Fall fehlen die seitlichen Staubblätter völlig, oder sie sind auf **Staminodien,** entweder in Form von Öhrchen oder als **Stelidien** bezeichnete Auswüchse der Säule, reduziert; im zweiten Fall ist bei den *Cypripedieae* das dritte Staubblatt des inneren Kreises zu einem schildförmigen Staminodium umgewandelt. Nur bei einer kleinen Gruppe *(Apostasieae)* ***können drei Staubblätter fertil sein.***

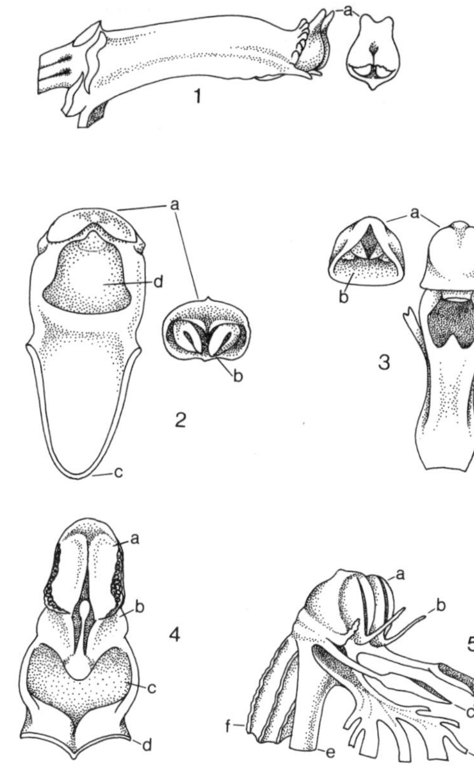

Säulenformen und Antheren
1 = *Eulophia leachii* (× 4)
a = Anthere

2 = *Angraecum erectum* (× 4)
a = Antherenkappe
b = Pollinien
c = Lippengrund
d = Narbe

3 = *Oncidium falcipetalum* (× 2)
a = Antherenkappe
b = Pollinien
(nach Dunsterville and Garay 1, 267, 1959)

4 = *Orchis morio* (× $6\frac{1}{5}$)
a = Antherenfächer
b = Rostellum
c = Narbenhöhle
d = Lippengrund

5 = *Habenaria occlusa* (× 2)
a = Antherenfächer
b = Arme des Rostellums
c = Narben
d = Lippengrund
e = Sporn
f = Fruchtknoten
(nach F. T. E. A. Orchidaceae I, Seite 69, 1968)

Bei den meisten Orchideen ist die Anthere kappenartig gebaut. Sie ist immer zweifächrig, doch findet man gelegentlich weitere Unterteilungen in kleinere Fächer, die je ein **Pollinium** enthalten. Die Anthere befindet sich immer am apikalen Ende der Säule. Dort ist sie entweder mit der Basis verwachsen (**Basitonae**) und steht aufrecht oder sie ist am Rücken mit einem stark reduzierten Filament befestigt (**Acrotonae**) und hängt meist in eine als **Klinandrium** bezeichnete Aushöhlung

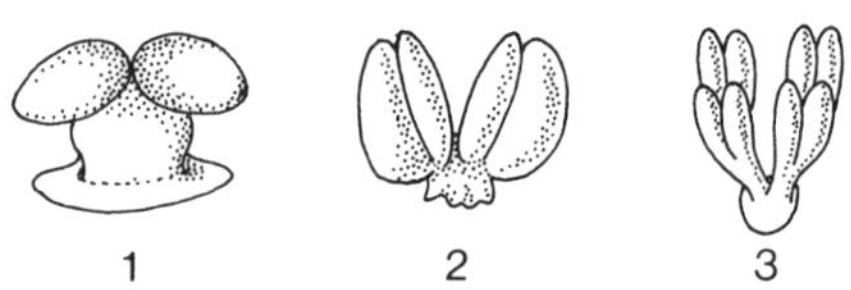

Pollinien
1 = *Eulophia*
2 = *Bulbophyllum*
3 = *Phaius*

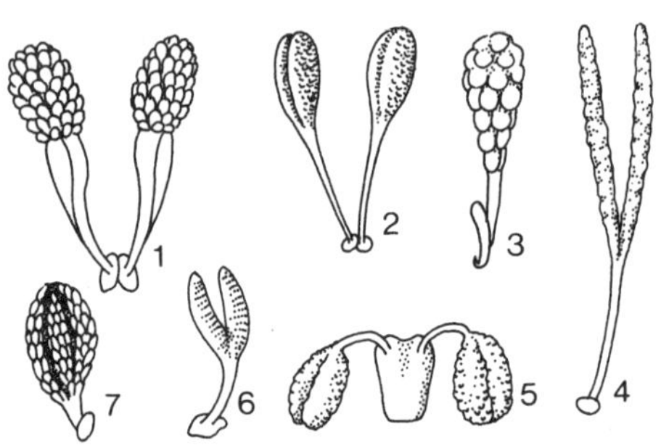

Pollinien mit Caudiculae
1 = *Habenaria*
2 = *Orchis*
3 = *Orchis*
4 = *Disa*
5 = *Disa*
6 = *Satyrium*
7 = *Habenaria*

der Säule hinein. Das Klinandrium kann durch Erweiterung oder Randauswüchse die verschiedensten Formen annehmen (Zeichnungen); oft sind dadurch gute Erkennungsmerkmale gegeben. Die in **Tetraden** gebildeten Pollen kommen nur bei einer kleinen Gruppe *(Cypripedioideae)* als staubförmige Einzelpollen vor; in den meisten Fällen verkleben sie miteinander zu Pollenmassen. Sie treten entweder als durch klebrige Fäden zu einem Pollinium vereinigte Pollenpakete, sogenannte **Massulae** auf oder, wenn sämtliche Pollenzellen eines Antherenfaches in einem Gewebeverband verbleiben, als solide Pollinien

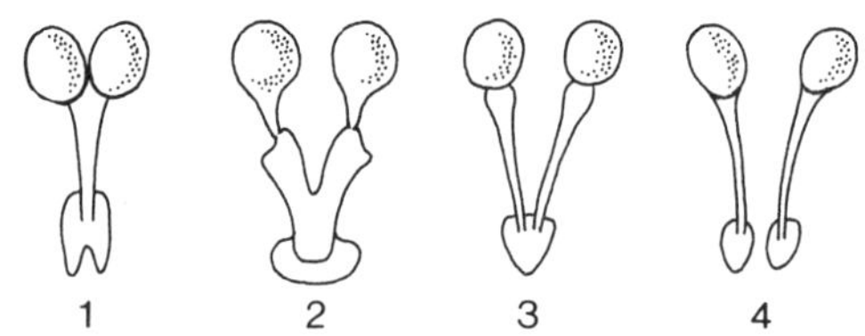

Pollinien mit Stipes (Stipites) und Klebscheibe
1 = *Saccolabium*
2 = *Ypsilopus*
3 = *Chamaeangis*
4 = *Diaphananthe*

(Zeichnungen). Durch eine Einschnürung der Pollenfächer kann es zur Ausbildung mehrerer Pollinien (4, 6 oder 8) kommen. Ein am Grunde dieser Pollinien zu beobachtendes, aus dem restlichen Inhalt (manchmal dem **Tapetum**) des Antherenfaches gebildetes klebriges Anhängsel wird als **Caudicula** bezeichnet. Darüber hinaus kann das Pollinium mit einem weiteren Gewebeteil klebriger Natur versehen sein, dessen Ursprung nicht im Antherenfach, sondern im darunterliegenden Rostellum zu suchen ist; es handelt sich um das **Viscidium** (Klebscheibe) (Zeichnungen).

Bei einigen Orchideen *(Vandoideae)* befindet sich zwischen Pollinium und Viscidium noch ein schnurartiges, ebenfalls vom Rostellum losgelöstes Gewebestück, der sogenannte **Stipes** (Mehrzahl Stipites) (Zeichnung). In ihrer Gesamtheit bilden Pollinium, Stipes (wenn vorhanden) und Viscidium das **Pollinarium.**
Von den drei Narbenlappen, die zumeist auf der Innenfläche der Säule unterhalb der Anthere liegen, sind oft nur zwei ausgebildet und empfäng-

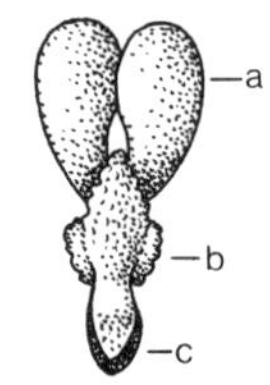

Pollinarium (Brassia) (× $8\frac{1}{2}$)
a = Pollinien
b = Stipes
c = Klebscheibe (Viscidium)

nisfähig. Der unpaare dritte ist gewöhnlich in das bereits oben erwähnte **Rostellum,** ein Haftorgan für die Pollinien, abgewandelt. Das Rostellum trennt somit die Narbenfläche von der Anthere und verhindert Selbstbestäubung (Seite 22 f.); seine Form ist für die systematische Gliederung der Familie wichtig.
Die eigentlichen fruchtbaren Narben kommen in zwei Formen vor. Bei vielen terrestrischen Orchideen, z.B. *Habenaria,* treten sie aus der Säulenoberfläche heraus. Bei den meisten Gattungen findet man sie als sogenannte Spiegelnarben, das sind glänzende, klebrige, kreisförmige Flächen, oder als rundliche, klebrige Vertiefungen auf der Säulenoberfläche.
Für die Beschreibung der Samen siehe Seite 17 f.

Der vegetative Bau der Orchideen

Orchideen werden wegen der Schönheit und Vielgestaltigkeit ihrer Blüten bewundert, aber auch in der Gestaltung ihrer vegetativen Organe sind sie nicht weniger bemerkenswert. Die Vielfalt dieser Organbildungen läßt sich am besten verstehen, wenn man die beiden wichtigsten Umweltbereiche betrachtet, die sie erfolgreich besiedelt haben.

Orchideen – und das gilt natürlich für alle Pflanzen –, die mit Wurzeln im Boden wachsen, bezeichnet man als **terrestrisch.** Sie dominieren in der Pflanzenwelt der gemäßigten Zonen beider Hemisphären, sind aber auch in nicht geringer Zahl und oft in auffälligen Formen in den Tropen anzutreffen; man denke nur an *Goodyera*-Arten in Südostasien und an *Calanthe*-Arten in Afrika, Asien und Australasien.

Manche Arten, obwohl eindeutig terrestrisch, vermitteln in ihrem Habitus zwischen den terrestrischen Orchideen und denen der folgenden Gruppe, indem sie lianenartig wachsen und vom Boden aus bis in die höchsten Baumkronen klettern, wo man sie für Epiphyten halten könnte. Als bestes Beispiel für dieses Verhalten ist *Vanilla planifolia* bekannt.

Der zweite von Orchideen besiedelte Bereich, die Kronen, Äste und Stämme von Bäumen, ist zwar fast völlig frei von konkurrierenden Pflanzen, bietet dafür aber verhältnismäßig schlechte Lebensverhältnisse. Pflanzen, die auf anderen Pflanzen leben, indem sie diese ohne einschneidende Vor- oder Nachteile als Unterlagen bzw. Stützen benutzen, bezeichnen wir als **Epiphyten,** ihre Lebensweise epiphytisch. Parasiten sind unter Orchideen nicht bekannt. Die Mehrzahl aller epiphytischen Orchideen lebt in den Tropen Asiens, Australasiens, Amerikas und Afrikas. In diesen Gebieten haben sich im Verlauf der Entwicklungsgeschichte geradezu explosionsartig tausende von Arten gebildet, manche äußerst klein wie das erbsengroße *Bulbophyllum minutissimum,* andere von gigantischen Ausmaßen wie das bis zu zwei Tonnen schwere *Grammatophyllum speciosum.*

Eine Modifikation des epiphytischen Daseins finden wir bei Arten wie *Pleurothallis teres* und

Wuchsformen (× ½)
1 = terrestrisch *(Disa erubescens)*
2 = saprophytisch *(Epipogium aphyllum)*
3 = unterirdisch *(Rhizanthella gardneri)*
4 = epiphytisch, blattlos mit assimilierenden Wurzeln *(Microcoelia microglossa)*
5 = epiphytisch, mit Blättern und Pseudobulben *(Coelogyne salmonicolor)*

Laelia flava, die entweder auf nackten Felsen oder auf äußerst dünnen Bodenschichten wachsen. Man bezeichnet solche Pflanzen als **Lithophyten,** ihre Lebensweise lithophytisch.
Unter den terrestrisch wachsenden Orchideen nehmen die **Saprophyten** eine Ausnahmestellung ein. Sie sind fast immer völlig blattlos und besitzen kein oder nur wenig Chlorophyll. Sie können keine Photosynthese betreiben und sind deshalb für ihre Ernährung auf andere Quellen angewiesen. Typische Vertreter sind unsere einheimischen Arten *Corallorhiza trifida, Neottia nidus-avis* und *Epipogium aphyllum* und die an anderer Stelle erwähnten Arten der Gattungen *Gastrodia, Rhizanthella* und *Cryptanthemis.* Sie besitzen fast alle ein ausgedehntes, stark pilzinfiziertes Wurzelsystem. Im Gegensatz zu anderen terrestrischen Orchideen findet man bei ihnen neben der normalen endotrophen **Mykorrhiza** (der symbiontische Pilz lebt in den Wurzelzellen) eine ektotrophe (die Wurzeln sind mit einer dichten, filzartigen Hyphenmasse bekleidet). Die Pilzhyphen durchziehen den durch faulendes Laub humusreichen Boden, schließen Nährstoffe auf, die sie dann der Orchidee zur Verfügung stellen.

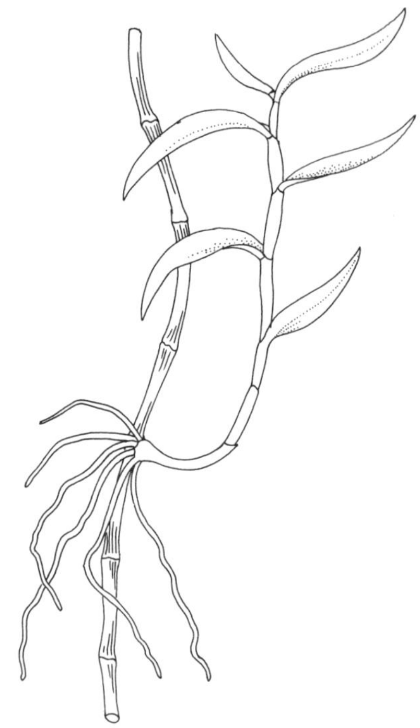

Keiki
Zur vegetativen Vermehrung geeignetes und bereits an der Mutterpflanze bewurzeltes, als Keiki bezeichnetes Adventivpflänzchen von *Epidendrum radicans.* Keikis können auch bei Arten von *Dendrobium, Pleione* und *Phalaenopsis* entstehen.

Die Wurzeln

Bei terrestrisch wachsenden Orchideen unterscheiden sich Wurzelbau und -funktion kaum von denen anderer Blütenpflanzen. So verschiedene Arten wie *Ophrys fuciflora* und *Paphiopedilum callosum* wachsen mit langen, dünnen, faserigen, am Stammgrund entspringenden Wurzeln. Die Wurzeln sind selten verzweigt und meistens dicht behaart, um Feuchtigkeit selbst aus den feinsten Rissen im Boden gewinnen zu können.
Auch bei Epiphyten dienen Wurzeln zugleich als Halte- und als Versorgungsorgane. An Baumstämmen oder in den Kronen hoher Bäume ist die Wasserzufuhr im Vergleich zum wasserhaltigen Boden unregelmäßig, und Regenwasser führt nur eine geringe Menge an gelösten Mineralsalzen. Die Wurzeln epiphytischer Orchideen sind diesen Verhältnissen angepaßt; sie nehmen einen weit größeren Raum ein als bei den Erdorchideen und bilden nicht selten den augenfälligsten Teil der Pflanze.
Während sie bei monopodial wachsenden Arten meistens als Adventivwurzeln stammbürtig sind und den Blättern gegenüber erscheinen, findet man sie bei sympodialen Orchideen am Rhizom, wo sie meistens gebüschelt unter den Pseudobulben ansitzen. Nicht selten hängen sie wie lange, silbergraue Schnürbänder von der Pflanze herab. Farget, ein für die Firma Sander in Südamerika reisender Sammler, errechnete, daß das Wurzelwerk einer von ihm gefundenen Art ungefähr Zweidrittel der Gesamtmasse der Pflanze ausmachte. Die silbergraue, oft mattglänzende Oberfläche der meisten Epiphytenwurzeln beruht auf einer bis mehreren Schichten von Epidermiszellen, die, abgesehen von einer schmalen Zone im Spitzenbereich der Wurzel, ihre Protoplasten verloren haben. Man bezeichnet diese Gewebeschicht als das **Velamen.** Sein Funktion ist die Aufnahme durch Absorption und die Speicherung von Wasser aus der Atmosphäre, und bei Arten höher gelegener Standorte dient es wahrscheinlich auch als Kälteschutz. Wo die herabhängenden Wurzeln mit der Baumrinde in Berührung kommen, schmiegen sie sich so fest an sie an, daß man sie nur mit Gewalt trennen kann. Auf diese Weise können sich Pflanzen fest an der Unterlage verankern. Nur an Stellen, wo die Wurzeln bis zum Boden reichen oder wo sie in Moos- oder Flechtenpolster der Baumrinde hineingewachsen sind, ist eine regelmäßige Wasserversorgung der Epiphyten gegeben; aber selbst in diesen Fällen ist das Wasser verhältnismäßig arm an Nährstoffen. Nährstoffmangel und unregelmäßige Wasserzufuhr wird von der Pflanze durch sehr langsames Wachstum und die Fähigkeit, lange Trockenperioden zu überleben, überwunden. Eine andere Besonderheit der Wurzeln epiphytischer Orchideen besteht darin, daß sie Chlorophyll enthalten und somit an der Photosynthese der Pflanze teilnehmen. Bei manchen Arten der Gattungen *Aerangis* und *Phalaenopsis* z. B. erkennt man das nur an den grünen Wurzelspitzen; bei einigen blattlosen Gattungen wie *Campylocentrum, Microcoelia, Polyradicion* und *Taeniophyllum* haben die Wurzeln sogar völlig die Funktion der Blätter übernommen. In der Tat sind die Wurzeln bei Pflanzen der letztgenannten Gattung stark abgeflacht und ziemlich blattähnlich.
Das den Wurzeln epiphytischer Orchideen eigentümliche Velamen (siehe oben) kann auch bei

Blütenstandsanordnungen
1 = grundständig *(Houlletia)*
2 = seitenständig *(Vanda)*
3 = gipfelständig *(Encyclia)*

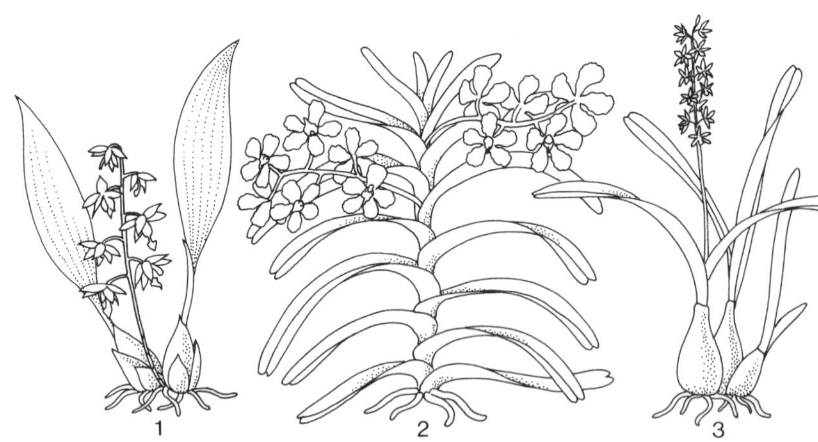

einigen terrestrischen Arten (z.B. *Cypripedium irapeanum*) nachgewiesen werden; es ist aber äußerst dünn und mit bloßem Auge nicht wahrnehmbar.

Wuchsformen

Innerhalb der Orchideenfamilie unterscheidet man zwischen zwei durch ihren Sproßaufbau bedingten Wuchsformen. Ist der Sproß einheitlich und wächst durch die ständige Weiterentwicklung seiner Endknospe, sprechen wir von monopodialem Sproßaufbau (Zeichnung); der an der Spitze weiterwachsende Sproß bildet ein **Monopodium.** Durch Seitenknospen können Seitentriebe entstehen, die sich im Wachstum wie der Hauptsproß verhalten, und auf diese Weise bilden monopodiale Orchideen nicht selten dichte, ineinander verflochtene Rasen oder Büsche. Aus dieser Wachstumsweise ergibt sich, daß die Blütenstände immer seitenständig angeordnet sind (Zeichnung). Pseudobulben werden nie gebildet; Nährstoff- und Wasserspeicherung findet bei diesen Orchideen häufig in ihren stark verdickten Blättern statt. An den Stammknoten bilden sie oft Wurzeln.

Typisch monopodialen Wuchs zeigen Arten der Gattungen *Vanda, Phalaenopsis, Aerangis, Vanilla* und *Gastrodia.* Der Haupttrieb kann bei manchen Arten verkürzt sein. Dann wird das Hauptlängenwachstum von Seitensprossen übernommen, wie es bei *Phalaenopsis* und *Aerangis* oft der Fall ist. Bei anderen Gattungen wird der sich nicht oder nur selten verzweigende Sproß mehrere Meter lang (z.B. *Vanda suavis*), und bei ber für den Gewürzhandel so bedeutenden *Vanilla* bildet er Lianen von über 20 m Länge.

Völlig verschiedene Wachstumsverhältnisse liegen vor, wenn der Neuwuchs von der Basis eines alten Sprosses ausgeht und sich stärker entwikkelt als seine Abstammungsachse; anders ausgedrückt, wenn ein vorwiegend horizontal wachsender Sproß zu Beginn jeder Vegetationsperiode einen oder mehrere aufrecht wachsende Sprosse produziert und sich dieser Vorgang ad infinitum fortsetzt. Die auf diese Weise entstehende Scheinachse bezeichnet man als **Sympodium** und die so gebildete Wuchsform sympodial. Während bei monopodialen Arten die Sproßachse theoretisch unbegrenzt weiterwachsen kann, ist sie bei sympodialen Arten begrenzt (meistens für eine Vegetationsperiode); die Lebensdauer der Pflanze hingegen ist durch die jährliche Neusprosse unbegrenzt. In den Botanischen Gärten in Kew z.B. gibt es einige sympodial wachsende Exemplare,

Stammformen und Pseudobulben am Beispiel der Gattung Dendrobium

1 = *D. tetragonum* — 4 = *D. crassinode*
2 = *D. cretaceum* — 5 = *D. canaliculatum*
3 = *D. secundum* — 6 = *D. farmeri*

die vor über hundert Jahren in die Kultur eingeführt wurden und heute noch in voller Frische wachsen und blühen (Seite 25). Sympodiale Orchideen tragen ihre Blütenstände entweder endständig, wie z.B. Arten der Gattung *Cattleya,* oder seitenständig, wie z.B. Arten von *Cymbidium;* im ersten Falle sprechen wir von **akranthen,** im zweiten Falle von **pleuranthen** Blütenständen. Die Sprosse sympodialer Orchideen bilden meistens Pseudobulben (Seite 15 und unten).

Speicherorgane

Die meisten terrestrischen Orchideen entwickeln, nachdem sie eine mehr oder weniger lange saprophytische Phase durchlaufen haben (Seite 18f.), chlorophyllhaltige, photosynthetisch aktive oberirdische Organe, die schließlich von der Blüte gekrönt werden. In Regionen, die starken und regelmäßigen jahreszeitlichen Klimaschwankungen unterworfen sind, überleben terrestrische Arten, ob sie völlig absterben oder nicht, den Winter mit Hilfe unterirdischer Speicherorgane, die man in zwei Gruppen aufteilen kann. Bei Gattungen wie *Cypripedium, Goodyera, Anoectochilus* und *Zeuxine* werden Nährstoffe und zu einem gewissen Teil auch Wasser in horizontal oder vertikal wachsenden Rhizomen und zum Teil auch in fleischig verdickten Wurzeln gespeichert.

Weit häufiger jedoch bilden terrestrische Arten der Orchideen Wurzelknollen. Obgleich diese Knollen von verschiedenster Form sein können – manche sind z.B. handförmig geteilt, andere erscheinen möhrenförmig –, findet man sie vorwiegend ei- oder kugelförmig. Während in der warmen Jahreszeit aus der Wurzelknolle Blätter und Blütenstengel wachsen, wird bereits die Knolle für den folgenden Winter angelegt. Man wird also während der Wachstumsperiode zwei Knollen nebeneinander beobachten können: die eine prall gefüllt und glatt, die andere gerunzelt und schlaff. Bei manchen Arten erinnern diese Wurzelknollen an menschliche Hoden. Dem verdanken die Orchideen nicht nur ihren volkstümlichen Namen Knabenkräuter, sondern auch den aus dem Griechischen kommenden wissenschaftlichen Namen Orchis (Hoden).

Einige terrestrische (z.B. die einheimischen *Hammarbya paludosa* und *Liparis loeselii*) und die meisten epiphytisch oder lithophytisch wachsenden Arten benutzen Schwellungen des Stammes als Speicherorgane für Nährstoffe und in vielen Fällen auch für Wasser. Diese als **Pseudobulben** bezeichneten Organe sind von verschiedener Gestalt und oft artcharakteristisch. Sie können scheiben- bis kugelförmig, zylindrisch, konisch oder flaschenförmig sein; in der Größe variieren sie von wenigen Millimetern bis zu fast einem halben Meter in der Länge. Sie haben eine glatte, warzige oder runzelige Oberfläche und sind nicht selten gerippt oder von Längsfurchen durchzogen. Sie bestehen entweder nur aus einem geschwollenen Stamminternodium (heteroplastische Pseudobulben) oder aus mehreren Stamminternodien (homoplastische Pseudobulben). In der Regel legt die Pflanze jährlich eine Pseudobulbe an. Siehe dazu die Zeichnungen.

Bei epiphytisch wachsenden, monopodialen Orchideen (Seite 15) wird die Speicherung von Nährstoffen und/oder Wasser oft von fleischig verdickten Blättern übernommen.

Die Blätter

Die überwiegende Mehrzahl der Orchideenarten besitzt die für einkeimblättrige Pflanzen typische ganzrandigen Blätter mit paralleler Längsnervatur. Geteilte Blätter kommen nur ausnahmsweise vor, und netznervige Blätter gehören zu den Seltenheiten, man findet sie z.B. bei den auch oft buntblättrigen Arten der Gattungen *Anoectochilus, Lepanthes, Ludisia, Malaxis* und *Goodyera.* Abgesehen von den schuppenartigen und ungegliederten Niederblättern am Grunde der Sprosse und von den Blättern verschiedener Saprophyten ist Grün in vielen Schattierungen die dominierende Blattfarbe. Hin und wieder treten grüngescheckte Blätter auf (z.B. bei *Spiranthes-, Oeceoclades-* und *Paphiopedilum-*Arten). Fast ausnahmslos bestehen sie aus einer stengelumfassenden Scheide und der eigentlichen Blattfläche. Sie sind entweder ungegliedert und ausdauernd, wie bei den meisten epiphytisch wachsenden Arten. Die rißartigen Abbruchstellen alter Blätter kann man oft in Form horizontaler Leisten an den Stämmen erkennen. Die verbleibenden Scheiden gegliederter Blätter verbleiben nicht selten jahrelang an den Stämmen bzw. Pseudobulben. Ihre Verwitterungsstadien sind manchmal artcharakteristisch. Bei manchen Arten wird die Blattscheide durch die wachsende Pseudobulbe zerrissen oder gespalten. Die Blattspreite ist hin und wieder über der Abbruchstelle verschmälert, aber nur sehr selten (z.B. bei *Calanthe*) in einen Stiel zusammengezogen.

Einige Umrißformen der Blattspreiten gehen aus der Zeichnung Seite 15 hervor. Bei manchen Arten findet man außerdem nierenförmige Blätter. Der obere Blattrand kann alle möglichen

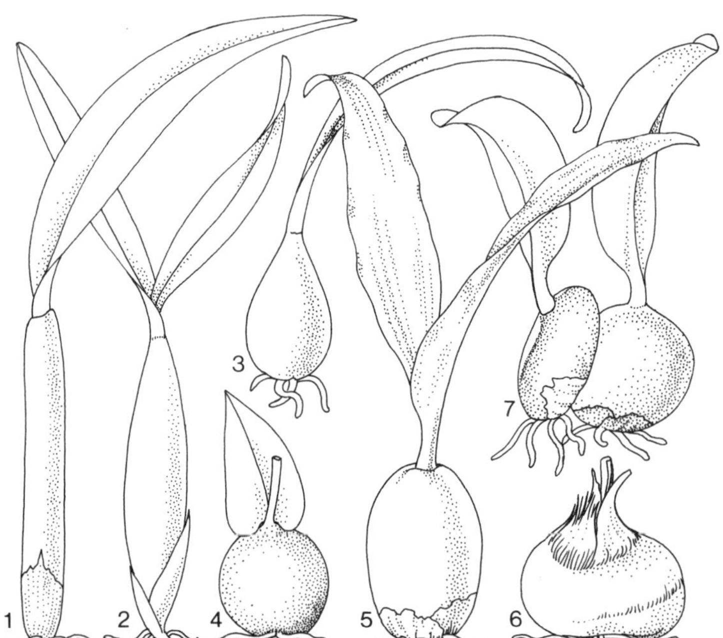

Formen von Pseudobulben
1 = zylindrisch *(Macradenia)*
2 = spindelförmig *(Encyclia)*
3 = eiförmig *(Encyclia)*
4 = kugelförmig *(Pinelia)*
5 = ellipsoid *(Coelogyne)*
6 = vom Rücken her (dorsiventral) zusammengedrückt *(Bletia)*
7 = seitlich (lateral) zusammengedrückt *(Trichopilia)*

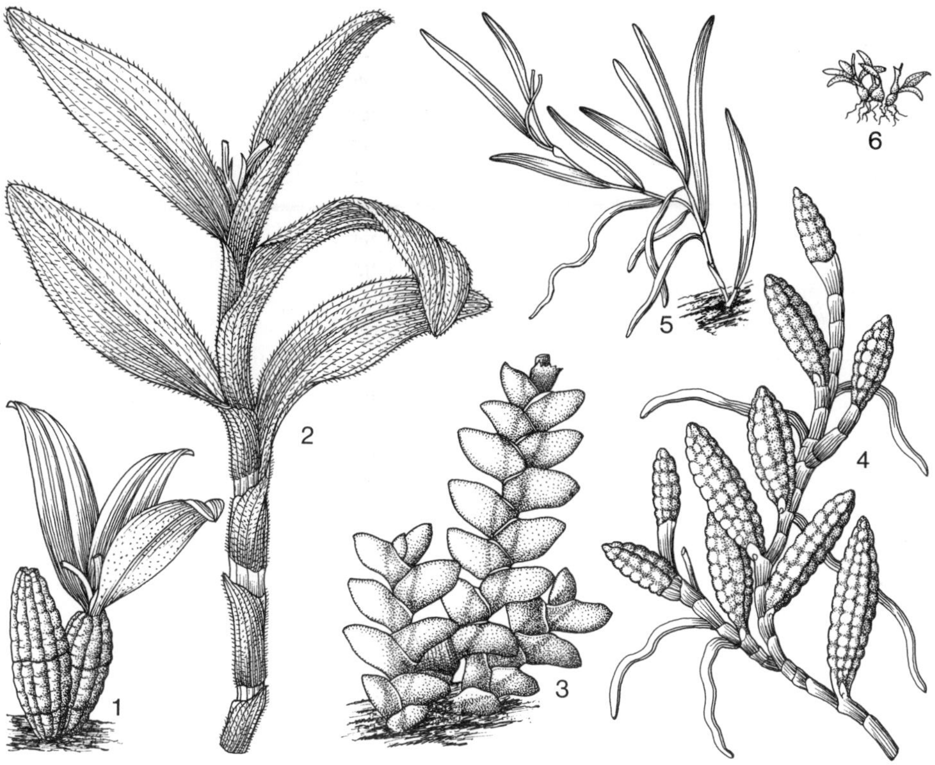

Stamm- und Blattformen innerhalb der Gattung Dendrobium
1 = Pseudobulben mit gipfelständigen Blättern *(D. bellatulum)*
2 = aufrechter Stamm mit zweizeilig stehenden Laubblättern *(D. williamsonii)*
3 = Stamm mit reitenden Blättern *(D. leonis)*
4 = Stamm mit dickfleischigen Blättern *(D. cucumerinum)*
5 = Stamm mit fast stielrunden Blättern *(D. striolatum)*
6 = Zwergpflanze mit Pseudobulben *(D. sophronites)*

Formen von gestutzt bis zu stachelspitzig annehmen. Auch vorn asymmetrisch eingeschnittene oder ausgerandete Blattspitzen sind anzutreffen (Seite 36). Die Beschaffenheit der Blattspreite kann dünn und papierartig, lederig oder dickfleischig sein und richtet sich nach den Standortverhältnissen. Bei einigen Arten ist die Spreite stielrund, wie bei *Vanda teres.* Man kann, von völlig flachen Blättern abgesehen, Orchideenblätter grob in zwei Gruppen gliedern:

1. Gefaltete oder mehrfach gefaltete (**konvolutive**) Blätter (Seite 36). Sie sind entweder dünn und papierartig oder etwas lederig bis fleischig und parallel zu den Nerven längsgefaltet. Es ist der gleiche Blatt-Typ, den man auch oft bei den Liliengewächsen vorfindet (z.B. *Veratrum album*). Meistens sind sie hinfällig und überdauern nur eine Wachstumsperiode, wie bei *Lycaste*-Arten und bei *Cypripedium reginae.* Sie dienen nicht als Wasserspeicher.
2. Flach gefaltete oder zusammengelegte (**duplikative** oder **konduplikative**) Blätter (Seite 36). Sie stellen den häufigsten Blatt-Typ dar und kommen besonders bei Epiphyten vor. Die Blattspreite ist um die Mittelrippe gefaltet und erscheint im Querschnitt V-förmig. Sie sind selten dünn und papierartig und häufig lederig bis fleischig. Meistens besitzen sie verdickte Zellwände, Sklerenchymstränge und eine verdickte Epidermis; Spaltöffnungen befinden sich fast ausschließlich auf der Blattunterseite. Bei einigen Gattungen, unter ihnen *Cymbidium,* kommen beide Blattfaltungstypen vor. Die vieldiskutierte Trennung von *Cypripedium* und *Paphiopedilum* ist zu einem großen Teil auf dieser Faltungsart der Blätter begründet (Seite 379).

Bei der überwiegenden Mehrzahl der Orchideen ist die Blattstellung zweizeilig; nur bei einigen Gattungen (z.B. *Neottia* und *Ophrys*) findet man spiralig angeordnete Blätter, und ganz selten stehen sie in Wirteln. Bei Arten mit monopodialem Wachstum stehen die Blätter zu wenigen oder zahlreich über die ganze Länge des Stammes verteilt. In Fällen, wo der Stamm stark verkürzt ist, können sie am Grunde auch rosettenartig angeordnet sein. Bei sympodialen Orchideen stehen sie charakteristisch in Gipfelnähe der Pseudobulben; ihre Anzahl kann von systematischer Bedeutung sein: Zum Beispiel besitzen *Polystachya cultriformis* und mit ihr verwandte Arten stets nur ein Blatt am Gipfel der Pseudobulben, und die Gattung *Cattleya* läßt sich in Arten aufteilen, die entweder ein- oder zweiblättrig (selten mehrblättrig) sind.

Entwicklungsstufen

Unter allen Blütenpflanzen haben Orchideen die kleinsten Samen; nur die *Burmanniaceae,* die *Begoniaceae* und einige parasitisch wachsende Pflanzen besitzen ähnlich kleine Samen. Orchideensamen ist, ähnlich wie Pilz- oder Farnsporen, staubartig. Nur mit Hilfe eines starken Lichtmikroskopes oder des Elektronenmikroskopes kann man ihre Form erkennen. Ihr Gewicht schwankt nach Burgeff (1936) zwischen 0,3 µg und 14 µg pro Samen. Im Gegensatz zu den größeren Samen anderer Blütenpflanzen ist in derartig winzigen Samen kein Raum zur Aufbewahrung von Nährstoffen, die für das Wachstum des Keimlings notwendig sind.

Jeder Same besteht aus einem aus acht bis hundert Zellen aufgebauten Embryo, der mit einem **Suspensor** verbunden ist. Ein Keimblatt ist im allgemeinen bei Orchideensamen nicht ausgebildet. Embryo und Suspensor werden von einer lockeren, verdickten Samenhaut, der **Testa,** umschlossen. Die Form der Samen ist veränderlich und schwankt von der Kugel- über die Walzen- bis zur Spindelform; ihre Oberfläche ist glatt, netzartig oder mit Verdickungen besetzt. Die Winzigkeit der Samen wird durch ihre ans Unglaubliche grenzende Anzahl kompensiert: R. Rolfe schätzte, daß z.B. die Kapsel der Schwanenorchidee *(Cycnoches chlorochilon)* nicht weniger als 3751000 Samenkörner enthält; dabei ist zu bedenken, daß jede Pflanze mehrere Kapseln trägt und somit eine astronomische Anzahl von Samen produziert.

Wegen des völligen Fehlens eines Nährgewebes kann der Same nicht ohne Unterstützung von außen keimen. Diese Unterstützung kommt aus einer **Symbiose** (Lebensgemeinschaft), die der Samen mit einem Wurzelpilz eingeht. Dieser außerordentliche Vorgang wurde um die Jahrhundertwende erstmals durch den französischen Forscher Noël Bernard entdeckt und beschrieben; von besonderer Bedeutung sind in diesem Zu-

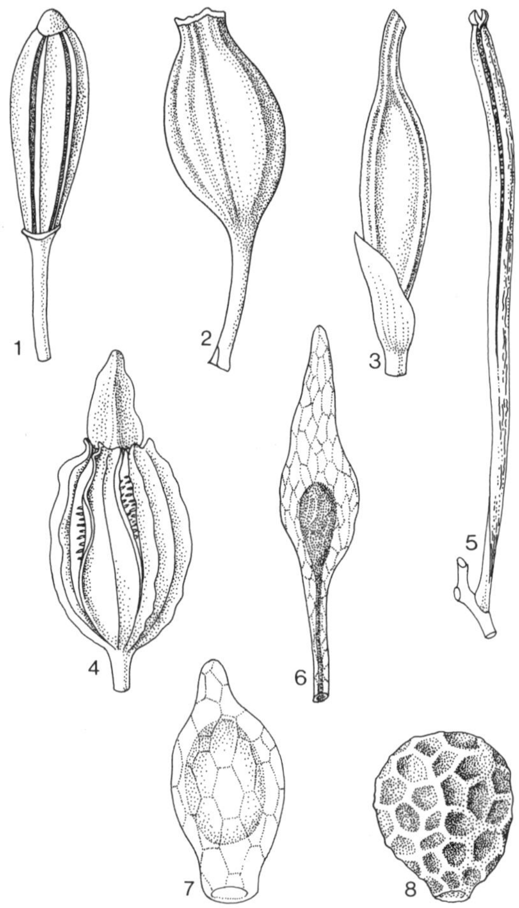

Orchideenfrüchte und Samen
(Fr = Frucht; S = Samen)
1 = *Masdevallia* (Fr)
2 = *Dendrobium* (Fr)
3 = *Paphiopedilum* (Fr)
4 = *Coelia* (Fr)
5 = *Vanilla* (Fr)
6 = *Epidendrum elongatum* (S) (× 35)
7 = *Pterygodium atratum* (S) (× 70)
8 = *Vanilla planifolia* (S) (× 140)

sammenhang auch die späteren (nach 1909) Forschungen von Hans Burgeff in Würzburg.

Grundsätzlich ist jede Orchidee, entweder während einer kurzen Anfangsperiode oder immer, mit einem Pilz infiziert. Wie bei jeder echten Symbiose genießen beide Partner Nutzen von ihrem Zusammenleben: Die Orchidee gibt dem Pilz Unterkunft, der Pilz versorgt die Orchidee mit Nährstoffen; er ist aber kein Parasit. Mit Hilfe von Enzymausscheidungen verwandelt der Pilz komplexe organische Substanzen des Substrats wie Cellulose, Lignin oder Stärke in einfachere Stoffe (z.B. energiereiche Glucose und Fructose) und führt sie durch seine Hyphen der Orchidee zu. Organismen wie Pilze, die vom Abbau organischer Materialien leben, bezeichnet man als Saprophyten; die Mehrzahl aller Orchideen ist aufgrund der Abhängigkeit von solchen Organismen für einen Teil ihres Lebenszyklus deshalb als Sekundärsaprophyten anzusprechen; nur ein kleiner Anteil aller bekannten Arten verharrt für immer in diesem Zustand. Die meisten Arten entwickeln früher oder später Chlorophyll in Blättern und Stämmen und leben wie fast alle höheren Pflanzen mit Hilfe der Photosynthese.

Der Forschung ist es gelungen, viele Pilze von den Orchideen zu isolieren und in Reinkultur zu züchten. Die bis heute bekannten Arten gehören zu zwei Gruppen: *Basidiomyceten* und sogenannte *Fungi imperfecti* (Pilze, deren Hauptfruchtform nicht bekannt ist). Für die erste Gruppe lassen sich als Beispiele aufführen: *Marasmius coniatus*, der von *Didymoplexis* isoliert wurde, *Xerotus javanicus* von *Gastrodia* und – erstaunlicherweise – der auf Bäumen parasitierende *Armillaria mellea* von *Gastrodia elata* und auch von *Galeola septrionalis*. Aus der zweiten Gruppe sind es besonders viele *Rhizoctonia*-Arten, die man von einer Anzahl chlorophyllproduzierender Orchideenarten isoliert hat. Nicht uninteressant ist die Tatsache, daß einige der isolierten *Rhizoctonia*-Myzelien in der Kultur typische Basidiomyceten-Fruchtkörper gebildet haben. Bei nahezu allen isolierten Pilzen handelt es sich um gemeine, weitverbreitete Arten, die in vielen Böden und anderen Substraten zu finden sind.

Über die Frage, ob es immer ein artspezifischer Pilz ist, der die Symbiose mit einer Orchidee eingeht, ist bis heute noch nicht eindeutig entschieden. Noël Bernard vertrat in seinen frühen Arbeiten die Ansicht, daß bei *Phalaenopsis* ein artspezifisches Verhältnis vorliege; die späteren Arbeiten von Burgeff (1936) und Curtis (1939) widersprechen dieser Ansicht. Unter chlorophyllproduzierenden und nur teilweise saprophytischen Orchideen fanden sie eine Tendenz gewisser Pilze, sich mit systematisch Verwandten oder in ihren ökologischen Ansprüchen ähnlichen Gruppen von Orchideen zu verbinden, kamen aber zu keiner allgemeingültigen Schlußfolgerung. Demgegenüber scheinen sich völlig saprophytisch lebende Orchideen mit artspezifischen Pilzen zu vereinigen; allerdings sind diese Aussagen im Hinblick auf die Zahl der bisher untersuchten Arten noch recht unsicher. Von *Armillaria mellea* sind Symbiosen mit *Gastrodia* wie auch mit *Galeola*-Arten bekannt.

Der Lebenszyklus vieler Orchideen wurde von Bernard, Irmisch, Burgeff und anderen eingehend untersucht. Gute Zusammenfassungen dieser Untersuchungen findet man bei Burgeff (1936, 1950). Harley (1959) hat den Lebenszyklus einer Orchidee mit folgenden fünf Stadien charakterisiert:

1. Der Embryo absorbiert Wasser, schwillt und durchbricht die Samenhaut.
2. Die im Samen enthaltenen Nährstoffe kommen zur Wirkung, und etwas Wachstum beginnt.
3. Organische Stoffe aus den Substraten werden absorbiert; Organe beginnen sich auszudifferenzieren.
4. In Blättern und anderen jungen Organen bildet sich Chlorophyll; der Embryo wird zunehmend autotroph.
5. Die Pflanze wächst heran und bringt einen Blütenstand hervor.

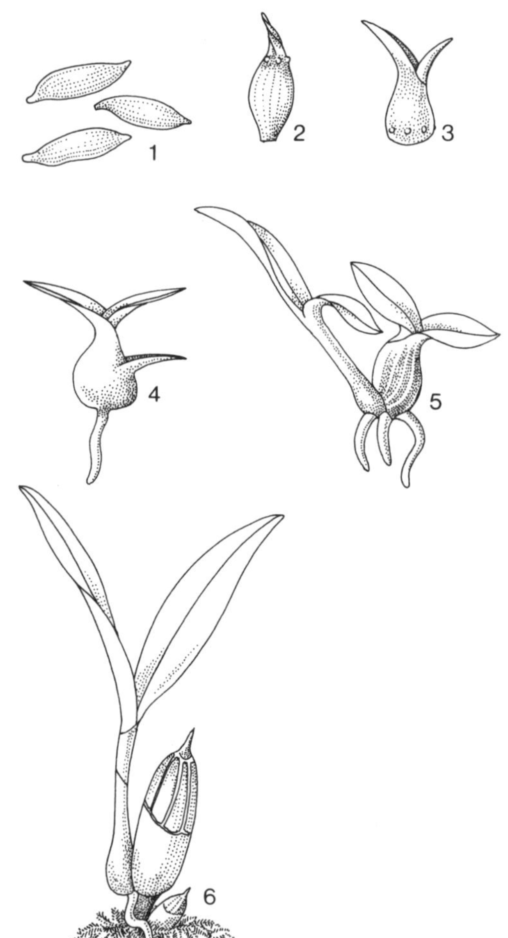

Wachstumsstufen eines Dendrobium-Keimlings
1 = Samen (stark vergrößert)
2 = nach 4 Monaten (stark vergrößert)
3 = nach 7 Monaten (× 3/4)
4 = nach 12 Monaten (× 3/4)
5 = nach 18 Monaten (× 3/4)
6 = nach 24 Monaten (× 1/4) (nach Veitch, Orchideae, Gen. Review, Seite 91, 1894)

Alle Orchideen durchlaufen die drei ersten Stufen; die meisten verharren mehr oder wenig lange in Stufe 4, ehe sie Stufe 5 erreichen; saprophytische Arten gehen von Stufe 3 direkt auf die Endstufe über.

Die Vereinigung von Orchidee und Wurzelpilz beginnt bereits im ersten oder zweiten Stadium, wenn die Pilzhyphen in das Embryogewebe des Samens einwachsen. Der Vorgang wurde von N. Bernard 1909 erstmals für *Phalaenopsis amabilis* beschrieben. Die Pilzhyphen wachsen durch den Suspensor in das Embryogewebe hinein und beginnen augenblicklich das weitere Wachstum anzuregen. Bald ist der innere Bereich völlig vom Pilzmycel besiedelt.

Damit beginnt die Differenzierung des Embryogewebes in Epidermishaare und apikales Meristem, was endlich zur Bildung des **Protokorms** (Kreiselstadium) führt. Je nach Art ist das Protokorm regelmäßig oder asymmetrisch. Aus ihm gehen schließlich, nachdem sich in den meisten Fällen auch bereits Chlorophyll gebildet hat und sich Rhizoiden entwickelt haben, die Blattanlagen und später die Wurzeln hervor. Im Protokorm ist das lebende Mycel gewöhnlich auf die äußere Gewebeschicht (**Cortex**) beschränkt. Seine Hyphen stehen durch die Epidermishaare mit den Substraten in Verbindung. Weiter im Inneren des Protokorms findet man die Pilzhyphen zusammengeknäuelt und in einem Zustand des Zerfalls: Sie werden von den Wirtszellen verdaut und dienen somit als Nahrungsquelle für die wachsende Pflanze. Jede sich durch Zellteilung neu bildende Zelle des Protokorms wird sofort von Hyphen besiedelt. Mit zunehmender Differenzierung des Embryos beginnt das Mycel sich auf die mit dem Substrat in Berührung stehenden Teile des Protokorms zurückzuziehen. Junge Wurzeln werden im allgemeinen vom Substrat her durch Hyphen wiederbesiedelt. Sie bleiben dann meist für die Lebensdauer der Pflanze in der Spitzenregion der Wurzeln aktiv. Das Wechselverhältnis von Orchidee und Wurzelpilz scheint sehr gut ausgewogen zu sein: Schwache oder kranke Embryonen halten dem Pilzbefall selten stand; umgekehrt kann eine starke Pflanze die eindringenden Pilzhyphen so schnell verdauen, daß der Befall völlig zum Erliegen kommt.

Die Zeitdauer des saprophytischen Stadiums (Stadium 3) einer Orchidee ist, abgesehen von den Umweltbedingungen, von Gattung zu Gattung verschieden. Während Arten der Gattungen *Vanda, Angraecum* und *Phalaenopsis* nur eine sehr kurze Zeit auf dieser Lebensstufe verharren, ist sie für Arten von *Cymbidium, Cypripedium, Orchis* und *Listera* sehr lang. Ein völliges Verbleiben auf der saprophytischen Stufe ist von Arten so verschiedener Gattungen wie *Cymbidium, Eulophia, Neottia, Epipogium, Galeola, Gastrodia* und *Didymoplexis* bekannt. Daß ein saprophytisches Dasein ausreichend sein kann, ist augenfällig bewiesen durch die bis über 16 m lang werdende, lianenartig wachsende *Galeola hydra* und durch die außergewöhnlichen, australischen Arten *Rhizanthella gardneri* und *Cryptanthemis slateri;* beide Pflanzen leben ständig unterirdisch, wo sie auch blühen und fruchten.

Warum sind Orchideen so erfolgreich? Man sollte annehmen, daß die völlige Abhängigkeit einer Pflanze von Wurzelpilzen zur Keimung und weiteren Entwicklung ihrer Überlebenschance stark herabgesetzt und daß darüber hinaus ihr außerordentlich komplizierter Bestäubungsmechanismus (Seite 22 f.) einer erfolgreichen Vermehrung und Verbreitung hinderlich ist. Trotz allem kommen Orchideen in allen Zonen der Erde vor und trotzdem bilden sie die artenreichste Familie unter den Blütenpflanzen.

Die Frage ist nicht einfach zu beantworten, zumal mehrere, zum Teil noch ungeklärte Faktoren im Spiel sind. Zunächst ist zu beachten, daß die Mehrzahl aller Orchideenarten (besonders epiphytisch wachsende) Standorte bewohnen, die anderen, als Konkurrenten in Frage kommenden Pflanzen keine Lebensmöglichkeit bieten. Die Abhängigkeit der Orchidee von Wurzelpilzen ist ein kleineres Hindernis, als es auf den ersten Blick erscheint. Soweit man weiß, ist das Verhältnis nicht sonderlich artgebunden. Die bis heute eindeutig identifizierten Wurzelpilze sind gewöhnliche und weitverbreitete Arten. Wo immer also ein Orchideensame landet, sind mit großer Wahrscheinlichkeit geeignete Pilzsporen im Substrat vorhanden.

Oakes Ames deutete darauf hin, daß zu den ersten Blütenpflanzen, die nach dem Vulkanausbruch auf Krakatau (1887) die Insel zwischen Sumatra und Java wieder besiedelten, Orchideen gehörten. Er vertritt übrigens die Ansicht, daß die aufgrund ihrer Leichtigkeit durch den Wind transportierten Samen bereits von Pilzsporen infiziert waren. Die eben erwähnte Leichtigkeit und die unglaublich große Anzahl der von einer einzigen Pflanze produzierten Samen erklärt auch die sicherlich durch Windverbreitung begründete, weite Verbreitung vieler Arten: *Polystachya concreta* z. B. ist fast pantropisch verbreitet, *Cirrhopetalum umbellatum* reicht von Afrika bis zu den Pazifischen Inseln. Schließlich findet man *Eulophia alta* und *Oeceoclades maculata* in Südamerika wie auch in Afrika.

Bemerkungen zur Ökologie der Orchideen

Die Schwierigkeiten, die uns die Kultur der Orchideen bereitet, stehen im Widerspruch zu der Tatsache, daß man Angehörige dieser großen Familie in fast allen Gebieten der Erde und unter den extremsten Umweltbedingungen antrifft.
Calypso bulbosa blüht im kurzen Sommer der Arktik und überlebt den langen schweren Winter im tief gefrorenen Boden. Auch in den gemäßigten Zonen haben zahlreiche Arten kalte Winter zu überdauern, wo sie entweder von Schnee bedeckt sind oder in bis zu mehrere Zentimeter tief einfrierenden Böden aushalten müssen. Arten tropischer Gebiete können ebenso gegensätzlichen und nicht minder schweren Umweltbedingungen ausgesetzt sein. In laubabwerfenden Wäldern treten oft sehr lange Trockenperioden ein, die die Epiphyten nur mit Hilfe dicker, lederiger Blätter und fleischiger Pseudobulben überdauern können. Einige Arten wie *Eulophia petersii* besiedeln Wüstenränder in Afrika oder Arabien, wo sie lange Dürren im Schutze von Felsen überleben. Sogar im tropischen Regenwald müssen manche Epiphyten im Geäst hoher Bäume im direkten Sonnenschein stundenlange Trockenperioden zwischen Regenschauern ertragen.
Auf der anderen Seite können wir Arten feuchten Graslandes wie *Hammarbya paludosa* in Europa, *Disa-*, *Satyrium-* und *Habenaria*-Arten in Afrika mit ihren ständig untergetauchten Wurzeln, Knollen oder Stämmen fast als Wasserpflanzen ansprechen.
Zu den zweifellos eigenartigsten Orchideen in ökologischer Sicht gehören die beiden australischen Arten *Rhizanthella gardneri* und *Cryptanthemis slateri*, die, Trüffeln ähnlich, eine völlig unterirdische Existenz führen. Man hat diese seltenen Pflanzen bestenfalls ein halbes Dutzend Mal gefunden und weiß nur, daß sie mehrere Zentimeter unterhalb der Erdoberfläche blühen und dabei wahrscheinlich von Schnecken oder anderen Bodenbewohnern bestäubt werden.
Obgleich die Familie mit vielerlei ungünstigen Umweltbedingungen fertig wird, findet man einzelne Arten, die bei geringsten Abwandlungen ihrer Lebensbedingungen in der Kultur jede »Mitarbeit« verweigern.

Zu den wichtigsten Faktoren in der Natur gehören Klima, Höhenlage, Substrat und nicht zuletzt der Konkurrenzkampf mit anderen Gewächsen. Für das Überleben einzelner Arten ist obendrein das Vorhandensein von Bestäubern (z.B. Insekten) von erstrangiger Bedeutung.

Klima

Der unvoreingenommene Orchideenliebhaber wird annehmen – und viele Gärtner des vorigen Jahrhunderts haben es zum Schaden ihrer Pflanzen getan –, daß tropische Orchideen einer höheren durchschnittlichen **Temperatur** bedürfen als solche aus gemäßigten Zonen. Man vergißt, wie weitgefaßt der Begriff »tropisch« ist: Auf der einen Seite hat man den tropischen Regenwald, in dem die Temperatur im Verlauf des Jahres nie unter +15 °C sinkt, und auf der anderen Seite tropische Bergwälder mit Orchideen-Vorkommen bis zu 4000 m Höhe, in denen Frost eine regelmäßige Erscheinung ist. Wenn man demnach nicht erwarten kann, daß eine aus dem Amazonenbecken stammende Art einen durchschnittlichen europäischen Winter überlebt, ist es durchaus möglich, daß Arten höhergelegener Standorte des tropischen Himalaja wie *Pleione hookeriana* einen milden Winter im westlichen Europa ohne sonderlichen Schutz überleben können.
Selbstverständlich sind nur wenige Orchideenzüchter imstande, jeder Art oder Artengruppe die ihr entsprechenden Bedingungen anzubieten. Meist kommt man zu einem Kompromiß und hat drei Gewächshäuser: Ein Warmhaus, in dem die Temperatur nie unter +15 °C fällt, und zwei weitere mit zunehmend niedrigeren Temperaturen; allerdings scheint +10 °C das noch zumutbare Minimum zu sein.
Zwei weitere wichtige klimatische Elemente sind **Niederschlag** und **Luftfeuchtigkeit**, die in der Natur keineswegs immer Hand in Hand gehen. Ein Wolkenbruch kann nur wenig nützen, wenn das Wasser schnell wieder abfließt. Für Orchideen, die an wenig geschützten Stellen wie Felswänden oder an den äußeren Baumästen wachsen, sind deshalb rasch wasseraufsaugende Vorrichtungen wie z.B. das die Wurzeln vieler Arten umgebende Velamen von großer Bedeutung. Oft sind es nur organische Fäulnisprodukte, die sich zwischen den Wurzeln vieler Epiphyten ansammeln und das anfallende Regenwasser schwammartig für die Pflanze aufsaugen und speichern. An weniger extremen Standorten, besonders im Regenwald, werden Niederschläge natürlich eine Anhebung der Luftfeuchtigkeit zur Folge haben. Dennoch werden Boden und die benetzten Oberflächen der Vegetation bald von der Tropensonne abgetrocknet. Besonders in den höheren Baumkronen führt dies wiederum zu mangelnder Luftfeuchtigkeit. Orchideen haben sich, ähnlich wie Kakteen, dieser Situation durch harte lederige Blätter und meist dicke, fleischige Pseudobulben angepaßt.
Luftfeuchtigkeit muß nicht immer eine Folge von Regenfall sein. In der Tat können Niederschläge in tropischen Bergwäldern zu den Seltenheiten gehören, und doch kann in ihnen die Luftfeuchtigkeit 100% betragen, weil sie ständig von Wolken umhüllt sind (beim Benebeln des Orchideenhauses imitiert man diesen Zustand). Die hohe Luftfeuchtigkeit solcher Nebelwälder hat einen Reichtum an Epiphyten hervorgebracht: Neben Orchideen sind besonders Moose und Hautfarne wichtige Elemente dieser Vegetation. Moose und Farne und häufig auch Flechten überwachsen oft das Wurzelwerk der Orchideen und dienen als Speicher in nebelarmen Perioden.
Letztlich gehört **Licht** zu den beherrschenden Faktoren. Viele epiphytisch wachsenden Orchideen des tropischen Regenwaldes sind der Tropensonne voll ausgesetzt. Das gleiche gilt für terrestrisch wachsende Arten der gemäßigten Klimazonen oder des Mittelmeergebiets. Arten tropischer Bergwälder sind direkter Sonnenbestrahlung während des Tages ausgesetzt und haben in der Nacht niedrige Temperaturen bei verhältnismäßig hoher Luftfeuchtigkeit zu ertragen. In der Kultur ist es meist unmöglich, diese am natürlichen Standort herrschenden Temperaturverhältnisse nachzuahmen. Hinzu kommt die Tatsache, daß der Anteil ultravioletter Strahlen höher gele-

gener Standorte stark verschieden ist von dem tieferer Lagen. Obendrein wird man bei der Kultur in den Gewächshäusern Europas nicht in der Lage sein, die Dauer der täglichen Lichteinstrahlung der Tropen, die für das Blühen einer Art ausschlaggebend sein kann, genau, wenn überhaupt, einzustellen.

Neben den eben erwähnten lichtbedürftigen Orchideen gibt es ganze Gruppen, fast alle terrestrischer Natur, die von zu viel Licht geschädigt werden. Dies gilt ganz besonders für terrestrische, in Wäldern lebende Arten. Jeder Züchter weiß aus Erfahrung, daß Gattungen wie *Paphiopedilum, Calanthe, Liparis* in der Kultur am besten im Schatten oder Halbschatten gedeihen.

Die Abhängigkeit des Klimas von verschiedenen **Höhenlagen** wurde bereits deutlich gemacht: Mit zunehmender Höhe verringert sich die Durchschnittstemperatur und dementsprechend der Charakter der Vegetation. Am Kilimandscharo beispielsweise geht sie allmählich aus der Wald- zu einer Bergbusch- und subalpinen Vegetation über und nimmt über 3400 m alpinen Charakter an. Die gleiche Situation wiederholt sich im Himalaja und in den Anden. In Gebirgen dieser Art sind Orchideen in ihrer Verbreitung oft auf einen verhältnismäßig schmalen, von der Mindesttemperatur abhängigen Vegetationsstreifen beschränkt. Arten größerer Höhenlagen am Äquator sind nördlich und südlich von ihm in temperaturähnlichen tieferen Lagen wieder zu finden. Umgekehrt sind tropische Tieflandarten in Äquatornähe wesentlich mehr in ihrer Nord-Süd-Verbreitung eingeschränkt. Neben Temperaturänderungen verstärkt sich mit zunehmender Höhe auch der bereits oben genannte Anteil ultravioletter Strahlung. Wie dies das Wachstum von Orchideen größerer Höhe beeinflußt, ist nur wenig bekannt. Man vermutet, daß es zu einer gesteigerten Mutationsrate führt und somit die Möglichkeit verstärkter Artbildung nicht auszuschließen ist.

Boden

Bodenverhältnisse beeinflussen das Wachstum von Orchideen auf verschiedene Weise: direkt im Falle terrestrischer Arten oder indirekt bei Epiphyten. Viele terrestrische Arten sind auf einen bestimmten Standort beschränkt. In Südostasien wird man *Paphiopedilum niveum* und verwandte Arten immer nur an Kalkhängen finden. Ähnliches gilt für viele unserer heimischen Orchideen. Andererseits kommen in Afrika viele *Disa*- und *Satyrium*-Arten immer nur auf feuchtem oder überschwemmtem Grasland vor. Alle terrestrischen Orchideen befinden sich mit ihrem Wurzelwerk in direktem Kontakt mit dem Boden. Der Mineralienbestand des Bodens zusammen mit den in ihm enthaltenen organischen Nährstoffen haben einen direkten Einfluß auf die Pflanze, da beide durch Wasseraufnahme von der Pflanze aufgenommen werden. Die Wirkung dieser Substanzen hat natürlich auch ihren Einfluß auf die das Wachstum der Orchidee bestimmenden Wurzelpilze. Auf Kalkböden beschränkte Orchideen verlangen für gutes Wachstum entweder eine hohe Konzentration an Calcium-Ionen oder sie sind in der Lage, solche Mengen zu ertragen, ohne Schaden zu leiden. Der Einfluß von Mineralstoffen muß nicht immer direkt sein, weil durch ihn andere, mit den Orchideen konkurrierende und weniger tolerante Pflanzen ausgeschaltet werden und der Orchidee somit ein besseres Gedeihen ermöglichen.

Bei Epiphyten ist der Einfluß des Bodens weniger direkt. Dennoch ist von ihm der für die Orchidee notwendige Vegetationstyp abhängig. Es ist wichtig zu wissen, daß epiphytische Orchideen nicht auf jedem beliebigen Baum wachsen können. Man kann beobachten, daß gewisse Bäume buchstäblich mit Orchideen überladen, während benachbarte Bäume völlig frei sind. Über das spezifische Wechselverhältnis von Träger und Epiphyt ist bisher nur wenig bekannt. Es scheint aber so zu sein, daß Orchideen Bäume mit rissiger oder rauher Rinde solchen mit glatter vorziehen. Die Gründe sind unschwer zu erkennen. Die Wurzeln werden auf einer rissigen Rinde nicht nur besseren Halt finden, sondern können auch leichter die für ihr Wachstum nötigen Fäulnisprodukte festhalten. Möglicherweise haben auch die Ausscheidungsprodukte der Rinde mancher Bäume einen positiven oder negativen Einfluß auf den Wurzelpilz der Orchideen. Nicht unwichtig für diese Betrachtungen ist auch wieder die Niederschlagsmenge, weil der eben erwähnte Vorzug mancher Orchideen für einen bestimmten Rindentyp in sehr nassen Gebieten weit weniger ausschlaggebend ist.

Konkurrenz mit anderen Pflanzen

Mehrere terrestrische Orchideen wie *Spiranthes spiralis, Ophrys apifera* und *Epipactis helleborine* sind als Pionierpflanzen auf unbewachsenen Böden wie Schutthalden oder neuen Baugründen bekannt. Arten wie *Spiranthes sinensis* und *Cynorkis fasciata* treten häufig als Unkräuter in Orchideenkulturen auf. Die große Beweglichkeit der Orchideensamen scheint die Hauptursache dafür zu sein.

Umgekehrt weiß man, daß viele terrestrische Orchideen der Konkurrenz anderer Pflanzen unterliegen. In Europa verschwinden Orchideen von kalkigen Grashängen, sobald sich dort Gesträuch auszubreiten beginnt. Das gleiche gilt für Arten feuchter Standorte, wenn das Wachstum von Sträuchern oder Schilfgras zu stark wird. Manche Arten scheinen am üppigsten zu gedeihen, wenn jede Konkurrenz fehlt. In Ostafrika bilden z. B. Arten von *Disperis, Habenaria* und *Nervilia* den ausschließlichen Bodenbewuchs in Zypressenplantagen.

Die wichtigsten Faktoren im Wechselspiel der Kräfte sind die der Konkurrenz um Boden, Nährstoffe und Licht. Zahlenmäßig gesehen ist der Erfolg tropischer Orchideen zweifellos von der Konkurrenz mit anderen Pflanzen bzw. dem Fehlen einer Konkurrenz abhängig. Epiphytisch und lithophytisch wachsende Orchideen bewohnen meist ökologische Nischen. Aufrechte Baumstämme, ausgestreckt wachsende Äste oder die feinsten Endverzweigungen von Bäumen oder Sträuchern bieten anderen Pflanzen keine geeignete Grundlage. Außerdem sind die epiphytischen Orchideen durch besondere Organe der Wasseraufnahme und Wasserspeicherung in der Lage, überwiegend trockene Standorte zu bewohnen.

Arterhaltung und Bestäubung

Fortpflanzung ist Arterhaltung. Auf der einen Seite ist es für die Pflanze vorteilhaft, wenn sie in einer weitgehend unveränderlichen Umwelt ihren Status quo erhalten kann; auf der anderen Seite sind nur wenige Lebensräume längere Zeit ökologisch stabil. Wo sich die Umweltbedingungen verändern, muß die Orchidee zu ihrer Arterhaltung einen möglichst unterschiedlichen Nachwuchs produzieren, damit wenigstens einige Pflanzen unter den veränderten Verhältnissen weiterexistieren können.

Die Erhaltung der Art durch genetisch gleiche Individuen wird sehr einfach auf vegetativem Wege erreicht. Viele terrestrische Arten überdauern die kalte Jahreszeit mit Hilfe von unterirdischen Knollen. Eine langsame Zunahme der Population kommt dadurch zustande, daß die Einzelpflanze hin und wieder zwei oder mehrere Knollen produziert. Auf ähnliche Weise vermehren sich Arten, die mit einem Rhizom wachsen: Das Rhizom teilt sich und erzeugt zwei Schosse. Wenn das alte Rhizom zerfällt, entwickeln sich voneinander unabhängige Individuen. In selteneren Fällen findet eine nichtsexuelle Fortpflanzung durch Brutknospen statt. Die europäische Art *Hammerbya paludosa* erzeugt derartige Brutknospen auf den Blättern, während sie bei der ostafrikanischen *Cynorkis uncata* gelegentlich in den Blattachseln gebildet werden. In allen erwähnten Fällen nichtsexueller Fortpflanzung sind die Tochterpflanzen identisch mit den Mutterpflanzen, und die betreffenden Populationen sind genetisch uniform.

Das gleiche Ergebnis wird bei sexueller Fortpflanzung erzielt, wenn die Arten selbstbestäubend sind, z.B. bei der heimischen Art *Ophrys apifera*. Schon Charles Darwin beobachtete, daß Insekten an der Bestäubung dieser Orchidee offenbar nicht beteiligt sind: Die Pollinien verlassen die Antherenfächer der sich gerade öffnenden Blüte und bewegen sich in Richtung der Narbenhöhle, bis die die Narbe berühren und damit die Bestäubung vollziehen. Bald darauf beginnt sich die Blüte wieder zu schließen. Das Vorkommen von Hybriden zeigt allerdings, daß in sehr seltenen Fällen auch bei dieser Pflanze mit Fremdbestäubung zu rechnen ist. In stabilen Lebensräumen scheint dieser Fortpflanzungsmodus günstig zu sein; zumindest zeugt die weite Verbreitung und das häufige Vorkommen der Bienenragwurz nicht vom Gegenteil.

Von wenigen Ausnahmen abgesehen, ist allerdings Fremdbestäubung in der Familie der Orchideen die Regel. Dies hat genetisch variable Nachkommen zur Folge. Die Verschiedenartigkeit von Individuen der gleichen Art ist jedem Orchideenliebhaber bekannt. Sie gibt dem Züchter die Möglichkeit, die für seinen Zweck wünschenswerte Blütenform oder -farbe auszusuchen. Die im Bau der Blüte zu beobachtende Variabilität geht Hand in Hand mit morphologischen, physiologischen und biochemischen Unterschieden.

Schließlich ist diese Variabilität auch der Ausgangspunkt für die zukünftige Entwicklung der Art. Selbstbestäubende Arten wie *Ophrys apifera* bedeuten im Hinblick auf die Entwicklung neuer Arten die Endstufe.

Die ersten eingehenden Studien über Orchideenbestäubung wurden 1862 von Charles Darwin vorgelegt. Seine sehr genauen Beobachtungen haben Generationen von Biologen zu ähnlichen und weiterführenden Untersuchungen angeregt. Die besten modernen Zusammenfassungen zu diesem Fragenkomplex finden wir bei van der Pijl und Dodson (1966) und bei Procter und Yeo (1973).

Orchideen werden von einer großen Zahl verschiedener Insekten bestäubt, seltener von Vögeln und Fledermäusen. Der Pollinator ist meist spezifisch; das heißt, jede Orchidee kann nur von einem ganz bestimmten Insekt bestäubt werden. Blütengröße, -form und -farbe lassen oft erkennen, von welchen Insekten die Blüte bestäubt wird. Weiße Blüten von einfachem Bau, aber starker Duftausstrahlung werden mit großer Wahrscheinlichkeit von Nachtschmetterlingen besucht, rote Blüten mit tiefliegenden Nektarien von Tagschmetterlingen oder Kolibris. Bienen vermögen den roten Bereich des Spektrums nicht wahrzunehmen und besuchen deshalb vorwiegend blaue, gelbe, weiße Blüten oder solche, die ultraviolette Strahlen reflektieren. Auch Käfer, Fliegen und Wespen aller Art sind wichtige Orchideenbestäuber.

Die Bestäuber werden von der Orchideenblüte meist optisch angelockt. Aber auch Geruch und Berührungsreize spielen eine Rolle. Die wichtigsten den Gesichtssinn ansprechenden Merkmale sind Farbe, Größe, Form und bestimmte ein oder mehrfarbige Zeichnungen der Blüte. Nicht selten ist die Lippe größer gestaltet und auffälliger gefärbt als die anderen Blütenteile. Zur Anlockung von Insekten ist die Lippe bei vielen Arten mit Nektardrüsen oder Nährgeweben ausgestattet. Man findet die Nektarien auch in Form von Spornen oder bauchigen Ausbuchtungen am Grund der Lippe. Seltsamerweise gehen viele Bestäuber leer aus, weil die von ihnen besuchte Blüte keinerlei Nektar oder Nährgewebe besitzt. Eine Art natürlicher Sparsamkeit zeigen Orchideenarten, deren Lippe mit Pollen vortäuschenden, bemehlten Haaren besetzt ist. Pollenfressende Käfer nagen die Haare ab. Auf diese Weise bleibt der für die Pflanze wichtige Pollen erhalten.

Unter den duftenden Orchideen gibt es zahlreiche Arten, die für den menschlichen Geruchsinn abscheulich riechen. Die Blüten werden von Aasfliegen oder bestimmten Käfern besucht. Es ist interessant, daß die Duftausstrahlung vieler Orchideen auf die Flugzeiten der bestäubenden Insekten abgestimmt ist. Selbst bei Arten mit langlebigen Blüten kann man eine deutliche Duftabsonderung nur feststellen, wenn die entsprechenden Insekten aktiv sind. Die von Nachtfaltern bestäubten afrikanischen Arten von *Angraecum* duften nur in der Dämmerung oder während der Nacht.

Im Gegensatz zu Selbstbestäubern sind fremdbestäubte Orchideen für die lebensnotwendige hohe Samenproduktion auf eine große Besuchsfrequenz der Bestäuber angewiesen und haben deshalb vielfältige Lockmittel entwickelt. Van der Pijl und Dodson (1966) stellen fest: »Wir glauben, daß die Orchideenbestäuber eine Hauptrolle in der Evolution dieser Pflanzen gespielt haben.«

Eine Vorrichtung, die eine größtmögliche Samenproduktion gewährleisten soll, ist das Zusammenkleben der Pollen zu mehreren Pollinien. Auf diese Weise transportiert das Insekt genug Pollen zur Befruchtung der folgenden Blüte, auch wenn sie nur ein einziges Mal besucht wird. Die Zahl der Samen ist bei Orchideen bekanntlich sehr groß. Rolfe schätzte, daß eine einzige Kapsel von *Cycnoches chlorochilon* ungefähr vier Millionen Samen enthält.

Eine weitere, der leichteren Fremdbestäubung dienende Erscheinung bei Orchideen ist die **Resupination** der Blüte. Auf verschiedene Weise dreht sich die Blüte beim Öffnen so, daß die in der Knospe oben angeordnete Lippe in der geöffneten Blüte nach unten zu liegen kommt. Mehr oder minder ausgebreitet, bietet die Lippe dem anfliegenden Insekt eine ideale Landungsplattform. Bei fast allen Arten mit aufrechtem Blütenstand dreht sich der Blütenstiel und/oder der Fruchtknoten um 180°, um diese Stellung zu erreichen. Bei hängenden Blütenständen liegt die Lippe der Einzelblüten bereits in der unteren Position. Zwischen beiden Blütenstandstypen gibt es viele Übergänge, und dementsprechend variabel ist der Drehungswinkel resupinierter Blüten. Bei manchen Arten kann man eine Drehung von 360° beobachten.

Nicht bei allen Orchideen wird die Resupination nur durch Verdrehung von Blütenstiel und Fruchtknoten erzielt. Bei Blüten der Gattung *Mormodes* erfolgt die Resupination durch eine gewaltsame Verdrehung der Säule und gleichartiger gegenläufiger Verdrehung der Lippe. Im Augenblick, wo das Insekt auf der Lippe landet, wird diese Drehbewegung ausgelöst und werden die Pollinien gegen den Bestäuber geschleudert.

Außerordentlich bemerkenswert ist die Wechselbeziehung zwischen Orchideen und Bienen oder Wespen. Die Bestäubung wird durch eine Scheinkopulation männlicher Insekten mit der Blüte vollzogen. Diesen Vorgang kennt man von so verschiedenen Gattungen wie *Ophrys, Cryptostylis, Trichoceros* und *Trigonidium.* Im Falle von *Ophrys* werden die vor den weiblichen auftretenden männlichen Bienen, Wespen oder Hummeln durch einen von den Blüten ausgeschiedenen Duft angelockt, der dem Duft aus den Hinterleibsdrüsen ihrer Weibchen ähnelt. Es kommt hinzu, daß die Blüten in Gestalt und Farbgebung dem weiblichen Insekt ähneln. Die volkstümlichen (aber auch lateinischen) Namen dieser Pflanzen spiegeln diese Tatsache wieder, z.B. Hummelragwurz, Fliegenragwurz.

Wenn das männliche Insekt auf der Pflanze landet, erfährt es durch die Lippenbehaarung Reize,

die heftige Begattungsbewegungen auslösen. Das Tier kommt schließlich mit den klebrigen Spitzen (Viscidien) der Pollenmassen (Pollinien) in Berührung, die am Insekt haften bleiben. Nach wenigen Minuten biegen sich die Stipes nach vorn, und die Pollinien sind dann so orientiert, daß sie sich beim Besuch des Insekts in der nächsten Blüte leicht in deren Narbenhöhle einbringen lassen.
Die von Charles Darwin begonnenen Untersuchungen über Orchideenbestäubung haben durch seine Nachfolger auf diesem Gebiet eine Fülle von neuen und erstaunlichen Tatsachen hervorgebracht; z.B. die im Textteil dieses Buches für *Coryanthes* und *Cycnoches* beschriebenen Vorgänge. In diesem Zusammenhang müssen auch die Studien von C. Dodson und R. Dressler im tropischen Amerika hervorgehoben werden. Sie haben die Bestäubungsvorgänge vieler tropischer Orchideen untersucht und sich dabei vorwiegend auf den Verwandtschaftskreis von *Stanhopea* konzentriert, deren Blüten im wesentlichen von Bienen *(Euglossinae)* bestäubt werden. Es ist ihnen gelungen, den die Bienen anlockenden Blütenduft zu isolieren und zu analysieren. Darüber hinaus haben sie es verstanden, mit Hilfe dieser Düfte Bienen anzulocken und anhand der von diesen transportierten Pollinien festzustellen, welches Insekt welche Art bestäubt.
Die durch die ganze Familie zu beobachtende entwicklungsgeschichtliche Tendenz, Selbstbestäubung zu verhindern, hat bei einigen wenigen Gattungen ihren Ausdruck in der völligen Trennung der Geschlechter gefunden. Die von Darwin als »the most remarkable of all Orchids« bezeichnete Gattung *Catasetum* besitzt männliche und weibliche Blüten auf verschiedenen Blütenständen. Die Blüten sind voneinander so verschieden, daß John Lindley sie ursprünglich zwei Gattungen zuordnete. Der Mechanismus, der bei den männlichen Blüten von *Catasetum* die Pollinien auf das bestäubende Insekt schleudert, hat in seiner Kompliziertheit im gesamten Pflanzenreich nichts Ebenbürtiges. Um Darwin zu zitieren: »Die Mittel, mit denen Orchideen bestäubt werden, sind so verschiedenartig und fast so perfekt wie jede der wunderbarsten Anpassungen des Tierreiches.«

Gefährdete Orchideen und Maßnahmen zu ihrem Schutz

Nach Melville (1970) kann man annehmen, daß 5–10% der bekannten 250000 Blütenpflanzenarten heute vom Aussterben bedroht sind. Auf Orchideen übertragen würde das einen Verlust von bis zu 3000 Arten bedeuten. Vielleicht ist diese Zahl noch zu gering angesetzt, weil die meisten Orchideen im tropischen Regenwald wachsen, der gegenwärtig in erschreckender Weise von Menschenhand dezimiert wird.
Genaue Statistiken liegen nur von wenigen Regionen vor: Pradhan (1977) zählt im A. O. S. Bulletin 63 Arten (8%) in Indien auf, die entweder gefährdet oder bereits ausgerottet sind. Demgegenüber nennt Kataki (1976) in der gleichen Zeitschrift 35 Arten in Indien, wobei in beiden Aufstellungen zugleich nur 14 Arten erscheinen. Dementsprechend kann man die Zahl der gefährdeten indischen Orchideenarten im Verhältnis zur Gesamtzahl mit etwas mehr als 10% beziffern. Die Verhältnisse in anderen tropischen und subtropischen Zonen dürften ähnlich sein.
Obgleich die Gefahr seit langem bekannt ist, beginnt man erst heute, weltweite Schutzmaßnahmen für Orchideen einzuleiten.

Die Ausnahmestellung der Orchideen

Von allen Blütenpflanzen, Kakteen nicht ausgenommen, sind Orchideen von der Gefahr des Aussterbens besonders bedroht. Dafür gibt es im wesentlichen zwei Gründe: ihr hochspezialisierter Wachstumszyklus mit strenger Bindung an Wurzelpilze, die zunehmende Zerstörung oder zumindest Veränderung der natürlichen Lebensräume durch den Menschen und nicht zuletzt ihr großer Reiz, der sie zu begehrten Sammel- und Schmuckobjekten macht.
Jede Orchideenart ist einem besonderen, meist scharf begrenzten Lebensraum angepaßt. Die der Kultur einer Orchidee im Wege stehenden Schwierigkeiten spiegeln nur zu gut ihre Ansprüche an den natürlichen Standort wider. Diese sehr speziellen Ansprüche erklären die Beschränkung vieler Arten auf ein oft nur sehr kleines Verbreitungsgebiet. Auf Papua-Neuguinea sind die Mehrzahl der 2600 bekannten Arten und 29 der 128 Gattungen nur in einem oder wenigen Gebieten der Insel zu finden. Ähnliches gilt für die Orchideen in anderen Gebieten, besonders auf Inseln: In Neukaledonien machen die nur dort beheimateten Pflanzen 66% und in Madagaskar über 90% aus.
Orchideen mit einem sehr kleinen Verbreitungsgebiet sind durch natürliche oder künstliche Veränderungen ihres Lebensraumes besonders gefährdet. Die natürlichen Klimaänderungen einiger tausend Jahre haben zum allmählichen Verlust vieler Arten geführt. Der bereits erwähnte Schwund des tropischen Regenwaldes durch menschlichen Raubbau führt einerseits zum Verlust der dort lebenden Orchideen und andererseits zu Klimaveränderungen in Nachbargebie-

ten, was die gleichen Folgen hat. Fast nirgendwo kann dieser Vorgang wieder rückgängig gemacht werden, denn das spezifische ökologische Gleichgewicht läßt sich nicht künstlich wiederherstellen. Wo aber die Wälder verschwunden sind, gibt es keine Orchideen mehr. Wie viele Orchideenarten bereits durch menschlichen Einfluß ausgerottet wurden, läßt sich nicht mit Sicherheit sagen. Von der erst vor zwei Jahrzehnten beschriebenen *Laelia milleri* gibt es keine Spur mehr. Man muß annehmen, daß auch *Oncidium macranthum* in der Natur ausgestorben ist.

Von ihrer Verwendung als Zier- und Sammelpflanzen abgesehen, ist die wirtschaftliche Nutzung von Orchideen nur von geringer Bedeutung und dürfte kaum einen gefährdenden Einfluß gehabt haben. Eine einzige Art, *Vanilla planifolia,* ist als Nutzpflanze zu bezeichnen, und wird vorwiegend zu diesem Zweck kultiviert. Einige andere Arten sind seit frühester Zeit von kommerzieller Bedeutung. Der Signaturenlehre zufolge wurden die männlichen Hoden ähnlichen Knollen verschiedener *Orchis*-Arten zur Heilung sexueller Schwächen oder als Mittel zur Beeinflussung des Geschlechtes bei der Kinderzeugung verwendet. Für den gleichen Zweck werden diese Knollen auch heute noch in großem Umfang als »salep« im östlichen Mittelmeergebiet und im Nahen Osten gehandelt. Ähnliche Eigenschaften werden im Zululand den Pseudobulben von *Ansellia* zugeschrieben. Der durch diesen Handel verursachte Schaden ist nur von regionaler Bedeutung und hat sicher nie zum Aussterben einer Art geführt.

Die Ausbreitung des Britischen Weltreiches seit dem späten 18. Jahrhundert und die damit einhergehende Zunahme an persönlichem Reichtum in England hat zu einer kaum übersehbaren Einfuhr exotischer Zierpflanzen geführt. Frederick Sander, der Begründer der weltberühmten Orchideengärtnerei in St. Albans, beschäftigte im ausgehenden 19. Jahrhundert gleichzeitig 39 Sammler in den Tropen. Nicht selten sammelten sie Tausende von Exemplaren einer begehrten Art und zerstörten dabei ganze Wälder. Nach Augenzeugenberichten sah das Fundgebiet von *Miltonia vexillaria* nach dem Raubzug der Sammler aus, als wäre es von einem Waldbrand heimgesucht worden.

In vielen Fällen überlebten die anspruchsvollen Pflanzen die lange Reise nach Europa nicht. W. Micholitz sammelte für Sander einige tausend Pflanzen von *Dendrobium phalaenopsis* var. *schroederianum* in Neuguinea, die allesamt in Celebes zugrundegingen. 21 000 von Robelin gesammelte Pflanzen der *Vanda (Euanthe) sanderiana* gingen in einem Hafen auf den Philippinen während eines Erdbebens verloren. Andere Sammler waren erfolgreicher: Forsterman kam mit 40 000 Exemplaren von *Paphiopedilum fairrieanum* aus Assam zurück. Die Einnahmen solcher Sammler waren beträchtlich. Sir Joseph Hooker erwähnt in seinen Journalen, daß ein Sammler in den Khasia-Bergen zwischen 2000 und 3000 englische Pfund verdienen konnte.

Der Erste Weltkrieg brachte die Sammeltätigkeit der großen europäischen Firmen Sander, Low, Veitch und Linden zum Erliegen. Aber schon vor dem Kriege waren die Tage der beruflichen Orchideensammler gezählt. Sie hatten die Bestände der prächtigsten Arten dezimiert, wenn nicht gar ausgerottet. Nachdem europäische Firmen und ihre Berufssammler verschwunden waren, bildeten sich in den Heimatländern dieser Pflanzen Exportfirmen, die die Marktlücke füllten. Obgleich einige dieser Betriebe den Orchideenexport mit selbst gezogenen Pflanzen bestreiten, kommt der Löwenanteil der ausgeführten Orchideen noch immer durch das Sammeln von Wildpflanzen zustande.

Nationale und regionale Schutzmaßnahmen

In vielen Ländern der Welt hat man wildwachsende Orchideen völlig unter Naturschutz gestellt. Das geschieht durch Gesetz auf nationaler Grundlage oder regional durch die Einrichtung von Naturschutzgebieten oder Nationalparks. In einigen Ländern Europas stehen stark gefährdete Arten wie *Cypripedium calceolus, Cephalanthera rubra, Epipogium aphyllum* und *Orchis militaris* unter völligem Schutz. Andere Arten dürfen in England mit Erlaubnis des Landbesitzers ausgeführt werden. In Deutschland stehen alle Arten unter absolutem Schutz. Leider sind in den Ländern, in denen man die meisten Orchideen findet, keinerlei Schutzmaßnahmen auf nationaler Ebene getroffen worden. Das gilt besonders für die Tropen. Auch im europäischen Bereich des Mittelmeeres bleibt in dieser Frage noch viel zu wünschen übrig.

In Mildenhall in England findet man das wohl kleinste Naturschutzgebiet der Welt. Es wurde lediglich zum Schutze von *Orchis militaris* angelegt.

Internationale Schutzmaßnahmen

Einen Meilenstein in der Geschichte des Naturschutzes stellt das durch die IUCN (International Union for Conservation of Nature and Natural Resources) erzielte, auch als »Washington Convention« bezeichnete Abkommen über den internationalen Handel mit wilden Arten der Tier- und Pflanzenwelt dar. Unter den im Anhang 1 der Konvention aufgeführten, von totaler Ausrottung gefährdeten Pflanzen befinden sich sieben Orchideen: *Cattleya jongheana, C. skinneri, C. trianae, Didiciea cunninghamii, Laelia lobata, Lycaste virginalis* var. *alba* und *Peristeria elata.* Alle wurden unter absoluten Schutz gestellt und dürfen nur unter außergewöhnlichen Umständen mit Genehmigung ausgeführt werden.

Der Anhang 2 des Abkommens, das 40 Staaten unterzeichnet haben, enthält Richtlinien für den Handel mit allen anderen, nicht namentlich aufgeführten Orchideenarten. Demzufolge hat der Importeur von Orchideen eine Einfuhrgenehmigung und eine entsprechende Ausfuhrlizenz von den Behörden des Herkunftslandes einzuholen. Auf diese Weise kann dem Massenhandel mit seltenen Arten Einhalt geboten werden. Es liegt in der Natur der Sache, daß manche Arten in stärkerem Ausmaß betroffen sind als andere. Zweifellos wird man die größten Schäden durch übermäßigen Export der Gattungen *Cattleya, Laelia, Paphiopedilum, Cypripedium, Dendrobium, Cymbidium* und *Odontoglossum* antreffen.

Letzten Endes wird man diesem Problem nur mit einem völligen Ausfuhrverbot natürlich gewachsener Pflanzen beikommen und den Handel mit Orchideen auf Flaschenkeimlinge oder Meristemkulturen beschränken. In einigen tropischen Ländern ist der Aufbau solcher Betriebe bereits in vollem Gange.

Daß Orchideenkultur im großen Stil möglich ist, hat man in Europa und Nordamerika über ein Jahrhundert lang bewiesen. In diesem Zeitraum müssen viele tausend Arten in Kultur gewesen sein, und Hunderte haben sich bis heute erhalten. Nach Hofmann (1975) befinden sich in den größeren Orchideensammlungen Deutschlands über 4000 lebende Arten! Wenn man nur auf dieses Material zurückgreifen würde, könnte man bereits die Einfuhrrate tropischer Orchideen drastisch mindern. Man sollte bedenken, daß bei geeigneter Pflege Orchideen für viele Jahre in der Kultur überleben können. Einige Exemplare in Kew sind nachweisbar über ein Jahrhundert alt. Moderne Methoden haben die Aussichten entscheidend verbessert.

Pracht und Schönheit haben viele Orchideenarten an den Rand des Verderbens geführt. Nirgendwo wurde die Lage treffender gekennzeichnet als im Titel eines Symposiums im Botanischen Garten New York: »Extinction is Forever« (Ausrottung ist endgültig).

Kurze Geschichte der Orchideenkultur

Über eineinhalb Jahrhunderte bestand das Handelsgut ausschließlich aus lebenden Pflanzen, die aus den tropischen Ursprungsländern nach Europa und in jüngerer Zeit nach Nordamerika und Australien eingeführt wurden. Im vorigen Jahrhundert wurde der Welthandel von wenigen berühmten Firmen wie Loddiges, Low & Co., Veitch & Sons, Linden und Sander & Co. betrieben. Diese ständig wachsenden Unternehmen sandten ihre eigenen Sammler in alle Tropenregionen, um nach Neuheiten Ausschau zu halten.
Hauptumschlagsplatz für neu importierte exotische Orchideen war Morris und Steven's Sales Rooms in London, wo bei regelmäßigen Auktionen Pflanzen für hohe Preise den Besitzer wechselten.
Nur sehr langsam und durch Fehlschläge immer wieder zurückgeworfen, begann die Anzucht dieser anspruchsvollen Gewächse in Europa, besonders in England. Erst um die Jahrhundertwende konnte man befriedigende Ergebnisse erzielen. In der Tat ist die Langlebigkeit mancher Exemplare auch heute noch unverständlich: In den Gewächshäusern in Kew befinden sich einige über 100 Jahre alte Pflanzen, die sich immer noch bester Gesundheit erfreuen und regelmäßig blühen, während andere bald zugrunde gingen.
Die früheste uns bekannte in die Kultur eingeführte Orchidee ist ein Exemplar von *Bletia verecunda,* das 1731 von Peter Collinson an Wagner nach England geschickt wurde. Ob diese Pflanze jemals zur Blüte kam, wissen wir nicht. Mit Sicherheit ist dagegen bekannt, daß etwas später eine *Vanilla*-Art (wahrscheinlich *V. planifolia*) neben einigen *Epidendrum*-Arten für einige Zeit in Kultur überlebt haben. Phillip Miller berichtet über diese Pflanzen in der zweiten Auflage seines »Dictionary of Gardening« von 1768. Im Jahre 1778 wurden aus China *Phaius tankervilleae* und *Cymbidium ensifolium* von Dr. John Fothergill eingeführt, die zweitgenannte Art kam im Jahr darauf in der Pflege von Mrs. Hind in Apperley Bridge, Yorkshire, zur Blüte. Im Archiv der Botanischen Gärten in Kew erfährt man, daß 1787 *Epidendrum (Encyclia) cochleatum* und *E. fragrans* zum erstenmal in Kultur blühten. Bereits 1794 kultivierte man in Kew nicht weniger als 15 Arten, von denen die Mehrzahl von den Westindischen Inseln durch den berühmten Admiral Bligh mitgebracht worden waren. Nach diesem Zeitpunkt nahm die Einfuhr tropischer und speziell epiphytischer Orchideen nach Europa ständig zu.
Einer erfolgreichen Kultur stand fehlendes Verständnis für diese Pflanzen im Wege. Viele Jahre glaubte man, daß Orchideen parasitisch auf ihrer Unterlage leben und wußte nur wenig über die wirklichen Umweltverhältnisse einzelner Arten am natürlichen Standort. John Lindley, zu jener Zeit Geschäftsführer der Horticultural Society of London, machte sich Gedanken über die Kultur tropischer Orchideen in England und gab 1830 eine Anleitung heraus, die zwar für die Haltung von tropischen Regenwaldorchideen tieferer Lagen nützlich war; für die Kultur von Pflanzen tropischer Bergwälder, aus denen die meisten Arten stammen, erwiesen sich seine Vorschläge aber als völlig unzureichend.
Dennoch wurden die Kulturmethoden im Laufe der Zeit, oft gegen große Widerstände eigensinniger Gärtner, ständig verbessert, wobei oft »Probieren geht über Studieren« die Regel war. Eine 1812 zur Firma Loddiges gekommene Pflanze von *Oncidium bifolium* hatte die lange Seereise von Montevideo, ohne Erde an der Wand der Schiffskabine hängend, überlebt und während der Zeit sogar geblüht. Schon im folgenden Jahr gelang es Fairbairn, einem Gärtner in Claremont, ein Exemplar von *Aerides odoratum* zum Blühen zu bringen: Er hielt die Orchidee in einem mit alten Teerbrocken und Moos gefüllten Hängekorb, den er hin und wieder zur Feuchthaltung in ein Wasserfaß tauchte. Eine ähnliche Methode wurde auch von dem einflußreichen Botaniker Sir Joseph Banks in seinen Gewächshäusern in Isleworth eingeführt. Er benutzte aufhängbare Flechtkörbe, die er innen mit lockerem Blattkompost füllte und außen zur Erhaltung der Feuchtigkeit mit Moos bedeckte (»Botanical Register«).
Ungefähr gleichzeitig experimentierte Dean Herbert einigermaßen erfolgreich mit einer vom Direktor des Botanischen Gartens zu Kalkutta, Dr. Wallich, vorgeschlagenen Methode. Er schnitt eine Höhle in die Rinde von Bäumen, setzte *Epidendrum*-Pflanzen fast pfropfartig hinein und befestigte davor eine Schicht Moos, so daß die sich entwickelnden Wurzeln der Orchidee einen festen Halt in der Baumrinde fanden.
Ähnliche Anzuchtvorschläge arbeitete John Lindley für die Firma Loddiges aus; er erhielt ständig Berichte über die Bedingungen am natürlichen Standort von den zahlreichen Sammlern. Männer wie Alan Cunningham in Australien, George Ure Skinner in Guatemala, Gibson in den Knasia-Bergen, William Lobb in Peru und Gardener im Orgelgebirge in Brasilien bereicherten durch ihre Schilderungen sein Wissen, das sich in seinen Artikeln in dem von ihm 1845 begründeten »Botanical Register« widerspiegelte.
Einige Gärtner experimentierten selbständig, um Methoden zur Pflege der von einem immer breiteren Publikum begehrten Gewächse zu finden. Einer der ersten war Joseph Cooper. Er war bereits 1835 mit der Erhaltung einer Orchideensammlung betraut. Sein Erfolg bestand darin, daß er von der üblichen Methode abwich und die Durchschnittstemperatur bei guter Durchlüftung seiner Gewächshäuser herabsetzte.
Außerdem sorgte er als einer der ersten durch Bespritzen von Boden, Regalen und Wänden in den Gewächshäusern für eine ständige hohe Luftfeuchtigkeit. Oft waren es nur einfache, heute selbstverständliche Maßnahmen, die der erfolgreichen Orchideenzucht weitere Anstöße gaben. So führte Donald Beaton die Methode des Besprühens ein, und Anthony Bacon beheizte als erster seine Gewächshäuser in Glamorganshire, indem er heißes Wasser durch Rohre laufen ließ.
Das Wissen und die Erfahrung der ersten sieben Jahrzehnte der Orchideenkultur wurden erstmals 1851 durch B.S. Williams in seinem Buch »The Orchid Grower's Manual« zusammengefaßt. Dennoch waren die Verluste unter den Neueinfuhren auch zu dieser Zeit noch sehr hoch, weil viele Gärtner nicht bereit waren, alte Vorstellun-

gen aufzugeben und weiterhin ihre Pflanzen in überheizten Häusern zogen. Erst nachdem Lindley (»Gardeners' Chronicle«, 1859) und vor allem James Bateman (»Monograph of Odontoglossum«, 1874) gegen diese Methode zu Felde gezogen waren, fand ein Bruch mit der Vergangenheit statt.

In den Achzigerjahren des 18. Jahrhunderts nahmen die Kulturmethoden modernere Formen an. Obgleich noch sehr viel Importmaterial zugrunde ging, konnten Orchideen, die den Wechsel überlebt hatten, in europäischen Gewächshäusern weiterwachsen.

Einen Wendepunkt in der Orchideenzucht bedeutete die erste künstlich erzeugte Hybride, *Calanthe × dominyi,* durch John Dominy 1856, der für die Firma Veitch & Sons in Chelsea arbeitete. Mit dieser Kreuzung wurde nicht nur der Grundstein für die spätere Beliebtheit der Orchideen-Hybriden gelegt, sondern auch ein Anfang bei der Aufzucht aus Samen gemacht. Andere Gärtner folgten Dominys Beispiel, und bald wurden mehr und mehr Art- und Gattungshybriden hervorgebracht. Die Kreuzungen waren nicht selten prächtiger als die Eltern. Es war deshalb kein Wunder, daß die Nachfrage nach den Hybriden ständig zunahm und der Handel mit reinen Arten in den Hintergrund trat. Die Zahl neuer Hybriden machte schließlich die Veröffentlichung des einflußreichen »Orchid Stud Book« von R.A. Rolfe und C.C. Hurst (1909) und des »Orchid Guide« von F. Sander (1901) notwendig. Das letztgenannte Werk entwickelte sich schließlich zu einer ständig fortgeführten, heute noch veröffentlichten Liste von Orchideenhybriden (»Sander's List of Orchid Hybrids« 1906).

Vorausgesetzt, die Pflanzen sind überhaupt kreuzbar, ist die eigentliche Technik nicht schwierig. Man entfernt die reifen Pollinien aus der Blüte des männlichen Elternteils und überträgt sie in die Narbenhöhle der weiblichen Blüte. Nach der Befruchtung macht sich eine Schwellung des Fruchtknotens bemerkbar. Das Ausreifen der Fruchtkapsel kann von einigen Wochen bis zu einem Jahr dauern. In den ersten Jahren der Hybridenzucht begannen die Schwierigkeiten erst nach der Samenernte.

Zunächst versuchte man, die gewonnenen Samen direkt bei der Mutterpflanze in das Substrat zu streuen und die wenigen sich entwickelnden Keimlinge in ein neues Substrat zu versetzen. Diese von Veitch (A Manual of Orchidaceous Plants) 1894 vorgeschlagene Methode und ähnliche, von anderen Züchtern angewandte Verfahren führten nur selten zum Erfolg. Erst die Entdeckung der Wechselbeziehung zwischen Orchideen und Wurzelpilzen durch den Franzosen Noël Bernard (1909) brachte neuen Auftrieb. Erst jetzt wußte man, daß Orchideensamen nur in Gegenwart eines gewissen Pilzes zu keimen imstande sind. Aufgrund seiner Arbeiten und denen von Hans Burgeff (1909) war es möglich, Samen auf einem Nährboden, der mit dem isolierten Pilz beimpft war, in Reinkultur keimen zu lassen.

Diese Kulturmethode konnte noch wesentlich verbessert werden, nachdem Knudsen (1922) festgestellt hatte, daß der Pilz Kohlenhydrate wie Stärke oder Zucker in Fructose und Glucose umwandeln und dem Keimling zugänglich machen konnte. Bis zum Jahre 1930 hatte er sein als asymbiotische Methode bekanntes Verfahren soweit entwickelt, daß es möglich war, durch Zugabe von Zucker und entsprechenden mineralischen Nährstoffen, ohne Gegenwart des Pilzes, Orchideenkeimlinge in vitro zu züchten. Heute ist die Anzucht von Orchideen auf diese Weise unter Anwendung verschiedener Rezepturen üblich. Sie erlaubt es außerdem, Orchideen billig und in großen Mengen auf den Markt zu bringen.

Als jüngster großer Erfolg ist schließlich die besonders für die erwerbsmäßige Vermehrung hochwertiger Hybriden wichtige Methode der vegetativen Vermehrung durch Meristemkultur zu verzeichnen. Auf diese Weise können Klone (»Mericlones«) aufgebaut werden, die in allen Eigenschaften mit denen der Mutterpflanze identisch sind. Die ersten Versuche einer Meristemkultur gehen auf das Jahr 1922 (Robbins) zurück. Erfolge erzielte erst E. Ball 1946 mit Kulturen von *Tropaeolum* und *Lupinus.* Im Jahre 1966 ist Morel die erste Aufzucht von *Cymbidium* aus Meristemkulturen gelungen. Im Verlauf der folgenden Jahre konnte das Verfahren von verschiedenen Wissenschaftlern und Züchtern auf alle handelswichtigen Gattungen und Hybriden ausgedehnt werden. Lediglich *Paphiopedilum* und *Phalaenopsis* haben sich bis heute dieser Vermehrungsweise widersetzt. Allerdings gelangen in jüngster Zeit auch Experimente, die für diese beiden Gattungen erfolgversprechend sind.

Künstliche Orchideenhybriden

»Die künstliche Bestäubung verschiedener Orchideenarten könnte vielleicht aufregende Ergebnisse zeitigen; allerdings lassen sie sich nicht leicht aus Samen ziehen. Mir ist es jedoch gelungen, *Bletia, Cattleya, Orchis (Herminium) monorchis* und *Ophrys aranifera* aus Samen aufzubringen; und wäre ich für die meiste Zeit des Jahres nicht zu weit entfernt von meinen Pflanzen, könnte ich Hybriden zwischen ihnen erzielen. Vorigen Frühling hatte ich gut entwickelte Früchte von *Orchis* bestäubt mit dem Pollen von *Ophrys* wie auch mit dem anderer *Orchis*-Arten, und hätte ich sie nicht verlassen müssen, so glaube ich, hätte ich Hybridensamen erhalten. Ein intelligenter Gärtner kann mit Versuchen dieser Art viel für die Wissenschaft tun, vorausgesetzt, daß er sich bei seinen Versuchen genaue Notizen macht und nicht zu voreiligen Schlüssen kommt.«

Als der Pfarrer W. Herbert diese Worte 1847 (»Journal of the Horticultural Society«) veröffentlichte, konnte er nicht ahnen, als wie prophetisch sie sich erweisen würden. Zehn Jahre später gelang es John Dominy (1856), eine Hybride durch Kreuzung von *Calanthe furcata* mit *Calanthe masuca* zu züchten. Er setzte damit das Startsignal für die Massenproduktion von Orchideenhybriden, die heute die gesamte Szene auf diesem Gebiet beherrscht. John Lindley, der die erste künstliche Hybride nach ihrem Züchter benannte *(Calanthe × dominyi)*, sah schon die nomenklatorischen Probleme voraus, die eine umsichgreifende Produktion künstlicher Hybriden mit sich bringen mußte.

Experimentell arbeitende Systematiker haben versucht, das Artenkonzept damit zu begründen, daß Pflanzen einer Art miteinander kreuzbar seien und lebensfähigen Samen hervorbringen, während die Kreuzung mit einer anderen Art entweder unmöglich sei oder nur beschränkt lebensfähigen Samen zur Folge habe.

Das Ausnahmeverhalten der Orchideen wird auf verschiedene Weise erklärt. Man nimmt an, daß sich die morphologische Anpassung der Orchideenblüte an bestäubende Insekten schneller vollzogen hat als die Ausbildung von Unverträglichkeitsfaktoren zwischen Griffelgewebe und

Chronologische Aufstellung der wichtigsten Schritte bei der Erzeugung künstlicher Hybriden von 1853–1908

Datum	Hybride	Eltern	Anmerkungen
1853	Cattleya	C. guttata × C. loddigesii	Dominys erste erfolgreiche Kreuzung
1856	Calanthe × dominyi	C. furcata × C. masuca	Erste von Dominy zur Blüte gebrachte Hybride
	Cattleya × hybrida	C. guttata × C. loddigesii	Von Dominy zur Blüte gebracht
1863	× Laeliocattleya exoniensis	Cattleya mossiae × Laelia crispa	Erste Gattungshybride
1864	Laelia × pilcheri	L. crispa × L. perrinii	Erste Laelia-Hybride
1869	Paphiopedilum × harrisianum	P. villosum × P. barbatum	Hybride benannt nach Dr. Harris in Exeter, der Dominy zu Kreuzungsversuchen anregte
1871	Paphiopedilum × ashburtoniae	P. barbatum × P. insigne	Erste von Cross gezüchtete Paphiopedilum-Hybride
1873	Paphiopedilum × crossianum	P. insigne × P. venustum	Zweite von Cross gezüchtete Paphiopedilum-Hybride
	Phragmipedium × sedenii	P. longifolium × P. schlimii	Erste von Seden, dem Nachfolger von Dominy, gezüchtete und zum Blühen gebrachte Hybride
	Cattleya × fausta	C. loddigesii × C. exoniensis	Erste Sekundärhybride
1874	Dendrobium × ainsworthii	D. aureum × D. nobile	Erste beschriebene Dendrobium-Hybride
1878	Lycaste × hybrida	L. skinneri × L. deppei	Von W. Marshall gezüchtete Lycaste-Hybride
1880	Masdevallia × chelsonii	M. amabilis × M. veitchiana	Erste Masdevallia-Hybride
1881	Cattleya × columnata	C. intermedia × C. aclandiae	Erste außerhalb Englands (Bleu, Paris) gezüchtete Hybride
1886	× Sophrocattleya batemaniana	Sophronites grandiflora × Cattleya intermedia	Zweite bigenerische Hybride
	Phalaenopsis × intermedia	P. aphrodite × P. rosea	Elternschaft der Wildpflanze bereits 1853 von Lindley vorausgesagt

Chronologische Aufstellung der wichtigsten Schritte bei der Erzeugung künstlicher Hybriden von 1853–1908

Datum	Hybride	Eltern	Anmerkungen
1888	Epidendrum × O'Brienianum	E. erectum × E. radicans	Von Seden gezüchtete Hybride
1889	Miltonia × bleuana	M. vexillaria × M. roezlii	Gezüchtet von Bleu in Paris
	Cymbidium × veitchii	C. lowianum × eburnum	Erste der von Seden gezüchteten Cymbidium-Hybride
1890	Odontoglossum × wilckeanum	O. crispum × O. luteopurpureum	Von Baron E. de Rothschild (Armanvilliers bei Paris) gezüchtete Hybride
	× Epiphronitis veitchii	Sophronites grandiflora × Epidendrum radicans	Von Seden gezüchtet
1891	Odontoglossum × excellens	O. pescatorii × O. triumphans	Die Züchtung dieser künstlichen Hybride bestätigte die Hypothese Reichenbachs über den Ursprung von O. excellens
1892	× Sophrolaeliocattleya veitchiana	Sophronitis grandiflora × Laeliocattleya schilleriana	Erste trigenerische Hybride
1893	Vanda 'Miss Joaquim'	V. hookeriana × V. teres	Mit dieser Hybride begann der Handel mit Vanda-verwandten Orchideen in Singapur
1894	× Epilaelia hardyana	Epidendrum ciliare × Laelia anceps	Dritte Gattungshybride
1897	× Epicattleya matutina	Cattleya bowringiana × E. radicans	Bei der Firma Veitch gezüchtete Hybride
1899	Angraecum × veitchii	A. sesquipedale × A. superbum	Erste aus Madagaskar stammende Orchidee bei der Züchtung künstlicher Hybriden
1900	*Wiederentdeckung der Mendelschen Regeln*		
1904	× Odontioda vuylstekeae	Cochlioda noetzliana × Odontoglossum pescatorei	Von Charles Vuylsteke (Ghent) gezüchtete Hybride
1906	Coelogyne × brymeriana	C. dayana × C. asperata	Von Co. Brymer (Doncaster, England) gezüchtete Hybride
1906	Sander's List of Orchid Hybrids		Veröffentlichung von Sanders Hybridenliste
1909	Rolfe and Hurst: The Orchid Stud Book		Übersicht aller Kreuzungen bis zum Jahre 1909 und Liste aller Hybriden, ihrer Abkunft und ihrer Züchter

Pollen nahe verwandter Arten. Tatsächlich ist Unverträglichkeit (Inkompatibilität) kaum notwendig, da das Blüten-Insekten-Verhältnis hochgradig spezifisch ist (van der Pijl und Dodson 1966). Eine andere Erklärung für das Fehlen einer Griffel-Pollen-Inkombatibilität ist die geographische oder ökologische Isolierung von Arten, die die Chance einer Hybridisierung in der Natur herabsetzt.

Das Vorhandensein ökologischer Barrieren wurde von Dodson (1966) gezeigt. Er fand Hybridenschwärme von *Oncidium pumilio* und *Oncidium pusillum* an den Stämmen geschnittener Guava-Bäume. *Oncidium pusillum* wächst normalerweise an schattigen Stellen auf Lianen, die über Gewässern hängen. Dagegen kommt *Oncidium pumilio* immer in direktem Sonnenlicht hoch in den Baumkronen vor. Die von H. G. Reichenbach als *Oncidium × glossomystax* benannte Hybride fand im Halbschatten geschnittener Bäume ideale Lebensbedingungen. Erst die Störung der natürlichen Umwelt beider Arten durch das Beschneiden der Bäume machte die Existenz der Hybride möglich.

Von den etwa 750 bekannten Orchideengattungen sind nur wenige an der Produktion einer Unzahl künstlicher Hybriden (bis heute wurden etwa 70000 registriert) beteiligt. Tatsächlich sind für kommerzielle Kreuzungen nur die folgenden elf Gattungen gefragt: *Dendrobium, Paphiopedilum, Cymbidium, Odontoglossum, Oncidium, Vanda, Miltonia, Cattleya, Laelia, Epidendrum* und *Phalaenopsis.* Man hat auch einige andere Gattungen für Hybridisierungsversuche verwendet. Mit Gewißheit läßt sich sagen, daß Hybriden nur durch Kreuzung nahe verwandter Gattungen ohne Schwierigkeiten gewonnen werden können. Technisch bereitet die Durchführung des künstlichen Kreuzungsvorganges im allgemeinen keine Schwierigkeiten. Sobald die Blüte voll ausgereift ist, entfernt man die Pollinien. Man nimmt sie entweder mit einer feinen Pinzette herunter oder man läßt sie an einer Nadel, mit der man die Klebscheibe berührt, festhalten. Bei Arten der Gattung *Paphiopedilum* wird man zuvor den die klebrige Pollenmasse verdeckenden Schuh abschneiden. Die so freigewordenen Pollinien überträgt man unverzüglich in die Narbenhöhle der zu bestäubenden Blüte. Dort wird sie auf dem weichen Narbengewebe sofort festgehalten. Nach erfolgreicher Bestäubung tritt ein baldiges – meistens sofort oder nach wenigen Stunden – Welken der Blüte ein, verbunden mit einer sichtlichen Schwellung des Fruchtknotens. In der Natur wird auf diese Weise der Besuch eines zweiten Bestäubers ausgeschlossen.

Zur Systematik und Klassifizierung der Orchideen

Die Orchideen bilden eine der größten Verwandtschaftsgruppen des Pflanzenreiches. Die Zahl ihrer auf über 800 Gattungen verteilten Arten liegt schätzungsweise zwischen 15 000 und 30 000. Die große Schätzdifferenz beruht zum Teil auf dem unterschiedlichen Artenkonzept verschiedener Botaniker. Welchen Standpunkt man auch immer einnimmt, die Artenzahl bei den Orchideen ist größer als in jeder anderen Familie. Um eine Übersicht zu bekommen, hat man die Familie in hierarchisch angeordnete Gruppen (**Unterfamilien, Tribus, Subtribus**) gegliedert. Siehe Seite 30.

Carl Linné, der Begründer der modernen Systematischen Botanik, unterschied in seinem einflußreichen Werk »Species Plantarum« (1753) nur 62 Arten in 8 Gattungen. Bei den meisten dieser Arten handelte es sich um europäische. Ihre Beschreibungen fußten zum größten Teil auf denen früherer Werke, wie L. Fuchs (1542), Dodoneus (1583) oder Bauhin (1623); andere wurden nach Belegen aus Linnés eigenem Herbarium beschrieben. Bis zum Ende des Jahrhunderts nahm mit der Erschließung der Pflanzenwelt die Zahl der bekannten Orchideen Amerikas und Australiens ständig zu.

Der erste Versuch einer systematischen Anordnung der seinerzeit bekannten Orchideen geht auf O. Swartz zurück. Zwischen 1788 und 1800 beschrieb er zahlreiche Arten und mehrere Gattungen aus dem tropischen Amerika. Er war der erste Botaniker, der Arten mit nur einer Anthere (die *Monandrae* späterer Autoren) und solche mit zwei Antheren (die *Diandrae* späterer Autoren) unterschied.

Ihm folgte Robert Brown, der 1810 (»Prodromus Florae Novae Hollandiae«) die Monandrae in vier Gruppen unterteilte. Er benutzte die Lage und Form der Anthere, die Pollinien und schließlich auch die Wuchsform der Pflanzen als Merkmale für seine Einteilung. Seit dieser Zeit haben Antheren- und Pollinienmerkmale immer eine ausschlaggebende Rolle in der Orchideenklassifikation gespielt.

Schließlich war es L.C. Richard, der 1812 in seiner Arbeit über europäische Orchideen (»Memoires du Muséum d'Histoire Naturelle«, Paris) eine ausführliche Beschreibung der Struktur der Orchideen vorlegte und Begriffe schuf, die bis auf den heutigen Tag benutzt werden.

Die frühen Versuche einer Einteilung der Familie durch Linné, Swartz, R. Brown und auch Blume beruhten auf einer verhältnismäßig kleinen Zahl von Arten, und diese kamen zum größten Teil aus den gemäßigten Zonen der Erde. Erst in den ersten Jahrzehnten des 19. Jahrhunderts wurden europäische Botaniker mit einer ständig wachsenden Zahl tropischer Orchideen vertraut, und zudem wurden Versuche, diese Gewächse in Europa zu kultivieren, mehr und mehr von Erfolg gekrönt (siehe auch Seite 25).

Die wichtigste mit der Orchideenforschung dieser Zeit verbundene Persönlichkeit war John Lindley, Professor der Botanik an der Universität London, ein außerordentlich fleißiger Forscher und ein Mann mit umfangreichen Kenntnissen auf allen Gebieten der Botanik, des Gartenbaus und der Landwirtschaft. Sein Hauptinteresse galt den Orchideen, seine Arbeiten bilden die Grundlage der modernen Orchideenkunde. Zwischen 1830 und 1840 veröffentlichte er »The Genera and Species of Orchidaceous Plants«, ein Werk, das auch heute noch von Botanikern regelmäßig konsultiert wird. Er beschrieb fast 2000 Arten und ordnete sie systematisch ein. Diese Zahl repräsentiert ungefähr 10% der heute bekannten Arten. Lindley unterteilte die Orchidaceae folgendermaßen:

- I. Antheren einzeln
  - A. Pollinien wachsartig
    - a. Pollinien ohne Anhängsel
      Tribus I. Malaxeae (Malaxideae)
    - b. Pollinien mit Caudicula aber ohne Stipes
      Tribus II. Epidendreae
    - c. Pollinien mit Caudicula und Stipes
      Tribus III. Vandeae
  - B. Pollinien pulverig oder körnig
    - a. Anthere endständig, aufrecht
      Tribus IV. Ophreae
    - b. Anthere endständig, über dem Rostellum liegend
      Tribus V. Arethuseae
    - c. Anthere rückenständig (hinter dem Rostellum)
      Tribus VI. Neotteae
- II. Antheren zwei
  Tribus VII. Cypripedeae

Beachtlich an Lindleys System ist die Tatsache, daß es sich trotz vieler Rangänderungen, Namensänderungen und Umschichtungen in den modernsten Systemen widerspiegelt. Zweifellos hat er auf die Orchideenforschung einen größeren Einfluß ausgeübt als jeder andere ihm folgende Wissenschaftler. Außer dem oben erwähnten Werk hat er noch sein »Sertum Orchidacearum« (1837–1842), mit F. Bauer die »Illustrations of Orchidaceous Plants« (1830–1838) und die »Folia Orchidacea« (1852–1859) verfaßt.

Die aktivste Periode der Orchideensystematik fällt in die zweite Hälfte des 19. Jahrhunderts, in der Botaniker wie H.G. Reichenbach, F. Kraenzlin, R.A. Rolfe u.a. neben der Beschreibung unzähliger neuer Arten bemerkenswerte Monographien, Revisionen und Florenbearbeitungen herausbrachten. Ein Versuch, Lindleys System zu verbessern, wurde jedoch erst 1881 durch George Bentham unternommen; er veröffentlichte es im »Journal of the Linnaean Society« und später, in erweiterter Form, mit Hooker in »Genera Plantarum«. Sein System unterscheidet sich von dem Lindleys durch die Zusammenfassung der *Malaxideae* und *Epidendreae* in die *Epidendreae* und den Einschluß der *Arethuseae* in die *Neotteae*. Darüber hinaus untergliederte er die verbleibenden fünf Tribus in eine Anzahl von Subtribus und definierte seine Einheiten klarer als Lindley.

Die radikalste Abweichung von Lindleys Klassifikation und vielleicht interessanteste Aufgliederung der Familie wurde 1889 von Ernst Pfitzer (Engler & Prantl, »Die Natürlichen Pflanzenfamilien«) unternommen. Zunächst betrachtete er, Darwins Ansichten folgend, die mit zwei Antheren versehenen Orchideen als die primitivsten und stellte sie an den Anfang seines Systems. Weiterhin benutzte er, nach einer grundlegenden,

auf Pollenmerkmalen fußenden Gliederung, vegetative Merkmale zur weiteren Aufteilung.
Der Veröffentlichung der Systematik von Bentham und Pfitzer folgte eine neue und wesentlich verbesserte Gliederung der Orchideen erst durch die posthume Veröffentlichung des Vorschlages von Rudolf Schlechter im Jahre 1926 (»Notizblatt des Botanischen Gartens und Museums«, Berlin-Dahlem). Schlechters Kenntnisse auf dem Gebiet der Orchideensystematik sind in der ersten Hälfte des 20. Jahrhunderts unübertroffen; seine floristischen Arbeiten über die Orchideen von Neuguinea, Afrika und Amerika gehören zu den wichtigsten Beiträgen zur Pflanzenwelt dieser Gebiete. Eine auf den neuesten Stand unseres Wissens gebrachte Version mit Schlüsseln zu den Subtribus und einer Liste aller Gattungen wurde 1959 von C. Schweinfurth (in Withner, »The Orchids«) veröffentlicht. Das System von Schlechter fand weltweite Anerkennung; es wird auch heute noch, z.B. in Kew, in einer abgewandelten Form benutzt. Sein Vorteil beruht darauf, daß es die wichtigsten Eigenheiten des Systems von Bentham (Betonung von Blütenmerkmalen) mit denen des Pfitzerschen (Benutzung von vegetativen Merkmalen) verbindet. Wegen seiner ausgezeichneten, dichotom angeordneten Schlüssel ist es zudem von großem praktischen Wert.
Eine tabellarische Übersicht der wichtigsten Orchideensysteme wurde von van der Pijl und Dodson (1966) und von Garay (1972) gegeben. Arbeiten von Garay (1960) und von Dressler and Dodson (1960) bilden den Anfang einer Neugestaltung der Orchideen-Großsystematik, das heißt, der Taxa oberhalb des Gattungsniveaus. Alle diese Beiträge verwenden Informationen, die Rudolf Schlechter noch nicht zugänglich waren; außerdem wird in ihnen versucht, das bestehende System in Einklang mit den Internationalen Regeln der Botanischen Nomenklatur zu bringen. Die dabei notwendig gewordenen Namensänderungen, so störend sie auch manchmal erscheinen, sollten letzten Endes zu einer Festigung der Orchideennomenklatur führen.
In dem vorliegenden Werk wurde das 1974 von Dressler vorgeschlagene System bei der Namensgebung berücksichtigt. Es unterteilt die Familie in drei Unterfamilien: *Apostasioideae* (unter Einschluß von *Apostasia* und *Neuwiedia*), *Cypripedioideae* und *Orchidoideae*. Die Unterfamilie *Orchidoideae* enthält die Mehrzahl aller Gattungen, die Dressler auf 17 Tribus verteilt, diese wiederum (informell) in drei Gruppen (*Neottioid-*, *Epidendroid-* und *Vandoid*-Gruppe). Andere Autoren haben die gleichen Gruppen als Unterfamilien aufgefaßt. Aber Dressler weist darauf hin, daß sie nicht klar voneinander abzutrennen sind. Z.B. besitzen Angehörige der Gastrodeae die weichen Pollinien der *Neottioid*-Gruppe und die Antherenstellung der *Epidendroid*-Gruppe.
Das seit 1960 neuerweckte Interesse für die Orchideensystematik wird zweifellos frische Impulse erhalten, wenn mit dem Erscheinen der Orchideenbearbeitung von Ayensu et al. in Metcalfes »Anatomy of the Monocotyledons« der Wissenschaft wesentliche anatomische Daten neu bekannt werden.

Schlüssel zu den Unterfamilien und Tribus*

1 Fertile Antheren, meist 2 oder 3 2

1 Fertile Antheren, meist einzeln (**Orchidoideae**) 3

2 Lippe sackartig, völlig von den Petalen verschieden; fertile Antheren 2, seitlich; Staminodium schildartig .... **Cypripedioideae**

2 Lippe nicht sackartig, den Petalen ähnlich; fertile Antheren 2 oder 3; Staminodium nicht schildartig .. **Apostasioideae**

Orchidoideae

3 Pollenmasse weich und mehlig; Blätter am Grund nicht gegliedert, an der Pflanze verwelkend 4

3 Pollenmasse gewöhnlich fest und hart; Blätter gewöhnlich am Grund gegliedert und abfallend 9

4 Antheren unten breit mit der Säule verbunden, nicht hinfällig; Pollinien in Pakete unterteilt; Klebscheiben 1 oder 2, am Grunde der Pollinien ... *Orchideae*

4 Antheren schmal mit der Säule verbunden, oft hinfällig; Pollinien entweder mehlig oder in Pakete geteilt; Klebscheibe, wenn vorhanden 1 5

5 Anthere meistens aufrecht, parallel zur Achse der Säule stehend; Klebscheibe oft vorhanden 6

5 Anthere meistens endständig; Klebscheibe fehlend .... *Gastrodieae*

6 Saprophyten; Pollinien mit deutlichen Caudiculae .... *Epipogeae*

6 Pflanzen nicht saprophytisch oder Pollinien ohne Caudiculae 7

7 Pflanzen mit fast kugeligen Knollen und dünnen normalen Wurzeln; Stämme kurz; Säule meist deutlich geflügelt .... *Diurideae*

7 Pflanzen ohne solche Knollen, Wurzeln öfters fleischig, aber auf jeden Fall von gleicher Art; Stämme öfters verlängert; Säulen flügellos 8

8 Rostellum aufrecht, bis zur Spitze der Anthere reichend, mit deutlicher endständiger Klebscheibe ... *Cranichideae*

8 Rostellum fast immer kürzer als die Anthere, ohne eine deutliche Klebscheibe .. *Neottieae*

9 Pollinien 2 bis 12, mit oder ohne Klebscheibe, meist ohne Stipes, wenn flach, dann meist seitlich abgeflacht 10

* nach Dressler 1974

9 Pollinien 2 oder 4, mit deutlicher Klebscheibe und öfters mit Stipes, meist vom Rücken her abgeflacht 13

10 Pollinien 2 bis 12, mit Caudiculae 11

10 Pollinien 2 oder 4, nackt 12

11 Blätter meistens spiralig gestellt und längs gefaltet; Pollinien relativ weich; Pflanzen oft mit Knollen oder Pseudobulben – ähnlich geschwollenen Stämmen oder echten Pseudobulben, meist terrestrisch ..... *Arethuseae*

11 Blätter meistens 2reihig gestellt und zusammengefaltet. Pollinien hart; Pflanzen mit dünnen Stämmen oder Pseudobulben, gewöhnlich epiphytisch .... *Epidendreae*

12 Säule mit deutlichem Fuß, dieser oft so lang wie die Säule. Blütenstand meistens seitlich; Blätter zusammengefaltet ..... *Dendrobieae*

12 Säule ohne Fuß oder aber mit Fuß kürzer als die Säule; Blütenstand meistens endständig. Blätter längsgefaltet oder zusammengefaltet .... *Malaxideae*

13 Pflanzen von monopodialem Wuchs, vorwiegend in der Alten Welt beheimatet (Vandeae der Neuen Welt besitzen weiße oder grauweiße Blüten und auffällige Sporne und sind häufig blattlos) .... *Vandeae*

13 Pflanzen überwiegend von sympodialem Wuchs 14

14 Pollinien 4 15

14 Pollinien 2 16

15 Blütenstand endständig, vorwiegend Pflanzen der Alten Welt .... *Polystachyeae*

15 Blütenstand seitlich, vorwiegend Pflanzen der Neuen Welt .... *Maxillarieae*

16 Klebscheibe gewöhnlich scharf vom Stipes zu unterscheiden; Blätter zusammengefaltet; Pseudobulben (wenn vorhanden) mit einem Internodium . *Oncidieae*

16 Klebscheibe und Stipes ähnlich in Färbung und Oberfläche 17

17 Caudiculae zylindrisch und durchsichtig, etwa so lang wie die Pollinien *Pachyphylleae*

17 Caudiculae weder zylindrisch noch durchsichtig, viel kürzer als die Pollinien 18

18 Pseudobulben meistens mit mehreren Internodien; Stipes gewöhnlich so lang wie breit .... *Cymbidieae*

18 Pseudobulben meistens mit nur 1 Internodium. Stipes meistens länger als breit .... *Gongoreae*

Die im vorliegenden Werk beschriebenen Gattungen nach den Unterfamilien und Tribus des Dresslerschen Systems geordnet.

Unterfamilie Apostasioideae

Hier keine Gattung beschrieben.

Unterfamilie Cypripedioideae

Cypripedium, Paphiopedilum, Phragmipedium, Selenipedium.

Unterfamilie Orchidoideae

1. **Tribus Neottieae:** Hier keine Gattung beschrieben.

2. **Tribus Diurideae:** Hier keine Gattung beschrieben.

3. **Tribus Cranichideae:** Anoectochilus, Cyclopogon, Goodyera, Ludisia, Macodes, Pelexia, Ponthieva, Sarcoglottis, Stenorrhynchus.

4. **Tribus Epipogeae:** Hier keine Gattung beschrieben.

5. **Tribus Orchideae:** Bonatea, Cynorkis, Disa, Habenaria, Orchis, Pecteilis, Satyrium, Stenoglottis.

6. **Tribus Gastrodieae:** Vanilla.

7. **Tribus Arethuseae:** Acanthephippium, Ancistrochilus, Arpophyllum, Arundina, Bletia, Bletilla, Bothriochilus, Calanthe, Chysis, Elleanthus, Isochilus, Phaius, Sobralia, Spathoglottis, Tainia, Thunia.

8. **Tribus Epidendreae:** Alamania, Barbosella, Barkeria, Brassavola, Broughtonia, Cattleya, Caularthron, Ceratostylis, Coelogyne, Cryptophoranthus, Dendrochilum, Diothonea, Encyclia, Epidendrum, Eria, Hexadesmia, Hexisea, Laelia, Lanium, Lepanthes, Leptotes, Masdevallia, Meiracyllium, Nageliella, Neocogniauxia, Octomeria, Otochilus, Pholidota, Phreatia, Physosiphon, Platystele, Pleione, Pleurothallis, Porroglossum, Restrepia, Scaphosepalum, Scaphyglottis, Schomburgkia, Sophronitella, Sophronitis, Stelis.

9. **Tribus Dendrobieae:** Bulbophyllum, Cadetia, Cirrhopetalum, Dendrobium, Epigeneium.

10. **Tribus Malaxideae:** Liparis, Malaxis.

11. **Tribus Maxillarieae:** Acacallis, Anguloa, Bifrenaria, Bollea, Cochleanthes, Huntleya, Kefersteinia, Koellensteinia, Lycaste, Maxillaria, Mormolyca, Neomoorea, Ornithocephalus, Pabstia, Pescatoria, Promenaea, Rudolfiella, Scuticaria, Stenia, Telipogon, Xylobium, Zygopetalum.

12. **Tribus Vandeae:** Acampe, Aerangis, Aeranthes, Aerides, Amesiella, Ancistrorhynchus, Angraecopsis, Angraecum, Arachnis, Ascocentrum, Bolusiella, Calyptrochilum, Camarotis, Chamaeangis, Chiloschista, Cleistostoma, Cyrtorchis, Diaphananthe, Diploprora, Doritis, Esmeralda, Euanthe, Gastrochilus, Haraella, Jumellea, Kingidium, Listrostachys, Luisia, Microcoelia, Neobathiea, Neofinetia, Oeonia, Pelatantheria, Phalaenopsis, Podangis, Rangaeris, Renanthera, Rhynchostylis, Robiquetia, Sarcochilus, Schoenorchis, Sobennikoffia, Sphyrarhynchus, Trichoglottis, Tridactyle, Vanda, Vandopsis.

13. **Tribus Polystachyeae:** Polystachya.

14. **Tribus Cymbidieae:** Ansellia, Catasetum, Clowesia, Cycnoches, Cymbidiella, Cymbidium, Cyrtopodium, Dressleria, Eriopsis, Eulophia, Eulophiella, Galeandra, Grammangis, Grammatophyllum, Graphorkis, Grobya, Mormodes, Oeceoclades.

15. **Tribus Pachyphylleae:** Lockhartia.

16. **Tribus Gongoreae:** Acineta, Coryanthes, Gongora, Houlletia, Paphinia, Peristeria, Polycycnis, Stanhopea.

17. **Tribus Oncidieae:** Ada, Aspasia, Brassia, Capanemia, Chondrorhyncha, Cochlioda, Comparettia, Erycina, Gomesa, Helcia, Ionopsis, Leochilus, Leucohyle, Macradenia, Miltonia, Miltoniopsis, Notylia, Odontoglossum, Oncidium, Ophrys, Ornithophora, Otoglossum, Palumbina, Rodriguezia, Rossioglossum, Sigmatostalix, Solenidium, Symphyglossum, Trichocentrum, Trichopilia, Warmingia.

Die Benennung der Orchideen

Für den Laien sind lateinische Pflanzennamen oft unverständlich, schwierig auszusprechen und schlecht zu merken, und doch könnte man sich ohne sie nicht eindeutig verständigen. Sie sind gewissermaßen der Anhängezettel, mit dem man jede Art zu jeder Zeit und in jedem Land der Welt sicher ansprechen kann. Viele Orchideenfreunde würden die kompliziert erscheinende botanische Benennung am liebsten durch volkstümliche Namen ersetzen, vergessen dabei aber, daß es für die meisten exotischen Pflanzen solche Namen nicht gibt oder, falls es sie gäbe, diese weit größere Schwierigkeiten bereiten würden als die lateinischen. Aber selbst bei europäischen Arten, und das gilt mitnichten nur für Orchideen, würden volkstümliche Pflanzenbezeichnungen der Verwirrung Tür und Tor öffnen.
Ein Beispiel ist die bei uns in Deutschland unter dem Namen »Schmetterlingsorchidee« bekannte Art *Orchis papilionacea.* Die im englischsprachigen Raum unter dem gleichen Trivialnamen »Butterfly Orchid« bekannte Pflanze meint die Art einer ganz anderen Gattung, nämlich *Platanthera bifolia.* Die deutsche Bezeichnung »Frauenschuh« wäre in den USA (»Lady's Slipper Orchid«) auf wenigstens 12 verschiedene Arten anwendbar.
Wissenschaftliche Namen haben universelle Bedeutung, sie werden von einem Chinesen oder Südamerikaner so gut verstanden wie von jedem Europäer. Aber ein wissenschaftlicher Name ist nicht nur Kennzeichen, er vermittelt auch eine gewisse Auskunft über die Pflanze selbst. Betrachten wir z.B. die beiden Namen *Oncidium nanum* und *Oncidium longipes,* so ist aus der Gleichheit des ersten oder sogenannten Gattungsnamens ersichtlich, daß beide Pflanzen gewisse Merkmale gemeinsam besitzen. Der Unterschied zwischen beiden wird durch den zweiten Teil des Namens, das sogenannte spezifische Epitheton, zum Ausdruck gebracht.
Beide lateinischen Namensteile (viele Gattungsnamen sind auch aus dem Griechischen abgeleitet) vermitteln Wissen. Sobald wir den Gattungsnamen *Oncidium* hören, können wir weitere Informationen einholen. Botaniker wie Lindley, Bentham und Schlechter haben sich um die Orchideensystematik bemüht und die verschiedenen Gattungen nach den Verwandtschaftsverhältnissen sinnvoll geordnet.
Aus der Stellung einer Gattung im System können wir etwas über ihre morphologischen und sonstigen Besonderheiten ablesen. Der Artname gibt oft, aber nicht unbedingt, Kenntnis von Merkmalen, in denen sich die betreffende Art von anderen der gleichen Gattung unterscheidet. Ein Name kann ferner einen Einblick in den gegenwärtigen Stand des Wissens geben. So wurde im Jahre 1888 von Pfitzer die Gattung *Paphiopedilum* aufgestellt. In ihr brachte er mehrere zuvor der Gattung *Cypripedium* zugeordnete Pflanzen unter, weil er herausgefunden hatte, daß die Arten aus dem tropischen Asien gemeinsame Merkmale besaßen, durch die sie sich durchweg von den Arten gemäßigter Zonen unterscheiden.
Die wissenschaftliche Benennung von Orchideen unterliegt zwei von den Wissenschaftlern aller Länder beachteten Regelbüchern: dem Internationalen Code der Botanischen Nomenklatur (ICBN), der für alle Pflanzen Gültigkeit hat und dem Internationalen Code für die Nomenklatur der kultivierten Pflanzen (ICNCP).

Wildpflanzen

Der Code besteht aus einer Anzahl von Regeln und Empfehlungen; die ersten müssen befolgt, die zweiten sollten beachtet werden. Selbstverständlich läßt sich der Code nicht mit dem Straf- oder Zivilrecht vergleichen; seine Anerkennung und Befolgung liegt im freiwilligen Ermessen der Botaniker, Gärtner und Landwirte aller Staaten. Mit seiner Befolgung steht oder fällt die Stabilität einer einheitlichen Namensgebung und somit einer unzweideutigen Verständigung. Systematische Gruppen irgendeiner Rangstufe werden als **Taxa** (in der Einzahl Taxon) bezeichnet. Zur besseren Verständlichkeit des Atlas ist die Kenntnis der folgenden Begriffe ratsam.

Die Bezeichnungen der Taxa von höherem Rang als der Gattung bestehen immer aus einem Wort. Mit Ausnahme von Gattungsnamen selbst steht dieses Wort immer im Plural; alle beginnen mit einem großen Buchstaben. Damit man die Rangstellung eines Taxons ohne weitere Erklärung erkennen kann, wurden im Code folgende Wortendungen für Taxa oberhalb der Gattung festgelegt:

Kategorie	Namensendung	Beispiel
Ordo	-ales	Orchidales
Subordo	-ineae	
Familia	-aceae	Orchidaceae
Subfamilia	-oideae	Apostasioideae
Tribus	-eae	Neottieae
Subtribus	-inae	Spiranthinae

Die voranstehenden Kategorien sind hierarchisch angeordnet.

Namen von Taxa zwischen Gattung und Art

Der Code gestattet die nomenklatorische Untergliederung der Gattung. Bezeichnungen für Rangstufen dieser Kategorie werden gebildet aus dem Namen der übergeordneten Gattung, der Rangbezeichnung und dem Namen des untergeordneten Taxons. Der Name dieses Taxons stellt entweder ein Substantiv in der Einzahl oder ein Adjektiv in der Mehrzahl dar; in jedem Fall wird es mit großem Anfangsbuchstaben geschrieben. Beispiele:

Kategorie	Abkürzung	Beispiel
Subgenus	subg.	*Paphiopedilum* subg. *Anotopetalum*
Sectio	sect.	*Polystachya* sect. *Affines*
Series	series	*(kommt bei Orchideen praktisch nicht vor)*
Subseries	subseries	

Artnamen

Alle wissenschaftlich beschriebenen Orchideenarten (Pflanzenarten im allgemeinen) werden mit einem aus zwei Worten (Binom) gebildeten Namen gekennzeichnet. Der erste Name ist der Gattungsname und wird ausnahmslos mit einem großen Anfangsbuchstaben geschrieben. Das zweite Wort ist das spezifische Epitheton und steht, wenn es ein Adjektiv ist, im gleichen Geschlecht wie der Gattungsname; es kann auch ein Substantiv (z.B. ein Personenname) sein; es wird üblicherweise klein geschrieben. Beispiele:

Paphiopedilum appletonianum
Cattleya luteola
Gastrochilus acutifolius.

Die meisten Gattungen enthalten mehrere bis viele Arten; in ihren Namen ist immer nur das kennzeichnende spezifische Epitheton verschieden, z.B.

Paphiopedilum charlesworthii
Paphiopedilum insigne
Paphiopedilum praestans.

Ohne den Gattungsnamen ist ein Artname bedeutungslos, d.h. das spezifische Epitheton kann nicht allein stehen. Man kann also bei *Coelogyne macdonaldii* nicht einfach auf *macdonaldii* verweisen. Erwähnt man Arten einer Gattung häufig in einem Text oder in einer Liste, kann man den Gattungsnamen durchaus abkürzen, also von *C. macdonaldii* sprechen. Beim gegenwärtigen Stand der wissenschaftlichen Erfassung der Pflanzenwelt ist es der Eindeutigkeit halber immer noch erforderlich, hinter dem Artnamen einer Pflanze den Namen, ausgeschrieben oder abgekürzt, des beschreibenden Autors anzuführen. *Cattleya luteola* Lindley bedeutet, daß die Erstbeschreibung der Pflanze von Lindley veröffentlicht wurde. Nicht selten kommt es vor, daß eine von einem Forscher in einer Gattung beschriebene Art von einem späteren Bearbeiter in eine ander Gattung versetzt wurde. Da nun nach der Prioritätsregel das ursprüngliche spezifische Epitheton beizubehalten ist, muß der Name des ersten Autors in runden Klammern beigefügt werden (auf komplizierte Ausnahmen kann hier nicht eingegangen werden). Beispiel: Die von Lindley als *Cypripedium insigne* beschriebene Pflanze wurde von Pfitzer später in die Gattung *Paphiopedilum* überführt. Diese Tatsache kommt im heute gültigen Namen folgendermaßen zum Ausdruck: *Paphiopedilum insigne* (Lindley) Pfitz.

Namen für Taxa innerhalb der Art

Innerhalb der Art gibt es mehrere Rangstufen, wie Unterart (subspecies), Varietät (varietas) und Form (forma). Wie alle zuvor erwähnten Kategorien folgen auch diese einer hierarchischen Ordnung. Alle infraspezifischen Taxa werden gewöhnlich aus Substantiven oder beschreibenden Adjektiven gebildet und mit einem kleinen Anfangsbuchstaben geschrieben. Nach den Regeln des Code muß die Rangbezeichnung immer eingefügt werden. Beispiele: *Disa rungweensis* subsp. *rhodesiaca, Paphiopedilum insigne* var. *sanderae.*

Die Stabilität wissenschaftlicher Namen

Jeder Orchideenliebhaber ist verständlicherweise verärgert oder verwirrt, wenn er plötzlich eine ihm seit langem bekannte Pflanze unter einem scheinbar neuen Namen angeboten bekommt. Namensänderungen haben schon immer in Gärtnerkreisen zu Unbehagen geführt und sind nicht selten als eine völlig unnötige Marotte der Botaniker zurückgewiesen worden. Aus diesem Grunde findet man oft ein hartnäckiges Beibehalten alter Namen in Katalogen für Pflanzen, die an anderer Stelle unter einer anderen Bezeichnung geführt werden, ein Umstand, der jeder internationalen Verständigung im Wege steht und nicht selten zu großen Irrtümern führt. Auf der einen Seite hat der Orchideenzüchter kein Verständnis für die Notwendigkeit solcher Namensänderungen und auf der anderen weiß der wissenschaftliche Botaniker meist nicht, wie schwierig und kostspielig es für den Züchter sein kann, die neuen Namen anzuwenden.
Namensänderungen können auf verschiedene Weise erklärt und begründet werden. Wenn im Verlauf der letzten zwei Jahrhunderte Orchideen in immer größeren Mengen aus aller Welt eingeführt wurden, kam es nicht selten vor, daß die gleiche Pflanze von verschiedenen Botanikern unabhängig beschrieben und mit verschiedenen Namen belegt wurde. Nicht selten sogar geschah es, daß ein Botaniker die gleiche Art mehrmals unter verschiedenen Namen beschrieb, weil er zu seiner Zeit entweder nur eine begrenzte pflanzengeographische Kenntnis besaß und nicht annehmen konnte, daß eine aus Afrika stammende Pflanze mit einer aus Asien identisch sein konnte, oder er beschrieb eine Art unter Zugrundelegung eines Exemplares, ohne sich über die nur aus einer Vielzahl von Exemplaren erkennbare Variationsbreite dieser Art bewußt zu sein. Ja wir wissen sogar, daß bedeutende Botaniker in Verkennung morphologischer und blütenökologischer Tatsachen die männlichen und weiblichen Pflanzen der gleichen Art mit verschiedenen Namen belegt haben (Seite 23, 79). Nach der Prioritätsregel des Code muß immer der älteste bekannte Name für einen solchen Fall angewendet werden. Über diese Regel ist schon viel gestritten worden, weil durch sie oft weitbekannte und vertraute Namen durch solche ersetzt wurden, die schon lange im Staub der Geschichte versunken waren. Leider konnte bis heute kein internationales Abkommen zur Erhaltung etablierter Artnamen erzielt werden; für Gattungsnamen besteht ein solches. Wir müssen uns also mit der Prioritätsregel abfinden und uns vor Augen halten, daß eine unbequeme Regel einem regellosen Zustand vorzuziehen ist.
Neben der Beschreibung neuer Taxa ist der systematische Botaniker mit der Untersuchung von Verwandtschaftsverhältnissen beschäftigt. Die Ergebnisse seiner Untersuchungen führen zu oft völlig neuen Ideen über die Stellung von Orchideen im System der Familie: Arten wechseln von einer Gattung in eine andere oder Artgruppen werden von taxonomisch uneinheitlichen Gattungen abgetrennt und bilden eine neue; als Beispiel sei hier nur die Abspaltung der heute in *Aerangis* zusammengefaßten Arten aus Afrika und Madagaskar von der Gattung *Angraecum* angeführt. Die aus diesen Umgruppierungen resultierenden Namensänderungen sind für jedermann einleuchtend. Schließlich kam es nicht selten vor, daß eine aus den Tropen in die Kultur nach Europa eingeführte Pflanze falsch bestimmt wurde und für Jahrzehnte unter diesem irrtümlich gegebenen Namen gehandelt wurde. Eine Richtigstellung solcher Fehler ist nur zu begrüßen, auch wenn es bedeutet, von einem vertrauten Namen Abschied zu nehmen.
Die freiwillige Einhaltung der Regeln des Internationalen Codes der Botanischen Nomenklatur hat im Verlauf der letzten Jahrzehnte zu einer zunehmenden Stabilisierung der Pflanzennamen geführt. C. Jeffrey (1973) ist der Meinung, daß die große Mehrzahl aller notwendigen Namensänderungen bis heute durchgeführt worden ist. Die hier angesprochenen Orchideenfreunde hoffen, daß diese Feststellung auch für ihre Familie zutrifft.

Kultivierte Pflanzen

Die Nomenklatur der kultivierten Orchideen geht zurück auf Bohnhofs »Dictionnaire des Orchidees Hybrides« (1895) und auf die wesentlich einflußreichere »List of Orchid Hybrids« von Sander (1906). Die in diesen beiden Werken angewandte Methode unterscheidet sich aber in wesentlichen Punkten von den im ICNCP ausgearbeiteten Regeln, die bekanntlich für alle kultivierten Pflanzen gelten. Im Rahmen der zweiten Weltorchideenkonferenz in Hawaii wurde aus diesem Grunde 1957 eine Kommission begründet, deren Aufgabe es war, alle Aspekte der Nomenklatur kultivierter Orchideen, ihrer Klassifizierung und Registrierung auszuarbeiten und die Ergebnisse allen mit der Orchideenkultur und -zucht Befaßten mitzuteilen. Dies geschah 1969 mit der Veröffentlichung des »Handbook of Orchid Nomenclature and Registration«. In diesem Buch wurden die Regeln des ICBN und des ICNCP zusammengefaßt und den für die Orchideen maßgeblichen Anforderungen angeglichen; außerdem enthielt es eine Liste aller Gattungsnamen von Orchideenhybriden (auf den neuesten Stand gebracht durch Garay und Sweet, bei Withner 1975).

Man sollte wissen, daß alle Regeln der Internationalen Botanischen Nomenklatur rückwirkend »Rechtsgültigkeit« besitzen. Diese Tatsache ist nicht unwichtig, wenn man bedenkt, daß man für die wahrscheinlich an die 30000 Arten umfassende Orchideenfamilie bis heute schon doppelt so viele, auf 577 Gattungen verteilte Hybriden registriert hat. Diese Anzahl wird von Jahr zu Jahr größer, und man kann zunächst keinerlei Anzeichen für eine Abnahme sehen.

Die Mehrzahl aller kultivierten Orchideen sind Hybriden. Man kann sie grob in zwei Gruppen einteilen: 1. Artbastarde (= **interspezifische** Hybriden), das heißt Kreuzungsprodukte zwischen zwei Arten der gleichen Gattung. 2. Gattungsbastarde (= **intergenerische** Hybriden), das heißt Kreuzungsprodukte zwischen Arten oder Hybriden verschiedener Gattungen. Solche künstlichen Hybriden besitzen dann z.B. einen Gattungsnamen, ein **Grex-Epitheton** und ein **Sorten-Epitheton,** etwa:

Gattungsname: *Cymbidium*
Grex-Epitheton: Babylon
Sorten-Epitheton: 'Castle Hill'

Weiterhin sind folgende Regeln zu beachten:

1. Bei Artbastarden (interspezifischen Hybriden) wird der Gattungsname verwendet; z.B. *Cymbidium × ballanianum* ist das Kreuzungsprodukt von *Cymbidium eburneum* und *Cymbidium mastersii.*
2. Die Namen von Gattungsbastarden (intergenerischen Hybriden) zerfallen in zwei Kategorien, je nach der Anzahl der am Hybridisierungsprozeß beteiligten Gattungen. Grundsätzlich sollte in jedem Fall vor dem Namen das Zeichen × stehen; das wird jedoch oft unterlassen.

a) Sind an der Kreuzung zwei Gattungen (**bigenerische** Hybriden) beteiligt, wird der Name der Hybride aus einer Verschmelzung dieser Gattungsnamen oder wesentlicher Silben von ihnen gebildet; z.B. die Kreuzung zwischen einer *Schomburgkia* und einer *Cattleya* wird × *Schombocattleya* heißen; im Falle einer Kreuzung zwischen einem *Epidendrum* und einer *Sophronitis*-Art erhalten wir die Hybridengattung × *Epiphronitis.* Es ist dabei völlig unbedeutend, von welchem Elternteil der Pollen oder die Eizelle stammt.

b) Sind an der Kreuzung drei (**trigenerische** Hybriden) oder sogar noch mehr Gattungen beteiligt, kann man wie unter a) beschrieben verfahren; z.B. das Kreuzungsprodukt zwischen Arten von *Schomburgkia, Laelia* und *Cattleya* heißt × *Schombolaeliocattleya.* Um solche Wortungeheuer zu vermeiden, wird man aber oft die Endung -ara an eine Namenswurzel (in den meisten Fällen der Name eines bekannten Orchideenforschers oder -züchters) hängen; z.B. × *Vuylstekeara* (nach M. Vuylsteke) entstand unter Verwendung von Arten der Gattungen *Cochlioda, Miltonia* und *Odontoglossum;* im Falle von × *Holttumara* (nach Professor R. Holttum) sind es Arten von *Arachnis, Vanda* und *Renanthera.*

Grex

Der Begriff grex (lat. grex, greges = Herde, Schwarm) bezeichnet bei Orchideen eine Gruppe individueller Pflanzen einer künstlichen Hybride, die alle den gleichen Kollektiv-(Grex-)Namen tragen. Bei ihnen handelt es sich um die gesamte Nachkommenschaft von zwei oder mehreren Elternpflanzen unter Einschluß aller Generationen und möglichen Rückkreuzungen. Grex-Namen werden folgendermaßen gebildet:

1. Die Elternnamen werden in einer Formel durch das Zeichen × verbunden; z.B. *Cymbidium lowianum × C. giganteum* oder *Cattleya* 'Edithiae' × *C.* 'Suzanne Hye'.
2. Der Gattungsname wird mit einem immer nichtlateinischen Grex-Epitheton verbunden, z.B. *Cattleya* Bow Bells, *Cattleya* Iris, *Laeliocattleya* Buccaneer, *Odontioda* Pola.

Sorte (Kultivar)

Eine Sorte ist – zumindest bei Orchideen – immer ein **Klon,** das heißt eine Pflanze, die aus einer Mutterpflanze durch vegetative Vermehrung hervorgegangen und demnach erbgleich ist. Das Sorten-Epitheton wird nie kursiv gedruckt, immer mit großem Anfangsbuchstaben geschrieben, in einfache Anführungsstriche gesetzt, und es muß in einer modernen Sprache gebildet werden. Es wird seiner Herkunft entsprechend einem spezifischen Epitheton oder einem Grex-Epitheton nachgestellt; z.B. *Odontoglossum crispum* 'Everest' oder *Cymbidium* Babylon 'Castle Hill'.

Gültigkeit von Grex- und Sortennamen

Um international anerkannt zu werden, muß ein Grex- oder Sortenname gültig veröffentlicht werden; ein Grex-Name (seit dem 1.1.1967) muß außerdem von der betreffenden internationalen Registerstelle akzeptiert werden; für Orchideen ist dafür die Royal Horticultural Society in London zuständig. Die Veröffentlichung eines Grex-Namens ist nur dann gültig, wenn sie in einer bekannten und der Öffentlichkeit frei zugänglichen Fachzeitschrift mit einer klaren Angabe der Elternpflanzen publiziert worden ist. Für die Anerkennung einer Sorte ist Veröffentlichung in einem Buch oder einer Zeitschrift notwendig. Wenn die Veröffentlichung nach dem 1. Januar 1959 erfolgt ist, muß sie außerdem von einer Beschreibung begleitet sein (Artikel 26 des ICNCP) oder auf eine frühere Beschreibung verwiesen werden. Diese wichtige und zur Erzielung einer Namensstabilität führende Regel wird leider noch immer von vielen Orchideenzüchtern mißachtet.

Wie im Falle von Wildpflanzen (s. Seite 32) kann ein Grex oder eine Sorte unter Umständen mehrfach beschrieben und veröffentlicht worden sein. Der ICNCP enthält folgende Regeln:

1. Grex-Namen: Gültig ist immer nur der erstregistrierte Name (vor dem 1.1.1967 der erstveröffentlichte oder registrierte).
2. Sortennamen: Im Gegensatz zu der für Wildpflanzen festgelegten Prioritätsregel hat der allgemein bekannte Name Vorrecht vor einem weniger oder gar unbekannten älteren, wenn seine Anwendung zu Verwirrungen führen würde. Eine Namensänderung kann nur im Einvernehmen mit der internationalen Registerstelle vorgenommen werden.

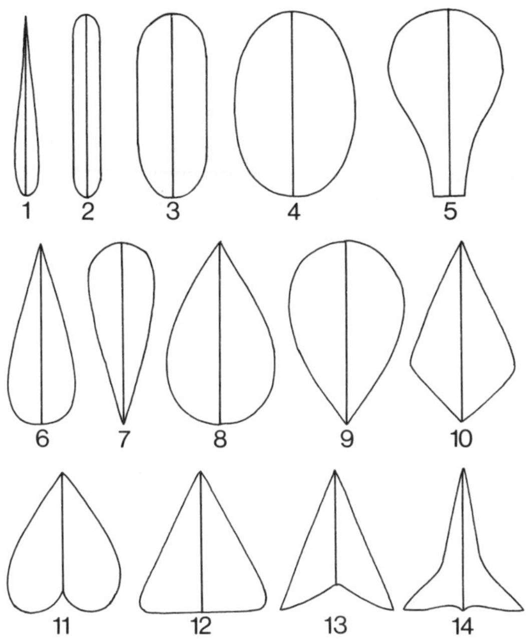

Umrißformen von Blättern und Blütenteilen

1 = pfriemlich
2 = linealisch
3 = länglich
4 = elliptisch
5 = spatelförmig
6 = lanzettlich
7 = verkehrt-lanzettlich
8 = eiförmig
9 = verkehrt-eiförmig
10 = kellenförmig
11 = herzförmig
12 = dreieckig
13 = pfeilförmig
14 = lanzenförmig

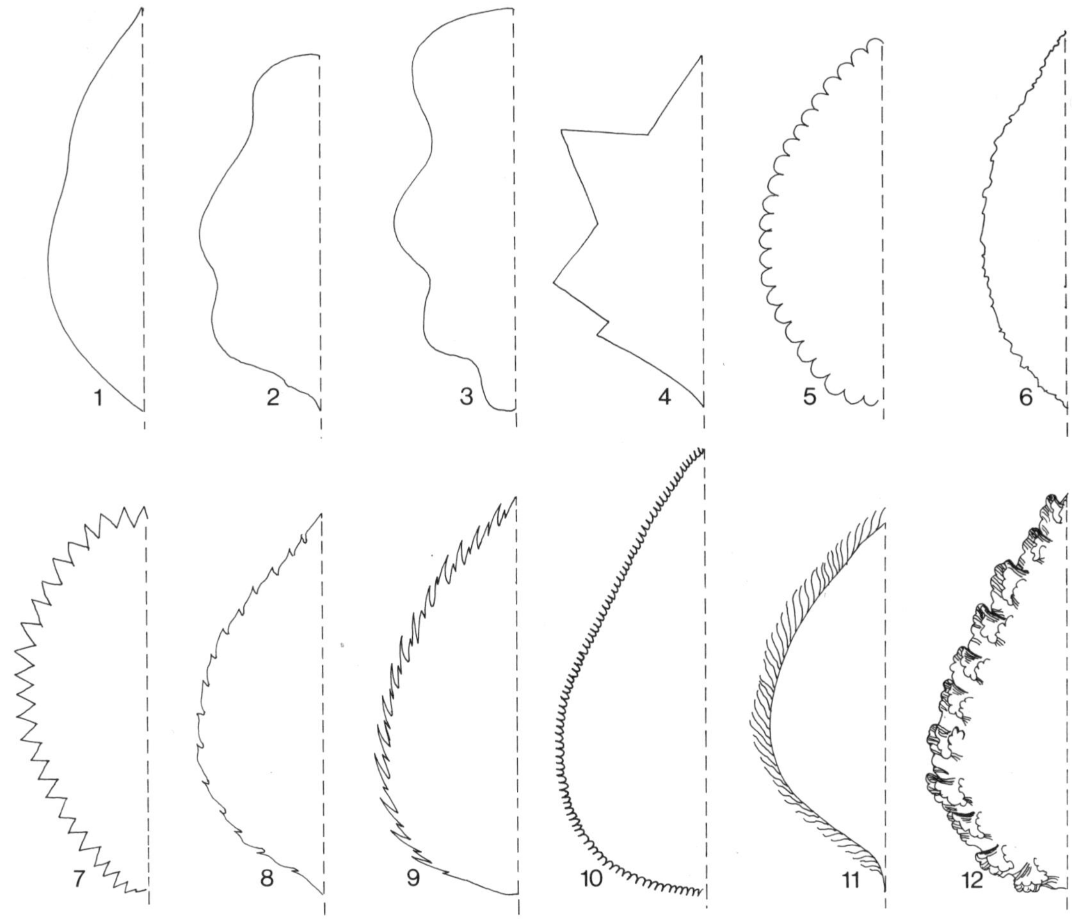

Ränder von Blättern und blattartigen Organen

1 = ganzrandig
2 = geschweift
3 = gebuchtet
4 = kantig
5 = gekerbt
6 = ausgebissen, gerissen
7 = gezähnt
8 = gesägt
9 = doppelt gesägt
10 = gefranst
11 = bewimpert
12 = gekräuselt

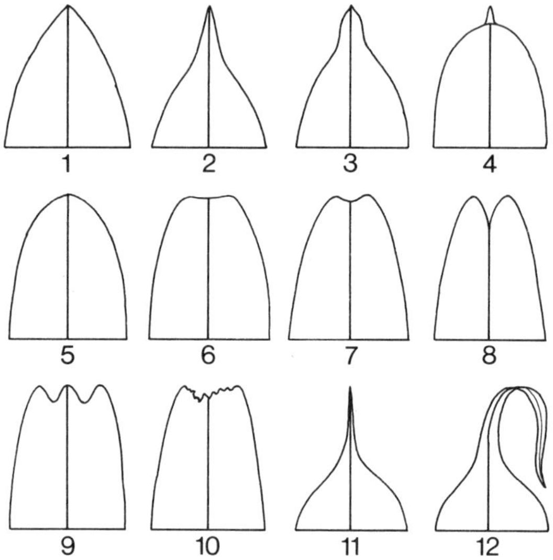

Spitzenformen von Blättern und Blütenteilen

1 = spitz
2 = mit langgezogener Spitze, langspitzig
3 = mit stumpfer Spitze
4 = mit aufgesetzter Spitze, stachelspitzig
5 = stumpf
6 = gestutzt
7 = gebuchtet
8 = eingeschnitten
9 = dreilappig
10 = ausgebissen, gerissen
11 = borstig
12 = geschwänzt

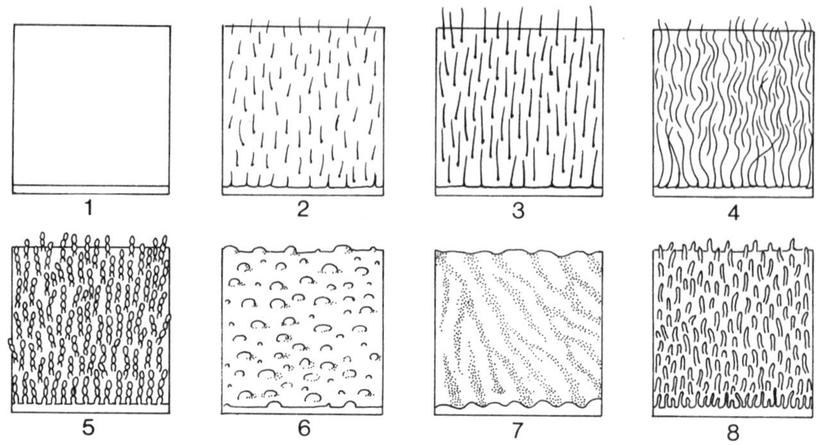

Organoberflächen (Handlupenvergrößerung)

1 = kahl
2 = behaart
3 = steifhaarig
4 = wollig behaart
5 = bemehlt
6 = warzenartig
7 = feinrunzelig
8 = papillös

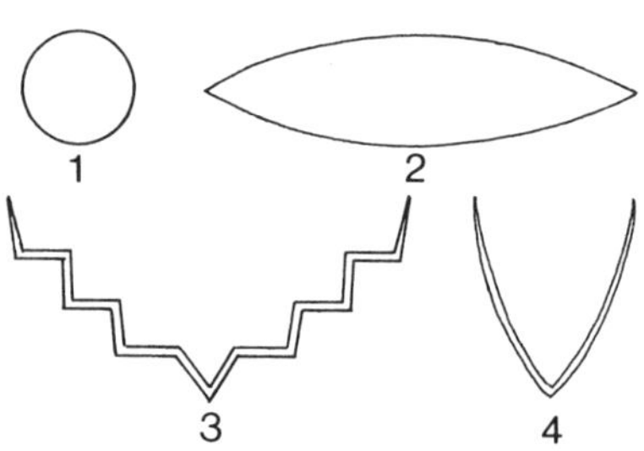

Blattypen im Querschnitt (schematisch)

1 = stielrund
2 = zweiseitig zusammengepreßt
3 = gefaltet oder mehrfach gefaltet
4 = flach gefaltet oder zusammengelegt

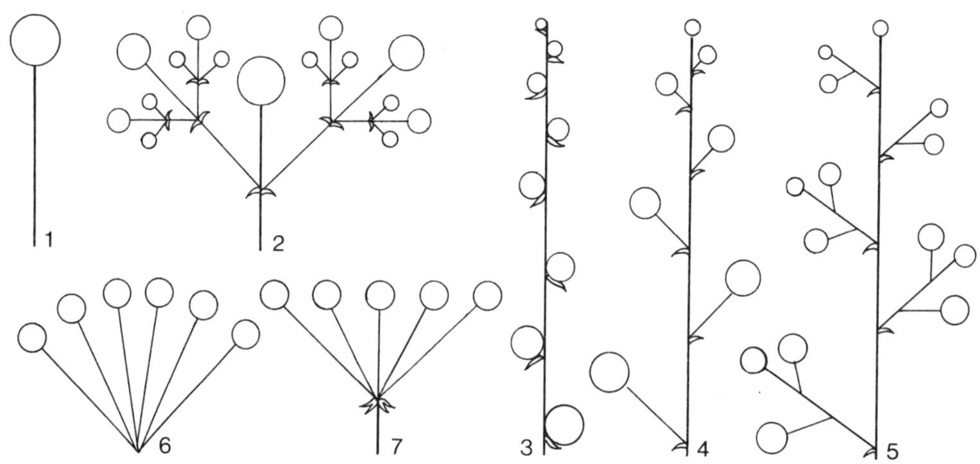

Blütenstandstypen (schematisch)

1 = einblütig
2 = Trugdolde
3 = Ähre
4 = Traube
5 = Rispe
6 = büschelartige Blütenanordnung
7 = Dolde

Die Gattungen und Arten

Acacallis Lindl.

Tribus: Maxillarieae
Subtribus: Zygopetalinae

Mit kriechendem Rhizom wachsende mittelgroße, epiphytische Kräuter. Pseudobulben meistens in Abständen von 2–5 cm angeordnet, zusammengepreßt, 1–2blättrig. Blätter länglich-lanzettlich, kurz gestielt. Blütenstände traubig, meistens länger als die Blätter, 3–7blütig. Blüten groß und auffällig, von charakteristischer Farbgebung, nicht resupiniert. Sepalen und Petalen einander ähnlich. Lippe mit langem und schmalem Nagel, nierenförmig, konkav und mit welligen Rändern. Säule 3kantig, mit zwei annähernd quadratischen Flügeln.
Verbreitung: Auf das tropische Südamerika beschränkte, monotypische Gattung.
Ableitung des Namens: Aus dem Griechischen »Akakallis«, Nymphe und Geliebte des Apollo.
Anmerkung: Acacallis ist sehr nahe mit *Aganisia* und anderen Gattungen aus dem Kreis um *Zygopetalum* verwandt. Die systematische Stellung der Gattung wurde in jüngster Zeit von L. Garay (»Orquideologia«, 1973) diskutiert. Im Gegensatz zu H.G. Reichenbach, R. Schlechter und R.E. Schultes, die sie mit *Aganisia* vereinigt hatten, trennt er sie von dieser Gattung aufgrund des hängenden Wuchses, der nicht resupinierten Blüte, der löffelartigen Epichile der Lippe und ihrer Säulenstruktur.
Typus-Art: A. cyanea Lindl.
Kultur: Substrat A. Mindesttemperatur im Winter 15 °C. Am besten zieht man die Pflanzen im Korb oder montiert auf Baumfarn- oder Korkblöcken. Sie verlangen eine feuchte Atmosphäre und mittelmäßigen Schatten; man sollte sie während des ganzen Jahres vorsichtig aber regelmäßig gießen.

Acacallis cyanea Lindl.

Epiphytische Kletterpflanze mit einem etwas zusammengedrückten und mit zerfetzten, braunen Scheiden bedeckten Rhizom. Pseudobulben bis 5 cm lang, 1,5 cm breit, annähernd spindelig, gerunzelt, mit hellbraunen Scheiden besetzt, am Gipfel 1blättrig. Blatt bis 25 cm lang und 7,5 cm breit, elliptisch, vorn stumpf, gestielt (auf der Hälfte des Stieles gegliedert), auf der Oberseite stark glänzend. Blütenstand am Grunde der Bulbe entspringend, bogig abstehend, locker mehrblütig. Blüten sehr ansprechend, 5–6 cm breit: Sepalen und Petalen bläulichviolett auf der Außenseite, zartrosa behaucht und innen weiß; Lippe goldbronzefarben mit rötlichvioletter oder bläulichpurpurner Mitte, die Adern bleicher; Scheide orangerosa und hinten gelblich. Sepalen und Petalen fast ähnlich, 3,5–4 cm lang, bis 2,5 cm breit, elliptisch, etwas konkav, spitz oder mit aufgesetzter Spitze. Lippe 2,7 cm lang, 3,2 cm breit, genagelt, fächerförmig, am Grunde geöhrt, am breitabgerundeten Gipfel mit aufgesetzter Spitze, an den Rändern gewellt-gekräuselt und an den Seiten hochgebogen; Schwiele fleischig, aufrecht, oben in fingerartige Auswüchse geteilt. Säule aufrecht, am Gipfel 2flügelig; die Flügel quadratisch-rundlich, mit rotvioletten Schlieren.
Verbreitung: Brasilien, Venezuela und Kolumbien.
Geschichte: R. Spruce entdeckte diese Pflanze im Juli 1851 am Rio Negro. J. Lindley beschrieb sie 1853 in »Folia Orchidacea«. In die Kultur wurde diese seltsame Pflanze erst viele Jahre später eingeführt; sie blühte erstmals in der Sammlung von Erasmus Corning in Albany, New York.
Synonyme: Acacallis hoehnei Schltr.; *Aganisia tricolor* Batem.; *A. coerulea* Rchb. f.; *Kochiophyton negrense* Schltr.; *K. coeruleum* (Rchb.f.) Hoehne.

Acampe Lindl.

Tribus: Vandeae
Subtribus: Sarcanthinae

Mittelgroße, epiphytische Pflanzen mit mehr oder minder verlängerten, monopodialen Stämmen. Blätter 2zeilig angeordnet, lederig, unten deutlich von der ausdauernden Scheide abgesetzt. Blütenstand dicht arm- bis reichblütig, traubig bis doldentraubig. Blüten klein bis mittelgroß, fleischig, zerbrechlich. Sepalen und Petalen abstehend, frei, einander ähnlich; die seitlichen Sepalen auf jeder Seite des Sporns etwas mit der Lippe verwachsen. Lippe sackartig ausgezogen oder gespornt, mit dem Grunde der Säule verwachsen, ungeteilt, geöhrt, öfters mit erhabenen, in den Sporn oder in die sackartige Ausstülpung laufenden Leisten oder Haaren. Säule fleischig, klein, ohne Fuß; Rostellum kurz, undeutlich; Pollinien 2, wachsartig, mit langen, pfriemlichen Stipites; Klebscheibe sehr klein.
Umfang und Verbreitung: Ungefähr 10 Arten in Indien, China, Südostasien, den Inseln des Indischen Ozeans und im tropischen Afrika.
Ableitung des Namens: Aus dem Griechischen »akampes« = steif; wohl im Hinblick auf die kleinen zerbrechlichen Blüten und vielleicht auch anspielend auf Rheedes »rigid air flower«.
Anmerkung: J. Lindley stellte die Gattung 1853 in »Folia Orchidacea« auf, wobei er zuvor acht in *Vanda* und *Saccolabium* untergebrachte Arten zusammenfaßte, die sich »durch kleine, zerbrechliche Blüten auszeichnen, bei denen die mit den Rändern der Säule verwachsene Lippe völlig unbiegsam ist«. Außerdem weist er auf die schlanken Stipites hin.
Aus folgenden Gründen ist die Nomenklatur der Gattung äußerst verwirrend: *Acampe rigida* gehört zu den am frühesten bekannten asiatischen Orchideen; sie wurde von Rheede in seinem Werk »Hortus Indicus Malabaricus« 1703 als *Thalia maravara* beschrieben. Zwar wurde dieser vor-linnésche Name nicht akzeptiert, aber mehrere Autoren machten ihn zur Grundlage späterer Namen. Darüber hinaus hat die weite Verbreitung der Gattung zur wiederholten Beschreibung von Arten geführt. Der gesamte Komplex wurde 1977 von Seidenfaden in einer Art unter dem Titel »Thalia Maravara and the rigid air blossom« revidiert (»Botanical Museum Leaflets, Harvard University«).
Typus-Art: Acampe multiflora (Lindl.) Lindl. syn. *A. rigida* (J.E. Sm.) P.F. Hunt.

Kultur: Man pflegt Arten dieser Gattung ähnlich wie tropische *Vanda*-Arten; am besten zieht man sie in freihängenden Körben, aber Topfkultur ist nicht auszuschließen.

Acampe papillosa (Lindl.) Lindl.

Stämme des großen, bis 90 cm hohen Epiphyten, verlängert, 60–90 cm lang, kletternd, verzweigt, etwa 0,5 cm im Durchmesser. Blätter 7,5–15 cm lang, 1–2,2 cm breit, länglich-riemenförmig, vorn abgerundet und schief eingekerbt. Blütenstände kurz, bis 2,5 cm lang, dicht vielblütig; Brakteen halbkreisförmig. Blüten 1,8 cm breit, mit sehr kurzem Fruchtknoten: Sepalen und Petalen gelb, mit braunen Flecken, Lippe weißlich. Sepalen 0,6–0,9 cm lang, 0,2–0,3 cm breit, länglich-elliptisch oder länglich, stumpf. Petalen schmal linealisch-elliptisch, stumpf, sonst den Sepalen nicht unähnlich. Lippe 3lappig, am Grunde etwas sackförmig, in der unteren Hälfte flaumig behaart, darüber papillös; Seitenlappen aufrecht, unscharf 3eckig; Mittellappen eiförmig, an den Rändern ausgebissen; Sporn konisch, innen flaumig behaart.
Verbreitung: Indien, Assam und Birma.
Geschichte: J. Lindley beschrieb diese Pflanze 1832 im »Botanical Register«, und zwar in der Gattung *Saccolabium.* Zugrunde lag ein von N. Wallich in Prome (Indien) gesammeltes Exemplar. Später versetzte er sie in die heutige Gattung (in »Folia Orchidacea«).
Synonyme: Saccolabium papillosum Lindl.; *S. carinatum* Griff.

Acampe rigida (J. E. Sm.) P. F. Hunt

Stamm des aufrechten Epiphyten bis über 30 cm lang, meistens unverzweigt, völlig von sich ziegelartig deckenden Blattresten bedeckt. Blätter 2zeilig angeordnet, 15–45 cm lang, 3–5 cm breit, linealisch-riemenförmig, gefaltet, fleischig-lederig, gebogen, vorn eingeschnitten. Blütenstände blattachselbürtig, meistens die Blätter überragend, mehr oder weniger verzweigt, 15–20 cm lang, dichtblütig, fast kopfig. Blüten fleischig, 1–8 cm breit: Sepalen und Petalen gelb, karminrot oder rotbraun gefleckt; Lippe weiß, mit roten Tüpfeln. Sepalen und Petalen einander ähnlich, frei, bis 0,9 cm lang und 0,5 cm breit, verkehrt-eiförmig-elliptisch, abgerundet, etwas abstehend. Lippe hervorstehend, 0,5–0,8 cm lang, bis 0,5 cm breit, undeutlich 3lappig; Seitenlappen aufrecht, rundlich, kurz; Mittellappen eiförmig, vorn abgerundet, bauschig; Schwiele durch eine fleischige, flaumig behaarte Leiste gebildet. Säule 0,2–0,3 cm lang, kurz, kräftig.
Verbreitung: Tropisches Asien bis Ostafrika.
Geschichte: Die verwirrende Geschichte dieser Pflanze wurde von G. Seidenfaden dargestellt (»Botanical Museum Leaflets of Harvard University« 1977). Ursprünglich wurde sie von J. E. Smith, unter Zugrundelegung einer Aufsammlung von Buchanan-Hamilton, als *Aerides* beschrieben (in Rees, »Cyclopedia« 1819). P. F. Hunt versetzte sie 1970 im »Kew Bulletin« in die Gattung *Acampe.*
Synonyme (in Auswahl): *Aerides rigida* J. E. Sm.; *Vanda multiflora* Lindl.; *Acampe multiflora* (Lindl.) Lindl.; *Vanda longifolia* Lindl.; *Acampe longifolia* (Lindl.) Lindl.; *A. pachyglossa* Rchb.f.; *A. renschiana* Rchb.f.

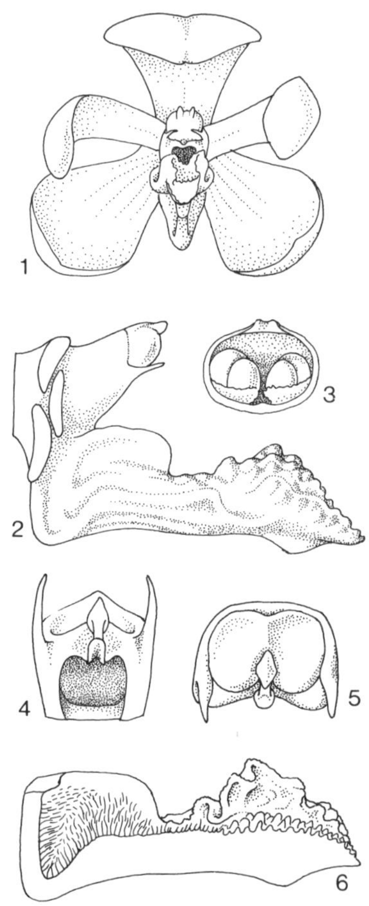

Acampe rigida
1 = Blüte von vorn (× 2)
2 = Lippe und Säule von der Seite (× 7½)
3 = Anthere (× 15)
4 = Säule von vorn, Antherenkappe entfernt (× 15)
5 = Säule von vorn mit Antherenkappe (× 15)
6 = Längsschnitt der Lippe (× 7½)

Acanthephippium Blume
Tribus: Arethuseae
Subtribus: Bletiinae

Terrestrische Pflanzen mit epiphytenartigen Wurzeln. Pseudobulben ziemlich lang, nach dem Gipfel hin beblättert. Blätter groß, längsgefaltet. Blütenstände seitlich, wenigblütig, traubig; Schaft kurz und fleischig; Brakteen mehr oder minder auffällig. Blüten ziemlich groß und augenfällig. Sepalen fleischig, miteinander zu einer die Petalen und die Lippe einschließenden Röhre verwachsen. Petalen viel schmaler als die Sepalen. Lippe mehr oder weniger 3lappig, sattelförmig, mit dem oberen Ende des Säulenfußes gelenkartig verbunden. Säule kurz, kräftig, fleischig, mit langem Fuß; dieser mit den seitlichen Sepalen ein breites Mentum bildend; Pollinien 8, miteinander durch eine körnige Masse verbunden; Klebscheibe fehlend.
Umfang und Verbreitung: Ungefähr 15 Arten im tropischen Asien, Malaysia und Fidschi.
Abteilung des Namens: Aus dem Griechischen »akantha« = Dorn und »ephippion« = Sattel; wahrscheinlich im Hinblick auf die Lippe mit ihren zwei, an einen Sattel erinnernden gezähnten Kämmen.
Anmerkung: Die Gattung wurde 1825 von C. Blume in seinen »Bijdragen« als *Ancanthophippium* veröffentlicht. Er berichtigte diesen orthographischen Fehler selbst 1828 in seiner »Flora von Java«; dennoch trifft man die frühere Schreibweise hin und wieder an. Die Gattung ist mit *Phaius* verwandt aber gut zu erkennen an der geschwollenen Sepalenröhre, dem breiten Mentum und der sattelartigen Lippe.
Typus-Art: A. javanicum Blume.
Kultur: Substrat A. Geringste Wintertemperatur 12 °C. Allgemein wird man die Pflanzen wie *Phaius* behandeln und am besten in Schalen halten. In der Wachstumsperiode verlangen sie feuchte, schattige Standorte und viel Wasser. Wenn die Pseudobulben ausgewachsen sind, wird man die Pflanzen fast völlig trocken an einem kühleren Standort halten.

Acanthephippium javanicum Blume

Pseudobulben der großen terrestrischen oder epiphytischen Pflanze bis 25 cm lang und 5 cm im Durchmesser, fast zylindrisch, nur nach oben zu etwas verschmälert, mit mehreren Knoten, fast am Gipfel 3–4blättrig. Blätter kurz gestielt, bis 50 cm lang und 15 cm breit, elliptisch, vorn spitz oder langspitzig. Blütenstände 1–2, an den mittleren Knoten des Pseudobulben entspringend, traubig, wenigblütig, manchmal über 25 cm lang; Brakteen groß, bis 3 cm lang, eiförmig, spitz. Blüten glockenförmig, mittelgroß; Sepalen und Petalen hell- oder dunkelgelb mit rosa-purpurner oder rosa Zeichnung; Lippe weiß und hellgelb, auf den Seitenlappen rot getüpfelt und purpurn an der Spitze des Mittellappens. Sepalen miteinander zu einer Röhre verwachsen, 4,5 cm lang, 3,3 cm breit; die freien Enden 1,8 cm lang, stumpf; Mentum groß, ungefähr 2 cm lang, am Gipfel geteilt. Petalen am Schlunde der Röhre etwas herausragend. Lippe fast völlig von den Sepalen verdeckt, über der Mitte tief 3lappig, ungefähr 2 cm lang und breit; Seitenlappen aufrecht, 0,8 cm lang, 0,4 cm breit, länglich, oben gestutzt und erweitert; Mittellappen etwas geigenförmig, konvex, stumpf, rückwärts gebogen; Schwiele grundständig, aus gezähnten Leisten gebildet. Säule 1,5 cm lang, fleischig; ihr Fuß über 1 cm lang, etwas gekrümmt.

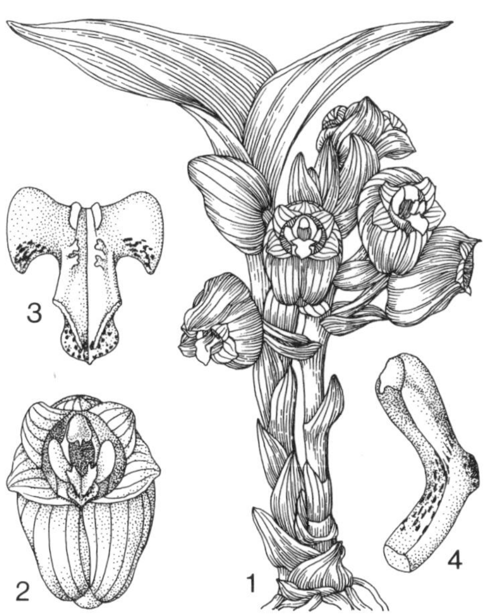

Acanthephippium javanicum
1 = Pflanze (× ¹/₃)
2 = Blüte von vorn (× ²/₃)
3 = Lippe ausgebreitet (× 1¹/₃)
4 = Säule und Fuß (× 1)

Verbreitung: Malaya, Sumatra, Java und Borneo.
Geschichte: Blume sammelte diese interessante Pflanze am Berge Salak in Java und beschrieb sie 1825 in seinen »Bijdragen«. Die Pflanze wurde 1844 von der Firma Loddiges in die Kultur eingeführt.

Acineta Lindl.
Tribus: Gongoreae

Kräftige, epiphytische Kräuter mit eiförmigen bis zylindrischen, oft zusammengepreßten und gefurchten Pseudobulben. Blätter zu 1–4 gipfelständig, längsgefaltet. Blütenstände verlängert, hängend oder aufrecht, traubig, am Grunde der Pseudobulben entspringend. Blüten meistens zahlreich, fleischig, verhältnismäßig groß und auffällig. Sepalen in der Form fast ähnlich, breit und konkav; die mittlere frei, die seitlichen meistens am Grunde miteinander verwachsen. Petalen den Sepalen ähnlich aber kleiner. Lippe 3lappig, fleischig, mit konkaver oder sackartiger Hypochile; Seitenlappen groß, aufrecht, 3eckig oder fast nierenförmig; Mittellappen gekielt, konkav, oft abstehend; Platte fleischig, mit verschieden geformten Auswüchsen. Säule aufrecht, etwas gekrümmt, meistens flaumig behaart, annähernd keulenförmig oder mit schmalen Flügeln, ohne Fuß; Pollinien 2, wachsartig.
Umfang und Verbreitung: Die Gattung umfaßt 12 bekannte Arten; vom südlichen Mexiko bis nach Venezuela und Ecuador.
Ableitung des Namens: Aus dem Griechischen »akinetos« = unbeweglich; bezogen auf die Steifheit und Unbeweglichkeit der Lippe.
Anmerkung: J. Lindley beschrieb diese Gattung 1843 im »Botanical Register«. Im Wuchs erinnern ihre Arten stark an *Stanhopea*, aber systematisch ist die Gattung nahe mit *Peristeria* verwandt. Sie zeichnet sich aus durch die zwischen den Seitenlappen der Lippe sitzende große Schwiele und durch die lange Hypochile. Die letzte Bearbeitung der Gattung erfolgte 1917 durch R. Schlechter in »Orchis«. Von den von ihm erfaßten 13 Arten dürften zwei, nämlich *A. chrysantha* und *A. sella-turcica* als identisch betrachtet werden.
Typus-Art: Lindley zitiert *A. barkeri* (Batem.) Lindl. und *A. humboldtii* (Lindl.) Lindl.
Kultur: Substrat A. Mindesttemperatur im Winter 12–15 °C; während des Wachstums unbedingt wärmer. Man wird die Pflanzen so behandeln wie für *Stanhopea* angezeigt. Da sie direkt nach unten wachsen, sollte man sie in Körben kultivieren. Während des Wachstums verlangen sie feuchte Atmosphäre und mittelmäßigen Schatten; ihre Wurzeln brauchen viel Wasser. Wenn voll ausgewachsen, ist eine kühlere und trockene Ruheperiode vonnöten.

Acineta chrysantha (Morren) Lindl. et Paxt.

Pseudobulben des großen Epiphyten 8–10 cm lang, 6–8 cm breit im Umriß eiförmig bis leicht kugelig, etwas zusammengedrückt, mehr oder minder gefurcht, am Gipfel 3–4blättrig. Blätter 30–45 cm lang, verkehrtlanzettlich, längsgefaltet, vorn spitz. Blütenstände grundständig, vielblütig, hängend. Blüten fleischig, fast kugelförmig, groß und auffällig: Sepalen gelb, Petalen gelb und mit roten Punkten an den Rändern und am Grunde; Lippe gelb mit rotbraunen Punkten. Sepalen voneinander frei, 2,5–3,5 cm lang, 2–2,7 cm breit, konkav; die mittlere länglich-eiförmig, stumpf; die seitlichen elliptisch-eiförmig, spitz. Petalen 3–3,2 cm lang, 1,8–2 cm breit, verkehrteiförmig, spitz, krautig. Lippe 2,5–3 cm lang und breit, sehr fleischig, 3lappig, genagelt; Nagel konkav mit einem endständigen Horn; Seitenlappen fast nierenförmig, aufrecht; Mittellappen kurz, etwas konkav, hervorstehend, 0,8–1,2 cm lang und breit, rhombisch-verkehrteiförmig; Schwiele hervorstehend, aufrecht, mit zwei seitlichen, etwas sichelförmigen Flügeln, am vorderen Rand hervortretend und fleischig gezähnt. Säule kräftig, 2–2,2 cm lang, flaumig behaart, am Gipfel schmal geflügelt.
Verbreitung: Costa Rica und Panama.
Geschichte: Diese Pflanze blühte erstmals in der Sammlung von A. Michelynek in Ghent und wurde 1849 von C. Morren in den »Annales Société Royale Gand« als *Neippergia chrysantha* veröffentlicht. J. Lindley und T. Paxton (»Flower Garden« 1850–51) versetzte die Art in die Gattung *Acineta.*
Synonyme: Acineta densa Lindl. et Paxt. (noch heute häufig); *A. sella-turcica* Rchb.f.; *A. warscewiczii* Klotzsch; *Neippergia chrysantha* C. Morren.

Acineta gymnostele Schltr.

Pseudobulben des Epiphyten 8–10 cm lang, 4–5 cm breit, eiförmig, am Gipfel 3- oder 4blättrig. Blätter 30–45 cm lang, 5–7 cm breit, verkehrtlanzettlich, vorn spitz. Blütenstände 30–70 cm lang, grundständig, hängend, vielblütig. Blüten auffällig goldgelb und mit purpurnen Flecken auf der Lippe. Mittlere Sepale 3 cm lang, länglich, konkav, stumpf und mit aufgesetzten Spitzchen; seitliche Sepalen 3 cm lang, asymmetrisch länglich-elliptisch, stumpf, auf dem Rücken gekielt. Petalen 2–8 cm lang, aus schmalem Grunde schief-eiförmig, stumpf oder mit aufgesetzten Spitzchen. Lippe 2–7 cm lang, 1,8 cm breit, gebogen, lang-genagelt, in der oberen Hälfte 3lappig; Nagel mit eingebogenen Seiten und nach dem Grunde des Mittellappens hin fleischig; Seitenlappen aufrecht, elliptisch, am unteren Rande

mit einer gekerbten Leiste verziert. Mittellappen klein, verkehrteiförmig-länglich; Schwiele am Grunde des Mittellappens, fast quadratisch, fleischig, vorn stumpf 3lappig. Säule 2,6 cm lang, keulenförmig, nach oben zu gebogen.
Verbreitung: Unbekannt.
Geschichte: R. Schlechter beschrieb die Pflanze 1917 in »Orchis«.

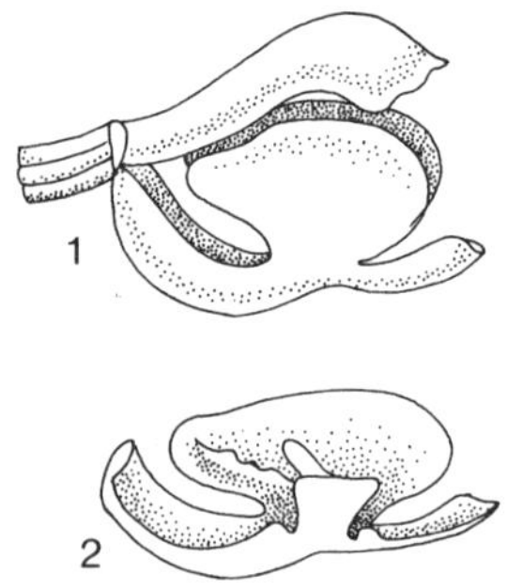

Acineta gymnostele
1 = Lippe und Säule von der Seite (× 4/5)
2 = Längsschnitt der Lippe, beachte fleischige Schwiele (× 4/5)
(nach Orchis, XI, 47, 1917)

Acineta superba (H. B. K.) Rchb.f.

Pseudobulben des kräftigen Epiphyten 7–10 cm lang, 4–6 cm breit, eiförmig, schwach kantig, am Gipfel 2–3blättrig. Blätter 25–45 cm lang, 4–7 cm breit, langzettlich, längsgefaltet, vorn spitz. Blütenstände verlängert, grundständig, hängend, traubig, 5- bis vielblütig. Blüten fleischig, groß, bis 8 cm breit, nie weit geöffnet, duftend, im Farbton wechselnd: hellgelb bis rötlich braun, rot bis braunpurpurn getüpfelt. Sepalen konkav; die mittlere 3,5–4 cm lang, 2–2,2 cm breit, verkehrtlanzettlich, spitz; die seitlichen asymmetrisch, 3,5–4 cm lang, 2–2,5 cm breit, verkehrtlanzettlich, nicht fleischig, stumpf oder spitzlich. Lippe besonders fleischig, genagelt, 1,8–2 cm lang und breit, bauchig, 3lappig; Seitenlappen aufrecht, breit-3eckig; Mittellappen verlängert, verkehrteiförmig, stumpf; Schwiele auf der Platte sitzend, auffällig, aufrecht, länglich, mit zwei gegabelten Fortsätzen. Säule kräftig, 1,8–2 cm lang, 1,2–1,5 cm breit, flaumig, oben schmal geflügelt, am Gipfel kappenartig.
Verbreitung: Kolumbien, Venezuela, Ecuador und möglicherweise Panama.
Geschichte: Diese Prachtpflanze wurde von A. von Humboldt und A. Bonpland im Catacocha Tal bei Zaruma entdeckt und von ihnen gemeinsam mit Kunth in ihrem Werk »Nova Genera et Species Plantarum« 1815 als *Anguloa* beschrieben. H.-G. Reichenbach versetzte die Art 1863 in Walpers »Annales Botanices« in die Gattung *Acineta.*
Synonyme: Anguloa superba H. B. K.; *Acineta fulva* Klotzsch; *A. colmani* hort.; *A. humboldtii* Lindl.; *Peristeria humboldtii* Lindl.

Ada Lindl.
Tribus: Oncidieae

Mittelgroße, epiphytische oder seltener lithophytische Pflanze. Pseudobulben fehlend, stark rückgebildet oder voll entwickelt, am Gipfel 1–2blättrig, meistens von blatttragenden Scheiden verdeckt. Blütenstände einzeln oder zu mehreren, blattachselbürtig, kürzer oder länger als das entsprechende Blatt; Brakteen lang, papierartig, meistens bootförmig. Blüten oft auffällig. Sepalen und Petalen einander ähnlich, frei, meistens abstehend. Lippe länglich-lanzettlich, linealisch-lanzettlich, eiförmig-elliptisch oder geigenförmig, spitz oder langspitzig; Schwiele aus zwei parallelen, vorn 2zähnigen Leisten bestehend. Säule kurz, unten geschwollen; Pollinien nierenförmig oder verkehrteiförmig, schwach abgeflacht, gefurcht; Stipes verkehrteiförmig bis rechteckig; Klebscheibe eiförmig.
Umfang und Verbreitung: Die Gattung besteht aus ungefähr 8 Arten; von Costa Rica und Panama südwärts bis Venezuela und Peru.
Ableitung des Namens: Nach Ada, Schwester von Artemisia.
Anmerkung: Die 1853 von J. Lindley in »Folia Orchidacea« begründete Gattung wurde bis in die jüngste Zeit als monotypisch betrachtet. N. H. Williams konnte allerdings zeigen (»Brittonia«, 1972), daß mehrere Arten der Gattung *Brassia* (Sektion Glumaceae) zu *Ada* gehören. Die Gattung läßt sich von *Brassia* unterscheiden durch ihre 2zeilig angeordneten Blätter, die oft stark rückgebildeten Pseudobulben, die Zahl der Blütenstände, die Ähnlichkeit von Sepalen und Petalen sowie durch die Struktur der Schwiele.
Typus-Art: A. aurantiaca Lindl.
Kultur: Substrat A. Mindesttemperatur im Winter 10–12°C. Allgemein behandelt man diese Pflanzen wie für *Odontoglossum* angegeben. Sie brauchen in der Hauptwachstumsperiode reichlich Wasser, danach weniger. Eine Trockenzeit ist nicht erforderlich.

Ada aurantiaca Lindl.

Pseudobulben 7,5–10 cm lang, elliptisch-birnenförmig, seitlich zusammengedrückt, dunkelgrün, unten von beblätterten Scheiden begleitet, am Gipfel 2blättrig. Blätter 10–30 cm lang, 1–2,5 cm breit, linealisch-lanzettlich, langspitzig. Blütenstand bis 35 cm lang, sehr dichtblütig (7–12 oder mehr); Brakteen verhältnismäßig groß, 0,6–2,5 cm lang, spitz. Blüten fast glockenförmig: leuchtend orangerot oder zinnoberrot. Sepalen 2–3,8 cm lang, 0,3–0,8 cm breit, linealisch-lanzettlich, langspitzig. Petalen 1,5–2,5 cm lang, 0,3–0,7 cm breit, linealisch-lanzettlich, langspitzig. Lippe 1–1,6 cm lang, 0,2–0,6 cm breit, linealisch-lanzettlich bis verkehrtlanzettlich; Schwiele aus zwei parallelen Kielen bestehend, jede nach dem Gipfel zu mit zwei aufrechten und oben zurückgekrümmten Zähnen, am Grunde flaumig behaart. Säule 0,4–0,5 cm lang, kräftig.
Verbreitung: Kolumbien, Ecuador und Venezuela.
Geschichte: Die Pflanze wurde erstmals im Jahre 1851 in 2550 m Höhe von Schlim in der Nähe von Pamplona in Kolumbien gefunden. Die ersten lebenden Exemplare erreichten Europa 1853, und die erste zum Blühen gebrachte Pflanze wuchs in der Sammlung von J. Bateman in Biddulph Grange bei Congleton in England. Es ist die Pflanze, auf der die Beschreibung von J. Lindley (»Folia Orchidacea«, 1854) beruht und die den Typus der Gattung *Ada* darstellt.
Synonyme: Ada lehmannii Rolfe; *Mesopinidium aurantiacum* (Lindl.) Rchb.f.; *M. cinnabarinum* (Linden ex Lindl.) Rchb.f.; *Brassia cinnabarina* Linden ex Lindl.; *Oncidium cinnabarinum* (Linden ex Lindl.) Rchb.f.

Ada glumacea (Lindl.) N. H. Williams

Pseudobulben des Epiphyten bis 6 cm lang und 2 cm breit, elliptisch-birnenförmig im Umriß, hellgrün, am Gipfel 1blättrig. Blatt 7–50 cm lang, 2,1–3,6 cm breit, lanzettlich, spitz. Blütenstand so lang wie das Blatt oder länger, abstehend, wenigblütig; Brakteen groß, 2,5–3,5 cm lang, papierartig. Blüten in Abständen an der Blütenstandsachse angeordnet: Sepalen und Petalen hell gelbgrün und mit schokoladenbrauner Zeichnung in der unteren Hälfte; Lippe cremefarben und braun gezeichnet. Sepalen 2–2,5 cm lang, 0,3–0,4 cm breit, linealisch-lanzettlich, langspitzig; die seitlichen etwas sichelförmig. Petalen 1–1,9 cm lang, 0,4–0,7 cm breit, lanzett-

lich, an der Spitze rückwärts gebogen. Lippe 1,1 cm lang, 0,7 cm breit, eiförmig-elliptisch, spitz oder langspitzig; Schwiele aus zwei parallelen, flaumigen Kielen bestehend, jede in oder über der Mitte mit einer zahnähnlichen Struktur. Säule 0,4–0,5 cm lang, halbaufrecht, dunkel grünbraun.
Verbreitung: Kolumbien und Venezuela.
Geschichte: Die Pflanze wurde erstmals im Auftrage der Firma J. Linden (Brüssel) in Merida in Venezuela gesammelt und dann im Jahre 1846 von J. Lindley beschrieben (»Orchidaceae Lindenianae«). Kürzlich wurde die Art von N.H. Williams (in »Brittonia« 1972) in die Gattung *Ada* gestellt.
Synonyme: Brassia glumacea Lindl.; *B. imbricata* Lindl.; *Oncidium glumaceum* (Lindl.) Rchb.f.; *O. imbricatum* (Lindl.) Rchb.f.

Ada keiliana (Rchb.f. ex Lindl.) N.H. Williams

Pseudobulben des Epiphyten bis 8 cm lang, 2 cm breit, birnenförmig, seitlich zusammengedrückt, an der Basis mit mehreren blatttragenden Scheiden. Blätter 18–60 cm lang, 2–4 cm breit, linealisch-lanzettlich, verhältnismäßig dünn, vorn spitz. Blütenstand bis 30 cm lang halbaufrecht oder abstehend, wenigblütig; Brakteen 1,4–3,6 cm lang, lanzettlich, papierartig, hellgrün. Blüten mittelgroß: Sepalen und Petalen hell gelbgrün, kräftig dunkelbraun oder kastanienbraun getüpfelt; Lippe weiß, nach den Rändern und der Spitze zu allmählich gelb werdend. Mittlere Sepale 4–6 cm lang, 0,3–0,7 cm breit, lanzettlich, langspitzig; die seitlichen 3,5–8 cm lang, 0,2–0,6 cm breit lanzettlich-sichelig, sehr langspitzig. Petalen 2,2–5,5 cm lang, 0,3–0,7 cm breit, sichelig, linealisch-lanzettlich, langspitzig. Lippe 1,6–3,3 cm lang, 0,7–1,5 cm breit, eiförmig-länglich, sehr langspitzig; Schwiele aus zwei gebogenen Leisten am Grunde der Platte bestehend, jede mit einem zahnartigen Fortsatz auf jeder Seite der Spitze. Säule 0,4–0,6 cm lang, am Gipfel schwach geflügelt.
Verbreitung: Venezuela und Kolumbien.
Geschichte: Die Pflanze wurde erstmals in Venezuela gesammelt und als Herbariumexemplar an H.G. Reichenbach geschickt. Sie wurde jedoch von J. Lindley 1852 als *Brassia* in Paxtons »Flower Garden« beschrieben. N.H. Williams versetzte sie kürzlich zu *Ada* (»Brittonia« 1972).
Synonyme: Brassia keiliana Rchb.f. ex Lindl.; *B. cinnamomea* Linden ex Lindl.; *B. havanensis* Lindl.; *Oncidium keilianum* Rchb.f. ex Lindl.

Aerangis Rchb.f.
Tribus: Vandeae
Subtribus: Aerangidinae

Kleine bis mittelgroße Epiphyten oder seltener Lithophyten, meistens mit sehr kurzen Stämmen und fächerartig oder 2zeilig angeordneten, oft durch Drehung über der Scheide in einer Ebene zum Liegen kommenden Blättern. Blütenstände traubig oder manchmal nur 1blütig, mit oft zickzackförmiger Achse; Brakteen klein bis groß. Blüten mittelgroß bis groß. Sepalen und Petalen untereinander ähnlich, meistens lanzettlich, seltener elliptisch. Lippe den Petalen nicht unähnlich, am Grunde gespornt; der Sporn oft lang und dünn. Säule kurz bis mittelgroß, weiß oder seltener rot; Pollinien 2, eiförmig; Stipes linealisch oder verkehrtlanzettlich; Klebscheibe einzeln, kreisrund oder elliptisch; Rostellum einfach, verlängert.
Umfang und Verbreitung: Ungefähr 50 Arten; weit verbreitet im tropischen Afrika und in Madagaskar; eine Art ist aus Ceylon bekannt; in Regen- oder Bergwäldern oder in Wäldern der Savanne.
Ableitung des Namens: Aus dem Griechischen »aer« = Luft und »angos« = Gefäß; wahrscheinlich wegen des langen Spornes der Typus-Art.
Anmerkung: H.G. Reichenbach beschrieb diese Gattung 1865 in »Flora«. Viele ihrer Arten wurden zuvor in der Gattung *Angraecum* beschrieben. Die Gattung ist hauptsächlich durch den Besitz von zwei Pollinien mit einer Stipes und das verlängerte Rostellum charakterisiert.
Typus-Art: A. flabellifolia Rchb.f.
Eine Revision der afrikanischen Arten der Gattung wurde gerade veröffentlicht (J. Stewart in »Kew Bulletin« 1979).
Kultur: Substrat A oder montiert. Mindesttemperatur im Winter 12–15 °C. Fast alle Arten verlangen schattige, feuchte Standorte; doch muß man beachten, daß die Wurzeln niemals naß bleiben dürfen. Am besten hält man die Pflanzen in hängenden Körben oder auf Kork- oder Baumfarnblöcken montiert. In jedem Fall neigen die Wurzeln zu sehr schnellem Austrocknen, weshalb man – besonders bei warmem Wetter – öfters zu gießen hat. Arten wie *A. friesiorum* oder *A. coriacea* sollten nach Wachstumsabschluß der neuen Blätter kurz trocken gehalten werden.

Aerangis articulata (Rchb.f.) Schltr.

Kleiner Epiphyt mit kräftigem, 7,5–12,5 cm langem, mehrblättrigem Stamm. Blätter 7,5–12,5 cm lang, 2,5–3,7 cm breit, elliptisch oder länglich-verkehrteiförmig, lederig. Blütenstand 22–38 cm lang, traubig, mehrblütig, hängend; Schaft kräftig, grün. Blüten reinweiß, bis 5 cm breit, auf hellorangen Stielen. Sepalen 2,3 cm lang, 0,5 cm breit, elliptisch-länglich, spitz. Petalen den Sepalen ähnlich. Lippe 2,2 cm lang, 0,7–0,9 cm breit, spitz, mit einem 7,5–14 cm langen Sporn.
Verbreitung: Madagaskar.
Geschichte: W. Ellis fand die Pflanze in Madagaskar, von wo er diese Exemplare nach England einführte; sie blühten erstmals im Jahre 1871. H.G. Reichenbach beschrieb die Art 1872 in »Gardeners' Chronicle« als *Angraecum articulatum*; sie wurde dann 1914 von R. Schlechter (»Die Orchidee«) zu *Aerangis* gestellt. Perrier de la Bâthie (»Flore de Madagasgar« 1941) betrachtet die Art als eine mögliche Hybride zwischen *A. stylosa* und einer anderen Art. Allerdings kann er seine Theorie nicht belegen. Auf jeden Fall variiert *A. articulata* etwas.
Synonyme: Angraecum articulatum Rchb.f.; *A. descendens* Rchb.f.

Aerangis brachycarpa (A. Rich.) Dur. et Schinz

Stamm des kleinen bis mittelgroßen Epiphyten kurz, oft hängend, von den Blättern verdeckt. Blätter 10–25 cm lang, 3–6 cm breit, verkehrteiförmig oder verkehrtherzförmig, lederig, vorn mehr oder minder gleichmäßig stumpf, 2lappig, mit auffälliger Beaderung, braun getüpfelt. Blütenstände bis zu 35 cm lang, blattachselbürtig, bogig oder herabhängend, locker 8–12blütig. Blüten sternartig, 5–6 cm breit, duftend: Sepalen, Petalen und Lippe weiß aber mit rosa Spitzen; Sporn rosenrot oder rosa. Sepalen und Petalen 1,6–2,8 cm lang, lanzettlich, langspitzig. Lippe den Sepalen ähnlich, 1,9 cm lang, 0,5 cm breit, zurückgebogen; Sporn bis 16,5 cm lang, schlank zylindrisch, nach unten gekrümmt, stumpfendig. Säule weiß, 0,5 cm lang, fleischig.
Verbreitung: Äthiopien, Kenia und südwärts bis Sambia und Angola; häufige Pflanze in Uferwäldern.
Geschichte: Die Pflanze wurde in der Mitte des vorigen Jahrhunderts von Schimper in Äthiopien gesammelt. Nachdem sie 1850 von A. Richard (»Voyage au Abyssinie«) als *Angraecum brachycarpum* beschrieben worden war, versetzten Th. Durand und H. Schinz sie 1892 (»Conspectus Florae Africanae«) in die Gattung *Aerangis*.
Synonyme (in Auswahl): *Dendrobium brachycarpum* A. Rich.; *Angraecum rohlfsianum*

Kraenzl., *Aerangis rohlfsiana* (Kraenzl.) Schltr.; *A. flabellifolia* Rchb.f. (unter diesem Namen und, seltener, unter dem vorhergehenden findet man die Pflanze noch oft in Kultur).

Aerangis calantha (Schltr.) Schltr.

Diese Art ist im tropischen Afrika von Ghana bis nach Uganda und südwärts nach Angola und Tansania verbreitet. In der Blütengröße kommt sie *A. ugandensis* am nächsten; allerdings besitzt

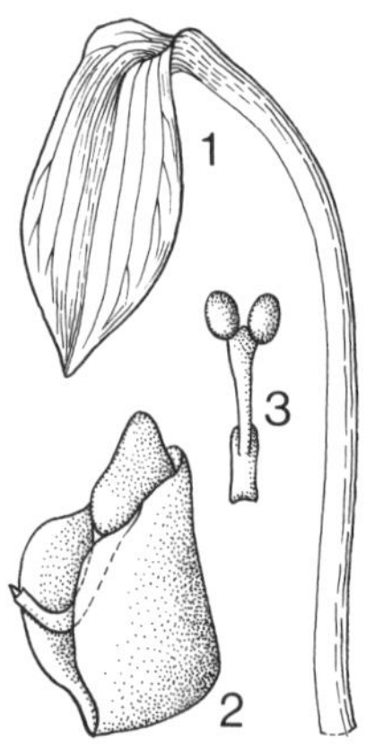

Aerangis calantha
1 = Lippe mit Spornbasis (× 3¹/₂)
2 = Säule mit Antherenkappe und Rostellum (× 10)
3 = Klebscheibe, Stipes und Pollinien (× 10)

sie einen längeren Sporn, kürzere Sepalen und Petalen und ähnelt in der Tracht einer kleinen Form von *A. rhodosticta:* ihre Blätter sind kurz, linealisch oder linealisch-verkehrtlanzettlich und sitzen an einem kurzen Stamm.

Aerangis confusa J. Stewart

Stamm des mittelgroßen Epiphyten kurz und kräftig, von ausdauernden alten Blattbasen bedeckt, meistens 6blättrig. Blätter 2zeilig angeordnet, gebogen, 10–18 cm lang, 1,5–4,5 cm breit, verkehrtlanzettlich-keilförmig bis verkehrteiförmig, lederig, vorn eingeschnitten und sehr ungleich stumpf oder abgerundet 2lappig. Blütenstände bogig hängend, 10–30 cm lang, locker wenig- bis vielblütig; Schaft etwas zickzackförmig; Brakteen 0,6 cm lang, fast elliptisch. Blüten sternförmig: Sepalen und Petalen weiß, an der Spitze rosa und auf der Rückseite etwas grünlich; Sporn der Lippe rosa bis orangebraun. Sepalen und Petalen 1,5–2 cm lang, 0,3 cm breit, lanzettlich, langspitzig. Lippe kürzer als die Sepalen, bis 1,8 cm lang und 0,7 cm breit, sehr langspitzig. Lippe kürzer als die Sepalen, bis 1,8 cm lang und 0,7 cm breit, sehr langspitzig; Sporn 4–7 cm lang, zurückgebogen; Säule 0,6 cm lang, vorstehend, weiß.
Verbreitung: Kenia und Nord-Tansanien; 1600–2100 m; an schattigen Stellen an Baumstämmen in Bergwäldern.
Geschichte: Bis in die jüngste Vergangenheit war diese Pflanze in der Kultur jahrelang unter dem falschen Namen *A. brachycarpa* (A. Rich.) Dur. et Schinz aufgrund einer Fehlbestimmung bekannt. J. Steward klärte den Irrtum 1979 (»Kew Bulletin«) auf und beschrieb die Art unter Zugrundelegung einer von Smart 48 km westlich von Nairobi gesammelten Pflanze.
Synonym: Aerangis brachycarpa auct. non (A. Rich.) Dur. et Schinz.

Aerangis fastuosa (Rchb.f.) Schltr.

Kleiner Epiphyt mit sehr kurzem Stamm. Blätter 1,8–7,5 cm lang, 1,2–2 cm breit, verkehrteiförmig bis länglich-keilförmig, vorn schwach ungleichmäßig 2lappig. Blütenstand bis 5 cm lang, 1–3blütig; Brakteen groß, ungefähr ein Viertel so lang wie Blütenstiel und Fruchtknoten, kapuzenförmig. Sepalen untereinander gleich, 1,6–3 cm lang, 0,6–1,1 cm breit, länglich-bandförmig bis länglich-eiförmig. Petalen den Sepalen nicht unähnlich aber verkehrtlanzettlich. Lippe 2–2,5 cm lang, 0,4–0,8 cm breit, elliptisch-rhombisch, mit 7–8 cm langem Sporn. Säule kurz.
Verbreitung: Madagaskar.
Geschichte: Die Pflanze wurde von L. Humblot in Madagaskar gefunden und an F. Sander geschickt. H.G. Reichenbach beschrieb sie 1881 im »Gardeners' Chronicle« unter dem Gattungsnamen *Angraecum.* Sie wurde dann 1914 von R. Schlechter zu *Aerangis* gestellt.
Synonyme: Angraecum fastuosum Rchb.f.; *Rhaphidorhynchus fastuosus* (Rchb.f.) Finet; *Angorchis fastuosa* (Rchb.f.) O. Ktze.

Aerangis flabellifolia Rchb.f.

Stamm des kleinen bis mittelgroßen Epiphyten kurz, oft hängend, von den Blättern verdeckt. Blätter 10–25 cm lang, 3–6 cm breit, verkehrteiförmig oder verkehrtherzförmig, lederig, vorn mehr oder minder gleichmäßig stumpf 2lappig, mit auffälliger Beaderung, braun getüpfelt. Blütenstände bis zu 35 cm lang, blattachselbürtig bogig oder herabhängend, locker 8–12blütig. Blüten sternartig, 5–6 cm breit, duftend: Sepalen, Petalen und Lippe weiß aber mit rosa Spitzen; Sporn rosenrot oder rosa. Sepalen und Petalen 1,6–2,8 cm lang, lanzettlich, langspitzig. Lippe den Sepalen ähnlich, 1,9 cm lang, 0,5 cm breit, zurückgebogen; Sporn bis 16,5 cm lang, schlank zylindrisch, nach unten gekrümmt, stumpfendig. Säule weiß, 0,5 cm lang, fleischig.
Verbreitung: Äthiopien, Kenia und südwärts bis Sambia und Angola; häufige Pflanze in Uferwäldern.
Geschichte: F. Welwitsch fand diese Pflanze erst bei Golungo Alto und dann nochmals in der Serra de Alta Queta in Angola. H.G. Reichenbach beschreibt sie 1865 in »Flora«.
Synonyme: Aerangis rohlfsiana Rchb.f.; *Angraecum flabellifolium* (Rchb.f.) Rolfe.

Aerangis kirkii (Rolfe) Schltr.

Stamm der kleinen Epiphyten kurz und unter den Blättern versteckt. Blätter 2zeilig und strahlig angeordnet, bis 15 cm lang und 1,5 cm breit, keilförmig-lanzettlich, vorn durch einen ziemlich tiefen Einschnitt stumpf 2lappig, lederig. Blütenstände länger als die Blätter, 2–5blütig. Blüten sternartig, zart duftend: reinweiß oder cremeweiß; Sporn bräunlich. Sepalen 1,6–3 cm lang, 0,5 cm breit, lanzettlich, langspitzig. Petalen den Sepalen ähnlich aber kürzer. Lippe kürzer als die Sepalen, lang zugespitzt; Sporn 6–7 cm lang, schmalzylindrisch, gekrümmt. Säule kurz, fast stielrund, 0,4 cm lang.
Verbreitung: Kenia und Tansania; vorwiegend in Uferwäldern nahe der Küste.
Geschichte: In der Kultur kam diese Pflanze erstmals in der Pflege von B.S. Williams in der Victoria- und Paradis-Gärtnerei zur Blüte; er hatte sie von J. Kirk aus Sansibar erhalten. H.G. Reichenbach schätzte sie als Varietät von *Angraecum bilobum* ein (»Gardeners' Chronicle« 1882), aber R. Rolfe erhob sie später in den Artrang (»Flora of Tropical Africa« 1897). R. Schlechter endlich versetzte sie in die heutige Gattung (»Die Orchideen« 1914).
Synonyme: Angraecum kirkii Rolfe; *A. bilobum* Lindl. var. *kirkii* Rchb.f.

Aerangis kotschyana (Rchb.f.) Schltr.

Großer, auffälliger Epiphyt. Stamm kurz, kräftig, bis 7 cm lang, 1,5–2,5 cm breit, 3–6blättrig. Wurzeln dick, fleischig, graubraun mit grünen oder orange Spitzen. Blätter 2zeilig angeordnet, 12–20 cm lang, 4–6 cm breit, länglich bis ver-

kehrteiförmig, lederig, an den Rändern gewellt, dunkelgrün, oft gescheckt, vorn stumpf und etwas eingeschnitten. Blütenstände 2–4, spreizend bis hängend, 22–32 cm lang, 8–12blütig; Brakteen schwarz, eiförmig, spitz. Blüten sehr auffällig, weiß, mit rosabraunem Sporn; Blütenstiel und Fruchtknoten grün. Obere Sepale 4–6 cm lang, aufrecht, elliptisch oder elliptisch-lanzettlich, spitzlich; seitliche Sepalen 4–6 cm lang, zurückgeschlagen, elliptisch-lanzettlich bis verkehrtlanzettlich, stumpf. Petalen 4,5 cm lang, verkehrtlanzettlich, zurückgeschlagen, stumpf. Lippe herabhängend, 4 cm lang, 2 cm breit, geigenförmig bis eiförmig-elliptisch, spitzendig bis lang zugespitzt; Sporn hängend, bis 22 cm lang, einmal gedreht. Säule kurz, keglig.
Verbreitung: Tropisches Afrika und Südafrika bis nach Transvaal.
Geschichte: Die zweifellos prächtigste afrikanische Orchidee wurde von Th. Kotschy 1839 im Sudan entdeckt. Reichenbach beschrieb sie als *Angraecum* in der »Österreichischen Botanischen Zeitschrift« 1864, und Schlechter stellte sie 1918 in die heutige Gattung.
Synonyme: Angraecum kotschyanum Rchb.f.; *A. kotschyi* Rchb.f.

Aerangis rhodosticta (Kraenzl.) Schltr.

Kleiner, stammloser Epiphyt mit abgeflachten Wurzeln. Blätter zu 6–10 mehr oder weniger 2zeilig angeordnet, alle in einer Ebene stehend, abstehend, bis 12 cm lang, 0,6–1 cm breit, linealisch, gebogen, fleischig, vorn ungleichmäßig stumpf 2lappig. Blütenstände 2 bis mehrere, seitlich abstehend, bogig oder hängend traubig, 7–25 cm lang, locker 6–25blütig; Blütenstandachse zickzackförmig; Brakteen klein, scheidenartig. Blüten augenfällig, bis 5 cm breit, so angeordnet, daß Sepalen und Petalen aller Blüten in einer Ebene stehen: reinweiß, cremefarben oder gelblich, Säule scharlachrot. Sepalen 1,4 cm lang, 0,4 cm breit, elliptisch, stumpf oder mit aufgesetzter Spitze. Petalen den Sepalen ähnlich aber etwas breiter. Lippe sehr kurz breit-genagelt, 1,9 cm lang, 1,2 cm breit, über dem Nagel elliptisch, vorn mit aufgesetzter Spitze; Sporn 2,5–4 cm lang, schmal-zylindrisch, gekrümmt, zugespitzt. Säule nur 0,2 cm lang.
Verbreitung: Kamerun, Zaire, Uganda, Äthiopien, Somalia, Kenia und Tansania; vorwiegend in Uferwäldern und in Bergwäldern unterhalb 1700 m.
Geschichte: Die von Zenker und Staudt bei Yaounde am Kamerun-Berg entdeckte Pflanze wurde ursprünglich als *Angraecum* klassifiziert und von F. Kraenzlin 1896 im Notizblatt des Botanischen Gartens Berlin veröffentlicht. Schlechter versetzte die Art 1918 nach *Aerangis* (Beihefte »Bot. Centralblatt«).
Synonyme: Angraecum rhodostictum Kraenzl.; *A. mirabile* hort.; *A. albido-rubrum* De Wild.; *Aerangis albido-rubra* (De Wild.) Schltr.
Anmerkung: J. Stewart (»Kew Bulletin«, 1979) betrachtet diese Pflanze nur als eine Varietät der in Zaire verbreiteten Art *A. luteo-alba* (Kraenzl.) Schltr. Diese Art ist in der Kultur unbekannt.

Aerangis stylosa (Rolfe) Schltr.

Kleiner Epiphyt mit kurzem, 2–4blättrigem Stamm. Blätter 6,5–12,5 cm lang, bis 6 cm breit, länglich-verkehrteiförmig oder elliptisch, allmählich nach dem Grunde zu verschmälert, lederig. Blütenstand bis 30 cm lang, 6–15blütig, mehr oder weniger hängend. Brakteen 1 cm lang, 1,2 cm breit, kapuzenförmig. Blüten weiß: Sepalen 1,2–2 cm lang, 0,4 cm breit, lanzettlich, spitzlich. Petalen den Sepalen ähnlich. Lippe 1,2–2 cm lang, 0,4 cm breit, lanzettlich, 9–11nervig; Sporn 7–10 cm lang. Säule 0,5–0,7 cm lang, kahl.
Verbreitung: Madagaskar und Komoren von Meereshöhe bis zu 1400 m.

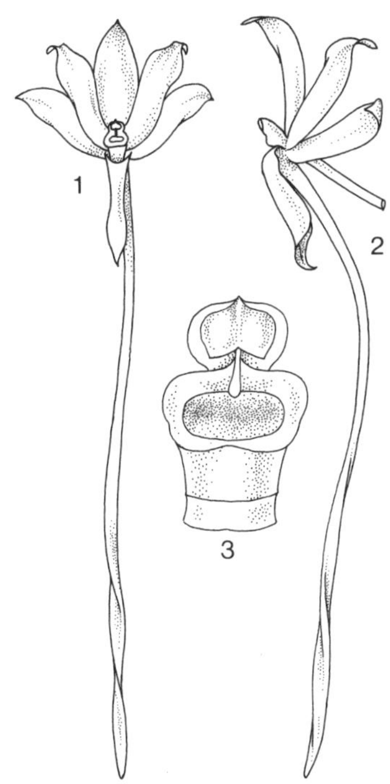

Aerangis stylosa
1 = Blüte von vorn (× 3/4)
2 = Blüte von der Seite (× 3/4)
3 = Säule, Antherenkappe gehoben (× 4 1/2)

Geschichte: Die Pflanze wurde von R. Rolfe 1895 ursprünglich als *Angraecum* im »Kew Bulletin« beschrieben und später durch R. Schlechter 1915 (Beihefte »Bot. Centralblatt«) in die heutige Gattung gestellt.
Verwandtschaft: Sehr nahe *A. modesta* (Hook.f.) Schltr., von der sie durch größere Blüten unterschieden werden kann.
Synonyme: Angraecum stylosum Rolfe; *A. fournierae* André; *Aerangis venusta* Schltr.; *A. crassipes* Schltr.

Aerangis ugandensis Summerh.

Stamm der kleinen Epiphyten bis 8 cm lang. Blätter zu 6–8 2zeilig angeordnet, 5–20 cm lang, 1,5–2,5 cm breit, keilförmig oder keilförmig-verkehrtlanzettlich, vorn ungleichmäßig stumpf 2lappig, auf der Oberseite mit deutlich hervortretender Parallelnervatur. Blütenstände zu 2- bis mehreren, grundständig, hängend, 10–15blütig; Brakteen 0,2 cm lang, gestutzt. Blüten sternartig, abstehend oder etwas zurückgeschlagen: weiß. Sepalen 0,6–0,8 cm lang, 0,3 cm breit, länglich-lanzettlich, spitz. Petalen ähnlich den Sepalen, 0,6–0,7 cm lang, 0,3–0,4 cm breit, länglich, spitz, mit herabgebogenen Seitenrändern; Sporn 1–2 cm lang, gerade, schmal-zylindrisch, zugespitzt. Säule nur 0,2 cm lang.
Verbreitung: Uganda und westliches Kenia; in Uferwäldern.
Geschichte: Die von J.D. Snowden auf dem Berge Elgon in Uganda in einer Höhenlage von 1500 Metern im Mai 1925 entdeckte Pflanze wurde von Victor Summerhayes 1931 im »Kew Bulletin« veröffentlicht.

Aeranthes Lindl.

Tribus: Vandeae
Subtribus: Angraecinae

Epiphytische Pflanzen mit kurzem oder fehlendem Stamm. Blätter 2zeilig angeordnet. Blütenstand 1- bis mehrblütig, traubig oder seltener verzweigt, meistens hängend, mit drahtigem Schaft. Blüten klein bis groß, öfters durchsichtig, grün oder selten weiß. Sepalen untereinander ähnlich, öfters oben lang ausgezogen; die seitlichen mit dem Fuß der Säule vereint. Petalen der mittleren Sepale ähnlich aber kleiner. Lippe ungeteilt, am Grunde nach dem Fuß der Säule zu etwas rinnig, vorn lang verschmälert. Säule kurz; Rostellum 2lappig; Pollinien 2, mit Poren; Stipes 2; Klebscheiben 2; Fuß der Säule geschwollen,

gespornt: Sporn oft nach vorn weisend, zylindrisch oder in der Spitzenhälfte geschwollen.
Umfang und Verbreitung: Gattung mit ungefähr 40 Arten; auf Madagaskar, den Komoren und Maskarenen sowie mit einer, bisher unbeschriebenen Art auf dem afrikanischen Festland.
Ableitung des Namens: Aus dem Griechischen »aer« = Luft, Nebel und »anthos« = Blüte; wahrscheinlich verweist der Name entweder auf das epiphytische Vorkommen (Luftblumen) oder auf das Vorkommen in luftfeuchten Situationen (Nebelblumen).
Anmerkung: Die Gattung ist mit *Angraecum* verwandt, läßt sich aber leicht von ihr unterscheiden durch den erweiterten, gespornten Säulenfuß und durch die Durchsichtigkeit der Blüten. Die letzte Bearbeitung von *Aeranthes* erfolgte durch H. Perrier de la Bâthie (»Flore de Madagascar«, 1941). Seither wurden jedoch so viele neue Arten gefunden und beschrieben, daß sein Schlüssel als überholt zu betrachten ist. J. Lindley begründete die Gattung 1824 im »Botanical Register«.
Typus-Art: A. grandiflora Lindley.
Kultur: Substrat A. Mindesttemperatur im Winter 15 °C. Alle Arten verlangen schattige, feuchte Standorte; man sollte sie niemals austrocknen lassen. Vorausgesetzt, daß das Pflanzmaterial frisch und durchlässig ist, sollte man freizügig gießen, besonders wenn noch Wurzelwachstum stattfindet. Arten mit langen Blütenständen hängt man zur Blütezeit am besten auf.

Aeranthes caudata Rolfe

In der Tracht und durch ihren hängenden Blütenstand erinnert diese Art von Madagaskar und den Komoren an *A. grandiflora;* sie unterscheidet sich aber von ihr durch die weit zahlreicheren, hängenden, durchscheinend grünen Blüten.

Aeranthes grandiflora Lindl.

Epiphyt mit sehr kurzem Stamm. Blätter 5–7, 2zeilig, 15–25 cm lang, 3–3,5 cm breit, schmallänglich, lederig, vorn meistens etwas schief, 2lappig. Blütenstand 10–30 cm lang, 1- oder 2blütig, hängend; die Schäfte völlig von den Scheiden eingeschlossen. Blüten groß und auffallend, weiß oder grünlich-weiß; Spitzen und Sporn gelblich. Obere Sepale 5 cm lang, 1–4 cm breit, länglich-eiförmig und sehr lang spitz ausgezogen; Seitliche Sepalen aus schief-eiförmigem Grunde lang ausgezogen, 5 cm lang, unten mit dem Fuß der Säule zu einem sackartigen Mentum

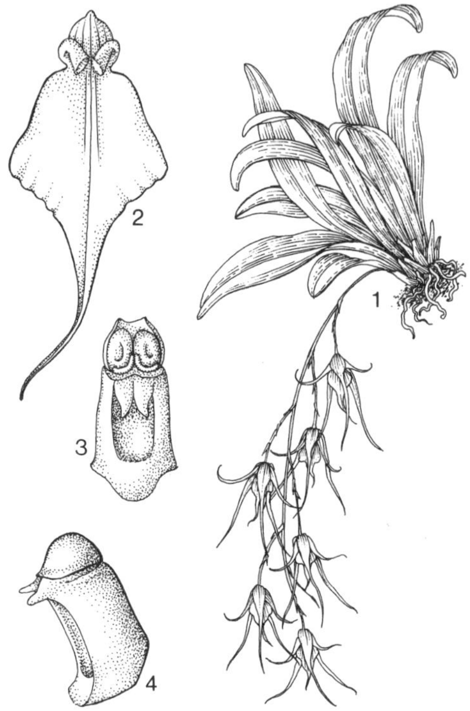

Aeranthes caudata
1 = Pflanze (× 1/5)
2 = Lippe (× 1)
3 = Säule von vorn, Antherenkappe gehoben, um Pollinien zu zeigen (× 4)
4 = Säule von der Seite (× 4)

vereinigt. Petalen voneinander frei, 4 cm lang, spitz ausgezogen. Lippe am Grunde geöhrt, 4 cm lang, 2 cm breit, länglich-elliptisch, lang zugespitzt. Säule 0,3–0,4 cm lang; Fuß etwa 2 cm lang, 0,9 cm breit, kapuzenförmig; Sporn vom Grunde des Säulenfußes ausgehend, aus konisch-zylindrischer Basis verschmälert und an der Spitze unvermittelt erweitert.
Verbreitung: In feuchten Wäldern von Zentral- und Ost-Madagaskar; von Meereshöhe bis zu 1200 m aufsteigend.
Geschichte: Die Pflanze wurde von Forbes auf dem Ambre-Berg gefunden und durch J. Lindley 1824 im »Botanical Register« beschrieben.

Aeranthes henrici Schltr.

Großer Epiphyt mit sehr kurzem Stamm. Blätter 4–6, 2zeilig, 9–24 cm lang, 1,6–5,5 cm breit, halbaufrecht oder spreizend, riemenförmig, lederig, an den Rändern etwas gewellt, vorn ungleichseitig und leicht eingeschnitten. Blütenstand 12–40 cm lang, 3–6blütig, überhängend, Schaft 6–15 cm lang; Brakteen 1,5 cm lang, eiförmig, stumpf. Blüten auffällig und sehr groß, reinweiß. Sepalen 11 cm lang, 2 cm breit, lanzettlich, lang und fädlich ausgezogen; die seitlichen asymmetrisch. Petalen 9 cm lang, sonst den Sepalen ähnlich. Lippe schwach 3lappig, sehr breit, ohne Spitze 4 cm lang und 3,8 cm breit, an den Rändern faserig zerfranst, lang (bis 6 cm) zugespitzt. Säule kurz, 0,8 cm lang; Fuß sackartig, ausgebreitet verkehrteiförmig, am Grunde in einen 16 cm langen Sporn ausgezogen.
Verbreitung: In feuchten Wäldern von Zentral-Madagaskar, bis zu 1000 m.
Geschichte: Die großblütigste Art der Gattung wurde 1909 im Sambirano-Gebirge von Henri Perrier de la Bâthie gesammelt. R. Schlechter beschrieb sie 1925 in »Feddes Repertorium« und benannte sie nach ihrem Entdecker.

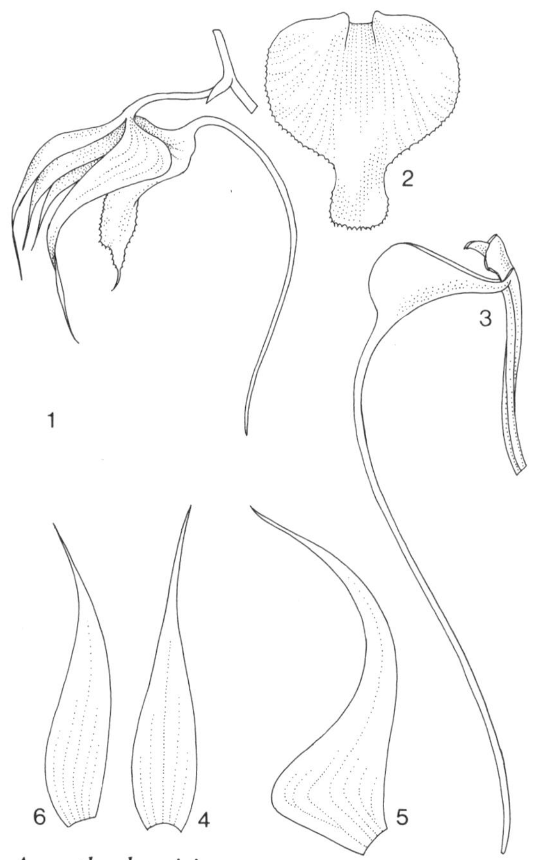

Aeranthes henrici
1 = Blüte von der Seite (× 2/5)
2 = Lippe ausgebreitet (× 3/4)
3 = Säule, Fuß und Sporn (× 3/4)
4 = mittlere Sepale (× 3/4)
5 = seitliche Sepale (× 3/4)
6 = Petale (× 3/4)

Aeranthes ramosa Rolfe

Auch diese Art gehört in den Verwandtschaftskreis von *A. grandiflora.* Sie unterscheidet sich von dieser durch folgende Merkmale: Blüten kleiner, gelbgrün. Sepalen und Petalen kurz geschwänzt. Sporn zylindrisch, weder oben erweitert noch unterhalb der Lippe nach vorn gekrümmt.

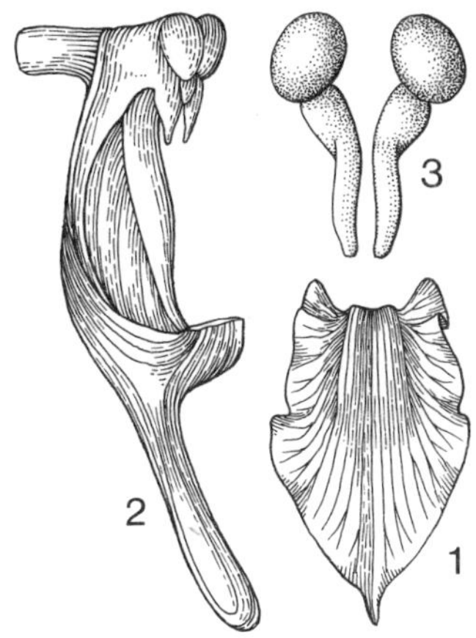

Aeranthes ramosa
1 = Lippe (× 1½)
2 = Säule mit Fuß und Sporn (× 2)
3 = Klebscheiben, Stipites und Pollinien (× 8)

Aerides Lour.

Tribus: Vandeae
Subtribus: Sarcanthinae

Epiphyten mit beblätterten Stämmen aber ohne Pseudobulben. Blüten meistens augenfällig, zahlreich, in bogigen, dichten oder lockeren Trauben angeordnet. Sepalen abstehend, breit; die seitlichen mit der Basis des Säulenfußes verwachsen und an ihm herablaufend. Petalen abstehend, breit. Lippe mehr oder minder deutlich 3lappig, am Grunde gespornt; Seitenlappen kaum wahrnehmbar bis groß; Mittellappen entweder größer als die Seitenlappen oder kleiner und zwischen ihnen einwärts gebogen. Säule kurz, mit kurzem oder langem Fuß; Rostellum kurz oder lang, gabelig geteilt, vorstehend; Anthere 2fächerig, mehr oder weniger lang geschnäbelt; Pollinien 2, kugelig gefurcht, mit gemeinsamer Stipes.
Umfang und Verbreitung: Ungefähr 20 Arten in Südostasien.
Ableitung des Namens: Aus dem Griechischen »aer« = Luft und »eides« = ähnlich. Der Name hat patronymische Bedeutung (Kinder der Luft) und spielt auf die epiphytische Lebensweise der Pflanze an.
Anmerkung: J. Loureiro begründete diese Gattung 1790 in »Flora Cochinchinensis«. Sie besteht aus Arten mit attraktiven und duftenden Blüten, von denen die meisten, wenn nicht alle, kultiviert werden. Bei allen Arten ist weiß die dominierende Blütenfarbe mit blauvioletter oder purpurner Zeichnung. In seinem Werk »Orchids of Malaya« (1964) gibt R. Holttum einen Schlüssel zu den Arten des Gebietes unter Einschluß der am häufigsten kultivierten außerhalb der Flora.
Aerides ist mit *Trichoglottis* verwandt, unterscheidet sich aber im wesentlichen durch die Verwachsung der Lippe mit dem Säulenfuß und durch den aufsteigend rückwärts gekrümmten Sporn. Die Arten lassen sich in zwei natürliche Gruppen aufteilen:
Planifoliae mit flachen, abstehenden, lederigen Blättern und **Teretifoliae** mit zylindrischen, fleischigen, oben rinnigen Blättern. Die meisten in der Kultur anzutreffenden Arten gehören zur ersten Gruppe; aber die zwei häufig gehaltenen Arten *A. vandarum* und *A. mitratum* Rchb.f. gehören zur zweiten, die in jüngster Zeit durch L. Garay (»Botanical Museum Leaflets, Harvard University« 1972) in der neuen Gattung *Seidenfadenia* zusammengefaßt wurden. J. Wood und G. Kennedy haben kürzlich 14 Arten der Gattung farbig abgebildet (»Orchid Digest« 1979).
Typus-Art: A. odoratum Lour.
Kultur: Substrat A. Mindesttemperatur im Winter 15 °C. Alle Arten hält man am besten in hängenden Körben, so daß ihre zahlreichen, langen Wurzeln frei hängen können. Sie verlangen mittleren Schatten und eine feuchte, aber keinesfalls stagnierende Atmosphäre. Bei warmem Wetter ist häufiges Gießen angezeigt, im Winter wässert man nur mäßig. Auf jeden Fall sollte man die Pflanzen so wenig wie möglich stören.

Aerides fieldingii Jennings

Stämme des robusten Epiphyten 10–25 cm lang, kräftig. Blätter 15–35 cm lang, 2,5–4,3 cm breit, riemenförmig, mit tiefen Längsrinnen, gekielt, gebogen, vorn eingeschnitten, die untersten zurückgeschlagen. Blütenstände 45 bis über 60 cm lang, traubig (seltener ganz unten verzweigt), dicht vielblütig. Blüten 3,7 cm breit: mittlere Sepale und Petalen amethystpurpurn und weiß behaucht, manchmal in der unteren Hälfte purpurn getüpfelt; seitliche Sepalen weiß und an der Spitze mit einem hellpurpurnen Flecken; Lippe amethystpurpurn und weiß marmoriert; Sporn weißlich. Mittlere Sepale und Petalen 1,2 cm lang, 0,6 cm breit, verkehrteiförmig, stumpf. Seitliche Sepalen 1,2 cm lang, 0,7 cm breit, breit-elliptisch. Lippe 1,6 cm lang, 1,1 cm breit, 3lappig, 3eckig oder kellenförmig, langspitzig, sehr schwach seitlich zusammengedrückt; Seitenlappen klein, über die Spornöffnung gebogen. Mittellappen pfeilförmig, spitz; Sporn trichterförmig.
Verbreitung: Sikkim Himalaja und Assam.
Geschichte: Die Pflanze wurde im Auftrag der Firma Veitch & Sons 1850 von Thomas Lobb in die Kultur eingeführt. Jennings beschrieb sie 1875 in dem Buch »Orchids and how to grow them«; er benannte sie nach einem Armee-Offizier, Oberst Fielding.
Anmerkung: Die Art ist sehr nahe mit *A. multiflorum* (siehe auch dort) verwandt; sie unterscheidet sich aber durch verschiedenen Wuchs, die langspitzige Lippe und andere Farbgebung.
Synonym: A. williamsii Warner.

Aerides jarckianum Schltr.

Stämme des bis 40 cm hohen Epiphyten 30–55 cm lang, bogig-aufrecht oder auswärts gebogen. Blätter 12–20 cm lang, 2–3 cm breit, riemenförmig, lederig, vorn schief eingeschnitten, auf dem Rücken schwach gekielt. Blütenstände 40–65 cm lang, überhängend, dicht vielblütig; Schaft 30–50 cm lang, mit bis 1,3 cm langen, entfernt stehenden röhrigen Scheiden bekleidet; Brakteen bis 0,6 cm lang, eiförmig, spitz, zurückgebogen. Blüten 1,2–1,3 cm breit, 1,8–1,9 cm lang, duftlos: Sepalen und Petalen rosenrot oder weiß und hellrosa getüpfelt; Mittellappen der Lippe purpur bis magentarot; die Seitenlappen rosa und magentarot getüpfelt; Sporn magentarot; Blütenstiel und Fruchtknoten weiß bis rosa. Mittlere Sepale 0,7 cm lang, 0,45–0,5 cm breit, kreisrund-länglich; die seitlichen 0,7 cm lang, 0,6 cm breit, fast kreisrund, etwas gestutzt, konvex. Petalen 0,65 cm lang, 0,4 cm breit, länglich-kreisrund oder eiförmig, vorn abgerundet. Lippe fleischig, 3lappig; Seitenlappen 0,3 cm lang, 0,2 cm breit, einwärts gebogen und sich überdeckend, länglich-sichelförmig, stumpf und oben gezähnelt; Mittellappen 0,5–0,6 cm lang, 0,3 cm breit, lanzettlich, stark einwärts gebogen und vorn mit aufgesetzter Spitze; Sporn 0,9–1 cm lang, kegelig, etwas gekrümmt, stumpf. Säule 0,8 cm lang (der etwas konvexe Fuß eingeschlossen), aufrecht, fleischig.
Verbreitung: Auf den Luzon-Inseln in den Philippinen.
Geschichte: R. Schlechter beschrieb die Art 1915 in »Orchis«; zugrunde lag eine in der Sammlung Schmidt in Dresden blühende, von Jarck in der Bucht von Manila gesammelte Pflanze.

Aerides maculosum Lindl.

Stamm des mittelgroßen Epiphyten 4–6 cm lang. Blätter 15–23 cm lang, 3–4,5 cm breit, flachriemenförmig, mehr oder weniger gebogen, vorn abgerundet und eingeschnitten. Blütenstände länger als die Blätter, meistens rispig, bis 40 cm lang, locker-vielblütig. Blüten in der Spitze sehr veränderlich: weiß, rosenrot überlaufen und violett oder purpurn getüpfelt, an den Spitzen hellrot oder amethystartig; Lippe amethystpurpurn mit bleicheren Rändern, auf dem Nagel und den Öhrchen mit purpurnen Schlieren; Sporn unten grün; Säule weiß; Antheren gelb. Sepalen 1,2 cm lang, 0,5 cm breit, elliptisch-länglich. Petalen den Sepalen ähnlich, 1,1 cm lang. Lippe kurz genagelt, 1,8 cm lang, 1,2 cm breit, 3lappig, an der Basis mit zwei weißen Knötchen; Seitenlappen geöhrt, Mittellappen eiförmig oder eiförmig-länglich, flach, vorn breit stumpf und ausgerandet, an den Rändern gewellt; Sporn dünn, hakig einwärts gebogen, 0,6 cm lang, mit breiter Mündung.
Verbreitung: Indien, Westghats
Geschichte: Die von den Firmen Loddiges in Hackney und Rollisson in Tooting in die Kultur eingeführte Pflanze blühte in den Gewächshäusern beider Firmen erstmals im Juli 1844. Im darauffolgenden Jahr wurde sie von J. Lindley im »Botanical Register« beschrieben.
Anmerkung: Die Art nimmt in mehrerer Hinsicht eine Mittelstellung zwischen *A. multiflorum* (siehe dort) und *A. crispum* Lindl. ein. Von der letzteren unterscheidet sie sich durch kleinere Blüten.
Synonym: Saccolabium speciosum Wight.

Aerides multiflorum Roxb.

Ein großer, aufrechter bis hängender Epiphyt mit fleischigen, faserigen Wurzeln. Stamm 10–25 cm lang, vielblättrig, kräftig. Blätter 15–34 cm lang, 1,3–1,9 cm breit, riemenförmig, 2zeilig angeordnet, tief gerinnt und gekielt, gebogen, vorn eingeschnitten. Blütenstände meistens traubig, selten verzweigt, 15–30 cm lang, dicht vielblütig. Blüten 2–2,3 cm lang, duftend: weiß oder rosapurpurn, manchmal mit dunkleren Tupfen, am Gipfel amethystpurpurn; Lippe amethystpurpurn. Sepalen und Petalen einander ähnlich, 0,8–1,2 cm lang, 0,6–1 cm breit, länglich, elliptisch-länglich oder fast kreisrund, oben abgerundet. Lippe genagelt und gekniet, 3lappig, konvex, mit zurückgebogenen Rändern, 1,5 cm lang, 1,1 cm breit; Mittellappen herzförmig oder eiförmig aus pfeilförmigem Grunde, vorn abgerundet, schwach konvex auf der Oberseite; Schwiele fleischig, einwärts gekrümmt, 2lappig, an der Basis des Mittellappens sitzend; Sporn gerade, nach vorn gerichtet, nur 0,4–0,5 cm lang, zusammengepreßt. Säule oben geschnäbelt, am Fuß mit zwei Öhrchen.
Verbreitung: Im tropischen Himalaja, vom Khasia-Gebirge südwärts bis nach Thailand, Tenasserim und Indochina.
Geschichte: W. Roxburgh entdeckte die Pflanze in Sylhet und veröffentlichte sie 1792 in seinem Werk »Plants of the coast of Coromandel«.
Anmerkung: Mehrere Varietäten dieser Art waren oder sind noch in der Kultur zu finden. Die zweifellos attraktivste ist var. *lobbii* Veitch; sie besitzt mehr und intensiver gefärbte Blüten als die typische Form. Sie wurde 1851 von Thomas Lobb aus Moulmein in Birma eingeführt.
Synonyme: Aerides affine Wall.; *A. roseum* Paxton; *A. lobbii* hort.; *A. veitchii* hort.; *A. trigonum* Klotzsch.

Aerides odoratum Lour.

Stamm des stark abwandelnden, bis 100 cm hohen Epiphyten sehr kräftig, meistens 10–30 cm lang, bogig überhängend, verzweigt. Blätter 15–30 cm lang, 1,8–5 cm breit, länglich-riemenförmig, vorn abgerundet, fleischig, gebogen, hellgrün. Blütenstände zahlreich, hängend, 25–35 cm lang, dicht bis zu 30blütig. Schaft und Blütenstandachse kräftig, anfangs klebrig; Brakteen 0,5 cm lang, spitz. Blüten 3,5 cm breit, süß duftend: purpurn oder fast weiß, öfters purpurn getüpfelt und mit purpurnen Spitzen; Sporn am Ende grünlich oder gelblich. Mittlere Sepale 1,2 cm lang und 0,8 cm breit, länglich, stumpf; die seitlichen länger, schmal 3eckig-lanzettlich, ungefähr 1 cm breit. Petalen 1,2 cm lang und 0,7 cm breit, schmal-länglich, stumpf. Lippe 1 cm lang, 0,4 cm breit, 3lappig, fast gänzlich die Säule umschließend; Seitenlappen keilförmig-quadratisch, aufrecht, an den Rändern manchmal gezähnt; Mittellappen kurz, länglich-lanzettlich, spitz, einwärts gekrümmt, ungeteilt oder etwas ausgerandet; Platte mit kleinen Kielen und zwei gebogenen Anhängseln am Eingang; Sporn groß, hornartig, gebogen. Säule kurz.
Verbreitung: Tropischer Himalaja in Sikkim und Nepal, vom Khasia-Gebirge südwärts nach Tenasserim, Südost-Asien, Java, Südchina und die Philippinen.
Geschichte: A. odoratum ist die Typusart der Gattung. Die Pflanze wurde im Jahre 1800 von Sir Joseph Banks in die Königlichen Botanischen Gärten Kew aus China eingeführt, wo sie mehrere Jahre zuvor von J. Loureiro entdeckt worden war. J. Loureiro beschrieb die Art 1790 in seiner »Flora Cochinchinensis«. Später wurde die Pflanze von W. W. Roxburgh in Indien und von N. Wallich in Nepal erneut gesammelt und an die Horticultural Society nach London geschickt, wo sie im Sommer 1831 blühte.
Synonym: A. cornutum Roxb.

Aerides odoratum var. lawrenceae Rchb.f.

Diese von den Philippinen stammende Varietät unterscheidet sich von *A. odoratum* durch längere Blütenstände, größere Blüten und viel mehr leuchtende purpurne Tupfen. Möglicherweise handelt es sich nur um eine Spielart von *A. odoratum.*

Aerides vandarum Rchb.f.

Stämme des büschelig wachsenden Epiphyten bis über 60 cm lang, herabhängend, stielrund, mit flachen, ungefähr 0,6 cm breiten Wurzeln. Blätter halbaufrecht, 15–25 cm lang, 0,3 cm im Durchmesser, stielrund, längsgerinnt, vorn langspitzig; Blattgrund längsgefurcht. Blütenstände ziemlich robust, 1–3blütig. Blüten 3,8–5 cm breit: weiß, auf rosa Blütenstiel. Sepalen bis 3,6 cm lang und 1,5 cm breit, eiförmig-länglich, gewellt und an den Rändern gekräuselt. Petalen bis 2,5 cm lang und 1,9 cm breit, innen breiter als die Sepalen, annähernd rhombisch, gewellt und an den Rändern gekräuselt. Lippe bis 2,2 cm lang und breit, 3lappig; Seitenlappen schmal-lanzettlich, sichelig gebogen, biegsam, am Außenrand gezähnelt; Mittellappen genagelt, verkehrt herzförmig, vorn erweitert und in zwei kreisrunde, gezähnte Läppchen geteilt. Sporn 1,8–2,5 cm lang, zylindrisch, dünn, fast gerade.
Verbreitung: Sikkim, Khasia-Gebirge, Birma und Manipur; zwischen 1200 und 1500 m.
Geschichte: H.G. Reichenbachs Beschreibung dieser Pflanze im »Gardeners' Chronicle« 1867 fußt auf *Aerides cylindricum* Hooker, die im Jahre 1857 im »Botanical Magazine« veröffentlicht und illustriert war. Leider war der Artname *cylindricum* bereits für eine andere Art benutzt worden. Die Abbildung im »Botanical Magazine« war nach einer Pflanze gezeichnet worden, die bei Parker in Hackney im Februar 1857 geblüht hatte.
Synonym: A. cylindricum Hooker.
Anmerkung: Diese Art wurde 1974 (»Botanical

Museum Leaflets of Harvard University«) von L. Garay, gemeinsam mit mehreren *Vanda*-Arten wie *V. hookeriana* und *V. teres* in die Gattung *Papilionanthe* versetzt. Wir folgen vorläufig R. Holttum (»Orchids of Malaya« 1964) und belassen diese Pflanzen in ihrer vormaligen Stellung (siehe auch unter *Vanda*).

Alamania La Llave et Lexarza

Tribus: Epidendreae
Subtribus: Laeliinae

Kleine Epiphyten mit kriechendem Rhizom und kurzen, etwas fleischigen, pseudobulbenartigen, am Gipfel 2blättrigen Stämmen. Blütenstände traubig, meistens dicht- aber wenigblütig, direkt aus dem Rhizom entspringend, meistens von trockenen Brakteen bedeckt. Blüten mittelgroß, nicht unansehnlich. Sepalen und Petalen einander ähnlich, aufrecht abstehend, schmal. Lippe den Sepalen ähnlich, aufrecht, mit dem Säulengrunde verwachsen und gekniet, an den Seiten am Grunde mit kleinen Zähnen. Säule aufrecht, halb-stielrund, flügellos; Pollinien 4, breit eiförmig im Umriß, zusammengepreßt, ohne Anhängsel oder Fortsätze.
Umfang und Verbreitung: Eine Art in Mexiko.
Ableitung des Namens: Die Gattung wurde nach Don Lucas Alamán, einem höheren Regierungsbeamten in Mexiko und Freund der Autoren, benannt.
Anmerkung: Die Gattung wurde mit der unten folgenden Artbeschreibung begründet. In der Farbgebung der Blüte erinnert sie stark an *Sophronitis coccinea*. Als nächste Verwandte gelten *Hexisea, Epidendrum, Cattleya* und *Nagliella;* von der ersten unterscheidet sie sich durch ihren nicht sackartigen Lippengrund und von den anderen durch ihre an der Verbindungsstelle zur Säule geknieten Lippe.
Typus-Art: A. punicea La Llave et Lexarza.
Kultur: Substrat A. Mindesttemperatur im Winter 10–12 °C. Am besten zieht man diese Pflanze in einer kleinen Schale an einem feuchten, schattigen Standort. Während des ganzen Jahres wässert man sie so, daß sie niemals stark austrocknet.

Alamania punicea La Llave et Lexarza

Pseudobulben des Zwergepiphyten in dichten Gruppen angeordnet, 0,8 cm lang, 0,7 cm breit, eiförmig, oben 2–3blättrig. Blätter bis 2,5 cm lang und 1 cm breit, länglich-elliptisch, etwas gefaltet, vorn stumpf, lederig. Blütenstand aufrecht, gipfelbürtig an blattlosen Pseudobulben, traubig, ungefähr so lang wie oder etwas kürzer als die Blätter, 1- bis mehrblütig. Blüten mittelgroß, augenfällig: scharlachrot, Lippe am Grunde gelb. Sepalen und Petalen ähnlich, nicht miteinander verwachsen, abstehend, 1,2–1,4 cm lang, 0,3–0,4 cm breit, länglich-elliptisch, vorn spitz. Lippe den Sepalen und Petalen nicht unähnlich, am Grunde geöhrt, in der Mitte jederseits schwach kantig, vorn spitz, ungefähr 1,3 cm lang, 0,3–0,4 cm breit; Schwiele aus drei rundlichen Erhebungen bestehend: die mittlere sich weit über die Lippe erstreckend. Säule kurz, dick, weiß oder gelb; Pollinien 4, rot.
Verbreitung: Auf Mexiko beschränkt; auf Eichen, ungefähr 1800 m.
Geschichte: Die Pflanze wurde von C. La Llave und J. Lexarza auf dem Berge Quinzeo bei Vallisolet gesammelt und von ihnen 1835 in ihrem Werk »Novarum Vegetabilium Descriptiones« veröffentlicht.

Amblostoma Scheidw.

Tribus: Epidendreae
Subtribus: Laeliinae

Aufrechte Epiphyten mit beblätterten, gegliederten Stämmen. Blütenstand gipfelbürtig, traubig, einfach oder manchmal schwach verzweigt; Brakteen winzig. Blüten klein, abwechselnd gestellt, gestielt, mit allen Perianthgliedern mehr oder weniger zusammenneigend. Sepalen alle gleich, konkav, am Grunde miteinander verwachsen. Petalen den Sepalen ähnlich aber schmaler und oft rückwärts gebogen. Lippe keilförmig, am Grunde mit der Säule verwachsen, ihr freier Teil 3teilig, innen mit zwei Kämmen versehen. Säule gestutzt; Anthere abgeflacht, im Umriß breit-herzförmig, 4fächerig; Pollinien, 4, kugelig, wachsartig, in Paaren angeordnet.
Umfang und Verbreitung: Kaum mehr als 9 Arten; im tropischen Süd- und Mittelamerika.
Ableitung des Namens: Aus dem Griechischen »amblys« = stumpf und »stoma« = Mund, Maul; eine Anspielung auf das flache Aussehen der Blüte.
Anmerkung: M. Scheidweiler begründete die Gattung 1838 in Otto und Dietrich's »Allgemeine Gartenzeitung«. Von typischen *Epidendrum*-Arten unterscheiden sich ihre besonders durch die fast kugeligen und anhanglosen Pollinien.
Typus-Art: A. cernuum Scheidw.
Kultur: Substrat A. Mindesttemperatur im Winter 12–15 °C. Sonst wie *Epidendrum*.

Amblostoma tridactylum (Lindl.) Rchb.f.

Aufrechter Epiphyt mit kurzem, kriechendem Rhizom. Stämme 20–30 cm lang, 0,8–1,5 cm dick, spindelförmig, über die ganze Länge mit zahlreichen trockenhäutigen Scheiden bekleidet. Blätter zu 4–5 in der oberen Stammhälfte, 12–18 cm lang, 0,8–1,4 cm breit, linealisch-riemenförmig, steif, meistens aufrecht, zusammengelegt, vorn abgerundet, am Grunde von einer scheidigen Basis abgesetzt. Blütenstand 15–20 cm lang, rispig, aufrecht-abstehend, meistens dicht vielblütig. Blüten sehr klein, duftend, hellgelb, bräunlichgelb oder gelblichgrün. Sepalen 0,3 cm lang, 0,15–0,2 cm breit, länglich bis verkehrt-eiförmig, etwas konkav, fleischig, stumpf oder mit aufgesetztem Spitzchen. Petalen 0,35–0,4 cm lang, 0,1 cm breit, länglich-spatelig, fleischig, einwärts gebogen, stumpf. Lippe am sackförmigen Grunde mit der Säule verwachsen, oben 3lappig; Seitenlappen fleischig, linealisch, stumpf, nach innen gebogen; Mittellappen viel kleiner als die Seitenlappen, linealisch, stumpf; Schwiele dreigeteilt, eingedrückt. Säule 0,2 cm lang, verkehrt-kegelig, fleischig, grün.
Verbreitung: Brasilien.
Geschichte: Die Art wurde ursprünglich von J. Lindley im »Botanical Register« 1838 als *Epidendrum tridactylum* beschrieben. Als Grundlage diente eine im Orgelgebirge von G. Gardner gefundene Pflanze, die J. Lindley durch Stephen Cannon aus Stratford Green erhielt. H.G. Reichenbach versetzte sie 1864 (»Walpers, Annales Botanices«) in die heutige Gattung.

Amesiella Garay

Tribus: Vandeae
Subtribus: Sarcanthinae

Kleine Epiphyten mit kurzem Stamm und 2zeilig angeordneten Blättern. Blütenstand traubig, armblütig. Sepalen und Petalen einander ähnlich, abstehend; die seitlichen Sepalen mit dem Fuß der Säule verwachsen. Lippe am Gipfel des Säulenfußes inseriert, 3lappig, gespornt. Säule stielrund, aufrecht, mit deutlich abgesetztem Fuß; Rostellum 3lappig; Pollinien 2, ungeteilt; Stipes länglich-linealisch; Klebscheibe annähernd kreisrund.
Umfang und Verbreitung: Auf die Philippinen beschränkte monotypische Gattung.
Ableitung des Namens: Benannt zu Ehren von Professor Oakes Ames (1874–1950), Begründer des Orchideenherbariums der Harvard Universi-

tät und Verfasser zahlreicher Schriften und Bücher über Orchideen.

Anmerkung: Für viele Jahre wurde diese Pflanze unter dem Namen *Angraecum philippinensis* kultiviert. R. Schlechter hatte die Absicht, sie aus der vorwiegend aus Madagaskar bekannten Gattung herauszulösen. In der Tat wurde sie posthum unter seinem Namen 1926 im »Notizblatt des Botanischen Gartens und Museums« als *Amesiella* veröffentlicht, jedoch ohne eine den Regeln genügende Beschreibung. Aus diesem Grunde wurde der Name erst 1972 durch L. Garay gültig publiziert (siehe unten). *Amesiella* ist mit *Neofinetia* verwandt, unterscheidet sich aber eindeutig durch den klar abgetrennten Säulenfuß und das deutlich 3lappige Rostellum. Durch diese Merkmale läßt sie sich auch leicht von *Angraecum* trennen.

Typus-Art: *Amesiella philippinensis* (Ames) Garay.

Amesiella philippinensis (Ames) Garay

Kleiner, nur 3–6 cm hoher Epiphyt mit fleischigen Wurzeln und sehr kurzem Stamm. Blätter 2–5,5 cm lang, 0,6–1,4 cm breit, elliptisch-länglich, vorn stumpf. Blütenstand ungefähr 4 cm lang, wenigblütig; Schaft kräftig, fleischig, auffallend geflügelt; Brakteen 0,5 cm lang, steif, fleischig, 3eckig, spitz. Blüten groß, duftlos, reinweiß. Mittlere Sepale ungefähr 2,2 cm lang, 1,4–1,5 cm breit, aus keiliger Basis elliptisch, abgerundet oder stumpf; die seitlichen der mittleren Sepale ähnlich. Petalen etwa 2,2 cm lang und 1,5 cm breit, breit-spatelig, ziemlich stumpf. Lippe 3lappig; Seitenlappen 0,4–0,5 cm lang, fast länglich; Mittellappen 0,9 cm lang, und ungefähr 0,75 cm breit, länglich vorn abgerundet; Sporn 3,5 cm lang, dünn. Säule ziemlich kräftig, ungefähr 0,7 cm lang.

Verbreitung: Philippinen; in Bergwäldern, ungefähr 800 m.

Geschichte: Die Pflanze wurde von E. D. Merrill in den bewaldeten Hängen des Berges Halcon entdeckt und 1907 von O. Ames im »Philippines Journal of Science (Botany)« als *Angraecum* beschrieben. Kürzlich wurde die Art von L. Garay (»Botanical Museum Leaflets of Harvard University« 1972) in die jetzige Gattung versetzt.

Synonym: Angraecum philippinense Ames.

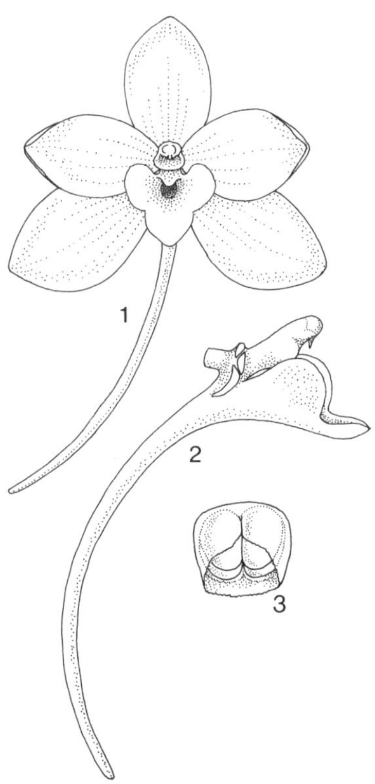

Amesiella philippinensis
1 = Blüte von vorn (× 1)
2 = Lippe und Säule von der Seite (× 1½)
3 = Anthere (× 6½)

Ancistrochilus Rolfe

Tribus: Arethuseae
Subtribus: Bletiinae

Kleine bis mittelgroße Epiphyten mit am Gipfel 2blättrigen Pseudobulben; Blätter gestielt. Blütenstände am Grunde der Pseudobulben entspringend, annähernd aufrecht oder gebogen, 1- bis wenigblütig; Blütenstandachse, Brakteen und Fruchtknoten flaumig behaart. Blüten augenfällig. Sepalen frei, abstehend, außen flaumig behaart. Petalen den Sepalen ähnlich aber schmaler. Lippe 3lappig; Seitenlappen aufrecht, abgerundet; Mittellappen schmal 3eckig-lanzettlich, zurückgebogen. Säule vorstehend, fast so lang wie die Lippe, schlank, am Gipfel schwach erweitert; Pollinien 8, gleichgroß, verlängert, einem klebrigen Auswuchs angeheftet.

Umfang und Verbreitung: 2 Arten; von Westafrika bis nach Uganda.

Ableitung des Namens: Aus dem Griechischen »ankistron« = Haken und »cheilos« = Lippe; ein Hinweis auf den sackartig aussehenden Mittellappen der Lippe.

Anmerkung: R. Rolfe begründete die Gattung 1897 in der »Flora of Tropical Africa«. Sie gehört zu den prächtigsten afrikanischen, epiphytischen Orchideengattungen und ähnelt mehr als alle anderen afrikanischen Gattungen asiatischen Orchideen wie *Pachystoma* und – in der Tracht – *Pleione.*

Typus-Art: A. thomsonianus Rolfe.

Kultur: Substrat A. Mindesttemperatur im Winter 15 °C (im Wachstum) und 12 °C (in der Ruheperiode). Die Pflanzen wachsen am besten in kleinen Schalen. In der Wachstumsperiode verlangen sie reichlich Wasser und mittleren Schatten. Sobald die Blätter abgefallen sind, hält man die Pflanzen fast völlig trocken bis zum Beginn des Neuwuchses. Die Blütenstände erscheinen meistens zu Beginn des Blattfalles.

Ancistrochilus rothschildianus O'Brien

Pseudobulben des kleinen, 15–35 cm hohen Epiphyten gebüschelt, bis 5 cm im Durchmesser, konisch oder birnenförmig, am Gipfel 2blättrig, oft stark ausgetrocknet aussehend. Blätter 10–40 cm lang, 2–7,5 cm breit, lanzettlich bis elliptisch-lanzettlich oder verkehrtlanzettlich, vorn spitz oder langspitzig, dünn und von weicher Beschaffenheit, halbaufrecht oder bogig. Blütenstand von der Basis des Pseudobulben ausgehend, gebogen, 2–5blütig, flaumig behaart; Brakteen aufrecht, eiförmig-lanzettlich, langspitzig, flaumig behaart. Blüten im Verhältnis zur Pflanze groß und auffällig: Sepalen und Petalen weiß, lila oder zart rosenrot; Mittellappen der Lippe intensiv purpurn und mit gelber Spitze, die Seitenlappen wie die Säule grünlich mit brauner Zeichnung. Sepalen 2–3 cm lang, 0,6–1 cm breit, schmal-

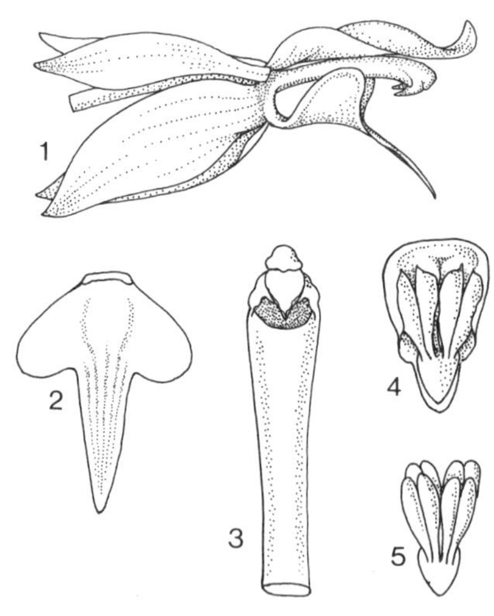

Ancistrochilus rothschildianus
1 = Blüte von der Seite (× 1)
2 = Lippe ausgebreitet (× 1)
3 = Säule (× 2)
4 = Anthere von innen (× 6½)
5 = Klebscheibe und Pollinien (× 6½)

elliptisch, stumpf oder spitzlich. Petalen bis 2,5 cm lang und 0,3 cm breit, verkehrtlanzettlich, spitz. Lippe 0,8–1,2 cm lang, 3lappig; Seitenlappen aufrecht, abgerundet; Mittellappen riemenförmig, spitz, zurückgekrümmt. Säule bis 1,2 cm lang, schwach gebogen.
Verbreitung: Im tropischen Afrika von Guinea und Sierre Leone bis nach Uganda; in Wäldern, wo man die Pflanze auf glatten Stämmen oder größeren Ästen findet.
Geschichte: J. O'Brien beschrieb die Art 1907 in »Gardners' Chronicle« aufgrund einer aus Nigeria stammenden Pflanze, die in den Gewächshäusern von Walter Rothschild zum Blühen gekommen war.
Anmerkung: Die Art ist eine der augenfälligsten afrikanischen Orchideen und erinnert im Habitus stark an eine *Pleione.* Die einzige andere Art dieser Gattung, *A. thomsonianus* (Rchb.f.) Rolfe, besitzt schmalere Pseudobulben und größere Blüten mit längeren und mehr langspitzigen Sepalen und Petalen.

Ancistrorhynchus Finet
Tribus: Vandeae
Subtribus: Aerangidinae

Kleine bis ziemlich große Epiphyten mit kurzen bis sehr kurzen Stämmen. Blätter über dem Grunde gedreht und mit den Flächen in einer Ebene liegend. Blütenstände blattachselbürtig, immer sehr dicht und fast sitzend; Brakteen auffallend groß, so lang wie die Blüten, spreuartig. Blüten klein, weiß, mit grüner oder gelber Zeichnung. Sepalen und Petalen frei, einander ähnlich. Lippe ungeteilt oder schwach 3lappig, größer als die Sepalen und Petalen, gespornt; Sporn mit erweitertem Schlund, vorn geschwollen. Säule sehr kurz, fleischig; Rostellum nach unten weisend, dann aber scharf gebogen und mit der Spitze wieder nach oben gerichtet; Stipes linealisch; Klebscheibe lang und schmal.
Umfang und Verbreitung: Ungefähr 12 Arten im tropischen Afrika.
Ableitung des Namens: Aus dem Griechischen »ankistron« = Haken und »rhynchos« = Schnabel auf die Form des Rostellums begründet.
Anmerkung: Die Gattung wurde von Finet 1907 begründet (»Mémoires du Société Botanique de France«). Sie repräsentiert eine für Afrika charakteristische Sippe aus dem Verwandtschaftskreis um *Angraecum* und zeichnet sich besonders aus durch die fast kopfige, dichte Infloreszenz aller Arten, die kleinen Blüten und die eigentümliche Form des Rostellums. V. Summerhayes revidierte *Ancistrorhynchus* 1944 in »Botanical Museum Leaflets«, Harvard University.
Typus-Art: A. recurvus Finet.
Synonym: Cephalangraecum Schltr.
Kultur: Substrat A. Mindesttemperatur im Winter 12–15 °C. Pflanzen dieser Gattung hält man in Töpfen oder Körben; größere Exemplare neigen dazu, mit freine Wurzeln nach unten zu wachsen. Sie verlangen Schatten und einen feuchten Standort. Bis zum Abschluß der Hauptwachstumsperiode wässert man freigiebig, später weniger.

Ancistrorhynchus cephalotes
(Rchb.f.) Summerh.

Mittelgroßer Epiphyt ohne Pseudobulben. Stämme aufrecht, 5–20 cm lang, mit mehreren 2zeilig gestellten Blättern besetzt, oft gebogen. Blätter 7–40 cm lang, 0,8–1,9 cm breit, linealisch, meistens etwas gefaltet (besonders in der unteren Hälfte), vorn eingeschnitten. Blütenstand gebüschelt vielblütig; Brakteen groß, trocken. Blüten klein: weiß, mit grünen oder gelben Flecken auf der Lippe. Sepalen 0,4–0,7 cm lang, 0,2–0,3 cm breit, schmal-länglich, stumpf. Petalen 0,6 cm lang, elliptisch-eiförmig, stumpf. Lippe 0,4–0,7 cm lang, 0,4–0,9 cm breit, schwach 3lappig, mehr oder minder herzförmig; Sporn 0,6–1 cm lang, gerade oder nur ganz wenig gekrümmt, nach der Spitze zu etwas geschwollen. Säule nur 0,1 cm lang.
Verbreitung: Guinea und von Sierra Leone ostwärts bis Nigeria.
Geschichte: H.G. Reichenbach beschrieb diese Art 1872 in »Gardeners' Chronicle« unter dem Artnamen *Listrostachys.* Zugrunde lag eine in der Sammlung von W. Saunders, Hillfield Hause in Reigate, kultivierte Pflanze. V. Summerhayes versetzte sie 1944 in die heutige Gattung (»Botanical Museum Leaflets of Harvard University«).
Synonyme: Angraecum cephalotes (Rchb.f.) Kraenzl.; *Listrostachys cephalotes* Rchb.f.

Ancistrorhynchus clandestinus (Lindl.) Schltr.

Man unterscheidet diese von Sierra Leone bis nach Zaire verbreitete von der mit ihr nahe verwandten Art *A. cephalotes* durch folgende Merkmale: Blätter viel länger (bis zu 180 cm), vorn auffällig ungleichmäßig zweilappig geteilt. Brakteen und Blüten kleiner; Lippe deutlich 3lappig; Stipes einzeln.

Angraecopsis Kraenzl.
Tribus: Vandeae
Subtribus: Aerangidinae

Kleine Epiphyten mit kurzen bis sehr kurzen Stämmen und 2zeilig angeordneten und in eine Ebene gedrehten Blättern. Blütenstände blattachselbürtig, lang traubig. Blüten klein, öfters durchsichtig. Sepalen einander ähnlich und frei. Petalen mehr oder minder 3eckig, am vorderen Rande abgerundet und ziemlich weit nach vorn stehend. Lippe tief 3lappig, nur selten ungeteilt, am Grunde gespornt; Sporn meistens zylindrisch, schlank, oft viel länger als die Lippe und gekrümmt. Säule kurz, fleischig; Rostellum kurz, gabelig geteilt; Pollinien 2, wachsartig; Stipes 2; Klebscheibe einzeln.
Umfang und Verbreitung: Ungefähr 14 Arten im tropischen Afrika und auf Madagaskar.
Ableitung des Namens: Von *Angraecum* (siehe dort) und »opsis« = sieht aus wie, ähnlich.
Anmerkung: F. Kraenzlin begründete die Gattung 1900 (Engler, »Botanische Jahrbücher«). Sie ist durch ihr kurzes Rostellum, die ebenso lange wie breite Klebscheibe und die meistens tief geteilte Lippe besonders ausgezeichnet. Bei der mit ihr nahe verwandten Gattung *Diaphananthe* ist die Lippe fast immer ungeteilt, die Petalen sind niemals 3eckig, und im Schlund des Spornes findet man öfters einen Zahn. V. Summerhayes revidierte die Gattung 1951 (siehe unten, op. cit.), unterteilte sie in 2 Sektionen: Sect. **Angraecopsis** (10 Arten) mit geteilter Lippe und Sect. **Cardiochilus** mit ungeteilter, am Grunde herzförmiger Lippe.
Typus-Art: A. tenerrima Kraenzl.
Kultur: Wie für *Angraecum.*

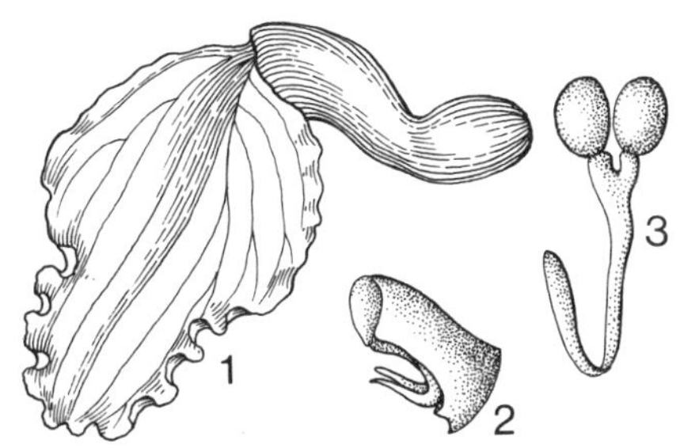

Ancistrorhynchus clandestinus
1 = Lippe und Sporn (× 6½)
2 = Säule von der Seite (× 6½)
3 = Klebscheibe, Stipes und Pollinien (× 13)

Angraecopsis breviloba Summerh.

Winziger Epiphyt mit kurzem, 1 cm langem, 4blättrigem Stamm. Die zahlreichen Wurzeln sind flach, 0,15–0,3 cm breit, graugrün, der Unterlage angepaßt. Blätter nicht ausdauernd, bis zu 3 cm lang und 0,5 cm breit, bandförmig, vorn leicht eingeschnitten. Blütenstand bis 7 cm lang, vielblütig, dicht, spreizend oder aufsteigend, mit biegsamer, kantiger Achse; Brakteen 0,1–0,25 cm lang, scheidig, stumpf oder spitz. Blüten einseitswendig, hellgrün. Obere Sepale 0,4 cm lang, 0,15 cm breit, länglich-lanzettlich, zurückgebogen, stumpf bis spitzlich; seitliche Sepalen 0,5 cm lang, 0,15 cm breit, gerade abstehend, etwas gebogen, leicht spatelförmig-lanzettlich, spitz. Petalen 0,4 cm lang, 0,15 cm breit, schief-3eckig-lanzettlich, Lippe etwas einwärts gebogen, 0,4 cm lang, in der unteren Hälfte 3lappig; Seitenlappen zahnartig; Mittellappen fleischig-pfriemlich, 0,3 cm lang; Sporn 0,4–0,5 cm lang, 0,1 cm im Durchmesser, gerade oder etwas gebogen, leicht geschwollen. Säule 0,1 cm lang, gestutzt.
Verbreitung: Kenia und Tansania.
Geschichte: Die Pflanze wurde auf dem Mondul-Berg, westlich von Arusha 1942 von Mrs. W. Moreau gefunden und 1945 von V. Summerhayes in den »Botanical Museum Leaflets«, Harvard University, beschrieben.
Verwandtschaft: A. amaniensis Summerh. und *A. tenuicalcar* Summerh.; beide Arten besitzen einen längeren und niemals geschwollenen Sporn.

Angraecopsis elliptica Summerh.

Diese in Nigeria und Kamerun beheimatete Art unterscheidet sich von *A. breviloba* durch elliptisch-längliche oder verkehrtlanzettliche Blätter, orange behauchte hellgrüne Blüten mit einer tief 3lappigen Lippe.

Angraecopsis tenerrima Kraenzl.

Im Vergleich mit *A. breviloba* ist diese Art wesentlich robuster und sie besitzt die größten für die Gattung bekannten Blüten. Ihre Lippe ist in der Mitte tief 3lappig, mit verkehrtlanzettlichen und öfters 2spaltigen Seitenlappen; der Sporn kann über 5 cm lang sein. Die weißblühende Pflanze ist bis heute nur aus Tansania bekannt.

Angraecum Bory
Tribus: Vandeae
Subtribus: Angraecinae

Sehr kleine bis große epiphytische, lithophytische oder terrestrische Pflanzen. Stämme nicht pseudobulbenartig, kurz oder lang, sehr selten verzweigt, meistens von Blattscheiden bedeckt und über die ganze Länge 2zeilig beblättert. Blütenstände seitlich, blattachselbürtig, traubig, 1- bis vielblütig. Blüten sehr klein und kaum auffallend bis groß und augenfällig, mehr oder weniger fleischig. Sepalen und Petalen einander ähnlich, meistens linealisch-lanzettlich. Lippe öfters viel größer als die anderen Teile der Blüte, konkav, ungeteilt oder undeutlich gelappt, an der Basis gespornt, in der Mitte mit einer meistens linealischen, sich verjüngenden Schwiele; Sporn mit breitem Schlund. Säule kurz, vorn tief gespalten; Rostellum gabelig geteilt; Pollinien 2, wachsartig; Stipes kurz; Klebscheibe einzeln.
Umfang und Verbreitung: Ungefähr 200 Arten im tropischen und südlichen Afrika, auf Madagaskar und den umliegenden Inseln.
Ableitung des Namens: Aus dem malayischen Wort »angurek«, das epiphytische Orchideen wie *Aerides* und *Vanda* umschreibt.
Anmerkung: Die Gattung wurde 1804 von J. Bory in seinen »Voyages« begründet. Sie hat Generationen von Botanikern Schwierigkeiten bereitet, weil sie von mehreren Autoren verschiedentlich umgrenzt wurde. Erst durch die Arbeiten von R. Schlechter und später V. Summerhayes wurde durch Abtrennung verschiedener Gruppen in Gattungen wie *Aerangis, Rangaeris, Tridactyle, Jumellea* und *Ypsilopus* Ordnung in die Verwirrung gebracht. *Angraecum* ist jetzt auf Arten beschränkt, die eine vorn tief geteilte Säule, und eine konkave, ungeteilte, am Grunde die Säule umfassende Lippe besitzen. L. Garay (»Kew Bulletin« 1975) hat die Gattung in 19 Sektionen gegliedert und aufgeschlüsselt; in dieser Arbeit findet man auch sämtliche Arten-Synonyme neben den Namen der Arten, die heute zu anderen Gattungen gehören.
Typus-Art: A. eburneum Bory.
Kultur: Auf Kork- oder Baumfarnblöcken. Mindesttemperatur im Winter 10–12 °C (Gebirgsarten) und 15 °C für Tieflandpflanzen. Alle Arten verlangen verhältnismäßig hohe Luftfeuchtigkeit und je nach Herkunft etwas Schatten (die großen tropischen Arten wie *A. eburneum* gedeihen besser bei geringem Schatten). Vorausgesetzt, das Substrat ist durchlässig genug, kann man große Pflanzen in Töpfen oder Körben halten, kleinere Arten wird man am besten auf Baumfarn- oder Korkblöcke montieren. In allen Fällen muß für regelmäßiges Gießen, besonders während der Wachstumsperiode, gesorgt werden. Eine Ruheperiode ist nicht angezeigt.

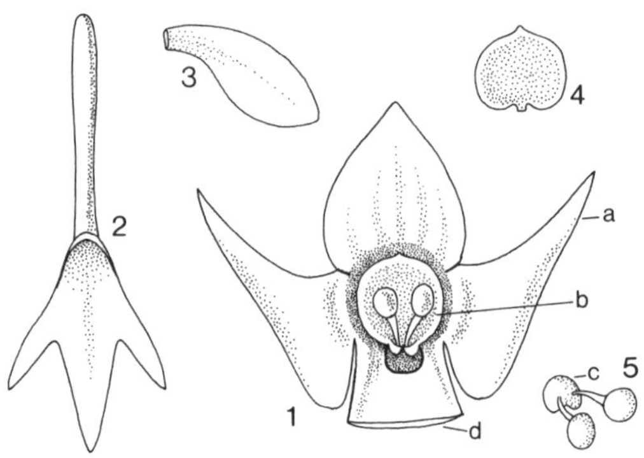

Angraecopsis elliptica
1 = Blüte von vorn (× 7½)
a = Petale
b = Säule, Antherenkappe entfernt
d = Lippengrund
2 = Lippe (× 4)
3 = seitliche Sepale (× 4)
4 = Antherenkappe (× 7½)
5 = Pollinien (× 7½)
c = Klebscheibe

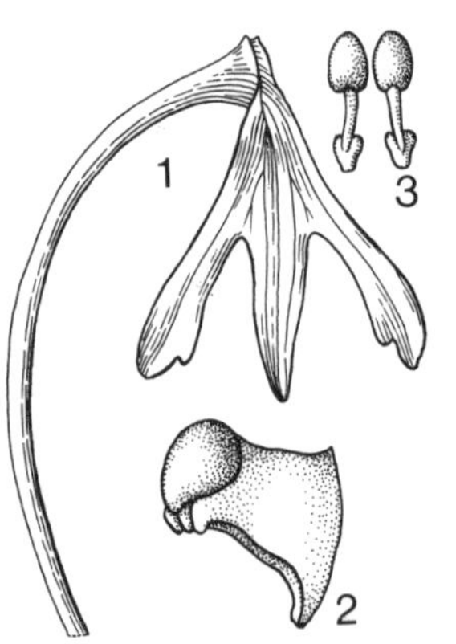

Angraecopsis tenerrima
1 = Lippe und Spornbasis (× 3½)
2 = Säule (× 6½)
3 = Klebscheiben, Stipites und Pollinien (× 6½)

Angraecum calceolus Thou.

Stamm des kleinen Epiphyten meistens ziemlich kurz, 3–10blättrig. Blätter 10–20 cm lang, 0,8–1,8 cm breit, schmal-lanzettlich oder riemenförmig, 2zeilig angeordnet, vorn stumpflich oder spitz. Blütenstände etwas kürzer als die Blätter, oft verzweigt, Äste kurz, mit 4–6 Blüten; Brakteen eiförmig, spitz oder mit aufgesetztem Spitzchen. Blüten klein: grünlich weiß. Sepalen

0,8 cm lang, lanzettlich, spitz bis langspitzig, die seitlichen auf dem Rücken gekielt. Petalen kürzer und schmaler als die Sepalen. Lippe 0,7–1 cm lang, 0,4–0,5 cm breit, eiförmig-lanzettlich, hutartig, vorn langspitzig; Sporn 1,5 cm lang, zylindrisch. Säule 0,2 cm lang.
Verbreitung: Madagaskar, Maskarenen- und Komoreninseln, auch auf den Seychellen.
Geschichte: A. du Petit Thouars entdeckte diese Pflanze in Mauritius und veröffentlichte sie 1822 in seinem Werk »Orchidées des Isles Australes de l'Afrique«.
Synonyme: Aeranthus calceolus (Thou.) S. Moore; *Epidorchis calceolus* (Thou.) O. Kuntze; *Mystacidium calceolus* (Thou.) Cord.; *Macroplectrum calceolus* (Thou.) Finet; *Angraecum rhopaloceras* Schltr.

Angraecum chevalieri Summerh.

Kleiner Epiphyt. Stamm 6–11 cm lang, 0,3 cm im Durchmesser, aufrecht, durchweg beblättert. Blätter 4–7 cm lang, 0,6–1 cm breit, linearbandförmig oder schmal-länglich, am Grunde sich ziegelartig deckend, vorn stumpf-2lappig. Blütenstand 3,4 cm lang, halbaufrecht, mit schlanker Achse; Brakteen breit-eiförmig, spitz oder etwas spitz ausgezogen. Blüten klein, grün. Sepalen 1 cm

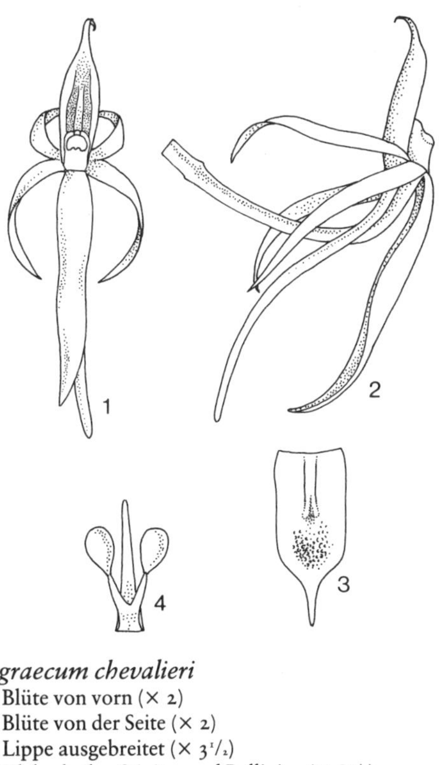

Angraecum chevalieri
1 = Blüte von vorn (× 2)
2 = Blüte von der Seite (× 2)
3 = Lippe ausgebreitet (× $3^{1}/_{2}$)
4 = Klebscheibe, Stipites und Pollinien (× $8^{1}/_{2}$)

lang, 0,2 cm breit, schmal-lanzettlich, spitz; die seitlichen asymmetrisch. Petalen 1 cm lang, 0,12 cm breit, schmal-lanzettlich und spitz ausgezogen. Lippe 0,75 cm lang, 0,3 cm breit, elliptisch, zugespitzt; Sporn 1,6–2 cm lang, fädlich, etwas S-förmig und über der Mitte keulenförmig aufgeblasen. Säule 0,2 cm lang.
Verbreitung: Westafrika, Zaire und Uganda.
Geschichte: Die Art wurde von Auguste Chevalier 1909 in Sassandra zwischen Sogni und Koualé gefunden und durch V. Summerhayes 1936 nach ihm benannt (»Kew Bulletin«).
Verwandtschaft: Nahe *A. multinominatum* Rendle.

Angraecum cultriforme Summerh.

Kleiner bis ungefähr 15 cm langer Epiphyth. Blätter bis 6 cm lang, 0,5–1 cm breit, 2zeilig angeordnet, schmal-länglich, linealisch-länglich oder riemenförmig, horizontal wachsend, vorn meistens 2lappig, unten von einer mehrrippigen Scheide abgegliedert. Blütenstände blattachselbürtig, kürzer als die Blätter, abstehend, 1blütig; Brakteen 0,2–0,4 cm lang, eiförmig, spitz. Blüten gelbgrün oder hell ockergelb bis orangegelb. Mittlere Sepale 1,1–1,9 cm lang, 0,2–0,3 cm breit, lanzettlich, spitz oder langspitzig, zurückgebogen; die seitlichen Sepalen ebenfalls zurückgebogen, 1,1–1,3 cm lang, 0,2–0,4 cm breit, schief-lanzettlich, spitz bis langspitzig. Petalen 1–1,5 cm lang, 0,15–0,3 cm breit, lanzettlich, schief oder leicht gebogen, zurückgekrümmt. Lippe 0,35–1,5 cm lang, 0,45–0,6 cm breit, hervorstehend, stark konkav, lanzettlich-eiförmig, langspitzig und ganz vorn mehr oder weniger stark herabgebogen, in der Mitte von einer leistenartigen Schwiele durchzogen; Sporn 1,7–2,6 cm lang, oft gerade, schmal-zylindrisch und nach der Spitze hin etwas geschwollen. Säule kurz, 0,1–0,2 cm lang, fleischig, gestutzt.
Verbreitung: Kenia, Tansania und Sambia.
Geschichte: Die Art wurde 1953 von V. Summerhayes im »Kew Bulletin« beschrieben. Zugrunde lag eine von Helen Faulkner kultivierte und von ihr bei Handeni im nordöstlichen Tansania gesammelte Pflanze. *A. cultriforme* gehört zu einer Anzahl von kleinen, in Ost- und Zentralafrika vorkommenden Arten der Gattung mit gelblichen oder grünlichen Blüten.
Anmerkung: Diese Art unterscheidet sich von *A. erectum* im wesentlichen durch größere, hellgelbgrüne gefärbte Blüten und sichelförmige, vorn ziemlich spitzlappige Blätter. Sie ist in Ostafrika von Kenia bis nach Mozambique weitverbreitet.

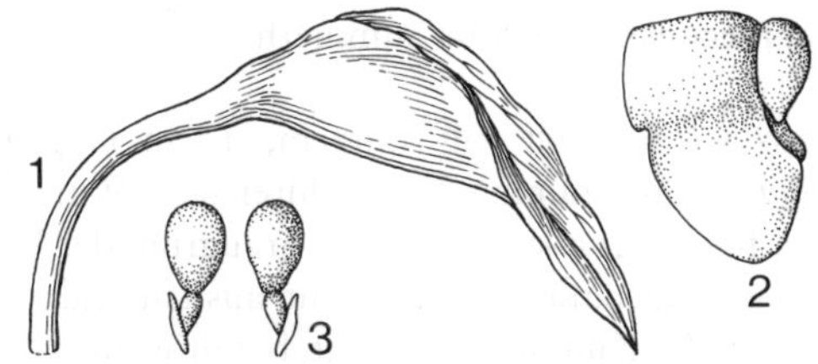

Angraecum cultriforme
1 = Lippe und Spornbasis (× 4)
2 = Säule von der Seite (× $6^{1}/_{2}$)
3 = Klebscheiben, Stipites und Pollinien (× 13)

Angraecum dasycarpum Schltr.

Stämme des kleinen Epiphyten bis 10 cm lang und 0,25–0,3 cm im Durchmesser, dicht beblättert. Blätter 7–10 cm lang, 0,4–0,7 cm breit, länglich, fleischig aber an den Rändern dünner; vorn stumpf oder mit kurzer aufgesetzter Spitze. Blütenstände sehr kurz, mit Scheiden bedeckt. Blüten weiß. Sepalen bis 0,65 cm lang, länglich, stumpf. Petalen 0,6 cm lang, länglich-riemenförmig, stumpf. Lippe 0,55 cm lang, länglich-riemenförmig, stumpf, unterhalb der Mitte etwas verschmälert, konkav; Sporn 0,4 cm lang, zylindrisch, stumpf, oberhalb der Mitte leicht verdünnt, gegen den Fruchtknoten gerichtet. Säule sehr kurz.
Verbreitung: Östliches Madagaskar; in Wäldern.
Geschichte: R. Schlechter beschrieb die Art 1918 (»Fedde, Repertorium«) nach einer Pflanze, deren genaue Herkunft nicht bekannt war: Laggiara hatte sie in Madagaskar gesammelt.

Angraecum distichum Lindl.

Kleiner Epiphyt mit reichbeblätterten, schlanken Stämmen. Blätter 2zeilig stehend, 0,5–1 cm lang, 0,3–0,7 cm breit, länglich-elliptisch, sichelig gekrümmt, von beiden Seiten zusammengepreßt, am oberen Rande gefurcht. Blütenstände blattachselbürtig, 1blütig. Blüten klein, weiß. Sepalen abstehend, 0,3–0,4 cm lang, 0,15–0,2 cm breit. Petalen abstehend, 0,3–0,4 cm lang, 0,15 cm breit, elliptisch-länglich, stumpf. Lippe 0,3 cm lang und breit, schwach 3lappig, konkav, stumpf oder mit aufgesetzter Spitze; Seitenlappen aufrecht um die Säule herumstehend; Sporn gerade, 0,4–0,7 cm lang, nach der Spitze zu verschmälert. Säule nur 0,1 cm lang.
Verbreitung: Guinea und Sierra Leone, ostwärts bis nach Uganda und südwärts bis Angola.
Geschichte: Diese seltsame Orchidee, die im Wuchs einigen *Lockhartia*-Arten und auch *Den-*

drobium leonis ähnlich ist, wurde erstmals in Sierra Leone gefunden und von der Firma Loddiges in Hackney zur Kultur importiert. J. Lindley beschrieb sie 1836 im »Botanical Register«.

Angraecum eburneum Bory

Bis 130 cm große, aufrechte, lithophytische, epiphytische oder terrestrische Pflanze, mit kräftigem, verzweigtem, 10–15blättrigem Stamm. Wurzeln kräftig, lang, stammbürtig. Blätter 30 cm lang oder länger (bis 50 cm), 3–5 cm breit, riemenförmig, steif, lederig, vorn ungleichmäßig stumpf-2lappig. Blütenstand 15–30blütig, länger als die Blätter, halbaufrecht oder seitlich abstehend, steif; Brakteen dunkelbraun oder schwarz, scheidig, Blüten groß und auffallend, elfenbeinweiß mit grünen oder gelblichgrünen Sepalen, fleischig. Sepalen 4–5 cm lang, 0,9–1,1 cm breit, lanzettlich, spitz, zurückgeschlagen. Petalen 4,5 cm lang, 0,9 cm breit, lanzettlich, spitz. Lippe 3,5 cm lang, 3 cm breit, breit-eiförmig bis herzförmig, konkav, vorn lang zugespitzt; Platte im Zentrum mit einer erhabenen sich verschmälernden Schwiele; Sporn 6–7 cm lang, sich nach der Spitze zu verdünnend. Säule sehr dick und fleischig.
Verbreitung: Madagaskar, Maskarenen, Komoren und auf dem ostafrikanischen Festland.
Geschichte: Die Art wurde auf Réunion durch Bory de St. Vincent gefunden und von ihm 1804 in seinen »Voyages« veröffentlicht. Die Typus-Varietät (von einigen Spezialisten als Unterart betrachtet) kommt nur auf den Maskarenen vor. Zwei weitere Varietäten, nämlich var. *superbum* (*Angraecum superbum* Thou.) und var. *xerophilum* kommen in Madagaskar vor (die erste auch auf den Komoren). Var. *superbum* besitzt größere Blüten und Lippenausmaße von 4 × 4,7 cm; var. *xerophilum* hat kleinere Blüten und einen verhältnismäßig längeren Sporn. In jüngster Zeit wurde die afrikanische Art *A. giryamae* Rendle wohl zurecht durch A.D. Hawkes als Varietät zu *A. eburneum* gestellt; sie unterscheidet sich lediglich durch geringe Größenunterschiede der Sepalen und Petalen. Zur neuesten Behandlung der Gattung siehe Senghas in »Die Orchidee« 1979, wo alle voranstehenden Taxa als Subspecies behandelt sind.
Synonyme (in Auswahl): *Limodorum eburneum* Willd.; *Angraecum virens* Lindl.; *Angorchis eburnea* O. Ktze.; *Angraecum superbum* Thou.; *Angraecum brongniartianum* Rchb.f.; *Angraecum comorense* Kraenzl.; *Angraecum voeltzkovianum* Kraenzl.; *Angraecum giryamae* Rchb.f.

Angraecum eichlerianum Kraenzl.

Stämme des großen, bis 60 cm hohen Epiphyten 30–60 cm lang, 0,8 cm im Durchmesser, bedeckt mit überdauernden Blattresten und mit zahlreichen stammbürtigen Wurzeln, vielblättrig. Blätter 2zeilig angeordnet, 7–10 cm lang, 1,5–4 cm breit, schmal-elliptisch-länglich, vorn abgerundet und eingeschnitten. Blütenstände den Blättern gegenüberstehend, bis 8 cm lang, abstehend und herabgebogen, 1blütig. Blüten auffallend, ungefähr 7–8 cm breit. Sepalen und Petalen hellgrün; Lippen vorwiegend weiß. Sepalen 3,5–6 cm lang, 0,7–1,1 cm breit, lanzettlich, langspitzig. Petalen bis 5 cm lang und 0,8 cm breit, linealisch-lanzettlich, spitz. Lippe bis 5 cm lang, 4–5 cm breit, fast herzförmig, vorn am breitesten, schwach 3lappig; Seitenlappen bis zum Grunde des Mittellappens hervortretend; Mittellappen kurz 3eckig, spitz; Sporn 3–4 cm lang, mit breiter Öffnung, auf halber Länge unvermittelt zusammengezogen. Säule kurz, 0,5 cm lang, kräftig, fleischig, vorn tief geteilt.
Verbreitung: Süd-Nigeria, Kamerun, Gabun, Zaire und Angola; meistens an Baumstämmen emporkletternd.
Geschichte: F. Kraenzlin beschrieb die in der Nähe von Kassambra gesammelte Pflanze 1882 in »Wittmacks Gartenzeitung«.
Anmerkung: Die Art ist nahe mit *A. birrimense* Rolfe verwandt, die allerdings eine schmalere und fast kreisrunde Lippe und außerdem kürzere Sepalen hat.

Angraecum gabonense Summerh.

Stämme der kleinen Epiphyten bis 35 cm lang, gebüschelt, schlank, verzweigt überhängend aber am Gipfel aufwärts gerichtet, durchweg beblättert. Blätter 2zeilig angeordnet, 1–2 cm lang, 0,4 cm breit, linealisch-lanzettlich bis länglich-lanzettlich, vorn pfriemlich-spitz ausgezogen. Blütenstände kurz, 1blütig. Blüten abstehend, weiß. Sepalen 0,6 cm lang, 2 cm breit, riemenförmig-verkehrtlanzettlich, stumpf. Petalen den Sepalen ähnlich. Lippe 3,5–4 cm lang, 5 cm breit, kreisrund-eiförmig, vorn langspitzig und/oder mit aufgesetzter Spitze; Sporn 2,5–3,5 cm lang, gerade oder etwas einwärts gebogen, nach der Spitze zu ein bißchen geschwollen. Säule bis 2 cm lang, gestutzt.
Verbreitung: Gabun.
Geschichte: Die 1954 im »Kew Bulletin« von V. Summerhayes beschriebene Pflanze wurde 1927 von Le Testu am oberen Flußlauf des Ngounyé nordöstlich von Les Echiras in Gabun gesammelt.
Anmerkung: Diese Art ist *A. distichum* sehr ähnlich, läßt sich aber von ihr leicht durch ihre linealisch-lanzettlichen, schmaleren und vorn langspitzigen Blätter auseinanderhalten.

Angraecum infundibulare Lindl.

Stamm des großen, über 60 cm hohen Epiphyten verhältnismäßig schlank, stielrund, etwas zickzackförmig, nur selten verzweigt, über die ganze Länge wurzelnd und von scheidigen Blattresten bedeckt. Blätter von dünner Beschaffenheit, bis zu 20 cm lang und 4 cm breit, schmallänglich-elliptisch oder verkehrtlanzettlich, vorn ungleichmäßig 2lappig, am Grunde mit einer bis zu 3,6 cm langen Scheide. Blütenstände 1blütig, aus dem Grunde der Blattscheiden hervorbrechend; Schaft 2–5,5 cm lang, stielrund; Braktee 6 mm lang, eiförmig, spitz. Blüte sehr groß und augenfällig; Sepalen grün; Petalen und Sporn weiß; Lippe weiß mit einem grünen Rachenfleck. Sepalen 6–7,5 cm lang und 0,5–0,6 cm breit, linealistisch, langspitzig. Petalen den Sepalen ähnlich

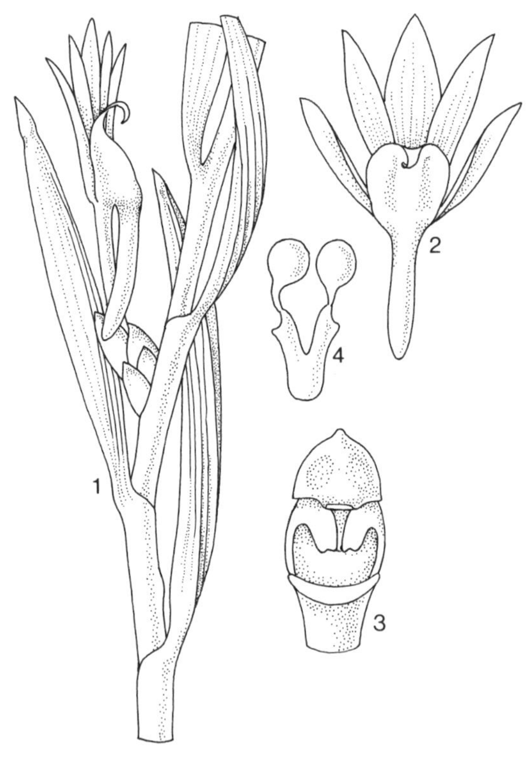

Angraecum gabonense
1 = Pflanze (× 4)
2 = Blüte von vorn (× 4)
3 = Säule (× 13)
4 = Klebscheibe, Stipites und Pollinien (× 18)

aber nur 5,5–6,5 cm lang. Lippe 7,5 cm lang und 5 cm breit eiförmig, vorn in eine Spitze ausgezogen, am Grunde röhrig; Sporn aufrecht bis zu 18 cm lang, am Grunde trichterförmig mit weiter Öffnung, in den vorderen Zweidritteln fädlich und herabgebogen. Säule fleischig, 0,5 cm lang.
Verbreitung: Süd-Nigeria, Kamerun, Prínzipe, Zaire, Äthiopien und Uganda; im tropischen Regenwald von Meereshöhe bis zu 1350 m.
Geschichte: J. Lindley veröffentlichte diese Art 1862 im »Journal of the Linnaean Society« unter Zugrundelegung einer von Barter in Süd-Nigeria gesammelten Pflanze.
Synonym: Mystacidium infundibulare (Lindl.) Rolfe.
Anmerkung: A. infundibulare besitzt von allen afrikanischen Arten der Gattung die größte Blüte. Die Art ist mit *A. eicherianum* Kraenzl. und *A. birrimense* Rolfe nahe verwandt, unterscheidet sich aber von beiden durch ihre viel größere Blüte und den immer über 10 cm langen Sporn.

Angraecum leonis (Rchb.f.) Veitch

Mittelgroßer Epiphyt mit kurzem, kräftigem, 4- oder 5blättrigem Stamm. Blätter 2zeilig angeordnet, 5–25 cm lang, 1,6–2,2 cm breit, schmal-schwertförmig und leicht gebogen, abstehend, fleischig-lederig. Blütenstände 1–2, unterhalb der Blätter erscheinend, 1–7blütig, aufrecht oder überhängend; Schaft 1,5–2 cm lang; Brakteen sehr breit, trockenhäutig. Blüten weiß, ausgebreitet; Blütenstiele zusammengedrückt und schmalgeflügelt. Sepalen 2 cm lang, 0,5 cm breit, lanzettlich, lang zugespitzt, auf dem Rücken gekielt. Petalen 2 cm lang, 0,6 cm breit, schmal eiförmig-lanzettlich, nach vorn verschmälert, spitz. Lippe 2,4 cm lang, 2 cm breit, hohl, breit eiförmig-kreisförmig oder herzförmig, zugespitzt; Platte mit einem sich verschmälernden, fleischigen Kiel auf der Mitte; Sporn 7–9 cm lang, aus breiten Grunde fädlich auslaufend, gedreht und gewellt. Säule 0,4 cm lang, 0,5 cm breit, kräftig.
Verbreitung: Madagaskar und Komoren.
Geschichte: Die Pflanze wurde von L. Humblot auf den Komoren gefunden und durch H.G. Reichenbach 1885 in »Gardeners' Chronicle« unter *Aeranthus* beschrieben. J. Veitch versetzte die Art 1894 (»Manual of Orchidaceous Plants«) in die Gattung *Angraecum.*
Verwandtschaft: A. magdalenae Schltr.
Synonyme: Aeranthus leonis Rchb.f.; *Angraecum humblottii* Rchb.f.; *Mystacidium leonis* (Rchb.f.) Rolfe; *Macroplectrum leonis* (Rchb.f) Finet.

Angraecum magdalenae Schltr. et H. Perr.

Mittelgroßer Lithophyt mit etwa 15 cm langem, 6–8blättrigem Stamm. Blätter 2zeilig angeordnet, 13–36 cm lang, 2,5–4,5 cm breit, länglich-riemenförmig, fleischig-lederig, vorn schief-2lappig. Blütenstand 2–3 cm lang, unterhalb der Blätter entspringend, 1–5blütig; Schaft 2–3 cm lang; kräftig; Brakteen gelb, steif, 3eckig mit gerundeter Spitze. Blüten weiß, groß, ziemlich fleischig; Blütenstiel und Fruchtknoten grün, 8 cm lang. Sepalen 4–6 cm lang, 1,8 cm breit, elliptisch-lanzettlich, stumpfspitzig. Petalen eiförmig, breiter aber kürzer als die Sepalen. Lippe hohl, fast kreisförmig bis eiförmig, kurz zugespitzt (die Spitze in einen 6 cm langen Kiel erweitert); Sporn 10–11 cm lang, aus weiter Mündung fädlich auslaufend. Säule 0,5–0,6 cm lang, robust.
Verbreitung: Madagaskar, auf freien oder leicht beschatteten Quarzitfelsen in ungefähr 2000 m Meereshöhe.
Geschichte: Die von R. Schlechter und H. Perrier de la Bâthie 1925 in »Fedde's Repertorium« beschriebene Art wurde von Madeleine Durchud auf Mount Ibity, südlich von Antsitabe entdeckt.

Angraecum ochraceum (Ridley) Schltr.

Kleiner Epiphyt mit kurzem, mehrblättrigem Stamm. Blätter 2,5–10 cm lang, 0,4–0,6 cm breit, schmal-linealisch-lanzettlich, vorn schief 2lappig. Blütenstand bis 7,5 cm lang, kürzer als die Blätter, 1blütig; Schaft schlank; Brakteen elliptisch. Blüten klein, ockerfarbig. Sepalen 0,4 cm lang, 0,2 cm breit, schmal-lanzettlich. Petalen den Sepalen ähnlich aber kürzer und schmaler. Lippe 0,4 cm lang, 0,2 cm breit, brotförmig, konkav. Sporn fädlich, bis 1,9 cm lang, an der Spitze etwas geschwollen. Säule sehr kurz.
Verbreitung: Madagaskar.
Geschichte: Die von Deans Cowan in Ankafina gefundene Pflanze wurde im »Journal of the Linnaean Society« 1885 von H. Ridley als *Mystacidium* beschrieben. R. Schlechter versetzte die Art 1915 in die heutige Gattung (»Beihefte zum Botanischen Zentralblatt«).
Synonyme: Mystacidium ochraceum Ridley; *Macroplectrum ochraceum* (Ridley) Finet.

Angraecum reygaertii De Wild.

Stämme des aufrechten oder hängenden Epiphyten lang, ziemlich schlank, beblättert, von Blattscheiden bedeckt. Blätter 10–15 cm lang, 2–3,2 cm breit, länglich, vorn abgerundet und eingeschnitten. Blütenstände ungefähr 6 cm lang, fast aufrecht oder abstehend, den Blättern gegenüber stehend, 1blütig. Blüte mittelgroß, auffallend: rein weiß; Lippe am Grunde grün. Sepalen 2,8–3,2 cm lang, 0,4–0,6 cm breit, lanzettlich, langspitzig; die mittlere zurückgebogen. Petalen bis 2,6 cm lang und 0,4 cm breit, schmalelliptisch-lanzettlich, spitz. Lippe 2,5 cm lang, 0,4 cm breit, lanzettlich bis länglich-lanzettlich, spitz oder langspitzig; Schwiele basal, von einer kurzen, fleischigen Leiste bestehend; Sporn 5–6 cm lang, fast gerade. Säule 0,4 cm lang, kräftig.
Verbreitung: Kamerun, Zaire und Uganda.
Geschichte: Die Pflanze wurde 1913 von F. Reygaert in Mobwasa (Zaire) gefunden und 1916 von E. de Wildemann im »Bulletin du Jardin Botanique«, Brüssel, beschrieben.

Angraecum scottianum Rchb. f.

Büschelig wachsender, kleiner Epiphyt. Stämme 10–15 cm lang, aufrecht oder hängend, schlank, zylindrisch, 6–8blättrig. Blätter 9 cm lang, 0,3 cm breit, stielrund oder fast stielrund im Querschnitt, fädlich, mit einer Rinne und zwei kielartigen Leisten. Blütenstand 1blütig (selten mehrblütig und dann nacheinander blühend); Schaft 7–8 cm lang, nach oben hin verdickt; Brakteen 0,8 cm lang, röhrenartig, trockenhäutig. Blüten weiß, nicht resupiniert. Sepalen 2,7 cm lang, 0,4 cm breit, zungenförmig, spitz. Petalen ähnlich den Sepalen aber schmaler. Lippe zur Blütezeit oben 2,5–2,7 cm lang, 3,5–4 cm breit, hohl, kreis-nierenförmig, vorn kurz zugespitzt, auf jeder Seite der Säule mit einem nach oben gerundeten Öhrchen; Sporn 9–10 cm lang, fädlich, hängend. Säule kurz, kräftig.
Verbreitung: An offenen Stellen auf den Komoren in Höhenlagen zwischen 350 und 600 m.
Geschichte: Die mit *A. pseudofilicornu* Perr. nahe verwandte Pflanze wurde durch R. Scott in die Kultur eingeführt. H.G. Reichenbach benannte sie nach ihm 1878 in »Gardeners' Chronicle«.
Synonyme: Angraecum reichenbachianum Kraenzl.; *Angorchis scottiana* (Rchb. f.) O. Ktze.

Angraecum sesquipedale Thou.

In bis zu meterhohen Büscheln wachsende epiphytische oder öfter lithophytische Pflanze. Stämme selten gerade, mehrblättrig, kürzer als die Blätter. Wurzeln kräftig, grau, stammbürtig. Blätter 2zeilig angeordnet, 22–30 cm lang, 3 cm

breit, riemenförmig, lederig, vorn schief eingeschnitten. Blütenstände kürzer als die Blätter, 2–6blütig; Schaft 10–12 cm lang, robust; Brakteen ein Viertel so lang wie Blütenstiel und Fruchtknoten. Blüten groß und auffallend duftend, weiß oder cremefarben, sternartig ausgebreitet, fleischig. Sepalen 7–9 cm lang, 2 cm breit, eiförmig-lanzettlich. Petalen 7–8 cm lang, 2,5–2,8 cm breit, sonst den Sepalen ähnlich. Lippe 6,5–8 cm lang; 3,5–4 cm breit, hohl, geigenförmig, vorn ausgezogen stumpfspitzig; Sporn 30–35 cm lang, hängend, fadenförmig auslaufend. Säule 1 cm lang, kräftig.
Verbreitung: Östliches Madagaskar, von Meereshöhe bis 1000 m.
Geschichte: Die prächtige Pflanze wurde von Aubert du Petit Thouars entdeckt und 1822 von ihm in »Orchidées des Isles Australes de l'Afrique« beschrieben. Die oft kultivierte Pflanze ist auch wegen des langen Sporns als Komet-Orchidee bekannt. Sie wurde weithin berühmt, weil Charles Darwin richtig vorausgesagt hatte, daß sie zweifellos durch einen langrüsseligen Nachtschmetterling bestäubt würde. Der viel später entdeckte Falter erhielt dann denn betreffenden Namen *Xanthopan morgani praedicta.*
Synonyme: Aeranthes sesquipedale (Thou.) Lindl.; *Angorchis sesquipedale* (Thou.) O. Ktze.; *Macroplectrum sesquipedale* (Thou.) Pfitz.; *Mystacidium sesquipedale* (Thou.) Rolfe.

Anguloa Ruiz et Pavon

Tribus: Maxillarieae
Subtribus: Zygopetalinae

Große Epiphyten oder terrestrische Pflanzen mit kurzen, sich zu fleischigen Pseudobulben entwikkelnden wenigblättrigen Stämmen. Blätter sich dachziegelartig deckend, groß, längsgefaltet. Blütenstände am Grunde der Pseudobulben entspringend, aufrecht, 1blütig. Blüten groß, fast becherförmig, ziemlich fleischig, mehr oder minder stark nickend. Sepalen breit; die seitlichen asymmetrisch, am Grunde hutförmig-gerundet. Petalen der mittleren Sepale ähnlich aber kleiner. Lippe 3lappig, aufrecht, parallel zur Säule stehend; Seitenlappen groß, vorn abgerundet; Mittellappen klein; Platte in der Mitte mit einer längsgerichteten Schwiele besetzt. Säule aufrecht, kräftig, ungeflügelt, mit kräftigem Fuß, am Gipfel vorn mit einem Paar 3eckig-lanzettlicher Fortsätze; Pollinien 4.
Umfang und Verbreitung: Kleine, ungefähr zehn Arten umfassende Gattung in Venezuela, Kolumbien, Ecuador und Peru.
Ableitung des Namens: Benannt zu Ehren von Don Francisco de Angulo, Generaldirektor des Bergwesens in Peru und eifriger Amateurbotaniker.
Anmerkung: Die Gattung wurde 1794 von Ruiz und Pavon in ihrem »Prodromus Florae Peruvianae et Chilensis« begründet. Sie ist mit *Lycaste* verwandt, läßt sich aber durch ihre tulpenartigen Blüten leicht unterscheiden. R. Schlechter (»Orchis« 1916) teilte die Gattung in zwei Sektionen: Sect. *Anguloa,* Arten mit kahler Lippe und einem mit deutlichen Seitenlappen versehenem Rostellum, und Sect. *Guloanga* mit flaumig behaarter Lippe und einem nur wenig geteilten Rostellum.
Typus-Art: A. uniflora Ruiz et Pavon.
Kultur: Substrat A. Mindesttemperatur im Winter 12–15 °C. Wie bei *Lycaste* erscheinen die Blüten an den Neusprossen vom Grunde voll entwickelter Pseudobulben. Diese Neusprosse müssen unbedingt trocken gehalten werden. Erst wenn sich die Wurzeln einigermaßen entwickelt haben, sollte man vorsichtig und mäßig gießen. In der Hauptwachstumsperiode verlangen die Pflanzen Luftfeuchtigkeit und Schatten. Wenn die Blätter abgefallen sind, gießt man nur wenig und hält die Pflanze an einem kühleren und helleren Standort.

Anguloa cliftonii Rolfe

Pseudobulben der großen, 30–40 cm hohen terrestrischen Pflanze 11–15 cm lang, 4,5–6,5 cm im Durchmesser, eiförmig-länglich, dicht angeordnet, 2–3blättrig. Blätter 15–30 cm lang, 7–9 cm breit, elliptisch-länglich, vorn langspitzig, am Grunde verschmälert, leicht gewellt. Blütenstand 20–26 cm lang, aufrecht, mit sich ziegelartig überdeckenden Scheiden bekleidet; Brakteen 5–6 cm lang, elliptisch-lanzettlich, spitz. Blüten groß, fast kugelig: Sepalen und Petalen zitronengelb; Petalen am Grunde mit purpurnen Linien und nach oben zu mit purpurnen Querlinien und Netzwerk; Lippe bräunlichgelb und am Anfang des Vorderlappens braun getüpfelt. Mittlere Sepale ungefähr 10 cm lang und 5 cm breit, elliptisch-länglich, stumpflich; die seitlichen kreisrund-elliptisch, 7,5 cm lang und 4 cm breit, sichelartig einwärts gebogen, stumpflich. Petalen 7,5 cm lang, 4,5 cm breit, kreisrund-eiförmig, stumpflich. Lippe aufrecht, 4 cm lang, genagelt; Nagel 1 cm lang, zungenförmig; eigentliche Lippenfläche 3lappig, am Grunde sackartig ausgetrieben; Seitenlappen 0,8 cm lang, sichelig einwärts gebogen, stumpf; Mittellappen breit-genagelt, 3eckig flaumig behaart, langspitzig, mit einer basalen 2lappigen oder verkehrt-herzförmigen Schwiele. Säule 3,5 cm lang, fleischig.
Verbreitung: Kolumbien.
Geschichte: Die Pflanze wurde erstmals durch die Firma Charlesworth in Haywards Heath (Sussex) importiert. Später wurde sie nochmals von J. Talbot Clifton aus Lytham Hall (Lancashire) eingeführt. Nach ihm benannte R.A. Rolfe die Art (»Kew Bulletin« 1910).

Anguloa clowesii Lindl.

Pseudobulben der großen Epiphyten bis 13 cm lang, 7 cm breit, kegelig-birnenförmig, in dichten Gruppen stehend; längsgefurcht, leicht seitlich zusammengepreßt, mehrblättrig. Blätter 45–80 cm lang, bis 26 cm breit, verkehrt-eiförmig, längsgefaltet, stumpf. Blütenstände bis 30 cm lang, aufrecht, 1blütig; Schaft kräftig, mit großen etwas aufgeblasenen Scheiden umhüllt. Blüten groß und auffällig: Sepalen und Petalen zitronengelb; Lippe hell cremegrün oder gelb und wachsartig glänzend. Sepalen dick und steif, 6,5–7 cm lang, 5 cm breit, elliptisch, spitzlich, konkav. Petalen den Sepalen ähnlich aber etwas kleiner. Lippe hohl, steif-fleischig, 4 cm lang, 2,5 cm breit, elliptisch im Umriß, oben 3lappig, mit dem Säulenfuß gelenkig verbunden. Seitenlappen aufrecht, schief 3eckig, vorn spitz; Mittellappen rhombisch, kurzdrüsig und flaumig; Schwiele am Grunde des Mittellappens, hervorragend, kurz 2spaltig, drüsig-flaumig. Säule 2,5 cm lang, kräftig, weiß.
Verbreitung: Venezuela und Kolumbien.
Geschichte: Die Pflanze wurde von M. Linden in der Umgebung von Jaji in der Merida-Provinz 1842 und etwas später nochmals von Schlim nahe Ocaña gefunden. Sie blühte in der Kultur erstmals bei John Clowes in Manchester und nach ihm wurde sie von J. Lindley benannt (»Botanical Register« 1844).

Anguloa uniflora Ruiz et Pavon

Pseudobulben der großen terrestrischen oder epiphytischen Pflanze bis 15 cm lang, 6 cm breit, in dichten Gruppen stehend, im Umriß länglich-kegelig, mit mehreren Längsfurchen, in jungem Zustand mit mehreren blattragenden Scheiden bedeckt, später am Gipfel 1- oder 2blättrig. Blätter bis 45 cm lang, 16 cm breit, verkehrteiförmig, stumpfsinnig, gerade abstehend. Blütenstand bis 25 cm lang, aufrecht 1blütig, am Grunde Pseudobulben entspringend. Blüte auffällig, fleischig:

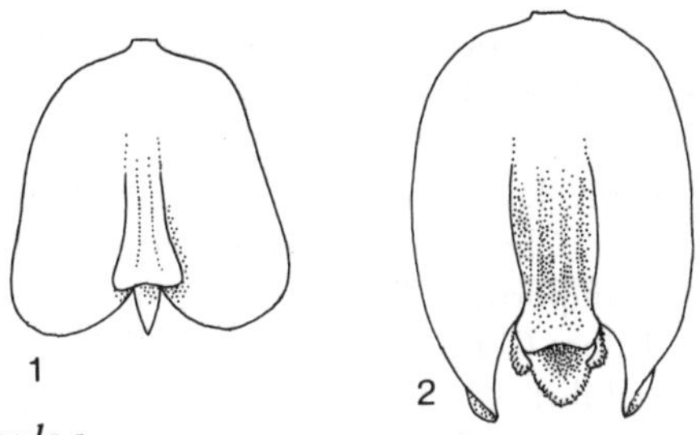

Anguloa
1 = *A. clowesii*, Lippe ausgebreitet (× 4/5)
2 = *A. uniflora*, Lippe ausgebreitet (× 4/5)

Sepalen und Petalen weiß und mit kleinen roten Punkten auf der Innenseite; Lippe weiß, auf der Rückenseite mit hellbrauner Zeichnung; Schwiele gelb; Säule weiß aus gelbem Grunde. Sepalen 5–6,6 cm lang, 3,2–3,6 cm breit, eiförmig, konkav, spitzlich; die seitlichen mit dem Säulenfuß ein Mentum bildend. Petalen 5 cm lang, 2,4 cm breit, elliptisch, spitzlich. Lippe 3 cm lang, 2,9 cm breit, quadratisch-herzförmig, oben 3lappig; Seitenlappen aufrecht, nach vorn abgerundet, größer als der herabgeschlagene 3eckige Mittellappen. Schwiele hervorragend, fleischig, am Grunde des Mittellappens sitzend. Säule 3 cm lang, kräftig, fast stielrund.
Verbreitung: Von Kolumbien und Venezuela südlich bis Peru.
Geschichte: Die Pflanze wurde von Ruiz und Pavon in Muña in Peru entdeckt und 1798 in ihrem Werk »Systema Vegetabilium« veröffentlicht. In Kultur blühte sie erstmals 1842 in der Sammlung von G. Barker in Birmingham.
Synonyme: A. eburnea B.S. Williams; *A. turneri* B.S. Williams.

Anoectochilus Blume

Tribus: Cranichideae
Subtribus: Goodyerinae

Kleine, terrestrische Pflanzen mit horizontal kriechenden Stämmen. Blätter gestielt, oft mit goldener, purpurner oder weißer Zeichnung. Blütenstand aufrecht, ährig, drüsig-flaumhaarig. Blüten klein. Sepalen frei; die mittlere mit den Petalen einen Hut bildend. Petalen klein, schmal und langspitzig. Lippe aufrecht, mit dem Grunde der Säule verwachsen, über der sackförmig vertieften, gespornten Basis in einen kammartigen Nagel zusammengezogen, vorn mit 2 (seltener 4) flügelartigen Läppchen; Sporn innen mit zwei Schwielen besetzt, über der Basis der Sepalen hervortretend. Säule kurz, vorn mit Anhängseln; Narbenlappen seitlich angeordnet; Pollinien in kurze oder lange Stipes verschmälert.
Umfang und Verbreitung: Ungefähr 25–40 Arten, von Indien und Südostasien bis nach Australien und Polynesien.
Ableitung des Namens: Aus dem Griechischen »anoektos« = offen und »cheilos« = Lippe.
Anmerkung: C. Blume begründete die Gattung 1828 in der »Flora Javae«. Holttum (»Orchids of Malaya« 1964) vereinigte *Odontochilus* mit *Anoectochilus* und erweiterte somit den Gattungsumfang. Arten von *Odontochilus* besitzen grüne Blätter und eine Lippe mit sackförmig vertieftem Grunde, während *Anoectochilus*-Arten gescheckt gefärbte Blätter und eine deutlich gespornte Lippe haben. Zwischen beiden Gruppen vermittelt *A. calcaratus* (Hooker f.) Ridley. Allen Arten gemeinsam ist der charakteristische Nagel auf der Lippe. Zweifellos bilden die beiden vereinigten Gattungen eine natürliche Gruppe.
Typus-Art: A. setaceus (Bl.) Lindl.
Synonym: Odontochilus Blume.
Kultur: Substrat C vermischt mit zerhacktem, frischem Sphagnum. Mindesttemperatur im Winter 15 °C. Obgleich diese Pflanzen in ihrem Verhalten etwas launig sein können, wachsen sie bei richtiger Behandlung ziemlich schnell. Sie verlangen hohe Luftfeuchtigkeit und ständigen Schatten; der Pflanzstoff muß gleichmäßig feucht gehalten werden. Am besten wachsen sie in flachen Schalen, oft gedeihen sie am vorzüglichsten in einem schützenden Glaskasten.

Anoectochilus sikkimensis King et Pantling

Kleine terrestrische Pflanze mit einem kriechenden 0,6 cm dicken 4–5blättrigem Stamm. Blätter 5–7 cm lang, 2,5–3,5 cm breit, elliptisch-eiförmig, vorn spitz, unten in einem scheidigen Stiel verschmälert, auf der Oberseite dunkelrot mit kupferfarbiger bis goldener Beaderung, von samtartigem Aussehen. Blütenstand aufrecht, 15–23 cm lang, mehrblütig; Brakteen lanzettlich. Blüten 1,5 cm lang; Sepalen und Petalen olivgrün und weiß; Lippe weiß, auf dem Nagel mit grünen Zähnen. Fruchtknoten drüsig-flaumig behaart. Mittlere Sepale länglich, stumpf, konkav; die seitlichen länglich, spreizend, spitz. Petalen verkehrtlanzettlich, nahe der Spitze geschnäbelt. Lippe mit zwei auseinanderstrebenden keilförmigen Lappen, auf dem Nagel mit vier Paaren vorwärtsweisender Zähne; Sporn beutelartig, gabelig gespalten, innen mit eiförmigen Schwielen besetzt. Säule mit zwei erhabenen parallelen Linien unterhalb des großen eiförmigen Rostellums; dieses auf einem großen Fortsatz ruhend, darunter zwei flache zusammenfließende Schwielen.
Verbreitung: Sikkim; 900–1500 m.
Geschichte: Die von R. Pantling entdeckte Pflanze wurde von ihm in Gemeinschaft mit Sir George King 1896 im »Journal of the Asiatic Society of Bengal« veröffentlicht.
Anmerkung: A. roxburghii, die andere Art mit ähnlichen Blättern, unterscheidet sich durch größere Blüten, anders gestaltete Petalen und Pollinien, breit abgerundete Endlappen der Lippe und durch viel größere Zähne auf ihrem Nagel.

Ansellia Lindl.

Tribus: Cymbidieae
Subtribus: Cymbidiinae

Große Epiphyten oder seltener terrestrische Pflanzen mit großen, gebüschelt angeordneten Pseudobulben und vielen aufrechten, weißen Luftwurzeln. Blütenstände rispig, aufrecht oder abstehend, vielblütig. Blüten immer resupiniert, mittelgroß, augenfällig. Sepalen und Petalen einander fast ähnlich, abstehend. Lippe 3lappig, vorstehend, ungespornt, auf der Platte mit 2–3 Kielen. Säule vorstehend und etwas gebogen, am Grunde geöhrt, im Querschnitt halbkreisförmig; Pollinien 4, in 2, von hinten zusammengepreßten Paaren angeordnet, wachsartig, fast eiförmig; Stipes 1; Klebscheibe 1, halbmondförmig.
Umfang und Verbreitung: Möglicherweise nur 2 verschiedengestaltige Arten; im tropischen und südlichen Afrika.
Ableitung des Namens: Benannt nach John Ansell, der die Typus-Pflanze 1841 auf Fernando Póo sammelte.
Anmerkung: Die Gattung wurde 1844 von J. Lindley im »Botanical Register« begründet. Auf erste Sicht ist *Ansellia* der Gattung *Cymbidium* sehr ähnlich, obgleich die Pflanzen beider Gattungen im Wuchs verschieden sind. In der Blütenstruktur lassen sie sich am leichtesten unter-

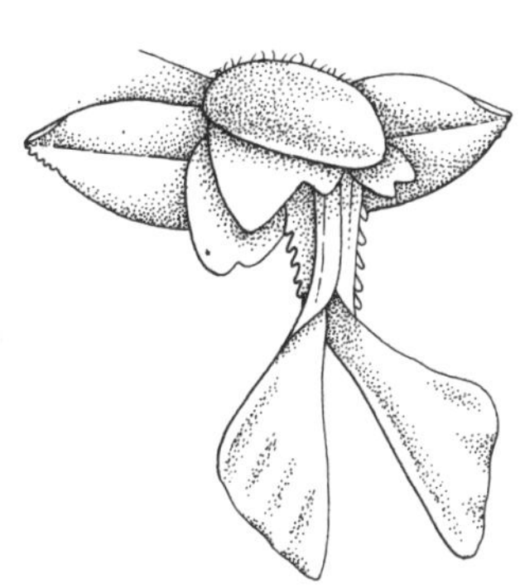

Anoectochilus sikkimensis
Blüte von vorn, seitliche Sepale zurückgebogen (× 2 1/2)
(nach The Orchids of the Sikkim-Himalaya, 1898)

scheiden durch die Öhrchen am Grunde der Säule. Außerdem ist *Ansellia* neben *Graphorkis* die einzige afrikanische Orchideengattung mit aufrechten, weißen Wurzeln am Grunde der Pseudobulben. Eine Revision der Gattung durch V. Summerhayes findet man im »Kew Bulletin« 1937.
Typus-Art: A. africana Lindl.
Kultur: Substrat A. Mindesttemperatur im Winter 15 °C. Beim ersten Anzeichen von Neuwuchs wird man die Pflanzen umtopfen, wobei man wegen des üppigen Wurzelwachstums entsprechend große Töpfe wählen sollte. Bis zur völligen Entwicklung der Wurzeln gieße man nur wenig und vorsichtig, danach aber reichlich. Solange die Pflanze wächst, braucht sie etwas Schatten, aber gerade nur so viel, um ein Verbrennen der Blätter zu verhindern. Wenn die Pseudobulben voll ausgewachsen sind, hält man die Pflanze fast trocken.

Ansellia gigantea Rchb.f.

In dichten, großen Gruppen wachsender Epiphyt. Pseudobulben 25- (über) 50 cm lang, 2–3 cm im Durchmesser, rohrartig, vielknotig, 6–7blättrig. Wurzeln weiß, dichte Geflechte am Grunde der ganzen Pflanze bildend. Blätter 20–30 cm lang, 2,5–4 cm breit, riemenförmig-lanzettlich, mehrfach längsgefaltet, vorn spitz. Blütenstand bis 50 cm lang, rispig, meistens fast am Gipfel der Pseudobulben stehend. Blüten in Größe und Form variabel, im Durchschnitt 5 cm breit, rein gelb oder gelb mit kastanienbrauenen Flecken auf Sepalen und Petalen; die Lippe orangegelb mit rotbraun umrandeten Seitenlappen. Sepalen länglich-riemenförmig bis schmal-elliptisch, spitz oder stumpf. Petalen riemenförmig bis schmal-elliptisch, spitz oder abgerundet. Lippe in der unteren Hälfte 3lappig; Seitenlappen aufrecht, schmallänglich; Mittellappen länglich-verkehrtlanzettlich, spitzlich; Platte mit einer orangegelben oder gelben Schwiele in Form von drei Leisten. Säule 1 cm lang, gebogen, schlank.
Verbreitung: Tropisches Afrika und Südafrika, in Küstennähe und in trockenen, warmen Flußtälern. Die typische *A. gigantea* hat fast immer reingelbe Blüten und ist auf Südafrika beschränkt, während die var. *nilotica* ein größeres Verbreitungsgebiet besitzt. Von allen afrikanischen Orchideen-Arten ist die »Leopard orchid« wohl die am häufigsten kultivierte.
Geschichte: Der Typus wurde von Gueinzius in Port Natal gesammelt und durch H.G. Reichenbach 1847 in der Zeitschrift »Linnaea« beschrieben. Die der var. *nilotica* zugrunde liegende Pflanze wurde in Mbwiga im heutigen Tansania 1860 durch Grant auf seiner berühmten Reise mit Speke zur Erkundung der Nilquellen gefunden.
Verwandtschaft: Ansellia africana, bei der aber die Lippe breiter als lang ist; außerdem ist der Mittellappen breiter.

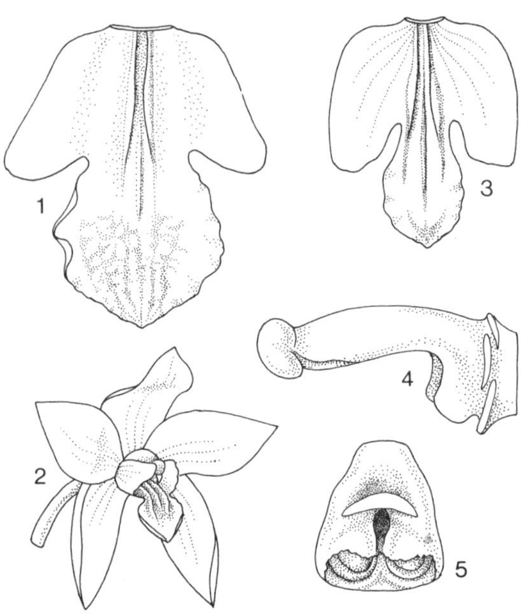

Ansellia
1 = *A. africana,* Lippe ausgebreitet (× 1 3/5)
2 = *A. gigantea,* Blüte von vorn (× 1)
3 = *A. gigantea,* Lippe ausgebreitet (× 1 3/5)
4 = *A. gigantea,* Säule (× 2 1/2)
5 = *A. gigantea,* Anthere (× 6 1/2)

Arachnis Blume
Tribus: Vandeae
Subtribus: Sarcanthinae

Kletternde, meistens terrestrische Pflanzen mit langen – selten kurzen und dicken – verzweigten Stämmen. Blütenstände steif, kurz oder lang, einfach oder verzweigt, arm- bis rechblütig. Blüten oft augenfällig, duftend. Sepalen und Petalen einander ziemlich ähnlich, abstehend, schmal, vorn am breitesten. Lippe mit dem Fuß der Säule gelenkartig verbunden, 3lappig; Seitenlappen breit-4eckig bis 3eckig, aufrecht und vorstehend; Mittellappen fleischig, mit einer erhabenen Mittelrippe, unterhalb der Spitze mit einem stumpfen, fleischigen Auswuchs. Säule kurz, dick; Pollinien 4; Stipes breit und kurz; Klebscheibe breit-eiförmig.
Umfang und Verbreitung: Ungefähr 7 Arten; bekannt aus Südostasien, Indonesien, den Philippinen, Neuguinea und den Salomon-Inseln.
Ableitung des Namens: Aus dem Griechischen »arachne« = Spinne; wohl wegen des spinnenartigen Aussehens der Blüte.
Anmerkung: C. Blume begründete diese Gattung 1825 in seinen »Bijdragen«. Seitdem hat sie eine wechselhafte Geschichte gehabt und Botaniker wie J. Lindley, H.G. Reichenbach, E. Pfitzer, R. Schlechter, J.J. Smith und R. Holttum haben sie in ihren Arbeiten verschiedentlich interpretiert. Die gesamte Entwicklung von *Arachnis* und verwandter Gattungen wie *Esmeralda, Armodorum* und *Dimorphorchis* wurde von Kiat Tan dargelegt (in »Selbyana« 1975); wir folgen hier seinem Konzept. Von den nächstverwandten Gattungen *Vandopsis* und *Renanthera* unterscheidet sich *Arachnis* durch die Struktur der Lippe und ihr Verhältnis zur Säule, von *Esmeralda* und *Armodorum* durch den Bau der Lippe und den *Dimorphorchis* durch die Einheitlichkeit ihres Blütenbaues.
Typus-Art: A. moschifera Bl. (*A. flos-aeris* (L.) Rchb.f.)
Kultur: Siehe bei *Vanda.*

Arachnis flos-aëris (L.) Rchb.f.

Eine ausgesprochen große Pflanze mit 120–250 cm hohen runden Stämmen. Blätter 10–18 cm lang, bis 5 cm breit, riemenförmig oder linealisch-länglich, vorn eingekerbt. Blütenstände einfach oder rispig, 60–160 cm lang, aufsteigend oder überhängend; Zweige kurz, verästelt, 2–3blütig. Blüten groß und auffällig, 7,5–10 cm breit, nach Moschus duftend: dunkelgrün oder gelb mit kastanienbraunen, unregelmäßigen Querbändern; Lippe mit mehreren organgefarbigen Leisten und kastanienbraunen Seitenlappen. Mittlere Sepale bis zu 7 cm lang und 1,6 cm breit, gerade; die seitlichen Sepalen und die Petalen kürzer und breiter als die mittlere Sepale, schmallinealisch-spatelig, sichelig gebogen. Lippe ungefähr 3 cm lang und 2,2 cm breit, 3lappig; Seitenlappen quadratisch, zurückgebogen, Mittellappen ungefähr 1,5 cm lang, verkehrteiförmig, langspitzig, fleischig, unten kurz gespornt. Säule 1,5 cm lang, gestutzt, breit.
Verbreitung: Malaga, Sumatra, Java, Borneo und Philippinen.
Geschichte: Ursprünglich war die Pflanze von C. von Linné als *Epidendrum* beschrieben worden (»Species Plantarum« 1753). H.G. Reichenbach versetzte sie 1886 in die Gattung *Arachnis* (»Bo-

tanisches Centralblatt«), wo sie die Typusart repräsentiert.
Synonyme: Epidendrum flos-aeris L.; *Aerides arachnites* Sw.; *Renanthera arachnitis* (Sw.) Lindl.; *R. flos-aeris* (L.) Rchb.f.; *Limodorum flos-aeris* (L.) Sw.; *Arachnis moschifera* Bl.; *Arachnanthe moschifera* Bl.

Arpophyllum La Llave et Lexarza
Tribus: Arethusinae
Subtribus: Sobraliinae

Epiphyten oder terrestrische Pflanzen mit kräftigem, einfachem oder verzweigtem Rhizom. Stämme verhärtet oder schwach pseudobulbenartig, meistens mit trockenhäutigen Scheiden besetzt, am Gipfel 1blättrig. Blätter am Grunde gegliedert. Blütenstand gipfelbürtig, aufrecht, traubig und sehr auffällig, dicht vielblütig. Blüten klein. Sepalen abstehend; die seitlichen mit der Säule verwachsen, am Grunde etwas bauchig. Petalen kleiner als die Sepalen. Lippe in der Blüte zu oberst stehend, am Grunde sackförmig. Säule aufrecht, etwas gekrümmt, flügellos; Pollinien 8, wachsartig, birnenförmig.
Umfang und Verbreitung: 5 Arten in Mittelamerika.
Ableitung des Namens: Aus dem Griechischen »harpe« = Sichel und »phyllon« = Blatt; ein Hinweis auf die Blattform der Typusart.
Anmerkung: Die Gattung wurde 1825 von La Llave und Lexarza (siehe unten) begründet. Von den verwandten Gattungen *Isochilus* und *Elleanthus* ist sie leicht zu unterscheiden durch den Besitz von 8 Pollinien, das einzelne Blatt am Gipfel der Pseudobulben und durch große spatenartige Scheiden am Grunde des Blütenstandes. *Arpophyllum* wurde letzthin bearbeitet von D. Correll (»Lloydia« 1947) und L. A. Garay (»Orquideologia« 1970 und »Orquidea« 1974). Während D. Correll die Gattung auf zwei Arten (*A. alpinum* Lindl. und *A. spicatum*) reduzierte, konnte L. A. Garay zeigen, daß sich fünf Arten aufgrund vegetativer Merkmale unterscheiden lassen; alle wurden von ihm abgebildet.
Typus-Art: A. spicatum La Llave et Lexarza.
Kultur: Substrat A. Mindesttemperatur im Winter 12–15 °C. Im allgemeinen hält man Pflanzen dieser Gattung, wie für *Cattleya* angegeben. Während ihrer Wachstumsperiode benötigen sie viel Wasser und nur mittlere bis schwache Beschattung. Nach Wuchsabschluß wird man sie kühler und trockener halten; doch sollte man sie nicht runzelig werden lassen.

Arpophyllum giganteum Lindl.

Stämme des mittelgroßen bis großen, bis zu 100 cm hohen Epiphyten am Gipfel 1blättrig, aufrecht, bis 22 cm lang, von mehreren Scheiden bedeckt, im Abstand von mehreren Zentimetern von einem kräftigen Rhizom ausgehend. Blätter bogig, bis 46 cm lang und 4 cm breit, linealisch-riemenförmig, vorn spitz, am Grunde gefaltet. Blütenstand aufrecht, bis 18 cm lang und 3 cm im Durchmesser, zylindrisch, traubig; Blütenstandsstiel ungefähr 20 cm lang, rotlilia, zum Teil von einer flachen Scheide eingeschlossen. Blüten klein, nicht resupiniert, rosapurpurn. Sepalen 6 mm lang und 2,5–3 mm breit, elliptisch oder länglich-elliptisch, stumpf. Petalen 6 mm lang und 2 mm breit, verkehrtlanzettlich, abgerundet. Lippe verkehrteiförmig, vorn abgerundet und gezähnt, am Grunde sackartig, 6,5 cm lang und 4 mm breit. Säule 3–4 mm lang, rosaviolett.
Verbreitung: Häufig anzutreffende Pflanze von Mexiko südwärts bis nach Costa Rica und außerdem Kolumbien und Jamaika; 1400–1500 m.
Geschichte: J. Lindley beschrieb die Art 1840 in den »Annals and Magazine of Natural History« unter Zugrundelegung einer von Th. Hartweg zwischen Tanetza und Talea in Mexiko gesammelten Pflanze. sie ist verwandt mit *A. spicatum*, einer Art, die allerdings kleiner ist, und deren sichelig gebogene fleischige Blätter durchweg gefaltet und anscheinend fast reitend angeordnet sind.

Arpophyllum spicatum La Llave et Lexarza

Stämme des bis 75 cm hohen Epiphyten oder Lithophyten bis 16 cm lang, zusammengepreßt, gegliedert, am Gipfel 1blättrig, von röhren- oder tütenförmigen Scheiden bedeckt, von einem kriechenden Rhizom ausgehend. Blätter bis 50 cm lang und 4 cm breit, riemenförmig, vorn stumpf oder spitz, auf der Unterseite gekielt, fleischig-lederig. Blütenstand aufrecht, ungefähr 40 cm lang, zylindrisch, dicht vielblütig, unten mit einer bis 15 cm langen zusammengedrückten Scheide. Blüten klein: purpurrosa. Sepalen 0,5–0,6 cm lang, 0,2–0,3 cm breit, länglich oder elliptisch-länglich, stumpflich. Petalen 0,5 cm lang, 0,2 cm breit, linealisch-verkehrtlanzettlich, abgerundet oder stumpf, an den Rändern verbissen. Lippe 0,6 cm lang, 0,35 cm breit, an der Basis sackförmig, darüber zusammengezogen und dann zu einer verkehrteiförmigen Lamina erweitert, einen Hut über der Säule bildend. Säule 0,4 cm lang, gekrümmt.
Verbreitung: Von Mexiko bis nach Costa Rica; gewöhnlich tiefer als 1500 m.
Geschichte: Die von La Llave und Lexarza in ihrem »Orchidianum Opusculum« 1825 beschriebene Pflanze war von ihnen in der Nähe von Arumbaro in Mexiko gefunden worden.
Anmerkung: Alle anderen beschriebenen Arten dieser Gattung sind sehr nahe miteinander verwandt und unterscheiden sich im wesentlichen nur in der Blütegröße voneinander.

Arundina Blume
Tribus: Arethusinae
Subtribus: Thuniinae

Große, terrestrische Pflanzen mit steifen, stielrunden, unverzweigten Stämmen und grasartigen 2zeilig angeordneten Blättern. Blütenstände gipfelbürtig, aufrecht, einfach oder verzweigt. Blüten groß, augenfällig, meistens rot. Sepalen frei, abstehend. Petalen breiter aber sonst den Sepalen ähnlich. Lippe groß, breit, sitzend und die Basis der Säule umgreifend. Säule lang und dünn, mit schmalen Flügeln, ohne Fuß; Pollinien 8, in zusammengepreßten, übereinanderliegenden Paaren angeordnet, mit stark klebrigem Viscidium.
Umfang und Verbreitung: Man unterscheidet 8 Arten in Ceylon, Indien, Südostasien, Malaxa und Thahiti mit umliegenden Inseln, nicht aber auf den Philippinen.
Ableitung des Namens: Die schilfartigen Stämme dieser Pflanze inspirierten Blume, das griechische Wort »arundo« = Schilf zu verwenden.
Anmerkung: C. Blume begründete diese Gattung 1825 in seinen »Bijdragen«. Obgleich verschiedene Autoren mehrere Arten unterschieden haben, ist es nicht unwahrscheinlich, daß eingehende Studien zeigen werden, daß die Gattung nur aus einer, allerdings höchst verschiedengestaltigen Art besteht. Die Variationsbreite von *A. graminifolia* wurde von R. Holttum in seinem Werk »Orchids of Malaya« 1964, dargelegt.
Typus-Art: A. graminifolia (Don) Hochr.
Kultur: Substrat B oder C. Mindesttemperatur im Winter 15 °C. Im allgemeinen hält man diese Pflanzen wie für *Sobralia* angegeben, allerdings wärmer. Sie gedeihen am besten in großen Pflanzkästen, eignen sich aber auch für entsprechend große Töpfe. Während der Wachstumsperiode verlangen sie reichlich Wasser und Licht oder gegebenenfalls mittleren Schatten. Nach dem Abblühen ist weniger Wasser angeraten.

Arundina graminifolia (Don) Hochr.

Eine große terrestrische Pflanze mit aufrechten, 150–250 cm hohen Stämmen von etwa 1,5 cm im Durchmesser. Blätter 2zeilig stehend, 12–30 cm lang, 1,6–2,5 cm breit, schmal-länglich-lanzettlich, grasähnlich. Blütenstand gipfelbürtig, 15–30 cm lang, aufrecht, einfach oder verzweigt; Brakteen 0,6 cm lang, breit, spitzlich, lederig. Blüten groß, 5–8 cm breit: purpurrot, fleischfarbig oder weiß; Lippe von gleicher Farbe wie Rest der Blüte aber immer dunkler. Sepalen bis 3,8 cm lang und 1,1 cm breit, schmal-elliptisch-lanzettlich, spitz. Petalen bis 3,9 cm lang und 2,2 cm breit, kreisrund-verkehrt-eiförmig, stumpf, an den Rändern wellig. Lippe 4 cm lang, 3,5 cm breit, 3lappig; Seitenlappen um die Säule herum einwärts gebogen; Mitellappen fast quadratisch, an den Rändern gekräuselt, vorn tief ausgerandet; Platte mit drei Leisten über den Nerven. Säule 1,5 cm lang, keulenförmig, mit schmalen Flügeln.
Verbreitung: Java, Indochina, Thailand, Malaga und nordwärts bis zum tropischen Himalaja in Nepal.
Geschichte: D. Don beschrieb diese Pflanze 1825 in seinem »Prodromus Florae Nepalensis« unter dem Gattungsnamen *Bletia;* zugrunde lag ein von Hamilton in Seumbu (Nepal) gesammeltes Exemplar. Im »Bulletin of the New York Botanic Garden« 1910, versetzte B. Hochreutiner die Art in die Gattung *Arundina.*
Synonyme: Arundina bambusifolia Lindl.; *Cymbidium bambusifolium* Roxb.; *Bletia graminifolia* Don; *Limodorum graminifolium* (Don) Ham.

Ascocentrum Schltr.

Tribus: Vandeae
Subtribus: Sarcanthinae

Kleine, im Habitus an *Vanda* erinnernde Epiphyten mit aufrechten oder abstehenden, reichblütigen Blütenständen. Blüten klein aber oft augenfällig, nach allen Seiten gerichtet, weit offen. Sepalen und Petalen einander ähnlich. Lippe 3lappig, fest und unbeweglich mit der Säule verbunden und am Grunde der Seitenlappen etwas mit ihr verwachsen; Mittellappen zungenförmig, hervorstehend oder herabgebogen, Sporn kürzer als Fruchtknoten und Blütenstiel, ohne Kiele oder Scheidewände, am Schlund mit einer schwachen Verdickung. Säule kurz, ohne Fuß; Pollinien 2, voneinander gespalten; Stipes kurz, aus schmaler Basis schmal oder erweitert.
Umfang und Verbreitung: Die ungefähr 6 Arten umfassende Gattung reicht von Indien über Südchina, Südostasien bis nach Java und den Philippinen.
Ableitung des Namens: Aus dem Griechischen »ascos« = Sack, Schlauch und »kentron« = Sporn.
Anmerkung: Ascocentrum wurde 1913 von R. Schlechter begründet (Fedde, »Repertorium«) unter Zugrundelegung einer aus *Saccolabium* abgetrennten Art. Die Gattung ist mit *Vanda* verwandt wie auch mit *Saccolabium;* von der ersten unterscheidet sie sich durch kleinere und typisch gefärbte Blüten und die schmalen Stipes, von der anderen durch den langen Mittellappen der Lippe und die die Säule fast berührenden Seitenlappen.
Typus-Art: A. miniatum (Lindl.) Schltr.
Kultur: Substrat A. Mindesttemperatur im Winter 15 °C. Zu behandeln wie für *Vanda* angegeben. Alle Arten sind klein; sie lassen sich am besten in Schalen oder Körben halten. Sie verlangen zu allen Zeiten Luftfeuchtigkeit, gutes Licht und während der Wachstumsperiode viel Wasser (später weniger).

Ascocentrum ampullaceum (Lindl.) Schltr.

Stämme der kaum bis über 30 cm hohen Pflanze kurz, einfach, mehrblättrig, mit fleischigen seilartigen Wurzeln. Blätter bis 14 cm lang und 1,3 cm breit, riemenförmig, 2zeilig angeordnet, vorn entweder eingeschnitten oder abgestutzt und gezähnt, ziemlich dick, auf der Unterseite gekielt, auf der Oberseite gerinnt, halbaufrecht. Blütenstand fast sitzend, kürzer als die Blätter, bis 8 cm lang, aufrecht, blattachselbürtig, dicht vielblütig. Brakteen winzig. Blüten 1,8–2,5 cm breit, tiefrosenrot. Sepalen 0,9 cm lang und 0,5 cm breit, elliptisch-verkehrteiförmig, vorn stumpf oder abgerundet, abstehend. Petalen den Sepalen ähnlich aber etwas länger. Lippe 0,6–0,7 cm lang, bis 0,3 cm breit, riemenförmig, zurückgeschlagen vorn abgerundet; Sporn 0,7 cm lang, etwas länger als die Lippe, gerade, nach der Spitze hin etwas aufgebläht. Säule kurz; Anthere purpurn oder violett.
Verbreitung: Tropischer Himalaja, Birma und Thailand; 300–900 m.
Geschichte: Die Pflanze wurde erstmals in Silhet von W. Roxburghs Korrespondenten M.R. Smith gefunden, später aber auch von N. Wallich in der Nähe von Bemphedy. W. Roxburgh beschrieb sie 1832 in »Flora Indica« in der Gattung *Aerides.* Im »Fedde Repertorium« 1913, wurde die Art von R. Schlechter zu *Ascocentrum* gestellt.
Synonyme: Saccolabium ampullaceum (Roxb.) Lindl.; *Aerides ampullaceum* Roxb.

Ascocentrum curvifolium (Lindl.) Schltr.

Stämme des 25 cm hohen Epiphyten kurz, kräftig, oft einmal verzweigt, ungefähr 1 cm in Durchmesser, unten wollig behaart, mit alten Blattscheiden bedeckt. Blätter 2zeilig stehend, 10–30 cm lang, 1–1,6 cm breit, schmal-linealisch, stark rückwärts gebogen, vorn abgebissen oder 2zähnig. Blütenstand blattachselbürtig, viel kürzer als die Blätter, bis 62 cm lang, aufrecht, im oberen Zweidrittel dicht-vielblütig. Blüten groß, 2–2,7 cm breit: scharlachrot und mit goldorangefarbiger Lippe; Sporn orange; Antheren-Kappe purpurn. Sepalen 5–7,5 cm lang, 1–14 cm breit, eiförmig-länglich, stumpf oder abgerundet. Petalen 1–1,2 lang, 0,5–0,6 cm breit, eiförmig, stumpf. Lippe 0,6 cm lang, 0,2 cm breit, 3lappig, vorn gestutzt, am Grunde mit zwei Warzen; Seitenlappen aufrecht, 3eckig; Mittellappen linealisch-länglich; Sporn ungefähr 0,6 cm lang, gerade, zylindrisch, nach der Spitze zu geschwollen. Säule nur 0,15 cm lang, kräftig, zimtrot.
Verbreitung: Nepal, Assam, Birma, Thailand und Indochina.
Geschichte: Die Pflanze wurde in Nepal von N. Wallich entdeckt; aber unabhängig wurde sie auch von Macrae gefunden, der sie in Ceylon kultivierte und zum Blühen brachte. J. Lindley beschrieb sie 1833 als *Saccolabium* in seinem Werk »Genera and Species of Orchidaceous Plants«. R. Schlechter versetzte die Art nach *Ascocentrum* (»Fedde Repertorium« Beihefte 1913).
Anmerkung: Von Anfang an wurde die Art mit der javanischen *A. miniatum* (Lindl.) Schltr. verwechselt. Selbst Lindley fiel diesem Irrtum zum Opfer, denn in seinem Herbarium liegt ein Bogen, auf dem man beide Pflanzen unter dem selben Namen findet. Die im »Botanical Magazine« (tab. 5326) als *Saccolabium miniatum* Lindl. abgebildete Pflanze ist in Wirklichkeit *Ascocentrum curvifolium.*
Die Art läßt sich von *A. miniatum* leicht durch ihre längeren hellgrünen Blätter, den größeren Blütenstand, die größeren Blüten und die andere Struktur der Lippe unterscheiden (siehe unten).
Synonyme: Saccolabium curvifolium Lindl.; *S. rubrum* Lindl.; *S. miniatum* Hook. non Lindl.

Ascocentrum miniatum (Lindl.) Schltr.

Stamm der aufrechten, bis etwa 25 cm hohen Zwerg-Epiphyten, kräftig, von ausdauernden 2zeilig angeordneten Blattscheiden bedeckt. Blätter 2zeilig stehend, 5–28 cm lang, 1–1,4 cm breit, riemenförmig, gefaltet, vorn gezähnt. Blütenstand bis 24 cm lang, aufrecht, traubig, zylindrisch, dicht-vielblütig. Blüten klein, bis 1,8 cm breit, auffällig: orangefarben oder scharlachrot. Sepalen bis 0,8 cm lang, 0,3 cm breit, elliptisch-verkehrteiförmig. Petalen den Sepalen ähnlich aber kürzer. Lippe 0,4 cm lang und 0,15 cm breit, bandartig, herabgeschlagen. Sporn 0,7–0,9 cm lang, hängend, gerade, zylindrisch. Säule kurz, stielrund.
Verbreitung: Vom Himalaja nach Thailand, Malaga und Java.
Geschichte: Die Pflanze wurde ursprünglich von der Firma Veitch aus Java eingeführt und kam in der Pflege von C. Warner und Rucker erstmals zum Blühen. Nachdem J. Lindley die Pflanze 1847 in der Gattung *Saccolabium* beschrieben hatte (»Botanical Register«), versetzte sie R. Schlechter 1913 in die Gattung *Ascocentrum* (»Fedde, Repertorium« Beihefte).
Synonyme: Saccolabium miniatum Lindl.; *Gastrochilus miniatus* (Lindl.) O. Ktze.

Aspasia Lindl.
Tribus: Oncidieae

Epiphyten mit kurzen, aufrechten, von sich ziegelartig deckenden Blattscheiden verdeckten, zusammengepreßten, am Gipfel 1–2blättrigen Pseudobulben. Blütenstand aufrecht, am Grunde der Pseudobulbe entspringend, traubig, 1- bis wenigblütig. Blüten groß und augenfällig. Sepalen gleich, frei, abstehend. Petalen frei von den Sepalen aber oft etwas mit der Säule verwachsen; kürzer aber breiter als die Sepalen, abstehend. Lippe am Grunde mit der Säule verwachsen, ihr freier Teil herabgeschlagen, abstehend. Säule im rechten Winkel zur Lippe stehend, fast stielrund; Pollinien 2, birnenförmig.
Umfang und Verbreitung: Ungefähr 6 Arten; im tropischen Mittel- und Südamerika von Nicaragua bis Brasilien; oft auf Wasserläufe überhängenden Bäumen wachsend.
Ableitung des Namens: Möglicherweise aus dem Griechischen »aspasios« = froh, entzückend; vielleicht aber auch zu Ehren von Aspasia, dem Athener Weibe des Pericles.
Anmerkung: Die Gattung wurde 1832 von J. Lindley begründet (»Genera and Species of Orchidaceous Plants«). Sie ist verwandt mit *Brassia, Miltonia, Helcia* und *Trichopilia,* unterscheidet sich aber von diesen durch die Verwachsung der Lippe bis zur Mitte der Säule, ihre große, fleischige Antherenkappe und die Tatsache, daß die Petalen öfters für eine kurze Strecke der Säule angeheftet sind. Im Gegensatz zu R. Schlechter, der 1922 (»Gartenflora«) acht Arten für die Gattung angibt, akzeptiert N. Williams 1974 (»Brittonia«) nur fünf. Beide Autoren geben Schlüssel in ihren Arbeiten.
Typus-Art: A.epidendroides Lindl.
Kultur: Substrat A. Mindesttemperatur im Winter 12–15 °C. *Aspasia*-Arten hält man entweder in Töpfen oder montiert auf Baumfarn- oder Korkblöcken. Sie verlangen Luftfeuchtigkeit, einen schattigen Standort und während der Wachstumsperiode reichlich Wasser; später wird man sie nur mäßig gießen. Nach der Blüte kann eine Ruheperiode von drei bis vier Wochen von Nutzen sein, ist aber nicht unbedingt notwendig.

Aspasia epidendroides Lindl.

Pseudobulben des bis über 40 cm hohen Epiphyten am Ende eines kurzen, stielartigen Stammes stehend, 5,5–12 cm lang, 1,5–4,5 cm breit, im Umriß länglich-eiförmig, bis elliptisch-länglich, zusammengepreßt, am Gipfel 2blättrig, unten mit 2–3 2zeilig angeordneten blattragenden Scheiden. Blätter 15–30 cm lang, 1,7–4 cm breit, linealisch-länglich bis schmal-lanzettlich, vorn spitz bis langspitzig, halbledrig. Blütenstand aufrecht, 10–25 cm lang, armblütig. Brakteen angedrückt, trockenhäutig, langspitzig. Blüten 2zeilig angeordnet, in der Farbgebung sehr veränderlich: Sepalen grünlich, mit braunen oder bronzenen Tüpfeln oder Flecken; Petalen grünbraun, weißlich oder rötlich. Lippe weißlich oder cremefarbig, mit rosa oder purpurvioletten Klecksen; Säule weiß. Mittlere Sepale 2–2,5 cm lang, 0,7–1 cm breit, eiförmig-elleiptisch, mit der Säule verwachsen, aufrecht, konkav, stumpf; die seitlichen bis 2,5 cm lang und 1 cm breit, schief verkehrtlanzettlich, zurückgeschlagen, konkav, stumpf. Petalen 1,9–2,2 cm lang, bis 1 cm breit, verkehrteiförmigspatelig, stumpf. Lippe genagelt (der Nagel mit der Basis der Säule verwachsen), 1,7 cm lang und breit, rechtwinklig zur Säule stehend, annähernd quadratisch-geigenförmig, in der Mitte zusammengezogen und dadurch scheinbar 3lappig, vorn ausgebuchtet; die »Seitenlappen« konvex, klein; »Mittellappen« konkav; Platte mit zwei oder drei erhabenen, strahlig angeordneten Leisten. Säule fleischig, 1,8–2 cm lang.
Verbreitung: Guatemala bis Panama und nördliches Südamerika; bis zu 700 m.
Geschichte: Die 1834 von J. Lindley in »Hooker's Journal of Botany« beschriebene Pflanze war von Cuming in Panama wie auch im westlichen Kolumbien entdeckt worden.

Barbosella Schltr.
Tribus: Epidendreae
Subtribus: Pleurothallidinae

Zwergepiphyten mit gebüschelt angeordneten, am Gipfel 1blättrigen Stämmen und lederig-fleischigen, fast zylindrischen Blättern. Blütenstand vor dem Blatt stehend, aufrecht, 1- oder selten 2blütig. Mittlere Sepale und Petalen frei, schmal, mit lang ausgezogenen Spitzen; die seitlichen Sepalen bis fast zur Spitze miteinander verwachsen. Lippe kleiner als die Sepalen, ungeteilt, am Grunde ausgehöhlt. Säule hervorstehend, kurz, mit kurzem Fuß; Pollinien 4, keulenförmig.
Umfang und Verbreitung: Ungefähr 15 Arten; von Costa Rica südwärts bis Brasilien und Argentinien.
Ableitung des Namens: Benannt zu Ehren von Dr. João Barbosa-Rodrigues (1842–1909), dem hervorragenden Orchideenspezialisten und Direktor des Botanischen Gartens in Rio de Janeiro.
Anmerkung: R. Schlechter begründete diese Gattung 1918 (Fedde »Repertorium«). Einige Autoren haben sie mit *Pleurothallis* vereinigt; sie unterscheidet sich aber von dieser Gattung hauptsächlich durch den Besitz von 4 Pollinien. Auf erste Sicht könnte man auch eine Ähnlichkeit mit *Restrepia* feststellen; *Barbosella* unterscheidet sich aber eindeutig durch ihren kürzeren Stamm, Form und Beschaffenheit der Blätter, ihre lang ausgezogenen Sepalen und Petalen, die niemals an den Spitzen geschwollen sind und durch die ungeteilte, am Grunde vertiefte Lippe.
Typus-Art: R. Schlechter zitierte mehrere Namen.
Kultur: Substrat A oder montiert. Mindesttemperatur im Winter 12–15 °C. Man behandelt diese Pflanzen wie kleine *Pleurothallis*-Arten. Sie verlangen verhältnismäßig hohe Luftfeuchtigkeit, einen schattigen Standort und dürfen niemals für längere Zeit trocken stehen. Wenn man sie auf Baumfarn- oder Korkblöcken kultuviert, muß man etwas Moos zur Feuchtigkeitsspeicherung beigeben. Gut entwickelte Pflanzen bilden dichte Matten und blühen mehrmals im Jahr.

Barbosella cucullata (Lindl.) Schltr.

Sehr kleiner, bis 8 cm hoher Epiphyt mit kurzem kriechendem Rhizom. Stämme sehr kurz, dicht gestellt, 1blättrig. Blatt bis 5 cm lang, 0,6 cm breit, verkehrtlanzettlich, aufrecht, fleischig, vorn fein 3zähnig, mit rauher Oberfläche und unten eingebogenen Rändern. Blütenstand bis 8 cm lang, aufrecht, 1blütig. Blüten verhältnismäßig groß, schmal, hell gelbgrün. Obere Sepale 2 cm lang, 0,15 cm breit, linealisch, langspitzig; seitliche bis zur Spitze miteinander verwachsen, 2 cm lang, 0,6 cm breit, lanzettlich, mit 2gezähnter Spitze. Petalen 1 cm lang, 0,1 cm breit, linealisch, langspitzig. Lippe gegen den Säulenfuß gegliedert, 0,3 cm lang, 0,2 cm breit, eiförmig-rhombisch, fleischig, am Grunde mit einer tiefen Höhlung, an der Spitze zurückgebogen. Säule 0,3 cm lang, oben gebogen, mit fleischigem rundem Fuß.
Verbreitung: Kolumbien, Venezuela, Ecuador und Peru.
Geschichte: Die 1845 von J. Lindley in den »Annals and Magazine of Natural History« als *Restrepia cucullata* veröffentlichte Pflanze wurde von Th. Hartweg auf dem Popayan in Ecuador gesammelt. R. Schlechter versetzte sie 1918 (»Fedde, Repertorium Specierum Novarum«) in die Gattung *Barbosella.*

Barkeria Knowl. et Westc.

Tribus: Epidendreae
Subtribus: Laeliinae

Mittelgroße Epi- oder Lithophyten mit Pseudobulben und 2–7 Blättern. Blütenstand gipfelbürtig, traubig oder manchmal verzweigt, den Schaft entlang mit stengelumgreifenden Brakteen besetzt. Blüten meistens augenfällig, mit vorstehenden oder zurückgeschlagenen Segmenten. Sepalen und Petalen einander ähnlich, frei; die Petalen manchmal breiter. Lippe am Grunde frei oder bis zur halben Säulenlänge mit ihr verwachsen, ungeteilt; Schwiele fehlend oder aus drei verdickten Leisten bestehend. Säule kurz oder lang, gegen die Lippe gepreßt oder von ihr wegstehend, mit breit abstehenden Flügeln; Rostellum zungenförmig; Pollinien 4, wachsartig, manchmal durch Caudiculae zu Paaren vereinigt; Klebscheibe fehlend.
Umfang und Verbreitung: Ungefähr 10 Arten in Mittelamerika.
Ableitung des Namens: Benannt zu Ehren von George Barker (†1845) aus Springfield, ein bedeutender englischer Orchideengärtner, der u.a. die Typus-Art importierte und kultivierte.
Anmerkung: G. Knowles und F. Westcott begründeten diese Gattung 1838 im »Floral Cabinet«. Sie unterschieden sie von *Epidendrum* hauptsächlich durch die meistens von der Säule freie Lippe, die eigenartige Anordnung der Sepalen und Petalen wie auch die geflügelte Säule, Außerdem betrachteten die *Barkeria* als intermediär zwischen *Epidendrum* und *Cattleya.* In jüngster Zeit haben einige Autoren *Barkeria* mit *Epidendrum* vereinigt, weil ihnen die Unterschiede zu einer klaren Abgliederung zu gering schienen. Da jedoch Pflanzen weiterhin und zahlreich unter dem Namen *Barkeria* kultiviert und gehandelt werden, wurde die Gattung in diesem Buch getrennt behandelt. Außerdem wurde *Barkeria* 1970 (in »Brittonia«) von L. Thien und R. Dressler wieder etabliert; sie beschrieben 5 Arten und 7 Unterarten und erarbeiteten einen Schlüssel für sie. Inzwischen sind weitere Arbeiten erschienen, die die Beibehaltung von *Barkeria* rechtfertigen (F. Halbinger »American Orchid Society Bulletin« 1973 und in »Orquidea« 1974) und Schlüssel zu allen Arten mit Ausnahme der später veröffentlichten *B. dorothea* enthalten.
Typus-Art: B. elegans Knowles et Westcott.
Kultur: Substrat A. Mindesttemperatur im Winter 12°C. Am besten hält man diese schlanken Pflanzen in Töpfen oder Schalen. In der Wachstumsperiode brauchen sie viel Wasser und nur wenig Schatten. Nach Abschluß des Wachstums fallen einige oder alle Blätter ab; die Pflanzen müssen dann fast völlig trocken an einem hellen und kühlen Platz aufbewahrt werden.

Barkeria cyclotella Rchb.f.

Diese Art wurde von verschiedenen Autoren in die Synonymie von *B. lindleyana* verwiesen. Man kann sie jedoch von dieser folgendermaßen unterscheiden: Stämme kürzer, Blütenstandschaft aufrecht. Blüten kleiner. Lippe verkehrteiförmig bis annähernd quadratisch, öfters vorn mit einem aufgesetzten Spitzchen, meistens flacher und mit weniger prominenten Leisten, Säule kürzer. Die Pflanze kommt nur in den mexikanische Staaten Guerrero, Oaxaca, Mexiko und Michoacan vor, wo sie epi- oder lithophytisch wachsend in Höhenlagen zwischen 1300 und 1900 m zu finden ist.

Barkeria lindleyana Lindl.

Stämme des aufrechten, bis 90 cm hohen Epiphyten oder Lithophyten 4–15 cm lang, 0,6 cm dick, spindelförmig-zylindrisch, gebüschelt oder niederliegend, von weißlichen trockenen Scheiden verdeckt, mehrblättrig. Blätter 4–15 cm lang, 1,5–2 cm breit, linealisch-lanzettlich, eiförmig oder länglich-lanzettlich, vorn spitz bis langspitzig, schwach lederig, gebogen abstehend. Blütenstand traubig, locker arm- bis reichblütig; Brakteen bis 3,5 cm lang, linealisch-lanzettlich, langspitzig. Blüten groß und augenfällig, nickend: weiß bis tief purpurn oder purpurviolett; Lippe rötlichpurpurn getüpfelt. Sepalen 1,8–3,7 cm lang, 0,5–1 cm breit elliptisch bis linealisch-lanzettlich, betont langspitzig. Petalen kurzgenagelt, 1,5–3,7 cm lang, 0,7–2 cm breit, kreisrund-eiförmig bis elliptisch-lanzettlich, stumpf oder langspitzig, an den Rändern gewellt. Lippe 1,8–3,5 cm lang, 1–2,5 cm breit, länglich-quadratisch bis kreisrund-eiförmig, entweder mit aufgesetzter Spitze oder ausgerandet; Platte mit 3–5 Kielen. Säule 1,2–1,7 cm lang, der Lippe angepreßt.
Verbreitung: Von Mexiko bis nach Costa Rica, bis zu 3500 m.
Geschichte: G.U. Skinner entdeckte diese Pflanze in Guatemala und sandte Exemplare davon an J. Bateman, der den Artnamen vorschlug. Die Beschreibung der Art erfolgte durch J. Lindley 1842 im »Botanical Register«.
Man unterscheidet zwei Unterarten: ssp. *lindleyana* ist ein büschelig oder rassig wachsender Epiphyt; ssp. *vannerana* ist ein niederliegender Lithophyt.
Synonyme: Epidendrum lindleyanum (Lindl.) Rchb.f.
Anmerkung: B. lindeleyana unterscheidet sich (wie auch *B. spectabilis*) von *B. skinneri* in der Blütenfarbe, durch die abgerundete oder gestutzte Lippe und durch die im unteren Drittel mit der Lippe verwachsenen Säule.

Barkeria skinneri (Batem. ex Lindl.) Paxt.

Stämme des schlanken, bis über 50 cm hohen Epiphyten 5–14 cm lang, 0,4–0,5 cm im Durchmesser, spindelförmig oder fast zylindrisch, dicht gestellt, von zahlreichen trockenhäutigen Scheiden verhüllt, mehrblättrig. Blätter 2,5–15 cm lang, 1–2 cm breit, elliptisch oder elliptisch-lanzettlich, 2zeilig angeordnet, vorn spitz bis langspitzig. Blütenstand gipfelbürtig, traubig, bis 15 cm lang, wenig- bis vielblütig; Schaft völlig von langen, sich überdeckenden trockenhäutigen Scheiden verdeckt. Blüten auffällig, rosaviolett, rotlila oder magentarot mit gelben Kielen, mit schlankem, gestieltem, rötlichem Fruchtknoten. Sepalen abstehend, 1,5–2,2 cm lang, 0,4–0,8 cm

breit, elliptisch oder elliptisch-lanzettlich, spitz bis langspitzig. Petalen 1,3–2,2 cm lang, 0,6–1 cm breit, breit-elliptisch oder eiförmig, spitz. Lippe unten kürzer etwa 0,3 cm mit der Säule verwachsen, 1,3–1,8 cm lang, 0,7–1,5 cm breit, eiförmig bis elliptisch, stumpf bis spitz; Platte mit drei zentralen gelblichen Leisten, die nach dem Grunde zu mehr oder minder verdickt und erhaben sind. Säule 0,6–0,8 cm lang, schwach keulenförmig.
Verbreitung: Guatemala.
Geschichte: Die nach ihm von J. Bateman benannte Art wurde von G.U. Skinner gefunden und durch J. Lindley in der Gattung *Epidendrum* im »Botanical Register« (tab. 1881) veröffentlicht. O. Ames and D. Correl in ihrem Werk »Orchids of Guatemala« (1952) akzeptierte die Stellung der Art in dieser Gattung immer so, wohingegen die meisten Autoren J. Paxton folgen, der die Pflanze 1849 (»Magazine of Botany«) zu *Barkeria* stellte.
Synonyme: Epidendrum skinneri Batem. ex Lindl.; *E. fuchsii* Regel.

Barkeria spectabilis Batem. ex Lindl.

Stämme des aufrechten, bis 90 cm hohen Epi- oder Lithophyten gebüschelt angeordnet, spindelig-zylindrisch, 4–15 cm lang, 0,6 cm im Durchmesser, meistens völlig von weißen papierartigen Scheiden verdeckt. Blätter 4–15 cm lang, 1,5–4 cm breit, linealisch-lanzettlich, eiförmig oder länglich-lanzettlich, abstehend oder zurückgebogen, halblederig, vorn spitz oder langspitzig. Blütenstand traubig, locker arm- bis reichblütig; Brakteen bis 3,5 cm lang, linealisch-lanzettlich, spitz. Blüten nickend, augenfällig, groß, gefleckt bleichlila, Lippe rötlichpurpurn getüpfelt. Sepalen 1,8–3,7 cm lang, 0,5–1 cm breit, linealisch-lanzettlich, lang zugespitzt. Petalen kurz genagelt, 1,5–3,7 cm lang, 0,7–2 cm breit, eiförmig bis elliptisch-lanzettlich, vorn stumpf oder mit aufgesetztem Spitzchen, an den Rändern meistens wellig. Lippe 1,8–3,5 cm lang, 1–2,5 cm breit, eiförmig bis elliptisch, vorn ausgeschnitten oder mit auf gesetztem Spitzchen, an den Rändern gewellt; Platte mit 3–5 Kielen. Säule 1,5–1,8 cm lang, der Lippe angepreßt.
Verbreitung: Süd-Mexiko, Guatemala und El Salvador, bis zu 3500 m.
Geschichte: Die Pflanze wurde von G.U. Skinner in Guatemala gefunden und an J. Bateman geschickt. J. Lindley beschrieb sie 1842 im »Botanical Register«.
Synonym: Epidendrum spectabile (Lindl.) Rchb.f.

Anmerkung: Die Art wurde von einigen Botanikern in die Synonymie von *B. lindleyana* (siehe auch dort), mit der sie zweifellos nahe verwandt ist, gestellt; sie unterscheidet sich aber von ihr durch die andere Farbgebung und die größere Säule.

Bifrenaria Lindl.

Tribus: Maxillarieae
Subtribus: Zygopetalinae

Epiphyten oder terrestrische Pflanzen mit 1–2blättrigen Pseudobulben und dünnen, papierartigen, längsgefalteten Blättern. Blütenstand traubig, am Grunde der Pseudobulben angesetzt, locker wenigblütig. Blüten augenfällig. Sepalen voneinander frei, in Form und Größe ähnlich; die seitlichen mit dem Fuß der Säule verwachsen und ein nicht sehr auffälliges, spornartiges Mentum bildend. Petalen frei, kleiner als die Sepalen, fast aufrecht. Lippe mit dem oberen Ende des Säulenfußes gelenkartig verbunden, genagelt, in der Mitte 3lappig; Seitenlappen aufrecht; Platte mit einer gelappten Schwiele. Säule aufrecht, fleischig, am Gipfel geöhrt; Pollinien 4 oder 2 und dann gefurcht, wachsartig; Stipes 2, sehr kurz oder verlängert; Klebscheibe einzeln, unauffällig.
Umfang und Verbreitung: Ungefähr 30 Arten in Panaman, Trinidad und dem nördlichen Südamerika.
Ableitung des Namens: Aus dem Lateinischen »bi« = 2 und »frenum« = Band, Zügel, nach der bandartigen Form der die Pollinien mit der Klebscheibe verbindenden Stipes.
Anmerkung: J. Lindley begründete diese Gattung 1833 (»Genera and Species of Orchidaceous Plants«). Sie ist mit *Pabstia* und *Maxillaria* verwandt, unterscheidet sich aber durch die 2 Stipites und die unscheinbare Klebscheibe. In ihrem Werk »Orchidaceae Brasilienses« (1977) haben G.F.J. Pabst und F. Dungs *Bifrenaria* und *Stenocoryne* Lindl. zusammengefaßt und die 22 in Brasilien vorkommenden Arten wie folgt in drei Gruppen aufgeteilt:

1. *B. harrisoniae* Verwandtschaft: 12 Arten mit großen Blüten, über 4 cm im Durchmesser, wenn ausgebreitet.
2. *B. racemosa* Verwandtschaft: 7 Arten mit kleineren Blüten, 2–3 cm im Durchmesser, wenn ausgebreitet; Lippe ungeteilt oder schwach 3lappig.
3. *B. longicornis* Verwandtschaft: 3 Arten wie in Gruppe 2, aber mit deutlich 3lappiger Lippe.

Die Gruppen 2 und 3 entsprechen *Stenocoryne.*
Typus-Art: B. atropurpurea (Lodd.) Lindley.
Synonyme: Lindleyella Schltr.; *Stenocoryne* Lindl.
Kultur: Substrat A. Mindesttemperatur im Winter 12–15 °C. Während des Wachstums verlangen die Pflanzen Wärme, Luftfeuchtigkeit, leichten Schatten und reichlich Wasser an den Wurzeln. Wenn die Pseudobulben voll ausgebildet sind, wird man die Pflanzen hell und kühler halten und nur wenig wässern. Spritzen ist zu vermeiden.

Bifrenaria atropurpurea Lindl.

Pseudobulben des mittelgroßen Epiphyten 5–7 cm lang, ei- bis kegelförmig, stumpf 4kantig, am Gipfel 1blättrig. Blatt 20–25 cm lang, bis 1 cm breit, länglich-lanzettlich, längsgefaltet. Blütenstand 6–8 cm lang, aufrecht oder leicht geschwungen, 3–5blütig; Brakteen 2–2,5 cm lang, steif, etwas angepreßt. mit mehreren Längsstreifen. Blüten aufrecht, groß und auffällig, duftend: Sepalen und Petalen dunkel purpurbraun mit gelber Mitte; Lippe rosafarbig und weiß. Sepalen 2,6–2,7 cm lang, 1,2–1,3 cm breit, breit-länglich, unvermittelt zugespitzt, lederig; sie seitlichen mit dem Säulenfuß ein rechteckiges und scharfkantiges Mentum bildend. Petalen 1,7 cm lang, 0,8 cm breit, breit-rhombisch-länglich, stumpf. Lippe aufrecht, 1,6–1,7 cm lang, 0,9–1 cm breit, etwas konkav, fleischig, kurz genagelt, oben 3lappig; Seitenlappen kurz, breit-3eckig, stumpf, abstehend; Mittellappen zurückgerollt, schwach 3lappig korkartig; Platte etwas flaumig und mit 3lappiger Schwiele. Säule 0,8–0,9 cm lang, einwärts gekrümmt, stielrund; Anthere weiß.
Verbreitung: Brasilien.
Geschichte: Diese Pflanze repräsentiert die Typusart der Gattung. Sie wurde im Orgelgebirge bei Rio de Janeiro 1828 von Warre für die Firma Loddiges gesammelt. J. Lindley beschrieb sie 1832 in seinem Werk »Genera and Species of Orchidaceous Plants«.
Synonym: Maxillaria atropurpurea (Lindl.) Lodd.

Bifrenaria harrisoniae (Hook.) Rchb.f.

Pseudobulben der mittelgroßen Epiphyten in dichten Gruppen angeordnet, 5–7,5 cm lang, bis 3 cm im Durchmesser, breit ei-birnenförmig, kantig, tief gefurcht, am Gipfel 1blättrig. Blätter 22–30 cm lang, 7,5–10 cm breit, elliptisch-länglich, vorn spitzlich bis stumpf, verhältnismäßig dünn, halbaufrecht. Blütenstand grundständig,

bis 15 cm lang, kürzer als die Blätter 1blütig; Schaft hellgrün, stielrund; Brakteen bis 1,5 cm lang, papierartig, spitz, kapuzenförmig. Blüten augenfällig und duftend, 7,5 cm breit, fast aufrecht stehend: Sepalen und Petalen abstehend, elfenbeinweiß bis gelb, Lippe weiß oder gelb, mit intensiven purpurnen Linien, Mentum gelb. Mittlere Sepale 4 cm lang, 2,4 cm breit, länglich-eiförmig, konkav, abgerundet; die seitlichen 4,5 cm lang, 2,8 cm breit, schief-länglich, abgerundet, am Grunde verlängert und ein 2 cm langes spornartiges Mentum bildend. Petalen 3,5 cm lang, 2,2 cm breit, elliptisch, abgerundet. Lippe mit kurzem und schmalem Nagel, 4,8 cm lang, 3,8 cm breit, in der vorderen Hälfte 3lappig, dicht flaumig behaart; Seitenlappen länglich-abgerundet, aufrecht neben der Säule stehend; Mittellappen kreisrund, zurückgeschlagen, an den Rändern wellig; Schwiele durch einen gelben, fleischigen Knopf in der Mitte gebildet. Säule weiß, 2,2 cm lang; Fuß 2,5 cm lang, schlank, flaumig behaart.
Verbreitung: Brasilien.
Geschichte: Die Pflanze wurde 1821 oder 1822 von Rio de Janeiro von William Harrison, einem britischen Kaufmann, an seinen Bruder Richard nach Liverpool geschickt. Sir William Hooker beschrieb sie 1825 in seiner »Exotic Flora« als *Dendrobium* und benannte sie zu Ehren von Mrs. Arnold Harrison, einer Verwandten von William und Richard und Eigentümerin einer schönen Orchideensammlung. H.G. Reichenbach versetzte die Art 1855 in »Bonplandia« in die Gattung *Bifrenaria.*
Synonyme: Dendrobium harrisoniae Hook.; *Maxillaria harrisoniae* (Hook.) Lindl.; *Lycaste harrisoniae* (Hook.) B.S. Williams.

Bletia Ruiz et Pavon

Tribus: Arethuseae
Subtribus: Bletiinae

Aufrechte, terrestrische Pflanzen mit pseudobulbenartigen Knollen und gestielten, längsgefalteten Blättern. Blütenstand aufrecht, seitlich, ziemlich hoch, traubig oder manchmal rispig, vielblütig. Blüten augenfällig. Sepalen und Petalen einander ähnlich, frei, abstehend. Lippe mit dem Säulenfuß verbunden aber frei, ungeteilt bis 3lappig; Seitenlappen aufrecht; Mittellappen breit, gerade oder zurückgebogen, abstehend, oft gekräuselt, vorn mehr oder minder ausgerandet oder kurz in zwei Läppchen gezeilt; Platte von Längsleisten durchzogen oder mit 5–7 gezähnten Kämmen besetzt. Säule länglich, gekrümmt, oben geöhrt; Pollinien 8, in zwei Vierergruppen angeordnet, hart, zusammengepreßt.
Umfang und Verbreitung: Ungefähr 26 Arten; in den amerikanischen Tropen von Florida südwärts bis nach Argentinien.
Ableitung des Namens: Zu Ehren des im 18. Jahrhundert lebenden spanischen Pharmazeuten und Botanikers Don Luis Blet.
Anmerkung: Ruiz und Pavon begründeten diese Gattung 1794 in ihrem »Prodromus Florae Peruvianae et Chilensis«. Sie ist nahe mit *Spathoglottis* verwandt, unterscheidet sich aber durch den Besitz abfallender Blätter und aufrecht stehender Blütenstände. Über den genauen Umfang der Gattung herrschen Zweifel. P.H. Allen (»Flora of Panama« 1949) ist der Ansicht, daß eingehendes Studium der fast 50 beschriebenen Arten zu einer Reduzierung der allerdings weit verbreiteten Arten auf ein gutes Dutzend führen würde. R.L. Dressler (»Brittonia« 1968) unterscheidet 26 Arten. Sein Schlüssel beruht im wesentlichen auf Blütengröße und Einzelheiten der Lippenstruktur. Er weist darauf hin, daß die Leisten und Kämme auf der Lippenplatte sehr variabel sind und deshalb kein gutes Unterscheidungsmerkmal darstellen, es sei denn, daß sie vorhanden sind oder gänzlich fehlen.
Typus-Art: B. catenulata Ruiz et Pavon.
Synonym: Crybe Lindl.
Kultur: Substrat B oder C. Mindesttemperatur im Winter 12°C. Solange die Blätter im Wachsen sind, brauchen die Pflanzen reichlich Wasser und leichten Schatten; aber sobald die Blätter abgefallen sind, gibt man nur sehr wenig Wasser bis sich die Blütenknospen gebildet haben. Im Gegensatz zu *Bletilla* erscheinen die Blüten an den erkahlten Pseudobulben.

Bletia catenulata Ruiz et Pavon

Pseudobulben der großen, vielgestaltigen terrestrischen Pflanze bis 6 cm lang, eiförmig bis fast kugelig, oben 1- bis mehrblättrig, Blätter 20–90 cm lang, 0,5–8 cm breit, linealisch-elliptisch oder elliptisch-lanzettlich, vorn langspitzig, 2zeilig angeordnet, hinfällig. Blütenstände seitlich, aufrecht, 60–200 cm lang, traubig oder selten einfach verzweigt. Blüten groß und augenfällig: rosa, purpurn oder rot, auf der Lippe in der Mitte mit einer gelben oder weißen Schliere. Sepalen 3,4 cm lang, 0,7–1,2 cm breit, länglich-elliptisch, stumpflich bis spitz. Petalen 3 cm lang, 2 cm breit, eiförmig, abgerundet bis spitzlich, an den Rändern mehr oder weniger gelappt oder unregelmäßig. Lippe 3,5 cm lang, im Umriß fast kreisrund, in der Mitte tief 3lappig; Seitenlappen aufwärts- und eingebogen, kreisrund-eiförmig; Mittellappen quer-verkehrtei-nierenförmig; Platte bis über die Mitte von 3–5 verdickten Nerven durchzogen. Säule ungefähr 2 cm lang, schwach keulenförmig, gekrümmt, oben geflügelt.
Verbreitung: Von Kolumbien südwärts nach Bolivien und auch Brasilien.
Geschichte: J. Pavon fand die Pflanze erstmals zwischen Santo Domingo und Hamapanani in Wäldern und Lichtungen; er beschrieb sie gemeinsam mit H. Ruiz 1798 in ihrem Werk »Systema Vegetabilium«.
Synonyme: Bletia sanguinea Poepp. et Endl.; *B. sherrattiana* Lindl.; *B. watsonii* Hook.; *B. rodriguesii* Cogn.; *Regnellia purpurea* Barb. Rodr.

Bletilla Rchb.f.

Tribus: Arethuseae
Subtribus: Arethusinae

Terrestrische Pflanzen mit längsgefalteten Blättern und am Grunde unterirdisch pseudobulbenartig geschwollenen Stämmen. Blütenstand gipfelbürtig. Blüten mittelgroß, augenfällig. Sepalen und Petalen einander ähnlich, frei rachenförmig. Lippe 3lappig; Seitenlappen die Säule umfassen; Mittellappen hervorstehend oder zurückgebogen; Platte mit Leisten oder papillös. Säule schlank, ohne Fuß, auf jeder Seite schmal geflügelt. Anthere 2fächerig; Pollinien 8; Narbe quer unterhalb des Rostellums angeordnet.
Umfang und Verbreitung: Etwa 9 Arten im östlichen Asien, Formosa und umliegende Inseln.
Ableitung des Namens: Eine Verkleinerungsform von *Bletia* (siehe dort).
Anmerkung: H.G. Reichenbach begründete diese Gattung 1853 in »Flore des Serres«. Der Name wurde gegen den älteren *Jimensia* Rafinesque (1838) geschützt. R. Schlechter (Fedde, »Repertorium« 1911) führte 6 Arten auf, von denen eine heute zu *Arethusa* (*A. japonica* A.Gr.) gehört. Kiat Tan (in »Brittonia« 1969) untersuchte die Stellung der Gattung im System der Orchideen und kam zu dem Schluß, daß die größere Ähnlichkeit mit *Bletia* im Subtribus *Bletiinae* aufweist als mit *Arethusa* im Subtribus *Arethusinae,* in der sie von verschiedenen Autoren, einschließlich R. Schlechter, gestellt worden war.
Typus-Art: Bletilla gebinae (Lindl.) Rchb.f. (*Bletia gebinae* Lindl.).
Kultur: Substrat B oder C. Man hält diese Pflanzen in Töpfen, sie können aber auch außerhalb in Pflanzenkästen kultiviert werden, solange man sie vor starkem Frost schützt. Die knollenartigen

Pseudobulben sollten von 2–5 cm Kompost bedeckt sein. Wenn die neuen Schosse zu wachsen beginnen, gießt man nur vorsichtig; erst wenn die Blütentriebe innerhalb des Neuzuwachses erscheinen, gießt man reichlich. Nach dem Abfall der Blätter verlangen die Pflanzen eine kühle und trockene Ruheperiode (in Töpfen gehaltene dürfen jedoch nicht runzelig werden!). Wo man die Pflanzen unter Glas wachsen läßt, brauchen sie im beblätterten Zustand leichten Schatten.

Bletilla striata (Thunb.) Rchb.f.

Eine bis 60 cm hohe terrestrische Pflanze mit fast kugelförmiger Knolle. Stamm aufrecht, im unteren Teil mit sich ziegelartig deckenden Scheiden bekleidet, im oberen beblättert. Blätter bis 45 cm lang und 5 cm breit, länglich-lanzettlich, vorn langspitzig, längsgefaltet. Blütenstand ziemlich schlank, aufrecht, locker-mehrblütig; Brakteen klein, nur bis 0,3 cm lang, eiförmig-3eckig. Blüten mittelgroß, 3–5 cm breit: rosenrot oder seltener weiß. Sepalen und Petalen einander ähnlich, bis 3,5 cm lang und 0,8 cm breit, länglich-lanzettlich oder verkehrteiförmig-lanzettlich, spitz. Lippe bis 3,5 cm lang und 2 cm breit, 3lappig; Seitenlappen aufrecht, halbeiförmig; Mittellappen annähernd quadratisch, zurückgebogen, schwach ausgerandet; Platte mit fünf parallel verlaufenden, kurvigen Leisten.
Verbreitung: Japan, China, Ost-Tibet und Okinawa.
Geschichte: Die Pflanze wurde von C. Thunberg gefunden und von ihm 1784 in seiner »Flora Japonica« als *Limodorum* beschrieben. In der »Botanischen Zeitung« versetzte H.G. Reichenbach die Art 1878 in die Gattung *Bletilla.*
Synonyme (in Auswahl): *Limodorum striatum* Thunb.; *Epidendrum tuberosum* Lour.; *Cymbidium striatum* (Thunb.) Sw.; *C. hyacinthinum* Sm.; *Gygas humilis* Salisb.; *Bletia gebina* Lindl.; *B. striata* (Thunb.) Druce; *Bletilla gebina* (Lindl.) Rchb.f.; *Jimensia striata* (Thunb.) Garay et Schultes.

Bollea Rchb.f.

Tribus: Maxillarieae
Subtribus: Zygopetalinae

Mittelgroße Epiphyten mit kurzem Stamm und ohne Pseudobulben. Blätter 2zeilig angeordnet, sich ziegelartig deckend, längsgefaltet, unten gegen die Scheide abgegliedert. Blütenstände 1blütig, bogig bis hängend. Blüten groß, augenfällig, kurz gestielt, fleischig. Sepalen und Petalen einander ziemlich ähnlich, frei, abstehend; die seitlichen Sepalen dem Säulenfuß ansitzend und mit ihm ein kurzes, aber deutliches Mentum bildend. Lippe mit dem oberen Ende des Säulenfußes gelenkartig verbunden, genagelt; Nagel linealisch, ohne Schwiele; Fläche über den Nagel breit, ungeteilt, unten mit einer querliegenden Schwiele, diese fleischig und mit mehreren Rippen. Säule kurz, fleischig, bootförmig, vorn stark ausgehöhlt, unten mit kurzem Fuß; Pollinien 4, wachsartig, eiförmig, zusammengepreßt, in Paaren: Stipes riemenförmig; Klebscheibe groß.
Umfang und Verbreitung: Ungefähr 6 Arten in Brasilien, Kolumbien und Ecuador.
Ableitung des Namens: Zu Ehren von Dr. Carl Boll, einem Förderer des Gartenbaues in Deutschland, benannt.
Anmerkung: H.G. Reichenbach begündet diese Gattung 1852 in der »Botanischen Zeitung«. Sie läßt sich leicht durch die hinter der fleischigen, halbkreisförmigen Schwiele hervortretenden behuteten Säule und durch die fest mit der Säule verwachsene Lippe erkennen. *Bollea* ist sehr nahe mit *Pescatorea, Huntleya* und *Stenia* verwandt und in der Natur bildet sie mit gewissen Arten von *Pescatorea* Hybriden. Die Gattung wurde in jüngster Zeit von J.A. Fowlie revidiert (»Orchid Digest« 1969).
Typus-Art: B. violacea (Lindl.) Rchb.f.
Kultur: Substrat A. Mindesttemperatur im Winter 12–15 °C. Für diese Pflanzen gilt das gleiche Regime wie für *Chondrorhyncha* und *Warscewiczella.* Am besten wachsen sie in Körben in feuchter Atmosphäre und in leichtem Schatten. Zu allen Zeiten muß man sie vorsichtig gießen und niemals trocken werden lassen.

Bollea coelestis (Rchb.f.) Rchb.f.

In Büscheln wachsender Epiphyt ohne Pseudobulben. Blätter zu 6–10 in jeder Einzelpflanze, 15–30 cm lang, 3–5 cm breit, länglich-lanzettlich, langspitzig. Blütenstände kürzer als die Blätter, mehrere gleichzeitig erscheinend, halb aufrecht oder nickend, 1blütig. Blüten 7,5–12 cm breit, ansehnlich: Sepalen und Petalen bläulichviolett (blasser an den Rändern und am Grunde) mit ledergelben Spitzen; Lippe ebenfalls bläulichviolett aber mit ledergelbem Kamm. Obere Sepale 4,5 cm lang, 2 cm breit, breit-eiförmig, nach vorn gebogen; seitliche eiförmig-länglich. Petalen der oberen Sepale ähnlich, spreizend. Lippe eiförmig, an der Spitze und den Rändern zurückgerollt, mit einer großen halbkreisförmigen, längsgefurchten Schwiele. Säule breit, fast in der Form eines Schildkrötenpanzers; nach dem Grunde zu behaart und gefleckt.
Verbreitung: Kolumbien.
Geschichte: Die im Jahre 1877 von H.G. Reichenbach in »Gardeners' Chronicle« unter *Zygopetalum* beschriebene Art war durch die Firma Backhouse in York 1876 in die Kultur eingeführt worden. H.G. Reichenbach versetzte sie ein Jahr später (in der gleichen Zeitschrift) in die Gattung *Bollea.* Ursprünglich war wenig bekannt über die Herkunft der Pflanze bis M. Roezl in einer Mitteilung an »Godefroy's Orchidophile« bekannt gab, daß sein Neffe Edward Klaboch die Pflanze in einer Höhenlage von 1800 m in der westlichen Kordillere auf dem Wege von Bueneventura nach Calli gefunden hat.
Synonyme: Zygopetalum coeleste Rchb.f.; *Bollea pulvinaris* Rchb.f.

Bolusiella Schltr.

Tribus: Vandeae
Subtribus: Aerangidinae

Sehr kleine Epiphyten mit sehr kurzem Stamm und reitenden, fächerartig angeordneten Blättern. Blütenstand wenig- bis vielblütig, traubig, blattachselbürtig, Blüten winzig bis sehr klein, sehr kurz gestielt, meistens weiß. Sepalen und Petalen einander ähnlich. Lippe an der Basis gespornt, ungeteilt oder 3lappig, spitz; Sporn so lang wie oder kürzer als die Lippe und unter ihr mehr oder weniger nach vorn gebogen. Säule sehr kurz, mit spitzem Rostellum; Pollinien 2, wachsartig; Stipites 2, kurz; Klebscheibe diskusartig.
Umfang und Verbreitung: Ungefähr 10 Arten im tropischen Afrika und südwärts bis nach Natal.
Ableitung des Namens: Benannt nach Sir Harry Bolus (1834–1911), dem Wegbereiter der Botanik in Südafrika und Verfasser von »Orchids of South Africa«.
Anmerkung: R. Schlechter begründete diese Gattung 1918 in »Beihefte, Botanisches Centralblatt«. Sie steht systematisch ziemlich isoliert und ist nur oberflächlich in ihren vegetativen Merkmalen den Gattungen *Podangis* und *Oberonia* ähnlich. Einige ihrer Arten waren zuvor entweder *Angraecum* oder *Listrostachys* zugeordnet.
Typus-Art: R. Schlechter erwähnt in seiner Beschreibung mehrere Arten.
Kultur: Substrat A oder montiert. Mindesttemperatur im Winter 12–15 °C. Diese kleinen Pflanzen bereiten anfangs oft Schwierigkeiten, gedeihen aber gut, wenn sie einmal angewachsen sind.

Am günstigsten montiert man sie auf Kork- oder Baumfarnblöcke und bewahrt sie hängend bei mittlerem Schatten an einem Standort mit viel Luftfeuchtigkeit auf. Solange die Wurzeln aktiv wachsen, sollte man die Pflanzen mehrmals täglich sprühen (nicht spritzen!) und nach Abschluß des Wachstums weniger oft.

Bolusiella imbricata (Rolfe) Schltr.

Stamm dieses Zwergepiphyten sehr kurz, 5–10blättrig. Blätter auf dem Stamm fächerartig und 2zeilig angeordnet, 1–3,5 cm lang, 0,3–0,9 cm breit, zweiseitig abgeflacht und fleischig, auf beiden Seiten konvex. Blütenstände blattachselbürtig, traubig, bis 7 cm lang, dicht vielblütig; Brakteen so lang wie oder manchmal länger als die Blüten, sich an der Basis überdeckend. Blüten sehr klein: weiß mit olivgrünem Sporn. Sepalen und Petalen ähnlich 0,3–0,4 cm lang, elliptisch, stumpf. Lippe 0,2–0,3 cm lang, schmal-länglich; Sporn kürzer als die Lippe, nicht geschwollen.
Verbreitung: Von Ghana nach Uganda und Kenia.
Geschichte: Die Pflanze wurde 1907 erstmals von J. Anderson an der Goldküste gefunden und 1910 von R. Rolfe im »Kew Bulletin« in der Gattung *Listrostachys* beschrieben. R. Schlechter versetzte sie 1918 nach *Bolusiella* (»Beihefte, Botanisches Centralblatt«).
Synonym: Listrostachys imbricata Rolfe.

Bolusiella iridifolia (Rolfe) Schltr.

Sehr kleiner Epiphyt, ohne Pseudobulben. Blätter fächerartig 2zeilig angeordnet, sehr fleischig, 1,5–4 cm lang, mehr oder weniger zusammengepreßt, im Querschnitt 3eckig, gefurcht, rückwärts gekrümmt. Blütenstände blattachselbürtig, halb aufrecht bis abstehend, meistens die Blätter überragend, bis 5,5 cm lang, vielblütig; Brakteen kürzer als die Blüten. Blüten winzig, weiß. Sepalen 0,2–0,3 cm lang, länglich, spitzlich. Petalen 0,2 cm lang und 0,1 cm breit, länglich, stumpf. Lippe 0,25–0,5 cm lang, länglich, stumpf; Sporn etwas kürzer als die Lippe und rechtwinklig zu ihr stehend, etwas geschwollen bis breit-spindelförmig. Säule 0,5 cm lang, dick.
Verbreitung: In Westafrika von der Elfenbeinküste bis nach Kamerun; dann in Zaire, Uganda, Kenia und Angola.
Geschichte: R. Rolfe veröffentlichte diese Pflanze 1897 in der »Flora of Tropical Africa« unter dem Gattungsnamen *Listrostachys*. Das Typus-Exemplar war von F. Welwitsch in Golungo Alto in Angola gesammelt worden. R. Schlechter versetzte die Art 1918 in die Gattung *Bolusiella* (Beihefte, »Botanisches Centralblatt«).
Anmerkung: Diese Art unterscheidet sich von *B. imbricata* durch fleischigere Blätter, die eine tiefe v-förmige Längsfurche besitzen (Oberseite), durch kürzere Sepalen und Petalen und den ellipsoiden Sporn.
Synonym: Listrostachys iridifolia Rolfe.

Bonatea Willd.

Tribus: Orchideae
Subtribus: Orchidinae

Mittelgroße bis große, terrestrische Pflanzen mit dicken, länglichen, fleischigen Wurzelknollen. Stamm aufrecht, kräftig, durchwegs beblättert. Blätter meistens von dünner Beschaffenheit, die untersten scheidenartig. Blütenstand traubig, vielblütig. Blüten groß und augenfällig, grün und weiß. Mittlere Sepale kapuzenartig; die seitlichen größer, herabgeschlagen, mit der Säule verwachsen. Petalen aufrecht, linealisch, mit der mittleren Sepale verwachsen und gemeinsam einen Hut über der Anthere bildend. Lippe gespornt, lang genagelt, 3lappig; Sporn lang, zylindrisch, im Schlunde mit einem Zahn. Säule groß; Anthere aufrecht, mit langen und vorstehenden Narbenarmen; Rostellum mit einem kapuzenartigen Mittellappen und nach oben gekrümmten und vorstehenden Seitenlappen, schlank.
Umfang und Verbreitung: Höchstens 10 Arten im tropischen Afrika, in Südafrika und auch aus dem Jemen bekannt.
Ableitung des Namens: Benannt zu Ehren von M. Bonat, Professor der Botanik in Padua.
Anmerkung: C. von Willdenow begründete diese Gattung 1805 in der 4. Auflage von »Species Plantarum«. Im Blütenbau wie auch in vegetativen Merkmalen ist sie *Habenaria* sehr ähnlich, unterscheidet sich aber von ihr durch den Zahn im Schlunde des Sporns und die Form des Rostellums.
Typus-Art: B. speciosa Willd.
Kultur: Substrat C. Mindesttemperatur im Winter 15 °C. Man behandelt diese Pflanzen wie tropische *Habenaria*-Arten. Während der Wachstumsperiode brauchen sie viel Wasser und mittleren Schatten. Wenn nach dem Blühen die Stämme abzusterben beginnen, bietet man nur wenig oder überhaupt kein Wasser bis zum Ansatz des Neuwuchses.

Bonatea antennifera Rolfe

Große, bis 100 cm hohe terrestrische Pflanze mit beblättertem etwas blaugrünen Stamm. Blätter sitzend und stammumfassend, 7,5–15 cm lang, 2,5–5 cm breit, länglich, abstehend, im oberen Teil des Stammes kleiner werdend und in Brakteen übergehend. Blütenstände gipfelbürtig, traubig, bis 23 cm lang, locker vielblütig; Brakteen 2,5–5 cm lang, lanzettlich, langspitzig. Blüten groß: grün und weiß. Mittlere Sepale 2–2,5 cm lang, hutartig, elliptisch, langspitzig; die seitlichen asymmetrisch, 2–2,5 cm lang, länglich, langspitzig, an der Spitze zurückgebogen, am inneren Rande mit einem spitzen Zahn. Petalen zweigeteilt: oberer Lappen 2,5 cm lang, linealisch, spitz; unterer Lappen bis 4,5 cm lang, pfriemlich, gekrümmt. Lippe 3lappig; Seitenlappen bis über 5 cm lang, pfriemlich; Mittellappen ungefähr 3 cm lang, linealisch, rückwärts gebogen und in der Mitte scharf geknickt; Sporn 4–4,5 cm lang, zylindrisch, nach dem Ende zu etwas keulig verdickt. Säule 0,8 cm lang, mit aufgesetzter Spitze; Rostellum hutartig; Narben 2 cm lang, keulenförmig, mit der gemeinsamen Basis von Lippe, Petalen und seitlichen Sepalen vereint.
Verbreitung: Zimbabwe und Südafrika.
Geschichte: R. Rolfe beschrieb die Art 1905 in »Gardeners' Chronicle« aufgrund einer von C.F.M. Munro in Rhodesien gesammelten Pflanze.

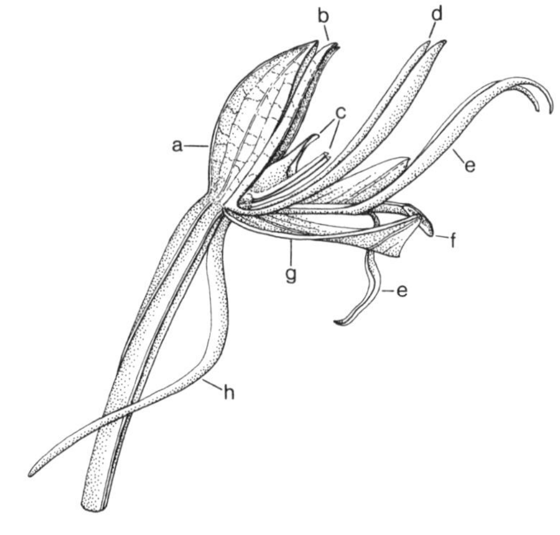

Bonatea antennifera
Blüte von der Seite (× 1)
a = mittlere Sepale
b = Petalenlappen
c = Rostellum
d = Petalenlappen
e = Lappen der Lippe
f = Narbenarme
g = seitliche Sepale
h = Sporn

Bothriochilus Lem.
Tribus: Arethuseae
Subtribus: Bletiinae

Mit Rhizom wachsende, epiphytische, lithophytische oder terrestrische Pfalnzen. Pseudobulben mit mehreren, längsgefalteten, von ihren röhrigen Scheiden abgesetzten Blättern. Blütenstand seitlich am Grunde der Pseudobulben entspringend. Blüten meistens auffällig. Mittlere Sepale frei; die seitlichen am Säulenfuß herablaufend und ein deutliches, spornartiges Mentum bildend. Petalen der mittleren Sepale ähnlich. Lippe unten mehr oder minder sackförmig vertieft, am Gipfel 3lappig. Säule aufrecht, lang und schlank, ungeflügelt, mit langem Fuß; Pollinien 8, wachsartig.
Umfang und Verbreitung: 4 Arten in Mexiko und Panama.
Ableitung des Namens: Aus dem Griechischen »bothrion« = kleine Höhlung und »chilus« = Lippe.
Anmerkung: C. Lemaire begründete die Gattung 1852 in »Le Jardin Fleuriste«. Während H.G. Reichenbach sie für identisch mit *Coelia* hielt, betrachtet man sie heute wegen des auffälligen Mentums und dem langen Säulenfuß als eigenständig.
Typus-Art: B. bellus Lem.
Kultur: Substrat A. Mindesttemperatur im Winter 12–15 °C. Während der Ruhezeit im Winter brauchen diese Pflanzen nur ganz wenig Wasser, aber gerade genug, um ein Schrumpfen der Pseudobulben zu vermeiden. Im Frühling, wenn die neuen Blütenstände seitlich an den Pseudobulben erscheinen, wässert man in zunehmender Menge, und auch nach dem Abblühen verlangen die Pflanzen bis zum Ende der Wachstumsperiode reichlich Wasser. Im Wachstum hält man sie bei mittlerem Schatten.

Bothriochilus bellus Lem.

Pseudobulben der schlanken, 30–80 cm hohen terrestrischen Pflanze 3–5 cm lang, 1,5–2,5 cm breit, im Umriß eiförmig-kreisrund, etwas zusammengedrückt, mehrblättrig. Blätter dicht beieinander stehend, 15–60 cm lang, 1–2 cm breit, linealisch, lanzettlich, vorn langspitzig, unten deutlich von der röhrenförmigen Scheide abgegliedert. Blütenstand bis 15 cm lang, 2- bis mehrblütig, mit 2zeilig angeordneten, sich ziegelartig deckenden, eiförmig-lanzettlichen, glänzenden braunen Scheiden bekleidet. Blüten duftend, groß, im unteren Teil röhrig, darüber trichterförmig: gelblichweiß; Sepalen und Petalen an den Spitzen rosapurpurn; Mittellappen der Lippe orangefarben. Mittlere Sepale 3,5 cm lang, 1 cm breit länglich-elliptisch, stumpf; die seitlichen 5 cm lang, 1 cm breit, schief-länglich, stumpf, am Grunde lang herablaufend und mit dem Fuß der Säule ein auffälliges, 2 cm langes Mentum bildend. Petalen 3,5 cm lang, 1 cm breit, schieflänglich-spatelig, abgerundet. Lippe 4,5 cm lang, 1,2 cm breit, am Grunde sackartig vertieft, schmal-keilförmig, ganz vorn 3lappig; Seitenlappen rundlich; Mittellappen länglich-3eckig, spitz, auf der Oberfläche körnig verdickt. Säule schlank, 1,5 cm lang, am Gipfel fein gezähnt.
Verbreitung: Mexiko, Guatemala und Honduras; im Regenwald; bis 1500 m.
Geschichte: C. Lemaire beschrieb diese Pflanze 1856 in »L'Illustration Horticole« unter Zugrundelegung eines von F. Devros auf der Insel St. Cathérine gesammelten Exemplares.
Anmerkung: Diese typische Pflanze ist unvermittelt erkennbar an den aufrechten, wenigblütigen Infloreszenzen, die am Grunde der 3blättrigen Pseudobulben entstehen, an den verhältnismäßig großen augenfälligen Blüten mit weißen Sepalen, die vorn purpurn gezeichnet sind, und an der gelben Lippe.
Synonym: Coelia bella (Lem.) Rchb.f.

Brassavola R. Br.
Tribus: Epidendreae
Subtribus: Laeliinae

Epi- oder Lithophyten mit schlanken oder etwas verdickten, am Gipfel 1blättrigen (selten 2blättrigen) Stämmen. Blätter flach oder stielrund, lederig. Blütenstand gipfel- oder seitenbürtig, 1- bis mehrblütig, traubig. Blüten groß und augenfällig. Sepalen und Petalen untereinander fast ähnlich, abstehend. Lippe genagelt, unten röhrenförmig die Säule umfassend, oben ausgebreitet und abstehend, an den Rändern gefranst oder glatt. Säule aufrecht, kurz, meistens geflügelt; Anthere kappenförmig; Pollinien 8.
Umfang und Verbreitung: Kleine Gattung mit ungefähr 15 Arten im tropischen Amerika von Mexiko über Mittelamerika und über die Westindischen Inseln bis nach Brasilien und Argentinien.
Ableitung des Namens: Benannt nach dem botanischen Illustrator William Brass, der gegen Ende des 18. Jahrhunderts von Sir Joseph Banks beauftragt wurde, Pflanzen in Guinea und Südafrika zu sammeln.
Anmerkung: R. Brown begründete die Gattung 1813 in der 2. Auflage von Aiton's »Hortus Kewensis«. Da leider der gleiche Name bereits von M. Adanson für eine Compositengattung benutzt worden war, mußte *Brassavola* auf die Liste der *nomina conservanda* gesetzt werden. Die Gattung hat mit *Laelia* gemeinsam den Besitz von 8, in Paaren angeordneten und durch parallele Caudicula miteinander verbundenen Pollinien. Sie unterscheidet sich von ihr jedoch durch die sich unvermittelt erweiternde Lippe und durch die Tatsache, daß ihre Pollinien von unterschiedlicher Größe sind. Die Gattung wurde 1902 von R.A. Rolfe (»Orchid Review«) und 1919 von R. Schlechter (»Orchis«) revidiert. In jüngster Zeit hat H.G. Jones in einer Reihe von Aufsätzen (»Annalen des Naturhistorischen Museums«, Wien bis 1975) eine Neugliederung von *Brassavola* vorgeschlagen. Er unterscheidet folgende 5 Sektionen:

1. **Grandiflorae:** Blätter flach und breit (*Rhyncholaelia* Schltr. aber von R. Schlechter in seiner Revision der Gattung ausgeschieden). Arten: *B. glauca, B. digbyana.*
2. **Brassavola:** Blätter schmal, stiel- oder halbstielrund; Gipfel der Lippe in eine schlanke Spitze ausgezogen. Arten: *B. cucullata.*
3. **Sessililabia:** Wie vorausgehend aber Lippe sitzend und nicht in eine Spitze ausgezogen (diese Sektion umfaßt die alten Sektionen *Conchoglossum* und *Prionoglossum* in der Revision von R. Schlechter). Arten: *B. martiana, B. tuberculata, B. cebolleta, B. perrinii.*
8. **Cuneilabia:** Lippe keilförmig und Blütenstand gipfelbürtig. Arten: *B. nodosa, B. subulifolia.*
5. **Lateriflorae:** Ähnlich der vorausgehenden aber mit seitenbürtigem Blütenstand.

In der oben erwähnten Artikelserie von Jones findet man auch Schlüssel zu den Sektionen, Arten und Varietäten von *Brassavola.*
Typus-Art: B. cucullata (L.) R.Br.
Kultur: Substrat A. Mindesttemperatur im Winter 15 °C, im Sommer sind 30 °C oder mehr angezeigt. Die Pflanzen können in Töpfen gehalten werden; da jedoch die meisten mehr oder minder hängend sind, wird man Körben oder in manchen Fällen (*B. nodosa* und *B. tuberculata*) Blockmontierung den Vorrang geben. Alle Arten verlangen gute Belichtung und hohe Luftfeuchtigkeit und viel Wasser während der Wachstumsperiode (nach dem Abblühen gibt man weniger Wasser). Während der Ruhezeit verlangen sie viel Licht und wenig Wasser; auf jeden Fall vermeide man aber ein Schrumpfen der Pseudobulben. Die normale Blütezeit ist früher oder später Sommer.

Brassavola cebolleta Rchb.f.

Stamm des kleinen Epiphyten schlank, aufrecht oder aufsteigend, etwas gekrümmt und biegsam, mit ein oder zwei Einschnürungen, am Gipfel 1blütig. Blatt bis 15 cm lang, ungefähr 0,35 cm im Durchmesser, fast zylindrisch, aufrecht bis abstehend, manchmal etwas gebogen, oben mit einer Längsrinne, nach der Spitze zu allmählich verschmälert. Blütenstand kürzer als das Blatt, aufrecht oder leicht gebogen, 1–2blütig; Brakteen 0,3 cm lang, schmal-3eckig, lederig, abstehend. Blüten ziemlich klein, hellgrün; Lippe weiß mit grüner Platte; Säule aus grünem Grunde weiß. Blütenstiel 4–7 cm lang. Sepalen 2–2,5 cm lang, 0,4 cm breit, linealisch-lanzettlich, langspitzig; die seitlichen leicht sichelförmig gebogen. Petalen 2–2,5 cm lang, 0,25 cm breit, linealisch, ausgesprochen langspitzig. Lippe 1,5–2 cm lang, 1,2–1,5 cm breit, eiförmig bis verkehrteiförmig, am Grunde mit der Säule verwachsen, vorn spitz und zurückgebogen. Säule 0,8–1 cm lang, aufrecht, etwas einwärts gebogen, oben verschmälert, sehr fein geöhrt.
Verbreitung: Ost-Brasilien und Paraguay.
Geschichte: Die Pflanze wurde aus Brasilien von dem deutschen Konsul Schiller in die Kultur nach Europa eingeführt und von H.G. Reichenbach 1855 in der Zeitschrift »Bonplandia« veröffentlicht.
Synonym: Brassavola chacoensis Kraenzlin.

Brassavola cordata Lindl.

Stamm des mittelgroßen Epiphyten 2–6 cm lang, im oberen Teil 0,5 cm breit, robust, keulenförmig, im Querschnitt stielrund, 2–3knotig, aufrecht oder aufsteigend, am Gipfel 1blättrig. Blatt 12–15 cm lang, 1–1,2 cm breit, 0,5 cm dick, halbzylindrisch, linealisch-lanzettlich, auf der Oberseite mit einer tiefen Längsfurche, fleischig, intensiv grün, vorn spitz. Blütenstand 7–8 cm lang, aufrecht oder manchmal etwas gebogen, 3–5blütig, am Grunde von einer Scheide gestützt; Brakteen 0,3–0,4 cm lang, schmal-3eckig, häutig, konkav. Blüten mittelgroß, kurz gestielt: hellgrün mit roten Flecken, Lippe aus grünem Grunde weiß. Sepalen 3 cm lang, 0,4 cm breit, linealisch, spitz, häutig-krautig; die seitlichen leicht sichelig gekrümmt. Petalen 3 cm lang, 0,3 cm breit, schmal-linealisch, etwas asymmetrisch, sehr spitz. Lippe 2,5 cm lang, 1,2–1,3 cm breit, an der Basis frei von der Säule und genagelt, aus herz- oder kapuzenförmigem Grunde breit-eiförmig, vorn unvermittelt zugespitzt und zurückgebogen. Säule 0,4–0,5 cm lang, aufrecht, hellgrün.
Verbreitung: Brasilien.
Geschichte: Die Pflanze wurde 1835 von der Firma Loddiges nach England importiert und im folgenden Jahr von J. Lindley im »Botanical Register« veröffentlicht.
Anmerkung: Die Art ist verwandt mit *B. nodosa* (siehe dort) aber ihre Büten sind nur halb so groß, und außerdem besitzt sie eine anders gestaltete Lippe.

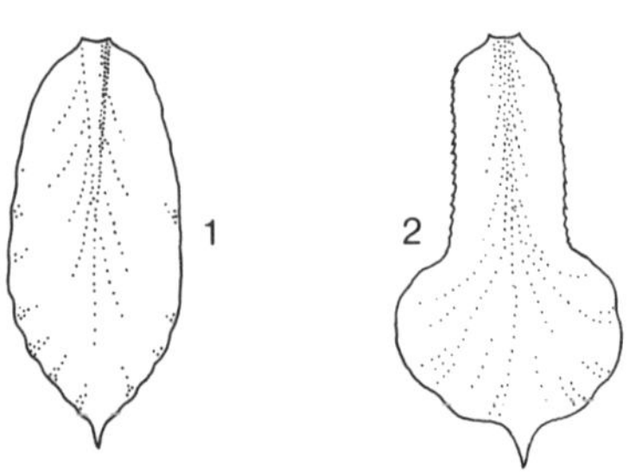

Brassavola
1 = *B. cebolleta,* Lippe ausgebreitet (× 4/5)
2 = *B. cordata,* Lippe ausgebreitet (× 4/5)

Brassavola cucullata (L.) R. Brown

Aufrechter bis 40 cm hoher massiger Epiphyt. Pseudobulben bis 20 cm lang, schlank, gegliedert, in Büscheln angeordnet, mit trockenhäutigen Scheiden bekleidet, am Gipfel 1blättrig. Blatt bis 30 cm lang und 0,7 cm breit, fast stielrund, fleischig. Blütenstand achselständig, meistens 1blütig aber manchmal mit mehreren Blüten; Brakteen 1 cm lang, röhrig. Blütenstiel und Fruchtknoten bis 20 cm lang. Blüten auffällig, bis über 18 cm breit, nachts duftend, weiß oder gelblich und außen rötlichbraun überlaufen. Sepalen bis 11 cm lang, linealisch-lanzettlich. Petalen den Sepalen ähnlich aber schmaler. Lippe kurz genagelt, 6–9,5 cm lang, 1,5–2,5 cm breit, am Grunde röhrenartig, breit-herzförmig oder halbkreiseiförmig, vorn zu einer Spitze ausgezogen, an den Rändern ungeteilt oder fein gezähnt oder zerfranst. Säule keulenförmig, 1,5–2 cm lang, vorn geflügelt, oben gezähnt.
Verbreitung: Von Mexiko nach Honduras, den Westindischen Inseln und dem nördlichen Südamerika; in Regenwäldern bis zu 1800 m.
Geschichte: Die Pflanze wurde von C. von Linné in der zweiten Auflage seiner »Species Plantarum« 1763 beschrieben. R. Brown machte sie 1813 zur Typusart seiner neuen Gattung *Brassavola* zweite Auflage von »Aiton, Hortus Kewensis«).
Anmerkung: Die Art läßt sich von der mit ihr verwandten *B. nodosa* (siehe auch dort) durch ihre längeren aber schmaleren Blätter und dem kürzeren Blütenstandschaft unterscheiden.
Synonyme: Epidendrum cucullatum L.; *Brassavola cuspidata* Hook.

Brassavola digbyana Lindl.

Pseudobulben des oft in großen Kolonien wachsenden Epiphyten bis 15 cm lang, keulenförmig, zusammengepreßt, gegliedert, am Gipfel 1blättrig. Blätter bis 20 cm lang und 5,5 cm breit, elliptisch, vorn stumpf, schräg-aufrecht, blaugrün, fleischig-lederig. Blütenstand 1blütig, mit einer bis 13 cm langen Scheide am Grunde. Blüten groß und augenfällig, stark duftend: Sepalen und Petalen bleich gelbgrün; Lippe weiß oder cremeweiß, zart grünlich behaucht. Sepalen bis 10 cm lang und 2,5 cm breit, länglich-riemenförmig als elliptisch-lanzettlich, stumpf. Petalen bis 9 cm lang und 3 cm breit, schief-elliptisch-verkehrtlanzettlich, stumpf. Lippe ungefähr 7,5 cm lang und 8 cm breit (ausgebreitet), schwach 3lappig, vorn ausgerandet, die Seiten am Grunde aufrecht und die Säule röhrenartig umschließend; Rand des Mittellappens und Vorderränder der Seitenlappen zerfetzt-geschlitzt; Platte mit mehreren, fleischigen Leisten. Säule bis 3,5 cm lang, kräftig, halbzylindrisch.
Verbreitung: Von Mexiko bis Belize.
Geschichte: Die Pflanze wurde aus Honduras von Mrs. McDonald zur Kultivierung eingeführt; sie gab ein Exemplar an Edward St. Vincent Digby in Mintern in Dorset, der es 1845 zum Blühen brachte. J. Lindley veröffentlichte die Art 1845 im »Botanical Register« als *Brassavola* und benannte sie nach Digby. Später wurde sie von G. Bentham in die Gattung *Laelia* versetzt, bis sie endlich 1918 durch R. Schlechter in der Gattung *Rhyncholaelia* ihren Platz fand (»Beihefte zum Botanischen Centralblatt«).
Anmerkung: Brassavola digbyana wurde der bizarren Lippe wegen oft mit *Cattleya, Laelia* und anderen nahestehenden Gattungen gekreuzt. (*Brassocattleya, Brassolaelia, Brassolaeliocattleya* u. a. m.).
Synonyme: Rhyncholaelia digbyana (Lindl.) Schltr.; *Laelia digbyana* (Lindl.) Benth.; *Bletia digbyana* (Lindl.) Rchb.f.

Brassavola flagellaris Barb. Rodr.

Stamm der kriechenden epiphytisch oder lithophytisch wachsenden Orchidee, verlängert, 20–22 cm lang, 0,5 cm im Durchmesser, robust,

zylindrisch, 4–5knotig, aufrecht oder aufsteigend, am Gipfel 1blättrig. Blatt 40–50 cm lang, 0,4 cm im Durchmesser, stielrund, schlank, steif, oben zurückgebogen, auf der Oberseite mit einer tiefen Furche, vorn lang pfriemlich in eine Spitze ausgezogen. Blütenstand 12–15 cm lang, aufrecht bis abstehend, gebogen, 5–15blütig; Scheide am Grunde des Schaftes mit langspitzig-pfriemlichem Gipfel; Brakteen konkav, 0,4 cm lang, 3eckig, spitz. Blüten groß, lang-gestielt; strohfarbig; Lippe weiß mit goldgelben Punkten an der Basis. Sepalen 3,5–4 cm lang, 0,5–0,6 cm breit, linealisch-lanzettlich, lang spitz ausgezogen, spreizend; die seitlichen asymmetrisch. Petalen 3–3,5 cm lang, 0,2 cm breit, linealisch, langspitzig. Lippe aufrecht, 3 cm lang, 2,2 cm breit, häutig, mit kurzem und schmalem Nagel, aus herzförmigem Grunde breit-verkehrteiförmig bis geigenförmig; Platte einrippig. Säule 1 cm lang, aufrecht, keulenförmig, 3kantig im Querschnitt, am Gipfel 3zähnig, weiß.
Verbreitung: Brasilien.
Geschichte: Die auf Bäumen und Felsen vorkommende Pflanze wurde von J. Barbosa Rodrigues am Parahybuna Flusse im Staate Minas Gerais gefunden. Er veröffentlichte sie 1882 in seinem Werk »Genera et Species Orchidearum Novarum«.

Brassavola glauca Lindl.

Pseudobulben der bis 30 cm hohen, epiphytischen oder terrestrischen Pflanze kurz, 2–9 cm lang, länglich-spindelig, nur etwas zusammengepreßt, am Gipfel 1blättrig. Blätter aufrecht, 6–12 cm lang, 2,5–3,5 cm breit, länglich-elliptisch, vorn stumpf, blaugrün, lederig. Blütenstand aufrecht, bis 10 cm lang, 1blütig, unten mit einer röhrigen, etwas geschwollenen Scheide. Blüten augenfällig, duftend, erst fast aufrecht gerichtet, später nickend: Sepalen und Petalen hellgrün, weiß oder lavendelfarbig; Lippe weiß oder cremefarbig, am Grunde mit einem 3eckigen purpurnen Flecken, im Schlund purpurn gestreift. Sepalen 5,5–6,5 cm lang, 1–1,5 cm breit, linealisch, stumpflich oder langspitzig. Petalen 5–6,3 cm lang, 1,3–2,2 cm breit, linealisch oder länglich-verkehrtlanzettlich, stumpf bis spitzlich, an den Rändern etwas gewellt. Lippe 5–5,5 cm lang, 4 cm breit (ausgebreitet), mehr oder minder deutlich 3lappig; Seitenlappen abgerundet, unten aufrecht und die Säule röhrig umfassend; Mittellappen quer-länglich-quadratisch, ausgebreitet, an den Rändern schwach wellig. Säule 0,6–1 cm lang, kräftig, keulig, am Gipfel 5zähnig.
Verbreitung: Mexiko, Guatemala und Honduras; seltene Pflanze in lichten Bergwäldern; bis 1500 m.
Geschichte: Die Pflanze wurde erstmals von Henchmann in der Nähe von Xalapa in Mexiko gefunden und durch Deschamps in die Kultur eingeführt. Später wurde sie erneut durch den unermüdlichen Theodor Hartweg bei Vera Cruz in Mexiko gesammelt und an J. Lindley geschickt, der sie 1839 im »Botanical Register« als *Brassavola* beschrieb. Seitdem wurde sie nach *Bletia* und *Laelia* versetzt, bis ihr R. Schlechter 1918 (»Beihefte zum Botanischen Centralblatt«) einen Platz in der Gattung *Rhyncholaelia* zuwies.
Synonyme: Rhyncholaelia glauca (Lindl.) Schltr.; *Laelia glauca* (Lindl.) Bentham; *Bletia glauca* (Lindl.) Rchb.f.

Brassavola nodosa (L.) Lindl.

Bis 45 cm hoher Epiphyt oder Lithophyt. Stamm 4–15 cm lang, zylindrisch, von trockenhäutigen röhrenartigen Scheiden bedeckt, am Gipfel 1blättrig. Blätter bis 32 cm lang, 2–3 cm breit, linealisch, im Querschnitt rinnenförmig, fleischig-lederig, vorn spitz bis langspitzig. Blütenstand endständig, bis 20 cm lang, 1- bis mehrblütig; Schaft stielrund; Brakteen 0,5–1 cm lang, trockenhäutig, 3eckig-lanzettlich. Blüten auffällig, 7–8 cm breit, nachts duftend: Sepalen und Petalen hellgrün; Lippe weiß, am Grunde mit purpurnen Punkten. Sepalen 5–9,5 cm lang, 0,3–0,5 cm breit, linealisch, vorn lang zu einer Spitze ausgezogen. Petalen den Sepalen ähnlich. Lippe 2,5–5,5 cm lang, 2,2–4,5 cm breit, unten mit einem röhrigen Nagel, wegstehend, eiförmig-kreisrund, vorn mit aufgesetzter Spitze oder langspitzig, mehr oder minder auffallend beadert. Säule winzig, ungefähr 0,8 cm lang.
Verbreitung: Von Mexiko bis Panama und Venezuela, von Meereshöhe bis zu 500 m, oft in xerophytischen Situationen und auf Kakteen wachsend zu finden, nicht selten auch auf Mangrovenwurzeln an der Küste.
Geschichte: C. von Linné beschrieb die Pflanze 1753 in der Gattung *Epidendrum* in »Species Plantarum«. J. Lindley überführte sie 1831 zu *Brassavola* (»Species of Orchidaceous Plants«).
Synonyme: Epidendrum nodosum L.; *Brassavola venosa* Lindl.; *B. rhopalorrhachis* Rchb.f.

Brassavola tuberculata Hook.

Stämme der großen büscheligen epiphytischen oder lithophytischen Orchidee kurz, 6–15 cm lang, 0,4–0,7 cm im Durchmesser, kräftig, zylindrisch, 2–4knotig, aufrecht oder aufsteigend, am Gipfel 1blättrig. Blätter aufrecht, oft gebogen, 12–22 cm lang, 0,6–0,8 cm breit, steif, auf der Oberseite mit drei Furchen, vorn spitz oder allmählich verschmälert. Blütenstand aufrecht oder bogig aufsteigend, 1–2blütig; Schaft 2–6 cm lang; Brakteen 0,6 cm lang, aufrecht bis abstehend, schmal-3eckig, langspitzig. Blüten duftend, bis 7,5 cm breit: Sepalen und Petalen gelb oder gelbgrün, unten rot getüpfelt; Lippe in der unteren Hälfte gelblich. Sepalen abstehend, 3,5–4 cm lang, 0,4–0,6 cm breit, breit-linealisch, betont langspitzig; die seitlichen sichelig gebogen. Petalen 3,5–4 cm lang, schwach sichelig gekrümmt, linealisch, spitz. Lippe aufrecht, 3–3,5 cm lang, 2,5–3 cm breit, am Grunde etwas mit der Säule verwachsen, darüber breit-elliptisch-eiförmig, vorn stumpf oder ausgerandet und mit einem winzigen, aufgesetzten Spitzchen, an den Rändern meistens etwas gewellt; Platte am Grunde mit einem Kiel. Säule 1,1–1,2 cm lang, keulenförmig, etwas einwärts gebogen.
Verbreitung: Brasilien und Bolivien.
Geschichte: William Harrison entdeckte diese Pflanze an Baumstämmen wachsend, in Küstennähe bei Botafoga in Brasilien. Er sandte Exemplare an seinen Bruder Richard nach Aighburgh bei Liverpool, der sie 1828 zum Blühen brachte. Im folgenden Jahr beschrieb Sir William Hooker die Art im »Botanical Magazine«.
Synonyme: Brassavola fragrans Lem.; *B. gibbiana* hort.; *B. perrinii* Lindl.

Brassia R. Br.

Tribus: Oncidieae

Mit kräftigem Rhizom wachsende kleine bis sehr große Pflanzen. Pseudobulben 1–2blättrig (selten mehrblättrig), von mehreren Paaren sich ziegelartig deckenden Scheiden begleitet. Blütenstände seitlich am Grunde der Pseudobulben entspringend, traubig oder manchmal rispig, wenig- bis vielblütig. Blüten klein bis groß, öfters sehr augenfällig. Sepalen untereinander ähnlich und voneinander frei, langspitzig. Petalen den Sepalen ähnlich aber kürzer. Lippe sitzend, abstehend, einfach oder geigenförmig geteilt, kürzer als die Sepalen und Petalen, an der Basis mit 2 oder mehr Leisten oder Schwielen. Säule kurz, kräftig, ungeflügelt, ohne Fuß. Pollinien 2, verkehrteiförmig, ohne Anhänge.
Umfang und Verbreitung: Ungefähr 20 Arten; im tropischen Amerika.
Ableitung des Namens: Siehe unter *Brassavola*.
Anmerkung: R. Brown beschrieb diese Gattung

1813 in der 2. Auflage von Aiton's »Hortus Kewensis«. J. Lindley tielte sie in 2 Sektionen auf:
Eubrassia mit kurzen, unauffälligen Brakteen und
Glumaceae mit langen, krautigen Brakteen.
Dementssprechend hat Norris Williams kürzlich zeigen können, daß sich die Arten der letzten Sektion so stark vom Rest der Gattung unterscheiden, daß man sie abtrennen sollte, und er versetzte sie in die bislang monospecifische Gattung *Ada.* Im Vergleich mit *Ada* besitzen *Brassia*-Arten größere und klar ausgeprägte, 1–3blättrige Pseudobulben, und ihre Blätter zeigen auf der Unterseite eine einzige Hauptrippe. Eine Neubearbeitung der brasilianischen Arten (unterteilt in vier Gruppen) findet man bei Pabst und Dungs »Orchidaceae Brasilienses«, 1977. R.G. Kooser und G. Kennedy (»Orchid Digest« 1979) haben die *Brassia*-Arten revidiert und 9 Arten abgebildet.
Typus-Art: B. maculata R. Br.
Kultur: Substrat A. Mindesttemperatur im Winter 15–18 °C. Im allgemeinen behandelt man diese Pflanzen wie *Cattleya,* allerdings verlangen sie etwas mehr Schatten. Während der Wachstumsperiode gebe man reichlich Wasser; in der Ruheperiode brauchen sie wesentlich weniger Wasser, doch muß man unnötiges Schrumpfen der Pseudobulben vermeiden. Solange es der Zustand des Substrats erlaubt, lasse man die Pflanzen in den Töpfen ungestört. Ein Herauswachsen der Wurzeln schadet nichts, es ist vielmehr ein Zeichen gesunden Wachstums. Die Blütezeit ist unbestimmt, manchmal blühen sie mehr als einmal im Jahr.

Brassia caudata (L.) Lindl.

Pseudobulben des bis 50 cm hohen Epiphyten 6–16 cm lang, 2–3,5 cm breit, länglich-elliptisch, seitlich zusammengedrückt, am Gipfel 2–3blättrig. Blätter 13–35 cm lang, 2–6 cm breit, länglich-elliptisch, länglich-lanzettlich oder verkehrtlanzettlich, lederig, vorn spitz oder stumpf. Blütenstand bis 40 cm lang, locker-wenigblütig, meistens steil abstehend; Brakteen 2zeilig angeordnet, 0,5–1 cm lang, 3eckig, konkav, spitz, trokkenhäutig. Blüten auffallend, ungefähr 6 cm breit: Sepalen und Petalen orangegelb, rotbraun gefleckt; Lippe gelb oder grünlich, ganz am Grunde rotbraun gefleckt. Mittlere Sepale 3,5–7,5 cm lang, 0,3–0,5 cm breit, linealisch-lanzettlich, betont langspitzig; die seitlichen 1,2–2,5 cm lang, 0,5–0,7 cm breit, linealisch-lanzettlich, lang zugespitzt, auf dem Rücken gekielt. Petalen 2–3 cm lang, 0,3–0,4 cm breit, schmal-lanzettlich, lang zugespitzt, sichelförmig einwärts gebogen. Lippe 1,5–4 cm lang, 0,7–1,3 cm breit, sitzend, eiförmig-elliptisch, am Gipfel langspitzig, an den Rändern gewellt; Platte am Grunde mit zwei sich berührenden, flaumhaarigen Leisten, diese vorn zahnartig abgebrochen. Säule aufrecht, 0,4 cm lang, kräftig.
Verbreitung: Florida, Westindische Inseln und von Mexiko südwärts nach Panama; in feuchten Wäldern bis zu 1200 m.
Geschcihte: B. caudata gehört zu den frühest beschriebenen amerikanischen Orchideen. C. von Linné, unter Verwendung eines Plumier-Namens, veröffentlichte sie 1759 in seinem »Systema Naturae« unter dem Gattungsnamen *Epidendrum.* J. Lindley versetzte sie 1824 (»Botanical Register«) nach *Brassia.*
Anmerkung: Die Art ähnelt *B. maculata* (siehe auch dort), unterscheidet sich aber in der Lippenstruktur.
Synonyme: Epidendrum caudatum L.; *Oncidium caudatum* (L.) Rchb.f.; *Brassia lewisii* Rolfe; *Malaxis caudata* (L.) Willd.

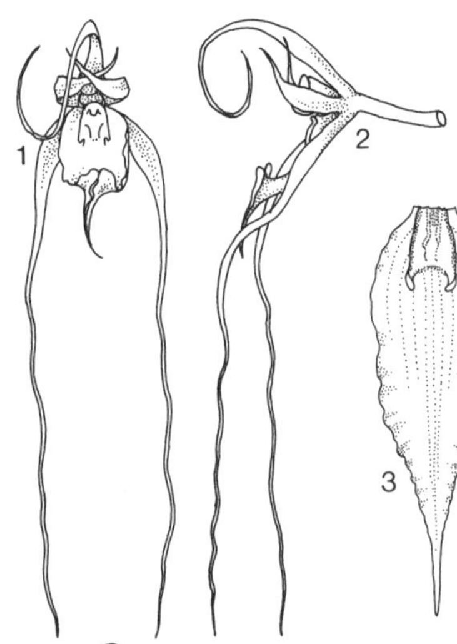

Brassia caudata
1 = Blüte von vorn (× 3/4)
2 = Blüte von der Seite (× 3/4)
3 = Lippe ausgebreitet (× 3/5)
4 = Säule (× 3/5)
5 = Klebscheibe, Stipes und Pollinien (× 6 1/2)

Brassia gireoudeana Rchb.f. et Warsc.

Man kann diese in Costa Rica beheimatete Art von der mit ihr verwandten *B. maculata* durch ihre viel längeren Sepalen und an der Lippe unterscheiden: sie besitzt eine aufgesetzte Spitze, ist hellgelb und nur in der Mitte braun getüpfelt.

Brassia lawrenceana Lindl.

Pseudobulben des Epiphyten bis zu 10 cm lang und 3 cm breit, eiförmig-länglich, zusammengedrückt, hellgrün, am Grunde mit den Resten verwilderter Blattbasen, am Gipfel meistens 2blättrig. Blätter bis 40 cm lang und 5 cm breit, länglich-verkehrtlanzettlich, vorn spitz, verhältnismäßig dünn. Blütenstand so lang wie oder länger als die Blätter, bogig abstehend, einigermaßen dicht, 7–10blütig. Blüten mittelgroß: hellgrün, am Grunde der Sepalen und Petalen mit schokoladenbrauner Zeichnung; Lippe etwas heller; Schwiele gelb. Sepalen 6–7 cm lang, 0,5–0,6 cm breit, ausgesprochen langspitzig. Petalen den Sepalen ähnlich aber bis 3,5 cm lang und 0,5 cm breit, sichelförmig. Lippe bis 4,5 cm lang und 2,2 cm breit, verkehrteiförmig-geigenförmig, sehr langspitzig, an den Seitenrändern zurückgerollt, am Vorderrand gewellt; Platte am Grunde mit einer länglichen, flaumig behaarten, in der Mitte hohl. Säule aufrecht, aus weißem Grunde grün.
Verbreitung: Guayana, Venezuela, Surinam und Brasilien.
Geschichte: J. Lindley beschrieb die Art 1841 im »Botanical Magazine« unter Zugrundelegung einer Pflanze zweifelhafter Herkunft. Pflanzen dieser Art, aber unter dem Namen *C. cochleata* wurden der Firma Low & Co in Clapton aus Demerara von ihrem Sammler Henchman übersandt.
Synonyme: Brassia cochleata Knowl. et Westc.; *B. angusta* Lindl.; *Oncidium lawrenceanum* (Lindl.) Rchb.f.

Brassia longissima (Rchb.f.) Nash

Große, vielgestaltige Pflanze mit einem kräftigen, kriechenden Rhizom. Pseudobulben 5–18 cm lang, eiförmig, seitlich zusammengedrückt, am Grund mit zwei oder drei sich überdeckenden Scheiden, am Gipfel 1blättrig. Blatt 15–56 cm lang, 4–7 cm breit, länglich oder länglich-elliptisch, vorn spitz. Blütenstand 30–60 cm lang, seitlich an der Pseudobulbe entspringend, locker 4–15blütig; die Brakteen klein, 3eckig-eiförmig.

Blüten groß: Sepalen und Petalen orange oder gelbgrün, im unteren Viertel mit großen braunen Flecken; Lippe cremefarben, am Grund purpurn getüpfelt; Schwiele braun; Mittlere Sepale 7–12 cm lang, linealisch-lanzettlich, ausgesprochen langspitzig; die seitlichen ähnlich der oberen aber 24 cm lang und peitschenartig herabhängend. Petalen 4–7,6 cm lang, 0,4–0,5 cm breit, schief-linealisch-lanzettlich, sehr langspitzig. Lippe 4–7,7 cm lang, 1,5 cm breit, länglich-lanzettlich, lang zu einer Spitze ausgezogen; Platte an der Basis mit zwei flaumigen Leisten (Schwiele), jede am Ende mit aufrechten, winzigen tuberkelähnlichen Fortsätzen. Säule 0,6 cm lang, kräftig.
Verbreitung: Costa Rica, Panama und Peru.
Geschichte: Diese Pflanze blühte in der Kultur erstmals im Jahre 1868 in der Sammlung Wentworth Buller in Strete Raleigh bei Exeter. H. G. Reichenbach hatte sie ursprünglich nur als Varietät von *B. lawrenceanum* beschrieben; erst G. Nash gab ihr den Status einer Art (in »Bailey's Standard Cyclopedia of Horticulture« 1914). Die beiden Pflanzen sind tatsächlich sehr ähnlich, aber *B. longissima* hat viel größere Blüten.
Synonyme: Brassia longissima (Rchb.f.) Schltr.; *B. lawrenceana* Lindl. var. *longissima* Rchb.f.

Brassia maculata R. Br.

Bis meterhohe epiphytisch oder selten auch lithophytisch wachsende Pflanze mit einem kriechenden Rhizom. Pseudobulben 6–15 cm lang, 2–4,5 cm breit, seitlich zusammengedrückt, eiförmig bis länglich-elliptisch, am Gipfel 1–2blättrig. Blätter 13–45 cm lang, 3,5–5,5 cm breit, länglich-riemenförmig, vorn spitz oder stumpf, lederig. Blütenstand grundständig, bis 90 cm lang, locker wenig- bis vielblütig, an der Basis mit einer Blattscheide; Brakteen 2zeilig angeordnet, 0,5–1 cm lang, eiförmig, konkav, trockenhäutig. Blüten auffällig, 8 cm breit: grünlichgelb, mit purpurnen Flecken; Lippe gelblich, purpurn getüpfelt; Schwiele gelb oder orange. Sepalen 3,5–6,5 cm lang, 0,4–0,6 cm breit, linealisch-lanzettlich, im unteren Teil konkav, langspitzig. Petalen 2,2–3,5 cm lang, 0,35–0,45 cm breit, linealisch-lanzettlich, langspitzig. Lippe sitzend, 2,2–3,2 cm lang, 1,8–2,5 cm breit, fast geigenförmig, an den Seitenrändern zurückgebogen, gewellt, vorn abgerundet bis stumpf und mit aufgesetztem Spitzchen; Platte mit einer aus zwei Leisten bestehenden Schwiele. Säule kurz, 0,5 cm lang, robust, hellgrün mit braunen Schlieren.
Verbreitung: Westindische Inseln, Belize, Guatemala und Honduras, selten bis zu 750 m.
Geschichte: Die Pflanze wurde von Sir Joseph Banks aus Jamaika eingeführt und von R. Brown 1813 in Aiton's »Hortus Kewensis« veröffentlicht. Eine von Banks Pflanzen blühte im Königlich Botanischen Garten, Kew, im Jahre 1814.
Anmerkung: B. maculata läßt sich von der mit ihr nahe verwandten *B. caudata* durch die Form und Farbgebung der Lippe wie auch durch die andersgeartete Schwiele unterscheiden.
Synonyme: B. wrayae Skinner; *B. guttata* Lindl.; *Oncidium brassia* Rchb.f.

Brassia verrucosa Lindl.

Pseudobulben des großen, bis über 80 cm hohen Epiphyten 6–10 cm lang, 2,5–4 cm breit, schmal-eiförmig, seitlich zusammengedrückt, in dichten Gruppen stehend, unten mit mehreren trockenhäutigen und meistens blattragenden Scheiden, am Gipfel 2blättrig. Blätter 13–45 cm lang, 3–4,5 cm breit, länglich-elliptisch, lanzettlich oder verkehrtlanzettlich, vorn spitz. Blütenstand grundständig, bis 75 cm lang, an der Basis von einem Blatt begleitet, locker vielblütig; Brakteen 0,5–1 cm lang, 2zeilig angeordnet, 3eckig, konkav. Blüten auffallend, 10–15 cm breit: Sepalen und Petalen hellgrün, mit braunen Tüpfeln und/oder Flecken; Lippe weißlich, in der unteren Hälfte mit grünen Warzen und rötlichen Tüpfeln ganz am Grunde; Schwiele gelb. Sepalen 5–12 cm lang, 0,3–0,7 cm breit, linealisch-lanzettlich, mehr oder minder stark gewellt, betont langspitzig; die seitlichen etwas asymmetrisch und länger als das obere. Petalen 3,5–5,5 cm lang, 0,3–0,7 cm breit, etwas sichelartig gebogen, linealisch-lanzettlich, sehr langspitzig. Lippe sitzend 1,8–5 cm lang, 1,3–2,5 cm breit, annähernd geigenförmig, an den Seitenrändern zurückgebogen, vorn abgerundet und in eine Spitze zusammengezogen; Platte mit einer aus zwei Leisten bestehenden Schwiele; Säule klein, 0,5 cm lang, grün, sehr fein papillös.
Verbreitung: Mexiko, Guatemala, Honduras und Venezuela, selten, in feuchten Wäldern bis zu 1600 m.
Geschichte: Das Typus-Exemplar wurde von Barker in Guatemala gesammelt und von J. Lindley 1840 im »Botanical Register« beschrieben.
Anmerkung: Von den anderen Arten der Gattung läßt sich diese Pflanze leicht durch die grünwarzige Lippe unterscheiden.
Synonyme: Brassia brachiata Lindl.; *B. aristata* Lindl.; *B. ophioglossoides* Kl. et Karst.; *B. coryandra* Morr.; *B. longiloba* DC.; *Oncidium verrucosum* (Lindl.) Rchb.f.; *O. brachiatum* (Lindl.) Rchb.f.

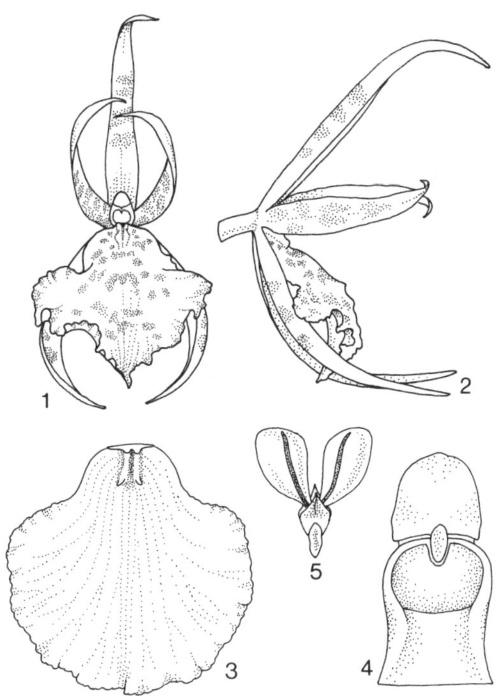

Brassia maculata
1 = Blüte von vorn (× 3/4)
2 = Blüte von der Seite (× 3/4)
3 = Lippe ausgebreitet (× 1)
4 = Säule (× 3 1/5)
5 = Klebscheibe, Stipes und Pollinien (× 6 1/2)

Broughtonia R. Br.

Tribus: Epidendreae
Subtribus: Laeliinae

Mittelgroße Epiphyten mit gebüschelt angeordneten, abgeflachten, am Gipfel 1–2blättrigen Pseudobulben. Blütenstände gipfelbürtig, mehr- bis vielblütig. Blüten augenfällig, mittelgroß. Sepalen und Petalen voneinander frei, abstehend, untereinander ähnlich (die Petalen etwas breiter); Sepalen unten mit dem Fruchtknoten röhrenartig verwachsen. Lippe ungeteilt oder schwach 3lappig, röhrig, unten eingerollt und die Säule umschließend, innerhalb der Röhre behaart. Säule kurz; Pollinien 4, abgeflacht, mit Caudiculae.
Umfang und Verbreitung: Nur 1, aus Jamaika bekannte Art.
Ableitung des Namens: Benannt nach Arthus Broughton, einem englischen, im frühen 19. Jahrhundert in Jamaika tätigen Botaniker.
Anmerkung: R. Brown begründete die Gattung 1813 in der 2. Auflage von Aiton's »Hortus Ke-

wensis«. Sie ist sehr nahe verwandt mit *Laeliopsis* Lindl. und *Cattleyopsis* Lem.; von beiden kann man sie unterscheiden durch ihre lederigen, ganzrandigen Blätter (sie sind dick, fleischig, steif und an den Rändern gesägt bei den anderen Gattungen), die Anzahl ihrer Pollinien und die von den Sepalen gebilderte Röhre. In der Tat betrachten verschiedene Autoren *Broughtonia* mit diesen beiden Gattungen identisch. D.S. Correll (»Botanical Museum Leaflets of Harvard University« 1941) jedoch behält sie wegen der oben angegebenen Unterschiede als eigenständige Gattung bei.
Typus-Art: B. sanguinea (Sw.) R. Br.
Kultur: Substrat A oder montiert. Mindesttemperatur im Winter 15 °C. Obwohl man die Pflanzen in Schalen halten kann, eignen sie sich besser zur Kultur auf Kork- oder Baumfarnblöcken. Sie verlangen viel Licht und Luftfeuchtigkeit. Solange sie wachsen, ist viel Wasser vonnöten, später wesentlich weniger.

Broughtonia sanguinea (Sw.) R. Br.

Pseudobulben des mittelgroßen, 30–45 cm hohen Epiphyten gebüschelt, 2,5–5 cm lang, 1,5–2,5 cm breit, kugelig bis fast zylindrisch, am Gipfel 2blättrig. Blätter 8–20 cm lang, 1,5–4,5 cm breit, länglich, vorn spitzlich, lederig. Blütenstand 20–48 cm lang, einfach oder verzweigt, ganz oben 5-12blütig; Brakteen winzig. Blüten augenfällig, 1,3–2,5 cm breit (manchmal größer): karminrot, Lippe am Grunde gelb, mit purpurroter Beaderung. Sepalen 1,5–2,4 cm lang, 0,4–0,6 cm breit, länglich-lanzettlich, spitz; die seitlichen breiter als die mittleren, sichelig gebogen. Petalen 1,5–2,4 cm lang, bis 0,7 cm breit, breit-elliptisch, nach der Basis hin verschmälert, oben spitz oder stumpf. Lippe bis 2,2 cm lang und 2,4 cm breit, elliptisch-kreisrund, vorn gestutzt und mit ausgebissenen Rändern. Säule ungefähr 0,9 cm lang, etwas gebogen, oben dicker und geflügelt.
Verbreitung: Jamaika und Kuba; von Meereshöhe bis 800 m.
Geschichte: Ursprünglich wurde diese Art von O. Swartz 1788 in seinem »Prodromus« in die Gattung *Epidendrum* gestellt; zugrunde lag eine von R. Brown in Jamaika gesammelte und von Sir Hans Sloan abgebildete Pflanze. R. Brown versetzte sie 1813 in der 2. Auflage von Aiton's »Hortus Kewensis« in die heutige Gattung.
Synonyme: Epidendrum sanguineum Sw.; *Dendrobium sanguineum* (Sw.) Sw., *Broughtonia coccinea* Lindl.

Bulbophyllum Thou.

Tribus: Dendrobieae
Subtribus: Bulbophyllinae

Kleine bis große Epiphyten mit einem langen, kriechenden oder hängenden, mit trockenhäutigen Scheiden bedeckten Rhizom. Pseudobulben meistens kräftig, in Abständen oder gebüschelt auf dem Rhizom sitzend, meistens mehr oder minder kantig, 1- bis mehrblättrig am Gipfel. Blätter dünn bis lederig, aufrecht bis herabhängend. Blütenstände seitlich am Grunde der Pseudobulben entspringend, traubig, 1- bis vielblütig, mit mehr oder weniger abgeflachter Rhachis. Blüten von winzig bis groß, meistens nicht sonderlich augenfällig. Mittlere Sepale frei; die seitlichen am Grunde mit dem Fuß der Säule verwachsen und mit ihm ein sackartiges Mentum bildend. Petalen frei, kleiner als die Sepalen. Lippe ungeteilt bis 3lappig, mehr oder weniger fleischig, oft zurückgebogen, in wechselndem Maße bewimpert oder flaumig behaart. Säule kurz, aufrecht, am Gipfel mit grannenartigen Zähnen oder Flügeln; Anthere gipfelständig; Pollinien 4, wachsartig.
Umfang und Verbreitung: Eine der größten Gattungen der Familie. Ihre möglicherweise 1000 Arten erreichen ihre größte Mannigfaltigkeit in Südostasien und den umliegenden Regionen, kommen aber auch zahlreich in Afrika, Australien und im tropischen Amerika vor.
Ableitung des Namens: Aus dem Griechischen »bulbos« = Knolle und »phyllon« = Blatt.
Anmerkung: Die Gattung wurde 1822 von A. du Petit Thouars in seinem Werk »Historie particulière des Plantes Orchidées« begründet.
Der Name *Bulbophyllum* mußte gegen den früher (1809) vom gleichen Autor gewählten Namen *Phyllorkis* geschützt werden. Die meisten Arten dieser Riesengattung lassen sich leicht daran erkennen, daß die ziemlich auffälligen Pseudobulben anscheinend einfach dem ununterbrochenen Rhizom aufsitzen; tatsächlich aber wachsen die Pflanzen sympodial, indem jeder Neuwuchs aus einer Knospe am Grunde der vorherigen Pseudobulbe hervorgeht. Die einzige Gattung mit deren Arten *Bulbophyllum* im vegetativen Bereich verwechselt werden kann, ist *Dendrobium.* Allerdings besitzen deren Blüten keinen Säulenfuß und damit auch kein Mentum. In einer so umfangreichen Gattung sollte eine Aufteilung der Arten in Sektionen leicht möglich sein; aber aufgrund von vielen Zwischenformen führt gerade bei *Bulbophyllum* die Aufgliederung zu weniger scharf umgrenzten Gruppen als beispielsweise bei *Dendrobium* und *Eria.* Eine vollständige Klassifikation steht noch aus, aber R. Holttum in seinem Werk »Orchids of Malaya« (1964) hat die behandelten (über 100) Arten auf 12 Sektionen verteilt. Aufgrund ihrer breiten und flachen Blütenstandachse wurden viele afrikanische Arten früher in der Gattung *Megaclinium* Lindl. untergebracht. Man kennt aber heute so viele Übergangsformen, daß die Beibehaltung dieser Gattung aufgegeben wurde (allein bei *B. congolanum* Schltr. kann man Pflanzen mit einer stielrunden Achse und solche mit einer flachen von über 1,5 cm Breite antreffen). Einige Botaniker (z.B. Seidenfaden in »Dansk Botanik Arkiv« 1974, und Dockrill in »Australian Indigenous Orchids« 1969) vertreten die Ansicht, daß wegen des Vorhandenseins von Zwischenformen auch die Gattung *Cirrhopetalum* Thou. *Bulbophyllum* einzugliedern sei. Obgleich man sich den logischen Argumenten dieser Autoren nicht verschließen kann, sind wir ihnen nicht gefolgt, weil man fast alle kultivierten Arten von *Cirrhopetalum* ziemlich leicht von den meisten *Bulbophyllum*-Arten durch ihren doldenartigen Blütenstand unterscheiden kann. Überdies erleichtert die getrennte Behandlung solcher Gruppen den Überblick über eine derartig umfangreiche und vielgestaltige Gattung.
Typus-Art: B. nutans Thou.
Synonym: Megaclinium Lindl.
Kultur: Substrat A. Mindesttemperatur im Winter für tropische Arten 15–18 °C, für Pflanzen aus höheren Lagen 10–15 °C. Da es sich bei der Mehrzahl aller *Bulbophyllum*-Arten um kriechende Pflanzen handelt, hält man sie entweder in flachen Schalen oder in Körben; manche Arten eignen sich auch gut zur Kultur auf Blöcken. Alle verlangen in der Wachstumsperiode hohe Luftfeuchtigkeit und nur leichten Schatten. Nach völligem Auswachsen der neuen Pseudobulben kann man weniger Wasser geben, doch sollte man ein Austrocknen verhindern (eine Ausnahme bilden nur einige Arten aus Indien und Birma, die auch in der Natur Trockenperioden zu überdauern haben. Arten wie *B. auricomum* sollten für einige Wochen trocken gehalten werden). Alle *Bulbophyllum*-Arten läßt man so lange wie möglich ungestört; das gilt ganz besonders für kleinwüchsige Arten.

Bulbophyllum barbigerum Lindl.

Pseudobulben des kleinen Epiphyten auf dem ziemlich kräftigen Rhizom stehend, 1,5–3 cm lang, 1,5–2,7 cm breit, im Umriß elliptisch oder kreisrund, stark zusammengedrückt, am Gipfel

1blättrig. Blätter 2,5–11 cm lang, 1–2,8 cm breit, länglich oder elliptisch, vorn abgerundet und ausgerandet, lederig. Blütenstand aufrecht oder abstehend, 9–20 cm lang, traubig, locker mehrblütig; Brakteen 0,8 cm lang, schmal-eiförmig, langspitzig, abstehend. Blüten klein: tiefrot oder weinrot; Sepalen grünlich überlaufen. Sepalen bis 1 cm lang und 0,3 cm breit, linalisch-lanzettlich, nach der scharfen Spitze hin allmählich verschmälert. Petalen 0,1 cm lang und breit, winzig-3eckig. Lippe 0,9–1,1 cm lang, 0,15 cm breit, linealisch-riemenförmig, an den Rändern gewimpert und vorn mit einem Bündel strahlig angeordneter Keulenhaare. Säule kurz, aufrecht, mit langen, sich verdünnenden herabgebogenen Stelidien; Fuß kurz.
Verbreitung: Afrika, Sierra Leone und ostwärts bis nach Kamerun und Zaire.
Geschichte: Die entzückende Art wurde aus Sierra Leone durch die Firma Loddiges in die Kultur eingeführt und im Juni 1836 erstmals zum Blühen gebracht. J. Lindley beschrieb sie 1837 im »Botanical Register«.
Anmerkung: Diese Pflanze unterscheidet sich von der nahe mit ihr verwandten *B. distans* durch ihre zusammengedrückten Pseudobulben, abstehenden Brakteen und die Keulenhaare der Lippe; außerdem ist sie wesentlich kleiner.

Bulbophyllum careyanum (Hook.) Sprengel

Mit kräftigem Rhizom wachsender, mittelgroßer Epiphyt. Pseudobulben 1,5–5 cm lang, 1,5–2,5 cm breit, kugelig-eiförmig oder länglich-eiförmig, schwach gefurcht, 1blättrig. Blätter 10–25 cm lang, 2,5–5 cm breit, sehr kurz gestielt, länglich oder linealisch-länglich, vorn stumpf, aufrecht oder schräg abstehend. Blütenstand 12–23 cm lang, gebogen, traubig, zylindrisch, dicht, vielblütig; Brakteen so lang oder länger als die Blüte. Blüten 0,6–0,8 cm lang, dicht sich überdeckend: orangegelb oder grünlich, mehr oder minder intensiv rotbraun oder purpurn überlaufen und getüpfelt; Lippe violett; Säule orangegelb. Sepalen länglich-eiförmig, spitz; die mittlere 0,5 cm lang und 0,25 cm breit; die seitlichen 0,6–0,8 cm lang. Petalen sehr klein, breit-eiförmig, begrannt. Lippe 0,5 cm lang und 0,2 cm breit, fast ungeteilt, kurz gestielt, am Grunde geöhrt, zurückgebogen. Säule mit lang begrannten Stelidien aus breiter Basis.
Verbreitung: Nepal, Khasia-Gebirge und Birma.
Geschichte: Die nach ihm benannte Pflanze wurde von Dr. Carey aus Serampore in Nepal gefunden und an den Botanischen Garten nach Liverpool geschickt. Sie blühte dort erstmals im Oktober 1824 und wurde von Sir William Hooker im gleichen Jahr in seiner »Exotic Flora« als *Anisopetalum* beschrieben. K. Sprengel versetzte die Art 1826 in die Gattung *Bulbophyllum* (Linné, »Systema Vegetabilium«, 16. Aufl.).
Anmerkung: Die aus Aracan stammende var. *ochracea* besitzt ungetüpfelt ockergelbe Blüten und eine rotbraune Lippe.
Synonyme: Anisopetalum careyanum Hook.; *Pleurothallis purpurea* Don; *Tribrachia purpurea* (Don) Lindl.; *Bulbophyllum cupreum* Lindl.

Bulbophyllum cocoinum Lindl.

Pseudobulben des kleinen, 10–50 cm hohen Epiphyten 1,5–4 cm lang, eiförmig, doppelt konvex oder 3–4kantig, am Gipfel 1blättrig. Blätter 8–27 cm lang, 1–3 cm breit, lanzettlich oder länglich-lanzettlich, vorn spitz. Blütenstände hängend, 14–45 cm lang, traubig, vielblütig. Blüten klein: weiß-grün oder cremefarben, oft rosa oder purpurn behaucht. Sepalen 0,8–1,4 cm lang, lanzettlich, ausgezogen langspitzig. Petalen verkehrtlanzettlich, 0,25–0,35 cm lang, an den Rändern fein gezähnt. Lippe 0,25–0,3 cm lang, 0,1 cm breit, ungeteilt oder mit rundlichen undeutlichen Seitenlappen, an den Rändern gewimpert oder gezähnelt. Säule nur 0,15 cm lang, kräftig; Stelidien vorstehend, über 0,1 cm lang, spitz; Säulenfuß gekrümmt.
Verbreitung: Sierra Leone bis Ghana und Insel Annobon; vermutlich auch in Uganda.
Geschichte: Die Pflanze wurde aus Sierra Leone von der Firma Loddiges in die Kultur eingeführt und in Hackney im Januar 1835 erstmals zum Blühen gebracht. J. Lindley erhielt eine dieser Pflanzen und zugleich auch ein weiteres Exemplar von J. Bateman; er beschrieb die Art 1837 im »Botanical Register«.

Bulbophyllum crassipes Hook.f.

Ein kriechender Epiphyt mit kräftigem Rhizom von 0,4–0,5 cm Durchmesser. Pseudobulben 5 cm lang und 1,5–2 cm breit, kegelig, in Abständen von 5–7 cm auf dem Rhizom stehend, im trockenen Zustand kantig, von einer großen geschwollenen Scheide völlig verdeckt, am Gipfel 1blättrig. Blätter 6–12 cm lang, 1,5–2 cm breit, länglich, vorn stumpf oder mit aufgesetztem Spitzchen, kurz gestielt, dick lederig. Blütenstand 15–20 cm lang; Brakteen 0,7–1 cm lang, länglich, stumpf. Blüten klein: gold-gelblich. Mittlere Sepale 0,5 cm lang und 0,3 cm breit, verkehrteiförmig bis elliptisch, oben abgerundet; die seitlichen 0,75 cm lang und 0,4 cm breit, schief-eiförmig, langspitzig; Mentum 0,2 cm hoch. Petalen 0,3 cm lang und 0,1 cm breit, schmal-elliptisch. Lippe 0,3 cm lang, zungenförmig, gefurcht. Säule 0,3 cm lang; Stelidien 3eckig.
Verbreitung: Indien, Birma und Indochina.
Geschichte: Die 1890 in der »Flora of British India« von Sir Joseph Hooker beschriebene Pflanze wurde erstmals von Wallich in Martaban und von Clarke in Sikkim gefunden.
Anmerkung: Im Wuchs ist die Pflanze *B. careyanum* nicht unähnlich; sie unterscheidet sich aber von ihr durch die längere Säule mit ihren kurzen, aufrechten Stelidien.
Synonym: Bulbophyllum careyanum Wall. non Sprengel.

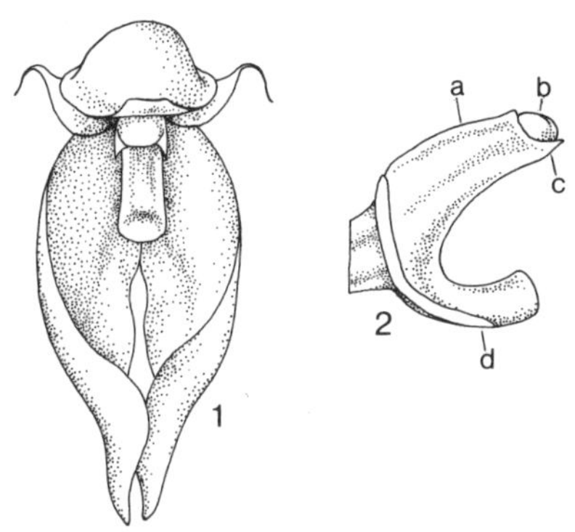

Bulbophyllum crassipes
1 = Blüte von vorn (× $4^1/_3$)
2 = Säule von der Seite (× $6^1/_2$)
a = Säule
b = Antherenkappe
c = Stelidium
d = Säulenfuß

Bulbophyllum dearei (hort.) Rchb.f.

Pseudobulben gebüschelt oder etwas auseinanderstehend, bis 3 cm lang und 1 cm breit, schmalkegelig, am Gipfel 1blättrig. Blätter gestielt, 10–17 cm lang, bis 5 cm breit, elliptisch-länglich, vorn spitz oder stumpf; Stiel bis 3 cm lang, dünn. Blütenstände aufrecht, ungefähr so lang wie die Blätter, 1blütig. Blüten auffällig, groß: Mittlere Sepale ledergelb, rot getüpfelt; die seitlichen auf jeder Seite purpurn gezeichnet; Petalen ledergelb, dunkler gelb auf den Adern und außerdem mit rötlichpurpurnen Tüpfeln; Lippe weißlich und purpurviolett marmoriert; Säule intensiv ledergelb, rot berandet. Mittlere Sepale 3,5–4,6 cm

Bulbophyllum dearei
1 = Blüte von vorn (× 3/4)
2 = Säule und Lippe (× 2)
3 = Anthere (× 6 1/2)
4 = Pollinien (× 6 1/2)

lang, 1,4–1,7 cm breit, eiförmig-lanzettlich, spitz, nach vorn gebogen; die seitlichen bis 2,5 cm lang, 0,8–1 cm breit, lanzettlich-sichelförmig, an der Basis erweitert und sackartig vertieft. Petalen 3–3,5 cm lang, bis 0,8 cm breit, linealisch-lanzettlich, spitz oder langspitzig, zurückgeschlagen. Lippe durch einen biegsamen Nagel äußerst beweglich, 1–3 cm lang, 0,7 cm breit, 3eckig, vorn zurückgebogen und an den Seiten hochgeschlagen; Kamm U-förmig. Säule sehr kurz.
Verbreitung: Auf Borneo und den Philippinen-Inseln Palawan und Mindanao, in niedrigen Lagen.
Geschichte: Die Pflanze wurde aus den Philippinen von Dear eingeführt und im »Gardeners' Chronicle« 1883 nach ihm benannt (als *Sarcopodium*). H. G. Reichenbach versetzte die Art 1888 in die heutige Gattung (»Flora«).
Synonyme: Bulbophyllum godseffianum Weathers (unter diesem Namen ist die Art heute noch manchmal zu sehen); *Sarcopodium dearei* hort.; *Phyllorhachis dearei* (hort.) O. Kuntze.

Bulbophyllum distans Lindl.

Pseudobulben des mit einem kriechenden Rhizom wachsenden Epiphyten 1–4 cm lang, 1–2,5 cm breit, kegelförmig oder eiförmig, 4kantig, am Gipfel 1blättrig. Blätter 9–15 cm lang, 1,6–3,5 cm breit, länglich, unten kurz gestielt, vorn abgerundet, lederig. Blütenstand aufrecht, 15–60 cm lang, locker-vielblütig; Brakteen 0,4–1,5 cm lang, grünlich. Blüten sich der Reihe nach öffnend: Sepalen und Petalen gelbgrün oder kastanienbraun oder purpurn behaucht; Lippe braun oder purpurn. Sepalen 0,9–1 cm lang, 0,2–0,3 cm breit, lanzettlich oder linealisch-lanzettlich, langspitzig oder allmählich spitz ausgezogen. Petalen sehr schlank, 0,4 cm lang, linealisch und nach oben zu allmählich verschmälert, langspitzig, sichelartig gekrümmt. Lippe ungefähr 0,8 cm lang, linealisch, etwas fleischig, an der verdickten Basis mit zwei zurückgeschlagenen papillösen, meistens etwas durchsichtigen Öhrchen, an den Rändern und auf der Oberfläche mit langen Haaren besetzt. Säule kurz, gestutzt; Stelidien allmählich verschmälert, herabgebogen; Säulenfuß kurz, nach innen gekrümmt.
Verbreitung: Von Westafrika bis nach Uganda; im Regenwald und tieferen Lagen der Bergwälder.
Geschichte: Die Pflanze wurde von G. Mann 1860 am Ufer des Nun-Flusses in Westafrika entdeckt und zwei Jahre später von J. Lindley im »Journal of the Linnaean Society« veröffentlicht.
Anmerkung: Die Art ist nahe verwandt mit *B. calamarium* Lindl., welche sich durch eine riemenförmige fleischige Lippe, deren lange Haare nur auf der Mittelrippe stehen, auszeichnet.

Bulbophyllum falcatum (Lindl.) Rchb.f.

Pseudobulben des kleinen, bis 35 cm hohen Epiphyten 2–6 cm lang, eiförmig oder verlängert-eiförmig, 3–4kantig, am Gipfel 2blättrig. Blätter 4–16 cm lang, 0,6–2,3 cm breit, länglich-lanzettlich oder verkehrtlanzettlich. Blütenstand bis 35 cm lang; Achse dünn, abgeflacht, bis 1,4 cm breit, grün oder purpurn, mit wellenförmigen Rändern. Blüten aufrecht, einwärtsgebogen: grün oder mit purpurner oder purpurvioletter Zeichnung, manchmal völlig rot und purpurn; Spitze der Petalen gelb. Mittlere Sepale 0,4–0,7 cm lang, mehr oder weniger spatelig oder unterhalb der Spitze erweitert, abgerundet, am oberen Rande deutlich fleischig verdickt; die seitlichen sichelig gebogen und spitz. Petalen 0,2–0,3 cm lang, linealisch oder länglich, sichelig gebogen, am Gipfel stumpf oder abgerundet und etwas verdickt. Lippe verhältnismäßig dünn und flach, gebogen, 0,2 cm lang, 0,15 cm breit, kahl. Säule nur 0,1 cm lang, mit abgerundeten Flügeln.
Verbreitung: Guinea und von Sierra Leone ostwärts nach Zaire und Uganda.
Geschichte: Ursprünglich wurde die Pflanze von J. Lindley 1826 im »Botanical Register« in der Gattung *Megaclinicum* beschrieben. im Jahre 1864 versetzte sie H. G. Reichenbach (Walpers, »Annales Botanices«) nach *Bulbophyllum.*
Synonyme: Megaclinicum falcatum Lindl.; *M. endotrachys* Kraenzl.; *Bulbophyllum leptorrhachis* Schltr.

Bulbophyllum lasiochilum Parish et Rchb.f.

Pseudobulben des kleinen Epiphyten in Abständen von 2–3 cm auf dem langen, dünnen Rhizom stehend, 2 cm lang und 1,5 cm breit, ei-birnenförmig, am Gipfel 1blättrig. Blätter 4–7 cm lang, bis 2 cm breit, aufrecht, länglich-elliptisch, vorn leicht eingeschnitten, lederig. Blütenstand 3,5–7 cm lang, aufrecht, 1blütig. Blüte groß: Mittlere Sepale und Petalen purpurn; seitliche Sepalen gelblich und mit großen karminroten Klecksen; Lippe purpurn und mit langen purpurnen Randhaaren. Mittlere Sepale bis 1,5 cm lang und 0,4 cm breit, linealisch-lanzettlich, nach vorn gebogen; die seitlichen bis fast zum Grunde voneinander frei, 2–3 cm lang, 0,8 cm breit, eiförmig, sichelartig gebogen, eingerollt, stumpflich. Petalen 1,2 cm lang, 0,3 cm breit, schmal-lanzettlich, sichelförmig gebogen, spitz, an den Rändern fein gezähnt. Lippe 0,5 cm lang, 0,4 cm breit, 3lappig, am Grunde tief gespalten; Seitenlappen etwas nach unten gekrümmt, flaumig behaart; Mittellappen fleischig, zungenförmig, vorn abgerundet. Säule nur 0,4 cm lang, kräftig; Stelidien

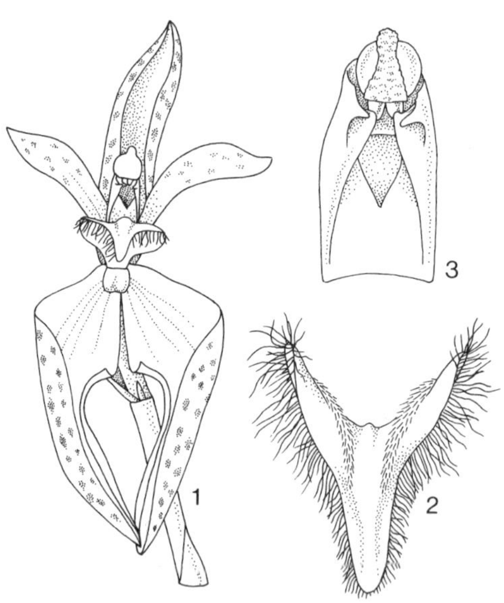

Bulbophyllum lasiochilum
1 = Blüte von vorn (× 2)
2 = Lippe (× 4 1/3)
3 = Säule (× 6 1/2)
(nach Seidenfaden, 1975)

kurz, spitz, herabgeschlagen; Fuß der Säule 0,6 cm lang.
Verbreitung: Süd-Birma, Thailand und Malaga.
Geschichte: H. G. Reichenbach und C. Parish veröffentlichten 1874 die von Parish in Birma gefundene Pflanze in den »Transactions of the Linnaean Society«.
Synonyme: Cirrhopetalum breviscapum Rolfe; *Bulbophyllum breviscapum* (Rolfe) Ridl.

Bulbophyllum leopardinum (Wall.) Lindl.

Pseudobulben des mittelgroßen Epiphyten in dichten Gruppen stehend, 2–5 cm lang, 1–2,5 cm breit, eiförmig-länglich bis zylindrisch-eiförmig, leicht zusammengepreßt, glatt oder mit schwachen abgerundeten Längsleisten, am Gipfel 1blättrig. Blätter gestielt, 7,5–20 cm lang, 2,5–6 cm breit, länglich, steif lederig; Blattstiel 2,5–7 cm lang. Blütenstand sehr kurz, 1–3blütig; Brakteen groß, breit-eiförmig, spitz. Blüten gebüschelt, 2–3 cm breit, kugelig-glockig: hell gelbbraun oder grünlich, dicht purpurn getüpfelt; Lippe tiefpurpurn. Mittlere Sepale 2 cm lang und 0,8 cm breit, eiförmig-lanzettlich; die seitlichen 2,3 cm lang, 1 cm breit, schief-eiförmig, langspitzig. Petalen ungefähr 1,5 cm lang, breit-eiförmig, spitz oder langspitzig. Lippe fleischig, bis 1,5 cm lang und 1 cm breit, ungeteilt, eiförmig, stumpf, herabgebogen, am Grunde mit gezähnelten Öhrchen, auf jeder Seite der Mittellinie mit zwei ausgesprochen glatten Längsleisten. Säule dick, 0,3–0,4 cm lang, hellgelb; Stelidien 0,1 lang, kräftig, 3eckig.
Verbreitung: Nepal, Sikkim und Assam; in Wäldern; zwischen 900 und 1800 m.
Geschichte: Die Pflanze wurde 1821 erstmals von N. Wallich auf dem Berge Chandaghiry in Nepal gefunden und von ihm in der Gattung *Dendrobium* veröffentlicht (»Tentamen Florae Nepalensis Illustratae« 1824). J. Lindley versetzte sie in seinem Werk »Genera and Species of Orchidaceous Plants« 1830 in die Gattung *Bulbophyllum.*
Anmerkung: Die Art ähnelt *B. griffithii* (Lindl.) Rchb.f.; diese besitzt aber einen nur 1blütigen Blütenstand, ist von kleinerem Wuchs und hat anders geformte Blätter.
Synonyme: Sarcopodium leopardinum (Wall.) Lindl.; *Dendrobium leopardinum* Wall.

Bulbophyllum lobbii Lindl.

Pseudobulben der Epiphyten 3–8 cm entfernt auf dem kräftigen Rhizom stehend, 3–5 cm lang, 2–3 cm breit, in der Jugend völlig glatt, mit dunkelgrünem Netzmuster auf hellerem Hintergrund. Blätter gestielt, 10–25 cm lang, bis 7 cm breit, linealisch-länglich, vorn stumpf, lederig; Blattstiel 3 cm lang. Blütenstände 1blütig; Schaft sehr kurz; Blütenstiel 10–15 cm lang, gescheckt. Blüten sich weit öffnend, 6–10 cm breit, in der Farbgestaltung sehr veränderlich: hellgelb, ockergelb oder rötlichgelb und mit roten Nerven oder mit gelber und rosa Scheckung, durchzogen von braunen Linien. Mittlere Sepale bis 5 cm lang und 1,2 cm breit, lanzettlich, aufrecht, langspitzig; die seitlichen eiförmig-lanzettlich, sichelig gebogen, unten konkav, an den Spitzen zurückgekrümmt. Petalen 3,7 cm lang, viel schmaler als die Sepalen, fast waagerecht abstehend. Lippe breit-eiförmig, bis 0,9 cm lang und 0,7 cm breit, zurückgebogen, spitz. Säule kurz und breit; Stelidien sehr kurz.
Verbreitung: Java, Sumatra, Borneo, Malaga, Thailand und Tenasserim.
Geschichte: J. Lindley betrachtete diese Pflanze als die schönste der umfangreichen Gattung. Er beschrieb sie 1847 im »Botanical Register« und benannte sie zu Ehren von Thomas Lobb, der sie in Java entdeckte, wo er im Auftrag der Firma Veitch sammelte.

Bulbophyllum neilgherrense Wight

Pseudobulben in Abständen auf dem kriechenden Rhizom stehend, 3,5–5 cm lang, 2–3 cm breit, eiförmig-kegelig, leicht zusammengepreßt, glatt, am Gipfel 1blättrig. Blätter halbaufrecht, 10–15 cm lang, 3,5–4 cm breit, elliptisch-länglich oder länglich, fleischig-lederig, sehr kurz gestielt. Blütenstände aufrecht oder schräg abstehend, 7,5–18 cm lang, locker bis dicht vielblütig; Schaft stielrund, gegliedert, an der Gliederungsstelle mit einer häutigen sterilen Braktee; Brakteen kürzer als die Blüten, spitz. Blüten ziemlich groß: matt bräunlichgelb bis purpurgrün; Lippe grünlichbraun bis purpurn. Mittlere Sepale 0,4–0,5 cm lang, bis 0,2 cm breit, breit-eiförmig; die seitlichen 2–3mal länger als die mittlere, länglich, am Grunde vereint. Petalen 0,3 cm lang, bis 0,1 cm breit, 3eckig-eiförmig, langspitzig. Lippe geöhrt, 0,4–0,6 cm lang, 0,25 cm breit, zurückgebogen; die Öhrchen ganz oder gezähnelt; Mittellappen zungenförmig, ungeteilt, auf dem Rükken gefurcht. Säule mit lanzettlichen Stelidien.
Verbreitung: Malabar, in den Nilgiri-Bergen, Südindien.
Geschichte: Die Pflanze wurde erstmals 1849 in den Nilgiri-Bergen (Neilgherries) von McIvor gefunden, und dann in Malabar von R. Wight, der sie 1851 in seinem Werk »Icones Plantarum Indiae Orientalis« beschrieb.
Anmerkung: Diese Art ist verwandt mit *B. careyanum,* unterscheidet sich aber durch längere, mehr aufrechte, wenigerblütige und weniger dichte Infloreszenzen, größere, andersfarbige Blüten mit größerer Lippe.

Bulbophyllum patens Hook. f.

Pseudobulben in Abständen von 1–8 cm auf dem Rhizom des mittelgroßen Epiphyten stehend, 2–3,8 cm lang, 1–2 cm im Durchmesser, elliptisch im Umriß, am Gipfel 1blättrig. Blätter gestielt, 15–20 cm lang, 5–6,5 cm breit, elliptisch-länglich, vorn spitz, fleischig; Blattstiel 1–2 cm lang. Blütenstand kurz gebogen, 0,6–5,2 cm lang, mit kurzen sich überdeckenden Schuppen bekleidet, 1blütig; Schaft gelb und rotgescheckt, Blüten sich weit öffnend: Sepalen und Petalen hellgelb oder weiß und rötlichpurpurn überlaufen oder dicht getüpfelt; Lippe purpurn. Mittlere Sepale 2–2,5 cm lang, 0,7–0,8 cm breit, aufrecht, einwärts gebogen, linealisch-lanzettlich; die seitlichen breiter als die mittlere Sepale, eiförmig-lanzettlich, sichelig-herabgebogen. Petalen 2 cm lang, 0,4–0,5 cm breit, linealisch-verkehrtlanzettlich, spitz. Lippe 0,8–1 cm lang, 0,3 cm breit, kurz gestielt, linealisch-länglich, gerade, fleischig; Säule kurz, 0,5 cm lang, gestutzt, ohne Stelidien.
Verbreitung: Malaga und Sumatra (vielleicht auch in Java und Borneo); im Tiefland.
Geschichte: Die erstmals von Kunstler in Perak gesammelte Pflanze wurde, fußend auf einer Beschreibung von King, durch Sir Joseph Hooker 1891 in »Hooker's Icones Plantarum« veröffentlicht. In die Kultur wurde die Art 1913 von C. M. Rothschild in Ashton Wold (Northamptonshire) eingeführt.

Cadetia Gaud.

Tribus: Dendrobieae
Subtribus: Dendrobiinae

Kleine mit einem Rhizom wachsende Epiphyten. Stämme kurz bis mittellang, mehrknotig, entweder gebüschelt oder einzeln stehend, nach oben zu erweitert und fleischig, am Gipfel 1blättrig. Blätter flach, meistens fleischig, nur selten von dünner Beschaffenheit. Blüten klein, mit schlanken Stielen, jeweils einzeln oder zu wenigen mit einer Braktee am Gipfel des Stammes erscheinend. Sepalen ziemlich breit; Petalen schmäler;

Mentum groß aber nicht lang. Lippe mit dem oberen Ende des Säulenfußes und den Seiten verwachsen und auf diese Weise einen deutlichen Sporn bildend, 3lappig; Seitenlappen klein, aufrecht, die Säule umgreifend; Mittellappen meistens herabgebogen, flaumig behaart. Säule am Gipfel gezähnt, vorn flaumig behaart, mit ausgeprägtem Fuß; Pollinien 4, in zwei dicht angedrückten Paaren angeordnet, ohne Caudiculae.
Umfang und Verbreitung: Ungefähr 50 Arten; mit Schwerpunkt in Neuguinea aber auch nach Indonesien, Südostasien, Indien und Australien aussrahlend.
Ableitung des Namens: Benannt zur Erinnerung an Cadet de Gassicourt, Verfasser eines chemischen Wörterbuches und eines Formelbuches in Frankreich.
Anmerkung: C. Gaudichaud begründete die Gattung 1826 in Freycinet »Voyage sur L'Uranie et la Physicienne«. Sie ist mit *Ephemerantha* P.F. Hunt et Summerh. wie auch mit *Diplocaulobium* (Rchb.f.) Kraenzl. verwandt; von beiden unterscheidet sie sich durch ihre mehr langlebigen, weißen Blüten und die oben beschriebene Art der Spornbildung. Eine Unterteilung der Gattung in 3 Sektionen erfolgte durch R. Schlechter (Fedde »Repertorium«, Beihefte 1914).
Typus-Art: C. umbellata Gaud.
Kultur: Substrat A. Mindesttemperatur im Winter 12–15 °C. Im allgemeinen behandelt man diese Pflanzen wie tropische *Dendrobium*-Arten. Während des Wachstums verlangen sie reichlich Wasser und mittleren Schatten; danach schaltet man eine trockene Ruheperiode ein. Da es sich um kleine Pflanzen handelt, achte man aber darauf, daß sie niemals völlig trocken stehen. Unter Umständen blühen diese Pflanzen mehr als einmal im Jahr.

Cadetia taylori (F. Mueller) Schltr.

Pseudobulben des kleinen, dicht büscheligen Epiphyten 2,5–10 cm lang, 0,2–0,5 cm breit, zylindrisch, mit seichten Längsfurchen, am Gipfel 1blättrig, anfangs am Grunde mit einer straffen, brakteenartigen Scheide versehen. Blätter 1,5–5 cm lang, 0,7–1,2 cm breit, länglich, halbaufrecht, vorn ausgerandet. Blütenstand 1blütig, kürzer als das gipfelständige Blatt. Blüten 1–1,2 cm im Durchmesser: weiß, mit gelber oder rosa Lippe. Mittlere Sepale 0,4–0,6 cm lang, bis 0,2 cm breit, länglich, stumpf oder stumpfspitzig, über die Säule gekrümmt; die seitlichen 0,5–0,6 cm lang, 0,4–0,5 cm breit, breit-länglich oder eiförmig, stumpf, abstehend, mit dem Fuß der Säule ein nach hinten weisendes, 0,4–0,5 cm langes Mentum bildend. Petalen 0,4–0,6 cm lang, bis 0,5 cm breit, linealisch, gebogen, spitz. Lippe 0,6–0,8 cm lang, 0,4–0,5 cm breit, genagelt, in der Mitte 3lappig, auf Platte und Mittellappen flaumig behaart; Seitenlappen aufrecht, kleiner als der Mittellappen quer-elliptisch oder länglich-elliptisch, herabgebogen, fleischig. Säule vorstehens, 0,4 cm lang, unterhalb der Narbe filzig, am Gipfel 5zähnig; Fuß 0,3 cm lang.
Verbreitung: Queensland in Ostaustralien; von Meereshöhe bis zu 1200 m im tropischen Regenwald.
Geschichte: Die Art wurde ursprünglich durch Baron F. von Mueller 1874 in der Gattung *Bulbophyllum* im »Fragmenta Phytographiae Australiae« beschrieben. Zugrunde lag ein von Norman Taylor im Uferwald des Blomfield's River gesammeltes Exemplar. R. Schlechter versetzte sie 1912 (Fedde, »Repertorium«, Beihefte) nach *Cadetia.*
Synonyme: Bulbophyllum taylori F. Mueller; *Dendrobium uniflos* F. Mueller; *D. taylori* (F. Mueller) Fitzg.; *D. hispidum* F. Mueller (non A. Rich.).

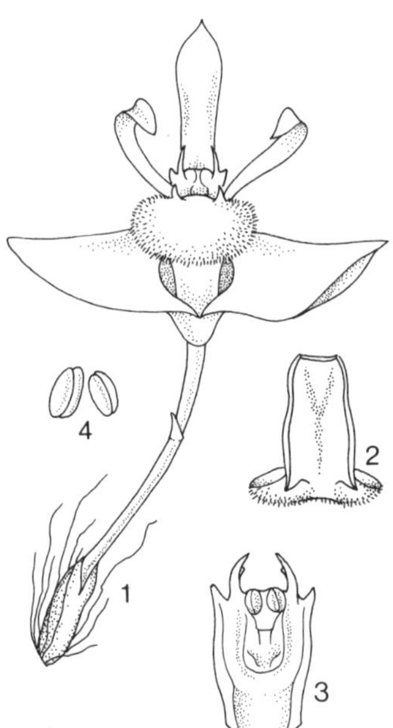

Cadetia taylori
1 = Blüte (× $4^{1}/_{2}$)
2 = Lippengrund von oben (× $4^{1}/_{2}$)
3 = Säulen, Antherenkappe entfernt, um Klebscheibe, Stipes und Pollinien zu zeigen (× $8^{1}/_{2}$)
4 = Pollinien (× 18)
(nach W. H. Nichols, 1969)

Calanthe R. Brown
Tribus: Arethuseae
Subtribus: Bletiinae

Mittelgroße bis große, terrestrische oder selten epiphytische Pflanzen. Stämme mehr oder weniger pseudobulbenartig, kurz oder lang, 2- bis mehrblättrig. Blätter gestielt, längsgefaltet, oft groß, ausdauernd oder hinfällig. Blütenstand blattachsel-, gipfel- oder seitenbürtig, traubig, locker bis dicht wenig- bis vielblütig. Blüten klein bis mittelgroß, oft augenfällig. Sepalen untereinander ähnlich, meistens abstehend, selten zusammenneigend. Petalen den Sepalen nicht unähnlich, breit oder schmal. Lippe der Basis oder dem Gipfel der Säule angewachsen, 3lappig; Mittellappen oft tief gabelig geteilt; Platte am Grunde mit Lamellen oder Warzen besetzt. Säule fleischig, lang oder kurz, gestutzt; Pollinien 8, wachsartig, in Paaren mit einer körnigen Klebscheibe verbunden.
Umfang und Verbreitung: Über 150 Arten in den Tropen beider Hemisphären, aber mit Schwerpunkt in Asien.
Ableitung des Namens: Aus dem griechischen »Kalos« = schön, reizend, und »anthe« = Blüte.
Anmerkung: Die Gattung wurde 1821 von R. Brown im »Botanical Register« begründet. Sie ist nahe mit *Phaius* verwandt, zeichnet sich aber aus durch die Verwachsung der Säule mit dem Lippengrund. Moderne Autoren wie Seidenfaden und Holttum untergliedern *Calanthe* in zwei Sektionen:

1. **Preptanthe.** Pseudobulben mehr oder weniger verlängert, kantig und bedeckt mit graugrünen, netzartigen Scheiden. Blätter hinfällig. Blütenstand locker, behaart und mit großen, geschwollenen Brakteen.
2. **(Eu-)Calanthe.** Pseudobulben klein oder völlig fehlend. Blätter ausdauernd. Blütenstand dicht, mit vielen angepreßten Brakteen.

Diese beiden Sektionen entsprechen den alten, von G. Bentham aufgestellten, **Vestita** und **Veratrifolia.** Arten der einen Sektion bilden keine Hybriden mit denen der andren. Obgleich viele Arten von *Calanthe* ein sehr kleines Verbreitungsgebiet besitzen, sind andere, wie z.B. *C. masuca* und *C. triplicata* sehr weit verbreitet. Dieser Umstand hat zur Beschreibung mehrerer Arten geführt, die, obgleich in der Kultur weit bekannt, heute als Synonyme geführt werden müssen.
Typus-Art: C. triplicata (Willemet) Ames.
Synonyme: Alismorkis Thou.; *Ghiesbrechtia* A. Rich. et Gal.
Kultur: Substrat C. Mindesttemperatur im Win-

ter 12–15 °C, etwas höher für immergrüne Arten. Arten mit abfallenden Blättern verlangen mittleren Schatten, viel Wärme und Feuchtigkeit während der Wachstumsperiode; nach dem Laubfall hält man sie kühl und völlig trocken. Ihre Blütenstämme erscheinen am Grunde der Pseudobulben. Immergrüne Arten brauchen mehr Schatten und dürfen niemals völlig trocken gehalten werden; allerdings gibt man ihnen weniger Wasser, wenn das gegenwärtige Wachstum abgeschlossen ist.

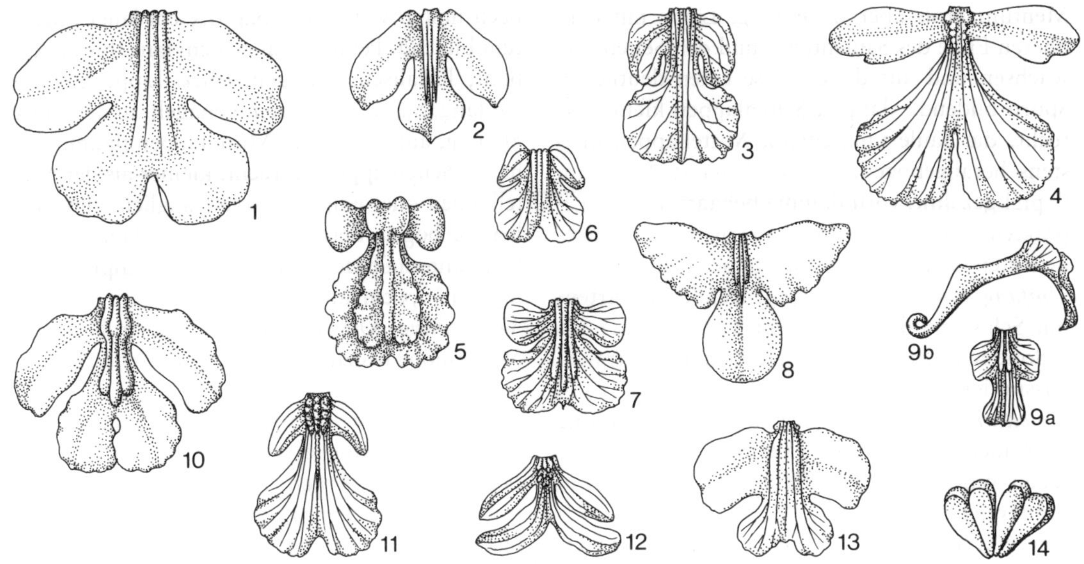

Calanthe
Lippen ausgebreitet
1 = *C. vestita* (× 1½)
2 = *C. plantaginea* (× 1½)
3 = *C. reflexa* (× 1½)
4 = *C. ceciliae* (× 1½)
5 = *C. tricarinata* (× 1½)
6 = *C. angustifolia* (× 1½)
7 = *C. brevicornu* (× 1½)
8 = *C. cardioglossa* (× 3)
9a = *C. pulchra*, von der Seite (× 1½)
9b = *C. pulchra*, von vorn (× 1½)
10 = *C. discolor* (× 1½)
11 = *C. masuca* (× 1½)
12 = *C. triplicata* (× 1½)
13 = *C. rubens* (× 1½)
14 = *C. masuca (pollinia)* (× 6)

Calanthe angustifolia Lindl.

Diese von Sumatra und Malaysia bis zu den Philippinen, in Höhen bis zu 600 m verbreitete Art zeichnet sich durch folgende Merkmale aus: Blütenstand zylindrisch, sehr dicht. Blüten klein, weiß mit gelber Lippe. Schwiele am Grunde der Lippe mit 2 Leisten; Sporn kurz, am Gipfel etwas erweitert und gefurcht.

Calanthe brevicornu Lindl.

Diese attraktive Art ist in Nepal und Sikkim in Höhenlagen zwischen 1800 und 2500 m beheimatet. Man kann sie an folgenden Merkmalen leicht erkennen: Sepalen und Petalen rotpurpurn und mit goldenen Streifen. Lippe rot und weiß, von einer bis fast zur Spitze reichenden, vorn 3lappigen Schwiele durchzogen; Sporn sehr kurz.

Calanthe cardioglossa Schltr.

Pseudobulben der mittelgroßen, 30–35 cm hohen terrestrischen Orchidee 3,5–6 cm lang, bis 1,5 cm breit, im Umriß ei- oder pyramidenförmig, im trockenen Zustand mit 5–6 Kanten, 1–3blättrig. Blätter gestielt, 20–25 cm lang, 4–5 cm breit, elliptisch-lanzettlich, langspitzig; Blattstiel 3–4 cm lang. Blütenstand grundständig, aufrecht, 15–30 cm lang; Schaft weich flaumig behaart; Brakteen 1,2 cm lang, eiförmig-lanzettlich. Blüten augenfällig, mittelgroß: Sepalen und Petalen weiß, zart purpurn bis rosarot behaucht; Lippe weiß oder rosa, stark purpurn gestreift, mit weißem Sporn. Mittlere Sepale 1,2 cm lang, 0,5 cm breit, schmal-elliptisch-lanzettlich, spitz bis langspitzig; die seitlichen etwas größer, am Grunde asymmetrisch, lanzettlich, langspitzig. Petalen 1,2 cm lang, 0,5 cm breit, schmal-elliptisch, spitz. Lippe 1,3 cm lang, 1,6 cm breit, 3lappig, herzförmig (ausgebreitet); Seitenlappen verkehrteiförmig, aufrecht und etwas einwärts gebogen; Mittellappen fast rhombisch, stumpf; Sporn stielrund im Querschnitt, fast gerade oder etwas s-förmig, flaumig behaart, 1,4–1,8 cm.
Verbreitung: Assam, Laos, Kambodscha und Thailand.
Geschichte: Die 1906 von R. Schlechter beschriebene Pflanze (Fedde, »Repertorium«) wurde von Hosseus bei Doi Suthep in Thailand in einer Höhenlage von 1500 m entdeckt.
Synonyme: Calanthe hosseusiana Kraenzl.; *C. succedanea* Gagnepain.

Calanthe ceciliae Rchb.f.

Neben einigen anderen, bereits dort erwähnten Arten, ist auch diese mit *C. sylvatica* verwandt. Man kann sie leicht an ihrem über die Blüte gebogenen Sporn erkennen. Darüber hinaus besitzt sie eine längere Säule und die länglich-verkehrteiförmigen Seitenlappen sind länger als bei der Vergleichsart. *C. ceciliae* ist in Java, Sumatra, Malaysia und Thailand zu Hause, wo sie von Meereshöhe bis zu 1000 m zu finden ist.

Calanthe discolor siehe unter *C. striata*
Calanthe masuca Lindl. siehe unter *C. sylvatica*

Calanthe plantaginea Lindl.

Auch diese Art ist mit *C. sylvatica* (siehe dort) verwandt. Sie stammt aus dem Himalaja und besitzt weiße, hellblaulila oder hellviolette Blüten. An den mit einem aufgesetzten Spitzchen versehenen und kaum die Seitenlappen überragenden Mittellappen der Lippe wie auch an der fast die ganze Lippe durchziehenden 3leistigen Schwiele kann man *C. plantaginea* leicht erkennen.

Calanthe pulchra (Bl.) Lindl.

Diese Art kommt häufig in Malaysia, Java, Sumatra und Borneo vor, wo sie von Meereshöhe bis zu 1000 m in feuchten Wäldern wächst. Ihre Blüten sind tief orangegelb mit orangefarbener Lippe. Am Grunde der Lippe besitzen sie einen tiefen, hakenförmigen Sporn.

Calanthe reflexa Maxim.

Diese Art ist in China, Japan und Korea beheimatet und wächst in feuchtem Grasland in Höhenlagen bis zu 2745 m. Möglicherweise ist sie in

Westeuropa winterhart. Sie besitzt augenfällige lila Blüten, mit einer etwas dunkleren Lippe und purpurroter Schwiele. In voll entwickelten Blüten sind die Sepalen und Petalen stark zurückgebogen, und der Sporn ist unterhalb der Lippe scharf nach innen gekrümmt.

Calanthe rubens Ridl.

Pseudobulben 6–15 cm lang, bis 4 cm breit, im Umriß eiförmig oder kegelig, kantig und gefurcht, silberfarben. Blätter kurz gestielt, bis 40 cm lang und 15 cm breit, elliptisch, langspitzig. Blütenstand vor den Blättern erscheinend, bis 50 cm lang, vielblütig; Schaft flaumig behaart; Brakteen ungefähr 2 cm lang und 0,6 cm breit, breiteiförmig, langspitzig. Blüten mittelgroß, außen flaumig behaart: rosa oder selten weiß, mit einem karminroten Längsstreifen in der Mitte der Lippe. Sepalen 1,5–1,8 cm lang, bis 0,7 cm breit, schmalelliptisch, spitz oder langspitzig. Petalen 1,5 cm lang, 0,8 cm breit, verkehrteiförmig, stumpf. Lippe 1,6 cm lang, 2 cm breit, in der unteren Hälfte 3lappig; Seitenlappen länglich, etwa 1 cm lang, gestutzt; Mittellappen keilförmig, größer als die Seitenlappen, gestutzt und in zwei längliche Läppchen gespalten; Sporn schlank, hängend, 1,5–1,7 cm lang, flaumig behaart, mit weitem Schlund.
Verbreitung: Thailand und nördliches Malaga; auf Kalkböden.
Geschichte: H. Ridley veröffentlichte diese Art 1890 im »Gardeners' Chronicle«; seiner Beschreibung lag eine von Curtis im Langkawidistrikt an der Westküste von Malaga gesammelte Pflanze zugrunde.
Synonym: Preptanthe rubens Ridley.

Calanthe striata (Thunb.) Lindl.

Pseudobulben der mittelgroßen terrestrischen Pflanze auf einem kurzen Rhizom angeordnet, klein, bis ungefähr 3 cm lang, 2–4blättrig, von Blattbasen umhüllt. Blätter 15–25 cm lang, bis 6 cm breit, elliptisch-lanzettlich bis verkehrteiförmig-länglich, vorn spitz, unten in einen gerieften Blattstiel verschmälert, auf der Unterseite sehr kurz flaumhaarig. Blütenstände aufrecht, 37–50 cm lang, traubig, locker 10–15blütig, mit kräftigem Schaft; Blütenstandachse sehr fein flaumig behaart; Brakteen bis fast 1 cm lang, schmallanzettlich. Blüten 3,7–5 cm breit: Sepalen und Petalen gelb oder gelblichbraun; Lippe leuchtend gelb; Säule hellgelb. Mittlere Sepale 2–2,5 cm lang, 0,8–1 cm breit, elliptisch-länglich, spitz oder etwas langspitzig; die seitlichen ähnlich den Petalen bis 2,3 cm lang und 0,8 cm breit, linealisch-spatelig, spitz. Lippe im Umriß keilig-fächerförmig, 3lappig; Seitenlappen halb-eiförmig oder länglich-verkehrteiförmig; Mittellappen verkehrtherzförmig, kleiner als die Seitenlappen, vorn ausgerandet; Platte mit drei erhabenen, bis auf den Mittellappen reichenden Leisten; Sporn bis 1 cm lang, einwärts gekrümmt, fein flaumig. Säule 0,5 cm lang, dick, stielrund.
Verbreitung: Japan und auf den Riukiu-Inseln; in Wäldern.
Geschichte: E. Kaempfer, der erste europäische Botaniker der Japan besuchte, fand diese Pflanze 1690 bei Saikokt. C. Thunberg beschrieb sie 1784 in seiner »Flora Japonica« in der Gattung *Limodorum* sie wurde außerdem in Kaempfers »Icones Selectae Plantarum« (redigiert von Sir Joseph Banks) abgebildet. Obgleich R. Brown diese Art der Gattung *Calanthe* zugehörig betrachtete (»Botanical Register« 1821) versäumte er es, sie in diese Gattung zu versetzen. Dies geschah erst 1833 durch J. Lindley (»Genera and Species of Orchidaceous Plants«).
Anmerkung: Sowohl in der Größe wie auch der Farbgebung der Blüte ist *C. striata* eine sehr verschiedengestaltige Art; Formen mit grünlichen oder purpurbraunen Sepalen und Petalen, sowie einer weißen oder rosenfarbigen Lippe sind unter dem Namen *C. discolor* Lindl. weit bekannt. In ihren »Orchids of the Southern Ryukyu-Islands« *1974* haben Garay und Sweet *C. striata* als Synonym unter *C. discolor* var. *flava* yatabe zitiert Wenn man jedoch *C. striata* und *C. discolor* als die gleiche Art betrachtet, muß man bedenken, daß *C. striata* den älteren Namen trägt; aus diesem Grunde müssen alle gelben Formen, die unter *C. discolor* klassifiziert waren, als Varietäten von *C. striata* betrachtet werden.
Synonyme: Limodorum striatum Thunb.; *Calanthe bicolor* Lindl.; *C. sieboldii* Regel; *C. discolor* Lindl.; *C. lurida* Decne. *C. amamiana* Fukuyama; *C. tokunoshimensis* Hatusima et Ida; *Alismorchis discolor* (Lindl.) O. Kuntze.

Calanthe sylvatica (Thou.) Lindl.

Pseudobulben des mittelgroßen bis großen Epiphyten klein, 2–4knotig, von Blattbasen völlig verdeckt. Blätter 20–30 cm lang, 7,5–12,5 cm breit, elliptisch-lanzettlich, vorn langspitzig, am Grunde in einen Blattstiel verschmälert. Blütenstand aufrecht, die Blätter überragend, bis über 70 cm lang, traubig, wenig- bis vielblütig. Blüten augenfällig, 2,5–3,7 cm breit: weiß bis lila, mit einer weißen bis dunkelrotpurpurnen Lippe; Schwiele weiß oder gelborange. Sepalen 1,5–3 cm lang, 0,7–1,2 cm breit, eiförmig-lanzettlich, langspitzig. Petalen etwas kleiner als die Sepalen, schmal-elliptisch oder lanzettlich, langspitzig. Lippe 1–2 cm lang, 1–1,7 cm breit, 3lappig, an der Basis mit der Säule verwachsen, abstehend; Seitenlappen öhrchenartig bis länglich, abstehend; Mittellappen keilförmig-fächerartig bis verkehrtherzförmig, vorn ausgerandet; Platte am Grunde mit einer in drei Reihen angeordneten Gruppe von Wärzchen; Sporn 1–3,5 cm lang, schlank, s-förmig einwärts gebogen.
Verbreitung: Auf den Maskarenen und in Madagaskar (vielleicht auch auf dem afrikanischen Festland); in Regen- und Bergwäldern; von Meereshöhe bis zu 2000 m.
Geschichte: A. du Petit Thouars entdeckte diese Pflanze in den Maskarenen und beschrieb sie 1822 unter dem Gattungsnamen *Centrosis* in seinen »Orchidées des Isles Australes da l'Afrique«. J. Lindley versetzte sie 1833 in seinem Werk »Genera and Species of Orchidaceous Plants« in die heutige Gattung.
Anmerkung: C. sylvatica ist nahe verwandt und möglicherweise identisch mit *C. corymbosa* Lindl., *C. natalensis* Rchb.f., *C. volkensii* Rolfe (alle im kontinentalen Afrika verbreitet) und mit *C. masuca* Lindl. aus Nordindien, China und Südostasien. Alle diese Arten unterscheiden sich voneinander und von *C. sylvatica* lediglich in unwichtigen Größenabweichungen der Gesamtblüte, des Lappen der Lippe oder des Sporns. Erst weitere Studien können zur Klärung dieser Frage führen.
Synonyme: Calanthe warpuri Rolfe; *Centrosis sylvatica* Thou., *C. aubertii* Rich.

Calanthe tricarinata Lindl.

Diese im Himalaja von Kashmir bis Nepal weit verbreitete Art zeichnet sich durch folgende Merkmale aus: Sepalen und Petalen gelbgrün; Lippe braun oder kastanienbraun, am Grunde weißlich; Säule gelb. Lippe an der Basis sackartig vertieft, nicht gespornt, mit einer bis auf den Mittellappen reichenden, aus 3 hohen Leisten bestehenden Schwiele besetzt.

Calanthe triplicata (Willemet) Ames

Eine große, bis über 100 cm hohe, sehr verschiedengestaltige Pflanze, mit einem dicken kurzen

Rhizom. Pseudobulben eiförmig, 3–6blättrig. Blätter langgestielt, groß, längsgefaltet, 45–60 cm lang, bis 12 cm breit, eiförmig-lanzettlich bis schmal-elliptisch-lanzettlich, spitz oder langspitzig, stark gerippt, auf der Unterseite fein flaumig. Blütenstand aufrecht, viel länger als die Blätter, traubig, nach dem Gipfel zu dicht vielblütig, fein flaumig behaart. Blüten mittelgroß: weiß, an den Sepalenspitzen hellgrün; Schwiele gelb oder orangefarbig. Sepalen 1,2–1,5 cm lang, 0,6–0,7 cm breit, elliptisch-eiförmig, mit aufgesetztem Spitzchen. Petalen 1–3 cm lang, 0,5–0,7 cm breit, breit-länglich bis verkehrtlanzettlich, mit aufgesetztem Spitzchen. Lippe mit dem Grunde der Säule verwachsen, 1,3–1,8 cm lang, bis 1,3 cm breit, 3lappig; Seitenlappen länglich, stumpf, abstehend; Mittellappen tief in zwei linealisch-längliche, sichelige und etwas zurückgebogene Segmente gespalten, der Innenwinkel spitz; Platte feinwarzig; Sporn 1,5–2,5 cm lang, schlank, gebogen. Säule etwas flaumig behaart.
Verbreitung Süd-Indien, Ceylon, Südostasien, Indonesien und über Japan südwärts nach Australien und Fidschi.
Geschichte: Calanthe triplicata, die unter ihrem Synonym *C. veratrifolia* besser bekannt ist, repräsentiert die Typusart der Gattung. Sie wurde 1796 von Willemet als *Orchis triplicata* beschrieben (in Usteri, »Annalen der Botanik«), bezogen auf die Phrasenbeschreibung »Flos triplicatus etc. ...« im Herbarium Amboinense (1750) von Rumphius. Diese Tatsache war übersehen worden, bis O. Ames die Art im »Philippines Journal of Science, Botany« 1907 in die Gattung *Calanthe* versetzte. Die Pflanze wurde von Alan Cunnigham auch in Australien entdeckt; er sandte sie an die Gärtnerei Colville in Chelsea, wo sie 1823 erstmals in Europa zur Blüte kam.
Synonyme (in Auswahl): *Orchis triplicata* Willemet; *Calanthe veratrifolia* (Willd.) R.Br.; *Limodorum veratrifolium* Willd.; *Calanthe comosa* Rchb.f.; *C. perrottetii* A. Rich.; *C. furcata* Lindl.

Calanthe vestita Lindl.

Pseudobulben 8–12,5 cm lang, ei-kegelfömig, stumpfkantig, bleichgrün mit grauen Streifen. Blätter nach der Blüte erscheinend 45–60 cm lang, 10–12 cm breit, breit-lanzettlich, unten in einen geflügelten und gefurchten Blattstiel verschmälert, vorn langspitzig, auf der Unterseite stark gerippt. Blütenstand aufrecht oder nickend, am Grunde der Pseudobulbe angesetzt, 60–80 cm lang, sehr flaumig behaart, von ganz unten an traubig, vielblütig; Brakteen groß und auffällig, eiförmig-lanzettlich, langspitzig. Blüten 5–8 cm breit: milchweiß, mit einem gelb gestreiften Fleck auf der Lippe vor der Säule. Sepalen ungefähr 2 cm lang und 0,7 cm breit, elliptisch-länglich, mit aufgesetzter Spitze; die seitlichen asymmetrisch. Petalen 1,8 cm lang, 0,9–1,1 cm breit, eiförmig-länglich, stumpf. Lippe flach, 1,5–2 cm lang, bis 2 cm breit, 3lappig, im Umriß eiförmig; Seitenlappen 0,8–1,1 cm lang, schief-länglich, stumpf; Mittellappen bis 1,2 cm lang und 1,8 cm breit, im Umriß breit-verkehrtherzförmig, tief gespalten; Sporn schlank, ungefähr 2 cm lang, grünlich. Säule 0,6 cm lang, kräftig.
Verbreitung: Birma, Thailand, Indochina, Malaga, Borneo und Celebes.
Geschichte: Diese aparte Pflanze wurde von N. Wallich 1826 bei Tavoy in Tenasserim, Birma, entdeckt; später wurde sie von Griffith auch in der Nähe von Merqui gefunden. J. Lindley beschrieb sie 1833 in seinen »Genera and Species of Orchidaceous Plants«.
Anmerkung: Man kennt mehrere Varietäten, darunter: var. *rubro-maculata* Paxt.; bei ihr ist der Lippenfleck purpurrot. Var. *regnieri* (Rchb.f.) Veitch; die besitzt mehr längliche Pseudobulben und eine rosarote Lippe mit karminrotpurpurnem Fleck.

Calyptrochilum Kraenzl.

Tribus: Vandeae
Subtribus: Aerangidinae

Mittelgroße Epiphyten mit langen, abstehenden oder herabhängenden Stämmen. Blätter 2zeilig gestellt und am Grunde so gedreht, daß sie alle in einer Ebene zu liegen kommen, fleischig. Blütenstände unterhalb der Blätter entspringend, traubig, dicht wenig- bis vielblütig; Blütenstandsachse öfters zickzackförmig. Blüten durchsichtig, vorwiegend weiß oder cremefarben, grün oder gelb auf der Lippe. Sepalen und Petalen ähnlich, frei. Lippe abstehend, am Grunde gespornt, mehr oder minder deutlich 3lappig; Sporn mit weitem Schlunde, nahe des geschwollenen Gipfels unvermittelt zurückgekrümmt. Säule kurz, fleischig; Rostellum verlängert; Pollinien 2, wachsartig; Stipes linealisch, oben etwas verbreitert; Klebscheibe einzeln.
Umfang und Verbreitung: Zwei Arten, weit verbreitet im tropischen Afrika von Guinea bis Sierra Leone und quer durch den Kontinent bis nach Ostafrika und Sambia.
Ableitung des Namens: Aus dem Griechischen »Kalyptra« = Schleier oder Bedeckung und »cheilos« = Lippe.
Anmerkung: Die Gattung wurde von F. Kraenzlin 1895 in Engler, »Botanische Jahrbücher« begründet. Ursprünglich gehörten ihre Arten zu *Angraecum;* sie unterscheiden sich aber durch das verlängerte Rostellum und die eigentümliche Form des Spornes.
Typus-Art: C. preussii Kraenzl. syn. *C. emarginatum* (Sw.) Schltr.
Kultur: Substrat A oder montiert. Mindesttemperatur im Winter 15 °C. Wegen ihrer hängenden Stämme lassen sich diese Pflanzen leicht halten, wenn man sie auf lange Kork- oder Baumfarnblöcke montiert. Ihre Wurzeln können dann entweder frei hängen oder auf dem Block zurückwachsen. Sie verlangen Schatten und viel Wasser; erst wenn das Wurzelwachstum eingestellt ist, wird weniger Wasser verlangt.

Calyptrochilum christyanum (Rchb.f.) Summerh.

Vorwiegend epiphytisch aber manchmal lithophytisch wachsende Pflanze. Stämme bis 60 cm lang, verholzt, hängend, 12–26blättrig, von ausdauernden, dunkelbraunen Blattresten bedeckt. Wurzeln stammbürtig, zahlreich, bis 23 cm lang, hellgrau. Blätter 7–11 cm lang, 2,2–2,4 cm breit, riemenförmig, lederig, dunkelolivgrün, an den Rändern etwas zurückgebogen, vorn schief eingeschnitten. Blütenstände kurz, 1–3,5 cm lang, 4–6blütig, unterhalb der Blätter entspringend, mit zickzackartiger Achse; Brakteen eiförmig, spitz, dunkelbraun. Blüten durchscheinend weiß, mattorangefarben nahe dem Sporn. Sepalen 1 cm lang, 0,5 cm breit, eiförmig, spitz. Petalen ähnlich den Sepalen aber eiförmig-elliptisch. Lippe 3lappig, 1,2 cm lang und breit; Seitenlappen kreisförmig; Mittellappen fast quadratisch, ausgeschnitten und an den Rändern gewellt; Sporn

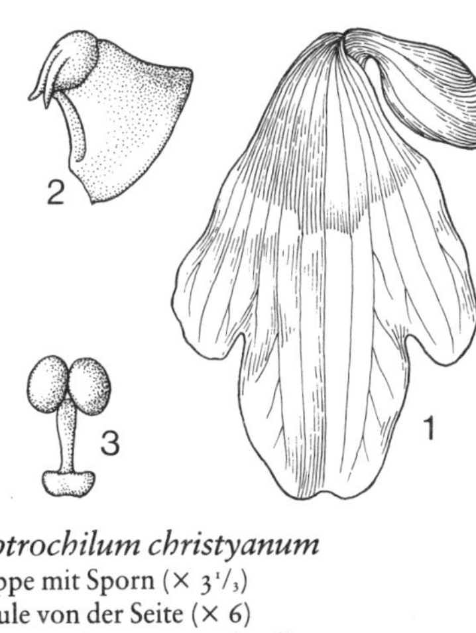

Calyptrochilum christyanum
1 = Lippe mit Sporn (× 3¹/₃)
2 = Säule von der Seite (× 6)
3 = Klebscheibe, Stipes und Pollinien (× 6)

aus sackförmigem Grunde nach der mit einem ellipsoiden Anhängsel versehenen Spitze zu verschmälert. Säule kurz, kräftig, grün.
Verbreitung: Tropisches Afrika, häufig in Uferwäldern in Höhenlagen von 400 bis 1000 m.
Geschichte: Die Art wurde ursprünglich von H. G. Reichenbach 1880 im »Gardeners' Chronicle« in der Gattung *Angraecum* beschrieben. Als Grundlage diente eine in der Sammlung Thomas Christy in Sydenham blühende Pflanze.
Synonym: Angraecum christyanum Rchb.f.

Camarotis Lindl.

Tribus: Vandeae
Subribus: Sarcanthinae

Epi- oder lithophytische Kräuter mit langen, aufrechten oder kletternden Stämmen und in Abständen 2zeilig angeordneten Blättern. Blütenstände blattachselbürtig, traubig, aufrecht bis überhängend, wenig- bis vielblütig. Blüten nicht resupiniert, klein bis mittelgroß, fleischig. Sepalen und Petalen untereinander ähnlich, frei, schmal, abstehend oder herabgeschlagen. Lippe starr mit dem oberen Ende des Fußes der Säule verbunden, sackförmig, 3lappig, gespornt; Seitenlappen aufrecht, breit, kurz, mehr oder weniger mit dem Säulengrunde verwachsen; Mittellappen sehr klein, den Vorderrändern der Seitenlappen angepreßt; Sporn meist konisch, hohl, am Gipfel mit einer Scheidewand, am Grunde der Vorderwand mit einer 2zähnigen, fleischigen oder klappenartigen Schwiele besetzt. Säule kurz, mit sehr kurzem Fuß; Rostellum verlängert; Pollinien 4, in zwei dicht aneinandergedrückten Paaren angeordnet; Stipes lang, dünn; Klebscheibe klein.
Umfang und Verbreitung: Ungefähr 20 Arten; von Südostasien zu den Philippinen und südwärts durch Indonesien nach Australien.
Ableitung des Namens: Aus dem Griechischen »kamarotis« = bogig, gewölbeartig; wohl wegen der kammerartigen Lippenstruktur.
Anmerkung: J. Lindley begründete die Gattung 1833 in seinen »Genera and Species of Orchidaceous Plants«. G. Bentham und J. Hooker (»Genera Plantarum« 1883) vereinigten sie mit *Sarcochilus;* spätere Autoren trennten sie jedoch wieder als selbständige Gattung ab. Die Unterschiede liegen in der in der Blüte oben stehenden Lippe und die Stellung der im Sporn sitzenden Schwiele.
Typus-Art: C. purpurea Lindl.
Kultur: Substrat A. Mindesttemperatur im Winter 15 °C. Man behandelt die Pflanzen ähnlich wie für *Arachnanthe* angegeben. Sie verlangen zu jeder Zeit viel Licht und eine feuchte Atmosphäre. Solange die Wurzeln aktiv sind, muß reichlich gewässert werden. Da die Pflanzen ziemlich hoch wachsen, sollte man sie mit einem Stück Baumfarnfaser oder Kork stützen, über das die Wurzeln wachsen können.

Camarotis obtusa Lindl.

Stamm des aufrechten bis hängenden Epiphyten stielrund, verlängert, 0,4–0,5 cm im Durchmesser, mit ausdauernden alten Blattbasen besetzt. Blätter 2zeilig angeordnet, 6–12 cm lang, 0,7–1 cm breit, riemenförmig, halbaufrecht bis abstehend, lederig, vorn stumpf. Blütenstand aufrecht, mit sehr kurzem Schaft, locker mit Blüten besetzt. Blüten 1,2 cm breit: Sepalen mit Petalen bleich rosenrot; Lippe gelblich. Sepalen und Petalen ungefähr 0,5 cm lang und 0,25 cm breit, linealisch-länglich oder länglich-elliptisch, stumpf. Lippe vorn 3lappig, in der unteren Hälfte kugelig, 0,4 cm lang und 0,4 cm tief, am Gipfel stumpf und herabgebogen; Seitenlappen aufrecht und einwärts gebogen; Mittellappen vorn sehr fein 3zähnig und fleischig, im Schlund mit einer hervortretenden Leiste. Säule lang geschnäbelt, schief einwärts gekrümmt.
Verbreitung: Sikkim, Birma und Thailand.
Geschichte: J. Bateman gab die aus Indien eingeführte Pflanze an die Firma Loddiges; J. Lindley beschrieb sie 1844 im »Botanical Register«.

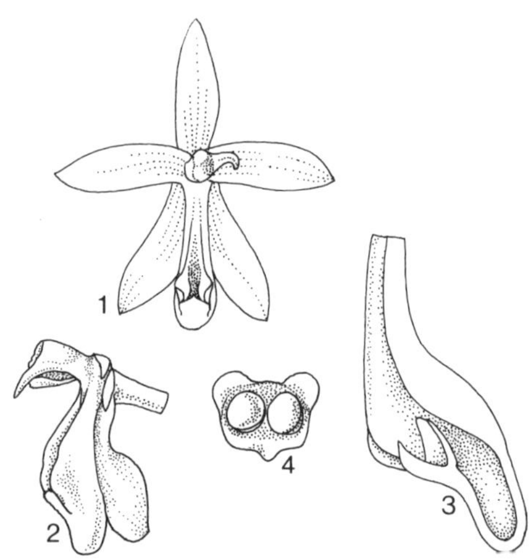

Camarotis obtusa
1 = Blüte von vorn (× 2)
2 = Lippe mit seitlicher Sepale (× 3)
3 = Lippe im Längsschnitt (× 4 1/3)
4 = Anthere (× 8 1/2)

Capanemia Barb.-Rodr.

Tribus: Oncidieae

Zwergepiphyten mit sehr kurzen, am Gipfel 1blättrigen Pseudobulben. Blätter klein, fleischig, linealisch oder stielrund. Blütenstand arm- bis reichblütig, mit pfriemlichem Schaft; Brakteen sehr klein, trockenhäutig. Blüten klein bis winzig. Sepalen und Petalen einander ziemlich ähnlich, aufrecht, frei oder die seitlichen Sepalen selten am Grunde mit einander verwachsen. Lippe sitzend, frei, aufrecht vom Grunde der Säule stehend, ungeteilt, an der Basis leicht vertieft, mit ein oder zwei Schwielen auf der fleischigen Platte. Säule kurz, aufrecht, fleischig, ohne Fuß, am Gipfel mit zwei verlängerten, abstehenden oder zurückgebogenen Öhrchen; Pollinien 2, wachsartig, ei- fast kugelförmig, gefurcht; Stipes linealisch; Klebscheibe winzig.
Umfang und Verbreitung: Ungefähr 15 Arten; Brasilien, Paraguay und Argentinien.
Ableitung des Namens: Benannt zu Ehren von Dr. Guillemo Schuch de Capanema, einem bekannten Naturforscher seiner Zeit.
Anmerkung: J. Barbosa-Rodrigues begründete die Gattung 1877 in seinen »Genera et Species Orchidearum Novarum«. A. Cogniaux, in seiner Bearbeitung der Orchideen in Martius, »Flora Brasiliensis« behandelte die Arten dieser Gattung zum Teil in *Quekettia* und zum Teil in *Rodriguesia.* Erst R. Schlechter (»Die Orchideenflora von Rio Grande do Sul« 1925) brachte *Capanemia* wieder ans Licht; ihm folgte auch Hoehne (1949) in seiner »Iconographia de Orchidaceas do Brasil«. Eine in alle Einzelheiten gehende Darstellung der Gattung, mit Schlüssel zu allen bis jetzt bekannten Arten wurde von Pabst in »Orquideologia« 1972, veröffentlicht. Er unterscheidet zwei Sektionen:

1. **Planifolia,** mit flachen Blättern und
2. **Capanemia,** mit pfriemlichen oder nadelförmigen Blättern.

Eine noch weitergehende Untergliederung in fünf Gruppen findet man dann bei Pabst und Dungs (»Orchidaceae Brasilienses« 1977). *Capanemia* ist nahe mit *Quekettia* Lindl. verwandt, unterscheidet sich aber von ihr durch die kurze, dicke Säule mit ihrem abstehenden Flügeln am Gipfel (sie ist schlank und besitzt hakig gekrümmte Flügel in der Gattung *Quekettia*).
Typus-Art: C. micromera Barb. Rodr. (gewählt von Pabst 1972).
Kultur: Substrat A. Mindesttemperatur im Winter 15 °C. Diese durchwegs kleinen Pflanzen verlangen in der Wachstumsperiode luftfeuchte, schattige Standorte und viel Wasser; nach Ab-

schluß des Wachstums wird man ihnen ein trockeneres Regime auferlegen. Am besten wachsen sie in flachen Töpfen oder Schalen.

Capanemia micromera Barb. Rodr.

Kleiner Epiphyt mit winzigen, warzigen, verkehrteiförmigen, oben 2blättrigen Pseudobulben. Blätter 1,5–2,5 cm lang, 0,1 cm dick, fast stielrund, schmal-lanzettlich im Umriß, mit einer Längsfurche, fleischig, sehr spitz. Blütenstand herabhängend 1–1,5 cm lang, 1- oder 2blütig. Blüten weiß mit gelber Schwiele. Obere Sepale ungefähr 2 mm lang, 0,75 mm breit, länglich-lanzettlich, spitz; die seitlichen größer und spreizend. Petalen 2–2,3 mm lang, 0,7 mm breit, länglich-lanzettlich, spitz. Lippe 2,5 mm lang, 1 mm breit, länglich-geigenförmig, spitz; Schwiele fleischig, am Grunde ausgehöhlt, an der Spitze 2zähnig. Säule 0,5 mm lang, oben zurückgebogen und geöhrt.
Verbreitung: Brasilien.
Geschichte: Barbosa Rodrigues sammelte diese Pflanze am Ufer des Rio Dourado in der Minas Gerais-Provinz. Er veröffentlichte sie 1877 in »Genera et Species Orchidearum Novarum«.
Synonym: Quekettia micromera (Barb. Rodr.) Cogn.

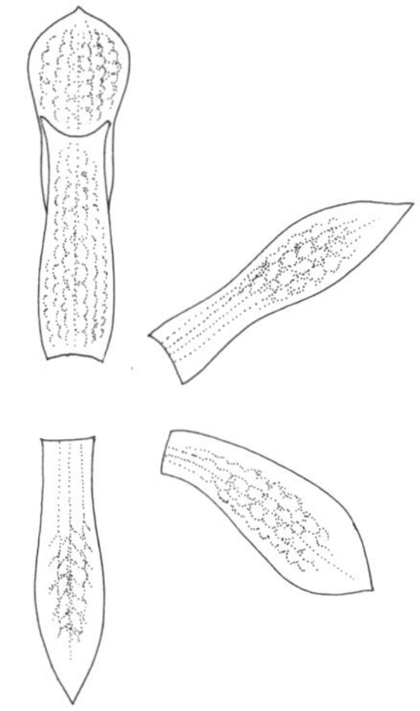

Capanemia micromera
Blütenanalyse (× 6½) (nach Pabst und Dungs, 1977)

Capanemia superflua (Rchb.f.) Garay

Niedriger Epiphyt mit in dichten Klumpen angeordneten kleinen, verlängerten und sich verschmälernden Pseudobulben. Blätter 5–7 cm lang, 2,5–3 cm breit, zylindrisch, mit Längsrinne, fleischig, spitz. Blütenstand 4–7 cm lang, halbaufrecht oder hängend, wenig- bis vielblütig. Blüten winzig, weiß mit gelber Schwiele oder violettem Antherendeckel. Mittlere Sepale 0,35 cm lang, 0,15–0,2 cm breit, länglich, einwärts gebogen; seitliche 0,5 cm lang, 0,25 cm breit, länglich, etwas spreizend. Petalen 0,35–0,4 cm lang, 0,25 cm breit, eiförmig-rhombisch, spitz, aufrecht. Lippe 0,6 cm lang, 0,4 cm breit, geigenförmig bis breit-3eckig-verkehrteiförmig, ausgerandet, unten sackförmig und flaumig; zwei Schwielen am Lippenrand, erhaben. Säule kurz, kräftig, oben fast unmerklich geöhrt; Rostellum 2zähnig, Narbe flaumig.
Verbreitung: Brasilien und Argentinien.
Geschichte: H.G. Reichenbach beschrieb diese Art als *Oncidium* 1864 in »Walpers Annales Botanices« unter Zugrundelegung einer von Wigren in Minas Gerais gesammelten Pflanze. L. Garay versetzte sie 1967 nach *Capanemia* (»Botanical Museum Leaflets of Harvard University«).
Synonym: Capanemia uliginosa Barb. Rodr.; *C. juergensii* (Kraenzl.) Schltr.; *Oncidium superfluum* Rchb.f.; *Rodrigezia anomala* Rolfe.

Catasetum Kunth

Tribus: Cymbidieae
Subtribus: Catasetinae

Vorwiegend kurzstämmige Epiphyten. Pseudobulben fleischig, mehrknotig, anfangs von Blattscheiden verdeckt. Blätter meistens groß, längsgefaltet, im unteren Teil verschmälert und deutlich von der Blattscheide gegliedert, hinfällig. Blütenstand seitlich am Grunde der Pseudobulbe entspringend, aufrecht oder gebogen bis hängend, traubig, wenig- bis vielblütig. Blüten meistens eingeschlechtig, seltener zwitterig oder di- oder trimorph. Sepalen und Petalen frei. Säule aufrecht. Lippe bei Blüten beiden Geschlechtes am Grunde der aufrechten, fleischigen Säule sitzend, fleischig, längskantig. Männliche Blüten: Lippe sackförmig oder helmartig konkav, an den Rändern entweder ungeteilt oder gefranst, gekerbt oder gezähnt; Säule am Grunde mit 2 berührungsempfindlichen und die Pollinien explosionsartig wegschleudernden antennenartigen Fortsätzen. Weibliche Blüten in geringerer Zahl als die männlichen vorhanden, mit sack- oder helmförmiger aber auf dem Rücken abgeflachter Lippe und kurzer, kräftiger Säule.
Umfang und Verbreitung: Ungefähr 50 Arten; im tropischen Mittel- und Südamerika wie auch auf den Westindischen Inseln.
Ableitung des Namens: Aus dem Griechischen »kata« = nieder und dem Lateinischen »steta« = Granne; ein Hinweis auf die grannenartigen Antennen am Grunde der Säule.

Anmerkung: Die Gattung wurde unter Benutzung des von L.C. Richard vorgeschlagenen Namens 1822 von Kunth in seiner »Synopsis Plantarum« begründet. Seitdem hat sie, nicht nur wegen der Heteromorphie ihrer Blüten, sondern auch wegen der Verschiedenartigkeit der Blüten, den systematischen Botanikern große Schwierigkeiten bereitet. In der Mitte des vorigen Jahrhunderts bemerkte man verschiedentlich die erstaunliche Tatsache, daß die Blüten der von J. Lindley begründeten Gattungen *Myanthus* und *Monachanthus* auf ein und derselben Pflanze von Catasetum vorkamen. Es war schließlich Charles Darwin, der 1862 (»Journal of the Linnaean Society of London«), den Nachweis erbrachte, daß die Blüten von *Monachanthus viridis* die männlichen und die Blüten von *Myanthus barbatus* die zwittrigen Blüten von *Catasetum tridentatum* darstellen; aber selbst das war nicht ganz korrekt: bei *Myanthus barbatus* und *Catasetum tridentatum* handelt es sich nach R.A. Rolfe (gleiche Zeitschrift 1891) in der Tat um männliche Blüten und bei *Monachanthus viridis* um weibliche. In seiner Studie teilte R.A. Rolfe die Gattung in 4 Sektionen auf:
(Eu-) **Catasetum** mit 10 Arten;
Myanthus mit 15 Arten;
Ecirrhosa mit 8 Arten und
Pseudocatasetum mit 3 Arten.
Die jüngste Revision der Gattung wurde von R. Mansfeld (Fedde »Repertorium« 1932) durchgeführt. Er gliederte sie in 2 Untergattungen auf:
Clowesia (Blüten zwittrig und ohne Antennen am Grunde der Säule),
Orthocatasetum (Blüten eingeschlechtig und heteromorph).
Die letzte unterteilte er wiederum in 2 Sektionen:
Pseudocatasetum (männliche Blüten ohne Antennen) und
Meizocatasetum (männliche Blüten mit Antennen).
Schließlich wurde **Meizocatasetum** in 2 Subsektionen aufgespalten:
Isoceras mit symmetrisch angeordneten und
Anisoceras mit asymmetrisch angeordneten Antennen.
In letzter Zeit hat Dodson (»Selbyana« 1975) die Arten der Sektion **Pseudocatasetum** in die neue Gattung *Dressleria* gestellt, und außerdem hat er Mansfelds Untergattung *Clowesia* in den Rang einer Gattung erhoben. Bei den Arten der Gattung *Dressleria* wird das Ausschleudern der Pollinien durch einen Druck auf den Gipfel der Säule ausgelöst, während es bei *Clowesia* durch Berühren des Stipes geschieht. Demgegenüber erfolgt das Ausschleudern bei *Catasetum*-Blüten durch Be-

rührung der Antennen an der Basis der Säule. Die Bestäubung der Blüten von *Catasetum* erfolgt durch Bienen der Gattungen *Eulaena, Euplusia* und *Euglossa* (van der Pijl und Dodson »Orchid Flowers« 1966). Bei der Mehrzahl aller *Catasetum*-Arten erzeigen die Blüten zwei oder drei Tage nach dem Öffnen einen starken moschusartigen Duft, der männliche Bienen anzieht. Sie fliegen die Blüte an und versuchen, die Duftquelle, die sich direkt unterhalb der Antennen am Grunde der Säule befindet, zu erreichen. Dabei berühren sie die Antenne und bringen das Rostellum, welches die Klebscheibe hält, in Bewegung. Die Klebscheibe wird losgelöst und durch den sich entspannenden Stipes auf den Rücken des Insekts geschleudert; die Klebsubstanz verhärtet äußerst schnell, und fest auf der Biene verankert hängt der Stipes entlang der Mittellinie des Hinterleibes der Biene herab. Wenn das Insekt dann eine weibliche Blüte besucht, hat sich die Antherenkappe bereits gelöst, und die Pollinien hängen in der richtigen Position zum Übertragen auf die Narbe der nicht resupinierten weiblichen Blüte.
Typus-Art: C. macrocarpum Kunth.
Synonyme: Monachanthus Lindl.; *Myanthus* Lindl.
Kultur: Substrat A oder B. Temperaturen: Im Wachstum 15–18 °C; in der Ruheperiode 12–15 °C. Alle Arten gedeihen gut in verschiedenen Substratmischungen solange sie gut durchlüftet sind und keine Staunässe entsteht. Während des Wachstums verlangen sie reichlich Wasser und Luftfeuchtigkeit, aber nur Halbschatten. Solange die neuen Sprosse noch klein sind, muß man mit größter Vorsicht gießen, um ein Verfaulen zu vermeiden. Nach dem Laubfall hält man die Pflanzen kühler mit weniger Luftfeuchtigkeit und gibt nur ganz wenig Wasser.

Catasetum barbatum (Lindl.) Lindl.

Großer Epiphyt, der sich durch eingeschlechtliche Blüten auszeichnet. Pseudobulben 10–15 cm lang, länglich-spindelförmig, anfangs von mehreren Blattscheiden völlig verborgen. Blätter 2zeilig angeordnet, 20–45 cm lang, 3–8 cm breit (Blätter nach dem unteren Teil der Pflanze zu kleiner werdend), länglich-lanzettlich bis elliptisch-lanzettlich, vorn spitz, mit drei deutlichen Längsnerven. Weibliche und männliche Blütenstände auf der gleichen oder auf verschiedenen Pflanzen, grundständig, kräftig, länger als die Blätter, mehr oder minder bogig, oben dicht-vielblütig. Männliche Blüten groß, krautig, dunkelgrün mit braunen Flecken; Lippe rosenfarben. Sepalen 2,6 cm lang, 0,6 cm breit, schmal-elliptisch-lanzettlich, langspitzig. Petalen zusammenneigend, schmallanzettlich, langspitzig. Lippe flach, 1,5 cm lang, 0,4 cm breit, linealisch, in der Mitte mit einer sackartigen, konischen Vertiefung, an den Rändern zerfranst und bewimpert. Platte am Grunde mit einem großen, konischen Zahn. Säule 2 cm lang, kräftig mit zwei schlanken parallelen antennenartigen Anhängseln. Weibliche Blüten kleiner, grün, fleischig. Sepalen und Petalen ähnlich, zurückgeschlagen, 2,4 cm lang, 0,7 cm breit, länglich-lanzettlich, spitz bis langspitzig. Lippe 2 cm lang, 1,2 cm tief, tief-sackförmig (Sack abgerundet) mit engem Schlund, an den Rändern zurückgerollt. Säule 1,3 cm lang, fleischig.
Verbreitung: Guayana, Brasilien und Peru.
Geschichte: Die Pflanze wurde erstmals bei den Wapopekai-Fällen am Massaronyfluß von John Henchman gefunden, der einige Exemplare an die Firma Low & Co in Clapton schickte, wo sie 1835 zur Blüte kamen. Im »Botanical Register« von 1836 beschrieb J. Lindley eine männliche Blüte als *Myanthus*, als er aber später die Getrenntgeschlechtigkeit der Pflanze feststellte, versetzte er sie 1844 zu *Catasetum* (»Botanical Register«).
Synonyme: Myanthus barbatus Lindl.; *M. spinosus* (Lindl.) Hook.; *Catasetum proboscideum* Lindl.; *C. spinosum* Lindl.; *C. crinitum* Lind.; *C. garnettianum* Rolfe; *C. macrocarpum* Stein; *C. polydactylon* Schltr.

Catasetum discolor (Lindl.) Lindl.

Pseudobulben der mittelgroßen terristrischen oder epiphytischen Pflanze bis 20 cm lang, 2–3knotig, eiförmig bis schmal-ei-spindelförmig, mit zunehmendem Alter stark gerippt. Blätter 6–7, gestielt, 20–40 cm lang, 2,5–4,5 cm breit, linealisch-lanzettlich, vorn spitz, gefaltet, über dem Grunde gegliedert, zur Blütezeit oft fehlend. Blütenstand aufrecht oder gebogen, locker 12–25blütig; Brakteen bis 1 cm lang, eiförmig, spitz. Männliche Blüten grün und rosa oder purpurn behaucht; Lippe oben oder unten stehend. Sepalen 1,2–1,5 cm lang, 0,5–0,6 cm breit, abstehend, länglich-lanzettlich, stumpf oder spitzlich, Petalen 6,5 cm lang, 1,4 cm breit, länglich stumpf. Lippe sackartig, 1,5 cm tief, 2 cm breit, spitz oder mit aufgesetztem Spitzchen, an den Seitenrändern gefranst, innen samtartig behaart. Säule weißlich, am Grunde ohne antennenartige Fortsätze.
Verbreitung: Venezuela, Guayana, Surinam, Brasilien und Kolumbien. In lichten offenen Wäldern, in sandigen Böden oder auf Palmen.
Geschichte: J. Lindley beschrieb diese Art 1834 im »Botanical Register« in der Gattung *Monachanthus* unter Zugrundelegung einer bei der Firma Loddiges blühenden Pflanze. Im Jahre 1844 versetzte er die Art in der gleichen Zeitschrift zu *Catasetum.*
Synonyme: Monachanthus discolor Lindl.; *Catasetum roseoalbum* Lindl.; *C. cilicatum* Barb. Rodr.; *C. claesianum* Cogn.; *C. gardneri* Schltr.
Anmerkung: Mehrere Farbformen sind bekannt, einige wurden als Varietäten beschrieben.

Catasetum fimbriatum (Morr.) Lindl.

Pseudobulben des großen Epiphyten 12–20 cm lang, 3–5 cm im Durchmesser, konisch-spindelförmig, mehrknotig, im Alter mit Längsfurchen. Blätter 30–55 cm lang, 6–10 cm breit, länglich-riemenförmig, vorn spitz, aufrecht bis spreizend. Blütenstand traubig, bogig, vielblütig, mit Blüten beider Geschlechter. Männliche Blüten ungefähr 6 cm breit (abgebildet in Seitenansicht), resupiniert, bleich grün und mit rosa Querbändern; Lippe grünlichgelb. Sepalen 2,8–3,8 cm lang, 0,9–1,4 cm breit, schmal-elliptisch-lanzettlich, spitz; die seitlichen abstehend, Petalen mit der oberen Sepale aufrecht stehend, bis 3,6 cm lang und 1,4 cm breit, verkehrtlanzettlich bis elliptisch, spitz. Lippe 3 cm lang, 4 cm breit, herzförmig-sackartig, an den Rändern stark ausgebissen und bewimpert. Säule kurz, 2,5 cm lang, weiß; ihre antennenartigen Anhängsel bis 1,1 cm lang, parallel und nur ein wenig einwärts gebogen. Weibliche Blüten resupiniert, matt gelbgrün. Sepalen und Petalen länglich, zurückgeschlagen, spitzlich. Lippe tief ausgesackt, an den Rändern ganz, etwas zurückgeschlagen, mit aufgesetztem Spitzchen.
Verbreitung: Tropisches Südamerika.
Geschichte: Diese Art wurde 1847 von M. de Jonghe importiert, nachdem sie in Brasilien im Staate São Paulo in der Nähe von Villa Franca gefunden worden war. Die männliche Pflanze wurde von C. Morren 1848 in den »Annales Société Anonyme Gand« unter *Myanthus* beschrieben. J. Lindley versetzte sie 1850 in die richtige Gattung (»Paxton's Flower Garden«).
Synonyme: Myanthus fimbriatus Morr.; *Catasetum cogniauxii* Lind.; *C. ornithorhynchus* Porsch.; *C. pflanzii* Schltr.; *C. wredeanum* Schltr.

Catasctum gnomus Lind. et Rchb.f.

Pseudobulben des mittelgroßen Epiphyten 11–16 cm lang, 3–4 cm breit, robust, kegelig-spindelförmig, etwas zusammengedrückt, im Alter mit

mehreren Längsfurchen, 3blättrig. Blätter 20–25 cm lang, 3–4 cm breit, lanzettlich, abstehend oder rückwärts gebogen, spitz. Blütenstand bis 60 cm lang, aufrecht oder aufsteigend, oben locker-vielblütig; Brakteen kurz, 4–6 cm lang, schmal-3eckig, gedrückt, fleischig. Blüten nikkend oder hängend, ein wenig duftend, in drei Formen auftretend – männlich, weiblich und zwittrig. Männliche Blüten grün mit lila Punkten; Lippe weißlich und lila getüpfelt. Sepalen 5 cm lang, 1,5–1,8 cm breit, breit-länglich, spitz. Petalen 4,5 cm lang, 1,2 cm breit, lanzettlich, spitz. Lippe oben stehend, 2 cm lang und breit, stumpf-kegelig, tief sackförmig, fleischig, steif, am Gipfel mit aufgesetzter Spitze, an den Rändern gewellt-gezähnt oder gesägt. Säule fleischig, 3 cm lang, aufrecht, grünlich-weiß mit lila Punkten; die antennenförmigen Anhängsel 18–20 cm lang, eines hervorstehend, das andere im oberen Teil einwärts gekrümmt. Weibliche Blüten (in der Abbildung zu sehen) grün und lila getüpfelt auf den Sepalen und Petalen wie in der männlichen Blüte. Ränder der Lippe bleich gelb, gezähnt.
Verbreitung: Im Amazonasgebiet von Brasilien.
Geschichte: Wallis fand die Pflanze erstmals am Rio Negros und sandte sie an J. Linden. H.G. Reichenbach beschrieb sie in »Xenia Orchidacea« (Vol. 2) 1874 gemeinsam mit Linden.
Synonym: C. heteranthum Barb. Rodr.

Catasetum integerrimum Hook.

Pseudobulben 8–15 cm lang, 4–5 cm breit, kegelig-spindelförmig, anfangs mit sich ziegelartig deckenden Blattscheiden völlig bekleidet, 6–7blättrig. Blätter bis 65 cm lang, 10 cm breit, verkehrtlanzettlich, krautig, halbaufrecht, spitzlich. Blütenstand halb- bis völlig aufrecht, traubig, 3–10blütig, bis 40 cm lang; Brakteen ungefähr 1 cm lang, eiförmig-lanzettlich, spitz. Männliche Blüten (in der Abbildung zu sehen) nicht resupiniert, gelbgrün und am Grunde der Sepalen und Petalen lila überlaufen und gezeichnet; Blütenstiel gekniet. Sepalen 3,2–4,8 cm lang, 1,5–2,3 cm breit, eiförmig-lanzettlich, konkav, spitz. Petalen 3–4 cm lang, 1,8–2,6 cm breit, sonst den Sepalen ähnlich. Lippe zuoberst stehend, 3 cm lang, 2,5 cm breit, fleischig, kegelig-sackförmig, mit kreisrundem Schlund, unten stumpf, an den Rändern unten bewimpert und nach oben zu gezähnt. Säule groß, 3,5 cm lang; die antennenförmigen Anhängsel stielrund, gebogen. Weibliche Blüten: Sepalen 2,8–3,5 cm lang, 2 cm breit, länglich bis fast quadratisch, oben abgerundet oder mit aufgesetztem Spitzchen. Petalen 2,7 cm lang, 2 cm breit halbkreisförmig-quadratisch, spitz, sich mit den Sepalen über der Säule zusammenneigend. Lippe 4 cm lang und breit, 2,5 cm tief, breit-pantoffelförmig, vom Rücken her zusammengedrückt, fleischig und steif. Säule 2 cm lang kräftig, am Gipfel lang geschnäbelt.
Verbreitung: Guatemala.
Geschichte: Die Pflanze wurde erstmals von U. Skinner gefunden; er sandte ein Exemplar nach Woburn Abbey an den Herzog von Bedford. Sir William Hooker beschrieb sie 1841 in »Curtis' Botanical Magazine«.
Anmerkung: Die Art ähnelt *C. maculatum* (siehe unten), besitzt aber eine breitere konische Lippe und ist weniger stark braun gezeichnet als diese.
Synonym: C. maculatum auct. non Kunth.

Catasetum macrocarpum L.C. Richard ex Kunth

Pseudobulben des großen Epiphyten 10–30 cm lang, 6 cm breit, kegelig-spindelförmig, von zahlreichen 2zeilig angeordneten Blattbasen bekleidet, nach dem Gipfel zu mit 5–7 Blättern. Blätter 25–60 cm lang, 4–12 cm breit, länglich-lanzettlich, vorn langspitzig. Blütenstand aufrecht, 15–30 cm lang, kräftig, oben 5–10blütig, mit männlichen und weiblichen Blüten; Brakteen 0,6–1 cm lang, schmal 3eckig, spitz. Männliche Blüten nicht resupiniert, duftend, in der Farbgebung abändernd: grün oder gelb, mit lila Tüpfelung. Sepalen 4,2–4,5 cm lang, 0,9–1,4 cm breit, lanzettlich, einwärts gebogen, konkav. Petalen 4 cm lang, 2,4 cm breit, eiförmig oder länglich-eiförmig, konkav, langspitzig. Lippe zuoberst stehend, 2 cm lang, tief kapuzenförmig bis fast pantoffelförmig, fleischig, am Gipfel 3zähnig; Seitenlappen groß, abgerundet; Mittellappen klein, zungenförmig. Säule 2,5–3 cm lang, weiß und mit kastanienbrauner Zeichnung und außerdem mit einer grünen Erhebung in der Mitte, am Gipfel lang-geschnäbelt; antennenartige Anhängsel 2 cm lang, einer vorgestreckt, der andere oben stark einwärts gebogen. Weibliche Blüten nicht resupiniert: Sepalen grün und braun getüpfelt, länglich-eiförmig. Petalen gelbgrün, rot überlaufen und getüpfelt, verkehrteiförmig. Lippe helmförmig, 3 cm lang, 2,5 cm breit, außen grün, innen gelb, am breitesten am Gipfel.
Verbreitung: Brasilien, Guayana, Venezuela und Trinidad, von Meereshöhe bis zu 1200 m.
Geschichte: Aufgrund eines Manuskriptnamens von L.C. Richard wurde die Art 1822 von Kunth in »Synopsis Plantarum« beschrieben.
Anmerkung: Die Art ist mit *C. maculatum* (siehe unten) verwandt aber unterscheidet sich von dieser durch die ungeteilten Ränder der Lippe, die außerdem gelber ist.
Synonyme: C. tridendatum Hook.; *C. floribundum* Hook.; *C. claverigii* Lindl. ex Van Jeel; *C. tricolor* hort. ex Planchon; *C. linguiferum* Schltr.; *Monachanthus viridis* Lindl.

Catasetum maculatum Kunth

Pseudobulben des großen Epiphyten bis 20 cm lang, in dichten Klumpen angeordnet, kegelig-spindelförmig, vielknotig, anfangs völlig von grauen Scheiden und alten Blattbasen bedeckt, 3–5blättrig an jedem Neutrieb. Blätter bis 50 cm lang, 9 cm breit, verkehrtlanzettlich, vorn spitz, halbaufrecht bis abstehend. Blütenstand bis 49 cm lang, bogig, nach oben zu 9- bis mehrblütig; Brakteen 1 cm lang, eiförmig, hellgrün. Blüten nicht resupiniert: Sepalen und Petalen grünlichbraun und kastanienbraun behaucht; Lippe grünlichgelb und auch mehr oder minder intensiv braun überlaufen. Blütenstiel gekrümmt. Männliche Blüten: Sepalen 4–4,5 cm lang, 1,7–1,8 cm breit, eiförmig bis elliptisch, spitz, an den Rändern gewimpert. Lippe tief-kapuzenförmig, etwa 2,2 cm tief, betont fleischig-lederig, an den Rändern gewimpert und mit randständigen braunen Haaren besetzt. Säule 2,2 cm lang, bleich cremegrün und braun getüpfelt; von den antennenartigen Anhängseln ist der eine hervorstehend, der andere stark gekrümmt. Weibliche Blüten: Sepalen und Petalen ungefähr 2 cm lang, 1 cm breit, länglich-elliptisch, spitzlich bis stumpf, herabgeschlagen. Lippe tief sackförmig mit breiter Spitze, an den Rändern kurz bewimpert, ungefähr 3 cm lang, 1,8 cm breit. Säule kurz, dick, stark fleischig.
Verbreitung: Kolumbien, Ecuador und Venezuela.
Geschichte: Die Art wurde von A. von Humboldt und A. Bonpland nahe Turbaco in Kolumbien gefunden und von Kunth 1822 in »Synopsis Plantarum« beschrieben.
Anmerkung: Siehe auch unter *C. macrocarpum* und *C. integerrimum.*
Synonym: C. oerstedii Rchb.f.

Catasetum microglossum Rolfe

Pseudobulben des großen Epiphyten bis 10 cm lang, elliptisch-spindelförmig, unter 2zeiligen alten Blattbasen verborgen. Blätter bis 28 cm lang,

6,5 cm breit, länglich-elliptisch oder verkehrtlanzettlich, spitz bis langspitzig. Blütenstand seitlich erscheinend, bogig bis herabhängend, bis 65 cm lang, traubig, mit langem Schaft, lockervielblütig. Männliche Blüten matt lila oder kastanienbraun mit gelber Lippe (wie abgebildet). Mittlere Sepale bis 2,5 cm lang und 0,6 cm breit, schmallänglich-lanzettlich, kapuzenartig, spitz; die seitlichen ähnlich aber breiter. Petalen aufrecht, ähnlich der oberen Sepale (etwas kürzer) und mit ihr zusammengeneigt. Lippe sehr klein, zurückgeschlagen, sackförmig, 0,5–0,8 cm lang, mit aufrechten Rändern fast völlig ungeteilt; Platte bedeckt mit mehreren zerbissenen Kämmen. Säule 1,7 cm lang, keulenförmig, mit zwei fast parallelen, einwärtsgekrümmten, antennenartigen Anhängseln.
Verbreitung: Peru.
Geschichte: Die Art wurde von Rolfe 1913 im »Botanical Magazine« nach einer von Fox am Rio Igara Paraná gesammelten Pflanze beschrieben.
Anmerkung: Die Art ist mit *C. tenebrosum* Kraenzl. verwandt; diese besitzt allerdings eine größere Lippe ohne die oben beschriebenen Kämme.

Catasetum pileatum Rchb.f.

Pseudobulben dieses großen Epiphyten 15–25 cm lang, ei-spindelförmig, in dichten Gruppen stehend, mehrknotig, im Alter mit zahlreichen Längsfurchen, anfangs mit ausdauernden Blattbasen bekleidet, mehrblättrig. Blätter 2zeilig angeordnet, 20–35 cm lang, 4–7 cm breit, lanzettlich, vorn spitz. Männliche Blütenstände bis 40 cm lang, hängend, traubig, vielblütig; Brakteen 0,7–1 cm lang, länglich, spitz. Männliche Blüten duftend, in der Farbgebung stark abwandelnd, gewöhnlich wachsweiß, bleich cremegelb oder gelblichgrün, mehr oder weniger lila getüpfelt (siehe Abbildung). Sepalen 4–7 cm lang, 1,4–1,7 cm breit, lanzettlich, spitz, mit einwärts gebogenen Rändern. Petalen fast aufrecht 4–7 cm lang, 1,5–2,5 cm breit, elliptisch-lanzettlich, spitz, von zarter Textur. Lippe 4–5 cm lang, 6–7 cm breit, herz-kapuzenförmig, mit einer gewölbten Erhebung in der Mitte, breit-abgerundet. Säule 4 cm lang, weiß, oben lang geschnäbelt; die antennenartigen Anhängsel sich überkreuzend, das eine hervorgestreckt, das andere oben einwärtsgebogen. Weibliche Blüten nicht resupiniert. Sepalen und Petalen cremefarben, ähnlich denen der männlichen Blüten. Lippe satt dottergelb bis bleichgelb, kegelig-sackförmig, an den Rändern etwas zurückgebogen.
Verbreitung: Venezuela (Nationalblume), Trinidad und Brasilien.
Geschichte: Die Firma Linden führte die Pflanze nach Europa ein; H.G. Reichenbach veröffentlichte sie 1882 im »Gardeners' Chronicle«.
Synonym: C. bungerothii N.E. Brown

Catasetum platyglossum Schltr.

Im Aussehen an *C. pileatum* erinnernder großer Epiphyt. Pseudobulben 15–25 cm lang, 5 cm breit, kegelig-spindelförmig, anfangs von zahlreichen, trockenhäutigen, ziegelartigen Scheiden bedeckt, 4–6blättrig, Blätter 30–35 cm lang, 9–11 cm breit, elliptisch, vorn langspitzig. Blütenstand bis über 30 cm lang, herabhängend oder bogig wegstehend, 4–5blütig. Männliche Blüten groß und auffällig: cremegelb und mehr oder weniger intensiv weinrot behaucht. Sepalen 4 cm lang, 1,8 cm breit, länglich oder länglich-elliptisch, konkav, mit aufgesetztem Spitzchen. Petalen schief- und breit-elliptisch, 4 cm lang und 2,3 cm breit, stumpf, aufrecht. Lippe 2–3,8 cm lang, 3,5–4,5 cm breit, aus breitem Grunde elliptisch, sackförmig in der unteren Hälfte, darüber 3lappig, an den Rändern gewellt; Schwiele halbmondförmig, fleischig. Säule 3,5 cm lang, leicht gekrümmt; antennenförmige Anhängsel pfriemlich, sich überkreuzend, herabgekrümmt.
Verbreitung: Ecuador und Kolumbien.
Geschichte: Der Ursprung der Typus-Aufsammlung ist unbekannt. Die Pflanze blühte 1915 zum erstenmal in der Kultur im Botanischen Garten zu Marburg (Lahn). R. Schlechter beschrieb sie 1916 in der Zeitschrift »Orchis«.
Synonym: C. sodiroi Schltr.

Catasetum saccatum Lindl.

Pseudobulben des stark variierenden, großen Epiphyten 7–20 cm lang, 2,5–4,5 cm breit, robust, kegelförmig, etwas zusammengedrückt, 2–5knotig, anfangs mit Blattscheiden bekleidet, im Alter mit zahlreichen Längsfurchen. Blätter 20–40 cm lang, 4–6 cm breit, lanzettlich-spatelförmig, spitz oder langspitzig, aufrecht oder abstehend. Blütenstand 25–40 cm lang, kräftig, aufrecht oder etwas nickend, locker 5–8blütig; Schaft tief purpurbraun gefärbt; Brakteen 0,8–1,3 cm lang, 3eckig-lanzettlich, langspitzig. Männliche Blüten abstehend oder leicht nickend, duftend, in der Farbgebung abwandelnd, aber in der typischen Form olivbraun und grün marmoriert; Lippe auf der Platte und Mittellappen violettbraun, auf den Seitenlappen grünlich (die Abbildung zeigt männliche Blüten der var. *christyanum*). Sepalen ungefähr 6,5 cm lang, 0,6–0,9 cm breit, linealisch-lanzettlich, betont langspitzig. Petalen 5,8 cm lang und 0,8 cm breit, häutig, linealisch-lanzettlich, langspitzig, aufrecht. Lippe zurückgeschlagen, 2,5–3 cm lang, am Grunde dickfleischig, 3lappig, nahe der Basis mit einer kegelig-sackförmigen Vertiefung, vorn in eine Spitze ausgezogen, an den Rändern lang gewimpert. Säule sehr lang, fleischig, 5–6,5 cm lang, am Gipfel lang geschnabelt; die antennenartigen Anhängsel 1,5 cm lang, der eine hervorstehend, der andere stark gekrümmt. Weibliche Blüten gelbgrün und rotbraun getüpfelt. Sepalen und Petalen kleiner als in den männlichen Blüten: Sepalen 2,9 cm lang, 0,75 cm breit, elliptisch-lanzettlich, spitz. Petalen 2,9 cm lang, 1,2 cm breit, länglich elliptisch, langspitzig. Lippe tief sackförmig, 2,9 cm lang, von der Seite etwas zusammengepreßt, an den Rändern gewimpert. Säule 1 cm lang, kräftig.
Verbreitung: Peru, Brasilien und Guayana.
Geschichte: Die Pflanze wurde von der Firma Loddiges aus Guayana importiert. J. Lindley beschrieb sie 1840 im »Botanical Register«.
Anmerkung: Die abgebildete var. *christyanum* wurde durch Thomas Christy, wohnhaft zu Sydenham, aus Brasilien eingeführt. H.G. Reichenbach benannte sie nach ihm *C. christyanum;* aber es handelt sich zweifellos um eine Varietät von *C. saccatum;* der Unterschied beruht nur auf einer abweichenden Blütenfärbung.
Synonyme: C. incurvum Klotzsch; *C. baraquinianum* Lem.; *C. secundum* Klotzsch ex Rchb.f; *C. histrio* Klotzsch ex Rchb.f.; *C. stupendum* Cogn.; *C. cruciatum* Schltr.

Cattleya Lindl.

Tribus: Epidendreae
Subtribus: Laeliinae

Epi- oder Lithophyten mit mehr oder minder verdickten, pseudobulbenartigen, am Gipfel 1–2blättrigen Stämmen. Blätter lederig oder fleischig, meistens dick. Blütenstand gipfelbürtig, traubig, wenigblütig, am Grunde des Schaftes meistens mit einer großen Scheide. Blüten groß und augenfällig. Sepalen frei, mehr oder minder untereinander ähnlich, fleischig. Petalen in den meisten Fällen viel breiter als die Sepalen und weniger verwachsen mit der Basis der Säule, ungeteilt bis tief 3lappig; die Seitenlappen die Säule umgreifend. Säule meistens lang, ungeflügelt, im Querschnitt halbkreisrund, schwach bis stärker

gekrümmt; Anthere endständig; Pollinien 4, wachsartig, etwas zusammengepreßt. Kapsel im Umriß elliptisch.
Umfang und Verbreitung: Ungefähr 30 Arten in Mittel- und Südamerika.
Ableitung des Namens: Benannt zu Ehren von William Cattley, einem der ersten erfolgreichen Gärtner, dem es gelang, epiphytische Orchideen in England zu kultivieren.

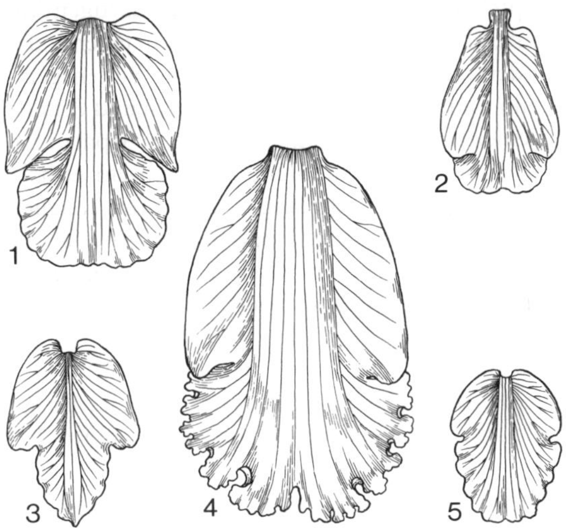

Cattleya
Lippen ausgebreitet
1 = *C. violacea* (× 1/2)
2 = *C. deckeri* (× 1/2)
3 = *C. iricolor* (× 1/2)
4 = *C. rex* (× 1/2)
5 = *C. bowringiana* (× 1/2)

Anmerkung: Die Gattung wurde 1824 von J. Lindley in »Collectanea Botanica« begründet. Sie ist nahe mit *Laelia* verwandt; viele Arten dieser Gattung sind *Cattleya* im Blütenbau so ähnlich, daß man sie leicht für Arten dieser Gattung halten könnte. Allerdings zeichnet sich *Laelia* durch den Besitz von 8 Pollinien aus. Freilich bilden manche *Cattleya*-Arten nicht nur mit Angehörigen von *Laelia*, sondern auch mit solchen anderer verwandter Gattungen, wie *Epidendrum* und *Brassavola*, Hybriden. Auch die Abtrennung der Gattung von *Encyclia* durch Anwendung morphologischer Kriterien ist fast völlig unmöglich, wenn man von der Tatsache absieht, daß die zu *Cattleya* gestellten Arten durchweg größere und prächtigere Blüten besitzen. Schon H.G. Reichenbach, wie auch andere Botaniker, hatte alle *Cattleya*-Arten in die dazumal *Encyclia* einschließende Gattung *Epidendrum* gestellt. Ohne Rücksicht auf diese Tatsachen besteht jedoch heute die Ansicht, diese gärtnerisch derart bedeutende Gattung unangetastet bestehen zu lassen: eine Einschmelzung vieler weithin bekannter Arten in große Gattungskomplexe wie *Epidendrum* und *Encyclia* würde entweder nicht anerkannt werden oder nur zu unnötiger Verwirrung führen.
Typus-Art: C. labiata Lindl.
Kultur: Substrat A. Mindesttemperatur im Winter 12–15 °C. Mit Ausnahme von *C. citrina* (heute *Encyclia citrina*), die kühl zu halten und auf einen Kork- oder Baumfarnblock zu montieren ist, kultiviert man alle Arten in Töpfen. Während des Wachstums verlangen sie Luftfeuchtigkeit, viel Licht und reichlich Wasser; nur zur Vermeidung von Laubversengung schützt man die Pflanzen im Hochsommer vor direkter Sonne. Wenn die Pseudobulben voll ausgebildet sind, reicht man weniger Wasser.

Cattleya aclandiae Lindl.

Zwergwüchsiger Epiphyt. Pseudobulben 7,5–12 cm lang, schlank, gegliedert und gefurcht, 2blättrig. Blätter 5–7,5 cm lang, 2–2,5 cm breit, elliptisch, dick und fleischig, ausgebreitet, gefleckt. Blütenstand endständig, 1- bis 2-, selten mehrblütig. Blüten 7,5–10 cm im Durchmesser: Sepalen und Petalen von gelblichgrün bis brauner Grundfarbe und mit großen purpurbraunen Querflecken; Lippe mit goldgelbem Grundfleck, leuchtend magentarotem Mittellappen und hellrosaroten Seitenlappen. Sepalen 5 cm lang, 1,8 cm breit, länglich-elliptisch, fleischig, gewellt, stumpf. Petalen ähnlich den Sepalen, 4,5 cm lang, 3,7 cm breit. Lippe 3lappig, 5 cm lang, 3,7 cm breit; Seitenlappen unauffällig groß, etwas aufrecht, die Säule kaum umfassend; Mittellappen breit länglich oder nierenförmig, vorn ausgerandet, sanft gewellt. Säule 2,5 cm lang, keulenförmig, mit zweiflügelartigen Rändern, amethystpurpurn.
Verbreitung: Brasilien, beschränkt auf Bahia, wo der Epiphyt auf Bäumen in trockenen Küstenstreifen wächst.
Geschichte: Die schöne Pflanze wurde von J. Lindley im »Botanical Register« 1840 beschrieben und abgebildet; er benannte sie nach Lady Acland von Killerton bei Exeter, durch deren Ehemann sie 1839 zur Kultur nach England eingeführt worden war. Gefunden wurde sie erstmals im Oktober dieses Jahres von Leutnant James, einem Besatzungsoffizier auf H.M.S. Spey.
Anmerkung: Die Art wurde erfolgreich, wenn auch verhältnismäßig selten, in Kreuzungen mit anderen Arten der Gattung verwendet.

Cattleya amethystoglossa Lind. et Rchb.f.

Diese Art steht *C. guttata* und *C. leopoldii* nahe. Sie läßt sich aber leicht an ihren hellrosa Sepalen und den dunkel rosapurpurn gefleckten Petalen unterscheiden.

Cattleya aurantiaca (Lindl.) P.N. Don

Kräftiger, bis 55 cm großer Epiphyt, oft Büschel von 25 cm Durchmesser bildend. Pseudobulben bis 33 cm lang, spindel- bis keulenförmig, 2blättrig. Blätter 5–18 cm lang, 2,5–5,5 cm breit, breiteiförmig bis länglich-elliptisch, vorn leicht eingekerbt. Blütenstand wenig- bis vielblütig, gestützt von einer zusammengedrückten Scheide. Blüten 3–4 cm im Durchmesser: in der Farbe schwankend von orangegelb bis orangerot, mit bräunlichen Flecken und Streifen. Sepalen 1,8–2,7 cm lang, 0,4–0,6 cm breit, linealisch-elliptisch bis lanzettlich, spitz; die seitlichen etwas asymmetrisch. Petalen 1,8–2,5 cm lang, 0,4–0,5 cm breit, elliptisch-verkehrtlanzettlich, spitz oder stumpflich. Lippe 1,7–2,2 cm lang, 0,8–1 cm breit, breit-eiförmig bis länglich-elliptisch, in der Mitte etwas zusammengezogen, vorn rund oder spitz; Säule 0,8 cm lang, mehr oder weniger gebogen, zylindrisch.
Verbreitung: Guatemala, Mexiko, Honduras und El Salvador; häufig auf Bäumen des Tropenwaldes und auch in Kaffeeplantagen, bis 1600 m.
Geschichte: Die Art verbindet die Gattungen *Cattleya* und *Epidendrum* und wurde auch schon in beide gestellt. Ursprünglich wurde sie von J. Lindley 1838 als *Epidendrum* im »Botanical Register« nach einer Aufsammlung von G.U. Skinner beschrieben. P.N. Don versetzte sie 1840 in die Gattung *Cattleya* (»Florist's Journal«).
Anmerkung: Die Art wurde weitgehend zu Kreuzungen benutzt, um rote und orange Farben in das bei *Cattleya* dominierende Purpur einzubringen.

Cattleya bicolor Lindl.

Pseudobulben bis über 30 cm lang, schlank, gegliedert, gefurcht, in dichten Gruppen stehend, am Grunde geschwollen und wurzelnd, 2blättrig. Blätter 16 cm lang, 2,5 cm breit, länglich-lanzettlich oder riemenförmig, lederig, mit sehr undeutlichen Streifen oder Schlieren, vorn stumpf. Blütenstand 20 cm lang, 2–7blütig; Schaft am Grunde mit grüner, purpurmarmorierter Scheide. Blüten schwach duftend, etwa 9 cm im Durchmes-

ser; Sepalen und Petalen kupferbraun; Lippe mit rosa Seitenlappen und weißberandeten karminrot (manchmal purpurviolett) und rosa Mittellappen. Sepalen 4,6 cm lang, 1 cm breit, länglich-lanzettlich, spitz; die seitlichen etwas sichelförmig und herabgeschlagen. Petalen 4,5 cm lang, 1,6 cm breit, ähnlich den Sepalen, aber etwas verkehrteiförmig oder breit-spatelförmig, vorn mit aufgesetztem Spitzchen. Lippe 3,5 cm lang, 1,7 cm breit, verhältnismäßig lang, länglich-keilförmig, gebogen, zurückgeschlagen, mit den Rändern nach hinten gebogen, vorn 2lappig, ausgeschnitten. Säule 3 cm lang, auffallend, freistehend.
Verbreitung: Brasilien.
Geschichte: Ursprünglich nur von einem durch J. Lindley veröffentlichten Gemälde von M. Descourtilz bekannt; zuerst lebend eingeführt 1838 von der Firma Loddiges. J. Lindley's Beschreibung im »Botanical Register« von 1836 fußt auf obigem Kunstwerk.
Anmerkung: Von allen anderen zweifarbigen brasilianischen *Cattleya*-Arten durch das Fehlen von Flecken auf Sepalen und Petalen leicht zu unterscheiden.

Cattleya bowringiana O'Brien

Sehr blühfreudige, bis 60 cm (selten mehr) hohe terrestrische Pflanze. Pseudobulben 20–35 cm lang, 0,7 cm im Durchmesser, keulenförmig, am Grunde geschwollen, 2blättrig, (selten 3blättrig). Blätter 15–20 cm lang, 5–6 cm breit, schmal-länglich, dunkelgrün, lederig, stumpf. Blütenstand bis über 25 cm lang, 5–10blütig (selten bis über 40blütig); Schaft am Grunde mit zwei zusammengepreßten Scheiden. Blüten bis 7 cm im Durchmesser: Sepalen und Petalen magentarot und mit dunkleren Adern; Lippe am Grunde bleich rosapurpurn, tief purpurn an den Rändern und weißen gelbberandeten Flecken im Schlund. Sepalen 3,9–4,9 cm lang, 1–1,2 cm breit, eiförmig-länglich, stumpf, mit gewellten Rändern. Lippe 3,6–4 cm lang, 2,7–3,4 cm breit, eiförmig-länglich, mit der unteren Hälfte die Säule schlauchartig umfassend, nach vorn am Rande krausig. Säule 1–1,2 cm lang, auf jeder Seite schmal geflügelt, weiß, aber am Grund rosa getönt.
Verbreitung: Seltene Pflanze in Guatemala und Belize; an sonnigen Felsen, auf Klippen und in Schluchten mit Wasserläufen.
Geschichte: Die Pflanze wurde von Veitch & Sons in Exeter 1884 aus Belize eingeführt und im folgenden Jahr im »Gardeners' Chronicle« von J. O'Brien veröffentlicht. Der Artname ehrt den eifrigen Orchideenliebhaber J.C. Bowring aus Windsor, England.
Verwandtschaft: Die Art steht *C. skinneri* (siehe dort) sehr nahe, unterscheidet sich aber durch viel kräftigeren Wuchs, längere und schlankere Pseudobulben und Blätter und durch kleinere und anders geformte Blüten. Die nachfolgend beschriebene *C. deckeri* ist auch nahe verwandt, hat aber eine einfarbige Lippe.

Cattleya deckeri Klotzsch

Bis 30 cm hohe, kräftige Pflanze. Pseudobulben bis 30 cm lang, keulenförmig im Umriß, abgeflacht, dicht gruppiert, 2blättrig. Blätter 10–15 cm lang, 3,5–5 cm breit, eiförmig-länglich. Blütenstand bis 15 cm lang, 2-5blütig; Schaft mit einer großen grundständigen Scheide. Blüten bis 5 cm im Durchmesser: bleich purpurrosa mit dunkelpurpurner Lippe. Sepalen 2,5 cm lang, 1,8 cm breit, lanzettlich-elliptisch, spitz oder mit aufgesetztem Spitzchen. Petalen 2,5 cm lang, 1,8 cm breit, eiförmig-länglich, spitz, mit welligen Rändern. Lippe undeutlich 3lappig, 2–3 cm lang, 2 cm breit, elliptisch-eiförmig; Seitenlappen die Säule schlauchartig umfassend; Mittellappen spitz; Säule 1 cm lang, am Gipfel verdickt.
Verbreitung: Mexiko, Mittelamerika, Westindische Inseln und vielleicht nördliches Südamerika.
Geschichte: Die Art wurde von Klotzsch 1855 in Otto und Dietrichs »Allgemeine Gartenzeitung« veröffentlicht.
Anmerkung: Das Fehlen von weißer Zeichnung auf der Lippe unterscheidet die Art von der nahe verwandten *C. skinneri.*
Synonyme: C. skinneri var. *parvifolia* Hook.; *C. guatemalensis* Moore.

Cattleya dormaniana Rchb.f.

Diese Art ist mit *C. guttata* und *C. leopoldii* verwandt. Sie besitzt kleinere Blüten; ihre Sepalen und Petalen sind außerdem schmaler und völlig ungefleckt.

Cattleya dowiana Batem. et Rchb.f.

Pseudobulben 12 cm lang, 3 cm im Durchmesser, keulenförmig, gerippt, auf einem kurzen kräftigen Rhizom wachsend, 1blättrig. Blätter 16–29 cm lang, 4–7 cm breit, breit-eiförmig, lederig, vorn gerundet und leicht eingeschnitten. Blütenstand ansehnlich, 2–6blütig, am Grunde des Schaftes mit einer breiten Scheide. Blüten bis zu 15 cm im Durchmesser äußerst auffallend: Sepalen und Petalen intensiv gelb (Petalen magentarot beadert); Lippe saturiert purpurrot mit goldgelben Adern und drei leuchtend goldenen Streifen im Zentrum. Sepalen 8,7 cm lang, 1,7 cm breit, lanzettlich. Petalen 8 cm lang, 5 cm breit, länglich-elliptisch, an den Rändern stark gewellt. Lippe undeutlich 3lappig, 9 cm lang, 7 cm breit, länglich, ausgerandet; Seitenlappen aufrecht, die Säule fast gänzlich umschließend; Mittellappen flach ausgebreitet. Säule 3,5 cm lang, gelb, schwach gebogen.
Verbreitung: Costa Rica und Kolumbien.
Geschichte: Diese Prachtorchidee wurde von Warscewicz in Costa Rica entdeckt; doch die von ihm nach Europa gesandte Pflanze ging ein. Zum Glück wurde sie zehn Jahre später 1864 durch M. Arce, der für G.U. Skinner sammelte, wieder gefunden. Pflanzen aus dieser Aufsammlung kamen zur Firma Veitch & Sons in Exeter, wo sie erstmals in Kultur 1865 zur Blüte gebracht wurden. J. Bateman benannte die begehrte Art nach Kapitän J. Dow vom American Packet Service, der vielen Pflanzensammlern behilflich war, ihre Beute heimzubringen.
Anmerkung: Im Aufbau *C. labiata* (siehe dort) ähnlich und von manchen Kennern nur als Varietät oder Unterart dieser Pflanze betrachtet. Die var. *aurea* Williams aus Kolumbien besitzt eine stärkere aber unregelmäßig verbreitete gelbe Zeichnung auf der Lippe und ist von bleicherer Färbung.

Cattleya eldorado Lind.

Pseudobulben bis 15 cm lang, 1,5 cm im Durchmesser, fast zylindrisch glatt, 1blättrig. Blätter bis 24 cm lang, 5 cm breit, länglich, aufrecht, lederig, steif, gerundet. Blütenstand 1–3blütig, auf kurzem Schaft. Blüten bis 14 cm im Durchmesser; Sepalen und Petalen weiß oder bleich rosa; Lippe cremeweiß mit orangegelbem Schlund, weiß berandet und mit purpurnen Linien oder einem großen Purpurfleck auf dem Mittellappen. Obere Sepale 7 cm lang, 2,6 cm breit, schmal-länglich-elliptisch, spitz; seitliche Sepalen zurückgeschlagen. Petalen 6,6 cm lang, 4,4 cm breit, elliptisch, stumpf bis stumpfspitzig. Lippe fast unmerklich 3lappig, 7 cm lang, 5 cm breit, länglich, vorn ausgerandet; Seitenlappen einen Schlauch um die Säule bildend; Mittellappen flach ausgebreitet. Säule 3 cm lang, weiß, am Gipfel braun-schuppig.

Verbreitung: Brasilien (Amazonas und Para).
Geschichte: Ursprünglich durch die Firma Linden im Jahre 1866 aus dem Rio Negro-Gebiet eingeführt. Die Pflanze war aber eine Seltenheit, ehe sie durch Binot 1876 ein zweites Mal importiert wurde.
Anmerkung: Ähnlich *C. labiata* und vielleicht nur eine Unterart oder Varietät davon. *C. eldorado* hat aber bleichere Blüten und eine mehr schlauchförmige Lippe; außerdem fällt sie durch ihre steifen Blätter auf.
Synonyme: Cattleya mcmorlandii Nichols; *C. virginalis* Lind. et André *C. quadricolor* var. *eldorado* (Lind) E. Morr. et Devos; *C. wallisii* Lind. et Rchb.f.; *C. trichopiliochila* Barb.-Rodr.

Cattleya forbesii Lindl.

Mittelgroßer Epiphyt. Pseudobulben 15–20 cm lang, schlank zylindrisch oder etwas geschwollen, von krautigen Scheiden umhüllt, 2blättrig. Blätter 9–11 cm lang, 2,5–5 cm breit, länglich, lederig, gerundet, vorn leicht eingeschnitten, nicht aufrecht. Blütenstand 10–12,5 cm lang, 1- oder 2blütig, am Grunde mit einer Scheide. Blüten bis 9 cm im Durchmesser; Sepalen und Petalen bleich grün und mehr oder weniger purpurbraun behaucht; Lippe auf den Seitenlappen rosa, purpurn mit gelben Streifen im Zentrum und weißen Rändern am Mittellappen. Sepalen 5 cm lang, 1 cm breit, linealisch-lanzettlich, spitzlich; die seitlichen etwas sichelig gekrümmt und herabgeneigt. Petalen 4,5 cm lang, 0,9 cm breit, ähnlich den Sepalen, beide sichelförmig, spitz. Lippe 3lappig, 4,5 cm lang, 3,6 cm breit; Seitenlappen länglich, gerundet, schlauchförmig um die Säule gebogen; Mittellappen kurz, rundlich, ausgebreitet wellig und gekräuselt. Säule 2,5 cm lang, keulig und halbkreisförmig im Durchmesser, weiß.
Verbreitung: Brasilien (Rio de Janeiro, São Paulo, Parana und Santa Catarina), auf Bäumen und Sträuchern an Wasserläufen und in Küstennähe wachsend.
Geschichte: Die Pflanze wurde von Forbes, einem Sammler für die Royal Horticultural Society, in die Kultur eingeführt. J. Lindley benannte sie nach ihm in »Collectanea Botanica« im Jahre 1821.
Synonyme: C. pauper Vell.; *C. vestalis* Hoffmannsegg; *C. fulva* Beer; *C. isopetala* Beer.

Cattleya gaskelliana Sander

Epiphytisch wachsende Pflanze. Pseudobulben bis 20 cm lang, 2 cm breit, keulenförmig aber seitlich zusammengedrückt, gefurcht, von grauen Scheiden umhüllt, 1blättrig. Blätter 23 cm lang, 7 cm breit, elliptisch-eiförmig, dick und lederig. Blüten bis 17 cm im Durchmesser, sehr veränderlich in der Farbgebung; Sepalen und Petalen weiß bis bleich amathystpurpurn, vermischt mit weiß, manchmal tiefer gefärbt und mit einem weißen Mittelstreifen; Seitenlappen der Lippe bleich purpurn; der Mittellappen rosenfarbig-malvenviolett; Schlund orange oder ledergelb mit einem weißen Fleck auf jeder Seite und einem Purpurfleck davor. Sepalen bis 9 cm lang, 2 cm breit, verkehrtlanzettlich, stumpf-spitzig. Petalen 9 cm lang, 6 cm breit, elliptisch bis eiförmig, stumpf. Lippe 8 cm lang, 6 cm breit, länglich-elliptisch, mit krausen Rändern. Säule am Grunde cremefarben, oben rosa.
Verbreitung: Venezuela 750–1050 m.
Geschichte: Die ersten Exemplare dieser eleganten Art wurden in Europa durch die Firma Sander & Co. in St. Albans 1883 gehandelt. Sander benannte die Art nach Holbrook Gaskell von Liverpool, der zu dieser Zeit die schönste Orchideensammlung in England besaß.
Anmerkung: Die Art steht nahe *C. labiata, C. mossiae* und *C. lueddemanniana*; manche betrachten sie als eine Unterart der Erstgenannten. Von *C. mossiae* unterscheidet sie sich im Wuchs, der Form der Pseudobulben und dem Vorhandensein einer weißen Stelle zwischen dem Gelb und Purpur der Lippe. Eine in Kultur bekannte weißblütige Form ist als var. *alba* bekannt.

Cattleya granulosa Lindl.

Aufrechter, kräftiger Epiphyt. Pseudobulben 30–50 cm lang, 1–2 cm breit, schlank zylindrisch aber etwas seitlich zusammengedrückt, 2blättrig. Blätter 12–24 cm lang, 3,5–7,6 cm breit, länglich-lanzettlich oder elliptisch-eiförmig, lederig, stumpf. Blütenstand ziemlich kurz, 3–8blütig. Blüten groß und auffällig, bis 11 cm im Durchmesser; Sepalen und Petalen olivgrün oder grasgrün mit kastanienbraunen Flecken; Lippe vorn und an den Flanken weiß, gelb und mit karminorangefarbigen Flecken in der Mitte. Sepalen 6–8,5 cm lang, 1,2–2,3 cm breit, länglich-elliptisch, spitz oder stumpf (die beiden seitlichen etwas schmaler und sichelförmig gebogen), fleischig. Petalen 5,5–7,5 cm lang, 2,5–3,5 cm breit asymmetrisch eiförmig-länglich, krautig (dünner als die Sepalen!), stumpf-spitzig oder abgerundet, an den Rändern wellig-kräuselig. Lippe tief 3lappig, 4,5–5,5 cm lang, 3–5 cm breit; Seitenlappen 3eckig-halbeiförmig, aufrecht über der Säule stehend, spitz oder stumpf; Mittellappen am Grunde schmal, darüber fächer- bis nierenförmig erweitert und an den Rändern gekräuselt und bewimpert; Platte und Basis des Mittellappens mit körnigen Warzen besetzt. Säule 2,5–3 cm lang, dick, keulenförmig.
Verbreitung: Brasilien und (vielleicht) Guatemala.
Geschichte: Man sagte, daß die Originalpflanze von Theodore Hartweg 1840 in Guatemala gesammelt wurde. Vielleicht wurde dies aber nur als Gerücht unter Gärtnern verbreitet, um die Konkurrenz zu täuschen.Die Beschreibung erfolgte 1842 durch J. Lindley im »Botanical Register«.
Verwandtschaft: Ähnlich *C. guttata* aber unterschieden durch größere Blüten und die längere »Klaue« am Grunde des Mittellappens der Lippe.
Anmerkung: Die Art wurde zur Bereicherung der Farbpalette der Gattung durch Grün und Gelb zu Kreuzungen benutzt. Am häufigsten verwandte man dafür die var. *schofieldiana* aus Brasilien, die erstmals 1882 in der Sammlung von G. W. Law-Schofield in Manchester zur Blüte kam.

Cattleya guttata Lindl.

Aufrechte epiphytische oder lithophytisch wachsende Pflanze. Pseudobulben 50–75 cm lang, zylindrisch, 2blättrig. Blätter 15–22 cm lang, elliptisch-länglich, stark lederig. Blütenstand bis 15 cm lang 5- oder mehrblütig, am Grunde mit einer breiten Scheide. Blüten 7,5–10 cm im Durchmesser; Sepalen und Petalen gelblichgrün bis olivgrün und mit dunkelpurpurnen Flecken; Lippe bleich rosa oder weiß in der unteren Hälfte und rosenrotpurpurn darüber. Sepalen 3,7 cm lang, 0,8 cm breit, länglich-lanzettlich (die seitlichen sichelig gebogen), stumpf. Petalen 3,5 cm lang, 1,3 cm breit, länglich bis elliptisch-länglich, stumpf, mit welligen Rändern. Lippe 3lappig, 2,8 cm lang, 2,4 cm breit; Seitenlappen aufrecht, die Säule umgreifend, spitz; Mittellappen verkehrtherzförmig, am Grunde genagelt, vorn leicht ausgeschnitten. Säule im Querschnitt 3eckig.
Verbreitung: Brasilien (Minas Gerais, Rio de Janeiro und São Paulo).
Geschichte: Die ersten kultivierten Pflanzen erhielt die Horticultural Society, London, aus Rio de Janeiro durch den adeligen Robert Gordon 1827. J. Lindley beschrieb die Art 1831 im »Botanical Register«.
Verwandtschaft: Steht nahe der noch großblütigeren *C. leopoldii*, die nördlich und südlich des Verbreitungsgebietes der Art vorkommt.

Anmerkung: Diese Art ist nahe verwandt mit *C. leopoldii,* unterscheidet sich aber durch folgende Merkmale: Blütenstandschaft kürzer als Blätter, Mittellappen der Lippe nicht unvermittelt verbreitert. Außerdem blüht sie in den Wintermonaten aus einer vertrockneten Scheide und nicht mit einer grünen im Sommer.
Synonym: C. elatior Lindl.

Cattleya intermedia Graham

In dichten Büscheln epiphytisch oder lithophytisch wachsend. Pseudobulben 25–40 cm lang, 1,5 cm im Durchmesser, zylindrisch, 2blättrig. Blätter 7–15 cm lang, 4–7 cm breit, eiförmig-länglich, fleischig, seitlich wegstehend, stumpf und leicht eingeschnitten. Blütenstand bis 25 cm lang, 3–5blütig (hin und wieder reichblütiger), am Grunde mit einer kleinen Scheide. Blüten 10–12,5 cm im Durchmesser, duftend: rosalila bis weiß aber Mittellappen der Lippe warm lila bis purpurn und die Sepalen und Petalen manchmal mit purpurnen Flecken. Sepalen 6,5 cm lang, 1,4 cm breit, länglich-lanzettlich, spitz, mit zurückgebogenen Rändern; die seitlichen sichelig. Petalen 5,5 cm lang, 1,5 cm breit, schmal-lanzettlich und sichelförmig gekrümmt, spitz, wellig. Lippe 3lappig, 5 cm lang, 4 cm breit, eiförmig-länglich; Seitenlappen abgerundet, aufrecht, die Säule schlauchartig umfassend; Mittellappen ausgebreitet, scharf abgesetzt, rundlich, vorn ausgeschnitten mit welligen und krausen Rändern. Säule 2,5 cm lang, keulenförmig, zartviolett behaucht.
Verbreitung: Brasilien (Rio de Janeiro, São Paulo, Parana, St. Caterina und Rio Grande do Sul), wo die Art auf niedrigen Bäumen und Felsen an Wasserläufen oder in Küstennähe wächst. Durch unmäßiges Sammeln und Zerstörung ihres Lebensraumes ist sie der Ausrottung nahe.
Geschichte: Die Pflanze wurde von Harrison aus Rio de Janeiro durch Kapitän R. Graham 1824 nach Glasgow gebracht, wo sie 1826 erstmals blühte. R. Graham veröffentlichte sie im Botanical Magazine« 1828. Der Artname verweist auf die für die Gattung durchschnittliche Blütengröße.
Synonyme: C. amethystina Morr.; *C. amabilis* hort.

Cattleya iricolor Rchb.f.

Pseudobulben der aufrechten epiphytischen Pflanze 10–12,5 cm lang, keulenförmig, seitlich zusammengepreßt, 1blättrig. Blätter bis 30 cm lang, zungenförmig, vorn ausgerandet. Blütenstand bis 15 cm lang, 2–3blütig. Blüten für die Gattung verhältnismäßig klein, 7,5–10 cm im Durchmesser: Sepalen und Petalen weiß oder cremeweiß; Lippe im Schlund orange mit purpurnen Streifen (auch auf den Seitenlappen). Sepalen 5 cm lang, 0,7 cm breit. elliptisch-lanzettlich, spitz, die seitlichen leicht sichelförmig gebogen. Petalen 4,7 cm lang, 0,8 cm breit, den Sepalen ähnlich aber stumpf. Lippe schwach 3lappig, 3,5 cm lang, 2,8 cm breit; Seitenlappen die Säule schlauchartig umfassend, Mittellappen zurückgeschlagen, spitz. Säule 1–8 cm lang, keulenförmig, gebogen, etwas geflügelt, weiß.
Verbreitung: In Schluchten nahe der Städte Purgo und Tena in Ecuador; sehr selten.
Geschichte: Diese Rarität wurde von H.G. Reichenbach 1874 in »Gardeners' Chronicle« nach einer bei Veitch & Sons erstandenen Pflanze beschrieben. Das einzige kultivierte Exemplar verschwand völlig um die Jahrhundertwende, und die Art blieb rätselhaft bis sie 1962 durch den Salesianer-Missionar P. Angel Andreeti in den Upano- und Pastaza-Schluchten wiederentdeckt wurde. Im Jahre 1973 erfolgte die Wiedereinfuhr nach Europa durch Len Brummitt, Banbury (England). Über die Wiederentdeckungsgeschichte gibt es einen Artikel von P. Taylor in »Orchid Review« 1974.

Cattleya labiata Lindl.

Eine stark veränderliche Art. Pseudobulben 12–30 cm lang, keulenförmig im Umriß, etwas abgeflacht, im Alter gefurcht, umgeben mit grünlichen dünnen Scheiden, 1blättrig. Rhizom kräftig, 1,5 cm im Durchmesser. Blätter 15–25 cm lang, 6 cm breit, länglich, lederig und langlebig, stumpf. Blütenstand 2–5blütig, mit zwei Scheiden. Blüten 2,5–15 cm im Durchmesser; Sepalen und Petalen bleich- bis leuchtend lilarosa; Lippe satt magentapurpur mit lilarosa Randfarbe und gelbem von lila Adern durchsetztem Schlund. Sepalen 8 cm lang, 2,2 cm breit, lanzettlich, die spitzen Enden zurückgebogen (die seitlichen ein wenig sichelförmig). Petalen 7,5 cm lang, 5,5 cm breit, eiförmig, stumpf und mit welligen Rändern. Lippe schwach 3lappig; Seitenlappen schlauchförmig um die Säule gebogen; Mittellappen ausgebreitet, tief ausgeschnitten, mit gekräuseltem und zerfetztem Rand. Säule keulenförmig, halbkreisförmig im Querschnitt, auf der Vorderseite gefurcht und mit zwei flügelartigen Rändern, gelb.
Verbreitung: Östliches Brasilien.
Geschichte: Wahrscheinlich im Orgel-Gebirge erstmals gefunden und durch W. Swainson 1818 eingeführt. Die Pflanze kommt dort nicht mehr vor, ist aber sonst nicht selten in den östlichen Gebieten Brasiliens. J. Lindley beschrieb sie – die Typus-Art der Gattung *Cattleya* – 1821 in »Collectanea Botanica«.
Verwandt: C. labiata ist die älteste bekannte großblütige 1blättrige *Cattleya* und bildet die Grundlage der sogenannten *labiata*-Gruppe. Einige Experten betrachten andere Arten dieser Gruppe wie *C. mossiae, C. warscewiczii, C. percivaliana, C. trianaei* und *C. dowiana* synonym mit *C. labiata.* Im Hinblick auf die gärtnerische Bedeutung dieser Taxa wurden sie in diesem Werk als vollwertige Arten behandelt.

Cattleya lawrenceana Rchb.f.

Bis 40 cm hoher Epiphyt. Pseudobulben bis 25 cm lang, 2–3knotig, seitlich zusammengedrückt, gefurcht, allmählich nach oben zu dicker werdend, grün oder lila-grün, von weißen, ausdauernden Scheiden umhüllt, 1blättrig. Blätter bis 20 cm lang, 4,5 cm breit, länglich-zungenförmig, dick, steif, grün und mehr oder weniger gefleckt, stumpf. Blütenstand auf kurzem Schaft, endständig, bis 7blütig, mit einer bis 10 cm langen Scheide. Blüten prächtig, bis 10 cm im Durchmesser; Grundfarbe hell bis tief rosalila; die Lippe mit hellrosalila Schlund und weißem Zentrum und purpurner Beaderung, dunkel samtviolett an der Spitze. Obere Sepale 7 cm lang, 1,6 cm breit, schmal-elliptisch, mit aufgesetztem Spitzchen; die seitlichen schmal-länglich und sichelförmig, spitz, von gleichen Ausmaßen. Petalen 7 cm lang, 2,7–4,3 cm breit länglich bis fast rhombisch, stumpf, an den Rändern (besonders in der unteren Hälfte) wellig. Lippe 6 cm lang, 4 cm breit (in der oberen Hälfte am breitesten), vorn etwas ausgerandet, mit den Seiten die Säule trompetenartig umfassend. Säule 2 cm lang, fleischig, nach oben zu verdickt, weiß.
Verbreitung: Venezuela und Guayana, von 1200 bis 1400 m.
Geschichte: H.G. Reichenbach benannte die Art zu Ehren von Sir Trevor Lawrence in »Gardeners' Chronicle« 1885. Die Pflanze war jedoch viele Jahre zuvor (1842) von Sir Robert Schomburgk im Roraime-Gebirge in Guayana entdeckt worden. Reichenbachs Exemplar wurde am gleichen Fundort von Seidel im Auftrage der Firma Sanders gesammelt.
Verwandt: Ähnlich in der Blütengestalt sind *C.*

skinneri und *C. bowringiana* (siehe dort); diese haben jedoch 2blättrige Pseudobulben.
Anmerkung: In Kultur findet man mehrere Varietäten, die sich durch Blütengröße und in der Färbung unterscheiden.

Cattleya leopoldii Lem.

Pseudobulben 36 cm lang, zylindrisch, am Gipfel etwas verdickt, von weißen Scheiden umhüllt, 2blättrig. Blätter 22 cm lang, 6 cm breit, länglich-elliptisch, lederig. Blütenstand 3–10blütig, mit einer großen, breiten Scheide. Blüten 7–11 cm im Durchmesser; Sepalen und Petalen olivgrün bis bronzegrün und stark kastanienbraun gefleckt; Lippe am Grunde und auf den Seitenlappen zart rosa, Mittellappen reich rosalila mit dunkler Beaderung. Sepalen 5 cm lang, 1,2 cm breit, verkehrtlanzettlich, spitz (die seitlichen etwas sichelförmig und herabgeschlagen). Petalen 5 cm lang, 1,8 cm breit, schmaleiförmig, stumpf. Lippe 3lappig, 4,5 cm lang, 4 cm breit; Seitenlappen 3eckig, spitz, aufrecht über der Säule; Mittellappen quer-länglich, genagelt, vorn breit ausgerandet. Säule 3,5 cm lang, gebogen, keulenförmig, weiß und mit einem tiefpurpurnen Flecken am Gipfel.
Verbreitung: Süd-Brasilien (Santa Catarina, Rio Grande do Sul); die var. *pernambucensis* kommt in Nordost-Brasilien (Bahia und Pernambuco) vor.
Geschichte: Diese Pflanze wurde erstmals von F. Devros im Auftrag von A. Verschaffelt in Gent gesammelt. C. Lemaire beschrieb sie 1855 in »L'Illustration Horticole« und widmete sie, Verschaffelts Anregung folgend, König Leopold I. von Belgien.
Anmerkung: *C. guttata* hat kleinere Blüten und ist von dichterem Wuchs.
Synonyme: *C. guttata* var. *leopoldii* (Lem.) Rolfe; *Epidendrum elegans* Vell.

Cattleya loddigesii Lindl.

Epiphytisch oder lithophytisch wachsende Pflanze. Pseudobulben 20–30 cm lang, zylindrisch aber ganz unten verjüngt, 2blättrig. Blätter 10–12,5 cm lang, 4–5,5 cm breit, elliptisch-länglich, lederig, stumpf. Blütenstand bis 30 cm lang, 2–5blütig, am Grunde mit einer breiten Scheide. Blüten 8–11 cm im Durchmesser: Sepalen und Petalen zart rosaviolett; Lippe von gleicher Grundfarbe aber der Mittellappen amethystpurpurn und die Platte in Gelb übergehend. Sepalen 4,5–6,5 cm lang, 2 cm breit, elliptisch-länglich, stumpf (die seitlichen schwach sichelförmig und etwas nach unten geschlagen. Petalen 5,5–6 cm lang, 2–2,5 cm breit, schief-länglich-elliptisch, gewellt, stumpf. Lippe 3lappig, fast kreisförmig, Seitenlappen fast rechteckig, aufrecht, am Vorderrand gezähnt; Mittellappen ausgebreitet, an den Rändern gekräuselt. Säule 3 cm lang, keulenförmig, gebogen, auf jeder Seite geflügelt, weiß.
Verbreitung: Süd-Brasilien (Parana und Minas Gerais).
Geschichte: Die erste nach Europa eingeführte *Cattleya*-Art. Die Firma Loddiges in Hackney (heute Vorort von London) erhielt sie aus Rio de Janeiro und nannte sie *Epidendrum violaceum*. Als J. Lindley die Gattung *Cattleya* begründete (auf *C. labiata* fußend) benannte er unsere Pflanze zu Ehren der Firma, die sie importiert hatte; der von Loddiges gewählte Name stellt ein späteres Homonym von *Epidendrum violaceum* Jacq. (1760) dar.

Cattleya luteola Lindl.

Zwergepiphyt, bis 15 cm hoch, mit schlankem, kriechendem Rhizom. Pseudobulben bis 15 cm lang, eiförmig oder zylindrisch-keulenförmig, im Alter gefurcht, 1blättrig. Blätter 6–17 cm lang, bis 3,8 cm breit, länglich oder elliptisch-länglich, stumpf und manchmal leicht ausgeschnitten. Blütenstand endständig, kürzer als das Blatt, mehrblütig, am Grunde mit einer großen trockenhäutigen Scheide. Blüten verhältnismäßig klein, ungefähr 5 cm im Durchmesser: grün oder gelb, die Lippe karminrot getüpfelt oder gestreift. Sepalen bis 4,5 cm lang, länglich oder schmal-länglich, spitz (die seitlichen schief länglich-elliptisch). Petalen so breit wie obere Sepale, schmal-elliptisch-länglich, etwas sichelförmig. Lippe kaum merklich 3lappig, bis 2,8 cm lang und breit, fast kreisförmig, die vorderen Ränder gekerbt; Platte dicht kurz flaumhaarig über der Mitte. Säule halb so lang wie die Lippe, gebogen, 2flügelig.
Verbreitung: Brasilien, Peru, Ecuador und Bolivien.
Geschichte: Erstbeschrieben durch J. Lindley 1853 in »Gardeners' Chronicle«. In Kultur in Europa blühte die Pflanze erstmals bei der Firma Backhouse in York, die sie aus dem Amazonasgebiet Brasiliens eingeführt hatte.
Synonyme: *C. meyeri* Regel; *C. flavida* Kl.; *C. sulphurea* hort.; *Epidendrum luteolum* (Lindl.) Rchb.f.

Cattleya maxima Lindl.

Aufrechte, gebüschelte, bis 40 cm hohe Pflanze. Pseubobulben bis 30 cm lang, kräftig, keulenförmig, seitlich zusammengedrückt, im Alter gefurcht, fast völlig von einer großen krautigen Scheide bedeckt, 1blättrig. Blätter bis 25 cm lang, 7,5 cm breit, länglich bis länglich-zungenförmig, stumpf und etwas eingeschnitten. Blütenstand locker, wenig- bis 7blütig, am Grunde von einer großen, bis 12 cm langen Scheide bedeckt. Blüten groß und auffallend, 12,5 cm im Durchmesser: Sepalen und Petalen rosenfarbig bis violett; die Lippe zart rosa mit purpurner Beaderung und einem gelben Streifen in der Mitte. Obere Sepalen bis 8,5 cm lang, lanzettlich, lang zugespitzt; die seitlichen beachtlich kürzer. Petalen bis 8,5 cm lang, zweimal so breit wie die Sepalen, länglich-eiförmig oder länglich-elliptisch. Lippe schwach 3lappig, 5–7 cm lang, 4 cm breit, eiförmig-länglich; Seitenlappen die Säule schlauchartig umhüllend; Mittellappen ausgebreitet, an den Rändern wellig und gekräuselt. Säule bis 2,5 cm lang, schlank, stumpfkantig, weiß.
Verbreitung: Ecuador, Kolumbien und Peru.
Geschichte: Erstmals in der Umgebung von Guyaquil von den spanischen Botanikern H. Ruiz und J. Pavon gesammelt und von dieser Aufsammlung durch J. Lindley 1831 (»Genera and Species of Orchidaceous Plants«) beschrieben. In die Gartenkultur wurde die Art erst 1842 durch T. Hartweg eingeführt; diese Pflanzen überlebten aber kaum ein Jahr. Schließlich importierte die Firma W. Farmer in Cheam (Südengland) eine weitere Sendung im Jahr 1855, und von diesem Zeitpunkt blieb *C. maxima* ständig im Sortiment. Man kennt sowohl eine weißblütige Form wie auch eine bleichblütige.
Synonyme: *Epidendrum maximum* (Lindl.) Rchb.f.; *Cattleya malouana* Lind. et Rod.

Cattleya mendelii hort.

Pseudobulben 6–18 cm lang, 2 cm im Durchmesser, zylindrisch, gefurcht, glänzend, 1blättrig. Blätter bis 23 cm lang, 6 cm breit, länglich, derb lederig, vorn gerundet. Blütenstand 2–3blütig. Blüten bis 17 cm im Durchmesser (manchmal größer), prächtig: Sepalen und Petalen weiß und mehr oder weniger intensiv rosig behaucht. Seitenlappen der Lippe weiß oder violett, ihr Mittellappen karmesinrotpurpurn und in der Färbung scharf von der gelben, purpur gestreiften Platte abgesetzt. Sepalen 9,5 cm lang, 2,3 cm breit, schmal-elliptisch-lanzettlich, spitz. Petalen 9 cm

lang, 6 cm breit, elliptisch bis eiförmig, stumpf oder spitzlich, an den Rändern wellig. Lippe undeutlich 3lappig, 8,5 cm lang, 5 cm breit; Seitenlappen aufrecht, die Säule umgreifend; Mittellappen ausgebreitet. Säule 3,5 cm lang, keulenförmig, gebogen, am Gipfel mit drei Zähnen (der mittlere gestutzt).
Verbreitung: An östlichen Kordillerenabhängen in Kolumbien.
Geschichte: 1870 durch die Firma H. Low & Co in Clapton und kurz darauf außerdem durch Backhouse in York eingeführt. Sie benannten die Art nach Samuel Mendel in Manchester. Die Pflanze blühte in Kultur zum erstenmal bei John Day in Tottenham 1871.
Verwandtschaft: Morphologisch ist die Art kaum von *C. labiata* (siehe dort) zu unterscheiden und ist deshalb wohl nur als Unterart oder Varietät zu betrachten; der Hauptunterschied liegt in der Blütenfarbe.
Synonym: C. labiata var. *mendelii* Rchb.f.

Cattleya mossiae Hook.

Eine sehr abändernde Art, besonders im Hinblick auf die Blütenfarbe. Pseudobulben spindelförmig, grün, gerifft, 1blättrig. Blätter bis 28 cm lang, 4,5 cm breit, schmal-eiförmig-länglich, gerundet. Blütenstand 30 cm lang, 2–4blütig. Blüten sehr variabel, 14–20 cm im Durchmesser: Sepalen und Petalen lila; Lippe lila, in der Mitte des Schlundes orangegelb umrahmt von tief purpurmagentarot und mit intensiver Purpurfärbung auf dem Mittellappen. Sepalen 8,5 cm lang, 1,7 cm breit, lanzettlich (die seitlichen schief-lanzettlich), spitz. Petalen 8,5 cm lang, 5 cm breit, eiförmig-elliptisch, stumpf, an den Rändern stark wellig und ausgeschnitten. Lippe wenig 3lappig, 7 cm lang, 4,6 cm breit; Seitenlappen aufrecht und die Säule schlauchartig umschließend; ausgebreitet, vorn gerundet und etwas eingeschnitten, an den Rändern betont wellig und gekräuselt. Säule bis 3,5 cm lang, keulenförmig, gebogen, am Gipfel mit einem spatelförmigen Fortsatz.
Verbreitung: Nördliche Küstengebirge Venezuelas.
Geschichte: 1836 aus La Guayra durch George Green nach Liverpool eingeführt. In der Sammlung von Mrs. Moss kam die Pflanze dort zur Blüte und wurde deshalb von Sir William Hooker 1839 im »Botanical Magazine« nach ihr benannt.
Anmerkung: Die Pflanze gehört in den Verwandtschaftskreis von *C. labiata* (siehe dort); sie ist mit mehreren geographischen Unterarten und Varietäten bekannt, die sich hauptsächlich durch Verschiedenheiten der Blütenfarbe auszeichnen.
Synonym: C. labiata var. *mossiae* Hook. Lindl.

Cattleya percivaliana (Rchb.f.) O'Brien

Epiphytisch oder litophytisch wachsende Pflanze. Pseudobulben bis 15 cm lang, 2 cm breit (am breitesten in der Mitte), seitlich verflacht, grün, wenn jung von weißen Scheiden umhüllt, 1blättrig. Blätter bis 25 cm lang, 5 cm breit, schmallänglich-elliptisch, fast aufrecht, steif, stumpf. Blütenstand bis 25 cm lang, 3–4blütig, am Grunde mit einer großen, flachen Scheide. Blüten sehr ansehnlich, bis 12 cm im Durchmesser, muffig duftend: Grundfarbe rosalila; im Schlund gelb oder gelborange mit kastanienbrauner Aderung und samt magentarot an der Spitze. Obere Sepale 7,5 cm lang; 2,5 cm breit, schmal-verkehrtlanzettlich-elliptisch, spitz; seitliche Sepalen 7 cm lang, 2,3 cm breit, schief-schmal-elliptisch, herabgekrümmt, spitz. Petalen 7,5 cm lang, 6 cm breit, eiförmig bis fast rhombisch, stumpf, Ränder über der Mitte gewellt und leicht eingeschnitten. Lippe länglich bis breit-elliptisch, vorn gestutzt und ausgeschnitten, mit den Seitenrändern die Säule trompetenartig umfassend. Säule weiß mit einem purpurnen Fortsatz am Gipfel.
Verbreitung: Venezuela, von 1200–1800 m.
Geschichte: Arnold, einer der Sammler der Firma Sander & Co in St. Albans, fand die Pflanze in der Kordillere von Venezuela, wo sie in Flußnähe auf bemoosten Felsen in voller Sonne wächst. H.G. Reichenbach beschrieb sie im »Gardeners' Chronicle« 1882 als *C. labiata* var. *percivaliana*. In der gleichen Zeitschrift erhob J. O'Brien 1883 die Pflanze in den Artrang.
Anmerkung: Die Art ist sehr variabel, und das gilt besonders für die weite Gelbskala des Lippenschlundes.
Synonym: C. labiata var. *percivaliana* (Rchb.f.) O'Brien.

Cattleya rex O'Brien

Büschelig wachsender, bis zu 50 cm hoher Epiphyt. Pseudobulben bis 35 cm lang, zylindrisch-keulenförmig, etwas seitlich abgeflacht, dicht stehend, 1blättrig. Blätter bis 35 cm lang, 6 cm breit, länglich-elliptisch, ledrig, stumpf. Blütenstand bis 20 cm lang, kürzer als das Blatt, locker 3–10blütig, mit einer großen, bis 13 cm langen Scheide. Blüten sehr groß und prächtig: Sepalen und Petalen creme- oder elfenbeinweiß; Lippe im Schlund gelb mit roten Adern, sonst rosenrot aber Seitenlappen gelb. Obere Sepale bis 8 cm lang, schmal-elliptisch-lanzettlich, spitzlich; seitliche Sepalen ähnlich aber kürzer und etwas asymmetrisch. Petalen 8 cm lang, dreimal so breit wie die Sepalen, elliptisch oder rhombisch-elliptisch, stumpf, an den Rändern gewellt. Lippe 8 cm lang, 4–5 cm breit, tief bis undeutlich 3lappig unterhalb der Mitte, schlauchartig um die Säule gebogen, am vorderen Rand wellig-gekräuselt. Säule bis 3,5 cm lang, kräftig, keulenförmig.
Verbreitung: Peru und Kolumbien.
Geschichte: Die Pflanze wurde 1890 von J. O'Brien im »Gardeners' Chronicle« beschrieben.
Verwandtschaft: Steht *C. maxima* (siehe dort) nahe, unterscheidet sich aber in der Blütenfarbe.

Cattleya schilleriana Rchb.f.

Pseudobulben der kleinen epiphytischen Pflanze 10–15 cm lang, keulenförmig, gefurcht, oft rotpurpurn überlaufen, 2blättrig. Blätter 10–12 cm lang, elliptisch-länglich, ausgebreitet, intensiv grün auf der Oberseite, rötlich purpurn auf der unteren. Blütenstand kurz, 1–2blütig (selten mehr), Blüten 10 cm im Durchmesser: Sepalen und Petalen olivbraun bis mahagonibraun und mit dunklen kastanienbraunen Flecken; Lippe in der Mitte gelb, sonst weißlich mit purpurner Beaderung. Sepalen 6 cm lang, 2 cm breit, länglich-lanzettlich, stumpf, an den Rändern schwach wellig; die seitlichen etwas sichelig gebogen. Petalen 5,5 cm lang, 1,6 cm breit, zungenförmig, stumpf, an den Rändern gewellt. Lippe 3lappig, 5,5 cm lang, 4,2 cm breit; Seitenlappen oben etwas zurückgebogen, die Säule fast völlig schlauchartig umschließend; Mittellappen breit fächer- bis nierenförmig, vorn ausgeschnitten und am Rande gewellt und mehr oder weniger tief gezähnt. Säule 3 cm lang, keulenförmig, unten ausgehöhlt, weiß mit purpurnen Flecken und Streifen, geflügelt.
Verbreitung: Brasilien.
Geschichte: Die heute in der Natur ausgerottete Pflanze wurde von Konsul Schiller erstmals 1857 in Hamburg zum Blühen gebracht. H.G. Reichenbach benannte die Art nach ihm und beschrieb sie im gleichen Jahr in der »Berliner Allgemeinen Gartenzeitung«.
Verwandtschaft: Die Art vermittelt zwischen *C. guttata* und *C. aclandiae* (siehe dort). Sie wurde sehr selten zu Kreuzungszwecken verwandt.

Cattleya schroederae hort.

Diese Pflanze ist sehr nahe mit *C. trianaei* verwandt und wird öfters sogar mit ihr vereinigt. Die Blüten beider Arten sind zwar sehr ähnlich, doch weicht *C. schroederae* durch folgende Merkmale von der anderen ab: Blüten stark duftend; in der Grundfärbung von reinweiß über rosapurpurn bis hellpurpurn wechselnd. Petalen und Ränder der Lippe auffallend gekräuselt. Lippe mit einem großen orangefarbenen Fleck.

Cattleya skinneri Batem.

Oft in dichten Gruppen wachsende, bis 50 cm hohe epiphytisch oder lithophytische Pflanze. Pseudobulben bis 35 cm lang, 2–3 cm breit, keulenförmig, seitlich zusammengepreßt, gefurcht, anfangs von röhrigen Scheiden bedeckt, 2blättrig. Blätter 10–20 cm lang, 2,5–6 cm breit, länglich-elliptisch oder länglich, fleischig-lederig, stumpf. Blütenstand kurz, 4–12blütig, am Grunde mit einer großen, bis 12 cm langen Scheide. Blüten groß und ansehnlich, 10–12,5 cm im Durchmesser: Grundfarbe rosenfarbig bis purpurrosa (Lippe tiefer gefärbt), mit weißem oder cremefarbigem Schlund. Sepalen 4–6,5 cm lang, 1–1,8 cm breit, linealisch-lanzettlich oder elliptisch-lanzettlich, stumpf oder spitz. Petalen 4–6,7 cm lang, 1,8–3,5 cm breit, breit-eiförmig, vorn abgerundet und manchmal mit aufgesetztem Spitzchen, an den Rändern gewellt. Lippe 3–5 cm lang, 2–3,5 cm breit, einen Trichter um die Säule bildend, vorn ausgerandet; Platte weißlich, bis zur Spitze gekielt. Säule klein, 0,8–1,2 cm lang, schlank.
Verbreitung: Mexiko, Belize, Guatemala, Honduras, Costa Rica und (wahrscheinlich) Panama. Seltene Pflanze auf Bäumen feuchter Wälder oder auf Granitfelsen, bis zu 1250 m.
Geschichte: Die Pflanze wurde in Guatemala von G.U. Skinner entdeckt; er sandte sie an J. Bateman, der sie nach ihm benannte und 1838 in seinem monumentalen Werk »Orchidaceae of Mexico and Guatemala« veröffentlichte (eines der größten und schwersten Bücher, die je gedruckt wurden: ein berühmter englischer Karikaturist nannte es den Alptraum eines Bibliothekars). *C. skinneri* ist die Nationalblume von Costa Rica.
Anmerkung: Man kennt auch eine von Endres in Costa Rica gefundene weißblütige Form, die von Veitch & Sons in Exeter vertrieben wurde.

Cattleya trianaei Lind. et Rchb.f.

Pseudobulben der epiphytischen Art bis 30 cm lang, 2 cm breit, schmal-keulenförmig, eng gefurcht, glänzend gelborange, 1blättrig. Blätter bis 28 cm lang, 7 cm breit, länglich bis elliptisch-länglich, gerundet und etwas ausgeschnitten Blütenstand bis 30 cm lang, 3blütig. Blüten bis 18 cm im Durchmesser, sehr auffallend; Sepalen und Petalen in der Färbung variabel: weiß, zartrosa bis purpurn; Seitenlappen der Lippe wie die Petalen, der Mittellappen tief oder bleich karmesinpurpurn und die Platte orangegelb mit purpurnen oder rosa Streifen. Sepalen 8,7 cm lang, 2 cm breit, verkehrtlanzettlich, fast spitz. Petalen 8,5 cm lang, 6 cm breit, eiförmig-elliptisch, stumpf. Lippe unmerklich 3lappig, bis 8 cm lang, 6 cm breit, elliptisch bis länglich-eiförmig, am Gipfel etwas eingeschnitten; Seitenlappen röhrenartig um die Säule gebogen. Säule 3,5 cm lang.
Verbreitung: Kolumbien, ursprünglich in den Kordilleren häufig, aber heute durch übermäßiges Sammeln selten geworden.
Geschichte: Die Pflanze wurde 1856 durch Rukker in Wandsworth (Vorort von London) aus Kolumbien eingeführt. Die gültige Veröffentlichung durch J. Linden und H.G. Reichenbach erfolgte aber erst 1864 in der »Botanischen Zeitung«; sie benannten die Art nach Dr. Triana, einem Botaniker aus Bogota.
Synonyme: C. quadricolor Lindl.; *C. bogotensis* Morr.; *C. labiata* var. *trianaei* (Lind. et Rchb.f.) Duch.

Cattleya velutina Rchb.f.

Diese Art stammt aus den brasilianischen Staaten Esperitu Santo, Rio und Sao Paulo. Sie ist *C. aclandiae* und *C. bicolor* ähnlich. Sie unterscheidet sich von beiden durch größere Blüten und die typisch gefärbte Lippe (vorwiegend weiß mit gelber Zeichnung und karminrotpurpurnen Linien). Die Seitenlappen ihrer Lippe umfassen die Säule, und die Blüten erscheinen immer an den voll entwickelten Pseudobulben.

Cattleya violacea (H. B. K.) Rolfe

Aufrechte, bis 55 cm hohe epiphytische Pflanze mit kriechendem Rhizom. Pseudobulben bis 30 cm lang, keulenförmig, etwas zusammengedrückt, mit zunehmendem Alter gefurcht, 2blättrig. Blätter bis 16,5 cm lang, 8,6 cm breit, fast kreisrund-eiförmig bis länglich-elliptisch, ledrig, vorn abgerundet oder leicht eingeschnitten. Blütenstand bis 25 cm lang, 2–6blütig, kräftig, so lang oder länger als die Blätter. Blüten groß, bis 14 cm im Durchmesser, stark duftend: rosalila mit etwas dunklerer, im Schlund gelb und weißer Lippe. Obere Sepale bis 7 cm lang, elliptisch-lanzettlich oder elliptisch-länglich, spitz, fleischig; seitliche Sepalen ähnlich aber kürzer und leicht asymmetrisch. Petalen 7 cm lang, doppelt so breit wie die Sepalen, elliptisch-lanzettlich, krautig, spitz oder stumpf, an den Rändern wellig. Lippe über der Mitte tief 3lappig, 5–5,5 cm lang, 3–3,5 cm breit; Seitenlappen über die Säule gebogen. Mittenlappen fast sitzend, quer-eiförmig oder nierenförmig, vorn gestutzt, am Rande gewellt-gekerbt; Platte mit vielen feinen Rinnen. Säule bis 3 cm lang, kräftig, gebogen, weiß.
Verbreitung: Guayana, Brasilien und Peru.
Geschichte: Die Art wurde 1816 ursprünglich von A. von Humboldt, A. Bonpland und C.S. Kunth als *Cymbidium* beschrieben, aber 1889 durch R. Rolfe in die Gattung *Cattleya* überführt (»Gardeners' Chronicle«).
Synonyme: Cymbidium violaceum H. B. K.; *Cattleya superba* Schomb. ex Lindl.; *C. schomburgkii* Lodd. ex Lindl.; *Epidendrum superbum* Rchb.f.; *Epidendrum violaceum* (H. B. K.) Rchb.f.

Cattleya walkeriana Gardn.

Pseudobulben der kleinen, epiphytisch oder lithophytisch wachsenden Art 8 cm lang, 2 cm breit, gegliedert, gedrungen spindelförmig oder knollenartig, glänzend gelb, 1- oder (selten) 2blättrig. Blätter 10 cm lang, 5 cm breit, elliptisch oder eiförmig, lederig, vorn gerundet. Blütenstand bis 20 cm lang, 3blütig, auf einem schlanken, von stark rückgebildeten Blättern besetztem Kurztrieb. Blüten bis 8,5 cm im Durchmesser: rosapurpurn bis bleich rosalila; Lippe im Schlund gelblich sonst tief purpurn mit dunklerer Beaderung. Sepalen 5 cm lang, 1,2 cm breit, länglich-lanzettlich, spitz. Petalen 5 cm lang, 2,4 cm breit, schmal-rhombisch-elliptisch, vorn stumpf, an den Rändern gewellt. Lippe ungeteilt oder schwach 3lappig, 4 cm lang, 3,2 cm breit, schaufelförmig; Seitenlappen kurz, rundlich, aufrecht über dem Säulengrund; Mittellappen quer-eiförmig oder nierenförmig, ausgebreitet, mit zurückgebogenen Rändern. Säule 2,5 cm lang, keulenförmig, geflügelt.
Verbreitung: Auf kleinen Bäumen und feuchten Felsen an Wasserläufen in Bahia und Minas Gerais (Brasilien).
Geschichte: Die Art wurde 1839 oder 1840

durch Gardner entdeckt; er benannte sie nach seinem Freund Edward Walker im »Journal of Botany« 1843. Rucker hatte 1847 die Pflanze in der Kultur erstmals zum Blühen gebracht, und J. Lindley gab ihr den Namen *C. bulbosa,* unter dem sie für viele Jahre in der Gartenliteratur bekannt war.
Verwandtschaft: Sehr nahe *C. nobilior* Rchb.f., die aber viel größere Blüten besitzt (10–12 cm im Durchmesser).
Synonyme: C. bulbosa Lindl.; *Epidendrum walkerianum* (Gardn.) Rchb.f.

Cattleya warneri Moore

Diese aus dem südlichen Brasilien stammende Art ist sehr nahe mit *C. labiata* verwandt und wird öfters nur als eine Varietät dieser Pflanze behandelt. Sie unterscheidet sich von *C. labiata* folgendermaßen: Blüten größer und anders gefärbt: Sepalen und Petalen zart rosenfarben und amethystpurpurn behaucht; Lippe innen mit intensiv purpurner Beaderung; ihre Platte orangegelb, mit hellila oder weißer Zeichnung, bleich rosaamethystpurpurner Berandung; Mittellappen mit einem tief purpurnen Fleck in der Mitte.

Cattleya warscewiczii Rchb.f.

Pseudobulben dick, 10 cm lang, 2 cm breit, zigarrenförmig, tief gefurcht, 1blättrig. Blätter 20 cm lang, 5 cm breit, länglich, sehr dick und lederig, vorn abgerundet. Blütenstand bis 45 cm lang, 4–7blütig. Blüten bis 19 cm im Durchmesser, sehr auffallend: Sepalen und Petalen warm rosalila. Lippe karminrot mit gelben Schlundflecken. Sepalen 10 cm lang, 2,5 cm breit, schmal-verkehrtlanzettlich, spitz (die seitlichen etwas asymmetrisch und sichelförmig). Petalen 9,5 cm lang, 5 cm breit, eiförmig-elliptisch, an den Rändern wellig. Lippe schwach 3lappig, 8 cm lang, 5,5 cm breit, breit-länglich (ausgebreitet); Seitenlappen die Säule röhrenförmig umschlingend; Mittellappen ausgebreitet, an den Rändern gewellt-gekräuselt und vorn etwas herabgebogen. Säule 3 cm lang, gebogen, keulenförmig.
Verbreitung: Auf Bäumen, entlang Wasserläufen in Kolumbien; 500–1500 m, oft in voller Sonne.
Geschichte: Die nach ihm benannte Art wurde 1848 oder 1849 von J. Warscewicz in der Provinz Medellin in Kolumbien entdeckt und von H.G. Reichenbach in »Xenia Orchidacea« 1855 veröffentlicht.
Verwandtschaft: Sehr nahe bei *C. labiata* stehend und vielleicht nur eine Unterart oder Varietät (siehe auch dort). Die Art hat die größten Blüten in diesem Verwandtschaftskreis.
Synonyme: C. gigas Lind. et André; *C. labiata* var. *warscewiczii* Rchb.f.

Caularthron Raf.

Tribus: Epidendreae
Subtribus: Laeliinae

Mittelgroße Epiphyten mit fleischigen, am Gipfel mehrblättrigen Pseudobulben. Blütenstand traubig oder rispig, arm- bis reichblütig, mit verlängertem Schaft. Blüten mittelgroß, mehr oder minder augenfällig. Sepalen und Petalen frei, meistens elliptisch, abstehend. Lippe in verschiedenem Grade 3lappig; Seitenlappen meistens zurückgebogen, fein gelappt oder gezähnt; Mittellappen 3eckig bis lanzettlich; Platte mit einem Paar erhabener fleischiger Leisten besetzt. Säule kurz, geflügelt, schwach gekrümmt; Anthere endständig; Pollinien 4, wachsartig.
Umfang und Verbreitung: Ungefähr ein halbes Dutzend Arten; in Südamerika und Trinidad.
Ableitung des Namens: Aus dem Griechischen »kaulos« = Stamm und »arthron« = Gelenk; nach den auf den Pseudobulben aller Arten zu findenden ausdauernden Blattbasen.
Anmerkung: Die nahe mit *Epidendrum* verwandte Gattung wurde 1836 von C. Rafinesque in seiner »Flora Telluriana« begründet. Sie unterscheidet sich von *Epidendrum* durch ihre hornartigen Auswüchse der Lippe. Bei einigen Arten, z.B. *C. bilamellatum,* sind die dicken aber innen hohlen Pseudobulben von Ameisen bewohnt.
Typus-Art: C. bicornutum Raf.
Synonym: Diacrium Lindl. (unter diesem Namen auch heute noch manchmal geführt).
Kultur: Substrat A. Mindesttemperatur im Winter 15 °C (höher wenn im Wuchs). Man behandelt die Pflanzen wie für *Cattleya* angegeben; allerdings verlangen sie nach der Blüte eine strenge Trockenperiode. In der Wachstumsperiode ist etwas Beschattung gegen direkte Sonne und reichlich Wasser von Nutzen. Die Pflanzen gedeihen gut in hängenden Körben, wo sie Licht von allen Seiten haben.

Caularthron bicornutum (Hook.) Raf.

Pseudobulben 10–30 cm lang, 2–6 cm im Durchmesser, lang-zylindrisch, nahe dem Gipfel mit 3–4 Blättern. Blätter 6–20 cm lang, 2–5 cm breit, länglich oder elliptisch-länglich, fleischig-lederig, vorn stumpf. Blütenstand traubig, bis 40 cm lang, wenig- bis 20blütig. Blüten auffällig, bis 6 cm breit: weiß, mit gelber Schwiele und lila getüpfelter Lippe. Sepalen bis 3 cm lang und 1,8 cm breit, eiförmig-lanzettlich, spitz oder stumpf. Petalen bis 2,8 cm lang und 2,3 cm breit, breiteiförmig, spitz, oben fein eingeschnitten. Lippe ungefähr 2 cm lang, 3lappig, fleischig; Seitenlappig viel kürzer als der Mittellappen, elliptisch, abgerundet; Mittellappen zungenförmig bis lanzettlich, spitz; Schwiele mit zwei aufrechtstehenden Lappen. Säule 1,5 cm lang, nach dem Gipfel zu am breitesten.
Verbreitung: Brasilien, Kolumbien, Venezuela, Guayana, Trinidad und Tabago; in den beiden letztgenannten Ländern wächst die Pflanze an der Küste.
Geschichte: W. Hooker beschrieb die Art 1834 im »Botanical Magazine« als *Epidendrum bicornutum;* sie wurde 1839 von C. Rafinesque in seiner »Flora Tellurica« zu *Caularthrom* versetzt.
Anmerkung: C. bilamellatum (Rchb.f.) R.E. Schultes ist die einzige andere Art dieser Gattung. Sie hat viel kleinere Blüten und eine ungeteilte oder nur schwach 3lappige Lippe.
Synonym: Diacrium bicornutum (Hook.) Bentham.

Ceratostylis Bl.

Tribus: Epidendreae
Subtribus: Eriinae

Kleine Epiphyten mit fasrigen Wurzeln und einfachen oder verzweigten Stämmen, selten blattlos und schilfartig. Blätter schmal, lederig oder fleischig, oft fast stielrund, selten von dünner Beschaffenheit. Blüten klein, einzelständig oder in kleinen Gruppen mit Brakteen. Sepalen aufrecht, zusammenneigend; die seitlichen breiter, mit dem Fuß der Säule ein sack- oder spornartiges Mentum bildend. Petalen schmaler als die Sepalen. Lippe durch einen langen Nagel mit dem Säulenfuß verwachsen; über dem Nagel kurz, aufrecht wegstehend, fleischig, ungeteilt. Säule kurz, oben erweitert, 2lappig oder mit 2 spatelartigen, aufrechten Armen; Fuß lang, Anthere 2fächrig; Pollinien 8, klein, entweder in Gruppen zu viert oder alle zusammen mit der kleinen Klebscheibe verbunden.
Umfang und Verbreitung: Einige 60 Arten; in Indien, Südostasien, auf den Philippinen und Pazifischen Inseln.
Ableitung des Namens: Aus dem Griechischen »keras« oder »kerato« = Horn und »stylis« = Griffel; auf das hornartige Aussehen der Säule bezogen.

Anmerkung: Die Gattung wurde 1825 von C. Blume in seinen »Bijdragen« begründet. Sie ist mit *Agrostophyllum* verwandt, unterscheidet sich aber von dieser in der Anzahl der Pollinien (8 statt 4).
Typus-Art: Blume zitierte mehrere Arten.
Kultur: Substrat A. Mindesttemperaturen im Winter 15 °C. Hängende Arten wie *C. retisquama* hält man in flachen Körben; für alle anderen eignet sich Topfkultur. Die Pflanzen verlangen mittleren Schatten, Luftfeuchtigkeit und – solange sie wachsen – reichlich Wasser. Nach Abschluß der Wachstumsperiode gibt man ihnen weniger Wasser, doch sollten sie niemals für längere Zeit völlig trocken stehen. Allgemein blühen sie mehr als einmal im Jahr.

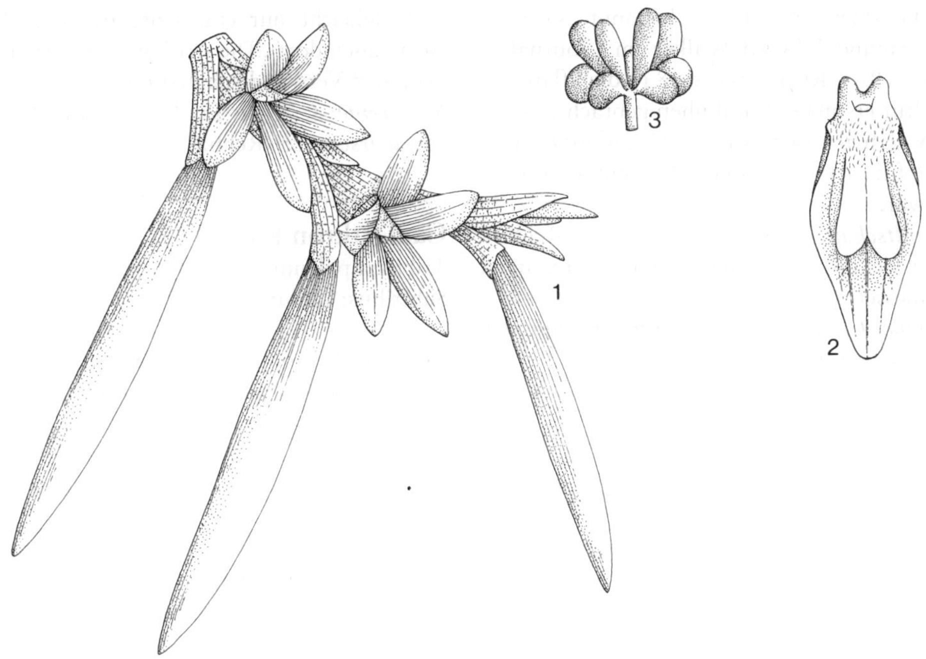

Ceratostylis retisquama
1 = Pflanze (× 3/4)
2 = Lippe ausgebreitet (× 4)
3 = Pollinien (× 8 1/2)

Ceratostylis retisquama Rchb.f.

Mit kurzen Wurzeln wachsender Epiphyt. Rhizome hängend, bis zu 25 cm lang, locker gebüschelt, im oberen Teil schwach verzweigt, stielrund, 0,4–0,6 cm dick, mit ausdauernden netzadrigen kastanienbraunen Scheiden besetzt. Blätter einzeln an sehr kurzen, in Abständen von 2–3 cm auf dem Rhizom angeordneten Stämmen stehend, 9–12 cm lang, 1,2–1,5 cm breit, schmallinealisch-lanzettlich, sehr dick und fleischig, im Querschnitt halbkreisförmig, auf der Oberseite tief gefurcht, unten kurz gestielt, vorn stumpf und kurz gestielt, vorn stumpf und kurz schief eingeschnitten. Blütenstände gipfelbürtig auf den Stämmchen (scheinbar achselständig), 1- bis mehrblütig (jeweils nur eine Blüte geöffnet); Brakteen klein, Blüten mittelgroß; ziegelrot, mit weißlicher Lippe. Mittlere Sepale 2 cm lang, 0,9 cm breit, länglich-elliptisch; die seitlichen der mittleren ähnlich aber in der unteren Hälfte miteinander verwachsen und ein kurzes 0,3 cm langes Mentum bildend. Petalen 2 cm lang, 0,8 cm breit, schmal verkehrteiförmig. Lippe fleischig, kurz genagelt, ungefähr 0,7 cm lang, aus eiförmigem Grund keilförmig, vorn stumpf; die Seitenränder aufrecht um die Säule herum stehend. Platte mit zwei Kielen und am Grunde mit einer flaumigen kissenartigen Verdickung. Säule 0,4 cm lang; ihre Seitenarme aufrecht und am Gipfel abgerundet; Pollinien 8, mit einer kleinen, verlängerten Klebscheibe.
Verbreitung: Luzon und Mindanao.
Geschichte: Hugh Cuming entdeckte die Pflanze auf den Philippinen; H.G. Reichenbach beschrieb sie 1857 in »Bonplandia«.
Synonyme: Ceratostylis latipetala Ames; *C. rubra* Ames (unter diesem Namen wird die Art heute noch weitgehend geführt) nach P. Taylor – siehe »Botanical Magazine«, N-Ser. t. 640 (1972–73) – ist *C. retisquama* der ältere und somit gültige Name.

Chamaeangis Schltr.

Tribus: Vandeae
Subtribus: Aerangidinae

Kleine bis mittelgroße Epiphyten mit kurzen bis sehr kurzen, beblätterten Stämmen. Blütenstände locker bis dicht vielblütig, die Blüten einzeln oder in Wirteln in seinen Knoten angeordnet. Blüten sehr klein bis klein; Brakteen winzig, viel kürzer als der Fruchtknoten. Sepalen und Petalen untereinander ähnlich, frei, abstehend. Lippe den Sepalen und Petalen ähnlich aber etwas breiter, fleischig, gespornt; Sporn zylindrisch, manchmal am Gipfel etwas erweitert, herabgekrümmt. Säule sehr kurz, ohne Fuß, fleischig; Rostellum deutlich herausstehend; Pollinien 2, annähernd kuglig; Stipes einzeln oder 2 Stipites; Klebscheibe kreisrund oder eiförmig.
Umfang und Verbreitung: Ungefähr 15 Arten; im tropischen Afrika, Madagaskar, Maskarenen und Komoren.
Ableitung des Namens: Aus dem Griechischen »chamai« = niedrig und »angos« = Gefäß; ein Hinweis auf die Form des Spornes der Lippe.
Anmerkung: Die Gattung wurde 1918 von R. Schlechter im »Botanischen Centralblatt« (Beihefte) begründet. Er faßte in ihr einige zuvor in den Gattungen *Angraecum* und *Listrostachys* behandelte Arten zusammen. *Chamaeangis* zeichnet sich durch kleine, oft in Wirteln an den Stammknoten stehende, Blüten, das dünne Rostellum und die einzelne Klebscheibe aus.
Typus-Art: R. Schlechter zitierte mehrere Arten gleichzeitig.
Kultur: Substrat A oder montiert. Mindesttemperatur im Winter 12–15 °C. Sonst wie für *Diaphananthe* und *Tridactyle* angegeben.

Chamaeangis odoratissima (Rchb.f.) Schltr.

Aufrechte Pflanze mit bis zu 50 cm langem, kräftigem, gleichmäßig beblättertem Stamm; Wurzeln kräftig, am Stamm entlang entspringend und die Blattscheiden den Blättern gegenüber durchbrechend. Blätter 2zeilig angeordnet, am Grunde von der Scheide abgesetzt, 10–25 cm lang, 2–3,5 cm breit, schmal-länglich, riemenförmig oder riemenförmig-verkehrtlanzettlich, sichelförmig gebogen, am Grunde gedreht und in eine Ebene gerichtet, lederig, vorn abgerundet oder stumpf und schief eingeschnitten. Blütenstand bis zu 30 cm lang, abstehend-gebogen, im Umriß zylindrisch, traubig, dicht vielblütig, mit 2–6 Blüten an jedem Knoten. Blüten hellgrün, gelb oder gelbbraun, sehr klein. Mittlere Sepale 1,5–2 mm

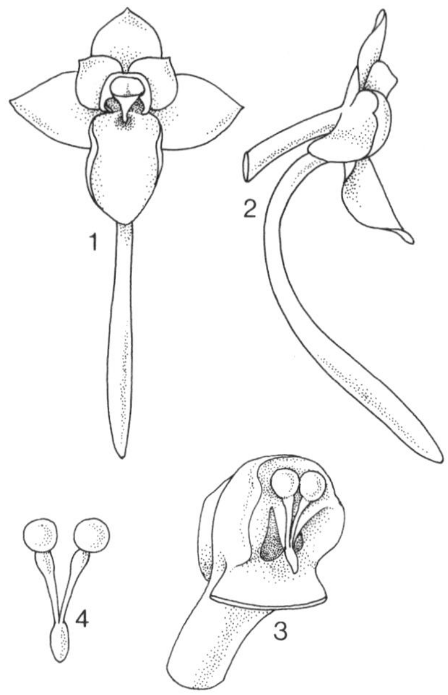

Chamaeangis odoratissima
1 = Blüte von vorn (× 6½)
2 = Blüte von der Seite (× 6½)
3 = Säule, Antherenkappe entfernt (× 13)
4 = Klebscheibe, Stipites und Pollinien (× 18)

lang, 1,4–1,6 mm breit, elliptisch bis fast kreisrund, stumpf; die seitlichen 2–2,2 mm lang, 1,2–1,4 mm breit, länglich-elliptisch, stumpf. Petalen 1,4 mm lang und breit, elliptisch bis kreisrund, stumpf. Lippe herabgebogen, 2 mm lang, 1,3–1,5 mm breit, breit-eiförmig bis herzförmig oder elliptisch, stumpf oder abgerundet; Sporn hängend, zylindrisch, am Gipfel leicht erweitert, 8–13 mm lang. Säule kurz, kräftig, 1 mm lang.
Verbreitung: Sierra Leone und ostwärts nach Uganda und Kenia.
Geschichte: H. G. Reichenbach beschrieb die Art – als *Angraecum* – 1856 in »Bonplandia« unter Zugrundelegung einer kultivierten Pflanze unbekannter Herkunft. R. Schlechter versetzte sie 1918 (Beihefte, »Botanisches Centralblatt«) in die heutige Gattung.
Synonyme: Angraecum odoratissimum Rchb.f.; *Listrostachys odoratissimum* (Rchb.f.) Rchb.f.

Chiloschista Lindl.

Tribus: Vandeae
Subtribus: Sarcanthinae

Kleine meistens blattlose Epiphyten mit langen, flachen, grünlichen Wurzeln. Blütenstände aufrecht oder schräg abstehend, mehrblütig, traubig, mit flaumig behaarter Achse. Blüten etwas abstehend, duftend, weiß bis gelb und mehr oder minder intensiv karminrot getüpfelt. Petalen größer als die Sepalen; die seitlichen Sepalen unten mit der Säule verwachsen. Lippe genagelt, mit der Säule gelenkartig verbunden, 3lappig, ausgebaucht oder gespornt und mit einer aufrechten, fingerartigen nahe der Basis angesetzten, steif behaarten Schwiele; Vorderseite dick und steifhaarig. Säule klein, aufrecht, halbstielrund, rechtwinklig zu ihrem Fuß stehend; Pollinien 4, in zwei Paaren; Stipes pfriemlich dünn; Klebscheibe klein.
Umfang und Verbreitung: Ungefähr 7 Arten; in Indien, Südchina, Südostasien, Indonesien und Australien.
Ableitung des Namens: Aus dem Griechischen »cheilos« = Lippe und »schistos« = Spalt; wegen der geteilten Lippe der Typus-Art.
Anmerkung: J. Lindley begründete diese Gattung 1832 im »Botanical Register«. Sie ist verwandt mit *Sarchochilus* und wurde sogar von Autoren wie Bentham und Hooker (1883) mit ihr vereinigt. Allerdings zeichnet sich *Chiloschista* durch ihre Blattlosigkeit und die Struktur der Lippe klar ab.
Typus-Art: C. usneoides (Don) Lindl.
Kultur: Wie für *Microcoelia* angegeben.

Chiloschista lunifera (Rchb.f.) J. J. Sm.

Stamm des kleinen blattlosen Epiphyten sehr kurz. Blütenstand aufrecht bis hängend, bis über 10 cm lang, meistens bis 12blütig; Schaft grün und purpurn getüpfelt, stielrund, flaumig behaart; Brakteen klein, eiförmig, spitz. Blüten 1,6 cm breit: Sepalen und Petalen gelb oder grüngelb, mit rotbraunen Tüpfeln; Lippe weiß, auf den und unterhalb der rotgestreiften Seitenlappen gelb; Säule grün, mit gelber Anthere. Sepalen und Petalen einander ähnlich 0,7–0,9 cm lang, bis 0,6 cm breit, elliptisch bis eiförmig, abgerundet oder stumpf. Lippe 0,75 cm lang, 0,8 cm breit (wenn ausgebreitet), 3lappig, am Grunde sackartig; Seitenlappen annähernd quadratisch, aufgerichtet und einwärts gekrümmt; Mittellappen kleiner, stumpf, ausgerandet; Platte mit einer fleischigen Schwiele besetzt. Säule nur 0,4 cm lang; ihr Fuß 0,4 cm lang.
Verbreitung: Nordindien, Sikkim, Birma und Thailand.
Geschichte: Die von H. G. Reichenbach 1868 in »Gardeners' Chronicle« ursprünglich in der Gattung *Thrixspermum* beschriebene Pflanze wurde von C. Parish bei Moulmein in Birma gesammelt. J. J. Smith versetzte sie 1905 nach *Chiloschista* (»Die Orchideen von Java«). In die Kultur wurde die Art 1868 durch die Firma Veitch eingeführt.
Synonyme: Thrixspermum luniferum Rchb.f.; *Sarcochilus luniferus* (Rchb.f.) Hook. f.

Chondrorhyncha Lindl.

Tribus: Oncidieae

Kleine Epiphyten mit rhizomartigen, kurzen, beblätterten Stämmen, ohne Pseudobulben. Blätter längsgefaltet und mit deutlicher Nervatur, gestielt, deutlich von der Blattscheide abgesetzt. Blütenstand direkt aus dem Rhizom entspringend, 1blütig. Sepalen untereinander ähnlich, länglich-elliptisch bis lanzettlich; die mittlere am Grunde mit der Säule verwachsen; die seitlichen schief mit der Säule verbunden. Petalen verkehrteiförmig-elliptisch. Lippe sitzend, konkav, aufrecht, ungeteilt, am Grunde mit einer gezähnten Schwiele. Säule im Querschnitt halbkreisrund, mit kurzem aber prominentem Fuß. Pollinien 4, wachsartig. Rostellum lang, schnabelartig und knorpelig, 3teilig mit langem Mittelzahn.
Umfang und Verbreitung: Nur wenige Arten, auf die Tropen von Mittelamerika und Südamerika beschränkt.
Ableitung des Namens: Aus dem Griechischen »chondros« = Knorpel und »rhynchos« = Schnabel; ein Hinweis auf das schnabelförmige Rostellum.
Anmerkung: J. Lindley begründete diese Gattung 1846 in seinen »Orchidaceae Lindenianae«. Er vertrat die Ansicht, daß sie wegen des schiefen Sepalenansatzes und der Rostellum-Struktur mit *Helcia* und *Trichopilia* verwandt sei. Allerdings steht sie *Cochleanthes, Huntleya* und *Kefersteinia* viel näher, unterscheidet sich aber deutlich durch das oben beschriebene Rostellum, den deutlichen Fuß der Säule und die Lage der Schwiele auf der Lippe. L. Garay (»Orchideologia« 1969, 1973) hat die Gattungsabgrenzung von *Chondrorhyncha* und verwandter Gattungen untersucht; er unterscheidet sie von *Zygopetalum* und damit verwandten Gattungen dadurch, daß die letzten immer beblätterte Pseudobulben besitzen.
Typus-Art: Ch. rosea Lindl.
Synonym: Warscewiczella Rchb.f.
Kultur: Substrat A. Mindesttemperatur im Winter 12–15 °C. Die Pflanzen werden am vorteilhaftesten in Körben bei hoher Luftfeuchtigkeit und im Schatten gehalten. Das Substrat muß gut durchlässig sein; ein Austrocknen der Wurzeln ist zu vermeiden.

Chysis Lindl.

Tribus: Arethuseae
Subtribus: Bletiinae

Epi- oder Lithophyten mit mehrblättrigen, fleischigen, von trockenen Scheiden bedeckten Pseudobulben. Blätter entweder entfernt stehend oder am Gipfel der Pseudobulben gedrängt, 2zeilig angeordnet, längstgefaltet, am Grunde deutlich abgesetzt. Blütenstände seitlich an den Knoten alter Pseudobulben entspringen, locker traubig. Blüten zu mehreren, augenfällig. Sepalen untereinander frei und ähnlich, die seitlichen mit dem Fuß der Säule verbunden und ein kurzes Mentum bildend. Lippe aufrecht, 3lappig; Platte deutlich nervig, unten von fleischigen Leisten durchzogen. Säule aufrecht, einwärts gekrümmt, oben mit zwei breiten Flügeln, unten mit kurzem Fuß; Pollinien 8, wachsartig.
Umfang und Verbreitung: Ungefähr 6 Arten, von Mexiko durch Mittelamerika und über die südamerikanischen Anden bis nach Venezuela und Peru.
Ableitung des Namens: Aus dem Griechischen »chysis« = schmelzend; ein Hinweis auf das Aussehen der Pollinien in der sich nach Selbstbestäubung öffnenden Blüte.
Anmerkung: Die Gattung wurde 1837 von J. Lindley im »Botanical Register« begründet. Nach einer eingehenden und sehr lesenswerten Beschreibung der Pollinienstruktur vergleicht er sie mit *Dendrobium* und *Cyrtopodium* wie auch mit *Epidendrum.* Die Aufteilung der Gattung ist etwas umstritten. In seiner »Flora von Panama« (1949) akzeptiert P.H. Allen, nach eingehendem Studium des ihm im Ames Herbarium und im Botanischen Garten Missouri zur Verfügung stehenden Material, nur die zwei sehr verschiedengestaltigen Arten *C. aurea* und *C. laevis*. J.A. Fowlie (»Orchid Digest« 1971) bestreitet Allens Ansicht und bringt nicht nur *C. tricostata* Schltr. wieder hervor, sondern erhebt auch *C. aurea* var. *maculata* als *C. maculata* (Hook.) Fowlie in den Artrang. Während Allen in seiner Arbeit alle Arten und Varietäten ausschlüsselt, findet man bei Fowlie jede Art fotografisch dargestellt.
Typus-Art: Ch. aurea Lindl.
Kultur: Substrat A. Mindesttemperaturen im Winter 12–15 °C. Diese Pflanzen wachsen gut in Körben wie auch in Töpfen. In der aktiven Wachstumsperiode verlangen sie eine warme, feuchte Atmosphäre, mäßigen Schatten und viel Wasser. In der Ruheperiode, nach dem Laubfall, hält man sie kühler und fast gänzlich trocken. Die Blüten erscheinen seitlich an den Neusprossen.

Chysis aurea Lindl.

Grober, hängender, bis über 75 cm langer Epiphyt. Pseudobulben bis 45 cm lang, verlängert-spindelig und oft etwas keulig, vielkantig, zusammengepreßt, nach dem Gipfel zu vielblättrig. Blätter 2zeilig angeordnet, bis 45 cm lang und 6–12blütig; Brakteen bis 2,5 cm lang, eiförmig, konkav, langspitzig. Blüten zitronengelb; Petalen mit brauner Zeichnung; Lippe weißlich, mit kastanienbrauner Zeichnung. Obere Sepale 3–4,5 cm lang, 0,8–1,5 cm breit, linealisch-länglich oder länglich-elliptisch, stumpf; die seitlichen 2,5–3,5 cm lang, bis 2 cm breit, 3eckig-lanzettlich und sichelartig gebogen, mit dem Säulenfuß ein kurzes Mentum bildend. Retalen 3–4 cm lang, 0,7–1,5 cm breit, verkehrteiförmig, abgerundet, etwas sichelig gebogen, an den Rändern gewellt und gekräuselt. Lippe 2–2,5 cm lang, 2,5–3,5 cm breit, gekrümmt, verkehrteiförmig-keilig im Umriß, unten konkav, tief 3lappig. Seitenlappen länglich, aufrecht; Mittellappen fast kreisrund bis quer-elliptisch, ausgerandet, an den Rändern gewellt-gekräuselt; Platte mit drei bis fünf samtartig-flaumigen Leisten. Säule einwärts gebogen, 1,5 cm lang, mit betontem Fuß.
Verbreitung: Von Mexiko nach Panama, Kolumbien und Venezuela, bis zu 1700 m.
Geschichte: Die Pflanze wurde von Henchman 1834 im Cumancoa-Tal (Venezuela) gefunden. Er sandte sie an die Firma Low in Clapton, wo sie im folgenden Jahr zur Blüte kam. J. Lindley beschrieb sie 1837 im »Botanical Register«.

Chysis bractescens Lindl.

Verhältnismäßig grober, bis über 50 cm hoher Epiphyt. Pseudobulben bis 30 cm lang und 4 cm im Durchmesser, spindelig, versteckt unter weißen, häutigen Scheiden, nach dem Gipfel zu mit mehreren Blättern. Blätter bis 40 cm lang und 6 cm breit, linealisch oder länglich-lanzettlich, vorn langspitzig, gewellt. Blütenstand an den unteren Knoten alter Pseudobulben entspringend, traubig, 4–8blütig; Brakteen blattartig, bis 4,5 cm lang, eiförmig, oft langspitzig, konkav. Blüten ungefähr 8 cm breit, wachsartig, duftend: elfenbeinweiß; Lippe gelb, mit rotpurpurner Zeichnung. Obere Sepale 3,8–4,5 cm lang, 1,5–2,3 cm breit, länglich, stumpf; die seitlichen 3,5–4 cm lang, bis 2 cm breit, assymmetrisch, eiförmig-3eckig, stumpf, unten zusammen mit dem Säulenfuß ein prominentes Mentum bildend. Petalen schief-länglich-spatelig, 3,5–4,5 cm lang, 1,6–2,3 cm breit, stumpf oder abgerundet. Lippe bis 3,5 cm lang und 4 cm breit, fast kreisrund-fächerig, tief 3lappig; Seitenlappen länglich-sichelig, aufrecht; Mittellappen verkehrteiförmig, ausgerandet; Platte mit 5–7 bis zum Grunde des Mittellappens laufenden samtartig-flaumigen Leisten. Säule fleischig, 1,5 cm lang, einwärts gebogen, mit langem Fuß.
Verbreitung: Mexiko, Guatemala und Belize, bis zu 850 m.
Geschichte: Die Pflanze wurde von Barker vermutlich aus Mexiko in die Kultur eingeführt und im Jahre 1840 von J. Lindley im »Botanical Register« beschrieben.
Synonyme: Thorwaldsenia speciosa Liebm.; *Chysis aurea* var. *bractescens* Allen.

Chysis laevis Lindl.

Diese von Mexiko bis nach Costa Rica verbreitete Art unterscheidet sich von *C. aurea* folgendermaßen: Blüten ungefähr 6,3 cm breit; Sepalen und Petalen intensiv gelb und in der oberen Hälfte hellorangefarben überlaufen. Lippe weiß, auf den Lappen rot beadert.

Chysis tricostata Schltr.

Diese *C. laevis* nahestehende im gleichen Gebiet heimische und von manchen Botanikern nur als Varietät dieser Pflanze betrachtete Art läßt sich durch das Vorhandensein von nur 3 längsverlaufenden Kielen auf der Lippe von ihr unterscheiden.

Cirrhopetalum Lindl.

Tribus: Dendrobieae
Subtribus: Bulbophyllinae

Kleine bis mittelgroße, kriechende Epiphyten. Pseudobulben getrennt auf einem kurzen bis langen Rhizom stehend, am Gipfel mit einem sitzenden oder gestielten, lederigen Blatt. Blütenstand aufrecht, etwas doldig, am Grunde der Pseudobulbe entspringend, 1- bis vielblättrig. Blüten klein oder groß, augenfällig. Mittlere Sepale kürzer (selten halb so lang) als die seitlichen Sepalen, diese hägend und öfters zusammenneigend. Petalen klein, mehr oder minder bewimpert. Lippe sehr klein, beweglich, gestielt. Säule kurz, am Gipfel mit zwei Stelidien; Pollinien 4.
Umfang und Verbreitung: Etwas mehr als 30 Arten, hauptsächlich in Indien, Südostasien, Indonesien, Neuguinea und von dort nach Afrika und die Pazifischen Inseln.
Ableitung des Namens: Möglicherweise aus dem

Griechischen »kirrhos« = orangebraun oder bleichgelb und »petalon« = Blumenblatt; als Hinweis auf die Blüte. (Es könnte aber auch von dem lateinischen »cirrus« = Ranke oder Franse abgeleitet sein, weil bei einigen Arten die Sepalen lockenartig gedreht oder die Petalen ausgefranst sind.)
Anmerkung: Die Gattung wurde 1830 von J. Lindley in seinen »Genera and Species of Orchidaceous Plants« begründet; der Name wurde gegen die älteren Gattungsnamen *Ephippium* Bl. und *Zygoglossum* Reinward konserviert. Da zwischen *Cirrhopetalum* und *Bulbophyllum* viele Übergangsformen bestehen, haben verschiedene Autoren, u. a. Seidenfaden, vorgeschlagen, beide Gattungen zu vereinigen. Da jedoch fast alle *Cirrhopetalum*-Arten leicht an ihren doldenartigen Blütenständen zu erkennen sind, haben wir sie in diesem Buch, dem allgemeinen Brauch folgend, getrennt behandelt (siehe auch Anmerkungen zu *Bulbophyllum*).
Typus-Arten: C. thouarsii Lindl. nom. illeg.; *C. umbellatum* (G. Forster) Gordemoy.
Kultur: Substrat A. Mindesttemperatur im Winter 15 °C. Allgemein gelten die gleichen Regeln wie für *Bulbophyllum.* Wegen ihrer kriechenden Tracht eignen sich die Pflanzen am besten für seichte Schalen oder flache Körbe, die sie nach kurzer Zeit völlig bedecken. Luftfeuchtigkeit und Schatten sind nötig. Bis zur vollen Entwicklung der Pseudobulben gibt man reichlich Wasser, danach weniger.

Cirrhopetalum gracillimum (Rolfe) Rolfe

Diese Art ist außerordentlich verschiedengestaltig und ändert in der Farbgebung der Blüte stark ab. Von der nahe mit ihr verwandten *C. longissimum* läßt sie sich ohne Schwierigkeiten durch die viel kürzeren seitlichen Sepalen und die Petalen und mittlere Sepale, die bewimpert sind, unterscheiden. Ihr Vorkommen erstreckt sich von Südostasien bis zu den Salomon-Inseln und Fidschi.

Cirrhopetalum longissimum Ridley

Pseudobulben des mit einem kräftigen Rhizom wachsenden kriechenden Epiphyten 3–7 cm voneinander entfernt stehend, 2,5–4 cm lang, 1,5–7,5 cm breit, eiförmig, am Gipfel 1blättrig. Blätter aufrecht, 9–15 cm lang, 2,5–4,5 cm breit, länglich, unten verschmälert, vorn spitzlich und nach rückwärts gebogen, lederig. Blütenstand gebogen bis hängend, ungefähr 20 cm lang, mit 4–7 Blüten in einer endständigen Dolde; Brakteen 1–1,5 cm lang, länglich-lanzettlich, langspitzig. Blüten sehr lang: mittlere Sepale grünweiß; die seitlichen rosa oder weißlich; alte Sepalen mit purpurnen Längsstreifen; Petalen und Lippe grün, purpurn behaucht. Mittlere Sepale 1,5–1,8 cm lang, bis 0,5 cm breit, lanzettlich oder länglich-lanzettlich, konkav, an den Rändern bewimpert; die seitlichen lang miteinander verwachsen (nicht am Grunde), riemenförmig, oben lang schwanzartig ausgezogen, 20–30 cm lang, bis 1 cm breit. Petalen 0,8–1 cm lang, sichelig gebogen, länglich oder länglich-lanzettlich, spitzlich an den Rändern bewimpert. Lippe 0,8–1 cm lang, länglich-eiförmig, spitzlich, gerinnt, fleischig, nach hinten gebogen. Säule 0,8 cm lang, länglich. Stelidien sichelartig einwärts gekrümmt, pfriemlich, spitz.
Verbreitung: Auf dem Halbinselteil von Thailand und Malaga.
Geschichte: Diese außerordentliche Pflanze wurde in der Nähe von Panga in Thailand von Curtis entdeckt; er brachte sie 1893 im Botanischen Garten zu Penang zum Blühen. H. Ridley beschrieb die Art 1896 im »Journal of the Linnaean Society«.
Anmerkung: Nahe verwandt ist *C. rothschildianum* O'Brien; diese Art besitzt kürzere oder breitere seitliche Sepalen und stielrunde oder flache, bewegliche Anhängsel an den Rändern der mittleren Sepale und der Petalen.
Synonym: Bulbophyllum longissimum (Ridley) Ridley.

Cirrhopetalum mastersianum Rolfe

Pseudobulben des aufrechten Epiphyten gebüschelt, 2,5–3,5 cm lang, 1,5–2 cm breit, eiförmig, sehr stumpfkantig, am Gipfel 1blättrig. Blätter aufrecht bis bogig abstehend, 10–12 cm lang, 2–3 cm breit, länglich, vorn stumpflich, unten verschmälert, lederig. Blütenstand am Grunde des Pseudobulben austretend, 12–15 cm lang, mit 6–8 Blüten in einer Dolde; Schaft schlank, stielrund, purpurn; Brakteen 0,6–0,7 cm lang, linealisch-lanzettlich, spitz. Blüten bis 4 cm lang: gelb mit brauner Behauchung. Mittlere Sepale 0,6 cm lang, 0,3 cm breit, elliptisch-eiförmig, hutartig, spitzlich, an den Rändern kurz bewimpert; die seitlichen bis fast zur Spitze miteinander verwachsen, 3–3,5 cm lang, 1–1,2 cm breit, linealisch-länglich, ausgerandet. Petalen 0,6 cm lang, sichelig gebogen, länglich, spitz, an den Rändern sehr fein bewimpert. Lippe 0,3–0,4 cm lang, linealisch-länglich, fleischig, rückwärts gekrümmt. Säule 0,2 cm lang, fleischig, mit kurzen Stelidien.
Verbreitung: Borneo und Molukken.
Geschichte: Die Firma J. Linden in Brüssel führte diese Pflanze erstmals in die Kultur ein und brachte sie 1890 zur Blüte. R. Rolfe beschrieb sie im gleichen Jahr in »Lindenia« und benannte sie zu Ehren von Dr. Masters, seinerzeit Herausgeber von »Gardeners' Chronicle«.
Synonym: Bulbophyllum mastersianum (Rolfe) J. J. Smith.

Cirrhopetalum medusae Lindl.

Pseudobulben des kleinen, mit einem dicken Rhizom wachsenden Epiphyten 2–5 cm lang, bis 2 cm im Durchmesser, eiförmig-kegelig bis birnenförmig, öfters gekrümmt, gerippt, am Gipfel 1blättrig. Blätter 12,5–15 cm lang, 1,5–2 cm breit, linealisch-länglich oder elliptisch-länglich, stark lederig; Blattstiel kurz bis fast unmerklich. Blütenstand gebogen, 15–20 cm lang, einen dichten kugeligen Kopf bildend; Schaft kräftig, locker bescheidet. Blüten 7,5 cm lang: gelb, rot, getüpfelt. Mittlere Sepale 2,5 cm lang, 0,3 cm breit, lanzettlich, langspitzig und fein grannenartig auslaufend; die seitlichen ähnlich aber länger. Petalen ungefähr 0,5 cm lang, 0,2 cm breit, eiförmig-lanzettlich, betont langspitzig und fein grannenartig ausgezogen. Lippe nur 0,15 cm lang, fast gerade, eiförmig, unten fleischig, vorn ausgebissen. Säule 0,3 cm lang, ohne Stelidien.
Verbreitung: Malaga, Thailand, Sumatra, Borneo und die Philippinen.
Geschichte: Die Firma Loddiges führte die Pflanze aus Singapur in die Kultur ein; J. Lindley beschrieb sie 1842 im »Botanical Register«. Manche Autoren stellen diese interessante Art in die Gattung *Bulbophyllum.*
Anmerkung: Diese Pflanze läßt sich von anderen Arten leicht unterscheiden durch die dichte, fast kugelige Anordnung ihrer stark duftenden cremeweißen Blüten, von denen die ± 12 cm langen seitlichen Sepalen »trauerweidenartig« herabhängen, und außerdem durch die Schlankheit der mittleren Sepale und der Petalen mit ungeteilten Rändern.
Synonyme: Bulbophyllum medusae (Lindl.) Rchb.f.

Cirrhopetalum ornatissimum Rchb.f.

Pseudobulben 2,5–5 cm lang, bis 1,2 cm breit, im Umriß eiförmig-kegelig, im Querschnitt 3- oder

4eckig, am Gipfel 1blättrig. Blätter gestielt, 10–16 cm lang, bis 3,7 cm breit, linealisch-länglich, vorn stumpf; Blattstiel ungefähr 2 cm lang. Blütenstand aufrecht, bis über 15 cm lang, scheindoldig, 4–5blütig; Schaft robust. Blüten bis 10 cm lang: Sepalen und Petalen hellgelb oder gelbgrün, mit purpurnen Schlieren oder purpurn überlaufen. Mittlere Sepale 1,5 cm lang, 0,8 cm breit, eiförmig-kahnförmig, langspitzig, lang bewimpert; die seitlichen 5–10 cm lang, am Grunde 0,9 cm breit, linealisch-lanzettlich, über der Mitte miteinander verbunden, langspitzig und pfriemlich auslaufend. Petalen 1–1,4 cm lang, 0,4 cm breit, pfriemlich-lanzettlich, sichelig gekrümmt, an den unteren Rändern etwas bewimpert, am Gipfel mit einem Büschel dünn-verkehrtbirnenförmiger Haare. Lippe 0,6 cm lang, 0,3 cm breit, striegelig, fleischig, zurückgebogen, eiförmig, mit zwei Leisten auf der Oberseite, kurz bewimpert, vorn abgerundet. Säule 0,5 cm lang, mit herabgebogenen Stelidien.
Verbreitung: Sikkim Himalaja und Assam.
Geschichte: H.G. Reichenbach beschrieb die Pflanze 1882 im »Gardeners' Chronicle« unter Zugrundelegung von Pflanzen unbekannter Herkunft, die er zunächst von W. Bull und später von C.W. Strickland, James O'Brien und der Firma Veitch erhalten hatte. Einige Autoren (z.B. G. Seidenfaden) führen die Art unter *Bulbophyllum.*
Synonyme: Bulbophyllum ornatissimum (Rchb.f.) J.J. Smith; *Phyllorchis ornatissimum* (Rchb.f.) O. Kuntze.

Cirrhopetalum roxburghii Lindl.

Pseudobulben klein, ungefähr 1,2 cm lang, fast kugelförmig, am Gipfel 1blättrig. Blätter 7,5–10 cm lang, 1,5–2 cm breit, linealisch-länglich, vorn abgerundet. Blütenstand länger als die Blätter, bis 15 cm lang, doldenartig. Blüten klein: mittlere Sepalen und Petalen gelb, mit roten Streifen; seitliche Sepalen gelb; Lippe rotpurpurn. Mittlere Sepale 0,3–0,4 cm lang, 0,2 cm breit, breiteiförmig, oben in eine grannenartige Spitze auslaufend, an den Rändern bewimpert; die seitlichen 1–1,6 cm lang, 0,4 cm breit, etwas sichelig, stumpf, in der Mitte verbunden. Petalen der mittleren Sepale ähnlich. Lippe etwa 0,2 cm lang, stark zurückgekrümmt, glatt. Säule 0,15 cm lang, kräftig, ohne Stelidien.
Verbreitung: Indien; im Delta des Ganges.
Geschichte: Die Pflanze wurde 1830 von J. Lindley in seinem Werk »Genera and Species of Orchidaceous Plants« beschrieben; zugrunde lag ein von Carey gesammeltes und von Roxburgh übersandtes Exemplar.
Synonyme: Aerides radiatum Lindl.; *Bulbophyllum roxburghii* (Lindl.) Rchb.f.

Cirrhopetalum umbellatum
(Forster f.) Hook. et Arn.

Pseudobulben des kleinen Epiphyten 2,2–4,6 cm lang, 1,2–1,6 cm breit, kegelig-eiförmig, stumpfkantig, in Abständen von 2–4 cm auf dem kriechenden Rhizom stehend, am Gipfel 1blättrig. Blätter 12–18 cm lang, 3–4 cm breit, elliptisch bis länglich-elliptisch, fast aufrecht, lederig, vorn abgerundet und leicht eingeschnitten. Blütenstand ungefähr so lang wie die Blätter, doldenartig, 3–7blütig, aufrecht oder gebogen; Schaft lang, stielrund. Blüten alle nach außen gerichtet bis 4,5 cm lang: Sepalen gelb oder orangegelb, dicht rotgetüpfelt und mit rot-schwarzen Spitzen; Lippe und Petalen dunkelrot; Säule gelblichweiß. Mittlere Sepale 1 cm lang, eiförmig, konkav, oben borstenartig verlängert; die seitlichen 2–3 cm lang, lanzettlich, in den oberen zwei Dritteln miteinander verwachsen, am Gipfel geteilt, an den äußeren Rändern zurückgebogen. Petalen 0,4–1 cm lang, 3eckig, am Gipfel borstenartig ausgezogen, an den Rändern dicht bewimpert. Lippe klein, beweglich, 0,5 cm lang, 0,2 cm breit, stark gebogen, auf der Oberfläche gekielt. Säule klein; Stelidia 0,4 cm lang, vorstehend, scharf zugespitzt.
Verbreitung: Tropisches Afrika, Madagaskar, Inseln im Indischen Ozean, Südost-Asien, Indonesien, auf den Pazifischen Inseln und in Nord-Australien.
Geschichte: Die 1832 von Sir William Hooker und G. Arnott in »Botany of Captain Beechey's Voyage« (In der Zeitschrift »Blossom«) zu *Cirrhopetalum* gestellte Art war ursprünglich von G. Forster 1786 in »Florulae Insularum Australium Prodromus« als *Epidendrum* beschrieben worden. Zugrunde lag eine auf den Gesellschaftsinseln gesammelte Pflanze.
Anmerkung: Mehrere Botaniker (z.B. G. Seidenfaden in »Dansk Botanisk Archiv« 1973) betrachten die Gattung *Cirrhopetalum* synonym mit *Bulbophyllum.* Wenn man dieser Ansicht zustimmt, muß als gültiger Name *Bulbophyllum longiflorum* Thou. gewählt werden, da das Epithet »umbellatum« bereits für eine andere Art der Gattung *Bulbophyllum* verwendet worden ist.
Synonyme (in Auswahl): *Epidendrum umbellatum* Forster; *Cymbidium umbellatum* (Forster) Sprengel; *Bulbophyllum calvigerum* Fitzg.; *B. longiflorum* Thou.; *Cirrhopetalum longiflorum* (Thou.) Schltr.

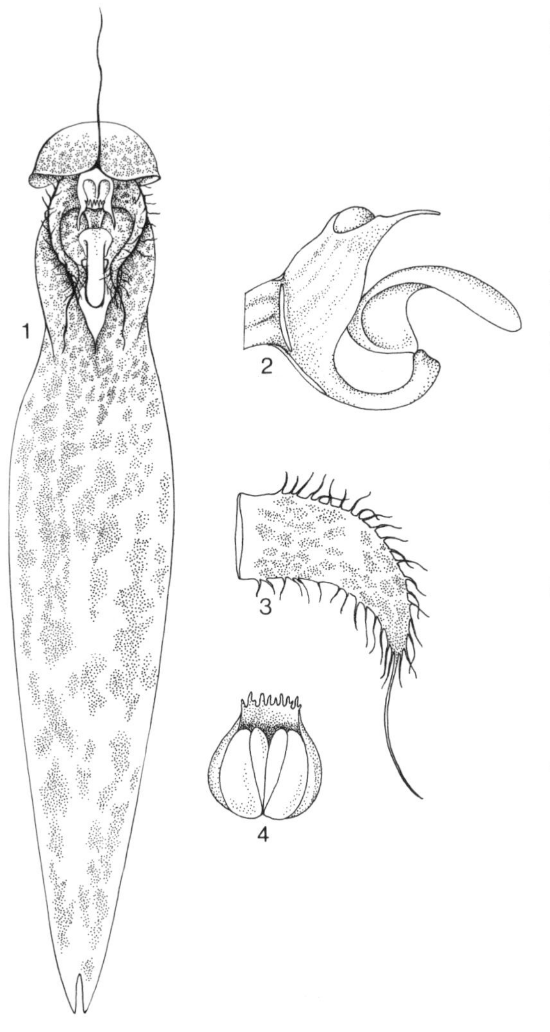

Cirrhopetalum umbellatum
1 = Blüte von vorn (× 2)
2 = Säule von der Seite (× 4 1/3)
3 = Petale (× 4 1/3)
4 = Anthere (× 11)

Cleisostoma Bl.
Tribus: Vandeae
Subtribus: Sarcanthinae

Kleine bis mittelgroße Epiphyten mit kurzen oder langen, aufrechten bis hängenden Stämmen und flachen oder stielrunden Blättern. Blütenstände kurz oder lang, einfach oder viel öfters verzweigt, aufrecht oder hängend, vielblütig. Blüten ziemlich klein und fleischig. Sepalen und Petalen annähernd gleich, meistens abstehend. Lippe 3lappig, gespornt, mit den hinteren Rändern der Seitenlappen etwas mit dem Fuß der Säule verwachsen, am Schlunde des Sporns auf der hinteren

Seite mit einer verschieden geformten Schwiele besetzt (nicht selten ebenso auf der Vorderseite des Schlundes); Seitenlappen mehr oder minder aufrecht, 3eckig; Mittellappen gerade oder manchmal nach oben gekrümmt, meistens 3eckig-pfeilförmig und mit kleinen, abstehenden Häkchen an der Basis; Sporn konisch oder zylindrisch; selten sackartig, oft der Länge nach durch Scheidewände geteilt. Säule kurz, mit kurzem Fuß; Pollinien 4, in zwei rundliche Körper vereinigt; Stipes meistens schmal und nach oben zu verbreitert; Klebscheibe klein oder groß, manchmal hufeisenförmig.
Umfang und Verbreitung: Die größte Gattung der kleinblütigen Orchideen des Subtribus *Sarcanthinae;* weitverbreitet in Indien, Südostasien, Indonesien, Neuguinea, auf den Philippinen und den Pazifischen Inseln wie auch in Australien.
Ableitung des Namens: Aus dem Griechischen »kleistos« = geschlossen und »stoma« = Mund. Der Name bezieht sich auf die geschwollene, durch überwachsene Schwielen verengte Lippe.
Anmerkung: C. Blume begründete die Gattung 1825 in seinen »Bijdragen« (im Schlüssel zu den Javanischen Orchideen). Charakteristisch für *Cleisostoma* ist die große Schwiele an der Hinterwand des Spornschlundes; sie hat oft auf der unteren Oberfläche eine Rinne, mit der sie auf der die untere Spornhälfte trennenden Wand ruht. Die auf der Vorderwand sitzende Schwiele ist manchmal so mit der auf der Hinterseite sitzenden verwachsen, daß der Eingang zum Sporn buchstäblich versperrt ist. Während einige weitverbreitete Arten öfters gesammelt wurden, gibt es andere, die nur durch wenige Herbariumbelege bekannt sind.
Typus-Art: C. sagittata Bl.
Synonym: Sarcanthus Lindl. Unter diesem Namen war die Gattung bis vor kurzem noch bekannt. L. Garay (»Botanical Museum Leaflets of Harvard University« 1972) konnte zeigen, daß J. Lindley *Sarcanthus* zweimal unter Zugrundelegung verschiedener Typen beschrieben hatte: 1824 begründete er die Gattung auf der heute zu *Acampe* gehörenden Art *Epidendrum praemorsum* Roxb. und 1826 unter Benutzung von *Sarcanthus rostratus* Lindl.
Kultur: Wie bei *Ascocentrum.*

Cleisostoma filiformis(Lindl.) Garay

Stamm hängend, 15–25 cm lang, stielrund, mit 1,5–5 cm langen Internodien. Blätter entfernt stehend, 5–15 cm lang, 0,3–0,5 cm breit, zylindrisch-pfriemlich, vorn spitz. Blütenstände gebogen, traubig, locker mit Blüten besetzt; Brakteen winzig, lanzettlich. Blüten 0,6–0,8 cm breit: Sepalen und Petalen orangefarbig bis schokoladenbraun, an den Rändern und auf den Mittelnerv grün; Lippe am Grunde gelb, auf dem Mittellappen weiß. Sepalen 0,5 cm lang, 0,15 cm breit, länglich, stumpf. Petalen 0,3 cm lang, 0,25 cm breit, fast kreisrund. Lippe 0,4 cm lang, breitkegelig, fleischig, 3lappig; Seitenlappen spitz, einwärts gebogen; Mittellappen kurz und breit, an der Basis jederseits gezähnt; der sackförmige Lippengrund 0,2 cm lang, 2lappig, mit einem vom Grunde des Mittellappens nach unten verlaufenden Kiel und unterhalb der Säule mit einer großen, steifhaarigen Schwiele besetzt. Säule sehr breit und kräftig, gelb.
Verbreitung: Sikkim, Himalaja, Khasia-Berge und Birma.
Geschichte: N. Wallich entdeckte die Pflanze in Indien und schickte sie an Colonel Fielding. J. Lindley beschrieb sie 1842 im »Botanical Register« unter dem Gattungsnamen *Sarcanthus.* L. Garay versetzte sie 1972 nach *Cleisostoma* (Botanical Museum Leaflets of Harvard University).
Synonyme: Saccolabium filiforme (Lindl.) Lindl.; *Sarcanthus filiformis* Lindl.

Cleisostoma racemifera (Lindl.) Garay

Stamm ziemlich robust, bis 1,2 cm breit, mit kräftigen Wurzeln wachsend. Blätter 25–36 cm lang, bis 3,5 cm breit, riemenförmig, abstehend, lederig, vorn abgerundet und eingeschnitten, auf dem Rücken gekielt. Blütenstände seitlich, rispig, auffällig verzweigt, locker-vielblütig, länger als die Blätter; Schaft 15–25 cm lang; Brakteen 0,3 cm lang, elliptisch-lanzettlich. Blüten klein, nur 0,8 cm breit: Sepalen und Petalen schwarz-violett mit gelben Rändern; Lippe weiß oder gelblich. Mittlere Sepale 0,5 cm lang, 0,26 cm breit, elliptisch, abgerundet; die seitlichen asymmetrisch, stumpf. Petalen der mittleren Sepale ähnlich aber etwas kleiner, abgerundet. Lippe 3lappig; Seitenlappen schief-3eckig, in eine linealische Spitze ausgezogen, einwärtsgebogen, Mittellappen dickfleischig, 3eckig, einwärtsgebogen, in der Mitte der Länge nach ausgehöhlt; Schwiele mit zwei abgerundeten Lappen; Sporn etwas einwärtsgekrümmt, fast zylindrisch, halbgekammert. Säule kurz, kräftig.
Verbreitung: Indien, Nepal, Thailand und Birma; 1300–1800 m.
Geschichte: Die von N. Wallich in Indien entdeckte Pflanze wurde von J. Lindley 1833 in seinem Werk »Genera and Species of Orchidaceous Plants« in der Gattung *Saccolabium* beschrieben. Nachdem sie von H.G. Reichenbach 1864 (»Walpers Annales Botanices«) zu *Sarcanthus* gestellt worden war, setzte sie L. Garay endlich in die Gattung *Cleisostoma* (»Botanical Museum Leaflets of Harvard University« 1972).
Synonyme: Sarcanthus pallidus Lindl.; *S. tricolor* Rchb. f.; *S. racemifer* (Lindl.) Rchb. f.; *Saccolabium racemiferum* Lindl.

Cleisostoma scortechinii (Hook. f.) Garay

Stamm verlängert, ziemlich robust, 0,5–0,6 cm dick, mit 2–3 Internodien. Blätter 5–15 cm lang, bis 2,2 cm breit, flach, länglichlanzettlich, vorn spitz, ziemlich dick. Blütenstände steif herabhängend, so lang wie die Blätter, kräftig, vielblütig. Blüten klein, nur 0,8 cm breit: Sepalen und Petalen purpurn, Ränder und Mittelnerv grün; Lippe gelblich, mit bleichviolettem Mittellappen. Sepalen 0,45–0,55 cm lang, 0,25–0,3 cm breit, länglich, spitz bis abgerundet. Petalen 0,4 cm lang, 0,1 cm breit, schmal-länglich, abgerundet. Lippe 3lappig, 0,5 cm lang, 0,3–0,4 cm breit; Seitenlappen kaum wahrnehmbar; Mittellappen pfeildeltaförmig; Sporn 2kammerig, 0,4–0,5 cm lang, nach der Spitze zu verschmälert; Schwiele groß, von vorn gesehen rechteckig, bleich grün. Säule nur 0,25 cm lang.
Verbreitung: Malaga.
Geschichte: Die Pflanze wurde von Scortechini in Perak entdeckt und von Sir Joseph Hooker, der sie nach ihm benannte, 1891 in der »Flora of British India« unter dem Gattungsnamen *Sarcanthus* beschrieben. L. Garay versetzte sie, wie die vorangehenden Arten, in die Gattung *Cleisostoma.*
Synonyme: Sarcanthus scortechinii Hook. f.

Clowesia Lindl.

Tribus: Cymbidieae
Subtribus: Catasetinae

Im vegetativen Bau *Catasetum* ähnliche Pflanzen. Blütenstand an den unteren Knoten des Pseudobulben entspringend, hängend, traubig, mehrblütig. Blüten ziemlich augenfällig, nicht fleischig, zweigeschlechtlich (Anthere und Narbe funktionsfähig). Sepalen und Petalen frei; die Petalen öfters breiter und an den Rändern gefranst. Lippe nicht mit der Säule verwachsen, sackförmig vertieft oder gespornt, am Gipfel gefranst, gezähnelt oder ganz. Säule kurz bis etwas lang, am

Grunde ohne Antennen; Pollinien 2, groß, gefurcht; Stipes 1, gespannt; Klebscheibe groß, explosionsartig abspringend, wenn auf Stipes gedrückt wird.
Umfang und Verbreitung: 5 Arten; von Mexiko südwärts bis Venezuela.
Ableitung des Namens: Benannt zu Ehren von J. Clowes, Geistlicher zu Broughton Hall bei Manchester und eifriger Orchideenliebhaber: er brachte die Typus-Art dieser Gattung erstmals zum Blühen.
Anmerkung: J. Lindley begründete diese Gattung 1843 im »Botanical Register«. Nach ihm wurde sie von den meisten Autoren als eine Sektion von *Catasetum* behandelt. Erst kürzlich wurde sie von C. Dodson wieder selbständig gemacht (»Selbyana« 1975). *Clowesia* läßt sich durch ihre zweigeschlechtlichen Blüten und den Bestäubungsmechanismus ohne weiteres von *Catasetum* unterscheiden. Von der gleichfalls mit ihr verwandten Gattung *Dressleria* unterscheidet sie sich durch ihre hängenden Blütenstände, die nicht fleischigen Blütenteile, ihre freie Lippe und den bereits erwähnten Bestäubungsmechanismus.
Typus-Art: C. rosea Lindl.
Kultur: Substrat A oder B. Wie für *Catasetum* angegeben.

Clowesia russelliana (Hook.) Doden

Pseudobulben des großen Epiphyten bis 7 cm lang und 3,5 cm breit, eiförmig, 6–8blättrig, mit mehreren Knoten, im Alter gefurcht. Blätter bis 40 cm lang und 7 cm breit, verkehrtlanzettlich bis länglich-verkehrtlanzettlich, längsgefaltet, schräg aufrecht. Blütenstand am Grunde des Pseudobulben entspringend, hängend, bis 30 cm lang, traubig, bis 25blütig, mit schwach kantiger kräftiger Achse; Brakteen klein, eiförmig, spitz, etwas purpurn. Blüten groß, 5–6 cm breit, unangenehm süß duftend: Sepalen und Petalen sehr hellgrün mit dunkelgrüner Beaderung; Lippe an der Basis grün, vorn weiß; Schwiele weiß. Mittlere Sepale 3,5 cm lang, 1,2 cm breit, länglich-elliptisch, einwärts gebogen, konkav, mit aufgesetzter Spitze; die seitlichen 3,7 cm lang, 1,2 cm breit, schmal länglich und unten etwas sichelig gebogen, stumpf; Petalen 3,7 cm lang, 1,7 cm breit, elliptisch-eiförmig, spitz, an den Rändern sehr fein ausgebissen. Lippe 3 cm lang, 1,4 cm breit, unten sack-pantoffelförmig, mit auswärts gerollten Blättern; Vorderlappen länglich-verkehrteiförmig, vorstehend, mit dünnen und gefransten Rändern; Schwiele auf den Vorderlappen angeordnet, mit unregelmäßig gezähnten Rändern. Säule aufrecht, etwas gebogen, 2,2 cm lang; Anthere weiß.
Verbreitung: Von Mexiko südwärts bis Panama und Venezuela.
Geschichte: G. U. Skinner entdeckte diese Pflanze 1838 in Guatemala; er sandte lebende Exemplare an den Herzog von Bedford, in dessen Gewächshäusern in Woburn sie 1840 zur Blüte kamen. Sir William Hooker beschrieb sie als *Catasetum* im gleichen Jahr im »Botanical Magazine« und benannte sie zu Ehren des Herzogs. R. Dressler versetzte die Art 1975 zu *Clowesia* (»Selbyana«).
Synonym: Catasetum russellianum Hook.

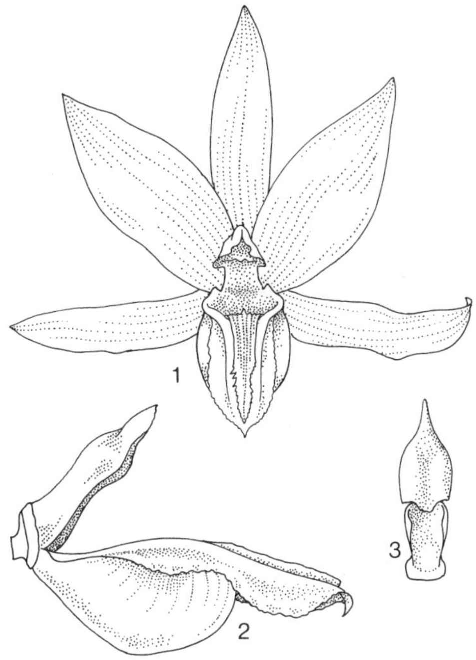

Clowesia russelliana
1 = Blüte von vorn (× 3/4)
2 = Lippe und Säule von der Seite (× 2)
3 = Säule von vorn (× 2)

Cochleanthes Raf.

Tribus: Maxillarieae
Subtribus: Zygopetalinae

Mittelgroße Epiphyten mit kurzem, beblättertem Stamm, ohne Pseudobulben. Blätter zahlreich, 2zeilig und fächerartig angeordnet, deutlich von der gefalteten Blattscheide gegliedert. Blütenstand blattachselbürtig, viel kürzer als die Blätter, 1blütig. Blüten groß, ziemlich fleischig, augenfällig, duftend. Sepalen untereinander ähnlich, frei, abstehend; die seitlichen mit dem Fuß der Säule verbunden. Petalen den Sepalen nicht unähnlich. Lippe gegen den Fuß der Säule abgesetzt, 3lappig oder ungeteilt, kurz genagelt, am Grunde mit einer querverlaufenden, halbkreisförmigen Schwiele; Seitenlappen die Säule umfassend. Säule fleischig, einwärts gebogen, mit kurzem Fuß, flügellos oder mit zwei kurzen Flügeln; Pollinien 4, birnenförmig; Klebscheibe eiförmig bis elliptisch, breit.
Umfang und Verbreitung: Ungefähr 14 Arten, in den amerikanischen Tropen.
Ableitung des Namens: Aus dem Griechischen »kochlias« = Spiralmuschel und »anthos« = Blüte.
Anmerkung: C. Rafinesque begründete die Gattung 1836 in seiner »Flora Telluriana«. Ihre Arten wurden verschiedentlich in andere Gattungen, wie *Zygopetalum* und *Warscewiczella* gestellt. Sie ist jedoch viel näher mit *Chondrorhyncha* und Gattungen aus diesem Umkreis verwandt (siehe L. Garay in »Orquideologia« 1969). Unterscheiden läßt sie sich leicht durch ihren kurzen Säulenfuß und die eigentümliche Schwiele am Grund der Lippe.
Typus-Art: C. fragrans Raf.
Kultur: Substrat A. Mindesttemperatur im Winter 12–15 °C. Sonst wie für *Chondrorhyncha* und *Huntleya* angegeben.

Cochleanthes aromatica (Rchb.f.) R.E. Schultes et Garay

Ohne Pseudobulben wachsender, aufrechter Epiphyt. Blätter 15–30 cm lang, 1,5–2,5 cm breit, linealisch-riemenförmig bis elliptisch-lanzettlich, vorn spitz oder etwas langspitzig, längsgefaltet. Blütenstand aufrecht oder bogig, blattachselbürtig, 7–9 cm lang, 1blütig. Blüten verhältnismäßig

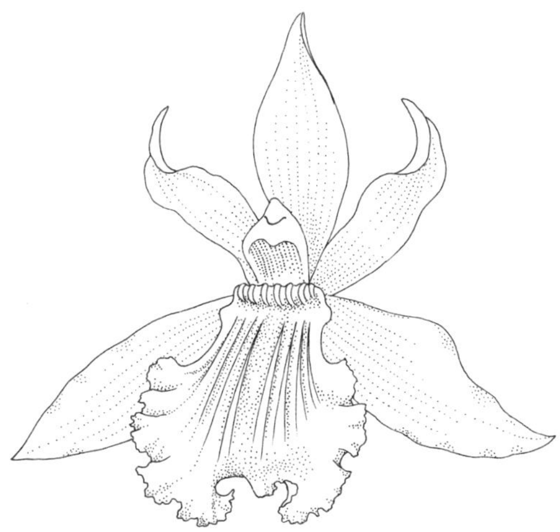
Cochleanthes aromatica
Blüte nach Lindenia X, 84, 1894 (× 3/4)

groß und augenfällig: Sepalen und Petalen gelblichgrün; Lippe lavendelblau oder violett, mit weißen Rändern; Schwiele violettblau. Mittlere Sepale 2,5–3 cm lang, 0,6–0,8 cm breit, elliptisch-lanzettlich, langspitzig; die seitlichen lanzettlich und langspitzig. Petalen 2,5–3 cm lang, 0,5–0,6 cm breit, lanzettlich, langspitzig. Lippe 2,2–2,5 cm lang, 1,5–1,7 cm breit, annähernd geigenförmig, am Grunde etwas gelappt, unvermittelt in einen kurzen Nagel zusammengezogen, in der unteren Hälfte rechteckig, darüber breiter, gewellt und rückwärtsgebogen; Schwiele halbmondförmig, strahlend oder rhombisch, mit mehreren Furchen. Säule kurz, aufrecht, keulenförmig und mit schmalen Flügeln.
Verbreitung: Costa Rica und Panama.
Geschichte: H.G. Reichenbach beschrieb diese Art in der Gattung *Zygopetalum* 1852 in der »Botanischen Zeitung« unter Zugrundelegung einer in der Kultur blühenden Pflanze mittelamerikanischer Herkunft. R.E. Schultes und L. Garay versetzten sie 1959 in die heutige Gattung (»Botanical Museum Leaflets of Harvard University«).
Synonyme: Zygopetalum aromaticum Rchb.f.; *Z. wendlandii* Rchb.f.; *Warscewiczella aromatica* (Rchb.f.) Rchb.f.; *W. wendlandii* (Rchb.f.) Schltr.; *Bollea wendlandiana* Rchb.f.

Cochleanthes discolor
(Lindl.) R.E. Schultes et Garay

Epiphyt mit büschelig angeordneten, kurzen, beblätterten Stämmen. Blätter 2zeilig, ungefähr 5, schief abstehend, bis 20 cm lang, 2–5 cm breit, riemenförmig-verkehrtlanzettlich, vorn spitz. Blütenstand aufrecht, am Grunde mit einer Scheide, 1blütig; Schaft bis 10 cm lang, stielrund; Brakteen hellgrün, 1,2 cm lang, zart. Blüten auffällig: Sepalen hellgrün; Petalen cremegrün und im oberen Zweidrittel violett behaucht; Lippe tief violett mit dunklerer Beaderung und bleicheren Lippen; Schwiele glänzend gelb. Sepalen 3,3–3,6 cm lang, 1,4–1,6 cm breit, elliptisch, stumpf oder abgerundet. Petalen hervorstehend, 3,2 cm lang, 1,7 cm breit, elliptisch, abgerundet, oben zurückgebogen. Lippe 3,6 cm lang, 4,2 cm breit, kurz genagelt, fast quadratisch-eiförmig, unten eingerollt, vorn ausgerandet und an den Rändern zurückgebogen; Schwiele fleischig, hervorstehend, aus mehreren fächerartig angeordneten Leisten bestehend. Säule weiß, unten dicht flaumig; Fuß sehr kurz, mit einem kleinen rückwärtsweisenden Haken.
Verbreitung: Kuba, Honduras, Costa Rica, Panama und Venezuela.
Geschichte: Ursprünglich wurde die Pflanze im »Journal of the Horticultural Society of London« 1849 von J. Lindley als *Warrea* beschrieben. Zugrunde lag eine von Warscewicz in Costa Rica gesammelte Pflanze. Im Jahre 1959 versetzten Schultes und Garay die Art zu *Cochleanthes* (»Botanical Leaflets of Harvard University«).
Synonyme: Warrea discolor Lindl. *Warscewicziella discolor* (Lindl.) Rchb. f.; *Zygopetalum discolor* (Lindl.) Rchb. f.; *Chondrorhyncha discolor* (Lindl.) P.H. Allen.

Cochleanthes flabelliformis
(Sw.) R.E. Schultes et Garay

Diese Art unterscheidet sich von *C. discolor* durch ihre völlig ungeteilte, eiförmige Lippe und die regelmäßiger eingeschnittene Schwiele am Grunde der Lippe.

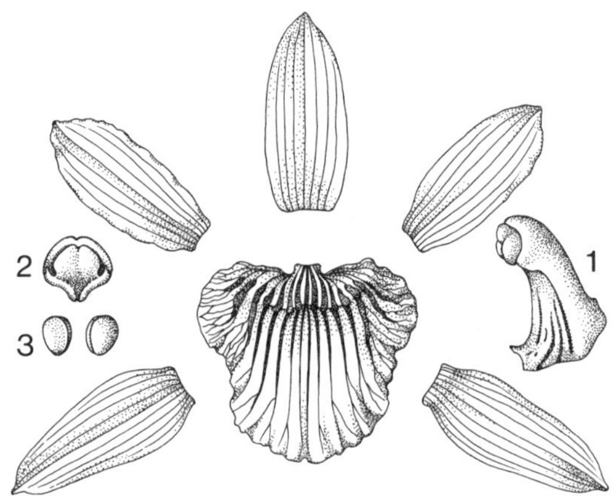

Cochleanthes flabelliformis
Blütenanalyse (× 4/5)
1 = Säule (× 1½)
2 = Anthere (× 1½)
3 = Pollinien (× 2½)

Cochlioda Lindl.
Tribus: Onchidieae

Kleine bis mittelgroße Epiphyten mit kurzem Rhizom und kurzen, zusammengepreßten, am Gipfel 1–2blättrigen Pseudobulben. Blütenstände einzeln oder 2, seitlich am Grunde der Pseudobulben austretend, bogig bis hängend, locker traubig oder seltener nach oben zu verzweigt. Blüten klein bis mittelgroß, scharlach- oder rosenrot. Sepalen und Petalen frei, abstehend; die Petalen asymmetrisch und breiter als die Sepalen. Lippe mit einem aufrechten, mehr oder weniger mit der Säule verwachsenen Nagel; ihr freier Teil über dem Nagel stehend, 3lappig; Seitenlappen fast kreisrund bis länglich, oft zurückgeschlagen; Mittellappen vorstehend, entweder ungeteilt oder vorn erweitert und ausgerandet bis 2spaltig. Säule aufrecht, meistens etwas einwärts gebogen, schlank, oft oben geöhrt, mit zwei Narbenöffnungen; Pollinien 2, länglich im Umriß, von fester Beschaffenheit; Stipes rhombisch oder elliptisch.
Umfang und Verbreitung: Ungefähr 5 Arten, beschränkt auf Ecuador, Peru und Bolivien.
Ableitung des Namens: Aus dem Griechischen »kochlioides« = spiralig oder schneckenartig; ein Hinweis auf das schneckenartige Aussehen der Schwiele auf der Lippe der Typus-Art.
Anmerkung: J. Lindley begründet die Gattung 1832 in »Folia Orchideacea«. In der Tracht erinnern ihre Arten an *Odontoglossum,* während Lippe und Säule Ähnlichkeiten mit *Epidendrum aufweisen.* Die letzte Revision von *Cochlioda* wurde von R. Schlechter (»Orchis« 1910) durchgeführt; er unterschied 4 Arten, die er ausschlüsselte.
Typus-Art: C. densiflora Lindl.
Kultur: Substrat A. Mindesttemperatur im Winter 12 °C. Maximaltemperatur im Sommer 25 °C. Im allgemeinen behandelt man die Pflanzen wie für kühl zu haltende *Odontoglossum*-Arten angezeigt. Sie verlangen im Sommer kühle, schattige Standorte mit mittlerer Luftfeuchtigkeit und – wenn möglich – guter Belüftung. Solange die Neusprosse wachsen, wässert man vorsichtig aber regelmäßig; nach Abschluß des Wachstums sind nur geringe Wassergaben notwendig.

Cochlioda rosea (Lindl.) Benth.

Kleiner bis mittelgroßer Epiphyt mit kurzem Rhizom. Pseudobulben in dichten Gruppen, 3–5 cm lang, eiförmig, seitlich zusammengepreßt, von zwei Paaren 2zeilig angeordneter Blattscheiden bekleidet, am Gipfel 1–2blättrig. Blätter 6–20 cm lang, 1–2,5 cm breit, elliptisch-länglich bis linealisch, vorn stumpf bis spitz, unten stielartig verschmälert. Blütenstand aufrecht oder gebogen, 13–40 cm lang, traubig oder rispig, locker 5–20blütig. Blüten ausgebreitet, rosenrot. Sepalen 1,1–1,3 cm lang, 0,2–0,4 cm breit, elliptisch-lanzettlich, spitz. Petalen 1,1 cm lang, 0,6 cm breit, elliptisch lanzettlich, spitz. Lippe 1–1,6 cm lang, mit dem unteren Drittel der Säule verwachsen, in der Mitte oder etwas unterhalb 3lappig; Seitenlappen kurz, schief-eiförmig; Mittellappen linealisch-länglich bis keilförmig, stumpf oder gestutzt, hervorragend; Platte mit einem oder zwei

Paaren kurzer, fleischiger Kiele. Säule 0,7 cm lang, robust, am Gipfel 3lappig.
Verbreitung: Ecuador und Peru.
Geschichte: Diese Pflanze wurde von T. Hartweg in der Nähe von Loxa in Ecuador entdeckt und ursprünglich von J. Lindley 1844 in »Bentham's Plantae Hartwegianae« als *Odontoglossum* beschrieben. G. Bentham versetzte die Art 1881 in die Gattung *Cochlioda* (»Journal of the Linnaean Society«).
Synonyme: Odontoglossum roseum Lindl.; *Mesospinidium roseum* (Lindl.) Rchb. f.

Coelogyne Lindl.

Tribus: Epidendreae
Subtribus: Coeloginìnae

Epiphyten mit gebüschelt oder entfernt stehenden, am Gipfel 1– oder 2blättrigen Pseudobulben. Blätter meistens breit, längsgefaltet. Blütenstände aufrecht bis hängend, 1– bis vielblütig. Blüten klein bis groß und augenfällig, sich alle gleichzeitig oder sich jeweils einzeln öffnend. Sepalen oft betont konkav. Petalen meistens schmaler als die Sepalen. Lippe 3lappig, am Grunde etwas konkav; Seitenlappen aufrecht auf jeder Seite der Säule stehend; Mittellappen abstehend; Platte gekielt (die Kiele oft bis auf den Mittellappen laufend); Säule lang; Pollinien 2; Rostellum groß.
Umfang und Verbreitung: Große Gattung mit ungefähr 200 Arten; in Südostasien, Indien, Indonesien, China und auf den Pazifischen Inseln.
Ableitung des Namens: Aus dem Griechischen »kolos« = ausgehöhlt oder hohl und »gyne« = weiblich; wahrscheinlich wegen der vertieft sitzenden Narben.
Anmerkung: Die Gattung wurde 1822 von J. Lindley in seinen »Collectanea Botanica« begründet. Die erste Revision erfolgte durch E. Pfitzer und F. Kraenzlin 1907 (A. Engler, »Das Pflanzenreich«). Die bis zu dieser Zeit bekannten 103 Arten wurden von ihnen, je nach der Art des Aufblühens in die zwei Serien **Succedaneae** und **Simultaneae** aufgeteilt. Seither wurden weitere 140 Arten neu beschrieben, was eine dringende Neubearbeitung der Gattung notwendig macht (siehe Seidenfaden, »Dansk Botanik Arkiv« 1975). Butzin hat kürzlich (»Willdenowia« 1974) einen Schlüssel für die am häufigsten in der Kultur zu findenden 80 Arten veröffentlicht. Er hat die Gattung in 5 Untergattungen aufgespalten:
Coelogyne mit 14 Sektionen
Chelonistele
Hologyne
Ptychogyne
Cyathogyne.
Die letzten vier wurden in der Vergangenheit von verschiedenen Autoren als selbständige Gattungen betrachtet. Beim Bestimmen einer Pflanze muß man, abgesehen von Blütenfarbe und Gestaltung der Lippe, auf verschiedene Merkmale achten. Insbesondere sind von Bedeutung der zeitliche Öffnungsverlauf der Blüten – einzeln oder alle zur gleichen Zeit – und das Fehlen oder Vorhandensein einer Scheide des Blütenstandes. Oft wird auch der Blütenstandentwicklung nicht genügend Beachtung geschenkt; wir unterschie-
lig ausgewachsen ist;

1. hysteranthisch, nachdem die Pseudobulbe völlig ausgewachsen ist.
2. synanthisch, gleichzeitig mit dem Wachstum der Pseudobulbe;

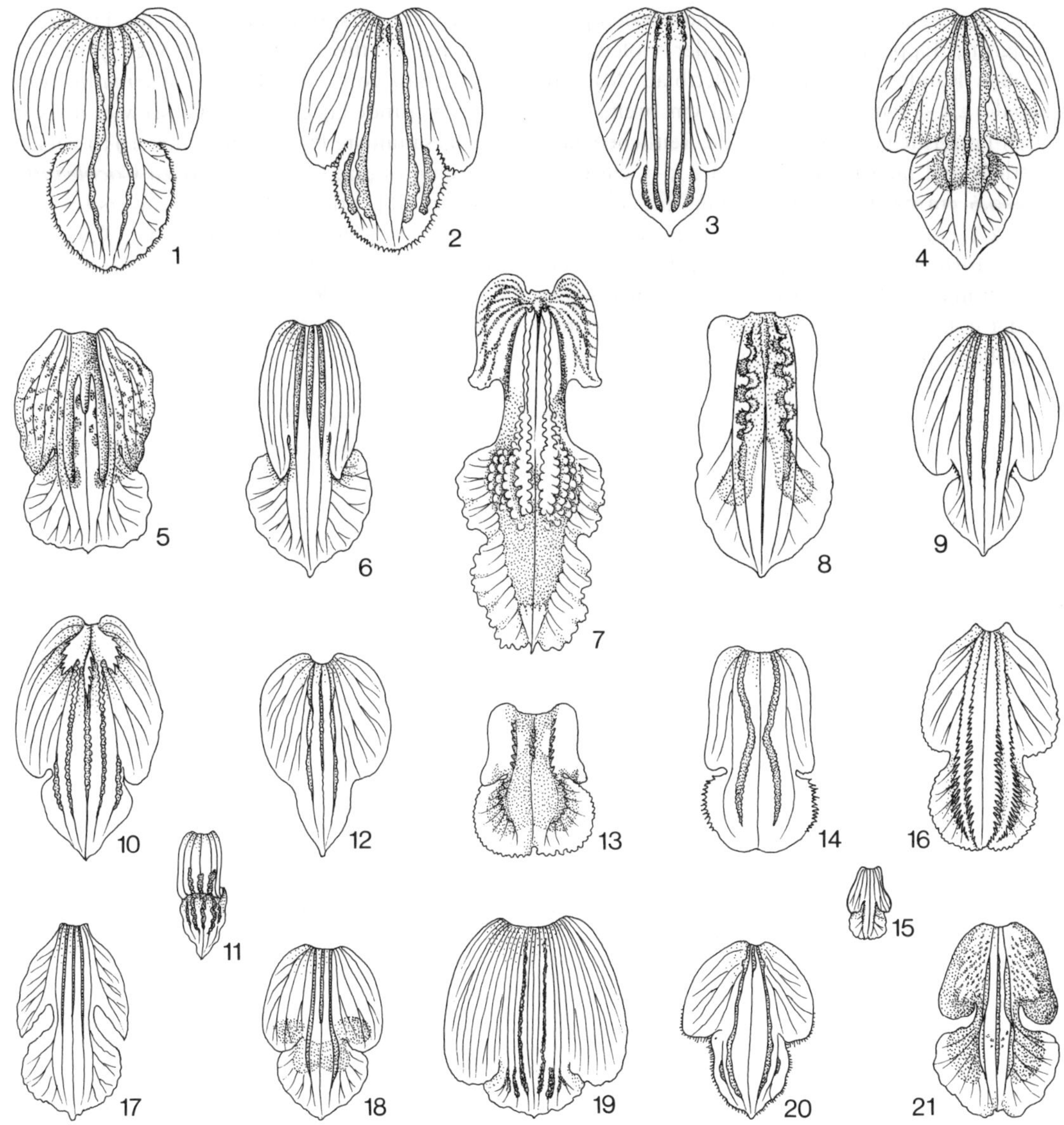

Coelogyne
Lippen ausgebreitet (alle × $1^1/_5$)
1 = *C. ovalis*
2 = *C. fuliginosa*
3 = *C. tomentosa*
4 = *C. punctulata*
5 = *C. assamica*
6 = *C. fuscescens*
7 = *C. pandurata*
8 = *C. elata*
9 = *C. flaccida*
10 = *C. swaniana*
11 = *C. suaveolens*
12 = *C. huettneriana*
13 = *C. pulchella*
14 = *C. stricta*
15 = *C. flavida*
16 = *C. testacea*
17 = *C. cycnoches*
18 = *C. nitida*
19 = *C. dayana*
20 = *C. fimbriata*
21 = *C. lentiginosa*

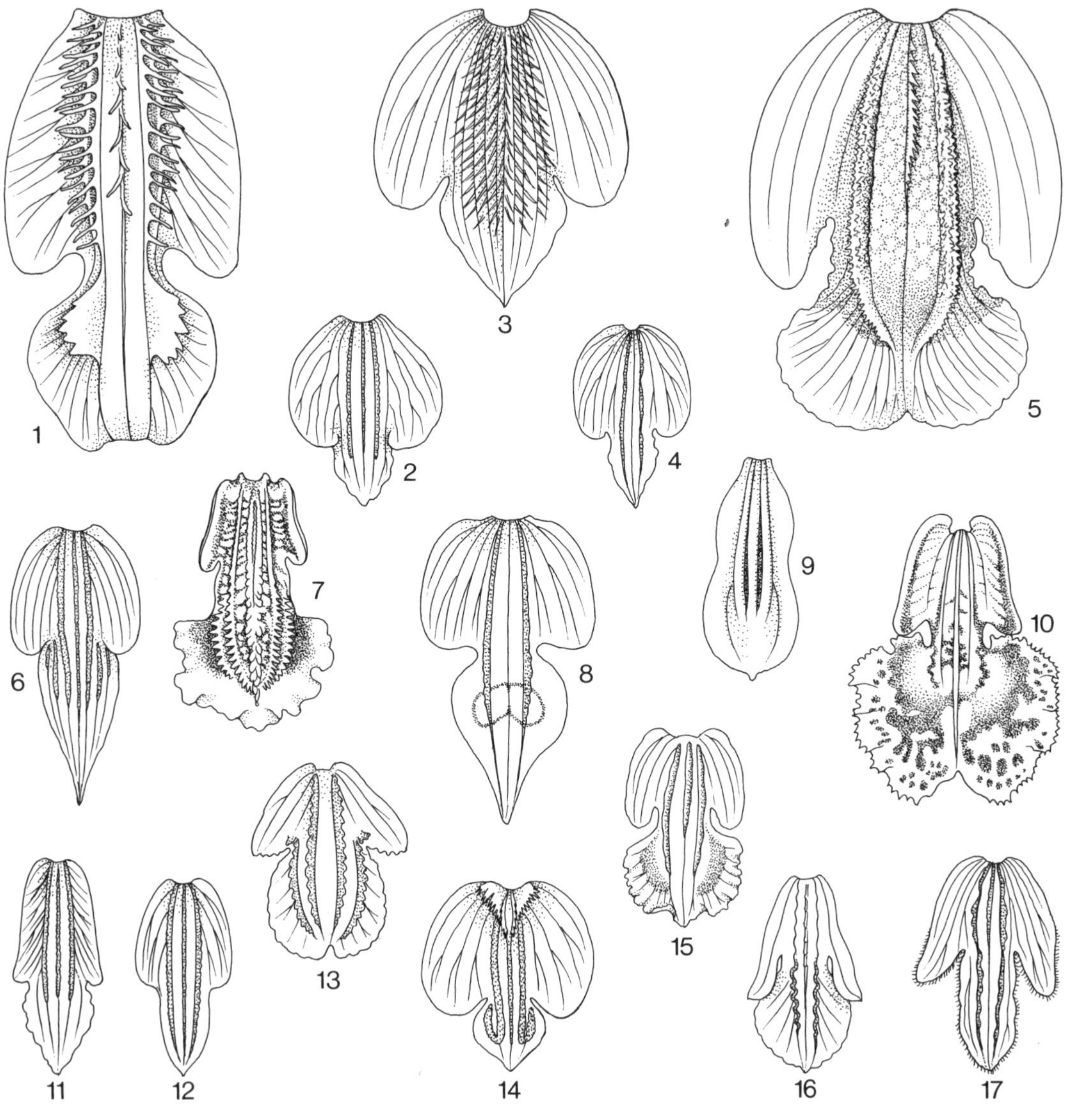

Coelogyne
Lippen ausgebreitet (alle × $1^1/_5$)
1 = *C. cristata*
2 = *C. lactea*
3 = *C. mooreana*
4 = *C. viscosa*
5 = *C. speciosa*
6 = *C. rochussenii*
7 = *C. parishii*
8 = *C. corymbosa*
9 = *C. integerrima*
10 = *C. schilleriana*
11 = *C. corrugata*
12 = *C. rossiana*
13 = *C. venusta*
14 = *C. massangeana*
15 = *C. brachyptera*
16 = *C. trifida*
17 = *C. pallens*

3. proteranthisch, vor der Entwicklung der Pseudobulbe;
4. heteranthisch, wenn aus einem getrennten, nur rückgebildeten Pseudobulben und Blätter produzierenden Sproß hervorgehend (im Sinne von R. Holttum, »Orchids of Malaya« 1964).

Diese Blütenstandentwicklungstypen findet man auch bei mit *Coelogyne* verwandten Gattungen wie *Pholidota, Dendrochilum* und *Pleione*.
Typus-Art: J. Lindley zitierte verschiedene Arten.
Synonyme: Acanthoglossum Bl.; *Gomphostylis* Lindl.; *Chelonanthera* Bl.; *Chelonistele* Pfitzer; *Hologyne* Pfitzer und *Ptychogyne* Pfitzer.
Kultur: Substrat A. Mindesttemperatur im Winter 12–15 °C. Die meisten Arten können in Töpfen oder Schalen gehalten werden; eine Ausnahme bilden kriechende Pflanzen wie *C. pandurata* oder solche mit langen, hängenden Blütenständen wie z.B. *C. dayana,* die man besser in Körben zieht. Alle Arten verlangen hohe Luftfeuchtigkeit, mittleren Schatten und in der Wachstumsperiode viel Wasser. Nach Wachstumsabschluß gibt man wesentlich weniger Wasser; allerdings sollte man die Pseudobulben nicht zu stark verrunzeln lassen. *C. cristata* verlangt im allgemeinen eine trockenere Behandlung.

Coelogyne asperata Lindl.

Pseudobulben bis 15 cm lang, breit-kegelförmig, etwas abgeflacht, gefurcht. Blätter bis 60 cm lang und 12 cm breit, lang-elliptisch bis verkehrtlanzettlich, lang gestielt. Blütenstand bis 30 cm lang, vielblütig (bis 15), dicht hängend, mit einer Blattscheide am Schaft unterhalb der tiefsten Blüte. Brakteen 3 cm lang, eiförmig, trocken, konkav. Blüten bis 9 cm im Durchmesser, duftend; cremeweiß (die Lippe mit braungelben warzigen Kielen und hellbraun geaderten Seitenlappen). Sepalen 3,5–4 cm lang, 1 cm breit, lanzettlich, spitz. Petalen 3,5 cm lang, 0,5 cm breit, schmal-lanzettlich, spitz. Lippe 3lappig; Seitenlappen rundlich, aufrecht; Mittellappen zurückgeschlagen, eiförmig, spitz, warzig, mit zwei nach vorn zusammenfließenden Erhöhungen. Säule 1,5 cm lang, gebogen.
Verbreitung: Malaiischer Archipel und Sumatra; eine Tieflandart, auf Bäumen und Felsen an Wasserläufen des Urwaldes wachsend.
Geschichte: Die Art wurde 1849 von J. Lindley (»Journal of the Horticultural Society«) beschrieben, nachdem er ein blühendes Exemplar von T. Twisden Hodges im Mai des gleichen Jahres erhalten hatte. Sie ist vielleicht am besten bekannt als Elternart der grünblühenden Hybride C. × *burfordiense.*

Coelogyne brachyptera Rchb. f.

Pseudobulben gleichweit über das Rhizom verteilt, bis 15 cm lang und 1,4 cm breit, sehr schmal-konisch, im Querschnitt eckig, 2blättrig. Blätter 12–25 cm lang, bis 5 cm breit, lanzettlich bis verkehrtlanzettlich, spitz. Blütenstand 15–18 cm lang, meistens 4–7blütig, aufrecht. Brakteen so lang wie der Fruchtknoten, ausdauernd. Blüten etwa 6,5 cm im Durchmesser: Sepalen und Petalen hellgrün bis gelbgrün; Lippe weiß mit braunen Flecken. Sepalen 3–3,5 cm lang, 0,4 cm breit, stumpf-spitzig. Lippe 3lappig, 2,5 cm lang, 1,2 cm breit; Seitenlappen aufwärts gebogen, halb-eiförmig bis länglich, immer schmaler als der Mittellappen, vorn gerundet; Mittellappen breit-herzeiförmig, gewellt, vorn spitz. Platte mit

zwei bis zur Hälfte des Mittellappens laufenden, gewellten Kielen.
Verbreitung: Birma, Thailand, Laos, Kambodscha und Vietnam.
Geschichte: Die Art wurde von H.G. Reichenbach 1881 in »Gardeners' Chronicle« beschrieben.
Anmerkung: Die Pflanze ist verwandt mit *C. parishii,* deren Lippenkiele vorn warzig sind.
Synonym: C. virescens Rolfe (nach Seidenfaden in »Orchid Genera in Thailand« 1975).

Coelogyne corymbosa Lindl.

Bis zu 12 cm hoher, kriechender Epiphyt. Pseudobulben gedrängt stehend, 2,5–4 cm lang, im Umriß eiförmig bis fast rhombisch, 2blättrig. Blätter 10–20 cm lang, 2–3,5 cm breit, elliptisch-lanzettlich, fast aufrecht, spitz. Blütenstand etwa 20 cm lang, 2–4blütig, aufrecht oder überhängend; Schaft bis zur untersten Blüte scheidig. Blüten bis 7 cm im Durchmesser, duftend: weiß mit vier oder sechs orangerot umrandeten gelben »Augen« auf der Lippe. Sepalen 2,5–3,8 cm lang, 0,9 cm breit, lanzettlich, spitz. Petalen bis 3,3 cm lang, 0,8 cm breit, schmal-lanzettlich, spitz. Lippe 3lappig, 3 cm lang, 1,7 cm breit; Seitenlappen kurz, rundlich, etwas ausgeschnitten; Mittellappen eiförmig bis eiförmig-lanzettlich, spitz oder mit ausgezogener Spitze; Platte mit drei flachen Leisten.
Verbreitung: Im Himalaja von Sikkim ostwärts bis zu den Khasia-Bergen, 1350–3000 m.
Geschichte: Die Pflanze wurde zuerst von Sir Joseph Hooker im Sikkim gefunden und von J. Lindley 1854 in »Folia Orchidacea« beschrieben.
Anmerkung: Oft mit *C. nitida* verwechselt (siehe dort).

Coelogyne cristata Lindl.

Pseudobulben 5–7,5 cm lang, bis 4 cm im Durchmesser, dicht gestellt, gedrungen bis fast kugelig; 2blättrig. Blätter 15–30 cm lang, bis 2,7 cm breit, schmal-lanzettlich, spitz, sitzend. Blütenstand 15–30 cm lang, 3–10blütig, hängend, Brakteen bis 5 cm lang, bleibend. Blüten auffallend groß, etwa 8 cm im Durchmesser: Grundfarbe weiß, auf der Lippe mit gelben Streifen auf den Seitenlappen und zwei goldgelben Flecken auf dem Mittellappen. Sepalen 3,7–5 cm lang, 1,7 cm breit, schmal-elliptisch-länglich, gewellt, spitzlich. Petalen 4,5 cm lang, 1,7 cm breit, den Sepalen ähnlich aber spitz. Lippe 3lappig, bis 4 cm lang, 3,5 cm breit; Seitenlappen groß, abgerundet; Mittellappen fast kreisrund; Platte mit unregelmäßig gekämmten Kielen bis zur Hälfte des Mittellappens. Säule 2–7 cm lang, gebogen.
Verbreitung: Östlicher Himalaja.
Geschichte: C. cristata wurde von J. Lindley 1822 in »Collectanea Botanica« veröffentlicht.
Anmerkung: Die Art ist in der Kultur mit mehreren Farbvarietäten vertreten.

Coelogyne cycnoches Par. et Rchb. f.

Diese Pflanze gehört zu den großen Seltenheiten der Orchideenflora von Birma. Sie ist mit *C. fuscescens* verwandt, unterscheidet sich aber durch kleinere Blüten, bei denen außerdem die mittlere Leiste der Lippe kürzer ist als die seitlichen.

Coelogyne dayana Rchb. f.

Diese Art ist nahe mit *C. massangeana* (siehe auch dort) verwandt. Die Lippe dieser Pflanze besitzt nur zwei Kiele zwischen den Seitenlappen und der Blütenstand ist protandrisch. Die Art kommt in Malaya, Thailand, Sumatra, Java und Borneo vor.

Coelogyne fimbriata Lindl.

Kriechende, bis 10 cm hohe, epiphytisch wachsende Pflanze. Pseudobulben mit 3–4 cm Abstand auf dem Rhizom stehend, 2,5 cm lang, 1,2 cm breit, eiförmig bis elliptisch, 2blättrig. Blätter bis 9 cm lang, 1,4 cm breit, länglich-elliptisch, spitz. Blütenstand 1– bis wenigblütig, 5 cm hoch; Schaft am Grunde mit enger Scheide. Blüten 3–3,5 cm im Durchmesser, mit allen Teilen nur wenig gespreizt: Sepalen und Petalen hellgelb; Lippe weißlich oder hellgelb, mit dunkelbrauner Zeichnung. Sepalen 2 cm lang, 0,6 cm breit, lanzettlich, spitz. Petalen 2 cm lang, linealisch-pfriemlich, spitz oder etwas stumpf. Lippe 3lappig, 1,6–2 cm lang, 1,2 cm breit, an den Rändern fein zerschlitzt. Seitenlappen rechteckig-elliptisch, meist stumpf; Mittellappen fast quadratisch bis länglich, 1 cm lang, vorn stumpf oder ausgerandet; Platte mit drei Kielen (die beiden äußeren wellig) und zwei kürzeren auf halber Höhe des Mittellappens. Säule 1,2 cm lang, leicht gebogen, nach oben zu erweitert.
Verbreitung: Weit verbreitet von den Khasia-Bergen, Manipur, Laos, Kambodscha, Vietnam, Thailand, Malaya und China bis Hongkong.
Geschichte: Die Pflanze wurde erstmals aus China (Macao) 1823 von J.D. Parks zur Horticultural Society nach London geschickt. Im Jahre 1825 beschrieb sie J. Lindley im »Botanical Register«.
Anmerkung: Als nahe verwandte Arten kommen in Frage *C. pallens* Ridley (siehe Lippe Seite 100), *C. fuliginosa* Hook. und *C. ovalis* Lindl. Von der ersten unterscheidet sie sich durch die stumpfen Seitenlappen der Lippe und von den beiden anderen durch ihre kleineren Blüten.
Synonyme: C. ovalis einiger Autoren, *C. leungiana* Hu und *C. laotica* Gagn.

Coelogyne flaccida Lindl.

Pseudobulben bis 12 cm lang, 2,5 cm breit, schlank kegelförmig, 2blättrig. Blätter 19 cm lang, 2–3 cm breit, lanzettlich, vorn spitz auslaufend, etwa 4 cm lang gestielt. Blütenstand bis 20 cm lang, meistens 9blütig, hängend. Blüten bis 3,5 cm im Durchmesser: weiß, gelb getönt in der Mitte der Lippe, mit roten Bändern auf deren Seitenlappen, und mit roten Flecken am Grunde des Mittellappens. Sepalen 2,4 cm lang, 0,4 cm breit, lanzettlich, spitz, Petalen 2 cm lang, 0,2 cm breit, linealisch, stumpflich, zurückgeschlagen. Lippe 3lappig, 1,7 cm lang, 1,2 cm breit; Seitenlappen fast rechteckig, stumpf oder abgerundet, aufrecht; Mittellappen eiförmig-lanzettlich, spitz, zurückgeschlagen; Platte mit drei welligen Kielen. Säule 1,5 cm lang, weiß.
Verbreitung: Östliches Himalajagebirge (einschl. Nepal und Sikkim).
Geschichte: Zuerst gesammelt und erwähnt in seinem Katalog bei N. Wallich (Nr. 1961) aus Nepal, aber erst gültig beschrieben durch J. Lindley im Jahre 1830 (»Genera and Species of Orchidaceous Plants«).
Anmerkung: Die Art steht *C. lactea* sehr nahe und ist vielleicht mit ihr identisch.

Coelogyne flavida Lindl.

Pseudobulben des mittelgroßen Epiphyten 5–7 cm lang, 2–2,5 cm breit, auf einem kräftigen kurzen Rhizom stehend, meist schmal kegel- bis birnenförmig, gefurcht, am Gipfel 2blättrig. Blätter bis zu 20 cm lang und 3 cm breit, gestielt, elliptisch-länglich, vorn spitz bis langspitzig. Blütenstand aufrecht, meistens so lang wie die Blätter, wenig- bis mehrblütig, vor den Blättern erscheinend; Brakteen eiförmig, langspitzig, unterhalb des Blütenstandes dicht ziegelartig angeordnet.

Blüten klein, hellgelb. Sepalen 0,8–1 cm lang, 0,4–0,5 cm breit, länglich-eiförmig, spitzlich, außen gekielt. Petalen 0,8–1 cm lang, linealisch, spitz oder stumpf, zurückgeschlagen. Lippe ungefähr 1,3 cm lang und 0,8 cm breit, 3lappig; Seitenlappen aufrecht, schmal-länglich, vorn stumpf oder abgerundet; Mittellappen annähernd quadratisch bis verkehrtherzförmig, ausgerandet; Platte in der Mitte mit zwei kurzen, auffälligen, linealischen Leisten. Säulen etwas gekrümmt, schmal geflügelt.
Verbreitung: Vom Himalaja bis nach Thailand, in Höhenlagen zwischen 300 und 1700 m.
Geschichte: J. Lindley beschrieb diese Art 1854 in »Folia Orchidacea« unter Zugrundelegung einer von T. Lobb in den Khasia-Bergen und einer zweiten, von Cathcart in Sikkim gesammelten Pflanze.

Coelogyne fuliginosa Hook.

Pseudobulben in Abständen über ein schlankes Rhizom verteilt, 5–7,5 cm lang, spindelförmig, 2blättrig. Blätter 14 cm lang, 3 cm breit, lanzettlich bis bandförmig, krautig bis lederig, schwach gestreift. Blütenstand kurz, 3–5blütig. Blüten einseitig stehend, glasig: orangegelb mit sepiabrauner Zeichnung auf der Lippe. Sepalen 3 cm lang oder länger, länglich-lanzettlich, konkav, spitz. Petalen schmal-linealisch, fast pfriemlich, zurückgeschlagen. Lippe 3lappig, 2,1 cm lang, 1,5 cm breit, spatelförmig; Seitenlappen stumpf bis rundlich, am inneren Rande bewimpert; Mittellappen 1 cm im Durchmesser, eiförmig bis fast kreisrund; Platte mit drei Kielen: zwei äußere bis zur halben Länge des Mittellappens laufend, wo sie von zwei kürzeren begleitet werden. Säule 1,3 cm lang, keulenförmig, nach oben auf beiden Seiten geflügelt.
Verbreitung: Birma und (?) Java.
Geschichte: Erstmals im Jahre 1838 nach England aus Indien eingeführt durch Clowes. Obgleich der Artname schon 1844 vorgeschlagen wurde (»Loddiges' Catalogue«, vielleicht durch J. Lindley) kam es erst 1849 zu einer endgültigen Beschreibung im »Botanical Magazine« durch Sir William Hooker.
Anmerkung: Die Art wird oft mit *C. fimbriata* und *C. ovalis* verwechselt; sie hat aber größere Blüten als die erste und die Kiele am Lippengrunde sind tiefer und weniger gewellt als bei *C. ovalis*. Außerdem besitzt *C. fuliginosa* ein Paar zusätzlicher Kiele am Mittellappen.
Synonyme: C. ovalis und *C. fimbriata* einiger Autoren aber nicht Lindl.

Coelogyne fuscescens Lindl.

Bis 30 cm hohe kriechende Pflanze. Pseudobulben 8–10 cm lang, 2 cm breit, spindelförmig, aufrecht, gedrängt am Rhizom stehend, 2blättrig. Blätter bis 28 cm lang, 6 cm breit, verkehrtlanzettlich bis länglich-elliptisch. Blütenstand 16 cm lang, 2–7blütig, aufrecht oder etwas überhängend; Schaft mit vier bis fünf kurzen Scheiden. Blüten 3,5–5 cm breit: Sepalen und Petalen hellgelb oder hellgelbgrün, nach oben hin mehr oder minder braun behaucht; Lippe weißlich, mit bleichem gelbgrünem Mittelstreifen und brauner Zeichnung. Sepalen 3–4 cm lang, 0,9 cm breit, länglich-lanzettlich, spitz. Lippe 3lappig, 3–4 cm lang, 1,5 cm breit, im Umriß schmal-elliptisch; Seitenlappen länglich. Mittellappen 2 cm lang und breit, breit-eiförmig bis herzförmig, breiter als die Seitenlappen, vorn spitz. Platte bis zum Ansatz des Mittellappens mit drei fleischigen dunkleren Kielen. Säule 1,3–2 cm lang, im oberen Teil gebogen.
Verbreitung: Nepal, Sikkim, Bhutan, Khasia- und Lushai-Gebirge. Die var. *brunnea* (braun gezeichnete Lippe und spitzer Mittellappen) kommt in Birma, Thailand, Laos und Vietnam vor.
Geschichte: Der Artname wurde erstmals von N. Wallich in seinem Sammlungskatalog aus Nepal benutzt; die endgültige Veröffentlichung erfolgte durch J. Lindley in »Genera and Species of Orchidaceous Plants« im Jahre 1830.
Anmerkung: C. assamica Lind. und Rchb. f. (siehe Lippe Seite 99) besitzt eine kürzere Lippe und ausdauernde Brakteen.
Synonym: Coelogyne brunnea Lindl.

Coelogyne holochila P. F. Hunt et Summerh.

Pseudobulben des mittelgroßen Epiphyten bis 9 cm lang und 4 cm breit, im Umriß schmal-eiförmig, schwach seitlich zusammengepreßt, stumpfkantig, gefurcht, am Gipfel 2blättrig, in Abständen auf dem kräftigen, kriechenden Rhizom angeordnet. Blätter kurz gestielt, bis 30 cm lang und 6 cm breit, schmal-lanzettlich-länglich, vorn spitz, lederig, gewellt. Blütenstand vor den Blättern erscheinend, bis 40 cm lang, nickend, vielblütig; Brakteen ungefähr 2,5 cm lang, eiförmig, hinfällig, ziegelartig am Ende des Blütenstandschaftes angeordnet. Blüten alle gleichzeitig erscheinend, weiß mit gelber Tüpfelung am Grunde des Mittellappens der Lippe und außerdem mit orangegelben Kielen. Sepalen etwa 3 cm lang und 1 cm breit, eiförmig-länglich, spitz, etwas abstehend; die seitlichen stark gekielt. Petalen ungefähr 3 cm lang, lanzettlich-linealisch, zurückgeschlagen. Lippe 2,7 cm lang, 1,3 cm breit, sehr undeutlich 3lappig; Seitenlappen schwach ausgeprägt, aufrecht, vorn abgerundet oder etwas kantig; Mittellappen ei- bis fast kreisförmig, stumpf; die zwei äußeren Leisten gewellt-gekerbt, die mittlere wenig ausgeprägt. Säule nach oben zu geflügelt, am Gipfel gekerbt, 1,7 cm lang.
Verbreitung: Assam und Birma.
Geschichte: Diese Art wurde von W. J. Hooker (»Botanical Magazine«, t. 500 l, 1857) und von F. Kraenzlin in seiner »Monographie der Gattung« (fig. 30B) als *Coelogyne elata* Lindl. die wiederum ein Synonym von *C. stricta* (Don) Schltr. darstellt, abgebildet. Erst P. F. Hunt und V. S. Summerhayes (»Kew Bulletin« 1966) konnten feststellen, daß es sich bei der abgebildeten Pflanze um eine ganz andere noch unbeschriebene Art handelt. Der Typus wurde von Mrs. Wheeler, Cuffe, in den Chin-Bergen in Birma gefunden und an den Botanischen Garten in Dublin gesandt, wo die Pflanze im Juni 1914 erstmals in der Kultur zur Blüte kam.

Coelogyne integrilabia Schltr.

Diese aus Nepal stammende Art ist nahe mit *C. fuscescens* verwandt, unterscheidet sich aber von ihr durch den Besitz einer ungeteilten Lippe. Nach G. Seidenfaden (»Orchid Genera in Thailand III« 1975) könnte es sich vielleicht bei ihrer Blüte nur um eine Pelorie handeln.

Coelogyne lactea Rchb. f.

Pseudobulben 6–12 cm lang, 1,5–4 cm breit, ei- bis kegelförmig, leicht gefurcht, dicht gestellt, 2blättrig. Blätter bis 20 cm lang, 3–5 cm breit, länglich, spitz, auf 2,5 cm langem fleischigem Stiel. Blütenstand bis 18 cm lang, gewöhnlich 10blütig, mehr oder weniger horizontal. Blüten 4 cm breit: cremeweiß, aber Seitenlappen der Lippe braun. Sepalen etwas ungleich, 2,3 cm lang, 0,8 cm breit, länglich, stumpf. Petalen 2 cm lang, 0,3 cm breit, linealisch, stumpf bis spitzlich. Lippe 3lappig, 2 cm lang, 1,4 cm breit; Seitenlappen eiförmig, auf jeder Seite der Säule nach oben geschwungen; Mittellappen viel länger als Seitenlappen, eiförmig, spitz. Platte mit drei gewellten Kielen bis zur halben Höhe des Mittellappens. Säule 1,6 cm lang, nach oben zu etwas verdickt und am Gipfel ausgerandet aber nicht 3lappig.

Geschichte: H. G. Reichenbach beschrieb die Art 1885 im »Gardeners' Chronicle« nach einer in Tottenham (nahe London) 1884 von John Day kultivierten Pflanze unbekannter Herkunft.
Anmerkung: *C. huettneriana* Rchb.f. hat viel breitere fleischige Petalen und eine am Gipfel 3geteilte Säule. G. Seidenfaden (»Orchid Genera of Thailand« 1975) weist darauf hin, daß als *C. huettneriana* kultivierte Pflanzen fast immer *C. lactea* Rchb.f. seien. Er ist außerdem der Ansicht, daß *C. flaccida* (siehe dort) vielleicht nur eine Abart von *C. lactea* mit reichblütigerem und weniger dichtem Blütenstand ist.
Synonym: C. huettneriana der meisten Autoren.

Coelogyne lawrenceana Rolfe

Diese Art aus Vietnam unterscheidet sich von der ihr verwandtschaftlich nahestehenden *C. speciosa* folgendermaßen: Pseudobulben schlanker. Blütenstand länger. Blüten größer und charakteristisch gefärbt; Lippe mit drei oder mehr längsverlaufenden, parallelen, gezähnten, bis zum Grunde des Mittellappens reichenden Leisten.

Coelogyne lentiginosa Lindl.

Pseudobulben des bis 25 cm hohen Epiphyten bis zu 9 cm lang und 2 cm breit, im Umriß schmal-elliptisch, zusammengepreßt, stumpf 3–4kantig, am Gipfel 2blättrig, am Grunde mit 1–2 Scheiden bekleidet, einige Zentimeter auf dem Rhizom entfernt stehend. Blätter kurz gestielt, ungefähr bis 18 cm lang und 4 cm breit, lanzettlich, vorn spitz oder stumpfspitzig. Blütenstand bis 10 cm hoch, aufrecht, armblütig; Brakteen bis 1,5 cm lang, eiförmig, spitz, ausdauernd. Blüten abstehend: bleich gelbgrün; Seitenlappen der Lippe mit braunen Rändern, Mittellappen weiß und mit gelben Tüpfeln. Sepalen bis 2,5 cm lang und 1,2 cm breit, eiförmig-lanzettlich, spitz, auf dem Rücken gekielt. Petalen etwas kleiner als die Sepalen, zungenförmig, spitz. Lippe ungefähr 1,6 cm lang und 1 cm breit (ausgebreitet), 3lappig; Seitenlappen um die Säule herum aufrecht, länglich, vorn abgerundet; Mittellappen aus schmalem Grunde quer-nierenförmig, stumpf, mit gewellten Rändern; Platte mit drei mehr oder minder parallelen, bis auf den Mittellappen reichenden Kielen. Säule ungefähr 1 cm lang, gekrümmt, schmal geflügelt.
Verbreitung: Birma, Thailand und Vietnam; vorwiegend in Bergwäldern.
Geschichte: J. Lindley beschrieb diese Art 1854 in »Folia Orchidacea« aufgrund einer von T. Lobb in Moulmein in Birma gesammelten Pflanze.

Coelogyne massangeana Rchb. f.

Pseudobulben 5–10 cm lang, ungefähr 2,5 cm breit, länglich-kegelförmig, anfänglich mit zwei Längsfurchen auf gegenüberliegenden Seiten, am Grunde etwas stumpfkantig, 1blättrig. Blätter 10–50 cm lang, 3,5–8 cm breit, elliptisch-eiförmig, lang gestielt. Blütenstand bis 45 cm lang, meist 20blütig, hängend, mit drahtiger zickzackförmiger sehr biegsamer Achse; Brakteen kurz, ausdauernd. Blüten 6 cm im Durchmesser: ledergelb und mit braun gezeichneter und gelbgeaderter (Seitenlappen) Lippe. Sepalen 3 cm lang, 0,6 cm breit, länglich-lanzettlich, stumpf-spitzig. Petalen 3 cm lang, 0,4 cm breit, schmal-länglich-lanzettlich, etwas stumpf. Lippe 3lappig, 2 cm lang, 1,9 cm breit; Seitenlappen schmal-elliptisch, am Grunde breit, aufrecht über der Säule. Mittellappen länglich, herabhängend, stumpf; Platte 3kielig: zunächst warzig und gekämmt, nach dem Mittellappen flacher werdend und sich dort mit zwei zusätzlichen Kielen berührend.
Verbreitung: In Bergregionen von Malaya, Sumatra und Java.
Geschichte: Im Jahre 1878 in »Gardeners' Chronicle« von H. G. Reichenbach beschrieben; er benannte die Pflanze zu Ehren von M. D. Massange, Chateau de Baillonville bei Marche, von dem er sie erhalten hatte.
Anmerkung: Die Art ist verwandt mit *C. dayana,* mit 2kieligem Lippengrund (siehe Abb. der Lippe); *C. tomentosa* (siehe dort); *C. rochussenii* (siehe dort).
Synonyme: C. dayana var. *massangeana* Ridley; *C. tomentosa* var. *massangeana* (Rchb.f.) Ridley; *C. densiflora* Ridley.

Coelogyne mooreana Rolfe

Pseudobulben etwa 7 cm lang, eiförmig, schwach gefurcht, stumpfkantig, gehäuft angeordnet. Blätter bis 40 cm lang, 3,5 cm breit, schmal-linealisch-verkehrtlanzettlich, spitz, gestielt. Blütenstand bis 50 cm lang, meist 4–8 blütig, aufrecht. Blüten sehr auffallend, ungefähr 10 cm im Durchmesser: schneeweiß, aber Lippe am Grunde hell-goldgelb und orange gefleckt. Sepalen 5 cm lang, 1,3 cm breit, breit-lanzettlich, spitz oder lang-zugespitzt, leicht gekielt. Petalen den Sepalen ähnlich. Lippe 3lappig, 4 cm lang, 3 cm breit; Seitenlappen breit, gerundet, aufrecht zur Säule. Mittellappen groß, eiförmig, spitz; Platte mit drei haarförmigen Lamellen. Säule 2,5 cm lang, zum Gipfel hin verschmälert, bleichgelb.
Verbreitung: Annam; bis 1300 m.
Geschichte: Erstmals 1906 eingeführt durch die Firma Sander & Sons, St. Albans (England); sie erhielten die besonders auffallende Pflanze des Lang Bian Gebirges von W. Micholitz. Sander benannte sie zu Ehren von Fred Moore vom Botanischen Garten in Glasnevin, der sie gleichzeitig mit Sander erstmals zum Blühen brachte. Sie wurde von der Royal Horticultural Society im Jahre 1906 mit einem First Class Certificate ausgezeichnet. Die gültige Veröffentlichung erfolgte 1907 durch R. Rolfe im »Kew Bulletin«.

Coelogyne nervosa A. Rich.

Pseudobulben des mittelgroßen Epiphyten ungefähr 6 cm lang und 4 cm breit, in dichten Gruppen stehend, im Umriß ei-birnenförmig, im Querschnitt fast 4eckig, am Gipfel 2blättrig. Blätter halbaufrecht, kurz gestielt, 12–15 cm lang, 3–3,6 cm breit, länglich-elliptisch, spitz oder langspitzig, gewellt. Blütenstand bogig, bis 15 cm lang, ungefähr 6blütig; Brakteen 3,3 cm lang, braun, ausdauernd, lanzettlich, spitz, kappenförmig. Blüten groß: weiß, im unteren Zweidrittel der Lippe gelb und auf den Seitenlappen mit orangeroter Beaderung. Sepalen abstehend, 3 cm lang, 1,1 cm breit, elliptisch-lanzettlich, spitz. Petalen 3 cm lang, 1,4 cm breit, elliptisch, spitzlich. Lippe 3 cm lang, 1,3 cm breit, 3lappig; Seitenlappen schmal, aufrecht, vorn abgerundet; Mittellappen eiförmig, spitz; Kiele der Lippe 3, wellig, parallel zueinander, bis zum Grunde des Mittellappens reichend. Säule ungefähr 1,8 cm lang, gekrümmt, Spitze gezähnt-ausgebissen.
Verbreitung: Süd-Indien.
Geschichte: Unter Zugrundelegung einer von Perrottet in den Neilgherrey-Bergen gemachten Aufsammlung beschrieb A. Richard diese Art 1841 in den »Annales des Sciences Naturelles«. Sie ist verwandt mit *C. cumingii* und *C. cristata,* unterscheidet sich aber von beiden durch ihre ausdauernden Brakteen und den Besitz von warzigen, dichtgestellten Pseudobulben.
Synonyme: C. glandulosa Lindl. pro parte; *C. corrugata* Wight.

Coelogyne nitida Lindl.

Pseudobulben 3–8 cm lang, 1,3 cm im Durchmesser, eiförmig bis konisch, am Gipfel 1–2blättrig. Blätter 8–25 cm lang, 2–6 cm breit, schmal-

elliptisch-lanzettlich, vorn spitz. Blütenstand bis über 20 cm lang, aufrecht oder überhängend, 3–6blütig, protandrisch. Blüten 4 cm breit: weiß, auf den Seitenlappen der Lippe mit gelben Augenflecken und auf der Platte mit einer rotumrandeten gelben Schwiele. Sepalen bis 3,5 cm lang und 0,7 cm breit, schmal-länglich, spitzlich oder stumpf. Petalen 2,5 cm lang, 0,5 cm breit, schmal-länglich-lanzettlich. spitzlich. Lippe 1,9 cm lang, 1,6 cm breit, eiförmig, 3lappig; Seitenlappen länglich bis fast kreisrund; Mittellappen kreis- bis herzförmig; von abgerundet bis spitzlich; Platte am Grunde mit drei Leisten besetzt (die beiden äußeren bis zur Basis des Mittellappens reichend). Säule 1,2 cm lang, am Gipfel etwas erweitert.
Verbreitung: Nordwest Himalaja, Nepal, Sikkim, Bhutan, Silhat, Yunnan, Birma, Thailand und Laos.
Geschichte: Die von N. Wallich in Nepal entdeckte Pflanze wurde 1822 von J. Lindley in »Collectanea Botanica« beschrieben.
Anmerkung: Die Art wird oft mit der nahe verwandten *C. punctulata* verwechselt; diese besitzt jedoch etwas größere hysterandrische Blüten, und alle drei Leisten der Lippe reichen bis zur Basis des Mittellappens (siehe Abbildung).
Synonyme: Coelogyne ochracea Lindl.; nicht *C. nitida* einiger Autoren.

Coelogyne odoratissima Lindl.

Pseudobulben des kleinen Epiphyten bis 2,5 cm lang und 1,5 cm breit, im Umriß fast kreis- bis eiförmig, am Gipfel 2blättrig, in dichten Gruppen angeordnet. Blätter ungefähr 10 cm lang und 1,5 cm breit, gestielt, elliptisch-lanzettlich, lederig, vorn spitzlich. Blütenstand vor den Blättern erscheinend, bis 10 cm lang, armblütig, auf schlankem Schaft; Brakteen ungefähr 1,4 cm lang, schmal-eiförmig, spitz, trockenhäutig. Blüten abstehend, duftend, vorwiegend weiß, aber Mittelteil der Lippe gelb. Sepalen 1,8–2 cm lang, 0,4–0,6 cm breit, länglich-eiförmig, stumpf-spitzig. Petalen ungefähr 1,6 cm lang und 0,3 cm breit, schmal-länglich oder verkehrtlanzettlich. Lippe bis 1,5 cm lang und 0,8 cm breit, 3lappig; Seitenlappen länglich, aufrecht, stumpf, Mittellappen annähernd kreisförmig bis breit-elliptisch, mit aufgesetzter Spitze; Platte mit drei dünnen, welligen, bis auf die untere Hälfte des Mittellappens reichenden Leisten besetzt. Säule schmal geflügelt.
Verbreitung: Ceylon, Indien und Birma.
Geschichte: J. Lindley beschrieb diese Art 1830 in seinen »Genera and Species of Orchidaceous Plants« aufgrund einer von Macrae in Ceylon gefundenen Pflanze.
Synonym: C. trifida Rchb. f.

Coelogyne ovalis Lindl.

Bis zu 25 cm hoher, kriechender Epiphyt. Pseudobulben 3–6 cm lang, 1,5 cm breit, ei- bis spindelförmig, etwas entfernt voneinander auf dem Rhizom angeordnet, 2blättrig. Blätter 9–15 cm lang, 2,5–4 cm breit, schmal-elliptisch spitz oder lang zugespitzt. Blütenstand 12 cm lang, wenigblütig, am Grunde mit drei Scheiden. Blüten 3 cm im Durchmesser (manchmal etwas größer); bleich lederfarbig, auf der Lippe mit dunkelbrauner Zeichnung. Sepalen 3 cm lang oder länger, 1,3 cm breit, eiförmig-lanzettlich, spitz. Lippe bis zur Mitte 3lappig, 2,5 cm lang, 1,8 cm breit; Seitenlappen länglich oder 3eckig, oben mehr oder weniger abgeschnitten, bewimpert; Mittellappen eiförmig, kurz bewimpert; Platte am Grunde mit drei Kielen: die äußeren wellenförmig bis in den Mittellappen auslaufend.
Verbreitung: Westlicher Himalaja, Nepal, Sikkim, Tibet, Yunnan, Assam, Manipur, Khasia-Gebirge, Birma und Thailand.
Geschichte: Die Pflanze wurde 1838 von J. Lindley im »Botanical Register« veröffentlicht; zugrunde lag eine von N. Wallich in Nepal gesammelte Pflanze, die er durch die Firma Loddiges erhalten hatte.
Anmerkung: Oft verwechselt mit den nahestehenden Arten *C. fimbriata* und *C. fuliginosa* (siehe dort); von beiden durch das Fehlen zusätzlicher Kiele auf dem Mittellappen der Lippe leicht zu unterscheiden.
Synonyme: C. triplicatula Rchb. f.; *C. pilosissima* Planch.

Coelogyne pandurata Lindl.

Ansehnlicher, bis 50 cm hoher Epiphyt. Pseudobulben 7,5–12,5 cm lang, 2–3 cm breit, stark zusammengedrückt, länglich bis fast kreisförmig im Umriß, in ungleichen Abständen auf dem kurzen Rhizom angeordnet. Blätter 20–45 cm lang, 7 cm breit, elliptisch-lanzettlich, steif, kräftig gestielt. Blütenstand 15–30 cm lang, wenigblütig; Schaft sehr kräftig, mit ein oder zwei Scheiden unterhalb der tiefsten Blüte. Blüten 10–13 cm im Durchmesser: klar und leuchtendgrün, auf der Lippe schwärzlich marmoriert, duftend. Sepalen 3,5–5 cm lang, 1,3 cm breit, linealisch-länglich, spitz (die mittlere größer als die seitlichen und auf dem Rücken gekielt). Petalen 4,5 cm lang, 1,2 cm breit, fast spatelförmig, genagelt, spitz. Lippe 3lappig, 4 cm lang, 1,5 cm breit, aus herzförmigem Grunde geigenförmig; Seitenlappen klein, nach oben gebogen; Mittellappen sich unmittelbar verbreiternd, gewellt und gekräuselt; Platte mit zwei Lamellen, warzig.
Verbreitung: Malaya bis Borneo; meistens auf großen Bäumen in Flußnähe zu finden.
Geschichte: Das Typus-Exemplar aus Borneo erhielt J. Lindley 1853 durch die Firma Loddiges; er veröffentlichte seine Beschreibung im gleichen Jahre im »Gardeners' Chronicle«.
Anmerkung: Ähnlich der *C. mayeriana* Rchb. f.; doch diese Art hat weniger zusammengedrückte Pseudobulben und besitzt eine Lippe, deren Mittellappen sich allmählich verbreitert. *C. pandurata* wurde mit *C. asperata* gekreuzt; die sehr beliebte Hybride *C.* × *burfordiense* ist auf der Lippe braun gezeichnet.

Coelogyne parishii Hook. f.

Pseudobulben 10–15 cm lang, 0,7 cm im Durchmesser, sehr schmal, kegelförmig, kantig, gelblich, 2blättrig. Blätter 18 cm lang, 3,5 cm breit, elliptisch oder lanzettlich, stumpfspitzig. Blütenstand 10–12 cm lang, 3–5blütig, aufrecht oder nickend. Blüten groß, 7–7,5 cm im Durchmesser: grün bis gelbgrün; die Lippe bläulichgrün mit schwarzlila Flecken. Sepalen 3 cm lang, 0,8 cm breit, lanzettlich, spitz. Petalen 2,7 cm lang, 0,3 cm breit, geigenförmig, vorn spitz; Seitenlappen geöhrt; Mittellappen kürzer als breit, am Grunde gestutzt, breit tatzenförmig, gewellt; Platte mit vier kammförmigen Leisten bis auf den Mittellappen, warzig der Mitte entlang. Säule 1,5 cm lang, gebogen.
Verbreitung: Birma.
Geschichte: Sir Joseph Hooker beschrieb die Art 1864 im »Botanical Magazine« und benannte sie nach Charles Parish, der sie in Birma entdeckte und die ersten lebenden Exemplare an die Firma Low in Clapton (England) gesandt hatte.
Anmerkung: Sehr nahe verwandt mit *C. brachyptera* (siehe dort). *C. parishii* ist auch *C. pandurata* verblüffend ähnlich; aber sie ist in allen Aspekten kleiner und besitzt eine deutlich anders gefärbte Lippe.

Coelogyne pulchella Rolfe

Pseudobulben des kleinen bis mittelgroßen Epiphyten ungefähr 6 cm lang und 2,5 cm breit, eiförmig-länglich, in Abständen auf dem krie-

chenden Rhizom angeordnet, am Gipfel 2blättrig. Blätter kurz gestielt, bis 14 cm lang und 2,5 cm breit, länglich-lanzettlich, spitz, etwas lederig. Blütenstand bis über 20 cm hoch, aufrecht, vielblütig, am oberen Ende des Stieles mit vielen sich ziegelartig deckenden Brakteen; Brakteen ungefähr so lang wie Blütenstiel und Fruchtknoten, eiförmig, spitz, kappenförmig, strohfarben, hinfällig. Blüten vorwiegend weiß; Platte der Lippe rotbraun. Sepalen 1,3 cm lang, eiförmig-länglich, spitz. Petalen 1,3 cm lang, linealisch oder verkehrtlanzettlich, spitzlich bis stumpf. Lippe 1,3 cm lang, 3lappig; Seitenlappen halbherzförmig, stumpf; Mittellappen verkehrtherzförmig bis nierenförmig, gestutzt, an den Rändern wellig und gekräuselt; Kiele der Lippe wellig, gekerbt, öfters unterbrochen, bis zum Grunde des Mittellappens reichend. Säule ungefähr 0,7 cm lang, keulenförmig, am Gipfel leicht gekerbt.
Verbreitung: Birma und Thailand.
Geschichte: R.A. Rolfe beschrieb diese Art 1898 im »Kew Bulletin« unter Zugrundelegung einer Pflanze, die ein Jahr zuvor bei J.W. Moore in Bradford geblüht hatte. Die eigentliche Herkunft der Pflanze blieb bis 1935 unbekannt, bis ein zweites Exemplar der Art im südlichen Birma an der Grenze zu Thailand gefunden wurde.

Coelogyne rochussenii De Vries

Pseudobulben bis 20 cm lang, schmal zylindrisch, gefurcht in kurzen Abständen am Rhizom stehend, 2blättrig. Blätter bis 30 cm lang, 11 cm breit, eiförmig oder verkehrtlanzettlich, spitz oder lang zugespitzt, etwa 6 cm lang, gestielt. Blütenstand bis 70 cm lang, ungefähr 40blütig, schlank, hängend, mit mehreren Brakteen in Abständen unterhalb der untersten Blüte. Blüten klein, duftend, 3–7 cm im Durchmesser: zitronengelb. Sepalen 2,5 cm lang, 0,5 cm breit, schmal-lanzettlich, spitz. Petalen 2,5 cm lang, 0,3 cm breit (schmaler als die Sepalen!), verkehrtlanzettlich, spitz. Lippe 3lappig, 3 cm lang, 1,4 cm breit; Seitenlappen schmal-elliptisch, vorn abgerundet, aufrecht; Mittellappen lanzettlich, zurückgebogen, scharf zugespitzt, Platte mit 3 gezähnten, rundlichen Kielen: die beiden äußeren bis zur halben Länge des Mittellappens reichend, sich mit zusätzlichen kürzeren Kielen vergesellschaftend.
Verbreitung: Von Malaya und Sumatra östlich bis zu den Philippinen.
Geschichte: Beschrieben 1854 von W. De Vries in »Illustrations des Orchidées des Indes Néerlandaises«.
Anmerkung: Sehr nahe verwandt mit *C. massangeana* und *C. dayana* aber durch Blatt- und Pseudobulbenform, die Lippe und den Blütenstand verschieden.
Synonyme: C. macrobulbon Hook. f.; *C. plantaginea* Lindl.

Coelogyne schilleriana Rchb. f.

Pseudobulben des kleinen Epiphyten ungefähr 1,5 cm lang und 1,3 cm breit, breit flaschenförmig, in einer Zickzacklinie auf dem kriechenden Rhizom angeordnet, 2blättrig. Blätter kurz gestielt, bis 10 cm lang und 2 cm breit, lanzettlich, spitz, etwas lederig, auf der Unterseite rot und weiß getüpfelt. Blütenstand kürzer als oder so lang wie die Blätter, aufrecht, 5–8 cm lang, 1blütig; Braktee ausdauernd, breit eiförmig, spitz. Blüte gelb und mit dunkelpurpurner Zeichnung und/oder Tüpfelung. Mittlere Sepale 4 cm lang, 1,2 cm breit, schmal-eiförmig, aufrecht, spitz, gekielt; die seitlichen herabgeschlagen, etwas sichelförmig, gekielt. Petalen 3,5 cm lang, 0,3–0,4 cm breit, linealisch, herabgeschlagen, spitz. Lippe 3,5 cm lang, 2 cm breit, 3lappig, im Umriß schwach geigenförmig, konkav; Seitenlappen aufrecht, weniger als halb so lang wie die ganze Lippe, vorn abgerundet; Mittellappen aus schmalem Grunde breit-nierenförmig, ausgerandet, an den Rändern wellig und gezähnt; Kiele der Lippe 3, ununterbrochen, bis in die untere Hälfte des Mittellappens reichend. Säule ungefähr 1,2 cm lang, oben geflügelt.
Verbreitung: Birma.
Geschichte: H.G. Reichenbach begründete die Art auf eine von Konsul Schiller in Hamburg kultivierte Pflanze. Später wurde sie von T. Lobb im Auftrag der Firma Veitch nochmals in Moulmein gesammelt. P.F. Hunt und V. Summerhayes (»Kew Bulletin« 1966) konnten nachweisen, daß sie in die Verwandtschaft von *C. lentiginosa* gehört und ihre Versetzung in die Gattung *Pleione* durch B.S. Williams nicht gerechtfertigt war.
Synonym: Pleione schilleriana (Rchb. f.) B.S. Williams.

Coelogyne speciosa (Bl.) Lindl.

Pseudobulben 2,5–8 cm lang, eiförmig, 1blättrig. Blätter 10–30 cm lang, 3–9 cm breit, elliptisch bis lanzettlich, spitz, gestielt. Blütenstand hängend 1– (selten) 3blütig; Brakteen hinfällig. Blüten sehr groß: grünlichgelb bis bleich lachsfarben, auf der Lippe rotbraun oder weinbraun mit weißer Spitze. Sepalen 6 cm lang, 0,9 cm breit, länglich-lanzettlich, spitz. Petalen 5 cm lang, 0,3 cm breit, schmal-linealisch, spitz, zurückgeschlagen. Lippe 3lappig, 5 cm lang, 3 cm breit; Seitenlappen stumpf, gezähnt; Mittellappen breit-tatzenförmig, rundlich, ausgeschnitten; Platte mit drei rauhen Leisten. Säule 3,5 cm lang, gebogen, am Gipfel verschmälert weiß.
Verbreitung: Java, Malaya, Borneo, Sumatra.
Geschichte: Die Art wurde ursprünglich von Blume 1826 in seinen »Bijdragen« als *Chelonanthera speciosa* beschrieben, wurde aber dann 1830 von J. Lindley in die jetzige Gattung versetzt (»Genera and Species of Orchidaceous Plants«).
Anmerkung: Nahe verwandt mit *C. xyrekes* Ridley, einer häufig in den Gebirgswäldern von Malaya, und auch in Thailand, vorkommenden Art. Eine weißblütige Form ist als var. *alba* bekannt.

Coelogyne stricta (Don) Schltr.

Pseudobulben des mittelgroßen Epiphyten ungefähr 8 cm lang und 2,5 cm breit, im Umriß länglich-elliptisch, längsgefurcht, am Gipfel 2blättrig. Blätter sehr kurz gestielt, bis zu 30 cm lang und 3,5 cm breit, linealisch-lanzettlich, fast aufrecht oder leicht gebogen, vorn spitz bis langspitzig. Blütenstand aufrecht oder gebogen, bis über 20 cm lang, oben locker wenigblütig; Blütenstandschaft am oberen Ende mit mehreren sich ziegelartig deckenden, steilen, braunen Brakteen besetzt. Blüten elfenbeinweiß, mit einer gelben Region auf dem Mittellappen der Lippe und mit orangegelber Färbung an den Spitzen der Lippenkiele. Sepalen 2 cm lang, 0,8 cm breit, länglich-lanzettlich, spitz. Petalen 2 cm lang, 0,4 cm breit, linealisch-verkehrtlanzettlich, spitz. Lippe schwach bis undeutlich 3 lappig, 2,6 cm lang, 1,6 cm breit; Seitenlappen aufrecht, zweidrittel so lang wie die Lippe, abgerundet und vorn ausgebissen; Mittellappen annähernd kreisrund, an den seitlichen Rändern gezähnelt; Kiele wellig und gekerbt, bis auf die untere Hälfte des Mittellappens reichend.
Verbreitung: Vom Himalaja bis nach Birma.
Geschichte: Aufgrund einer von N. Wallich in Nepal gesammelten Pflanze wurde diese Art ursprünglich von D. Don 1825 in seinem »Prodromus Florae Nepalensis« als *Cymbidium strictum* beschrieben; R. Schlechter versetzte sie 1919 (Fedde, »Repertorium«) in die Gattung *Coelogyne.*
Synonym: C. elata Lindl.

Coelogyne suaveolens (Lindl.) Hook. f.

Diese Art ist in Indien und Thailand beheimatet. Sie unterscheidet sich von *C. lentiginosa* durch ihre von mehreren warzigen und unterbrochenen Leisten durchzogene mehr oder weniger ungeteilte Lippe.

Coelogyne swaniana Rolfe

Diese Art ist in Borneo, Sumatra und Malaya zu Hause und steht entweder *C. massangeana* oder *C. rochussenii* verwandtschaftlich nahe. Von der letztgenannten Art unterscheidet sie sich durch ihre in dichten Gruppen angeordneten Pseudobulben und ihre elliptischen Blätter; von der anderen durch den aus schmalem Grunde 3eckigen oder eiförmigen, vorn scharfspitzen Mittellappen der Lippe.

Coelogyne testacea Lindl.

Die in Malaya und Sumatra beheimatete Pflanze ist mit *C. dayana* verwandt. Sie unterscheidet sich von dieser jedoch folgendermaßen: Pseudobulben kurz eiförmig. Blütenstand kurz, selten länger als 20 cm. Blüten stumpf leder- oder fleischfarben, braun auf den Seitenlappen der Lippe und mit weißen Leisten auf der Platte.

Coelogyna tomentosa Lindl.

Pseudobulben 6 cm lang, 3 cm breit, eiförmig oder schmal-eiförmig. Blätter 30–50 cm lang, 2,5–10 cm breit, lanzettlich, steif, 8 cm lang, gestielt. Blütenstand 30–45 cm lang, vielblütig, hängend, am Grunde mit lockeren Scheiden; Brakteen ausdauernd, flaumig behaart. Blüten 5–6 cm breit: hellorange- oder lachsfarbig; Lippe gelb, mit braunen Streifen auf den Seitenlappen. Fruchtknoten flaumig behaart. Sepalen 2,5–3,5 cm lang, 0,7 cm breit, schmal-länglich, oft spitz. Petalen 2,5 cm lang, 0,8 cm breit, schmal länglich-lanzettlich, spitz. Lippe 3lappig, 2,5 cm lang, 1,7 cm breit; Seitenlappen viel kürzer als Mittellappen, rundlich, aufrecht. Mittellappen eiförmig, herabhängend, spitz. Platte vom Grunde an mit drei papillösen Kielen bis zur halben Höhe des Mittellappens, dort mit zwei zusätzlichen Seitenkielen.
Verbreitung: Malaya, Thailand, Java, Borneo und (vielleicht?) Sumatra.
Geschichte: Nach einem von T. Lobb in Borneo gesammelten Exemplar von J. Lindley 1854 beschrieben (»Folia Orchidacea«).
Anmerkung: Ähnlich *C. massangeana* aber verschieden durch tiefere Blütenfarben und die eiförmigen Pseudobulben.

Coelogyne trinervis Lindl. (syn. *C. rossiana* Rchb. f.)

Die aus Südostasien und Indonesien stammende Art ist entweder mit *C. flaccida* oder *C. huettneriana* verwandt; sie unterscheidet sich von diesen beiden Arten in der Ornamentation der Lippe: die drei welligen Leisten verlaufen bis zur Mitte des Mittellappens, werden dort papillös und füllen fast die gesamte Fläche aus.

Coelogyne venusta Rolfe

Diese aus Südchina (Yunnan) stammende Art gehört zur Verwandtschaft von *C. dayana* und unterscheidet sich von ihr durch folgende Merkmale: Seitenlappen der Lippe kürzer und kantig; Mittellappen viel größer, verkehrtherzförmig; Längsleisten 4, wellig, die beiden äußeren kurz und in der unteren Hälfte des Mittellappens erscheinend.

Coelogyne viscosa Rchb. f.

Diese in Südchina und in Südostasien beheimatete Art gehört in den Verwandtschaftskreis um *C. flaccida, C. lactea* und *C. huettneriana* und zeichnet sich durch ihre grasähnlichen, weniger als 1,2 cm breiten Blätter aus.

Comparettia Poeppig et Endl.

Tribus: Oncidieae

Mit kurzen, schlanken Rhizomen wachsende Epiphyten. Pseudobulben klein, 1blättrig. Blütenstände am Grunde der Pseudobulben entspringend, einfach oder verzweigt. Blüten klein aber augenfällig, entfernt stehend. Mittlere Sepale frei, aufrecht; die seitlichen miteinander verwachsen, am Grunde ein langes, spornartiges Mentum bildend. Petalen der mittleren Sepale ähnlich aber breiter. Lippe genagelt, abstehend, größer als die anderen Blütenteile, am Grunde mit zwei langen stielrunden, vom Mentum eingeschlossenen schwanzartigen Fortsätzen. Säule aufrecht, ohne Fuß und ungeflügelt; Pollinien 2, wachsartig, gefurcht.
Umfang und Verbreitung: Bis zu 12 Arten; in den amerikanischen Tropen mit Schwerpunkt in den Anden von Südamerika.
Ableitung des Namens: Benannt nach Andreo Comparetti, Professor für Botanik an der Universität von Padua. Als Physiologe erklärte er als erster die Bedeutung der spiraligen Verdickungen in den Gefäßen von Hölzern.
Anmerkung: Die Gattung wurde 1835 von E. Poeppig und S. Endlicher in ihren »Nova Genera et Species« begründet. Sie unterscheidet sich von *Scelochilus* durch das Fehlen von Leisten am Grunde der Lippe und von *Ionopsis* durch den Besitz der schwanzartigen Fortsätze am Lippengrunde.
Typus-Art: C. falcata Poeppig et Endl.
Kultur: Substrat A. Mindesttemperatur im Winter 12–15 °C. Man hält die Pflanzen entweder in kleinen Töpfen oder montiert sie auf Kork- oder Baumfarnblöcke. Sie verlangen mittleren bis vollen Schatten und Luftfeuchtigkeit. Man gießt sie regelmäßig und sieht darauf, daß sie nie austrocknen.

Comparettia coccinea Lindl.

Pseudobulben der kleinen epiphytisch oder lithophytischen Pflanze 1,5–3 cm lang, 0,4–0,8 cm breit, länglich-spindelförmig, zusammengepreßt, anfangs mit eiförmig-3eckigen Scheiden bekleidet, am Gipfel 1blättrig. Blätter 5–9 cm lang, 1–1,5 cm breit, schmal-lanzettlich-riemenförmig, nach unten zu verschmälert, vorn schief spitz, dunkelgrün auf der Oberseite, violett auf der unteren. Blütenstand schlank, 15–20 cm lang, lokker 5–10blütig, nickend, einfach traubig oder manchmal verzweigt. Blüten sehr dekorativ, abstehend oder nickend: Sepalen und Petalen gelb mit roten oder orangeroten Rändern; Lippe scharlachrot. Obere Sepale 0,8–0,9 cm lang, 0,5–0,6 cm breit, eiförmig, spitz; die seitlichen ungefähr 0,9 cm lang, 0,5 cm breit und miteinander verwachsen; Sporn 1,2–1,5 cm breit, eiförmig, spitz. Lippe zurückgeschlagen, 1,5–1,6 cm lang, 1,3–1,4 cm breit, breit-verkehrtherzförmig, deutlich 3lappig; Seitenlappen geöhrt, halbkreisförmig; Mittellappen fast quadratisch oder querlänglich, ausgerandet. Platte am Grunde mit zwei kurzen Leisten; Sporne je 0,8 cm lang, fädlich, gebogen, bewimpert. Säule 0,3 cm lang, kahl.
Verbreitung: Brasilien.
Geschichte: C. coccinea wurde 1837 von der Firma Loddiges importiert und im folgenden Jahr

von J. Lindley im »Botanical Register« geschrieben. Diese Pflanze ging allerdings später ein und wurde 1865 ein zweites Mal aus Rio de Janeiro von der Firma M. Ambroise Verschaffelt in Ghent mit Hilfe von M. Pinel eingeführt.

Comparettia falcata Poeppig et Endl.

Mit sehr kurzem Rhizom wachsende, veränderliche, mittelgroße Pflanze. Pseudobulben 1–4 cm lang, dicht stehend, länglich-zylindrisch, schwach zusammengepreßt, von 1 bis mehreren Paaren 2zeilig angeordneten blatttragenden Scheiden bedeckt, am Gipfel 1blättrig. Blätter 3–18 cm lang, 1–5 cm breit, elliptisch bis länglich, vorn spitz bis abgerundet. Blütenstand am Grunde der Pseudobulbe entspringend, viel länger als die Blätter, gebogen bis nickend, 60–90 cm lang, traubig oder seltener rispig, locker 2– bis vielblütig. Blüten tief rosenpurpurn bis rosa, mit weißer Zeichnung. Obere Sepale bis 1 cm lang und 0,5 cm breit, elliptisch oder länglich-eiförmig, spitz, konkav; die seitlichen verwachsen, länglich-eiförmig, konkav, oben 2zähnig oder ungeteilt, am Grunde in einen 1,5 cm langen gekrümmten Sporn ausgezogen. Petalen spreizend, 1,1 cm lang und 0,7 cm breit, elliptisch spitzlich. Lippe 1,1–1,7 cm lang, 1,1 cm breit, undeutlich 3lappig, am Grunde und innerhalb des von den Sepalen geformten Spornes mit zwei kleinen, schlanken Spornen; Seitenlappen geöhrt; Mittelappen breit-länglich, vorn ausgerandet, ausgebreitet. Säule 0,5 cm lang, keulig.
Verbreitung: Von Mexiko südwärts nach Bolivien, Brasilien und die Westindischen Inseln.
Geschichte: Die Pflanze wurde von E. Poeppig in Peru zwischen Cassapi und Pampayacu entdeckt und von ihm gemeinsam mit S. Endlicher in ihrem Werk »Nova Genera et Species« 1836 veröffentlicht.
Synonym: C. rosea Lindl.

Comparettia macroplectron Rchb. f. et Triana

Mittelgroßer Epiphyt mit sehr kleinen, im Umriß länglichen, sehr kurzen zusammengedrückten, 2–3blättrigen Pseudobulben. Blätter bis 10 cm lang, 2,3 cm breit, länglich bis riemenförmig, vorn stumpf. Blütenstand traubig, ungefähr 35 cm lang, einseitswendig, meistens 8blütig. Blüten mittelgroß, krautig, rosarot mit rotvioletten Flekken und weißem Sporn. Obere Sepale zungenartig, 1,4 cm lang, 0,3 cm breit, spitz; die seitlichen miteinander verwachsen, 1,2–1,5 cm lang, zungenartig, spitz; Sporn bis 5 cm lang, gerade, schlank und nach unten verschmälert. Petalen 1,3 cm lang, 0,7 cm breit, eiförmig, mit aufgesetztem Spitzchen, fast aufrecht abstehend. Lippe genagelt, 2,6–3,5 cm lang, 2–2,5 cm breit, am Grunde geöhrt, im Umriß fächer-keilförmig, nahe der Spitze fein 2lappig; Schwiele am Grunde des Nagels mit zwei Leisten. Säule 0,8 cm lang, gerade und aufrecht.
Verbreitung: Kolumbien.
Geschichte: Die Pflanze wurde von M. Triana gefunden und von ihm gemeinsam mit H.G. Reichenbach 1878 im »Gardeners' Chronicle« beschrieben.

Comparettia speciosa Rchb. f.

Stämme des Epiphyten sehr kurz, bedeckt mit bleichen, krautigen, spitzen, scheidigen Schuppen. Blätter 10–25 cm lang, bis 4,2 cm breit, länglich-lanzettlich, krautig, vorn spitz. Blütenstände bis 50 cm lang, traubig oder manchmal verzweigt, nur im oberen Teil locker 7– bis vielblütig. Blüten ungefähr 3,5 cm hoch, leuchtend orangescharlachrot. Obere Sepale 1,4 cm lang, 0,4 cm breit, eiförmig, lanzspitzig; seitliche miteinander verwachsen, konkav, spitz; Sporn bis 3,5 cm lang, länger als Blütenstiel und Fruchtknoten, schlank, fast unmerklich flaumig. Petalen 1,2 cm lang, 0,6 cm breit, eiförmig, spitz. Lippe mit kurzem und schmalem Nagel, bis 2,4 cm lang und 3 cm breit, 3lappig; Seitenlappen geöhrt; Mittellappen fast quadratisch bis querlänglich, ausgerandet, etwa 1,7 cm lang. Säule 0,8 cm lang, mit grünen Flügeln; Anthere geschnäbelt, weiß.
Verbreitung: Ecuador.
Geschichte: Die Pflanze wurde 1877 in der östlichen Kordillere von E. Klaboch gefunden und zur Kultur nach Europa ausgeführt. Im folgenden Jahr wurde sie von H.G. Reichenbach im »Gardeners' Chronicle« veröffentlicht.

Coryanthes Hook.
Tribus: Gongoreae

Große Epiphyten. Pseudobulben kurz bis verlängert, fleischig, 2blättrig. Blätter mit hervorstechender Nervatur, groß, längsgefaltet. Blütenstand seitlich am Grunde der Pseudobulben entspringend, zurückgebogen, traubig, locker wenigblütig. Blüten groß, augenfällig. Sepalen frei, abstehend, ziemlich groß, gewellt; die mittlere kürzer als die seitlichen. Petalen aufrecht, kleiner als die Sepalen, gedreht. Lippe fleischig, lang genagelt, abstehend, sehr kompliziert gebaut (siehe auch Anmerkung); Hypochile von den Seitenlappen gebildet, becherförmig; Mittellappen groß, helmartig. Säule lang, stielrund, am Gipfel einwärts gebogen und keulig oder kurz 2flügelig, am Grunde mit zwei Flügeln oder Hörnern; Pollinien 2, wachsartig.
Umfang und Verbreitung: 15–20 Arten; beschränkt auf Mittel- und Südamerika von Guatemala bis Peru und Brasilien.
Ableitung des Namens: Aus dem Griechischen »korys« = Helm, und »anthos« = Blüte, Blume.
Anmerkung: Die Gattung wurde von Sir William Hooker 1831 im »Botanical Magazine« begründet. Die außergewöhnlich kompliziert gebauten Blüten sind auf Insektenbestäubung ausgerichtet. Charles Darwin studierte ihren Bestäubungsmechanismus, nachdem er von Dr. Cruger über seine Betrachtungen an Pflanzen in Trinidad unterrichtet worden war. Diese frühen Studien wurden vervollständigt von P.H. Allen (»American Orchid Society Bulletin« 1951) und C. Dodson (in Dodson und van der Pijl: »Orchid Flowers, their Pollination and Evolution« 1966). Kurz gesagt, die Lippe dieser grotesken Blüten besteht aus drei Teilen: einer kugeligen oder hutförmigen Hypochile (oben), einer verlängerten und oft gefurchten Mesochile und einer eimerförmigen Epichile. Die letzte wird durch zwei drüsenartige am Grunde der Säule sitzende in Tropfen Wasser ausscheidende Organe wenige Stunden vor dem Aufblühen teilweise gefüllt. Bienen der Gattung *Euglossa, Eupulsia* oder *Eulaema* werden durch den von der Hypochile entströmenden Duft angelockt und beginnen, die Hypochile zu kratzen. Dabei fallen sie bald in die wassergefüllte Epichile und werden durch die Benetzung ihrer Flügel am Ausfliegen verhindert. Als einziger Ausweg bleibt ihnen der schmale Tunnel zwischen der Epichile und dem Gipfel der Säule. Beim Durchkriegen dieser engen Passage werden die Pollinien unvermeidlich an ihre Körper geheftet. Beim Besuch der nächsten Blüte wiederholt sich dieser Vorgang , und die Pollinien werden auf die Narben übertragen. Soweit man weiß, ist der Blütenduft artspezifisch und wirkt nur auf eine Insektenart; auf diese Weise kommen keine Artkreuzungen zustande.
Die erste Revision von *Coryanthes* wurde von R. Schlechter (»Orchis« 1917) durchgeführt; er akzeptierte 14 Arten in 2 Sektionen: **(Eu) Coryanthes** mit glatter Mesochile (z.B. bei *C. speciosa* Hook. und *C. albertinae* Karsten) und **Lamellunguis**, bei deren Arten die Mesochile von lamellenartigen Auswüchsen begleitet ist (z.B. *C. bi-*

flora Rodr. und *C. macrantha* Hook.). In jüngster Zeit haben Pabst und Dungs (»Orchidaceae Brasilienses« 1977) die brasilianischen Arten behandelt und in zwei mit R. Schlechter korrespondierende Gruppen aufgegliedert. Ausgezeichnete Farbaufnahmen wurden 1978 von G. Kennedy (»Orchid Digest«) veröffentlicht. Nicht selten findet man *Coryanthes*-Arten als auffälligen Bestandteil in den einmaligen Ameisengärten der Baumnester der Gattungen *Camponotus* und *Azteca,* oft gemeinsam mit *Epidendrum-, Peperomia-* und *Gesneriaceae*-Arten.
Typus-Art: C. maculata Hook.
Kultur: Substrat A. Mindesttemperatur im Winter 15 °C. Wie für *Stanhopea* angegeben, aber wärmer. In der Wachstumsperiode verlangen sie hohe Luftfeuchtigkeit, einen ebenmäßigen feuchten Wurzelballen und mittleren Schatten. Nach Abschluß des Wuchses gibt man ihnen weniger Wasser; sie dürfen aber während der Ruheperiode nicht so trocken wie *Stanhopea*-Arten gehalten werden.

Coryanthes macrantha (Hook.) Hook.

Pseudobulben des mittelgroßen Epiphyten mehr oder minder dicht gebüschelt, bis über 10 cm lang, am Gipfel 2blättrig, schmal-eiförmig bis birnenförmig-zylindrisch. Blätter schräg-aufrecht abstehend, bis 45 cm lang und 8 cm breit, gestielt, elliptisch oder länglich-elliptisch, längsgefaltet, vorn spitz, dick-papierartig. Blütenstand abstehend oder hängend, grundständig, kürzer oder länger als die Blätter, 1–3blütig; Brakteen trockenhäutig, konkav. Blüten groß: gelb bis orangefarbig oder rot, auf den Sepalen, Petalen und der Epichile der Lippe rotviolett getüpfelt. Sepalen und Petalen von dünner Beschaffenheit. Mittlere Sepale 5 cm lang, 4,5 cm breit, meistens eiförmig, stumpf; die seitlichen bis 10 cm lang und 5 cm breit, mehr oder weniger eiförmig, spitz oder langspitzig, zurückgeschlagen. Petalen bis 5,5 cm lang, linealisch-länglich und sichelig gebogen, verdreht, spitz oder stumpf. Lippe sehr kompliziert gebaut; in eine genagelte, konkave Hypochile, eine halbröhrenförmige Mesochile und eine große, eimerartige Epichile geteilt; Hypochile 2,5–3,8 cm breit und tief, vorn flaumig behaart; Mesochile kräftig, 2,5 cm lang, auf der Außenseite mit drei bis sechs quer verlaufenden fleischigen Leisten versehen; Epichile ungefähr 5 cm lang und fast genauso tief, vorn 3lappig, fast gänzlich mit Flüssigkeit gefüllt. Säule ungefähr 4,5 cm lang, kräftig, nach oben hin erweitert und am Gipfel mit zwei Flügeln, am Grunde mit einem Paar hornartigen Drüsen ausgerüstet.
Verbreitung: Peru, Venezuela, Trinidad und Guayana; in Tiefland-Wäldern.
Geschichte: Diese eigenartige Pflanze wurde 1828 von Lockhart in der Umgebung von Caracas in Venezuela entdeckt; etwas später fand sie J. Ankers im gleichen Lande. Eine an C. S. Parker gesandte Pflanze kam 1831 im Botanischen Garten zu Liverpool zur Blüte. Im gleichen Jahr beschrieb sie Sir William Hooker in seinem »Botanical Miscellany« als *Gongora,* versetzt sie aber später im gleichen Jahr (»Botanical Magazine«) zu *Coryanthes.*
Synonym: Gongora macrantha Hook.

Coryanthes macrantha
1 = Pflanze (× 1/10)
2 = Blüte (× 2/5)
3 = Gipfel der Säule (× 1 1/3)
4 = Klebscheibe, Stipes und Pollinien (× 2)

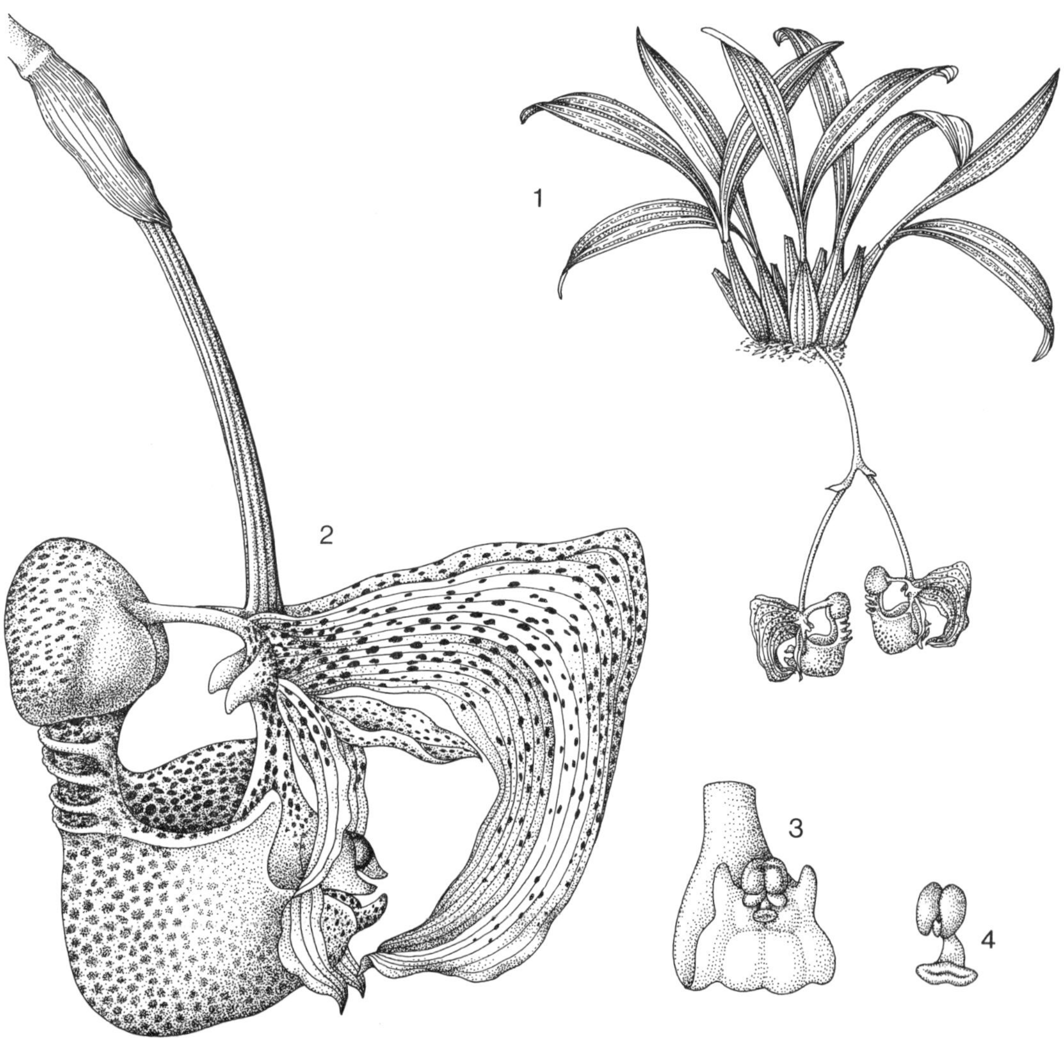

Cryptophoranthus Barb. Rodr.

Tribus: Epidendreae
Subtribus: Pleurothallidinae

Kleine Epiphyten; ihre sekundären Triebe am Gipfel 1blättrig. Blütenstand kurz, 1blütig oder mit einem Blütenbüschel. Sepalen am Grunde und mit den Spitzen verwachsen, auf diese Weise eine fensterartige Öffnung auf jeder Seite der mittleren lassend, die seitlich an der Basis ein Mentum bilden. Petalen winzig. Lippe frei, ungeteilt, undeutlich gelappt oder pfeilförmig, von zwei parallelen Leisten durchzogen, ungefähr so lang wie die Sepalen. Säule klein, stielrund, aufrecht und gerade oder gekrümmt, am Grunde in einen kurzen Fuß fortgesetzt; Pollinien 2, wachsartig.
Umfang und Verbreitung: Ungefähr 25 Arten in Mittelamerika, auf den Westindischen Inseln und im tropischen Südamerika.
Ableitung des Namens: Aus dem Griechischen »kryptos« = versteckt und »phorus« = tragend und »anthos« = Blüte, Blume.
Anmerkung: Die Gattung wurde 1882 von J.

Barbosa-Rodrigues in »Nova Genera et Species Orchidearum Novarum« begründet. Sie ähnelt sehr *Pleurothallis, Masdevallia* und *Stelis;* von allen unterscheidet sie sich jedoch durch die eigenartige Sepalen-Verwachsung. Eine moderne Bearbeitung liegt seit F. Kraenzlins Revision (Fedde, »Repertorium« 1924) nicht vor.
Typus-Arten: C. fenestratus (Barb. Rodr.) Barb.-Rodr.; *C. cryptanthus* (Barb. Rodr.) Barb.-Rodr. und *C. punctatus* Barb. Rodr. (Syntypen).
Kultur: Substrat A. Mindesttemperatur im Winter 12–15 °C. Höchsttemperatur im Sommer – wenn möglich – nicht über 25 °C. Da alle Arten schön aufrecht wachsen, wird man sie am vorteilhaftesten in kleinen Töpfen halten. Wie alle Orchideen ohne wesentliche Speicherorgane dürfen sie niemals, wenn überhaupt, lange trocken gehalten werden. Allgemein verlangen sie feuchte Luft und mittleren Schatten zu jeder Jahreszeit.

Cryptophoranthus atropurpureus (Lindl.) Rolfe

Kleine epiphytisch oder terrestrisch wachsende Pflanze, bis 7,5 cm hoch, mit kriechendem und ohne Pseudobulben. Stämme 3–5 cm lang, aufrecht, mit trockenhäutigen Scheiden bedeckt, am Gipfel 1blättrig. Blatt 3–9 cm lang, 1,5–3 cm breit, eiförmig–elliptisch, ledrig, vorn stumpflich, kurz gestielt. Blütenstände einzeln oder mehr oder weniger gebündelt am Blattgrunde entspringend, 1blütig. Blüten intensiv dunkelviolett; Fruchtknoten mit 12 Flügeln. Sepalen bis auf einen Schlitz auf jeder Seite zwischen der oberen und einer seitlichen miteinander verwachsen, 1,4–1,5 cm lang und 0,5 cm breit. Petalen 0,4 cm lang, 0,2 cm breit, länglich, gestutzt. Lippe pfeilförmig, 0,45 cm lang, ungefähr 0,1 cm breit; Seitenlappen vorn gefaltet und jederseits am Grunde mit einem winzigen Öhrchen. Säule 0,2 cm lang, aufrecht, am Grunde in einen längeren Fuß auslaufend.
Verbreitung: Jamaika.
Geschichte: Die Originalbeschreibung der Pflanze im »Botanical Register« von 1835 durch J. Lindley fußt auf einer getrockneten Pflanze im Herbarium von Sir William Hooker, die im Botanischen Garten zu Liverpool kultiviert worden war.
Synonyme: Specklinia atropurpurea Lindl.; *Pleurothallis atropurpurea* Lindl.; *Masdevallia fenestrata* Lindl. ex Hook.

Cryptophoranthus hypodiscus (Rchb. f.) Rolfe

Diese aus Kolumbien stammende Art ähnelt oberflächlich *C. atropurpureus,* unterscheidet sich aber wesentlich von ihr durch die ausgebissenen Kiele des Fruchtknotens, die Sepalen mit größeren »Fenstern« und eine kleine Lippe mit spitzeren Seitenlappen.

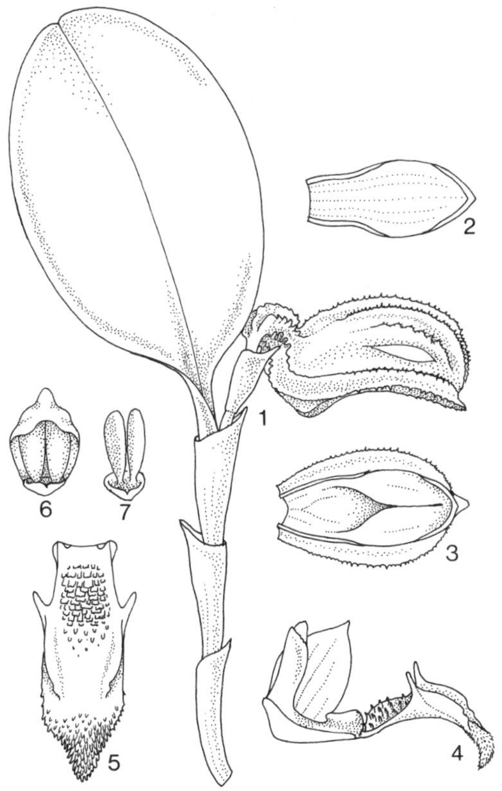

Cryptophoranthus hypodiscus
1 = Pflanze mit Blüte von der Seite (× 2)
2 = mittlere Sepale (× 2)
3 = seitliche Sepalen (× 2)
4 = Lippe und Säule von der Seite (× 4 1/3)
5 = Lippe (× 6 1/2)
6 = Anthere (× 6 1/2)
7 = Klebscheibe und Pollinien (× 6 1/2)

Cyclopogon Presl
Tribus: Cranichideae
Subtribus: Spiranthinae

Kleine bis mittelgroße, terrestrische Pflanzen mit kurzen, fleischigen Wurzeln und grundständigen, gestielten Blättern. Blütenstand im unteren Teil aufrecht, darüber etwas schlaff, ährig, locker bis dicht vielblütig. Blüten klein, vorwiegend grün oder grün und weiß, außen flaumig behaart. Sepalen und Petalen nicht abstehend. Mittlere Sepale vorstehend, mit den durchsichtigen Petalen verwachsen und über der Säule stehend; die seitlichen Sepalen in Form und Größe der mittleren ähnlich, am Grunde ein undeutliches, bauchiges Mentum bildend. Lippe geigenförmig bis schmallänglich, oft nach vorn zu erweitert und am mehr oder minder stark 3lappigen Gipfel herabgebogen, am Grunde jederseits mit einem hakenartigen Öhrchen. Säule hervorstehend, auf der Vorderseite mehr oder weniger dicht flaumig behaart; Rostellum spitz, gabelig gespalten; Pollinien 4, in zwei dicht zusammengepreßten Paaren angeordnet, keulig.
Umfang und Verbreitung: Etwas über 70 Arten; in Florida, Mittel- und Südamerika und den Westindischen Inseln, mit Schwerpunkt aber in Brasilien.
Ableitung des Namens: Aus dem Griechischen »kyklos« = Kreis und »pogon« = Bart; wohl so genannt wegen der außen flaumigen Sepalen, die – von vorn gesehen – wie ein Kreis von Bärten die Blüte umgeben.
Anmerkung: K. Presl begründete die Gattung 1827 in »Reliquiae Haenkeana«. Seitdem wurde sie von vielen Autoren *Spiranthes* eingegliedert. In diesem Buch folgen wir der Ansicht R. Schlechters, der in seiner Bearbeitung der *Spiranthinae* (Beihefte zum »Botanischen Centralblatt« 1920) *Cyclopopon* als eigenständig betrachtete. Sie ist mit *Pelexia, Sarcoglottis* und ähnlichen Gattungen verwandt; die Unterschiede zu diesen liegen im wesentlichen in der kurzen Säulenbasis, dem schwach ausgeprägten Mentum, der bleichen, dünnen Lippe und der schlaffen Blütenstandachse begründet.
Typus-Art: C. ovilifolium Presl.
Kultur: Wie für *Pelexia* angegeben.

Cyclopogon elatus (Sw.) Schltr.

Sehr variable terrestrische oder seltener epiphytische Pflanze mit gebündelten, kräftigen Wurzeln. Blätter wenigstens zwei in grundständigen Rosetten, gestielt, bis 20 cm lang und 5–8 cm breit, breit-eiförmig bis länglich-lanzettlich, spitz oder langspitzig. Blütenstand bis 23 cm lang, aufrecht, traubig, locker bis dicht wenig- bis vielblütig; Schaft unten kahl, oben flaumig behaart. Blüten klein: weiß, grünlich, bräunlich oder rötlich, manchmal violett gestreift. Mittlere Sepale 0,4–0,7 cm lang, lanzettlich, spitz oder stumpf; die seitlichen schief-linealisch-lanzettlich, spitz oder stumpf. Petalen mit der mittleren Sepale stark verwachsen, linealisch-verkehrtlanzettlich, stumpf oder abgerundet. Lippe kurz genagelt, 0,4–0,9 cm lang, länglich-geigenförmig, schwach 3lappig oder ungeteilt, am Grunde mit einem Paar klappenartigen, fleischigen Schwielen. Säule klein, vorn etwas flaumig; Rostellum eiförmig, riemenförmig oder lanzettlich.

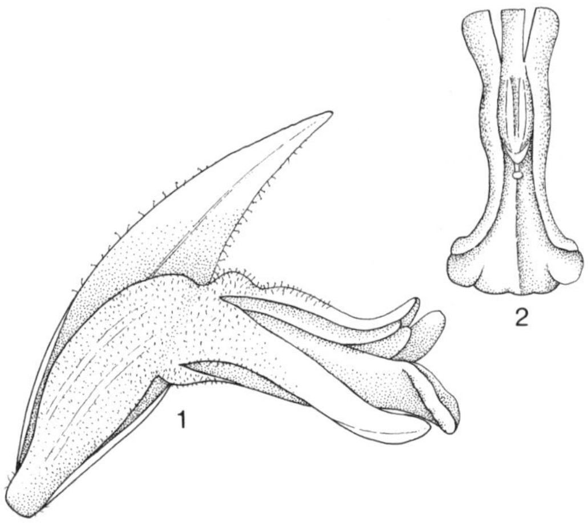

Cyclopogon elatus
1 = Blüte von der Seite (× 4 1/3)
2 = Lippe von oben (× 4 1/3)

Verbreitung: Florida, auf den Westindischen Inseln, Mittelamerika und in Südamerika bis nach Argentinien und Uruguay.
Geschichte: Die Pflanze wurde fast zur gleichen Zeit in Jamaica und Haiti entdeckt; O. Swartz beschrieb sie 1787 in seinem Werk »Nova Genera et Species Plantarum ...« in der Gattung *Satyrium.* L.C. Richard versetzte sie 1818 in die Gattung *Spiranthes* (»Mémoires du Museum d'Histoire Naturelle«, Paris) und noch heute folgen viele Botaniker seinem Konzept. Wir stimmen jedoch R. Schlechter zu, der die Art 1919 in die Gattung *Cyclopogon* stellte (Fedde, »Repertorium«, Beihefte).
Synonyme: Satyrium elatum Sw.; *Cyclopogon ovalifolium* Presl; *Spiranthes preslii* Lindl.; *S. variegata* Kraenzl.; *S. elatus* (Sw.) L.C. Rich.; *Gyrostachys ovalifolia* O. Kuntze.

Cycnoches Lindl.
Tribus: Cymbidieae
Subtribus: Catasetinae

Große Epiphyten oder terrestrisch wachsende Pflanzen. Pseudobulben verlängert, spindelig-zylindrisch, beblättert. Blütenstand seitlich austretend, aufrecht bis bogig überhängend, wenig- bis vielblütig, traubig. Blüten klein bis groß, eingeschlechtig, dimorph. Sepalen und Petalen einander ähnlich, frei, abstehend oder zurückgeschlagen. Lippe von dünner bis fleischiger Beschaffenheit, fast sitzend bis deutlich genagelt, lanzettlich bis kreisrund, ungeteilt oder gelappt, gekämmt oder gefranst, meistens mit Schwielen besetzt. Säule verlängert, schlank bis dick, fleischig, mehr oder minder gekrümmt, keulenförmig, ohne Fuß; Pollinien 2, wachsartig, eiförmig, gefurcht.
Umfang und Verbreitung: Kleine Gattung von etwa 12 Arten in den Tropen Amerikas.
Ableitung des Namens: Aus dem Griechischen »kyknos« = Schwan und »anchen« = Nacken, Hals; wegen der schlanken, gekrümmten Säule der männlichen Blüten. Dieses Merkmal, zusammen mit der meistens weißen Lippe, hat den Pflanzen auch den Namen Schwanenorchideen eingetragen.
Anmerkung: J. Lindley begründete die Gattung 1832 in seinen »Genera Species of Orchidaceous Plants«. Sie zeichnet sich durch dimorphe Blüten aus, und dieser Umstand hat die systematische Gliederung sehr erschwert, weil man anhand von oft unzureichendem Herbariummaterial nicht immer männliche und weibliche Blüten mit Sicherheit der gleichen Art zuschreiben kann. Die Gattung wurde 1916 (»Orchis«) von R. Schlechter revidiert. Er unterteilte sie in zwei Sektionen:
1. **(Eu) Cycnoches:** die Blüten beider Geschlechter sind nicht wesentlich voneinander verschieden; typische Arten sind *C. loddigesii* Lindl., *C. ventricosum* Batem. und *C. cholorochilum* Klotzsch.
2. **Heteranthae:** Männliche und weibliche Blüten unterscheiden sich deutlich im Bau der Lippe; typische Arten sind *C. pentadactylon* Lindl., *C. maculatum* Lindl. und *C. egertonianum* Batem.

Der Bestäubungsmechanismus in jeder Sektion wurde eingehend von van der Pijl und Dodson (»Orchid Flowers« 1966) beschrieben. In der ersten Gruppe beruht er auf einer perfekten Position der bestäubenden Biene im Verhältnis zu Lippe und Säule. Das Insekt ist gezwungen, umgekehrt auf der Lippe der nicht resupinierten männlichen Blüte zu landen. Die Blüten von *C. lehmannii* werden von männlichen Bienen der Art *Eulaema cingulata* bestäubt, die in normaler Flugposition auf der Lippe landen und sich dann mit Hilfe von zwei, die Lippenränder umgreifenden Beinpaaren, in die umgekehrte Lage schwingen. Wenn sie dann versuchen, die Duftquelle am oberen Ende der Schwiele zu erreichen, lassen sie mit ihren Hinterbeinen die Lippe los und schleudern mit ihrem Hinterleib gegen den Auslösungsmechanismus der Säule. Dadurch wird die unter Spannung gehaltene Klebscheibe frei und gegen die Spitze des Hinterleibes der Biene geschleudert, wo sie durch eine schnelltrocknende Klebsubstanz haften bleibt. Im Verlauf der folgenden 40 Minuten streckt sich das die Pollinien haltende Stielchen gerade und die austrocknende Antherenkappe fällt ab. Schließlich besucht die Biene eine weibliche Blüte, wo das Verhältnis von Säule und Narbe zur Schwiele der Lippe etwas anders geartet ist. Das Insekt wird wiederum angelockt die Lippe anzufliegen und am Gipfel der Säule zu kratzen: Hat es genug gefressen, fällt es von der Lippe, wobei die Pollinien an fingerartigen Auswüchsen der Säule hängen bleiben. Bei heteromorphen Arten der Gattung, wie z.B. *C. egertonianum,* werden die männlichen Blüten von männlichen Bienen der Art *Euglossa hemichlora* aufgesucht. Beim Landen des Tieres schwingt die auf einem dünnen und elastischen Nagel sitzende Lippe unter der Last des Besuchers nach unten, wobei die Spitze des Hinterleibes gegen die Antherenkappe gepreßt wird und dadurch das Herausschleudern der Pollinien bewirkt. Diese bleiben, ähnlich wie oben beschrieben, am Insekt haften, und die Übertragung auf die Narbe der weiblichen Blüte erfolgt fast auf die gleiche Weise.
Typus-Art: C. loddigesii Lindl.
Kultur: Substrat A oder B. Mindesttemperatur im Winter 15 °C (auf jeden Fall wärmer zu halten, wenn im Wachsen). Alle Arten dieser Gattung, ähnlich wie auch *Catasetum* und *Mormodes,* wachsen gut in verschieden gemischten, gut durchlüfteten Substratzusammensetzungen. Sobald der Neuwuchs erkenntlich wird, versetzt man die Pflanzen an einen warmen Ort mit hoher Luftfeuchtigkeit und nur wenig Schatten. Wässern sollte man sie sehr vorsichtig und nur dann, wenn sich die Wurzeln der Neusprosse voll entwickelt haben. Nach Verblühen und Laubfall hält man die Pflanzen fast völlig trocken, kühl und schattenlos.

Cycnoches egertonianum Batem.

Pseudobulben des großen Epiphyten bis 12 cm lang und 2 cm breit, in dichten Gruppen stehend, aufrecht, schlank spindelig, 2–7blättrig. Blätter 7–21 cm lang, bis 3 cm breit, lanzettlich, vorn langspitzig, unten gegen eine breite Scheide abgegliedert. Blütenstände und Blüten eingeschlechtig. Männliche Blütenstände (siehe Abbildung) bis 85 cm lang, geschwungen-hängend, traubig, bis 20blütig; Brakteen 0,7–2 cm lang, lanzettlich, spitz. Weibliche Blütenstände kurz und aufrecht, 1- bis mehrblütig; Brakteen eiförmig-länglich, unten sich ziegelartig deckend. Männliche Blüten aufrecht: Sepalen und Petalen dunkelpurpurn bis hellgrün und mit purpurner Tüpfelung; Lippe weiß und mit schwacher rosalila Zeichnung. Sepalen und Petalen 1,5–3 cm lang, 0,4–0,7 cm breit, linealisch-lanzettlich bis lanzettlich, spitz,

an den Rändern mehr oder minder zurückgebogen. Lippe in der Blüte oben stehend, 1–1,5 cm lang, 0,6 cm breit, genagelt, verkehrteiförmig, spitz; Schwiele auf dem Mittellappen sitzend, auf jeder Seite mit vier keulenartigen Auswüchsen und einem weiteren am oberen Rande, zu denen sich am Grunde ein Paar grüner, abgestutzter, fast stielrunder Auswüchse gesellen, die mit ihren inneren Rändern verwachsen sind. Säule 2,5–3 cm lang, schlank keulenförmig und gebogen. Weibliche Blüten (siehe Abbildung) fleischig, grünlichweiß mit gelber Lippe. Sepalen und Petalen 3–4 cm lang, 0,8–1,4 cm breit, lanzettlich, langspitzig. Lippe kurz, genagelt, 2,5–3,5 cm lang, 1,2–1,5 cm breit, eiförmig-lanzettlich, spitz, betont fleischig, etwas konvex. Säule 1–1,2 cm lang, kräftig.
Verbreitung: Belize und Guatemala und südwärts bis Costa Rica und Nicaragua; Tieflandpflanze.
Geschichte: Die Pflanze wurde von J. Bateman in seinem Riesenwerk »Orchidaceae of Mexico and Guatemala« 1837 beschrieben. Seither hat die Veröffentlichung in Fachkreisen zu beachtlicher Verwirrung geführt, weil, wie R. Rolfe sagt, seine Abbildung aus einer großen männlichen Blüte von *C. ventricosum* und einer kleineren von *C. egertonianum* besteht. Beide Arten waren von G. U. Skinner in Guatemala entdeckt worden.

Cycnoches loddigesii Lindl.

Pseudobulben des großen Epiphyten bis 25 cm lang, verlängert-spindelförmig, nach oben hin langsam verschmälert, etwas seitlich abgeflacht, mit weißen Blattbasen bedeckt, 5–7blättrig. Blätter bis 40 cm lang und 7 cm breit, länglich-verkehrtlanzettlich, längsgefaltet, vorn spitz bis stumpf. Blütenstand im oberen Teil der Pseudobulbe entspringend, traubig, hängend, bis 10blütig. Blüten sehr groß und auffällig; weibliche und männliche ähnlich: Sepalen und Petalen hell olivgrün, mit brauner Beaderung und rotbraunen Querstreifen. Lippe weiß mit mehr oder minder schokoladenbrauner Tüpfelung, nach der Spitze zu grünbraun beadert. Obere Sepale 10 cm lang, 1,3 cm breit, linealisch bis schmal-elliptisch, langspitzig; die seitlichen 7,5 cm lang, 2 cm breit, sichelig gebogen, schmal-elliptisch, spitz, an den Rändern zurückgebogen. Petalen 6,5 cm lang, 2 cm breit, lanzettlich und sichelförmig, spitz. Lippe oben stehend, genagelt, 7 cm lang, 2 cm breit, lanzettlich, nach außen geschwollen, in der unteren Hälfte fleischig. Säule schlank, bis 8 cm lang, geschwungen, am Gipfel geflügelt, glänzend.
Verbreitung: Venezuela, Kolumbien, Brasilien, Ghana und Surinam.
Geschichte: Die Art wurde von Henry Lance in Surinam gefunden und von ihm an die Firma Loddiges in Hackney gesandt. J. Lindley beschrieb sie 1832 in seinem Werk »Genera and Species of Orchidaceous Plants« und benannte sie Loddiges zu Ehren.
Synonym: C. cucullata Lindl.

Cycnoches pentadactylon Lindl.

Pseudobulben des großen Epiphyten 10–15 cm lang, 2–2,5 cm breit, schmal-länglich-spindelförmig oder schwach kegelig, vielknotig, anfangs mit krautigen Scheiden bedeckt. Blätter 15–30 cm lang, 2–5 cm breit, riemenförmig-lanzettlich, krautig, vorn sehr langspitzig. Blüten und Blütenstände eingeschlechtlich. Männlicher Blütenstand (siehe Abbildung) 5–25 cm lang, meistens nahe des Bulbengipfels entspringend, hängend, dicht-vielblütig im oberen Teil. Weibliche Blütenstände kurz, aufrecht, 1–3blütig. Männliche Blüten groß, nickend bis hängend: Sepalen und Petalen gelblichgrün oder weißlich, kastanienbraun getüpfelt und quergestreift; Lippe am Grunde grün, weiß in der Mitte und gelb an der Spitze, purpurn gefleckt; Säule violett unten und gelblichweiß mit violetten Punkten oben. Sepalen 3,5–5 cm lang, 0,9–1,1 cm breit, lanzettlich-riemenförmig, in eine lange Spitze ausgezogen, zurückgebogen. Petalen 3,5–4 cm lang, 1,5–1,6 cm breit, länglich, spitz, zurückgebogen. Lippe oben stehend, lang genagelt, fleischig, steif, Hypochile mit einem aufrechten, einwärtsgeschweiften Horn; Mesochile 4lappig; Epichile zungenförmig; Säule verlängert, 4–4,5 cm lang, schlank, gebogen. Weibliche Blüten nickend, fleischig: Sepalen und Petalen gelblichweiß und in der unteren Hälfte rötlichbraun getüpfelt; Lippe weiß mit gelbem Nagel. Sepalen und Petalen ähnlich denen der männlichen Blüten aber kleiner. Lippe auch hier oben stehend, fleischig, eiförmig-länglich, ungeteilt, kurz zugespitzt, am Grunde mit zwei Schwielen. Säule dick, stielrund, keulig, 2,5 cm lang, etwas einwärtsgebogen, gelb und oben purpurn getüpfelt.
Verbreitung: Brasilien.
Geschichte: Die von J. Lindley 1843 im »Botanical Register« beschriebene Pflanze war 1841 von William Lobb im Auftrage der Firma Veitch in Exeter in der Provinz Rio de Janeiro gesammelt worden.

Cynoches ventricosum Batem.

Pseudobulben des großen Epiphyten bis zu 30 cm lang, 3 cm breit, zylindrisch-spindelförmig, etwas zusammengedrückt, beblättert. Blätter bis 35 cm lang und 8 cm breit, das oberste am längsten, elliptisch oder linealisch-lanzettlich, krautig, oben spitz bis langspitzig, unten von der Blattscheide abgegliedert. Blütenstände und Blüten eingeschlechtlich aber die Blütenstände fast ähnlich, bis 30 cm lang, aus den Achseln der obersten Blätter entspringend, mehrblütig; Brakteen bis 2,5 cm lang, breit-eiförmig, spitz. Weibliche Blüten ähnlich den männlichen aber kleiner und mit einer kürzeren und kräftigeren Säule. Männliche Blüten grünlich mit weißer Lippe, sich alle gleichzeitig öffnend. Obere Sepale 4–6,2 cm lang, 1–1,5 cm breit, linealisch bis elliptisch, spitz oder langspitzig; die seitlichen asymmetrisch lanzettlich, sonst ähnlich. Petalen 4–6 cm lang, 1,8–2,7 cm breit, elliptisch-lanzettlich, stumpf bis langspitzig. Lippe kurz genagelt, 4–5 cm lang, 2 cm breit, eiförmig bis eiförmig-lanzettlich, auf der oberen Seite beträchtlich geschwollen, spitz; Schwiele grundständig, schwarz. Säule 2,5–3,5 cm lang, schlank-keulig, gebogen.
Verbreitung: Von Mexiko bis Panama, nicht häufig, in Höhenlagen bis 1000 m.
Geschichte: Die erstmals von G.U. Skinner in Istapa (Guatemala) gesammelte Pflanze wurde 1837 von J. Bateman in seinem monumentalen Werk »Orchids of Mexico and Guatemala« beschrieben.

Cymbidiella Rolfe

Tribus: Cymbidieae
Substribus: Cymbidiinae

Große, terrestrisch oder epiphytisch wachsende Pflanzen mit verlängerten Pseudobulben. Blätter zu 8–40 fächerartig und 2zeilig angeordnet, von ihren Scheiden gegliedert. Blütenstand am Grunde der Pseudobulbe angesetzt, traubig oder rispig, vielblütig, mit schmalen Brakteen. Blüten groß und augenfällig. Sepalen und Petalen entweder frei oder die seitlichen Sepalen manchmal mit dem Fuß der Säule kurz verwachsen. Lippe 3- oder 4lappig, ohne Sporn, am Grunde mit einer Schwiele oder mit Leisten besetzt. Säule mit kurzem Fuß; Pollinien mit zurückziehbarem Stipes; Klebscheibe rechteckig oder trapezförmig.
Umfang und Verbreitung: 3 auf Madagaskar beschränkte Arten; auf Palmen oder in feuchten Wäldern wachsend.

Cymbidiella
1 = *C. pardalina*, Pflanze (× 1/6)
2 = *C. pardalina*, Lippe ausgebreitet (× 2/5)
3 = *C. falcigera*, Lippe ausgebreitet (× 1)

Ableitung des Namens: Verkleinerungsform von *Cymbidium.*
Anmerkung: Die Gattung wurde 1918 von R.A. Rolfe in »Orchid Review« begründet. Sie ist mit *Eulophiella, Eulophia* und *Cymbidium* verwandt, unterscheidet sich aber von der ersten durch schmale Brakteen und Blattanordnung und von der zweitgenannten durch den Fuß der Säule und das Fehlen eines Spornes; von *Cymbidium,* zu der die Arten zuvor gehörten, unterscheidet sich *Cymbidiella* durch ihre anders gestaltete Lippe mit abgerundeten, aufrechten Seitenlappen und einem breiten, zurückgebogenen Vorderlappen.
Typus-Art: C. flabellata (Thou.) Rolfe.
Kultur: Substrat A. Mindesttemperatur im Winter 15 °C. Die Pflanzen hält man in Töpfen mit gut durchläßigem Pflanzstoff oder in Körben. Sie verlangen gute Luftfeuchtigkeit und mäßigen Schatten. Sie sind empfindlich und sollten nicht gestört werden, wenn sie zu vollentwickelten Pflanzen ausreifen sollen. *C. rhodochila* wächst am besten zusammen (im gleichen Korb) mit *Platycerium madagascariense.*

Cymbidiella falcigera (Rchb. f.) Garay

Pseudobulben des großen, mit einem kräftigen Rhizom wachsenden Epiphyten zu drei bis vier gebüschelt, bis 30 cm lang, 7–40blättrig, zylindrisch. Blätter 2zeilig und fächerförmig angeordnet, 25–60 cm lang, 1–3 cm breit, riemenförmig-lanzettlich, vorn langspitzig. Blütenstand rispig, 80–150 cm lang, vielblütig; Brakteen 2 cm lang, lanzettlich, langspitzig, nicht zurückgebogen. Blüten groß und augenfällig, 8 cm breit: Sepalen und Petalen hellgrün; Lippe hellgrün, mit – besonders auf den Seitenlappen – schwarzer oder schwarzpurpurner Zeichnung. Sepalen 4–5 cm lang, bis 1 cm breit, schmal-lanzettlich, die seitlichen etwas sichelig gebogen und oben gekielt. Petalen mit der oberen Sepale einen Hut bildend, 3,5–4 cm lang, 1,2–1,5 cm breit, eiförmig-lanzettlich, spitz. Lippe 3lappig, bis 4 cm lang und 3 cm breit; Seitenlappen aufrecht, eiförmig, stumpf; Mittellappen verkehrt-eiförmig bis elliptisch, spitz, zurückgeschlagen, an den Rändern wellig-gekräuselt; Schwiele am Grunde aus zwei Leisten bestehend, nach vorn in drei warzigen Leisten verlängert. Säule 1 cm lang; ihr Fuß 0,4 cm lang, gerieft; Antherenkappe dunkelpurpurn.
Verbreitung: Ost-Madagaskar, von Meereshöhe bis 400 m, auf *Raphia*-Palmen.
Geschichte: Die Pflanze wurde fast gleichzeitig von C. Curtis und L. Humblot entdeckt. H.G. Reichenbach beschrieb sie als *Grammangis* 1885 in der Zeitschrift »Flora«. L. Garay versetzte sie 1976 im »Orchid Digest« nach *Cymbidiella.*
Synonyme: Grammangis falcigera Rchb. f.; *Cymbidium humblotii* Rolfe; *Cymbidiella humblotii* (Rolfe) Rolfe.

Cymbidiella pardalina (Rchb. f.) Garay

Pseudobulben des großen Epiphyten gebüschelt angeordnet, 7,5–12 cm lang, zylindrisch-konisch, 5–10blättrig. Blätter 2zeilig angeordnet, 65–100 cm lang, 1,5–2 cm breit, linealisch-riemenförmig, vorn spitz, dunkelgrün. Blütenstand bis 100 cm lang, am Grunde des Pseudobulben entspringend, traubig, bis über 20blütig; Brakteen lanzettlich, zurückgeschlagen, sehr klein. Blüten groß, bis 10 cm breit, augenfällig: Sepalen gelblichgrün; Petalen gelblichgrün, schwarz getüpfelt; Lippe rot, am Grunde gelb und – besonders in der unteren Hälfte – schwarz getüpfelt. Sepalen fast ähnlich, 3,7–4,5 cm lang, 1,2–1,4 cm breit, lanzettlich, spitz; Petalen 3,5–4 cm lang, 1,7–1,9 cm breit, eiförmig-elliptisch, spitz. Lippe 4 cm lang, 3 cm breit, 3lappig; Seitenlappen ganz unten angesetzt, halbaufrecht, eiförmig, spitz bis stumpflich; Mittellappen fächerig-verkehrteiförmig, vorn tief ausgebuchtet, viel größer als die Seitenlappen, an den Rändern meistens wellig; Schwiele am Grunde der Lippe sitzend, in der Form ähnlich einer erhabenen Platte und in warzige Linien ausgehend. Säule aufrecht, 1 cm lang, kräftig, ihr Fuß nur 0,4–0,5 cm lang.
Verbreitung: Auf Ost-Madagaskar beschränkt; in Wäldern zwischen 600 und 800 m; oft auf *Platycerium* wachsend.
Geschichte: Die Pflanze wurde von L. Humblot entdeckt und 1885 von H.G. Reichenbach als *Grammangis* in der Zeitschrift »Flora« beschrieben. L. Garay versetzte sie 1976 im »Orchid Digest« nach *Cymbidiella.*
Synonyme (in Auswahl): *Grammangis pardalina* Rchb. f.; *Cymbidium rhodocheilum* Rolfe (1918!); *Cymbidiella rhodocheila* (Rolfe) Rolfe.

Cymbidium Sw.

Tribus: Cymbidieae
Subtribus: Cymbidiinae

Epiphyten oder seltener terrestrische Pflanzen, manchmal mit verlängerten, pseudobulbenartigen Stämmen. Blütenstand aufrecht bis hängend, traubig, 2– bis vielblütig. Blüten oft groß und augenfällig. Sepalen und Petalen frei, abstehend oder aufrecht. Lippe 3lappig, am Fuß der Säule sitzend; Seitenlappen um die Säule herum aufrecht stehend; Mittellappem zurückgebogen; Platte meistens in der Mitte von zwei flaumigen Leisten durchzogen. Säule lang; Pollinien entweder 2 und gefurcht oder 4 und fast kugelig oder pyramidenförmig, fast sitzend auf einer breiten, klebrigen Scheibe oder Leiste.
Umfang und Verbreitung: Ungefähr 50 Arten; von Indien ostwärts durch Südostasien nach China, Indonesien und bis nach Australien.
Ableitung des Namens: Aus dem Griechischen »kymbes« = bootförmig; Hinweis auf die Form der Lippe.
Anmerkung: Ursprünglich wurde die Gattung von O. Swartz 1799 in »Nova Acta Regiae Societatis Scientiorum Upsaliensis« begründet. Leider umfaßte sie in seiner Umschreibung neben 3 heute anerkannten asiatischen auch verschiedene Arten der Westindischen Inseln und von Südafrika. Die aus dieser Tatsache entstandene Verwirrung, die eine klare Definition von *Cymbidium* unmöglich machte, wurde erst durch Studien von J. Lindley, H. G. Reichenbach, G. Bentham geklärt; sie entfernten, unabhängig voneinander, anomale Arten und versetzten sie in andere Gattungen. Heutzutage enthält *Cymbidium* nur Arten aus dem oben genannten Bereich. Gewisse Arten, wie z. B. *C. mastersii* und *C. elegans,* wurden von G. Bentham in die Gattung *Cyperorchis* gestellt. Alle Arten dieser Gattung zeichnen sich durch sich nur wenig breit öffnende Blüten aus. Obgleich neben diesem Merkmal auch noch andere Unterschiede dazu gehören, ist die Trennungslinie zwischen *Cymbidium* und *Cyperorchis* durchaus nicht so scharf wie man oft annimmt. Aus diesem Grunde haben wir in diesem Buch zu *Cyperorchis* gestellte Arten unter *Cymbidium* behandelt. Jüngste Bearbeitung der Gattung 1925 durch R. Schlechter in Fedde, »Repertorium«.
Typus-Art: C. aloifolium (L.) Sw. (syn. *Epidendrum aloifolium* L.).
Kultur: Substrat A. Mindesttemperatur im Winter je nach Art 10 °C oder 15 °C; man unterscheidet im wesentlichen 2 Gruppen:

1. Arten aus größeren Höhenlagen oder gemäßigten Zonen; sie verlangen kühle Nächte;
2. Arten aus mehr tropischen Regionen; sie verlangen durchweg warme Bedingungen.

Alle Arten benötigen während des Wachstums viel Licht, Luftfeuchtigkeit und ein gleichmäßig feuchtes Substrat. Da sie sehr viele Wurzeln entwickeln, muß man sie in verhältnismäßig großen Gefäßen mit gut durchlüftetem Pflanzstoff ziehen. Im Sommer kann etwas Schatten von Nutzen sein, aber gerade nur soviel, daß die Blätter nicht verbrennen. Nach Abschluß der Wuchsperiode wässert man weniger; allerdings sollten die Pflanzen, mit Ausnahme von *C. tigrinum,* nicht zu trocken gehalten werden. Größere, an kühle Bedingungen gewöhnte Arten, wie *C. lowianum* und *C. tracyanum,* gedeihen am besten in Beeten (Staunässe ist zu vermeiden).

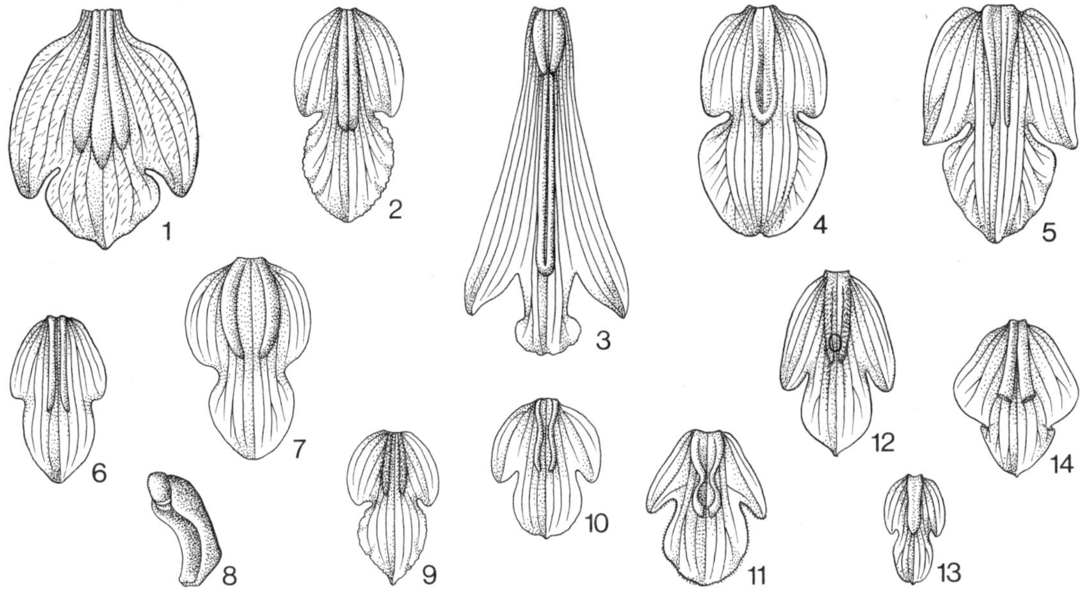

Cymbidium
Lippen ausgebreitet
1 = *C. erythrostylum* (× 1 1/3)
2 = *C. chloranthum* (× 1 1/3)
3 = *C. elegans* (× 1 1/3)
4 = *C. atropurpureum* (× 1 1/3)
5 = *C. finlaysonianum* (× 1 1/3)
6 = *C. lancifolium* (× 1 1/3)
7 = *C. ensifolium* (× 1 1/3)
8 = *C. canaliculatum* (× 2)
9 = *C. canaliculatum* (× 1 1/3)
10 = *C. pubescens* (× 1 1/3)
11 = *C. aloifolium* (× 1 1/3)
12 = *C. dayanum* (× 1 1/3)
13 = *C. madidum* (× 1 1/3)
14 = *C. devonianum* (× 1 1/3)

Cymbidium aloifolium (L.) Sw.

Pseudobulben der bis zu 30 cm hohen epiphytischen Pflanze sehr klein, durch Blattscheiden verdeckt. Blätter 30 cm lang oder auch länger, 2 cm breit, linealisch-zungenförmig, halbaufrecht, lederig, vorn undeutlich schief-2lappig. Blütenstand bis über 40 cm lang, hängend, locker vielblütig. Blüten bis 4,3 cm im Durchmesser: Sepalen und Petalen dunkelledergelb oder bleichgrün mit einem lila Streifen in der Mitte; Lippe auf allen Lappen lila gestreift, gelb im Zentrum und der Vorderlappen weiß berandet. Sepalen 2 cm lang, 0,5 cm breit, schmal-lanzettlich, stumpfspitzig. Petalen 1,8 cm lang, 0,6 cm breit, elliptisch-lanzettlich, stumpf. Lippe 3lappig, 1,4 cm lang, 1 cm breit; Seitenlappen aufrecht, schmal, spitz; Mittellappen eiförmig, zurückgeschlagen. Platte mit zwei in der Mitte abgebrochenen Leisten, die bis zur halben Länge des Mittellappens reichen. Säule 1,3 cm lang, purpurn und oben leuchtend gelb.
Verbreitung: Indien, Ceylon, Birma und von Südchina bis Java und Sumatra.
Geschichte: C. von Linné beschrieb die Pflanze als *Epidendrum aloifolium;* sie wurde dann 1799 von O. Swartz zu der von ihm begründeten Gattung *Cymbidium* gestellt.
Verwandtschaft: Die Art ist ähnlich *C. pubescens* Lindl.; diese besitzt aber einen kürzeren Blütenstand, die Seitenlappen der Lippe sind kürzer als die Säule, und außerdem ist ihre Lippe gefleckt. Der Artname »aloifolium« hat viel Verwirrung hervorgerufen, weil er von manchen Autoren auf verschiedene Arten angewandt war, z. B. *C. findlaysonianum* Lindl., *C. pendulum* Sw. und *C. bi-*

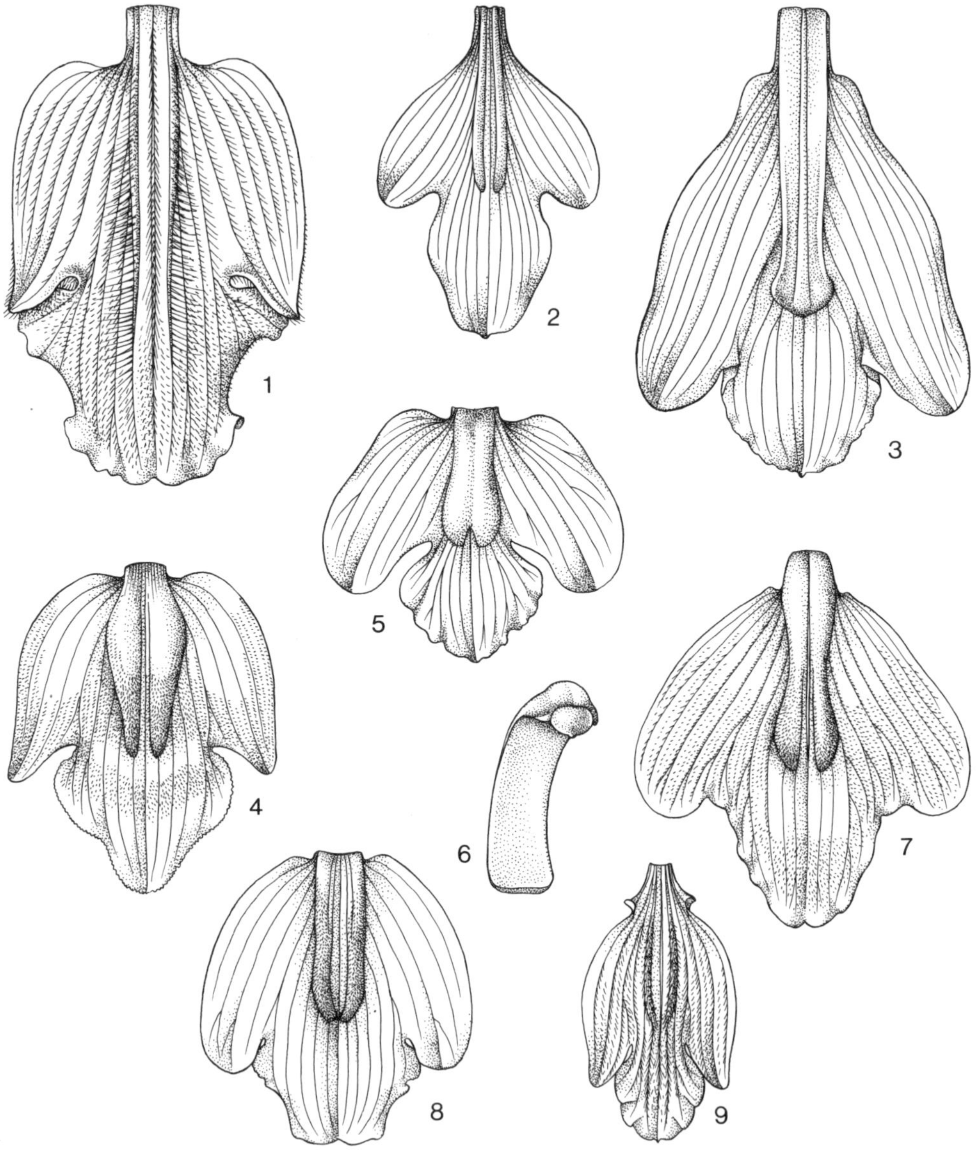

Cymbidium
Lippen ausgebreitet (alle $\times 1^1/_5$)
1 = *C. tracyanum*
2 = *C. tigrinum*
3 = *C. eburneum*
4 = *C. lowianum*
5 = *C. insigne*, Lippe
6 = *C. insigne*, Säule
7 = *C. parishii*
8 = *C. lowianum* var. *concolor*
9 = *C. giganteum*

color Lindl. Andererseits wurde das Epithet »pendulum«, ursprünglich von Swartz, für mehrere andere Arten wie z.B. *C. findlaysonianum* Lindl. und *C. simulans* Rolfe, verwendet. Zweifellos herrscht auch heute noch Unklarheit über die Abgrenzung dieser Arten, die sich durch lederige Blätter, hängende Blütenstände und bleichgrüne verschiedenartig gefleckte und gestreifte (meistens karminpurpur) Blüten auszeichnen.
Synonyme: C. crassifolium Wall.; *C. erectum* Wight; *C. mannii* Rchb. f.; *Epidendrum aloifolium* L.

Cymbidium canaliculatum R. Brown

Dichtwüchsiger Epiphyt, bis zu 50 cm hoch. Pseudobulben 3–10 cm lang, 1,5–4 cm im Durchmesser, graugrün, am Grunde mit einigen großen Brakteen besetzt, 2–6blättrig. Blätter 15–50 cm lang, 1,5–4 cm breit, zum Pflanzengrunde hin schmaler werdend, linealisch aufrecht, steif, dick und nach vorne zu gefurcht, matt graugrün, vorn spitz. Blütenstände einer oder zwei je Pseudobulbe, bis 40 cm lang, 12– bis vielblütig, aufrecht bis hängend. Blüten 5 cm im Durchmesser; Grundfarbe grün, braun, purpurn oder rot; Sepalen und Petalen wie auch die cremeweiße Lippe mit roten oder purpurnen Flekken. Sepalen 1,2–2,5 cm lang, 0,5–1 cm breit, länglich bis länglich-elliptisch, seitlich wegstehend, spitz. Petalen bis 1,8 cm lang, 0,4–0,7 cm breit, elliptisch-lanzettlich, spitz. Lippe 3lappig, bis 2 cm lang, 1,5 cm breit; Seitenlappen eiförmig, herabgeschlagen, spitz. Platte mit zwei sich bis zum Mittellappen erstreckenden, flaumig behaarten Leisten. Säule 1 cm lang, kräftig, sanft gebogen, mit sehr kurzem Fuß.
Verbreitung: Östliches Australien, von New South Wales bis Cape York in Queensland; im allgemeinen im Inland an trockenen, sonnigen Stellen. Man findet die Pflanze oft in Höhlungen alter Bäume, wo die Wurzeln in den Stamm oder in größere Äste hineinwachsen.
Geschichte: Lebende Exemplare dieser interessanten Pflanze wurden erstmals von Bidwill in der Nähe des Hunter's River in New South Wales gesammelt; beschrieben wurde sie aber schon 1810 durch R. Brown in seinem »Prodromus Florae Novae Hollandiae«. Das spezifische Epithet bezieht sich auf die steifen, gefurchten Blätter. In die europäische Gartenkultur wurde die Art von J. G. Veitch eingeführt.
Verwandtschaft: Von den australischen Arten *C. madidum* Lindl. und *C. suave* R. Brown unterscheidet sich unsere Art durch die zwei parallelen Lippenkiele und die dicken, steifen Blätter.
Synonyme: C. hillii F. Muell.; *C. sparkesii* Rendle.

Cymbidium devonianum Lindl. et Paxt.

Epiphytische oder auf bemoosten Felsen wachsende, bis 30 cm hohe Pflanze mit am Grunde kräftigen Trieben. Pseudobulben 4 cm lang, 1,5 cm im Durchmesser, eiförmig, mit zwei oder mehr vollentwickelten Blättern. Blätter 15–35 cm lang, 4 cm breit, länglich bis länglich-verkehrtlanzettlich, lederig und dick, mit 7,5–12 cm langem kräftigem, gerieftem Blattstiel. Blütenstand bis 45 cm lang, hängend, vielblütig; Blütenstandstiel 20–45 cm lang, kräftig, am Grunde mit sich ziegelartig deckenden krautigen Scheiden. Blüten 3,5 cm im Durchmesser, in der Farbgestaltung veränderlich: Sepalen und Petalen olivgrün, mit roten und bleichbraunen Einsprenkelungen und matten purpurnen Strichen;

Lippe purpurn mit einem dunkleren Flecken auf jeder Seite. Sepalen 2,3 cm lang, 0,6 cm breit, länglich-lanzettlich, spitzlich. Petalen etwas kürzer als die Sepalen und spitz, sonst ähnlich. Lippe kurz, schwach 3lappig, 1,9 cm lang, 1 cm breit, breit-eiförmig; Seitenlappen rundlich; Mittellappen klein, 3eckig-eiförmig, zurückgeschlagen, stumpf; Platte mit zwei kurzen Kielen am Grunde. Säule 1,4 cm lang, gebogen, mit zwei kleinen, gerundeten Flügeln in der oberen Hälfte, grünlichgelb mit einigen roten Punkten am Gipfel.
Verbreitung: Sikkim-Himalaja und Khasia-Berge, in ungefähr 1600 m Meereshöhe; oft an offenen Stellen.
Geschichte: Die nach dem Herzog von Devonshire, einem bekannten Orchideenliebhaber, benannte Pflanze wurde 1843 in »Paxton's Magazine of Botany« beschrieben. Sie war erstmals 1837 durch einen Sammler des Herzogs, Gibson, in den Khasia-Bergen aufgefunden worden.
Verwandtschaft: Die Pflanze steht innerhalb der Gattung isoliert.
Synonym: C. sikkimense Hook. f.

Cymbidium eburneum Lindl.

Pseudobulben stammartig, dicht gehäuft, am Grunde mit sich deckenden Scheiden, 9–15blättrig. Blätter 30–60 m lang, 2 cm breit, linealischriemenförmig, oft mit der oberen Hälfte überhängend, vorn spitz oder 2spitzig. Blütenstand bis 35 cm lang, 1–3blütig, aufrecht oder etwas nickend; Blütenstandstiel 20–30 cm lang, kräftig, am Grunde mit drei alternierenden lanzettlichen Scheiden. Blüten auffallend 7–10 cm im Durchmesser, wachsartig: Grundfarbe cremeweiß; Lippe mit 3–5 flaumigen goldenen Leisten und dunkelgelbem, purpurn getüpfeltem Mittellappen. Sepalen 7 cm lang, 1,7 cm breit, lanzettlich bis länglich, lang zugespitzt oder mit aufgesetztem Spitzchen. Petalen 6,5 cm lang, 1,8 cm breit schwach sichelförmig-lanzettlich, scharfspitzig. Lippe 3lappig, 5 cm lang, 3 cm breit, länglich-eiförmig. Seitenlappen schmal, stumpf; Mittellappen kurz, klein, zurückgebogen, am Rande wellig-gekerbt; Platte mit mehreren bis zum Grunde des Mittellappens reichenden und sich vorn verbreiternden Kielen. Säule 4,2 cm lang, keulenförmig, weiß mit purpurnen Anflügen auf der Vorderseite.
Verbreitung: Sikkim-Himalaja bis Birma (var. *parishii*), in Höhen von 330 bis 1600 m.
Geschichte: Obgleich die Pflanze bereits 1835 von W. Griffith in den Khasia-Bergen gesammelt worden war, kam sie in Europa erst 1847 bei Loddiges in Hackney zum Blühen. Sie wurde im gleichen Jahr von J. Lindley im »Botanical Register« veröffentlicht. Die var. *parishii* (siehe unten) gehört zu den frühesten Funden des Geistlichen Charles Parish. Er schickte 1867 zwei Exemplare an die Firma Low in Clapton; sie blühten aber erst viele Jahre später.
Verwandtschaft: C. eburneum var. *parishii* (von einigen Fachleuten als gute Art betrachtet: *C. parishii* Rchb.f.) unterscheidet sich durch große purpurne Flecken auf der Lippe, die keine flaumhaarige Linie auf der Schwiele besitzt und durch feine spitze Winkel der Klebscheibe.
Synonym: C. syringodorum Griff.

Cymbidium finlaysonianum Lindl.

Robuste, oft in dichten Gruppen wachsende epiphytische, bis 70 cm hohe Pflanze. Pseudobulben 6 cm lang, 3 cm im Durchmesser, kurz ei-kegelförmig, von Blattscheiden umhüllt, meistens 5blättrig. Blätter 30–100 cm lang, 2–4 cm breit, schmal-lanzettlich, fleischig, vorn abgerundet und ungleichmäßig 2lappig; durch eine vorgebildete Bruchstelle auf einer 14 cm langen Blattbasis sitzend. Blütenstand 60–150 cm lang, schlank, hängend, locker, vielblütig. Blüten bis 6,5 cm im Durchmesser: Sepalen und Petalen mattgelb; Lippe zartpurpurn oder weiß, Seitenlappen mit roter Strichelung, Mittellappen aus gelbem Grunde weiß und nach der Spitze zu rotpurpurn. Sepalen 3 cm lang, 0,8 cm breit, linealisch-lanzettlich. Lippe 3lappig, 2,1 cm lang, 1,4 cm breit; Seitenlappen schmal, länger als die Säule, spitz; Mittellappen länglich, mit aufgesetzter Spitze, vorn nach unten gebogen. Platte mit zwei roten Kielen. Säule 1,8 cm lang, gelblichgrün, am Grunde lila behaucht; Fuß sehr kurz.
Verbreitung: Malaga und Sumatra bis zu den Philippinen; eine an baumfreien Stellen in Küstennähe zu findende Tieflandart.
Geschichte: Die Pflanze wurde erstmals von N. Wallich gesammelt. J. Lindley beschrieb sie 1832 in »Genera and Species of Orchidaceous Plants« und benannte sie nach ihrem Entdecker Finlayson.
Verwandtschaft: Im Wuchs ähnelt die Art *C. pendulum* Sw.; *C. finlaysonianum* besitzt aber größere Blüten mit geraden Kielen auf der Lippe. Auch *C. atropurpureum* (Hook.) Rolfe ist nahe verwandt; sie hat aber viel schmalere Blätter (bis 1,5 cm) und die Seitenlappen der Lippe sind bei ihr viel kürzer als die Säule.
Synonyme: C. aloifolium und *C. pendulum* einiger Autoren.

Cymbidium floribundum Lindl.

Pseudobulben der terrestrischen Pflanze 1–2,5 cm lang, eiförmig, gehäuft, in Blattscheiden eingehüllt, 3–5blättrig. Blätter 15–40 cm lang, 1 cm breit, linealisch, fast aufrecht, vorn abgerundet oder spitz. Blütenstand bis über 30 cm lang, vielblütig, aufrecht oder etwas nickend, am Grunde mit mehreren lanzettlichen Scheiden. Blüten 3 cm im Durchmesser, farbveränderlich: Sepalen und Petalen rötlichbraun und mit gelben Rändern; Lippe weiß mit lila Flecken und leuchtendgelber Platte. Sepalen 1,8 cm lang, 0,5 cm breit, eiförmig, abstehend, stumpf. Petalen 1,6 cm lang, 0,5 cm breit, eiförmig, einwärts gekrümmt, stumpf. Lippe 3lappig, 1,2 cm lang, 0,9 cm breit, halbaufrecht; Seitenlappen länglich, aufrecht, stumpf; Mittellappen länglich, zurückgebogen, stumpf; Platte mit zwei kaum wahrnehmbaren Lamellen. Säule 1,3 cm lang.
Verbreitung: China, Südost-Tibet und Japan.
Geschichte: Die Pflanze repräsentiert eine der Elternarten der heute so beliebten Miniatur-*Cymbidium*-Hybriden. Sie wurde von J. Lindley 1833 in »Genera and Species of Orchidaceous Plants« beschrieben.
Synonym: C. pumilum Rolfe.

Cymbidium giganteum Wallich ex Lindl.

Bis zu 50 cm hoher Epiphyt. Pseudobulben zusammengedrückt, bis 15 cm lang, 3 cm breit, bedeckt mit 2zeilig angeordneten, ausdauernden Scheiden und Blattbasen, 4–7blättrig. Blätter 25–60 cm lang, 2–3,5 cm breit, linealisch-lanzettlich, scharf zugespitzt, auf der Unterseite gekielt und vom 6–11 cm langen scheidigen Blattgrund abgesetzt. Blütenstand bis 80 cm lang, 7–15blütig, fast aufrecht bis hängend, auf einem sehr kräftigen Blütenstandstiel; am Grunde mit mehreren sich ziegelartig überdeckenden, lanzettlichen Scheiden. Blüten 7,5–10 cm im Durchmesser: Sepalen und Petalen gelblichgrün mit roter oder purpurner Strichelung; Lippe cremefarben oder gelblich und mit kräftigen purpurnen Flecken oder Streifen. Sepalen 4–7 cm lang, 1,7–2 cm breit, länglich-lanzettlich, spitz (die seitlichen schwach sichelförmig); Petalen 3,5–6 cm lang, bis 1,2 cm breit, länglich-lanzettlich, spitz. Lippe 3lappig, 3,8–4,7 cm lang, 2,5 cm breit, überall flaumig behaart; Seitenlappen schmal, aufrecht, spitz; Mittellappen kreisrund, gewellt, spitz, am Rande gewimpert; Platte mit zwei zunächst auseinanderstrebenden, dann sich aber vereinigenden Leisten. Säule 3,2 cm lang,

gebogen, bleich grünlichgelb mit kastanienbraunem Gipfel.
Verbreitung: Vom tropischen Himalajagebiet östlich bis zu den Khasia-Bergen und Westchina, 330–1750 m.
Geschichte: Die Art wurde 1821 von N. Wallich entdeckt und in die Kultur eingeführt. *C. giganteum* hat die Nummer 7355 in Wallichs Katalog; sie wurde 1832 durch J. Lindley in »Genera and Species of Orchidaceous Plants« beschrieben.
Verwandtschaft: Die Art steht nahe *C. hookerianum* Rchb.f., besitzt aber kleinere Blüten mit ganz charakteristischer Farbgestaltung. *C. giganteum* var. *wilsonii* ist eine Form mit kleineren Blüten; sie war ursprünglich als *C. wilsoni* Rolfe bekannt und wurde für die Firma James Veitch & Sons, Chelsea, von E.H. Wilson in Yunnan gesammelt. Veitch zeigte die Pflanze auf einer Austellung der Royal Horticultural Society im Februar 1904, wo sie mit dem »Award of Merit« ausgezeichnet wurde. Das gleiche Exemplar wurde kürzlich noch lebend im Königlichen Botanischen Garten in Edinburgh wiederentdeckt. Eine ausführliche Schilderung dieses Pflanzenschicksals durch P. Taylor und P. Woods ist im »Botanical Magazine« 1976 zu finden. *C. giganteum, C. hookerianum, C. lowianum* und *C. tracyanum* (siehe dort) sind zweifellos nahe miteinander verwandt und werden mitunter nur als Unterarten oder Varietäten betrachtet: für gärtnerische Zwecke ist es aber vorteilhafter, sie als Arten anzusehen.
Synonym: Iridorchis gigantea Bl.

Cymbidium hookerianum Rchb.f.

Pseudobulben der großen epiphytisch wachsenden Pflanze 7 cm lang, 3,5 cm im Durchmesser, kegelförmig, von Blattbasen bedeckt. Blätter bis 60 cm lang, 2,5 cm breit, linealisch-lanzettlich, ziemlich dünn, vorn spitz bis scharf zugespitzt. Blütenstand bis 90 cm lang, 7–20blütig, überhängend, auf einem sehr kräftigen Stiel, mit langen und spitzen Brakteen im unteren Teil besetzt. Blüten 10–12,5 cm im Durchmesser, angenehm duftend: Sepalen und Petalen apfelgrün bis gelbgrün; Lippe cremeweiß bis bleichgelb, auf den Seitenlappen und den Rändern des Mittellappens mit karmesinroten oder purpurnen Flecken. Sepalen bis 5,5 cm lang, 1,8 cm breit, schmal-elliptisch, spitz. Petalen ähnlich den Sepalen. Lippe 3lappig, 4 cm lang, 2,4 cm breit, flaumig behaart; Seitenlappen schmal-eiförmig, spitz; Mittellappen ei- bis fast kreisförmig, an den aufgeschlagenen Rändern wellig und bewimpert; Platte mit zwei flaumigen Leisten. Säule 3,5 cm lang, gelb und mit wenigen purpurnen Flecken.
Verbreitung: Nepal, Sikkim, Bhutan und Tibet, in Höhen von 1600 bis 2100 m.
Geschichte: Die Einführung der Pflanze nach Europa erfolgte durch Thomas Lobb, der Exemplare an die Firma Veitch & Sons in Chelsea sandte. Diese Pflanzen blühten erstmals im Jahre 1866, als sie von H.G. Reichenbach im »Gardeners' Chronicle« beschrieben wurden. Mit dem Artnamen wurde Sir Joseph Hooker geehrt, der durch seine Forschungsreisen unser Wissen um die Flora des Sikkim-Himalajagebietes sehr bereichert hat.
Verwandtschaft: Siehe unter *C. giganteum.*
Synonym: C. grandiflorum Griff.

Cymbidium lancifolium Hook.

Terrestrische Pflanze, bis zu 30 cm hoch. Pseudobulben spindelförmig 5 bis 15 cm lang, 1,2 cm im Durchmesser, fleischig, am Grunde mit Scheiden bedeckt, oben mit 3–6 Blättern. Blätter 15–25 cm lang, 4,5 cm breit, elliptisch, ziemlich dünn, mehrmals längsgefaltet, vorn spitz, auf 6 cm langem schlankem Stiel. Blütenstand 25 cm lang, 6–8blütig, aufrecht; Brakteen über 1 cm lang, schmal. Blüten 3,7–5 cm im Durchmesser: Sepalen weiß, gelblich oder bleich grün; Petalen weiß mit rosa oder purpurnen Flecken. Sepalen 2,5 cm lang, 0,6 cm breit, schmal-lanzettlich, kurz zugespitzt. Petalen zungenförmig und etwas kürzer als die Sepalen, spitz. Lippe 3lappig, 1,5 cm breit; Seitenlappen schmal, abgerundet; Mittellappen eiförmig, stumpf, vorn zurückgekrümmt; Platte mit zwei fleischigen Kielen bis zum Ansatz des Mittellappens. Säule 1,4 cm lang, grün mit purpurner Zeichnung.
Verbreitung: Durch Nord-Indien, Birma, Malaga, Indonesien, China und Japan, bis zu 1150 m.
Geschichte: Die Art wurde von Sir William Hooker in »Exotic Flora« (1823–1827) beschrieben.
Synonym: Cymbidium gibsonii Paxt.

Cymbidium lowianum Rchb.f.

Pseudobulben 10–15 cm lang, 3 cm breit, zusammengepreßt, bedeckt mit 2zeilig angeordneten Blättern. Blätter 50–75 cm lang, bis 1,8 cm breit, schmal-linealisch-lanzettlich, fein zugespitzt. Blütenstand bis 150 cm lang, 18–25blütig. Blüten 7,5–10 cm im Durchmesser: Sepalen und Petalen gelblichgrün mit längslaufenden braunen Streifen; Lippe auf den Seitenlappen matt gelb, Mittellappen aus weißem Grunde purpurn mit ledergelben Rändern. Sepalen bis 6,2 cm lang, 1,4 cm breit, schmal-lanzettlich, spitz, auf dem Rücken undeutlich gekielt. Petalen bis 5,4 cm lang, 0,8–1,1 cm breit, sichelförmig und schmal-lanzettlich, spitz. Lippe 3lappig, 3,5 cm lang, 2,8 cm breit, gebogen, dicht flaumig behaart; Seitenlappen breit-sichelförmig, oben gerundet, aufrecht; Mittellappen eiförmig-lanzettlich, zurückgebogen, vorn abgerundet bis spitzlich; Platte mit zwei Kielen. Säule 3eckig im Querschnitt, gebogen, gelb und rot gefleckt.
Verbreitung: Birma und Khasia-Berge.
Geschichte: Die Pflanze wurde von H.G. Reichenbach nach Stuart Low, Eigentümer einer berühmten Gärtnerei, benannt und im »Gardeners' Chronicle« 1879 veröffentlicht. Gefunden wurde sie 1877 in Birma von Boxall, der für Low sammelte.
Verwandtschft: Die Art wird manchmal als eine Varietät von *C. giganteum* (siehe auch dort) betrachtet; man kann sie von dieser Pflanze unterscheiden durch ihre längeren Blätter und die Färbung der Lippe. In der Größe vermittelt sie zwischen *C. giganteum* und *C. hookerianum.* R. Rolfe beschrieb die var. *concolor* im »Gardeners' Chronicle« 1891. Diese Form hatte reingelbe Blüten und wurde kultiviert und zum Blühen gebracht durch Sir Trevor Lawrence in Dorking (Südengland).
Synonym: C. giganteum var. *lowianum* Rchb.f.

Cymbidium macrorhizon Lindl.

Saprophytisch lebender Bodenbewohner, bis zu 23 cm hoch, mit dickem kriechendem, verzweigtem Rhizom. Blätter schuppenartig. Blütenstand 15–23 cm lang, schlank, 2–8blütig; Schaft kurz. Blüten 3–4 cm im Durchmesser: Sepalen und Petalen bleich lederfarben oder gelb, mit rosa Strichelung; Lippe weiß mit karminroten Fleckchen. Sepalen 2,5 cm lang, 0,5 cm breit, linealisch-lanzettlich, spitz bis lang zugespitzt. Petalen 2 cm lang, 0,6 cm breit, länglich-lanzettlich, spitz. Lippe 3lappig, 2 cm lang, 1,3 cm breit; Seitenlappen schmal, gerundet; Mittellappen schmal-eiförmig, stumpf; Platte mit zwei auseinanderstrebenden Kielen. Säule 1,2 cm lang, gebogen, mit roter Strichelung.
Verbreitung: Von Nordwest-Indien ostwärts bis zu den Khasia-Bergen, in tiefem welkendem Laub der Bergwälder in Höhenlagen von 600–2600 m.
Geschichte: C. macrorhizon wurde 1833 von J. Lindley in »Genera and Species of Orchidaceous

Plants« beschrieben. Seit 1878 wurde die Pflanze erstmals im Jahre 1972 von G. M. Pradhan in der Umgebung von Kalimpong wiedergefunden.
Verwandtschaft: In der Gattung isoliert stehende Art, die sich durch ihre schuppenartigen Blätter und das Fehlen von Chlorophyll leicht ansprechen läßt.

Cymbidium madidum Lindl.

Pseudobulben 6–20 cm lang, 2–6 cm im Durchmesser, ei- bis kegelförmig, bis 10blättrig. Blätter bis 90 cm lang, 2–4 cm breit, linealisch, dünn, die längsten meistens zurückgebogen, die untersten immer viel kürzer als die übrigen. Blütenstand bis 60 cm lang, locker 12–70blütig, hängend. Blüten 2–3 cm im Durchmesser, fleischig: Sepalen und Petalen bleich- bis dunkelbraun auf der oberen und olivgrün auf der unteren Fläche; Lippe mit einem dunkelbraunen oder schwarzen Streifen zwischen den Seitenlappen und dem Mittellappen. Sepalen 0,9–1,5 cm lang, 0,4–0,7 cm breit, fleischig, stumpf. Petalen 0,7–1,2 cm lang, 0,4–0,7 cm breit, schief-eiförmig, stumpf, aufrecht. Lippe 3lappig, 0,9–1,5 cm lang, 0,4–0,6 cm breit; Seitenlappen eiförmig, spitz; Mittellappen fast kreisrund, ihre Ränder nach oben gebogen; Platte mit einem flachen, breiten, drüsig-klebrigen Kiel. Säule 1,3 cm lang, etwas gebogen, am Gipfel erweitert.
Verbreitung: Australien; von Nordost New South Wales bis zur Cape York-Halbinsel in Queensland. Die Pflanze wächst oft im tiefen Schatten aber auch an etwas offenen Stellen inmitten oder nahe dem Regenwald von Meereshöhe bis zu 1200 m. Man findet sie in ausgehöhlten Bäumen aber sehr selten auf der Rinde.
Geschichte: Die Art wurde 1840 von J. Lindley im »Botanical Register« beschrieben; in die Kultur wurde sie erstemals von der Firma Rollisson eingeführt.
Synonyme: C. iridifolium A. Cunn.; *C. albuciflorum* F. Muell.; *C. leai* Rendle; *C. queenianum* Klinge.

Cymbidium mastersii Lindl.

Diese Art besitzt weiße Blüten, die man oberflächlich mit denen von *C. eburneum* verwechseln könnte; zum Unterschied aber sind sie nicht nur kleiner, sondern haben auch schmalere Sepalen und Petalen und eine anders gestaltete Lippe. In der Tracht erinnert *C. mastersii* an *C. elegans* Bl.; sie unterscheidet sich allerdings von dieser Art durch einen kürzeren, oben gebogenen Blütenstand und größere, weiße, nach Mandeln duftende, auf der Lippe etwas rötliche Blüten; außerdem ist die Lippe breiter, völlig kahl und ohne basale Schwielen.

Cymbidium suave R. Brown

Bis zu 50 cm hohe epiphytische Pflanze. Pseudobulben 5–35 cm lang, dünn, holzig, besetzt mit den Resten von Blattscheiden und daher scheinbar abgeflacht aussehend. Blätter 15–45 cm lang, 1–2 cm breit, linealisch, dünn, in der oberen Hälfte zurückgebogen. Blütenstand wenig- bis vielblütig, hängend. Blüten 2–3 cm im Durchmesser: Sepalen und Petalen leuchtend grün, gelblichgrün oder bräunlichgrün und mehr oder weniger rotfleckig; Lippe bleich braun oder grün mit dunkelroter Platte. Sepalen 1–1,5 cm lang, 0,5–0,8 cm breit, länglich-verkehrteiförmig, stumpf. Petalen 0,8–1,2 cm lang, 0,5–0,7 cm breit, eiförmig, etwas asymmetrisch, mit aufgesetztem Spitzchen. Lippe 3lappig, bis 1,5 cm lang, 0,7 cm breit; Seitenlappen länglich, gestutzt, aufrecht; Mittellappen breit-elliptisch, mit der Spitze etwa zurückgekrümmt, Platte nicht gekielt. Säule etwas 1,2 cm lang, etwas gebogen, in der oberen Hälfte schwach erweitert.
Verbreitung: Australien: vom Südosten von New South Wales bis zum Süden der Cape York-Halbinsel; von Meereshöhe bis zu 1350 m. Die Pflanze wächst in ausgehöhlten Bäumen in der Baumsavanne.
Geschichte: Die Art wurde von R. Brown 1810 in seinem »Prodromus Florae Novae Hollandiae« beschrieben.

Cymbidium tigrinum Parish ex Hook.f.

Pseudobulben der lithophytisch wachsenden, bis 20 cm hohen Pflanze, 2,5–4 cm lang, 3 cm im Durchmesser, eiförmig bis ei-kegelförmig, am Grunde mit mehreren Scheiden bedeckt, 3–5blättrig. Blätter 7,5–12,5 cm lang, schmalelliptisch bis länglich-lanzettlich, lederig, rückwärtsgebogen, 2,5 cm lang, 3–6blütig, halbaufrecht, mit Brakteen, die kürzer als die Fruchtknoten sind. Blüten 5–8,5 cm im Durchmesser: Sepalen und Petalen matt gelblichgrün. Lippe weiß, mit roten Flecken auf dem Mittellappen und mit rot-gelb gestreiften Seitenlappen. Sepalen 4–5 cm lang, 0,8 cm breit, linealisch-länglich, spitz. Petalen 4,5 cm lang, 0,6 cm breit, linealisch und etwas sichelförmig gebogen, fein zugespitzt. Lippe 3lappig, 3,8 cm lang, 3 cm breit; Seitenlappen gerundet, aufrecht. Mittellappen länglich, gerundet und mit aufgesetztem Spitzchen; Platte mit zwei kahlen, weißen Kielen. Säule 2,8 cm lang, keulenförmig, gebogen, bleich olivgrün und rotfleckig unterhalb der Narbe.
Verbreitung: Süd-Birma, in ungefähr 2000 m Höhenlage.
Geschichte: Die Art wurde 1864 von Sir Joseph Hooker im »Botanical Magazine« beschrieben. Erstmals gesammelt wurde sie 1863 in den Gebirgen von Tenasserim durch C. Parish, der im selben Jahr lebendes Material an die Firma Low nach Clapton sandte.

Cymbidium tracyanum Rolfe

Pseudobulben des Epiphyten 10–15 cm lang, 3 cm breit, zusammengepreßt, bedeckt mit 2zeilig angeordneten Blattbasen. Blätter 60–75 cm lang, 2 cm breit, linealisch-riemenförmig, auf der Unterseite deutlich gekielt. Blütenstand 100–130 cm lang, 15–20blütig, hängend bis fast aufrecht. Blüten 10–12,5 cm im Durchmesser, duftend: Sepalen und Petalen grünlichgelb mit braunen oder rötlichen Längsstreifen; Lippe gelb mit purpurnen Flecken auf dem Mittellappen und purpurnen Adern auf den Seitenlappen. Sepalen bis 7 cm lang, 2 cm breit, länglich, spitz. Petalen 5,6 cm lang, 1,4 cm breit, schmallänglich, spitz. Lippe 3lappig, 4 cm lang, 2,5 cm breit; Seitenlappen rundlich-länglich, aufrecht; Mittellappen breit-länglich, nach unten zurückgeschlagen, an den Rändern wellig-kräuselig; Platte mit zwei bis drei gezähnten Kielen. Säule 3,5 cm lang, grün mit roter Sprenkelung.
Verbreitung: Birma.
Geschichte: R. Rolfe beschrieb die Art 1890 im »Gardeners' Chronicle«. Der Artname bezieht sich auf Mr. Tracy aus Twickenham in Middlesex, der sie zusammen mit einer Sendung von *C. lowianum* erworben hatte. Diese Pflanze kam später in die unvergleichlich reiche Orchideensammlung von Baron Schroeder in Egham.
Verwandtschaft: Die Art steht verwandtschaftlich zwischen *C. hookerianum* und *C. giganteum.*

Cynorkis Thou.

Tribus: Orchideae
Subtribus: Orchidinae

Terrestrische Pflanzen mit verlängerten, fleischigen oder knolligen Wurzeln und öfters drüsig-

flaumigen Stämmen. Blätter fast immer grundständig, einzeln oder wenige; stammbürtige Blätter klein oder auf Scheiden reduziert. Blüten wenige oder zahlreich in endständigen, lockeren oder dichten Trauben, meistens aber nicht immer resupiniert. Sepalen frei oder etwas mit der Lippe verwachsen; die seitlichen abstehend; die mittlere oft mit den zwei Petalen einen Helm bildend. Lippe meistens frei, einfach oder 3–5lappig, meistens größer als die Sepalen, am Grunde gespornt. Säule kurz und breit; Antherenfächer parallel stehend; Kanäle kurz oder lang und schlank; Caudiculae dünn; Pollinien 2; Klebscheiben 2 oder seltener einzeln; Narbenfortsätze länglich, papillös; Rostellum deutlich und mehrlappig.
Umfang und Verbreitung: Ungefähr 125 Arten; mit Schwerpunkt in Madagaskar und den Maskarenen, aber 17 Arten auf dem afrikanischen Festland.
Ableitung des Namens: Aus dem Griechischen »kynos« = Hund und »orchis« = Hoden; eine Anspielung auf die kleinen hodenähnlichen Knollen.
Anmerkung: A. du Petit Thouars begründete die Gattung 1809 im »Bulletin des Sciences par la Société Philomatique de Paris«. Spätere Autoren haben den Gattungsnamen oft falsch Cynosorchis oder Cynorchis geschrieben. Die Gattung ist mit *Habenaria* verwandt, unterscheidet sich aber in der Blütenfarbe wie auch durch die Verwachsung der Narbenfortsätze mit den Seitenlappen der Säule (bei *Habenaria* findet man diesen Zustand nur für Arten mit gefransten Seitenlappen der Lippe). Die letzte von F. Kraenzlin 1898 (»Orchidacearum Genera et Species«) durchgeführte Bearbeitung der Gattung hat heute kaum noch Gültigkeit. Regionale Bearbeitungen findet man bei V.S. Summerhayes, »Flora of West Tropical Africa« (1968) und (heute auch schon überholt) H. Perrier de la Bâthie, »Flore de Madagascar« (1939).
Typus-Art: C. fastigiata Thou.
Kultur: Substrat C. Mindesttemperatur im Winter 15 °C; auf jeden Fall wärmer, wenn die Pflanzen wachsen. Die Pflanzen verlangen ähnliche Bedingungen wie tropische *Habenaria*-Arten: sehr schattig und feucht, solange sie wachsen und danach eine lange und trockene, kühle Ruheperiode. Die großen Blätter verbleiben immer in Bodennähe, auch wenn die Blütenstände ziemlich groß werden. *C. fastigiata* ist nicht selten als Unkraut in Sammlungen tropischer Orchideen anzutreffen; die Samen dieser Pflanze keimen leicht in Töpfen.

Cynorkis lowiana Rchb.f.

Kleine, 10–16 cm hohe epiphytische oder lithophytische Pflanze mit zwei verlängerten, flaumig behaarten Wurzelknollen. Stamm sehr kurz, mit zwei Scheiden, 1blättrig; Scheiden 1,2–3 cm lang, röhrig, braun, trockenhäutig. Blatt 4,5–13 cm lang, 0,6–1,6 cm breit, schmal-linealisch-lanzettlich, vorn lang verschmälert und spitz. Blütenstand schlank, 7–12 cm lang, 1blütig (selten 2blütig); Braktee 1,1 cm lang, 0,7 cm breit, lanzettlich, spitz. Blüte groß: Sepalen, Petalen und Sporn grün und rosa behaucht; Lippe karminrot mit dunklem Mittelfleck. Sepalen 0,8–1 cm lang, elliptisch-eiförmig. Petalen 0,8–1 cm lang, elliptisch, stumpf. Lippe 2,2 cm lang, 2,7 cm breit, 3lappig; Seitenlappen länger als der Mittellappen, länglich; Mittellappen genagelt, schwach 2geteilt und tief ausgerandet; Sporn 2,5–4,5 cm lang, schlank. Säule mit einer 0,3 cm langen Anthere.
Verbreitung: Ost-Madagaskar.
Geschichte: H.G. Reichenbach beschrieb die Pflanze 1888 in der Zeitschrift »Flora«. Sie wurde durch die Firma Low erstmals kultiviert.
Synonym: C. purpurascens Hook.f.

Cypripedium L.

Unterfamilie: Cypripedioideae

Meistens unter einem Meter große, terrestrische Pflanzen. Stämme kurz oder lang, von einem kräftigen, kriechenden Rhizom ausgehend, 1- bis mehrblättrig. Blätter hinfällig, längsgefaltet, meistens flaumig behaart. Blüten in der Regel sehr auffallend. Mittlere Sepale aufrecht oder etwas über der Lippe hervorstehend; die seitlichen bis zur Spitze miteinander verwachsen und das sogenannte Synsepalum bildend. Petalen abstehend, mehr oder weniger gedreht, linealisch bis lanzettlich. Lippe tief sackartig, mit einwärts gerollten Rändern; Staminodien schildförmig, eiförmig oder kellenartig; Antheren 2, hinter dem Staminodium und unterhalb der kurzen Säule angeordnet.
Umfang und Verbreitung: Ungefähr 25 Arten; über die nördlichen, gemäßigten Zonen von Europa, Asien, Japan und Nordamerika und in Amerika südwärts bis nach Mexiko.
Ableitung des Namens: Aus dem Griechischen »Cypris« = Zypern, der Aphrodite geweihte Insel und »pedilon« = Pantoffel.
Anmerkung: C. von Linné begründete die Gattung 1753 in seinen »Species Plantarum«. Die Taxonomie der Gattung ist unter *Paphiopedilum* erwähnt. (In Liebhaberkreisen werden asiatische Frauenschuh-Arten mit fleischigen, ausdauernden Blättern auch heute manchmal noch als *Cypripedium* geführt, obgleich sie bereits vor über 80 Jahren zu *Paphiopedilum* versetzt wurden.) *Cypripedium* wurde erstmals 1896 (»Orchid Re-

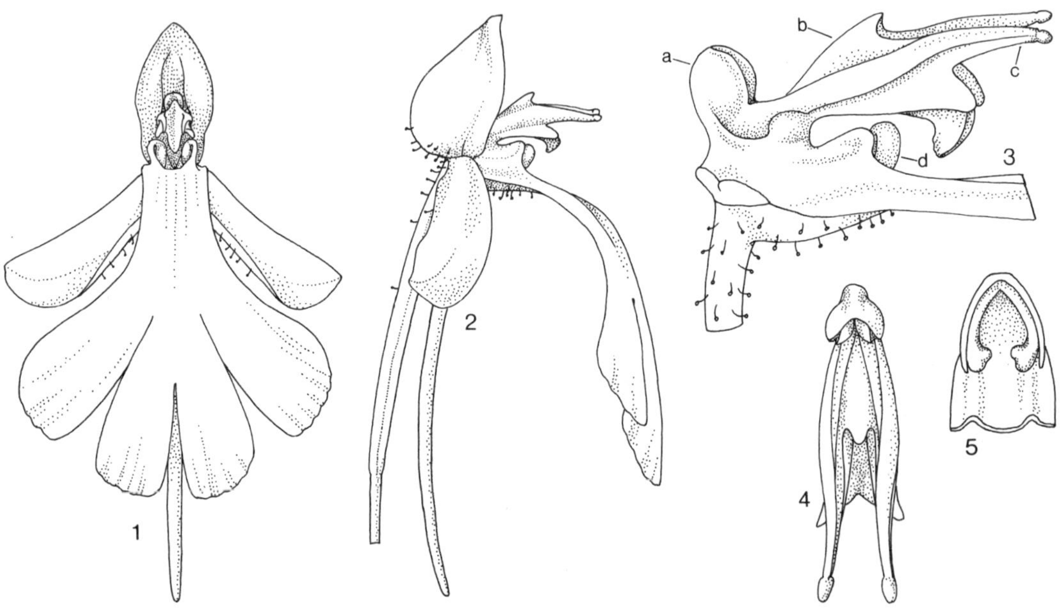

Cynorkis lowiana
1 = Blüte von vorn (× 2)
2 = Blüte von der Seite (× 2)
3 = Säule von der Seite (× 6½)
a = Antherenfächer
b = Rostellum
c = Klebscheibe
d = Narbenlappen
4 = Säule von oben (× 6½)
5 = Basis der Lippe (× 4⅓)

view«) von R. A. Rolfe revidiert und später nochmals von F. Kraenzlin (Engler, »Das Pflanzenreich« 1903). Eine moderne Bearbeitung der gesamten Gattung liegt nicht vor; allerdings hat C. Luer alle 11 nordamerikanischen Arten in seinem schönen Werk »Native Orchids of the United States and Canada« 1975, eingehend behandelt.
Typus-Art: C. calceolus L.
Kultur: Substrat verschieden je nach Herkunft der Pflanze; meistens sind Mischungen von Sand, Torf, halb verrottetem Laub und etwas Lehm und Torfmoos geeignet. Temperatur: Die meisten Pflanzen sind winterhart, jedoch sollten sie in strengen Wintern etwas geschützt werden. Hartem Frost dürfen die niemals ausgesetzt werden. Solange sie wachsen, verlangen sie einen schattigen Platz und ebenmäßig feuchte Behandlung, nach dem Laubfall ist nur wenig Wasser vonnöten.

Cypripedium acaule Aiton

Aufrechte, bis 40 cm hohe, flaumig behaarte terrestrische Pflanze. Stämme kurz, meistens mit zwei Blättern, aus einem kurzen Rhizom mit faserigen Wurzeln entspringend. Blätter 10–28 cm lang, 5–15 cm breit, grund- und gegenständig, elliptisch, vorn stumpf, längsgefaltet. Blütenstand aufrecht, bis 40 cm lang, 1blütig. Blüten augenfällig: Sepalen und Petalen gelbgrün, mit purpurner oder purpurbrauner Beaderung; Lippe purpurrosa (selten weiß). Mittlere Sepale 4–5 cm lang, 0,5–1,9 cm breit, lanzettlich, spitz, hervorstehend, an den Rändern etwas zurückgebogen; die seitlichen bis zum Gipfel miteinander verwachsen, 3–4 cm lang, 1–2 cm breit. Petalen abstehend-herabgeschlagen, 4–6 cm lang, 1–1,5 cm breit, linealisch-lanzettlich, spitz, leicht gedreht. Lippe verlängert, 4–6 cm lang, 2,5–3,5 cm breit, verkehrteiförmig im Umriß, bauchig, nach dem Grunde hin etwas gekniet, vorn mit einer Längsfurche durch die Mitte; Beaderung hervortretend; Ränder einwärts gefaltet. Staminodium eiförmig, 1,8 cm lang, 1,4 cm breit, grünlich bis purpurn.
Verbreitung: Östliches Amerika und Kanada; verhältnismäßig häufige Pflanze in Wäldern, besonders in höheren und trockenen Lagen.
Geschichte: Die Pflanze wurde 1789 von W. Aiton in seinem »Hortus Kewensis« beschrieben; der Artname bezieht sich auf ihren anscheinend stammlosen Wuchs. Die auch als »Moccasin flower« bekannte Pflanze ist neben *C. calceolus* und *C. reginae* die bestbekannte unter den Frauenschuh-Arten.

Cypripedium calceolus L.

Aufrechte, bis 80 cm hohe, mehr oder weniger dicht flaumig behaarte terrestrische Pflanze. Stamm sehr kurz, 3–5blättrig, von einem faserig bewurzeltem kriechendem Rhizom entspringend. Blätter 5–20 cm lang, 3–10 cm breit, elliptisch bis eiförmig oder eiförmig-lanzettlich, längsgefaltet, unten den Stamm etwas scheidenartig umgreifend, vorn spitz. Blütenstand aufrecht, 1–2blütig. Blüten groß und augenfällig: Sepalen und Petalen gelbgrün bis tiefbraunpurpurn; Lippe glänzend tiefgelb; Staminodium gelb, rot getüpfelt. Mittlere Sepale 2,5–8 cm lang, 1,5–3,5 cm breit, eiförmig-lanzettlich, spitz, etwas verdreht, an den Rändern wellig; die seitlichen oder mittleren Sepale ähnlich, bis zur Spitze miteinander verwachsen. Petalen 4–9 cm lang, 0,5–1 cm breit, linealisch bis linealisch-lanzettlich, spitz, korkzieherartig verdreht. Lippe pantoffelartig, im Umriß verkehrteiförmig, bauchig aufgetrieben, mit eingeschlagenen Rändern, die Adern etwas eingesenkt. Staminodium stumpf-abgestutzt, 1,1 cm lang und breit.
Verbreitung: Gemäßigte Zonen Asiens, Europas und Nordamerikas. Öfters im Baumschatten lichter Wälder auf Kalkböden (in Nordamerika auch var. *parviflorum*) in sumpfigen Gebieten.
Geschichte: Der Frauenschuh ist zweifellos die berühmteste aller Orchideen und als Gartenpflanze höchst geschätzt. Kein Wunder, daß die Pflanze deshalb in der Natur bedroht ist und in manchen Ländern zu den großen Seltenheiten der Flora zählt: auf den Britischen Inseln ist ihr Bestand auf 2 Exemplare an einem geheimgehaltenen Standort in Yorkshire beschränkt. C. von Linné beschrieb die Art 1753 in »Species Plantarum« und begründete die Gattung auf ihr. Amerikanische Formen der Art, bis in jüngste Zeit als eigenständige Arten betrachtet, werden heute als Varietäten behandelt: Var. *pubescens* (Willd.) Corr. (hier abgebildet) unterscheidet sich von der typischen Form durch ihre mehr flaumige Behaarung und ihre charakteristisch grünlich gefärbten Sepalen und Petalen; sie ist in Nordamerika weit verbreitet. Var. *parviflorum* (Salisb.) Fernald hat, wie man aus ihrem Namen ersehen kann, kleinere Blüten, außerdem ist sie von schlankerem Wuchs unf auf Stamm und Blättern weniger flaumig; sie, wie auch die var. *planipetalum* (Fernald) Victorin und Rousseau, eine Form, bei der die Petalen nicht gedreht sind, ist in ihrer Verbreitung auf den nördlichen Teil Nordamerikas beschränkt.
Anmerkung: Nahe verwandt mit *C. calceolus* ist die im Nordwesten von Nordamerika vorkommende Art *C. montanum* Lindl.; sie besitzt eine weiße Lippe. Auch die aus dem Gebiet der großen Seen von Nordamerika stammende Art *C. candidum* Muhl hat eine weiße Lippe; diese Pflanze ist jedoch wesentlich kleiner und kräftiger als *C. calceolus* und zeichnet sich außerdem durch viel kleiner Blüten aus.
Synonyme (in Auswahl): *C. pubescens* Willd.; *C. flavescens* A. P. de Cand.; *C. parviflorum* Salisb.; *C. luteum* Aiton; *C. furcatum* Raf.; *C. assurgens* Raf.; *C. aureum* Raf.; *C. parviflorum* Sims non Salisb.

Cypripedium reginae Walter

Robuste, bis 90 cm hohe terrestrische Pflanze mit aus einem kräftigen Rhizom entspringenden 3–7blättrigem Stamm. Blätter 10–25 cm lang, 6–16 cm breit, eiförmig-lanzettlich, schräg-aufrecht bis abstehend, vorn spitzlich, am Grunde den Stamm scheidig umfassend, an den Rändern gewellt. Blütenstand aufrecht, 1–3- (selten 4-) blütig. Blüten auffällig: Sepalen und Petalen schneeweiß; Lippe rosapurpurn mit weißen Schlieren (selten völlig weiß); Staminodium weiß, am unteren Rande gelb und rot getüpfelt. Mittlere Sepale 3–4,5 cm lang, 2,5–4,2 cm breit, eiförmig-kreisrund, abgerundet oder stumpf; die seitlichen 3–4,2 cm lang, 2–3,7 cm breit, miteinander verwachsen. Petalen spreizend, 2,5–4,7 cm lang, 1–1,7 cm breit, länglich oder länglich-elliptisch, spitzlich bis stumpf. Lippe fast kugelig, 2,5–5 cm lang, 1,5–3,5 cm breit, sackartig, mit einwärts gefalteten Rändern. Staminodium breiteiförmig, 1,4 cm lang, 1,7 cm breit.
Verbreitung: Nordost und nördlich-zentrales Nordamerika und vielleicht auch im westlichen China; meistens an den Rändern von Sümpfen wachsend.
Geschichte: Die zusammen mit *C. calceolus* meistbegehrte Frauenschuh-Art wurde von C. von Linné 1753 in seinem Werk »Species Plantarum« als eine Varietät von *C. calceolus* beschrieben. T. Walter erhob sie 1788 in »Flora Carolinensis« zu einer eigenständigen Art.
Synonyme: Cypripedium humile Salisb.; *C. hirsutum* (Farwell) Miller; *Fissipes hirsuta* Farwell.

Cyrtopodium R.Br.

Tribus: Cymbidieae
Subtribus: Cyrtopodiinae

Mittelgroße bis große, terrestrische, epi- oder lithophytische Pflanzen. Pseudobulben lang spin-

delig, auf den Gipfel zu mehrblättrig. Blütenstand am Grunde der Pseudobulbe entspringend, rispig, mit abstehenden Ästen, vielblütig. Blüten ziemlich groß aber oft unauffällig in der Farbgebung. Sepalen und Petalen frei, abstehend. Lippe 3lappig; Seitenlappen über die Säule gekrümmt; Mittellappen an den Rändern warzig; Platte schwielig. Säule im Querschnitt halbkreisförmig, oben erweitert, mit kurzem Fuß; Pollinien 2 oder 4, wachsartig.
Umfang und Verbreitung: Ungefähr 12 Arten; auf die Tropen Amerikas beschränkt: von Florida und Mexiko südwärts bis nach Argentinien.
Ableitung des Namens: Aus dem Griechischen »kyrtos« = gebogene Schwellung und »podion« = Füßchen; ein Hinweis auf den aufwärts gebogenen Fuß der Säule.
Anmerkung: R. Brown begründete die Gattung 1813 in Aiton's »Hortus Kewensis« 2. Aufl. Sie ist mit *Eulophia* und *Govenia* verwandt; die erstgenannte unterscheidet sich von ihr durch eine gespornte oder sackartig vertiefte Lippe und die zweite durch ihre einfache Lippe. Die letzte Bearbeitung von *Cyrtopodium* erfolgte 1917 durch F. Kraenzlin (»Notizblatt des Botanischen Gartens Berlin«).
Typus-Art: C. andersonii R. Br.
Kultur: Substrat A oder B. Mindesttemperatur im Winter 12–15 °C. Obgleich einige Arten epiphytisch wachsen, gedeihen alle gut in Kompost. Sie verlangen große Gefäße und sollten solange wie irgend möglich nicht gestört werden. Bis zur Vollentwicklung der Neusprosse gießt man vorsichtig aber regelmäßig; nach Abfall der Blätter ist eine kühlere und trockenere Ruheperiode angeraten.

Cyrtopodium andersonii (Andrews) R. Br.

Pseudobulben der sehr großen, bis 160 cm hohen terrestrischen Pflanze, 60–100 cm lang, 3–5 cm breit, aufrecht, spindelig-zylindrisch, Blätter 30–60 cm lang, 2–5 cm breit, schmal-linealisch-lanzettlich, vorn langspitzig, lederig. Blütenstand rispig, 90–160 cm lang, im Umriß pyramidenförmig, vielblütig; Brakteen 3–5 cm lang, krautig oder häutig, eiförmig, langspitzig, gelbgrün. Blüten ziemlich attraktiv: Sepalen gelbgrün; Petalen zitronengelb; Lippe satt gelb mit orangefarbiger Schwiele. Sepalen 1,8–2,2 cm lang, 1,3–1,7 cm breit, breit-eiförmig-elliptisch, stumpf bis kurz langspitzig, oft schwach gewellt. Petalen 1,8–2,3 cm lang, 1,2–1,5 cm breit, breit-eiförmig, abgerundet. Lippe sitzend, 1,8–2 cm lang, 2,5–3 cm breit, 3lappig; Seitenlappen eiförmig, abgerundet; Mittellappen kürzer, breit-verkehrteiförmig bis fast quadratisch; Platte mit Längsfurchen, Säule 0,5–0,6 cm lang, geöhrt.
Verbreitung: Westindische Inseln und tropisches Südamerika.
Geschichte: Die von Dr. Anderson in St. Vincent entdeckte Pflanze wurde durch T. Stevens in Stepney nach England eingeführt. Andrews veröffentlichte sie 1811 als *Cymbidium* im »Botanical Repository«. Im Jahr 1813 versetzte sie R. Brown in die jetzige Gattung (in Aiton's »Hortus Kewensis«, 2. Auflage).
Synonym: Cymbidium andersonii Andrews.

Cyrtopodium punctatum (L.) Lindl.

Sehr große epiphytische oder terrestrische Pflanze, oft über 120 cm hoch. Pseudobulben in dichten Gruppen angeordnet, aufrecht, 15–40 cm lang, 1,5–3,5 cm breit, verlängert-spindelförmig, vielknotig, in der Jugend von grauweißen Scheiden bedeckt. Blätter 2zeilig arrangiert, 10–65 cm lang, 1–5 cm breit, linealisch bis elliptisch-lanzettlich, spitz oder langspitzig, gerade abstehend oder rückwärts gebogen. Blütenstand rispig, grundständig, vielblütig; Brakteen auffällig, gewellt, grünlichgelb und rotbraun gefleckt. Blüten attraktiv: Sepalen grünlichgelb und rotbraun gefleckt; Petalen leuchtend gelb, mit rotbraunen Tüpfeln; Lippe rotbraun mit gelbem Grund, ihr Mittellappen purpurn und mit gelber Mitte. Sepalen 0,7–2,6 cm lang, 0,7–1,1 cm breit, eiförmig bis länglich-lanzettlich, spitz, an den Rändern wellig. Petalen 1,3–2,1 cm lang, 0,8–1,2 cm breit, genagelt, breit-länglich-eiförmig, bis verkehrteiförmig-länglich, breit abgerundet bis gestutzt, an den Rändern gewellt und gekräuselt. Lippe 1,1–1,6 cm lang, 1,7–2,2 cm breit, 3lappig; Seitenlappen aufrecht, eiförmig bis fast kreisrund; Mittellappen steif, breit-länglich, zurückgeschlagen, an den Rändern ausgebissen und feinwarzig; Platte mit einer gefurchten Schwiele. Säule 0,7 cm lang, keulenförmig, mit kurzem Fuß.
Verbreitung: Tropisches Amerika, von Florida bis nach Brasilien und Paraguay.
Geschichte: Die Pflanze gehört zu den frühesten aller beschriebenen Orchideen aus dem tropischen Amerika. C. von Linné in »Systema Naturae« 1759, führt sie als *Epidendrum*. J. Lindley versetzte sie 1833 in seinem Werk »Genera and Species of Orchidaceous Plants« zur Gattung *Cyrtopodium.*
Synonym: Epidendrum punctatum L.

Cyrtorchis Schltr.

Tribus: Vandeae
Subtribus: Aerangidinae

Epi- oder seltener Lithophyten mit verlängerten, verzweigten Stämmen, bekleidet mit Blattscheiden und mit in Abständen austretenden Luftwurzeln. Blätter 2zeilig angeordnet, oft sich ziegelartig deckend, meistens lederig, seltener fleischig, im Querschnitt v-förmig. Blütenstände blattachselbürtig, abstehend bis rückwärts gebogen, traubig, wenig- bis vielblütig; Brakteen meistens groß und auffällig, bräunlich. Blüten ziemlich groß, abwechselnd stehend, meistens duftend. Sepalen und Petalen frei, meistens mehr oder weniger stark nach hinten gebogen. Lippe den Petalen ähnlich aber unten breiter, rückwärts gekrümmt, am Grunde mit einem langen, sich verdünnenden Sporn. Säule kurz, kräftig, ohne Fuß; Anthere vorn in einen langen Schnabel ausgezogen; Pollinien 2, kugelig oder elliptisch; Stipes 2, spatelförmig; Klebscheibe einzeln, linealisch bis länglich; Rostellum lang, schnabelartig, gabelig gespalten.
Umfang und Verbreitung: Ungefähr 15 Arten; durch das tropische Afrika und südwärts bis Südafrika.
Ableitung des Namens: Aus dem Griechischen »kyrtos« = eine Schwellung oder Kurve und »orchis« = Hoden (in diesem Falle Orchidee).
Anmerkung: Die Gattung wurde 1914 von R. Schlechter in »Die Orchideen« begründet. Sie ist mit *Angraecum* verwandt, und eine Anzahl von Arten wurde zuvor in dieser Gattung beschrieben. *Cyrtorchis* ist leicht an ihren sternartigen Blüten, den großen braunen Brakteen und durch das typische Rostellum von *Angraecum* zu unterscheiden. V.S. Summerhayes revidierte die Gattung (»Kew Bulletin« 1960) und unterteilte sie in zwei Sektionen:

1. **Cyrtorchis:** Klebscheibe mit einem oberen, verhärteten, sattelförmigen und einem unteren, dünnen, durchsichtigen Teil. Stipes in der oberen Hälfte verbreitert. Typische Art: *C. arcuata* (Lindl.) Schltr.
2. **Homocollecticon:** Klebscheibe von gleichförmiger, durchsichtiger Beschaffenheit. Stipes meistens oben nur schwach verbreitert. Typische Arten: *C. monteiroae* (Rchb.f.) Schltr.; *C. ringens* (Rchb.f.) Summerh. und *C. praetermissa* Summerh.

Typus-Art: C. arcuata (Lindl.) Schltr.
Kultur: Substrat A. Mindesttemperatur im Winter 12–15 °C. Wegen ihrer zahlreichen langen Luftwurzeln hält man diese Pflanzen entweder in Körben oder montiert sie auf große Baumfarn- oder Korkblöcke. Sie verlangen Luftfeuchtigkeit,

mittleren Schatten und während der Wachstumsperiode reichlich Wasser.

Cyrtorchis arcuata (Lindl.) Schltr.

Stämme der ausgebreitet wachsenden epiphytischen oder manchmal auch lithophytischen Pflanze bis über 70 cm lang, 1 cm im Durchmesser, kräftig, hängend, mit ausdauernden dunkelbraunen, 2zeilig gestellten Scheiden bedeckt, 6–12blättrig. Luftwurzeln zahlreich und kräftig. Blätter bis 20 cm lang und 5,2 cm breit, länglich, fleischig-lederig, vorn schief eingeschnitten. Blütenstand 8–10blütig, traubig, halbaufrecht mit kräftiger, zickzackförmiger Achse; Brakteen sehr breit, scheidig, stumpf, braunschwarz. Blüten groß, sternförmig, durchsichtig, anfangs weiß, im Verblühen orangefarben. Sepalen 4 cm lang, 0,9 cm breit, linealisch-lanzettlich, langspitzig, im oberen Zweidrittel zurückgebogen-abstehend. Petalen 3,3 cm lang, 0,6 cm breit, sonst den Sepalen ähnlich. Lippe den anderen Blütenteilen nicht unähnlich, 3 cm lang, 0,5 cm breit, in eine feine Spitze allmählich auslaufend; Sporn bis 7 cm lang, etwas s-förmig, fein zugespitzt, weiß und grün oder gelb behaucht. Säule 0,3 cm lang, kurz und breit; Rostellum lang, in den Sporn hineinhängend.
Verbreitung: Häufig im tropischen Afrika und in Südafrika.
Geschichte: Die Pflanze wurde in Albany (Südafrika) von Drége gefunden und 1836 als *Angraecum* von J. Lindley in Hooker's »Companion to the Botanical Magazine« beschrieben. In seinem Werk »Die Orchideen« wurde die Art 1914 von R. Schlechter in die heutige Gattung gestellt.
Synonyme: Listrostachys whitei Rolfe; *L. sedenii* (Rchb.f.) Schltr.; *Angraecum arcuatum* Lindl.

Cyrtorchis chailluana (Hook.f.) Schltr.

Mittelgroßer bis großer Epiphyt. Blätter 2zeilig angeordnet, 8–26 cm lang, 1,7–3,5 cm breit, länglich oder länglich-verkehrtlanzettlich, nach beiden Enden zu verschmälert, nicht steif, vorn ungleichmäßig 2lappig. Blütenstände traubig, bis 24 cm lang, vielblütig; Brakteen 1–2,5 cm lang, breit, scheidig. Blüten duftend: rein weiß oder orangefarbig, auf dem Sporn grün überlaufen. Sepalen und Petalen ziemlich ähnlich, 3–5 cm lang, linealisch-lanzettlich, langspitzig, zurückgebogen. Lippe von den Sepalen und Petalen kaum verschieden, 3–5 cm lang, vorstehend, etwas gebogen; Sporn 9–15 cm lang, sehr dünn.

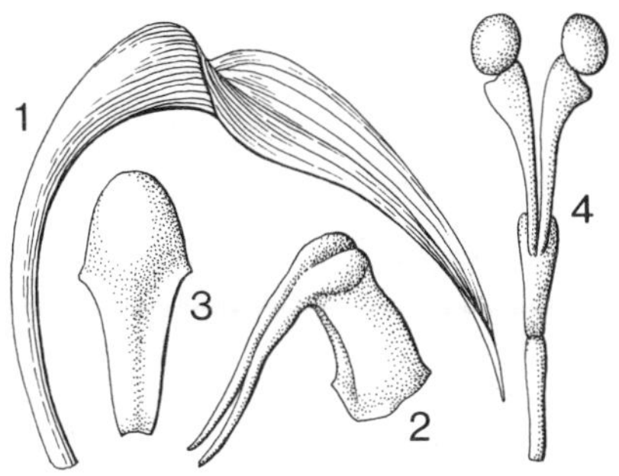

Cyrtorchis chailluana
1 = Lippe und Spornbasis (× $1\frac{1}{3}$)
2 = Säule mit Rostellum von der Seite (× 2)
3 = Antherenkappe (× 2)
4 = zweiteilige Klebscheibe, Stipites und Pollinien (× $3\frac{1}{3}$)

Säule kurz, kräftig; die Klebscheibe aus zwei Teilen bestehend: einem breiten, verhärteten oberen mit zurückgebogenen Rändern und einem linealischen, durchsichtigen sehr dünnen unteren.
Verbreitung: Von Süd-Nigeria westwärts bis nach Zaire und Uganda; im tropischen Regenwald.
Geschichte: Diese größte und zweifellos attraktivste Art der Gattung war ursprünglich 1866 von Sir Joseph Hooker als *Angraecum* beschrieben worden (»Botanical Register«); zugrunde lag eine von M. du Chaillu in Gabun gesammelte Pflanze, die im Mai 1866 in den Royal Botanic Gardens geblüht hatte. H.G. Reichenbach versetzte die Art in die Gattung *Listrostachys,* aber R. Schlechter stellte sie 1914 in seinem Werk »Die Orchideen« zu *Cyrtorchis.*
Synonyme: Angraecum chailluanum Hook. f.; *Listrostachys chailluana* (Hook. f.) Rchb. f.

Dendrobium Sw.

Tribus: Dendrobieae
Subtribus: Dendrobiinae

Vorwiegend epiphytisch aber gelegentlich lithophytisch wachsende Pflanzen von verschiedenartiger Tracht. Stämme entweder:
a) rhizomartig
b) aufrecht und vielknotig
c) aufrecht und 1knotig oder mehrknotig und aus einem vielknotigen Rhizom entspringend
d) ohne Rhizom und die mehrknotigen Neusprosse am Grunde alter Sprosse entspringend;

alle von 1–2 cm bis ungefähr 500 cm lang, verholzend oder fleischig, am Grunde oder über die ganze Länge geschwollen, oft pseudobulbenartig, mehr oder weniger mit Niederblättern oder Blattscheiden bedeckt. Blätter einzeln bis zahlreich, gipfelständig oder 2zeilig über den ganzen Stamm verteilt, von verschiedener Form und Beschaffenheit. Blütenstände traubig, 1- bis vielblütig, aufrecht oder waagerecht abstehend bis hängend, seitenständig oder scheinbar gipfelbürtig. Blüten oft augenfällig, klein bis groß, in der Form weniger verschiedengestaltig als der vegetative Bau der Pflanze. Sepalen kurz oder verlängert und fädlich; die seitlichen mit dem verlängerten Fuß der Säule ein öfters spornartiges Mentum bildend. Petalen entweder schmaler oder manchmal breiter als die Sepalen. Lippe einfach oder 3lappig, am Grunde mit dem Fuß der Säule verbunden, öfters mit den seitlichen Sepalen seitlich für eine kurze Strecke verwachsen und einen geschlossenen Sporn bildend; Platte von 1–7 Kielen durchzogen, nur selten mit Schwielen besetzt. Säule meistens kurz, stiel- oder halbstielrund, mit deutlich ausgebildetem Fuß, am Gipfel jederseits mit mehr oder weniger aufrechten Stellidien (Zähnen); Pollinien 4 in zwei angedrückten Paaren; Stipes fehlend; Klebscheibe mehr oder weniger entwickelt.
Umfang und Verbreitung: Ungefähr 900 Arten; in Indien, China, Südostasien, Japan, Malysia, Philippinen, Neuguinea, Australien, den Pazifischen Inseln und Neuseeland.
Ableitung des Namens: Aus dem Griechischen »dendros« = Baum und »bios« = Leben.
Anmerkung: Die Gattung wurde 1799 von O. Swartz in »Nova Acta Societatis Scientiarum Upsaliensis« begründet. Der Name *Dendrobium* wurde gegen die beiden älteren Gattungsnamen *Ceraia* Lour. (1790) und *Callista* Lour. (1790) geschützt. Wie kaum eine andere Orchideengattung hat *Dendrobium* dem Botaniker viel Kopfzerbrechen bereitet. Einer der Hauptgründe liegt in der Vielzahl ihrer Arten, von denen viele zu verschiedenen Zeiten und aus verschiedenen Gebieten mehrfach beschrieben wurden. Darüber hinaus hat die Vielgestaltigkeit der Arten ihre systematische Gruppierung sehr erschwert. Die letzte umfassende, allerdings stark umstrittene Bearbeitung erfolgte durch F. Kraenzlin 1910. Später schlug R. Schlechter vor, die von F. Kraenzlin aufgestellten Sektionen neu zu fassen und die Gattung in 4, auf 41 Sektionen verteilte Untergattungen zu gliedern. Vier dieser Sektionen, nämlich *Diplocaulobium, Goniobulbum, Desmotrichum* und *Sarcopodium,* sind seitdem zu selbständigen Gattungen erklärt worden und weitere Studien dürften zweifellos zur Herauslösung weiterer führen. Es würde den Rahmen dieses Buches überschreiten, eine ausführliche Synopsis der restlichen, in *Dendrobium* verbliebe-

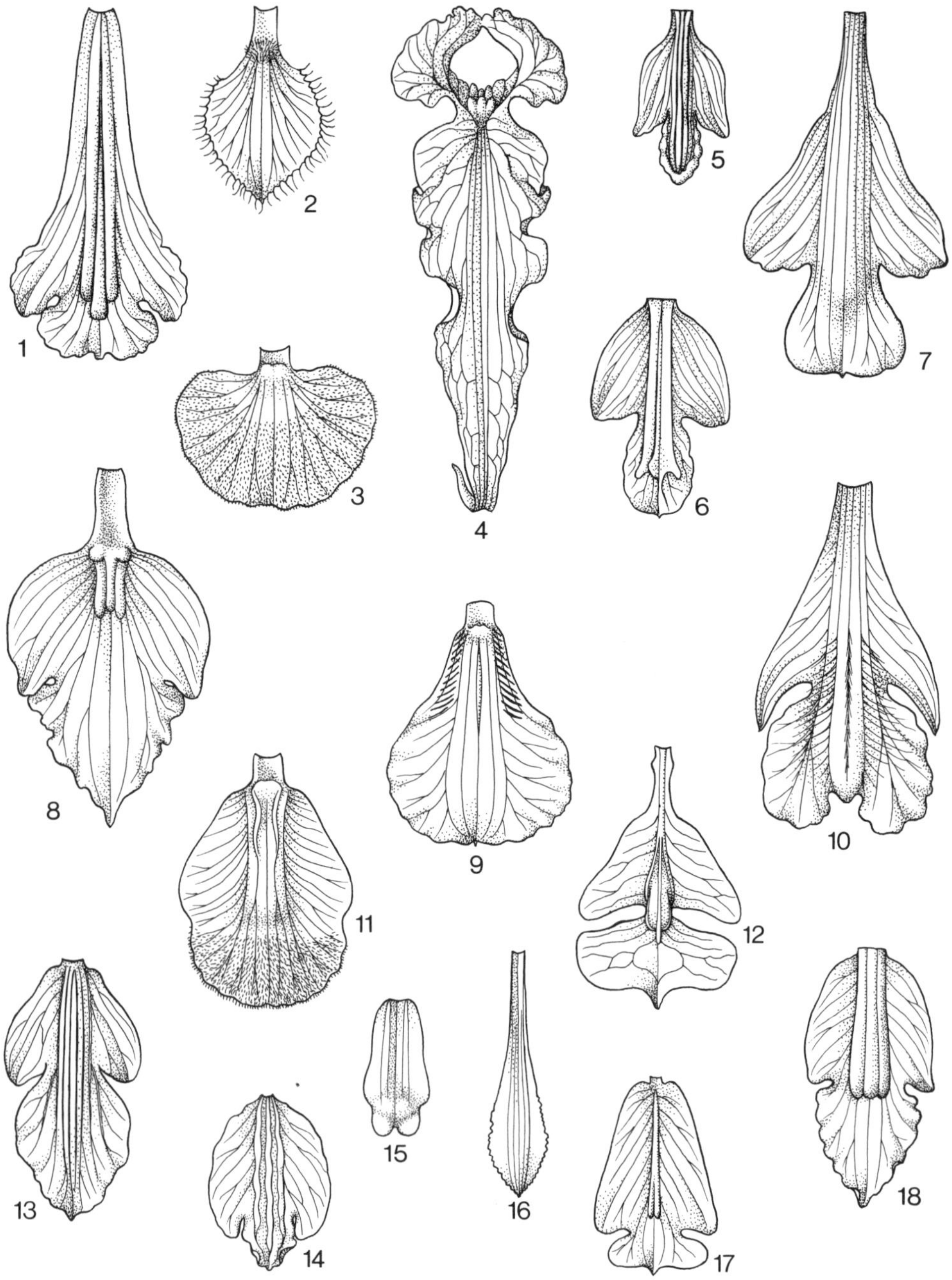

Dendrobium
Lippen ausgebreitet
1 = *D. taurinum* (× 1 1/5)
2 = *D. palpebrae* (× 1 1/5)
3 = *D. griffithianum* (× 1 1/5)
4 = *D. spectabile* (× 1 1/5)
5 = *D. scabrilingue* (× 1 1/5)
6 = *D. gouldii* (× 1 1/5)
7 = *D. sanderae* (× 1 1/5)
8 = *D. hodgkinsonii* (× 1 1/5)
9 = *D. albosanguineum* (× 1 1/5)
10 = *D. lowii* (× 1 1/5)
11 − *D. pulchellum* (× 1 1/5)
12 = *D. minax* (× 1 1/5)
13 = *D. bellatulum* (× 1 1/5)
14 = *D. linguiforme* (× 5)
15 = *D. aloifolium* (× 5)
16 = *D. obrienianum* (× 1 1/5)
17 = *D. ruppianum* (× 2 1/2)
18 = *D. eriaeflorum* (× 5)

nen Sektionen zu geben. Statt dessen beschreiben wir nachfolgend in Stichworten nur die Sektionen, in denen weithin kultivierte Arten auftreten:

1. **Latouria.** Jeder Ast des Sympodiums aus mehreren Internodien bestehend; Knoten oft geschwollen. Neusprosse am Grunde alter Sprosse entspringend. Blüten grünlich. Lippe der Säule nahestehend, innen kahl; Platte mit erhabenen Kielen. Pflanzen aus dem Gebiet um Neuguinea.
2. **Callista.** Ähnlich wie vorausgehende Sektion aber Blüten nicht grün und Lippe innen behaart. Verbreitungszentrum Birma.
3. **Eugenanthe.** Blätter mit Scheiden. Pseudobulben oder Stämme fleischig. Blütenstände an blattlosen Stämmen erscheinend. Lippe nicht 3lappig, innen mehr oder weniger stark behaart. Mentum kurz.
4. **Nigrohirsutae.** Ähnlich wie Sektion **Eugenanthe,** aber Blattscheiden mit braunen oder schwarzen Haaren. Lippe einfach oder 3lappig, nicht behaart. Mentum mittellang bis sehr lang. Blüten groß, weiß, nahe am Stammgipfel stehend.
5. **Phalaenanthe.** Blattscheiden kahl. Blütenstand schlank, vielblütig, meistens am Gipfel beblätterter, selten blattloser Stämme erscheinend. Petalen breit, nicht gedreht. Mentum mittellang bis lang, aus zwei rechtwinklig zueinander stehenden Abschnitten bestehend. Lippe immer papillös.
6. **Ceratobium.** Wie voranstehend, aber Petalen länger als die Sepalen, schmal und oft gedreht. Lippe nicht papillös, gekielt. Mentum einfach, mit der ganzrandigen Lippe einen geschlossenen Sporn bildend.
7. **Stachyobium.** Wie vorige, aber Lippenränder gezähnt oder gefranst.
8. **Pedilonum.** Blütenstände an blattlosen Stämmen, meistens wenigblütig. Blüten im allgemeinen groß. Blätter an jungen Stämmen in fast gleichmäßigen Abständen angeordnet.
9. **Dendrocoryne.** Stämme gebüschelt stehend, mehrknotig, zumindest zum Teil geschwollen, in Gipfelnähe 2- bis mehrblättrig. Lippe nicht nahe an der Säule stehend; Platte mit nicht sonderlich erhabenen Kielen besetzt.

Typus-Art: D. ***crumenatum*** Sw.
Kultur: Substrat A. Mindesttemperatur im Winter je nach Art 10–16 °C. Man wird die Pflanzen ihrer Tracht entsprechend verschieden behandeln. Während sich aufrecht wachsende Arten am besten zur Topfkultur (verhältnismäßig kleine Töpfe!) eignen, wird man hängende entweder in Körben halten oder auf Baumfarn- oder Korkblöcke montieren; auch viele der kleineren Arten gedeihen am besten auf Blöcken. Alle Arten verlangen – solange sie wachsen – viel Licht und reichlich Wasser. Nach Abschluß der Wuchsperiode sind gewisse Arten verschieden zu behandeln: Laubwerfende benötigen eine kühle und trockene Ruheperiode, wenn sie wieder blühen sollen, und gewisse indische, nicht laubwerfende Arten, wie z. B. *D.* ***moschatum,*** sollten während der Ruheperiode nur etwas Wasser bekommen.

Tropische Arten wie *D. phalaenopsis* darf man niemals sehr trocken werden lassen und nie kühler als 15 °C halten. Dem gegenüber hält man aus großen Höhenlagen stammende Arten während des ganzen Jahres feucht und bietet ihnen im Sommer etwas Schatten. Bei allen Arten achte man darauf, daß die Pseudobulben – soweit vorhanden – nicht zu sehr einschrumpfen.

Dendrobium aduncum Lindl.

Stamm hängend, bis 60 cm lang, stielrund, verzweigt, mehr oder weniger zickzackförmig, mit oben erweiterten Scheiden besetzt. Blätter 7–9 cm lang, bis 1,3 cm breit, linealisch-lanzettlich, vorn langspitzig. Blütenstände an den oberen Knoten älterer Stämme entspringend, ungefähr 7 cm lang, 2–5blütig; Brakteen sehr klein, lanzettlich, unten scheidenartig. Blüten 2,5–3,5 cm breit, duftend, etwas durchsichtig: weiß oder rosa, an den Spitzen dunkler rosa (in der Knospe grün oder rosa). Sepalen 1,6–2 cm lang, 0,8–1,2 cm breit, breit-eiförmig, abstehend, spitz; die seitlichen ein kurzes, 0,3 cm langes, sackartiges Mentum bildend. Petalen 1,6–1,8 cm lang, 0,7–1,2 cm breit, länglich, abstehend, spitz. Lippe genagelt, 1,2–1,8 cm lang, 1–1,2 cm breit, breit-eiförmig, konkav, vorn langspitzig und herabgeschlagen, bis auf einen quadratischen Fleck in der Mitte flaumig behaart, an den Rändern bewimpert. Säule vorn fein flaumig behaart; Selidien eiförmig-lanzettlich.
Verbreitung: Birma, Sikkim und Indochina.
Geschichte: Diese mit delikaten Blüten versehene Pflanze wurde von N. Wallich in Nepal entdeckt. Er sandte lebende Exemplare an die Firma Loddiges in England, wo sie im Juli 1842 erstmals blühten. J. Lindley beschrieb die Art noch im gleichen Jahr im »Botanical Register«; in der gleichen Zeitschrift wurde sie 1846 abgebildet.
Anmerkung: Die nächstverwandten Arten sind *Dendrobium aphyllum* und *Dendrobium hercoglossum* (siehe auch dort).

Dendrobium aemulum R. Br.

Stämme in gebüschelten Gruppen angeordnet, 15–30 cm lang, zylindrisch, ungefähr 6knotig, glatt, anfangs grün, mit Scheiden besetzt, am Gipfel 2–4blättrig. Blätter 5 cm lang, 2,5 cm breit, eiförmig, dunkelgrün, glänzend. Blütenstand aufrecht, zwischen den Blättern am Gipfel des Stammes stehend, 2–12blütig. Blüten süß duftend, 3–4 cm breit: Sepalen und Petalen vorwiegend weiß, mehr oder weniger stark rosa behaucht; Lippe weiß, mit gelben Mittellappen und purpurn gezeichneten Seitenlappen. Mittlere Sepale und Petalen bis 1,5 cm lang, 0,02–0,25 cm breit, linealisch-lanzettlich, langspitzig; seitliche Sepalen bis 2,7 cm lang, nach unten zu breiter werdend und ein kleines, abgerundetes Mentum bildend. Lippe 3lappig, 0,5–0,6 cm lang, 0,3 cm breit, schwach rhombisch; Seitenlappen klein, 3eckig, spitz; Mittellappen 3eckig, spitz, zurückgeschlagen; Platte unterhalb der Mitte mit einem längeren und zwei kürzeren gewellten Kielen. Säule sehr kurz, nur 0,2 cm lang, abgerundet.
Verbreitung: Queensland und Neu-Südwales.
Geschichte: Die Pflanze wurde von R. Brown 1810 in seinem »Prodomus Florae Novae Hollandiae« veröffentlicht. A. Cunnigham sandte die ersten lebenden Exemplare aus Neu-Südwales 1823 nach Europa; sie blühten in Kew im folgenden Jahr.
Anmerkung: Von der nahe verwandten Art *D. gracilicaule* unterscheidet sich die Pflanze durch ihre schlanken Sepalen und die gewellten Kiele auf der Lippe. Die Pflanze ist sehr verschiedengestaltig und kommt in mehreren Standortformen vor.
Synonym: Callista aemula (R. Br.) O. Kuntze.

Dendrobium aggregatum Roxb.

Stämme fast aufrecht, gebüschelt, 3–8 cm lang, aus schlankem Grunde nach oben zu verdickt, fast spindelförmig, etwas kantig, 1blättrig. Blätter 5–16 cm lang, 1,5–2,8 cm breit, länglich, vorn stumpf, lederig. Blütenstand 2–3 cm lang, fast gipfelbürtig, meistens hängend, 5–15blütig; Brakteen sehr klein, bis 0,2 cm lang, 3eckig. Blüten zerbrechlich, duftend, 3–5 cm breit: hell goldgelb, mit orangefarbigen Linien im Schlunde der Lippe. Sepalen klein, bis 1,5 cm lang und 0,5 cm breit, zungen- bis riemenförmig, spitz; die seitlichen ein kurzes stumpfes Mentum bildend. Petalen ungefähr 1,7 cm lang, 0,8–1 cm breit, kurz genagelt, verkehrteiförmig, spitz. Lippe genagelt bis 2,2 cm lang und ebenso breit, querlänglich oder kreisrund, an den Rändern wellig und gewimpert, vorn ausgerandet, konkav, auf der Platte fein flaumig behaart. Die Säule ist sehr kurz.
Verbreitung: Assam und Birma, südwärts bis nach Malaya und Indochina, ostwärts nach Südchina.
Geschichte: Die früheste auffindbare Angabe besagt, daß diese Pflanze 1836 im Botanischen Garten zu Edinburgh wuchs. Sie stammte vom Earl Fitzwilliam of Wentworth und kam im Mai 1837 zur Blüte. W. Roxburgh beschrieb die Art 1832 in »Flora Indica«.
Synonym: Dendrobium lindleyi Steudel; unter diesem Namen ist die Pflanze heute noch weithin bekannt.

Dendrobium albo-sanguineum Lindl.

Stämme pseudobulbenartig, gebüschelt, 12,5–28 cm lang, sehr kräftig, zylindrisch oder schwach keulenförmig, mit betont entwickelten Knoten, mit weißen brakteenartigen Scheiden besetzt. Blätter 10–15 cm lang, 2,5–3 cm breit, linealisch-lanzettlich, hellgrün und etwas durchsichtig, hinfällig. Blütenstände ziemlich kurz, 5–7,5 cm lang, an den oberen Stammknoten stehend, 2–3blütig; Brakteen winzig, 3eckig. Blüten ungefähr 9 cm breit, ziemlich fleischig, duftend: vorwiegend cremeweiß oder hellgelb; Lippe am Grunde jederseits mit purpurnen oder karminroten Flecken; Säule tief purpurn; Narbe grün. Sepalen 4 cm lang, 1–1,3 cm breit, lanzettlich, langspitzig; die seitlichen 5 cm lang, ein stumpfes Mentum bildend. Petalen 5 cm lang, 2,5 cm breit, elliptisch. Lippe 5 cm lang, 3,5 cm breit, breit-verkehrteiförmig, an den Rändern wellig, vorn ausgerandet bis ausgebuchtet, am Grunde mit zwei erhabenen Linien. Säule sehr kurz.
Verbreitung: Birma.
Geschichte: Diese Pflanze wurde von T. Lobb erstmals am Flusse Attram in der Nähe von Moulmein gesammelt und von der Firma Veitch in die Kultur eingeführt. J. Lindley beschrieb die Art 1836 in »Paxton's Flower Garden«.

Dendrobium aloifolium (Bl.) Rchb.f.

Stämme gebüschelt angeordnet, 45–90 cm lang, dünn und ziemlich abgeflacht, dicht beblättert. Blätter 2,5–3 cm lang, bis 1,2 cm breit, breiteiförmig, flach, fleischig, deutlich wechselständig, oben und unten verschmälert, am Grunde deutlich gegliedert, vorn asymmetrisch und spitz. Blütenstände scheinbar gipfelbürtig, bis 18 cm lang, mit hellbraunen, scheidigen Brakteen besetzt. Blüten sehr klein, nur 0,3–0,5 cm breit und hoch: weiß oder hell rosenrot, innen getüpfelt; Lippe purpurn berandet. Mittlere Sepale 2 mm lang, 1 mm breit, eiförmig, zurückgebogen; die seitlichen ebensogroß wie die mittlere, länglich, ein kurzes, stumpfes, geschwollenes Mentum bildend. Petalen 1,75 mm lang, 0,5 mm breit, läng-

lich-lanzettlich, spitz, zurückgebogen. Lippe 3,5 mm lang, 2 mm breit, fast ungeteilt, keilig-bootförmig, vorn in zwei Läppchen gespalten, gekräuselt. Platte etwas konvex. Säule sehr klein.
Verbreitung: Borneo, Sumatra, Java, Philippinen, Thailand und Malaya; eine Pflanze tiefer Lagen.
Geschichte: Die von C. Blume ursprünglich in der Gattung *Macrostonium* beschriebene Pflanze wurde von H. G. Reichenbach 1861 in »Walpers Annales« zu *Dendrobium* versetzt.
Anmerkung: Die Art ist nahe mit *Dendrobium rhodostele,* die sich durch purpurn behauchte Blüten mit aufrechten Sepalen und Petalen auszeichnet, verwandt.
Synonym: Macrostonium aloefolium Bl.

Dendrobium anosmum Lindl.

Stämme 60–120 cm lang, stielrund, ungefähr 0,8 cm im Durchmesser, bogig abstehend bis hängend, vielknotig, an jedem Knoten mit einer lokkeren Scheide besetzt. Blätter 12–18 cm lang, 2,5–3 cm breit, länglich-elliptisch, vorn spitz, hinfällig. Blüten einzeln oder zu zweit an den Knoten stehend, sehr augenfällig, 8–10 cm breit, stark duftend: rosa bis purpurlila, im Schlund der Lippe dunkler gefärbt; Säule weiß, am Gipfel rosa; Antherenkappe purpurn. Sepalen 4–6 cm lang, ungefähr 1 cm breit, lanzettlich, langspitzig oder spitzlich. Petalen 4,5–6 cm lang, bis 2 cm breit, länglich, spitz. Lippe 3,2–3,5 cm breit, breit-eiförmig, eingerollt, vorn spitz, an den Rändern sehr fein gezähnt; Platte fein flaumig behaart. Säule sehr kurz.
Verbreitung: Philippinen, Malayische Halbinsel, Laos, Vietnam und Neuguinea.
Geschichte: Aufgrund einer von den Philippinen durch die Firma Loddiges importierten Pflanze beschrieb J. Lindley diese Art 1845 im »Botanical Register«.
Synonyme: Dendrobium macrophyllum Lindl.; *D. superbum* Rchb. f. (dieser in jeder Hinsicht passendere und auch heute noch weithin bekannte Name ist leider jüngeren Datums und deshalb nicht länger verwendbar); *D. leucorhodum* Scholz; *D. scortechinii* Hook. f.

Dendrobium aphyllum (Roxb.) Fischer

Stämme schlank, hängend, 60–90 cm lang, 0,6–1 cm dick, durchweg beblättert. Blätter 5–12 cm lang, 2–3 cm breit, linealisch-lanzettlich oder schmal-eiförmig, vorn langspitzig, hinfällig. Blütenstände stark reduziert, 1–3blütig, an den Knoten alter Stämme stehend; Brakteen länglich, spitz. Blüten 5 cm breit, duftend, leicht zerbrechlich: Sepalen und Petalen weiß oder rosaviolett; Lippe cremefarbig oder bleichgelb, mit purpurvioletter Beaderung; Säule weiß. Sepalen 2,5–3 cm lang, 0,6–0,8 cm breit, länglich-lanzettlich, spitz. Petalen 2,5 cm lang, 1,5 cm breit, breitlänglich-elliptisch, stumpf. Lippe kurz genagelt, ungefähr 2,5 cm lang und breit, fast kreisrund, eingerollt, am Grunde röhrig, an den Rändern fein verbissen (fast bewimpert), fein flaumig behaart. Säule nur 0,9 cm lang.
Verbreitung: Von Nordost-Indien und China südwärts bis nach Malaya; in tropischen Tälern, bis zu ungefähr 300 m.
Geschichte: Die Pflanze wurde von W. Roxburgh an trockenen Felsenhängen in Südindien entdeckt und 1795 von ihm selbst in »Plants of the Coast of Coromandel« in der Gattung *Limodorum* beschrieben. C. E. Fischer versetzte sie 1928 in J. S. Gamble's »Flora of the Presidency of Madras« zu *Dendrobium.*
Anmerkung: Die Art ist nahe mit der kleineren *D. primulinum* Lindl., die außerdem eine andersgeformte etwas nierenförmige Lippe besitzt, verwandt. Auch *D. aduncum* zählt zu diesem Verwandtschaftskreis.
Synonyme: Dendrobium amoenum Lindl.; *D. pierardii* (Roxb.) Fischer; *Limodorum aphyllum* Roxb.

Dendrobium arachnites Rchb. f.

Pseudobulben 5–7,5 cm lang, 0,8–0,9 cm im Durchmesser, nach oben zu geschwollen, honiggelb, glänzend, mit 2–4 Blättern besetzt. Blätter 4–6,5 cm lang, bis 0,6 cm breit, linealisch-lanzettlich, vorn spitz. Blütenstände an alten Pseudobulben in Gipfelnähe stehend, 2–3blütig. Blüten ungefähr 6 cm breit, auffällig: Sepalen flammenfarbig; Lippe mit purpurner Streifung oder Beaderung; Säule weiß, mit orangefarbenem Gipfel. Sepalen und Petalen linealisch-lanzettlich, spitz; mittlere Sepale 2,2–3,5 mm lang, 0,3–0,5 mm breit, die seitlichen Sepalen 2,4–3,4 mm lang, 0,5–0,7 mm breit, mit dem Fuß der Säule ein kurzes, konisches Mentum bildend. Petalen 2,2–3,5 mm lang, 0,3 mm breit. Lippe 2,2–3,2 mm lang, 1,4 mm breit, geigenförmig, länglich, vorn spitzlich, so lang wie oder länger als die Sepalen, am Grunde mit zwei erhabenen Kielen. Säule sehr kurz, 3zähnig.
Verbreitung: Birma, Manipur, Indien.
Geschichte: Die Pflanze wurde 1874 von W. Boxall, der Exemplare an W. Bull nach England schickte, entdeckt. Die Firma Low & Co. brachte sie noch im gleichen Jahr zur Blüte. H. G. Reichenbach beschrieb die Art 1874 im »Gardeners' Chronicle«.

Dendrobium atroviolaceum Rolfe

Stämme 20–30 cm lang, 1,5 cm im Durchmesser, keulig-spindelförmig, mit tiefen Längsfurchen, anfangs grünlich, später gelbbraun, am Gipfel 2–4blättrig. Blätter 7,5–12,5 cm lang, 5–6 cm breit, eiförmig-länglich, dick lederig, vorn stumpf 2lappig, auf der Oberseite dunkelgrün, heller grün unten. Blütenstände unterhalb des Gipfels entspringend, 8- bis vielblütig, kaum länger als die Blätter; Brakteen klein, fast durchsichtig, länglich, spitz. Blüten kahl, 7,5 cm breit, duftend, langlebig: Sepalen und Petalen primelgelb oder grünlichweiß, in der Mitte purpurn getüpfelt; Lippe außen grün und purpurviolett am Gipfel, innen dunkelpurpurn gestreift. Mittlere Sepale 2,8–3 cm lang, bis 1,3 cm breit, eiförmig, stumpf; die seitlichen 3 cm lang, 1,3 cm breit, eiförmig-3eckig, spitz, sichelförmig gekrümmt, auf dem Rücken gekielt, gemeinsam ein breites, stumpfes, einwärtsgebogenes Mentum bildend. Petalen 2,8–3 cm lang, 1,3–1,7 cm breit, breitlänglich, spitz, unten an den Rändern wellig. Lippe 2 cm lang und breit, 3lappig; Seitenlappen halb-eiförmig, aufrecht, vorn etwas gekerbt; Mittellappen fast rhombisch, zurückgebogen, am Grunde mit zwei nach vorn in eine auslaufende Furche. Säule kurz, mit hakenförmigen Stelidien.
Verbreitung: Neuguinea.
Geschichte: Diese sehr augenfällige Pflanze wurde von R. A. Rolfe 1890 im »Gardeners' Chronicle« beschrieben und im »Botanical Magazine« (tab. 7271) abgebildet. Er hatte sie von der Firma Veitch & Sons, die sie auf der Ausstellung der Royal Horticultural Society gezeigt hatte, erhalten.

Dendrobium beckleri F. Mueller

Bis 90 cm hoher, im Alter herabhängender Epiphyt. Stämme übereinanderstehend, manchmal verzweigt, 2–12 cm lang, dünn, vielknotig. Blätter aufrecht, 2–16 cm lang, 0,2–1,2 cm im Durchmesser, stielrund oder stumpf 4kantig, tief gefurcht. Blütenstände 1- bis 4blütig; Brakteen sehr klein. Blüten 2,5–3,5 cm breit: weiß, cremefarbig oder rosa, mit dunkelpurpurnen Streifen auf den Sepalen und Petalen; Mittellappen

der Lippe purpurn berandet. Sepalen 1,5–2,4 cm lang, linealisch, spitz; die seitlichen ein 0,6–0,9 cm langes, aufrechtes Mentum bildend. Petalen 2 cm lang, 0,2 cm breit, sehr schmal-lanzettlich, spitz. Lippe 2–3 cm lang, 0,6–0,7 cm breit annähernd rhombisch, in der vorderen Hälfte 3lappig; Seitenlappen 3eckig; Mittellappen länger als die Seitenlappen, langspitzig, herabgebogen; Platte mit drei welligen, bis auf den Mittellappen reichenden parallelen Kielen. Säule 0,4–0,5 cm lang; ihr Fuß 0,9 cm lang.
Verbreitung: Neu-Südwales und Queensland in Australien, wo die Pflanze auf Bäumen (besonders *Casuarina*) in hellem Sonnenlicht wächst; in Küsten- und nahem Tiefland und Bergen bis zu 500 m Höhe.
Geschichte: Das Typusexemplar dieser Art wurde von Fitzgerald am Flusse Maccleary (N.S.W.) gesammelt und 1865 von F. von Mueller in »Fragmenta Phytographiae« beschrieben.
Synonyme: Dendrobium mortii Benth.; *D. striolatum* F.M. Bailey; *Callista beckleri* (F. Mueller) O. Kuntze.

Dendrobium bellatulum Rolfe

Pseudobulben gebüschelt, nur 2–10 cm lang, 1,5–1,8 cm im Durchmesser, ei- bis spindelförmig, mit warzigen Längsrippen; 2–4blättrig. Blätter 3–5 cm lang, 0,6–1,5 cm breit, riemenförmig bis schmal-elliptisch, lederig, mit schwarzen Haaren bedeckt. Blütenstände blattachselbürtig an beblätterten Stämmen, 1–3blütig. Blüten 3,5 cm breit, duftend: Sepalen und Petalen hell cremeweiß; Mittellappen der Lippe gelb, die Seitenlappen hochrot; Kiele der Platte karminrot; Säule karminrot. Mittlere Sepale 2 cm lang, 1 cm breit, länglich, spitz; die seitlichen 3–3,2 cm lang, bis 1 cm breit, 3eckig, ein kurzes stumpfes Mentum bildend. Petalen 2–2,5 cm lang, 0,8–1 cm breit, verkehrteiförmig-länglich, spitz. Lippe 2,5–3 cm lang, geigenförmig, 3lappig; Seitenlappen abgerundet; Mittellappen verkehrtherzförmig, vorn mit einer schmalen Bucht zwischen zwei Läppchen, zurückgebogen; Platte mit drei langen Leisten und jederseits mit einer kürzeren gezähnten (die mittlere Leiste mit keulenförmigem Ende) Säule oben verbreitert.
Verbreitung: Südliches Birma, Yunnan, Annam und Thailand; 900–1500 m.
Geschichte: Die Pflanze wurde 1898 auf Bäumen wachsend von A. Henry bei Mengtze in Yunnan entdeckt. Im Jahre 1900 sandte die Firma Veitch & Sons von E.H. Wilson gesammelte Pflanzen nach Kew; weitere Aufsammlungen wurden 1910 in Birma von dem eifrigen W. Micholitz für die Firma Sander eingebracht. R. Rolfe beschrieb die Art 1903 im »Journal of the Linnaean Society«.
Anmerkung: Von der nahe verwandten Art *D. margaritaceum* unterscheidet sich die Pflanze durch ihren geteilten und zurückgebogenen Mittellappen der Lippe. In vieler Hinsicht ist sie auch *D. williamsonii* ähnlich, ist aber eine wesentlich kleinere Pflanze.

Dendrobium bigibbum Lindl.

Stämme des schlanken, in kleinen Büscheln wachsenden Epiphyten 15–120 cm lang, 1–1,5 cm dick, schmal-zylindrisch, nach beiden Enden hin verschmälert, in der oberen Hälfte 3–12blättrig, grün oder rötlichpurpurn. Blätter 5–15 cm lang, 1–3,5 cm breit, eiförmig bis lanzettlich, vorn spitz, öfters rot gestreift oder behaucht. Blütenstände 1–4 je Stamm, waagerecht abstehend bis etwas hängend, 10–40 cm lang, bis 20blütig. Blüten augenfällig, weit offen, ungefähr 5 cm breit: weiß, lila oder purpurn; die Lippe immer dunkler gefärbt. Sepalen 1,5–3 cm lang, länglich, spitz; die seitlichen ein 1–2 cm langes Mentum bildend. Petalen bis 3 cm lang und 2 cm breit, spatelig-verkehrteiförmig oder annähernd kreisrund, etwas spitz. Lippe 1,5–2,5 cm lang, 2,5 cm breit, 3lappig, halb-verkehrteiförmig; Seitenlappen abgerundet, aufrecht über der Säule stehend; Mittellappen länglich, viel größer als die Seitenlappen, vorn etwas ausgerandet, Platte mit fünf Kielen, weißlich flaumig in der Mitte. Säule 0,4–0,6 cm lang, vorn flaumig behaart.
Verbreitung. Auf Kap York und den Inseln der Torres-Straße in Australien und Neuguinea; auf Felsen.
Geschichte: Die ersten lebenden Exemplare dieser Pflanze kamen bereits 1824 nach Kew. J. Lindley beschrieb die Art 1852 in »Paxton's Flower Garden«.
Anmerkung: Die Pflanze ist in der Kultur sehr geschätzt. Man unterscheidet zwei Varietäten: var. *bigibbum* und var. *compactum* C.T. White; var. *compactum* läßt sich leicht unterscheiden durch die kurzen, robusten Stämme und Petalen, die etwas von der mittleren Sepale wegstehen. *D. superbiens* soll eine natürliche Hybride zwischen *D. bigibbum* und *D. discolor* Lindl. sein.

Dendrobium bracteosum Rchb. f.

Stämme gebüschelt, aufrecht hängend, bis 45 cm lang, ungefähr 9knotig, am Grunde schlank, darüber dicker und fleischig, gefurcht, 6blättrig. Blätter 4–8 cm lang, 1–2 cm breit, riemenförmig oder länglich, nach beiden Enden zu verschmälert, lederig, reichgrün. Blütenstände kurz, beinahe kopfig, dicht 3–8- (manchmal mehr-) blütig; Brakteen fast so lang wie die Blüten, eiförmig, langspitzig. Blüten 2 cm lang und 2,5 cm breit, duftend, wachsartig: rosa oder purpurn, mit orangeroter Lippe. Mittlere Sepale 1–2 cm lang, lanzettlich, langspitzig; die seitlichen 3eckig, langspitzig, ein 0,8 cm langes Mentum bildend. Petalen 1–1,2 cm lang, verkehrteiförmig-lanzettlich, spitz. Lippe länglich-elliptisch bis spatelig, konkav, spitz, mit fleischiger glänzender Schwiele. Säule 0,4 cm lang, grün.
Verbreitung: Papua, Neuguinea, Neu Irland; in tieferen Lagen von Bergwäldern auf Bäumen wachsend; bis 500 m.
Geschichte: W. Micholitz entdeckte diese Pflanze in den Cloudy Mountains, Milne Bay in Neuguinea. H.G. Reichenbach beschrieb sie 1886 im »Gardeners' Chronicle«. Der Artname bezieht sich auf die außerordentlich langen Brakteen.

Dendrobium brymerianum Rchb. f.

Stämme 30–50 cm lang, 1–1,5 cm dick, im unteren Teil pseudobulbenartig, darüber stielrund oder spindelförmig, in der Mitte etwas verdickt, gefurcht, gelb, nur beim Gipfel beblättert. Blätter meistens nicht mehr als 6, 10–15 cm lang, 1,2–2,5 cm breit, keilig-länglich oder lanzettlich, papierartig, vorn langspitzig, 2zeilig angeordnet. Blütenstände ungefähr 11 cm lang, nahe beim Gipfel seitenständig, 1- bis wenigblütig. Blüten groß, 5–6 cm breit, kurzlebig: gelb. Mittlere Sepale und Petalen 3 cm lang, 1–1,2 cm breit, riemenförmig, stumpf; die seitlichen Sepalen 3 cm lang und 1,2 cm breit, eiförmig, stumpf; Mentum undeutlich ausgebildet. Lippe kurz genagelt, 5 cm lang, 3,5 cm breit, am Grunde herzförmig, darüber schmal-eiförmig, spitz, 3lappig, an den vorderen Rändern mit 1–2 cm langen, verzweigten Wimpern besetzt; Seitenlappen breit, viel dunkler gefärbt. Säule kurz.
Verbreitung: Birma, Laos und Thailand.
Geschichte: H.G. Reichenbach beschrieb diese Pflanze 1875 im »Gardeners' Chronicle« und benannte sie zu Ehren von W.E. Brymer aus Dorchester, der sie erstmals zum Blühen gebracht hatte. Eingeführt wurde sie von der Firma H. Low & Co.

Dendrobium bullenianum Rchb. f.

Stämme 25–60 cm lang, 0,5 cm im Durchmesser, schlank, etwas zickzackförmig, unten verschmä-

lert, vielknotig, gefurcht, mit Scheiden bekleidet. Blätter 7–14 cm lang, 1,5–2,8 cm breit, eiförmig-länglich, nicht lederig, vorn ungleichmäßig 2lappig. Blütenstände bis 6,5 cm lang, fast kugelförmig, dichtblütig, immer an den Knoten blattloser Stämme stehend; Brakteen papierartig, durchsichtig, spitz. Blüten 1,7–2 cm lang: orangefarbig bis gelb, mit roter und purpurner Streifung. Mittlere Sepale 0,6 cm lang, 0,25 cm breit, länglich, spitz; die seitlichen 1,8–2 cm lang, 0,4 cm breit, länglich, spitz, ein stumpfes, 0,4–0,5 cm langes Mentum bildend. Petalen 0,6 cm lang, 0,3 cm breit, schmal-lanzettlich. Lippe genagelt, 1,7 cm lang, 0,5 cm breit, rhombisch bis spatelförmig, vorn ausgerandet, auf dem Nagel mit einer halbmondförmigen Schwiele. Säule kurz, mit 3eckigen Stelidien und einer 3zähnigen Antherenkappe.
Verbreitung: Philippinen und Samoa.
Geschichte: Die Pflanze wurde erstmals durch die Firma Low & Co. in die Kultur eingeführt; als sie zur Blüte kamen, wurden sie 1875 von H.G. Reichenbach im »Gardeners' Chronicle« beschrieben. Er benannte sie nach Bullen, einem Orchideengärtner der Firma Low.
Synonym: Dendrobium topaziacum Ames.

Dendrobium canaliculatum R. Br.

Stämme der sehr verschiedengestaltigen Pflanze gebüschelt, 3–12 cm lang, 1,5–3 cm im Durchmesser, spindelförmig, nach dem Gipfel zu 2–6blättrig, im Alter längsfurchig, mit brakteenartigen Scheiden besetzt. Blätter 5–20 cm lang, 0,6–1,2 cm breit, linealisch bis fast zylindrisch, sehr fleischig, auf der Oberseite gerieft. Blütenstände aufrecht, 10–40 cm lang, vielblütig. Blüten 1,8–2,5 cm breit, duftend: vorwiegend hellgelbgrün und auf der Lippe mit purpurner oder violetter Zeichnung. Sepalen und Petalen ungefähr 1,5 cm lang, linealisch, etwas gedreht; Mentum spornartig, konisch, 0,5 cm lang. Lippe 1,5 cm lang, 0,9 cm breit, im vorderen Drittel 3lappig; Seitenlappen aufrecht, abgerundet; Mittellappen kreisrund, spitz; Platte mit drei Kielen, die bis zum Mittellappen reichen und dort wellig und kammartig werden. Säule 0,3–0,4 cm lang.
Verbreitung: Östliches Australien und Papua; fast ausschließlich auf papierrindigen Bäumen (z.B. *Melaleuca*-Arten), und oft in voller Sonne wachsend.
Geschichte: Die von Banks und Solander am Endeavor Fluß entdeckte Pflanze wurde von R. Brown 1810 in seinem »Prodromus Florae Novae Hollandiae« beschrieben.
Anmerkung: In der Natur kommt diese Art mit mehreren Varietäten vor.
Synonyme: Dendrobium tattonianum Batem.; *D. foelschei* F. Mueller.

Dendrobium capillipes Rchb. f.

Pseudobulben 10–15 cm lang, 2 cm im Durchmesser, spindelförmig, in dichten Büscheln wachsend, 6knotig, mit weißen, rotrandigen Scheiden bedeckt, hellgrün gestreift, im Alter gelb, in der Blüte immer blattlos. Blätter 10–15 cm lang, 1–1,5 cm breit, riemenförmig oder lanzettlich, langspitzig, nicht sonderlich straff. Blütenstände in Gipfelnähe entspringend, 12–15 cm lang, 1–4blütig; Brakteen winzig. Blüten 3 cm breit, duftlos: hellgelb mit orangefarbiger Mitte. Mittlere Sepale 1,5 cm lang, 0,7–0,8 cm breit, länglich-lanzettlich, spitz; die seitlichen ähnlich der mittleren aber 2–3 cm lang, ein stumpfes Mentum bildend. Petalen 1,5 cm lang und breit, länglich-eiförmig, stumpf. Lippe kurz genagelt, 2 cm lang, 2,5 cm breit, nierenförmig, 2lappig, gewimpert, am Grunde meistens mit einigen karminroten Linien, an den Rändern wellig. Säule klein; Antherenkappe am Gipfel 3lappig.
Verbreitung: Birma, China und Thailand; 800–1200 m.
Geschichte: Wie so viele Dendrobien-Arten wurde diese Pflanze von der Firma H. Low & Co. in Clapton importiert. H.G. Reichenbach beschrieb sie 1867 im »Gardeners' Chronicle«. Kew erhielt im Jahre 1872 eine Sendung lebender Pflanzen, die C. Parish am Sittang-Fluß in Birma gesammelt hatte.

Dendrobium chrysanthum Lindl.

Stämme 1–2 m lang, hängend, vielknotig, mit Längsfurchen, beblättert. Blätter 10–21 cm lang, 1–3,5 cm breit, eiförmig-lanzettlich, langspitzig, hell leuchtendgrün. Blütenstände an beblätterten Stämmen und den Blättern gegenüber stehend, ziemlich kurz, 1–3blütig. Blüten bis 5 cm breit, stark duftend, ungefähr 2 Wochen ausdauernd: goldgelb; Lippe am Grunde mit zwei kastanienbraunen Flecken (selten ohne diese Flecken: var. *anophtalanum* Rchb. f.). Sepalen länglich, stumpf; mittlere Sepale 1,6–2 cm lang, 0,8–0,9 cm breit; die seitlichen 1,7–2,1 cm lang, bis 1,1 cm breit. Petalen breiter als die Sepalen, 1,6–2 cm lang, verkehrteiförmig, stumpf, oben fein gezähnt. Lippe bis 3 cm breit, konkav, kreisrund bis fast nierenförmig, an den Rändern gezähnt, am Grunde eingerollt, auf der Platte und an den Rändern flaumhaarig. Säule kurz.
Verbreitung: Vom östlichen Himalaja bis Birma und Thailand.
Geschichte: Die Pflanze wurde von N. Wallich 1821 in Nepal gesammelt und in seinem Katalog benannt. J. Lindley beschrieb sie 1830 in seinen »Genera and Species of Orchidaceous Plants«.
Anmerkung: Die auch aus dem Himalaja und Thailand stammende Art *D. ochreatum* Lindl. (syn. *D. cambridgeanum* Paxt.) zeichnet sich durch breitere Sepalen und eine auf der Außenseite stark behaarte Lippe aus.
Synonym: Dendrobium paxtonii Lindl.

Dendrobium chrysotoxum Lindl.

Stämme gebüschelt, 12–30 cm lang, keulenförmig oder spindelig, vielkantig, am Gipfel stark verdickt und 2–4blättrig, mit weißlichen häutigen Scheiden bekleidet. Blätter 10–15 cm lang, bis 2,5 cm breit, länglich bis lanzettlich, vorn spitz, lederig. Blütenstände locker, gebogen bis hängend, 15–20 cm lang, 12–21blütig; Brakteen winzig. Blüten 4–5 cm breit, stark duftend: golden und gelborangefarbig. Sepalen 2 cm lang, 0,7–0,8 cm breit, länglich, stumpf; Mentum nur schwach entwickelt, abgerundet. Petalen 2,2 cm lang, 1,5 cm breit, verkehrteiförmig, abgerundet oder stumpf. Lippe 2 cm lang, 2,3 cm breit, am Grunde dickfleischig, an den Rändern gefranst, dicht behaart. Säule kurz, auf jeder Seite der Antherenkappe mit einem stumpfen Zahn.
Verbreitung: Assam, Birma, Thailand, Yunnan und Laos.
Geschichte: Die Pflanze wurde aus Indien erstmals von der Firma Henderson nach England importiert. J. Lindley beschrieb sie 1847 im »Botanical Register«.
Anmerkung: Von der nahe verwandten Art *D. griffithianum* (siehe dort) unterscheidet sich die Pflanze durch die stark behaarte Lippe.
Synonym: Dendrobium suavissimum Rchb. f.

Dendrobium crepidatum Lindl.

Stämme gebüschelt, 15–45 cm lang, fast aufrecht bis hängend, stielrund, gestreift, vielknotig, wenigblättrig (etwa 5–9), zwischen den Knoten mit papierartigen Scheiden besetzt. Blätter 5–12 cm lang, 1–1,5 cm breit, länglich bis schmal-lanzettlich, vorn spitz. Blütenstände an den Knoten blattloser Stämme entspringend, 1–3blütig. Blüten 2,5–4,5 cm breit, langlebig, duftend: Sepalen

und Petalen weiß, mit rosa Spitzen; Lippe weiß, vorn rosa oder magentarot, auf der Platte orangegelb. Sepalen 2 cm lang, 1,2 cm breit, länglich, stumpf; Mentum kurz und ziemlich stumpf. Petalen 2 cm lang, 1,2 cm breit, breit-eiförmig, stumpf. Lippe kurz genagelt, 2,5 cm lang, 1,8–2 cm breit, verkehrteiförmig, vorn abgerundet, an den Rändern schwach gewellt; Platte etwas konkav, kahl oder flaumig behaart. Säule sehr kurz.
Verbreitung: Indien, Assam, Sikkim und Birma.
Geschichte: In der Kultur brachte Holford diese reizvolle Pflanze erstmals zur Blüte. J. Lindley beschrieb und illustrierte sie 1850 in »Paxton's Flower Garden«.
Anmerkung: Nahe verwandt mit *D. aphyllum*, hat aber robustere Blüten.
Synonyme: Dendrobium lawanum Lindl.; *D. roseum* Dalz.

Dendrobium dearei Rchb. f.

Stämme 60–90 cm lang, aufrecht, oben etwas verdickt, durchweg beblättert, mit Längsfurchen, auf den Scheiden schwarz behaart. Blätter 5–23 cm lang, 2,5–5 cm breit, 2zeilig angeordnet, länglich riemenförmig, lederig, vorn stumpf, die oberen ausdauernd. Blütenstände 6–18blütig, zu mehreren an jedem Stamm; Brakteen winzig, 3eckig. Blüten langlebig, 5–6 cm breit: schneeweiß, mit lindgrüner oder gelber Färbung am Grunde. Fruchtknoten geflügelt. Sepalen 2,5 cm lang, 0,8 cm breit, eiförmig, langspitzig, gekielt; Mentum pfriemlich, fein verdünnt. Petalen 2,5 cm lang und breit, breit-eiförmig, stumpf. Lippe 2,5 cm lang, länglich, 3lappig; Seitenlappen sehr klein, stumpf; Mittellappen eiförmig, vorn stumpf und ausgerandet, gekräuselt; Platte von fünf wenig wahrnehmbaren Linien durchzogen. Säule am Grunde stark erweitert.
Verbreitung: Philippinen.
Geschichte: Die Pflanze wurde zum erstenmal auf einer kleinen Insel bei Mindanao gesammelt und 1882 von den Firmen Low, Veitch und Sanders gleichzeitig in die Kultur eingeführt. H.G. Reichenbach erhielt von Low und einem Colonel Deare (Artname!) zwei Exemplare, die er seiner Beschreibung im »Gardeners' Chronicle« zugrunde legte.

Dendrobium delacourii Guill.

Stämme 14–46 cm lang, elegant spindelförmig, durchweg beblättert, 5–6knotig. Blätter kräftig, 8–12 cm lang, 2,5–3 cm breit, schmal-länglich,

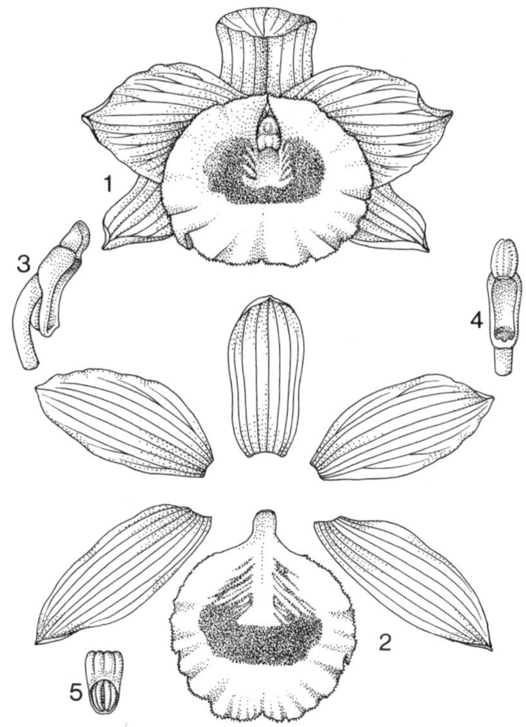

Dendrobium denneanum
1 = Blüte von vorn (× $1^{1}/_{5}$)
2 = Blütenanalyse (× $1^{1}/_{5}$)
3 = Säule von der Seite (× $1^{1}/_{5}$)
4 = Säule von vorne (× $1^{1}/_{5}$)
5 = Anthere (× 3)

papierartig, vorn spitz oder schief eingeschnitten. Blütenstand halbaufrecht oder nickend, fast gipfelbürtig, 12–30 cm lang, locker 6–20blütig, hellgrün. Blüten ungefähr 1,6 cm breit, bleichgrün, Lippe gelb berandet und mit braunen und purpurnen Schlieren. Mittlere Sepale ungefähr 1 cm lang, riemenförmig, stumpf; die seitlichen 3eckig, sichelartig, etwas herab- und zurückgebogen; Mentum kurz, stumpf oder abgerundet. Petalen 1,2 cm lang, linealisch, am Grunde keilförmig, stumpf. Lippe 1,2 cm lang, 1 cm breit, ungeteilt oder schwach 3lappig, keilförmig, eingerollt; Seitenlappen meistens kaum wahrnehmbar, einwärtsgebogen; Mittellappen 3eckig, mit erhobenen Spreuschuppen; Schwiele am Grunde ausgehöhlt, vorn mit drei Leisten.
Verbreitung: Birma, Thailand und Indochina; 800–1300 m.
Geschichte: C. Parish entdeckte diese Pflanze am Maymyo Plateau in Birma und sandte lebendes Material an die Firma H. Low & Co. in England. Sir William Hooker beschrieb und illustrierte die Art 1864 im »Botanical Magazine« unter dem von C. Parish vorgeschlagenen Artnamen *ciliatum;* leider handelt es sich hierbei um ein späteres Homonym: der frühest eingeführte Name für diese Pflanze ist *D. delacourii* Guill. (»Bulletin du Muséum d'Histoire Naturelle«, Paris 1924).
Synonym: Dendrobium ciliatum Hook.

Dendrobium denneanum A.F.G. Kerr

Diese Art aus Laos ist nahe mit *D. chrysanthum* verwandt, läßt sich aber von ihr unterscheiden durch kürzere, kräftigere, aufrechte Stämme; elliptische lederige, vorn stumpfe Blätter und durch große Blüten, deren Sepalen auf der Außenseite keine kammartigen Kiele zur Schau tragen.
Synonym: D. clavatum Wall.

Dendrobium densiflorum Lindl.

Stämme gebüschelt, aufrecht, 30–50 cm lang, ungefähr 2 cm dick, 7–12knotig, spindelig, undeutlich 4kantig, am dicksten um die Mitte herum, grün, nach dem Gipfel zu 3–5blättrig, an jedem Knoten mit einer weißen Scheide. Blätter bis 16 cm lang, 2–2,5 cm breit, lanzettlich oder eiförmig, spitz, ausdauernd. Blütenstände hängend, seitlich unterhalb des Stammgipfels inseriert, bis zu 26 cm lang, breit zylindrisch, dicht vielblütig; Brakteen lanzettlich, spitz. Blüten 4–5 cm breit, zart duftend: Sepalen und Petalen hellgelb; Lippe aus orangefarbenem Grunde gelb. Sepalen 2–2,5 cm lang, eiförmig-länglich, stumpfspitzig; Mentum fast kugelig. Petalen kurz genagelt 2–2,5 cm lang, fast kreisrund, an den Rändern nach unten hin fein gezähnt. Lippe genagelt, eingerollt; über dem Nagel 2,2 cm lang, 2–8 cm breit, kreisrund, an den Rändern gefranst, auf der Platte flaumig behaart. Säule kurz.
Verbreitung: Nepal, Sikkim, Assam und Birma; bis 1500 m.
Geschichte: Die ersten in Europa bekannten Exemplare dieser Pflanze wurden durch N. Wallich vom Botanischen Garten zu Kalkutta an die Royal Horticultural Society in London geschickt; in seinem Katalog erscheinen sie unter der Nummer 2000. J. Lindley beschrieb die Art 1831 in »Genera and Species of Orchidaceous Plants«.
Synonym: Dendrobium schroederi hort.;
Anmerkung: Die var. *albo-lutea* hort. (*D. thyrsiflorum* Rchb. f.) unterscheidet sich von der typischen Varietät durch einen wenigerblütigen Blütenstand, weiße oder cremefarbene Sepalen und Petalen und einen leicht gefurchten Stamm (nicht ausgeprägt 4kantig wie oben).

Dendrobium denudans D. Don

Stämme der kleinen Pflanze bis 20 cm lang und 1 cm dick, gelb, mit lockeren trichterartigen Scheiden bedeckt. Blätter ziemlich dünn, 9–10 cm lang, 1–1,5 cm breit, lanzettlich oder länglich. Blütenstände einzeln oder zu mehreren an blattlosen Stämmen erscheinend, fast aufrecht, gebogen oder überhängend, gipfel- oder seitenbürtig, traubig, dicht wenig- bis vielblütig, bis 15 cm lang; Brakteen winzig. Blüten ungefähr 2,5 cm breit: weiß, grünweiß oder gelblichgrün; Lippe innen mit roten Streifen. Mittlere Sepale und Petalen bis 2,5 cm lang und 1 cm breit, linealisch-lanzettlich, langspitzig; die seitlichen 3eckig, ein stumpfes, gebogenes Mentum bildend. Lippe 2,5 cm lang, stark gebogen, mit eingeschlagenen Rändern, 3lappig; Seitenlappen sichelig, stumpfspitzig, an den Rändern gesägt; Mittellappen 3eckig, langspitzig, an den Rändern gekräuselt; Platte von zwei Längsstreifen durchzogen; Säule dünn.
Verbreitung: Nepal und Sikkim; 1200–2000 m.
Geschichte: Die Pflanze wurde von N. Wallich in Nepal gesammelt und von D. Don in seinem »Prodromus Florae Nepalensis« 1825 veröffentlicht. In die Kultur wurde sie durch die Firma Veitch & Sons in Exeter eingeführt.
Anmerkung: Siehe auch bei *D. eriaeflorum.*

Dendrobium discolor Lindl.

Stämme der sehr großen Pflanze zu wenigen bis vielen gebüschelt, 30–500 cm lang, 1–5 cm dick, zylindrisch aber an beiden Enden etwas verdünnt, ganz am Grunde geschwollen, im oberen Zweidrittel beblättert. Blätter 5–15 cm lang, 2–5 cm breit, eiförmig oder elliptisch, vorn stumpf, lederig. Blütenstände je Stamm 1–6, von den oberen Knoten ausgehend, 20–60 cm lang mehr oder minder waagerecht, arm- bis reichblütig. Blüten sehr groß, 3–8 cm breit, wachsartig, nach Honig duftend, langlebig: matt gelbbraun, goldbraun oder bronzefarben, im Verblühen rötlich. Sepalen und Petalen 2,5–3,5 cm lang, gedreht und wellig; Mentum 1–2 cm lang, dünn, gerade oder etwas gebogen. Lippe 1,5–2,5 cm lang, 0,8–1,5 cm breit, oberhalb der Mitte 3lappig; Seitenlappen aufrecht, abgerundet; Mittellappen 3eckig, spitz; Platte mit fünf welligen parallelen, bis zur Basis des Mittellappens laufenden Leisten; Säule nur 0,3–0,6 cm lang.
Verbreitung: Auf der Kap York Halbinsel (Australien); den Inseln der Torres-Straße und in Papua; zu finden auf Bäumen und Felsen im offenen Sonnenlicht.
Geschichte: J. Lindley beschrieb diese höchst attraktive Pflanze 1841 im »Botanical Register« aufgrund einer von der Firma Loddiges kultivierten Pflanze. Der Entdecker der Art war Joseph Banks, der sie beim Endeavor Fluß gesammelt hatte; die auf seinem Exemplar fußende Beschreibung R. Browns von 1810 ist leider ungültig.
Synonyme: Dendrobium undulatum R. Br.; *D. andersonianum* Bailey.

Dendrobium dixanthum Rchb. f.

Stämme der großen Pflanze 45–100 cm lang, aufrecht, stielrund, in der Mitte kaum merklich verdickt, meistens 4blättrig. Blätter 7,5–17 cm lang, bis ungefähr 1 cm breit, bandförmig oder lanzettlich, halbaufrecht, vorn spitz oder langspitzig. Blütenstände ungefähr 5 cm lang, erst nach dem Blattfall an den Stammknoten erscheinend, 2–5blütig. Blüten bis 4 cm breit: gelb, mit roten Schlieren jederseits am Grunde der Lippe. Mittlere Sepale 2,5–2,8 cm lang, bis 1 cm breit, länglich-lanzettlich, spitz; die seitlichen der mittleren ähnlich, ein kurzes stumpfes Mentum bildend. Petalen 2–3 cm lang, 1,3 cm breit, länglich, stumpf, an den Rändern fein eingesägt. Lippe kurz genagelt, 2–5 cm lang, 1,8–2 cm breit, fast kreisrund, eingerollt, vorn in zwei Läppchen geteilt, an den Rändern gesägt und gefranst, auf der Platte fein flaumig behaart. Säule kurz, gelb.
Verbreitung: Birma.
Geschichte: Wie so viele wurde auch diese Pflanze von C. Parish in der Umgebung von Moulmein gefunden; er sandte 1864 lebendes Material an die Firma H. Low & Co. nach Clapton. H.G. Reichenbach beschrieb die Art im folgenden Jahr im »Gardeners' Chronicle«.
Synonym: Dendrobium moulmeinense Hook. f.

Dendrobium draconis Rchb. f.

Stämme gebüschelt, 30–45 cm lang, 1–1,3 cm dick, spindelig bis keulenförmig, 8–9knotig, mit schwarzbehaarten Scheiden besetzt. Blätter 6–10 cm lang, 1–2 cm breit, riemenförmig oder lanzettlich, vorn spitz oder schief eingeschnitten, dunkelgrün, ziemlich lederig. Blütenstände an den oberen Stammknoten stehend, 2–5blütig; Brakteen winzig. Blüten 6–7 cm breit, duftend: elfenbeinweiß, im Innern des Mentums und am Grunde der Lippe karminrot oder gold gezeichnet. Mittlere Sepale 4 cm lang, 1 cm breit, lanzettlich, langspitzig; die seitlichen ähnlich, ein 2 cm langes pfriemliches Mentum bildend. Petalen 4 cm lang, 1,5 cm breit, länglich-lanzettlich, langspitzig. Lippe bis 5,5 cm lang und 2 cm breit, am Grunde keilförmig, 3lappig; Seitenlappen klein, öhrchenartig, abgerundet; Mittellappen länglich, an den Rändern wellig; Platte von drei erhabenen Linien durchzogen.
Verbreitung: Birma, Thailand und Indochina; sehr häufig vorkommend.
Geschichte: Die Pflanze wurde von C. Parish erstmals gesammelt; er schickte lebendes Material an die Firma H. Low & Co. in Clapton, wo sie, wie auch ein von ihnen an Day verkauftes Exemplar, 1862 zur Blüte gebracht wurde. H.G. Reichenbach beschrieb die Art im gleichen Jahr in der »Botanischen Zeitung«.
Anmerkung: Die Art ist nahe mit *D. longicornu* (siehe dort) verwandt, besitzt jedoch viel kürzere Stämme, breitere Blätter und einen größeren Mittellappen der Lippe.
Synonyme: Dendrobium andersonii J. Scott; *D. eburneum* Rchb. f.

Dendrobium eriaeflorum Griff.

Stämme der Zwergpflanze bis 25 cm lang, gebüschelt, gelb, am Grunde fleischig verdickt, darüber rechteckig, mit locker sitzenden Scheiden bedeckt, ungefähr 9blättrig. Blätter 7–12 cm lang, 1 cm breit, länglich oder lanzettlich, vorn stumpf, hinfällig. Blütenstände den Blättern gegenüber entspringend, ungefähr 8 cm lang, 5–10blütig, mit winzigen Brakteen. Blüten ziemlich klein, weniger als 1 cm breit: Sepalen grünlichweiß bis gelblich; Petalen weiß; Lippe gelb mit purpurner Beaderung und grünen Leisten. Mittlere Sepale und Petalen 1–1,4 cm lang, lanzettlich, langspitzig; die seitlichen schwach 3eckig, langspitzig, sichelig einwärts gekrümmt, Mentum konisch, einwärts gebogen, stumpf. Lippe 0,6–0,8 cm lang, annähernd rhombisch, schwach 3lappig; Seitenlappen mit gekerbt-gesägten Rändern; Mittellappen 3eckig, fleischig, an den Rändern gekräuselt. Säule gebogen, am Gipfel fein gesägt.
Verbreitung: Indien, Birma, Sikkim und Assam; in tropischen Tälern; ungefähr 1200 m.
Geschichte: W. Griffith entdeckte diese Pflanze in Ost-Bengalen und veröffentlichte die Artbeschreibung in seinen »Notulae Botanicae« 1851.
Anmerkung: Die Pflanze ist nahe mit *D. denudans* verwandt, welche sich jedoch durch viel größere Blüten mit schmaleren Sepalen und Petalen und eine tiefer geteilte Lippe unterscheidet.

Dendrobium farmeri Paxt.

Stämme 20–30 cm lang, 2–2,5 cm breit, am Grunde haselnußartig geschwollen, nach oben hin zunehmend und deutlich 4kantig, 2–4blättrig. Blätter 8–18 cm lang, 3,5 cm breit, eiförmig-lanzettlich, vorn spitz oder langspitzig, lederig. Blütenstände 20–30 cm lang, hängend, an blattlosen Stämmen erscheinend, dicht 14–35blütig; Brakteen klein, länglich. Blüten 5 cm im Durchmesser: Sepalen und Petalen weiß oder zartlila; Lippe gelb. Sepalen 2–2,5 cm lang, 1–1,2 cm breit, eiförmig-länglich; die seitlichen ein sehr kurzes, abgerundetes Mentum bildend. Petalen 2–2,5 cm lang, bis 2 cm breit, fast kreisrund. Lippe bis 2,2 cm lang und breit, kreisrund, kurz genagelt, auf beiden Seiten einwärts geschlagen, an den Rändern ausgebissen; Platte mit kurzen Flaumhaaren. Säule sehr kurz.
Verbreitung: Himalaja, Birma, Thailand und Malaya.
Geschichte: Die Pflanze wurde von McClelland vom Botanischen Garten in Kalkutta an W.F. Farmer nach Cheam (Surrey) gesandt. Ursprünglich war sie in Malaya gesammelt worden, wo sie in Urwäldern auf an Flußufern überhängenden Bäumen wuchs. J. Paxton beschrieb die Art 1849 in »Paxton's Magazine of Botany«.
Anmerkung: Die Art ist sehr nahe mit *D. palpebrae* verwandt; diese unterscheidet sich durch eine Reihe langer Haare am Grunde der Lippe. Die ihr auch nahestehende Art *D. densiflorum* besitzt einen dichteren Blütenstand und weniger deutlich 4kantige Stämme.
Synonym: Dendrobium densiflorum Lindl. var. *farmeri* (Paxt.) Regel.

Dendrobium fimbriatum Hook.

Stämme der großen Pflanze bis über 120 cm lang, aufrecht, gebogen, überhängend oder völlig hängend, in der Mitte am dicksten, vielblättrig, anfangs gelb, später grün. Blätter 8–15 cm lang, 2–3 cm breit, länglich bis lanzettlich, vorn spitz oder langspitzig, hinfällig. Blütenstände bis 18 cm lang, am Gipfel blattloser Stämme erscheinend, herabhängend, 6–15blütig; Brakteen winzig, 3eckig. Blüten groß, bis 8 cm breit, sauer duftend. Sepalen und Petalen hell orangegelb; Lippe tief orangegelb (siehe auch unten). Mittlere Sepale und Petalen 2,5–3 cm lang, 1,2–1,8 cm breit, länglich, stumpfspitzig, an den Rändern verbissen; die seitlichen Sepalen ebenso groß aber eiförmig, ein kurzes sackartiges Mentum bildend. Lippe kurz genagelt, fast kreisrund, 2,5–3 cm lang, bis 3 cm breit, dicht flaumig behaart, an den Rändern gefranst.
Verbreitung: Nepal, Birma, Thailand, Indochina und Malaya.
Geschichte: Die Pflanze wurde von Sir William Hooker 1823 in seiner »Exotic Flora« beschrieben. Die var. *oculatum* beruht auf einer von N. Wallich in Nepal gesammelten Pflanze, die in Europa 1843 erstmals im Botanischen Garten zu Liverpool zur Blüte kam.
Anmerkung: Man unterscheidet neben der typischen Varietät folgende zwei: var. *oculatum* Hook.f.; sie besitzt einen kastanienbraunen Fleck auf der Lippe und ist in der Kultur am häufigsten anzutreffen. Var. *gibsonii* Finet; sie zeigt zwei solche Flecke. *Dendrobium fimbriatum* ist nahe mit *D. moschatum* wie auch mit *D. pulchellum* verwandt: die eine besitzt eine pantoffelartige Lippe, die andere hat kupferorangefarbige Blüten.
Synonym: Dendrobium paxtonii Paxt.

Dendrobium findleyanum Par. et Rchb. f.

Stämme 5–50 cm lang, bis 2 cm dick, mit mehr als 7 Knoten, 2seitig zusammengepreßt, an den Knoten stark geschwollen, anfangs grün, im Alter gelb und runzelig. Blätter hinfällig, bis 9 cm lang und 1,5 cm breit, schmal-elliptisch oder lanzettlich, vorn spitz, hellgrün. Blütenstände hängend, in Gipfelnähe entspringend, 2blütig; Brakteen sehr klein, 3eckig. Blüten 7–8 cm breit, duftend, langlebig: Sepalen und Petalen hellila, nach unten hin weiß werdend; Lippe an der Basis tiefgelb, an den Rändern hellila und mit einem magentaroten Fleck auf dem Nagel; Säule mit zwei tiefpurpurnen Streifen. Mittlere Sepale länglich-lanzettlich, stumpf; die seitlichen länglich, stumpf, ein sehr kurzes Mentum bildend. Petalen länglich, stumpf. Lippe kurz genagelt, breit-eiförmig, spitz, im unteren Teil eingerollt, schwach behaart. Säule kurz, fleischig.
Verbreitung: In den Gebirgen von Birma und Thailand.
Geschichte: C. Parish und Findley entdeckten die Pflanze 1869 in Birma; C. Parish beschrieb sie gemeinsam mit H.G. Reichenbach in den »Transactions of the Linnaean Society« 1877. In der Kultur kam die Art erstmals in der Pflege von Sir Trevor Lawrence in Dorking zum Blühen.

Dendrobium formosum Roxb.

Pseudobulben des mittelgroßen Epiphyten aufrecht, 22–45 cm lang und 1,2–1,4 cm im Durchmesser, stielrund, im oberen Zweidrittel beblättert. Blätter abstehend, bis 12,5 cm lang und 3,2 cm breit, länglich-elliptisch, vorn stumpf, lederig, unten von einer behaarten, schlauchartigen Scheide gegliedert. Blütenstände 1–5blütig, traubig, endständig oder von den Knoten in Gipfelnähe seitenständig; Brakteen kurz, eiförmig, scheidig. Blüten sehr auffällig, 7,5–12,5 cm breit, weiß mit gelber Lippe. Sepalen 4–6 cm lang und 1,2–2,5 cm breit, länglich-lanzettlich, spitzlich, gekielt. Petalen bis 6 cm lang und 3,6 cm breit, eiförmig oder fast kreisförmig, mit etwas ausgezogener Spitze, an den Rändern wellig. Lippe undeutlich 3lappig, ungefähr 5 cm lang und 4 cm breit, umgekehrt keilig oder breit eiförmig, vorn gestutzt und mit feinem aufgesetztem Spitzchen; Seitenlappen klein, kaum wahrnehmbar, aufrecht; Mittellappen verbreitert, mit gewellten Rändern; Platte mit zwei warzigen Mittelleisten. Säule ziemlich breit, ein bis zu 3 cm langes Mentum bildend.
Verbreitung: Nepal bis Birma und Thailand; bis zu 2300 m.
Geschichte: Unter Zugrundelegung einer von N. Wallich in Nepal gesammelten Pflanze beschrieb W. Roxburgh diese Art 1832 in seiner »Flora Indica«.
Synonym: D. infundibulum Rchb. f. non Lindl.

Dendrobium gouldii Rchb. f.

Stämme der epiphytischen oder terrestrischen Pflanze dicht gebüschelt, bis 200 cm lang, meistens spindelförmig, vielknotig, armblättrig, grün. Blätter 2zeilig angeordnet, bis 15 cm lang, 3–8 cm breit, eiförmig bis länglich, vorn stumpf, lederig, anfangs purpurrot behaucht. Blütenstände bis 70 cm lang, aufrecht oder gebogen, vielblütig. Blüten ungefähr 6 cm breit: weiß oder hellviolett und mit violetten Linien auf der Lippe bis gelb und kastanienbrauner Überfärbung. Sepalen nach hinten gebogen, gekräuselt und schwach wellig; die seitlichen ein spornartiges, herabgekrümmtes, bis 1 cm langes grünliches Mentum bildend. Petalen schief-spatelförmig, leicht gedreht, bis 3,4 cm lang. Lippe über der Mitte 3lappig; Seitenlappen halb-elliptisch, oben abgerundet; Mittellappen elliptisch, stumpf; Platte mit fünf erhabenen, bis auf den Mittellappen reichenden Leisten: die mittlere am längsten und am Ende mit einer aufwärts gerichteten Spitze, die anderen mit erhobenen und abgeflachten Enden.
Verbreitung: Nordküste von Neuguinea, Pazifische Inseln.
Geschichte: Die Pflanze wurde 1867 von H.G. Reichenbach beschrieben.

Anmerkung: Die weite Verbreitung dieser Pflanze und die Verschiedenheit ihrer Standorte macht es verständlich, daß sie sehr verschiedengestaltig ist und deshalb in der Kultur unter mehreren Namen bekannt ist. Aus Neuguinea stammen vorwiegend weiß- und lilablühende Formen, während gelb- und braunblütige von der Insel Guadalcanal kommen. *D. gouldii* wurde weitgehend in Kreuzungsprogrammen verwendet.
Synonyme: Dendrobium veratrifolium Rolfe; *D. lineale* Rolfe; *D. imthurnii* Rolfe.

Dendrobium gracilicaule F. Mueller

Stämme des hohen, schlanken, in kleinen Gruppen wachsenden Epiphyten aufrecht, 20–60 cm lang, 5–6 cm dick, zylindrisch aber an der Basis geschwollen, nahe am Gipfel 3–6blättrig, grau oder graugrün. Blätter 6–15 cm lang, 2–4 cm breit, schmal-lanzettlich bis eiförmig, vorn langspitzig, verhältnismäßig dünn. Blütenstände 5–12 cm lang, 5–30blütig; Brakteen winzig. Blüten 1–2 cm breit, mehr oder minder tassenförmig, duftend: mattgelb und mit rotbraunen Flekken auf der Rückseite der Sepalen. Sepalen 1–1,3 cm lang, 0,3–0,8 cm breit, länglich-eiförmig, stumpfspitzig. Petalen ungefähr 1 cm lang, linealisch, schwach gebogen, spitz. Lippe 0,8 cm lang, 0,6 cm breit, gebogen, 3lappig; Seitenlappen verkehrteiförmig, spitz; Mittellappen eiförmig, spitz; Platte mit drei, bis zum Mittellappen reichenden, parallelen Leisten. Säule 0,3 cm lang.
Verbreitung: Von Zentral-Neuwales bis zum Kap York und in Queensland; auf Bäumen des Regenwaldes.
Geschichte: Die Pflanze wurde erstmals von W. Hill in der Moreton Bay gesammelt und 1859 von F. von Mueller in »Fragmenta Phytographiae Australiae« beschrieben. Soweit bekannt, wurde die Art in Europa erstmals 1883 in den Royal Botanical Gardens zu Kew kultiviert; sie stammte von J.F. Roberts aus Melbourne, Australien.
Anmerkung: Die Art ist nahe mit *D. kingianum* verwandt.
Synonyme: Dendrobium elongatum A. Cunningham; *D. brisbanense* Rchb. f.; *D. fellowsii* F. Mueller; *D. jonesii* Rendle; *Callista gracilicaulis* (F. Mueller) O. Kuntze.

Dendrobium gratiosissimum Rchb. f.

Stämme 30–90 cm lang, ungefähr 10knotig und bis 10blättrig, an den Knoten geschwollen. Blätter 7–10 cm lang, 1–1,5 cm breit, linealisch-riemenförmig, vorn unregelmäßig 2lappig, hinfällig; Blattscheiden rötlich. Blütenstände an allen Knoten blattloser Stämme inseriert, 1–3blütig. Blüten 6–7 cm breit: Sepalen und Petalen rosa oder weiß, mit rosapurpurnen Spitzen; Lippe weiß, mit rosa oder rosapurpurnen Rändern; Platte gelb, mit roten oder purpurnen Linien. Sepalen 3–3,5 cm lang, bis 1 cm breit, lanzettlich, langspitzig; die seitlichen ein sehr kurzes, abgerundetes Mentum bildend. Petalen 3–3,5 cm lang, 1,8–2 cm breit, länglich, spitz. Lippe 3 cm lang, 2,5 cm breit, am Grunde eingerollt und eiförmig, darüber fast herzförmig, stumpfspitzig. Säule kurz.
Verbreitung: Birma und Thailand.
Geschichte: Wie so viele wurde auch diese Pflanze von dem Missionar C. Parish in der Umgebung von Moulmein in Birma entdeckt und durch die Firma Low & Co. in die Kultur eingeführt. H.G. Reichenbach beschrieb sie 1865 in der »Botanischen Zeitung«.
Synonyme: Dendrobium boxallii Rchb. f.; *D. bullerianum* Batem. (unter diesem Namen noch immer am besten bekannt).

Dendrobium griffithianum Lindl.

Stämme 30–45 cm lang, 1,5–2,5 cm im Durchmesser, keulenförmig-spindelig, am Gipfel auffallend dick, ungefähr 5knotig, tief gefurcht, am Gipfel 2blättrig (selten 3blättrig) glänzendgelb. Blätter bis 10 cm lang, 3–4 cm breit, eiförmig oder länglich, vorn spitz, unten sehr kurz gestielt, lederig. Blütenstände aufrecht bis hängend, bis 15 cm lang, locker wenig- bis vielblütig; Brakteen klein. Blüten bis 4 cm breit, kurzlebig, duftlos: gelb (Lippe dunkler). Sepalen ungefähr 1 cm lang, länglich, stumpfspitzig; die seitlichen ein etwa 0,5 cm langes stumpfes Mentum bildend. Petalen halbkreisrund, stumpf, an den Rändern gewimpert. Lippe kurz genagelt, unten eingerollt, sonst an den Rändern gewimpert.
Verbreitung: Birma und Thailand.
Geschichte: W. Griffith entdeckte diese Pflanze 1834 bei Limjaik in Birma; er sandte ein Exemplar an J. Lindley, der die Art 1836 im »Botanical Register« veröffentlichte.
Anmerkung: Die Art wird manchmal mit *D. densiflorum* verwechselt; diese besitzt jedoch anders geformte Blätter, im allgemeinen längere Stämme, einen dichteren Blütenstand und besser entwickelte Brakteen.

Dendrobium hercoglossum Rchb. f.

Stämme des kleinen bis mittelgroßen Epiphyten gebüschelt, bis 35 cm lang und 0,7 cm im Durchmesser, schlank, fast völlig von Blattscheiden bedeckt. Blätter 2zeilig angeordnet, bis 10 cm lang, 0,4–1,1 cm breit, linealisch-lanzettlich, vorn stumpf und schief eingeschnitten. Blütenstände an blattlosen oder beblätterten Stämmen erscheinend, 2–5blütig; Blütenstandachse bis 4 cm lang, etwas zickzackförmig; Brakteen 0,4 cm lang, eiförmig, nicht fleischig, spitz. Blüten verhältnismäßig klein, aber augenfällig: Sepalen und Petalen leuchtend magentarot, nach der Basis hin bleicher werdend; Lippe weiß, grün oder cremefarbig behaucht und an der Spitze leuchtend magentarot. Sepalen und Petalen einander ähnlich, abstehend, 1–2 cm lang, 0,5–0,7 cm breit, lanzettlich, langspitzig; Mentum kaum ausgebildet. Lippe fast sitzend, 1–1,5 cm lang, 2teilig: Hypochile kreisrund, ziemlich konkav, mit den Seiten die Säule mehr oder minder umgreifend, innen flaumig, am Vorderrand mit einer querlaufenden gefransten Lamelle; Epichile 3eckig-lanzettlich, langspitzig. Säule bis 0,3 cm lang, ihr breiter Fuß 0,2–0,3 cm lang.
Verbreitung: Thailand und Indochina.
Geschichte: Die von Förstermann in Malacca entdeckte Pflanze wurde von H.G. Reichenbach 1886 im »Gardeners' Chronicle« beschrieben.
Anmerkung: In der Vergangenheit wurde diese Art für identisch gehalten mit *D. aduncum*. V.S. Summerhayes hat ihre Verwandtschaft im »Botanical Magazine« 1936 genau beschrieben und er kam zu dem Schluß, daß sich *D. hercoglossum* durch das unterentwickelte Mentum und die oben beschriebene Lippe eindeutig unterscheiden läßt.
Synonyme: Dendrobium linguella J.J. Sm. pro parte; *D. vexans* Dammer; *Callista hercoglossa* (Rchb. f.) O. Kuntze; *C. amabilis* Kraenzl.

Dendrobium heterocarpum Lindl.

Stämme der verschiedengestaltigen Pflanze 40–150 cm lang, spindelig, aufrecht oder hängend, vielknotig, in Büscheln wachsend, im Alter gelblich; untere Scheide röhrenförmig. Blätter 10–18 cm lang, 1,5–2,5 cm breit, riemenförmig oder länglich-lanzettlich, vorn spitz bis stumpf, hinfällig. Blütenstände an den Knoten nach dem Blattfall erscheinend, 2–3blütig; Brakteen trokkenhäutig. Blüten 5–8 cm breit, langlebig, duftend: hellcremegelb, mit kastanienbrauner oder karminroter Zeichnung auf der Lippe. Sepalen ungefähr 4 cm lang, länglich-lanzettlich, stumpfspitzig; die seitlichen ein kurzes, stumpfes Mentum bildend. Petalen bis 3,5 cm lang, eiförmig, langspitzig. Lippe 3 cm lang, 2 cm breit, aus keiligem Grunde eiförmig-lanzettlich, um die Säule

herum kapuzenartig eingerollt, vorn 3eckig und spitz, am Gipfel zurückgebogen, an den Rändern sehr fein gezähnt-gefranst: Platte behaart.
Verbreitung: Ceylon, Indien, Birma und westwärts bis zu den Philippinen.
Geschichte: Die von N. Wallich in Nepal entdeckte und in seinem Katalog benannte Pflanze wurde 1830 von J. Lindley in seinem Werk »Genera and Species of Orchidaceous Plants« veröffentlicht.
Anmerkung: Nicht unähnlich aber gelbblütig sind *D. ochranthum* und *C. chrysanthum*.
Synonyme: Dendrobium atractodes Ridl.; *D. aureum* Lindl.; *D. rhombeum* Lindl.

Dendrobium hodgkinsonii Rolfe

Stämme gebüschelt, 12–25 cm lang, spindelig oder schmal-keulenförmig; mit tiefen Längsfurchen, nach dem Gipfel zu 2–3blättrig. Blätter 10–18 cm lang, 2,5–4 cm breit, elliptisch-lanzettlich, vorn spitzlich, leuchtendgrün, halblederig. Blütenstände gipfelbürtig, ungefähr 20 cm lang, 5–7blütig; Brakteen klein. Blüten nickend, 4–5 cm breit, annähernd glockenförmig: Sepalen und Petalen hellgrün; Lippe hellgrün, mit strahliger purpurvioletter Beaderung; Schwiele weiß. Sepalen und Petalen halbaufrecht, 3–3,3 cm lang, bis 0,8 cm breit, 3eckig-lanzettlich, langspitzig, auf dem Rücken gekielt; die seitlichen Sepalen ein sackartiges, stumpfes Mentum bildend. Lippe 3–3,5 cm lang, 3lappig; Seitenlappen aufrecht, abgerundet, an den Rändern gekerbt; Mittellappen ei-herzförmig, spitzlich; Platte mit einer hervorstechenden, weißen, 3kieligen Schwiele besetzt.
Verbreitung: Neuguinea.
Geschichte: Die Pflanze wurde von der Firma Sander & Sons in St. Albans zur Kultur importiert. Eines der Exemplare kam 1899 in den Royal Botanic Gardens zu Kew erstmals zur Blüte. Im folgenden Jahr wurde die Art von R. Rolfe im »Botanical Magazine« veröffentlicht und abgebildet.

Dendrobium infundibulum Lindl.

Stämme 30–100 cm lang, ungefähr 1 cm im Durchmesser, aufrecht, bis 10blättrig, mit schwarzbehaarten Scheiden besetzt. Blätter innen an den Neutrieben bis 8,5 cm lang und 2 cm breit, schmal-eiförmig oder linealisch-lanzettlich, dunkelgrün, vorn schwach eingeschnitten. Blütenstände kurz, wenigblütig, in Gipfelnähe an alten Stämmen erscheinend. Blüten 6–8 cm breit: elfenbeinweiß, im Mentum und am Grunde der Lippe mit scharlachroten oder gelben Linien. Sepalen eiförmig, spitz; die seitlichen ein langes (so lang wie sie selbst), spornartiges, etwas gekrümmtes Mentum bildend. Petalen fast kreisrund, abgerundet, oft schwach wellig. Lippe aus keiligem Grunde verkehrteiförmig, am Grunde eingerollt, 3lappig; Seitenlappen rechteckig; Mittellappen keilförmig, vorn eingebuchtet, an den Rändern wellig und feingesägt; Platte papillös und mit fünf erhabenen Linien. Säule kurz.
Verbreitung: Birma und Thailand; in Gebirgen, von 1000 bis über 2100 m.
Geschichte: Die Pflanze wurde von C. Parish in der Umgebung von Moulmein in Birma entdeckt. Er sandte ein Exemplar an J. Lindley, der die Art 1859 im »Journal of the Linnaean Society« beschrieb. Im Jahre 1864 wurde dann die Firma H. Low & Co. von ihm mit lebendem Material zur Kultur versorgt.
Anmerkung: Die Pflanze ähnelt oberflächlich *D. formosum* Roxb.; diese besitzt aber ein Mentum, das nur halb so lang wie die mittlere Sepale ist, und außerdem sind bei dieser Art die Sepalen gekielt.
Synonym: Dendrobium moulmeinense hort.

Dendrobium johnsoniae F. Mueller

Stämme des viel Raum einnehmenden Epiphyten bis 30 cm lang und 1,5 cm im Durchmesser, schmal spindelförmig, ungefähr 9knotig, meistens 4blättrig, purpurbraun oder grün. Blätter halbaufrecht, 5–15 cm lang, 1,2–4 cm breit, eiförmig, oberseits meistens konkav, ziemlich lederig, vorn ein wenig schief eingeschnitten. Blütenstände 1–2, fast gipfelbürtig. Blüten 6,5–12 cm breit: weiß, mit schwacher purpurner oder purpurvioletter Zeichnung auf den Seitenlappen der Lippe und auf der Säule. Sepalen bis 3,8 cm lang, eiförmig-lanzettlich, langspitzig und oben zurückgebogen; die seitlichen ein 0,7 cm langes Mentum bildend. Petalen genagelt, bis 6 cm lang und 3 cm breit, rhombisch, spitz, an den Rändern wellig. Lippe bis 4,5 cm lang, in der Mitte 3lappig; Seitenlappen länglich, vorn abgerundet; Mittellappen länglich-eiförmig, spitz bis langspitzig; Schwiele am Grunde 2lappig. Säule ungefähr 0,5 cm lang, ihr Fuß 0,6 cm lang.
Verbreitung: Neuguinea, Bougainville, Salomon-Inseln und (nur einmal gesammelt) auf Kap York in Australien; 600–1200 m.
Geschichte: J. Chalmers entdeckte diese Pflanze 1882 auf der östlichen Halbinsel von Neuguinea und sandte sie an Baron F. von Mueller, der sie noch im gleichen Jahr in »Wing's South Science Record« beschrieb. Er benannte sie nach der Tochter des Geistlichen Johnson von Surrey Hills in Neusüdwales.
Synonyme: Dendrobium macfarlanei Rchb. f.; *D. monodon* Kraenzl.; *D. niveum* Rolfe; *D. johnsoniae* F.M. Bailey; *Callista macfarlanei* (Rchb. f.) O. Kuntze.

Dendrobium kingianum Bidwill

Stämme der äußerst vielgestaltigen und sehr weitläufig wachsenden lithophytischen Pflanze 8–30 cm lang, 1–2 cm breit, aus etwas breiterem Grunde zylindrisch, aufrecht bis ungefähr 6blättrig. Blätter 3–10 cm lang, 1–2 cm breit, schmaleiförmig oder verkehrteiförmig, ziemlich dünn, vorn spitzlich. Blütenstände zu 1–3 an jedem Stamm, 7–15 cm lang, scheinbar gipfelbürtig, bis 15blütig. Blüten 1,3–2,5 cm breit: weiß, rosa oder purpurn, auf der Lippe mit karminroten oder purpurnen Flecken. Mittlere Sepale ungefähr 1 cm lang und 0,5 cm breit, 1,5 cm lang, 0,7–0,8 cm breit, eiförmig-3eckig; Mentum spornartig, 0,8 cm lang, stumpf, schwach gekrümmt. Petalen bis 1 cm lang und 0,25 cm breit, linealisch-lanzettlich, spitz. Lippe 1,2 cm lang, 0,8–0,9 cm breit, an der Basis keilig, 3lappig; Seitenlappen halb-verkehrteiförmig oder verkehrt 3eckig, spitz; Mittellappen quer-länglich, mit aufgesetzter Spitze; Schwiele fleischig, oben mit zwei Furchen. Säule an den Rändern fein gekerbt, ohne Stelidien.
Verbreitung: Neusüdwales und Queensland (Australien).
Geschichte: Die Pflanze wurde von J. Bidwill entdeckt und von ihm 1844 im »Botanical Register« beschrieben. Im gleichen Jahr sandte er auch lebende Exemplare zur Kultur nach Europa.
Anmerkung: Man unterscheidet wenigstens vier Varietäten, die sich im wesentlichen in der Farbgebung der Blüte unterscheiden; nur var. *pulcherrimum* besitzt kürzere Stämme, kürzere Blütenstände und größere dunkellila Blüten. *D.* × *delicatum* (F.M. Bail.) F.M. Bail. wird als natürliche Hybride von *C. kingianum* und *D. speciosum* betrachtet.
Synonym: Callistra kingianum (Bidw.) O. Kuntze.

Dendrobium lasianthera J. J. Sm.

Stämme des sehr großen Epiphyten aufrecht, oft bis 200 cm lang, durchweg beblättert, stielrund.

Blätter 3,5–14 cm lang, eiförmig, vorn ausgerandet, lederig, abwechselnd stehend. Blütenstände zahlreich, bis 30 cm lang, vielblütig, unterhalb der Blätter austretend. Blüten groß und augenfällig, 6 cm lang. Sepalen gewellt, 4 cm lang, am Grunde reinweiß und nach der Spitze zu gelbbraun. Petalen 4 cm lang, riemenförmig, verdreht, spitz, dunkel rotbraun. Lippe 4 cm lang, 2,5 cm breit, ganz vorn 3lappig, stark purpurn gezeichnet; Seitenlappen kurz, spitz; Mittellappen verkehrteiförmig, etwa 1 cm lang, spitz, bräunlichgelb; Platte magentarot, von drei parallelen Leisten durchzogen.
Verbreitung: Neuguinea, in tiefen Lagen.
Geschichte: Die Pflanze wurde während des zweiten Weltkrieges erstmals von Captain Blood gesehen. Im Jahre 1952 bereiste er die gleiche Gegend, fand die Pflanze wieder und sandte zunächst Blüten, später auch lebende Exemplare an G. Hermon Slade in Manley (Neusüdwales in Australien), der sie gemeinsam mit A. R. Persoon kultivierte und zum Blühen brachte.
Anmerkung: Die Art ist mit *D. ionoglossum* Schltr. verwandt, welche viel kürzere Blütenstände, kleinere Blüten und nur zwei Leisten auf der Lippe hat.
Synonym: Dendrobium ostrinoglossum Rupp.

Dendrobium lawesii F. Mueller

Stämme des Epiphyten stark überbogen bis völlig hängend, bis 45 cm lang, stielrund, etwas zickzackförmig, mit kastanienbraunen, im Alter kleiig werdenden Scheiden besetzt. Blätter bis 6,5 cm lang und 2 cm breit, 2zeilig angeordnet, eiförmig-elliptisch, nicht lederig, vorn spitz bis langspitzig, grasgrün. Blütenstände kopfig, immer an blattlosen Stämmen erscheinend, 1–6-blütig. Blüten hängend, ungefähr 3 cm lang: weiß, rot, tieforangefarbig, gelb oder blaulila. Mittlere Sepale 0,7–1 cm lang, breit-eiförmig-länglich, spitz; die seitlichen bis 2 cm lang und 0,7 cm breit, breit-länglich, stumpf-spitzig; Mentum fast 2 cm lang, gekrümmt, stumpf. Petalen 0,7–1 cm lang, länglich, spitz. Lippe bis 1,5 cm lang, 0,8–0,9 cm breit, stapelförmig, unten mit eingeschlagenen Rändern, sehr fein gezähnt. Säule kurz.
Verbreitung: Neuguinea und Bougainville; bis zu 1800 m.
Geschichte: Die Pflanze wurde von W. G. Lawes, einem Mitglied der London Missionary Society, gefunden. Baron F. von Mueller benannte sie ihm zu Ehren und veröffentlichte die Beschreibung 1884 im »Melbourne Chemist«.

Dendrobium leonis (Lindl.) Rchb. f.

Stamm 15–20 cm lang, dünn, abgeflacht. Blätter 2zeilig angeordnet, 2,5 cm lang, 1 cm breit, dick und fleischig, breit-eiförmig, vorn spitz oder stumpf, unten sich überdeckend. Blütenstände auf den Stammästen gipfelbürtig, 1–2blütig. Blüten klein, ungefähr 2 cm lang, sehr stark vanillenartig duftend: schmutzig goldgelb und an der Basis mit dunkelpurpurnen Schlieren. Mittlere Sepale 0,7–0,8 cm lang, bis 0,6 cm breit, länglich, spitz; die seitlichen bis 1,2 cm lang, 0,8–0,9 cm breit, länglich, unten abgerundet, spitz, ein breites Mentum bildend. Petalen 0,7–0,8 cm lang, 0,4–0,5 cm breit, länglich-lanzettlich, spitz, am Rande behaart. Lippe ungeteilt, 1,5 cm lang, 0,5–0,6 cm breit, riemenförmig, stumpf, an den Rändern eingerollt und gezähnt, sehr fein flaumig behaart. Säule kurz.
Verbreitung: Malaya, Thailand, Sumatra und Borneo; eine häufig anzutreffende Tieflandorchidee.
Geschichte: J. Lindley beschrieb diese Pflanze zunächst in der Gattung *Aporum* (»Botanical Register« 1840); der von ihm gewählte Artname soll auf das löwenmaulartige Aussehen der Blüte hinweisen. J. Lindley hatte sie aus dem Botanischen Garten in Kalkutta durch N. Wallich erhalten, der sie wiederum von einem gewissen Prince bekommen hatte. Die Ersteinführung von lebendem Material durch Hugh Cuming aus Singapore ist das Verdienst der Firma Loddiges.
Synonyme: Aporum indivisum Lindl.; *A. leonis* Lindl.; *A. anceps* Lindl.

Dendrobium lichenastrum (F. Mueller) Kraenzl.

Mit verzweigten, nur 0,1 cm dickem Rhizom kriechende epi- oder lithophytische Pflanze mit zahlreichen brakteenartigen Scheiden. Blätter abwechselnd im Abstand von ungefähr 0,2 cm angeordnet, hingestreckt, 0,4–1 cm lang, 0,3–0,8 cm breit, verkehrteiförmig bis kreisrund, dick fleischig. Blüten einzeln stehend, 0,4–0,7 cm im Durchmesser, durchscheinend: Sepalen und Petalen weiß, cremefarbig oder rosa, mit einer wechselnden Anzahl roter Streifen; Lippe gelb oder orangefarbig. Mittlere Sepale 0,3–0,5 cm lang, breit eiförmig bis kreisrund; die seitlichen 0,3–0,5 cm lang, 0,15–0,4 cm breit, 3eckig, spitz, ein 0,3 cm langes abgerundetes Mentum bildend. Petalen 0,2–0,5 cm lang, linealisch-lanzettlich, spitz. Lippe genagelt, 0,4–0,5 cm lang, länglich bis fast geigenförmig, an der Basis rinnig, fein gerunzelt. Säule sehr kurz, nur etwa 0,1 cm lang.
Verbreitung: Tropisches Ost-Australien; auf Bäumen des Regenwaldes oder auf Felsen in lichten Wäldern.
Geschichte: Baron F. von Mueller beschrieb diese Pflanze 1869 in seinen »Fragmenta Phytographiae Australiae« in der Gattung *Bulbophyllum.* F. Kraenzlin versetzte sie in die heutige Gattung (»Das Pflanzenreich« 1910). Bereits im Jahre 1836 hatte Earl Fitzwilliam of Wentworth ein Exemplar dieser Art an den Botanischen Garten in Edinburgh geschickt, wo es im Mai 1837 zur Blüte kam.
Anmerkung: Man unterscheidet wenigstens zwei Varietäten dieser sehr verschiedengestaltigen Art. Sie ist sehr nahe mit *D. linguiforme* verwandt, unterscheidet sich aber durch ihre kleineren Blätter und einzelständigen Blüten.
Synonym: Bulbophyllum lichenastrum F. Mueller.

Dendrobium linguiforme Sw.

Stämme des Epi- oder Lithophyten aus einem kriechenden, verzweigten, oft mattenbildenden Rhizom bestehend; Verzweigung 1–4 cm lang, 0,3–0,4 cm im Durchmesser, mit Scheiden besetzt. Blätter sitzend, meistens abwechselnd angeordnet, 2–4 cm lang, 0,8–2 cm breit, eiförmig, länglich oder verkehrteiförmig, sehr dick, oben längsgefurcht. Blütenstände aufrecht, 5–16 cm lang, bis 20blütig; Brakteen winzig, 3eckig. Blüten mit obenstehender Lippe, ungefähr 2 cm breit: weiß oder cremefarbig, mit bleicher purpurner Zeichnung an den Spitzen. Sepalen bis 2 cm lang, 0,2–0,25 cm breit, linealisch-lanzettlich; Mentum nur bis 0,2 cm lang, einwärtsgebogen, abgerundet. Petalen bis 1,8 cm lang und 0,2 cm breit, linealisch-lanzettlich. Lippe nur 0,4–0,6 cm lang, 0,2–0,4 cm breit, im vorderen Drittel 3lappig; Seitenlappen breit-3eckig; Mittellappen länglich, vorn stumpf-spitzig und zurückgebogen; Blätter vom Grunde bis zur Spitze von drei nach vorn zu gewellten Leisten durchzogen. Säule sehr kurz, ungefähr 0,2 cm lang.
Verbreitung: Australien: von Südost-Neusüdwales bis zum Kap York, Queensland.
Geschichte: Dendrobium linguiforme ist die Typusart der Gattung; sie wurde bereits 1800 von O. Swartz in »Vet. Akad. Handl. Stockholm« beschrieben.
Anmerkung: Man kennt zwei Varietäten: var. *nugentii* F. M. Bail. (von Nordost Queensland bis Kap York) besitzt größere und breiter gefurchte Blätter und öfter einen zweiten Blütenstand; var. *huntianum* Rupp hat schmale längliche Blätter,

die etwas mehr zugespitzt sind als bei der typischen Varietät.
Synonym: Callista linguiformis (Sw.) O. Kuntze.

Dendrobium lituiflorum Lindl.

Stämme 36 bis über 60 cm lang, 0,5 cm dick, gebüschelt, schilfrohrähnlich, hängend, an der Basis geschwollen, mit Scheiden besetzt. Blätter 7,5–12,5 cm lang, 1,8–3,5 cm breit, linealisch-lanzettlich, fleischig, hinfällig, vorn spitzlich. Blütenstände an den Stammknoten erscheinend, 1–5blütig. Blüten 7,5–10 cm breit, duftend: weiß, hellila bis dunkelpurpurn; Lippe dunkel violettpurpurn, am Grunde kastanienbraun bis purpurn und darüber mit einem weißen oder gelben Band. Sepalen 2,5–5 cm lang, 0,8–1 cm breit, länglich oder länglich lanzettlich, spitz; Mentum sehr kurz, abgerundet. Petalen 2,5–5 cm lang, bis 1,5 cm breit, breit-länglich oder elliptisch, Lippe 2,5 cm lang, trompetenförmig, gebogen, vorn abgerundet.
Verbreitung: Nordost-Indien, Birma und Thailand.
Geschichte: J. Lindley beschrieb diese Art 1856 im »Gardeners' Chronicle« aufgrund von Pflanzen, die er von R. Hanbury und J. Edwards erhalten hatte.
Anmerkung: D. parishii ist ähnlich, hat aber zwei purpurne oder kastanienbraune Flecke am Lippengrunde.
Synonym: Dendrobium hanburyanum Rchb. f.

Dendrobium loddigesii Rolfe

Stämme des kleinen Epiphyten gebüschelt, mehr oder weniger hängend, 10–17 cm lang, 0,5–0,7 cm dick, fast stielrund, gestreift, mehrknotig, mit weißen Scheiden besetzt. Blätter bald hinfällig, 4–6 cm lang, 1,2–1,8 cm breit, länglich, fleischig, vorn spitz. Blüten an den Stammknoten einzeln stehend, meistens erst nach völligem Blattfall erscheinend, 5 cm breit: Sepalen hell rosapurpurn; Petalen lilapurpurn; Lippe purpurn berandet; Platte orangefarbig, mit einer weißen Randzone. Sepalen 2–2,5 cm lang, 0,8–0,9 cm breit, eiförmig-länglich, stumpf; Mentum sehr kurz, stumpf. Petalen 2 cm lang, 1,2 cm breit; elliptisch, abgerundet. Lippe kurz genagelt, 1,8 cm lang, 1,5 cm breit, fast kreisrund, konkav, an den Rändern gefranst; Platte dicht behaart. Säule sehr kurz.
Verbreitung: Laos, Yunnan und Hainan, China (die genaue Verbreitung der Pflanze ist noch nicht sicher festgestellt worden, aber sie ist höchstwahrscheinlich in Süd-China heimisch).
Geschichte: In »Loddiges' Botanical Cabinet« wurde diese Pflanze 1833 als *Dendrobium pulchellum* abgebildet. R. Rolfe stellte jedoch fest (»Gardeners' Chronicle« 1877), daß es sich um eine andere Art handelte und benannte sie *D. loddigesii.*
Synonyme: Dendrobium pulchellum sensu Lodd. non Roxb.; *D. seidelianum* Rchb. f.

Dendrobium longicornu Lindl.

Stämme gebüschelt, 15–30 cm lang, 0,4–0,5 cm dick, schwach zickzackförmig, mehrknotig, mit sehr feinen Furchen, nach oben zu 5–11blättrig, mit schwarzen Haaren besetzt. Blätter bald hinfällig, ungefähr 7 cm lang, 0,5–1,8 cm breit, linealisch-lanzettlich, vorn schief und spitz. Blütenstände an beblätterten Stämmen erscheinend, sehr kurz, fast kopfig, 1–3blütig. Blüten langlebig, duftend, 5 cm lang, wachsartig: weiß, Lippe mit orangeroten Schlieren und an den Rändern rot und gelb. Mittlere Sepale 1,5–1,8 cm lang, 0,6–0,7 cm breit, spitz; die seitlichen 4–5 cm lang, 0,6–0,7 cm breit, eiförmig-3eckig; Mentum 2 cm lang, oben gekielt. Petalen 1,5–1,8 cm lang, 0,6–0,7 cm breit, lanzettlich oder eiförmig-lanzettlich, spitz. Lippe rhombisch oder fast verkehrt 3eckig, 3lappig; Seitenlappen halbeiförmig, abgerundet, am Vorderrand gezähnelt; Mittellappen vorn abgerundet, gefranst; Schwiele am Grunde der Platte sitzend, fleischig, vorn in drei bis vier Arme geteilt. Säule kurz.
Verbreitung: Nepal, Sikkim und Birma; 1200–2400 m.
Geschichte: Die von N. Wallich in seinem Katalog benannte Pflanze wurde 1830 von J. Lindley in »Genera and Species of Orchidaceous Plants« gültig beschrieben.
Synonyme: Dendrobium flexuosum Griff.; *D. fredianum* hort.; *D. hirsutum* Griff.

Dendrobium lowii Lindl.

Stämme 25–40 cm lang, ziemlich dick, aufrecht, ungefähr 9knotig, durchwegs beblättert oder nur oben 6blättrig, die oberen Scheiden braun oder schwarz behaart. Blätter 5–8 cm lang, 1,5–2,2 cm breit, schmal-eiförmig, vorn schief 2lappig, unten mit schwarzen Haaren besetzt. Blütenstände ziemlich kurz, fast gipfelbürtig, dicht 2–7blütig; Brakteen kurz, spitz, schwarz behaart. Blüten 5 cm breit, duftend: tiefgelb; Kiele der Platte orangerot. Mittlere Sepale 2,5 cm lang, 1 cm breit, breit-länglich, mit aufgesetzter Spitze; die seitlichen 2 cm lang, 1 cm breit, eiförmig-3eckig, stumpf; Mentum 3 cm lang, pfriemlich. Petalen 2,8 cm lang, 1,5 cm breit, breit-länglich, abgerundet, an den Rändern wellig. Lippe 3 cm lang, 1,2 cm breit, tief 3lappig; Seitenlappen ganz unten angesetzt, riemenförmig oder länglich, 1,5 cm lang, spitz. Mittellappen linealisch-spatelig, vorn herabgebogen, abgerundet und in zwei Läppchen geteilt, an den Rändern kräuselig; Platte mit drei bis sieben Kielen behaart. Säule mit großen, stumpfen Stelidien.
Verbreitung: Sarawak-Gebirge, Nord-Borneo; auf Bäumen; bis 900 m.
Geschichte: J. Lindley beschrieb diese Pflanze 1861 im »Gardeners' Chronicle«; er benannte sie nach Hugh Low, der sie im selben Jahr in Nord-Borneo gesammelt hatte.

Dendrobium margaritaceum Finet

Stämme des Epiphyten rasig wachsend, bis 5 cm lang und 0,7 cm dick, fast keulenförmig, mit 3–4 durchscheinenden, schwarz behaarten Scheiden besetzt, nach oben zu 2–3blättrig. Blätter ungefähr 4 cm lang und 1,2 cm breit, lanzettlich, vorn stumpf und schief eingeschnitten, unten mit schwarzen Haaren besetzt. Blütenstände gipfelbürtig oder seitlich in Gipfelnähe stehend, 1–2blütig. Blüten 2,3 cm breit. Mittlere Sepale bis 2 cm lang, lanzettlich, spitz, auf dem Rücken gekielt; die seitlichen 3eckig, spitz. Petalen ungefähr 2 cm lang, breit-linealisch, spitz. Lippe 2,5 cm lang, 1,5 cm breit, geigenförmig, 3lappig; Seitenlappen breit-3eckig; Mittellappen herzförmig, vorn deutlich 2lappig, mit welligen Rändern, nicht zurückgebogen; Platte von drei feingekörnten Leisten durchzogen (die mittlere am längsten), fleischig. Säule kurz, mit langen, fädlichen Stelidien.
Verbreitung: Annam und Thailand.
Geschichte: Die von Vernet in Haute-Donai gesammelte Pflanze wurde 1903 von Finet im »Bulletin Société Botanique de France« beschrieben.

Dendrobium minax Rchb. f.

Stämme aufrecht, bis 40 cm lang, 0,6–0,8 cm dick, verlängert-spindelförmig oder etwas keulenförmig, meistens 6blättrig, mit strohfarbenen Scheiden besetzt. Blätter 9 cm lang, 2 cm breit, länglich oder keilig-riemenförmig, vorn spitzlich. Blütenstände bis 10 cm lang, unterhalb der Blät-

ter stehend, 3blütig. Blüten mittelgroß: rosa, mit karminroten Linien auf der Lippe. Mittlere Sepale 2,5–2,8 cm lang, eiförmig-3eckig, spitz; die seitlichen bis 2,8 cm lang, breit-3eckig, spitz; Mentum schwach nach vorn gekrümmt, spitz, im rechten Winkel zum Fruchtknoten stehend. Petalen aufrecht, bis 5 cm lang und 0,3 cm breit, linealisch, spitz, einmal um die eigene Achse gedreht. Lippe kurz genagelt, 3 cm lang, 2 cm breit, mit Öhrchen, 3lappig; Seitenlappen halb-eiförmig-3eckig, stumpf; Mittellappen quer-rechteckig, vorn mit einem kurzen, 3eckigen Spitzchen; Platte mit drei Kielen. Säule mit gesägten Stelidien.
Verbreitung: Molukken.
Geschichte: Die Pflanze wurde im Juni 1857 von Professor Fenzl gesammelt und durch H.G. Reichenbach 1868 in »Xenia Orchidacea« beschrieben. Allerdings hatte sie Rumphius bereits über ein Jahrhundert früher entdeckt und als *Angraecum flavum sextum moschatum* in »Herbarium Amboinensis« beschrieben. Da diese Veröffentlichung jedoch vor Linnés »Species Plantarum« (1753) erschien, ist dem von H.G. Reichenbach gewählten Namen der Vorzug zu geben.
Synonym: Dendrobium rumphianum J. J. Smith.

Dendrobium moniliforme (L.) Sw.

Stämme der epi- oder lithophytischen Pflanze aufrecht oder hängend, gebüschelt, 10–40 cm lang, stielrund, in der Mitte ein wenig breiter, vielknotig, purpurgrün aber im Alter gelb, mit grauen Scheiden besetzt. Blätter 5,5 cm lang, 0,8 cm breit, schmal-lanzettlich, hinfällig, vorn stumpf. Blütenstände an den Knoten blattloser Stämme erscheinend, 2blütig. Blüten 2–4,5 cm breit, stark duftend: weiß und mehr oder weniger intensiv rosa behaucht; Grund der Lippe und Säulenfuß grünlichgelb und mit braunen Tüpfeln. Sepalen und Petalen bis 3 cm lang, 0,8–1,2 cm breit, lanzettlich bis schmal-eiförmig. Lippe 1,4–2,8 cm lang, bis 1,4 cm breit, schwach 3lappig, länglich-rhombisch, Seitenlappen aufrecht abgerundet; Mittellappen eiförmig, zurückgebogen; Platte mit einem schmalen, querverlaufenden Band roter Tüpfel. Säule nur 0,2 cm lang, weiß, ihr Fuß 0,8–1 cm lang.
Verbreitung: Japan, Korea und Taiwan.
Geschichte: C. von Linné beschrieb diese schon sehr lange bekannte Orchidee in der Gattung *Epidendrum.* O. Swartz versetzte sie 1799 in »Nova Acta Societatis Scientiarum Upsaliensis« nach *Dendrobium.*
Synonyme: Dendrobium monile (Thunb.) Kraenzl.; *D. japonicum* Lindl.; *D. catenatum* Lindl.

Dendrobium moschatum (Willd.) Sw.

Stämme bis 150 cm (manchmal 200 cm) hoch, aufrecht, bogig oder hängend, stielrund, meistens nur in der oberen Hälfte beblättert, im Alter dunkelbraun. Blätter ungefähr 15 cm lang und 3,5 cm breit, schmal-elliptisch bis länglich-eiförmig, lederig, vorn spitz. Blütenstände bis 20 cm lang, hängend, im oberen Teil alter Stämme erscheinend, 8–10blütig. Blüten 6–8 cm breit, ungefähr sieben Tage ausdauernd: bleichgelb oder aprikosenfarbig, mit lila Beaderung; Lippe innen mit zwei großen kastanienbraunen Flecken. Sepalen 4 cm lang, 1,5 cm breit, länglich oder elliptisch, stumpf; Mentum undeutlich, abgerundet. Petalen 4 cm lang, 2 cm breit, breit-elliptisch, stumpf. Lippe kurz genagelt, 2,5 cm lang und breit, becher- oder pantoffelförmig, mit eingeschlagenen Rändern, dicht behaart. Säule sehr kurz.
Verbreitung: Sikkim, Birma, Laos und Thailand; meistens in vollem Sonnenlicht wachsend.
Geschichte: Die bereits im 18. Jahrhundert bekannte Pflanze wurde von K. von Willdenow in die Gattung *Cymbidium* gestellt. O. Swartz versetzte sie 1806 in »Schrader, Neues Journal« nach *Dendrobium.*
Anmerkung: Die als var. *cupreum* bekannte Form ist wesentlich kleiner und ihre Blüten besitzen keine lila Beaderung.
Synonyme: Dendrobium calceolaria Carey; *D. cupreum* Herbert; *Epidendrum moschatum* (Willd.) Ham.; *Cymbidium moschatum* Willd.

Dendrobium nobile Lindl.

Stämme gebüschelt, aufrecht, 30–50 cm lang, zusammengepreßt, mit zunehmendem Alter gefurcht und gelblich. Blätter 2zeilig angeordnet, 7–11 cm lang, 1–3 cm breit, riemenförmig oder länglich, lederig, zwei Jahre ausdauernd. Blütenstände kurz, an den Knoten beblätterter oder blattloser Stämme erscheinend, 2–4blütig. Blüten sehr variabel, 6–8 cm breit, wachsartig, duftend, langlebig: Sepalen und Petalen aus weißer Basis rosenfarbig bis blaulila; Lippe am Grunde intensiv braun, darüber gelb oder weiß und an den Rändern purpurn oder blaulila. Sepalen bis 4 cm lang und 1,5 cm breit, länglich-lanzettlich, spitz; Mentum kurz, stumpf. Petalen 4 cm lang, 2,5 cm breit, eiförmig-länglich und an den Rändern schwach gewellt. Lippe 4,5 cm lang, 3 cm breit, am Grunde eingerollt, eiförmig-länglich, oben und unten flaumig behaart. Säule 0,7 cm lang.
Verbreitung: Nordost-Indien bis Süd-China und südwärts bis Laos und Thailand, außerdem in Taiwan; in vollem Sonnenlicht wachsend; bis zu 1500 m.
Geschichte: Das Typus-Exemplar wurde von Reeves in China gesammelt. J. Lindley beschrieb die Art 1830 in »Genera and Species of Orchidaceous Plants«.
Anmerkung: D. nobile ist zweifellos die am häufigsten kultivierte Art der Gattung; man kennt viele Formen und Hybriden. Sie ist nahe verwandt mit *D. crassinode,* die jedoch am Grunde der Lippe keinen braunen Bereich zeigt.
Synonyme: Dendrobium lindleyanum Griff.; *D. coerulescens* Lindl.

Dendrobium obrienianum Kraenzl.

Stämme von 45 bis über 80 cm lang und bis 1 cm im Durchmesser, gebüschelt, hängend, rötlich. Blätter 10–12 cm lang, 2,5 cm breit, länglich-lanzettlich, vorn langspitzig, papierartig, bald hinfällig. Blütenstände bis 20 cm lang, hängend, ungefähr 20blütig, mit winzigen 3eckigen Brakteen. Blüten ungefähr 2 cm lang: gelbgrün. Mittlere Sepale 1–1,2 cm lang, bis 0,6 cm breit, eiförmig-länglich, stumpf; die seitlichen deutlich länger, 2,5–2,8 cm lang; Mentum zylindrisch, an der Spitze schwach keulig, in der Mitte geknickt. Petalen 1–1,2 cm lang, länglich, stumpfspitzig. Lippe genagelt, 1,5–1,8 cm lang, bis 0,9 cm breit, über dem gefurchten und linealischen Nagel länglich oder länglich-lanzettlich, an den Rändern etwas gekerbt und gezähnelt; Platte mit drei erhabenen Kielen.
Verbreitung: Philippinen.
Geschichte: Zum erstenmal wurde diese Pflanze auf Luzon von W. Micholitz gesammelt; er sandte lebende Exemplare an die Firma Sander & Co. in St. Albans. Sie kamen 1891 zum Blühen und die Art wurde im folgenden Jahr von F. Kraenzlin im »Gardeners' Chronicle« veröffentlicht.

Dendrobium palpebrae Lindl.

Stämme 15–50 cm lang, 1–1,5 cm im Durchmesser, dicht gebüschelt, schlank-keulenförmig, mit Längsfurchen, nach oben hin 2–5blättrig, mit krautigen Scheiden besetzt. Blätter 7,5–15 cm lang, 1–3 cm breit, lanzettlich bis länglich, vorn spitz. Blütenstände halbaufrecht, 7,5–10 cm lang, locker vielblütig, mit winzigen Brakteen.

Blüten augenfällig, 3,5–6 cm breit, duftend: weiß oder rosenfarbig, auf der Lippe mit einer gelben oder orangefarbigen Schwiele. Sepalen ungefähr 1 cm lang, elliptisch-länglich, spitz; Mentum sehr kurz, abgerundet. Petalen eiförmig-elliptisch, unvermittelt zugespitzt. Lippe kurz genagelt, eiförmig-kreisrund, schwach konkav, am Grunde flaumig behaart, an den Rändern gewimpert, vorn etwas spitz; Schwiele klein, an der Basis 3lappig.
Verbreitung: Birma, Sikkim, Thailand und China.
Geschichte: Die Art wurde von T. Lobb 1847 bei Moulmein gesammelt und an die Firma J. Veitch & Sons gesandt. Diese Pflanzen gingen jedoch zugrunde und die Art blieb bis zur Wiedereinfuhr durch die Firma Low & Co. im Jahre 1868 in der Kultur unbekannt. J. Lindley hatte sie 1850 im »Journal of the Horticultural Society« beschrieben. Der eigenartige Artname weist auf die augenbrauenartige Erscheinung der Lippe hin.
Anmerkung: Die Art ist ähnlich *D. farmeri* Paxt. unterscheidet sich aber von ihr durch lockereren Blütenstand, kleinere Blüten und die Färbung der Schwiele.

Dendrobium parishii Rchb. f.

Stämme bis ungefähr 50 cm lang, ebenmäßig 1–2 cm dick, nach unten gekrümmt, gelblich, mit einer nach dem ersten Jahr abfallenden weißen Scheide versehen. Blätter 5–10 cm lang, schmaleiförmig bis elliptisch, steif, lederig, vorn stumpf und leicht eingeschnitten, hinfällig. Blütenstände an den Knoten blattloser Stämme erscheinend, meistens 2blütig (selten 3blütig). Blüten 5–6 cm breit: Sepalen und Petalen hell rosapurpurn, am Grunde weiß. Lippe auf jeder Seite des Schlundes mit einem intensiv purpurnen Flecken. Sepalen 3–3,5 cm lang, bis 1,2 cm breit, länglich-lanzettlich, spitz oder stumpf; Mentum 0,5 cm lang, abgerundet. Petalen 2,5–3 cm lang, 1,5–2 cm breit, länglich, spitz. Lippe kurz genagelt, schwach 3lappig, unten eingerollt, darüber nierenförmig oder annähernd rhombisch, 2–2,5 cm lang, 2–2,3 cm breit, an den Rändern etwas gewimpert; Platte flaumig behaart, mit drei erhabenen Schwielen besetzt; Säule ungefähr 0,5 cm lang.
Verbreitung: Birma, Thailand, Laos, Kambodscha, Vietnam und Süd-China.
Geschichte: Eine der vielen Arten, die C. Parish in der Umgebung von Moulmein sammelte und an die Firma Low & Co. in Clapton zur Kultur sandte. H.G. Reichenbach veröffentlichte sie in der »Botanischen Zeitung« 1863.
Anmerkung: D. parishii ist nicht unähnlich *D. nobile,* welche allerdings keine so dicken und gekrümmten Stämme besitzt.

Dendrobium pendulum Roxb.

Stämme in umfangreichen Büscheln angeordnet, 30–60 cm lang, bis 2,6 cm im Durchmesser, an den auffällig geschwollenen 7–16 Knoten, mit Längsfurchen, matt olivengrün. Blätter hinfällig, 10–12 cm lang, 1,5–2,5 cm breit, lanzettlich, unten stengelumfassend, vorn spitz. Blütenstände an den Knoten alter Stämme erscheinend, 1–3blütig; Brakteen bootförmig, papierartig. Blüten 5–8 cm breit, langlebig, duftend : Sepalen und Petalen weiß, an den Spitzen purpurn oder purpurviolett; Lippe aus gelbem Grunde weiß, purpurn berandet. Sepalen länglich, an der Spitze zurückgeschlagen. Petalen breit-länglich, stumpf oder spitz. Lippe kurz genagelt, 2,5 cm lang, 2 cm breit, kreisrund und muschelartig, an den Rändern fein gewimpert, im Zentrum flaumig behaart.
Verbreitung: Birma, Thailand und Assam.
Geschichte: Die Art wurde 1832 von W. Roxburgh in seiner »Flora Indica« beschrieben.
Synonyme: Dendrobium melanophthalmum Rchb.f.; *D. crassinode* Benson (unter diesem viel späteren Namen aus dem Jahre 1869 wird die Pflanze heute noch weitgehend gehandelt und kultiviert).

Dendrobium phalaenopsis Fitzg.

Stämme aufrecht, 50–60 cm lang, bis ungefähr 1 cm im Durchmesser, von unten nach oben allmählich dicker werdend, in der oberen Hälfte beblättert, in der unteren mit Scheiden besetzt. Blätter bis 20 cm lang und 2,5 cm breit, lanzettlich, wechselständig, steif, fleischig, vorn langspitzig, dunkelgrün. Blütenstände hängend, fast gipfelbürtig, bis 50 cm lang, wenig- bis vielblütig. Blüten 6–9,5 cm breit: satt purpurn, selten bleicher oder gar weiß (siehe unten). Sepalen bis 4,5 cm lang und 1,5 cm breit, eiförmig-lanzettlich; Mentum kurz, sackartig, etwas gerieft. Petalen 4 cm lang, 3 cm breit, rhombisch-kreisrund, spitz. Lippe schmal, 3lappig, mit spitzem, zungenartigen Mittellappen; Platte mit 5–7 Leisten.
Verbreitung: Timor, Neuguinea, Molukken und Nord-Queensland.
Geschichte: Diese populäre Pflanze wurde durch Kapitän Broomfield aus Balmain (Queensland) in die Kultur eingeführt. R. Fitzgerald beschrieb die Art 1880 im »Gardeners' Chronicle«
Manche Autoren behandeln diese Art als eine Varietät von *Dendrobium bigibbum.*
Anmerkung: Man unterscheidet zwei Farbformen: var. *hololeuca* besitzt weiße Sepalen und Petalen; var. *schroederae* hat völlig weiße Blüten.

Dendrobium primulinum Lindl.

Stämme gebüschelt, aufsteigend, niederliegend oder hängend, 30–45 cm lang, 1–1,5 cm im Durchmesser, stielrund, nach oben zu etwas verdickt, längsgefurcht, mit weißen Scheiden besetzt. Blätter 8–10 cm lang, bis 3 cm breit, länglich oder lanzettlich, vorn stumpf und asymmetrisch ausgerandet. Blütenstände an den Knoten erscheinend, 1–2blütig. Blüten 5–7,5 cm breit, stark durftend: Sepalen und Petalen weiß, mit rosa in der oberen Hälfte; Lippe hellgelb, innen am Grunde dunkelrot. Sepalen 2,8–3 cm lang, 0,8–1 cm breit, länglich, stumpf; Mentum sehr kurz, abgerundet, Petalen eiförmig, sonst den Sepalen ähnlich. Lippe 3–3,5 cm lang, bis 5 cm breit, unten eingerollt, darüber kreisrund oder quer-elliptisch, an den Rändern fein ausgebissen; Platte fein flaumig behaart. Säule kurz.
Verbreitung: Im Himalaja von Nepal und Sikkim, Süd-China, Birma, Thailand, Vietnam und Malaya.
Geschichte: Die Art wurde von J. Lindley 1858 im »Gardeners' Chronicle« veröffentlicht. Sie wurde erstmals von J.D. Hooker in den Vorbergen des Sikkim gesammelt.
Anmerkung: Die Pflanze steht verwandtschaftlich *D. aphyllum* nahe, ist aber in jeder Hinsicht kleiner (siehe auch dort).

Dendrobium pugioniforme A. Cunn.

Stämme des sehr weitläufig wachsenden Epi- oder Lithophyten bis 2 m lang aber meistens kürzer, sympodial. Blätter kurz gestielt, ungefähr 7 cm lang, 0,5–2 cm breit, eiförmig, dick, fleischig, vorn langspitzig und stechend. Blütenstände ganz oben an den Stämmen erscheinend, 1–3blütig. Blüten nicht resupiniert, 2–2,5 cm im Durchmesser: weiß bis hellgrün, auf den Seitenlappen und am Grunde des Mittellappens der bleichen Lippe mit leuchtend purpurner oder roter Zeichnung. Mittlere Sepale und Petalen bis 1 cm lang und 0,25–0,30 cm breit, lanzettlich, langspitzig; die seitlichen Sepalen bis 1,5 cm lang, 0,25–0,3 cm

breit, lanzettlich; Mentum etwa 0,7 cm lang, stumpf. Lippe 1,3–1,8 cm lang, 0,6–0,9 cm breit, rhombisch mit keiliger Basis, 3lappig; Seitenlappen sehr klein, abgerundet; Mittellappen breit-3eckig, vorn spitz, zurückgebogen, an den Rändern gewellt; Platte mit drei Kielen, etwas gewellt.
Verbreitung: Im Tiefland in Neusüdwales und nördlich der Bunyah-Berge in Queensland, bis zu 1150 m Höhe.
Geschichte: Die wegen ihrer scharfen Blätter in Australien als Dolch-Orchidee bekannte Pflanze wurde von A. Cunningham im Illawarra-Distrikt von Neusüdwales entdeckt und von ihm 1939 in »Lindley's Botanical Register« beschrieben.
Synonym: Dendrobium pungentifolium F. Mueller.

Dendrobium pulchellum Lindl.

Stämme aufrecht, 100–220 cm lang, ziemlich schlank, stielrund, ältere etwas purpurn; mit purpur gestreiften Blattscheiden. Blätter ausdauernd, 10–15 cm lang, bis zu 3 cm breit, aus herzförmigem Grunde linealisch-länglich, vorn stumpf oder spitz. Blütenstände hängend, an beblätterten oder blattlosen Stämmen erscheinend, 5–12 blütig, mit winzigen Brakteen. Blüten 7–8 cm breit, nach Moschus duftend: bräunlich rosagelb bis cremegelb; Lippe nach der Basis zu weiß und jederseits der Platte mit zwei großen kastanienbraunen Flecken. Mittlere Sepale 4–4,5 cm lang, bis 2 cm breit, eiförmig-länglich; die seitlichen ähnlich aber eiförmig; Mentum schwach entwickelt. Petalen 4–4,5 cm lang, bis 3,5 cm breit, eiförmig, spitz. Lippe breit eiförmig, muschelartig ausgehöhlt, vorn abgerundet und meistens etwas ausgerandet; Platte zottig behaart und mit zwei kammartigen Lamellen.
Verbreitung: Assam, Birma, Thailand, Malaya und Indochina; ziemlich häufiger Epiphyt.
Geschichte: Aufgrund einer von W. Roxburgh verfaßten Beschreibung veröffentlichte J. Lindley diese Art in seinem Werk »Genera and Species of Orchidaceous Plants«.
Anmerkung: var. *luteum* O'Brien besitzt auf der Lippe keine kastanienbraunen Flecken.
Synonym: Dendrobium dalhousieanum Wall.

Dendrobium rigidum R. Br.

Stämme des in dichten Gruppen wachsenden Epi- oder Lithophyten aufrecht, stark verzweigt, nickend oder hängend, 1–4 cm lang, 1–3knotig, am Gipfel 1blättrig. Blätter 2–6 cm lang, 1–1,5 cm breit, eiförmig oder verkehrteiförmig, fleischig, spitz, stumpf oder mit aufgesetzter Spitze. Blütenstände 2–5 cm lang, am Gipfel straußartig 2–7blütig. Blüten sehr klein, 0,1–0,5 cm breit: Sepalen und Petalen cremefarbig und mit wechselnd starkem Anflug von rosenrot; Lippe gelb, auf jeder Seite mit rosenroter Zeichnung. Sepalen 0,6–1 cm lang, 0,5 cm breit, länglich, stumpf oder etwas langspitzig; Mentum 0,4–0,7 cm, doppelt sackförmig, sehr stumpf. Petalen 0,6–0,8 cm lang, 0,1–0,2 cm breit, länglich oder rhombisch, spitz. Lippe 0,6–1 cm lang, 0,4–0,7 cm breit, in der vorderen Hälfte 3lappig; Seitenlappen aufrecht, hervorstehend, eiförmig, spitz; Mittellappen zurückgeschlagen, eiförmig, kreisrund, vorn stumpf oder mit kurzem aufgesetztem Spitzchen. Säule ungefähr 0,3 cm lang.
Verbreitung: Nördliches Queensland und Neuguinea; häufig auf Mangroven zu finden, meist in voller Sonne.
Geschichte: Aufgrund einer von Solander in Australien gesammelten Pflanze beschrieb R. Brown diese Art 1810 in seinem »Prodromus«
Synonym: Callista rigida (R. Br.) O. Kuntze.

Dendrobium ruppianum A. D. Hawkes

Stämme des robusten Epi- oder Lithophyten gebüschelt und große Gruppen bildend, 15–45 cm lang, 1,5–4 cm im Durchmesser, an der Basis geschwollen, sonst spindelig, nach dem Gipfel zu 2–7blättrig, meistens längsgefurcht, dunkelfarbig. Blätter bis 30 cm lang, 3–7 cm breit, eiförmig, ziemlich dünn. Blütenstände zu 1–4 an jedem Stamm, bis 35 cm lang, vielblütig. Blüten bis 2 cm lang, weiß oder cremefarbig, im Verblühen gelb; Lippe mit purpurnen Streifen. Sepalen 1,6–2,2 cm lang, 0,3–0,5 cm breit, linealisch-lanzettlich, spitz; die seitlichen sichelförmig gebogen, ein 0,3–0,5 cm langes Mentum bildend. Petalen 1,6–2,2 cm lang, 0,15–0,25 cm breit, linealisch-lanzettlich, spitz. Lippe 0,8 cm lang, 0,7 cm breit, sanft gebogen, in der vorderen Hälfte 3lappig; Seitenlappen länglich-3eckig; Mittellappen nur 0,2 cm lang und 0,6 cm breit, gestutzt und mit aufgesetztem Spitzchen; Platte von einer orangefarbigen Leiste durchzogen. Säule 0,3–0,4 cm lang, ihr Fuß 0,4–0,5 cm lang.
Verbreitung: Queensland und Neuguinea; in oder an den Rändern des Regenwaldes auf Casuarina oder auf Felsen.
Geschichte: Die Pflanze war bis in die jüngste Zeit unter dem Synonym *D. fusiforme* bekannt. A. D. Hawkes wies jedoch 1964 im »Australian Orchid Review« darauf hin, daß dieser Artname bereits für eine andere Pflanze verwendet worden war und benannte sie zu Ehren von R. Rupp, der sich um die Erforschung australischer Orchideen große Verdienste erworben hat.
Anmerkung: Die Art ist nahe mit *D. speciosum* verwandt, unterscheidet sich von dieser Pflanze durch die geschwollenen Stammbasen und den breiteren Mittellappen der Lippe.
Synonyme: Dendrobium speciosum var. *fusiforme* F. M. Bailey; *D. fusiforme* (F. M. Bailey) F. M. Bailey.

Dendrobium sanderae Rolfe

Stämme aufrecht, gestreift, bis 80 cm lang, unterhalb der Mitte schwach verdickt, ungefähr 40blättrig, mit schwarz behaarten Scheiden besetzt, Blätter bis 5 cm lang und 1,7 cm breit, eiförmig bis schmal-eiförmig, vorn 2lappig. Blütenstände bis 6 cm lang, traubig, 3–4blütig. Blüten bis 10 cm breit: weiß, mit roten oder purpurnen Schlieren am Grunde der Lippe und auf ihren Seitenlappen. Sepalen bis 3,5 cm lang, lanzettlich; Mentum spornartig, bis über 1 cm lang. Petalen bis 3 cm breit. Lippe 3lappig, am Grunde röhrenförmig; Seitenlappen breit-3eckig, abstehend; Mittellappen trapezförmig bis quer-länglich, gestutzt, ungefähr 2,5 cm breit, oft mit feinem aufgesetztem Spitzchen.
Verbreitung: Philippinen.
Geschichte: Die Pflanze wurde von einem der für die Firma Sander & Sons in St. Albans tätigen Sammler entdeckt. R. Rolfe beschrieb sie für F. Sander im »Gardeners' Chronicle« und benannte sie nach ihm.

Dendrobium scabrilingue Lindl.

Stämme gebüschelt, bis 30 cm lang, 1–1,5 cm im Durchmesser, nach dem Gipfel zu geschwollen, 4–6blättrig, 10knotig, mit schwarz behaarten Scheiden. Blätter ausdauernd, bis 10,5 cm lang, 1,5–2 cm breit, riemenförmig oder länglich-linealisch, vorn ganz schwach eingekerbt. Blütenstände an den Stammknoten erscheinend, sehr kurz, 2blütig, mit sehr kleinen trockenhäutigen Brakteen. Blüten 3,5 cm breit, stark durftend: elfenbeinweiß; Lippe mit rot gezeichneten Seitenlappen und gelber Mitte. Sepalen 1,9–2,2 cm lang, 0,7–0,8 cm breit, 3eckig, spitz; Mentum grün, konisch, stumpf. Petalen 1,8 cm lang, 0,7–0,8 cm breit, lanzettlich, spitz, schwach nach hinten gebogen. Lippe 1,8 cm lang, 0,8–0,9 cm

breit, aufrecht, 3lappig; Seitenlappen schief-3ekkig; Mittellappen elliptisch.
Verbreitung: Birma und Thailand.
Geschichte: Die Art wurde von J. Lindley 1859 im »Journal of the Linnaean Society« beschrieben. Die Firmen J. Veitch & Sons und H. Low & Co. hatten um diese Zeit von T. Lobb und C. Parish respektive Pflanzen erhalten.
Synonyme: Dendrobium hedyosmum Batem.; *D. alboviride* Par.

Dendrobium schuetzei Rolfe

Stämme des Epiphyten 15–40 cm lang, aufrecht, an der Basis und über der Mitte verdickt, ungefähr 12knotig, vielblättrig. Blätter 8,5 cm lang, 2,5 cm breit, schmal-eiförmig, halbaufrecht, lederig, vorn undeutlich eingeschnitten. Blütenstände kurz, 3–4blütig. Blüten 8 cm breit, duftend, augenfällig: weiß, mit emeraldgrüner, am Grunde purpur behauchter Schwiele. Sepalen 3–5 cm lang, länglich-lanzettlich, langspitzig. Petalen bis 5,5 cm lang und 4 cm breit, breit-eiförmig-kreisrund. Lippe 4–4,5 cm lang, am Grunde röhrig, 3lappig; Seitenlappen einwärts gebogen, breit abgerundet; Mittellappen breit-verkehrteiförmig, gestutzt und mit aufgesetztem Spitzchen, rückwärts gebogen. Säule 0,6 cm lang.
Verbreitung: Philippinen.
Geschichte: R. Rolfe beschrieb diese Art 1911 in »Orchid Review«. In die Kultur wurde sie erstmals durch die Firma Sander & Sons in St. Albans eingeführt; im Jahre 1912 erhielt die Firma ein »First Class Certificate« der Royal Horticultural Society für diese Pflanze.
Anmerkung: D. sanderae ähnelt *D. schuetzei,* hat aber kleinere und weniger augenfälligere Blüten.

Dendrobium secundum (Bl.) Lindl.

Stämme aufrecht bis halb hängend, mehrblättrig, 25 bis über 100 cm lang, 1,8 cm im Durchmesser, nach oben und unten zu verschmälert, längsgefurcht, Blätter 6–10 cm lang, 3–6 cm breit, länglich bis länglich-lanzettlich, ausdauernd, vorn spitz und eingeschnitten. Blütenstände nur an den oberen Stammknoten erscheinend, bis 12 cm lang, dicht vielblütig. Blüten wachsartig, glänzend, einseitswendig angeordnet, 1,8 cm lang, 0,6 cm breit, hellrosa bis purpurn oder seltener weiß; Lippe vorn orange oder gelb. Mittlere Sepale und Petalen ungefähr 0,7 cm lang und 0,4 cm breit, eiförmig, spitz, konkav; die seitlichen Sepalen 1,5 cm lang, 0,4 cm breit; Mentum schwach gebogen, ungefähr 1 cm lang, abgerundet. Lippe spatelförmig aus linealisch-gefurchtem Grunde, vorn spitz, in der Mitte mit einer querlaufenden Leiste.
Verbreitung: Birma, Thailand, Indochina auch Malaya, Sumatra, Philippinen und einige der Pazifischen Inseln; häufiger Epiphyt trockener Wälder.
Geschichte: C. Blume beschrieb die Art 1825 als *Pedilonum* in seinen »Bijdragen«. J. Lindley versetzte sie 1830 in die heutige Gattung (»Genera and Species of Orchidaceous Plants«).
Synonyme: Pedilonum secundum Bl.; *Dendrobium bursigerum* Lindl.

Dendrobium smillieae F. Mueller

Stämme der robusten, in großen Gruppen wachsenden Pflanze 15–100 cm lang, 1–2 cm im Durchmesser, spindelig, durchwegs beblättert, im Alter längsgefurcht, und mit dünnen Scheiden besetzt. Blätter 5–20 cm lang, 2–4 cm breit, länglich oder lanzettlich, sehr dünn, oft gedreht und/oder gebogen, vorn spitz. Blütenstände an blattlosen Stämmen in Gipfelnähe erscheinend, 4–15 cm lang, dichtblütig. Blüten 1,5–2 cm lang: weiß, cremefarbig oder hellgrün, Mentum rosa und die Spitzen aller Teile grün. Sepalen bis 1 cm lang, länglich, spitz, stumpfspitzig oder völlig stumpf; Mentum 0,6–0,9 cm lang, stumpf, etwas aufgeblasen. Petalen ungefähr 1 cm lang, spatelig, kurz zugespitzt. Lippe in der Blüte oben stehend, halbzylindrisch, gemeinsam mit den seitlichen Sepalen ein Nektarium bildend, 1,1–1,6 cm lang. Säule 0,3–0,6 cm lang, oben verbreitert, ihr Fuß 0,6–0,9 cm lang.
Verbreitung: Neuguinea und östliches tropisches Australien. Diese in Australien als »Flaschenbürste« bekannte Orchidee wächst in lichten Wäldern von Tieflagen bis zu mittleren Höhen.
Geschichte: Baron F. von Mueller beschrieb die Art 1867 in »Fragmenta Phytographiae Australiae«.
Synonyme: Coelandria smillieae (F. Mueller) Fitzg.; *Callista smillieae* (F. Mueller) O. Kuntze; *Dendrobium hollrungii* Kraenzl. var. *australiense* Rendle.

Dendrobium sophronites Schltr.

Stämme des Zwergepiphyten gebüschelt angeordnet, sehr kurz, ungefähr 1,5 cm lang, spindelig. Blätter 2 cm lang, 0,5 cm breit, lanzettlich, mit rauher Oberfläche, dunkelgrün aber purpurn auf der Unterseite. Blüten einzelständig, im Verhältnis zur Pflanze ziemlich groß, ungefähr 3,5 cm lang: rosa, rot, magentarot, orange oder gelb; Fruchtknoten gestielt, lang behaart. Mentum 1,6 cm lang, gerade. Petalen ungefähr 2 cm lang, verkehrteiförmig.
Verbreitung: Neuguinea, von etwa 2250 bis 3000 m.
Geschichte: R. Schlechter, der zur Kenntnis der Orchideen von Neuguinea mehr als jeder andere Forscher beigetragen hat, beschrieb diese Pflanze 1912 im »Fedde Repertorium«.
Anmerkung: Die Pflanze wird öfters mit *D. cuthbertsonii* F. Mueller verwechselt; diese Art besitzt jedoch etwas größere Blätter, ein wenig kleinere Blüten und einen kahlen Fruchtknoten.

Dendrobium speciosum J. E. Smith

Stämme des kleinen bis großen Epi- oder Lithophyten 8–100 cm lang, 1–6 cm dick, durchweg geschwollen oder keulenförmig, mit mehreren Knoten, seicht gefurcht, am Gipfel 2–5blättrig, mit brakteenartigen Scheiden bedeckt. Blätter 4–25 cm lang, 2–8 cm breit, eiförmig oder länglich, ziemlich dick, lederig. Blütenstände scheinbar gipfelbürtig, halbaufrecht bis hängend, 10–60 cm lang, meistens dicht vielblütig. Blüten 2–4 cm lang, verschiedengestaltig, kräftig duftend: weiß, hellcremefarbig oder gelb, auf der Lippe mit purpurner, purpurvioletter oder roter Zeichnung. Sepalen und Petalen linealisch bis schmallanzettlich; die seitlichen Sepalen mehr oder weniger sichelförmig. Mentum ungefähr 0,5 cm lang, ziemlich dick. Lippe bis 3 cm lang, 2–4 cm breit, 3lappig; Seitenlappen aufrecht; Säule 0,4–0,8 cm lang, weiß mit roten oder purpurnen Tüpfeln.
Verbreitung: Östliches Australien.
Geschichte: Die Art wurde von J. E. Smith 1804 in »Exotic Botany« beschrieben.
Anmerkung: D. ruppianum, D. gracillimum und *D. delicatum* wurden früher alle als Formen oder Varietäten von *D. speciosum* betrachtet, werden aber heute als eigenständige Arten behandelt. Die erste unterscheidet sich in der Form der Lippe (siehe dort); die zweite besitzt Stämme, die sich gleichmäßig vom Grunde bis zum Gipfel verschmälern; bei *D. delicatum* sind die Stämme unter 2 cm dick, am Grunde geschwollen, dann über einige Entfernung sich verschmälernd, um schließlich im oberen Teil zylindrisch zu sein.
Synonym: Dendrobium hillii Hook.

Dendrobium spectabile (Bl.) Miq.

Stämme bis 60 cm lang, meistens 8knotig, unten ziemlich dick, darüber spindelförmig, nach dem Gipfel zu 5blättrig. Blätter bis 20 cm lang, lanzettlich bis eiförmig, lederig, vorn stumpf. Blütenstände bis 30 cm lang, locker vielblütig, am Stamm unterhalb der Blätter erscheinend, mit sehr kleinen länglichen Brakteen. Blüten 7–8 cm breit: Sepalen und Petalen cremefarbig bis hellgrün an den Rändern, mit matt purpurner Marmorierung und Beaderung; Lippe am Grunde fast weiß, darüber gelblich, mit stark purpurner Beaderung. Sepalen und Petalen bis 3,5 cm lang, 0,5–0,9 cm breit, eiförmig-3eckig, langspitzig, an den Rändern unregelmäßig wellig, am Gipfel zurückgebogen; die seitlichen Sepalen am Grunde miteinander verwachsen. Lippe allen anderen Segmenten ähnlich, aber 3lappig, 5 cm lang, 1,3 cm breit, an der Basis kurz mit dem Fuß der Säule verwachsen; Seitenlappen länglich, stumpf, an den Vorderrändern sehr fein gezähnt; Mittellappen aus fast geigenförmigem Grunde lanzettlich, langspitzig, gewellt, an der Basis mit drei kleinen Warzen und drei erhabenen Kämmen. Säule kräftig, sehr kurz.
Verbreitung: Neuguinea und Salomon-Inseln.
Geschichte: C. Blume beschrieb diese Art als *Latouria* 1850 in »Rumphia«. Er hatte die Pflanze von Leschenault de la Tour (Name der Gattung!), der als Naturforscher an Baudins Seereise zum Pazific teilgenommen hatte und in Neuguinea sammelte, erhalten. Erst als man den Umfang und die Mannigfaltigkeit der Gattung *Dendrobium* erkannt hatte, wurde diese Art zu ihr gestellt.
Synonyme: Latouria spectabilis Bl.; *Dendrobium tigrinum* Hemsley.

Dendrobium stratiotes Rchb. f.

Stämme gebüschelt, bis 200 cm lang und 2 cm im Durchmesser, zylindrisch bis lang-spindelförmig, ganz oben ungefähr 5blättrig. Blätter 8 cm lang, 2 cm breit, schmal-eiförmig, vorn stumpf, steif und lederig, ausdauernd. Blütenstände 8–30 cm lang, seitlich an den Stämmen austretend, aufrecht oder schief abstehend, 3–15blütig. Blüten auffällig, 8–9 cm breit: cremeweiß, mit grünlichen Petalen und violett gestreifter Lippe. Mittlere Sepale 3,5 cm lang, 1 cm breit, eiförmig-3eckig bis riemenförmig, gewellt; die seitlichen ähnlich aber 4,5 cm lang; Mentum 1,5 cm lang, spornartig. Petalen 6 cm lang, 0,25 cm breit, linealisch, verdreht, aufrecht, langspitzig. Lippe groß, 4 cm lang, 2 cm breit, 3lappig; Seitenlappen rhombisch; Mittellappen elliptisch, spitz; Platte mit drei bis fünf Längsleisten.
Verbreitung: Molukken und Neuguinea.
Geschichte: Die von L. Linden auf den Sunda-Inseln entdeckte Pflanze wurde 1886 von H.G. Reichenbach im »Gardeners' Chronicle« beschrieben. Er wählte den eigentümlichen Artnamen, weil ihn die dichtgestellten aufrechten Stämme der Pflanze an Soldaten und die aufrecht stehenden Petalen an ihre Bajonette erinnerten.
Anmerkung: Die nahe verwandte Art *D. taurinum* besitzt kleinere Blüten.

Dendrobium stricklandianum Rchb. f.

Stämme schlank, gebüschelt, bis 40 cm lang, 0,3–0,4 cm dick, stielrund, aufrecht bis hängend, ungefähr 12blättrig, hellgrün. Blätter 5–7,5 cm lang, 1,5–2,5 cm breit, riemenförmig-lanzettlich, vorn spitz, hinfällig. Blütenstände bis 6 cm lang, 4–5blütig, an blattlosen Stämmen erscheinend. Blüten bis 3 cm breit: grün oder gelbgrün, mit cremefarbiger Lippe und mit purpurnen Streifen gezeichnet. Sepalen und Petalen ungefähr 1,8 cm lang, schmal-eiförmig, spitz oder langspitzig; Mentum bis 1 cm lang, stumpf. Lippe 1,7 cm lang, 1,1 cm breit, länglich-riemenförmig, ungeteilt, vorn stumpf; Platte von drei oder mehr purpurnen Linien durchzogen, steif behaart. Säule 0,3 cm lang, grün; Anthere purpurviolett, eiförmig.
Verbreitung: Japan, Riukiu-Inseln, Taiwan und China.
Geschichte: Die Pflanze wurde 1875 von Sir W. Strickland in Malton (England) in die Kultur eingeführt. H.G. Reichenbach veröffentlichte sie 1877 im »Gardeners' Chronicle«.
Synonym: Dendrobium tosaense Makino; obgleich erst 1891 veröffentlicht und damit ein Synonym darstellend, wird der Name in gegenwärtigen Florenwerken von Taiwan und Japan regelwidrig verwendet.

Dendrobium striolatum Rchb. f.

Stämme des kleinen, in dichten Massen wachsenden Lithophyten sympodial, 5–50 cm lang, meistens hängend, am Gipfel jedes Astes 1blättrig. Blätter 4–11 cm lang, 0,2–0,3 cm breit, drehrund, oben längsgefurcht, vorn spitz. Blütenstand blattachselbürtig, 1–2blütig, ungefähr so lang wie das Blatt. Blüten weißlich cremefarben oder gelb, am Grunde der Sepalen und Petalen etwas purpurn oder braun; Fruchtknoten purpur. Mittlere Sepale 1,3–1,5 cm lang, 0,2 cm breit, schmal-länglich-eiförmig, spitzlich; die seitlichen Sepalen 1,5–2 cm lang, 0,3–0,5 cm breit, asymmetrisch länglich-lanzettlich, spitzlich, mit dem Fuß der Säule ein bis 0,5 cm hohes, prominentes, konisches Mentum bildend. Petalen 1,2–1,4 cm lang, 0,1–0,2 cm breit, linealisch-lanzettlich oder verkehrtlanzettlich, stumpfspitzig. Lippe 0,7–1 cm lang, 0,5–0,7 cm breit, undeutlich 3lappig, in der vorderen Hälfte herabgebogen; Seitenlappen halbmondförmig, spitz; Mittellappen eiförmig bis annähernd quadratisch (ausgebreitet), mit aufgesetzter Spitze, an den Rändern stark gewellt; Schwiele aus drei vom Grunde der Lippe bis auf den Mittellappen laufenden, vorn ausgebuchteten Leisten gebildet. Säule 0,3–0,4 cm lang, am Gipfel ausgebissen; Säulenfuß 0,4–0,5 cm lang, etwas papillös.
Verbreitung: Neusüdwales, Victoria und Tasmanien; von Meereshöhe bis zu 950 m; an offenen Stellen.
Geschichte: H.G. Reichenbach beschrieb diese attraktive Art 1857 in der »Hamburger Gartenzeitung«; zugrunde lag eine im Garten von Konsul Schiller kultivierte Pflanze.
Synonym: Dendrobium teretifolium Lindl. non R. Br.; *D. schoeninum* Lindl.; *D. milliganii* F. Mueller; *Callista striolata* (Rchb. f.) O. Kuntze.

Dendrobium taurinum Lindl.

Stämme aufrecht bis über 125 cm lang (manchmal viel länger) 1,5–2,5 cm im Durchmesser, zylindrisch bis spindelförmig aber etwas zusammengedrückt, mit weißen Scheiden bedeckt. Blätter 8–15 cm lang, 5–6 cm breit, länglich oder elliptisch, lederig, vorn etwas ausgerandet, glänzend dunkelgrün, mehr oder minder ausdauernd, ungefähr 3–4 cm entfernt in der Mitte der Stämme angeordnet. Blütenstände ganz in der Nähe der Stengelgipfel seitlich austretend, aufrecht, 10–45 cm lang, etwas zickzackförmig, bis 20blütig, mit kleinen 3eckigen Brakteen. Blüten langlebig, wachsartig, ungefähr 6,5 cm breit: Sepalen und Mentum gelblichgrün; Petalen purpurrot mit weißer Basis; Lippe weiß, auf der Platte mit purpurnen Leisten und Rändern; Säule weiß, mit purpurnem Gipfel. Mittlere Sepale 3 cm lang, 0,9 cm breit, eiförmig-3eckig, langspitzig; die seitlichen 4 cm lang, 1,7 cm breit, schmal-3eckig, langspitzig; Mentum spornartig, konisch, 1–2 cm lang. Petalen riemenförmig, länger als die Sepale, gedreht, nach oben schräg abstehend. Lippe 3,5 cm lang, 2,5 cm breit, aus breit keilförmiger

Basis annähernd elliptisch, fast ungeteilt, nur ganz vorn schwach 3lappig; Seitenlappen klein, oft nur zahnartig; Mittellappen quer-elliptisch, ausgerandet oder mit aufgesetztem Spitzchen, gekräuselt; Platte mit drei Leisten.
Verbreitung: Philippinen, Mindanao, Luzon und Guimaras.
Geschichte: H. Cuming entdeckte diese Pflanze und sandte Exemplare an die Firma Loddiges. J. Lindley beschrieb sie 1843 im »Botanical Register«. Die Wahl des Artnamens geht darauf zurück, daß ihn die Blüte mit ihren hornartig gestellten Petalen an einen Bullenkopf erinnerten.

Dendrobium tetragonum Lindl.

Stämme gebüschelt, 6–45 cm lang, ungefähr 1 cm im Durchmesser, 4kantig, über der Mitte am breitesten, in Gipfelnähe spindelförmig, 7–10knotig, 2–3blättrig. Blätter 3–10 cm lang, 1,5–3 cm breit, eiförmig oder länglich, vorn spitz, papierdünn aber von lederiger Beschaffenheit, dunkelgrün. Blütenstände fast gipfelbürtig, sehr kurz, 1–5blütig, mit winzigen Brakteen. Blüten sehr verschiedengestaltig, 4–9 cm lang: Sepalen gelb mit braunen Rändern; Petalen bleich gelbgrün; Lippe mattgelb, auf den Seitenlappen mehr oder minder kräftig purpurn gestreift und auf dem Mittellappen mit purpurnen Tüpfeln. Sepalen 2–5 cm lang, 0,3–0,5 cm breit, 3eckig, betont langspitzig; die seitlichen 4,5 cm lang; Mentum stumpf. Petalen 3,5 cm lang, nur 0,1–0,2 cm breit, linealisch-lanzettlich, auffallend langspitzig. Lippe 1–1,4 cm lang, 0,6–1,3 cm breit, zurückgerollt, 3lappig; Seitenlappen halbeiförmig oder 3eckig, vorn abgerundet; Mittellappen zurückgeschlagen, annähernd kreisrund oder breit herzförmig, 1–1,5 cm lang, bis 1,2 cm breit, kurz zugespitzt; Schwiele mit zwei Furchen, vorn herabgezogen. Säule 0,4–0,5 cm lang.
Verbreitung: Queensland und Neusüdwales in Australien, wo man die Pflanze auf Bäumen des Regenwaldes und gelegentlich auf papierrindigen *Melaleuca*-Arten wachsend findet.
Geschichte: Die Pflanze wurde erstmals durch W. Bull nach England eingeführt; die Royal Botanic Gardens erhielt außerdem 1871 ein Exemplar von der Firma Rollisson & Sons in Tooting; als es zur Blüte kam, wurde es 1872 im »Botanical Magazine« abgebildet. Die Beschreibung durch J. Lindley erfolgte bereits 1839 im »Botanical Register«.
Anmerkung: Von den 3 bekannten Varietäten ist var. *giganteum* bemerkenswert: bei dieser Form sind die Petalen 5–8 cm lang.

Dendrobium transparens Lindl.

Stämme schlank, 30–60 cm lang, 0,4–0,5 cm im Durchmesser, stielrund, aufrecht bis hängend, am Grunde geschwollen, dunkelgrau und auf den Internodien gelblich überlaufen, 5–7blättrig. Blätter nach einiger Zeit hinfällig, bis 11 cm lang, 1,5–2 cm breit, linealisch-lanzettlich, vorn spitz, zurückgebogen. Blütenstände an den Knoten alter Stämme erscheinend, 2–3blütig, von großen durchsichtigen Scheiden begleitet. Blüten kurzlebig, 3–5 cm breit, zart duftend: Stiel rosa; Sepalen und Petalen durchsichtig weiß, an den Spitzen rosa; Lippe weiß, mit rosa Spitze und von der Mitte ausstrahlenden purpurnen Schlieren, flaumig behaart; Säule weiß, mit purpurner Narbe. Mittlere Sepale elliptisch, stumpf; die seitlichen 3eckig, langspitzig; Mentum kurz, konisch, stumpf. Petalen länglich bis annähernd rhombisch, stumpf oder stumpfspitzig. Lippe am Grunde keilförmig und eingerollt, darüber breitlänglich, vorn abgerundet oder stumpfspitzig, manchmal ein wenig ausgerandet, an den Rändern fein gefranst; Platte behaart, in der Mitte von einer fleischigen Linie durchzogen. Säule kurz.
Verbreitung: Bekannt von den Khasia- und Chin-Hügeln, Birma und in Nordost-Indien und Nepal in Höhenlagen von ungefähr 1300 m.
Geschichte: Die Pflanze wurde von N. Wallich in Nepal entdeckt und in seinem Katalog benannt. J. Lindley beschrieb sie 1830 in seinen »Genera and Species of Orchidaceous Plants«.
Synonym: Dendrobium henshallii Rchb. f.

Dendrobium trigonopus Rchb. f.

Stämme in dichten Büscheln, 15–20 cm lang, ungefähr 1 cm im Durchmesser, spindelig, längsgefurcht, ;1–3blättrig, mit vier klar entwickelten und einigen kürzeren Gliedern, glänzend purpurbraun. Blätter 7,5–10 cm lang, oben am Stamm stehend, riemenförmig oder länglich, dick und von papierartiger Beschaffenheit, vorn spitz, mattgrün, auf der Unterseite wie auf den Blattscheiden lang steifhaarig. Blütenstände 1–2blütig, mit sehr kleinen Brakteen. Blüten 5 cm breit: goldgelb; Lippe innen rauh und grün, auf jeder Seite mit einer Reihe querverlaufender roter Linien. Fruchtknoten im Querschnitt 3kantig. Sepalen 2,5–2,8 cm lang, 0,8 cm breit, lanzettlich, spitz, auf dem Rücken gekielt; Mentum sehr kurz, stumpf. Petalen 2–3 cm lang, 1 cm breit, länglich, spitz. Lippe 1,3 cm lang und breit, mit langem und breitem Nagel, 3lappig; Seitenlappen klein, rhombisch, kantig, am vorderen Rande gezähnelt; Mittellappen viel größer, breitlänglich, stumpf, an den Rändern wie auch auf der Fläche der Platte papillös.
Verbreitung: Birma, Yunnan, Laos und Thailand.
Geschichte: Die Pflanze wurde aus Birma erstmals durch die Firma H. Low & Co. in Clapton in die Kultur eingeführt. Low sandte Exemplare an J. Day, der sie 1887 zum Blühen brachte. H. G. Reichenbach beschrieb sie noch im gleichen Jahr im »Gardeners' Chronicle«.
Synonym: Dendrobium velutinum Rolfe.

Dendrobium victoriae-reginae Loher

Stämme 25–60 cm lang, hängend, nahe der Basis verzweigt, ungefähr 12blättrig, an den Knoten geschwollen, orangegelb mit ausdauernden Scheiden bedeckt. Blätter 3–8 cm lang, 1–2 cm breit, länglich oder lanzettlich, papierartig, spitz bis langspitzig. Blütenstände an alten Stämmen erscheinend, 3–12blütig, auf sehr kurzem Schaft; Brakteen schuppenartig, länglich, spitz. Blüten 3 cm breit: Sepalen und Petalen weiß, am Grunde und darüber mit einem blauen Flecken; Lippe im Schlunde weiß und mit fünf blaupurpurnen Linien, sonst blauviolett. Sepalen 1,5–1,8 cm lang, bis 0,6 cm breit, länglich, stumpfspitzig; Mentum kurz, gerade stumpf. Petalen 1,5 cm lang, 0,6 cm breit, verkehrteiförmig-länglich, an den Rändern fein verbissen. Lippe 2–3,5 cm lang, 0,8–1 cm breit, aus kurzer linealischer Basis verkehrteiförmig, etwas konkav, vorn kurz zugespitzt, am Grunde gezähnt und zurückgebogen und mit drei erhabenen Linien, auf der Platte sehr fein behaart.
Verbreitung: Philippinen, Luzon; zwischen 1800 und 2400 m; in feuchten, moorigen Wäldern.
Geschichte: A. Loher, der diese Pflanze entdeckte, benannte sie zu Ehren von Königin Victoria, die zur Zeit der Entdeckung ihr goldenes Jubiläum feierte.
Synonym: Dendrobium coeleste Loher.

Dendrobium wardianum Warner

Stämme aufrecht oder hängend, bis 120 cm lang, 1–1,8 cm dick, stielrund, an den Knoten verdickt. Blätter hinfällig, 8–15 cm lang, 1,5–2,5 cm breit, länglich-lanzettlich, vorn spitz. Blütenstände an den Knoten blattloser Stämme erscheinend, 1–3blütig. Blüten bis 10 cm breit, kurzlebig, duftend: Sepalen und Petalen weiß, mit purpurnen

Spitzen; Lippe ockergelb, am Grunde mit zwei tief kastanienbraunen Flecken, vorn purpurn. Sepalen 4–5 cm lang, bis 2 cm breit, länglich, stumpf; Mentum sehr kurz, stumpf. Petalen 4,5–5 cm lang, 2,5–3 cm breit, eiförmig-länglich, abgerundet. Lippe 4 cm lang, 3 cm breit, eingerollt, breit-eiförmig oder fast kreisrund, ausgehöhlt, auf beiden Seiten sehr fein flaumig behaart. Säule flaumig behaart.
Verbreitung: Assam, Birma und Thailand.
Geschichte: R. Warner beschrieb diese Pflanze 1862 in seinen »Select Orchidaceous Plants«.
Hook. verwandt, besitzt allerdings kräftigere und weniger knotige Stämme. J.D. Hooker (»Flo-
und weniger knotige Stämme. W. Hooker (»Flora of British India« 1890) betrachtete sie als Formen der gleichen Art. Man unterscheidet mehrere benannte Varietäten, die sich hauptsächlich in Größe und Farbe der Blüte unterscheiden; erwähnenswert ist var. *candidum* Veitch; sie besitzt weiße Blüten mit zwei braunen Flecken auf der Lippe.

Dendrobium williamsonii Day et Rchb. f.

Stämme 20–30 cm lang, ungefähr 1 cm dick, verlängert spindelig, aufrecht, samtartig, im oberen Teil vielblättrig. Blätter 5–10 cm lang, 1,5–2 cm breit, länglich oder lanzettlich, samtig, vorn schwach eingeschnitten; Blattscheiden dicht schwarz behaart. Blütenstände 1–2blütig, an den oberen Stammknoten erscheinend. Blüten 6,5–7,5 cm breit, wachsartig, langlebig: elfenbeinweiß bis gelblich; Lippe im Zentrum mit einem blutroten oder rotbraunen Fleck; Säule weiß, unterhalb der Narbe mit einer orangeroten Stelle. Mittlere Sepale 3 cm lang, 0,6–0,7 cm breit, eiförmig, spitz; die seitlichen 4,5 cm lang, 1,5 cm breit, sichelig, 3eckig, am Gipfel langspitzig und zurückgebogen, auf dem Rücken gekielt; Mentum gerade, stumpf. Petalen 3 cm lang, 0,6–0,7 cm breit, eiförmig, langspitzig. Lippe 4,5 cm lang, 2,5 cm breit, am Grunde keilförmig, darüber fächerförmig, vorn 3lappig; Seitenlappen stumpf, rundlich, an den Rändern gezähnelt und gewimpert; Mittellappen kreisrund, gekräuselt, an den Rändern gewimpert und gezähnelt, alle Adern wie die Seitenlappen behaart; Platte kurz behaart. Säule mit behaarter Anthere.
Verbreitung: Assam, Birma und Thailand.
Geschichte: H.G. Reichenbach beschrieb diese Pflanze 1869 im »Gardeners' Chronicle« gemeinsam mit dem berühmten Orchideensammler John Day. Sie benannten sie nach dem Neffen von Day, W.J. Williamson, der die Pflanze 1868 in Assam entdeckt hatte.

Anmerkung: Im Habitus ist diese Art *D. infundibulum* Lindl. sehr ähnlich, sie ist aber wesentlich robuster.
Synonym: Dendrobium cariniferum Rchb. f.

Dendrochilum Bl.

Tribus: Epidendreae
Subtribus: Coelogyninae

Kleine bis mittelgroße Epiphyten mit kriechenden Rhizomen. Pseudobulben gebüschelt stehend, 1blättrig. Blütenstand seitlich erscheinend, schlank, hängend, ährig oder traubig, dicht vielblütig. Blüten klein, von zarter Beschaffenheit. Sepalen einander ähnlich, abstehend; die seitlichen mit dem Fuß der Säule verwachsen. Petalen kleiner als die Sepalen. Lippe am Fuß der Säule angesetzt, fest sitzend, aufrecht abstehend, länglich, am Grunde fleischig geschwollen. Säule kurz, am Gipfel geflügelt und dort oder am Rande gezähnt. Anthere 2fächerig; Pollinien 4, eiförmig, wachsartig und einer kleinen Klebscheibe aufsitzend.
Umfang und Verbreitung: Über 120 Arten; in Südostasien, Indonesien, den Philippinen und Neuguinea.
Ableitung des Namens: Aus dem Griechischen »dendron« = Baum und entweder »cheilos« = Lippe, oder »chilos« = grünes Futter (es könnte auf die bestechende Lippe oder auf die epiphytische Lebensweise auf Bäumen bezogen sein).
Anmerkung: C. Blume begründete die Gattung 1825 in »Bijdragen«, wobei er mehrere Arten zitierte. Sie gehört zu den größten Gattungen mit der größten Artenkonzentration in den Gebirgen von Sumatra und Borneo. Viele sind nur von beschränkter Verbreitung und viele davon wiederum nur sehr wenig bekannt und kaum in Sammlungen vertreten. *Dendrochilum* ist verwandt mit *Pholidota* und *Coelogyne,* unterscheidet sich aber klar durch die kleineren Blüten und den geflügelten Gipfel der Säule, ganz abgesehen von den getrennten Seitenarmen am Grunde. Die letzte umfassende Bearbeitung der Gattung erfolgte durch E. Pfitzer und F. Kraenzlin (Engler, »Das Pflanzenreich« 1907); die damals bekannten 72 Arten wurden auf 5 Untergattungen verteilt. Verschiedene Autoren haben zwei davon, *Platyclinis* und *Acoridium* herausgetrennt und betrachten sie als selbständige Gattungen. An regionalen Bearbeitungen liegen vor: Philippinen; Oakes Ames, »Orchidaceae« Vol. 2, 1908. Malaysia, R. Holttum, »Orchids of Malaya« 1957. Sumatra; J.J. Smith, Fedde »Repertorium«, 1933.
Typus-Art: Siehe oben.
Synonyme: Platyclinis Benth.; *Acoridium* Nees et Meyer.
Kultur: Substrat A. Mindesttemperatur im Winter 12–15 °C. Am vorteilhaftesten zieht man Arten dieser Gattung in flachen Schalen, so daß sie sich in die Breite entwickeln können. Nach dem Verblühen, wenn der Neuzuwachs einsetzt, hält man die Pflanzen im Halbschatten und führt ihnen reichlich Wasser zu. Nach Vollentwicklung der Pseudobulben brauchen sie nur noch wenig Wasser.

Dendrochilum cobbianum Rchb. f.

Pseudobulben dicht gebüschelt, 6–8 cm lang, 1–1,5 cm breit, schmal-konisch, gelblich, im trockenen Zustand etwas glänzend, am Gipfel 1blättrig. Blätter gestielt, 6–35 cm lang, 2,5–5,5 cm breit, länglich-lanzettlich, vorn spitz, mit deutlich hervortretender Mittelrippe. Blütenstand bis 50 cm lang, oben nickend, die Blätter überragend; Schaft aufrecht, bis 30 cm lang; Brakteen 0,4–0,7 cm lang, spelzenartig, eiförmig, spitzlich. Blüten ungefähr 0,7 cm entfernt stehend, klein: Sepalen und Petalen weißlich; Lippe orangefarbig. Sepalen und Petalen 0,7–1 cm lang, 0,2–0,3 cm breit, länglich-elliptisch, stumpf. Lippe 0,6–0,7 cm lang, 0,3 cm breit, keilig-fächerförmig, vorn leicht ausgerandet, am Grunde mit einer eingedrückten halblänglichen Schwiele besetzt. Säule am Gipfel gezähnelt und mit zwei linealischen, spitzen Seitenarmen.
Verbreitung: Luzon in den Philippinen.
Geschichte: W. Boxall, der für Stuart Low sammelte, fand diese Pflanze. In der Kultur blühte sie zum erstenmal in der Sammlung von Walter Cobb in Sydenham, nachdem sie H.G. Reichenbach benannte, als er sie 1880 im »Gardeners' Chronicle« beschrieb.
Synonyme: Platyclinis cobbiana (Rchb. f.) Hemsley; *Acordium cobbianum* (Rchb. f.) Rolfe.

Dendrochilum filiforme Lindl.

Pseudobulben ungefähr 2,5 cm lang und 1 cm im Durchmesser, konisch oder spindelig, am Gipfel 2blättrig, unten von papierartigen Scheiden bedeckt. Blätter aufrecht, gestielt, bis über 18 cm lang und 1,2 cm breit, schmal-linealisch-riemenförmig, vorn stumpflich. Blütenstände bogig überhängend, 35–45 cm lang (manchmal länger), vielblütig; Schaft sehr dünn, bis 25 cm lang; Blütenstandachse etwas biegsam, kantig; Brakteen ungefähr so lang wie der Fruchtknoten, pa-

pierartig, eingerollt. Blüten 2zeilig gestellt, 0,8–1 cm breit, meistens kurzlebig, duftend, gelblich weiß oder gelb (die Lippe oft goldgelb). Hintere Sepale elliptisch-länglich, spitz; die seitlichen ebenso groß, lanzettlich. Petalen ungefähr 0,25 cm lang, 0,12 cm breit, verkehrtei-keilförmig, stumpf. Lippe 0,2 cm lang, 0,18 cm breit, schwach 3lappig; Seitenlappen winzig, ganzrandig; Mittellappen kreisrund-verkehrtherzförmig; Platte mit zwei linealischen Schwielen besetzt. Säule äußerst klein, mit zwei hervortretenden spitzen Armen.
Verbreitung: Philippinen.
Geschichte: D. filiforme repräsentiert die erste Art der Gattung, die in Europa kultiviert wurde; H. Cuming hatte sie von Manila an J. Bateman geschickt. J. Lindley beschrieb sie 1840 im »Botanical Register«.
Anmerkung: In der Tracht ist diese Art ähnlich *D. glumaceum,* besitzt aber keine rötlichbraunen Scheiden am Grunde. Außerdem hat sie kleinere Brakteen, 2zeilig angeordnete gelbe Blüten und viel breitere Sepalen und Petalen. *Von D. cobbianum* unterscheidet sie sich durch kleinere gelbgrüne Blüten mit der v-förmigen Schwiele am Grunde, hat kleinere und weniger spitze Blätter und kleinere Pseudobulben.
Synonyme: Platyclinis filiformis (Lindl.) Hemsley; *Acoridium filiforme* (Lindl.) Rolfe.

Dendrochilum glumaceum Lindl.

Pseudobulben gebüschelt, 1,5–4 cm lang, 1–1,8 cm breit, konisch bis eiförmig, am Gipfel 1blättrig. Blätter grasartig, lang, gestielt, 12–45 cm lang, 1,8–4 cm breit, schmal elliptisch oder verkehrtlanzettlich, vorn spitz oder langspitzig, aufrecht oder fast aufrecht. Blütenstände 18–50 cm lang, traubig, im oberen Teil nickend, vielblütig; Schaft aufrecht, bis 30 cm lang; Brakteen 0,6–0,8 cm lang, spelzenartig, abstehend, 2zeilig angeordnet und sich ziegelartig deckend. Blüten klein, duftend: weiß. Sepalen 0,7–1 cm lang, lanzettlich, spitz oder langspitzig. Petalen 0,4–0,7 cm lang, ungefähr 0,1 cm breit, schmal-länglich-lanzettlich, spitz oder langspitzig. Lippe 0,3–0,4 cm lang, 0,2 cm breit, 3lappig, rückwärts gebogen; Seitenlappen aufrecht, kurz, sichelig, spitz; Mittellappen eiförmig-kreisrund, mit aufgesetzter Spitze; Platte mit zwei Leisten. Säule aufrecht, am Gipfel 3spaltig, mit zwei seitlichen, spitzen Armen.
Verbreitung: Luzon und Mindanao in den Philippinen; auf Bäumen und Felsen wachsend.
Geschichte: H. Cuming entdeckte die Pflanze und sandte sie an J. Lindley, der sie 1841 im »Botanical Register« beschrieb. In der Kultur wurde die Art erstmals von der Firma Loddiges zum Blühen gebracht.
Anmerkung: Die Pflanze läßt sich von der mit ihr verwandten Art *D. latifolium* Lindl. durch den rundlichen Mittellappen und die ganzrandigen Seitenlappen der Lippe wie auch durch die Säulenarme unterscheiden.

Dendrochilum longifolium Rchb. f.

Pseudobulben sich gegenseitig berührend, bis 8 cm lang und 2 cm im Durchmesser, schmal-kegelförmig, hellgrün, glatt, 1blättrig. Blätter gestielt, bis 40 cm lang und 6,5 cm breit, schmallanzettlich; Blattstiel bis 7 cm lang. Blütenstand bis 40 cm lang, dicht vielblütig; Brakteen breit, so lang wie Blütenstiel und Fruchtknoten. Blüten in zwei Reihen angeordnet, klein: bleich grünlich-braun, mit sepiafarbiger Lippe. Sepalen 0,7–0,8 cm lang, 0,3–0,8 cm breit, schmal-länglich, spitz oder langspitzig. Petalen 0,7–0,8 cm lang, 0,2–0,3 cm breit, schmal-elliptisch-länglich, spitz oder langspitzig. Lippe 0,5 cm lang, 0,3 cm breit, zurückgebogen, 3lappig; Seitenlappen klein, sichelig gekrümmt, 3eckig, spitz; Mittellappen eiförmig-keilig; Platte zwischen den Seitenlappen mit zwei schmalen Leisten. Säule aufrecht, mit aufwärtsgebogenen spitzen Öhrchen.
Verbreitung: Von Malaga, Sumatra bis nach Neuguinea; häufige Pflanze in alten Mangroven und auf Bäumen in Flußnähe.
Geschichte: Soweit bekannt, wurde die Pflanze erstmals von einem Herrn Stange kultiviert. H. G. Reichenbach erhielt sie durch Konsul Schiller in Hamburg und beschrieb sie 1856 in »Bonplandia«.
Synonym: Platyclinis longifolia (Rchb. f.) Hemsley.

Diaphananthe Schltr.

Tribus: Vandeae
Subtribus: Aerangidinae

Kleine bis mittelgroße Epiphyten mit kurzen bis langen, von ausdauernden Blattscheiden bedeckten Stämmen. Blütenstände traubig, vielblütig. Blüten sehr zart und oft durchsichtig, weiß, bleichgrün, hellgelb, ockergelb oder reingelb. Sepalen und Petalen frei, abstehend, untereinander ähnlich. Lippe herabgeschlagen, meist breiter als lang, am Grunde gespornt; Sporn im Schlunde mit einer zahnartigen Schwiele. Säule kurz, hervorstehend; Rostellum verlängert; Pollinien 2, wachsartig; Stipites 2, linealisch; Klebscheibe 1 oder 2.
Umfang und Verbreitung: Ungefähr 45 Arten; im ganzen tropischen Afrika und südlich bis nach Natal.
Ableitung des Namens: Aus dem Griechischen »diaphanes« = durchscheinend und »anthe« = Blüte.
Anmerkung: R. Schlechter begründete die Gattung 1914 in »Die Orchideen«. Sie ist mit *Angraecum* verwandt, unterscheidet sich aber durch das verlängerte Rostellum, die meistens gemeinsame Klebscheibe und durch den Besitz des den Sporn verschließenden zahnartigen Auswuchses. Die Artumgrenzungen innerhalb der Gattung sind zum Teil noch umstritten. Die Gattung wurde 1960 von V. Summerhayes revidiert (»Botanical Museum Leaflets of Harvard University«); er vereinte sie mit *Rhipidoglossum* Schltr. und untergliederte sie in 2 Sektionen. Obgleich L. Garay in jüngster Zeit ohne Angabe von Gründen die beiden Gattungen wieder getrennt hat, sind wir V. Summerhayes gefolgt. Erwähnenswert ist, daß F. Rasmussen (»Norwegian Journal of Botany« 1974) die kleine afrikanische Gattung *Sarcorhynchus* mit *Diaphananthe* zusammengeworfen hat.
Typus-Art: D. pellucida (Lindl.) Schltr.
Synonyme: Rhipidoglossum Schltr.; *Sarcorhynchus* Schltr.
Kultur: Substrat A oder montiert. Mindesttemperatur im Winter 15 °C für die meisten Arten. Aufrecht wachsende Arten kann man in Töpfen halten; wenn die Stämme allerdings ihre Seitenwurzeln entwickelt haben, empfiehlt es sich, sie mit Faser- oder Baumrindenplatten zu stützen. Hängende Arten pflegen nach auswärts und mit den blühenden Stämmen nach unten zu streben, man wird sie deshalb auf Kork- oder Baumrindenplatten montieren und hängend pflegen. Während der Wachstumsperiode verlangen alle Arten guten Schatten, Luftfeuchtigkeit und reichlich Wasser. Für fast alle Arten ist nach Abschluß des Wuchses eine kurze, trockene Ruheperiode anzuraten.

Diaphananthe bidens (Sw. ex Pers.) Schltr.

Stämme des großen, hängenden Epiphyten verlängert, bis über 1 m lang, durchwegs beblättert und mit kräftigen, stammbürtigen Wurzeln. Blätter 5–14 cm lang, 1,5–4,5 cm breit, länglich-lanzettlich bis schmal-eiförmig, vorn auffällig spitz-

2lappig. Blütenstände 5–18 cm lang, hängend, traubig, wenigblütig. Blüten klein, durchsichtig, lachsrosa, gelbrosa oder weiß. Sepalen 0,3–0,5 cm lang, 0,2 cm breit, länglich oder länglich-lanzettlich, spitz oder stumpfspitzig. Petalen 0,4 cm lang, 0,1 cm breit, lanzettlich, spitz. Lippe 0,35–0,5 cm lang, 0,4 cm breit, quadratisch bis herz-eiförmig, stark zurückgebogen, mit aufgesetztem Spitzchen und gezähnelten Rändern; Sporn 0,7 cm lang, einwärtsgebogen und in der Mitte etwas aufgeblasen. Säule kurz; Rostellum spitz; Stielchen der Pollinien zu einem Viscidium verschmolzen.

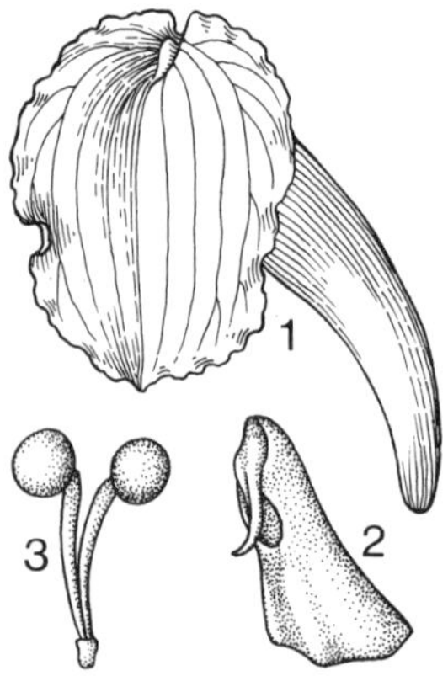

Diaphananthe bidens
1 = Lippe mit Sporn (× $5\,^{1}/_{5}$)
2 = Säule mit Rostellum von der Seite (× 8)
3 = Klebscheibe, Stipites und Pollinien (× 13)

Verbreitung: Von Sierra Leone ostwärts bis Uganda und südwärts bis nach Angola.
Geschichte: Die von O. Swartz 1800 benannte Pflanze war ursprünglich von Afzelius in Sierra Leone gesammelt worden. Da O. Swartz aber keine Beschreibung gemacht hatte, wurde die Pflanze 1807 von C. Persoon in »Synopsis Plantarum« gültig veröffentlicht. In seinem Werk »Die Orchideen« wurde die Art dann von R. Schlechter 1914 zur Gattung *Diaphananthe* gestellt.
Synonyme (in Auswahl): *Limodorum bidens* Sw. ex Pers.; *Angraecum ashantense* Lindl.; *A. subfalcifolium* De Wild.; *Listrostachys mystacioides* Kraenzl.

Diaphananthe pellucida (Lindl.) Schltr.

Stamm des mittelgroßen Epiphyten bis ungefähr 9 cm lang, im oberen Teil beblättert. Blätter 15–70 cm lang, 2,5–7 cm breit, verkehrtlanzettlich, gebogen, vorn ungeteilt oder schief eingeschnitten. Blütenstände hängend, 15–55 cm lang, locker vielblütig. Blüten durchsichtig: weiß, hellgelb oder rosa. Sepalen 0,9–1,2 cm lang, 0,3–0,5 cm breit, schmal-länglich, spitz. Petalen 0,8–1,1 cm lang, 0,3–0,4 cm breit, schmal-länglich-lanzettlich, spitz, an den Rändern ausgebissen. Lippe annähernd quadratisch, 0,8–1,1 cm lang, vorn ausgerandet und mit aufgesetzter Spitze, an den Rändern kurz zerfranst oder unregelmäßig gezähnt; Sporn 0,8–1,1 cm lang, hängend, in der Mitte geschwollen, am Ende spitz. Säule kurz, fleischig, mit 1 Klebscheibe und 2 Stipites.
Verbreitung: Von Westafrika nach Zaire und Uganda.
Geschichte: J. Lindley hatte die Pflanze ursprünglich im Jahre 1844 in der Gattung *Angraecum* beschrieben. Zugrunde lag ein aus der Sierra Leone eingeführtes Exemplar, das in den Häusern der Firma Loddiges im November 1842 erstmals blühte. R. Schlechter versetzte die Art 1914 in seinem Werk »Die Orchideen« in die heutige Gattung.
Synonyme: Angraecum pellucidum Lindl.; *Listrostachys pellucida* (Lindl.) Rchb. f.

Diaphananthe xanthopollinia (Rchb. f.) Summerh.

Diese zur Sektion *Rhipidoglossum* der Gattung gehörende Art läßt sich von der ihr nahestehenden *D. pellucida* (Lindl.) Schltr. folgendermaßen unterscheiden: Stamm länger; Sepalen und Petalen wie ersichtlich anders gestaltet; Lippe breiter, im Schlund zum Sporn mit einem schwach entwickelten Zahn; die zwei Pollinien mit getrennten Stipites und getrennten Klebscheiben. Die Pflanze ist in Ost- und Süd-Zentralafrika weit verbreitet; im Süden reicht ihr Areal bis nach Natal und die nordöstliche Kap Provinz.

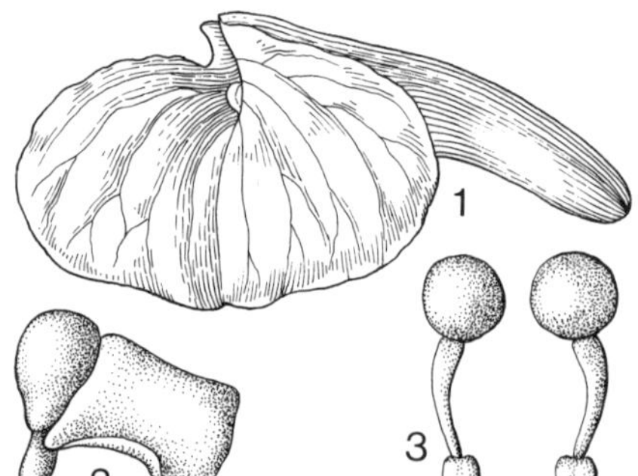

Diaphananthe xanthopollinia
1 = Lippe mit Sporn (× $6\,^{2}/_{5}$)
2 = Säule mit Antherenkappe und Rostellum (× 13)
3 = Klebscheiben, Stipites und Pollinien (× 20)

Diothonea Lindl.

Tribus: Epidendreae
Subtribus: Laeliinae

Mittelgroße Epiphyten mit zylindrischen, sich verzweigenden beblätterten Stämmen und 2zeilig angeordneten schmalen Blättern, Blütenstand gipfelbürtig, traubig, mehr oder weniger hängend, locker bis dicht mehr- bis vielblütig. Blüten klein bis ziemlich groß, mit langem Stiel und Fruchtknoten. Sepalen untereinander ähnlich, kreisrund-eiförmig bis lanzettlich, konkav; die seitlichen asymmetrisch. Petalen den Sepalen ähnlich aber schmaler. Lippe mehr oder weniger mit den Rändern der Säule verwachsen, meistens in verschiedenem Grade 3lappig, am Grunde konkav und geöhrt. Säule kurz, kräftig, geflügelt.
Umfang und Verbreitung: Kleine, auf das tropische Südamerika beschränkte Gattung.
Ableitung des Namens: Aus dem Griechischen »di« = zwei und »othone« = Segel; wohl wegen der wie der vordere Teil des Buges eines Schiffes aussehenden, die Lippe mit der Säule verbindenden Membranen.
Anmerkung: Die Gattung wurde 1834 von J. Lindley in Hooker's »Journal of Botany« begründet. Sie ist nicht sonderlich gut definiert und ihre Arten sind nur wenig bekannt und bis zum heutigen Tage unzureichend beschrieben und abgegrenzt.
Typus-Art: D. lloensis Lindl.
Kultur: Substrat A. Mindesttemperatur im Winter 12–15 °C. Sommermaximum 25 °C. Als Bewohner großer Höhenlagen verlangen diese Pflanzen einen trockenen Pflanzstoff über das ganze Jahr, mittlere bis hohe Luftfeuchtigkeit und mäßigen Schatten. Sie wachsen gut in Töpfen; allerdings sollte man hängende Arten auf Blöcken montiert halten.

Diothonea lloensis Lindl.

Sehr variable epiphytische oder terrestrische Pflanze von 20–50 cm Höhe. Stämme kräftig, stark verzweigt, beblättert, mit gestreiften Blattscheiden besetzt. Blätter bis 11 cm lang und 1,2 cm breit, linealisch-lanzettlich, vorn eingeschnitten. Blütenstand kurz, meistens hängend, 2–11 cm lang, mehr- bis vielblütig. Blüten häutig, rosenrot, braun oder gelblich. Mittlere Sepale 0,8–1 cm lang, länglich-eiförmig, spitz; die seitlichen schief-länglich-eiförmig, mehr oder weniger stark gekielt, spitz bis langspitzig. Petalen kürzer aber breiter als die mittlere Sepale, elliptisch-lanzettlich bis rhombisch, stumpf oder kurz lang-

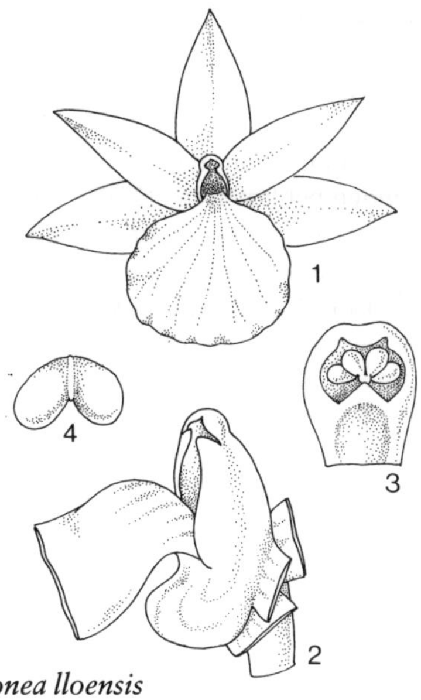

Diothonea lloensis
1 = Blüte von vorn (× 1½)
2 = Säule, Sporn und Lippengrund (× 1½)
3 = Säule von unten, Antherenkappe entfernt (× 1½)
4 = Antherenkappe (× 1½)
(nach Icones Plantarum, Abbildung 3012, 1915)

spitzig. Lippe länger als die anderen Teile, mit dem Grunde der Säule verwachsen, der freie Teil abstehend oder zurückgeschlagen, 0,9–1,4 cm lang, fast eirund, fast ungeteilt oder über der Mitte deutlich 3lappig, an den Rändern meistens feingezähnt. Säule kurz, gebogen, breit geflügelt, begleitet von einem zusammengepreßten, von den erweiterten unteren Rändern der Lippe gebildeten Becher.
Verbreitung: Kolumbien, Ecuador und Peru.
Geschichte: Die Pflanze wurde von Oberst Hall im Lloa Tal in Ecuador gefunden und durch J. Lindley in »Hooker's Journal of Botany« 1834 veröffentlicht.
Synonym: Diothonea gratissima Rchb. f.

Diploprora Hook. f.

Tribus: Vandeae
Subtribus: Sarcanthinae

Kleine Epiphyten mit kurzen, dünnen Stämmen und mehr oder minder sichelförmigen Blättern. Blütenstände traubig, ziemlich kurz, armblütig. Blüten klein. Sepalen und Petalen fast ähnlich, frei, abstehend; die Sepalen öfters gekielt. Lippe so lang wie oder länger als die Petalen, ihre Ränder mit den Seiten der Säule verbunden, kahnförmig bis länglich-geigenförmig, am Gipfel gabelig geteilt; Platte gekielt. Säule sehr kurz, ohne Fuß; Pollinien 2 oder 4, kugelig; Stipes kurz, linealisch, an den Rändern rückwärts gebogen; Klebscheibe klein.
Umfang und Verbreitung: Nur 4 Arten; in Indien, Ceylon und ostwärts nach China und Taiwan.
Ableitung des Namens: Aus dem Griechischen »diplous« = doppelt und »prora« = Bug, Vorschiff; eine Anspielung auf den deutlich gabelig gespaltenen Gipfel der Lippe bei der Typus-Art.
Anmerkung: Sir Joseph Hooker begründete die Gattung 1890 in der »Flora of British India«. Sie ist verwandt mit *Luisia,* läßt sich aber leicht durch ihre flachen Blätter und die Form der Lippe von ihr unterscheiden (allgemein am Gipfel gespalten, selten gestutzt).
Typus-Art: D. championii Hook. f.
Kultur: Substrat A. Am besten wachsen diese Pflanzen in Körben oder montiert auf Kork- oder Baumfarnblöcken. In beiden Fällen sollte man sie hängend in einer feuchten Atmosphäre halten. Bei sonnigem Wetter ist Beschattung nötig. Solange die Wurzeln aktiv sind, verlangen sie genügend Wasser im Pflanzstoff.

Diploprora uraiensis Hayata

Stämme des halbhängenden Epiphyten beblättert, bis 18 cm lang. Blätter 7,5–11 cm lang, 2,5 cm breit, länglich-lanzettlich und sichelig gekrümmt, vorn ganz fein eingeschnitten. Blütenstände hängend, traubig, 7–12,5 cm lang, 4–5blütig (manchmal mehrblütig); Brakteen lanzettlich. Blüten 1,5 cm breit: ledergelb, im Zentrum etwas weißer; Lippe weiß, mit gelben Tüpfeln. Sepalen 0,8 cm lang, 0,15–0,35 cm breit, schmal-elliptisch, stumpf. Petalen 0,8 cm lang, 0,3 cm breit, linealisch-elliptisch, sichelförmig gebogen, spitz. Lippe breit bootförmig, 0,8 cm lang, 0,4 cm breit, vorn linealisch-schwanzartig ausgezogen und in zwei Borsten geteilt; Schwiele fleischig, länglich-3eckig. Säule 0,25 cm lang.
Verbreitung: Taiwan.
Geschichte: Die erstmals 1914 von B. Hayata bei Uraisha gesammelte Orchidee wurde im gleichen Jahr von ihm in den »Icones Plantarum Formosanarum« beschrieben.

Disa Bergius

Tribus: Orchideae
Subtribus: Disinae

Terrestrische Pflanzen mit knolligen Wurzeln und unverzweigten, beblätterten Stämmen. Blätter entweder über den blütentragenden Stamm verteilt oder an getrennten, sterilen Sprossen angeordnet. Blütenstände einzeln, gipfelständig, 1- bis vielblütig. Blüten resupiniert, von verschiedener Farbgebung. Sepalen frei; die mittlere aufrecht, hut- oder helmförmig, gewöhnlich gespornt; die seitlichen mehr oder weniger abstehend. Petalen am Grunde in verschiedenem Grade mit der Säule verwachsen, oft von der mittleren Sepale eingeschlossen, von verschiedener Form. Lippe meistens klein und schmal, nicht gespornt. Säule kurz; Anthere aufrecht, horizontal oder zurückgeschlagen, mit parallelen Fächern; Pollinien 2, jede mit einem Pollinium, Caudicula und einer nackten Klebscheibe; Narben zu einem Kissen unterhalb des Rostellums verschmolzen. Rostellum klein, 3lappig; Seitenlappen mit den Petalen verbunden; Mittellappen klein.
Umfang und Verbreitung: Ungefähr 130 Arten; durch das tropische Afrika mit Schwerpunkt in Ostafrika und im südlichen Zentralafrika, außerdem in Südafrika und mit 4 Arten in Madagaskar und den Maskarenen.
Ableitung des Namens: Unklar; H. Bolus glaubt, er stamme aus dem Lateinischen »dis«; auf die Schönheit der Blüten anspielend.
Anmerkung: Die Gattung wurde von P. Bergius 1767 in »Descriptiones Plantarum ex Capite Bonae Spei« begründet. Sie enthält einige der prächtigsten afrikanischen terrestrischen Orchideen, unter ihnen die berühmte scharlachrote und orangefarbene *Disa uniflora* und die blaublühende *D. hamatopetala* Rendle. Die erstgenannte ist heute weithin kultiviert und wurde auch erfolgreich aus Samen gezogen. Erstmals wurde *Disa* 1901 von F. Kraenzlin revidiert; er behandelte 90 Arten in 11 Sektionen. Im gleichen Jahr veröffentlichte R. Schlechter eine Monographie der Gattung (Engler, »Botanische Jahrbücher«), wobei er 100 Arten akzeptierte und sie auf 12 Sektionen verteilte. Für die jüngste Zeit sind folgende regionale Bearbeitungen erwähnenswert: V. S. Summerhayes in »Flora of West Tropical Africa« 1968 und »Flora of Tropical East Africa« 1968. In Südafrika, wo man die Mehrzahl der Arten antrifft: H. Bolus in »Orchids of South Africa« 1893–1913 und R. A. Rolfe in »Flora Capensis« 1913. Eine Diskussion der Gattungsumgrenzung ist zu finden bei E. A. C. L. E. Schelpe, »An Introduction to the South African Orchids« 1966.
Typus-Art: Disa uniflora Berg.
Synonyme: Herschelia Lindl.; *Monadenia* Lindl.; *Forficaria* Lindl.; *Penthea* Lindl.
Kultur: Substrat C mit Hinzufügung von frischem Sphagnum.Mindesttemperatur im Winter 15 °C für warme und 10 °C für kühle Arten. Arten aus niederen Lagen behandelt man wie für

Habenaria angegeben, mit einer trockenen Ruheperiode, wenn die Stämme abgestorben sind. Arten aus kühleren Regionen, wie die populäre *D. uniflora*, verlangen während des ganzen Jahres kühle, feuchte und schattige Behandlung (solange sie wachsen, muß der Pflanzstoff unbedingt feucht sein). Nach der Blüte hält man die meisten Arten ein wenig trockener. Tochterpflänzchen setzt man in andere Töpfe, wo sie im allgemeinen gut gedeihen und schnell heranwachsen.

Disa stolzii Schlt.

Aufrechte, bis 60 cm hohe terrestrische Pflanze mit eiförmigen oder im Umriß elliptischen Knollen und zweierlei Stämmen: Steriler Stamm kurz, 1–3blättrig am Gipfel, im unteren Teil mit Scheiden besetzt; Blätter 9–24 cm lang, 0,5–1,5 cm breit, linealisch oder schmal lanzettlich spitz. Blütentragende Stämme fast völlig von scheidigen Blattbasen bedeckt, 6–11blättrig, aufrecht; Blätter 2,5–5,5 cm lang, 1–1,5 cm breit, lanzettlich, vorn spitz, auf der unteren Seite rot getüpfelt. Blütenstand locker 1–5blütig; Brakteen 2–4,5 cm lang, lanzettlich, spitz. Blüten fast aufrecht, augenfällig, mittelgroß: orangefarbig oder scharlachrot, mit dunkleren Flecken. Mittlere Sepale aufrecht, genagelt, 3–5 cm lang, bis 1,5 cm breit, über dem Nagel eiförmig oder elliptisch, in der Mitte gespornt (Sporn 1–1,5 cm lang, zylindrisch); die seitlichen abstehend, schief-länglich, 2,5–4 cm lang, bis 1 cm breit. Petalen aufrecht, 2,5–4,5 cm lang, bis 1 cm breit, im unteren Teil eiförmig, darüber linealisch oder spatelförmig. Lippe 1,5–2 cm lang, 0,1–0,2 cm breit, linealisch, hängend. Anthere aufrecht, kurz gestielt, bis 0,9 cm hoch.
Verbreitung: Tansania, Malawi und Sambia; in jahreszeitlich überflutetem Grasland; 1000 bis 2800 m.
Geschichte: Die attraktive Pflanze wurde erstmals von A. Stolz auf dem Rungwe-Berge in Südwest-Tansania gefunden. R. Schlechter beschrieb sie 1915 in »Engler, Botanische Jahrbücher«.
Anmerkung: Nahe verwandt ist die in Ostafrika verbreitete Art *D. erubescens* Rendle. Sie besitzt kleinere Blüten mit einer nur bis höchstens 3 cm langen mittleren Sepale; ihr blütentragender Stamm ist 9–15blättrig.

Disa uniflora Berg.

Stamm der 25–70 cm hohen terrestrischen Pflanze robust, beblättert. Blätter 7,5–20 cm lang, lanzettlich bis länglich-lanzettlich, vorn spitz, nach unten hin allmählich in die langspitzige Blattscheide verschmälert, meistens etwas abstehend. Blütenstände 1–2blütig (selten bis 5blütig); Brakteen 3–5 cm lang, lanzettlich, langspitzig. Blüten groß und auffällig: leuchtend scharlachrot (selten gelb), mit dunklerer Beaderung auf der mittleren Sepale und etwas orange oder gelb auf den Petalen. Mittlere Sepale helmförmig, 3,5–6 cm lang, breit-eiförmig, spitz oder mit aufgesetzter Spitze; Sporn 1,2 cm lang, schmal konisch; seitliche Sepalen 3,5–6 cm lang, eiförmig, unvermittelt langspitzig. Petalen 2–2,5 cm lang, verkehrteiförmig oder länglich-eiförmig, stumpflich. Lippe 1,2–2 cm lang, linealisch-lanzettlich, langspitzig, vorn rückwärts gebogen. Säule 2–2,5 cm lang, schmal, spitz; Rostellum aufrecht, verlängert, mit kurzen geteilten Seitenlappen.
Verbreitung: Kap Provinz von Südafrika.
Geschichte: Die Pflanze wurde 1767 von P. Bergius in seinen »Descriptiones Plantarum ex Capite Bonei Spei« beschrieben.
Synonyme: Satyrium grandiflorum (Linn. f.) Thunb.; *Disa barellii* Puydt; *D. grandiflora* Linn. f.

Doritis Lindl.

Tribus: Vandeae
Subtribus: Sarcanthinae

Kleine bis mittelgroße Epiphyten mit kurzen, beblätterten Stämmen, ohne Pseudobulben. Blätter 2zeilig angeordnet. Blütenstand seitlich entspringend, locker traubig oder rispig. Blüten augenfällig, mittelgroß. Sepalen weit abstehend; die seitlichen mit dem Fuß der Säule ein konisches, spornartiges Mentum bildend. Petalen schmaler oder breiter als die Sepalen. Lippe sitzend oder genagelt, 3lappig, mit dem Fuß der Säule verbunden; Seitenlappen aufrecht; Mittellappen veränderlich; Platte mit einer gabeligen Schwiele. Säule annähernd aufrecht, mit schmalem Flügel; Fuß lang; Anthere 2fächerig; Pollinien 2, gefurcht oder zweigeteilt; Stipes linealisch oder spatelförmig; Klebscheibe groß oder schmal.
Umfang und Verbreitung: 2 oder 3 Arten; in Ceylon, Indien, Nepal, Birma, Thailand, Indochina, Malaya und Sumatra.
Ableitung des Namens: Entweder aus dem Griechischen »dorie« = Speer (wegen der Form der Lippe) oder »Doritis« = Name der Aphrodite.
Anmerkung: Die Gattung wurde 1833 von J. Lindley in seinen »Genera and Species of Orchidaceous Plants« begründet. Sie ist mit *Phalaenopsis* verwandt und ihr in der Tracht sehr ähnlich aber unterschieden durch das spornähnliche Mentum.
Typus-Art: D. pulcherrima Lindl.
Kultur: Substrat A. Mindesttemperatur im Winter 15 °C. Aufrecht wachsende Arten gedeihen gut in Töpfen oder Körben; da ihre Sprosse vom Grunde entspringen, bilden die Pflanzen dichte Gruppen. Hohe Luftfeuchtigkeit und guter Schatten sind unbedingt notwendig; solange die Wurzeln aktiv sind, verlangen sie viel Wasser. Nach Abschluß der Wuchsperiode brauchen sie wesentlich weniger, aber der Pflanzstoff sollte nie völlig trocken sein.

Doritis pulcherrima Lindl.

Eine sehr verschiedengestaltige terrestrische Pflanze mit nur 4–5 cm langem beblättertem Stamm. Blätter 6–15 cm lang, 1,5–3 cm breit, verkehrtlanzettlich bis schmal-elliptisch, vorn stumpf oder spitzlich. Blütenstand aufrecht, 20–60 cm (manchmal bis 90 cm) lang, einfach, vielblütig. Blüten sehr augenfällig, bis 5 cm breit: Sepalen und Petalen tief violettpurpurn; Lippe mit rötlichen Seitenlappen, intensiv purpurnen Mittellappen und weißen Linien auf der Platte. Mittlere Sepale 1,2–2 cm lang, bis 0,7 cm breit, schmal-elliptisch, stumpf; die seitlichen 1,2–1,7 cm lang, bis 0,8 cm breit, länglich, stumpf, am Grunde mit dem Fuß der Säule verwachsen und ein 0,9 cm langes, spornähnliches Mentum bildend. Petalen 1,2–1,7 cm lang, bis 0,7 cm breit, verkehrteiförmig, abgerundet. Lippe genagelt, 3lappig, in der Mitte gekniet, im unteren Teil parallel zum Säulenfuß orientiert, 1,4 cm lang, 1,7 cm breit, mit einem Paar schmaler und aufrecht-sicheliger Lappen auf jeder Seite des Nagels; Seitenlappen länglich, aufrecht; Mittellappen länglich-eiförmig, mit aufgesetzter Spitze; Platte mit einer Schwiele zwischen den schmalen Lappen des Nagels. Säule 0,5 cm lang; Rostellum und Anthere lang-geschnäbelt.
Verbreitung: Süd-China, Birma und Kambodscha, dann südwärts nach Malaya und Nord-Sumatra.
Geschichte: Zum erstenmal wurde die Pflanze von Findlayson nahe dem Fluß Turon in Cochinchina gefunden; N. Wallich belegte sie in seinem Katalog (Nr. 7348) mit dem Namen. Die Beschreibung erfolgte durch J. Lindley 1833 in seinem Werk »Genera and Species of Orchidaceous Plants«. R. Holttum (»Orchids of Malaya«, 3. Aufl. 1964) vertritt die Ansicht, daß die Merkmale der Lippe dieser Pflanze nicht hinreichen, die Gattung *Doritis* zu rechtfertigen; er betrach-

tet sie deshalb, wie J. J. Smith, als eine *Phalaenopsis*-Art.
Synonyme: Phalaenopsis pulcherrima (Lindl.) J. J. Smith; *P. esmeralda* Rchb. f.; *P. antennifera* Rchb. f.

Dressleria Dodson
Tribus: Cymbidieae
Subtribus: Catasetinae

Planzen von ähnlichem Bau wie *Catasetum*. Blüten immer zweigeschlechtig; Pollinarium und Narben stets funktionsfähig; Pollinien durch Berührung der Antherenkappe freiwerdend. Lippe mit dem Grunde und den Seiten der kurzen Säule verwachsen.
Umfang und Verbreitung: Wahrscheinlich nur 3 oder 4 Arten; von Nicaragua nach Costa Rica, Panama, Kolumbien, Ecuador und Venezuela.
Ableitung des Namens: Benannt nach Dr. Robert Dressler, Orchideenspezialist am Smithsonian Institute in Panama.
Anmerkung: Die Gattung wurde von C. Dodson 1975 in »Selbyana« begründet. Sie enthält drei früher zu *Catasetum* gestellte Arten. G. Dunsterville und L. Garay (»Venezuelan Orchids Illustrated« 1976) betrachten diese als eine Art.
Typus-Art: Catasetum dilectum Rchb. f.
Kultur: Substrat A oder B. Sonst wie für *Catasetum* angegeben.

Dressleria dilecta (Rchb. f.) Dodson

Pseudobulben der epiphytisch oder lithophytischen Pflanze bis 20 cm lang und 4 cm im Durchmesser, spindelförmig, in Büscheln angeordnet, vielknotig, bedeckt mit 2zeilig angeordneten, scheidigen Blättern. Blätter bis 50 cm lang und 8 cm breit, verkehrtlanzettlich, halbaufrecht. Blütenstand bis 35 cm lang, 6–10blütig, aufrecht oder etwas überhängend; Brakteen 2 cm lang, 1,2 cm breit, eiförmig, bleich cremefarben. Blüten zwitterig, nicht resupiniert, in Form und Farbgebung variierend: hellbraun-cremefarben bis cremeweiß. Sepalen 1,8 cm lang, 0,4 cm breit, linealisch, stumpf oder abgerundet, zurückgeschlagen. Petalen 1,8 cm lang, 0,8 breit, eiförmig, stumpf, zurückgeschlagen. Lippe 1,5–2 cm lang, 1–1,5 cm breit, sehr fleischig, eiförmig, am Grunde sackartig, mit der Basis und den Seiten der Säule verwachsen, Nektarium zugänglich durch einen schmalen Schlitz. Säule sehr kurz, kräftig ohne Antennen.
Verbreitung: Costa Rica, Nicaragua, Panama, Venezuela, Kolumbien und Ecuador.
Geschichte: H. G. Reichenbach beschrieb die Pflanze 1866 (Beiträge zu einer Orchideenkunde Central-Amerikas) als *Catasetum dilectum*. C. Dodson versetzte sie 1975 (»Selbyana«) zu seiner neuen Gattung *Dressleria,* welche zu Ehren des bedeutenden Orchidologen Dr. Robert Dressler benannt ist.
Synonyme: Catasetum eburneum Rolfe; *C. suave* Ames et Schweinf.; *Dressleria eburnea* (Rolfe) Dodson; *D. suave* (Ames et Schweinf.) Dodson.

Elleanthus Presl
Tribus: Arethuseae
Subtribus: Sobraliinae

Epiphytische oder terrestrische Pflanzen mit verflochtenen, fleischigen Wurzeln. Stämme aufrecht, rohrartig, einfach oder verzweigt, beblättert. Blätter 2zeilig angeordnet, mit starker Nervatur. Blütenstand gipfelbürtig, kopfig oder traubig, mit auffälligen Brakteen. Blüten klein aber oft von leuchtender Farbe. Sepalen und Petalen frei, untereinander nicht unähnlich. Lippe die Säule einschließend, konkav-sackartig im unteren Teil; Schwielen 2, am Grunde der Lippe in der Vertiefung sitzend. Säule aufrecht, ohne Fuß, geflügelt; Anthere 2fächerig; Pollinien 8, wachsartig.
Umfang und Verbreitung: Ungefähr 50 Arten; im tropischen Amerika, mit Schwerpunkt in den Anden.
Ableitung des Namens: Aus dem Griechischen Helle oder Helena, Tochter von Athamar und Nephrele.
Anmerkung: Die Gattung wurde von K. B. Presl 1827 in »Reliquiae Haenkeanae« begründet. Im blütenlosen Zustand ähneln ihre Arten stark denen von *Sobralia;* die Blüten von *Elleanthus* sind aber meistens viel kleiner und zeichnen sich besonders durch die sackförmig vertiefte Lippe mit den zwei Schwielen aus.
Typus-Art: E. linifolius Presl.
Synonym: Evelyna Poepp. et Endl.
Kultur: Substrat B. Mindesttemperatur im Winter 12–15 °C. Allgemein gelten die für *Sobralia* angegebenen Anweisungen; nur handelt es sich bei *Elleanthus* meistens um kleinere Pflanzen. Man sollte ihnen die Möglichkeit geben, in dichten Gruppen zu wachsen. Oft findet man, daß sie am besten in Beeten gedeihen. In der Wachstumsperiode verlangen sie etwas Schatten und viel Wasser; nach der Blüte sollte man sie bis zum Erscheinen der neuen Sprosse trockener halten.

Elleanthus capitatus
(Poepp. et Endl.) Rchb. f.
Stamm der bis über meterhohen terrestrisch wachsenden Pflanze bis 110 cm lang, 0,5 cm im Durchmesser, sehr schlank, stielrund, aufrecht, durchweg mit Blattscheiden besetzt. Blätter am Stamm nach oben hin zunehmend kürzer werdend, 5–25 cm lang, 2–8 cm breit, lanzettlich, vorn langspitzig. Blütenstand kopfig (daher der Artname), 3–8 cm breit, vielblütig; Brakteen sich ziegelartig deckend, eiförmig bis lanzettlich. Blüten rosaviolett, alle in eine schleimige Masse eingebettet. Sepalen 1,2 cm lang, 0,2 cm breit, linear, spitzlich. Petalen 1,2 cm lang, 0,2 cm breit, linealisch, spitzlich. Lippe 1–1,4 cm lang und breit, 3eckig-verkehrteiförmig, am Grunde sackartig mit zwei Schwielen, am vorderen Rand gezähnt. Säule 0,5–0,6 cm lang.
Verbreitung: Von Mexiko südwärts nach dem nördlichen Südamerika und den Westindischen Inseln.
Geschichte: Wie so viele Pflanzen mit großem Verbreitungsgebiet ist auch diese mehrfach beschrieben worden. R. Brown veröffentlichte sie 1813 in der Gattung *Bletia.* H. G. Reichenbach versetzte die Art 1862 in »Walpers' Annales Botanices« nach *Elleanthus,* benutzte aber als Basionym das spätere Synonym *(Evelyna capitata)* von E. Poeppig und S. Endlicher; vermutlich übersah er R. Browns früheren Namen. Da die Pflanze weithin unter dem Namen *Elleanthus capitatus* in Gärtnerei und Literatur bekannt ist, wollen wir es vermeiden, durch Beachtung der Regeln Verwirrung zu stiften.

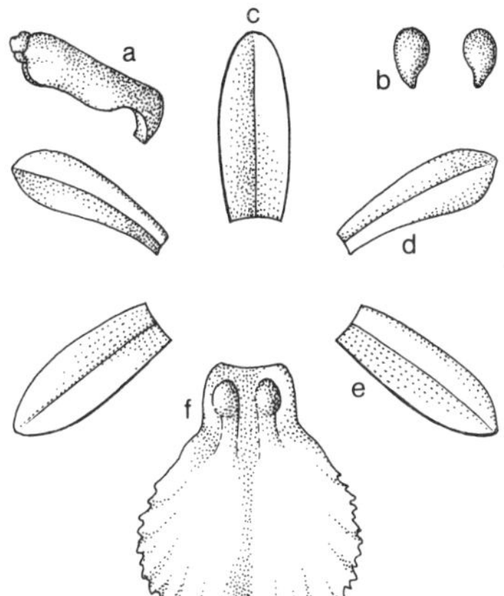

Elleanthus capitatus
Blütenanalyse
a = Säule (× 2)
b = Pollinien (× 9)
c = mittlere Sepale (× 2)
d = seitliche Sepalen (× 2)
e = Petalen (× 2)
f = Lippe (× 2)

Elleanthus furfuraceus (Lindl.) Rchb.f.

Schlanke Pflanze mit einfachem oder manchmal etwas verzweigtem Stamm. Blätter bis 14 cm lang und 2,5 cm breit, lanzettlich oder elliptisch, langspitzig. Blütenstand endständig, verhältnismäßig dicht 4–16blütig; die unteren Brakteen länger als die Blüten, 1,6 cm lang, lanzettlich, langspitzig. Blüten klein: violett, rosenrot oder scharlachrot. Obere Sepale 0,6–0,8 cm lang, eiförmig-länglich, spitzlich bis langspitzig; die seitlichen schief-eiförmig-lanzettlich oder eiförmig-länglich, spitz bis langspitzig, manchmal mit aufgesetztem Spitzchen. Petalen 0,7 cm lang, 0,3 cm breit, länglich-verkehrtlanzettlich, spitzlich. Lippe verkehrteiförmig, abgerundet, am Grunde konkav, an den vorderen Rändern ausgebissen oder gezähnelt; Platte am Grunde hinter einer erhabenen Querleiste mit einem Paar halbelliptischer Schwielen. Säule kräftig, etwas keulenförmig, am Gipfel 3zähnig.
Verbreitung: Guayana, Venezuela, Kolumbien, Ecuador und Peru.
Geschichte: Die Pflanze wurde erstmals von J. Linden in Merida und später nochmals in Agua de Obispo gefunden. J. Lindley beschrieb sie 1864 in »Orchidaceae Lindenianae« in der Gattung *Evelyna*. In »Walpers' Annales Botanices« 1861, sehen wir sie dann von H.G. Reichenbach zu *Elleanthus* versetzt.
Synonym: Evelyna furfuracea Lindl.

Elleanthus longibracteatus
(Lindl. ex Griseb.) Fawc.

Große, bis 60 cm hohe terrestrische Pflanze. Stamm schlank, aufrecht, stielrund, von langen röhrigen, ausdauernden Blattbasen bedeckt. Blätter bis 21 cm lang, 4–5 cm breit, eiförmig-lanzettlich bis schmal-lanzettlich, langspitzig. Blütenstand endständig, ährig, locker mehrblütig; Brakteen länger als die Blüten, eiförmig-lanzettlich, langspitzig. Blüten klein: gelb; Fruchtknoten flaumig behaart. Obere Sepale bis 0,8 cm lang, länglich-eiförmig, spitz, konkav; die seitlichen ähnlich der oberen aber asymmetrisch und am Grunde mit einem Höcker. Petalen ungefähr 0,7 cm lang, schmal-länglich, spitz. Lippe konkav, bis 0,8 cm lang und 0,7 cm breit, keil-fächerförmig, an der Basis sackartig vertieft, am vorderen Rand ausgebissen-gezähnelt; Platte unten mit zwei eiförmigen Schwielen. Säule 0,6 cm lang, zylindrisch, kantig.
Verbreitung: Mittelamerika und von Kolumbien bis nach Bolivien und den Westindischen Inseln.
Geschichte: Die von Prof. Jameson in der Umgebung von San Antonia (Ecuador) gefundene Pflanze wurde 1864 von A. Grisebach in »The Flora of the British West Indies« beschrieben. A. Grisebach betrachtete sie als *Evelyna* zugehörig; der Artname wurde von J. Lindley vorgeschlagen. W. Fawcett, in »Flowering Plants of Jamaica«, versetzte sie 1893 zu *Elleanthus*.
Synonym: Evelyna longibracteata Lindl. ex Griseb.

Encyclia Hook.

Tribus: Epidendreae
Subtribus: Lealiinae

Stämme meistens birnenförmige Pseudobulben bildend, nur sehr selten schlank und dünn, nach dem Gipfel zu beblättert. Blütenstände traubig oder rispig, mit augenfälligen Blüten. Sepalen und Petalen frei, untereinander ähnlich, mehr oder weniger abstehend. Lippe meistens frei oder nur teilweise mit der Säule verwachsen; Seitenlappen die Säule umfassend. Rostellum mehr oder minder zungenförmig, selten eine Klebscheibe bildend und niemals tief gespalten; Pollinien 4. Fruchtkapsel walzlich oder mit drei stark ausgeprägten Flügeln.
Umfang und Verbreitung: Ungefähr 150 Arten; vorwiegend in Mexiko und auf den Westindischen Inseln, aber auch mit mehreren Arten im tropischen Südamerika vertreten.
Ableitung des Namens: Aus dem Griechischen »enkyklein« = ein-(um)-kreisen.
Anmerkung: Die Gattung wurde von Sir William Hooker 1828 im »Botanical Magazine« begründet. Obgleich sie von verschiedenen Autoren der Gattung *Epidendrum* als Sektion zugeordnet wurde, folgt man heute allgemein der Ansicht von R. Dressler (»Brittonia« 1961) und betrachtet sie als eigenständig. Die Unterschiede zu *Epidendrum* liegen hauptsächlich im Besitz von Pseudobulben und der nicht oder nur teilweise mit der Säule verwachsenen Lippe. Andererseits läßt sich *Encyclia* botanisch kaum von *Cattleya* trennen. Da beide Gattungen jedoch von großer Bedeutung für Gärtner und Orchideenliebhaber sind, wird man sie aus rein praktischen Gründen besser auseinanderhalten, wobei man kleinblütige Arten als *Encyclia* und solche mit prächtigen 4–20 cm großen Blüten als *Cattleya* betrachtet.
In seiner oben erwähnten Arbeit schlägt R. Dressler die Unterscheidung der Gattung in zwei Sektionen vor:

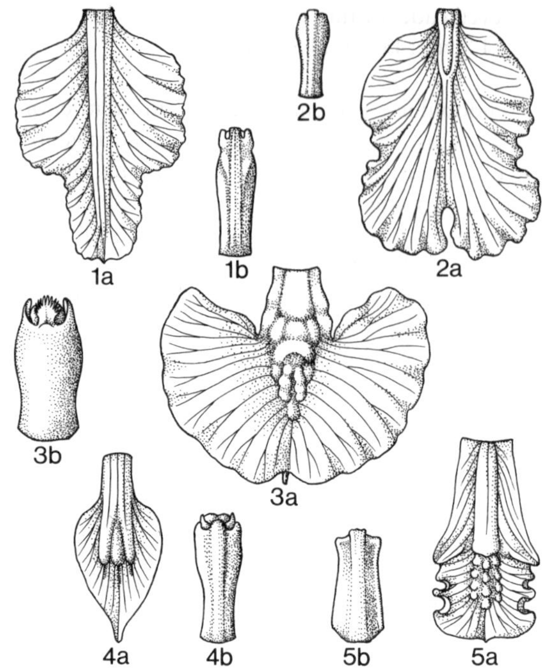

Encyclia
1a = *E. citrina*, Lippe (× $^3/_5$)
1b = *E. citrina*, Säule von hinten (× $^3/_5$)
2a = *E. mariae*, Lippe (× $^3/_5$)
2b = *E. mariae*, Säule von hinten (× $^3/_5$)
3a = *E. radiata*, Lippe (× $2\,^2/_5$)
3b = *E. radiata*, Säule von hinten (× $2\,^2/_5$)
4a = *E. calamaria*, Lippe (× $2\,^2/_5$)
4b = *E. calamaria*, Säule von hinten (× $2\,^2/_5$)
5a = *E. livida*, Lippe (× $2\,^2/_5$)
5b = *E. livida*, Säule von hinten (× $2\,^2/_5$)

a) **Encyclia:** Fruchtkapsel im Querschnitt meistens kreisrund. Mittlerer Zahn des Säulengipfels klein, stumpf oder 3eckig, einwärts gebogen und von den seitlichen Zähnen durch breite und seichte Buchten getrennt.
b) **Osmophyta:** Fruchtkapsel 3kantig bis 3flügelig. Mittlerer Zahn des Säulengipfels aufrecht, groß, annähernd quadratisch, fleischig, etwas gefranst und von den Seitenzähnen durch tiefe, schmale Buchten getrennt.

Typus-Art: E. viridiflora Hook. f.
Kultur: Substrat A. Mindesttemperatur im Winter, je nach Art, 10–15 °C. Man hält die Pflanzen in Töpfen oder flachen Schalen. In der Wuchsperiode verlangen sie viel Wasser, hohe Luftfeuchtigkeit und mäßigen Schatten. Arten mit harten Pseudobulben wachsen gut mit *Cattleya*-Arten. Alle Arten sollten nach Abschluß des Wuchses einer trockenen Ruheperiode ausgesetzt werden (Vorsicht aber mit Arten mit weicheren Stämmen!).

Encyclia adenocaula
(La Llave et Lexarza) Schltr.

Pseudobulben 5–8 cm lang, 2–6 cm breit, eiförmig bis fast kegelig, in dichten Gruppen angeordnet, 2–3blättrig. Blätter 11–35 cm lang, bis 2,8 cm breit, riemenförmig, stumpf oder spitz. Blütenstand rispig, bis über 100 cm lang, vielblütig; Achse und Schaft warzig. Blüten groß, 8–10 cm breit: rosa bis leicht violett; Lippe mit einem oder mehreren purpurnen Streifen auf dem Mittellappen; Blütenstiel und Fruchtknoten warzig. Sepalen bis 5 cm lang, 0,7 cm breit, linealisch-elliptisch bis schmal-lanzettlich, spitz. Petalen 4,6 cm lang, 0,8 cm breit, elliptisch oder verkehrtlanzettlich, spitz. Lippe mit dem unteren Viertel der Säule verwachsen, bis 4,5 cm lang, 3lappig; Seitenlappen bis 1,2 cm lang, schief-länglich-lanzettlich, spitz; Mittellappen bis 3 cm lang und 2,8 cm breit, fast halbkreisförmig oder ei-halbkreisförmig, mit aufgesetzter Spitze; Schwiele elliptisch gefurcht. Säule 1,5 cm lang, keulig, mit länglichen Flügeln.
Verbreitung: Mexiko, in Mischwäldern und Tälern in Höhen zwischen 1000 und 2000 m.
Geschichte: Die Pflanze wurde ursprünglich von C. de La Llave und J. de Lexarza 1825 unter *Epidendrum* beschrieben (»Novorum Vegetabilium Descriptiones Orch. Opusc.«); zugrunde lag ein von C. de La Llave gesammeltes Exemplar. R. Schlechter versetzte sie 1918 in die heutige Gattung (»Beihefte, Botanisches Zentralblatt«).
Anmerkung: Die nahe Verwandte *E. kennedyi* (Fowlie et Withner) Hagsater besitzt mehr rötliche Blüten, hat einen erhabenen Mittelnerv auf der Lippe und schmalere Seitenlappen.
Synonyme: Epidendrum adenocaulon La Llave et Lexarza; *E. nemorale* Lindl.; *E. verrucosum* Lindl.; *Encyclia nemoralis* (Lindl.) Schltr.

Encyclia baculus
(Rchb.f.) Dressler et Pollard

Bis 45 cm hoher, aufrechter Epiphyt. Pseudobulben 1,5–2,5 cm entfernt auf dem Rhizom stehend, bis 35 cm lang, 1–2 cm breit, spindelig, etwas abgeflacht, an der Spitze 2–3blättrig. Blätter 16–30 cm lang, 1,4–3,3 cm breit, lanzettlich bis zungenförmig-elliptisch, vorn stumpf. Blütenstand kurz, 2blütig (selten 3blütig), mit den Blüten Rücken an Rücken gegenüberstehend; Schaft bis 5,5 cm lang; grundständige Scheide bis 4,5 cm lang. Blüten bis 9 cm breit: weiß bis cremefarben; die Lippe mit von der Basis ausstrahlenden purpurnen Adern. Sepalen 4–5,5 cm lang, 0,6–0,9 cm breit, elliptisch-lanzettlich, spitz. Petalen 3,4–4,2 cm lang, 0,7–1,4 cm breit, elliptisch spitz bis langspitzig. Lippe bis 2,5 cm lang, 1,6 cm breit, mit der halben Länge der Säule verwachsen, konkav, aus herzförmigem Grunde eiförmig, vorn spitz. Schwiele 4eckig, gefurcht. Säule bis 1 cm lang, kräftig, am Gipfel 3eckig.
Verbreitung: Von Mexiko südwärts bis nach Kolumbien und vielleicht Brasilien.
Geschichte: In der Orchideenkultur ist die Pflanze weithin als *Epidendrum pentotis* bekannt; leider besitzt aber der frühere Name des gleichen Autors Priorität. H.G. Reichenbach beschrieb die Pflanze ursprünglich 1856 in »Bonplandia« unter Zugrundelegung einer wahrscheinlich von M. Sesse und J. Mociño gesammelten Pflanze aus dem Herbarium Pavon.
Anmerkung: E. baculus läßt sich von *E. fragrans* (s. S. 149) durch ihre schlanken Pseudobulben und besonders durch die eigenartige Blütenanordnung leicht unterscheiden.
Synonyme: Epidendrum baculus Rchb.f.; *E. pentotis* Rchb.f.; *E. fragrans* var. *megalanthum* Lindl.; *E. acuminatum* Sesse et Mociño; *E. beyrodtianum* Schltr.

Encyclia belizensis (Rchb.f.) Schltr.

Pseudobulben in dichten Gruppen stehend, 3–4,5 cm lang, 1,2–2 cm breit, kegelig-eiförmig, 2blättrig. Blätter 9–50 cm lang, 0,8–2 cm breit schmal-elliptisch-lanzettlich bis riemenförmig, vorn spitz oder stumpf. Blütenstand bis 90 cm lang, traubig oder rispig, wenig- bis vielblütig. Blüten hellgelb bis olivgrün und oben mit braunen Schlieren; Lippe cremefarben bis hellgelb, rotbraun berandet. Sepalen 1,7–2,3 cm lang, 0,4–0,7 cm breit, verkehrt-lanzettlich. Petalen 1,6–2,1 cm lang, 0,3–0,7 cm breit, schmal oder breit verkehrtlanzettlich, spitz oder stumpf. Lippe bis 1,7 cm lang, mit dem Säulengrund verwachsen, 3lappig; Seitenlappen länglich, bis 1,2 cm lang, stumpf, den Gipfel der Säule umfassend; Mittellappen 0,9 cm lang, 1,1 cm breit, fast halbkreisförmig, auf den Nerven warzig, an den Rändern gewellt; Schwiele elliptisch-eiförmig, gefurcht. Säule keulenförmig, bis 1 cm lang, geflügelt, mit einem gipfelständigen 3eckigen Zahn.
Verbreitung: Belize, Honduras und Mexiko; in sonnengrünen Tropenwäldern, von Meereshöhe bis 100 m.
Geschichte: H.G. Reichenbach beschrieb die Pflanze 1876 in »Linnaea« unter *Epidendrum;* später wurde sie von R. Schlechter (1918) in die Gattung *Encyclia* versetzt. Dressler unterscheidet zwei Unterarten (Dressler und Pollard, »The Genus Encyclia in Mexico« 1974). Die ssp. *parviflora* ist auf Mexiko beschränkt und unterscheidet sich von ssp. *belizensis* durch dunklere Blüten mit Zitronenduft und durch die breiteren Sepalen. Charakteristisch für die Gesamtart sind die geflügelte Säule, die feinen Warzen auf der Lippe und ihre länglichen Seitenlappen.
Synonyme: Epidendrum belizense Rchb.f.; *E. virens* Lindl. et Paxt.; *E. guatemalense* Withner.

Encyclia brassavolae (Rchb.f.) Dressler

Pseudobulben der epiphytisch oder manchmal lithophytisch wachsenden Pflanze in Abständen von ungefähr 4,5 cm auf einem kriechenden Rhizom stehend, 9–18 cm lang, 3–5 cm breit, eiförmig, spindelig oder birnenförmig, etwas abgeflacht, am Gipfel 2–3blättrig. Blätter 14–28,5 cm lang, 3,5–5 cm breit, elliptisch-länglich, vorn stumpf. Blütenstand 13–40 cm lang, 3–15blütig, aufrecht. Blüten hellgrün, grünlichgelb oder olivbraun; Lippe aus cremefarbigem Grund lilapurpurn. Sepalen bis 5,5 cm lang und 0,6 cm breit, linealisch-lanzettlich, langspitzig. Lippe mit dem untersten Drittel der Säule verwachsen, 3–4,3 cm lang, bis 1,6 cm breit, eiförmig, lang ausgezogen, an den Rändern fleischig und an der Basis aufwärts gebogen; Schwiele fleischig, der ganzen Lippenfläche entlanglaufend. Säule 1,2–1,5 cm lang; ihr mittlerer Zahn fächerartig, an den Rändern fein geschlitzt, länger als die seitlichen.
Verbreitung: Von Mexiko über Mittelamerika bis zum westlichen Panama, in feuchten Wäldern, zwischen 1200 und 2500 m.
Geschichte: Unter Zugrundelegung einer von J. von Warszewicz in Panama gesammelten Pflanze beschrieb H.G. Reichenbach die Art unter dem Gattungsnamen *Epidendrum* 1852 in der »Botanischen Zeitung«. R. Dressler versetzte sie zu *Encyclia* (»Brittonia« 1961).
Synonym: Epidendrum brassavolae Rchb.f.

Encyclia bulbosa (Vell.) Pabst

Pseudobulben des aufrechten, bis 30 cm hohen Epiphyten bis 9 cm lang und 1,5 cm breit, spindelig, glänzend grün, am Gipfel 2blättrig. Blätter bis 21 cm lang und 2,5 cm breit, riemenförmig, lederig, halbaufrecht, vorn stumpf. Blütenstand bis 12 cm lang, traubig, aufrecht, 4–5blütig, am Grunde mit einer 5 cm langen Scheide. Blüten bis 5 cm im Durchmesser, cremeweiß und mit pur-

purn berandeter Lippe. Sepalen 2,8 cm lang, 0,3 cm breit, schmal-lanzettlich, spitz bis langspitzig. Petalen den Sepalen ähnlich, aber kürzer. Lippe zuoberst stehend, mit dem Säulengrund verwachsen; der freie Teil genagelt, 1,2 cm lang, 0,6 cm breit, lanzettlich, langspitzig; Schwiele in der Form von drei gestutzten, erhabenen Leisten am Gipfel der Säule. Säule fleischig, im Querschnitt 3eckig, am Gipfel erweitert, 0,8 cm lang.
Verbreitung: Brasilien und Paraguay.
Geschichte: Die Pflanze wurde von J. Vellozo 1827 (»Florae Fluminensis«) in der Gattung *Epidendrum* beschrieben. G. Pabst versetzte sie 1972 in der Zeitschrift »Orquidea« (1967, aber erst 1972 erschienen) zur Gattung *Encyclia.*

Encyclia calamaria (Lindl.) Pabst

Pseudobulben des kleinen, bis 18 cm hohen Epiphyten 2–5 cm lang, 0,7–1 cm breit, spindelig, glänzend grün, am Gipfel 2–3blättrig. Blätter 4–11 cm lang, 0,6–0,8 cm breit, riemenförmig oder breit verkehrtlanzettlich, vorn stumpf. Blütenstand bis 6 cm lang, 4–7blütig. Blüten klein, 2,5–3 cm breit: cremeweiß bis hell gelbgrün, mit einigen violetten Streifen auf der Lippe; Anthere gelb. Sepalen 1,4 cm lang, 0,3 cm breit, linealisch, spitz; die seitlichen oben etwas verbreitert. Petalen 1,2–1,4 cm lang, bis 0,3 cm breit, verkehrtlanzettlich oder schmal spatelförmig, langspitzig. Lippe zuoberst stehend, am Grunde mit der Säule verwachsen; der freie Teil 0,5–0,8 cm lang, 0,4–0,6 cm breit, herzförmig oder eiförmig, spitz; Schwiele klein, aus zwei Leisten am Säulengipfel bestehend. Säule 0,6 cm, fleischig, oben verbreitert.
Verbreitung: Brasilien.
Geschichte: J. Lindley beschrieb die Pflanze 1838 im »Botanical Register« als *Epidendrum.* Zugrunde lag seiner Veröffentlichung ein aus Brasilien von der Firma Loddiges importiertes Exemplar. G. Pabst versetzte die Art in die Gattung *Encyclia* (»Orquidea« 1967, publiziert erst 1972).
Anmerkung: Die Art ist nahe mit *E. bulbosa* (siehe dort) verwandt, ist aber von niedrigerem Wuchs, hat kleinere Blüten und eine breitere, kürzere Lippe.
Synonym: Epidendrum calamarium Lindl.

Encyclia chacaoensis
(Rchb.f.) Dressler et Pollard

Pseudobulben der epiphytisch oder lithophytisch wachsenden Pflanze 4–10 cm lang, 2–5 cm breit, eiförmig oder elliptisch im Umriß, etwas seitlich abgeflacht, glatt, bleich grün, am Gipfel 2–3blättrig, in lockeren Gruppen angeordnet. Blätter 15–20 cm lang, 1,7–5 cm breit, schmal-elliptisch bis elliptisch, vorn stumpf, bleich graugrün. Blütenstand aufrecht, bis 10 cm lang, 2–7blütig, am Grunde mit einer 3 cm langen Scheide. Blüten bis 4 cm breit, cremeweiß mit purpurner Beaderung der Lippe. Sepalen 1,4–2,2 cm lang, 0,5–1 cm breit, elliptisch oder eiförmig-lanzettlich, spitz. Petalen bis 2 cm lang, 0,6–1 cm breit, breit-elliptisch, spitz. Lippe am Grunde mit der Säule verwachsen; ihr freier Teil 1–2 cm lang, 1,2–2,5 cm breit, breit-eiförmig, konkav, stumpf oder spitz; Schwiele flaumig. Säule 1–1,2 cm lang, fleischig, ihr mittlerer Zahn am Gipfel quadratisch oder kreisrund.
Verbreitung: Venezuela, Kolumbien und durch Mittelamerika bis Mexiko; meistens in Eichenwäldern in Höhen von 750 bis 1100 m.
Geschichte: H.G. Reichenbach beschrieb diese Art 1854 als ein *Epidendrum* in »Bonplandia«; der Typus stammt aus Venezuela. Sie wurde 1976 von R. Dressler und G. Pollard zu *Encyclia* gestellt.
Anmerkung: Die Art ist sehr variabel und öfters bestäuben sich die Blüten selbst; bei solchen Formen sind die Blüten ziemlich klein. Eine Pflanze mit diesen Blüten wurde von R. Schlechter als *Epidendrum pachycarpum* beschrieben. Man kann allerdings Pflanzen finden, deren Blütengröße zwischen diesen »Arten« vermittelt. *E. chacaoensis* ist nahe mit *E. vagans* (siehe dort) verwandt, läßt sich aber an ihren hellgrünen Blättern und den glatten Pseudobulben gut unterscheiden.
Synonyme: Epidendrum chacaoense Rchb.f.; *E. ionophlebium* Rchb.f.; *E. pachycarpum* Schltr.; *E. madrense* Schltr.; *E. hoffmanii* Schltr.

Encyclia citrina
(La Llave et Lexarza) Dressler

Meistens in hängenden Büscheln wachsender, bis 32 cm langer Epiphyt. Pseudobulben dicht gruppiert, 4–6 cm lang, 2–3 cm breit, eiförmig, spindelig oder kegelig, 2–4blättrig. Blätter 18–26 cm lang, 3–3,8 cm breit, elliptisch, vorn stumpf oder spitz. Blütenstand 6–10 cm lang, hängend 1blütig (selten 2blütig). Blüten 8–9 cm lang, süß duftend: goldgelb; Mittellappen der Lippe orange. Sepalen 5–6,5 cm lang, 1,5–2 cm breit, elliptisch-länglich oder länglich, fleischig, stumpf oder spitz. Petalen 4,5–6,5 cm lang, länglich bis elliptisch-verkehrteiförmig, stumpf. Lippe am Grunde mit der Säule verwachsen, 5,5–6,5 cm lang, 3,5–4,8 cm breit, länglich-eiförmig, am Gipfel undeutlich 3lappig; Mittellappen quadratisch, stumpf oder ausgerandet, am Rand fleischig und gekräuselt; Schwiele fleischig, gefurcht, bis zum Beginn des Mittellappens reichend. Säule 2,5–3,5 cm lang.
Verbreitung: Mexiko, hauptsächlich auf Eichen vorkommend, in Höhenlagen zwischen 1300 und 2200 m.
Geschichte: Ursprünglich wurde die Pflanze von C. de La Llave und J. de Lexarza in der Gattung *Sobralia* beschrieben (»Novum Vegetabilium Descriptiones« 1825). In der Kultur, im Handel und in der Literatur ist sie meistens unter *Cattleya* zu finden. Ihre nächste Verwandte ist aber *Encyclia mariae,* und R. Dressler hat sie aus diesem Grunde 1976 in diese Gattung versetzt.
Synonyme: Cattleya citrina (La Llave et Lexarza) Lindl.; *Epidendrum citrinum* (La Llave et Lexarza) Rchb.f.

Encyclia cochleata (L.) Lemée

Pseudobulben des in Büscheln wachsenden Epiphyten 5,5–26 cm lang, 2–5 cm breit, aufrecht, birnenförmig oder elliptisch im Umriß, leicht seitlich abgeflacht, am Gipfel 2–3blättrig. Blätter 20–33 cm lang, 3–5 cm breit, elliptisch oder elliptisch-lanzettlich, vorn spitz. Blütenstand bis 50 cm lang, aufrecht, vielblütig, am Grunde mit einer Scheide. Blüten 7–9 cm lang, mit der Lippe zuoberst, sich der Reihe nach über einen langen Zeitraum öffnend: bleich grün, auf der Lippe mit tief purpurner Zeichnung und Beaderung. Sepalen 3–7,5 cm lang, 0,3–0,7 cm breit, schmal-lanzettlich, zurückgeschlagen und gedreht, spitz. Petalen wie die Sepalen. Lippe unten mit der Säule verwachsen; der freie Teil 1–2,1 cm lang, 1,3–2,6 cm breit, breit-3eckig-eiförmig, tief konkav, stumpf bis spitz, am Grunde herzförmig; Schwiele länglich-rechteckig, gefurcht. Säule kräftig, in der Mitte am breitesten; mittlerer Zahn stumpf.
Verbreitung: Kolumbien, Venezuela, Florida, West-Indien und Mittelamerika, auf Bäumen verschiedener Waldgesellschaften, in Höhenlagen zwischen 100 und 2000 m.
Geschichte: Die Art repräsentiert eine der frühesten epiphytischen Orchideen, die in Europa erfolgreich kultiviert wurden. C. von Linné beschrieb sie 1753 in »Species Plantarum«.
Synonym: Epidendrum cochleatum L.

Encyclia cordigera (H. B. K.) Dressler

Pseudobulben des bis zu 75 cm hohen Epiphyten 3–11 cm lang, 2–8 cm breit, kegelig-eiförmig,

aufrecht, oben 2blättrig, dicht gestellt. Blätter 12,5–45 cm lang, 1,7–4,3 cm breit, riemenförmig, vorn stumpf bis stumpfspitzig. Blütenstand traubig oder rispig, 15–75 cm lang, 3–15blütig. Blüten groß, bis 8 cm breit, duftend: braun oder braunlila; Lippe cremefarben mit drei roten oder rosa Schlieren. Sepalen 2,6–3,3 cm lang, spatelig-verkehrtlanzettlich, gewellt, stumpf oder mit aufgesetzter Spitze. Petalen den Sepalen ähnlich. Lippe unten mit der Säule verwachsen; der freie Teil 3,3–4 cm lang, 3lappig; Seitenlappen länglich, 1,2–1,5 cm lang, 0,6 cm breit, die Säule umgreifend; Mittellappen 2,3–3,2 cm lang, 2,1–3,4 cm breit, halbkreis- bis eiförmig, vorn eingeschnitten und ausgerandet; Schwiele elliptisch, gefurcht, in drei fleischige Nerven am Mittellappen übergehend. Säule 1,5–1,7 cm lang, in der Mitte verbreitert, ihr mittlerer Zahn länglich.
Verbreitung: Mexiko, Mittelamerika, Kolumbien und Venezuela, in trockenen Wäldern von Meereshöhe bis zu 900 m.
Geschichte: Die Pflanze wurde 1815 in »Nova Genera et Species« von F. von Humboldt, A. Bonpland und K. Kunth in der Gattung *Cymbidium* beschrieben. Später wurde sie erst zu *Epidendrum* und dann zu *Encyclia* gestellt. Den meisten Autoren und Gärtnern ist diese Pflanze, durch einen Fehler von H.G. Reichenbach, als *Epidendrum atropurpureum* bekannt.
Anmerkung: Man kann diese attraktive Art leicht am großen Mittellappen ihrer Lippe und an den breiten, fleischigen Sepalen ansprechen. In der Kultur kennt man viele Varietäten, die sich meistens in der Farbgebung der Blüte unterscheiden.
Synonyme: Cymbidium cordigerum H.B.K.; *Epidendrum atropurpureum* auct.; *E. macrochilum* Hook.; *Encyclia doeringii* Hoehne.

Encyclia fragrans (Swartz) Lemée

Bis 40 cm hohe, kräftige Pflanze mit kriechendem Rhizom. Pseudobulben 5–11 cm lang, bis 3 cm im Durchmesser, schmal-elliptisch im Umriß oder spindelig, am Gipfel 1blättrig, unten von einer häutigen Scheide begleitet. Blatt 10–30 cm lang, bis 4,5 cm breit, riemenförmig-länglich bis elliptisch-lanzettlich, lederig, vorn stumpf; Blütenstand immer kürzer als die Blätter, bis 17 cm lang, traubig, wenig- bis vielblütig, am Grunde mit mehreren Scheiden. Blüten aufdringlich duftend: cremefarbig bis bleich grünweiß; Lippe weiß mit purpurnen Längsstreifen. Sepalen 1,5–3,5 cm lang, 0,5 cm breit, elliptisch-lanzettlich, spreizend, langspitzig. Petalen genagelt, 2–3 cm lang, eiförmig-lanzettlich, spitz bis langspitzig. Lippe unten nur kurz mit der Säule verwachsen, aufrecht, eiförmig, konkav, fleischig, oben spitz ausgezogen, stark beadert, am Grunde mit zwei parallelen Schwielen. Säule bis 1,8 cm lang, keulenförmig, jederseits geflügelt, auf dem Rükken gekielt, am Gipfel 3zähnig.
Verbreitung: Häufig in Mexiko, Mittelamerika, dem nördlichen Südamerika und auf den Westindischen Inseln.
Geschichte: Die von O. Swartz 1788 in seinem »Prodromus« unter *Epidendrum* beschriebene Pflanze ist äußerst variabel. Sie gehört zu den ersten epiphytischen Orchideen, die in Europa erfolgreich gezogen und zur Blüte gebracht wurden (1782 in Kew Gardens).
Anmerkung: Die Art ist nahe verwandt mit *E. radiata* (Seite 151) und *E. cochleata* (Seite 148).
Synonym: Epidendrum fragrans Sw.

Encyclia glumacea (Lindl.) Pabst

Diese brasilianische Art steht *E. bulbosa* nahe, unterscheidet sich aber von ihr durch etwas größere Blüten mit einer breiteren und weniger langspitzigen Lippe.

Encyclia guatemalensis
(Klotzsch) Dressler et Pollard

Pseudobulben in Gruppen, 2,5–5 cm lang, 1,8–3,5 cm breit, konisch bis eiförmig, 2–3blättrig. Blätter 9–32 cm lang, 1–2,3 cm breit, linealisch-bandförmig, vorn spitz. Blütenstand 17–60 cm lang, traubig oder rispig, mehr- bis vielblütig. Blütenstiele und Fruchtknoten etwas warzig. Blüten grün und oben rotbraun oder schokoladenbraun überlaufen; Lippe weiß mit gelben Rändern oder gelb, auf dem Mittellappen mit violetten Adern. Sepalen 1,2–1,7 cm lang, bis 0,7 cm breit, elliptisch bis verkehrteiförmig-lanzettlich, spitz oder stumpf. Petalen bis 1,6 cm lang, schief-verkehrteiförmig oder spatelig, stumpf oder spitz. Lippe unten mit der Säule verwachsen; ihr freier Teil 3lappig, bis 1,5 cm lang; Seitenlappen bis 0,75 cm lang, 0,3–0,5 cm breit, länglich oder eiförmig-länglich, die Säule umgreifend; Mittellappen 0,8 cm lang und breit, fast kreisrund, wellig, spitz oder abgestutzt, mit stark hervortretender Beaderung; Schwiele mit zwei Leisten. Säule 0,5–0,8 cm lang, keulenförmig, mit breiten fast quadratischen Flügeln und mit stumpfem Mittelzahn.
Verbreitung: Guatemala, Honduras, El Salvador, Nicaragua und Mexiko, in verschiedenen Waldgesellschaften, zwischen 100 und 1300 m.
Geschichte: J. Klotzsch beschrieb diese Art als *Epidendrum* 1852 in »Otto und Dietrich's Allgemeiner Gartenzeitung« unter Zugrundelegung einer aus Guatemala stammenden, von einem Herrn Kunst zum Blühen gebrachten Pflanze. R. Dressler und G. Pollard versetzten sie 1971 in »Phytologia« in die heutige Gattung.
Anmerkung: Diese Pflanze gehört zu einer großen Gruppe ähnlicher Arten mit kleinen Blüten wie z.B. *E. belizensis, E. selligera* und *E. hanburyi,* sie läßt sich aber unterscheiden durch ihre gelbe Lippe und rosa Beaderung, durch die breiten dunklen Sepalen und Petalen und die breite, gebogene Säule mit großen quadratischen Flügeln auf der Vorderseite am Gipfel.
Synonyme: Epidendrum guatemalense Klotzsch; *E. dickinsonianum* Withner.

Encyclia hanburyi (Lindl.) Schltr.

Pseudobulben in dichter Gruppe, 2,5–8 cm lang, 2–4 cm breit, konisch-eiförmig, 1–2blättrig. Blätter 8–23 cm lang, 1–3 cm breit, elliptisch-lanzettlich oder elliptisch-länglich, vorn stumpf. Blütenstand bis 100 cm lang, traubig oder rispig, 10–35blütig. Blüten sehr dekorativ: braunviolett; Lippe weiß oder rosa, mit violetter Beaderung. Sepalen 1,7–2,4 cm lang, 0,5–0,9 cm breit, verkehrtlanzettlich bis spatelförmig, spitz. Petalen 1,6–2,5 cm lang, 0,5–1,1 cm breit, breit-spatelig bis verkehrteiförmig, stumpf oder mit aufgesetztem Spitzchen. Lippe unten mit der Säule verwachsen; ihr freier Teil 1,7–2,2 cm lang, 3lappig; Seitenlappen 0,8–1,2 cm lang, geigenförmig-länglich, abstehend, an der Basis die Säule umgreifend, oben verbreitert; Mittellappen bis 1,3 cm lang und 1,7 cm breit, fast kreisrund bis nierenförmig, stumpf oder kurz ausgerandet, an den Rändern wellig; Schwiele verkehrteiförmig oder eiförmig, gefurcht, fein flaumig, in einen Kiel des Mittellappens übergehend. Säule 1 cm lang, gekrümmt, mit kurzem 3eckigem mittleren Zahn.
Verbreitung: Mexiko, vorwiegend in trockenen Eichenwäldern, zwischen 1200 und 1800 m.
Geschichte: Zum erstenmal wurde diese Pflanze von R. Hanbury kultiviert. Eines seiner Exemplare erhielt J. Lindley, der die Art in der Gattung *Epidendrum* 1844 im »Botanical Register« beschrieb. In seinem Werk »Die Orchideen« versetzte sie R. Schlechter 1914 in die heutige Gattung.
Synonym: Epidendrum hanburyi Lindley.

Encyclia livida (Lindl.) Dressler

Pseudobulben des bis 30 cm hohen Epiphyten in Abständen von 3–3,5 cm auf den Rhizomen angeordnet, gestielt, 3,5–8,5 cm lang, 0,6–2,6 cm breit, spindelig, leicht seitlich zusammengepreßt, am Gipfel 2blättrig. Blätter 11–22 cm lang, 0,8–1,8 cm breit, elliptisch bis riemenförmig, vorn spitz oder stumpf. Blütenstand aufrecht, 10-15 cm lang, 3–7blütig. Blüten klein, ungefähr 1,5 cm breit: hellgrün und meistens kräftig mit orangebraun überlaufen; Lippe gelb, mit rotbraunen Rändern an den Seitenlappen. Sepalen bis 1,1 cm lang und 0,5 cm breit, länglich oder verkehrteiförmig-länglich, spitz oder mit aufgesetztem Spitzchen. Petalen 1 cm lang, 0,4 cm breit, eiförmig bis verkehrtlanzettlich, leicht sichelartig gebogen, stumpf. Lippe unten mit der Säule verwachsen, schwach 3lappig, der freie Teil bis 1,1 cm lang und 0,6 cm breit; Seitenlappen 0,2 cm lang und breit, stumpf; Mittellappen kreisrund, 0,6 cm im Durchmesser, am Rande gekräuselt; Schwiele auf dem Mittellappen, aus drei warzigen Leisten bestehend, flaumig. Säule 0,5 cm lang, kräftig; ihr mittlerer Zahn gestutzt, länger als die seitlichen.
Verbreitung: Kolumbien, Venezuela, Mittelamerika und Mexiko, in verschiedenen Waldgesellschaften von Meereshöhe bis zu 1000 m.
Geschichte: J. Lindley beschrieb die Pflanze 1838 im »Botanical Register« in der Gattung *Epidendrum.* Sie wurde 1961 (»Brittonia«) von R. Dressler in die heutige Gattung versetzt.
Anmerkung: E. livida ist die einzige Art in der Sektion *Osmophyta* mit einer warzigen Lippe; von allen anderen warzigen Arten der Gattung ist sie völlig verschieden.
Synonyme: Epidendrum lividum Lindl.; *E. tesselatum* Batem. ex Lindl.; *E. deamii* Schltr. (die beiden letzten Namen sind heute noch weitgehend in Anwendung); *E. articulatum* Klotzsch; *E. condylochilum* Lehm. et Kraenzl.; *E. henrici* Schltr.; *E. dasytaenia* Schltr.; *Encyclia deamii* (Schltr.) Hoehne.

Encyclia maculosa (A.H.S.) Hoehne

Pseudobulben in lockeren Gruppen, ungefähr in 2 cm Abstand angeordnet, 4–12 cm lang, 1–2,7 cm breit, konisch-eiförmig bis spindelig-eiförmig, am Gipfel 2–3blättrig. Blätter 6–28 cm lang, 0,9–2 cm breit, elliptisch bis länglich-riemenförmig, stumpf oder spitz. Blütenstand 6–20 cm lang, 3–20blütig, aufrecht. Blüten orangefarbig oder orangebraun, rotbraun getüpfelt; Lippe weiß, mit violetten Punkten. Sepalen 0,5–0,7 cm lang, 0,3 cm breit, verkehrteiförmig bis verkehrtlanzettlich, spitz oder stumpflich, außen warzig. Petalen 0,5–0,7 cm lang, 0,3 cm breit, keilig-verkehrtlanzettlich oder spatelig, geschwungen, mit aufgesetztem Spitzchen. Lippe mit dem untersten Viertel der Säule verwachsen; ihr freier Teil bis 0,65 cm lang, 3lappig; Seitenlappen 0,3 cm lang, länglich, die Säule umgreifend; Mittellappen länglich-eiförmig bis 3eckig-eiförmig, stumpf; Schwiele dick, verkehrteiförmig, vorn 3zähnig. Säule bis 0,5 cm lang; ihre Zähne fingerig angeordnet, fast gleich lang.
Verbreitung: Mexiko, in Kiefern-Eichenwäldern zwischen 1400 und 2400 m Höhe.
Geschichte: Die Pflanze wurde von O. Ames, F. Hubbard und C. Schweinfurth 1935 als eine *Epidendrum*-Art in den »Botanical Museum Leaflets of Harvard University« unter Zugrundelegung einer in Oaxaca von H. Galeotti gesammelten Pflanze beschrieben. F.C. Hoehne versetzte sie 1952 in die Gattung *Encyclia* (»Arquivos de Botanica do Estado de Sao Paulo«).
Anmerkung: Die Art ist nahe verwandt mit *E. ochracea* (Lindl.) Dressler. Diese besitzt jedoch kleinere Blüten ohne Warzen und außerdem eine kleinere Lippe mit länglichem Mittellappen.
Synonyme: Epidendrum maculosum A.H.S.; *E. guttatum* Rich. et Gal. non L.; *Encyclia guttata* (A. Rich. et Gal.) Schltr.

Encyclia mariae (Ames) Hoehne

Pseudobulben des mittelgroßen Epiphyten 2–4 cm lang, 1,5–2,8 cm breit, eiförmig, in Gruppen angeordnet, am Gipfel 2–3blättrig. Blätter 9–18 cm lang, 1,5–2,8 cm breit, länglich oder elliptisch-länglich, vorn spitz. Blütenstand schräg-aufrecht bis bogig, 5–27 cm lang, 2–4blütig. Blüten groß und augenfällig: Sepalen und Petalen gelb bis olivgrün; Lippe weiß, im Schlunde mit grüner Beaderung. Sepalen 3,3–4,4 cm lang, 0,7–1,1 cm breit, elliptisch bis verkehrtlanzettlich, stumpf oder spitz, fleischig. Petalen 3,3–4,3 cm lang, 0,5–0,8 cm breit; verkehrtlanzettlich oder elliptisch-verkehrtlanzettlich, spitz. Lippe am Grunde mit der Säule verwachsen, 4,7–7,5 cm lang, 3–4,8 cm breit, annähernd breit-geigenförmig bis länglich-elliptisch, unten die Säule umfassend, vorn ausgebuchtet, an den Rändern etwas wellig und gekräuselt; Schwiele 1,8–3 cm lang, aus zwei Leisten bestehend. Säule 1,7–1,9 cm lang, mit fleischigen, gestutzten Zähnen am Gipfel.
Verbreitung: Auf Mexiko beschränkt; in trockenen Eichenwäldern; 1000–1200 m.
Geschichte: Diese Pflanze wurde erst 1937 von E. Oestlund im nördlichen Mexiko entdeckt und noch im gleichen Jahr als *Epidendrum* von O. Ames in den »Botanical Museum Leaflets of Harvard University« veröffentlicht. F. C. Hoehne versetzte die Art 1952 in »Arquivos Botanicos ... São Paulo« in die Gattung *Encyclia.*
Anmerkung: Verwandt mit *E. citrina* (La Llave et Lexarza) Dressler, aber durch die Unterschiede in der Blütenfarbe leicht zu erkennen.

Encyclia megalantha (Barb. Rodr.) Porto et Brade

Diese aus Brasilien stammende Art steht *E. hanburyi* und *E. belizensis* nahe, läßt sich aber neben ihrer bedeutenderen Größe und der größeren Blüten auch noch durch folgende Merkmale unterscheiden: Sepalen und Petalen verkehrteiförmig-elliptisch bis länglich-elliptisch, konkav, gelb und stark braun behaucht; Lippe weiß, mit intensiv karminroter Beaderung.

Encyclia ochracea (Lindl.) Dressler

Pseudobulben des mittelgroßen Epiphyten in lockeren Büscheln auf dem Rhizom angeordnet, 3,5–8 cm lang, 0,5–2 cm dick, schmal-eiförmig bis spindelig-eiförmig, am Gipfel 2–3blättrig. Blätter 6–23 cm lang, 0,4–1,2 cm breit, schmal riemenförmig-elliptisch oder riemenförmig-lanzettlich, vorn spitz oder stumpflich. Blütenstand 1fach, 4–15 cm lang, 6–12blütig, am Grunde von einer 1–2,5 cm langen Scheide begleitet. Blüten klein: Sepalen und Petalen gelbbraun oder braun; Lippe weiß mit einigen roten Tüpfeln, im Verblühen gelb. Sepalen 0,4–0,6 cm lang, 0,15–0,25 cm breit, länglich bis länglich-verkehrteiförmig, stumpf oder spitz. Petalen 0,36–0,55 cm lang, 0,12–0,2 cm breit, keilig-verkehrtlanzettlich bis verkehrt-eiförmig, stumpf. Lippe 0,32–0,45 cm lang, 3lappig, mit dem unteren Viertel der Säule verwachsen; Seitenlappen annähernd quadratisch, die Säule umfassend; Mittellappen 3eckig-länglich bis fast quadratisch, abstehend, 3zähnig, auf dem Mittelnerven gekerbt. Säule 0,3–0,4 cm lang, ihr Gipfelzahn zerfranst.
Verbreitung: Von Costa Rica bis Mexiko; in verschiedenen Gesellschaften, häufig als Unkraut in Kaffeeplantagen; 800–3000 m.
Geschichte: Die Pflanze wurde von G. U. Skinner erstmals in Guatemala gesammelt; J. Lindley beschrieb sie als *Epidendrum* 1838 im »Botanical

Register«. R. Dressler versetzte sie 1961 an ihre heutige Stelle in »Brittonia«.
Anmerkung: Bei vielen unter diesem Namen kultivierten Orchideen handelt es sich um *E. maculosa* (Ames, Hubbard et Schweinf.) Hoehne. Diese Art ist leicht an der warzigen Oberfläche ihrer Blüte zu erkennen.
Synonyme: Epidendrum ochraceum Lindl.; *E. triste* A. Rich. et Gal.; *E. parviflorum* Sesse et Mociño.

Encyclia pygmaea (Hook.) Dressler

Sehr kleiner, bis 6 cm großer Epiphyt mit kriechendem, verzweigtem Rhizom. Pseudobulben ungefähr in 3 cm Abständen angeordnet, klein, eiförmig oder ellipsoid, am Gipfel 2blättrig, an der Basis von zwei trockenhäutigen Scheiden gestützt. Blätter bis 3,5 cm lang und 1,3 cm breit, schmal-eiförmig bis elliptisch, spitz. Blütenstand endständig, 1blütig. Blüte winzig, nur bis 5 mm lang, fleischig, bleich grün und kastanienbraun überlaufen. Sepalen 5 mm lang, 2 mm breit, lanzettlich, langspitzig; die seitlichen im untersten Viertel miteinander verwachsen. Petalen bis 5 mm lang, lanzettlich-zungeförmig, spitz. Lippe unten mit der Säule verwachsen; ihr freier Teil genagelt, 3 mm lang, 5 mm breit; Seitenlappen abgerundet, aufrecht um die Säule stehend; Mittellappen sehr klein, 3eckig. Säule 2 mm lang, fleischig.
Verbreitung: Im gesamten tropischen Amerika, einschließlich Florida.
Geschichte: Sir William Hooker beschrieb die Art 1833 unter *Epidendrum* in »Curtis' Botanical Magazine«; R. Dressler versetzte sie 1961 in die heutige Gattung.
Synonyme (in Auswahl): *Epidendrum pygmaeum* Hook.; *E. caespitosum* Poepp. et Endl.; *E. uniflorum* Lindl.; *Hormidium pygmaeum* (Hook.) Benth. et Hook.; *H. uniflorum* (Lindl.) Heynh.; *Microstylis humilis* Cogn.

Encyclia radiata (Lindl.) Dressler

Pseudobulben in Abständen von 2–2,5 cm auf dem Rhizom des Epiphyten angeordnet, 7–11 cm lang, 1,2–3 cm breit, elliptisch bis elliptisch-eiförmig im Umriß, etwas seitlich zusammengedrückt, längsgefurcht, 2–4blättrig. Blätter 14–35 cm lang, 1,4–3 cm breit, lanzettlich-elliptisch, vorn meistens stumpf. Blütenstand 7–20 cm lang, 4–12blütig, aufrecht. Blüten cremefarben oder grünlichweiß. Lippe violett umrandet. Sepalen bis 2 cm lang und 0,7 cm breit, elliptisch, spitz. Petalen bis 2 cm lang und 1,1 cm breit, breit-elliptisch oder verkehrteiförmig-elliptisch, spitz. Lippe mit der unteren Hälfte der Säule verwachsen; ihr freier Teil 1–1,3 cm lang, 1,3–2 cm breit, 3eckig-nierenförmig, konkav, unten abgeschnitten; Schwiele quadratisch bis länglich, glatt. Säule 0,8–1 cm lang, robust; ihr mittlerer Zahn in eine breite fächerförmige Ligula verschmelzend.
Verbreitung: Guatemala, Honduras und Mexiko, in verschiedenen Waldgesellschaften (tropischer Regenwald bis trockener Eichen-Kiefernwald) in Höhenlagen zwischen 150 und 2000 m.
Geschichte: Die Pflanze ist oft in Orchideensammlungen zu finden aber nicht selten unter falschen Namen. J. Lindley beschrieb sie als *Epidendrum* 1841 im »Botanical Register«. R. Dressler (»Brittonia« 1961) versetzte sie in die Gattung *Encyclia.*
Synonym: Epidendrum radiatum Lindl.

Encyclia selligera (Lindl.) Schltr.

Pseudobulben dicht beieinanderstehend, 4,5–8 cm lang, 2–5,5 cm breit, konisch-eiförmig, 2blättrig. Blätter 15–24 cm lang, 1,7–4 cm breit, vorn stumpf. Blütenstand aufrecht, bis 80 cm lang, groß, rispig, vielblütig. Blüten hellgrün, rötlichbraun überlaufen oder gestreift; Lippe cremefarbig oder rosa, am Grunde mit dunkleren Streifen oder Schlieren. Sepalen 1,8–2,4 cm lang, 0,5–0,9 cm breit, spatelig-verkehrtlanzettlich, spitz oder stumpf. Petalen 1,8–2,1 cm lang, 0,7–0,9 cm breit, spatelförmig, stumpf oder mit aufgesetztem Spitzchen. Lippe unten mit der Säule verwachsen; ihr freier Teil 1,7–2,2 cm lang, 3lappig; Seitenlappen schief eiförmig-länglich, bis 1 cm lang, unten die Säule umgreifend; Mittellappen fast kreisrund bis eiförmig, 0,8–1,1 cm lang, stumpf; Schwiele am Grunde mit zwei Kielen, oben in drei Adern des Mittellappens übergehend. Säule 1,1–1,3 cm lang, gekrümmt, fast am Gipfel erweitert; ihr mittlerer Zahn 3eckig-länglich.
Verbreitung: Guatemala und Mexiko, in Eichen- und Kiefernwäldern in Höhenlagen zwischen 1300 und 2200 m.
Geschichte: J. Lindley beschrieb die Art 1838 im »Botanical Register« unter *Epidendrum.* Zugrunde lag eine von G. U. Skinner in Guatemala gesammelte Pflanze.
Synonym: Epidendrum selligerum Lindl.

Encyclia spondiada (Rchb. f.) Dressler

Diese Art aus Jamaika ist verwandt mit *E. fragrans, E. vespa, E. cochleata* und einigen anderen Arten der Sektion *Osmophyta.* Sie zeichnet sich aus und unterscheidet sich von ihren Schwesternarten durch einen langen, vielblütigen Blütenstand, kastanienbraun gefleckte Sepalen und Petalen und eine rhombisch geformte Lippe.

Encyclia vagans (Ames) Dressler et Pollard

Pseudobulben in großen Abständen (bis 7 cm) auf dem Rhizom des Epiphyten stehend, 4,5–5,5 cm lang, 1,2–1,5 cm breit, spindelig oder eiförmig-spindelig, am Gipfel 2–4blättrig. Blätter bis 12 cm lang und 2,5 cm breit, riemenförmig bis elliptisch-riemenförmig, vorn schief ausgeschnitten. Blütenstand bis 8 cm lang, 2–4blütig, aufrecht. Blüten weiß oder cremefarben, mit violetten Schlieren an der Basis. Sepalen 1,9–2,4 cm lang, 0,5 cm breit, elliptisch-lanzettlich, langspitzig. Petalen 1,8 cm lang, 0,5 cm breit, elliptisch oder eiförmig-elliptisch, spitz bis langspitzig. Lippe mit der unteren Hälfte der Säule verwachsen; ihr freier Teil 1,5 cm lang, 0,7–1 cm breit, aus herzförmigem Grunde eiförmig, spitz; Schwiele länglich, flaumig. Säule bis 0,6 cm lang; ihr mittlerer Zahn abgerundet, kürzer als die seitlichen.
Verbreitung: Von Guatemala bis Costa Rica und Mexiko, in ziemlich feuchten Eichen-Kiefernwäldern in ungefähr 1400 m Höhe.
Geschichte: Die Beschreibung von O. Ames (»Schedulae Orchidianae« 1923) beruht auf einer von C. Lankester in Costa Rica gesammelten Pflanze. C. Lankester hat über mehrere Jahre die Orchideen von Costa Rica systematisch gesammelt und dabei zahlreiche neue und wenig bekannte Arten entdeckt.
Anmerkung: E. vagans unterscheidet sich von der nahe mit ihr verwandten *E. fragrans* (siehe dort) durch ihre mehrblättrigen Pseudobulben, das lange Rhizom und die flaumige Schwiele.
Synonym: Epidendrum vagans Ames.

Encyclia vespa (Vell.) Dressler

Pseudobulben des sehr variablen, bis 45 cm hohen Epiphyten aufrecht, 6–20 cm lang, 1,5–5 cm breit, von fast kugelförmig bis spindelig, zusammengepreßt, glatt, glänzend grün, 2blättrig. Blätter bis 25 cm lang und 2 cm breit, länglich-riemenförmig, vorn spitz. Blütenstand bis 30 cm lang, traubig, aufrecht, endständig, wenig- bis

vielblütig, mit kleinen Brakteen. Blüten cremefarbig-grün oder gelblichgrün, stark braun getüpfelt; Lippe weiß und rosa Zeichnung. Sepalen 1,3 cm lang, 0,6 cm breit, eiförmig bis verkehrteiförmig, stumpf. Petalen 1,1 cm lang, 0,4 cm breit, verkehrteiförmig bis riemenförmig, stumpf. Lippe mit der unteren Hälfte der Säule verwachsen; ihr freier Teil lang, 0,9 cm breit, fleischig, ungeteilt oder schwach 3lappig, quer-elliptisch bis herzförmig. Schwiele länglich, vorn mit einer seichten Bucht, flaumhaarig. Säule hellgrün, ziemlich dick, 0,5 cm lang, mit einem abgerundeten, mittleren Zahn.
Verbreitung: Häufige Orchidee im tropischen Amerika.
Geschichte: Die Art wurde in der Gattung *Epidendrum* 1827 von J. Vellozo in der »Florae Fluminensis« beschrieben. Wegen ihrer großen Variabilität ist die Pflanze seitdem öfters wieder beschrieben worden. Im Jahre 1961 wurde sie von R. Dressler (»Brittonia«) in die Gattung *Encyclia* aufgenommen.
Synonyme (in Auswahl): *Epidendrum variegatum* Hook.; *E. tigrinum* Lind. ex Lindl.; *E. coriaceum* Hook.; *E. leopardinum* Rchb. f.; *E. rhabdobulbum* Schltr.; *E. crassilabium* Poepp. et Endl.; *E. vespa* Vell.

Encyclia vitellina (Lindl.) Dressler

Pseudobulben des mittelgroßen Epiphyten gebüschelt, 2,5–6 cm lang, 1,5–3 cm breit, eiförmig-konisch, etwas abgeflacht, am Gipfel 1–3blättrig. Blätter 7–22 cm lang, 0,8–3,6 cm breit, lanzettlich-elliptisch bis elliptisch, vorn stumpf bis spitzlich. Blütenstand einfach oder etwas verzweigt, 12–30 cm lang, 4–12blütig, am Grunde mit einer 1,5 cm langen Scheide. Blüten auffällig, flach, ungefähr 4 cm breit: Sepalen und Petalen tieforangerot; Lippe und Säule gelb oder orangefarbig, Lippenspitze orangerot. Sepalen 1,5–2 cm lang, 0,3–0,8 cm breit, lanzettlich-elliptisch oder eiförmig-elliptisch, spitz. Petalen 1,7–2,3 cm lang, 0,6–1,1 cm breit, elliptisch, spitz. Lippe am Grunde mit der Säule verwachsen, 1,1–1,6 cm lang, 0,3–0,5 cm breit, elliptisch oder länglich-elliptisch, spitz; Schwiele länglich. Säule 0,6–0,7 cm lang; ihr mittlerer Gipfelzahn annähernd quadratisch, kürzer als die seitlichen.
Verbreitung: Mexiko und Guatemala; 1500–2000 m; in Eichen-, Kiefern- oder Nebelwäldern, auch auf Sträuchern und Lava-Gestein.
Geschichte: J. Lindley beschrieb diese Art 1831 vermutlich aufgrund einer von J. Pavon in Mexiko gesammelten Pflanze als *Epidendrum* in seinem Werk »Genera and Species of Orchidaceous Plants«. Dressler setzte sie 1961 zu *Encyclia.*
Anmerkung: E. vitellinum ist die einzige mittelamerikanische *Encyclia*-Art mit roten Blüten.
Synonym: Epidendrum vitellinum Lindl.

Epidendrum L.

Tribus: Epidendreae
Subtribus: Laeliinae

Sehr kleine bis große, aufrechte oder kriechende Epi- oder Lithophyten oder terrestrisch wachsend, mit oder ohne Rhizom. Stämme sehr selten pseudobulbenartig, einfach oder meistens verzweigt, 1- bis vielblättrig. Blütenstände gipfelbürtig oder selten seitlich entspringend, aufrecht bis bogig überhängend, traubig, rispig oder manchmal fast doldig. Blüten sehr klein bis groß und augenfällig. Sepalen und Petalen mehr oder minder abstehend. Lippe mit der Säule bis zur Spitze verwachsen, einfach oder 3lappig, glatt oder schwielig. Säule kurz oder verlängert, deutlich geflügelt bis flügellos; Anthere gipfelständig; Pollinien 4, von gleicher Größe, wachsartig, in verschiedenem Grade zusammengedrückt.
Umfang und Verbreitung: Eine der größten neuweltlichen, mehrere hundert Arten umfassende Gattung; durch das tropische Amerika von Nord-Carolina bis nach Argentinien vertreten.

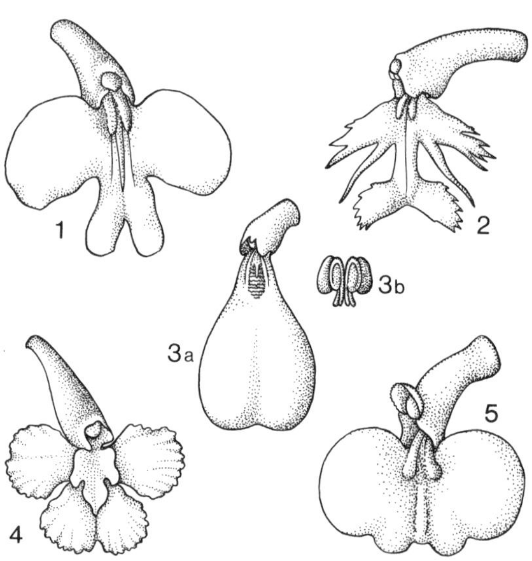

Epidendrum
1 = *E. coronatum*, Lippe und Säule (× $1\frac{1}{5}$)
2 = *E. cristatum*, Lippe und Säule (× $1\frac{1}{5}$)
3a = *E. stenopetalum*, Lippe und Säule (× $1\frac{1}{5}$)
3b = *E. stenopetalum*, Pollinien (× $7\frac{1}{5}$)
4 = *E. secundum*, Lippe und Säule (× $2\frac{2}{5}$)
5 = *E. difforme*, Lippe und Säule, Antherenkappe gehoben (× $1\frac{1}{5}$)

Ableitung des Namens: Aus dem Griechischen »epi« = darüber und »dendron« = Baum; die meisten Arten wachsen epiphytisch.
Anmerkung: Die Gattung wurde von C. von Linné 1753 in seinen »Species Plantarum« begründet; streng genommen beruht aber die Anwendung des Namens auf der in der zweiten Ausgabe des Werkes (1763) gegebenen Typus-Art. Sie repräsentiert die erste für die Neue Welt beschriebene Orchideengattung, und nahezu alle vor 1800 beschriebenen amerikanischen epiphytischen Orchideen wurden ihr zugeteilt. Im Laufe der Zeit wurde *Epidendrum* jedoch genauer definiert und viele Arten anderen Gattungen zugewiesen. Dennoch ist sie die zweifellos größte Orchideengattung der westlichen Hemisphäre. Eines der wichtigsten Gattungsprodukte, charakterisiert durch den Besitz von Pseudobulben und einer kaum oder nur wenig mit der Säule verwachsenen Lippe, ist *Encyclia* (siehe dort). Weitere heute als eigenständig betrachtete Sippen sind die Gattungen *Amblostoma, Barkeria* und *Jacquiniella.*
Typus-Art: E. nocturnum Jacquin
Kultur: Substrat A. Mindesttemperatur im Winter je nach Herkunft der Pflanze 10–15 °C. Die kleinen, kriechenden Arten wachsen gut in flachen Schalen oder montiert auf Kork- oder Baumfarnblöcken. Arten mit Pseudobulben wird man am besten in entsprechenden Schalen oder Töpfen kultivieren; sie verlangen eine trockene Ruheperiode, wenn die Pseudobulben völlig ausgewachsen sind. Viele der sogenannten rohrstämmigen Arten kann man gleichermaßen in Schalen oder in Pflanzbeeten ziehen. In allen Fällen benötigen die Pflanzen mittleren Schatten im Sommer und reichlich Wasser während der aktiven Wuchsperiode.

Epidendrum anceps Jacquin

Aufrechte, bis meterhohe Pflanze. Stämme schlank bis kräftig, seitlich zusammengedrückt, mit Blattscheiden bedeckt. Blätter 2zeilig, 5–25 cm lang, 4,5 cm breit, linealisch-elliptisch oder länglich-lanzettlich, lederig, vorn stumpf oder spitz, manchmal lila behaucht. Blütenstand traubig oder rispig, wenig- bis vielblütig, fast kopfförmig im Umriß; Blütenstandstiel bis 50 cm lang; Brakteen 0,6 cm lang, eiförmig bis lanzettlich. Blüten fleischig, hell grünlichbraun bis gelb oder rötlichbraun. Obere Sepale 0,5–1 cm lang, 0,2–0,4 cm breit, eiförmig-elliptisch, stumpf oder spitz; seitliche Sepalen ähnlich aber breiter. Petalen 0,6–0,8 cm lang, schmaler als die Sepa-

len, linealisch. Lippe unten mit der Säule verwachsen; ihr freies Teil 0,5 cm lang, 3lappig; Seitenlappen kurz, elliptisch; Mittellappen über die Seitenlappen hinausgehend, vorn gegabelt und mit einem kurzen Zahn in der Gabelung. Säule 0,5 cm, grün und purpurn behaucht.
Verbreitung: Häufige Pflanze in den amerikanischen Tropen.
Geschichte: Die Pflanze wurde 1763 von N. von Jacquin in seinem Werk »Selectarum Stirpium Americanarum« beschrieben. Wegen seiner weiten Verbreitung nimmt es nicht Wunder, daß sie von anderen Gegenden später wiederholt beschrieben wurde. L. Garay und H. Sweet (»Flora of the Lesser Antilles«) haben in jüngster Zeit behauptet, daß der Name Jacquins in der Vergangenheit falsch angewandt wurde, und sie haben deshalb den Namen *E. secundum* benutzt. Wie immer berechtigt das auch sein mag, wir sind, um völlige Konfusion zu vermeiden, bei dem traditionellen und weithin bekannten Namen geblieben.
Synonyme (in Auswahl): *Epidendrum musciferum* Lindl.; *E. viridipurpureum* Hook.; *E. galeottianum* A. Richard et Galeotti; *E. cearense* Barb.-Rodr.

Epidendrum ciliare L.

Rasig wachsende, bis 50 cm hohe epiphytische oder lithophytische Pflanze. Pseudobulben 8–20 cm lang, 2 cm im Durchmesser, zylindrisch bis spindelförmig, auf einem kriechenden Rhizom wachsend, 1–2blättrig (selten 3blättrig). Blätter 10–28 cm lang, 2,5–8 cm breit, ziemlich fleischig und lederig, länglich-lanzettlich, glänzend, vorn stumpf. Blütenstand bis zu 30 cm lang, wenig- bis vielblütig; am Grunde mit sich ziegelartig deckenden, gekielten, purpurn gefleckten Scheiden. Blüten über 10 cm im Durchmesser, duftend, hell gelblichgrün mit weißer Lippe. Sepalen bis 9 cm lang, 0,5 cm breit, linealisch-lanzettlich, fein zugespitzt. Petalen ähnlich den Sepalen aber etwas kleiner und leicht sichelförmig gekrümmt. Lippe tief 3lappig, mit dem unteren Teil der Säule verwachsen; Seitenlappen bis 3,5 cm lang, 0,4 cm breit, schmal halbeiförmig im Umriß, die äußeren Ränder tief und unregelmäßig zerschlitzt; Mittellappen bis 6 cm lang, linealisch, steif; Platte mit drei Kielen, von denen der mittlere die ganze Länge der Lippe einnimmt. Säule bis 1,8 cm lang, keulenförmig, gekrümmt.
Verbreitung: Häufig vorkommend von Westindien nach Mittelamerika und dem nördlichen Südamerika.
Geschichte: Die Art gehört zu den wenigen von C. von Linné beschriebenen tropischen Orchideen (»Systema Naturae« 1759).
Verwandtschaft: Die Pflanze läßt sich leicht von anderen groß- und weißblühenden Arten der Gattung wie *E. nocturnum* und *E. latifolium* (siehe dort) durch die zerschlitzten Seitenlappen ihrer Lippe unterscheiden.

Epidendrum coronatum Riuz et Pavon

Epiphytische oder lithophytische, überhängende Pflanze mit in Büscheln wachsenden Stämmen; diese bis 90 cm lang, 1 cm im Durchmesser, stielrund und nach oben zu vielblättrig. Blätter 2zeilig angeordnet, 9–17 cm lang, 1,5–4 cm breit, lanzettlich oder elliptisch, etwas lederig, vorn spitz. Blütenstand bis 40 cm lang, traubig, locker vielblütig, bogig nickend oder hängend. Blüten 3–4 cm breit: anfangs gelbgrün und später cremefarben, manchmal am Grunde der Sepalen und Petalen lila oder bräunlich überlaufen. Sepalen bis 2,3 cm lang, lanzettlich-spatelförmig, spreizend, stumpf oder spitz. Petalen bis 2 cm lang, riemen-spatelförmig, stumpf bis stumpfspitzig. Lippe mit der Säule vereinigt, tief 3lappig, 1,5–2,2 cm lang, 1,7–2,8 cm breit, an den Rändern schwach wellig-gekerbt; Seitenlappen fast kreisförmig, größer als der Mittellappen; dieser abgerundet und mit zwei auseinanderstrebenden Läppchen. Säule bis 1,4 cm lang, dicklich, keulenförmig.
Verbreitung: Mittelamerika, nördliches Südamerika und Trinidad.
Geschichte: Die Pflanze wurde von H. Ruiz und J. Pavon in Pozuzo in Peru gefunden und von ihnen in ihrem Werk »Systema Vegetabilium Florae Peruvianae et Chilensis« 1798 beschrieben.
Synonyme (in Auswahl): *Epidendrum moyobambae* Kraenzl. (unter diesem Namen wird die Art in der Kultur meistens noch angetroffen); *E. compositum* Vell.; *E. subpatens* Schltr.; *E. amazonicum* Schltr.

Epidendrum cristatum Ruiz et Pavon

In Gruppen wachsende, aufrechte, variable epiphytische Pflanze. Stämme zahlreich, 0,5–2 m lang, beblättert und mit vielen schwachledrigen Scheiden. Blätter 2zeilig stehend, 10–24 cm lang, 1,5–5 cm breit, elliptisch-lanzettlich bis länglich-riemenförmig, lederig, aufrecht-spreizend, vorn stumpf bis stumpfspitzig. Blütenatände endständig, bis 60 cm lang, 1- bis mehrere, traubig, locker vielblütig, hängend. Brakteen 0,4–0,9 cm lang, eiförmig. Blüten fleischig, ihre Teile spreizend und mehr oder weniger nach hinten gebogen, weißlich, gelblich oder bleichgrün mit lila Bändern und/oder Flecken. Sepalen 1,8–2,8 cm lang, 0,3–0,7 cm breit, länglich-elliptisch oder elliptisch, stumpf. Petalen 1,5–2,5 cm lang, bis 0,5 cm breit, linealisch-spatelförmig oder länglich-verkehrtlanzettlich, vorn stumpf und mit winzigem aufgesetztem Spitzchen. Lippe unregelmäßig 3lappig, mit der Säulenspitze verwachsen, 1–1,5 cm lang, etwas breiter als lang; Seitenlappen gezähnt bis zerfetzt; Mittellappen geteilt in zwei spreizende Läppchen; Platte mit 2lappiger Schwiele und einem zentralen Kiel. Säule bis 1,5 cm lang, keulenförmig.
Verbreitung: Mexiko, Belize, Guatemala, nördliches Südamerika und Trinidad.
Geschichte: Die Art wurde 1798 von den spanischen Botanikern H. Ruiz und J. Pavon, die unübertroffen von anderen Reisenden die überwältigend reiche Flora Perus, in geringerem Maße Mexikos, einem erstaunten Europa erschlossen, beschrieben (»Systema Vegetabilium Florae Peruvianae et Chilensis«). Zugrunde lag eine bei Pozuzo in Peru gesammelte Pflanze.
Synonym: E. raniferum Lindl.

Epidendrum difforme Jacquin

Stämme der aufrechten oder hängenden, 6–50 cm langen Pflanze zahlreich, biegsam, durchaus beblättert und mit ausdauernden Scheiden besetzt. Blätter 2,5–11 cm lang, bis 3,5 cm breit, länglich bis elliptisch-lanzettlich, lederig bis fleischig, vorn stumpf. Blütenstand endständig, 1- bis vielblütig, schirmförmig oder fast so; Brakteen bis 1,5 cm lang, lanzettlich, durchsichtig. Blüten weiß, gelblich oder grünlich. Sepalen krautig: die mittlere 1,2–3 cm lang, 0,8 cm breit, lanzettlich bis länglich-eiförmig, spitz oder stumpf; seitliche 1,2–3 cm lang, 0,4–0,9 cm breit, etwas asymmetrisch, länglich bis breit-herzförmig, stumpf bis kurz spitzig. Petalen bis 3 cm lang, 0,1–0,7 cm breit, pfriemlich bis riemenförmig, spitz. Lippe mit der Säule verwachsen, ungeteilt bis 3lappig, 0,7–2 cm lang, 1–3 cm breit, quernierenförmig; Mittellappen ungeteilt oder kurz 2lappig, gestutzt; Platte am Grunde mit zwei Schwielen.
Verbreitung: Das umfangreiche Areal dieser Art erstreckt sich von Florida über Mexiko und Mittelamerika bis nach Westindien und in das nördliche Südamerika.
Geschichte: Die Pflanze wurde von N. von Jac-

quin entdeckt und in seiner »Enumeratio Systematica Plantarum« (1760) veröffentlicht. Die Art ist sehr veränderlich und wurde deshalb später wiederholt und unter verschiedenen Namen beschrieben.
Synonyme (in Auswahl): *E. umbellatum* Sw.; *E. latilabre* Lindl.

Epidendrum endresii Rchb.f.

Stämme des büschelig wachsenden oder kriechenden, bis zu 30 cm langen Epiphyten schlank, einfach oder verzweigt. Blattscheiden stammumfassend, warzig. Blätter 1–4,5 cm lang,, 0,5–1,5 cm breit, eiförmig bis länglich-lanzettlich, vorn stumpf, lederig. Blütenstand traubig, einfach, wenigblütig. Blüten klein: weiß, purpur überlaufen. Mittlere Sepale 0,8–1 cm lang, 0,3–0,5 cm breit, elliptisch bis eiförmig, spitz; die seitlichen 0,9–1,1 cm lang, 0,35–0,45 cm lang, eiförmig-länglich, spitz. Petalen 0,8–1,1 cm lang, 0,25–0,5 cm breit, verkehrtlanzettlich bis verkehrteiförmig-spatelig, etwas asymmetrisch, stumpf. Lippe genagelt (der Nagel mit der Säule verwachsen), 0,7–1,2 cm lang, 0,6–1 cm breit, 3lappig; Seitenlappen fast 3eckig, stumpf oder spitz, 0,2–0,4 cm lang; Mittellappen vorn eingeschnitten, mit spreizenden Läppchen; Platte unterhalb der Säulenspitze mit zwei mammillösen Schwielen. Säule leicht keulenförmig.
Verbreitung: Costa Rica und Panama.
Geschichte: Die von Endres in Costa Rica erstmals gesammelte Pflanze wurde 1883 von H.G. Reichenbach im »Gardeners' Chronicle« beschrieben.
Synonym: Epidendrum adolphii Schltr.

Epidendrum ibaguense H.B.K.

Bis über meterhohe, stark veränderliche terrestrische Pflanze. Stämme stielrund, mit grauen oder braunen Scheiden bedeckt. Blätter bis 10 cm lang und 3,5 cm breit, elliptisch, 2zeilig angeordnet, vorn stumpf oder spitz. Blütenstand eine vielblütige, fast kopfförmige Traube. Blüten sehr variabel in Größe und Farbgebung: magenta- oder scharlachrot, orange oder weiß; Schwiele gelb oder weiß. Sepalen 0,8–1,6 cm lang, 0,4 cm breit, schmal-elliptisch-lanzettlich, spitz; die seitlichen etwas sichelförmig. Petalen 0,7–1,6 cm lang, 0,4 cm breit, schief-lanzettlich, spitz. Lippe zur Blütezeit meistens zuunterst, mit der ganzen Länge der Säule verwachsen, ihr freier Teil 3lappig; Seitenlappen länglich, herabgebogen, am Rande ausgebissen bis gefranst; Mittellappen genagelt, länger als die Seitenlappen, mehr oder minder tief eingeschnitten, an den Rändern ausgebissen oder gefranst; Schwiele am Gipfel der Säule sitzend, 3kielig. Säule 1,5 cm lang, schlank, am Gipfel meistens gelb.
Verbreitung: Häufige Pflanze im tropischen Südamerika; auf Felsen oder im Boden wachsend.
Geschichte: A. von Humboldt, A. Bonpland und K. Kunth veröffentlichten die Art 1815 in ihrem Werk »Nova Genera et Species Plantarum«. Wie viele Pflanzen mit großem Verbreitungsgebiet wurde auch diese wiederholt unter verschiedenen Namen veröffentlicht, und sie ist noch heute in der Kultur unter einigen dieser Namen zu finden.
Anmerkung: Von der ähnlichen Art *E. secundum* kann man *E. ibaguense* uneerscheiden durch die einfachere Schwiele auf der Lippe. In der Kultur findet man nicht selten die var. *schomburgkii* (Lindl.) Schweinf. Diese attraktive Pflanze besitzt größere Blüten (Sepalen und Petalen bis 3 cm lang) als die typische Art, die außerdem backsteinrot gefärbt sind.
Synonyme (in Auswahl): *Epidendrum radicans* Pavon ex Lindl.; *E. calanthum* Rchb.f. et Warsc.; *E. decipiens* Lindl.; *E. fulgens* Brongn.

Epidendrum imatophyllum Lindl.

Bis 1 m hohe, aufrechte terrestrische Pflanze. Stämme etwas zusammengepreßt, im oberen Zweidrittel beblättert. Blätter bis 13 cm lang, 2,7 cm breit, länglich riemenförmig, fleischig, hellgrün, vorn stumpf bis stumpfspitzig, an den Rändern ein wenig eingebogen. Blütenstand scheindoldig bis traubig, bis 25 cm lang, aufrecht, auf kurzem Stiel; Brakteen lanzettlich, kurz, spitz. Blütenfarbe: rosenrot, aber zum Grunde hin heller und schließlich weiß; Lippe in der Färbung dunkler als der Rest; Schwiele weiß. Sepalen bis 1,6 cm lang, 0,4 cm breit, verkehrtlanzettlich, spitz (die seitlichen etwas asymmetrisch). Petalen 1,7 cm lang, 0,7 cm breit, schmal-rhombisch, spitz. Lippe aufrecht, ihrer ganzen Länge nach mit der Säule vereint; freier Teil 0,8 cm lang, 0,6 cm breit, sehr undeutlich 3lappig; Seitenlappen sehr flach, zerschlitzt oder gewimpert; Mittellappen quer-eiförmig oder länglich; Schwiele mit drei Kielen, von denen die seitlichen gestutzt sind und der mittlere bis zum Mittellappen durchläuft. Säule s-förmig, etwa 1 cm lang, am Gipfel erweitert, am Grunde bleich grün, darüber rosa.
Verbreitung: Von Mexiko südwärts bis nach Peru und Brasilien, auch bekannt in Trinidad.
Geschichte: Die Pflanze wurde 1831 von J. Lindley in »Genera and Species of Orchidaceous Plants« beschrieben.
Verwandtschaft: Die Art ist nicht unähnlich *E. ibaguense* und *E. secundum* (siehe dort); doch diese Arten besitzen eine klar 3lappige Lippe.
Synonyme: E. imetrophyllum Paxt.; *E. palpigenum* Rchb.f.; *E. lorifolium* Schltr.

Epidendrum latifolium (Lindl.) Garay et Sweet

Bis 55 cm hoher Epiphyt oder Lithophyt. Stämme aufrecht, stielrund am Grunde aber zunehmend breiter werdend und nach oben zu zusammengedrückt, mit vier 2zeilig angeordneten Blättern. Blätter bis 14 cm lang, 7 cm breit, breit-elliptisch bis fast kreisrund, am Grunde den Stamm umfassend, vorn stumpf oder breit abgerundet. Blütenstand endständig, 1blütig (ähnlich wie bei *E. nocturnum*). Blütenstiel und Fruchtknoten bis zu 15 cm lang; Blütenfarbe: gelblichgrün bis gelblichbraun; Lippe weiß. Sepalen bis 6 cm lang, linealisch-lanzettlich, zugespitzt. Petalen bis 6 cm lang, länglich-riemenförmig, zugespitzt. Lippe mit der Säule vereint, bis 5,5 cm lang; der freie Teil 3lappig; Seitenlappen schmal-eiförmig, spitz; Mittellappen doppelt so lang wie Seitenlappen, linealisch-pfriemlich, spitz.
Verbreitung: Bis in die jüngste Zeit wurde die Art als eine Varietät von *E. nocturnum* Jacquin (siehe auch dort) behandelt. L. Garay und H. Sweet haben jedoch darauf hingewiesen (»Journal of the Arnold Arboretum« 1972), daß zwischen beiden Taxa keine Zwischenformen auftreten und haben ihr deshalb den Artrang zugewiesen.
Verwandtschaft: E. latifolium kann von *E. nocturnum* (siehe die Abbildungen) durch folgende Merkmale unterschieden werden: breitere Stämme; breitere und in der Form abweichende Blätter; viel längerer und gestielter Fruchtknoten; größere Blüten.
Synonym: E. nocturnum var. *latifolium* Lindl.

Epidendrum medusae (Rchb.f.) Siebert

Stämme des kriechenden Zwergepiphyten dicht gebüschelt, bis über 25 cm lang, durchwegs beblättert, von alten Blattresten bedeckt. Blätter 2zeilig angeordnet, bis 7 cm lang, 3 cm breit, länglich-eiförmig, vorn ungleichmäßig 2lappig, unten etwas gedreht und daher fast alle Blätter in einer Ebene liegend, bläulichgrün aber am Grunde hellgrün. Blütenstände einzeln oder mehrere, gipfel- und blattachselständig, sehr kurz, 1blütig. Blüten sehr augenfällig, im Verhältnis zur Pflanze

groß: Sepalen und Petalen gelblichgrün, pflaumenblau getönt; Lippe aus grünem Grunde intensiv kastanienbraun; Säule grün. Sepalen und Petalen ähnlich, 2,5–4,2 cm lang, 0,8–1,5 cm breit, lanzettlich, spitz. Lippe mit der ganzen Säule verwachsen; freie Fläche 3,5–4,5 cm lang, 4–5,5 cm breit, quer-länglich, vorn ausgerandet, mit den unteren Rändern nach oben gebogen und die Säulenspitze umschließend, an allen Rändern tief zerfetzt. Säule kräftig, 1,3 cm lang, fleischig.
Verbreitung: Ecuador.
Geschichte: Diese ungewöhnliche Pflanze wurde von der Firma Backhouse in York in die Kultur eingeführt. Wie so viele Orchideen kam sie in der Pflege von John Day in Tottenham erstmals zum Blühen. H. G. Reichenbach beschrieb sie als *Nanodes* 1867 im »Gardeners' Chronicle«; im folgenden Jahr wurde sie im »Botanical Magazine« abgebildet. Obgleich die Art noch meistens unter ihrem ursprünglichen Namen kultiviert und gehandelt wird, folgen wir Siebert, der sie 1900 in der Zeitschrift »Gartenflora« zu *Epidendrum* gestellt hat.
Synonym: Nanodes medusae Rchb.f.

Epidendrum nocturnum Jacquin

Kräftiger, büschelig wachsender, bis 60 cm hoher (meistens niedriger) Epiphyt mit aufrechten zusammengedrückten, beblätterten Stämmen. Blätter bis 14 cm lang, 3 cm breit, linealisch-länglich bis länglich-riemenförmig, lederig, vorn spitz. Blütenstand ungefähr 2 cm lang, endständig, 1–2blütig. Blüten auffallend, bis 6 cm im Durchmesser: gelbgrün, braunlila unterlaufen; Lippe weiß. Sepalen bis 3 cm lang, linealisch-lanzettlich, lang zugespitzt. Petalen bis 3 cm lang, linealisch, fein zugespitzt. Lippe mit der Säule vereinigt, der freie Teil tief 3lappig; Seitenlappen kurz, breit-rhombisch oder schief-eiförmig. Mittellappen doppelt so groß wie die Seitenlappen, linealisch, lang zugespitzt; Platte mit zwei parallelen Kielen.
Verbreitung: Die Originalpflanze der viel kultivierten Art stammte aus Martinique und wurde 1760 von N. von Jacquin in seinem Werk »Enumeratio Systematica Plantarum« beschrieben.
Anmerkung: Siehe auch unter *E. latifolium.*
Synonym: E. nocturnum var. *angustifolium* Stehle.

Epidendrum oerstedii Rchb.f.

Großer, mit einem 1 cm dicken kriechenden Rhizom wachsender Epiphyt. Stämme aufrecht, 7–15 cm lang, die beiden obersten Internodien eine Pseudobulbe bildend: geschwollen und zusammengepreßt, 5–9 cm lang, 1,5–3,5 cm breit, anfangs glatt, später gefurcht. Blätter auseinanderstehend, leicht nach hinten gebogen, 7–16 cm lang, 3–3,5 cm breit, elliptisch oder länglich-elliptisch, vorn abgerundet und manchmal schwach ausgebuchtet, tief grün. Blütenstand gipfelbürtig, 2–3blütig; Schaft zusammengepreßt, gerieft, von einer grünen, zugespitzten Scheide begleitet; Brakteen halb so lang wie Fruchtknoten und Blütenstiel, länglich-lanzettlich, spitzlich. Blütenstiel und Fruchtknoten bis 9 cm lang. Blüten groß: Sepalen und Petalen lindgrün; Lippe und Säule weiß, mit gelber Schwiele und grüner Lippenspitze. Sepalen und Petalen 5–7 cm lang, linealisch-lanzettlich, langspitzig. Lippe vorn 3lappig, unten mit der Säule verwachsen, 4,5–6,5 cm lang, bis 4 cm breit; Seitenlappen auseinanderstehend, asymmetrisch, halbeiförmig, stumpf oder spitz, am äußeren Rande wellig oder unregelmäßig gezähnt; Mittellappen 2,5–3,5 cm lang, bis 0,7 cm breit, aus schmaler Basis verkehrtlanzettlich, langspitzig; Schwiele am Gipfel der Säule 2lappig. Säule 1,5–2,5 cm lang, oben etwas verbreitert und am oberen Rande gezähnt.
Verbreitung: Costa Rica und Panama.
Geschichte: Die Pflanze wurde von A. Oersted in Costa Rica entdeckt und von H. G. Reichenbach 1852 in der »Botanischen Zeitung« veröffentlicht.
Anmerkung: E. oerstedii ist nahe verwandt mit *E. ciliare, E. nocturnum* und *E. parkinsonianum;* alle diese Arten besitzen große, weiße Blüten. Von der erstgenannten unterscheidet sie sich durch die nicht bewimperten Seitenlappen der Lippe; sonst ist sie so ähnlich, daß L. O. Williams sie als bloße Varietät dieser Art betrachtete. *Epidendrum nocturnum* besitzt längere und schlankere Stämme und Blätter von dünnerer Beschaffenheit, während *E. parkinsonianum* sich durch sehr kurze Pseudobulben und sehr lange fleischige Blätter auszeichnet.
Synonyme: Epidendrum costaricense Rchb.f.; *E. umlauftii* Zahlbr.; *E. ciliare* var. *oerstedii* (Rchb.f.) L. O. Williams.

Epidendrum paniculatum Ruiz et Pavon

Sehr variable, manchmal völlig aufrechte, bis 2,5 m hohe epiphytische oder terrestrische Pflanze. Stämme gedrängt, stielrund, bedeckt mit grau- bis bräunlichen Blattscheiden. Wurzeln meistens in dicht verknoteten Massen gehäuft. Blätter bis 20 cm lang, 6 cm breit, lanzettlich, dünn mehr oder weniger lila behaucht, vorn spitz. Blütenstand rispig, bis 250blütig, endständig auf den Stämmen, mit grüner bis purpurner Achse. Blüten bleichgrün mit cremeweißer Lippe. Sepalen über 1 cm lang, 0,35 cm breit, länglich, spitz oder mit aufgesetztem Spitzchen, auf der äußeren Seite warzig. Petalen ungefähr 1 cm lang, linealisch, nach oben erweitert, spitz. Lippe mit der ganzen Säule verwachsen, der freie Teil 0,6 cm lang, 0,8 cm breit, 3lappig; Seitenlappen schief-elliptisch, am Rande leicht ausgerandet; Mittellappen kurz, zweigeteilt und die Läppchen nach auswärts gekrümmt; Schwiele an der Basis mit zwei Lappen, ferner mit drei fleischigen, bis zur Spitze laufenden Kielen. Säule 0,7 cm lang, stielrund, am Gipfel erweitert, warzig am Grunde.
Verbreitung: Häufig im tropischen Amerika.
Geschichte: Die Art wurde 1798 von H. Ruiz und J. Pavon beschrieben (»Systema Vegetabilium Florae Peruvianae et Chilensis«). Zugrunde lag eine von ihnen bei Muna gefundene Pflanze. Wie viele weitverbreitete Pflanzen wurde sie danach mehrmals erneut beschrieben.
Synonyme (in Auswahl): *E. floribundum* H. B. K.; *E. densiflorum* Kook.; *E. laeve* Lindl.; *E. piliferum* Rchb.f.

Epidendrum polybulbon Sw.

Eine kleine, kriechende, bis 11 cm hohe epiphytische oder lithophytische Pflanze. Rhizom schlank, verlängert, mit braunen trockenhäutigen Scheiden besetzt. Pseudobulben 1,5–3 cm entfernt stehend, 1,2–3 cm lang, 0,4–0,8 cm im Durchmesser, eiförmig oder elliptisch im Umriß, am Gipfel 2blättrig. Blätter 0,8–8 cm lang, 0,3–1,1 cm breit, eiförmig-elliptisch bis länglich-elliptisch, lederig, vorn ausgerandet. Blütenstand 1blütig (selten 2blütig). Blüten duftend, ungefähr 2 cm breit: Sepalen und Petalen grünlichgelb, in der unteren Hälfte rotbraun überlaufen und gestreift; Lippe gelbweiß; Säule aus weißem Grunde violett. Sepalen 0,8–1,8 cm lang, 0,3 cm breit, linealisch-lanzettlich, langspitzig, oben fleischig und rückwärts gekrümmt. Petalen 0,8–1,6 cm lang, bis 0,25 cm breit, linealisch bis verkehrtlanzettlich, oben spitz und rückwärts gebogen. Lippe 1,2–2 cm lang, 0,5–1,2 cm breit, kreisrund-eiförmig bis herzförmig, an den Rändern gewellt und gekerbt. Säule 0,6 cm lang, geflügelt und etwas abgeflacht, am Gipfel mit zwei kurzen Fortsätzen.
Verbreitung: Von Mexiko nach Honduras, Kuba und Jamaika, in Höhenlagen bis zu 3200 m.
Geschichte: Die Pflanze wurde erstmals in den

Gebirgen von Jamaika gesammelt und 1788 von O. Swartz in seinem Werk »Prodromus Descriptionem Vegetabilium« veröffentlicht. Manche Botaniker fogen dem Konzept von J. Lindley und betrachten die Art als der Gattung *Dinema* zugehörig.
Anmerkung: Diese Art hebt sich aus allen anderen der Gattung heraus. Man erkennt sie sofort an den 2blättrigen kleinen Pseudobulben, die regelmäßig angeordnet auf dem kriechenden Rhizom stehen, an ihrer mit zwei gipfelständigen Stellidien versehenen, freien, purpurnen Säule, ihrer spatelförmigen weißen Lippe, den gelben oder grünlichen, purpurn überlaufenen Sepalen und Petalen.
Synonym: Dinema polybulbon (Sw.) Lindl.; *Bulbophyllum occidentale* Sprengel; *Encyclia polybulbon* (Sw.) Dressler.

Epidendrum porpax Rchb.f.

Vielverzweigte, bis 10 cm hohe aufsteigende epiphytische Pflanze. Stämme stielrund, beblättert. Blätter 2zeilig angeordnet, mit sich deckenden Scheiden, bis 2 cm lang, 0,9 cm breit, länglich, dick fleischig, vorn stumpf und manchmal ausgerandet. Blütenstand endständig, 1blütig. Blüten hell lilagrün. Sepalen bis 1,2 cm lang, 0,5 cm breit, schmal elliptisch-lanzettlich, spitz (die seitlichen im unteren Drittel miteinander verwachsen). Petalen bis 1,4 cm lang, 0,1 cm breit, linealisch oder in der oberen Hälfte etwas verbreitert, stumpf. Lippe sehr fleischig, glänzend, mit der ganzen Säule verwachsen; der freie Teil 1 cm lang, 0,8 cm breit, quer-länglich, zurückgebogen, am Gipfel fein eingeschnitten; Schwiele 3lappig, fleischig.
Verbreitung: Von Mexiko bis Panama, Venezuela und Peru.
Geschichte: H.G. Reichenbach beschrieb diese Art 1855 in »Bonplandia« unter Zugrundelegung einer von A. Oersted auf dem Berge Pantasmo in Segovia (Nicaragua) gesammelten Pflanze.
Synonyme (in Auswahl): *Nanodes matthewsii* Rolfe; *N. porpax* (Rchb.f.) Brieger; *Epidendrum gnomus* Schlechter; *E. porphyrophyllum* Schlechter; *Neolehmannia porpax* (Rchb.f.) Garay et Dunsterv.

Epidendrum pseudepidendrum (Rchb.f.) Rchb.f.

Stämme des hohen Epiphyten büschelig, schlank, bis 100 cm lang, aufrecht, unverzweigt, nur im oberen Teil beblättert, unten kahl. Blätter 6–20 cm lang, 1,5–4,5 cm breit, verkehrtlanzettlich, vorn spitz, lederig. Blütenstände einzeln oder mehrere, gipfelbürtig, traubig, 1–3blütig; Schaft verlängert, an der Basis mit mehreren sich ziegelartig deckenden Brakteen besetzt. Blüten ungefähr 6 cm breit, sehr augenfällig, fleischig und von etwas wachsartigem Aussehen, glänzend: Sepalen und Petalen grün; Lippe orangefarbig, an der Basis etwas purpurn. Sepalen 2,2–3,2 cm lang, 0,3–0,7 cm breit, verkehrtlanzettlich, spitz bis stumpf. Petalen 2,2–3 cm lang, 0,2–0,3 cm breit, linealisch-verkehrtlanzettlich, stumpf. Lippe genagelt; Nagel mit der Säule verwachsen; freie Fläche 1,3–1,7 cm lang, 1,5–2,2 cm breit, quer-länglich bis fast quadratisch oder annähernd kreisrund, konvex, vorn ausgebuchtet, an den Rändern gekerbt, gezähnt oder gefranst; Platte am Gipfel der Säule mit zwei kurzen Schwielen und außerdem mit einer vom Grunde bis zum Vorderrande längsverlaufenden, mittleren 1–5streifigen Verdickung.
Verbreitung: Costa Rica und Panama.
Geschichte: H.G. Reichenbach beschrieb diese Pflanze 1852 in der »Botanischen Zeitung« als *Pseudepidendrum spectabile.* Später versetzte er sie in die Gattung *Epidendrum,* wo der Artname *spectabile* allerdings bereits für eine andere Pflanze benutzt worden war; aus diesem Grunde benannte er sie um (»Xenia Orchidacea«, Vol. I, 1856).
Synonym: Pseudepidendrum spectabile Rchb.f.

Epidendrum purum Lindl.

Bis 60 cm hoher, aufrechter Epiphyt; Stämme stielrund, aus der Basis vorjähriger Triebe sprossend. Blätter bis 20 cm lang, 1 cm breit, linealisch, dünn, aufrecht oder etwas abstehend, einmal um die eigene Achse gedreht, vorn spitz. Blütenstand rispig, mit abstehenden Ästen, vielblütig. Blüten weiß oder hellgrün. Sepalen bis 1 cm lang, schmal-lanzettlich, spitz (die seitlichen etwas sichelförmig). Petalen 0,8 cm lang, 0,1 cm breit, linealisch, spitz. Lippe mit der ganzen Säule verwachsen, der freie Teil 0,7 cm lang, 0,55 cm breit, tief 3lappig; Seitenlappen 3eckig, spitz, nach vorn gerichtet; Mittellappen länger als die Seitenlappen, leicht spatelförmig, an den Rändern nach oben gebogen. Schwiele aus drei Leisten bestehend. Säule 0,5 cm lang, in der oberen Hälfte erweitert. Antherenkappe rosa.
Verbreitung: Von Venezuela südwärts nach Bolivien.
Geschichte: J. Lindley beschrieb die Art 1844 im »Botanical Register«, zugrunde lag eine von Rucker an J. Linden aus Caracas gesandte Pflanze.

Epidendrum schlechterianum Ames

Kleiner, gedrückter Epiphyt. Stämme vom Grunde verzweigt, bis 10 cm lang, von Blattscheiden bedeckt. Blätter 2zeilig stehend, bis 2 cm lang, 1 cm breit, ziemlich dick, eiförmig-lanzettlich, auf dem Rücken gekielt, vorn spitz, Ränder nach hinten gebogen. Blütenstand nicht auffällig, endständig, 1–3blütig. Blüten ungefähr 1,5 cm lang, bleich grünlichbraun mit zwei kastanienbraunen Flecken auf jeder Seite der Lippe. Obere Sepale 1,1 cm lang, 0,4 cm breit, schmal-länglich, spitz, an den Rändern gesägt; seitliche Sepalen 1 cm lang, etwas asymmetrisch schmal-länglich, spitz. Petalen 0,9 cm lang, 0,3 cm breit, schmal-elliptisch, an den Rändern gesägt. Lippe mit der Säule vereinigt; der freie Teil 0,6 cm lang, 0,7 cm breit, nierenförmig, kurz abgesetzt, vorn mit aufgesetztem Spitzchen, an den Rändern gesägt. Säule bleich braun, mit einem dunkelbraunen Fleck am Gipfel; Antherenkappe keulig, an der Spitze eingeschnitten.
Verbreitung: Von Mexiko bis Panama, Venezuela, Guayana, Brasilien, Peru und Trinidad.
Geschichte: Die Pflanze war schon 1832 bekannt und wurde unter verschiedenen Namen veröffentlicht; J. Lindley benannte die *Nanodes discolor.* Da alle von den verschiedenen Autoren benutzten Artnamen bereits für andere Epidendrum-Arten verwendet worden waren, beschrieb sie O. Ames 1924 als *E. schlechterianum.*
Synonyme: Nanodes discolor Lindl.; *Epidendrum discolor* (Lindl.) Benth.; *E. brevicaule* Schltr.; *E. congestioides* Ames et Schweinf.

Epidendrum secundum Jacquin

Pseudobulben bis 60 cm lang, aufrecht, ungefähr 1 cm im Durchmesser, stielrund, locker vielblättrig. Blätter 8–14 cm lang, 1,5–4 cm breit, eiförmig-lanzettlich, lederig, vorn spitz. Blütenstand einfach, 25–60 cm lang, wenig- bis vielblütig, dicht, fast kopfförmig; Brakteen lang zugespitzt. Blüten rosarot mit gelbweißer Zeichnung auf der Lippe. Sepalen bis 1 cm lang, 0,35 cm breit, lanzettlich-spatelförmig, spitz. Petalen 1 cm lang, eiförmig-länglich, spitzlich. Lippe 0,6 cm lang, 0,8 cm breit, tief 3lappig, halbkreis- bis nierenförmig; Seitenlappen rundlich, gezähnt; Mittellappen doppelt so lang wie die Seitenlappen, keilförmig, vorn tief eingeschnitten; Schwiele konkav,

gekerbt und mit aufgesetztem Spitzchen. Säule 0,5–0,6 cm lang.
Verbreitung: West-Indien und tropisches Südamerika.
Geschichte: Die Pflanze wurde 1760 durch N. von Jacquin (»Enumeratio Systematica Plantarum«) veröffentlicht. In jüngster Zeit haben L. Garay und H. Sweet (»The Flora of the Lesser Antilles« 1974) angedeutet, daß Jacquins Pflanze von späteren Botanikern falsch interpretiert worden war. Sie schlagen vor, unsere Pflanze *E. elongatum* zu nennen und das Epithet »secundum« für eine andere Art der Gattung zu verwenden. Wir haben es jedoch vorgezogen, den tratidionellen Namen beizubehalten.
Verwandtschaft: Siehe *E. ibaguense.*

Epidendrum stamfordianum Batem.

Aufrechter, bis 30 cm hoher Epiphyt. Pseudobulben bis 20 cm lang, 1,5 cm im Durchmesser, spindelförmig, mit drei hinfälligen papierartigen Scheiden bedeckt, 2blättrig. Blätter bis 16 cm lang, 3 cm breit, langlich-elliptisch, lederig, vorn stumpf. Blütenstand rispig oder traubig, vielblütig, end- oder grundständig; Achse stielrund, grün mit lila Flecken. Blüten auffällig: Sepalen und Petalen hell grüngelb mit rötlichbraunen Flecken; Lippe weiß aber intensiv purpurn an der Spitze und der Schwiele, auf dem Mittellappen gelb und rot oder purpurn getüpfelt. Sepalen 1,2 cm lang, 0,4 cm breit, eiförmig-lanzettlich bis elliptisch (die seitlichen etwas asymmetrisch). Petalen 1,2 cm lang, 0,2 cm breit, elliptisch-riemenförmig, spitz. Lippe mit der Säule verwachsen, freier Teil 1 cm lang, 2 cm breit, 3lappig; Seitenlappen länglich, oben etwas erweitert; abstehend; Mittellappen breit-nierenförmig, ausgeschnitten. Schwiele mit drei Leisten, deren mittlere am längsten. Säule 0,5 cm lang, s-förmig gewunden, kreisrund im Querschnitt, am Gipfel erweitert.
Verbreitung: Von Mexiko bis Panama, Kolumbien und Venezuela.
Geschichte: Die Art wurde 1838 von J. Bateman (»Orchidaceae of Mexico and Guatemala«) beschrieben, unter Zugrundelegung einer 1837 von G. Skinner in der Umgebung von Isabal in Guatemala gesammelten Pflanze. J. Bateman benannte seine Art dem Earl of Stamford and Warrington zu Ehren, der zu dieser Zeit eine großartige Orchideensammlung besaß.

Epidendrum stenopetalum Hook.

Großer, rasig wachsender Epiphyt. Stämme bis 35 cm lang, aufrecht oder aufsteigend, stielrund, an beiden Enden sich etwas verschmälernd, anfangs durchweg beblättert, später nur im oberen Teil. Blätter 12 cm lang, 1 cm breit, zungenförmig, abstehend, steif, von einer röhrigen Scheide scharf abgesetzt. Blütenstand kurz, endständig, wenigblütig. Blüten auffällig, rosenrot, rosaviolett, lila oder rosa: die Lippe etwas dunkler und mit einem weißen Fleck am Grunde. Sepalen 1,5–1,6 cm lang, bis 0,6 cm breit, schmal-elliptisch, stumpfspitzig, abstehend. Petalen 1,6 cm lang, 0,8 cm breit, verkehrteiförmig-elliptisch, stumpf, abstehend. Lippe 1,9 cm lang, 1,3 cm breit, verkehrteiförmig-fächerförmig, an der Spitze ausgerandet; Schwiele am Grunde der Lippe länglich, quergerillt, unten mit einem vorstehenden, stielartigen Fortsatz. Säule kurz, 0,5 cm, oben mit zwei vorstehenden Öhrchen auf jeder Seite des Clinandriums.
Verbreitung: Von Mexiko südwärts bis nach Ecuador und Brasilien und auch aus West-Indien bekannt.
Geschichte: Die Originalbeschreibung im »Botanical Magazine« von 1835 beruht auf einer Pflanze, die MacFadyen aus Jamaika an den Botanischen Garten in Glasgow, wo sie 1835 erstmals blühte, geschickt hatte.
Synonyme: Oncidium emarginatum Meyer; *Epidendrum lamellatum* Westc. ex Lindl.; *Isochilus elegans* Focke; *Telipogon buenaventurae* Kraenzl.; *Epidendrum rimbachii* Schltr.; *Dimeranda stenopetala* (Hook.) Schltr.; *D. rimbachii* (Schltr.) Schltr.; *D. isthmii* Schltr.; *D. emarginata* (Meyer) Hoehne.

Epidendrum wallisii Rchb.f.

Stämme der manchmal über 200 cm hohen terrestrischen Pflanze stielrund, schlank, nur 0,4 cm im Durchmesser, aufrecht, in der oberen Hälfte beblättert, unten purpurn getüpfelt. Blätter 8–11 cm lang, 2,3–2,6 cm breit, elliptisch-länglich oder lanzettlich, vorn spitz, bogig zurückgeschlagen, 2zeilig angeordnet. Blütenstand gipfelbürtig und seitenständig, nickend bis überhängend, traubig, 2blütig (oder mehrblütig). Blüten augenfällig, 3,5–5 cm breit: Sepalen und Petalen goniggelb bis intensiv goldgelb, mehr oder weniger karminrot getüpfelt; Lippe weiß, magentarotpurpur oder karminrot getüpfelt. Sepalen 2–2,5 cm lang, 0,9–1,1 cm breit, länglich, stumpf. Petalen bis 2 cm lang und 0,9 cm breit, verkehrteiförmig, stumpf. Lippe bis 2,5 cm lang und 2,8 cm breit, keilig-fächerförmig, auf der Oberseite mit strahlenartig angeordneten, federig sehr feinwarzigen Linien. Säule nur bis 0,6 cm lang, kräftig.
Verbreitung: Kolumbien; 1200–2000 m; an lichten Stellen.
Geschichte: Die Pflanze wurde 1874 von G. Wallis im Auftrage der Firma Veitch & Sons im Frontino Distrikt der westlichen Kordillere gesammelt. H.G. Reichenbach beschrieb sie 1875 im »Gardeners' Chronicle« und benannte sie nach ihrem Entdecker.

Epigeneium Gagn.

Tribus: Dendrobieae
Subtribus: Dendrobiinae

Kleine bis mittelgroße Epiphyten mit verlängerten Rhizomen und von Scheiden eingehüllten, am Gipfel 1–2blättrigen Pseudobulben. Blütenstand gipfelbürtig, von einer spatenartigen Scheide begleitet, traubig, 1- bis mehrblütig. Blüten mittelgroß bis groß, ziemlich augenfällig. Mittlere Sepale die Säule einschließend; die seitlichen länger, asymmetrisch, mit dem Fuß der Säule ein Mentum bildend. Petalen 3eckig, lang am Mentum herablaufend. Lippe geigenförmig-länglich, 3lappig, mit einer am Grunde fein gelappten oder gekämmten Schwiele. Säule kurz, mit langem Fuß; Stelidien kurz oder fehlend; Pollinien 2 oder 4, in zwei Gruppen.
Umfang und Verbreitung: Um 35 Arten; von Indien, China, Südostasien und Indonesien bis zu den Philippinen.
Ableitung des Namens: Aus dem Griechischen »epi« = auf und »geneion« = Wange, Kinn; anspielend auf das Verhältnis von Petalen und seitlichen Sepalen.
Anmerkung: Die Gattung wurde von F. Gagnepain 1932 begründet (»Bulletin du Muséum d'Histoire Naturelle«, Paris). Ihre Geschichte und systematische Stellung wurde eingehend von V. Summerhayes (»Kew Bulletin« 1957) dargestellt.
Typus-Arten: E. chapaense Gagn.; *E. clemensiae* Gagn.; *E. fargesii* (Finet) Gagn.; *E. delacourii* Gagn.
Synonyme: Katherinea A.D. Hawkes; *Sarcopodium* Lindl.
Kultur: Substrat A. Mindesttemperatur im Winter 12–15 °C. Wegen ihres kriechenden Wuchses kultiviert man die Pflanzen in flachen Körben oder Schalen; man kann sie allerdings auch auf Kork- oder Baumfarnblöcke montieren. Sie verlangen mäßigen Schatten, hohe Luftfeuchtigkeit

und während des ganzen Jahres mäßige Wassergaben.

Epigeneium acuminatum (Rolfe) Summerh.

Pseudobulben in Abständen auf einem kräftigen Rhizom stehend, 4–4,5 cm lang, bis 2 cm im Durchmesser, eiförmig oder konisch, mehr oder minder 4eckig, mit abgerundeten Kanten, unten glänzend, mit braunen Scheiden besetzt, 2blättrig. Blätter meistens kurz gestielt, 10–15 cm lang, 2–4 cm breit, länglich oder elliptisch, vorn stumpf und eingeschnitten, fleischig-lederig. Blütenstand locker 6–20blütig; Brakteen 1,5–1,8 cm lang, linealisch-zungenförmig, spitz, hellgrün. Blüten mittelgroß: Sepalen und Petalen weißgelb; Lippe oft am Grunde purpurn überlaufen, darüber weiß. Sepalen 3,5–3,8 cm lang, 0,8–1 cm breit, 3eckig, betont langspitzig. Petalen 3,5–3,8 cm lang, 0,5–0,6 cm breit, lanzettlich, langspitzig. Lippe 1,8 cm lang, 1,2 cm breit, 3lappig; Seitenlappen verkehrteiförmig, oben abgerundet und ausgerandet; Mittellappen breit-eiförmig-3eckig, vorn spitz und zurückgeschlagen; Schwiele am Grunde der Platte sitzend, gefurcht, mit einem fleischigen, 3kantigen Fortsatz.
Verbreitung: Philippinen.
Geschichte: R.A. Rolfe beschrieb diese Pflanze ursprünglich in der Gattung *Dendrobium* (O. Ames, »Orchidaceae« 1905) unter Zugrundelegung eines von Thomas Borden am Flusse Bamao in der Provinz Bataan in Luzon gesammelten Exemplares. Auf dem Umwege über die Gattung *Sarcopodium* fand sie 1957 ihren heutigen Platz (V. Summerhayes, »Kew Bulletin«).
Anmerkung: Unsere Abbildung zeigt var. *lyonii* (Ames) Kraenzl. Von der typischen Varietät unterscheidet sie sich durch größere, vorwiegend purpurne Blüten, eine flachere Schwiele und genagelten Mittellappen der Lippe. Diese Art läßt sich ohne weiteres erkennen an ihren langen Trauben und der oben beschriebenen Blütenfarbe.
Synonyme: Dendrobium acuminatum Rolfe; *Sarcopodium acuminatum* (Rolfe) Kraenzl.; *Dendrobium lyonii* Ames.

Epigeneium coelogyne (Rchb.f.) Summerh.

Eine kleine kriechende epiphytische Pflanze mit kräftigem Rhizom. Pseudobulben in Abständen von 5 cm angeordnet, 3,8–5 cm lang, bis 1,3 cm breit, im Umriß schief-elliptisch, gefurcht, 2blättrig. Blätter 10–15 cm lang, bis 4,5 cm breit, breit-elliptisch-länglich, sitzend oder kurz gestielt, vorn stumpf und mit einer Kerbe. Blütenstand gipfelbürtig, 1blütig; Brakteen groß, scheidig. Blüten groß: cremefarbig oder gelblich, rot marmoriert; Lippe dunkelgelb, purpurn oder schokoladenbraun. Sepalen 4–6,3 cm lang, lanzettlich, spitz oder langspitzig; die seitlichen sichelig und am Grunde sackartig. Petalen bis 5 cm lang und 0,3 cm breit, linealisch-lanzettlich, spitz. Lippe 4,5 cm lang, 2 cm breit, 3lappig; Seitenlappen schmal, aufrecht; Mittellappen trapez-eiförmig. Säule 2 cm lang, etwas gekrümmt.
Verbreitung: Birma und Thailand.
Geschichte: Die Pflanze wurde erstmals von C. Parish in Moulmein in Birma gesammelt. Er sandte sie an H.G. Reichenbach, der sie im Jahre 1871 unter dem Gattungsnamen *Dendrobium* im »Gardeners' Chronicle« beschrieb. V. Summerhayes versetzte sie zur Gattung *Epigeneium* (»Kew Bulletin« 1957).
Synonyme: Dendrobium coelogyne Rchb.f.; *Sarcopodium coelogyne* (Rchb.f.) Rolfe; *Katherinea coelogyne* (Rchb.f.) A.D. Hawkes.

Epigeneium cymbidioides (Bl.) Summerh.

Eine kleine epiphytische Pflanze; ihr fleischiges Rhizom mit stark zurückgebildeten Blättern dicht bedeckt. Pseudobulben einzeln in regelmäßigen Abständen angeordnet, 3–4 cm lang, im Umriß eiförmig, 2blättrig. Blätter bis 15 cm lang und etwas über 2 cm breit, länglich, fleischig, vorn stumpf und eingeschnitten. Blütenstand bis 10blütig; Brakteen sehr klein, durchsichtig, 3eckig, spitz. Blüten mittelgroß: hellgelb oder strohfarbig; Lippe gelb und rosa oder purpurn behaucht, mit zwei mehr oder weniger zusammenfließenden goldenen Flecken an der Basis des Mittellappens. Sepalen und Petalen 2,3–2,5 cm lang, 0,6–0,7 cm breit (Petalen immer etwas schmaler als Sepalen), länglich-riemenförmig oder riemenförmig, spitz; Mentum kurz, abgerundet. Lippe 1,5–1,8 cm lang, bis 1,3 cm breit, 3lappig; Seitenlappen breit-halbeiförmig oder verkehrt-3eckig, vorn abgerundet; Mittellappen kurz ei-herzförmig, breiter als lang, stumpf; Schwielen 3, alle basal. Säule kurz, ohne Stellidien.
Verbreitung: Java und Luzon.
Geschichte: C. Blume entdeckte die Pflanze auf dem Berge Salak in Java und beschrieb sie als Art der Gattung *Desmotrichum* 1825 in seinen »Bijdragen«. Im Jahre 1830 wurde sie von J. Lindley zu *Dendrobium* versetzt (»Genera and Species of Orchidaceous Plants«), bis schließlich V.S. Summerhayes zu dem Schluß kam, daß sie zur Gattung *Epigeneium* gehört (»Kew Bulletin« 1957).
Synonyme: Desmotrichum cymbidioides Bl.; *Dendrobium cymbidioides* (Bl.) Lindl.; *D. marginatum* Teijsm. et Binnend.

Eria Lindl.

Tribus: Epidendreae
Subtribus: Eriinae

Epiphyten oder terrestrische Pflanzen von sehr verschiedenartiger Tracht. Stämme pseudobulbenartig, 2- bis vielblättrig (selten einzelblättrig). Blütenstand gipfel- oder blattachselbürtig. Blüten fast durchweg klein bis mittelgroß und unauffällig, nur selten augenfällig. Sepalen frei, selten untereinander verwachsen, kahl oder steif behaart; die seitlichen mit dem verlängerten Fuß der Säule verwachsen und ein kurzes bis langes sporn- oder sackartiges Mentum bildend. Lippe fest auf dem Fuß der Säule sitzend, selten beweglich. Säule mit einer unvollständig 4fächerigen Anthere; Pollinien normalerweise 8, wachsartig, birnenförmig oder breit-verkehrteiförmig, zu viert mit der Klebscheibe verbunden.
Umfang und Verbreitung: Über 500 Arten; im tropischen Asien, Malaysia, Australien, Polynesien und auf den umliegenden Inseln.
Ableitung des Namens: Aus dem Griechischen »erion« = Wolle.
Anmerkung: Die Gattung wurde 1825 von J. Lindley im »Botanical Register« begründet. Sie gehört zu den verschiedengestaltigsten Orchideengattungen und unterscheidet sich von der ihr nahe stehenden Gattung *Dendrobium* durch die Gestalt und die Anzahl der Pollinien. *Eria* wurde erstmals von Sir Joseph Hooker (»Flora of British India« 1890) und später von F. Kraenzlin (Engler, »Das Pflanzenreich«) bearbeitet; beide Behandlungen besitzen aber heute kaum noch Gültigkeit. Unter den modernen Studien ist die Bearbeitung von R. Holttum (»Orchids of Malaya« 1964) beachtenswert: er teilt die etwa 60 Arten des Gebietes in 12 leicht unterscheidbare Sektionen auf.
Typus-Art: E. stellata Lindl.
Kultur: Substrat A. Mindesttemperatur im Winter je nach Herkunft der Pflanze 10–15 °C. Pflanzen dieser Gattung gedeihen gut in Schalen oder – wenn am natürlichen Standort ausgebreitet wachsend – montiert auf Kork- oder Baumfarnblöcken. Fast alle Arten verlangen hohe Luftfeuchtigkeit, viel Wasser und Schatten; wenn die Pseudobulben ausgewachsen sind, gibt man wesentlich weniger Wasser.

Bildteil

Acacallis cyanea

Acampe papillosa

Acineta chrysantha

Acineta superba

Ada aurantiaca

Ada glumacea

Ada keiliana

Aerangis articulata

Aerangis brachycarpa

Aerangis confusa

Aerangis fastuosa

Aerangis kirkii

Aerangis kotschyana

Aerangis rhodosticta

Aerangis ugandensis

Aeranthes grandiflora

Aerides fieldingii

Aerides jarckianum

Aerides maculosum

Aerides multiflorum

Aerides odoratum

Aerides odoratum var. lawrenceae

Aerides vandarum

Alamania punicea

Amblostoma tridactylum

Amesiella philippinensis

Ancistrorhynchus cephalotes

Angraecopsis breviloba

Angraecum calceolus

Angraecum dasycarpum

Angraecum distichum

Angraecum eburneum

Angraecum eichlerianum

Angraecum gabonense

Angraecum infundibulare

Angraecum leonis

Angraecum magdalenae

Angraecum reygaertii

Angraecum scottianum

Angraecum sesquipedale

Anguloa cliftonii

Anguloa clowesii

Anguloa uniflora

Ansellia africana

Ansellia gigantea var. nilotica

Arachnis flos-aëris

Arpophyllum giganteum

Arundina graminifolia

Ascocentrum ampullaceum

Ascocentrum curvifolium

Ascocentrum miniatum

Aspasia epidendroides

Barbosella cucullata

Barkeria cyclotella

Barkeria lindleyana

Barkeria skinneri

Barkeria spectabilis

Bifrenaria atropurpurea

Bifrenaria harrisoniae

Bletia catenulata

Bletilla striata

Bollea coelestis

Bolusiella imbricata

Brassavola cucullata

Brassavola digbyana

Brassavola flagellaris

Brassavola glauca

Brassavola nodosa

Brassavola tuberculata

Brassia gireoudeana

Brassia lawrenceana

Brassia longissima

Brassia verrucosa

Broughtonia sanguinea

Bulbophyllum barbigerum

Bulbophyllum careyanum

Bulbophyllum cocoinum

Bulbophyllum dearei

Bulbophyllum distans

Bulbophyllum falcatum

Bulbophyllum leopardinum

Bulbophyllum lobbii

Bulbophyllum patens

Calanthe discolor

Calanthe discolor var. flava

Calanthe rubens

Calanthe sylvatica

Calanthe triplicata

Calanthe vestita var. regnieri

Calyptrochilum christyanum

Capanemia superflua

Catasetum barbatum ♂

Catasetum discolor var. roseo-album ♂

Catasetum fimbriatum ♂

Catasetum gnomus ♀

Catasetum integerrimum ♂

Catasetum macrocarpum ♂

Catasetum maculatum ♂

Catasetum microglossum ♂

Catasetum pileatum ♂

Catasetum platyglossum ♂

Catasetum saccatum var. christyanum ♂

Cattleya aclandiae

Cattleya amethystoglossa

Cattleya aurantiaca

Cattleya bicolor

Cattleya dormaniana

Cattleya dowiana

Cattleya eldorado

Cattleya forbesii

Cattleya gaskelliana

Cattleya granulosa

Cattleya intermedia

Cattleya iricolor

Cattleya labiata

Cattleya lawrenceana

Cattleya leopoldii

Cattleya loddigesii

Cattleya luteola

Cattleya maxima

Cattleya mendelii

Cattleya mossiae

Cattleya percivaliana

Cattleya schilleriana

Cattleya schroederae

Cattleya skinneri

Cattleya trianae

Cattleya velutina

Cattleya violacea

Cattleya walkeriana

Cattleya warneri

Cattleya warscewiczii

Caularthron bicornutum

Chiloschista lunifera

Chysis aurea

Chysis bractescens

Chysis tricostata

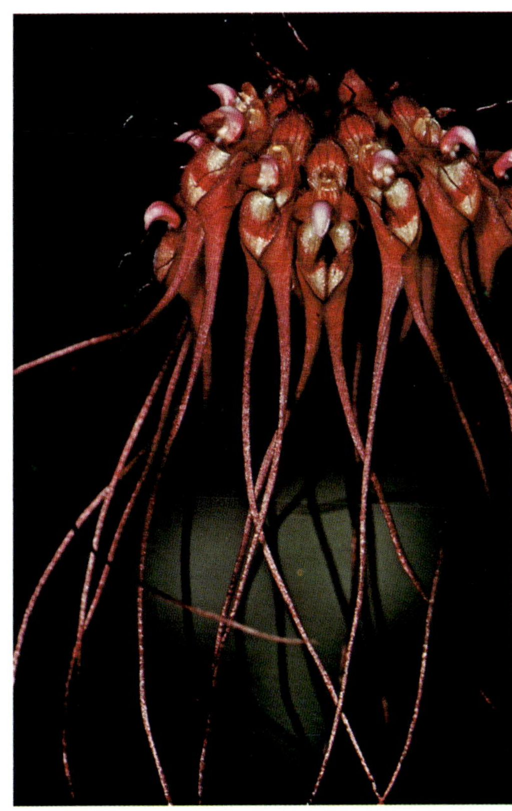

Cirrhopetalum gracillimum

Cirrhopetalum longissimum

Cirrhopetalum mastersianum

Cirrhopetalum ornatissimum

Cirrhopetalum rothschildianum

Cirrhopetalum roxburghii

Cleisostoma filiformis

Cleisostoma racemifera

Cleisostoma scortechinii

Cochleanthes discolor

Cochlioda rosea

Coelogyne corymbosa

Coelogyne cristata

Coelogyne dayana

Coelogyne fimbriata

Coelogyne flaccida

Coelogyne fuliginosa

Coelogyne lawrenceana

Coelogyne lentiginosa

Coelogyne massangeana

Coelogyne mooreana

Coelogyne nitida

Coelogyne ovalis

Coelogyne parishii

Coelogyne speciosa

Comparettia coccinea

Comparettia falcata

Comparettia macroplectron

Comparettia speciosa

Cryptophoranthus atropurpureus

Cyclopogon elatus

Cycnoches egertonianum ♂

Cycnoches egertonianum ♀

Cycnoches loddigesii ♂

Cycnoches pentadactylon ♂

Cycnoches ventricosum ♂

Cymbidium aloifolium

Cymbidium devonianum

Cymbidium eburneum

Cymbidium finlaysonianum

Cymbidium floribundum

Cymbidium giganteum

Cymbidium lancifolium

Cymbidium lowianum

Cymbidium madidum

Cymbidium mastersii

Cymbidium suave

Cymbidium tigrinum

Cymbidium tracyanum

Cynorkis lowiana

Cypripedium acaule

Cypripedium calceolus

Cyrtopodium andersonii

Cyrtopodium punctatum

Cyrtorchis arcuata

Dendrobium aggregatum

Dendrobium anosmum

Dendrobium aphyllum

Dendrobium arachnites

Dendrobium atroviolaceum

Dendrobium beckleri

Dendrobium bigibbum

Dendrobium bracteosum

Dendrobium brymerianum

Dendrobium bullenianum

Dendrobium canaliculatum

Dendrobium capillipes

Dendrobium chrysanthum

Dendrobium chrysotoxum

Dendrobium crepidatum

Dendrobium dearei

Dendrobium delacourii

Dendrobium densiflorum

Dendrobium densiflorum var. albo-lutea

Dendrobium discolor

Dendrobium dixanthum

Dendrobium draconis

Dendrobium farmeri

Dendrobium fimbriatum

Dendrobium fimbriatum var. oculatum

Dendrobium findleyanum

Dendrobium formosum

Dendrobium gracilicaule

Dendrobium gratiosissimum

Dendrobium hercoglossum

Dendrobium heterocarpum

Dendrobium infundibulum

Dendrobium johnsoniae

Dendrobium kingianum

Dendrobium lasianthera

Dendrobium lawesii

Dendrobium leonis

Dendrobium lichenastrum var. prenticei

Dendrobium lituiflorum

Dendrobium loddigesii

Dendrobium longicornu

Dendrobium margaritaceum

Dendrobium moniliforme

Dendrobium moschatum

Dendrobium nobile

Dendrobium parishii

Dendrobium pendulum

Dendrobium phalaenopsis

Dendrobium primulinum

Dendrobium pugioniforme

Dendrobium rigidum

Dendrobium schuetzei

Dendrobium secundum

Dendrobium smillieae

Dendrobium sophronites

Dendrobium speciosum

Dendrobium stratiotes

Dendrobium stricklandianum

Dendrobium tetragonum

Dendrobium transparens

Dendrobium trigonopus

Dendrobium victoriae-reginae

Dendrobium wardianum

Dendrobium williamsonii

Dendrochilum cobbianum

Dendrochilum glumaceum

Dendrochilum longifolium

Diaphananthe bidens

Diaphananthe pellucida

Diploprora uraiensis

Disa stolzii

Disa uniflora

Doritis pulcherrima

Dressleria dilecta

Elleanthus furfuraceus

Elleanthus longibracteatus

Encyclia adenocaula

Encyclia baculus

Encyclia belizensis

Encyclia brassavolae

Encyclia bulbosa

Encyclia chacaoensis

Encyclia citrina

Encyclia cochleata

Encyclia cordigera

Encyclia fragrans

Encyclia glumacea

Encyclia hanburyi

Encyclia maculosa

Encyclia mariae

Encyclia megalantha

Encyclia ochracea

Encyclia pygmaea

Encyclia selligera

Encyclia spondiada

Encyclia vagans

Encyclia vespa

Encyclia vitellina

Epidendrum anceps

Epidendrum ciliare

Epidendrum endresii

Epidendrum ibaguense

Epidendrum imatophyllum

Epidendrum medusae

Epidendrum nocturnum

Epidendrum oerstedii

Epidendrum paniculatum

Epidendrum porpax

Epidendrum pseudepidendrum

Epidendrum purum

Epidendrum schlechterianum

Epidendrum stamfordianum

Epidendrum wallisii

Epigeneium coelogyne

Epigeneium cymbidioides

Eria carinata

Eria coronaria

Eria flava

Eria javanica

Eria monostachya

Eria rosea

Eria spicata

Erycina echinata

Esmeralda clarkei

Euanthe sanderiana

Eulophia cucullata

Eulophia guineensis

Eulophia speciosa

Eulophia streptopetala

Galeandra devoniana

Galeandra lacustris

Gastrochilus calceolaris

Huntleya meleagris

Ionopsis utricularioides

Isochilus major

Jumellea sagittata

Kefersteinia lojae

Laelia albida

Laelia anceps

Laelia autumnalis

Laelia cinnabarina

Laelia crispa

Laelia dayana

Laelia flava

Laelia gouldiana

Laelia grandis

Laelia harpophylla

Laelia longipes var. alba

Laelia lundii

Laelia perrinii

Laelia pumila

Laelia purpurata

Laelia tenebrosa

Laelia xanthina

Lanium avicula

Leochilus scriptus

Lepanthes lindleyana

Leptotes tenuis

Leptotes unicolor

Leucohyle subulata

Liparis neglecta

Liparis viridiflora

Listrostachys pertusa

Lockhartia oerstedii

Ludisia discolor

Luisia teretifolia

Luisia volucris

Lycaste brevispatha

Lycaste cruenta

Lycaste deppei

Lycaste longipetala

Lycaste lasioglossa

Lycaste leucantha

Lycaste skinneri

Lycaste xytriophora

Macodes petola

Macodes petola

Macradenia brassavolae

Masdevallia barlaeana

Masdevallia caloptera

Masdevallia caudata

Masdevallia coccinea

Masdevallia coccinea

Masdevallia coriacea

Masdevallia erythrochaete

Masdevallia infracta

Masdevallia laucheana

Masdevallia lilliputiana

Masdevallia macrura

Masdevallia maculata

Masdevallia mejiana

Masdevallia militaris

Masdevallia nidifica

Masdevallia racemosa

Masdevallia reichenbachiana

Masdevallia schlimii

Masdevallia schroederiana

Masdevallia tovarensis

Masdevallia triangularis

Masdevallia triaristella

Masdevallia tubulosa

Masdevallia veitchiana

Masdevallia ventricularia

Masdevallia wageneriana

Maxillaria arachnites

Maxillaria densa

Maxillaria lepidota

Maxillaria luteo-alba

Maxillaria meleagris

Maxillaria nigrescens

Maxillaria parkeri

Maxillaria picta

Maxillaria rufescens

Maxillaria sanderiana

Maxillaria tarumaensis

Maxillaria tenuifolia

Maxillaria valenzuelana

Maxillaria variabilis

Meiracyllium trinasutum

Microcoelia guyoniana

Miltonia candida

Miltonia clowesii

Mormodes maculatum var. unicolor

Mormodes warscewiczii

Mormolyca ringens

Nageliella purpurea

Neobathiea filicornu

Neobathiea perrieri

Neomoorea irrorata

Notylia barkeri

Octomeria grandiflora

Odontoglossum bictoniense

Odontoglossum blandum

Odontoglossum cariniferum

Odontoglossum cervantesii

Odontoglossum cirrhosum

Odontoglossum constrictum

Odontoglossum cordatum

Odontoglossum crispum

Odontoglossum cruentum

Odontoglossum hallii

Odontoglossum krameri

Odontoglossum laeve

Odontoglossum lindenii

Odontoglossum luteo-purpureum

Odontoglossum maculatum

Odontoglossum majale

Odontoglossum odoratum

Odontoglossum oerstedii

Odontoglossum pendulum

Odontoglossum pulchellum

Odontoglossum ramosissimum

Odontoglossum reichenheimii

Odontoglossum retusum

Odontoglossum triumphans

Odontoglossum uro-skinneri

Odontoglossum weirii

Oeceoclades angustifolia

Oeceoclades maculata

Oeceoclades roseovariegata

Oeceoclades saundersiana

Oeonia volucris

Oeoniella polystachys

Oncidium ampliatum

Oncidium ansiferum

Oncidium barbatum

Oncidium bicallosum

Oncidium bifolium

Oncidium blanchetii

Oncidium bracteatum

Oncidium carthagenense

Oncidium cavendishianum

Oncidium cebolleta

Oncidium cheirophorum

Oncidium concolor

Oncidium crispum

Oncidium cucullatum

Oncidium dayanum

Oncidium divaricatum

Oncidium excavatum

Oncidium falcipetalum

Oncidium flexuosum

Oncidium forbesii

Oncidium gardneri

Oncidium ghiesbrechtianum

Oncidium harrisonianum

Oncidium hastatum

Oncidium hastilabium

Oncidium heteranthum

Oncidium incurvum

Oncidium jonesianum

Oncidium kramerianum

Oncidium lanceanum

Oncidium leucochilum

Oncidium limminghei

Oncidium longipes

Oncidium macranthum

Oncidium microchilum

Oncidium micropogon

Oncidium nanum

Oncidium ornithorhynchum

Oncidium papilio

Oncidium phymatochilum

Oncidium pubes

Oncidium pumilum

Oncidium pusillum

Oncidium raniferum

Oncidium sarcodes

Oncidium sphacelatum

Oncidium spilopterum

Oncidium splendidum

Oncidium stramineum

Oncidium superbiens

Oncidium tigrinum

Oncidium variegatum

Oncidium waluewa

Oncidium wentworthianum

Ophrys lutea subsp. galilaea

Ophrys speculum

Orchis militaris

Orchis papilionacea

Ornithocephalus kruegeri

Ornithocephalus myrticola

Otoglossum brevifolium

Pabstia jugosa

Palumbina candida

Paphiopedilum acmodontum

Paphiopedilum amabile

Paphiopedilum appletonianum

Paphiopedilum barbatum

Paphiopedilum bellatulum

Paphiopedilum bullenianum

Paphiopedilum callosum

Paphiopedilum chamberlainianum

Paphiopedilum charlesworthii

Paphiopedilum ciliolare

Paphiopedilum concolor

Paphiopedilum delenatii

Paphiopedilum druryi

Paphiopedilum exul

Paphiopedilum fairrieanum

Paphiopedilum glaucophyllum

Paphiopedilum haynaldianum

Paphiopedilum hirsutissimum

Paphiopedilum insigne

Paphiopedilum insigne var. sanderae

Paphiopedilum javanicum

Paphiopedilum lawrenceanum

Paphiopedilum mastersianum

Paphiopedilum niveum

Paphiopedilum parishii

Paphiopedilum philippinense

Paphiopedilum primulinum

Paphiopedilum purpuratum

Paphiopedilum randsii

Paphiopedilum rothschildianum

Paphiopedilum spicerianum

Paphiopedilum stonei

Paphiopedilum sukhakulii

Paphiopedilum superbiens var. sanderae

Paphiopedilum tonsum

Paphiopedilum venustum

Paphiopedilum villosum

Paphiopedilum violascens

Pecteilis radiata

Pecteilis sagarikii

Pelatantheria insectifera

Pescatorea cerina

Pescatorea dayana var. rhodacra

Phaius mishmensis

Phaius tankervilleae

Phaius tuberculosus

Phalaenopsis amabilis

Phalaenopsis cornu-cervi

Phalaenopsis equestris

Phalaenopsis fasciata

Phalaenopsis fimbriata

Phalaenopsis gigantea

Phalaenopsis hieroglyphica

Phalaenopsis x intermedia

Phalaenopsis lindenii

Phalaenopsis lueddemanniana var. delicata

Phalaenopsis mannii

Phalaenopsis mariae

Phalaenopsis pallens

Phalaenopsis pulchra

Phalaenopsis schilleriana

Phalaenopsis stuartiana

Phalaenopsis violacea

Pholidota pallida

Phragmipedium caudatum

Phragmipedium hartwegii

Phragmipedium lindenii

Phragmipedium pearcei

Phragmipedium schlimii

Physosiphon tubatus

Pleione bulbocodioides

Pleione bulbocodioides var. limprichtii

Pleione hookeriana

Pleione maculata

Pleione praecox

Pleurothallis bivalvis

Polystachya caloglossa

Polystachya concreta

Polystachya cultriformis

Polystachya fallax

Polystachya inconspicua

Polystachya odorata

Polystachya paniculata

Polystachya pubescens

Polystachya stricta

Polystachya vulcanica

Ponthieva maculata

Porroglossum echidnum

Promenaea xanthina

Rangaeris muscicola

Renanthera imschootiana

Renanthera matutina

Renanthera monachica

Renanthera storiei

Restrepia elegans

Restrepia maculata

Rhynchostylis gigantea

Rhynchostylis retusa

Robiquetia spathulata

Rodriguezia candida

Rodriguezia decora

Rodriguezia secunda

Rodrigueziella gomezoides

Rossioglossum grande

Rossioglossum insleayi

Rossioglossum schlieperianum

Rossioglossum williamsianum

Rudolfiella aurantiaca

Sarcochilus fitzgeraldii

Sarcochilus hartmannii

Sarcoglottis acaulis

Scaphosepalum ochthodes

Scaphyglottis amethystina

Schoenorchis gemmata

Schomburgkia crispa

Schomburgkia superbiens

Schomburgkia undulata

Scuticaria hadwenii

Scuticaria steelii

Sigmatostalix bicallosa

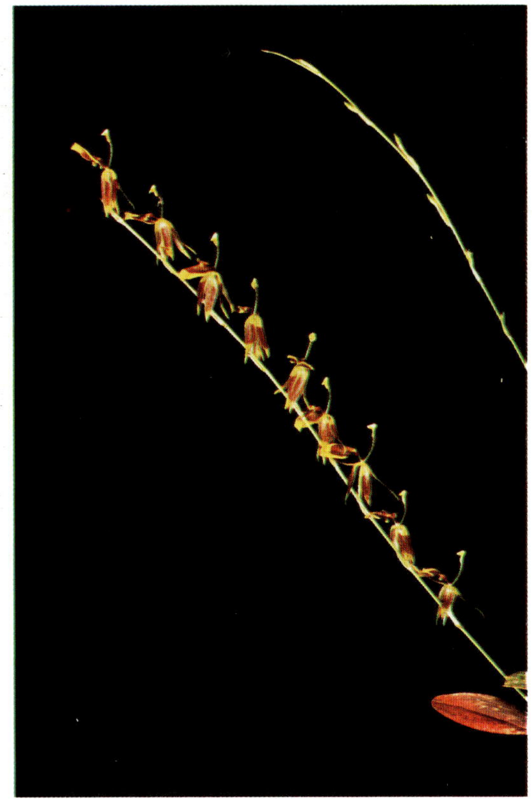
Sigmatostalix guatemalensis

Sobralia dichotoma

Sobralia leucoxantha

Sobralia macrantha

Solenidium racemosum

Sophronitella violacea

Sophronitis cernua

Sophronitis coccinea

Spathoglottis plicata

Sphyrarhynchus schliebenii

Stanhopea graveolens

Stanhopea oculata

Stanhopea platyceras

Stanhopea tigrina

Stenia guttata

Stenoglottis longifolia

Stenorrhynchus lanceolatus

Symphyglossum sanguineum

Tainia hookeriana

Telipogon nervosus

Thunia marshalliana

Trichocentrum tigrinum

Trichoglottis fasciata

Trichoglottis philippinensis

Trichopilia fragrans

Trichopilia laxa

Trichopilia marginata

Trichopilia suavis

Trichopilia tortilis

Tridactyle bicaudata

Vanda alpina

Vanda coerulea

Vanda coerulescens

Vanda cristata

Vanda stangeana

Vanda teres

Vanda tessellata

Vanda tricolor

Vandopsis lissochiloides

Vandopsis parishii

Vanilla phalaenopsis

Vanilla pompona

Xylobium leontoglossum

Xylobium variegatum

Zygopetalum crinitum

Zygopetalum intermedium

Eria bambusifolia Lindl.

Stamm des großen Epiphyten 60–90 cm lang, bis zu 1,4 cm breit, zylindrisch, durchweg beblättert. Blätter bis 18 cm lang, 2,5–5 cm breit, linealisch-länglich oder länglich-lanzettlich, zurückgebogen, vorn langspitzig. Blütenstände so lang wie die Blätter, einfach oder verzeigt, locker vielblütig; Brakteen klein, kreisrund, mit aufgesetztem Spitzchen. Blüten klein, dicht mit rotbraunen Haaren besetzt: hellbraun mit dunkleren Lippen; Lippe mit hellgrünen Leisten; Säule hinten gelb, vorn rosa. Mittlere Sepale 1,3 cm lang, 0,4 cm breit, elliptisch, stumpf; die seitlichen 1,2 cm lang, 0,5 cm breit, eiförmig-lanzettlich, sichelig gebogen, stumpf; Mentum kurz, einwärts gekrümmt. Petalen kürzer als die Sepalen, elliptisch-länglich oder verkehrtlanzettlich, sichelig gebogen, langspitzig. Lippe genagelt, 0,9–1,1 cm lang, eiförmig-länglich, mit betonter Beaderung, unterhalb der Mitte herabgeschlagen, stumpf; Seitenlappen sehr klein; Mittellappen klein, kreisrund, stumpf; Platte vom Grunde bis zur Spitze von drei flaumigen Leisten durchzogen (nahe der Spitze von zwei kleineren begleitet). Säule lang, gekrümmt, ihr Fuß gerade.
Verbreitung: Tropischer Sikkim-Himalaja, Indien und Khasia-Gebirge; 600–1300 m.
Geschichte: Die Pflanze wurde in den Khasia-Bergen einmal von Simmonds und dann nochmals von W. Griffith gesammelt. J. Lindley beschrieb sie 1859 im »Journal of the Linnaean Society«.

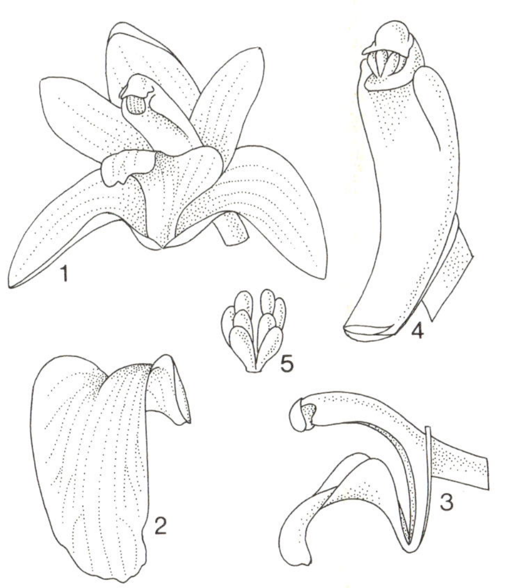

Eria bambusifolia
1 = Blüte von vorn (× 2)
2 = Lippe (× $3^1/_5$)
3 = Lippe, Säule und Säulenfuß von der Seite (× $3^1/_5$)
4 = Säule mit Fuß und Anthere (× $3^1/_5$)
5 = Pollinien (× $6^1/_2$)
(nach Ann. Bot. Garden, Kalkutta, 1898)

Eria carinata Gibson

Pseudobulben auf einem kräftigen oder dünnen Rhizom stehend, 5–10 cm lang, bis 3 cm breit, im Umriß eiförmig-länglich, mit Längsfurchen, am Gipfel 1blättrig. Blätter 15–45 cm lang, 3,2–8,5 cm breit, elliptisch-länglich, dicklederig, unten mit einem kräftigen Stiel, vorn spitz. Blütenstand 15–30 cm lang, bis zum Grunde der Blütentraube mit einer schwertähnlichen Scheide bedeckt; Brakteen 3,8 cm lang, reitend linealisch-lanzettlich. Blüten mittelgroß: Sepalen grüngelb oder grün und weiß, mit roten Nerven; Petalen grünlichgelb oder gelb; Lippe bleichgelb, rotbraun bis bleichpurpur gezeichnet. Sepalen 2,5 cm lang, 0,6 cm breit, eiförmig oder eiförmig-lanzettlich kurz gekielt; Mentum 0,5 cm lang, abgerundet. Petalen 2,2 cm lang, 0,7 cm breit, länglich-rhombisch, spitz. Lippe ungefähr 2 cm lang, verkehrteiförmig-länglich, 3lappig, in der Mitte nach unten gebogen; Seitenlappen schmal; Mittellappen länglich oder eiförmig, mit aufgesetzter Spitze, stark zurückgebogen, auf der Oberseite mit einer Mittelleiste und zwei kurzen Linien zwischen den Seitenlappen. Säule kurz, stark gekrümmt; ihr Fuß kürzer aber breiter.
Verbreitung: Sikkim-Himalaja und Khasia-Berge.
Geschichte: W. Griffith fand diese Pflanze in den Khasia-Bergen bei Churra Punjee in Ostbengal im Jahre 1837 und beschrieb sie 1845 als *Xiphosium acuminatum* im »Calcutta Journal of Natural History«. In einer Fußnote erwähnte er aber auch, daß Gibson die Pflanze im Botanischen Garten zu Calcutta als *Eria carinata* benannt hat. Die Art wird heute eindeutig als zur Gattung *Eria* gehörig betrachtet, und da sowohl Gibsons wie auch Griffiths Namen im gleichen Artikel erschienen sind, wird sie heute mit Gibsons Artnamen bezeichnet.
Synonyme (in Auswahl): *Eria rosea* Wall. non Rchb.f.; *E. fordii* Rolfe; *Xiphosium acuminatum* Griff.

Eria coronaria (Lindl.) Rchb.f.

Pseudobulben der mittelgroßen terrestrischen Pflanze in Büscheln auf dem weichen unterirdischen Rhizom stehend, 7,5–15 cm lang, ungefähr 0,5 cm breit, fleischig, völlig kahl, am Gipfel 2blättrig, unten von wenigen, flaumigen Scheiden begleitet, Blätter 12,5–15 cm lang, 3–4 cm breit, eiförmig-lanzettlich, ziemlich dick, vorn langspitzig. Blütenstand gipfelbürtig, 2,5–5 cm lang, 2–6blütig; Brakteen groß, schmal-lanzettlich. Blüten 2,5 cm breit, duftend: weiß, gelblich oder purpurn; Lippe mit purpurnen Schlieren; Platte gelb. Mittlere Sepale 1,5–2 cm lang, 0,8 cm breit, elliptisch-länglich, spitzlich; die seitlichen 1,4–2,2 cm lang, eiförmig-lanzettlich, spitz; Mentum kurz, nur 0,5 cm lang. Petalen 1,8 cm lang, 0,9–1,1 cm breit, länglich, die mittlere Sepale nicht überragend, spitzlich. Lippe fast sitzend, 3lappig 1,8 cm lang, 1,2 cm breit, eiförmig-länglich; Seitenlappen groß, abgerundet; Mittellappen klein, fast kreisrund, zurückgerollt; Platte am Grunde mit zwei dicken, gekerbten Leisten, und auf dem Mittellappen mit sechs oder sieben gekerbten Leisten.
Verbreitung: Sikkim-Himalaja und in den Khasia-Bergen.
Geschichte: Die Pflanze wurde von Gibson, der im Auftrage des Herzogs von Devonshire sammelte, in den Khasia-Bergen gefunden und ursprünglich von J. Lindley 1841 im »Botanical Register« in der Gattung *Coelogyne* beschrieben. H.G. Reichenbach versetzte die Art 1864 zur Gattung *Eria* (»Walpers Annales Botanices«).
Synonyme: Coelogyne coronaria Lindl.; *Trichosma suavis* Lindl.; *Eria cylindropoda* Griff.; *E. suavis* (Lindl.) Lindl.

Eria flava Lindl.

Pseudobulben des mittelgroßen Epiphyten auf dem kräftigen, kriechenden Rhizom stehend, 7,5–10 cm lang, bis 3 cm breit, zusammengepreßt, mit Längsfurchen, am Grunde mit Scheiden versehen, 3–5blättrig. Blätter gestielt, 15–25 cm lang, 2–3 cm breit, schmal-länglich, am Grunde allmählich verschmälert, vorn langspitzig, halblederig, oft mit Einschlüssen. Blütenstand robust, aufrecht, 15–25 cm lang, mehrblütig; Brakteen so lang wie die Blüten, lanzettlich, Blüten sitzend, klein: außen weiß-filzig, innen gelb oder grün, mit purpurnen Linien auf den Sepalen und Petalen und mit purpurner Zeichnung auf der Platte der Lippe. Mittlere Sepale 1,4 cm lang, 0,5 cm breit, lanzettlich, spitz; die seitlichen 1,8 cm lang, 0,7 cm breit, dreieckig oder eiförmig-lanzettlich, stumpf; Mentum fast zylindrisch. Petalen ungefähr 1,2 cm lang, parallel über der Säule liegend, stumpf. Lippe genagelt, 3lappig, 1,6 cm lang, 0,8 cm breit, länglich; Seitenlappen kurz, breit und oben gestutzt; Mittellappen fast quadratisch bis länglich, spitz, herabgeschlagen; Schwiele dick, vorn 3spaltig. Säule aufrecht, rechtwinklig zum Fuß stehend.

Verbreitung: Tropischer Himalaja und Birma.
Geschichte: Die Pflanze wurde von N. Wallich in Nepal entdeckt und später von Sir William Hooker im Sikkim Himalaja. N. Wallichs Exemplar lag der Beschreibung von J. Lindley 1830 in seinem Werk »Genera and Species of Orchidaceous Plants« zugrunde.
Anmerkung: Die var. *lamata* (Griff.) Hook. besitzt kleinere Blüten und hat eine schmalere Lippe mit verdickten Nerven auf der Platte.
Synonyme: Eria pubescens Lindl.; *E. lanipes* Rchb.f.; *Dendrobium pubescens* (Lindl.) Hook.; *Octomeria flava* (Lindl.) Wall.; *O. pubescens* (Lindl.) Sprengel.

Eria javanica (Sw.) Bl.

Pseudobulben 5–7,5 cm lang, 1,5 cm im Durchmesser, eiförmig, 1–2blättrig, mit Scheiden besetzt. Blätter 20–30 cm lang, 3,3–4,5 cm breit, lanzettlich, vorn langspitzig. Blütenstände überhängend, länger als die Blätter, flaumig behaart, mit lanzettlichen Brakteen. Blüten mittelgroß, süß duftend: weiß oder cremefarbig, auf den Seitenlappen der Lippe rot getüpelt. Mittlere Sepale 2–2,3 cm lang, lanzettlich, langspitzig, auf der Außenseite flaumig behaart; die seitlichen ähnlich, aber nur 1,8 cm lang, mit dem Säulenfuß ein einwärtsgebogenes, abgerundetes Mentum bildend. Petalen kleiner als die Sepalen, lanzettlich, sichelig gebogen, langspitzig, kahl. Lippe ungefähr 1,2 cm lang, schmal-länglich, 3lappig, in der Mitte herabgeschlagen; Seitenlappen öhrchenartig, schwach sichelförmig, stumpf; Mittellappen lanzettlich, spitz bis langspitzig; Platte bis fast zur Spitze von fünf gekerbten Leisten durchzogen. Säule sehr kurz und breit, kürzer als ihr gekrümmter Fuß.
Verbreitung: Himalaja, Birma, Thailand, Indonesien und Philippinen.
Geschichte: O. Swartz beschrieb diese Pflanze 1800 in »Acta Holmiae« als *Dendrobium.* C. Blume versetzte sie 1836 in »Rumphia« in die heutige Gattung.
Synonyme: Dendrobium javanicum Sw.; *Eria fragrans* Rchb.f.; *E. stellata* Lindl.; *E. rugosa* Lindl.; *E.vaginata* D. Jackson; *E. pseudostellata* Schltr.

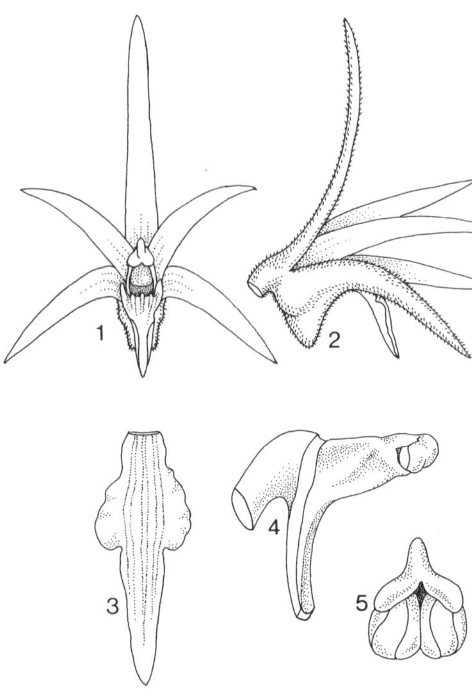

Eria javanica
1 = Blüte von vorn (× 2)
2 = Blüte von der Seite (× 2)
3 = Lippe ausgebreitet (× 3¹/₅)
4 = Säule und Fuß (× 4¹/₅)
5 = Anthere (× 11)

Eria monostachya Lindl.

Stämme gebüschelt, hängend, 10–25 cm lang, wenigknotig, annähernd zweischneidig. Blätter abstehend, bis 30 cm lang und 1,5 cm breit, linealisch, gefurcht, glänzend, vorn langspitzig. Blütenstände einzeln oder zwei, bis 40 cm lang, vielblütig, etwas wollig behaart; Brakteen bis 2 cm lang, zurückgeschlagen, behaart. Blüten 0,8 cm breit: Sepalen und Petalen hell grünlichgelb; Lippe weiß mit violetten Tüpfeln. Mittlere Sepale 0,3 cm lang, 0,2 cm breit, eiförmig; die seitlichen breit-3eckig, mit dem Säulenfuß ein langes, stumpfes Mentum bildend. Petalen 0,3 cm lang, 0,15 cm breit, länglich, durchsichtig, stumpf. Lippe 0,45 cm lang, 0,3 cm breit, 3lappig, im Umriß mehr oder minder verkehrt-3eckig; Seitenlappen 3eckig, horizontal abstehend; Mittellappen in zwei auseinanderstrebende Lappen gespalten, herabgeschlagen, stumpf-3eckig; Platte mit mehliger Mittellinie, vorn fleischig, keilförmig.
Verbreitung: Java und Sumatra.
Geschichte: J. Lindley beschrieb diese Pflanze 1859 im »Journal of the Linnaean Society« unter Zugrundelegung eines von Zollinger am Mt. Gembolo in Ost-Java gesammelten Exemplares.

Eria rosea Lindl.

Pseudobulben groß, ungefähr 5 cm lang und 3 cm breit, eiförmig oder kegelig, 1blättrig, anfangs mit mehreren, sich ziegelartig deckenden, grünen Scheiden besetzt. Blätter gestielt, bis 22 cm lang und fast 3 cm breit, linealisch-lanzettlich oder länglich, lederig, vorn stumpf; Stiel 4–5 cm lang. Blütenstand nickend, ungefähr so lang wie die Blätter, 3–4blütig; Brakteen bis 4,5 cm lang, linealisch, spitz. Blüten mittelgroß, augenfällig: rosenfarbig oder weiß und rosa behaucht. Mittlere Sepale ungefähr 1,3 cm lang, länglich-lanzettlich, stumpf; die seitlichen 1,3 cm lang, 0,6 cm breit, eiförmig-3eckig, mit dem Fuß der Säule eine rechteckiges Mentum bildend. Petalen ungefähr 1 cm lang, schmal verkehrteiförmig, stumpf, an den Rändern gekerbt. Lippe 1,2 cm lang, 3lappig; Seitenlappen halb-eiförmig, abgerundet; Mittellappen länglich, spitz, an den Rändern gewellt und gekerbt; Platte mit zwei welligen Leisten besetzt, behaart. Säule etwa 0,7 cm lang.
Verbreitung: China, Hongkong.
Geschichte: Die Pflanze wurde von J.D. Parks im Auftrag der Horticultural Sciety of London 1824 aus China eingeführt; sie blühte erstmals in den Gewächshäusern in Chiswick im Oktober 1825. J. Lindley beschrieb die Art 1826 im »Botanical Register«.

Eria spicata (Don) Hand.-Mazz.

Stämme des kleinen bis mittelgroßen Epiphyten 5–20 cm lang, bis 2,5 cm im Durchmesser, nach der Blüte sehr kräftig werdend, am Gipfel meistens 4blättrig. Blätter 10–18 cm lang, 2,5–5 cm breit, elliptisch-lanzettlich, vorn langspitzig, gebogen, längsgefaltet, ihre Scheiden locker. Blütenstand bogig gekrümmt oder nickend, eine schmal-eiförmige Ähre, dicht vielblütig; Schaft kräftig. Blüten fast kugelig, klein, ungefähr 1 cm breit, kahl oder zerstreut behaart: weiß oder strohfarbig. Sepalen 0,5–0,6 cm lang, 0,4–0,5 cm breit, breit-elliptisch, stumpf; die seitlichen ein stumpfes Mentum bildend. Petalen 0,5 cm lang, 0,35 cm breit, elliptisch-eiförmig, stumpf. Lippe 0,3 cm lang und breit, keilförmig, schmal 3lappig, vorn gestutzt oder breit 3eckig, warzig. Säule kurz, im Querschnitt halbkreisförmig; Ihr Fuß etwas gekrümmt.
Verbreitung: Nepal, Nord-Indien und Birma; bis zu 1500 m.
Geschichte: Aufgrund einer Aufsammlung von W. Hamilton und N. Wallich bei Narainhetty in Nepal beschrieb D. Don diese Pflanze in seinem »Prodromus« in der Gattung *Octomeria.* In seinen »Symbolae Sinicae« versetzte H. von Handel-Mazzetti die Art 1936 nach *Eria.*
Synonyme: Octomeria spicata Don; *Eria convallarioides* Lindl.

Eriopsis Lindl.

Tribus: Cymbidieae
Subtribus: Cyrtopodiinae

Mittelgroße Epiphyten. Pseudobulben anfangs von sich ziegelartig überdeckenden Blattscheiden (die oberen blatttragend) verdeckt, 2–3blättrig. Blütenstände seitlich entspringend, im unteren Teil mit wenigen, getrennt stehenden Blattscheiden besetzt, traubig, viel länger als die Blätter, locker oder unvermittelt dicht vielblütig. Blüten mittelgroß, augenfällig, mit dünnen Stielen. Sepalen abstehend, untereinander ähnlich; die seitlichen etwas asymmetrisch. Petalen abstehend, den Sepalen ähnlich aber etwas kleiner und schmaler. Lippe deutlich 3lappig, kürzer aber wesentlich breiter als die anderen Blütenteile; Seitenlappen groß, aufrecht oder einwärts gebogen; Mittellappen im allgemeinen klein, ungeteilt oder eingeschnitten oder ausgebuchtet; Platte entweder der Länge nach von ganzen oder gezähnten Kämmen durchzogen oder mit einem Paar flacher, hornartiger Schwielen besetzt. Säule gekrümmt, oben etwas keulenförmig, mit kurzem Fuß. Pollinien 2 und 2teilig oder 4; Klebscheibe annähernd quadratisch.
Umfang und Verbreitung: Ungefähr ein halbes Dutzend Arten; in Südamerika von Peru bis Brasilien.
Ableitung des Namens: Von *Eria,* wegen der Ähnlichkeit mit dieser Orchideengattung und »opsis« = sieht aus wie.
Anmerkung: Die Gattung wurde 1847 von J. Lindley im »Botanical Register« begründet. Sie ist verwandt mit *Bifrenaria, Bollea* und *Warrea;* sie läßt sich von ihnen leicht unterscheiden durch die eigenartigen Kämme auf der Platte der Lippe und die fast 4eckige Klebscheibe.
Typus-Art: E. biloba Lindl.
Kultur: Substrat A. Mindesttemperatur im Winter 10–13 °C. Die Pflanzen sollten in Töpfen im Halbschatten und einer feuchten Atmosphäre gehalten werden. Sie verlangen viel Wasser; weniger jedoch, wenn die Pseudobulben voll entwickelt sind.

Eriopsis biloba Lindl.

Pseudobulben der epiphytischen oder terrestrischen Pflanze der Reihe nach auf einem Rhizom stehend, 14–45 cm lang, 3–8 cm im Durchmesser, stark veränderlich, zylindrisch bis eiförmig, 2–4blättrig, stark purpurbraun oder grünlichbraun. Blätter 30–50 cm lang, 2–8 cm breit, schmal-lanzettlich bis schmal-eiförmig, verhältnismäßig steif, auf der Oberseite glänzend grün. Blütenstand am Grunde der Pseudobulbe entspringend, bis 110 cm hoch, aufrecht, bis 35blütig. Blüten sich meistens mehr oder minder gleichzeitig öffnend, duftend, ungefähr 4 cm breit: Sepalen und Petalen braungelb, kastanienbraun getönt; Lippe goldgelb, rot getüpfelt, ganz vorn oft weißlich. Sepalen und Petalen 2–2,5 cm lang, 0,7–1 cm breit, länglich-elliptisch bis elliptisch, abgerundet oder stumpflich. Lippe bis 2,3 cm lang und 2,1 cm breit, breit eiförmig bis fast nierenförmig, 3lappig; Seitenlappen elliptisch, abstehend oder nach oben gebogen, an den Rändern etwas ausgebissen; Mittellappen klein, vorn ausgebuchtet, mit abstehenden flachen Läppchen; Schwiele aus einem Paar gewellter und gezähnter Leisten bestehend, vorn mit zwei getrennten Zähnen. Säule bis 1 cm lang, schlank, stielrund, gekrümmt.
Verbreitung: Von Costa Rica bis Brasilien und Peru; fast immer über 1000 m.
Geschichte: J. Lindley beschrieb diese Art 1847 im »Botanical Register« aufgrund einer kultivierten Pflanze aus der Sammlung G. Barker in Springfield.
Synonyme: Eriopsis rutidobulbon Hook.; *E. fuerstenbergii* Kraenzl.; *E. schomburgkii* (Rchb.f.) Rchb.f.; *Pseuderiopsis schomburgkii* Rchb.f.

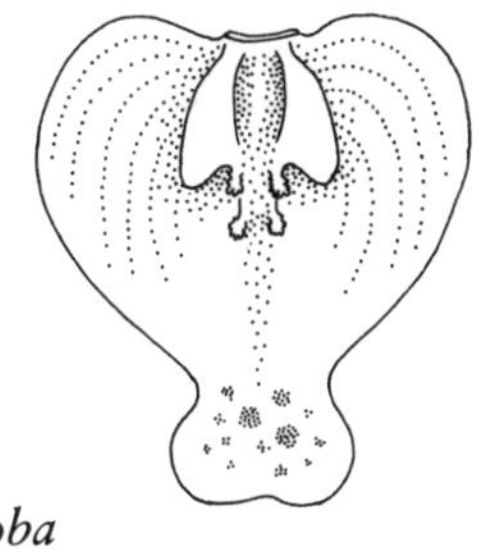

Eriopsis biloba
Lippe ausgebreitet (× 1 1/3)

Eriopsis sceptrum Rchb.f. et Warsc.

Diese in Brasilien, Venezuela und Peru weit verbreitete Art kann man von der mit ihr nahe verwandten *E. biloba* folgendermaßen unterscheiden: Mittellappen der Lippe genagelt. Schwiele aus zwei basalen Leisten bestehend, ohne weitere davorstehende Schwielchen.

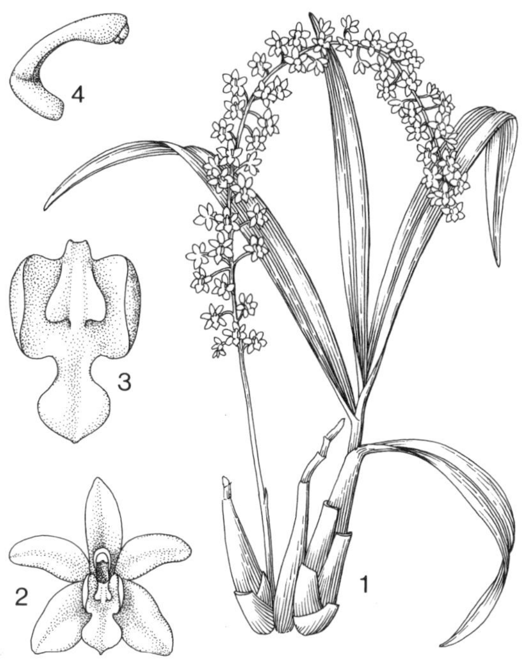

Eriopsis sceptrum
1 = Pflanze (× 1/12)
2 = Blüte von vorn (× 2/5)
3 = Lippe (× 1 1/2)
4 = Säule und Fuß (× 1 4/5)

Erycina Lindl.

Tribus: Oncidieae

Kleine bis mittelgroße Epiphyten. Pseudobulben von mehreren blatttragenden 2zeilig angeordneten, sich ziegelartig deckenden Scheiden begleitet, am Gipfel 1blättrig. Blütenstand blattachselbürtig am Grunde der Pseudobulbe, traubig oder rispig, mehrblütig; Brakteen kurz, steif. Blüten augenfällig, meistens und vorwiegend gelb. Mittlere Sepale unten konvex, oben langspitzig und zurückgebogen; die seitlichen ähnlich, ganz unten miteinander verwachsen, abstehend. Petalen den Sepalen ähnlich, zurückgeschlagen. Lippe viel länger als die anderen Blütenteile, gleichmäßig 3lappig; Platte mit zwei parallelen, aufrechten, riemenförmigen Schwielen. Säule jederseits der Narbe mit zwei riemenförmigen Armen; Anthere verlängert; Rostellum länglich; Stipes länglich, direkt über der eiförmigen Drüse gekniet; Pollinien 2, eiförmig.

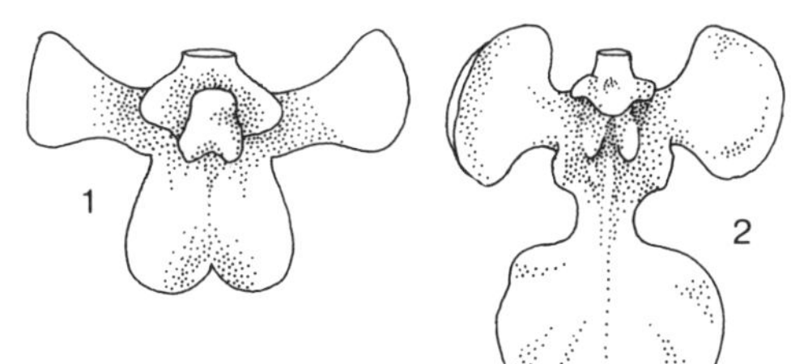

Erycina
1 = *E. diaphana,* Lippe ausgebreitet (× 4/5)
2 = *E. echinata,* Lippe ausgebreitet (× 4/5)

Umfang und Verbreitung: Zwei auf Mexiko beschränkte Arten.
Ableitung des Namens: Nach »Erycina«, der Aphrodite des Berges Eryx in Sizilien.
Anmerkung: J. Lindley begründete die Gattung 1853 in »Folia Orchidacea«. Oberflächlich ist sie wegen der kurzen Säule *Oncidium* ähnlich. Von *Zygostates* läßt sie sich durch die nicht freien Arme der Säule, der eigentümlichen Form der Lippe und ihre kleinen Petalen unterscheiden. Die Unterschiede zu der auch verwandten Gattung *Leochilus* liegen in der Struktur von Lippe und Rostellum. Schließlich läßt sich *Erycina* von *Ornithocephalus* durch die Arme der Säule und den Besitz von nur zwei Pollinien abtrennen.
Typus-Art: E. echinata (H.B.K.) Lindl.
Kultur: Substrat A oder montiert. Mindesttemperatur im Winter 12–15 °C. Am besten montiert man diese kleinen Pflanzen auf Kork- oder Baumfarnblöcke. Solange sie wachsen, verlangen sie reichlich Wasser und Schatten; danach wird man sie trockener und sonnig halten.

Erycina diaphana (Rchb.f.) Schltr.

Diese Pflanze ist *E. echinata* ähnlich, unterscheidet sich aber durch folgende Merkmale der kleineren Lippe: Seitenlappen schmal und annähernd quadratisch; Mittellappen vorn ausgerandet; Schwiele deutlich ausgeprägt.

Erycina echinata (H.B.K.) Lindl.

Kleine epiphytische Pflanze mit kurzen, beblätterten 5–15 cm langen Stämmen; an deren Spitze eine einzelne 2blättrige Pseudobulbe. Blätter 2zeilig angeordnet, 5–10 cm lang, eiförmig-länglich, vorn langspitzig, unten deutlich von der Blattscheide abgesetzt, leuchtend grün. Blütenstand blattachselbürtig, gebogen, traubig, locker vielblütig; Schaft dünn, ziemlich lang, über die ganze Länge mit stengelumfassenden, lanzettlichen, sterilen Brakteen besetzt. Blüten 2 cm breit: leuchtend gelb, mit braunen oder grünen Sepalen und einer roten Antherenkappe. Obere Sepale bootförmig, 0,4–0,5 cm lang, langspitzig; seitliche am Grunde miteinander verwachsen, linealisch-länglich, langspitzig. Petalen 0,4 cm lang, eiförmig, langspitzig, zurückgebogen. Lippe groß, 1 cm lang, 0,8 cm breit, tief 3lappig; alle Lappen ähnlich, genagelt, nierenförmig oder fächerig, der mittlere mit aufgesetzter Spitze; Schwiele am Grunde mit zwei spreizenden, länglichen Lappen und vorn, auf jeder Seite einer fleischigen Leiste, zwei hervorstehenden Lappen. Säule sehr kurz, weiß, gekrümmt, flügellos; Rostellum lang, pfriemlich.
Verbreitung: Mexiko.
Geschichte: Die Pflanze wurde erstmals von A. von Humboldt in der Umgebung von Acapulco und später von Galeotti in der Laguna de Tutupeque in der Oaxaca-Provinz gesammelt. A. von Humboldt, A. Bonpland und K. Kunth beschrieben sie 1815 in ihrem Werk »Nova Genera et Species« in der Gattung *Oncidium.* In »Folia Orchidacea« wurde sie von J. Lindley 1853 zu *Erycina* versetzt.
Synonyme: Oncidium echinatum H.B.K.; *Erycina major* Schltr.

Esmeralda Rchb.f.

Tribus: Vandeae
Subtribus: Sarcanthinae

Große, aufrechte lithophytische oder terrestrische Kräuter mit kräftigen, stielrunden, kletternden Stämmen. Blätter 2zeilig stehend und durch Drehung am Grunde in einer Ebene angeordnet; ihre Scheiden von Luftwurzeln durchbrochen. Blütenstände länger als die Blätter, aufrecht, wenigblütig, mit ausdauernden, trockenhäutigen, scheidigen Brakteen. Blüten augenfällig. Sepalen und Petalen untereinander ähnlich, abstehend, sich mit den Rändern überdeckend. Lippe frei hängend, 3lappig; Seitenlappen klein; Mittellappen genagelt, nierenförmig, mit aufwärtsgerichteten und gekerbten Rändern, 2schwielig. Säule kurz, dick; Anthere endständig; Pollinien 4, in zwei Paaren, vom Rücken her zusammengepreßt.
Umfang und Verbreitung: 2 Arten; Himalaja, Süd-China, Birma und Thailand.
Ableitung des Namens: Aus dem Lateinischen »smaragdus« = esmeraldgrün.
Anmerkung: H.G. Reichenbach begründete die Gattung 1874 im zweiten Band von »Xenia Orchidacea«. Er unterschied sie von *Vanda* durch ihre bewegliche Lippe.
Typus-Art: E. cathartii (Lindl.) Rchb.f.
Kultur: Wie für *Vanda.*

Esmeralda clarkei Rchb.f.

Stamm bis fast 100 cm lang, stielrund, kräftig, kletternd. Blätter 15–23 cm lang, 2,2–3,5 cm breit, riemenförmig, lederig, an den Rändern gewellt, unten deutlich von der Scheide gegliedert, vorn ungleich 2lappig. Blütenstände aufrecht, bis zu 35 cm lang, 3–4blütig. Blüten 5,5–7,5 breit, zart duftend: gelb mit kastanienbraunen querverlaufenden Schlieren; Mittellappen der Lippe braun und mit 7–9 strahligen weißen Kielen. Mittlere Sepale ungefähr 3,5 cm lang und 1 cm breit, riemenförmig, aufrecht; die seitlichen 3,2 cm lang und 1,2 cm breit, sichelig-riemenförmig oft nach unten hin keilig. Petalen 3,5 cm lang, 0,8 cm breit, sichelig-riemenförmig. Lippe frei, hängend, 3lappig, bis 1,7 cm lang; Seitenlappen öhrchenartig; Mittellappen genagelt, nierenförmig, am Rande gekerbt, mit sieben bis neun strahlenartigen Kielen und in der Mitte mit zwei erhabenen Schwielen. Säule 0,9–1,1 cm lang, kräftig, gelb, braun getüpfelt.
Verbreitung: Östlicher Himalaja, Birma, China und Thailand.
Geschichte: Die Pflanze wurde von C.B. Clarke 1875 in einer Höhenlage von ungefähr 1700 m in Yoksun im Sikkim-Himalaja gefunden. H.G. Reichenbach benannte sie nach ihrem Entdecker und veröffentlichte die Beschreibung 1886 im »Gardeners' Chronicle«. In die Kultur wurde die Art 1885 oder 1886 durch die Firma Low & Co. eingeführt; zum Blühen kam sie erstmals in der Sammlung von John Day in Tottenham 1886.
Synonyme: Arachnanthe clarkei (Rchb.f.) Rolfe; *Arachnis clarkei* (Rchb.f.) J.J. Smith; *A. bella* (Rchb.f.) J.J. Smith; *Esmeralda bella* Rchb.f.

Euanthe Schltr.

Tribus: Vandeae
Subtribus: Sarcanthinae

Große Pflanzen. Stämme monopodial, verlängert, mit 2zeilig angeordneten, von der Blattscheide gegliederten Blättern. Blütenstand aufrecht, blattachselbürtig, wenig- bis mehrblütig. Blüten groß, sehr augenfällig, flach. Sepalen und Petalen frei, einander ähnlich aber die Petalen kleiner. Lippe viel kleiner als die anderen Blütenteile, 2teilig: Epichile nach unten abstehend, breiter als die Hypochile, mit drei bis nach vorn reichenden mittleren Längsleisten. Säule sehr kurz; Pollinien 2, gefurcht, wachsartig; Stipes linealisch, in der oberen Hälfte etwas verbreitert; Klebscheibe eiförmig-elliptisch.
Umfang und Verbreitung: Eine einzige Art auf den Philippinen.
Ableitung des Namens: Aus dem Griechischen »euanthes« = blühend; eine Anspielung auf die prächtigen Blüten.
Anmerkung: Die Gattung wurde von R. Schlechter 1914 in »Die Orchideen« begründet. Sie ist nahe verwandt mit *Vanda* und gehörte vormals zu ihr, unterscheidet sich aber klar durch die 2teilige Lippe.

Typus-Art: E. sanderiana (Rchb.f.) Schltr.
Kultur: Substrat A. Mindesttemperatur im Winter 15 °C. Diese Pflanzen verlangen eine feuchte Atmosphäre und Licht; allerdings sollte man sie im Sommer vor direkter Sonnenbestrahlung schützen und mittags etwas schattig halten. Zu jeder Jahreszeit verlangen sie reichlich Wasser aber etwas weniger im Winter.

Euanthe sanderiana (Rchb.f.) Schltr.

Außerordentlich augenfällige große epiphytische Pflanze. Blätter 30–40 cm lang, riemenförmig, lederig, gebogen, vorn gestutzt oder eingeschnitten. Blütenstände fast aufrecht, in der Regel kürzer als die Blätter, 6–10blütig. Blüten sehr attraktiv, flach, 8–11,5 cm breit: Mittlere Sepale delikat rosenrot und weiß behaucht; seitliche Sepalen ledergelb mit karminroter Beaderung; Petalen in der Färbung der mittleren Sepale ähnlich aber mit einem ledergelben und rotgetüpfelten Flekken in der unteren Hälfte; Lippe am Grunde in der Färbung verschiedenartig aber meistens dunkel ledergelb und mit roten Schlieren, am Gipfel rötlichbraun; Säule dunkel ledergelb. Sepalen 5–6 cm lang, bis 4 cm breit, elliptisch-kreisrund bis breit verkehrteiförmig, stumpf oder abgerundet. Lippe bis zu 3 cm lang und 2 cm breit, 3lappig, am Grunde konkav; Seitenlappen aufrecht, abgerundet; Mittellappen fleischig, kurz genagelt, abstehend, länglich-kreisrund, an der Spitze stark zurückgebogen, ungefähr 1,5 cm lang, auf der Platte mit drei betont erhabenen Leisten. Säule nur 0,6 cm lang, kräftig.
Verbreitung: Philippinen auf der Insel Mindanao; auf Bäumen in Seenähe.
Geschichte: Der für die Firma Sander & Co. sammelnde M. Roebelin fand die Pflanze 1882 im Südosten von Mindanao; einige Monate später wurde sie erneut in der gleichen Gegend von D. Burke für die Firma Veitch gesammelt. In England blühte sie erstmals 1883 in der Sammlung von Lee in Leatherhead (Surrey). H. G. Reichenbach beschrieb sie in der Gattung *Vanda* 1882 im »Gardeners' Chronicle«. In seinem Werk »Die Orchideen« wurde die Art dann von R. Schlechter 1914 zu *Euanthe* versetzt.
Synonyme: Esmeralda sanderiana (Rchb.f.) Rchb.f.; *Vanda sanderiana* Rchb.f.

Eulophia Lindl.

Tribus: Cymbidieae
Subtribus: Cyrtopodiinae

Kleine bis große, terrestrische Pflanzen, selten Epiphyten, mit kräftigen Rhizomen, Pseudobulben oder unterirdischen zwiebelartigen Knollen. Blätter zu mehreren im unteren Teil des Schaftes, dicht stehend, scheidig. Blütenstand aufrecht, seitlich, traubig oder seltener rispig, arm- bis reichblütig. Blüten klein bis groß, meistens augenfällig. Sepalen und Petalen frei, untereinander fast ähnlich. Lippe ungeteilt oder 3lappig, am Grunde sackförmig oder gespornt; Seitenlappen aufrecht; Mittellappen abstehend oder mehr oder weniger zurückgebogen; Platte mit Schwielen oder Kämmen. Säule kurz bis lang, etwas geflügelt, mit kurzem Fuß; Pollinien 2 oder 4, wachsartig.
Umfang und Verbreitung: Über 200 Arten; durch die Tropen aber besonders zahlreich im tropischen Afrika und in Südafrika.
Ableitung des Namens: Aus dem Griechischen »eu« = echt, wahr und »lophos« = Feder; anspielend auf die Kämme der Lippe.
Anmerkung: J. Lindley begründete die Gattung 1823 im »Botanical Register«. Bis auf den heutigen Tag sind ihre Arten, besonders in Afrika, nur sehr wenig bekannt. V. Summerhayes studierte einige Arten (»Kew Bulletin«) wie z. B. *E. paivaeana* und *E. shupangae,* aber er dehnte seine Untersuchung nicht auf Südafrika aus, wo die erstgenannte höchstwahrscheinlich unter dem Namen *E. streptopetala* bekannt ist. Früher hat man die Gattung *Lissochilus* als selbständig betrachtet (z. B. Rolfe in »Flora of Tropical Africa«); man kennt aber inzwischen viel Material aus Zentralafrika, welches Zwischenformen enthält, daß ein Zusammenlegen der beiden Gattungen geradezu gefordert ist. Die südafrikanischen Arten von *Eulophia* wurden von A. V. Hall 1965 (»Journal of South African Botany«) revidiert; V. Summerhayes behandelte die westafrikanischen 1968 in der »Flora of West Tropical Africa«. Eine interessante Erscheinung bei *Eulophia* ist das Auftreten saprophytischer Arten (z. B. *E. galeoloides* Kraenzl.) und von Arten mit nur sehr schwach entwickelten Blättern (z. B. *E. subsaprophytica* und *E. florulenta*), die man auch als Subsaprophyten bezeichnet hat.
Typus-Art: E. guineensis Lindl.
Synonym: Lissochilus R. Br.
Kultur: Substrat B. Mindesttemperatur im Winter 15 °C (in der Ruheperiode; höher wenn im Wachsen). Alle Arten verlangen in ihrer Wachstumsperiode vorsichtiges Gießen des Pflanzstoffes; sobald die gegenwärtigen Pseudobulben voll entwickelt sind, ist eine trockene Ruheperiode angezeigt (eine Ausnahme bilden in der Natur an Wasserläufen wachsende Arten, wie z. B. *E. porphyroglossa*). Der Grad der Beschattung hängt von der Herkunft der Pflanze ab: Waldarten wie *E. petersii* verlangen mehr Schatten als Arten aus heißen, trockenen Gebieten. Pflanzen dieser Gattung sollten umgetopft werden, wenn sich die ersten Neusprosse zeigen.

Eulophia cucullata (Sw. ex Pers.) Steudel

Bis über 100 cm hohe, sehr variable, große und dekorative terrestrische Pflanze mit mehrblättrigen, eiförmigen Pseudobulben. Blätter gebüschelt, 25–30 cm lang, bis 1,5 cm breit, linealisch (grasartig), vorn spitz. Blütenstand vor den Blättern erscheinend, 50- bis über 75 cm hoch, 5–10blütig. Blüten auffällig, 2,5–5 cm breit: Sepalen olivgrün bis braun, Petalen und Lippe lebhaft rotpurpurn, magentarot bis rosenrot; Schlund der Lippe bleicher purpurn getüpfelt; Schwiele gelb. Sepalen 2 cm lang, 3eckig, spitz, zurückgeschlagen. Petalen 2 cm lang und breit, breit-elliptisch, abgerundet. Lippe hutförmig, vorn abgestutzt, 2,5 cm lang, 3–3,5 cm breit, 3lappig; Platte in der Mitte mit zwei quadratischen Schwielen; Sporn breit-kegelig, kurz.
Verbreitung: Über das tropische Afrika; im Grasland und auf schlechtem Weideland.
Geschichte: Die Pflanze wurde ursprünglich von O. Swartz, unter Benutzung eines von Afzelius vorgeschlagenen Namens, in der Gattung *Limodorum* beschrieben; die Veröffentlichung erfolgte 1807 durch C. Persoon in »Synopsis Plantarum«. Im Jahre 1840 versetzte E. Steudel die Art zu *Eulophia* (»Nomenclator Botanicus«).
Synonyme: Limodorum cucullatum Sw. ex Pers.; *Lissochilus arenarius* Lindl.

Eulophia guineensis Lindl.

Pseudobulben der großen, ansehnlichen, terrestrischen Pflanze auf dem kräftigen Rhizom in dichten Gruppen angeordnet, 3–5 cm lang, 3–4 cm im Durchmesser, eiförmig-kegelig, 2–3knotig, 2–4blättrig. Blätter bis 25 cm, 5–8 cm breit, breit-lanzettlich, vorn spitz; Blütenstand erscheinend, wenn Blätter bereits vorhanden sind, bis 35 cm lang, 6–15blütig; Schaft purpurbraun, mit mehreren grauen Scheiden bedeckt. Blüten ungefähr 5 cm breit, sehr auffällig: Sepalen und Petalen purpurgrün oder bräunlich; Lippe rosenrot-purpurn, hellila oder weiß mit dunkler Beaderung, nach der Basis zu heller werdend. Sepalen und Petalen ziemlich ähnlich, 2–3 cm lang, 0,3–0,4 cm breit, schmal-lanzettlich. Lippe 2,4–3 cm lang, 1,6–2,6 cm breit, herzförmig oder schwach 3lappig, vorn mit aufgesetzter

Spitze, flach aber an den Rändern wellig; Seitenlappen abgerundet; Sporn dünn, röhrig, 2–2,5 cm lang. Säule kurz, kräftig.
Verbreitung: Durch das tropische Afrika, im Süden bis nach Angola.
Geschichte: Die Pflanze wurde durch die Horticultural Society in London in die Kultur eingeführt; sie erhielt sie von ihrem Sammler G. Don aus Sierra Leone. J. Lindley beschrieb die Art 1823 im »Botanical Register«.
Anmerkung: Sehr ähnlich mit *E. quartiniana* A. Rich.; bei dieser Art erscheinen allerdings die Blütenstände früher als die Blätter; außerdem besitzt sie eine kreisrunde, stumpfe Lippe und zurückgeschlagene Sepale und Petalen.

Eulophia speciosa (Lindl.) Bolus

Pseudobulben der bis über 100 cm hohen terrestrischen Pflanze über 5 cm lang, eiförmig, 3–5blättrig. Blätter 15–30 cm lang, 1,8–2,5 cm breit (manchmal breiter), schmal-linealisch, vorn spitz, etwas fleischig, unten gefaltet. Blütenstände aufrecht, bis über 100 cm lang, traubig, locker vielblütig; Brakteen 1,8–2,5 cm lang, eiförmig-länglich bis eiförmig-lanzettlich, langspitzig. Blüten klein, augenfällig: Sepalen grün; Petalen leuchtendgelb; Lippe gelb, auf den Seitenlappen weißlich und in der Mitte mit roten Flecken und Linien. Sepalen 0,8 cm lang, 0,35 cm breit, eiförmig oder länglich-eiförmig, spitz, zurückgeschlagen. Petalen bis 1,8 cm lang und 1,6 cm breit, abstehend, eiförmig bis fast kreisrund, stumpflich. Lippe 3lappig, fast so lang wie die Petalen; Seitenlappen fast aufrecht, quer-länglich; Mittellappen breit-elliptisch, an den Seiten zurückgebogen; Platte konvex, mit drei stumpfen Leisten; Sporn sehr kurz, breit konisch, stumpf. Säule 0,6 cm lang, länglich.
Verbreitung: Vom tropischen Ostafrika bis zur Kap Provinz in Südafrika; von Meereshöhe bis zu 1000 m; in sandigen Böden in Busch- oder Grasland.
Geschichte: Die Pflanze wurde 1821 von J. Lindley in seinen »Collectanea Botanica« als *Lissochilus* beschrieben; den Namen hatte R. Brown vorgeschlagen. H. Bolus versetzte die Art nach *Eulophia* (»Journal of the Linnaean Society« 1889).
Synonyme: Lissochilus speciosus Lindl.; *Satyrium giganteum* L.; *Limodorum giganteum* (L.) Thunb.; *Cymbidium giganteum* (L.) Sw.

Eulophia streptopetala Lindl.

Pseudobulben der großen terrestrischen Pflanze 3,5–7,5 cm lang, im Umriß eiförmig bis eiförmig-länglich, 4–7blättrig. Blätter 15–45 cm lang, linealisch-länglich bis lanzettlich, vorn spitz oder langspitzig, elegant gebogen, längsgefaltet. Blütenstand aufrecht, 45–100 cm lang, traubig, lokker vielblütig; Brakteen 0,8–1,3 cm lang, länglich oder länglich-lanzettlich, spitz. Blüten mittelgroß: Sepalen grün, mit braunen oder purpurbraunen Querbändern; Petalen leuchtend gelb; Lippe gelb, auf den Seitenlappen und im Zentrum rötlichbraun gestreift. Sepalen 1,2–1,7 cm lang, elliptisch-länglich, stumpflich oder mit aufgesetztem Spitzchen, zurückgebogen. Petalen 1,2–1,7 cm lang, eiförmig-kreisrund, breit genagelt, stumpf, abstehend und etwas verdreht. Lippe bis 1,5 cm lang 3lappig; Seitenlappen aufrecht, breit-länglich oder fast quadratisch, stumpf; Mittellappen eiförmig, kreisrund oder breit-eiförmig, stumpf, mit den Seiten herabgeschlagen; Platte am Grunde verdickt und mit drei oder vier bis zur Mitte des Mittellappens laufenden stumpfen Kielen; Sporn 0,6 cm lang, breit-kegelförmig, stumpf; Säule 0,6 cm lang, länglich.
Verbreitung: Süd- und vielleicht tropisch Ostafrika.
Geschichte: J. Lindley beschrieb die Art 1826 im »Botanical Register« unter Zugrundelegung einer angeblich aus Brasilien stammenden Pflanze; aber Lindley vermutete bereits, daß sie höchstwahrscheinlich aus dem tropischen Afrika käme.
Anmerkung: Wahrscheinlich ist die ostafrikanische Art *E. paivaeana* (Rchb.f.) Summerh. nur eine Form von *E. streptopetala.*
Synonyme (in Auswahl): *Lissochilus streptopetalus* (Lindl.) Lindl.; *L. krebsii* Rchb.f.; *Eulophia krebsii* (Rchb.f.) Bolus.

Eulophiella Rolfe

Tribus: Cymbidieae
Subtribus: Cyrtopodiinae

Mittelgroße Epiphyten mit großen Pseudobulben und 3–6 gefalteten, von ihren Scheiden abgesetzten Blättern. Blütenstand am Grunde der Pseudobulben entspringend, traubig, aufrecht, vielblütig, mit ausdauernden breiten Brakteen. Blüten von verschiedener Größe, 2–9 cm im Durchmesser, augenfällig. Sepalen und Petalen frei, untereinander ähnlich; die seitlichen Sepalen mit dem Fuß der Säule verwachsen und ein kurzes Mentum bildend. Lippe fast kreisrund, 3lappig, ohne Sporn, am oberen Ende des Säulenfußes aufgesetzt; Platte mit mehren Leisten oder Kämmen. Säule fleischig, gekrümmt, mit Fuß; Rostellum 3lappig; Pollinien sitzend auf einer gemeinsamen Klebscheibe.
Umfang und Verbreitung: 2 Arten; nur aus Madagaskar bekannt.
Ableitung des Namens: Verkleinerungsform von *Eulophia;* wegen der oberflächlichen Ähnlichkeit der Blüten mit denen dieser Gattung.
Anmerkung: R.A. Rolfe begründete diese Gattung 1891 in »Lindenia«. Sie ist verwandt mit *Eulophiella* und *Cymbidiella,* unterscheidet sich aber von der ersten durch ihre Säulenstruktur und die spornlose Lippe und von der anderen durch ihre weder 2zeilig noch fächerig angeordneten Blätter. Die erste Bearbeitung der Gattung erfolgte durch R. Schlechter 1920 in »Orchis« und die jüngste durch J. Bosser und P. Morat 1969 in »Adansonia«.
Typus-Art: E. elisabethae Lind. et Rolfe.
Kultur: Substrat A. Mindesttemperatur im Winter 15 °C. Die Pflanzen beanspruchen sehr viel Raum und sollten deshalb in großen, flachen Körben gehalten werden. Zu jeder Zeit verlangen die Luftfeuchtigkeit und – in den Sommermonaten – mäßigen Schatten. Solange sie im Wachstum begriffen sind, benötigen sie reichlich Wasser; wesentlich weniger, wenn die Pseudobulben voll entwickelt sind.

Eulophiella elisabethae Lind. et Rolfe

Pseudobulben des mit einem langen, kriechenden Rhizom wachsenden Epiphyten bis 15 cm lang, seitlich zusammengepreßt, im Umriß schmal-eiförmig bis eiförmig, 2–4blättrig, grün. Blätter 60–120 cm lang, 3–5 cm breit, schmal-lanzettlich, nach der Basis zu verschmälert, vorn langspitzig, oft gefaltet. Blütenstand 60–90 cm lang, am Grunde des Pseudobulben entspringend, waagerecht abstehend oder bogig überhängend, bis 40blütig; Brakteen bis 1,4 cm lang, eiförmig, spitz. Blüten augenfällig, ungefähr 4 cm breit, im Aussehen fast halbkugelförmig: Sepalen und Petalen innen weißrosa, außen rosapurpurn; Lippe weiß, in der Mitte und auf der von roten Tüpfeln umgebenen Schwiele gelb. Sepalen 2,3–2,5 cm lang, bis 1,5 cm breit, elliptisch, stumpf oder etwas ausgebuchtet. Petalen 2,2–2,4 cm lang, bis 1,4 cm breit, verkehrteiförmig, stumpf. Lippe mit dem Fuße der Säule gegliedert, sichtlich kleiner als die Sepalen, bis 1,3 cm lang, 3lappig; Seitenlappen länglich, etwas nach hinten gerichtet; Mittellappen fast kreisrund, vorn ausgerandet, an den Rändern etwas gekräuselt, am Grunde

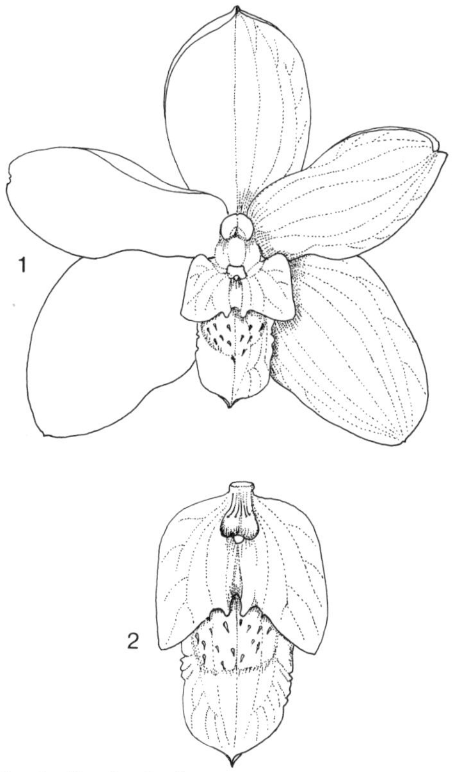

Eulophiella elisabethae
1 = Blüte von vorn (× 1½)
2 = Lippe von oben (× 2)

borstig; Platte an der Basis mit einer hufeisenförmigen, in einen Doppelzahn ausgehenden Schwiele. Säule ungefähr 0,9 cm lang, ihr Fuß 0,3 cm lang.
Verbreitung: Madagaskar, in feuchten Regenwäldern von Ivongo; auf der Palme *Vonitra fibrosa* zu finden.
Geschichte: Die von M. Hamelin entdeckte Pflanze wurde 1891 von J. Linden und R. A. Rolfe in »Lindenia« beschrieben.
Anmerkung: Eulophiella perrieri Schltr. ist höchstwahrscheinlich mit dieser Art identisch.

Galeandra Lindl.

Tribus: Cymbidieae
Subtribus: Cyrtopodiinae

Mittelgroße bis große terrestrische Pflanzen oder Epiphyten mit von Blattscheiden verdeckten Pseudobulben und 2zeilig angeordneten, gefalteten und von ihren Scheiden abgegliederten Blättern. Blütenstand gipfelbürtig, traubig oder rispig. Blüten augenfällig. Sepalen und Petalen frei, abstehend. Lippe im unteren Teil röhrig, darüber abstehend und gelappt, am Grunde mit einem prominenten, sich verjüngenden Sporn; Platte mit Kämmen oder Leisten. Säule kurz oder verlängert, mit kurzem Fuß, hinten; Pollinien 4, oft in Paaren, eiförmig, wachsartig.
Umfang und Verbreitung: Etwa 20 Arten; in den Tropen Amerikas.
Ableitung des Namens: Aus dem Lateinischen »galea«; wegen der Form der Antherenkappe der Typus-Art.
Anmerkung: J. Lindley begründete die Gattung 1830 (Lindley and Bauer, »Illustrations of Orchidaceous Plants«). Sie ist mit *Polystachya* verwandt, von der sie sich durch größere Blüten und die gespornte Lippe unterscheidet. Von den ebenfalls mit ihr verwandten Gattungen *Cyrtopodium* und *Eulophia* weicht sie durch ihre im unteren Teil röhrige, die Säule umschließende Lippe ab.
Typus-Art: G. baueri Lindl.
Kultur: Substrat B oder C. Mindesttemperatur im Winter 12–15 °C. Die Pflanzen eigenen sich zur Topfkultur mit gut durchlässigem Pflanzstoff. Solange die neuen Sprosse wachsen, verlangen sie reichlich Wasser und Schatten; erst wenn die Stämme fast ausgewachsen sind, gibt man weniger Wasser und hält die Pflanzen heller. Nach der Blüte ist eine kühle, trockene Ruheperiode empfehlenswert; doch achte man darauf, daß die Stämme nicht einschrumpfen.

Galeandra batemanii Rolfe

Diese Art wurde oft in die Synonymie von *G. baueri* gestellt; sie unterscheidet sich aber in Blütenfarbe, Lippenform und die breiteren Sepalen und Petalen.

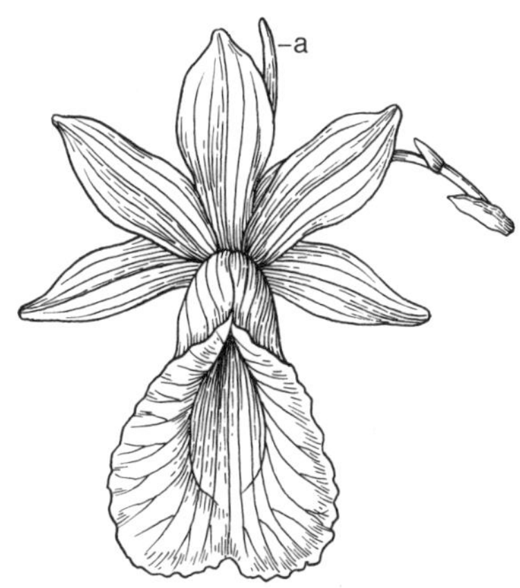

Galeandrea batemanii
a = Sporn (× 1)

Galeandra baueri Lindl.

In dichten Gruppen wachsender, bis 45 cm hoher Epiphyt. Stämme bis 27 cm lang, spindelförmig-2schneidig, etwas zickzackförmig, von rotgetüpfelten, häutigen Blattscheiden völlig verdeckt. Blätter gerade abstehend, bis 23 cm lang und 2 cm breit, linealisch bis linealisch-lanzettlich, spitz oder langspitzig. Blütenstand traubig oder verzweigt, wenigblütig; Schaft aufrecht, mit mehreren getüpfelten Scheiden; Brakteen 0,5 cm lang, lanzettlich, langspitzig. Blüten sehr attraktiv: Sepalen und Petalen gelblichbraun; Lippe violettpurpurn, am Grunde weiß oder bräunlich. Sepalen aufrecht, 2 cm lang, 0,5 cm breit, schmalverkehrtlanzettlich, spitz. Petalen und Sepalen ähnlich, 1,8 cm lang, 0,5 cm breit. Lippe 5 cm lang, 3,5 cm breit, rhombisch-eiförmig, unten eingerollt, oben spreizend, mit gekerbten Rändern; Sporn ungefähr 2 cm lang, allmählich zugespitzt, gebogen; Schwiele aus zwei parallelen Leisten am Lippengrunde bestehend. Säule gekrümmt, mit einem Paar bewimperter Lappen am Gipfel; Rostellum auf dem Rücken, zurückgebogen.
Verbreitung: Von Mexiko nach Panama und in Surinam, bis zu 800 m.
Geschichte: J. Lindley benannte die Art (Bauer and Lindley, »Illustrations of Orchidaceous Plants« 1832) zu Ehren des bedeutenden deutschen, in England arbeitenden Pflanzenillustrators Franz Bauer.

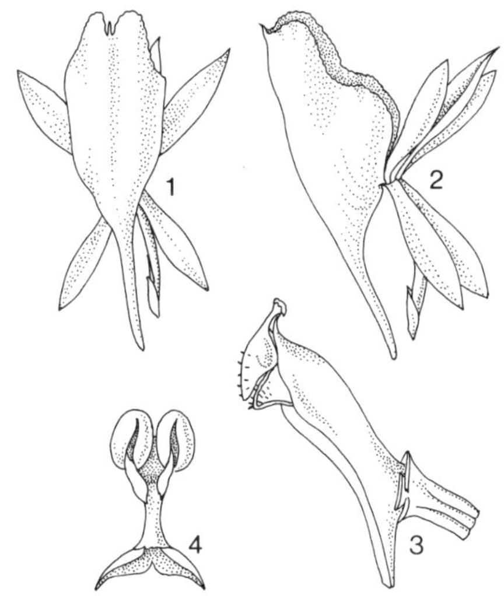

Galeandra baueri
1 = Blüte von vorn (× ¾)
2 = Blüte von der Seite (× ¾)
3 = Säule mit Fuß und Antherenkappe (× 2)
4 = Klebscheibe, Stipes und Pollinien (× 6½)

Galeandra devoniana Lindl.

Pseudobulben des großen, bis 90 cm hohen Epiphyten aufrecht, bis 75 cm lang, spindelförmig aber unten mehr oder weniger geschwollen, in der unteren Hälfte oft von grauen Scheiden bedeckt, oben hell rotbraun überlaufen, mehrblättrig. Blätter bis 20 cm lang und 1 cm breit, linealisch. Blütenstand endständig, traubig, mehrblütig. Blüten sehr attraktiv: Sepalen und Petalen hell grünlichbraun, meistens mit kastanienbrauner Beaderung; Lippe weiß, oben mit brauner oder rosa Beaderung und auf dem Sporn mit hellgrünen Adern; Säule cremefarbig. Sepalen und Petalen aufrecht, fast miteinander ähnlich (die seitlichen etwas sichelig gebogen), 4–4,2 cm lang, 0,7–1 cm breit, schmal-elliptisch-lanzettlich, spitz; Lippe röhrig, wenn ausgebreitet bis 5 cm lang und 4,5 cm breit, fast quadratisch-verkehrteiförmig, ganz oben undeutlich 3lappig; Seitenlappen breit-länglich, an den Rändern gewellt; Sporn 1,5 cm lang, einwärts gebogen; Schwiele in der unteren Lippenhälfte, aus zwei Längsleisten bestehend. Säule 1,3 cm lang, keulenförmig, gebogen.
Verbreitung: Guayana, Venezuela und Brasilien.
Geschichte: Die Firma Loddiges in Hackney erhielt die Pflanze von Sir Robert Schomburgk aus Guayana, wo er sie in der Nähe von Barcellos am Ufer des Rio Negro gesammelt hatte. Beschrieben wurde sie 1838 in »Sertum Orchidacearum« von J. Lindley, nachdem sie bereits 1832 von F. Bauer abgebildet worden war (Bauer and Lindley, »Illustrations of Orchidaceous Plants«).

Galeandra lacustris Barb. Rodr.

Pseudobulben des großen Epiphyten bis 13 cm lang, spindelförmig, etwas zusammengedrückt, unten mit grauen Blattscheiden bedeckt, oben mit mehreren Blättern. Blätter bis 14 cm lang und 0,7 cm breit, riemenförmig, allmählich verschmälert, mit schmaler Längsfurche. Blütenstand gipfelbürtig, 1–3blütig. Blüten sehr attraktiv: Sepalen und Petalen grün, kastanienbraun behaucht, oft bronzeartig aussehend; Lippe weiß, am Grunde und an den Rändern rosa; Sporn hell grünlichgelb; Säule weiß mit purpurner Zeichnung. Sepalen und Petalen fast ähnlich, 2,1–2,2 cm lang, 0,5–0,6 cm breit, schmal-länglich-verkehrtlanzettlich, spitz. Lippe röhrig eingerollt, wenn ausgebreitet 3 cm lang und 4 cm breit, ganz oben undeutlich 3lappig; Seitenlappen länglich-abgerundet, über die Säule gebogen; Mittellappen breit länglich, mit gewellten Rändern; Sporn 2 cm lang, allmählich zugespitzt und etwas nach oben gekrümmt, innen schwach flaumhaarig; Schwiele in der unteren Lippenhälfte aus vier Leisten bestehend. Säule 2 cm lang, stielrund, am Gipfel spitz.
Verbreitung: Brasilien und Venezuela; in flußnahen Wäldern in tiefen Lagen.
Geschichte: J. Barbosa Rodrigues fand die Pflanze am Rio Negro in der Amazonas-Provinz und veröffentlichte die 1877 in seinem Werk »Genera et Species Orchidearum Novarum«.

Gastrochilus D. Don
Tribus: Vandeae
Subtribus: Sarcanthinae

Epiphyten mit kurzen, monopodialen Stämmen und 2zeilig angeordneten Blättern. Blütenstand blattachselbürtig, kurz, wenigblütig. Blüten fleischig, sehr augenfällig. Sepalen und Petalen untereinander fast ähnlich, abstehend. Lippe mit dem Grunde der Säule verwachsen, aus einem fast kugelförmigen Sack bestehend, dessen Seiten verbunden mit den Flügeln der Säule; Mittellappen nach vorn weisend, breit und abgerundet, fast flach, manchmal behaart oder gefranst. Säule sehr kurz, kräftig; Pollinien 2, etwas gefurcht; Stipes lang, schmal.
Umfang und Verbreitung: Etwa 20 Arten; im östlichen Asien, Malaysia und auf den umliegenden Inseln.
Ableitung des Namens: Aus dem Griechischen »gastex« = Bauch und »cheilos« = Lippe.
Anmerkung: D. Don begründete die Gattung 1825 im »Prodromus Florae Nepalensis«. R. Schlechter revidierte sie 1913 (Fedde, »Repertorium«) und akzeptierte 16 Arten. Verschiedene Autoren haben sie mit *Saccolabium* vereinigt; aber R. Holttum (»Orchids of Malaya« 1964), L. Garay (»Botanical Museum Leaflets of Harvard University« 1972) und L. Garay und H. Sweet (»Orchids of the Southern Ryukyu Islands« 1974) betrachteten sie als eigenständig.
Typus-Art: Aerides calceolare J.E. Sm. (syn. *Gastrochilus calceolaria* (J.E. Sm.) Don).
Kultur: Substrat A. Mindesttemperatur im Winter 15 °C. Wie so viele kleine Arten aus diesem Verwandtschaftskreis kann man diese Pflanzen in kleinen, hängenden Töpfen oder Körbchen nahe am Glas halten. Die kleinsten Arten sollte man auf Kork- oder Baumfarnblöcke montieren. Hohe Luftfeuchtigkeit ist für sie sehr wichtig. In der Wachstumsperiode verlangen sie viel Wasser; doch achte man darauf, daß der Pflanzstoff gut durchlässig ist und sich keine stagnierende Nässe bildet. In den Sommermonaten ist leichte Beschattung angeraten.

Gastrochilus acutifolius (Lindl.) O. Kuntze

Stämme verlängert, dünn, 10–30 cm lang, ungefähr 0,5 cm im Durchmesser, von ausdauernden Blattbasen bedeckt. Blätter 2zeilig angeordnet, 10–15 cm lang, 1,7–4 cm breit, linealisch-länglich, vorn spitz oder langspitzig. Blütenstand viel kürzer als die Blätter, scheindoldig, dicht vielblütig. Blüten fleischig: gelblichrot oder gelblichgrün, braun marmoriert oder getüpfelt; Lippe weiß, mit gelber Mitte und roten Flecken. Sepalen 0,4–0,7 cm lang, ungefähr 0,2 cm breit, eiförmig-länglich, stumpf. Petalen den Sepalen ähnlich aber etwas schmaler. Lippe fast kugelförmig oder halbkugelförmig und mit einer winzigen, 3eckigen, mit Drüsenhaaren berandeten Fläche, 0,4–0,6 cm lang; Platte kahl oder ein wenig mit feinen Wärzchen besetzt. Säule sehr kurz, purpurn behaucht.
Verbreitung: Sikkim-Himalaja und Khasia-Berge.
Geschichte: Die von N. Wallich zum erstenmal in Ost-Indien gesammelte Pflanze wurde von J. Clowes, einem Geistlichen von Broughton Hill bei Manchester 1837 in die Kultur eingeführt. J. Lindley hatte sie 1833 in der Gattung *Saccolabium* in seinem Werk »Genera and Species of Orchidaceous Plants« beschrieben. O. Kuntze versetzte die Art 1891 in die Gattung *Gastrochilus* (»Revisio Genera Plantarum«).
Synonyme: Saccolabium denticulatum Paxt.; *S. acutifolium* Lindl.; *Aerides umbellatum* Wall.

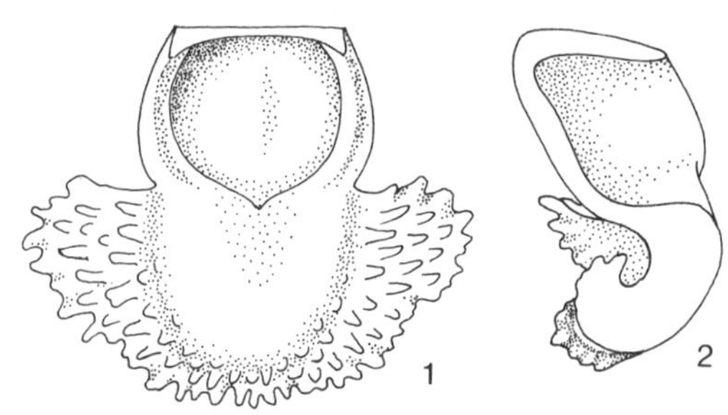

Gastrochilus acutifolius
1 = Lippe von oben (× $3^{1}/_{5}$)
2 = Lippe im Längsschnitt (× $3^{1}/_{5}$)

Gastrochilus bellinus (Rchb.f.) O. Kuntze

Stamm meistens kurz und kräftig, selten über 55 cm hoch, reichlich bewurzelt. Blätter 15–30 cm lang, bis 2,5 cm breit, schmal verkehrtlanzettlich,

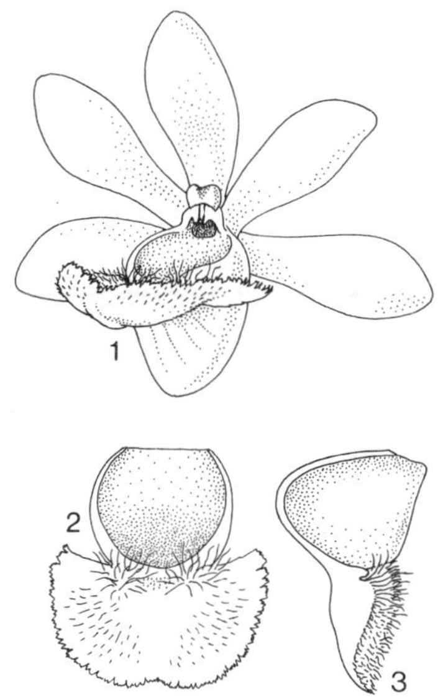

Gastrochilus bellinus
1 = Blüte von vorn (× $1^{3}/_{5}$)
2 = Lippe von oben (× $1^{3}/_{5}$)
3 = Lippe im Querschnitt (× $1^{3}/_{5}$)

sichelartig gekrümmt, vorn tief eingeschnitten und Blattspitze in zwei ungleiche Lappen geteilt. Blütenstand sehr kurz; Brakteen verhältnismäßig groß, ungefähr 1 cm lang, kreisrund, stumpf oder mit aufgesetzter Spitze. Blüten mittelgroß: Sepalen und Petalen grünlich oder bleichgelb, schokoladenbraun oder purpurn getüpfelt; Lippe weiß, purpurn getüpfelt und gelb auf der Platte und dem Sack. Sepalen und Petalen ähnlich, 0,9–1,4 cm lang, 0,4–0,5 cm breit, verkehrteiförmig, etwas einwärts gebogen, stumpf oder abgerundet. Lippe ungefähr 1,3 cm lang, 1,1–1,5 cm breit, unten sackförmig, breit elliptisch, an den Rändern ausgebissen, auf der Oberfläche nach der Basis hin warzig und mit langen weißen Haaren besetzt. Säule nur 0,3 cm lang, dick.
Verbreitung: Birma und Thailand.
Geschichte: Die Pflanze wurde ursprünglich 1884 von H.G. Reichenbach in der Gattung *Saccolabium* beschrieben (»Gardeners' Chronicle«); zugrunde lag ein von W. Boxall in Birma aufgefundenes Exemplar. Im Jahre 1891 versetzte O. Kuntze die Art in die Gattung *Gastrochilus* (»Revisio Genera Plantarum«).
Synonym: Saccolabium bellinum Rchb.f.

Gastrochilus calceolaris Don

Stamm des bis zu 15 cm hohen Epiphyten sehr kurz, ungefähr 0,6 cm im Durchmesser. Blätter 15–30 cm lang, 0,8–2 cm breit, linealisch-lanzettlich, stark sichelartig gebogen, vorn spitz und ungleichmäßig 2lappig. Blütenstand bis 5,5 cm lang, doldentraubig, hängend; Brakteen klein, spitz. Blüten 1,2–1,8 cm breit: Sepalen und Petalen gelb oder grünlich, entweder rotbraun marmoriert, gebändert oder gefleckt; Lippe weiß oder gelb, mit roter Zeichnung. Sepalen 0,6–0,8 cm lang, bis 0,35 cm breit, schmal-elliptisch, spitzlich. Petalen annähernd spatelförmig, stumpf, kürzer als die Sepalen. Lippe sitzend, 0,7 cm lang, 0,5–0,6 cm breit; Vorderlappen nierenförmig, am Rande gezähnelt; Platte bestachelt. Sporn sack- bis kugelförmig, 0,4 cm tief. Säule kurz, fleischig.
Verbreitung: Tropischer Teil des Himalaja, Assam, Silhat, Khasia-Berge, Birma, Malaya und Java.
Geschichte: Die Pflanze wurde erstmals von W. Hamilton und etwas später auch von N. Wallich bei Narainhetty in Nepal gefunden. D. Don beschrieb sie 1825 als Typus-Art der Gattung in seinem »Prodromus Florae Nepalensis«.
Synonyme: Sarcochilus nepalensis Sprengel; *Aerides calceolare* (Don) Smith; *Saccolabium calceolare* (Don) Lindl.

Gastrochilus dasypogon (Lindl.) O. Kuntze

Stamm sehr kurz, nur 1–3 cm lang, unten mit sehr dicht gebüschelten Wurzeln. Blätter 10–15 cm lang, 1,8–2,5 cm breit, eiförmig-länglich, vorn spitz oder schief eingeschnitten. Blütenstand bis 2,5 cm lang, scheindoldig; Brakteen 0,5 cm lang, eiförmig, hutartig. Blüten klein, 2–2,5 cm breit: Sepalen und Petalen cremegelb oder grünlich, mehr oder weniger intensiv violett getüpfelt; Lippe weiß oder gelb, blutrot oder purpurn getüpfelt. Sepalen und Petalen bis 0,8 cm lang, 0,2 cm breit, eiförmig, stumpf. Lippe 0,6–0,7 cm lang, unten tief sackförmig, darüber breit-nierenförmig, an den vorderen Rändern ausgebissen und weiß gefranst.

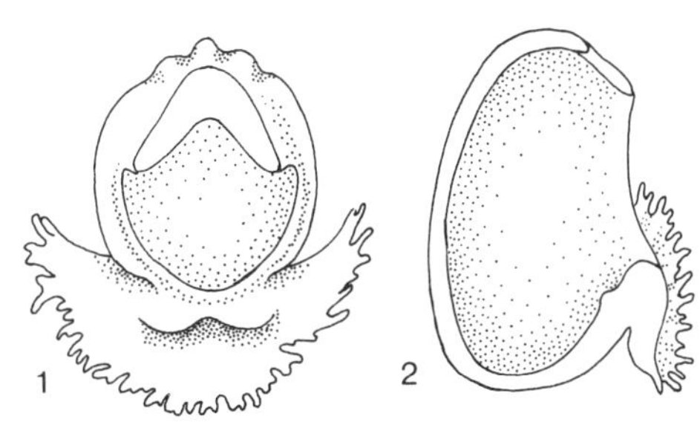

Gastrochilus dasypogon
1 = Lippe von oben (× $3^{4}/_{5}$)
2 = Lippe im Längsschnitt (× $3^{4}/_{5}$)

Verbreitung: Himalaja und vielleicht Thailand.
Geschichte: Die Pflanze wurde ursprünglich von J. Lindley in seinem Werk »Genera and Species of Orchidaceous Plants« (1833) als *Saccolabium* beschrieben. O. Kuntze versetzte sie 1891 in seiner »Revisio Genera Plantarum« in die heutige Gattung. In der »Flora of British India« betrachtet Sir Joseph Hooker die Art mit gewissem Zweifel und sagt, daß es sich ihr möglicherweise um *Saccolabium calceolare* (Don) Lindl. (syn. *Gastrochilus calceolaris* Don) handelt. G. Seidenfaden und Smitinand haben die Art in ihre »Orchids of Thailand« (1963) aufgenommen, bemerken aber, daß sie sich ihrer Bestimmung der thailändischen Pflanze nicht sicher sind: sie ähnelt mehr *G. bigibbus* (Hook.f.) O. Kuntze, besitzt aber keine 2lappige Schwiele auf der Lippe. Das Vorkommen der Art in Thailand bleibt also fraglich.
Synonym: Saccolabium dasypogon Lindl.

Gomesa R. Br.
Tribus: Oncidieae

Kleine Epiphyten mit kurzen, pseudobulbenartigen, am Gipfel 1–2blättrigen Stämmen. Blätter gestielt, Blütenstände von der Stammbasis oder seitlich ausgehend, blattachselbürtig, traubig; Brakteen schmal, oft länger als der Blütenstiel. Blüten klein und ziemlich unauffällig. Mittlere Sepale und Petalen einander ähnlich, frei, abstehend; die seitlichen Sepalen frei oder etwas miteinander verwachsen. Lippe der Säulenbasis ansitzend, am Grunde aufrecht oder einwärtsgebogen-aufrecht oder dann zurückgeschlagen, ohne Sporn, 3lappig; Seitenlappen aufrecht, fast nicht vorhanden bis prominent und die Säule umgreifend; Mittellappen abstehend oder zurückgeschlagen; Blatte mit zwei längsgerichteten Schwielen. Säule aufrecht, ohne Fuß, halbkreisrund, gerade, schmal oder keulenförmig oder oben mit zwei Flügeln; Pollinien 2, wachsartig, eiförmig oder fast kugelig, gefurcht; Stipes schmal; Klebscheibe eiförmig.
Umfang und Verbreitung: Ungefähr 20 Arten; nur aus Brasilien bekannt.
Ableitung des Namens: Benannt nach Dr. Bernardino Antonio Gomez, potugiesischer Schiffsarzt und Botaniker, der ein Buch über Pflanzen von medizinischer Bedeutung in Brasilien geschrieben hat.
Anmerkung: R. Brown begründete die Gattung 1815 im »Botanical Magazine«. Eine moderne Bearbeitung der Gattung findet man bei Pabst und Dungs »Orchidaceae Brasiliensis« 1977.

Typus-Art: G. recurva R. Br.
Kultur: Substrat A. Mindesttemperatur im Winter 15 °C. Die Pflanzen wachsen gut in Töpfen bei guter Luftfeuchtigkeit und im Schatten. Nach Abschluß der Wachstumsperiode hält man sie heller und reicht ihnen genug Wasser, damit die Pseudobulben nicht schlaff werden.

Gomesa crispa (Lindl.) Klotzsch et Rchb.f.

Pseudobulben des mittelgroßen Epiphyten 5–10 cm lang, 1–2,5 cm breit, schmal länglich-konisch, stark zusammengepreßt, 2schneidig mit scharfen Kanten, am Gipfel 2blättrig. Blätter 15–28 cm lang, 2–3,5 cm breit, schmal riemenförmig-lanzettlich, aufrecht, krautig, vorn spitz oder kurz zugespitzt. Blütenstand 15–22 cm lang, hängend, dicht vielblütig. Blüten duftend, grün mit gelben Rändern oder gelb. Sepalen 0,9–1 cm lang, 0,2–0,25 cm breit, länglich-riemenförmig, mehr oder weniger frei bis zum Grunde, fast unvermittelt zugespitzt. Petalen 0,8–1 cm lang, 0,3 cm breit, länglich-spatelförmig, unvermittelt zugespitzt. Lippe etwas hohl, 0,7–0,8 cm lang, 0,3–0,4 cm breit, breit-länglich, stark zurückgebogen, stumpf; Platte mit zwei breiten Kämmen mit vorn gewellt-gezähnten Rändern. Säule schlank, 0,5 cm lang, etwas keulenförmig.
Verbreitung: Brasilien.
Geschichte: Die Pflanze wurde 1839 von J. Lindley im »Botanical Register« ohne Zugrundelegung einer bestimmten Pflanze veröffentlicht. H.G. Reichenbach versetzte sie 1852 in die heutige Gattung (»Botanische Zeitung«).
Synonyme: Rodriguezia crispa Lindl.; *Odontoglossum crispulum* Rchb.f.

Gomesa planifolia (Lindl.) Klotzsch et Rchb.f.

Diese zwar nicht abgebildete aber erwähnenswerte Art unterscheidet sich von *G. recurva* durch kürzere, stärker einwärts gebogene Sepalen und Petalen, eine eiförmig-elliptische Lippe mit einer sich bis über ihre Mitte erstreckende Schwiele.

Gomesa recurva R. Brown

Pseudobulben des mittelgroßen Epiphyten 5–7 cm lang, 2,5–3,5 cm breit, schmal-eiförmig im Umriß, stark zusammengepreßt und 2kantig, am Gipfel 3blättrig. Blätter 20–30 cm lang, 2–3 cm breit, linealistisch-verkehrtlanzettlich, nach der Basis hin verschmälert, vorn spitz, lederig. Blütenstand 20–35 cm lang, bogig nickend, dicht vielblütig. Blüten ziemlich klein, langgestielt, gelblichgrün mit einem gelben Streifen am Lippengrunde, duftend. Sepalen 1–1,2 cm lang, 0,4 cm breit, schmal länglich-spatelförmig, unvermittelt zugespitzt, abstehend; die seitlichen bis fast zur Spitze miteinander verwachsen. Petalen 1,1 cm lang, 0,4 cm breit, länglich-spatelförmig, abgerundet oder kurz bespitzt, flach oder etwas gewellt. Lippe 0,9–1 cm lang, 0,5–0,6 cm breit, eiförmig, stark zurückgebogen, vorn spitz; Platte mit zwei breiten, vorn mit je einer runden Schwiele besetzten Lamellen. Säule 0,4–0,5 cm lang, fleischig, keulenförmig, am Gipfel gestutzt.
Verbreitung: Brasilien.
Geschichte: Die attraktive Pflanze wurde von R. Brown in »Curtis' Botanical Magazine« 1815 beschrieben. Kultiviert wurde sie erstmals von W. Anderson, Kurator des Botanischen Gartens in Chelsea.
Synonyme: Rodriguezia recurva (R. Br.) Lindl.; *Odontoglossum recurvum* (R. Br.) Rchb.f.

Gongora Ruiz et Pavon
Tribus: Gongoreae

Epiphyten mit fleischigen, am Gipfel 2blättrigen Pseudobulben. Blütenstand am Grunde der Pseudobulben entspringend, traubig, biegsam, hängend, locker vielblütig. Blüten groß, grotesk und meistens nicht leuchtend gefärbt. Mittlere Sepale aufrecht, abstehend; die seitlichen breiter, asymmetrisch, abstehend oder rückwärts gebogen. Petalen mit den Seiten der Säule verbunden, darüber aufrecht abstehend. Lippe kompliziert gestaltet, mit dem Fuß der Säule verwachsen, aufsteigend abstehend, schmal, fleischig; Seitenlappen dick, aufrecht, grannig oder hornartig; Mittellappen zusammengepreßt oder sackartig, vorn 2lappig, langspitzig oder spitz. Säule aufrecht oder aufsteigend, obern verschieden stark geflügelt; Pollinien 2, im Umriß eiförmig oder schmal-länglich.
Umfang und Verbreitung: Ungefähr 25 Arten; in den amerikanischen Tropen, von Mexiko und den Westindischen Inseln südwärts nach Peru und Brasilien.
Ableitung des Namens: Benannt nach Don Antonio Caballero y Gongora, für eine Zeit Vizekönig von Neugranada (Kolumbien und Ecuador) und später Bischof von Cordoba.
Anmerkung: H. Ruiz und J. Pavon begründeten die Gattung 1794 in ihrem »Prodromus Florae Peruvianae et Chilensis«. Mehrere Arten zeichnen sich durch eine stark abwandelnde Farbgebung aus; daher wurden in der Vergangenheit viele kultivierten Formen als Arten beschrieben. Obgleich die Farbenpalette dieser Arten heute bekannt ist, bereitet die Benennung kultivierter Pflanzen wegen der immer noch nicht gut definierten Artumgrenzung oft Schwierigkeiten. Die sich oft einer genauen Beschreibung widersetzende, äußerst kompliziert gebaute, fleischige Lippe hat zu einem guten Teil zu dieser Verwirrung beigetragen: in vielen Orginaldiagnosen ist sie nur oberflächlich beschrieben und meistens nicht abgebildet worden. P. Allen (»Flora of Panama« 1949) bemerkt: »Of the many published names, perhaps a dozen fairly well marked entities can be seggregated, but even these often are subject to a considerable amount of variation«. (Von den vielen veröffentlichten Namen mag vielleicht ein Dutzend einigermaßen zutreffend sein, aber selbst diese Bezeichnungen geben noch oft genug Anlaß zur Verwirrung.)
Typus-Art: G. quinquenervis Ruiz et Pavon.
Kultur: Substrat A. Mindesttemperatur im Winter 15 °C. Man hält die Pflanzen genauso wie die ihnen ähnlich stehenden *Stanhopea*-Arten. Wegen ihrer weit ausladend bogigen Blütenstände pflanzt man sie am vorteilhaftesten in hängende Körpe oder Töpfe. In der Wachstumsperiode verlangen sie hohe Luftfeuchtigkeit, mäßigen Schatten und viel Wasser im Pflanzstoff. Erst, wenn die Pseudobulben völlig entwickelt sind, reicht man wesentlich weniger Wasser.

Gongora galeata (Lindl.) Rchb.f.

Pseudobulben des großen Epiphyten bis 4,5 cm lang und 2,5 cm breit, ei- bis birnenförmig, gebüschelt, längsgefurcht, am Gipfel 1–2blättrig, von 2–3 krautigen Scheiden bedeckt. Blätter 16–32 cm lang, 4–5 cm breit, breit-lanzettlich, längsgefaltet, vorn spitz. Blütenstand von Grunde des Pseudobulben ausgehend, bis 28 cm lang, bogig geneigt bis hängend, in drei Reihen 10–15blütig; Brakteen sehr klein, purpurn; Schaft, Blütenstandachse und die gekrümmten Blütenstiele wie auch der ebenfalls gekrümmte Fruchtknoten purpurn. Blüten duftend, ungefähr 5 cm lang: Sepalen und Petalen lederfarben bis cremegrün, am Grunde sehr schwach orange marmoriert; Lippe gelbbraun; Säule gelbgrün und purpurn getüpfelt. Sepalen 2–2,5 cm lang, bis 1,2 cm breit, länglich-eiförmig, stumpf, mit zurückgeschlagenen Rändern. Petalen nur 0,4–0,5 cm lang, länglich-sichelförmig, oben gestutzt und jederseits

mit zwei abstehenden Zähnen. Lippe gegen die Basis der Säule gegliedert, 3lappig, bis 1,2 cm lang und 0,9 cm breit; Seitenlappen groß, einwärts gebogen; Mittellappen sachartig. Säule 1 cm lang, an den Rändern schwach getüpfelt.
Verbreitung: Mexiko.
Geschichte: Die von Deppe 1828 erstmals gesammelte Pflanze wurde aus Xalapa durch George Loddiges eingeführt. J. Lindley beschrieb sie 1830 in »Loddiges' Botanical Cabinet« als *Maxillaria.* In »Xenia Orchidacea« versetzte sie H. G. Reichenbach 1854 in die heutige Gattung.
Synonyme: Maxillaria galeata Lindl.; *Acropera loddigesii* Lindl.

Gongora quinquenervis Ruiz et Pavon

Pseudobulben des Epiphyten 4,5–8 cm lang, 2,5–3,5 cm im Durchmesser, eiförmig-walzlich bis kegelig, mit tiefen Längsfurchen und gerippt, am Gipfel 2blättrig. Blätter 25–40 cm lang, 5–14 cm breit, lanzettlich, riemenförmig oder elliptisch-eiförmig, kurz gestielt, halbaufrecht, längsgefaltet, an den Rändern gewellt. Blütenstand hängend, bis 80 cm lang, locker vielblütig; Brakteen bis 0,5 cm lang, eiförmig-lanzettlich. Blüten duftend, mit der Lippe zuoberst: rötlich oder bräunlichrot, mit gelben oder weißen Punkten und Bändern, manchmal gelb und mit braunen Punkten. Sepalen breit, krautig, langspitzig, an den Rändern zurückgebogen; das obere lanzettlich, bis 2,3 cm lang und 0,6 cm breit; die seitlichen zurückgeschlagen, 2–3 cm lang und 1,5 cm breit. Petalen bis 1 cm lang, 0,2 cm breit, linealisch-lanzettlich, unten bis zur Hälfte mit der Säule verwachsen. Lippe sehr fleischig, bis 2,5 cm lang, 3lappig; Seitenlappen aufrecht, 3eckig und langspitzig, jeder am Grunde mit einem aufrechten Fortsatz; Mittellappen pfeilförmig, betont fleischig. Säule bis 2,5 cm lang, aufrecht, gekrümmt, oben verbreitert.
Verbreitung: Mexiko, Mittelamerika, nördliches Südamerika und Trinidad.
Geschichte: Die Pflanze wurde erstmals von H. Ruiz und J. Pavon bei Pozuzo in Peru gesammelt und von ihnen 1798 in ihrem Werk »Systema Vegetabilium Florae Peruvianae et Chilensis« beschrieben.
Anmerkung: Diese interessante Pflanze ist sehr variabel, besonders in der komplizierten Blütenstruktur. Es ist daher nicht verwunderlich, daß sie wiederholt unter verschiedenen Namen beschrieben worden ist. In der Kultur trifft man sie noch häufig unter dem einen oder anderen der unten aufgeführten Synonymen an.
Synonyme (in Auswahl): *Gongora maculata* Lindl.; *G. atropurpurea* Hook.; *G. nigrita* Lindl.; *G. retrorsa* Rchb.f.

Goodyera R. Br.
Tribus: Cranichideae
Subtribus: Goodyerinae

Kleine bis mittelgroße, terrestrische Pflanzen mit an den Knoten wurzelndem Rhizom und aufrechten Stämmen. Blätter entweder grundständig oder gehäuft im unteren Teil des Stammes, fleischig, gestielt, manchmal mit farbiger, netzartiger Beaderung; Blattscheiden etwas aufgeblasen. Blütenstände aufrecht, wenig- bis vielblütig, traubig. Blüten verhältnismäßig klein und wenig augenfällig, öfters einseitswenig, manchmal auf der Außenseiten flaumig behaart oder drüsig. Sepalen entweder parallel zur Blütenachse stehend oder die seitlichen abstehend; die mittlere Sepale gemeinsam mit den Petalen einen Hut bildend. Lippe konkav oder sackartig vertieft, immer mit steifen Haaren besetzt, nach vorn hin verschmälert und am meistens spitzen Gipfel manchmal nach rückwärts gebogen, ungeteilt. Säule kurz, am Grunde ohne Anhängsel oder Fortsätze; Rostellum tief gespalten; Narbe ungeteilt, groß vor der Säule. Pollinien 2, oft tief gespalten, körnig, birnen- bis schmal keulenförmig; Klebscheibe länglich.
Umfang und Verbreitung: Fast 100 Arten; weltweit in der nördlichen Hemisphäre, im Süden bis Mexiko, in der Neuen Welt, Madagaskar und in das tropische Asien reichend, fehlt in Afrika. Auch in Australien und Neuguinea.
Ableitung des Namens: Benannt nach dem englischen Botaniker John Goodyer (1592–1664).
Anmerkung: R. Brown begründete die Gattung 1813 in der 2. Auflage von Aiton's »Hortus Kewensis«. Sie ist mit *Hetaeria, Zeuxine* und anderen Gattungen aus diesem Kreis verwandt, läßt sich aber leicht durch ihre ungeteilte und innen behaarte Lippe und die große, ungeteilte Narbe vor der Säule unterscheiden.
Typus-Art: G. repens (L.) R. Br.
Kultur: Substrat C, vermischt mit zerhacktem, frischem Sphagnum-Moos. Arten aus den gemäßigten Zonen lassen sich in jedem Kalthaus oder unter gewissen Umständen sogar im Freien halten. Arten aus warmen oder tropischen Regionen verlangen ständig hohe Luftfeuchtigkeit, Schatten und ein gleichmäßig feucht gehaltenes Substrat. Am besten hält man sie in flachen Schalen, und manchmal ist auch die Kultur in einem schützenden Glaskasten empfehlenswert. Mindesttemperatur im Winter 15 °C.

Goodyera hispida Lindl.

Kleine, bis 15 cm hohe terrestrische Pflanze. Blätter zu 6–8 grundständig, fast sitzend, 2,5–5 cm lang, 1,5–2 cm breit, eiförmig-lanzettlich, langspitzig. Blütenstände aufrecht, ährig, oben gedreht, steif drüsig behaart; Brakteen kürzer als die Blüten. Blüten klein: weiß. Sepalen 0,6 cm lang, 0,2 cm breit, eiförmig-länglich, am Gipfel stumpf und zurückgebogen. Petalen 0,5 cm lang, 0,15 cm breit, länglich-lanzettlich, fast gerade, spitzlich. Lippe 0,6 cm lang, 0,3 cm breit, sackförmig, kurz und stumpf geschnäbelt, innen mit kurzen Borstenhaaren besetzt, vorn herabgebogen. Säule mit pfriemlichen Armen; Anthere lanzettlich.
Verbreitung: Khasia-Berge, Sikkim, Bhutan und in der Nähe von Darjeeling; über 1000 m.
Geschichte: Unter Zugrundelegung einer von J.D. Hooker und T. Thompson in den Khasia-Bergen gesammelten Pflanze beschrieb J. Lindley diese Art 1857 im »Journal of the Linnaean Society«.
Anmerkung: Die Pflanze ist mit der auch in Mitteleuropa wild vorkommenden *G. repens* R. Br. verwandt; sie unterscheidet sich von ihr durch größere Blätter und die borstig behaarte, sackartige Lippe. Die auch verwandte *G. secundiflora* Griff. besitzt einen einseitswendigen Blütenstand.

Grammangis Rchb. f.
Tribus: Cymbidieae
Subtribus: Cymbidiinae

Große Epiphyten mit großen, am Gipfel 3–5blättrigen Pseudobulben. Blätter von den Scheiden abgesetzt. Blütenstände am Grunde des Pseudobulben entspringend, traubig. Blüten groß, augenfällig, fleischig. Mittlere Sepale frei; die seitlichen anders gestaltet, am Grunde herablaufend. Lippe 3lappig, ohne Sporn, am oberen Ende des Fußes der Säule angesetzt; Platte mit mehreren erhabenen Leisten. Säule fleischig, mit kurzem, dickem Fuß und einem tiefen Nektarium; Pollinien 2, einer ellyptischen Klebscheibe aufsitzend.
Umfang und Verbreitung: 2 Arten; in Madagaskar.
Ableitung des Namens: Aus dem Griechischen »gramma« = Zeichen, Buchstabe und »angos« = Gefäß; möglicherweise wegen der auffälligen rotpurpurnen Streifen auf der Lippe.
Anmerkung: H.G. Reichenbach begründete die Gattung 1860 in der »Hamburger Gartenzeitung«. Sie ist mit *Cymbidium* verwandt und wur-

de ursprünglich von J. Lindley den malaiischen Arten von *Grammatophyllum* zugeordnet. Aufgrund der abweichenden Gestaltung des Perianths wurde sie von H.G. Reichenbach abgetrennt. J. Bosser und P. Morat (»Adansonia« 1969) haben nur 2 Arten akzeptiert; zwei andere, von H. Perrier de la Bâthie (»Flore de Madagascar« 1941) anerkannte, nämlich *G. falcigera* Rchb. f. und *G. pardalina* Rchb. f. gehören heute zu *Cymbidiella* (siehe L. Garay, »Orchid Digest« 1976).
Typus-Art: G. ellisii (Hook.) Rchb. f.
Kultur: Substrat A. Mindesttemperatur im Winter 15 °C. Die Pflanzen nehmen jede Störung übel; man sollte sie deshalb von vornherein in Gefäße setzen, die groß genug sind, um ihnen wenigstens zwei Jahre Wuchs zu erlauben. In der Wachstumsperiode verlangen sie hohe Luftfeuchtigkeit, viel Wasser und mäßigen Schatten. In der folgenden Ruheperiode erlaubt man mehr Licht und gibt wesentlich weniger Wasser; die Blütenstände erscheinen gleichzeitig mit den neuen Sprossen.

Grammangis ellisii (Lindl.) Rchb.f.

Großer, 50–60 cm hoher Epiphyt. Pseudobulben 8–10 cm lang, eiförmig-4kantig, in der Jugend mit zahlreichen Scheiden bedeckt, 3–5blättrig. Blätter 16–40 cm lang, 1,3–4 cm breit, länglich, gefaltet, vorn schief abgerundet. Blütenstand bis 65 cm lang, 15–40blütig, grundständig, bogig; Schaft 25–35 cm lang; Brakteen 5 cm lang, 1,2 cm breit, lanzettlich. Blüten groß, wachsig: Sepalen glänzend braun mit gelben Rändern und Flecken; Petalen cremefarben (rosagelb oben); Lippe weiß aber oben rosaorangefarben; Schwiele weiß. Obere Sepale 4 cm lang, 2 cm breit, verkehrteiförmig, nach vorn zu in eine feine Spitze verschmälert; seitliche Sepalen 4 cm lang, 2,5 cm breit, verkehrt-eiförmig, langspitzig; Rand alter Sepalen gewellt. Petalen den Sepalen ähnlich aber kleiner. Lippe 1,8 cm lang und breit, verkehrteiförmig, oberhalb der Mitte 3lappig; Seitenlappen sichelförmig; Mittellappen länger und schmaler als ein Seitenlappen; Platte mit großer, 2furchiger Schwiele. Säule 1 cm lang, mit stumpf-3eckigen Flügeln, weiß.
Verbreitung: Ost-Madagaskar.
Geschichte: J. Lindley benannte die Pflanze zu Ehren von W. Ellis, der sie in den Wäldern des östlichen Madagaskar entdeckt hatte; er beschrieb sie in der Gattung *Grammatophyllum* (»Botanical Magazine« 1860). Später im gleichen Jahr wurde die Art von H.G. Reichenbach in die heutige Gattung versetzt (»Hamburger Gartenzeitung«).
Synonym: Grammatophyllum ellisii Lindl.

Grammatophyllum Bl.

Tribus: Cymbidieae
Subtribus: Cymbidiinae

Mittelgroße bis sehr große Epiphyten mit dicht gebüschelt stehenden, arm- bis reichblättrigen Pseudobulben und steifen, weißen, nach oben und seitwärts wachsenden, stark verästelten Wurzeln. Blätter 2zeilig gestellt. Blütenstände aufrecht oder überhängend, traubig, vielblütig. Blüten groß oder mittelgroß, oft augenfällig. Sepalen und Petalen groß, auffällig, untereinander ähnlich. Lippe kleiner als die Sepalen und Petalen, mit drei wenig erhabenen Kielen. Säule kurz; Pollinien 2, gespalten; jedes mit einem seitlichen Fortsatz der halbmondförmigen Klebscheibe durch ein riemenförmiges Band (Caudicula) verbunden.
Umfang und Verbreitung: Vielleicht bis zu einem Dutzend Arten; in Südostasien, von Indonesien bis Neuguinea, auf den Philippinen und in Polynesien.
Ableitung des Namens: Aus dem Griechischen »gramma« = Buchstabe und »phyllon« = Blatt; wegen der dunklen, auffälligen Zeichnung auf Sepalen und Petalen.
Anmerkung: Die Gattung wurde 1825 von C. Blume in »Bijdragen« begründet. Ihre Artumgrenzungen sind bis heute noch nicht eindeutig geklärt. Die letzte Bearbeitung erfolgte durch R. Schlechter (»Orchis« 1915); er schlüsselte 12 Arten aus. Innerhalb der Gattung kann man zwei Wuchsform-Gruppen unterscheiden; in beiden sind Blüten und Bewurzelung die gleichen. Die erste besitzt sehr lange Pseudobulben, die man eigentlich als fleischige Stämme bezeichnen sollte, mit vielen Blättern; sie entspricht der Sektion *Gabertia* Schltr. Die andere Gruppe, der Sektion *Pattonia* Schltr. entsprechend, hat ziemlich kurze, dicke, oben nur einige Blätter tragende Pseudobulben. *Grammatophyllum* ist nahe mit *Cymbidium* verwandt; der wichtigste Unterschied zwischen den beiden Gattungen liegt in der verschiedenen Befestigungsweise der Pollinien.
Typus-Art: G. speciosum Bl.
Kultur: Substrat A. Mindesttemperatur im Winter 15 °C. Arten wie *G. scriptum* kann man in einem großen Topf oder Korb ziehen; sie verlangen feuchte Luft und nur etwas Schatten. In der Wachstumsperiode brauchen sie viel Wasser; wenn aber die Pseudobulben voll entwickelt sind, läßt man eine trockenere Ruheperiode folgen. Wegen ihrer Größe, wenn voll entwickelt, sollte man *G. speciosa* von vornherein in ein sehr großes Gefäß pflanzen und sie dann so wenig wie möglich stören; sie verlangt während des ganzen Jahres reichlich Wasser.

Grammatophyllum speciosum Bl.

Pseudobulben des außerordentlich großen Epiphyten meistens bis 3 cm lang, selten größer, bis 5 cm im Durchmesser, aufrecht abstehend oder überhängend, zylindrisch, vielknotig, mit Längsrippen, im Alter gelblich. Blätter 2zeilig angeordnet, gewöhnlich 50–60 cm (selten bis 80 cm) lang, bis 3 cm breit, linealisch oder eiförmig, vorn spitz oder stumpf, von dünner Beschaffenheit, in der oberen Hälfte nach hinten gebogen. Blütenstände bis über 200 cm hoch, aufrecht, am Grunde des Pseudobulben entspringend, vielblütig; die untersten Blüten voneinander entfernt stehend und mißgebildet, die oberen gedrängt stehend und voll entwickelt. Blüten ungefähr 10 cm breit, sehr augenfällig: Sepalen und Petalen hell grüngelb, mit großen orangebraunen Flek-

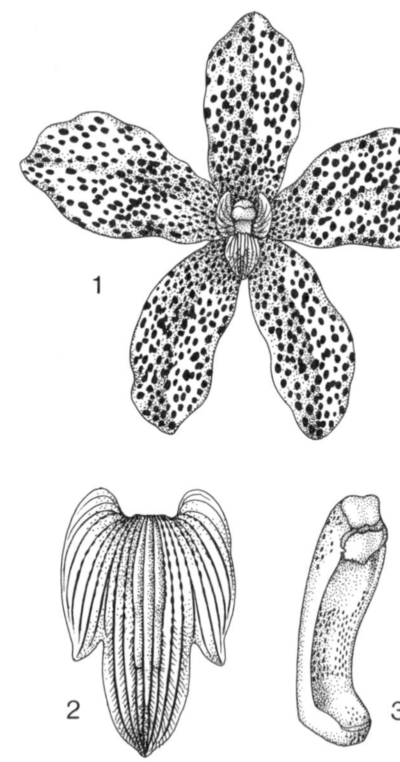

Grammatophyllum speciosum
1 = Blüte von vorn (× 2/5)
2 = Lippe ausgebreitet (× 1)
3 = Säule und Fuß (× 1 1/5)

ken; Seitenlappen der Lippe gelb mit braun, der Mittellappen rot behaart und mit roten Linien; Säule oben hellgrün, unten weiß und purpurn getüpfelt. Sepalen und Petalen bis 5,5 cm lang, 2,5–3 cm breit, abstehend, länglich-elliptisch, stumpf. Lippe viel kleiner, bis 3 cm lang und 2,5 cm breit, 3lappig; Seitenlappen schmal-länglich, stumpfspitzig, aufrecht; Mittellappen eiförmig, ungefähr 1 cm breit, stumpf; Platte mit drei, bis auf den Mittellappen reichenden Leisten. Säule 2,2 cm lang, keulenförmig, etwas gekrümmt, am Grunde mit zwei, an der Basis der Lippe becherartige Höhlungen bildenden, Fortsätzen.
Verbreitung: Malaya und von Sumatra zu den Philippinen; in Tieflandwäldern, oft in der Nähe von Wasserläufen.
Geschichte: C. Blume beschrieb diese Art 1825 in seinen »Bijdragen« aufgrund einer in den Wäldern um Buitenzorg (heute Bogor) gesammelten Pflanze.
Anmerkung: *G. speciosum* ist zweifellos die größte bekannte Orchidee. Ein 1851 im Kristallpalast in London ausgestelltes Exemplar wog fast 2 Tonnen. Von allen anderen Arten der Gattung läßt sich die Pflanze leicht durch ihre langen, beblätterten Stämme und besonders durch die stumpfspitzigen und etwas einwärts gebogenen Seitenlappen der Lippe unterscheiden (siehe auch Abbildung). Die ebenfalls abgebildete Art *G. rumphianum* aus Borneo kann man unterscheiden durch ihre wenigblättrigen, dicken, kurzen Pseudobulben, ihre nur 4 cm langen Sepalen und die großen, fast runden braunen Flecken auf Sepalen und Petalen.

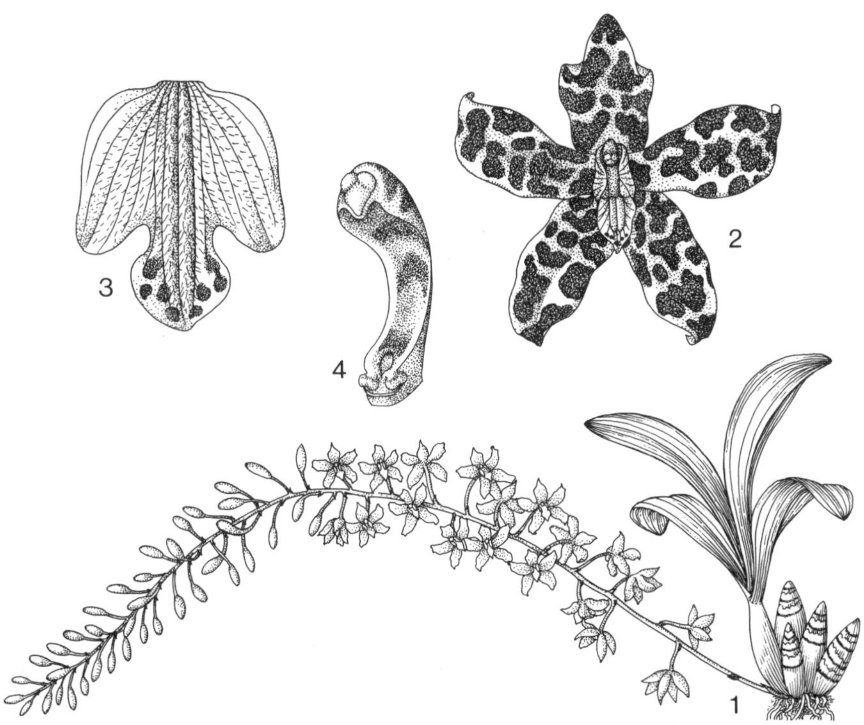

Grammatophyllum rumphianum
1 = Gesamtpflanze (× 1/10)
2 = Blüte von vorn (× 2/3)
3 = Lippe ausgebreitet (× 1 1/5)
4 = Säule und Fuß (× 2)

Graphorkis Thou.

Tribus: Cymbidieae
Subtribus: Cyrtopodiinae

Mittelgroße Epiphyten mit gebüschelt angeordneten, mehrknotigen, beblätterten und an der Basis mit Wurzelbüscheln versehenen Pseudobulben. Blätter gefaltet, gestielt. Blütenstand aufrecht, rispig, vielblütig. Blüten klein bis mittelgroß. Sepalen und Petalen frei, untereinander ähnlich, abstehend. Lippe 3lappig, am Grunde gespornt, auf der Platte mit zwei Kielen. Säule an der Basis jederseits mit einem behaarten Schlunde; Rostellum lang, schnabelartig; Pollinien 2, wachsartig.
Umfang und Verbreitung: 5 Arten; in den Maskarenen.
Ableitung des Namens: Aus dem Griechischen »graphe« = Schreiben und »orchis« = (siehe *Orchis*).
Anmerkung: *Graphorkis* (oft fälschlich Graphorchis geschrieben) wurde 1809 von A. du Petit Thouars in »Nouvelle Bulletin des Sciences par la Societé Philomatique de Paris« begründet. In der Tracht gleichen ihre Arten denen von *Ansellia,* deren Blüten jedoch spornlos sind. Die Gattung wurde 1953 von V.S. Summerhayes (»Kew Bulletin«) revidiert.
Typus-Art: *G. scripta* (Thou.) Lindl. (Lectotypus).
Synonym: *Eulophiopsis* Pfitzer.
Kultur: Substrat A. Mindesttemperatur im Winter 15 °C. In der Hauptwachstumsperiode verlangen die Pflanzen reichlich Wasser und kaum Schatten; allerdings bewahre man sie vor direktem Sonnenlicht. Nach dem Blattfall muß man sie kühl und fast oder auch völlig trocken halten bis die Blütenstämme erscheinen. Sobald der Neuwuchs einsetzt, bringt man sie wieder in ein warmes Haus.

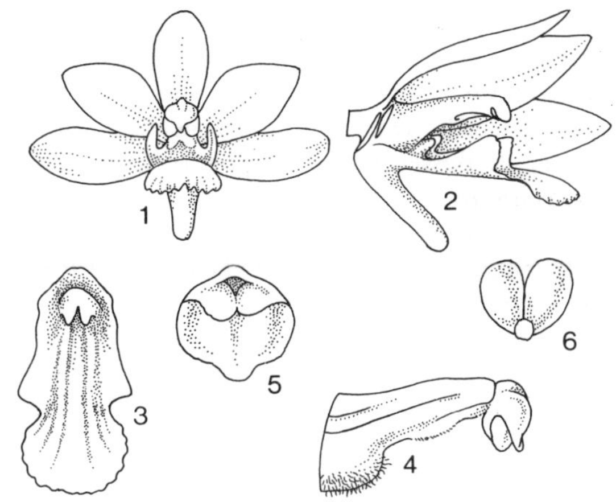

Graphorkis lurida
1 = Blüte von vorn (× 3 1/5)
2 = Blüte von der Seite, seitliche Sepale und Petale entfernt (× 3 1/5)
3 = Lippe ausgebreitet (× 4 1/5)
4 = Säule von der Seite (× 4 1/5)
5 = Antherenkappe (× 6 1/2)
6 = Klebscheibe und Pollinien (× 6 1/2)

Graphorkis lurida (Sw.) O. Kuntze

Pseudobulben des mittelgroßen Epiphyten am Grunde mit vielen aufrechten, dornenartigen Wurzeln, 3–9 cm lang, 1,3 cm im Durchmesser, zylindrisch-spindelig oder konisch-eiförmig, 4–6blättrig. Blätter bis 40 cm lang und 3,5 cm breit, lanzettlich, vorn spitz, längsgefaltet. Blütenstand vor den Blättern erscheinend, 15–50 cm lang, aufrecht, rispig, mit abstehenden Ästen, vielblütig. Blüten klein: gelb und braun. Sepalen 0,5–0,6 cm lang, bis 0,15 cm breit, spatelig-länglich, spitzlich. Petalen etwas kürzer als die Sepalen, elliptisch. Lippe 3lappig, 0,6 cm lang, 0,3 cm

breit; Seitenlappen länglich, aufrecht; Mittellappen vorn ausgebuchtet bis gegabelt; Platte am Grunde mit zwei Kielen; Sporn scharf nach vorn gerichtet, fast so lang wie die Lippe. Säule an der Basis jederseits mit einem behaarten Öhrchen.
Verbreitung: Von Westafrika bis Uganda, Burundi und Tansania.
Geschichte: Die Art wurde 1805 von O. Swartz als *Limodorum* beschrieben (Schrader, »Neues Journal«); zugrunde lag eine von Afzelius in Sierra Leone gesammelte Pflanze. In seiner »Revisio Genera Plantarum« versetzte sie O. Kuntze 1891 in die Gattung *Graphorkis*.
Synonyme: Limodorum luridum Sw.; *Eulophia lurida* (Sw.) Lindl.; *Eulophiopsis lurida* (Sw.) Schltr.

Grobya Lindl.

Tribus: Cymbidieae
Subtribus: Cyrtopodiinae

Kleine Epiphyten mit kurzen, vielblättrigen, am Grunde Pseudobulben bildenden Stämmen und gefalteten, warzigen Blättern. Blütenstand am Grunde der Pseudobulben angesetzt, einfach, zurückgebogen oder herabgeschlagen, an der Basis von vielen Scheiden umgeben. Blüten groß oder mittelgroß, auf kurzen Stielen. Mittlere Sepale frei, aufrecht; die seitlichen abstehend oder herabgebogen, bis zur Mitte miteinander verbunden, am Gipfel wellig. Petalen aufrecht abstehend, breiter als die mittlere Sepale. Lippe mit dem Säulenfuß gegliedert, mit einem kurz gebogenen Nagel, aufrecht, breit, 3lappig; Seitenlappen aufrecht; Mittellappen abstehend; Platte schwielig oder gekämmt. Säule aufrecht, halbkreisförmig, fast an der Basis mit zwei Öhrchen, mit kurzem, fleischigem Fuß; Pollinien 2, wachsartig, tief gefurcht oder zweigespalten; Stipes lang; Klebscheibe eiförmig.
Umfang und Verbreitung: 3 Arten; in Brasilien.
Ableitung des Namens: Benannt nach Lord Grey of Groby, einem großen Förderer des Gartenbaues seiner Zeit und begeisterter Orchideensammler.
Anmerkung: J. Lindley begründete die Gattung 1835 im »Botanical Register«. Er verglich sie mit *Cymbidium, Cyrtopodium* und *Eriopsis*. Die Unterschiede zu diesen Gattungen liegen in den miteinander verwachsenen seitlichen Sepalen, der Größe der Petalen und der Struktur von Lippe und Pollinien.
Typus-Art: G. amherstiae Lindl.
Kultur: Substrat A. Mindesttemperatur im Winter 15 °C. Wie die meisten Arten mit harten Pseudobulben verlangen diese Pflanzen eine feuchte Atmosphäre, mäßigen Schatten und in der Wachstumsperiode reichlich Wasser im Pflanzstoff. Wenn die Pseudobulben entwickelt sind, hält man die Pflanzen kühler und trockener.

Grobya amherstiae Lindl.

Pseudobulben des kleinen Epiphyten auf einem kurzen, verzweigten, mit fleischigen Wurzeln versehenem Rhizom angeordnet, aufrecht, bis 3,5 cm lang, ei- bis fast kugelförmig, dicht gebüschelt, nach dem Gipfel zu ungefähr 6blättrig, anfangs mit weißlichen, faserigen Blattresten bedeckt. Blätter bis 40 cm lang, 1–1,6 cm breit, linealisch-lanzettlich, vorn spitzlich, aufrecht oder rückwärts gebogen, schwach gefurcht. Blütenstand am Grunde älterer Pseudobulben entspringend, bis 15 cm lang, aufrecht oder etwas gebogen, traubig, dicht bis 10blütig; Brakteen 1–1,3 cm lang, schmal-lanzettlich, mit zunehmendem Alter braun werdend. Blüten augenfällig, verhältnismäßig klein: Sepalen hellgrün oder hellgelb, schwach purpurn getönt oder getüpfelt; Petalen fast durchsichtig, mit aus Punkten gebildeten, weinfarbigen Linien; Lippe hellgelb; Schwiele dunkelpurpurn. Mittlere Sepale bis 2 cm lang, 0,6–0,7 cm breit, schmal-verkehrteiförmig-spatelig, spitz; die seitlichen bis 2 cm lang

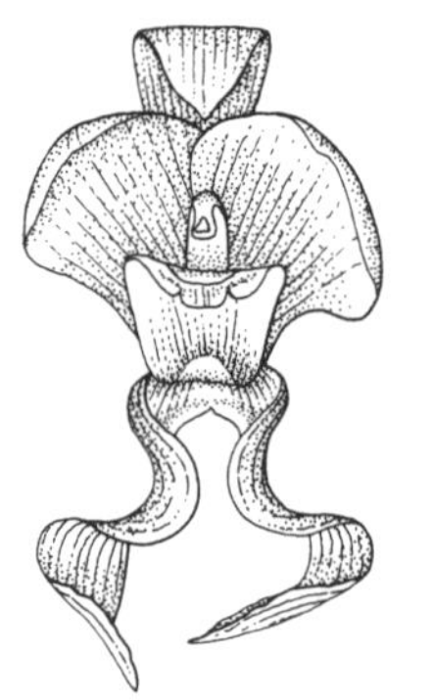

Grobya amherstiae
Blüte von vorn (× 1¹/₅)

und 0,7 cm breit, länglich-lanzettlich, am Grunde miteinander verwachsen, gebogen und verdreht, in der Mitte mit stark einwärtsgebogenen Rändern. Petalen 2 cm lang, 1 cm breit, schief elliptisch, stumpf, aufrecht. Lippe ungeteilt, 0,7 cm lang, 0,8 cm breit, 3lappig; Seitenlappen nach oben gebogen, abgerundet; Mittellappen ungefähr 1,5 cm lang, 0,4 cm breit, quer-schmal-elliptisch, auf der Oberseite mit sieben parallelen Leisten; Schwiele am Grunde des Mittellappens sitzend, mit zwei schmalen seitlichen Leisten und einer kurzen Spitze in der Mitte. Säule aufrecht, oben nach vorn gekrümmt.
Verbreitung: Östliches Brasilien; 600–900 m.
Geschichte: Die von Hayne gesammelte Pflanze kam in den Besitz der Gräfin Amherst, wo sie zur Blüte kam. J. Lindley beschrieb die Art 1855 im »Botanical Register« und benannte sie nach ihrer Eigentümerin.

Habenaria Willd.

Tribus: Orchideae
Subtribus: Orchidinae

Kleine bis große, terrestrische Pflanzen mit einfachen oder gelappten Knollen und fleischigen Wurzeln. Blüten in Ähren oder Trauben, klein bis groß, meistens grün oder weiß, seltener gelb, orange oder rot. Sepalen untereinander ziemlich ähnlich; die mittlere etwas kürzer; die seitlichen aufsteigend, abstehend, zurückgebogen oder nach unten geneigt. Petalen ungeteilt, gespalten oder tief gabelig geteilt. Lippe aus dem Säulengrunde direkt hervorgehend, ungeteilt oder 3lappig, am Grunde gespornt. Säule sehr kurz; Antherenfächer parallel oder unten auseinanderstrebend, an der Basis in lange oder kurze Röhren ausgezogen; Pollinien keulig oder birnenförmig; Staminodien meistens auf jeder Seite der Anthere sitzend; Narben 1 oder 2, unterhalb der Anthere, entweder als klebige Flächen oder gestielt und keulig; Rostellum klein, aufrecht zwischen den Antherenfächern, mit zwei auseinanderstrebenden Lappen.
Umfang und Verbreitung: Über 500 Arten; weitverbreitet durch die Tropen und gemäßigten Zonen der Welt, besonders stark vertreten im tropischen Südamerika, Afrika und Asien.
Ableitung des Namens: Aus dem Lateinischen »habena« = Zügel; wegen der oft bandförmigen Lappen von Petalen und Lippe.
Anmerkung: Die Gattung wurde 1805 von C. von Willdenow in der 4. Auflage der »Species Plantarum« begründet. Sie gehört zu den umfangreichsten Gattungen terrestrischer Orchideen. F. Kraenzlin revidierte sie in »Orchidacearum Genera et Species« (1897–1898), wo er 460 Arten auf 32 Sektionen verteilte. Einige dieser Sektionen, wie *Bonatea* und *Platycoryne* werden heutzutage als selbständige, wenn auch nahe mit *Habenaria* verwandte, Gattungen betrachtet. Die meisten Arten besitzen wenig auffällige und schmucklos gefärbte Blüten; einige sind jedoch prächtig gefärbt und durchaus zur Kultur geeignet. Sogar unter den nur grün blühenden Arten

sollte man *H. praestans* Rendle und *H. splendens* Rendle in Betracht ziehen.
Typus-Art: Orchis habenaria L.
Kultur: Substrat C. Mindesttemperaturen: Tropische Arten 15 °C in der Ruheperiode, 18 °C während des Wachstums; alle anderen Arten etwas kühler. Nach dem Blühen sterben die oberirdischen Organe dieser Pflanzen ab. In diesem Zustand hält man sie möglichst trocken ohne aber ein völliges Austrocknen des Knollens herbeizuführen. Sobald die neuen Sprosse erscheinen, topft man die Pflanzen um und hält sie mittelmäßig bis voll schattig. Anfangs gießt man vorsichtig, später etwas mehr; auf keinen Fall dürfen sie während des Wachstums trocken stehen. Die Blütenstände erscheinen am Gipfel vollentwikkelter Sprosse.

Habenaria rhodocheila Hance

Augenfällige, terrestrische Pflanze mit fleischigen, knolligen oder walzenförmigen Wurzeln. Stamm 10–30 cm lang, unten mit ein oder zwei sitzenden und in der Mitte mit 3–4 gestielen Blättern. Blätter 6–12 cm lang, 0,8–3 cm breit (die allerobersten brakteenartig), linealisch-lanzettlich, vorn langspitzig oder mit aufgesetztem Spitzchen, unten in den Stiel verschmälert. Blütenstände dicht 2–15blütig; Brakteen 1–2 cm lang, eiförmig, langspitzig. Blüten verhältnismäßig klein aber auffällig: scharlachrot oder ziegelrot, seltener orangefarbig oder gelb. Mittlere Sepale ungefähr 1 cm lang und 0,5 cm breit, elliptisch, langspitzig; die seitlichen 0,7–1 cm lang, bis 0,5 cm breit, asymmetrisch, elliptisch-lanzettlich. Petalen 0,7 cm lang, 0,25 cm breit, linealisch-lanzettlich. Lippe 1,8–3 cm lang, 1,8–2,2 cm breit, 4lappig, am Grunde mit einem schmalen Nagel; Seitenlappen 0,7–1,5 cm lang, 0,4–1,2 cm breit, schief-länglich; Mittellappen den Seitenlappen ähnlich; Sporn 4–5 cm lang, schlank. Säule ungefähr 1 cm lang, schief.
Verbreitung: Indochina, Malaya und nördlich bis Süd-China.
Geschichte: H. Hance beschrieb diese Art 1856 in den »Annales des Sciences Naturelles«.
Synonyme: Habenaria xanthocheila Ridley; *H. pusilla* Rchb.f.

Habenaria splendens Rendle

Aufrechte, bis 75 cm hohe, terrestrische Pflanze mit bis zu 3 cm langen Knollen und einem kräftigen, beblätterten Stamm. Blätter bis 20 cm lang, 2,5–8 cm breit, eiförmig-lanzettlich oder lanzettlich, vorn spitz. Blütenstand 8–20 cm lang, lokker 4–17blütig; Brakteen lanzettlich, langspitzig. Blüten fast aufrecht, oft duftend, mittelgroß: Sepalen hellgrün; Petalen und Lippe weiß. Mittlere Sepale aufrecht, 2–3 cm lang, 0,9–1,5 cm breit, lanzettlich-elliptisch, mit aufgesetztem Spitzchen; die seitlichen ziemlich asymmetrisch, bis 2,8 cm lang und 1,3 cm breit, lanzettlich, langspitzig. Petalen aufrecht, bis 3 cm lang, 0,5–0,9 cm breit, riemenförmig, stark gekrümmt, mit der mittleren Sepale verbunden. Lippe mit einem schmalen aber langen Nagel, vorn tief 3lappig, unten dicht flaumig behaart; Seitenlappen auseinanderstehend, am äußeren Rande mit 6–12 Fransen, bis 3,5 cm lang; Mittellappen linealisch, 2–3 cm lang, 0,2–0,3 cm breit, herabgeschlagen; Sporn 3–4 cm lang, einwärts gekrümmt, etwas s-förmig. Anthere mit hufeisenförmigen Konnektiv von 1,1–1,8 cm Breite; Narben 0,5–0,7 cm lang, mit den Seitenlappen des Rostellums vereint.
Verbreitung: In Ostafrika von Äthiopien südwärts bis nach Malawi und Sambia; in Grassteppen und an den Rändern von Baumsteppen; 1000–2400 m.
Geschichte: Habenaria splendens gehört zu den größten Arten der Gattung in Afrika; sie wurde von H.H. Johnston am Kilimandscharo gefunden und 1895 von A. Rendle im »Journal of the Linnaean Society« beschrieben.
Anmerkung: Die Pflanze ist nahe verwandt mit *H. praestans* Rendle, die einen nur 2,5 cm langen Sporn besitzt, und mit *H. macrantha* A. Rich., deren Lippe an der Basis kahl ist.

Haraella Kudo
Tribus: Vandeae
Subtribus: Sarcanthinae

Kleine Epiphyten mit sehr kurzen Stämmen und 2zeilig angeordneten, fleischigen Blättern. Blütenstände seitenbürtig, einfach, wenigblütig. Blüten mittelgroß, etwas augenfällig. Sepalen und Petalen untereinander ähnlich, frei, abstehend. Lippe am Grunde der Säule sitzend, ohne Sporn oder sackartige Vertiefung, in der Mitte zusammengezogen; der Vorderlappen fast kreisrund, an den Rändern unregelmäßig gekämmt-gefranst; Schwiele aus 2 Leisten gebildet. Säule kurz, breit, ungeflügelt; Pollinien 2, kugelig, tief gefurcht; Stipes linealisch; Klebscheibe verhältnismäßig groß; Rostellum vorn gabelig geteilt, etwas nach vorn gerichtet.
Umfang und Verbreitung: 2 Arten; nur aus Taiwan (Formosa) bekannt.
Ableitung des Namens: Benannt nach Mr. Yoshi Hara, der das Typus-Material entdeckte.
Anmerkung: Haraella wurde von Y. Kudo 1930 im »Journal of the Society of Tropical Agriculture«, Taiwan, begründet. Er verglich die Gattung mit *Gastrochilus,* bei der die Lippe einen Sporn besitzt.
Typus-Arten: H. odorata Kudo und *H. retrocalla* (Hayata) Kudo.
Kultur: Montiert auf Rinden- oder Baumfarnblöcke. Mindesttemperatur im Winter 12–15 °C. Diese, am besten hängend kultivierten Pflanzen, brauchen zu jeder Zeit hohe Luftfeuchtigkeit und mäßigen Schatten. Wenn die Wurzeln wachsen, sollte man sie reichlich mit Wasser versorgen; später ist nur noch regelmäßiges Sprühen oder Nebeln notwendig.

Haraella odorata Kudo

Stamm des kleinen, kaum über 5 cm hohen Epiphyten nur 1,5 cm lang, beblättert. Blätter 2zeilig angeordnet, bis zu 8 cm lang und 1,1 cm breit, länglich bis verkehrtlanzettlich, sichelförmig, fleischig, vorn spitz. Blütenstände blattachselbürtig, kürzer als die Blätter, armblütig; Brakteen 3eckig, 0,1–0,15 cm lang, spitz, hellgrün. Blüten bis 2 cm breit: Sepalen und Petalen grüngelb; Lippe grüngelb, in der Mitte kastanienbraun und an den Rändern etwas braun getüpfelt. Sepalen voneinander frei, 0,9 cm lang, 0,55 cm breit, verkehrtlanzettlich-elliptisch, stumpf oder mit aufgesetztem Spitzchen. Petalen 0,8 cm lang, 0,25 cm breit, verkehrteiförmig-länglich, stumpf. Lip-

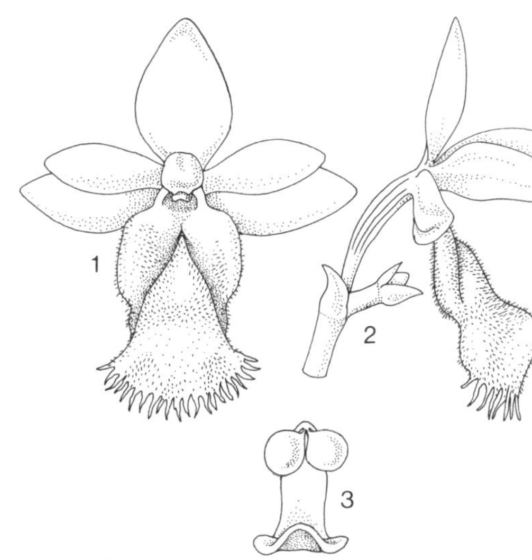

Haraella odorata
1 = Blüte von vorn (× 2)
2 = Blüte von der Seite (× 2)
3 = Klebscheibe, Stipes und Pollinien (× 6¹/₂)

schwach 3lappig (Seitenläppchen pfriemlich und fast aufrecht; Mittelläppchen fast quadratisch). Säule 2,3 cm lang, schlank, etwas gebogen, hellbraun, am Gipfel hell gelbgrün mit rotbraunen Flecken; Säulenfuß leuchtend rot.
Verbreitung: Venezuela, Kolumbien, Peru, Bolivien und Brasilien.
Geschichte: Ursprünglich wurde die Art von Schlim 1849 auf dem Ostufer des Magdalena-Flusses in der Soto-Provinz und zwei Jahre später in der Nähe von Ocana gefunden. Vom letzten Fundort wurde sie durch die Firma Linden in Brüssel in die Kultur eingeführt. Zum Blühen kam die Pflanze erstmals im Gewächshaus von M. Pescatore in St. Cloud bei Paris 1852. Im folgenden Jahr erfolgte die Veröffentlichung durch J. Lindley in »Paxton's Flower Garten«.
Synonyme: Houlletia picta Lind. et Rchb.f.; *H. juruenensis* Hoehne; *H. antioquiensis* hort.; *H. buchtienii* Kraenzl.; *H. boliviana* Schltr.

Huntleya Lindl.

Tribus: Maxillarieae
Subtribus: Zygopetalinae

Büschelig wachsende Epiphyten ohne Pseudobulben. Blätter zahlreich, 2zeilig und fächerartig angeordnet. Blütenstände blattachselbürtig, 1blütig, kürzer als die Blätter. Blüten groß, augenfällig, oft glänzend. Sepalen und Petalen einander ähnlich, abstehend; die seitlichen Sepalen und Petalen am Fuß der Säule angesetzt. Lippe mit dem oberen Ende des Säulenfußes gegliedert, am Grunde zusammengezogen, oben verbreitet, genagelt; Schwiele grundständig, quer, lang gefranst. Säule gekrümmt, oben erweitert und etwas gekerbt, mit zwei Öhrchen.
Umfang und Verbreitung: Möglicherweise (siehe unten) 10 Arten; Mittelamerika, Südamerika und Trinidad.
Ableitung des Namens: Benannt nach dem englischen Geistlichen J.T. Huntley, einem Orchideenliebhaber des frühen 19. Jahrhunderts.
Anmerkung: J. Lindley begründete die von J. Bateman vorgeschlagene Gattung 1837 im »Botanical Register«. Sie unterscheidet sich von *Maxillaria* durch ihre fächerartige Blattanordnung und die Struktur ihrer Lippe und Säule. Von den ebenfalls verwandten Gattungen *Zygopetalum, Chondrorhyncha* und *Pescatorea* unterscheidet man sie durch ihre gefalteten Blätter, die offenen Blüten und die kammartig gefranste Lippenschwiele. R.A. Rolfe revidierte die Gattung 1900 (»Orchid Review«) und unterschied 6 Arten und eine Varietät; allerdings bemerkte er, daß mehrere Arten in vielen Merkmalen sehr ähnlich seien. In einer neueren Bearbeitung (J. Fowlie, »Orchid Digest« 1967 und 1974) werden 10 Arten aufgeführt. Diese Zahl wird jedoch von verschiedener Seite bestritten: Aus den von J. Fowlie gegebenen Abbildungen ersieht man Unterscheidungsmerkmale, die sich nur schwer quantitativ erfassen lassen. Ob diese Merkmale zur Unterscheidung von so vielen Arten hinreichend sind, ist Ansichtssache; mehrere sind wahrscheinlich nur Formen von *H. meleagris.*
Typus-Art: H. meleagris Lindl.
Kultur: Substrat A. Mindesttemperatur im Winter 12–15 °C. Pflanzen dieser Gattung wachsen gut in Töpfen mit gut durchlässigem Pflanzstoff; man kann sie aber auch auf Kork- oder Baumfarnblöcke montieren. Sie verlangen Schatten und eine feuchte Atmosphäre. Man wässere sie während des ganzen Jahres und achte darauf, daß die Wurzeln niemals völlig trocken werden.

Huntleya heteroclita C. Schweinf.

Großer Epiphyt mit sehr kurzen, büschelig angeordneten, beblätterten Stämmen. Blätter 2zeilig stehend, bis zu 44 cm lang und 6,5 cm breit, verkehrtlanzettlich, vorn spitz bis langspitzig, abstehend, unten von der verlängerten und gefalteten Scheide deutlich abgesetzt. Blütenstand grundständig, aufrecht, 7–15 cm lang, 1blütig; Braktee röhrig, spitz. Blüte groß, ausgebreitet: Sepalen und Petalen gelb mit rotbraun; Lippe lila mit weißer Schwiele. Sepalen 2,7–3,9 cm lang, 0,8–0,9 cm breit, lanzettlich, langspitzig; die seitlichen asymmetrisch. Petalen ein wenig kürzer als die Sepalen, länglich-lanzettlich, langspitzig. Lippe 2,2–2,4 cm lang, 1,3–1,5 cm breit, 3lappig; Seitenlappen geöhrt; Mittellappen groß, ausgebreitet, rhombisch-eiförmig, vorn langspitzig und zurückgebogen; Schwiele fleischig, halbkreisförmig, am Grunde sitzend, mit mehreren Leisten. Säule bis 1,3 cm lang, kräftig, unten mit einem Paar fast kreisrunder Flügel, auf der Vorderseite dicht filzig behaart.
Verbreitung: Peru.
Geschichte: Die Art wurde von C. Schweinfurth 1944 im »American Orchid Society Bulletin« beschrieben. Zugrunde lag eine von Williams bei San Roque gesammelte Pflanze.
Synonym: Zygopetalum rhombilabium C. Schweinf.

Huntleya meleagris Lindl.

Blätter des mittelgroßen Epiphyten 20–40 cm lang, 3–5 cm breit, linealisch-lanzettlich oder elliptisch-lanzettlich, vorn spitz, dünn-lederig. Blütenstand aufrecht, 1blütig; Brakteen 1–2 cm lang, 3eckig, spitz. Blüten auffällig, bis 10 cm breit, wachsartig: Sepalen glänzend rotbraun, mit gelben Flecken und gelblichweiß im unteren Drittel; Petalen und Lippe ähnlich aber unten mit purpur-violetten Schlieren. Sepalen 4,5–6 cm lang, 1,8–2,5 cm breit, elliptisch-eiförmig bis elliptisch-lanzettlich, spitz bis langspitzig. Petalen bis 3,5 cm lang, 1,6–2,5 cm breit, schmal-eiförmig, langspitzig, an den Rändern gewellt. Lippe 2,5–3,5 cm lang, 1,6–2,5 cm breit, kurz genagelt, eiförmig, zurückgebogen, vorn langspitzig, schwach 3lappig; Schwiele mit einem bewimperten Kamm. Säule bis 2 cm lang, unten verschmälert, oben erweitert, hinten gekielt, mit breit 3ekkigen Flügeln.
Verbreitung: Brasilien, Venezuela und Guayana.
Geschichte: J. Lindley beschrieb diese von Decourtilz in Brasilien entdeckte Pflanze 1837 im »Botanical Register«.
Synonyme: Batemannia burtii Endres et Rchb.f.; *B. meleagris* (Lindl.) Rchb.f.; *Huntleya albo-fulva* Lem.; *H. burtii* (Endres et Rchb.f.) Rolfe; *Zygopetalum meleagris* (Lindl.) Benth.; *Z. burtii* (Endres et Rchb.f.) Benth.

Ionopsis H.B.K.

Tribus: Oncidieae

Epiphyten oder seltener terrestrische Pflanzen mit kurzen bis langen beblätterten Rhizomen. Pseudobulben klein, blattlos oder 1blättrig. Blätter steif, 2zeilig angeordnet. Blütenstände bis zu 3 je Pflanze, rispig, locker vielblütig. Blüten augenfällig. Sepalen und Petalen einander ähnlich, aufrecht bis abstehend; die seitlichen Sepalen miteinander verwachsen und unterhalb der Lippe eine bauchartige Vertiefung bildend. Lippe genagelt, viel größer als die anderend Blütenteile, schwielig. Säule kräftig, ohne Fuß und ungeflügelt; Pollinien 2, wachsartig.
Umfang und Verbreitung: Ungefähr 10 Arten; in den tropischen und subtropischen Regionen Südamerikas, von Florida und Mexiko bis nach Bolivien und Paraguay.
Ableitung des Namens: Aus dem Griechischen »ion« = Veilchen und »opsis« = sieht aus wie.
Anmerkung: A. von Humboldt, A. Bonpland und K. Kunth begründeten diese Gattung 1815 in ihren »Nova Genera et Species«. Sie ist mit *Comparettia* verwandt, besitzt aber nicht die für diese Gattung charakteristischen fädlichen Lippenfortsätze.
Typus-Art: I. pulchella H.B.K.

Kultur: Substrat A. Mindesttemperatur im Winter 12–15 °C. Am besten zieht man diese Pflanzen in kleinen Töpfen oder montiert auf Kork- oder Baumfarnblöcken. Sie verlangen mäßigen Schatten und eine feuchte Atmosphäre; niemals sollte man sie völlig trocken werden lassen.

Ionopsis utricularioides (Sw.) Lindl.

Eine epiphytische oder manchmal terrestrisch wachsende kahle, 7–75 cm hohe Pflanze. Pseudobulben bis 3 cm lang, elliptisch-kegelig, glatt, völlig von Blattscheiden verdeckt, sonst blattlos oder am Gipfel 1blättrig. Blätter zu zwei bis drei aus dem Rhizom entspringend, deutlich von ihren Scheiden abgesetzt, 3–17 cm lang, 0,6–1,8 cm breit, linealisch, bis verkehrtlanzettlich, vorn spitz oder stumpf, lederig, auf der Unterseite rotbraun. Blütenstand traubig oder rispig, bis 75 cm lang, locker wenig- bis vielblütig; Schaft dünn bis kräftig; Brakteen winzig. Blüten ungefähr 1,3 cm breit, auffällig; weißlich bis rosenrot, lavendelfarbig behaucht, violett oder anilinrot. Obere Sepale bis 0,6 cm lang und 0,3 cm breit, länglich bis verkehrtlanzettlich, stumpf oder mit aufgesetzter Spitze; die seitlichen bis 0,6 cm lang und 0,2 cm breit, eiförmig-lanzettlich, spitz, am Grunde miteinander verwachsen und ein sackartiges Mentum bildend. Petalen 0,7 cm lang, 0,3 cm breit, länglich oder länglich-eiförmig, oben spitz oder abgerundet und zurückgebogen. Lippe bis 1,6 cm lang, 0,7–1,8 cm breit, kurz genagelt, fächerig-verkehrtherzförmig mit tiefem Ausschnitt, an den ungeteilten Rändern leicht gewellt; Nagel an der Basis geöhrt; Platte mit zwei dünnen Schwielen am Grunde. Säule 0,2 cm lang, kräftig.
Verbreitung: Durch das tropische Amerika einschließlich Florida, von Meereshöhe bis 1050 m.
Geschichte: O. Swartz beschrieb diese schöne Pflanze ursprünglich in der Gattung *Epidendrum* (»Prodromus« 1788). In seinen »Collectanea Botanica« versetzte sie J. Lindley 1821 zu *Ionopsis.*
Synonyme: Epidendrum utricularioides Sw.; *Dendrobium utricularioides* (Sw.) Sw.; *Cybelion utriculariae* Sprengel; *Ionopsis tenera* Lindl.; *I. gardneri* Lindl.

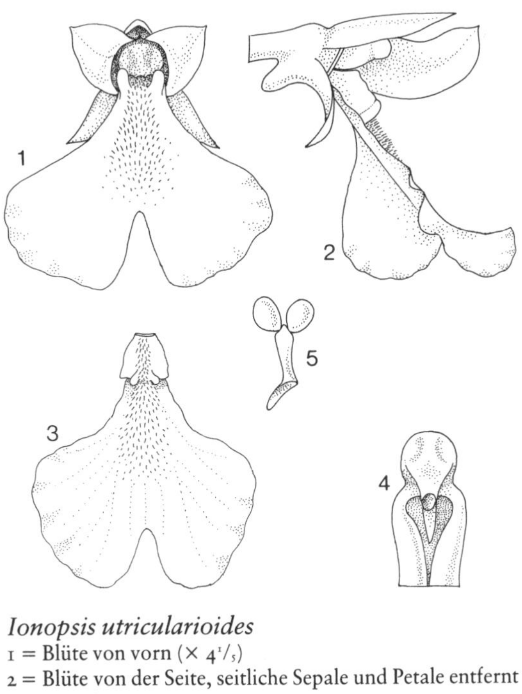

Ionopsis utricularioides
1 = Blüte von vorn (× 4¹/₅)
2 = Blüte von der Seite, seitliche Sepale und Petale entfernt (× 4¹/₅)
3 = Lippe (× 3)
4 = Säule (× 8¹/₂)
5 = Klebscheibe, Stipes und Pollinien (× 17)

Isochilus R.Br.

Tribus: Arethuseae
Subtribus: Sobraliinae

Kleine, gebüschelte Epiphyten, Lithophyten oder terrestrische Pflanzen mit schlanken Stämmen. Blätter zahlreich, 2zeilig angeordnet, von den Scheiden abgesetzt. Blütenstände gipfelbürtig, traubig, 1- bis vielblütig. Blüten einseitswendig in zwei Zeilen angeordnet, klein. Sepalen frei oder bis zur Spitze miteinander verwachsen, auf dem Rücken gekielt. Petalen genagelt, schmal, etwas asymmetrisch. Lippe kurz genagelt, um die Mitte herum schwanenhalsartig gebogen. Säule aufrecht, flügellos, am Gipfel gezähnt, mit meistens undeutlichem Fuß; Pollinien 4, wachsartig, länglich-eiförmig im Umriß, seitlich zusammengepreßt.
Umfang und Verbreitung: Eine kleine Gattung mit 2 Arten und 4 Varietäten; Mittelamerika, nördliches Südamerika und auf den Westindischen Inseln.
Ableitung des Namens: Aus dem Griechischen »iso« = gleich und »cheilos« = Lippe.
Anmerkung: R. Brown begründete die Gattung 1813 in der 2. Auflage von Aiton's »Hortus Kewensis«. Sie wurde letztmals von D.S. Correll 1941 revidiert (»Botanical Museum Leaflets of Harvard University«). Die einzelnen Sippen lassen sich kaum durch Blütenmerkmale unterscheiden: die wesentlichen Unterschiede findet man im vegetativen Bereich. Von *Ponera* unterscheidet sich *Isochilus* durch ihren gipfelbürtigen Blütenstand und ihre eigenartig gebogene Lippe, von *Elleanthus* ebenfalls durch die Lippenform wie auch durch den Besitz von vier Pollinien. Nach den Angaben von Steyermark ist *Isochilus* in Guatemala von volksmedizinischer Bedeutung als Mittel gegen Darmstörungen.
Typus-Art: I. linearis (Jacq.) R.Br.
Kultur: Substrat A. Mindesttemperatur im Winter 12–15 °C. Die Pflanzen werden in Töpfen oder Schalen gehalten. Sie verlangen eine etwas feuchte Atmosphäre und Schatten; man hat sie während des ganzen Jahres vorsichtig feucht zu halten.

Isochilus linearis (Jacq.) R.Br.

Terrestrische, epiphytische oder lithophytische Pflanze, bis zu 60 cm hoch. Stämme rasig, schlank ungefähr 0,1 cm im Durchmesser, beblättert, mit warzigen Scheiden bedeckt. Blätter bis 6,5 cm lang und 0,25 cm breit, linealisch, vorn stumpf oder leicht eingeschnitten, halbaufrecht bis abstehend. Blütenstand traubig 1- bis mehrblütig; Brakteen schuppenartig, von fast kreisrund bis länglich. Blüten klein, mehr oder weniger deutlich 2zeilig angeordnet: weiß, orangegelb, rot oder purpurn. Sepalen bis 0,8 cm lang, mehr oder weniger zusammenhängend, auf dem Rücken mehr oder minder gekielt, stumpf bis fast langspitzig; die seitlichen am Grunde ein kurzes Mentum bildend. Petalen genagelt, bis 0,6 cm lang, länglich-lanzettlich bis verkehrteiförmig. Lippe kurz genagelt bis 0,8 cm lang und 0,2 cm breit, linealisch-verkehrtlanzettlich, s-förmig, spitz oder stumpf. Säule aufrecht, flügellos, am Gipfel gezähnt, mit kurzem Fuß.
Verbreitung: Durch das tropische Amerika, von Meereshöhe bis zu 3900 m.
Geschichte: Die Pflanze wurde 1763 von N. von Jacquin in seinem Werk «Selectarum Stirpium Americanarum Historia« unter dem Gattungsnamen *Epidendrum* veröffentlicht; Plumier hatte sie in Martinique gesammelt. Im Jahre 1813 versetzte sie R. Brown zur Gattung *Isochilus* (»Aiton's Hortus Kewensis«, 2. Aufl.).
Synonym: Epidendrum lineare Jacq.

Isochilus major Cham. et Schlechtendal

Diese Art unterscheidet sich von *I. linearis* durch ihre dichten, einseitswendigen wickeltraubigen Blütenstände und typisch glatte, grün gefleckte Blattscheiden. Sie wächst terrestrisch oder epiphytisch in lichten Wäldern oder in Nebelwäldern in Höhenlagen zwischen 600 und 2000 m.
Verbreitung: Mittelamerika von Süd-Mexiko bis nach Panama und außerdem in Jamaika.

Jumellea Schltr.

Tribus: Vandeae
Subtribus: Angraecinae

Kleine bis mittelgroße Epi- oder Lithophyten mit sehr kurzen bis verlängerten, meistens unverzweigten Stämmen und oft 2zeilig angeordneten Blättern. Blütenstände immer 1blütig; Schaft fast immer kürzer als Blütenstiel und Fruchtknoten. Blüten weiß, augenfällig, von verschiedener Größe. Sepalen und Petalen untereinander ähnlich; die seitlichen Sepalen am Grunde zu verschiedener Länge miteinander um den Schlund des Sporns herum verwachsen. Lippe ungeteilt, am Grunde zusammengezogen und darüber ein- oder zweimal verbreitert, in der Mitte mit einer linealischen oder spitz zulaufenden Schwiele; Sporn kurz bis sehr lang, dünn oder manchmal fädlich. Säule kurz, fleischig; Rostellum gabelig geteilt; Pollinien 2, jede mit Stipes oder direkt der Klebscheibe aufsitzend.
Umfang und Verbreitung: Etwa 40 Arten; vorwiegend in Madagaskar, den Komoren und Maskarenen, aber mit 2 Arten auf dem afrikanischen Festland.
Ableitung des Namens: Benannt zu Ehren von Dr. Henri Jumelle, einem berühmten französischen Botaniker, der sich besonders um das Studium der Pflanzenwelt von Madagaskar verdient gemacht hat.
Anmerkung: Die Gattung wurde von R. Schlechter 1914 in »Die Orchideen« begründet. Die meisten Arten gehörten zuvor zu *Angraecum.* Sie ist bemerkenswert einheitlich und zeichnet sich besonders durch ihre schmalen Blütenelemente aus. Die charakteristische Blütenform und besonders die lanzettliche, niemals die Säule umfassende Lippe erlauben, *Jumellea* leicht von *Angraecum* zu unterscheiden. Die Abgrenzung der Arten ist wegen der Gleichförmigkeit der Blüten allerdings schwierig; von besonderer Wichtigkeit sind deshalb vegetative Merkmale. Die letzte umfassende Bearbeitung der Gattung erfolgte 1940 durch H. Perrier de la Bâthie (»Flore de Madagascar«); er unterschied 37 Arten. Inzwischen wurde so viel neues Material gesammelt, welches die Variationsbreite der Arten in neuem Licht erscheinen läßt, daß man die Bearbeitung als überholt betrachten kann.
Typus-Art: Angraecum recurvum Thou.
Kultur: Substrat A. Mindesttemperaturen im Winter 15 °C. *Jumellea*-Arten lieben hohe Luftfeuchtigkeit und mittleren Schatten während des ganzen Jahres. Solange sie wachsen, verlangen sie viel Wasser. Da sie reichlich »unordentlich« wachsen, sollte man sie in Schalen oder Körben halten, wo sich die Wurzeln frei entfalten können. Während manche Arten aufrecht wachsen, ziehen es andere vor, zu hängen. Alle bilden dichte Büschel und blühen zu irgendeiner Zeit im Jahresablauf.

Jumellea comorensis Schltr.

Diese Art unterscheidet sich von *J. sagittata* durch viel schlankere, verlängerte Stämme und wesentlich kürzere Blätter. Darüber hinaus besitzt sie zartere Blüten mit einer schlanken Lippe und langem fädlichem Sporn.

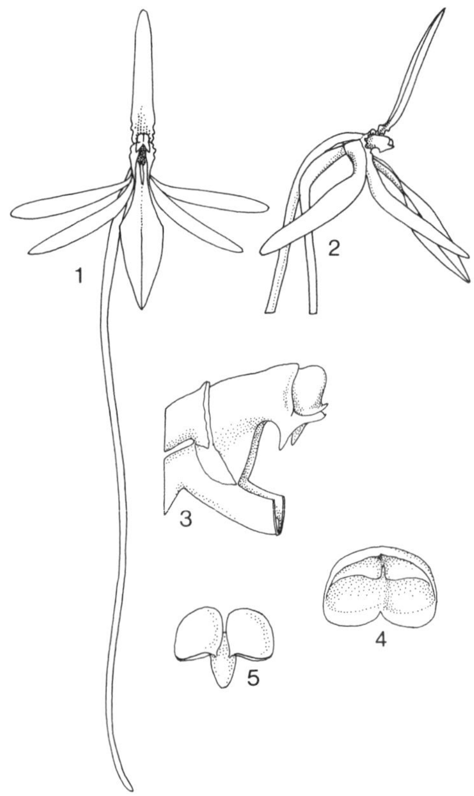

Jumellea comorensis
1 = Blüte von vorn (× 3/4)
2 = Blüte von der Seite (× 3/4)
3 = Lippengrund und Säule von der Seite (× 4 1/4)
4 = Antherenkappe (× 6 1/2)
5 = Klebscheibe und Pollinien (× 6 1/2)

Jumellea sagittata H. Perr.

Bis über 50 cm hohe epiphytische Pflanze mit sehr kurzen, 5- oder 6blättrigen Stämmen. Blätter 25-30 cm lang, 3–3,5 cm breit, riemenförmig, zum Grunde hin gefaltet, vorne stumpf. Blütenstand 7–9 cm lang, 1blütig, hängend; Schaft 7–9 cm lang; Brakteen 1 cm lang, grün. Blüten weiß, auf der äußeren Oberfläche etwas kleiig. Obere Sepale 3 cm lang, 0,8 cm breit, lanzettlich, langspitzig; seitliche Sepalen etwas länger und schmäler (4 cm lang, 0,6 cm breit). Petalen dem oberen Sepal ähnlich. Lippe 3,6–4 cm lang, 1,8–2 cm breit, lanzettlich, mit den unteren Rändern röhrenartig eingerollt; Sporn 5–6 cm lang, zylindrisch. Säule 0,4 cm lang, 0,3 cm breit, kräftig.
Verbreitung: In moosfeuchten Wäldern bis zu 1400 m Meereshöhe von Madagaskar.
Geschichte: Die Pflanze wurde in Ankeramadinika in Zentralmadagaskar von H. Perrier de la Bâthie gefunden und von ihm 1938 in »Notulae Systematicae« veröffentlicht.

Kefersteinia Rchb.f.

Tribus: Maxillarieae
Subtribus: Zygopetalinae

Kleine bis mittelgroße Epiphyten ohne Pseudobulben. Stämme sehr kurz, gebüschelt, 2–3blättrig. Blütenstand hängend, wenigblütig. Blüten mittelgroß, durchscheinend. Sepalen und Petalen abstehend, frei, untereinander ähnlich. Lippe gegen den Fuß der Säule gegliedert, ungeteilt, oft am Grunde mit einer sackartigen Vertiefung, in der Mitte gekniet, an den Rändern ausgebissen oder gefranst, am Grunde mit einer plattenartigen Schwiele besetzt. Säule im Querschnitt halbkreisrund, vorn mit einem deutlich ausgeprägten vertikalen Kiel; der mehr oder minder stark entwickelte Fuß ein wenig auffälliges Mentum bildend; Rostellum 3teilig, der mittlere Zahn linealisch-lanzettlich, hervorstehend.
Umfang und Verbreitung: Ungefähr 20 wenig bekannte Arten; von Costa Rica und Nicaragua südwärts bis Brasilien und Peru.
Ableitung des Namens: Benannt nach Herrn Keferstein aus Krollwitz, einem Zeitgenossen von H.G. Reichenbach und Besitzer einer beachtlichen Orchideensammlung.
Anmerkung: H.G. Reichenbach begründete die Gattung 1852 in der »Botanischen Zeitung«. Sie ist sehr nahe mit *Chondrorhyncha* und *Cochleanthes* verwandt, unterscheidet sich aber von beiden durch den Kiel der Säule und ihre Lippenform. Verschiedentlich hat man *Kefersteinia* mit *Chondrorhyncha* vereinigt; doch heute neigt man dazu, die beiden Gattungen getrennt zu halten. Verschiedene Arten findet man farbig abgebildet durch J.A. Fowlie (»Orchid Digest« 1966 und 1970).
Typus-Art: K. graminea (Lindl.) Rchb.f.
Kultur: Substrat A. Mindesttemperatur im Win-

ter 12–15 °C. Allgemein behandelt man diese Pflanzen wie für *Chondrorhyncha* angegeben. Man hält sie in Töpfen oder Körben in einer feuchten Atmosphäre und im Schatten. Ihre Wurzeln sollten niemals stark austrocknen; man sollte sie aber immer vorsichtig gießen.

Kefersteinia graminea (Lindl.) Rchb.f.

Mittelgroßer Epiphyt. Blätter 35 cm lang, 2,5 cm breit, linealisch-verkehrtlanzettlich, halbaufrecht abstehend, spitz oder lang zugespitzt, am Rücken gekielt, an der Basis von einer gefalteten Scheide abgesetzt. Blütenstände zu mehreren, aufrecht, 1–3blütig. Blüten von zarter Natur: Sepalen und Petalen hellgrün mit braunen Flecken; Lippe hellgrün mit rötlichbraunen Flecken; Sepalen 2–2,3 cm lang, 0,9–1 cm breit, schmal eiförmig-elliptisch, spitz, abstehend. Petalen 2 cm lang, 0,9 cm breit, schmal-elliptisch, spitz. Lippe 2,1 cm lang, 2,4 cm breit, breit-eiförmig, ausgeschnitten, an den Seitenrändern aufgerichtet, mit der oberen Hälfte zurückgeschlagen und an den Rändern eingeschnitten-gekräuselt; Schwiele fleischig, vorstehend, vorne eingeschnitten, in der Mitte samtartig bis drüsig-flaumig, dunkelbraun. Säule aufrecht, kaum merklich geöhrt, weiß.
Verbreitung: Venezuela, Kolumbien und Ecuador.
Geschichte: J. Lindley beschrieb die Pflanze 1844 im »Botanical Register« als *Zygopetalum.* H.G. Reichenbach führte sie 1852 zur heutigen Gattung über (»Botanische Zeitung«).
Synonym: Zygopetalum gramineum Lindl.

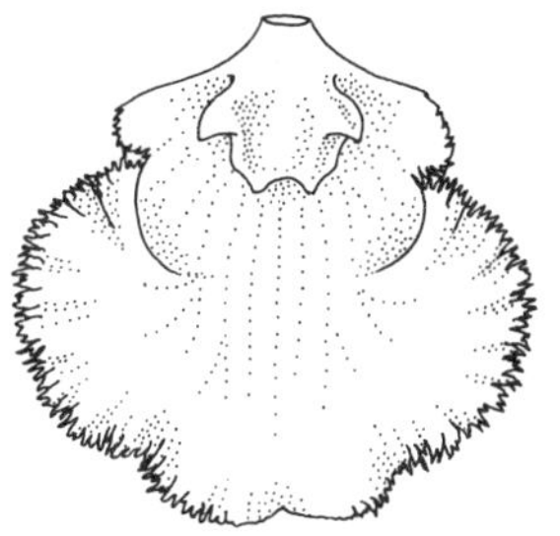

Kefersteinia graminea
Lippe ausgebreitet (× 2)

Kefersteinia lojae Schltr.

Stämme des kleinen, bis 25 cm hohen Epiphyten kurz, dicht gebüschelt, mit vier oder fünf 2zeilig angeordneten, sich ziegelartig deckenden Blattscheiden bedeckt. Blätter von der gefalteten Blattbasis deutlich gegliedert, bis 20 cm lang, 0,8–2 cm breit, verkehrtlanzettlich bis linealisch, vorn spitzlich. Blütenstände zu zwei oder drei, sehr kurz, 1blütig, aufsteigend oder wegstehend. Blüten ähnlich denen von *K. graminea* aber kleiner; weiß, nur ganz vorn dicht rot getüpfelt. Mittlere Sepale 1,4 cm lang, 0,6 cm breit, länglich, spitz; die seitlichen schief-länglich-lanzettlich, spitzlich, am Grunde konkav. Petalen kürzer aber breiter als die obere Sepale, schwach gekerbt. Lippe kurz genagelt, 1,3 cm lang, 1,2 cm breit, aus keilförmigem Grunde rhombisch-eiförmig, an den Rändern ausgebissen-gezähnelt; Schwiele am Grunde sitzend, kreisrund-rhombisch, 2lappig. Säule kurz, kräftig, mit kurzem Fuß, oben geöhrt.
Verbreitung: Ecuador und Peru.
Geschichte: R. Schlechter beschrieb die Pflanze 1921 in den Beiheften zu »Feddes Repertorium« unter Zugrundelegung einer von F.C. Lehmann in Las Juntas bei Loja gesammelten Pflanze.
Synonym: Chondrorhyncha lojae (Schltr.) C. Schweinf.

Kingidium P.F. Hunt
Tribus: Vandeae
Subtribus: Sarcanthinae

Kleine Epiphyten mit sehr kurzen Stämmen und mit Blättern von ziemlich dünner Beschaffenheit. Blütenstand traubig oder rispig, vielblütig. Blüten klein oder augenfällig. Mittlere Sepale und Petalen frei, einander ähnlich; die seitlichen Sepalen mit dem Grunde der Lippe verwachsen und ein spornartiges Mentum bildend. Lippe am Grunde sackartig, auffallend 3lappig; Seitenlappen aufrecht; Mittellappen aus schmaler Basis erweitert; Schwiele abgeflacht, gabelig geteilt. Säule kurz, fleischig; Pollinien 4; Stipes einzeln, linealisch-verkehrtlanzettlich; Klebscheibe herzförmig.
Umfang und Verbreitung: 2 Arten; in China, Indien, Ceylon, Birma, Thailand, Malaya, Indonesien und auf den Philippinen.
Ableitung des Namens: Benannt nach Sir George King, der gemeinsam mit R. Pantling »Orchids of the Sikkim-Himalaya« verfaßte.
Anmerkung: P.F. Hunt begründete die Gattung 1970 im »Kew Bulletin«. Sie war zuvor als *Kingiella* Rolfe bekannt. Dieser Name hatte wegen der älteren *Kingella* van Tiegh. aber nach den internationalen Nomenklaturregeln keine Gültigkeit. *Kingidium* ist nahe mit *Phalaenopsis* verwandt und wird von manchen Autoren sogar mit dieser Gattung vereinigt. Man kann sie jedoch durch ihr sackartiges Mentum und die ungenagelte, anhangsfreie Lippe unterscheiden.
Typus-Arten: K. decumbens (Griff.) P.F. Hunt und *K. taenialis* (Lindl.) P.F. Hunt.
Synonym: Kingiella Rolfe.
Kultur: Substrat A. Mindesttemperatur im Winter 15 °C. Allgemein wie für *Phalaenopsis* und *Doritis* angegeben. Wegen der dünnen Blätter brauchen diese Pflanzen guten Schatten und ständig hohe Luftfeuchtigkeit. Obgleich sie auch zu jeder Zeit Wasser brauchen, wird man sie nach Abschluß des Wurzelwachstums etwas schwächer gießen.

Kingidium decumbens (Griff.) P.F. Hunt

Stamm des sehr verschiedengestaltigen Epiphyten kurz, nur 0,3–1 cm lang, 0,3–0,8 cm breit, in großen Büscheln angeordnet, armblättrig. Blätter 7,5–15,5 cm lang, bis über 3,5 cm breit, eiförmig-länglich, im trockenen Zustand weich, unten allmählich verschmälert, vorn stumpf oder spitzlich. Blütenstände einzeln oder mehrere, einfach oder verzweigt, 6–12 cm lang; Brakteen klein, 3eckig. Blüten klein: Sepalen und Petalen weiß (die seitlichen Sepalen am Grunde purpurrot ge-

Kingidium decumbens
1 = Blüte von der Seite, seitliche Sepale und Petale entfernt (× 4¹/₃)
2 = Lippe ausgebreitet (× 4¹/₃)
3 = Klebscheibe, Stipes und Pollinien (× 15)

tüpfelt); Lippe purpurn oder purpurviolett. Mittlere Sepale 0,6–0,9 cm lang, schmal-elliptisch, stumpflich; die seitlichen sehr breitlänglich und sichelig gekrümmt, stumpf. Petalen breit genagelt, 0,7–0,9 cm lang, 0,4 cm breit, elliptisch, abgerundet. Lippe 3lappig, bis 1,3 cm lang und 0,8 cm breit, abstehend, an der Basis etwas sackartig vertieft; Seitenlappen etwas abstehend, keilig-verkehrteiförmig, oben am breitesten; Mittellappen 0,6 cm lang und breit, verkehrtherzförmig, vorn mit einer breiten und tiefen Spalte; Schwiele flach in zwei auseinanderstrebende Zähne geteilt. Säule in Vorderansicht elliptisch.
Verbreitung: Sikkim, Bhutan, Indien, Birma, Ceylon, Malaya, Indonesien und auf den Philippinen.
Geschichte: W. Griffith (»Icones Plantarum Asiaticum«) beschrieb diese Art 1851 in der Gattung *Aerides* unter Zugrundelegung einer von ihm in Mogoung (Birma) gesammelten Pflanze. R. Rolfe versetzte sie wegen der sackartigen Ausbuchtung des Lippengrundes 1917 (»Orchid Review«) in die Gattung *Kingiella.* R. Holttum wiederum betrachtete dieses Merkmal als nicht hinreichend zur Abtrennung der Art von *Phalaenopsis* (»Flora of Malaya«, 3. Aufl.). Nach eingehenden Studien entschloß sich P.F. Hunt, die Art wieder von *Phalaenopsis* zu trennen; allerdings konnte er den alten Gattungsnamen *Kingiella* nicht wieder benutzen, weil es bereits eine um zwei Jahre ältere Gattung dieses Namens in den *Loranthaceae* gibt.
Synonyme: Aerides latifolium Thwaites; *A. decumbens* Griff.; *Doritis wightii* (Rchb.f.) Benth.; *Kingiella decumbens* Griff.; *Phalaenopsis hebe* Rchb.f.; *P. deliciosa* Rchb.f.; *P. decumbens* (Griff.) Holttum.

Koellensteinia Rchb.f.

Tribus: Maxillarieae
Subtribus: Zygopetalinae

Terrestrische Pflanzen oder Epiphyten mit verkürztem Rhizom. Stämme kurz, beblättert, öfters später mehr oder minder auffällig pseudobulbenartig verdickt (wenn pseudobulbenartig, dann am Gipfel 1–3blättrig über einem langen, stengelartigen Hals). Blütenstand seitlich entspringend, aufrecht oder abstehend, unten mit entfernt stehenden Scheiden, traubig oder etwas rispig. Blüten klein bis mittelgroß. Sepalen und Petalen untereinander ähnlich, nur die seitlichen Sepalen etwas asymmetrisch, alle frei und abstehend. Lippe mit dem Fuß der Säule gegliedert, deutlich 3lappig; Seitenlappen aufrecht oder abstehend; Mittellappen größer, breit, ungeteilt oder in zwei Läppchen gespalten. Säule sehr kurz, oben oft erweitert oder geflügelt, mit deutlichen entwickeltem Fuß; Pollinien 2, 2lappig.
Umfang und Verbreitung: Ungefähr 10 Arten; in Südamerika von Kolumbien und Venezuela südwärts bis nach Bolivien und Brasilien.
Ableitung des Namens: Benannt nach dem österreichischen Hauptmann Kellner von Koellenstein.
Anmerkung: H.G. Reichenbach begründete die Gattung 1854 in »Bonplandia«. R. Schlechter revidierte sie 1918 in »Orchis«. Eine ausführliche Diskussion ihrer Stellung innerhalb des Verwandtschaftskreises von *Zygopetalum* ist zu finden in einer Studie von L. Garay (»Orquideologia« 1977). Von der ihr nahe stehenden Gattung *Paradisanthus* unterscheidet sich *Koellensteinia* durch die Form der Seitenlappen der Lippe und ihre meistens 2lappige und nach hinten gerichtete Schwiele.
Typus-Art: K. graminea (Lindl.) Rchb.f.
Kultur: Substrat A. Mindesttemperatur im Winter 12–15 °C. Man hält diese Pflanzen in Schalen oder Körben in einer feuchten Atmosphäre und im Schatten. Während des ganzen Jahres ist der Wurzelballen mäßig feucht zu halten. Sie blühen meistens mehrere Monate lang.

Koellensteinia graminea (Lindl.) Rchb.f.

Stamm des kleinen Epiphyten sehr kurz, nicht pseudobulbenartig. Blätter zu 1–3, sehr schmal und grasartig, 6–25 cm lang und 0,4–0,9 cm breit, aufrecht, spitz, gebogen. Blütenstände 6–25 cm lang, aufrecht, blattachselbürtig, innen kürzer als die Blätter, traubig oder locker rispig, wenigblütig; Brakteen sehr klein, eiförmig, abstehend. Blüten ziemlich klein: cremefarben, strohgelb oder weiß, mehr oder minder intensiv grün behaucht, am Grunde der Sepalen und Petalen rosa, violett oder rotbraun gezeichnet; gelb um die Schwiele herum. Sepalen 1–1,1 cm lang, 0,4–0,6 cm breit, länglich-eiförmig bis elliptisch, konkav, spitz oder spitzlich. Petalen 0,9–1 cm lang, bis 0,4 cm breit, schmal-länglich-elliptisch, stumpf. Lippe 0,6 cm lang, 0,9 cm breit, am Grunde 3lappig, mit dem Fuß der Säule gegliedert; Seitenlappen aufrecht, länglich bis eiförmig; Mittellappen sitzend, quer-länglich oder nierenförmig, vorn ausgerandet oder mit aufgesetztem Spitzchen; Schwiele zwischen den Seitenlappen sitzend, fleischig, 2lappig, nach hinten gerichtet. Säule kurz und kräftig, mit zwei kurzen Flügeln am Gipfel, unten in einen schwach gebogenen Fuß verlängert.
Verbreitung: Von Venezuela und Kolumbien südwärts bis nach Bolivien.
Geschichte: J. Lindley beschrieb diese Pflanze zunächst im »Botanical Register« (1836) als *Maxillaria;* zugrunde lag ein von Low aus Demerara importiertes Exemplar, das bei der Firma Loddiges 1835 zum Blühen gekommen war. H.G. Reichenbach versetzte die Art 1863 in Walpers »Annales Botanices« zu *Koellensteinia.*
Synonym: Maxillaria graminea Lindl.

Laelia Lindl.

Tribus: Epidendreae
Subtribus: Laeliinae

Epiphyten, Lithophyten oder terrestrische Pflanzen mit verdickten, mehr oder weniger hohlen Pseudobulben. Blätter 1 oder 2, gipfelständig. Blütenstand gipfelständig, meistens traubig, selten rispig, 1- bis mehrblütig. Blüten meistens groß und augenfällig. Sepalen und Petalen frei, abstehend, falch oder wellig. Lippe frei oder mit dem Grunde der Säule verwachsen, ungeteilt oder 3lappig, unten die Säule röhrig umgebend, oben abstehend; Platte glatt oder von Leisten durchzogen. Säule lang, am Gipfel gezähnt; Antherenkappe mit aufgesetzter Spitze; Pollinien 8 (4 in jedem Antherenfach), wachsartig, eirund oder zusammengepreßt.

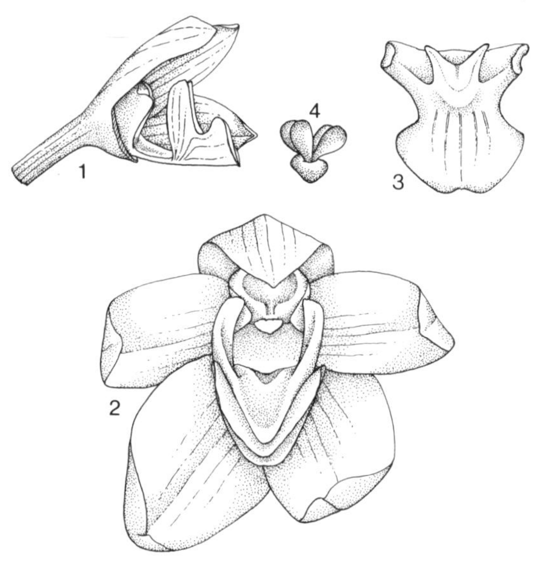

Koellensteinia graminea
1 = Blüte von der Seite, seitliche Sepale und Petale entfernt (× 2)
2 = Blüte von vorn (× 4)
3 = Lippe (× 4)
4 = Klebscheibe und Pollinien (× 14)

Umfang und Verbreitung: Ungefähr 50 Arten; von Mexiko südwärts bis nach Peru und Brasilien, auch auf den Westindischen Inseln.
Ableitung des Namens: Zu Ehren der Laelia (altrömischer Frauenname).
Anmerkung: J. Lindley begründete die Gattung 1831 in seinen »Genera and Species of Orchidaceous Plants«. Sie ist nahe mit *Cattleya* und *Epidendrum* verwandt. Sie unterscheidet sich von beiden durch den Besitz von 8, im Gegensatz zu 4, Pollinien. Zweifellos handelt es sich hierbei um eine künstliche Abtrennung; viele Arten aller drei Gattungen lassen sich ohne Schwierigkeiten kreuzen.
R. Schlechter revidierte *Laelia* 1917 (»Orchis«) und untergliederte sie in folgende 7 Sektionen:

1. **Cattleyodes:** Arten, die *Cattleya* ähnlich sind, aber doch 8 Pollinien besitzen; z.B. *L. crispa* Rchb.f.; *L. lobata* Lindl.; *L. grandis* Lindl.; *L. xanthina* Lindl.
2. **Hadrolaelia:** Pseudobulben heteroplastisch (aus einem Stammglied); Lippe mit deutlichen Leisten; z.B. *L. pumila* Rchb.f. und *L. jongheana* Rchb.f.
3. (Eu) **Laelia:** Wie vorstehend, aber Pseudobulben homoblastisch (aus mehreren Stammgliedern); z.B. *L. speciosa* (H.B.K.) Schltr.
4. **Microlaelia:** Ähnlich Sektion 3 aber Sepalen und Petalen von gleicher Breite; z.B. *L. lundii* Rchb.f.
5. **Cyrtolaelia:** Blüten gelb, orangefarben oder rot; Lippe schmal; z.B. *L. cinnabarina* Batem. und ähnliche lithophytische Arten. Heute wird diese Sektion auch **Parviflorae** genannt.
6. **Podolaelia:** Arten mit gegliederten, von Scheiden bedeckten Stämmen; z.B. *L. albida* Batem.; *L. autumnalis* (La Llave et Lex.) Lindl.; *L. anceps* Lindl. und *L. rubescens* Lindl.
7. **Calolaelia:** Nur aus der Art *L. superbiens* (siehe auch unten) bestehend.

H.G. Jones hat kürzlich (»Botanische Jahrbücher« 1976) diese Sektionsumgrenzungen untersucht: Er hält fünf aufrecht und spaltet *Cyrtolaelia* als eigene Gattung, nämlich *Hoffmannseggella,* ab und versetzt *L. superbiens* (Sect. 7) nach *Schomburgkia.* In letzter Zeit haben einige Autoren, der Studie von L.O. Williams folgend (»Botanical Museum Leaflets of Harvard University« 1941) *Schomburgkia* wieder mit *Laelia* vereinigt. Wir haben in diesem Buch diesem Beispiel nicht folgen können.
Typus-Art: *L. grandiflora* (La Llave et Lex.) Lindl.
Kultur: Substrat A. Mindesttemperaturen im Winter 12–15 °C. (Arten aus Mexiko können etwas kühler gehalten werden). Allgemein gelten die gleichen Anweisungen wie für *Cattleya.* Die Pflanzen verlangen während des Wachstums mäßigen Schatten und eine feuchte Atmosphäre. Solange die Wurzeln wachsen, ist viel Wasser vonnöten; in der folgenden Ruheperiode brauchen sie wesentlich weniger. Mexikanische Arten, wie z.B. *L. anceps* sollte man im Winter kühler und trockener halten als Arten aus Ländern wie Brasilien, besonders über Nacht. Während sich die meisten Arten gut in Töpfen kultivieren lassen, sollte man *L. anceps* und ähnliche besser in Körbe pflanzen.

Laelia albida Lindl.

Bis zu 55 cm hoher Epiphyt. Pseudobulben 3–4 cm lang, dichte Gruppen bildend, ei- oder birnenförmig, im Alter faltig, am Gipfel 2blättrig. Blätter 10–17 cm lang, bis 1,2 cm breit, lineal-lanzettlich, lederig, dunkelgrün, vorn spitz. Blütenstand 35–50 cm lang, locker 5–9blütig; Schaft schlank, gegliedert, fast völlig mit an den Knoten sitzenden Scheiden bedeckt. Blüten 5 cm breit, duftend: weiß und nach oben hin sehr fein rosa behaucht; Lippe mit drei parallel laufenden gelben Leisten von denen die äußere oft purpurn getüpfelt ist. Sepalen 3 cm lang, 0,8 cm breit, länglich-lanzettlich, spitz. Petalen den Sepalen ähnlich aber 2,5 cm lang, 1,2 cm breit und an den Rändern gewellt. Lippe 2 cm lang, 1,6 cm breit, länglich, 3lappig; Seitenlappen länglich, aufrecht, die Säule nur teilweise bedeckend; Mittellappen eiförmig, zurückgeschlagen, an den Rändern gewellt. Säule geschwungen, 1,5 cm lang, weiß.
Verbreitung: Auf Eichen wachsend; in Höhenlagen zwischen 1200 und 2400 m in Mexiko.
Geschichte: J. Lindley beschrieb die Art 1839 im »Botanical Register«. Graf Karwinsky hatte sie bereits 1832 aus der Umgebung von Oaxaca in die Kultur nach Europa eingeführt.
Anmerkung: Ähnlich ist *L. autumnalis,* die aber kleiner Blüten hat (siehe dort). *S. albida* ist mit mehreren Farbvarietäten bekannt, z.B. var. *rosea* mit leuchtend rosenfarbiger Lippe und var. *salmonea* mit lachsrosa Sepalen und Petalen.
Synonym: Bletia albida (Lindl.) Rchb.f.

Laelia anceps Lindl.

Pseudobulben der epiphytischen oder lithophytischen Pflanze 7 cm lang, 2,5 cm breit, eiförmig-länglich im Umriß, stark seitlich zusammengedrückt, mit zwei scharfen Kanten, auf den flachen Seiten gerippt, 1blättrig (selten 2blättrig) am Gipfel. Blätter 15–20 cm lang, 3–4 cm breit, länglich-lanzettlich, lederig, spitz. Blütenstand 60–75 cm lang, 2–5blütig; Schaft mit wechselständigen, gekielten Scheiden besetzt. Blüten bis 10 cm breit: Sepalen und Petalen rosalila (Petalen dunkler); Seitenlappen der Lippe bleichrosa, intensiv gelb in der Mitte und an den Rändern purpurn; Mittellappen intensiv hochrotlila; Platte hellgelb und vorn weiß. Sepalen 6 cm lang, 1,6 cm breit, riemenförmig-lanzettlich, spitz, oben zurückgeschlagen. Petalen 6 cm lang, 2,6 cm breit, länglich-elliptisch, spitz. Lippe 4,5 cm lang, 3,8 cm breit, in der Mitte 3lappig; Seitenlappen länglich, um die Säule herum aufwärts geschwungen, abgerundet; Mittellappen länglich, sehr stumpf, gewellt, zurückgeschlagen; Platte mit einer dicken Längsleiste. Säule halbrund, flügellos.
Verbreitung: Auf Baumstämmen, Ästen oder Felsen, oft in voller Sonne, auf der östlichen Seite der Kordilleren in Mexiko.
Geschichte: Nachdem diese ins Auge fallende Art 1835 von der Firma Loddiges importiert worden war beschrieb sie J. Lindley im gleichen Jahr im »Botanical Register«.
Anmerkung: Neben weißblütigen Formen kennt man mehrere Varietäten, die sich vom Typus durch Blütengröße und/oder Farbe unterscheiden.
Synonym: Bletia anceps (Lindl.) Rchb.f.

Laelia autumnalis Lindl.

Bis zu einem Meter hohe epiphytisch oder seltener lithophytisch wachsende Pflanze. Pseudobulben bis 15 cm lang und 2,3 cm breit, eiförmig, kegelig oder birnenförmig, etwas gekurvt, gerippt und gefurcht, am Gipfel 2–3blättrig. Blätter 12,5–18 cm lang, 3,5 cm breit, lanzettlich, lederig, vorn stumpf. Blütenstand 50–100 cm lang, locker 5–10blütig; Schaft gegliedert, ziemlich kräftig, purpurn überlaufen, mit einer schuppenartigen Braktee an jedem Knoten. Blüten 7,5–10 cm breit: Sepalen und Petalen leuchtend rosenlila; Mittellappen aus weißlichem Grunde rosalila; Platte mit einer gelben Mittellinie und purpurn getüpfelten Rändern. Sepalen 5,5–6,5 cm lang, 1,3 cm breit, lanzettlich, spitz. Petalen 5–6,5 cm lang, 1,8 cm breit, eiförmig, langspitzig, gewellt. Lippe 4 cm lang, 2,6 cm breit, 3lappig; Seitenlappen aufrecht, die Säule teilweise umfassend, abgerundet; Mittellappen länglich, spitz, vorn zurückgebogen. Säule keulig, 2,7 cm lang, stielrund, oben purpurn, unten weiß; Anthere gelb.

Verbreitung: Mexiko; oft in voller Sonne auf kleinen Bäumen und auf Felsen in Höhenlagen von 1500–2400 m wachsend.
Geschichte: In die Kultur wurde die Art erstmals 1836 durch Tayleur in Liverpool eingeführt. Zuvor im Jahre 1831 war sie von J. Lindley in »Genera and Species of Orchidaceous Plants« beschrieben worden. Der Artname (lat. autumnus = Herbst) bezieht sich auf die Blütezeit der Pflanze in Europa: Oktober-November.
Anmerkung: In seinen »Orchidaceae of Mexico« (1951) vertritt L. O. Williams die Ansicht, daß *L. gouldiana* lediglich eine intensiver gefärbte Form von *L. autumnalis* sei. Demgegenüber meint Kennedy (»Orchid Digest« 1975), daß es sich bei dieser Pflanze um eine natürliche Hybride zwischen *L. anceps* und *L. autumnalis* handelt.
Synonyme: Bletia autumnalis (Lindl.) Rchb.f. *Laelia gouldiana* Rchb.f.

Laelia cinnabarina Lindl.

Pseudobulben des Lithophyten 12,5–25 cm lang, zylindrisch, am Grunde geschwollen, mit weißgestreiften Scheiden bedeckt, 1- oder (selten) 2blättrig. Blätter 12,5–25 cm lang, 3,2 cm breit, linealisch-länglich, aufrecht oder abstehend, purpurn überlaufen. Blütenstand 10–15blütig, über einen langen Zeitraum blühend; Schaft schlank, 38–50 cm lang, am Grunde mit einer schmalen zusammengepreßten Scheide. Blüten ungefähr 6 cm breit, hell zinnoberrot und auf 5 cm langen, roten Stielen. Sepalen 3,2 cm lang, 0,5 cm breit, linealisch-lanzettlich, spitz bis langspitzig. Petalen 3 cm lang, 0,6 cm breit, linealisch-lanzettlich, langspitzig, etwas gewellt. Lippe 2,2 cm lang, 1 cm breit, 3lappig; Seitenlappen 3eckig, gebogen und über der Säule eine Röhre (innen mit roten Streifen) bildend; Mittellappen schmal-eiförmig, gekräuselt, spitz, zurückgeschlagen. Säule keulig, im Querschnitt 3eckig.
Verbreitung: Brasilien; in den Staaten Rio de Janeiro, Minas Gerais und Sao Paulo.
Geschichte: Die besonders schöne Pflanze wurde 1836 von Young in Epsom (Surrey) importiert und 1838 in »Sertum Orchidacearum« von J. Lindley veröffentlicht; der Artname bezieht sich auf die intensive Blütenfarbe.
Anmerkung: Die Art ist nahe verwandt mit *L. milleri* und *L. harpophylla* (siehe dort). Die eine besitzt stumpfe Seitenlappen und die andere wächst epiphytisch und hat kürzere Blütenstände, die die Blätter nicht viel überragen.
Synonym: Bletia cinnabarina (Lindl.) Rchb.f.

Laelia crispa (Lindl.) Rchb.f.

Pseudobulben der epiphytisch oder manchmal auch lithophytisch wachsenden Pflanze 18–30 cm lang, keulenförmig, seitlich zusammengepreßt, auf den flachen Seiten mit zwei oder drei Längsfurchen, am Gipfel 1blättrig. Blatt 15–30 cm lang, 5 cm breit, länglich-lanzettlich, halbaufrecht, vorn stumpf und öfters etwas ausgeschnitten. Blütenstand bis 30 cm lang, 4–7blütig (manchmal mehrblütig), am Grunde mit einer flachen Scheide. Blüten 10–12,4 cm breit, sehr auffällig: Sepalen und Petalen weiß und am Grunde purpurn behaucht; Lippe aus gelbem Grund mit violett gestreifter Mitte und intensiv purpurn in der oberen Hälfte. Sepalen 6–7,5 cm lang, 1,5 cm breit, verkehrteiförmig-lanzettlich, spitz, gewellt. Petalen 7,5 cm lang, 2,5 cm breit, eiförmig-lanzettlich, spitz, an den Rändern kräuselig und gewellt. Lippe 5 cm lang, 4,5 cm breit, 3lappig; Seitenlappen aufrecht über der Säule, abgerundet und mit gekräuselten Rändern; Mittellappen länglich, zurückgeschlagen, kräuselig. Säule keulig, oben weiß, unten violett.
Verbreitung: Brasilien, in den Staaten Esperitu Santo, Rio de Janeiro, Minas Gerais und im Süden des Landes; zu finden in Höhenlagen von 750 bis 1050 m.
Geschichte: Eine der ersten *Laelia*-Arten in Kultur. Die Pflanze wurde 1826 von Sir Henry Chamberlain eingeführt. Sie blühte im folgenden Jahr im Garten der Royal Horticultural Society zu Chiswick. J. Lindley veröffentlichte sie im »Botanical Register« 1828 als *Cattleya;* später wurde sie von H. G. Reichenbach (1853) in die Gattung *Laelia* versetzt.
Anmerkung: L. crispa ist eine auf Felsen wachsende Art mit langem, die Blätter überragendem Blütenstand (ähnlich wie bei *L. longipes*). Sie läßt sich leicht ansprechen durch den robusten Blütenstandschaft, rosapurpurne Blüten mit breiter purpurner Lippe mit weißem Schlund und gelber Schwiele.
Synonyme: Cattleya crispa Lindl.; *Bletia crispa* (Lindl.) Rchb.f.

Laelia crispata (Thunb.) Garay

Pseudobulben des bis zu 35 cm hohen Lithophyten 4–10 cm lang, 1 cm breit, zylindrisch, von einer kräftigen Scheide umgeben, am Gipfel 1blättrig. Blätter bis 16 cm lang, 3,2 cm breit, linealisch-länglich oder schmal-länglich, aufrecht, sehr lederig, vorn stumpf. Blütenstand bis 26 cm lang, immer das Blatt überragend, 2–10blütig, an der Basis mit einer Scheide. Blüten bis 4,5 cm breit: Sepalen und Petalen bleich rosenrot; Lippe mit weißen oder cremefarbenem Schlund, tief violettem Mittellappen und rosa Seitenlappen. Mittlere Sepale 2 cm lang, 0,8 cm breit, länglich, stumpf; die seitlichen ähnlich aber asymmetrisch. Petalen 2,2 cm lang, 0,8 cm breit, länglich-elliptisch, stumpf, an den Rändern etwas gewellt. Lippe 1,6 cm lang, 1,2 cm breit, 3lappig, kapuzenförmig; Seitenlappen länglich, aufrecht; Mittellappen eiförmig, spitz, an den Rändern stark kräuselig; Platte mit zwei Leisten.
Verbreitung: Im Staate Minas Gerais in Brasilien; auf Eisenerzhügeln in Höhenlagen zwischen 1300 und 1500 m wachsend.
Anmerkung: L. crispata gehört zu einer Gruppe lithophytischer, rosa oder rosenrot blühender Pflanzen, die alle miteinander nahe verwandt sind. Zweifellos werden zukünftige Untersuchungen zeigen, daß es sich bei ihnen lediglich um Unterarten oder gar nur Varietäten handelt. Vorläufig unterscheidet man sie von *L. crispata* wie folgt:

1. *L. mantequeira* Pabst. Blüten kleiner. Lippenrand mit einem schmalen violetten Streifen. Nach Pabst ist diese Pflanze oft falsch als *L. crispilabia* bekannt.
2. *L. ghillanyi* Pabst. Sepalen und Petalen bleicher. Lippe mit schmalem rosa Rand und mit einem violetten Fleck direkt über dem gelben Schlund.
3. *L. longipes* Rchb.f. Die gelbe Region des Schlundes erstreckt sich bis auf den bei dieser Pflanze weißen Mittellappen. Sepalen und Petalen sehr bleich rosa.
4. *L. reginae* Pabst. Lippe orangegelb. Blütenstand nur wenig länger als die Blätter.

Geschichte: In seinem Werk »Plantarum Brasiliensium« beschrieb C. P. Thunberg diese Pflanze in der Gattung *Cymbidium* (1818). Das Typusexemplar wurde in der Nähe von Rica gesammelt. In der Zeitschrift »Bradea« versetzte L. Garay die Art 1973 zu *Laelia.* In Orchideensammlungen ist sie auch heute noch häufig unter dem Namen *L. rupestris* anzutreffen.
Synonyme: L. rupestris Lindl.; *L. tereticaulis* Hoehne; *Cymbidium crispatum* Thunb.

Laelia dayana Rchb.f.

Eine nahe mit *L. pumila* verwandte Art und manchmal sogar nur als Varietät von ihr betrachtet. Sie besitzt kleinere Blüten mit kürzerer Lippe von etwas anderer Form; Platte der Lippe mit weißen Linien und purpurner Beaderung und vorn breit purpurn berandet.

Laelia flava Lindl.

Pseudobulben des bis 50 cm hohen Lithophyten 4–20 cm lang, zylindrisch, aber am Grunde geschwollen, violett überlaufen, am Gipfel 1blättrig. Blatt 10–15 cm lang, 2,7 cm breit, linealisch-lanzettlich oder lanzettlich, stark lederig, vorn stumpf, unterseits violett, oberseits dunkelgrün. Blütenstand 5–9blütig; Schaft 30–45 cm lang, immer viel länger als das Blatt, an der Basis mit einer Scheide. Blüten 3,2 cm breit, hell orangegelb oder kanariengelb. Sepalen 2 cm lang, 0,6 cm breit, zungenförmig oder länglich-zungenförmig, die seitlichen etwas sichelförmig gebogen. Petalen 2,2 cm lang, 0,6 cm breit, zungenförmig, spitzlich. Lippe 3 cm lang, 1,8 cm breit, schmal 3lappig; Seitenlappen halbeiförmig, aufrecht und über die Säule gebogen; Mittellappen länglich, sehr stumpf, gekräuselt, mit vier verdickten Nerven, die bis zum Grunde laufen. Säule kurz, 0,9 cm lang, am Grunde grünlichgelb.
Verbreitung: Im Minas Gerais-Staat von Brasilien; auf Eisenerzhügeln in etwa 1250 m Höhe.
Geschichte: Die Art repräsentiert die erstbekannte gelbblütige Art der Gattung; sie wurde von J. Lindley 1839 im »Botanical Register« beschrieben, nachdem sie von Sir Charles Lemon zu Carelew in Cornwall importiert worden war.
Anmerkung: Seither wurden mehrere gelbblühende Arten mit kleinen Blüten beschrieben, einige in jüngster Zeit, die zweifellos alle nahe miteinander verwandt sind und die sich wohl in Zukunft als Unterarten oder Varietäten erweisen werden. Sie lassen sich von *L. flava* folgendermaßen unterscheiden:

1. *L. briegeri* Blumenschein. Sepalen und Petalen breiter. Mittellappen der Lippe ausgerandet.
2. *L. mixta* Hoehne. Blüten orangegelb. Unterer Teil der Lippe lang röhrenförmig; Mittellappen gewellt aber nicht gekräuselt.
3. *L. bradei* Pabst. Blütenstand fast nicht länger als die Blätter. Mittellappen der Lippe ziemlich undeutlich und ausgebissen.
4. *L. kautschyi* Pabst. Epiphyt mit kürzerem Blütenstand.
5. *L. esalqueana* Blumenschein. Sehr kleine Pflanze. Blütenstände kaum länger als die Blätter. Blüten kanariengelb.
6. *L. itambana* Pabst. Sehr ähnlich Nr. 3, aber die Lippe hat sich mit dem Mittellappen stark überdeckende Seitenlappen.
7. *L. macrobulbosa* Pabst. Sepalen und Petalen schmaler als bei den vorausgehenden Pflanzen. Seitenlappen der Lippe kürzer und einen weniger gekräuselten Mittellappen.

Synonyme: L. fulva Lindl.; *Cattleya lutea* Beer.

Laelia gouldiana Rchb.f.

Diese wahrscheinlich in ihrem Vorkommen auf das Tal von Meztitlan im Staate Hidalgo von Mexiko beschränkte Art ist sehr nahe *L. autumnalis* verwandt. Sie unterscheidet sich von ihr durch langspitze, steifere Blätter, eine schöner geformte und dunklere Blüte, breitere Petalen und eine Lippenschwiele mit zwei gleichartigen Leisten. Man findet allerdings Zwischenformen, und aus diesem Grunde hat L. O. Williams (»The Orchidaceae of Mexico« 1951) sie in die Synonymie von *L. autumnalis* verwiesen. G. Kennedy (»Orchid Digest« 1975) stützt sich auf E. Hagsaters Theorie, wonach *L. gouldiana* eine natürliche Hybride zwischen *L. autumnalis* und *L. anceps* darstellt.

Laelia grandis Lindl.

Pseudobulben des bis 45 cm hohen Epiphyten bis 22 cm lang und 3,5 cm breit, keulig-spindelförmig, zusammengedrückt, nach unten zu verschmälert, am Gipfel 1blättrig. Blatt 20–35 cm lang, bis 4,5 cm breit länglich-lanzettlich, steif, vorn stumpf. Blütenstand bis 25 cm lang, 3–5blütig, an der Basis mit einer Scheide. Blüten 10–12,5 cm breit: Sepalen und Petalen intensiv grüngelb; Lippe außen weiß und innen mit rosavioletter Beaderung. Sepalen 6–7 cm lang, 1,4 cm breit, elliptisch-lanzettlich, gewellt und verdreht. Petalen bis 5 cm lang und 1,8 cm breit, immer breiter als die Sepalen, rhombisch-eiförmig, an den Rändern gewellt. Lippe 6 cm lang, 3,5 cm breit, 3lappig; Seitenlappen gebogen und um die Säule herum eine Röhre bildend; Mittellappen länglich, an den Rändern gewellt und gekräuselt. Säule 2 cm lang, grünlich.
Verbreitung: Im Bahia-Staat in Brasilien.
Geschichte: Diese schöne Pflanze blühte in der Kultur erstmals Anfang 1850 in der Gärtnerei M. Morel in Paris. J. Lindley veröffentlichte sie in Lindley and Paxton's »The Flower Garden« (1850–1851), nach einer ihm von Morel übersandten Blüte. Die Art verschwand dann aus der Kultur, bis sie 1864 von der Firma H. Low & Co. in Clapton wieder importiert wurde.

Laelia harpophylla Rchb.f.

Pseudobulben des Epiphyten sehr dünn, bis 20 cm lang und 0,3 cm im Durchmesser, stielrund, 1blättrig. Blätter bis 17 cm lang und 1,1 cm breit, lanzettlich-bandförmig, lederig, vorn langspitzig. Blütenstand bis 17 cm lang, kürzer als die Blätter, ungefähr 7blütig, am Grunde mit kurzer Scheide. Blüten bis 7 cm breit: hell orangerot. Sepalen 3,3 cm lang, 0,5 cm breit, linealisch-riemenförmig, spitz oder stumpf. Petalen 3,2 cm lang, 0,6 cm breit, schmal-lanzettlich, spitz, an den Rändern wellig. Lippe 2,9 cm lang, 0,8 cm breit, 3lappig; Seitenlappen aufrecht über der Säule stehend, spitz; Mittellappen lanzettlich, spitz, an den Rändern wellig-gekräuselt, zurückgeschlagen. Säule 0,9 cm lang, bogig.
Verbreitung: In den brasilianischen Staaten von Minas Gerais und Espirito Santo.
Geschichte: Die von H. G. Reichenbach im »Gardeners' Chronicle« 1873 veröffentlichte Beschreibung fußt teilweise auf lebendem Material von der Firma Veitch & Sons und teilweise auf einer ihm von John Day aus Tottenham übersandten Skizze.
Anmerkung: Die Blüten von L. harpophylla ähneln denen von *L. cinnabarina* (siehe dort). Diese Art wächst allerdings lithophytisch, hat viel breitere Pseudobulben und einen die Blätter weit überragenden Blütenstand.

Laelia jongheana (× 3/5)

Laelia jongheana Rchb.f.

Kleiner bis mittelgroßer Epiphyt mit kriechendem Rhizom. Pseudobulben 4–6 cm lang, 1,2–1,7 cm breit, dicht büschelig angeordnet, schmal-eiförmig bis fast spindelig, seitlich zusammengepreßt, anfangs von weißen Scheiden bedeckt, am Gipfel 1blättrig. Blätter halbaufrecht, 8–12 cm lang, 3,5–5 cm breit, eiförmig-länglich oder elliptisch-länglich, vorn etwas abgerundet,

fleischig-lederig. Blütenstand gipfelbürtig, aufrecht, 1blütig (selten 2blütig); Schaft kräftig, 5–8 cm lang. Blüten groß, 8–10 cm breit, sehr augenfällig: Sepalen, Petalen und Lippengrund rosapurpurn oder amethystpurpurn; Lippe am Gipfel weiß, im Schlund und auf der Schwiele gelb. Mittlere Sepale 6–7 cm lang, 1,2–1,5 cm breit, lanzettlich, spitz; die seitlichen Sepalen ähnlich aber leicht sichelförmig. Petalen 6–7 cm lang, bis 3 cm breit, länglich-elliptisch, stumpf, an den Rändern etwas wellig. Lippe 5–6 cm lang, verkehrteiförmig-kreisrund, undeutlich 3lappig, ausgerandet; Seitenlappen röhrenförmig um die Säule greifend; Mittellappen abstehend, wellig-gekräuselt; Schwiele mit sieben längsverlaufenden, bis zur Basis des Mittellappens reichenden, vorn verbreiterten und gezähnten Leisten. Säule etwas gekrümmt, 2,5–3 cm lang, schlank, schwach keulenförmig.
Verbreitung: Nur aus dem Staat Minas Gerais in Ost-Brasilien bekannt.
Geschichte: H.G. Reichenbach beschrieb diese vielleicht schönste Art der Gattung, von der auch eine reinweiße Form bekannt ist, 1872 in »Flora«.

Laelia lobata (Lindl.) Veitch

Eine mit *L. perinnii* und *L. purpurata* verwandte Art aus Brasilien. Ihre Blüten sind etwas kleiner; die ebenfalls kleinere Lippe ist weiß und tief purpurn (vorn am breitesten) berandet.

Laelia longipes Rchb.f.

Pseudobulben des bis 30 cm hohen Lithophyten 7–8 cm lang und bis 2 cm breit, konisch, am Gipfel 1blättrig. Blatt 7–14 cm lang, bis 2,5 cm breit, elliptisch-länglich, steif, fleischig, dunkelgrün, vorn stumpfspitzig, Blütenstand viel länger als die Blätter, 2–4blütig (oder mehrblütig). Blüten 3–4 cm breit: Sepalen und Petalen sehr bleich rosa oder weißlich; Lippe gelb oder weiß und mit gelbem Schlund, dessen Farbe sich bis zur Spitze der Seitenlappen und zur Basis des Mittellappens erstreckt. Sepalen 1,6 cm lang, 0,5 cm breit, länglich-riemenförmig, spitz. Petalen 1,5 cm lang, 0,5 cm breit, schmal-elliptisch, spitz, leicht wellig. Lippe 1,2 cm lang, 1 cm breit, 3lappig; Seitenlappen länglich, über die Säule gebogen; Mittellappen länglich, mit stark gekräuselt-welligen Rändern; Platte nach dem Grunde zu oft bräunlich gefärbt. Säule kurz, mit violetten Schlieren.
Verbreitung: Brasilien, im Minas Gerais-Staat.
Geschichte: H.G. Reichenbach beschrieb die Art 1873 in »Xenia Orchidacea« aufgrund einer von Sellow gesammelten Pflanze.
Anmerkung: Manche Autoren betrachten *Laelia lucasiana* Rolfe als Synonym zu dieser Art; sie besitzt allerdings einen kürzeren Blütenstand und hat kleinere Blüten mit schmaleren Sepalen und Petalen.
Synonym: Bletia longipes (Rchb.f.) Rchb.f.

Laelia lundii Rchb.f. et Warming

Pseudobulben des kleinen Epiphyten 3,5–4 cm lang, 1,2–3,5 cm breit, robust, im Umriß länglich, schwach zusammengepreßt, am Gipfel 2blättrig. Blätter klein, 8–9 cm lang, 0,4–0,5 cm breit, linealisch, im Querschnitt halbkreisförmig, fleischig, sehr spitz, schräg aufrecht bis abstehend, leicht gebogen. Blütenstand viel kürzer als die Blätter, aufsteigend, etwas gebogen, ganz oben 2blütig, mit winzigen Brakteen. Blüten schräg aufrecht stehend: weiß, auf der Lippe mit rosapurpurner Beaderung. Sepalen 2–2,2 cm lang, 0,4–0,5 cm breit, zungenförmig-länglich, spitz, fleischig. Petalen 2–2,2 cm lang, 0,35–0,4 cm breit, linealisch-lanzettlich, spitz, an den Rändern schwach gewellt. Lippe 2–2,3 cm lang, 1,1–1,2 cm breit, schmal eiförmig-elliptisch oder annähernd quadratisch, tief 3lappig; Seitenlappen halbförmig, aufrecht, spitz; Mittellappen halb-kreisrund, zurückgeschlagen, an den Rändern gekräuselt und fein gelappt; Platte mit vier fleischigen Leisten, etwas flaumhaarig. Säule nur 0,7–0,8 cm lang, breit.
Verbreitung: Auf Ost-Brasilien beschränkt.
Geschichte: Eugenius Warming entdeckte diese Pflanze bei Lagar Santa in der Provinz Minas Gerais und beschrieb sie 1881 gemeinsam mit H.G. Reichenbach in »Otia Botanica Hamburgensia«.
Anmerkung: Im Wuchs ist die Pflanze *L. cattleyoides* Rodr. sehr ähnlich.
Synonyme: L. regnellii Rodr.; *L. reichenbachiana* Wendl. et Kraenzl.; *Bletia lundii* (Rchb.f. et Warming) Rchb.f. et Warming.

Laelia milleri Blum.

Pseudobulben der lithophytischen Pflanze in Büscheln auf dem kurzen Rhizom angeordnet, aufrecht, bis 6,5 cm lang und 2,6 cm breit, fast stielrund, nach unten zu schwach verschmälert, etwas purpurn gefärbt, am Gipfel 1blättrig, unten von dünnen Scheiden bedeckt. Blätter bis 12 cm lang und 3 cm breit, schmal-länglich, vorn stumpf, fast aufrecht, lederig, hellpurpurn gefärbt. Blütenstand aufrecht, bis 50 cm lang, immer die Blätter überragend, ungefähr 6blütig; Brakteen klein, 3eckig, spitz. Blüten ungefähr 5 cm breit: Sepalen und Petalen scharlachrot; Lippe orangerot. Sepalen 2,5 cm lang, 0,6 cm breit, länglich-riemenförmig, spitz. Petalen 2,6 cm lang, 0,8 cm breit, schmal-elliptisch, spitz. Lippe ungefähr 1,8 cm lang, 1,4 cm breit, tief 3lappig; Seitenlappen länglich, über die Säule gebogen; Mittellappen länglich, an den Rändern gekräuselt und wellig. Säule 1,1 cm lang, annähernd keulenförmig.
Verbreitung: Im Staate Minas Gerais in Brasilien; in ungefähr 1200 m Höhe.
Geschichte: Die Art wurde 1960 von A. Blumenschein in den »Publicaçaoes Cientifica Instituto de Genetica«, Universidade de Sao Paulo veröffentlicht; zugrunde lag eine in der Serra do Ingleses in der Umgebung von Belo Horizonte gesammelte Pflanze.
Anmerkung: Nahe mit *Laelia flava* verwandt, aber leicht durch die Blütenfarbe zu unterscheiden.

Laelia perrinii Batem.

Pseudobulben 7–16 cm lang, 1,5–3 cm breit, wechselnd von eiförmig-elliptisch bis keulenförmig, von trockenhäutigen Scheiden bedeckt, am Gipfel 1blättrig. Blatt bis 26 cm lang, 3–4,5 cm breit, riemenförmig, lederig, vorn abgerundet. Blütenstand bis 25 cm lang, 2–3blütig, am Grunde mit einer breiten, stark zusammengedrückten Scheide. Blüten 11 cm breit: Sepalen und Petalen zartrosa; Lippe weiß aber der Vorderrand und die Spitzenzone des Mittellappens intensiv violett. Obere Sepale 6,5 cm lang, 1,5 cm breit, lanzettlich, stumpf bis stumpfspitzig; die seitlichen 5,1 cm lang, 1,3 cm breit, länglich, leicht zurückgeschlagen und sichelig gebogen, stumpfspitzig. Petalen 6,5 cm lang, 2 cm breit, schmal-eiförmig, stumpf. Lippe 5 cm lang, 3,4 cm breit, 3lappig; Seitenlappen länglich, über die Säule gebogen sie aber nicht völlig verdeckend; Mittellappen breit abgerundet, mit ausgebissenen welligen Rändern. Säule 3,6 cm lang, sehr schlank, weiß oder rosa.
Verbreitung: Brasilien; in den Staaten Esperitu Santo, Rio de Janeiro und Minas Gerais.
Geschichte: Die Art wurde von J. Bateman 1847 in Paxton's »Magazine of Botany« beschrieben und nach Perrin benannt, der als Gärtner für R. Harrison, einem eifrigen Sammler südamerikanischer Epiphyten, zu dieser Zeit tätig war.

Anmerkung: Eine als var. *alba* bezeichnete weißblütige Form ist bekannt; sie wurde erstmals von der Firma Sanders importiert.

Laelia pumila (Hook.) Rchb.f.

Zwergwüchsiger Epiphyt, bis 15 cm hoch. Pseudobulben sehr klein, 2–3 cm lang, 1 cm breit, eiförmig, am Gipfel 1blättrig. Blatt 10–12,5 cm lang, bis 2,5 cm breit, schmal-länglich-riemenförmig, lederig. Blütenstand 9 cm lang, 1blütig (selten 2blütig), am Grunde mit einer krautigen Scheide. Blüten 8–11 cm breit: Sepalen und Petalen intensiv rosalila; Lippe ähnlich gefärbt aber mit weißem Schlund und dunkleren Zonen auf dem Mittellappen und dem vorderen Rand des Seitenlappens. Sepalen 4–5,5 cm lang, bis 1,3 cm breit, länglich, spreizend, spitz; die obere zurückgeschlagen. Petalen 3,5–5,5 cm lang, bis 3 cm breit; elliptisch, stumpfspitz, an den Rändern wellig. Lippe 4,5 cm lang, 3,5 cm breit, sehr undeutlich 3lappig oder völlig ungeteilt, kapuzenförmig; Seitenlappen oder seitliche Ränder nach oben trompetenartig über die Säule gebogen; Mittellappen quer-länglich, gestutzt oder ausgerandet, an den Rändern gekräuselt; Platte mit drei bis fünf parallelen gelben Leisten. Säule 2,3 cm lang, gekrümmt.
Verbreitung: Im Osten des Staates Minas Gerais in Brasilien; zu finden in Höhenlagen von 600–900 m auf hohen Bäumen.
Geschichte: Die Pflanze wurde 1839 im »Botanical Magazine« ursprünglich von W. Hooker unter *Cattleya* beschrieben, aber 1853 von H.G. Reichenbach in die Gattung *Laelia* versetzt. Die erste Einfuhr nach Europa geschah 1838 durch John Allcard, der sie am Flusse Essequibo gesammelt hatte; ein Jahr später wurde sie auch von Pinell gefunden.
Anmerkung: Seit ihrer ersten Einfuhr nach Europa wurden zahlreiche Varietäten und Formen dieser Art bekannt. Sie alle unterscheiden sich von der typischen Pflanze hauptsächlich in der Blütenfarbe: von rein weiß bis über eine weite Skala von rosa.
Von *L. pumila* kann die nahe verwandte *L. dayana* Rchb.f. unterschieden werden durch lila Streifen im Schlunde der Lippe und *L. praestans* Rchb. f. durch Schwielenbildungen auf der Lippe und die längere keulige Säule.

Laelia purpurata Lindl.

Pseudobulben des bis 50 cm hohen Epiphyten bis 15 cm lang, 2–3 cm breit, keulenförmig, am Gipfel 1blättrig. Blatt 22–30 cm lang, bis 4,8 cm breit, länglich-riemenförmig, aufrecht, lederig, vorn abgerundet. Blütenstand 20–32 cm lang, 2–5blütig, unten mit einer langen zusammengedrückten Scheide. Blüten ungefähr 15 cm breit, sehr auffällig: Sepalen und Petalen zart rosa; Lippe außen und an der Spitze rosa, im Schlund gelb und lila beadert, Seitenlappen und Basis des Mittellappens tief violett. Sepalen 7–10 cm lang, 1,8 cm breit, verkehrtlanzettlich-riemenförmig, stumpf. Petalen 8–10 cm lang, 4–6 cm breit, elliptisch-eiförmig, am Gipfel abgerundet, an den Rändern wellig. Lippe 7–9 cm lang, 6–7,5 cm breit, trompetenförmig, undeutlich 3lappig; Seitenlappen abgerundet und um die Säule gebogen; Mittellappen abgerundet, abstehend, am Rande wellig. Säule 2,5 cm lang.
Verbreitung: Im südlichen Brasilien in den Staaten Sao Paulo, Santa Catarina und Rio Grande do Sul.
Geschichte: Unter Zugrundelegung einer von der Firma Backhouse in York importierten Pflanze wurde diese Art von J. Lindley in Lindley und Paxton's »The Flower Garden« (1852–1853) beschrieben.
Anmerkung: Die Art, die Nationalblume Brasiliens, ist vor allem in Zeichnung und Farbe der Lippe sehr formenreich. Es wurde eine Vielzahl gärtnerisch interessanter, teilweise sehr seltener Formen benannt.
Synonyme: Cattleya brysiana Ch. Lem.; *C. casperiana* Rchb.f.

Laelia tenebrosa Rolfe

Pseudobulben bis 18 cm lang und 3 cm breit, keulenförmig, am Gipfel 1blättrig. Blatt bis 28 cm lang und 6 cm breit, länglich-eiförmig bis riemenförmig, aufrecht, lederig, vorn abgerundet. Blütenstand bis 30 cm lang, 4blütig. Blüten 14 cm breit: Sepalen und Petalen bronze-grün; Lippe aus bleich grünem Grunde rosalila und mit zwei tiefpurpurnen Flecken in der Mitte. Sepalen 8 cm lang, 1,6 cm breit, lanzettlich-riemenförmig, spitz; die seitlichen etwas sichelförmig niedergebogen. Petalen 7 cm lang, 2,5 cm breit, schief-elliptisch-länglich, stumpf. Lippe 6,5 cm lang, 4 cm breit, 3lappig; Seitenlappen nach oben um die Säule gebogen; Mittellappen breit-abgerundet, abstehend, krausig-wellig. Säule 2–3 cm lang, grün.
Verbreitung: Brasilien, in den Staaten Bahia und Espirito Santo.
Geschichte: Die Art ist begründet auf Gowers *Laelia grandis* var. *tenebrosa* (s. auch dort) und wurde von R. Rolfe 1893 in »Orchid Review« aufgestellt. Die Typuspflanze wurde von Shuttleworth in Brasilien gesammelt.

Laelia xanthina Lindl.

Pseudobulben des bis 50 cm hohen Epiphyten bis 22 cm lang, 2,3 cm breit, keulenförmig, am Gipfel 1blättrig. Blätter bis 28 cm lang, 3–8 cm breit, länglich-riemenförmig, steif, aufrecht. Blütenstand bis 24 cm lang, 4–5blütig, mit großer Scheide an der Basis. Blüten bis 7,5 cm breit: Sepalen und Petalen intensiv kanariengelb; Lippe weiß, mit tief dottergelbem Schlund und außerdem violett und karmesinrot gestreift. Sepalen 4 cm lang, 1–2 cm breit, verkehrtlanzettlich, spitz oder stumpfspitzig. Petalen 4 cm lang, 1–3 cm breit, länglich, stumpf, an den Rändern zurückgebogen. Lippe 3,2 cm lang, 2,8 cm breit, 3lappig, fächerförmig; Seitenlappen länglich, nach oben über die Säule gebogen; Mittellappen kurz und abgerundet. Säule 2,2 cm lang, keulig, cremeweiß.
Verbreitung: Brasilien, in den Staaten Espirito Santo und Bahia.
Geschichte: Die Pflanze wurde von der Firma Backhouse & Son in York in die Kultur eingeführt. Ein an J. Lindley geschicktes Exemplar lag seiner Beschreibung im »Botanical Magazine« 1859 zugrunde.
Anmerkung: L. xanthina hat größere Blüten als die ähnlich farbige *L. flava* (siehe dort) und besitzt nicht die für diese Pflanze eigene erhabene Beaderung.
Synonym: L. wetmorei Ruschi.

Lanium Lindl.

Tribus: Epidendreae
Subtribus: Laeliinae

Kleine Epiphyten mit verkürzten oder lang kriechenden und meistens verzweigten Rhizomen. Stämme meistens entfernt stehend, kurz, am Gipfel 2blättrig (wenn pseudobulbenartig) oder 2zeilig 2–8blättrig. Blütenstand meistens länger als die Blätter, traubig oder rispig, locker mehr- bis vielblütig. Blüten klein; Stiel und Fruchtknoten flaumig behaart. Sepalen abstehend; die seitlichen asymmetrisch, mit der Basis der Säule verwachsen. Petalen meistens linealisch und schmaler als die Sepalen. Lippe mit der Säule bis zur Spitze verbunden, ungeteilt, eiförmig oder rhombisch, konkav, spitz oder langspitzig. Säule prominent, oben erweitert, am Gipfel geöhrt oder gezähnt; Pollinien 4 in zwei übereinander angeordneten Paaren.

Umfang und Verbreitung: Kleine Gattung nur aus dem nördlichen Südamerika bekannt.
Ableitung des Namens: Aus dem Lateinischen »lana« = Wolle.
Anmerkung: J. Lindley begründete die Gattung 1841 in Sir William Hooker's »Journal of Botany«.
Typus-Arten: L. avicula (Lindl.) Benth. und *L. microphyllum* (Lindl.) Benth.
Kultur: Substrat A oder montiert. Mindesttemperaturen im Winter 12–15 °C. Ähnlich wie bei *Dinema.* Arten dieser Gattung sind kleine, kriechende Pflanzen und sollten deshalb entweder auf Kork- oder Baumfarnblöcke montiert oder in flachen Schalen oder Körben gehalten werden. In der Wachstumsperiode verlangen sie Luftfeuchtigkeit, Wasser und Schatten; nach der Blüte sind mehr Licht und weniger Wasser angezeigt.

Lanium avicula (Lindl.) Benth.

Kleiner, kriechender Epiphyt, mit von lockeren, trockenen Scheiden bedecktem, kräftigem Rhizom. Stämme etwas voneinander entfernt stehend, ziemlich kurz (1–3 cm lang), mit zunehmendem Alter pseudobulbenähnlich werdend, am Gipfel 2blättrig. Blätter sitzend, 1,5–3,5 cm lang, bis 1,5 cm breit, abstehend, breit-elliptisch bis fast kreisrund, vorn spitz bis abgerundet. Blütenstand gipfelbürtig, traubig oder rispig, länger als die Blätter, locker mehr- bis vielblütig; Blütenstandachse und Fruchtknoten weiß, filzig. Blüten klein, ausgebreitet: gelblichbraun, hell grünlichrot oder gelbgrün, rot getüpfelt. Sepalen weiß, filzig, 0,6–0,7 cm lang, eiförmig-lanzettlich oder lanzettlich. Petalen 0,5 cm lang, linealisch, spitz bis langspitzig. Lippe mit der Säule fast bis zu deren Spitze verwachsen; der freie Teil 0,45 cm lang, 0,4 cm breit, eiförmig-rhombisch, langspitzig oder mit aufgesetzter Spitze, an den Rändern etwas unregelmäßig. Säule 0,5 cm lang, robust, nach oben hin erweitert, am Gipfel 2zähnig.
Verbreitung: Brasilien und Peru.
Geschichte: Die Pflanze wurde von Gardner im Orgelgebirge gefunden und von J. Lindley 1841 in Hooker's »Journal of Botany« in der Gattung *Epidendrum* beschrieben. G. Bentham versetzte sie 1881 in Hooker's »Icones Plantarum« in die heutige Gattung.
Anmerkung: Nahe verwandt mit *L. microphyllum* (Lindl.) Benth., die allerdings keine Pseudobulben besitzt und Stämme mit zwei bis acht 2zeilig angeordneten Blättern hat.
Synonym: Epidendrum aviculare Lindl.

Leochilus Knowl. et Westc.

Tribus: Oncidieae

Kleine, gebüschelte Epiphyten. Pseudobulben am Grunde mit einer bis mehreren Blattscheiden, oben 1–2blättrig. Blütenstände einzeln oder 2, traubig oder rispig, locker wenigblütig. Blüten klein und unauffällig. Sepalen und Petalen abstehend, frei oder in verschiedenem Grade miteinander verwachsen. Lippe mit dem Grunde der Säule verwachsen, ungeteilt oder 3lappig, meistens länger als die Petalen; Platte mit einer fleischigen Schwiele besetzt. Säule ohne Fuß, am Gipfel gestutzt, in der Mitte jederseits mit Stelidien; Rostellum verlängert.
Umfang und Verbreitung: Ungefähr 15 Arten; von Mexiko nach Argentinien und auf den Westindischen Inseln.
Ableitung des Namens: Aus dem Griechischen »Leios« = glatt und »cheilos« = Lippe.
Anmerkung: G. Knowles und F. Westcott begründeten die Gattung 1838 im »Floral Cabinet«. Sie ist nahe mit *Oncidium* verwandt, unterscheidet sich aber in der Form der Anthere (vorn in einen häutigen Fortsatz so lang wie oder länger als das Fach ausgezogen).
Typus-Art: L. oncidioides Knowles et Westc.
Synonyme: Leiochilus Benth.; *Rhynchostelis* Rchb.f.
Kultur: Substrat A oder montiert. Mindesttemperatur im Winter 12–15 °C. Man hält die Pflanzen in Töpfen oder montiert auf Kork- oder Baumfarnblöcke. Sie verlangen mäßigen Schatten und während des Wachstums eine feuchte Atmosphäre; wenn die Pseudobulben völlig ausgewachsen sind, folgt eine trockene Ruheperiode. Wie fast alle kleinen Orchideen sollte man sie aber nie völlig trocken werden lassen.

Leochilus scriptus (Scheidw.) Rchb.f.

In dichten Gruppen wachsender, 4–24 cm hoher Epiphyt. Pseudobulben 1–5 cm lang, 1–2,5 cm breit, eiförmig im Umriß, seitlich zusammengedrückt, gefurcht, am Gipfel 1blättrig, unten gestützt von zwei beblätterten Scheiden. Blätter 3–14,5 cm lang, 1–3 cm breit, elliptisch-riemenförmig bis elliptisch-lanzettlich, vorn stumpf und schief 3zähnig, lederig. Blütenstand grundständig, axillar, 4–23 cm lang, aufsteigend bis fast aufrecht, traubig oder rispig, wenig- bis mehrblütig; Brakteen 0,4–1,8 cm lang, 3eckig-lanzettlich, lang zugespitzt. Blüten hell grünlichgelb, braunrot gestreift oder gefleckt. Obere Sepale kapuzenförmig über der Säule stehend, 0,8–1,2 cm lang, 0,3–0,6 cm breit, elliptisch oder verkehrtlanzettlich, spitz oder stumpf; seitliche Sepalen 0,9–1,3 cm lang, 0,4–0,5 cm breit, elliptisch oder elliptisch-lanzettlich, spitz, abstehend herabgebogen, an den Rändern etwas zurückgeschlagen. Petalen 0,8–1,1 cm lang, 0,4 cm breit, eiförmig-elliptisch, stumpf, gerade hervorstehend. Lippe 1–1,3 cm lang, 0,6–0,9 cm breit, verkehrtei-keilförmig bis verkehrtherzförmig, oben ausgerandet bis eingeschnitten, aus gebogenem Grunde flach; Schwielen 2: die eine napfförmig und seidigflaumhaarig, die andere fleischig, fast quadratisch und flaumig. Säule bis 0,4 cm lang, dick, jederseits mit schlanken Auswüchsen in der Mitte.
Verbreitung: Von Meereshöhe bis 900 m in lichten Nadelwäldern in Mexiko, Brasilien, Guatemala bis nach Panama (vielleicht auch Kuba).
Geschichte: Die Pflanze wurde in Otto und Dietrichs »Allgemeiner Gartenzeitung« 1843 von M. Scheidweiler unter *Cryptosanus* beschrieben. In »Xenia Orchidacea« (1854) wurde sie durch H.G. Reichenbach in die Gattung *Leochilus* versetzt.
Verwandtschaft: Die Pflanze wird manchmal mit *L. oncidioides* Knowl. et Westc. verwechselt unterscheidet sich aber von ihr durch seinen aufrechten, steifen, strohfarbenen Blütenstandschaft, der bei *L. oncidioides* dünn, biegsam und violett ist.
Synonyme: Cryptosanus scriptus Scheidw.; *Leochilus major* Schltr.; *L. retusus* Schltr.; *L. powellii* Schltr.

Lepanthes Sw.

Tribus: Epidendreae
Subtribus: Pleurothallidinae

Kleine bis zwergige Epi- oder Lithophyten mit kurzem Rhizom. Stämme aufrecht, schlank, von am Gipfel erweiterten und bewimperten, röhrenförmigen Scheiden verdeckt. Blütenstände blattachselbürtig, einzeln oder in Büscheln, 1- bis vielblütig. Blüten klein, 2zeilig angeordnet. Sepalen die Blüte dominierend, abstehend, untereinander fast ähnlich; die seitlichen mehr oder weniger miteinander verwachsen. Petalen winzig, meistens breiter als lang. Lippe winzig, 2–3lappig. Säule kurz, fleischig; Pollinien 2, wachsartig, birnenförmig; Rostellum linealisch, gut entwickelt, aufrecht.
Umfang und Verbreitung: Ungefähr 100 Arten; vorwiegend in großen Höhenlagen der Gebirge Mittel- und Südamerikas.

Ableitung des Namens: Aus dem Griechischen »lepis« = Schuppe und »anthos« = Blüte.
Anmerkung: O. Swartz begründete die Gattung 1799 in »Nova Acta Regiae Societatis Scientiarum Upsalienisis«. Sie ist systematisch noch nie eingehend studiert worden und viele Arten sind nur wenig bekannt oder bis heute nicht beschrieben worden. *Lepanthes* ist mit *Pleurothallis* verwandt und wird von ihr hauptsächlich durch die Form und Größe der Petalen unterschieden. Bei vielen Arten öffnen sich die Blüten so weit, daß sie fast flach erscheinen.
Typus-Art: O. Swartz zitierte 4 Arten aus Jamaika.
Kultur: Substrat A. Mindesttemperatur im Winter 10–12 °C. Die meisten Arten wachsen in Wäldern in ziemlich hohen Lagen; deshalb verlangen sie in der Kultur zu jeder Zeit feuchte und schattige Bedingungen, nur im Winter brauchen sie keinen Schatten. Sie wachsen gut in kleinen Töpfen oder montiert auf Kork- oder Baumfarnblöcken. Auf jeden Fall dürfen sie niemals für längere Zeit trocken stehen. Bei heißem Wetter sollte man für Luftbewegung sorgen und die Pflanzen nebeln (sprühen). Diese Behandlungsweise ist auch für andere Pflanzen ähnlicher Herkunft von Nutzen, wie z. B. *Stelis* und *Pleurothallis*.

Lepanthes lindleyana Oersted et Rchb.f.

Stämme des kleinen, bis 15 cm hohen Epiphyten schlank, aufrecht, bis 9 cm lang, bedeckt von röhrigen Scheiden mit ausgebreiteten, gewimperten Rändern. Blätter bis 4,5 cm lang und 1,4 cm breit, eiförmig-lanzettlich, langspitzig, lederig. Blütenstände 1-mehrere, blattachselbürtig, kürzer als die Blätter. Blüten winzig, nacheinander mit der sich verlängernden Blütenstandachse blühend: Sepalen gelb oder gelbbraun, auf den Nerven rotbraun behaucht; Petalen rot und gelb; Lippe kastanienbraun oder rot. Sepalen 0,25 cm lang, 0,1 cm breit, eiförmig, ganz unten zusammenhängend, spitz, an den Rändern fein gewimpert; die seitlichen bis auf das oberste Drittel miteinander verwachsen. Petalen äußerst klein, 0,5 mm lang, 2 mm breit, schmal quer-elliptisch oder nierenförmig, drüsenhaarig. Lippe fleischig, 1 mm lang, 1,5 mm breit, quer-länglich, 2lappig, papillös und/oder drüsenhaarig. Säule nur 1 mm lang, dünn, rosa, in einer Furche zwischen den Lappen der Lippe liegend.
Verbreitung: Costa Rica, Nicaragua, Panama, Kolumbien und Venezuela.
Geschichte: Diese Pflanze wurde in der Umgebung von Cartagena in Costa Rica von A. Oersted gefunden und von ihm gemeinsam mit H. G. Reichenbach 1856 in »Xenia Orchidacea« veröffentlicht.
Synonym: Lepanthes micrantha Ames.

Leptotes Lindl.
Tribus: Epidendreae
Subtribus: Laeliinae

Kleine, selten mehr als 10 cm hohe Epiphyten mit kriechenden Rhizomen. Stämme sehr kurz, 1blättrig. Blütenstände gipfelbürtig, locker traubig, 1- bis wenigblütig; Schaft kurz, dünn, steif, mit kleinen Brakteen. Blüten mittelgroß. Sepalen und Petalen untereinander ähnlich, frei, mehr oder minder abstehend. Lippe frei, am Grunde der Säule angesetzt, 3lappig; Seitenlappen kurz aber deutlich genagelt, klein und öhrchenartig, die Säule umgreifend; Mittellappen länger, ungeteilt, an den Rändern herabgebogen; Platte glatt oder von Leisten durchzogen. Säule aufrecht, kurz, fleischig, oben undeutlich doppelt geöhrt; Pollinien 6, wachsartig (4 größer, 2 kleiner).
Umfang und Verbreitung: 3 Arten; in Brasilien, Paraguay und Argentinien.
Ableitung des Namens: Aus dem Griechischen »Leptotes« = Zartheit, Zierlichkeit.
Anmerkung: J. Lindley begründete die Gattung 1833 im »Botanical Register«. Sie ist verwandt mit *Epidendrum* und *Sophronites*, unterscheidet sich aber durch ihre fast stielrunden Blätter, weniger augenfällige Blüten und die Zahl der Pollinien. Von der ebenfalls verwandten Gattung *Loefgrenianthus* Hoehne weicht sie auch durch ihren Blattbau ab.
Typus-Art: L. bicolor Lindl.
Kultur: Substrat A oder montiert. Mindesttemperatur im Winter 15 °C. Man hält diese Pflanze entweder auf Kork- oder Baumfarnblöcken oder in seichten Schalen. Wegen ihrer Kleinheit muß man sie sehr vorsichtig gießen, besonders während der Wachstumsperiode. Sie verlangen eine feuchte Atmosphäre und mäßigen Schatten. In der Ruheperiode verlangen die Pflanzen nur wenig Wasser, doch vermeide man, daß sie schrumpfen.

Leptotes bicolor Lindl.

Kleiner Epiphyt mit kräftigem, verlängertem, kriechendem, Rhizom. Stämme kurz, 1–3 cm lang, 0,4–0,8 cm dick, fleischig, meistens zylindrisch, aufrecht oder aufsteigend, mit mehreren krautigen Scheiden bedeckt. Blätter 5–10 cm lang, 0,5–0,8 cm breit, fast stielrund, auf dem Rücken tief gefurcht, aufrecht oder seitlich abstehend, dunkelgrün, glänzend. Blütenstand kürzer als die Blätter, aufrecht oder bogig überhängend, oft 3blütig. Blüten langgestielt: Sepalen und Petalen weiß; Lippe mit weißen oder grünlichen Seitenlappen, tief purpurnem Mittellappen und weißberandeter Platte. Sepalen 1,6–2,2 cm lang, 0,4–0,5 cm breit, linealisch-lanzettlich, spitz. Petalen 1,6–2,2 cm lang, etwa 0,3 cm breit, linealisch-riemenförmig, krautig, sehr spitz. Lippe 1,4–2 cm lang, 0,6–0,7 cm breit, fleischig, aufrecht, nach außen gewölbt; Seitenlappen klein, halbrund oder leicht quadratisch; Mittellappen sitzend, schmal-eiförmig, unvermittelt zugespitzt; Platte fleischig, mit einer Leiste. Säule 0,5 cm lang, fleischig, stumpf 3kantig, grün oder purpurn.

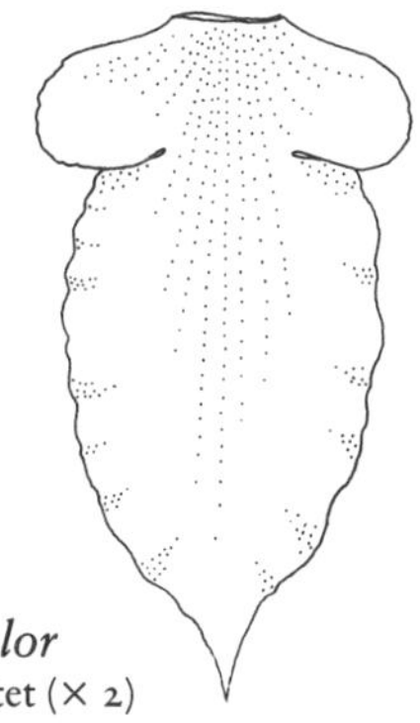

Leptotes bicolor
Lippe ausgebreitet (× 2)

Verbreitung: Östliches Brasilien.
Geschichte: Die Pflanze wurde durch Harrison im Orgelgebirge bei Rio de Janeiro entdeckt und 1833 im »Botanical Register« von J. Lindley beschrieben.
Anmerkung: Verschiedene Varietäten dieser Art wurden gesammelt; sie unterscheiden sich im wesentlichen durch abweichende Blüten- und/oder Blattfärbungen.
Synonym: Tetramicra bicolor (Lindl.) Benth.

Leptotes tenuis Rchb.f.

Diese brasilianische Art ist nahe mit *L. unicolor* verwandt. Sie besitzt aber eine anders gefärbte Lippe mit quer-länglichen oder elliptischen, stumpfen oder ausgerandeten Mittellappen.

Leptotes unicolor Barb. Rodr.

Sehr kleiner, hängender Epiphyt mit kurzem, einblättrigem Stamm. Blätter 2–5,5 cm lang, 0,3–0,8 cm breit, fast stielrund, mit tiefer Längs-

furche, fleischig, gerade oder etwas gebogen, spitz. Blütenstand hängend, 2blütig. Blüten herabhängend bleich rosalila oder weiß. Sepalen 2–2,5 cm lang, 0,3 cm breit, linealisch-riemenförmig, spitz. Petalen 2–2,5 cm lang, 0,2–0,25 cm breit, linealisch-spatelförmig, krautig, spitz. Lippe 2–2,5 cm lang, 0,8–1 cm breit, 3lappig, fleischig, gerade oder etwas zurückgebogen; Seitenlappen sehr klein, stumpf 3eckig; Mittellappen breit-eiförmig, spitz. Säule 0,5 cm lang, kurz, kräftig, weißgrün.
Verbreitung: Brasilien.
Geschichte: Die Pflanze wurde erstmals von J. Barbosa Rodrigues am Ufer des Dourado zwischen Antas und Sapucahy in der Nähe der Stadt Alfenas gefunden; er beschrieb sie 1877 in seinen »Genera et Species Orchidearum Novarum«.

Leucohyle Klotzsch

Tribus: Oncidieae

Mittelgroße Epiphyten mit kurzem, kriechenden Rhizom. Stämme aufrecht, sehr kurz, etwas pseudobulbenartig, am Gipfel 1blättrig. Blütenstand basal, aus den Achseln der die Pseudobulbe bedeckenden Scheiden entspringend, traubig, mehrblütig, mit trockenhäutigen Brakteen. Blüten meistens weiß, mit karminroten oder purpurvioletten Flecken. Sepalen und Petalen frei, abstehend, untereinander ähnlich. Lippe vorstehend, parallel zur Säule gerichtet, ungeteilt oder undeutlich 3lappig, unten den Grund der Säule umgebend; Schwiele grundständig, schwach bis kurz 2kielig. Säule aufrecht, um die Narbe herum etwas erweitert, am Gipfel mit einem länglichen Hut über der Anthere; Pollinien 2, birnenförmig; Stipes linealisch-länglich; Klebscheibe klein.
Umfang und Verbreitung: Wahrscheinlich nur 4 Arten; in Kolumbien, Ecuador, Guayana, Trinidad und Brasilien.
Ableitung des Namens: Aus dem Griechischen »leukos« = weiß und »hyle« = Holz oder Stoff; wegen der weißen, wolligen Bekleidung der Blütenstandachse.
Anmerkung: Die Gattung wurde von O. Klotzsch 1854 im »Index Seminum in Horto Botanico Berolinense« begründet. Er unterschied sie von *Trichopilia,* mit der sie zweifellos nahe verwandt ist, durch die Form der niemals eingerollten Lippe.
Typus-Art: L. subulata (Sw.) Klotzsch.
Kultur: Substrat A. Mindesttemperatur im Winter 12–15 °C. Wie für *Trichopilia.* Während der Wachstumsperiode verlangen die Pflanzen sehr viel Wasser und mäßigen Schatten; danach ist wesentlich weniger Wasser vonnöten.

Leucohyle subulata (Sw.) Schltr.

Pseudobulben des Epiphyten bis 3 cm lang und 4 cm im Durchmesser, fast zylindrisch bis kegelig, am Gipfel 1blättrig. Blatt bis 25 cm lang, 1 cm breit, linealisch, spitz, fleischig, der Mittelnerv auf der Oberseite furchenartig. Blütenstand von der Basis der Pseudobulbe ausgehend, hängend, traubig, locker 5–6blütig. Blüten auffällig, fast durchscheinend, weiß auf der Lippe, unten rosalila getüpfelt. Sepalen und Petalen 1,9 cm lang, 0,3–0,4 cm breit, lanzettlich, spitz, einmal um die eigene Achse gedreht. Lippe 1,5 cm lang und breit, fast kreisrund, mit aufgesetzter Spitze, am Grunde mit der Säule verwachsen, die ausgebissenen Ränder um die Säule gebogen; Schwiele fast am Grunde sitzend, von einer schwachen Querleiste gebildet. Säule weiß, fast aufrecht, am Gipfel kapuzenartig über die Anthere geneigt.
Verbreitung: Westindische Inseln, Panama, Venezuela, Kolumbien und Peru.
Geschichte: Ursprünglich wurde die Pflanze 1788 von O. Swartz in seinem »Prodromus« als *Epidendrum* veröffentlicht. Im Jahre 1865 versetzte sie H. G. Reichenbach (»Flora«) in die Gattung *Trichopilia,* und unter diesem Namen ist sie bis heute noch in Kultur und Literatur weithin bekannt, obgleich R. Schlechter sie bereits 1914 in seinem Werk »Die Orchideen« zur Gattung *Leucohyle* gestellt hatte.
Synonyme: Epidendrum subulatum Sw.; *Trichopilia subulata* (Sw.) Rchb.f.

Liparis L. C. Rich.

Tribus: Malaxideae

Kleine, terrestrische, lithophytische oder selten epiphytische Kräuter mit Pseudobulben oder Knollen und meistens grundständigen, scheidigen Blättern. Blütenstand aufrecht, traubig, lokker arm- bis reichblütig. Blüten klein. Sepalen frei, abstehend. Petalen linealisch bis fädlich. Lippe ungeteilt, ausgerandet bis 3lappig, meistens mit Schwiele. Säule meistens verlängert, einwärts gebogen, oben schmal geflügelt; Pollinien 4, eiförmig, wachsartig.
Umfang und Verbreitung: Eine große Gattung von über 250 Arten; vorwiegend in den Tropen beider Hemisphären aber auch in den gemäßigten Zonen.
Ableitung des Namens: Aus dem Griechischen »liparos« = glänzend oder fettig (die meisten Arten besitzen glatte, glänzende Blätter).
Anmerkung: L.C. Richard begründete die Gattung 1818 in »Mémoires du Muséum d'Histoire Naturelle«, Paris. Wegen ihrer kleinen und wenig ansehnlichen Blüten findet man Arten dieser Gattung nur wenig in Orchideensammlungen. Sie ist mit *Malaxis* verwandt, aber im wesentlichen durch ihre resupinierten Blüten und die wesentlich längere und besser entwickelte Säule zu unterscheiden.
Typus-Art: L. loeselii (L.) L. C. Rich.
Kultur: Substrat A oder C. Mindesttemperatur im Winter 12–15 °C. Tropische und subtropische Arten kann man in Schalen halten, wobei man jeweils das entsprechende Substrat für terrestrische oder epiphytische Pflanzen wählt. Alle verlangen während der Wachstums feuchte Atmosphäre, Wasser und Schatten. Danach ist ein kühleres und viel trockeneres Regime angebracht.

Liparis neglecta Schltr.

Pseudobulben der kleinen, bis 20 cm hohen terrestrischen oder seltener lithophytischen Pflanze in dichten Gruppen angeordnet, 1,5–2 cm lang, 0,5 cm im Durchmesser, konisch, 2–3blättrig. Blätter gestielt, längsgefaltet, bis 8 cm lang und 3,5 cm breit, breit-elliptisch, ziemlich dünn, vorn spitz oder langspitzig. Blütenstand aufrecht, 9–10 cm lang, traubig, bis 10blütig. Blüten hellgrün; ausbleichend ockergelb oder orange. Mittlere Sepale 0,9 cm lang, 0,1 cm breit, linealisch-lanzettlich, vorn spitz; die seitlichen sichelig-elliptisch, stumpfspitzig. Petalen über 0,9 cm lang, linealisch, abwärts gebogen. Lippe 0,7 cm lang, 0,8 cm breit, gekniet, annähernd nierenförmig oder fast kreisrund, am Grunde kurz geöhrt, an den Rändern etwas unregelmäßig; Schwiele am Grunde der Lippe sitzend; quer, fleischig. Säule an der Basis verbreitert, oben einwärts gebogen, 0,35 cm lang.
Verbreitung: Uganda, Kenia und von Tansania südwärts bis nach Transvaal; in Wäldern und Baumsavannen.
Geschichte: Die Pflanze von R. Schlechter 1915 in den »Botanischen Jahrbüchern« beschriebene Pflanze wurde im April 1911 bei Bomala Kitana, nördlich vom Lake Malawi gefunden.

Liparis viridiflora (Bl.) Lindl.

Pseudobulben der sehr verschiedengestaltigen terrestrischen oder epiphytischen Pflanze bis zu 15 cm lang, kurz eiförmig bis lang-zylindrisch, 2blättrig. Blätter 10–30 cm lang, 3,8–5 cm breit, verkehrteiförmig-länglich oder verkehrtlanzett-

lich, vorn stumpf, spitz oder langspitzig. Blütenstand 15–25 cm lang, walzenförmig, schlank, dicht vielblütig, Brakteen unterhalb der Traube, klein, trockenhäutig, lanzettlich, langspitzig. Blüten sehr klein: Sepalen und Petalen weiß; Lippe gelb. Sepalen 0,25 cm lang, 0,08 cm breit, linealisch-riemenförmig, stumpf, zurückgerollt, untereinander frei. Petalen 0,2 cm lang, 0,04 cm breit, linealisch, spitzlich, abstehend bis rückwärts gebogen. Lippe 0,25 cm lang, 0,2 cm breit, breiteiförmig, zurückgekrümmt, fleischig, spitzlich, ohne Schwielen. Säule nur 0,15 cm lang, einwärts gebogen, mit abgerundeten Flügeln.
Verbreitung: Tropischer Himalaja und ostwärts bis zu den Khasia-Bergen und Manipur, südwärts bis Malaya und Ceylon, auch auf den Pazifischen Inseln und in China; 400–1500 m.
Geschichte: C. Blume beschrieb diese Pflanze 1825 in seinen »Bijdragen« als *Malaxis;* zugrunde lag ein von ihm selbst bei Tjanjor in Java gesammeltes Exemplar. J. Lindley versetzte die Art 1830 in seinem Werk »Genera and Species of Orchidaceous Plants« in die Gattung *Liparis.*
Synonyme (in Auswahl): *Malaxis viridiflora* Bl.; *Liparis pendula* Lindl.; *L. spathulata* Lindl.; *L. longipes* Lindl. (unter diesem Namen ist die Pflanze heute noch am besten bekannt); *L. boothii* Regel; *L. triloba* Ridl.; *L. pleistantha* Schltr.

Listrostachys Rchb.f.

Tribus: Vandeae
Subtribus: Aerangidinae

Kleine Epiphyten mit bis zu 20 cm langen, beblätterten Stämmen. Blütenstände blattachselbürtig, lang, vielblütig. Blüten 2zeilig angeordnet, klein. Sepalen und Petalen untereinander ähnlich, frei. Lippe ungeteilt, meistens mit aufgesetzter Spitze, gespornt; Sporn am Gipfel geschwollen, kurz, sein Schlund vom Grunde der Lippe und Säule etwas entfernt. Säule kurz; Rostellum kurz; Stipes 2; Klebscheibe einzeln, so breit wie lang.
Umfang und Verbreitung: Nur 2 oder 3 Arten; in West- und Zentral-Afrika.
Ableitung des Namens: Aus dem Griechischen »listron« = Spaten und »stachys« = Ohr.
Anmerkung: H.G. Reichenbach begründete die Gattung 1852 in der »Botanischen Zeitung«. Viele zu ihr gehörende Arten sind im Laufe der Zeit in andere Gattungen wie *Bolusiella* und *Cyrtorchis* versetzt worden.
Typus-Art: L. pertusa (Lindl.) Rchb.f.
Kultur: Substrat A. Mindesttemperatur im Winter 15 °C. Man hält die Pflanzen in Körben oder montiert sie auf Kork- oder Baumfarnblöcke. Sie verlangen Luftfeuchtigkeit, Schatten und vorsichtige Wassergaben während des ganzen Jahres.

Listrostachys pertusa (Lindl.) Rchb.f.

Stamm des kleinen Epiphyten 6–15 cm lang. Blätter 8–35 cm lang, 1–2 cm breit, riemenförmig, längsgefaltet, lederig, vorn mit zwei stumpfen Lappen. Blütenstände 10–25 cm lang, fast aufrecht, biegsam, locker vielblütig; Schaft 2–5 cm lang. Blüten mittelgroß: weiß, am Grunde mehr oder weniger dicht rotgetüpfelt; Sporn rot. Sepalen 2,3–2,6 cm lang, 1,7–2 cm breit, eiförmig. Petalen etwas kürzer und schmaler als die Sepalen. Lippe nur 0,45–0,5 cm lang, 0,26–0,28 cm breit, eiförmig bis fast quadratisch, mit kurzer aber breiter aufgesetzter Spitze; Sporn 0,35–0,5 cm lang, am Ende keulenförmig. Säule kurz, kräftig.
Verbreitung: Von Sierra Leone bis Kamerun, Gabun und Zaire; auch auf der Insel Príncipe.
Geschichte: J. Lindley beschrieb die Pflanze 1836 als *Angraecum* in »Hooker's Companion to the Botanical Magazine«. Sie blühte erstmals am 9. Oktober 1835, nachdem sie von der Firma Loddiges aus Sierra Leone eingeführt worden war.
Synonyme: Angraecum pertusum Lindl.; *Listrostachys jenischiana* Rchb.f.

Lockhartia Hook.

Tribus: Pachyphylleae
Subtribus: Lockhartiinae

Kleine oder mittelgroße Epiphyten ohne Pseudobulben. Stämme aufrecht oder hängend, einfach, durchwegs beblättert, reitend. Blütenstände aus den Achseln oder oberen Blättern entspringend, traubig oder rispig, locker wenig- bis vielblütig, mit auffälligen stengelumfassenden Brakteen. Blüten klein bis mittelgroß. Sepalen und Petalen untereinander ähnlich, frei, abstehend oder zurückgeschlagen. Lippe länger als die Sepalen, ungeteilt bis 3lappig; Seitenlappen linealisch, einwärts- oder zurückgebogen; Mittellappen verkehrteiförmig oder länglich, in zwei bis vier Läppchen gespalten; Schwiele papillös oder feinkörnig. Säule sehr kurz, oben mit zwei Flügeln, ohne Fuß.
Umfang und Verbreitung: Ungefähr 30 Arten; von Mexiko südwärts nach dem nördlichen Südamerika, auch in Trinidad.
Ableitung des Namens: Benannt nach dem ersten Vorsteher des Botanischen Gartens in Trinidad, David Lockhart (1818–1846), der die Typuspflanze sammelte und nach Kew sandte.
Anmerkung: Sir William Hooker begründete die Gattung 1827 im »Botanical Magazine«. Die Blüten vieler Arten ähneln, besonders in der Farbgebung, denen von *Oncidium.* Dennoch sind die beiden Gattungen nur entfernt miteinander verwandt. Man kann *Lockhartia*-Arten immer leicht an ihren nicht von den Scheiden abgesetzten, reitenden Blättern erkennen. Von besonderer Bedeutung zur Bestimmung der Arten ist die komplexe Form von Lippe und Schwiele. Die letzte, heute völlig überholte Bearbeitung der Gattung stammt aus der Feder von F. Kraenzlin (Engler, »Das Pflanzenreich« 1923).
Typus-Art: L. elegans Hook.
Synonym: Fernandezia Lindl.
Kultur: Substrat A. Mindesttemperatur im Winter 12–15 °C. Kleine Töpfe eignen sich für diese Pflanzen vorzüglich. Solange sie wachsen, verlangen sie einigermaßen feuchte Luft und etwas Schatten. Obgleich sie niemals völlig trocken stehen sollten, gießt man nach Abschluß des Wachstums nur sehr mäßig und vorsichtig.

Lockhartia acuta
Lippe ausgebreitet (× 7½)

Lockhartia acuta (Lindl.) Rchb.f.

Blätter des mittelgroßen, 20–50 cm hohen Epiphyten 1,5–3 cm lang, 0,4–1 cm breit, eiförmig-3eckig, vorn spitzlich, lederig, auf der Unterseite leicht gekielt. Blütenstände zu mehreren, entweder gipfel- oder seitenständig, rispig, 8–9 cm lang, vielblütig; Brakteen klein, durchsichtig. Blüten klein, 0,8–1 cm breit, gelblich oder weiß, aber Lippe gelb. Sepalen spreizend, 0,4 cm lang und 0,25 cm breit, eiförmig, stumpf. Petalen 0,5 cm lang und 0,2 cm breit, elliptisch-länglich, stumpf. Lippe länglich im Umriß, 3lappig, 0,6 cm lang und 0,4 cm breit; Seitenlappen linealisch, abgerundet; Mittellappen fast quadratisch,

Linien durchzogen. Sepalen 0,8–1 cm lang, eiförmig, konkav, spitzlich; die seitlichen oben auf dem Rücken mit aufgesetzter Spitze. Petalen bis 1,5 cm lang und 0,25 cm breit, schmal-lanzettlich, spitz. Lippe schmal-geigenförmig, fleischig, am Grunde geöhrt und konvex, vorn mit zwei auseinanderstrebenden Lappen von 1,2 cm Länge und 0,4 cm Breite; Platte an der Basis mit drei großen, runden Schwielen.
Verbreitung: Indien und Ceylon.
Geschichte: C. von Linné beschrieb diese Pflanze 1753 in seinem Werk »Species Plantarum« in der Gattung *Epidendrum.* K. von Willdenow versetzte sie 1805 in der 4. Auflage des gleichen Werkes nach *Cymbidium* bis schließlich C. Blume (»Rumphia«) ihr 1848 einen Platz in der Gattung *Luisia* anwies.
Synonyme: Luisia birchea Bl.; *L. zeylanica* Thwaites; *Birchea teretifolia* A. Rich.; *Epidendrum tenuifolium* L.; *Cymbidium tenuifolium* Lindl.

Luisia teretifolia Gau d.

Stamm 15–30 cm lang, 0,4 cm dick, stielrund, kräftig und steif, mit 1,2–1,8 cm langen Internodien. Blätter 4–20 cm lang, ungefähr 0,3 cm im Durchmesser, im Querschnitt kreisrund, vorn stumpf. Blütenstand blattachselbürtig, armblütig; Achse 0,4–0,8 cm lang. Blüten klein: Sepalen und Petalen hellrosa, grün oder gelb; Lippe gelb oder grünlich (purpurn auf der Unterseite). Mittlere Spale 0,5–0,6 cm lang, 0,3 cm breit, elliptisch, stumpf bis spitzlich; die seitlichen 0,75 cm lang, 0,25 cm breit, lanzettlich, aif dem Rücken gekielt, am spitzen Gipfel fleischig. Petalen 0,3–0,7 cm lang, 0,4 cm breit, linealisch-länglich. Lippe bis zu 0,75 cm lang, 3lappig, an der Basis höckerig, im unteren Teil fast quadratisch, darüber breit herzförmig; Seitenlappen elliptisch, sichelig gekrümmt, oben gewellt; Mittellappen am Rande gewellt. Säule nur 0,2 cm lang.
Verbreitung: Sikkim-Himalaja, in den Khasia-Bergen, Indien, Ceylon, Südost-Asien und von Indonesien bis nach Neukaledonien.
Geschichte: Die Pflanze wurde während der Weltumsegelung der Schiffe Uranie und Physicienne unter dem Kommando von Louis de Freycinet im Pazifischen Ozean auf der Insel Guam entdeckt. In seinem Bericht über die botanischen Ergebnisse dieser Unternehmung beschrieb C. Gaudichaud die Art im Jahre 1826.
Synonyme (in Auswahl): *Luisia burmanica* Lindl.; *L. platyglossa* Rchb.f. *L. zeylanica* Lindl.; *Cymbidium triste* Roxb.; *C. tenuifolium* Wight.

Luisia volucris Lindl.

Stamm 15–30 cm hoch, 0,5 cm im Durchmesser, seine Internodien ungefähr 1,3 cm lang. Blätter 7,5–12,5 cm lang, 0,3 cm breit, im Querschnitt kreisrund, steif, vorn stumpf. Blütenstand 1,2 cm lang, mit sehr kräftiger Achse. Blüten bis 6 cm breit: Sepalen und Petalen bleich gelbgrün; Lippe aus grünem Grunde purpurn. Mittlere Sepale 1,2–1,9 cm lang, bis 0,3 cm breit, linealisch, kappenförmig, aufrecht; die seitlichen kahnförmig, auf der Rückseite geflügelt, so lang wie die mittlere. Petalen 2,5–3,8 cm lang, 0,4 cm breit, linealisch-spatelig, oben verbreitert und abgerundet. Lippe an der Basis geöhrt; Hypochile länglich, schmal; Epichile 1,2 cm lang, 0,8 cm breit, eiherzförmig, fleischig, stumpf.
Verbreitung: Sikkim-Himalaja, Khasia-Berge und Silhat.
Geschichte: Unter Zugrundelegung einer von Thomas Lobb in den Khasia-Bergen gesammelten Pflanzen beschrieb J. Lindley diese Art 1853 in seinen »Folia Orchidacea«.

Lycaste Lindl.
Tribus: Maxillarieae
Subtribus: Zygopetalinae

Epiphytisch, lithophytisch oder terrestrisch wachsende Pflanzen mit kurzen, dicken, am Gipfel mehrblättrigen Pseudobulben und hinfälligen, gefalteten Blättern. Blütenstände meistens zu mehreren am Grunde des Pseudobulben entspringend, aufrecht oder abstehend, bei den meisten Arten 1blütig. Blüten groß, augenfällig, oft duftend. Sepalen untereinander ähnlich, abstehend; die seitlichen mit dem Fuß der Säule ein deutliches, sackförmiges Mentum bildend. Petalen den Sepalen ähnlich aber oft anders und auffällig gefärbt. Lippe 3lappig, mehr oder weniger stark flaumig beharrt; Platte mit verschiedenartig gestalteter Schwiele. Säule lang, flügellos bis schmal 2flügelig im oberen Teil, am Grunde in einen Fuß fortgesetzt; Pollinien 4 oder 2 und gefurcht; Stipites 2, sehr kurz oder verlängert.
Umfang und Verbreitung: Über 25 Arten; von Mexiko südwärts bis nach Peru, Bolivien und die Westindischen Inseln.
Ableitung des Namens: Nach Lycaste, Tochter des Priamus von Troja.
Anmerkung: J. Lindley begründete die Gattung 1843 im »Botanical Register«. Die meisten ihrer Arten gehörten zu verschiedenen Zeiten zu *Maxillaria.* Man kann sie von dieser Gattung an ihren gefalteten Blättern unterscheiden. Die auch mit *Lycaste* verwandte Gattung *Xylobium* besitzt immer mehrblütige Blütenstände. *Lycaste* wurde in jüngerer Zeit von J.A. Fowlie (»The genus Lycaste« 1970) monographisch bearbeitet. Die Gattung läßt sich in zwei klar erkennbare Gruppen spalten:
a) Mittellappen der Lippe gefranst; Schwiele gabelig geteilt, z.B. *L. barringtoniae* (Sm.) Lindl.;
b) Mittellappen der Lippe nicht gefranst; Schwiele ungeteilt oder fingerig geteilt, z.B. *L. cruenta* Lindl.; *L. deppei* Lindl. und *L. virginalis* (Scheidw.) Lind.

Typus-Art: J. Lindley zitierte mehrere Arten; ein Lektotypus wurde noch nicht festgelegt.
Kultur: Substrat A. Mindesttemperatur im Winter 12 °C. Solange die harten Pseudobulben blattlos sind, verlangen die Pflanzen eine kühle, trokkene Ruheperiode und brauchen ab und zu nur ganz wenig Wasser. Sobald die neuen Sprosse erscheinen, ist Luftfeuchtigkeit und mäßiger Schatten zu gewähren; allerdings sollte man nur wenig gießen bis Wurzelwachstum feststellbar ist. Erst, wenn das Wachstum voll im Gange ist, gießt man reichlich, bis sich die Pseudobulben voll entwikkelt haben.

Lycaste aromatica (Hook.) Lindl.

Pseudobulben der epiphytisch oder lithophytisch wachsenden, bis 60 cm hohen Pflanze 7–10 cm lang, 4,5 cm breit, eiförmig, seitlich leicht gepreßt, am Grunde mit faserigen Scheiden. Blätter bis 55 cm lang und 10 cm breit, lanzettlich, längsgefaltet, vorn langspitzig. Blütenstände zu mehreren seitenständig und gleichzeitig blühend, bis 15 cm lang; Schaft mit mehreren braunen, aufgeblähten Scheiden. Blüten ansehnlich, duftend, gelb, auf der Lippe etwas orange getüpfelt. Sepalen 3–4 cm lang, 1,3–1,8 cm breit, eiförmig-lanzettlich bis elliptisch-länglich, unten auf der Innenseite flaumig behaart, spitz; die seitlichen asymmetrisch, mit dem Fuß der Säule ein stumpfes Mentum bildend. Petalen 2,8–3,5 cm lang, 1,5–2 cm breit, eiförmig-elliptisch oder elliptisch, spitz bis stumpf. Lippe 2,8–3,2 cm lang, 1,5–2 cm breit, konkav, oben 3lappig; Seitenlappen elliptisch bis lanzettlich, vorstehend, stumpf, vorn gekerbt; Mittellappen elliptisch-kreisrund, zurückgebogen, an den Rändern gewellt; Schwiele klappenartig, gestutzt. Säule satt gelb, 2,5 cm lang, vorn flaumig.
Verbreitung: Mexiko, Belize, Honduras und Guatemala; in Regenwäldern bis zu 1200 m.
Geschichte: Die ersten lebenden Exemplare die-

ser Pflanze, gesammelt von Lord Napier in Mexiko, blühten im Botanischen Garten zu Edinburgh im Mai 1826. Sir William Hooker beschrieb sie als *Maxillaria* (»Exotic Flora«) im gleichen Jahr. J. Lindley versetzte die Art in die Gattung *Lycaste* im »Botanical Register« 1843.
Anmerkung: Verwandt mit *L. cochleata* aber unterschieden von dieser Art durch die Abwesenheit der roten Zeichnung auf der Lippe, die außerdem am Grunde nicht sackartig ausgestülpt ist.
Synonyme: Maxillaria aromatica Hook.; *Colax aromaticus* (Hook.) Spreng.; *Lycaste suaveolens* Summerh.

Lycaste brevispatha (Klotzsch) Lindl.

Pseudobulben 3,5–6,5 cm lang, bis 4 cm breit, eiförmig-kegelig, zusammengepreßt. Blätter hinfällig 22–50 cm lang, bis 10 cm breit, verkehrtlanzettlich, vorn langspitzig. Blütenstand bis 10 cm lang, nach dem Blattfall erscheinend, 1blütig. Blüten ungefähr 5 cm breit: Sepalen hellgrün und mit rosa Tüpfeln; Petalen weißlich und rosa behaucht; Lippe weiß, mit einigen rosapurpurnen Tüpfeln; Schwiele gelblich. Sepalen 2,5–3 cm lang und 1,5 cm breit, eiförmig-länglich, am Gipfel spitz und zurückgebogen. Petalen eiförmig-elliptisch, stumpf, bis 2,6 cm lang, bis 1,5 cm breit. Lippe 2–8 cm lang, 1,8 cm breit, länglich-verkehrteiförmig, 3lappig; Seitenlappen länglich, in der unteren Hälfte nach oben gebogen, in der oberen abstehend; Mittellappen kreisrund, herabgeschlagen; Platte mit einer länglichen, dünnen Scheibe, an der Spitze ausgerandet. Säule dünn, stielrund, weiß, rosa getüpfelt, unterhalb der Narbe flaumig, etwa 2 cm lang.
Verbreitung: Costa Rica, Nicaragua und Panama; 600–1600 m.
Geschichte: Die Pflanze wurde erstmals 1849 oder 1850 von J. Warscewicz in Mittelamerika gefunden und kurz darauf von ihm nach Europa eingeführt. J. Klotzsch beschrieb sie als *Maxillaria* 1851 in der »Allgemeinen Gartenzeitung«. In Paxton's »Flower Garden« versetzte J. Lindley die Art 1852 in die Gattung *Lycaste.*
Synonyme: Lycaste candida Lindl.; *L. lawrenceana* hort.; *Maxillaria brevispatha* Klotzsch.

Lycaste cruenta (Lindl.) Lindl.

Pseudobulben des bis 50 cm hohen Epiphyten bis 10 cm lang und 5 cm breit, eiförmig-länglich, zusammengedrückt, mehrblättrig, am Grunde mit einigen sich überlappenden, trockenhäutigen Scheiden. Blätter bis 45 cm lang und 15 cm breit, elliptisch-lanzettlich bis breit-elliptisch, längsgefaltet, vorn spitz bis langspitzig. Blütenstände seitlich, 7–17 cm lang, 1blütig; Schaft mit mehreren röhrigen Scheiden von etwa 2 cm Länge bekleidet. Blüten auffällig, 6–10 cm breit: Sepalen gelbgrün; Petalen gelb bis orangegelb; Lippe gelb, mit kastanienbraunen Tüpfeln und an der Basis mit einem karminroten Fleck. Sepalen 3–5 cm lang, 1,8–2,5 cm breit, eiförmig bis länglich-elliptisch, in der oberen Hälfte zurückgebogen, spitz, am Grunde mehr oder minder flaumig. Petalen 3–4 cm lang, 2–3,2 cm breit, elliptisch, stumpf oder ausgerandet. Lippe sackartig, etwa 2,5 cm lang, 3lappig, in der Ausbuchtung mit langen Haaren; Seitenlappen aufrecht, abgerundet; Mittellappen eiförmig bis kreisrund, ausgerandet, herabgekrümmt, an den Rändern gekräuselt, flaumig; Platte mit einer fast quadratischen, gestutzten Schwiele. Säule kräftig, etwa 2 cm lang, gebogen, unten flaumig.
Verbreitung: Mexiko, Guatemala und El Salvador; bis 2200 m.
Geschichte: Die Pflanze wurde in Guatemala zum ersten Mal von G. U. Skinner gefunden und zunächst von J. Lindley 1842 im »Botanical Register« als *Maxillaria* beschrieben. Im folgenden Jahr versetzte er sie in der gleichen Zeitschrift in die Gattung *Lycaste.*
Synonyme: Maxillaria cruenta Lindl.; *Lycaste balsamea* Lindl.

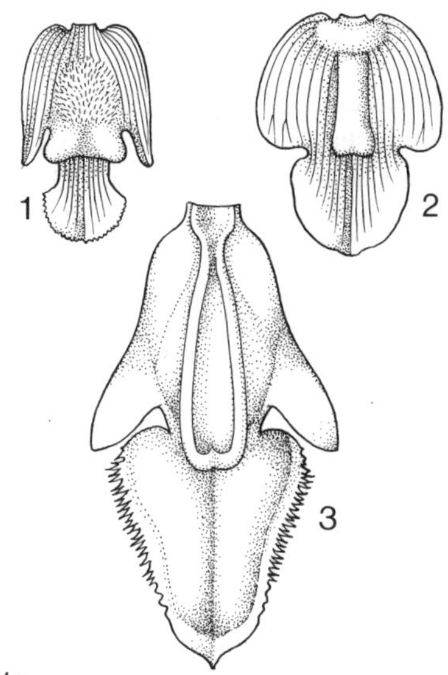

Lycaste
Lippen ausgebreitet (alle × 1)
1 = *L. aromatica*
2 = *L. cruenta*
3 = *L. longipetala*

Lycaste deppei (Lodd.) Lindl.

Pseudobulben des bis 60 cm hohen Epiphyten oder Lithophyten 6–10 cm lang, bis 5 cm breit, eiförmig, gefurcht, zusammengepreßt, unten mit mehreren trockenhäutigen Scheiden besetzt, am Gipfel mehrblättrig. Blätter 20–50 cm lang, 8–10 cm breit, elliptisch-lanzettlich, längsgefaltet, vorn langspitzig, hinfällig aber mehrere kurze Dornen am Gipfel der Pseudobulbe hinterlassend. Blütenstände aufrecht, 12–15 cm lang, 1blütig; Schaft mit geschwollenen, rotbraunen, trockenhäutigen Scheiden bekleidet. Blüten auffällig, bis 10 cm breit: Sepalen bleichgrün mit roter Tüpfelung; Petalen weiß, am Grunde rot getüpfelt; Lippe hellgelb, in der unteren Hälfte mit roten Linien und Tüpfeln. Sepalen 5–6 cm lang, 2–2,4 cm breit, elliptisch oder eiförmig-elliptisch, spitzlich oder stumpf. Petalen 4–4,5 cm lang, bis 2 cm breit, elliptisch-verkehrteiförmig, oben zurückgebogen, stumpf oder mit aufgesetzter Spitze. Lippe ungefähr 3,5 cm lang, bogig, gekörnelt-behaart, mit prominenter Beaderung, 3lappig; Seitenlappen aufrecht, abgerundet und die Säule röhrenartig umfassend; Mittellappen eiförmig-länglich, stumpf, herabgebogen, an den Rändern wellig; Platte in der Mitte verdickt, am Grunde mit einer kurzen, rundlichen Schwiele. Säule weiß und mit roter Zeichnung, 2,5 cm lang, gebogen, auf der unteren Fläche flaumig.
Verbreitung: Mexiko und Guatemala; bis 1200 m.
Geschichte: Die von Deppe in der Nähe von Jalapa (Mexiko) erstmals gefundene Pflanze wurde von Loddiges in die Kultur eingeführt und 1830 im »Botanical Cabinet« von ihm als *Maxillaria* beschrieben. J. Lindley versetzte sie 1843 im »Botanical Register« in die Gattung *Lycaste.*
Synonym: Maxillaria deppei Lodd.

Lycaste lasioglossa Rchb.f.

Pseudobulben der bis zu 60 cm hohen terrestrischen Pflanze 5–10 cm lang, bis 4 cm breit, eiförmig, zusammengedrückt, am Gipfel 2blättrig. Blätter bis 55 cm lang und 12 cm breit, elliptisch-lanzettlich, kurz gestielt, längsgefaltet, vorn spitz bis langspitzig. Blütenstand bis 25 cm lang, 1blütig; Schaft mit bis zu 3 cm langen, gefalteten, trockenen Scheiden besetzt. Blüten groß und auffällig: Sepalen rotbraun; Petalen gelb; Lippe mit gelben Streifen und roten Flecken. Sepalen 5–7 cm lang, 1,5–2 cm breit, elliptisch-lanzettlich, spitz bis langspitzig. Die seitlichen mit dem Fuß der Säule ein scharfes Mentum bildend. Petalen

3,5-4 cm lang, 1,5–2 cm breit, elliptisch, über die Säule gebogen, oben mit aufgesetztem Spitzchen und zurückgekrümmt. Lippe 3,5–4 cm lang, bis 2 cm breit, verkehrteiförmig im Umriß, 3lappig, unten röhrig; Seitenlappen schmallänglich, abgestutzt; Mittellappen länglich, stumpf, zurückgebogen, dicht weich-flaumig; Schwiele eiförmig-3eckig, vorn etwas eingeschnitten. Säule 2,5–3 cm lang (Fuß eingeschlossen), gekrümmt, unten in der Mitte flaumig.
Verbreitung: Beschränkt auf Guatemala.
Geschichte: Die Pflanze wurde 1871 entdeckt und durch die Firma Veitch nach Europa eingeführt. H.G. Reichenbach beschrieb sie 1872 im »Gardeners' Chronicle«. Der Artname bezieht sich auf die haarige zungenähnliche Lippe.

Lycaste leucantha (Klotzsch) Lindl.

Pseudobulben 5–7,5 cm lang, 3,5 cm im Durchmesser, eiförmig, wenig zusammengepreßt, am Gipfel 2- oder 3blättrig. Blätter 40–65 cm lang, 3,5–6 cm breit, schmal-länglich oder verkehrtlanzettlich, vorn spitz, hinfällig. Blütenstand bis 20 cm lang, erst nach dem Blattfall erscheinend. Blüten groß, 7,5–10 cm breit: Sepalen bräunlichgrün bis apfelgrün; Petalen gelblichweiß; Lippe auf den Seitenlappen hellgelb und cremeweiß auf dem Mittellappen. Sepalen 4–4,5 cm lang, bis 1,8 cm breit, länglich, spreizend, stumpf. Petalen 3,8 cm lang und 1,8 cm breit, elliptisch, abgerundet, im oberen Drittel zurückgebogen. Lippe 2,8 cm lang, 2 cm breit, 3lappig; Seitenlappen elliptisch-länglich, aufrecht; Mittellappen länglich-eiförmig, stumpf, flaumig behaart, an den Rändern gezähnt, etwas zurückgebogen. Platte mit einer schmalen, gefurchten breiten Leiste. Säule halbstielrund, gekrümmt, gelblichweiß.
Verbreitung: Costa Rica und Panama; in immergrünen Bergwäldern; 1200–1800 m.
Geschichte: Die Pflanze wurde 1849 in Costa Rica von J. Warscewicz gefunden und im folgenden Jahr in der »Allgemeinen Gartenzeitung« als *Maxillaria* von J. Klotzsch beschrieben. J. Lindley versetzte sie 1851 zu *Lycaste* (Paxton's »Flower Garden«).
Anmerkung: Von *L. macrophylla* (Poepp. et Endl.) Lindl. läßt sich die Art durch ihren kleineren Wuchs und das Fehlen von roter Zeichnung in der Blüte unterscheiden.
Synonyme: Maxillaria leucantha Klotzsch; *Lycaste candida* auct. non Lindl.; *L. leuco-flavescens* hort.

Lycaste longipetala (Ruiz et Pavon) Garay

Pseudobulben der großen und sehr attraktiven terrestrischen Pflanze zylindrisch oder länglich-eiförmig, 7–15 cm lang, zusammengepreßt, mit zunehmendem Alter gefurcht, und/oder warzig, am Gipfel 2–3blättrig. Blätter langgestielt, bis 80 cm lang und 9,5 cm breit, länglich-elliptisch oder länglich-lanzettlich, vorn spitz bis langspitzig; Blattstiel bis 25 cm lang, kräftig. Blütenstand robust, grundständig, bis 60 cm lang, 1blütig; Schaft mit mehreren, lockeren, röhrigen Scheiden besetzt. Blüten groß, 10–15 cm breit, fleischig: Sepalen und Petalen gelblich oder gelblichgrün, mehr oder minder intensiv rosa oder braun überlaufen; Lippe rot, purpurn oder braun. Mittlere Sepale bis 10 cm lang und 2,5 cm breit, schmal länglich-elliptisch oder länglich-lanzettlich, spitz oder stumpf; die seitlichen bis 8,5 cm lang und 3 cm breit, sichelig herabgebogen, mit dem Fuß der Säule ein 1,6 cm langes kegeliges Mentum bildend. Petalen bis 8 cm lang, schief-elliptisch-länglich, spitz oder stumpflich. Lippe ungefähr 5,5 cm lang, elliptisch-eiförmig, in der Mitte 3lappig; Seitenlappen klein, halbeifömig, spitzlich oder stumpf; Mittellappen länglich-eiförmig, vorn unvermittelt zurückgebogen, an den Rändern unregelmäßig gezähnt und gefranst; Platte mit einem Paar fleischiger Leisten. Säule bis 2,5 cm lang, kräftig, gebogen, unten lang behaart.
Verbreitung: Peru, Ecuador, Kolumbien und Venezuela.
Geschichte: Die Pflanze wurde erstmals von H. Ruiz und J. Pavon in Peru gesammelt und in ihrem Werk »Systema Vegetabilium« in der Gattung *Maxillaria* veröffentlicht. Bis in die jüngste Zeit hat man diesen Namen übersehen; die Pflanze ist in der Kultur besser als *Lycaste gigantea* bekannt. Erst 1962 (»Caldasia«) wurde die Art von L. Garay unter dem regelmäßigen, ältesten Namen in die Gattung *Lycaste* versetzt.
Anmerkung: Nahe mit *L. fulvescens* Hook. verwandt, besitzt aber ausgebreitetere Blüten.
Synonyme: Lycaste gigantea Lindl.; *Maxillaria longipetala* Ruiz et Pavon; *M. gigantea* (Lindl.) Beer.

Lycaste virginalis (Scheidw.) Lind.

Pseudobulben des bis über 100 cm hohen Epiphyten 5–10 cm lang und 3,5 cm breit, eiförmig, zusammengepreßt, anfangs mit mehreren Blättern am Gipfel. Blätter bis 75 cm lang und 15 cm breit, elliptisch-lanzettlich, vorn langspitzig. Blütenstand seitlich, bis 30 cm lang, 1blütig; Schaft von geschwollenen Scheiden von 3–6 cm Länge verdeckt. Blüten sehr auffällig, duftend, wachsartig, bis 15 cm breit: sepalen weiß bis rosa; Petalen rötlichviolett; Lippe weiß, mit rotvioletten Linien und Tüpfeln; Säule weiß und karminrot getüpfelt. Sepalen 5,5–8 cm lang, 3–3,5 cm breit, elliptisch-länglich oder elliptisch-eiförmig, auf dem Rücken gekielt, stumpflich bis spitz; die seitlichen ein kurzes, stumpfes Mentum bildend. Petalen 4,5–7,5 cm lang, 2,5–4 cm breit, breit-elliptisch, oben zurückgebogen und mit aufgesetzter Spitze. Lippe 4,5–5 cm lang, 3lappig, breit-eiförmig-länglich; Seitenlappen aufrecht, eine Röhre bildend, gestutzt, flaumig; Mittellappen halbkreisrund, stumpf, stark rückwärts gebogen; Schwiele fleischig, riemenförmig; Platte in der Mitte behaart. Säule 3–3,5 cm lang, gebogen, unten flaumig, oben weiß, unten karminrot.
Verbreitung: Mexiko, Guatemala und Honduras; in feuchten Wäldern; bis zu 1800 m.
Geschichte: Über den richtigen Namen dieser außerordentlich schönen Pflanze hat lange Verwirrung geherrscht. Zuerst wurde sie 1840 von J. Lindley im »Botanical Register« als *Maxillaria skinneri* benannt, und zwar zu Ehren ihres ersten Sammlers, George Ure Skinner. M. Scheidweiler beschrieb sie 1842 im »Bulletin der Königlichen Akademie in Brüssel« als *M. virginalis.* Beide Namen wurden von J. Lindley 1843 im »Botanical Register« in die Gattung *Lycaste* versetzt, und beide Namen wurden nebeneinander verwandt. Für viele Jahre gewann schließlich *L. virginalis* den Vorzug bis Fowlie 1970 behauptete, daß *L. skinneri* der rechtens zu verwendende Name ist. Er übersah allerdings, daß J. Lindley den Artnamen *skinneri* bereits 1840 für eine andere Art der Gattung verwendet hatte, und deshalb ist er für die in Frage stehende Art zu verwerfen.
Anmerkung: L. virginalis ist die Nationalblume von Guatemala, dort bekannt als »Monja Blanca«.
Synonyme: Maxillaria virginalis Scheidw.; *M. skinneri* Lindl. (1842); *Lycaste skinneri* (Lindl.) Lindl.

Lycaste xytriophora Rchb.f.

Pseudobulben 7,5–10 cm lang, 5,6 cm breit, eiförmig, zusammengedrückt, am Gipfel 1–3blättrig. Blätter hinfällig, 30–50 cm lang, 11–12 cm breit, lanzettlich, vorn langspitzig, nach dem Abfallen am Gipfel der Pseudobulbe lange Dornen hinterlassend. Blütenstand 10–12,5 cm lang, erscheinend, wenn der Neuzuwachs halbe Länge erreicht; Brakteen groß, 3–4 cm lang. Blüten

groß, 7,5–10 cm breit: Sepalen hell grünlichbraun; Petalen gelblichgrün unten und oben weiß; Lippe weiß, oben rosenrot behaucht; Schwiele von rötlich bis allmählich tief gelb, in der oberen Hälfte rot getüpfelt. Sepalen 3–4 cm lang, 1,5–1,8 cm breit, länglich, langspitzig. Petalen 2,8–3,2 cm lang, 1,5–1,8 cm breit, länglich bis schmal-elliptisch, oben stumpf und zurückgeschlagen. Lippe 2,6–3 cm lang, bis 1,5 cm breit, länglich-riemenförmig, 3lappig; Seitenlappen einwärts gebogen; Mittellappen in der Mitte verdickt, an den Rändern wellig; Platte mit einer schmalen, gefurchten, gelben, rotgetüpfelten Schwiele. Säule im Querschnitt 3eckig, 2,5–2,8 cm lang, unterhalb vom Stigma flaumig.
Verbreitung: Panama und Ecuador; 600–1500 m.
Geschichte: Wahrscheinlich wurde die Pflanze erstmals in der Umgebung von Loxa in Ecuador von Wallis für die Firma Linden 1867 gesammelt. H.G. Reichenbach beschrieb sie 1872 in »Sanders' Refugium Botanicum«.
Anmerkung: Von *L. dowiana* Endres et Rchb.f. läßt sich die Art unterscheiden durch die dornigen Blattreste und das Fehlen von Rot oder Karminrot auf den Petalen.

Macodes Lindl.

Tribus: Cranichideae
Subtribus: Goodyerinae

Mittelgroße, terrestrische Pflanzen mit kriechendem Rhizom und kurzen, aufrechten, mehrblättrigen Stämmen. Blätter ziemlich fleischig, mit farbiger Beaderung, sehr attraktiv. Blütenstand aufrecht, traubig, vielblütig. Blüten klein, nicht resupiniert, durch die Verdrehung von Lippe und Säule asymmetrisch. Sepalen zusammengeneigt, frei. Petalen frei, linealisch, abstehend. Lippe frei, am Grunde sackartig, 3lappig, am Grunde innerhalb des Sackes mit zwei Drüsen; Seitenlappen kurz, abgerundet; Mittellappen mit schmaler Basis, kurz abstehend. Säule kurz, verdreht, geschnäbelt, vorn mit zwei nahe parallel stehenden nach unten in den Sporn laufenden Flügeln; Rostellum gespalten; Narbe groß; Pollinien 2, spaltbar, 2lappig.
Umfang und Verbreitung: Nur eine Art; Südostasien, Indonesien und auf den Philippinen.
Ableitung des Namens: Aus dem Griechischen »mak(r)os« = lang.
Anmerkung: J. Lindley begründete die Gattung 1840 in seinen »Genera and Species of Orchidaceous Plants«. Sie ist mit *Ludisia* verwandt, unterscheidet sich aber von ihr durch die in der Blüte oben stehende Lippe und das Vorhandensein von Drüsen am Lippengrunde.
Typus-Art: Macodes petola (Bl.) Lindl.
Kultur: Substrat C. Mindesttemperatur im Winter 15 °C. Die Pflanzen verlangen eine dauernde feuchte Atmosphäre und Schatten. Während des ganzen Jahres müssen sie vorsichtig gegossen werden, so daß der Pflanzstoff nie austrocknet, ohne jedoch stagnierendes Wasser zu enthalten.

Macodes petola (Bl.) Lindl.

Blätter der augenfälligen, terrestrischen Pflanze vorwiegend am Grunde gedrängt angeordnet, gestielt, bis 6,5 cm lang und 4,2 cm breit, eiförmig, von kurz zugespitzt, tief dunkelgrün, mit goldener Beaderung (die fünf Längsnerven besonders hervorstechend); Blattstiel 1–25 cm lang, schmal. Blütenstand aufrecht, bis zu 25 cm lang, bis 15blütig; Schaft flaumig behaart und mit zwei sterilen Brakteen; fertile Brakteen kürzer als der Fruchtknoten, bis 0,8 cm lang. Blüten klein: Sepalen und Petalen rötlichbraun; Lippe weiß. Mittlere Sepale 0,5–0,6 cm lang, eiförmig, spitzlich; die seitlichen abstehend, 0,6 cm lang, 0,4 cm breit, eiförmig bis fast kreisrund, stumpf. Petalen 0,3 cm lang, schmal-lanzettlich, langspitzig. Lippe in der Blüte oben stehend, asymmetrisch, 0,5 cm lang, 0,3 cm breit, 3lappig, am Grunde sackförmig und mit zwei Drüsen; Mittellappen kurz und schmal genagelt, quer länglich. Säule kurz, gedreht, vorn mit zwei parallel in den Sporn herablaufenden Flügeln; Rostellum gespalten.
Verbreitung: Sumatra und von Malaya ostwärts zu den Philippinen.
Geschichte: C. Blume beschrieb die Pflanze 1825 in seinen »Bijdragen« als *Neottia;* zugrunde legte er den von Rumphius 1750 (»Herbarium Amboinense«) gegebenen vor-linnéschen Namen *Folium petolatum.* J. Lindley versetzte die Art 1840 in seinen »Genera and Species of Orchidaceous Plants« in die Gattung *Macodes.*
Synonym: Neottia petola Bl.

Macradenia R.Br.

Tribus: Oncidieae

Kleine Epiphyten mit kleinen, 1blättrigen Pseudobulben und dicken, fleischigen oder lederigen Blättern. Blütenstand am Grunde der Pseudobulben entspringend, aufrecht oder hängend, traubig, locker vielblütig. Blüten klein bis mittelgroß. Sepalen und Petalen frei, untereinander ähnlich, meistens abstehend. Lippe tief 3lappig; Seitenlappen aufrecht, die Säule umfassend; Mittellappen kurz, abstehend. Säule flügellos, ohne Fuß, auf der Unterseite gefurcht; Anthere in einen langen, häutigen, das Rostellum umgreifenden Fortsatz ausgezogen.
Umfang und Verbreitung: Ungefähr ein Dutzend Arten; von Mexiko südwärts in das nördliche Südamerika und auf den Westindischen Inseln.
Ableitung des Namens: Aus dem Griechischen »makros« = lang und »aden« = Drüse; eine Anspielung auf den langen Fortsatz der Anthere.
Anmerkung: R. Brown begründete die Gattung 1822 im »Botanical Register«. Die ihr nahestehende *Cryptarrhena* R.Br. besitzt eine 4lappige Lippe mit anders gestalteten Seitenlappen.
Typus-Art: M. lutescens R.Br.
Kultur: Substrat A. Mindesttemperatur im Winter 12–15 °C. Man hält diese Pflanzen entweder in kleinen Töpfen oder montiert auf Kork- oder Baumfarnblöcken. Sie verlangen große Luftfeuchtigkeit und mäßigen Schatten. Wasser benötigen sie während des ganzen Jahres, reichlich solange sie im Wachstum begriffen sind.

Macradenia brassavolae Rchb.f.

Pseudobulben des mittelgroßen Epiphyten bis 5 cm lang, 3 cm breit, in dichten Klumpen angeordnet, birnenförmig-zylindrisch, leicht seitlich zusammengedrückt, gefurcht, am Gipfel 1blättrig. Blätter 18–22 cm lang, 3,5–4,5 cm breit, schmal-länglich-verkehrt-lanzettlich, vorn spitzlich, lederig. Blütenstand traubig, hängend, dicht vielblütig, mit dunkelbrauner Achse. Blüten auffällig: Sepalen und Petalen braunrot mit gelbem

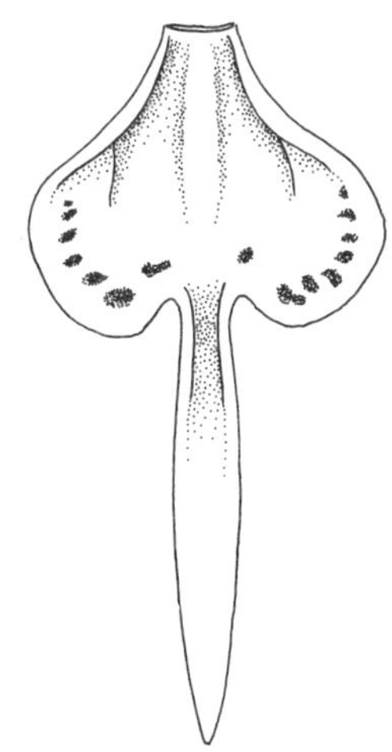

Macradenia brassavolae
Lippe ausgebreitet (× 5)
(nach Dunsterville and Garay, 5, 152, 1972)

Rand; Lippe weiß mit braunen Flecken; Säule weiß und oben gelb. Sepalen und Petalen einander ähnlich, 1,4–1,7 cm lang, 0,3–0,4 cm breit, lanzettlich, spitz oder spitz ausgezogen, spreizend. Lippe 1,2 cm lang, 0,6 cm breit, in der unteren Hälfte fleischig und 3lappig; Seitenlappen abgerundet, aufrecht; Mittellappen zungenförmig, spitz, zurückgebogen; Platte mit einer verdickten Mittelleiste. Säule 0,6 cm lang, keulenförmig, oben mit zwei spreizenden Flügeln und an den Rändern ausgebissen; Rostellum lang, vorstehend.
Verbreitung: Von Mexiko südwärts nach Kolumbien und Venezuela.
Geschichte: Die Art wurde unter Zugrundelegung einer in Guatemala gesammelten Pflanze von H. G. Reichenbach 1852 in der »Botanischen Zeitung« beschrieben.
Synonyme: Serrastylis modesta Rolfe; *Macradenia modesta* (Rolfe) Rolfe.

Macradenia multiflora (Kraenzl.) Cogn.

Diese aus Brasilien stammende Art ist sehr nahe mit *M. brassavolae* verwandt. Im wesentlichen unterscheidet sie sich von ihr nur durch die längeren spitzen Seitenlappen der Lippe und den verhältnismäßig kürzeren Mittellappen.

Malaxis Sw.
Tribus: Malaxideae

Kleine, terrestrische oder seltener epiphytische Pflanzen, von rasigem Wuchs oder mit einem Rhizom. Stämme fleischig, unten meistens in gegliederte Pseudobulben fortgesetzt, 1- bis mehrblättrig. Blätter meistens gestielt und von der röhrenförmigen Scheide abgesetzt. Blütenstand gipfelbürtig, traubig oder fast doldig, locker bis dicht vielblütig. Blüten klein oder winzig, nicht resupiniert. Sepalen frei, untereinander ähnlich, abstehend; die seitlichen am Grunde oft miteinander verwachsen. Petalen meistens fädlich. Lippe frei von der Säule, sitzend, ungeteilt oder gelappt, am Grunde herzförmig oder geöhrt und die Säule umgreifend. Säule kurz, ohne Fuß; Pollinien 4, wachsartig, ohne Klebscheibe; Narben querliegend, unterhalb des Rostellums zusammenfließend.
Umfang und Verbreitung: Ungefähr 300 Arten; fast über die ganze Welt; aber am häufigsten in Südostasien und auf den umliegenden Inseln.
Ableitung des Namens: Aus dem Griechischen »malaxis« = weichwerdend (wegen der weichen Beschaffenheit der Blätter).
Anmerkung: O. Swartz begründete die Gattung 1788 in »Nova Genera et Species Plantarum Prodromus«. Von der ihr nahestehenden Gattung *Liparis* kann man sie immer leicht durch die in der Blüte oben stehende Lippe, die kurze Säule und die geöhrte Lippenbasis unterscheiden. Obgleich *Malaxis*-Arten klein sind und nur wenig ansprechende, meistens unscheinbare Blüten besitzen, lohnen sich einige doch zur Kultivierung, weil sie oft sehr attraktive Stamm- und Blattfärbungen zur Schau tragen (z.B. *M. metallica* mit glänzenden tief purpurroten Blättern und Stämmen).
Typus-Art: M. spicata Sw.
Synonym: Microstylis Bl.
Kultur: Substrat C. Mindesttemperatur im Winter 15 °C. Während des Wachstums verlangen diese Pflanzen hohe Luftfeuchtigkeit, Schatten und reichlich Wasser. Nach der Blüte sollten blattwerfende Arten trockener gehalten werden; andere dürfen niemals sehr trocken gehalten werden.

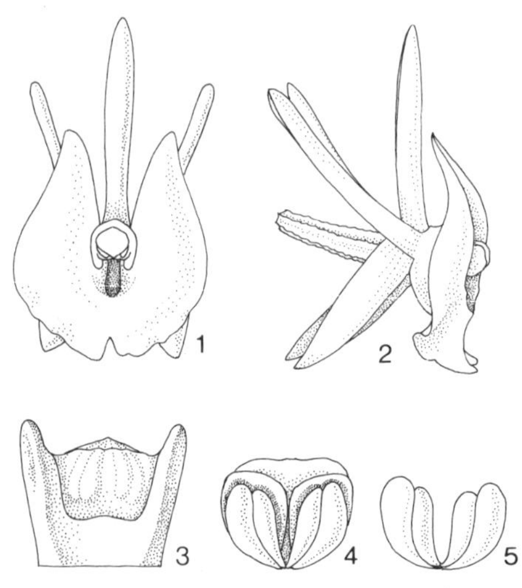

Malaxis calophylla
1 = Blüte von vorn (× $4\,^{1}/_{3}$)
2 = Blüte von der Seite (× $4\,^{1}/_{3}$)
3 = Säule (× 9)
4 = Anthere von innen (× 18)
5 = Pollinien (× 18)

Malaxis calophylla (Rchb.f.) O. Kuntze

Pseudobulben kräftig, ziemlich kurz, meistens 3blättrig. Blätter kurz gestielt, 7–13 cm lang, 3–4,8 cm breit, länglich-lanzettlich, vorn spitz, bronzefarbig, an den Rändern gekräuselt-wellig und grün getüpfelt; Blattstiel bis 2 cm lang, am Grunde scheidig. Blütenstand 15–25 cm lang, dicht vielblütig; Brakteen 0,5 cm lang, sehr schmal, linealisch-bortlich. Blüten klein: hellrosa und rosa und cremefarben. Mittlere Sepale ungefähr 0,35 cm lang, länglich, stumpf; die seitlichen 0,25 cm lang, 0,1 cm breit, länglich, gebogen, stumpf. Petalen 0,35 cm lang, schmal-linealisch, stumpfspitzig. Lippe in der Blüte oben stehend, 0–3 cm lang und breit, geöhrt, etwas pfeilförmig, vorn 2spaltig; ihre Öhrchen lanzettlich, spitz und nach unten weisend.
Verbreitung: Süd-Thailand und Malaya.
Geschichte: In Europa wurde die Pflanze erstmals durch die Firma Groenewegen 1877 in Amsterdam auf einer Ausstellung in Blüte gezeigt; vermutlich stammte sie aus Malaya. Später erhielt H. G. Reichenbach Pflanzen von der Firma Veitch; er beschrieb sie 1879 unter dem Gattungsnamen *Microstylis* (»Gardeners Chronicle«). O. Kuntze versetzt die Art 1891 in die heutige Gattung (»Revisio Genera Plantarum«).
Synonyme: Microstylis calophylla Rchb.f.; *M. scotti* Hook.f.

Masdevallia Ruiz et Pav.
Tribus: Epidendreae
Subtribus: Pleurothallidinae

Kleine bis mittelgroße Epiphyten mit kriechenden Rhizomen und aufrechten, am Gipfel 1blättrigen Stämmen. Blütenstand aufrecht bis hängend, traubig, 1- bis mehrblütig. Blüten meistens augenfällig, von verschiedener Färbung. Sepalen das auffälligste Element der Blüte, am Grunde zu verschiedenem Grade zu einer Röhre verwachsen, ihre nicht vereinigten Teile in einen kurzen bis langen, schwanzartigen Fortsatz auslaufend. Petalen klein, in den meisten Fällen linealisch-länglich. Lippe klein, länglich bis pantoffelförmig, sitzend oder kurz genagelt. Säule aufrecht oder gekrümmt, mit kurzem Fuß, am Gipfel mehr oder weniger deutlich gezähnt; Fuß mit dem Grunde der seitlichen Sepalen ein kurzes Mentum bildend; Pollinien 2, wachsartig.
Umfang und Verbreitung: Bis zu 250 Arten; von Mexiko südwärts durch das ganze tropische Südamerika, aber besonders reich an Arten in den Anden von Peru bis Venezuela.
Ableitung des Namens: Nach dem im 18. Jahrhundert lebenden spanischen Arzt und Botaniker Dr. Jose Masdevall.
Anmerkung: Die Gattung wurde 1794 von H. Ruiz und J. Pavon in ihrem »Prodromus Florae Peruvianae et Chilensis« begründet. Sie ist mit *Pleurothallis* verwandt; sie unterscheidet sich

von dieser Gattung im wesentlichen durch größere Blüten und ihre röhrenartig verwachsenen Sepalen. Einige der kleinblütigen Arten, wie z.B. *M. alleni* L.O. Williams stehen *Pleurothallis* so nahe, daß man geneigt ist, sie ihr zuzuordnen. Einige Arten variieren stark in Form, Größe und Färbung der Sepalen, was möglicherweise darauf zurückzuführen ist, daß die Sepalen und Petalen auch nach dem völligen Aufblühen noch weiter wachsen. Die Gattung wurde seit langem nicht mehr eingehend studiert; die letzte Bearbeitung stammt aus der Feder von F. Kraenzlin (Fedde »Repertorium«, 1925) und ist völlig überholt, da seitdem zahlreiche neue Arten entdeckt und beschrieben wurden. Wegen seiner außerordentlich schönen Abbildungen sollte man das nur schwer erhältliche Werk »The Genus Masdevallia« von Florence Woolward (1898) erwähnen.
Typus-Art: M. uniflora Ruiz et Pav.
Im Verlauf der letzten Jahre wurden mehrere systematische Arbeiten über *Masdevallia* veröffentlicht (Sweet in »Botanical Museum Leatflets of Harvard University«; Luer in »Selbyana« und anderswo; Braas in »Orchid Review« und in »Die Orchidee«); da alle diese Arbeiten entweder nur vorläufige Ergebnisse bekanntgeben oder nur einige Aspekte des Gattungskomplexes untersuchen, wurden sie bei der Abfassung dieses Buches zunächst außer acht gelassen. Es muß allerdings schon gesagt werden, daß eine genauere Definition von Trabanten der Gattung wie *Dracula, Dryadella, Andreetaea* und *Triaristella* als gelungen betrachtet werden kann und begrüßenswert ist.
Kultur: Substrat A. Mindesttemperaturen im Winter 10–12°C. Allgemein gelten die gleichen Regeln wie für *Pleurothallis* und verwandte Gattungen. Die meisten Arten gedeihen gut in Töpfen; aber Arten aus dem Verwandtschaftsbereich von *M. bella* sollte man besser in kleinen Körben halten, damit ihre Blütenstände unbehindert nach unten wachsen können. Alle Arten verlangen feuchte Luft, Schatten und während des ganzen Jahres regelmäßiges aber vorsichtiges Gießen.

Masdevallia barlaeana Rchb.f.

Rasig wachsende Zwergpflanze mit sehr kurzem Stamm. Blätter gestielt, bis 12 cm lang, 2,5 cm breit, elliptisch-lanzettlich, vorn stumpf bis spitz. Blütenstand bis 20 cm lang, aufrecht, schlank, 1blütig. Blüte im Verhältnis zur Pflanze groß, korallenrot, mit einer geknickten, 1,6 cm langen und gekielten Perianthröhre: Obere Sepale orangerot mit einer mittleren und zwei seitlichen roten Linien; die seitlichen karminrot überlaufen und mit drei vertieften hochroten Linien; Lippe weiß und am Gipfel mit einem purpurnen Fleck. Obere Sepale mit kleinem freien Teil fast quadratisch bis eiförmig-3eckig, am Gipfel fädlich bis zu 3,8 cm lang, fädlich ausgezogen; seitliche Sepalen elliptisch-länglich, bis zu zweidrittel ihrer Länge miteinander verwachsen, am Gipfel mit 1,4 cm langen, fädlichen, sich kreuzenden Schwänzen. Petalen winzig, 0,6 cm lang, länglich-linealisch, gekielt, oben 3zähnig. Lippe sehr klein, mit zwei Kielen in der Mitte, vorn spitzlich und zurückgebogen.
Verbreitung: Peru.
Geschichte: Walter Davis, ein Sammler der Firma Veitch, fand die Pflanze 1875 nahe Cuzco in den Anden. H.G. Reichenbach veröffentlichte sie 1876 in »Gardeners' Chronicle« und benannte sie nach einem Orchideenfanatiker, dem in Nizza lebenden brasilianischen Konsul J.B. Barla.
Anmerkung: Die Art ist nahe mit *M. amabilis* verwandt.

Masdevallia bella Rchb.f.

Auffallende epiphytische oder terrestrische Pflanze. Blätter fast aufrecht, gestielt, 15-20 cm lang, 2,5 cm breit, länglich-lanzettlich, vorn mit drei scharfen Zähnen. Blütenstand hängend, 1blütig; Schaft stielrund, gegliedert, 15–18 cm lang, nach unten hin verschmälert, dunkelviolett bis schmutziggrün und violetter Marmorierung; Brakteen kapuzenförmig, 1,2 cm lang, gekielt, mit aufgesetztem Spitzchen. Blüten groß und attraktiv. Sepalen weit abstehend, gelb und braun getüpfelt; Perianthröhre 1,2 cm lang, sehr breit; freier Teil der oberen Sepale 2,5 cm lang, eiförmig (ihr schwanzartiger Fortsatz 8,5 cm lang, aufrecht, purpurn); seitliche Sepalen auf den untersten 2,5 cm miteinander verwachsen, schiefeiförmig (ihre schwanzartigen Fortsätze 7,5 cm lang, schlank, sich kreuzend). Petalen genagelt, 0,8 cm lang, hellgelb und mit rostroten Flecken, kreisrund, abstehend, oben papillös. Lippe weiß (auf dem Nagel rosa getüpfelt), nierenförmig, 1,2 cm lang, 2 cm breit, kurz genagelt, konkav, auf der inneren Oberfläche mit zahlreichen strahligen Kielen. Säule 0,4 cm lang, unten violett, oben kastanienbraun.
Verbreitung: Kolumbien.
Geschichte: Die Pflanze wurde erstmals 1873 von Gustav Wallis in den Bergen von Antioquia und 1878 nochmals in der gleichen Gegend von Boxall gefunden. Die Beschreibung von H.G. Reichenbach (»Gardeners' Chronicle« 1878) beruht auf der zweiten Aufsammlung. Die ersten Exemplare in Kultur fanden sich in der Sammlung Wendland in Hamburg.
Anmerkung: Die Pflanze ist mit *M. chimaera* (siehe dort) verwandt.
Synonym: Dracula bella (Rchb.f.) Luer.

Masdevallia caloptera Rchb.f.

Zwergwüchsiger Epiphyt. Blätter fast aufrecht, bis 7,5 cm lang und 1,8 cm breit, länglich-eiförmig, gestielt, vorn fein 3zähnig, auf der Unterseite gekielt. Blütenstand aufrecht, 3- bis mehrblütig; Schaft 10–12,5 cm lang, stielrund, schlank, hellgrün; Brakteen sehr klein, mit aufgesetzter Spitze. Blüten klein. Sepalen weiß mit hochroten Schlieren und orangegelben Fortsätzen; Perianthröhre schmal, 0,8 cm lang, am Grunde auf der Unterseite bauchig; obere Sepale eiförmig-3ekkig, kapuzenartig, auf dem Rücken gekielt (ihr schlanker Fortsatz 1,3 cm lang, aufrecht); seitliche Sepalen länglich, an den Rändern zurückgebogen (ihre Fortsätze 1,3 cm lang, gekrümmt abstehend). Petalen 0,6 cm lang, länglich-eiförmig, am oberen Rande gezähnelt, weiß und mit einer prominenten hochroten Leiste. Lippe schwach 3lappig, mit gelben Tüpfeln und hochroten Schlieren; Seitenlappen länglich; Mittellappen verkehrt-eiförmig-kreisrund, mit aufgesetzter Spitze. Säule hellgrün, am Fuß, Gipfel und den Seitenrändern karminrot.
Verbreitung: Nördliches Peru und südliches Ecuador; in dichten, feuchten Wäldern zwischen 1800 und 2000 m.
Geschichte: Die Pflanze wurde von Roezl in Peru gefunden und 1874 von H.G. Reichenbach im »Gardeners' Chronicle« beschrieben.
Anmerkung: Die Pflanze ist sehr variabel und in der Natur oft zusammen mit den mit ihr verwandten Arten *M. melanopus* Rchb.f. und *M. polysticha* Rchb.f. zu finden.
Synonym: M. biflora Regel.

Masdevallia calura Rchb.f.

Blätter des Epiphyten ungefähr 7,5 cm lang, verkehrtlanzettlich, gestielt, lederig. Blütenstand 7,5 cm lang, 1blütig. Blüten oberflächlich tief schokoladenbraunrot und schwärzlich behaucht. Perianthröhre 1,5 cm lang, zylindrisch, geknickt. Obere Sepale 3eckig (ihr Fortsatz fädlich, 3,5–5 cm lang, orangegelb); die seitlichen auf den unteren 2 cm miteinander verwachsen, eiförmig-läng-

lich, zurückgebogen, auf den inneren Flächen fein papillös, die Bucht zwischen den Fortsätzen 3eckig (Fortsätze parallel gerichtet, fädlich, orangegelb). Petalen 0,8 cm lang, hochrot und mit weißem Gipfel, eiförmig, am Gipfel 3eckig. Lippe geigenförmig, intensiv karminrot, am Grunde mit zwei Lappen, oben abgerundet und zurückgebogen. Säule weiß.
Verbreitung: Costa Rica.
Geschichte: Die Pflanze wurde 1882 am Westhang des Vulkans Irazu von Konsul Lehmann gefunden. Er sandte Exemplare an die Firma Sander & Co., wonach H.G. Reichenbach 1883 die Art im »Gardeners' Chronicle« beschrieb.
Anmerkung: Diese Art ist *M. reichenbachiana* ähnlich; sie unterscheidet sich von ihr im wesentlichen in der Farbgebung der Blüte.

Masdevallia caudata Lindl.

Blätter des büschelig wachsenden Epiphyten bis 12 cm lang und 3 cm breit, fast aufrecht, verkehrtlanzettlich, gestielt, lederig, vorn abgerundet. Blütenstand halbaufrecht bis waagerecht abstehend, viel kürzer als die Blätter, 1blütig; Schaft 4 cm lang, stielrund. Blüten glockenförmig, in der Farbgebung sehr veränderlich: Mittlere Sepale weiß, gelb oder gelbgrün, mit dunkler Beaderung und violetter Tüpfelung in der oberen Hälfte; seitliche Sepalen rosenrot oder weiß und mit hellgrünen Fortsätzen; Lippe weiß und purpurn getüpfelt. Perianthröhre breit, auf der unteren Seite mit einer sackartigen Aufblähung. Mittlere Sepale 2–3 cm lang, 2 cm breit, konkav, verkehrteiförmig-elliptisch, oben mit 6,5 cm langem, schlankem Fortsatz; seitliche Sepalen 1,7 cm lang, 1,5 cm breit, fast kreisrund, am Grunde mit einer sackartigen Ausstülpung, oben mit 5 cm langen, zurückgebogenen Fortsätzen. Petalen 0,5 cm lang, länglich, am Grunde mit einer klappenartigen Randerweiterung, oben schief-gezähnt. Lippe 0,6 cm lang, 0,4 cm breit, in der oberen Hälfte zurückgebogen, am Grunde mit zwei fleischigen Verdickungen, die sich als Leisten bis zur Mitte der Lippe erstrecken. Säule weiß, an den Rändern purpurn getüpfelt, 0,7 cm lang; Säulenfuß 0,7 cm lang, gekrümmt.
Verbreitung: Venezuela, Kolumbien, Ecuador und Peru, in Nebelwäldern zwischen 2000 und 2500 m.
Geschichte: Justin Goudot sammelte die Pflanze 1833 nahe San Fortunato in Kolumbien. Noch im gleichen Jahr wurde sie von J. Lindley in seinem Werk »Genera and Species of Orchidaceous Plants« beschrieben.
Synonyme: M. shuttleworthii Rchb.f.; *M. klabochorum* Rchb.f.

Masdevallia chimaera Rchb.f.

Mit kurzem Stamm wachsende lithophytische oder terrestrische (selten epiphytische) Pflanze. Blätter 15–23 cm lang, schmal-verkehrtlanzettlich, am Grunde mit einer häutigen Scheide. Blütenstand 15–60 cm lang, schlank, aufrecht, 3–5blütig (manchmal mehrblütig). Blüten der Reihe nach aufblühend, in Größe und Farbe variabel, vorwiegend hellgelb und zimtrot, purpurn oder kastanienbraun bis schwärzlich getüpfelt. Perianthröhre sehr kurz, breit-glockig. Sepalen breit-eiförmig, auf der Rückseite gekielt, auf der Innenseite flaumig und mit Wärzchen besetzt, langspitzig und in schwanzartige Fortsätze von 7,5–10 cm Länge ausgezogen; die seitlichen Sepalen bis zur Hälfte miteinander verwachsen. Petalen spatelförmig, viel kürzer als die Sepalen, am Gipfel gelappt und mit einem dunkelpurpurnen Fleck. Lippe mit einem fleischigen Nagel, sackartig ausgestülpt und konkav, weiß, gelblich oder seltener rosenfarbig, mit drei parallelen oder etwas auseinanderstrebenden erhöhten Leisten, deren äußere wiederum zahlreiche schwächere Leisten zu den gezähnten Rändern der Lippe aussenden. Säule stielrund, gelb aus weißem Grunde.
Verbreitung: In der westlichen Kordillere von Kolumbien, in Höhen zwischen 1350 und 2250 m.
Geschichte: Die Pflanze wurde erstmals 1870 von Roezl in der Umgebung von Choco gefunden und später von dem für die Firma Linden sammelnden Gustav Wallis mehrmals nahe Antioqua. Diese wurde importiert und 1872 von H.G. Reichenbach im »Gardeners' Chronicle« beschrieben. Der mythologische Name »Chimaera« wurde wegen des grotesken Aussehens der Blüte gewählt.
Synonyme: Masdevallia backhouseana Rchb.f.; *Dracula chimaera* Rchb.f. Darüber hinaus sind viele Varietäten in der Kultur bekannt; im wesentlichen unterscheiden sie sich voneinander in Blütengröße und Blütenfarbe.

Masdevallia civilis Rchb.f. et Warsc.

Stamm des büschelig wachsenden Epiphyten sehr kurz. Blätter bis 14 cm lang und 1,8 cm breit, verkehrtlanzettlich, kurz gestielt, fast aufrecht, lederig, vorn abgerundet. Blütenstand 1blütig; Schaft bis 6 cm lang, grün. Blüten typisch im rechten Winkel zum Schaft stehend. Perianthröhre kurz und breit. Sepalen hellgelbbraun oder grünbraun, stark kastanienbraun getüpfelt, 2,4 cm lang, eiförmig-lanzettlich, langspitzig und in einen kurzen schwanzartigen Fortsatz ausgezogen. Petalen 0,8 cm lang und 0,25 cm breit, schmal-elliptisch-verkehrtlanzettlich, spitz, mit einer fleischigen Leiste auf einer Seite und einem purpurnen Streifen in der Mitte. Lippe fleischig, 1,1 cm lang, 0,5 cm breit, schmal-länglich-elliptisch, mit einer fast bis zum papillösen Gipfel reichenden Längsfurche, kastanienbraun und mit einem cremefarbigen Streifen entlang der Furche. Säule 0,6 cm lang, gelbbraun und am Rande mit einem purpurnen Streifen.
Verbreitung: Kolumbien, Peru, Ecuador und Venezuela, in hochliegenden Nebelwäldern.
Geschichte: Die von J. Warscewicz auf der Ostseite der peruvianischen Anden gefundene Pflanze wurde von ihm, gemeinsam mit H.G. Reichenbach 1854 in »Bonplandia« beschrieben.
Anmerkung: Die Pflanze unterscheidet sich von anderen Arten der Gattung durch ihre außerordentlich große Lippe.
Synonyme: M. leontoglossa Rchb.f.; *M. aequiloba* Regel; *M. ellipes* Rchb.f.; *M. macroglossa* Rchb.f.; *M. porcelliceps* Rchb.f.; *M. haematosticta* Rchb.f.; *M. fragrans* Woolward; *M. sulphurea* Kraenzl.

Masdevallia coccinea Lindl.

Stamm der in großen Büscheln wachsenden lithophytischen Pflanze sehr kurz, ungefähr 6 cm lang, verdeckt von Blattscheiden. Blätter gestielt, 15–23 cm lang, 3,4 cm breit, länglich-lanzettlich bis spatelförmig, vorn abgerundet und sehr fein 3zähnig. Blütenstand schlank, bis 40 cm lang, 3–4knotig und mit einer Braktee an jedem Knoten, 1blütig. Blüte groß und sehr auffällig, in Größe und Farbung stark anwandelnd: scharlachrot, magentarot oder magentapurpurn. Perianthröhre 1–1,8 cm lang, gekrümmt, zylindrisch-glockig. Obere Sepale schmal 3eckig-lanzettlich oder linealisch, in einen 3 cm langen gekrümmten Fortsatz ausgezogen; die seitlichen Sepalen im unteren Drittel miteinander verwachsen, schief-länglich-eiförmig, kurz, spitz ausgezogen. Petalen sehr klein, linealisch-länglich, am Grunde geöhrt, nahe dem vorderen Rande gekielt, oben ausgeschnitten bis 2lappig. Lippe ungefähr 1 cm lang, aus herzförmigem Grunde länglich bis zungenförmig, mit zwei Kielen.
Verbreitung: Kolumbien und Peru, in Höhenlagen von 2400 bis 2800 m oder manchmal noch höher.

Geschichte: Die sehr attraktive Pflanze wurde von J. Linden 1842 auf südlichen Hängen der Anden in der Nähe von Pamplona gesammelt. Von getrocknetem Material beschrieb sie J. Lindley 1846 in »Orchidaceae Lindenianae«. Später wurde die Art von Gustav Wallis wieder entdeckt; er sandte lebende Exemplare an die Gärtnerei Linden in Gent.
Anmerkung: Für viele Jahre wurde *M. coccinea* durch einen Irrtum J. Lindleys entweder mit *M. militaris* Rchb.f. oder *M. ignea* Rchb.f. verwechselt. In der Kultur ist die var. *harryanum* wertvoller als die typische Form: sie besitzt eine größere Farbenpalette (von purpurn über gelb nach weiß) und ihre seitlichen Sepalen sind breit-eiförmig, etwas sichelig gebogen und enden in sich gegenüberstehenden gekrümmten Spitzen.
Synonyme: *M. lindenii* André; *M. harryana* Rchb.f.

Masdevallia coriacea Lindl.

Kleine, büschelige epiphytisch oder lithophytisch wachsende Pflanze. Blätter 12,5–18 cm lang, linealisch-verkehrtlanzettlich, aufrecht, lederig, auf der Unterseite gekielt. Blütenstand bis 18 cm lang, 1blütig; Schaft hellgrün, mit dunkelvioletten Flecken. Blüten mittelgroß: Perianthröhre breit-zylindrisch, 1,3 cm lang, hellgelb. Mittlere Sepale 1,3 cm lang, hellgelb und den Nerven entlang purpurn getüpfelt, 3eckig, oben gekielt, in einen kurzen aber breiten Fortsatz auslaufend; seitliche Sepalen gelblich, 1,9 cm lang, länglich, langspitzig. Petalen 1,2 cm lang, länglich, weiß und mit purpurvioletter Mittellinie. Lippe 1,2 cm lang, zungenförmig, zurückgeschlagen, auf der Oberseite flaumig, grünlichgelb mit purpurner Mittellinie und ähnlich gefärbten Randflecken.
Verbreitung: Kolumbien, in Höhenlagen zwischen 2200 und 2800 m.
Geschichte: K. Hartweg entdeckte diese Pflanze 1842 nahe Bogota; von seinem Herbarium-Exemplar wurde sie von J. Lindley 1845 in den »Annals and Magazine of Natural History« beschrieben.
Synonym: *M. bruchmuelleri* hort.

Masdevallia ephippium Rchb.f.

Blätter 12,5–18 cm lang, gestielt, elliptisch-lanzettlich. Blütenstand 30 cm lang, aufrecht, 1–2blütig; Schaft kräftig, im Querschnitt 3eckig; Brakteen zusammengedrückt. Blüten groß: kastanienbraun oder ledergelb, mit gelber Perianthröhre, gelben Sepalenfortsätzen und rötlichbrauner Lippe. Obere Sepale kreisrund, konkav, gekielt, mit zurückgeschlagenem Fortsatz von 7,5–10 cm Länge; die seitlichen Sepalen fast halbkugelig, auf beiden Seiten gekielt, mit langen auseinanderstrebenden Fortsätzen. Petalen weiß, linealisch-länglich, spitz oder 3zähnig. Lippe länglich, genagelt, am Grunde geöhrt, oben gezähnelt und mit aufgesetzter Spitze.
Verbreitung: Kolumbien und Ecuador.
Geschichte: Die Pflanze wurde 1873 von Wallis in der Umgebung von Antioqua und später von Roezl und Patin nochmals bei Medellin gefunden. Im gleichen Jahr noch beschrieb sie H.G. Reichenbach in der »Botanischen Zeitung«. Sein aus dem Griechischen abgeleitetes spezifisches Epiphet bedeutet »sattelförmig«; worauf es sich im Hinblick auf die Blütenform beziehen soll, bleibt rätselhaft.
Anmerkung: Die Pflanze zeichnet sich besonders durch ihre großen Blüten aus und durch die Tatsache, daß ihre seitlichen Sepalen viel länger sind als die mittlere.
Synonyme: *M. achrochordonia* Rchb.f.; *M. trochilus* Lind. et André.

Masdevallia erythrochaete Rchb.f.

Blätter des stark abwandelnden Epiphyten 15–20 cm lang, 1 cm breit, verkehrtlanzettlich oder linealisch-verkehrtlanzettlich, fast aufrecht, lederig, leuchtend grün, vorn 3zähnig. Blütenstand hängend oder bogig herabneigend, ganz oben 2–3blütig (nie gleichzeitig blühend); Schaft bis 12,5 cm lang, stielrund und schlank; Brakteen 1,2 cm lang, scheidig, eiförmig, mit aufgesetzter Spitze. Blütenteile weit spreizend: Sepalen cremeweiß, gelb überlaufen und rotpurpurn getüpfelt, innen papillös, ihre Fortsätze karminrotpurpurn; Lippe weiß bis fleischfarben rosa. Petalen weiß und karminrot gezeichnet; Perianthröhre ziemlich breit und kurz. Obere Sepale 1,2 cm lang, breit-eiförmig, ihr schlanker Fortsatz aufrecht und 2,5–5 cm lang; seitliche Sepalen 3eckig-eiförmig it je einem ebenfalls 2,5–5 cm langen Fortsatz. Petalen sehr klein, nur 0,4 cm lang, länglich, papillös, oben 2lappig. Lippe 1,3 cm lang, genagelt, sackartig, mit drei zentralen Leisten und fünf bis sechs von diesen nach den gezähnelten Rändern hinlaufenden, sich teilenden Leistchen. Säule schlank, hellgelb, oben gezähnt.
Verbreitung: Guatemala und Costa Rica bis Kolumbien und Panama; in Höhenlagen von 950–1050 m.
Geschichte: Die Pflanze wurde 1882 von der Firma Sander & Son in St. Albans eingeführt und noch im gleichen Jahr von H.G. Reichenbach im »Gardeners' Chronicle« veröffentlicht.
Synonyme: *M. astuta* Rchb.f.; *M. gaskelliana* Rchb.f., *Dracula erythrochaete* (Rchb.f.) Luer.

Masdevallia estradae Rchb.f.

Blätter des kleinen Epiphyten 5–7,5 cm lang, 3 cm breit, verkehrt-eiförmig, fast aufrecht, kurz gestielt, lederig, vorn stumpf und fein 3zähnig. Blütenstand aufrecht, 1blütig; Schaft schlank, 7,5–10 cm lang, stielrund; Brakteen 1,2 cm lang, länglich-eiförmig, langspitzig. Blütenteile weit abstehend: obere Sepale intensiv magentarot mit gelborangefarbenen Rändern und Fortsätzen; die seitlichen am Grunde magentarot, oben weiß und gelborange auf den Fortsätzen. Perianthröhre 0,8 cm lang, flach. Obere Sepale im freien Teil verkehrteiförmig und kapuzenartig, 1,4 cm lang; die seitlichen Sepalen 1,4 cm lang, länglich, spreizend. Petalen schmal-länglich, 0,8 cm lang, mit aufgesetzter Spitze, am vorderen Rande gekielt (der Kiel ganz unten geöhrt). Lippe 0,8 cm lang, länglich, am Grunde fleischig und gefurcht, mit aufgesetzter Spitze. Säule 0,8 cm lang, weiß, am Rande mit purpurnen Flecken (Fuß und gezähnter Gipfel purpurn).
Verbreitung: Kolumbien; in Nebelwäldern zwischen 2000 und 2500 m.
Geschichte: Gustav Wallis sandte getrocknete Exemplare von Pflanzen, die er im Garten von Senora Estrada (daher der Artname) gesehen hatte an H.G. Reichenbach, der sie 1874 in »Gardeners' Chronicle« veröffentlichte. In der Natur wurde sie in Antioquia 1873 durch den belgischen Sammler Patin entdeckt. Er verkaufte Exemplare an einen Williams in Holloway, der sie 1874 zum Blühen brachte.
Anmerkung: Diese Pflanze ist mit *M. caudata* verwandt, unterscheidet sich aber durch die Farbe der Blüten und besonders durch ihre tiefkonkave, länglich-elliptische mittlere Sepale.
Synonym: *M. ludibunda* Rchb.f.

Masdevallia infracta Lindl.

Bis zu 21 cm hoher, mittelgroßer, büschelig wachsender Epiphyt mit sehr kurzem Stamm. Blätter 8–12,7 cm lang, bis 2 cm breit, verkehrtlanzettlich-länglich oder länglich-verkehrteiförmig, gestielt, aufrecht, lederig, vorn stumpf und fein 3zähnig, glänzend grün. Blütenstand bis 25 cm lang, aufrecht, 1–5blütig; Schaft 2–3geflü-

gelt. Blüten mittelgroß, nickend, glockig, in der Färbung abwandelnd: violettrosa bis mattrot und außen gelblich behaucht, innen meistens weinrot; Sepalenfortsätze hellgelb. Perianthröhre gelbweiß, geknickt, breit glockig. Obere Sepale im freien Teil kreisrund-3eckig, konkav, ihr Fortsatz pfriemlich; die seitlichen Petalen bis zur Mitte miteinander verwachsen, länglich-kreisrund, einen glockigen Becher bildend, gekielt, ihre Fortsätze abstehend, 3,8–5 cm lang. Petalen 0,8 cm lang, linealisch-länglich, weiß, oben etwas schief abgeschnitten und/oder gezähnt. Lippe 0,6–0,9 cm lang, länglich oder annähernd geigenförmig, 2kielig, am zurückgeschlagenen Gipfel mit aufgesetzter Spitze und rotbraunen Tüpfeln.
Verbreitung: Brasilien und Peru.
Geschichte: Eine der vielen Orchideen, die der Franzose Descourtilz aus der Umgebung von Rio de Janeiro zusammengetragen hat; nach ihm wurde sie 1837 im Orgelgebirge auch von Gardner gesammelt. J. Lindley beschrieb die Pflanze 1831 in seinem Werk »Genera and Species of Orchidaceous Plants«.
Synonyme: M. longicaudata Lem.; *M. albida* Pinel.

Masdevallia laucheana Bohnhof

Blätter des kleinen Epiphyten 10–12,5 cm lang, bis 2,5 cm breit, kurz gestielt, verkehrtlanzettlich-eiförmig, fast aufrecht, leuchtend grün. Blütenstand aufrecht, kürzer als die Blätter, 1blütig; Schaft schlank, 5 cm lang, hellgrün, stielrund; Brakteen scheidig, hellgrün. Blüten klein: Sepalen weiß, mit purpurnem Mittelnerv, ihre Fortsätze orangefarbig; Petalen weiß, mit grüner Spitze. Sepalen im oberen Zweidrittel abstehend; obere Sepale eiförmig, ihr schlanker und aufrechter Fortsatz 2,5 cm lang und rückwärts gebogen; die seitlichen schief-eiförmig-3eckig, ihr Fortsatz am Gipfel etwas ein- oder auswärts gebogen. Petalen verkehrt-lanzettlich, auf der Oberfläche mit zwei verdickten Leisten, langspitzig. Lippe 1 cm lang, linealisch-länglich, an der Basis mit zwei Läppchen, unten hellgelb, oben an den Rändern orange und mit einem roten Klecks am Gipfel, mit zwei Leisten. Säule weiß mit purpurnen Rändern, am Gipfel gezähnt.
Verbreitung: Costa Rica, von 800–1000 m.
Geschichte: Die Art wurde von Bohnhof nach einer Pflanze unbekannter Herkunft 1892 in der Zeitschrift »Gartenflora« veröffentlicht. Der Artname ehrt einen Herrn Lauche aus Eisgrub in Österreich.

Masdevallia lilliputiana Cogn.

Blätter des zwergwüchsigen, dicht rasig wachsenden Epiphyten 1,2–1,6 cm lang, 0,2 cm breit, linealisch-spindelförmig, im Querschnitt fast kreisförmig, mit einer Längsriefe, fleischig, vorn spitz, steif, aufrecht oder schief abstehend. Blütenstand sehr kurz, 1blütig; Schaft nur 0,1–0,2 cm lang; Braktee 0,3–0,4 cm lang, weiß, fast durchsichtig. Blüten sehr klein, aufrecht, kahl: Sepalen cremefarbig, mit roter Tüpfelung; Petalen durchsichtig. Lippe gelb und rot getüpfelt. Perianthröhre glockig. Freier Teil der Sepalen spreizend, 0,3 cm lang, 0,25 cm breit, 3eckig-eiförmig, ihr Fortsatz 0,4 cm lang; obere Sepale am Gipfel geschwollen. Petalen durchsichtig, 0,15 cm lang, schmal-linalisch. Lippe winzig, verkehrteiförmig, 0,15 cm lang.
Verbreitung: Brasilien; im Staate Sao Paulo.
Geschichte: Das Pflänzchen wurde von Edwall gefunden und 1906 von A. Cogniaux in »Martius' Flora Brasiliensis« veröffentlicht.

Masdevallia macrura Rchb.f.

Stamm des robusten Lithophyten bis 15 cm lang. Blätter 25–30 cm lang, 6–7,5 cm breit, länglich-elliptisch, lederig, Blütenstand bis 30 cm lang, 1blütig, Brakteen häutig, weiß, gekielt. Blüten groß: am Grunde weiß, darüber tief karminrot oder matt gelb, innen mit schwärzlich-purpurnen Warzen. Sepalenfortsätze orangegelb. Perianthröhre zylindrisch, 1,3 cm lang, breit, gerippt. Freier Teil der oberen Sepale lanzettlich, langspitzig, ihr aufrechter Fortsatz 10–12,5 cm lang, allmählich zugespitzt; seitliche Sepalen auf den untersten 2,5 cm miteinander verwachsen, allmählich in einen hängenden Fortsatz von 12,5 cm Länge auslaufend. Petalen 1 cm lang, länglich, gekrümmt, am vorderen Rande sichtlich verdickt. Lippe ledergelb und unten violett getüpfelt, 0,8 cm lang, länglich, fleischig, papillös, 2kielig, am Gipfel zurückgebogen. Säule 0,8 cm lang, gelb, am Fuß mit roten Tüpfeln.
Verbreitung: Kolumbien, 2300–2600 m.
Geschichte: Die auffallend großblütige Pflanze wurde 1871 von Roezl in der Nähe von Sonson gefunden. H.G. Reichenbach beschrieb sie 1874 im »Gardeners' Chronicle«.

Masdevallia maculata Klotzsch et Karsten

Stamm des großen, büscheligen Epiphyten sehr kurz. Blätter 10–18 cm lang, bis 2,9 cm breit, verkehrtlanzettlich bis schmal-spatelförmig, gestielt, lederig, vorn spitz oder spitzlich und fein 3zähnig. Blütenstand bis 25 cm lang, mehrblütig; Schaft mit zwei bis vier scharfen Kanten. Blüten groß und attraktiv: gelb oder gelbgrün und entweder rot behaucht oder getüpfelt; Sepalenfortsätze gelb. Perianthröhre orangegelb oder gelb, kurz, mit einer prominenten Rippe. Obere Sepale eiförmig-3eckig, in einem schlanken schwanzartigen Fortsatz auslaufend, im ganzen 6,5–8 cm lang; seitliche Sepalen bis über die Mitte miteinander verwachsen, gemeinsam eine breit eiförmige Fläche bildend, von der die schlanken, pfriemlichen Fortsätze parallel ausgehen. Petalen sehr klein, länglich-riemenförmig, weiß, am schiefen Gipfel mit aufgesetzter Spitze. Lippe 0,9 cm lang, länglich, matt purpurn oder bleich rosa mit dunkelroter Tüpfelung, am spitzen Gipfel papillös und gezähnelt. Säule 0,5 cm lang.
Verbreitung: Peru, Venezuela und Kolumbien.
Geschichte: Die Pflanze wurde von Wagner nahe Caracas gefunden und an den Botanischen Garten in Berlin gesandt, wo sie erstmals 1847 zur Blüte kam. J. Klotzsch und G. Karsten beschrieben sie im gleichen Jahr in Otto und Dietrichs »Allgemeiner Gartenzeitung«.
Anmerkung: M. bicolor Poepp. et Endl. ist sehr nahe mit *M. maculata* verwandt; sie ist allerdings wesentlich kleiner in allen Teilen und wird kaum 10 cm hoch.

Masdevallia mejiana Garay

Blätter des bis 12 cm hohen, büschelig wachsenden Epiphyten bis 12 cm lang und 1,5 cm breit, länglich-lanzettlich, vorn stumpf, fleischig-lederig, fast aufrecht. Blütenstand aufrecht oder aufsteigend, bis 10 cm lang, 1–2blütig, mit stielrundem Schaft; Brakteen bis 7 cm lang. Blüten mittelgroß: weiß und mit winzigen rosa Tüpfeln; Sepalenfortsatz gelb oder orange. Perianthröhre 2,4 cm lang, glockig. Mittlere Sepale 3eckig-eiförmig, ihr 3–3,8 cm langer Schwanzfortsatz fast aufrecht; seitliche Sepalen für die untersten 1,5 cm miteinander verwachsen, darüber spreizend, breit-eiförmig, ihr herabgeschlagener Fortsatz 3–3,5 cm lang. Petalen 0,7 cm lang, 0,2 cm breit, schmal-länglich, außen gekielt, weiß, oben mit drei Zähnchen. Lippe fleischig, kurz genagelt, 0,6 cm lang, 0,3 cm breit, länglich-quadratisch, am Grunde abgerundet, vorn gestutzt; Platte kahl.
Verbreitung: In Kolumbien, auf der Westseite der Kordilliere in 800 m Höhe.
Geschichte: Die Pflanze wurde von Don Alvaro

Mejia in Antioquia gefunden. L. Garay beschrieb sie 1970 und benannte sie nach ihrem Entdecker in der kolumbianischen Zeitschrift »Orquideologia«.

Masdevallia militaris Rchb.f.

Großer, büschelig wachsender Lithophyt. Blätter 20–23 cm lang, bis 3,5 cm breit, länglich-lanzettlich, fast aufrecht, lederig, auf der Unterseite gekielt, vorn fein 3zähnig. Blütenstand länger als die Blätter, 1blütig; Schaft 30–38 cm lang, stielrund, grün und mit karminroten Schlieren; Brakteen eiförmig, gelbgrün, mit aufgesetzter Spitze. Blüten auffällig, etwas nickend: Sepalen in verschiedenen Schattierungen von orange und scharlachrot, die Adern und Ränder zimtrot. Perianthröhre 2 cm lang, gekrümmt, zylindrisch. Freier Teil der oberen Sepale 1 cm lang, 3eckig, allmählich in einen herabgeschlagenen, schlanken Schwanz von 3–4 cm Länge ausgezogen; seitliche Sepalen für ungefähr 2,5 cm miteinander verwachsen, elliptisch-eiförmig, an den Rändern zurückgebogen, in kurze, stumpfe Schwänze ausgehend. Petalen nur 0,8 cm lang, linealisch-länglich, spitz, am vorderen Rand mit einer Längsleiste, die unten in einem zurückgekrümmten Zahn endet. Lippe 0,8 cm lang, länglich, fleischig, gefurcht und 2kielig, an den Rändern gekerbt, vorn mit aufgesetzter Spitze und zurückgebogen. Säule 0,8–1 cm lang, weiß, an den Rändern purpurn, oben gezähnt.
Verbreitung: Kolumbien; auf Felsen in großen Höhen in der Nebelzone.
Geschichte: J. Warscewicz fand die Pflanze 1849 in der Nähe von Ocaña in den Bergen von Santander und importierte sie nach Europa, wo sie H.G. Reichenbach 1854 in »Bonplandia« beschrieb.
Anmerkung: Besonders in der Färbung ist diese Pflanze sehr variabel. Eine von H.G. Reichenbach als *M. ignea* beschriebene Art ist heute noch weitgehend in der Kultur unter diesem Namen bekannt; es handelt sich aber nur um eine Varietät von leuchtend scharlachroter Blütenfarbe.

Masdevallia nidifica Rchb.f.

Blätter des zwergwüchsigen Epiphyten 3,7–5 cm lang, bis 1 cm breit, eiförmig-länglich oder spatelig, gestielt, lederig. Blütenstand ungefähr so lang wie die Blätter, 1blütig; Schaft schlank, 3–7 cm lang, stielrund, matt grün-karminrot; Brakteen häutig, scheidig, 0,6 cm lang, mit aufgesetzter Spitze. Blüten klein, in Größe und Färbung sehr abwandelnd: Sepalen weiß oder hellgelb, etwas transparent, rötlich getüpfelt oder gestreift, innen sehr fein flaumig. Perianthröhre 0,9 cm lang, auf der Unterseite bauchig ausgestülpt. Mittlere Sepale fast kreisrund und kapuzenförmig, ihr rötlicher Fortsatz 1,8 cm lang, schlank und fast aufrecht; die seitliche Sepalen eiförmig, herabgeschlagen, ihr gelber Fortsatz 1,8 cm lang, hängend. Petalen 0,3 cm lang, länglich, cremeweiß mit purpurnem Mittelstreifen, am vorderen Rand gekielt. Lippe 0,4 cm lang, gelb mit drei violetten Streifen in der Mitte, geigenförmig-länglich, gekrümmt. Säule rosa mit roter Zeichnung, 0,4 cm lang.
Verbreitung: Costa Rica, Kolumbien, Ecuador und Peru in Höhenlagen zwischen 500 und 2000 m.
Geschichte: Die Pflanze wurde von Konsul Lehmann 1877 in den Anden bei Quito gefunden und nach einem seiner Herbariumexemplaren 1878 von H.G. Reichenbach in »Otia Botanica Hamburgensia« beschrieben.

Masdevallia peristeria Rchb.f.

Blätter des Epiphyten bis 12,5 cm lang und 2 cm breit, linealisch-lanzettlich, fast aufrecht, dick und fleischig, sehr kurz gestielt oder sitzend. Blütenstand kurz, 1blütig; Schaft vom Ansatzpunkt des Blattstieles ausgehend, 6 cm lang, stielrund, hellgrün und rot getüpfelt. Blüten mittelgroß, in der Färbung sehr variabel: Sepalen satt gelb oder grünlichgelb und stark rot getüpfelt, auf der Rückseite grüngelb. Perianthröhre breit, bis 2 cm lang, auf der unteren Seite mit bauchiger Ausstülpung. Sepalen oben spreizend, eiförmig-3eckig, ihr fleischiger Fortsatz bis 3,3 cm lang und an der Spitze 3seitig. Petalen 1,2 cm lang, bleich grün, verkehrtlanzettlich, gebogen, fleischig, an der Spitze fein 2zähnig. Lippe 1,3 cm lang, länglich-geigenförmig, grünlichweiß, kräftig braunrot marmoriert und getüpfelt, an der Basis fleischig und gefurcht, oben mit zwei warzigen Leisten, am zurückgebogenen Gipfel gekerbt und papillös. Säule 1,2 cm lang, hellgrün, mit weißen Rändern und Spitze, oben gezähnelt.
Verbreitung: Kolumbien; unten an Baumstämmen wachsend, in parkartigen Wäldern oder in Flußnähe; in Höhenlagen zwischen 1600 und 2200 m.
Geschichte: Die Pflanze wurde erstmals von Gustav Wallis gesammelt und an die Firma Veitch verkauft. Von ihnen erhielt H.G. Reichenbach sein Material, das der Beschreibung in »Gardeners' Chronicle« 1874 zugrunde liegt.
Anmerkung: Diese Pflanze ist mit *M. leontoglossa* verwandt, unterscheidet sich aber von dieser Art durch den aufrechten Blütenstand, gelbere Blüten mit längeren, deutlich herabgeschlagenen »Schwänzen«. Von *M. macura* unterscheidet sie sich durch kleinere Blätter, einen kürzeren Blütenstandsschaft und kürzere, mehr abstehende »Schwänze« an den Sepalen.

Masdevallia racemosa Lindl.

Mit langem kriechendem Rhizom wachsende terrestrische oder sehr selten epiphytisch wachsende Pflanze. Stämme aufsteigend, in Abständen von 0,5–3 cm aus dem Rhizom entspringend. Blätter 10–12,5 cm lang, bis 2 cm breit, gestielt, länglich-eiförmig, fast aufrecht, lederig, vorn 3zähnig, matt graugrün. Blütenstand aufrecht oder bogig, 2-mehrblütig (Blüten nacheinander erscheinend); Schaft stielrund, schlank, mattgrün. Blüten auffällig: orangescharlachrot, mit zinnoberroter Färbung auf den Nerven und an den Rändern. Perianthröhre 1,3 cm lang, eng, gerade. Mittlere Sepale im freien Teil eiförmig-3eckig, ihr halbaufrechter Fortsatz nur 0,6 cm lang; die seitlichen Sepalen für die unteren 2,5 cm miteinander verwachsen, breit-herzförmig, mit aufgesetzter Spitze. Petalen 0,8 cm lang, eiförmig, kurz genagelt, spitz, hellgelb. Lippe 1 cm lang, schmal-länglich, elfenbeinweiß, 2kielig, am Gipfel abgerundet. Säule 1 cm lang, oben hellgelb, unten rosa.
Verbreitung: Kolumbien in Höhenlagen zwischen 2900 und 4200 m.
Geschichte: Die Pflanze wurde erstmals 1845 von K. Hartweg in der Nähe von Popayan gefunden. Er sandte getrocknete Exemplare an J. Lindley, der die Art noch im gleichen Jahr in »Annals and Magazine of Natural History« veröffentlicht. Die ersten lebenden Pflanzen wurden von Shuttleworth und Carder erst 1887 nach England importiert.

Masdevallia reichenbachiana Endres

Blätter des bis 20 cm hohen Epiphyten 10–12,5 cm lang, 2–2,5 cm breit, fast aufrecht, verkehrtlanzettlich, lederig, auf der Unterseite gekielt, vorn 3zähnig. Blütenstand aufrecht, 1–3blütig; Schaft 15–18 cm lang, stielrund, hellgrün; Brakteen eiförmig, 1,2 cm lang, mit aufgesetzter Spitze. Blüten abstehend: Sepalen hellgelb oder bleich rosa (die obere innen mit roter Beaderung), außen intensiv dunkelrot, ihre Fortsätze

grünlichgelb oder grün. Perianthröhre 2,5 cm lang, leicht gekrümmt. Freier Teil der oberen Sepale 1,2 cm lang, 3eckig, 3nervig, ihr schlanker Fortsatz 5 cm lang; seitliche Sepalen auf den untersten 3 cm miteinander verwachsen, 3eckig-eiförmig, auf dem Rücken gekielt, ihr nach hinten deutender Fortsatz 3,5 cm lang. Petalen klein, 0,6 cm lang, länglich-eiförmig, oben gestutzt, am vorderen Rande verdickt. Lippe ungefähr 0,6 cm lang, länglich-geigenförmig, mit zwei kurzen Kielen, am Gipfel verschmälert und zurückgebogen. Säule 0,6 cm lang, weiß, am Gipfel gezähnelt.
Verbreitung: Costa Rica. Beschränkt auf das Gebiet zwischen dem Vulkan Barba und dem Pico Blanco; in dichten, feuchten Wäldern in Höhenlagen zwischen 1600 und 2200 m.
Geschichte: Die Pflanze wurde im »Gardeners' Chronicle« 1875 von Endres beschrieben, nachdem er sie 1873 in Costa Rica gesammelt hatte. Er benannte sie Professor H.G. Reichenbach zu Ehren.
Synonym: M. normanii hort.

Masdevallia rolfeana Kraenzl.

Blätter des kleinen Epiphyten bis 12,5 cm lang und 2 cm breit, verkehrteiförmig-lanzettlich, dick fleischig, auf der Unterseite gekielt, fast aufrecht, vorn stumpf und 3zähnig. Blütenstand kürzer als die Blätter, 1blütig; Schaft aufrecht 7,5 cm lang, schlank, stielrund, hellgrün; Braktee 1,2 cm lang, eiförmig, mit aufgesetzter Spitze, bräunlich. Blüten etwas glockig: Sepalen satt purpurrot, innen gelb, ihre Fortsätze grünlichgelb. Perianthröhre 1,2 cm lang, innen gelb, am Grunde dünn, oben breiter. Obere Sepale eiförmig, kapuzinerartig, ihr 3,7 cm langer Fortsatz in der unteren Hälfte herab- und in der oberen zurückgebogen; die seitlichen Sepalen länglich-eiförmig, ihr Fortsatz 3,3 cm lang. Petalen 0,8 cm lang, länglich-eiförmig, violett, mit aufgesetzter Spitze. Lippe 1 cm lang, länglich, an der Basis fleischig, oben 2kielig, mit aufgesetzter Spitze, rosenfarbig und rot getüpfelt; an der roten Spitze zurückgebogen. Säule weiß, oben gezähnelt.
Verbreitung: Costa Rica, in der Mittleren Kordillere.
Geschichte: Die Pflanze wurde 1891 von der Firma F. Sander importiert und noch im gleichen Jahr von F. Kraenzlin im »Gardeners' Chronicle« veröffentlicht. Er benannte sie zu Ehren von Robert Allen Rolfe von den Royal Botanic Gardens, Kew, dem Begründer der Zeitschrift »Orchid Review«.
Anmerkung: Diese Art ist nahe mit *M. reichenbachiana* verwandt; sie unterscheidet sich von ihr durch folgende Merkmale: Blütenstand kürzer als die Blätter, Blüten kleiner und dunkler purpurn und mit einer geringeren gelben Fläche im Schlund, Perianthröhre kürzer.

Masdevallia schlimii Lindl.

Blätter des Epiphyten bis 17 cm lang und 4,5 cm breit, fast aufrecht, gestielt, verkehrteiförmig oder lanzettlich, fleischig, vorn stumpf oder abgerundet. Blütenstand aufrecht, länger als die Blätter, bis 6blütig; Schaft bis 25 cm lang, stielrund, hellgrün; Brakteen grau oder weiß, röhrig. Blüten hell gelbgrün, mit kräftiger braunroter Tüpfelung auf den Sepalen; Sepalenfortsätze hell gelbgrün. Perianthröhre 0,5 cm lang, breit. Sepalen eiförmig, ihre mehr oder weniger rechtwinkelig abstehenden, schwanzartigen Fortsätze fädlich, 5–5,8 cm lang; seitliche Sepalen für die untersten 1,5 cm miteinander verwachsen. Petalen 0,6 cm lang und 0,2 cm breit, weiß, spitz, an der Basis mit einem fleischigen Knoten. Lippe 0,6 cm lang, 0,2 cm breit, länglich, vorn spitzlich, weiß mit kurzen braunen Querbändern, mit zwei nach vorn auseinanderstrebenden Leisten. Säule 5 cm lang, weiß und mit violetten Rändern.
Verbreitung: Kolumbien und Venezuela, 1800–2500 m.
Geschichte: Die Pflanze wurde 1843 von Louis Schlim (Artname!) in Valle bei Merida gefunden und 1946 von J. Lindley in seinen »Orchidaceae Lindenianae« veröffentlicht. Lebende Pflanzen dieser Art wurden erstmals 1883 von der Firma Sanders in St. Albans nach Europa eingeführt.

Masdevallia schroederiana hort.

Blätter der mittelgroßen, büschelig wachsenden Pflanze bis 15 cm lang und 2,5 cm breit, verkehrtlanzettlich,, gestielt, vorn fein 3zähnig. Blütenstand aufrecht, etwas länger als die Blätter, 1blütig; Schaft 21 cm lang. Blüten im Verhältnis zur Pflanze groß: Obere Sepale satt orangegelb und mit zwei dunklen Flecken; seitliche Sepalen außen violett, innen weiß; Fortsätze alter Sepalen orangegelb. Perianthröhre 2 cm lang, glockig, weiß mit lila. Obere Sepale breit eiförmig-3eckig, ihr aufrechter, nach hinten gebogener Fortsatz 5–7,5 cm lang; seitliche Sepalen viel größer, 3 cm lang und 1,5 cm breit, fast gänzlich miteinander verwachsen, ihr heruntergebogener Fortsatz bis über 5 cm lang. Petalen 0,8 cm lang, bleich rosa und rosapurpurn getüpfelt, länglich, fleischig, an den Rändern gewellt. Lippe länglich, 0,9 cm lang, gefärbt wie die Petalen, am Grunde fleischig, in der Mitte 2kielig, oben zurückgebogen. Säule am Gipfel gezähnelt.
Verbreitung: Peru.
Geschichte: Über die Herkunft der Pflanze weiß man nur, daß sie aus Peru eingeführt wurde. Sie wurde im Jahre 1890 durch Baron Schroeder von Egham in Surrey ausgestellt und von der Royal Horticultural Society mit einem Zertifikat 1. Klasse ausgezeichnet.
Anmerkung: Die Pflanze ist sehr nahe mit *M. fulvescens* Rolfe verwandt, wenn nicht sogar identisch. *M. fulvescens* wurde 1890 aus Kolumbien importiert.

Masdevallia tovarensis Rchb.f.

Bis 18 cm hoher, rasig wachsender Epiphyt mit sehr kurzem Stamm. Blätter bis 14 cm lang und 2 cm breit, fast aufrecht, verkehrtlanzettlich oder länglich-elliptisch, gestielt, lederig, vorn fein 3zähnig. Blütenstand aufrecht oder leicht überhängend, bis 18 cm lang, ganz oben 1–4blütig; Schaft im Querschnitt 3eckig, kahl; Brakteen eiförmig, kapuzenartig, mit aufgesetzter Spitze, bis 1,5 cm lang, grün. Blüten auffallend: weiß, die Säule mit violetter Zeichnung; Fruchtknoten grün. Perianthröhre nur 0,6 cm lang, im Querschnitt fast 3eckig. Freier Teil der oberen Sepale 4 cm lang, 0,6 cm breit, lanzettlich, sehr langspitzig (die Spitze aufrecht, cremefarbig); seitliche Sepalen der halben Länge nach miteinander verwachsen, eiförmig, 3,8 cm lang und 1 cm breit, langspitzig (die Spitzen zusammenneigend oder sich kreuzend. Petalen klein, 0,6 cm lang, 0,15 cm breit, schmal-länglich. Lippe 0,6 cm lang und 0,2 cm breit, geigenförmig-länglich, spitz, in der Mitte mit zwei parallelen Leisten, oben papillös und zurückgebogen. Säule 0,4 cm lang, fast stielrund, am Grunde und Gipfel weiß.
Verbreitung: Venezuela.
Geschichte: Diese aparte Pflanze wurde 1842 von Jean Linden in der Nähe von Tovar entdeckt. H.G. Reichenbach beschrieb die Art 1849 in »Linnaea« unter Zugrundelegung einer Pflanze, die Moritz 1846 an der gleichen Stelle gesammelt hatte. Die ersten lebenden Exemplare wurden mehrere Jahre später erst von Wagner aus Caracas nach Deutschland exportiert.
Synonym: M. candida Kl. et Karst.

Masdevallia triangularis Lindl.

Blätter des Epiphyten bis 15 cm lang und 3 cm breit, halb aufrecht, verkehrt-eiförmig oder ver-

kehrtlanzettlich, lang gestielt, lederig, an den Rändern stark zurückgebogen, vorn stumpf; Blattstiel unten dunkelviolett. Blütenstand aufrecht, 1blütig; Schaft bis 13 cm lang, dünn. Blüten mit spreizenden Teilen: Sepalen gelbgrün, innen kräftig dunkelbraun getüpfelt, ihre Fortsätze dunkelviolett. Perianthröhre breit. Freier Teil der Sepalen 2 cm lang, eiförmig, ihre schlanken Fortsätze bis 4 cm lang. Petalen nur 0,6 cm lang, weiß, länglich, am Grunde in einen rückwärts deutenden Sporn ausgezogen, oben 3zähnig. Lippe 0,6 cm lang, 0,3 cm breit, schmal-fächerförmig, oben 3lappig, weiß mit violetten Flecken. Seitenlappen winzig, vorn gestutzt; Mittellappen kreisrund, zurückgeschlagen, ganz vorn mit drüsigen Anhängseln. Säule 0,5 cm lang, weiß.
Verbreitung: Kolumbien und Venezuela, in Nebelwäldern von 1400 bis 2300 m.
Geschichte: Jean Linden fand die Pflanze 1842 nahe Bailadores in der Provinz Merida. J. Lindley veröffentlichte sie 1846 in seinen »Orchidaceae Lindenianae«. 1881 importierte die Firma Sanders in St. Albans die ersten lebenden Pflanzen nach Europa.
Anmerkung: Von allen anderen Arten der Gattung leicht durch die eigenartige Lippe zu unterscheiden.

Masdevallia triaristella Rchb.f.

Blätter des zwergigen Epiphyten bis 5 cm lang und 0,6 cm breit, schief-aufrecht, linealisch, gefurcht, betont lederig, vorn abgerundet und mit drei Zähnchen. Blütenstand länger als die Blätter, 1–3blütig (nacheinander blühend); Schaft dünn, warzig, 7,5–10 cm lang, matt grün; Brakteen winzig, eiförmig. Blüten in der Farbgebung etwas variabel: Sepalen gelb mit roter Beaderung, ihr Fortsatz gelb. Perianthröhre nur 0,4 cm lang. Freier Teil der oberen Sepale eiförmig, kapuzenartig, auf der Außenseite gekielt, ihr schlanker Fortsatz keulenförmig; seitliche Sepalen 1,4 cm lang, miteinander verwachsen, ihre fast aufrechten, keuligen Fortsätze in entgegengesetzte Richtungen weisend. Petalen nur 0,4 cm lang, linealisch-länglich, gelb, nur in der Mitte kastanienbraun gezeichnet, oben entweder mit aufgesetztem Spitzchen oder 3zähnig. Lippe zungenförmig, am Grunde 2lappig, gebogen, oben mit zwei undeutlichen Leisten, rot (dunkler an den Rändern). Säule gelb und blutrot, keulenförmig, am Gipfel mit Zähnchen.
Verbreitung Costa Rica, Panama und Kolumbien; von 1500 bis 2000 m.
Geschichte: Die Pflanze wurde 1875 von Endres an die Firma Veitch geschickt. H.G. Reichenbach beschrieb sie 1876 in »Gardeners' Chronicle« und setzte sie in eine eigens begründete Sektion der Gattung. Brieger (1976) betrachtete sie in der Neuauflage von R. Schlechters Werk »Die Orchideen« als verschieden genug, sie in eine neue Gattung zu stellen, versäumte jedoch die entsprechende Neukombination zu veröffentlichen. Dies geschah durch C. Luer in »Selbyana« (1978).
Synonym: M. tridactylites Rchb.f.; *Triaristella reichenbachii* Brieger ex Luer.

Masdevallia tubulosa Lindl.

Blätter des büschelig wachsenden Epiphyten bis 11 cm lang und 1,3 cm breit, verkehrtlanzettlich, gestielt, aufrecht oder etwas abstehend, lederig, vorn stumpf. Blütenstand aufrecht, 1blütig; Schaft 6–10 cm lang, stielrund, schlank, hellgrün. Blüten im Hinblick auf die Größe der Sepalen sehr variabel: Sepalen bleich cremefarbig oder weiß, ihr Fortsatz gelbgrün; Petalen, Lippe und Säule weiß. Perianthröhre lang, 1,2–2 cm lang, dünn. Sepalen 3–7 cm lang, linealisch, allmählich langspitzig ausgezogen, ihr Fortsatz in rechten Winkel zur Fläche stehend, 2,5–6 cm lang. Petalen genagelt, nur ungefähr 0,5 cm lang und 0,2 cm breit, länglich. Lippe 0,5 cm lang und 0,15 cm breit, schmal-länglich, stumpf, an der Basis verdickt. Säule 0,4 cm lang, gerade.
Verbreitung: Kolumbien und Venezuela.
Geschichte: J. Lindley beschrieb diese, von dem unermüdlichen Jean Linden gefundene Pflanze 1846 in seinem Werk »Orchidaceae Lindenianae«.

Masdevallia veitchiana Rchb.f.

Großer, in Büscheln wachsender, auffälliger Lithophyt. Blätter bis 25 cm lang und 2,5 cm breit, linealisch-verkehrtlanzettlich oder linealisch-länglich, vorn fein 3zähnig. Blütenstand länger als die Blätter, 1blütig; Schaft 30–45 cm lang, aufrecht. Blüten variabel, groß und ansehnlich, 5–7,5 cm breit: Sepalen innen orangescharlachrot, auf dem freien Teil mit zahlreichen rotvioletten Wärzchen besetzt. Perianthröhre glockig-zylindrisch, 3,2 cm lang. Obere Sepale eiförmig-3eckig, 2,5 cm lang, ihr Fortsatz 2,5–6 cm lang, schwanzartig; seitliche Sepalen größer als die obere, länglich-eiförmig oder 3eckig. Petalen 1,3 cm lang, schmal-länglich, gekielt, oben schief abgeschnitten. Lippe 1,3 cm lang, länglich oder eiförmig-länglich, auf der Oberseite mit zwei Leisten, papillös-verdickt an der zurückgebogenen Spitze.
Verbreitung: Peru, von 2200 bis 4000 m. Die Pflanze ist öfters in Blüte in den Inka-Ruinen von Machu-Picchu nördlich von Cuzco zu sehen.
Geschichte: Diese aufsehenerregende Orchidee wurde bei Cuzco von Pearce, einem Sammler der Firma Veitch, 1867 erstmals gefunden. Sie führten sie erfolgreich in die Kultur ein, und ihnen zu Ehren wurde die Art von H.G. Reichenbach 1868 im »Gardeners' Chronicle« benannt.
Anmerkung: M. veitchiana bildet in der Natur Hybriden mit *M. barlaeana* (siehe auch dort), und diese Kreuzung ist in der Kultur nachvollzogen worden.

Masdevallia ventricularia Rchb.f.

Blätter des Epiphyten 12,5–15 cm lang, bis 2,5 cm breit, länglich-lanzettlich, gestielt, fast aufrecht bis abstehend, lederig. Blütenstand kürzer als oder so lang wie die Blätter, 1blütig; Schaft aufrecht oder gerade abstehend, 5–7,5 cm lang, stielrund; Braktee 1,2 cm lang, häutig, scheidig und mit aufgesetzter Spitze. Blüten schmal glokkenförmig, fast aufrecht: Sepalen satt kastanienbraun oder braun karminrot mit dunkleren Längsstreifen, ihr Fortsatz gelb. Perianthröhre in der Mitte etwas geschwollen, gebogen, bis 6,2 cm lang. Freier Teil der oberen Sepale 1,2 cm lang, eiförmig, ihr schlanker Fortsatz 2,5–7,8 cm lang; seitliche Sepalen eiförmig-3eckig, ihre 2,5-7,5 cm langer Fortsatz hängend und etwas abstehend. Petalen klein, länglich, spitz oder mit aufgesetzter Spitze, weiß und mit wenigen roten Tüpfeln. Lippe zungenförmig bis länglich-eiförmig, oben mit zwei Leisten, matt-violett. Säule aufrecht, schlank, weiß, am Gipfel gezähnelt.
Verbreitung: Ecuador, von 1800 bis 2200 m; in Bergwäldern tief unten an Baumstämmen wachsend.
Geschichte: Die Pflanze wurde zum erstenmal von Dr. James in Ecuador und später im Jahre 1877 von Konsul Lehmann in der Nähe von Quito gesammelt. H.G. Reichenbach beschrieb die Art nach der zweiten Aufsammlung 1878 in »Otia Botanica Hamburgensia«.

Masdevallia wageneriana Lindl.

Blätter des kleinen Epiphyten bis 5 cm lang und 1,5 cm breit, gestielt, elliptisch, schief-aufrecht, lederig, vorn fein 3zähnig, auf der Oberseite

glänzend dunkelgrün, auf der unteren mit violetten Flecken. Blütenstand schief abstehend, 1blütig; Schaft 5 cm lang. Blüten im Verhältnis zur Pflanze groß: Sepalen gelblich-grün, orangegelb an der Basis, mit violetten Tüpfeln und Schlieren, ihr Fortsatz hellgrün und gelb. Freier Teil der Sepalen 1 cm lang, 1 cm breit, eiförmig-3eckig, ihr dünner, 4 cm langer Fortsatz im rechten Winkel zur Fläche stehend. Petalen fleischig, 4 cm lang, 1,3 cm breit, hellgelb, schmal-länglich, gestutzt. Lippe pfeilförmig, genagelt, 4 cm lang, 0,15 cm breit, spitz bis abgerundet, hell grüngelb mit violetten Tüpfeln. Säule 0,5 cm lang, bleich violett mit dunkleren Tüpfeln.
Verbreitung: Venezuela.
Geschichte: Die niedliche Pflanze wurde 1849 in der Nähe von Tovar von Moritz gefunden und im folgenden Jahr nochmals von Wagner in 1800 m Höhe in der Umgebung von Carabobo. J. Lindley veröffentlichte seine Beschreibung 1852 in Paxton's »Flower Garden« unter Zugrundelegung von Pflanzen, die Wagner an Linden nach Brüssel geschickt hatte.

Masdevallia xanthina Rchb.f.

Blätter des kleinen Epiphyten 6,5–7,5 cm lang, bis 2 cm breit, kurz gestielt, länglich-verkehrteiförmig, vorn mit drei Zähnchen. Blütenstand aufrecht, 1blütig; Schaft schlank, 7,8 cm lang, stielrund, hellgrün; Brakteen unten scheidig, 1,1 cm lang, mit aufgesetzter Spitze, braun bis schwarz-grün. Blüten mit spreizenden Sepalen: Sepalen leuchtend gelb, seltener cremefarbig, mit dunklerer Beaderung; die seitlichen Sepalen mit einem dunklen Fleck am Grunde; Sepalen-Fortsatz orangegelb. Perianthröhre fast fehlend. Obere Sepale verkehrteiförmig, kapuzenartig, Ränder im unteren Teil zurückgebogen, ihr schwanzartiger Fortsatz 3,3–3,7 cm lang; seitliche Sepalen spreizend, länglich-eiförmig, ihr schlanker Fortsatz hängend und 2,5–3,2 cm lang. Petalen nur 0,4 cm lang, länglich, am vorderen Rande gekielt, weiß. Lippe 0,4 cm lang, länglich, am Grunde mit einer fleischigen, gefurchten Schwiele in der Mitte, hellgelb und mit roten Tüpfeln. Säule weiß, an den Rändern, Fuß und am 3zähnigen Gipfel violett.
Verbreitung: Kolumbien und Ecuador, in feuchten Wäldern von 1800 bis 2500 m.
Geschichte: Prof. H.G. Reichenbach beschrieb die Art 1880 im »Gardeners' Chronicle« nach einer Pflanze unbekannter Herkunft, die er von der Firma Veitch erhalten hatte. Ihre Verbreitung wurde später vom Konsul Lehmann, der jahrelang Orchideen in Kolumbien sammelte und zeichnete, ermittelt.
Anmerkung: Die Art ist sehr variabel und mit *M. estradae* (siehe dort) verwandt, aber deutlich in der Blütenfarbe von ihr verschieden. Sie steht *M. wagneriana* nahe, unterscheidet sich aber von ihr folgendermaßen: Lippenränder ungeteilt, mittlere Sepale schmaler, verkehrteiförmig-länglich, seitliche Sepalen schmaler, lanzettlich.

Maxillaria Ruiz et Pavon

Tribus: Maxillarieae
Subtribus: Maxillariinae

Epi- oder Lithophyten mit Rhizom oder rasig wachsend. Rhizom oder Hauptstämme kriechend, verlängert, aufsteigend bis fast aufrecht, mit kleinen, papierartigen Scheiden bedeckt; Nebenstämme oder Pseudobulben gebüschelt oder in Abständen angeordnet, 1–2blättrig (selten mehrblättrig). Blütenstände 1blütig, gebüschelt, geknäuelt oder einzeln. Blüten klein bis groß, manchmal augenfällig. Sepalen frei, untereinander ähnlich, rachenartig, selten zusammenneigend oder einen Becher bildend; die seitlichen etwas asymmetrisch, mit dem Fuß der Säule verwachsen oder an ihm herablaufend und mit ihm ein mehr oder weniger deutliches Mentum bil-

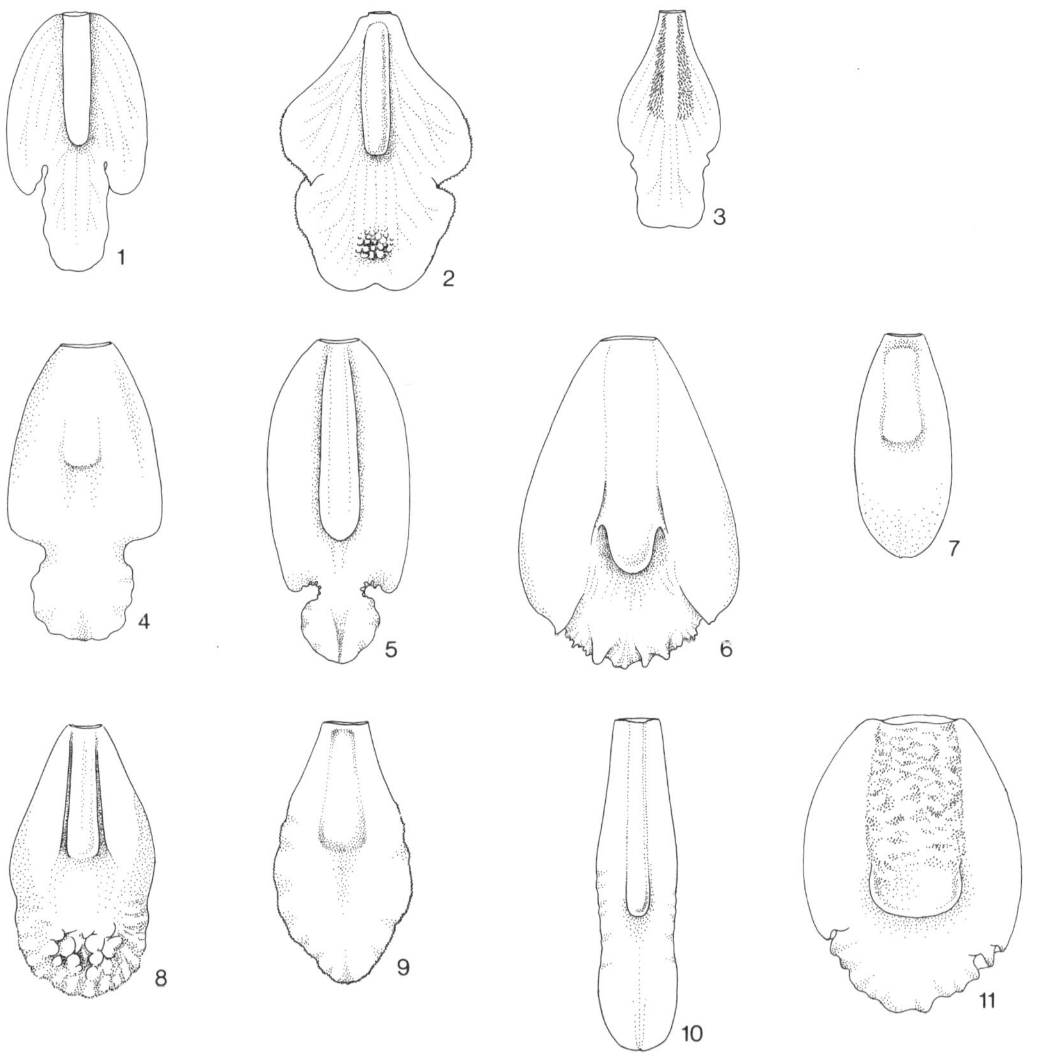

Maxillaria
Lippen ausgebreitet
1 = *M. crassipes* (× 2)
2 = *M. echinochila* (× 2)
3 = *M. plebeja* (× 4 1/3)
(nach Pabst und Dungs, 1977)
4 = *M. gracilis* (× 3 1/5)
5 = *M. ringens* (× 3 1/5)
6 = *M. fletcheriana* (× 1)
7 = *M. juergensii* (× 2)
8 = *M. mosenii* (× 3 1/5)
9 = *M. ferdinandiana* (× 4 1/3)
10 = *M. uncata* (× 2)
11 = *M. grandiflora* (× 1 3/5)

dend. Petalen der mittleren Sepale ähnlich, frei. Lippe dem Fuß der Säule angewachsen, mit ihm gegliedert, ungeteilt oder gelappt; Platte meistens mit einer deutlichen Schwiele. Säule aufrecht oder gekrümmt, kräftig, ungeflügelt, unten mit einem gut entwickelten Fuß; Pollinien 4, wachsartig, meistens zusammengepreßt, einer halbmondförmigen Klebscheibe aufsitzeend.
Umfang und Verbreitung: Ungefähr 300 Arten; durch die amerikanischen Tropen und Subtropen.
Ableitung des Namens: Aus dem Lateinischen »maxilla« = Kiefer; wegen der oft rachenförmig erscheinenden Blüten.
Anmerkung: H. Ruiz und J. Pavon begründeten die Gattung 1794 in ihrem »Prodromus Florae Peruvianae et Chilensis«. Sie gehört zu den umfangreichsten Orchideengattungen in den Tropen der Neuen Welt und ist leicht zu erkennen an ihren ungefalteten, lederigen Blättern, dem prominenten Mentum und ihrer meistens charakteristisch geformten Klebscheibe. Eine neuere Bearbeitung von *Maxillaria* liegt leider nicht vor, doch hat man im Laufe der Jahre mehrere Gruppen abgespalten und zu eigenständigen Gattungen wie *Lycaste, Xylobium* gemacht. Man kann die Gattung oberflächlich in 2 Gruppen teilen, nämlich in Arten von rasigem Wuchs und in solche, bei denen die Pseudobulben auf einem mehr oder weniger verlängerten Rhizom angeordnet sind. Manchmal hat man Arten der zweiten Gruppe in der eigenen Gattung *Camaridium* zusammengefaßt; im Hinblick auf eine große Zahl von Zwischenformen hat sich dieser Schritt als unhaltbar erwiesen.
Typus-Art: M. ramosa Ruiz et Pavon.
Synonyme: Camaridium Lindl.; *Psittacoglossum* La Llave et Lex.; *Heterotaxis* Lindl.; *Dicrypta* Lindl.; *Menadenia* Raf.; *Onkeripus* Raf.; *Pentulops* Raf.
Kultur: Substrat A. Mindesttemperaturen im Sommer 12–15 °C. Die Mehrzahl aller Arten kann man in Töpfen halten; doch Arten wie *M. sanderiana* und *M. valenzuelana* wird man vorteilhafter in Körben halten. Alle bedürfen hoher Luftfeuchtigkeit, mäßigen Schattens und – solange sie im Wachstum begriffen sind – reichlich Wasser. Arten mit Pseudobulben sollten nach Abschluß der Wachstumsperiode trockener gehalten werden; alle anderen Arten dürfen auf keinen Fall lange trocken stehen.

Maxillaria arachnites Rchb.f.

Epiphyt mit kurzem, aufsteigendem Rhizom. Pseudobulben 2,5 cm lang und 1,8 cm breit, klein, stark zusammengepreßt und 2schneidig, von mehreren blatttragenden Scheiden umgeben, am Gipfel 1blättrig. Blätter bis 25 cm lang und 3 cm breit, verkehrtlanzettlich, vorne spitzlich, aufrecht oder schräg abstehend. Blütenstand aufrecht, 1blütig; Schaft bis 20 cm lang, fast völlig von röhrigen, spitzen Scheiden bedeckt; Brakteen länger als der Fruchtknoten, lanzettlich, spitz, grün und mit purpurnen Tüpfeln. Blüten groß: Sepalen hell gelbgrün und nach der Basis hin braun behaucht; Petalen weiß, nur am Grunde purpurn; Lippe goldgelb, nach oben zu kastanienbraun überlaufen, aber ganz an der Spitze goldgelb. Sepalen bis 6 cm lang und 0,9 cm breit, linealisch-lanzettlich, sehr spitz; die seitlichen gemeinsam mit dem Fuß der Säule ein kurzes, kegeliges Mentum bildend. Petalen den Sepalen ähnlich aber kürzer. Lippe 1,7 cm lang, 1 cm breit, ganz oben 3lappig, auf der Oberseite sehr fein flaumig; Seitenlappen abgestutzt, am vorderen Rande ausgebissen; Mittellappen annähernd quadratisch; Schwiele gelb, flaumig. Säule 1 cm lang, oben ausgebissen.
Verbreitung: Kolumbien, Venezuela und Ecuador.
Geschichte: Die von H. G. Reichenbach 1880 im »Gardeners' Chronicle« beschriebene Pflanze war durch die Firma Backhouse in York aus Kolumbien zur Kultur eingeführt worden.

Maxillaria consanguinea Klotzsch

Pseudobulben des hängenden Epiphyten gebüschelt, 4–7 cm lang, 2,5–4 cm breit, im Umriß eibirnenförmig, zusammengepreßt, glänzend, im Alter mit tiefen Längsfurchen, am Gipfel 2blättrig (selten 1blättrig). Blätter 20–35 cm lang, 2–5 cm breit, riemenförmig, vorn spitz, unten verschmälert oder gestielt, fleischig-lederig. Blütenstände zahlreich, am Grunde des Pseudobulben entspringend, bis 16 cm lang, 1blütig; Brakteen 2–3 cm lang, eiförmig-lanzettlich, spitz, scheidenartig. Blüten aufrecht-abstehend: Sepalen und Petalen gelblich braun; Lippe weiß, etwas karminrot getüpfelt. Sepalen ungefähr 2,5 cm lang, 0,6 cm breit, länglich-riemenförmig, spitz, fleischig-lederig; die seitlichen mit dem Fuß der Säule ein kurzes, breites, abgerundetes Mentum bildend. Petalen 2–2,2 cm lang, bis 0,5 cm breit, riemenförmig, spitz. Lippe 2,4–2,5 cm lang, bis 1 cm breit, aufrecht-abstehend, steif, fleischig, breit-länglich, über der Mitte tief 3lappig, oben etwas kleiig-flaumig; Seitenlappen klein, aufrecht, schmal-länglich; Mittellappen länglich-riemenförmig, stumpf, an den Rändern gewellt und

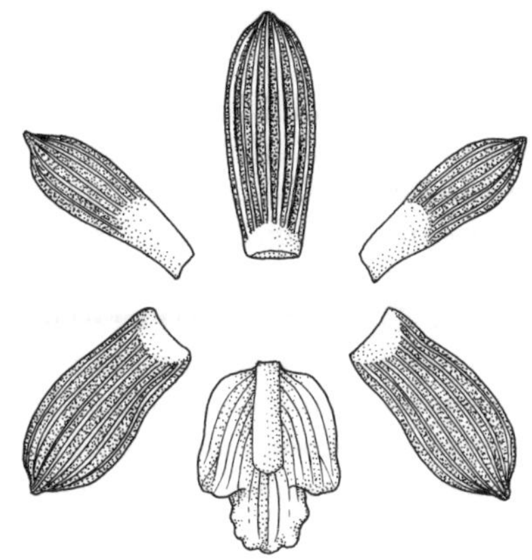

Maxillaria consanguinea
Blütenanalyse (× 1)

fein gezähnt; Schwiele linealisch, fleischig, kleiig. Säule etwas keulenförmig, fleischig.
Verbreitung: Brasilien.
Geschichte: O. Klotzsch beschrieb die Pflanze 1852 im »Index Seminum in Horto Botanico Berolinensi«. A. Cogniaux (Martius, »Flora Brasiliensis«) behandelt sie als eine Varietät von *M. picta* Hook., aber sie unterscheidet sich von dieser Art deutlich durch ihre kleineren und anders gefärbten Blüten.
Synonyme: Maxillaria picta var. *brunnea* Rchb.f.; *M. serotina* Hoehne.

Maxillaria crassipes Kraenzl.

Pseudobulben in Abständen von 1–1,5 cm auf dem Rhizom des kriechenden Epiphyten stehend, bis 2,5 cm lang und 1 cm breit, kegelig, 4kantig, am Gipfel 2blättrig. Blätter gestielt, bis 9 cm lang, 1,2–1,5 cm breit, lanzettlich, vorn spitz, fleischig-lederig. Blütenstände aufrecht, meistens zwei je Pseudobulbe, bis 12 cm lang. Blüten gelb (außen fahler) mit roten Rändern; Lippe vorn purpurn; Säule lila behaucht. Sepalen bis 2,5 cm lang und 0,5 cm breit, eiförmig-lanzettlich, langspitzig, fleischig; die seitlichen ein kurzes, abgerundetes Mentum bildend. Petalen 1,8 cm lang, 0,3 cm breit, riemenförmig-lanzettlich, spitz. Lippe 1,5 cm lang, 0,7–0,8 cm breit, über der Mitte 3lappig; Seitenlappen aufrecht, vorn abgerundet; Mittellappen länglich-riemenförmig, an den Rändern gewellt; Schwiele zungenförmig, fleischig, vorn abgerundet, fein papillös. Säule 0,8 cm lang, gebogen, keulenförmig.
Verbreitung: Brasilien.
Geschichte: Die Pflanze wurde von Mosen in Brasilien erstmals gefunden und 1911 von F. Kraenzlin beschrieben (»Kungliga Svenska Vetenskaps Akademiens Handlingar«).

Lippe 1,2–1,5 cm lang, 0,7–0,9 cm breit, aufrecht, steif, fleischig, über der Mitte tief 3lappig, am Grunde kleiig; Seitenlappen aufrecht, halbeiförmig, oben abgerundet; Mittellappen breitlänglich-zungenförmig, vorn kurz gefurcht, an den Rändern gewellt und gezähnelt; Platte mit einer bis zur Mitte reichenden, fleischigen, zungenförmigen Schwiele.
Verbreitung: Ost-Brasilien.
Geschichte: Die Pflanze wurde aus der Gegend von Rio de Janeiro durch die Firma Loddiges importiert und in deren »Botanical Cabinet« 1832 beschrieben. Die auch von G. Loddiges beschriebene *M. punctata* wurde von A. Cogniaux (Martius, »Flora Brasiliensis«) zu einer Varietät von *M. gracilis* reduziert. Var. *punctata* (unsere Abbildung) besitzt eine etwas größere Blüte und eine schwächere 3lappige Lippe.
Synonyme: M. queirogana Barb. Rodr.; *M. punctata* Lodd.

Maxillaria grandiflora (H. B. K.) Lindl.

Pseudobulben des großen Epiphyten bis 5 cm lang und 3 cm breit, eiförmig, zusammengepreßt, gerunzelt, unten mit mehreren, sich überdeckenden, beblätterten Scheiden versehen, am Gipfel 1blättrig. Blätter 11–45 cm lang, bis 7 cm breit, schmal-länglich-riemenförmig, unten gefaltet, auf dem Rücken gekielt, von dünner Beschaffenheit. Blütenstand 1blütig; Schaft 12–25 cm lang, stielrund, mit mehreren, sich überlappenden, zusammengepreßten Scheiden besetzt. Blüten nikkend, mit gekrümmten Fruchtknoten, groß und auffällig: Sepalen und Petalen reinweiß; Lippe weiß, am Grunde cremegelb und auf jeder Seite des Mittellappens mit einem von unten sichtbaren, braunroten Flecken. Mittlere Sepale 3,5–5,5 cm lang, bis 2,2 cm breit, eiförmig-elliptisch, spitz; die seitlichen 4–6 cm lang, bis 2,4 cm breit, lanzettlich, sichelig gebogen, mit dem Säulenfuß ein kurzes aber breites Mentum bildend. Petalen 3–4,7 cm lang, bis 1,7 cm breit, schief-lanzettlich, spitz, auf jeder Seite der Säule hervorstehend. Lippe 2,5–3 cm lang, 1,3–1,6 cm breit, länglich oder länglich-elliptisch, spitzlich, fleischig, oben dicht mehlig; Schwiele flach, an der Spitze unterschnitten, dicht mehlig bestäubt. Säule kurz, mit dem Fuß ungefähr 3 cm lang, gebogen, weiß aber innen gelb und rot gefleckt.
Verbreitung: Kolumbien, Ecuador, Venezuela, Guayana, Peru und Bolivien; in großen Höhen in Nebelwäldern.
Geschichte: Die Pflanze wurde von A. von Humboldt und A. Bonpland gesammelt und von ihnen, gemeinsam mit K. Kunth als *Dendrobium* in ihrem Werk »Nova Genera et Species Plantarum« 1816 beschrieben. Nach einer Odyssee über die Gattungen *Broughtonia* und *Lycaste* fand sie endlich 1832 in *Maxillaria* ihren Platz (J. Lindley in »Genera and Species of Orchidaceous Plants«).
Synonyme: Dendrobium grandiflorum H.B.K.; *Broughtonia grandiflora* (H.B.K.) Sprengel; *Lycaste grandiflora* (H.B.K.) Beer; *Maxillaria molitor* Rchb.f.; *M. jucunda* Lehm. et Kraenzl.; *M. eburneum* Lindl.; *M. lehmannii* Rchb.f.

Maxillaria juergensii Schltr.

Pseudobulben des kleinen, mit aufsteigendem Rhizom wachsenden Epiphyten dicht angeordnet (etwa 0,3 cm Abstand), 1–1,5 cm lang, 0,3–0,4 cm breit, eiförmig bis spindelig-zylindrisch, am Gipfel 2blättrig. Blätter schräg-aufrecht, 1,5–4 cm lang, 0,8–1,5 cm im Durchmesser, im Querschnitt kreisrund bis stumpf-3eckig, vorn mit aufgesetztem Spitzchen. Blütenstand aufrecht; Schaft nur 1–1,5 cm lang. Blüten auffällig, verhältnismäßig fleischig: Sepalen und Petalen kastanienbraun, mit weißem Grunde; Lippe an der Basis weiß und braun getüpfelt, darüber intensiv braun; Säule aus grünem Grunde weiß und violettrot gestreift. Mittlere Sepale 1–1,2 cm lang, 0,4–0,5 cm breit, länglich, oben stumpf oder abgerundet; die seitlichen 1,2–1,5 cm lang, 0,6–0,7 cm breit, schief-länglich-eiförmig. Petalen ungefähr 1 cm lang und 0,5 cm breit, länglich-riemenförmig, stumpf. Lippe 1,2–1,3 cm lang, bis 0,7 cm breit, länglich-verkehrteiförmig, sitzend; Schwiele keulig, oben abgerundet. Säule aufrecht, schlank.
Verbreitung: Brasilien.
Geschichte: Die Pflanze wurde von C. Juergens 1922 bei Sao Joao in einer Höhenlage von 350 m gefunden und 1925 von R. Schlechter im »Fedde Repertorium« veröffentlicht.

Maxillaria lepidota Lindl.

Pseudobulben des Epiphyten bis 5 cm lang und 1,5 cm breit, länglich-eiförmig, bekleidet mit mehreren beblätterten Scheiden, am Gipfel 1blättrig. Blätter bis 35 cm lang und 2 cm breit, riemenförmig, auf der Unterseite gekielt. Blütenstand aufrecht, 1blütig; Schaft bis 12 cm lang, dünn, stielrund, mit geschwollenen, rötlichen Scheiden besetzt. Blüten groß, oberhalb der Lippe spinnenartig im Aussehen: Sepalen und Petalen am Grunde rot, sonst gelb; Lippe cremegelb, entlang der Längsachse mit kastanienbrauner Zeichnung. Sepalen bis 6 cm lang und 0,7 cm breit, linealisch und nach vorn spitz auslaufend; die seitlichen leicht herabgebogen, ein sehr kurzes Mentum bildend. Petalen bis 4,5 cm lang und 0,4 cm breit, linealisch-sichelig, langspitzig. Lippe bis 2 cm lang und 1,2 cm breit, elliptisch im Umriß, in der oberen Hälfte schwach 3lappig, auf der Oberseite dicht mehlig bestäubt, vorn mit aufgesetzter Spitze, unten gekielt; Seitenlappen aufrecht, abgerundet; Mittellappen breit-eiförmig; Schwiele rundlich, am Gipfel mit langen Haaren. Säule ungefähr 1 cm lang, kräftig.
Verbreitung: Kolumbien, Ecuador und Venezuela.
Geschichte: Die 1845 von J. Lindley in den »Annals and Magazine of Natural History« beschriebene Pflanze wurde von K. Hartweg erstmals in der Umgebung von Popayan gefunden.
Synonyme: Maxillaria pertusa Lindl.; *M. saxicola* Schltr.

Maxillaria luteo-alba Lindl.

Pseudobulben des großen Epiphyten in dichten Gruppen angeordnet, bis 5 cm lang und 2 cm breit, eiförmig-länglich, schwach zusammengedrückt, am Gipfel 1blättrig. Blätter gestielt, bis 50 cm lang und 5 cm breit, schmal-länglich-elliptisch, steif, schräg-aufrecht, vorn stumpf. Blütenstand fast oder völlig aufrecht, 1blütig; Schaft bis 12 cm lang, mit grünen und braun getüpfelten Scheiden bekleidet. Blüten groß: Sepalen und Petalen gelb, meistens nach dem Grunde zu weiß; Lippe weiß, in der Mitte und auf der Mitte des Mittellappens mit gelber Zeichnung, auf den Seitenlappen mit purpurner Beaderung. Sepalen bis 6 cm lang und 0,8 cm breit, linealisch, spitz; die seitlichen etwas asymmetrisch, ein kurzes Mentum bildend. Petalen 4,6 cm lang und 0,8 cm breit, linealisch-lanzettlich, spitz. Lippe ungefähr 2,5 cm lang und 1,4 cm breit, in der vorderen Hälfte 3lappig, im Zentrum flaumhaarig; Seitenlappen sehr schmal-länglich und vorn gestutzt; Mittellappen eiförmig-kreisrund, herabgeschlagen, stumpf; Schwiele in der unteren Hälfte der Platte sitzend, eine vorn abgerundete Längsleiste bildend. Säule weiß, unten purpurn gezeichnet.
Verbreitung: Costa Rica, Panama, Kolumbien, Ecuador und Venezuela.
Geschichte: Die von J. Lindley 1846 in »Orchidaceae Lindenianae« beschriebene Pflanze war erstmals von J. Linden in den Wäldern von Meri-

da in Venezuala in Höhenlagen zwischen 1600 und 1850 m gefunden worden.
Synonym: Maxillaria luteo-grandiflora hort.

Maxillaria meleagris Lindl.

Pseudobulben des mit kurzem Rhizom wachsenden Epiphyten 2–5,5 cm lang, 1–2 cm breit, elliptisch-eiförmig bis eiförmig, zusammengepreßt, unten mit mehreren 2zeilig angeordneten und sich ziegelartig deckenden Scheiden versehen, am Gipfel 1blättrig. Blätter 15–40 cm lang, 0,6–2,2 cm breit, linealisch bis linealisch-riemenförmig, lederig, vorn stumpf. Blütenstand an der Basis des Neusprosses erscheinend, 3–8 cm lang, 1blütig, mit röhrigen Scheiden besetzt; Brakteen trokkenhäutig, 1,3–2 cm lang, spitz. Blüten in Größe und Beschaffenheit veränderlich: Sepalen und Petalen ledergelb, bernsteingelb, olivbraun oder fleischfarbig, außerdem dunkelrot marmoriert oder getüpfelt; Lippe dunkelrot. Sepalen 1,2–2,9 cm lang, 0,4–0,7 cm breit, elliptisch-lanzettlich bis linealisch-elliptisch, auf der Rückseite gekielt, langspitzig bis stumpf; die seitlichen asymmetrisch und mit dem Fuß der Säule ein kurzes Mentum bildend. Retalen 1–2,2 cm lang, 0,3–0,65 cm breit, mit der mittleren Sepale vereinigt, elliptisch bis elliptisch-lanzettlich, stumpf bis langspitzig. Lippe gekrümmt, 0,7–1,6 cm lang, 0,4–0,8 cm breit, unten 3lappig; Seitenlappen klein, aufrecht, abgerundet; Mittellappen viel größer, fleischig, eiförmig-kreisrund bis breit-elliptisch, vorn abgerundet; Platte zwischen den Seitenlappen verdickt und über der Verdikkung mit kleinen Leistchen versehen, außerdem mit einer Querleiste zwischen den Seitenlappen. Säule 5–10 cm lang (Fuß eingeschlossen), dick.
Verbreitung: Mexiko, Guatemala und Panama; seltene Pflanze in feuchten Wäldern; bis 1800 m.
Geschichte: Die erste kultivierte Pflanze wurde von der Firma Loddiges aus Mexiko importiert und von J. Lindley 1844 im »Botanical Register« beschrieben.
Anmerkung: Nahe mit *M. densa* Lindl. verwandt; diese besitzt jedoch in Büscheln stehende kleinere Blüten.
Synonyme: Maxillaria lindeniana A. Rich. et Gal.; *M. punctostriata* Rchb.f.

Maxillaria mosenii Kraenzl.

Pseudobulben des aufrechten oder hängenden Epiphyten dicht beieinander auf dem etwas aufsteigenden Rhizom stehend, 2–4,5 cm lang, 0,4–1 cm breit, spindelig, mit mehreren Längsfurchen, am Gipfel 2blättrig. Blätter 10–15 cm lang, 0,6–0,7 cm breit, linealisch-lanzettlich, spitz bis langspitzig. Blütenstand etwas länger als die Pseudobulben; Schaft mit eiförmigen, langspitzigen Scheiden bedeckt. Blüten mittelgroß: gelb mit rotvioletten Tüpfeln; die Lippe dichter getüpfelt und mit purpurner Zeichnung in der Mitte. Mittlere Sepale 1,7–1,8 cm lang, 0,6–0,8 cm breit, länglich-elliptisch, spitz; die seitlichen 1,7–1,9 cm lang, bis 0,8 cm breit, länglich-lanzettlich, asymmetrisch, spitz. Petalen 1,6–1,7 cm lang, 0,6–0,8 cm breit, spatelförmig bis verkehrtlanzettlich, stumpf. Lippe 1,6–1,8 cm lang, 0,7–0,9 cm breit, kurz genagelt, länglich; Schwiele mit zwei Furchen. Säule ungefähr 1 cm lang, dünn, gebogen.
Verbreitung: Brasilien.
Geschichte: Mosen fand die Pflanze am Fluß Buturoca in der Nähe von Santos. Sie wurde 1911 von F. Kraenzlin im »Svenska Vetenskaps Academiens Handlingar« beschrieben und nach ihrem Entdecker benannt.
Anmerkung: In der Kultur findet man manchmal zwei Varietäten, nämlich var. *hatchbachii* (Schltr.) Hoehne und var. *echinochila* (Kraenzl.) Hoehne; sie sind in der Blütengestaltung von der typischen Varietät nicht wesentlich verschieden: die zweite ist hell ledergelb und hat eine breitere Lippe. Größere Unterschiede findet man im Wuchs; var. *echinochila* ist viel kleiner und hat kürzere, langspitzige Blätter; bei der var. *hatchbachii* sind die Blätter dünn und grasartig.
Synonyme: Maxillaria echinochila Kraenzl.; *M. hatchbachii* Schltr.

Maxillaria nigrescens Lindl.

Pseudobulben des großen Epiphyten bis 9 cm lang und 3,5 cm breit, schmal-eiförmig, stark zusammengepreßt und 2schneidig, von mehreren grauen, sich überdeckenden Scheiden begleitet, am Gipfel 1blättrig. Blätter bis 35 cm lang und 3,5 cm breit, riemenförmig, steif, schräg-aufrecht, vorn spitz oder schief eingeschnitten. Blütenstand viel kürzer als die Blätter, fast oder ganz aufrecht, 1blütig; Schaft bis 14 cm lang, meistens völlig verdeckt von grünen, braun gezeichneten Scheiden. Blüten groß, 5 cm breit: Sepalen und Petalen braunrot, Sepalen am Grunde gelb; Lippe und Säule dunkelbraun-purpurn, glänzend; Anthere auf jeder Seite gelb. Sepalen 4–6 cm lang, 0,7–1 cm breit, linealisch, spitz; die seitlichen etwas sichelförmig, mit dem Säulenfuß ein kurzes Mentum bildend. Petalen 4–5,5 cm lang, bis 0,6 cm breit, sichelförmig. Lippe ungefähr 1,7 cm lang und 1,2 cm breit, länglich, an den Rändern nach oben gebogen, vorn stumpf und herabgebogen; Schwiele halb so lang wie die Lippe. Säule 1,3 cm lang.
Verbreitung: Kolumbien und Venezuela; in Höhen bis zu 2500 m in Regenwäldern.
Geschichte: Wie so viele wurde auch diese Pflanze von J. Linden in der Umgebung von Merida gefunden. John Lindley beschrieb sie 1846 in »Orchidaceae Lindenianae«.
Synonym: Maxillaria rubrofusca Kl.

Maxillaria parkeri Hook.

Pseudobulben des mittelgroßen Epiphyten bis 4 cm lang, 2–3 cm breit, eiförmig oder schlankeiförmig, zusammengepreßt, glatt, dunkelgrün, mit großen graubraunen Scheiden bedeckt, am Gipfel 1blättrig. Blätter bis 45 cm lang und 4 cm breit, lanzettlich-riemenförmig, lederig, etwas gestreift, vorn stumpflich. Blütenstand aufrecht, bis 10 cm lang, grundständig, 1blütig; Schaft von etwa fünf sich überdeckenden Scheiden besetzt; diese wie auch die Brakteen grün und purpurn behaucht und gestreift. Blüten ziemlich groß, aufrecht-abstehend: Sepalen gelb-lederfarbig; Petalen weiß mit violetten Linien; Lippe weißlich und auf den Seitenlappen mit karminroten Linien; Schwiele gelb; Säule aus gelben Grunde purpurn. Sepalen untereinander ähnlich, gerade abstehend, bis 3,3 cm lang, 1,8–2 cm breit, elliptisch, stumpf oder abgerundet; Mentum sehr undeutlich bis fehlend. Petalen ungefähr 2–8 cm lang und 1 cm breit, linealisch-lanzettlich, fast aufrecht. Lippe 2–3 cm lang und 1,6 cm breit, 3lappig; Seitenlappen aufrecht, vorn abgerundet; Mittellappen eiförmig-kreisrund, an den Rändern wellig; Schwiele in der Form einer fleischigen, flaumigen Längsleiste in der Mitte der Lippe.
Verbreitung: Guyana, Venezuela, Surinam, Brasilien und Peru.
Geschichte: Die Pflanze wurde von C. Parker in Demerara gefunden und an den Botanischen Garten nach Liverpool geschickt. Sir William Hooker beschrieb sie 1827 im »Botanical Magazine«.
Anmerkung: Diese Pflanze gehört, mit *M. rufescens,* zu einer Gruppe von Arten, bei denen jedes Grundblatt von einer 1blättrigen Pseudobulbe begleitet ist. Von *M. rufescens* kann man sie unterscheiden durch das gestielte Blatt und die andere Blütenfarbe.
Synonyme: Menadena parkeri Raf.; *Maxillaria*

lorifolia Rchb.f.; *M. kegelii* Rchb.f.; *M. loretoensis* Schweinf.

Maxillaria picta Hook.

Pseudobulben der epiphytisch oder manchmal lithophytisch wachsende Pflanze in dichten Büscheln stehend, 4–7 cm lang, 2,5–4 cm breit, eibirnenförmig, etwas zusammengedrückt, im Alter mit vielen Längsfurchen, am Gipfel 2blättrig (selten 1blättrig). Blätter 20–35 cm lang, 2–5 cm breit, schmal-riemenförmig, vorn spitz, unten kurz aber klar gestielt, fleischig-lederig, aufrecht bis schräg abstehend. Blütenstände zahlreich an jeder Pflanze, aufrecht oder aufsteigend, 8–16 cm lang; Schaft stielrund, dünn, hellgrün, 0,2–0,3 cm im Durchmesser; Brakteen angedrückt, hellgrün, 2–3 cm lang. Blüten gerade abstehend, duftend: Sepalen und Petalen gelb mit purpurvioletten Punkten, bleicher auf der Außenseite; Lippe gelblichweiß, oben purpurn gestreift und getüpfelt. Sepalen 3 cm lang und 0,6 cm breit, länglich-riemenförmig, fleischig, spitzlich. Petalen 2,6–2,8 cm lang, bis 0,3 cm breit, riemenförmig, asymmetrisch, spitz, fleischig. Lippe nach vorn abstehend, oben etwas zurückgekrümmt, im Umriß breit-eiförmig, 2,4–2,5 cm lang, bis 1 cm breit, über der Mitte tief 3lappig; Seitenlappen aufrecht, halb-länglich, stumpf; Mittellappen länglich-riemenförmig, stumpf; an den Rändern schwach wellig und gezähnelt; Platte mit einer bis zu ihrer Mitte reichenden mehligen Schwiele. Säule aufrecht, 1–1,2 cm lang, etwas einwärts gekrümmt, purpurviolett.
Verbreitung: Ost-Brasilien.
Geschichte: Die Pflanze wurde von einem Bruder von Mrs. A. Harrison im Orgelgebirge gefunden und unter Zugrundelegung eines von ihm kultivierten Exemplares 1832 von Sir William Hooker im »Botanical Magazine« beschrieben.
Synonyme: Maxillaria leucocheila Hoffmannsegg; *M. kreysigii* Rchb.f.; *M. fuscata* Klotzsch; *M. rupestris* Barb. Rodr.

Maxillaria plebeja Rchb.f.

Pseudobulben des Epiphyten in kurzen Abständen auf einem sich verzweigenden Rhizom stehend, ungefähr 2 cm lang, 0,4 cm breit, länglich-zylindrisch, am Gipfel 1blättrig. Blätter 2,5–3,5 cm lang, 0,4–0,6 cm breit, verkehrtlanzettlich, aufrecht. Blütenstand sehr kurz, nur 2–2,5 cm lang. Blüten im Verhältnis zur Pflanze groß: Sepalen und Petalen ockergelb bis kastanienbraun, an der Basis purpurn und mit roten Tüpfeln; Lippe purpurviolett mit kastanienbrauner Spitze; Säule oben kastanienbraun, unten purpurn. Mittlere Sepale 0,9 cm lang und 0,4 cm breit, länglich-elliptisch, stumpf; die seitlichen 1 cm lang und 0,5 cm breit, schief-länglich-eiförmig. Petalen 0,7 cm lang und 0,15 cm breit, schmal-länglich-elliptisch. Lippe 0,8–0,9 cm lang, 0,5–0,6 cm breit, geigenförmig, vorn ausgerandet oder gestutzt, an den Rändern bewimpert, ohne Schwiele. Säule 0,8 cm lang, schlank, etwas gekrümmt.
Verbreitung: Brasilien.
Geschichte: Die Pflanze wurde durch Konsul Schiller in Hamburg aus Brasilien in die Kultur eingeführt. H. G. Reichenbach beschrieb sie 1859 in der »Hamburger Gartenzeitung«, ohne eine Erklärung für den geringsschätzigen Namen zu geben.

Maxillaria ringens Rchb.f.

Pseudobulben des großen, mit dickem Rhizom wachsenden Epiphyten dicht gebüschelt angeordnet, bis 6,5 cm lang, zylindrisch oder eiförmig, zusammengedrückt, unten mit mehreren 2zeilig angeordneten und sich ziegelartig überdeckenden Scheiden, am Gipfel 1blättrig. Blätter gestielt, bis 54 cm lang und 5 cm breit, elliptisch-länglich, vorn spitzlich oder abgerundet; Blattstiel gefaltet, bis 15 cm lang. Blütenstand seitlich und grundständig, aufrecht, meistens schlapp, bis 18 cm lang; Schaft von röhrigen Scheiden verdeckt. Blüten in der Größe sehr veränderlich: gelbgrün bis cremegelb; Lippe mehr oder minder dicht purpurn getüpfelt. Mittlere Sepale 1,8–3,9 cm lang, 0,6–0,8 cm breit, länglich oder linealisch-länglich, konkav, spitz bis stumpflich; die seitlichen ähnlich aber asymmetrisch, und eine kurzes prominentes Mentum bildend. Petalen kleiner als die Sepalen, linealisch-lanzettlich oder länglich-lanzettlich, asymmetrisch, spitz. Lippe aufrecht, 1,3–1,7 cm lang, 0,6 cm breit, elliptisch, parallel zur Säule orientiert, nahe der Spitze tief 3lappig; Seitenlappen aufrecht, schmal-halbeiförmig, an den freien Rändern unregelmäßig; Mittellappen eiförmig, fleischig, mit unregelmäßigen Rändern; Schwiele vorn spitz und mit einer mittleren Längsleiste. Säule nur 0,6–0,7 cm lang, etwas gekrümmt, mit betontem Fuß.
Verbreitung: Mexiko (sehr häufig), Mittelamerika, Venezuela und Peru; in dichten, feuchten Wäldern; bis 1700 m.
Geschichte: Die Pflanze wurde von J. Warscewicz in Guatemala gefunden und von H. G. Reichenbach 1863 in »Walpers, Annales« veröffentlicht.
Synonyme: Maxillaria amparoana Schltr.; *M. tuerckheimii* Schltr.; *M. yzabalana* S. Wats.; *M. lactea* Schltr.; *M. rousseauae* Schltr.; *M. pubilabia* Schltr.

Maxillaria rufescens Lindl.

Pseudobulben des variabelen Epiphyten in Abständen von 2–3 cm auf dem langen Rhizom stehend, 1,5–6 cm lang, zylindrisch bis elliptisch, zusammengedrückt, im Querschnitt 4eckig, unten mit mehreren krautigen, 2zeilig angeordneten Scheiden, am Gipfel 1blättrig. Blätter sitzend oder kurz gestielt, 2–4,5 cm lang, bis 2,5 cm breit, schmal-elliptisch, elliptisch-länglich bis lanzettlich, vorn spitz, lederig. Blütenstand grundständig, 1,5–7 cm lang, 1blütig; Schaft aufrecht oder gebogen, besetzt mit mehreren, entfernt stehenden bauchigen Scheiden. Blüten klein bis mittelgroß: meistens gelb oder orangefarbig und purpurn oder rot getüpfelt, oder seltener weiß oder grünlich und mit roten oder purpurnen Streifen. Mittlere Sepale 0,9–2,4 cm lang, 0,3–0,9 cm breit, länglich bis elliptisch-länglich, konkav, spitz; die seitlichen breiter und asymmetrisch. Petalen bis 2 cm lang und 0,9 cm breit, schief länglich-lanzettlich oder länglich-elliptisch, spitzlich. Lippe aufrecht, parallel zur Säule orientiert, 0,8–2,1 cm lang, 0,6–1,2 cm breit, eiförmig oder elliptisch, in der Mitte scharf 3lappig; Seitenlappen aufrecht, schief sichelig-3eckig; Mittellappen länglich bis fast quadratisch, gestutzt; Platte mit einer bis zu ihrer Mitte laufenden Längsleiste. Säule 0,7–1,6 cm lang, gekrümmt, keulig, mit kurzem Fuß.
Verbreitung: Kolumbien, Venezuela, Guyana, Brasilien, Peru, Mexiko, Mittelamerika und Westindische Inseln; häufige Pflanze in Regenwäldern; bis zu 1700 m.
Geschichte: Die Pflanze wurde erstmals aus Trinidad durch die Firma Low & Co. eingeführt. Ein an den Herzog von Devonshire verkauftes Exemplar kam im Dezember 1843 in Chatsworth zur Blüte und lag der Beschreibung von J. Lindley im »Botanical Register« von 1836 zugrunde.
Synonyme: Maxillaria acutifolia Lindl.; *M. rugosa* Scheidw.; *M. articulata* Kl.; *M. vanillodora* Rchb.f.; *M. abelei* Schltr.

Maxillaria sanderiana Rchb.f.

Große und robuste epiphytische oder terrestrische Pflanze mit einem kurzen oder verlängerten

Rhizom. Pseudobulben dicht gebüschelt, bis 5 cm lang, ei- bis fast kugelförmig, zusammengedrückt, unten mit zwei oder mehreren Scheiden, am Gipfel 1blättrig. Blätter gestielt, bis 40 cm lang und 5–7 cm breit, länglich-elliptisch oder schmal-länglich, vorn spitz oder mit aufgesetzter Spitze. Blütenstand bis 25 cm lang, grundständig, meistens bogig aufsteigend; Schaft fast gänzlich von mehreren röhrigen Scheiden bedeckt. Blüten groß, auffällig, fleischig: Sepalen und Petalen weiß und am Grunde mit tief purpurvioletten Klecksen. Mittlere Sepale bis 7,5 cm lang und 2 cm breit, länglich oder länglich-lanzettlich, konkav, spitz; die seitlichen asymmetrisch, sonst ähnlich, mit dem Fuß der Säule ein konisches Mentum bildend. Petalen bis 6,5 cm lang und 1,8 cm breit, schief-lanzettlich, spitz. Lippe bis 3,5 cm lang, eiförmig, parallel zur Säule orientiert, zurückgebogen, über der Mitte 3lappig; Seitenlappen undeutlich; Mittellappen abgerundet, an den Rändern gewellt und gekräuselt; Platte in der unteren Hälfte in der Mitte mit einer flachen, keulenförmigen Erhebung. Säule bis 1,5 cm lang, kurz, dick.
Verbreitung: Ecuador und Peru.
Geschichte: Die von E. Klaboch in Peru in einer Höhenlage von 1200 m gesammelte Pflanze kam in den Besitz der Firma Sander & Sons in St. Albans. H.G. Reichenbach benannte sie 1888 zu Ehren von Frederick Sander in Sanders Werk »Reichenbachia«.

Maxillaria sophronites (Rchb.f.) Garay

Kriechender Zwergepiphyt mit langem, dünnem, völlig von braunen Scheiden verdecktem Rhizom. Pseudobulben 2,5–3 cm entfernt stehend, bis 1,2 cm lang und 0,8 cm breit, eiförmig, grün oder mattbraun, unten mit zwei beblätterten Scheiden, am Gipfel 1blättrig. Blätter bis 2 cm lang und 0,9 cm breit, länglich-elliptisch, schräg aufrecht oder gerade abstehend, vorn mit kurzer aufgesetzter Spitze, lederig. Blüten im Verhältnis zur Pflanze groß, auffällig, etwa 2 cm breit: Sepalen und Petalen leuchtend orangerot; Lippe von gleicher Grundfarbe aber auf den Seitenlappen und an den Rändern cremegelb. Sepalen 1,1–1,3 cm lang, bis 0,7 cm breit, elliptisch, spitz oder mit aufgesetzter Spitze; Mentum fast unmerklich. Petalen 0,8 cm lang und 0,6 cm breit, verkehrteiförmig-elliptisch mit aufgesetzter Spitze. Lippe genagelt, 0,7 cm lang und breit (ausgebreitet), in der unteren Hälfte 3lappig; Seitenlappen aufrecht, abgerundet, am vorderen Rande ausgebissen und eingerollt; Mittellappen länglich-elliptisch, fleischig, papillöse, an den Rändern ausgebissen; Schwiele hinten erhaben, oben flach und glatt. Säule 0,5 cm lang, hellgrau.
Verbreitung: Venezuela.
Geschichte: Wegen ihrer Blütenfarbe wurde die Pflanze ursprünglich von H.G. Reichenbach (»Bonplandia« 1854) in der Gattung *Ornithidium* beschrieben. L. Garay versetzte sie 1958 (»Botanical Museum Leaflets of Harvard University«) in die Gattung *Maxillaria.* Gesammelt wurde sie erstmals bei Guararema von Wagner im Juli 1844 und bei Tovar im gleichen Monat von Moritz.
Anmerkung: Diese Miniaturpflanze läßt sich durch ihre, auf dem kriechenden Rhizom in regelmäßigen Abständen angeordneten, kleinen 1blättrigen Pseudobulben wie auch durch ihre verhältnismäßig großen scharlachroten Blüten mit orangefarbener Lippe leicht ansprechen.
Synonym: Ornithidium sophronitis Rchb.f.

Maxillaria striata Rolfe

Pseudobulben des großen, kräftigen Epiphyten dicht gebüschelt, 4,7–8 cm lang, eiförmig bis länglich-zylindrisch, zusammengedrückt, begleitet und zum Teil verdeckt von mehreren, 2zeilig angeordneten, sich ziegelartig deckenden Blattscheiden, am Gipfel 1blättrig. Blätter gestielt, bis 24 cm lang, 4–6 cm breit, länglich oder länglich-elliptisch, vorn spitz oder stumpf, lederig. Blütenstand am Grunde der Pseudobulbe austretend, schräg-aufrecht oder bogig, bis 30 cm lang, 1blütig; Schaft von mehreren röhrigen Scheiden verdeckt. Blüten groß und auffällig: Sepalen grünlichgelb und dicht rötlichpurpurn gestreift; Lippe weiß, mit rötlichpurpurnen Streifen auf den Seitenlappen. Mittlere Sepale 4,6–7 cm lang, bis 1,2 cm breit, länglich-lanzettlich, konkav, spitzlich; die seitlichen sehr schief-3eckig-lanzettlich, bis 7 cm lang und über 3 cm breit, spitz, mit dem Fuß der Säule ein auffallendes Mentum von 2,5 cm Länge bildend. Petalen 5 cm lang und 1 cm breit, schief-lanzettlich, an der Spitze zurückgebogen. Lippe aufrecht, 3,5–4 cm lang, rhombisch, parallel zur Säule orientiert, ganz vorn undeutlich 3lappig; Seitenlappen aufrecht, halbeiförmig, der freie Teil abgerundet; Mittellappen eiförmig-lanzettlich, stumpflich, an den Rändern wellig und gekerbt; Platte linealisch-länglich, vorn abgerundet, mit mehreren Längsfurchen. Säule kurz, dick, keulenförmig, ungefähr 1,1 cm lang; Fuß bis 2,2 cm lang.
Verbreitung: Peru; am östlichen Rande der Anden; etwa 1500 m.
Geschichte: Die 1893 von R. Rolfe im »Orchid Review« beschriebene Pflanze wurde von der Firma Linden in Brüssel in die Kultur eingeführt.
Anmerkung: Diese großblütige Pflanze ist *M. sanderiana* in der Wuchsform nicht unähnlich. Man kann sie aber immer leicht durch die Farbgebung der Blüte und die welligen und gekerbten Ränder der Lippe ansprechen.

Maxillaria tarumaënsis Hoehne

Pseudobulben des Epiphyten klein, bis 3 cm lang, etwas zusammengepreßt, grünlichbraun, von mehreren sich ziegelartig deckenden Scheiden völlig verdeckt. Blätter bis 50 cm lang und 2,5 cm breit, riemenförmig, am Grunde gefaltet, vorn spitz und schief eingeschnitten, ein Blattrand aufwärts, der andere abwärts gebogen. Blütenstand im Verhältnis zu den Blättern sehr kurz, 1blütig; Schaft hellgrün, bis 5 cm lang. Blüten verhältnismäßig klein: Sepalen und Petalen hellbraun-gelb; Lippe rotpurpurn und mit einem mittleren grünen Längsstreifen. Sepalen ungefähr 1,4 cm lang, 0,6 cm breit, länglich-elliptisch, spitzlich bis stumpf; Mentum fast unwahrnehmbar. Petalen 1,4 cm lang, 0,4 cm breit, schmallinealisch-elliptisch, spitz. Lippe ungefähr 1,3 cm lang, 0,65 cm breit, fast elliptisch, vorn abgerundet, unscharf 3lappig; Schwiele erhaben, klebrig. Säule aus dunkelpurpurnem Grunde cremefarbig.
Verbreitung: Brasilien und Venezuela.
Geschichte: Ursprünglich wurde diese Pflanze von Barbosa Rodrigues 1877 in seinem Werk »Genera et Species Orchidearum Novarum« als *Dicrypta longifolia* beschrieben. A. Cogniaux versetzte sie in seiner Bearbeitung der Orchideen in »Mauritius' Flora Brasiliensis« in die Gattung *Maxillaria* (als *M. longifolia*). Leider war dieser Artname aber bereits 1832 von J. Lindley für eine andere Art der Gattung benutzt worden. Aus diesem Grunde schuf F. Hoehne 1947 den heute gültigen Namen (»Arquivos de Botanica do Estado de Saõ Paulo«).
Synonyme: Maxillaria longifolia (Barb. Rodr.) Cogn.; *Dicrypta longifolia* Barb. Rodr.

Maxillaria tenuifolia Lindl.

Niederliegende, aufsteigende oder hängende Pflanze, bis über 60 cm lang, mit einem von angepreßten Scheiden völlig verdecktem Rhizom. Pseudobulben ungefähr 4 cm voneinander entfernt stehend, 2–6 cm lang, 1–2 cm breit, eiför-

mig bis elliptisch, etwas zusammengepreßt, warzig, unten mit mehreren sich überdeckenden Scheiden, am Gipfel 1blättrig. Blätter 12–50 cm lang, 0,2–0,7 cm breit, linealisch, dünn aber lederig hart, grasgrün, vorn langspitzig. Blütenstand bis 6 cm lang, 1blütig; Brakteen trockenhäutig, dünn, sich ziegelartig deckend. Blüten auffällig: Sepalen und Petalen dunkelrot und gelb oder rot gezeichnet; Lippe dunkelrot und gelb oder weißlich, mit purpurnen Tüpfeln. Sepalen 1,7–2,8 cm lang, 0,3–1 cm breit, elliptisch-lanzettlich bis linealisch-lanzettlich, in der oberen Hälfte zurückgebogen, stumpflich bis spitz; die seitlichen asymmetrisch, mit dem Fuß der Säule ein kurzes Mentum bildend. Petalen der Säule angedrückt, 1,5–2,5 cm lang, 0,3–0,7 cm breit, schief-lanzettlich, spitz oder stumpf. Lippe 1,5–2,2 cm lang, 0,5–1,1 cm breit, länglich-elliptisch bis länglich-geigenförmig, bogig herabgeschlagen, vorn spitz oder ausgerandet, 3lappig; Seitenlappen aufrecht; Platte papillös, mit einer dunkelpurpurnen, fein-flaumigen, schmalen Schwiele im untersten Drittel. Säule 1–1,5 cm lang (Fuß eingeschlossen), gekrümmt, keulenförmig.
Verbreitung: Von Mexiko südwärts bis nach Costa Rica; im Regenwald; von tiefen Lagen bis zu 1500 m.
Geschichte: Die von J. Lindley 1837 im »Botanical Register« beschriebene Pflanze wurde von K. Hartweg in der Nähe von Vera Cruz in Mexiko entdeckt.
Anmerkung: Die Blüten ähneln denen von *M. curtipes* und *M. cucullata;* beide Arten unterscheiden sich aber klar im Wuchs.
Synonym: Maxillaria gracilifolia Kraenzl.

Maxillaria uncata Lindl.

Bis zu 35 cm hoher, kleiner Epiphyt, entweder in dichten Büscheln oder mit niederliegenden bis hängenden Stämmen wachsend. Rhizom kurz oder lang. Pseudobulben 0,8–1,5 cm lang, 0,2–0,3 cm breit, spindelig bis zylindrisch, dunkelgrün, am Gipfel 1blättrig. Blätter 2–7 cm lang, 0,2–0,6 cm breit, linealisch, im Querschnitt halbkreisförmig, aufrecht bis zurückgebogen, auf der Oberseite mit einer Furche, hellgrün. Blütenstand blattachselständig; Schaft kürzer als 1 cm. Blüten in der Farbgestaltung variabel: weiß, rosa oder bleichgrün, purpurn oder rotbraun überlaufen oder nur auf den Adern so gefärbt. Mittlere Sepale 0,8–1,1 cm lang, 0,3–0,4 cm breit, länglich-elliptisch oder elliptisch-lanzettlich, spitz bis stumpf; die seitlichen 1,3–1,7 cm lang, 0,6–0,9 cm breit, schief-3eckig-lanzettlich, spitz bis stumpf, mit dem Fuß der Säule ein prominentes Mentum bildend. Petalen ungefähr 1 cm lang, 0,2–0,35 cm breit, linealisch oder linealisch-lanzettlich, spitz bis stumpf. Lippe 1,3–1,6 cm lang, 0,3–0,4 cm breit, linealisch, elliptisch-lanzettlich oder linealisch-spatelförmig, unterhalb der Mitte verschmälert und gefurcht, nach dem stumpfen Gipfel zu fein gekielt und zurückgebogen, an den Rändern bewimpert; Schwiele flach, linealisch, vorn abgerundet. Säule schlank, aufrecht, 1,1–1,6 cm lang (Fuß eingeschlossen), lavendelblau oder rot gestreift.
Verbreitung: Belize, Guatemala, Honduras, Costa Rica, Panama und Südamerika; ziemlich häufige Pflanze; von Meereshöhe bis 1200 m.
Geschichte: Die von J. Lindley 1837 im »Botanical Register« veröffentlichte Pflanze war von der Firma Loddiges in Hackney in die Kultur eingeführt worden.
Synonyme: Maxillaria maclaei Lindl.; *M. striatella* Kraenzl.

Maxillaria valenzuelana (A. Rich.) Nash

Stamm des hängenden oder halbaufrechten Epiphyten sehr kurz. Blätter reitend (schwertlilienartig), fächerartig vom Stamm ausstrahlend, 2seitig zusammengedrückt, sichelig, bis 18 cm lang und 1,6 cm breit, vorn spitz, hell blaugrün, lederig. Blütenstände 1blütig; Schaft ungefähr 5 cm lang, meistens gebogen. Blüten ungefähr 2,5 cm breit: Sepalen und Petalen hellgrün oder gelbgrün; Lippe hellbraun, purpurn getüpfelt. Sepalen 1,1–1,4 cm lang, bis 0,6 cm breit, eiförmig-elliptisch, spitz; die seitlichen etwas asymmetrisch. Petalen 0,9 cm lang, 0,3 cm breit, länglich, spitz. Lippe 1 cm lang, 0,5 cm breit, sehr undeutlich 3lappig, vorn spitz; Seitenlappen nahezu aufrecht; Schwiele in drei Teilen entlang der Mittellinie angeordnet, drüsig-flaumig. Säule nur 0,3 cm lang, kräftig.
Verbreitung: Mittelamerika und tropisches Südamerika, auch auf den Westindischen Inseln.
Geschichte: Die erstmals in Kuba von J.M. Valenzuela gesammelte Pflanze wurde von A. Richard in der »Flora Cubana« 1850 als *Pleurothallis* beschrieben. G. Nash versetzte sie 1907 in die Gattung *Maxillaria* (»Bulletin of the Torrey Botanical Club«).
Synonyme: Pleurothallis valenzuelana A. Rich.; *Dicrypta iridifolia* Batem.; *Maxillaria iridifolia* (Batem.) Rchb.f.; *Marsupiaria iridifolia* (Batem.) Hoehne; *M. valenzuelana* (A. Rich.) Garay.

Maxillaria variabilis Lindl.

Terrestrische, lithophytische oder epiphytische Pflanze mit dünnem, einfachem oder verzweigtem Rhizom. Pseudobulben locker gebüschelt oder 3 cm entfernt stehend, 1,5–5 cm lang, 0,7–1,5 cm breit, eiförmig bis elliptisch, unten mit mehreren Blattscheiden, am Gipfel 1blättrig. Blätter 5–25 cm lang, 0,5–2,3 cm breit, linealisch oder linealisch-elliptisch, vorn spitz oder stumpf, grasgrün, dünn lederig. Blütenstand bis 5 cm lang, 1blütig, bescheiden; Brakteen dünn, trokkenhäutig, durchsichtig, lanzettlich, langspitzig. Blüten ziemlich unauffällig, klein, in der Farbgebung variabel: weiß bis dunkelrot, oft tief orangefarbig oder grünlichgelb, rot gezeichnet. Sepalen 1–1,7 cm lang, 0,35–0,6 cm breit, länglich-elliptisch oder lanzettlich, konkav, in der oberen Hälfte zurückgebogen, spitz bis abgerundet; die seitlichen etwas asymmetrisch, mit dem Fuß der Säule ein kurzes Mentum bildend. Petalen der Säule angedrückt, 0,9–1,4 cm lang, 0,3–0,4 cm breit, elliptisch-verkehrtlanzettlich, stumpflich bis spitz, an den Rändern mit Papillen besetzt. Lippe aufrecht, 1–1,3 cm lang, 0,5–0,6 cm breit, länglich-elliptisch bis länglich-quadratisch, vorn abgerundet oder gestutzt, fleischig, undeutlich 3lappig; Schwiele 3eckig bis annähernd quadratisch, glänzend. Säule mit Fuß 1 cm lang, halb stielrund, gebogen, aus weißer Basis weinrot und rot gefleckt.
Verbreitung: Von Mexiko bis Panama; häufig in Regenwäldern; bis 1900 m.
Geschichte: Nachdem die Pflanze von verschiedenen Sammlern in Mexiko gefunden war, wurde sie 1837 von J. Lindley im »Botanical Register« beschrieben; der Artname, auf die Blüte bezogen, wurde von J. Bateman vorgeschlagen.
Synonym: Maxillaria angustifolia Hook.

Meiracyllium Rchb.f.

Tribus: Epidendreae
Subtribus: Meiracylliinae

Kleine Epiphyten mit von trockenhäutigen Scheiden bedeckten Rhizomen. Stämme meistens kurz oder fast nicht wahrnehmbar, etwas verdickt, 1blättrig. Blütenstand gipfelbürtig, mehrblütig. Blüten im Verhältnis zur Pflanze groß, zart. Sepalen einander ähnlich, aufrecht abstehend; die seitlichen asymmetrisch, am Grunde ein wenig auffälliges Mentum bildend. Petalen schmaler als die Sepalen. Lippe ungeteilt, dem Grunde der Säule angewachsen, sichtlich sackförmig oder bauchig. Säule kurz, mit schlanker oder 3eckig

verdickter Basis, flügellos; Rostellum an der Spitze prominent; Pollinien 8, in zwei Gruppen angeordnet, zylindrisch oder keulenförmig, wachsartig.
Umfang und Verbreitung: 2 Arten, nicht häufig; in Mexiko und Guatemala.
Ableitung des Namens: Aus dem Griechischen »meirakyllion« = ein kleines Geschöpf, kleiner Bursche.
Anmerkung: H.G. Reichenbach begründete die Gattung 1854 in »Xenia Orchidacea«. Sie ist entfernt mit *Laelia* verwandt, besitzt jedoch eine andere Anordnung der Pollinien. Eine eingehende Studie ihrer Verwandtschaftsverhältnisse stammt von R. Dressler (»Brittonia« 1960).
Typus-Art: M. trinasutum Rchb.f.
Kultur: Substrat A. Mindesttemperaturen im Winter 12–15°C. Am besten hält man diese Pflanzen in flachen Schalen, Körben oder montiert auf Kork- oder Baumfarnblöcken. Während der Wachstumsperiode verlangen sie feuchte Luft, etwas Schatten und reichlich Wasser; nach der Blüte ist wesentlich weniger Wasser vonnöten.

Meiracyllium trinasutum Rchb.f.

Kleine, kriechende epiphytische oder lithophytische Pflanze. Rhizom stielrund, an jungen Pflanzen völlig von röhrigen, trockenhäutigen Scheiden verdeckt. Stämme nur sehr kurz, 1blättrig. Blätter sitzend, 2,8–5 cm lang, 1,5–3,5 cm breit, kreisrund bis breit-elliptisch, vorn stumpf oder abgerundet, fleischig-lederig. Blütenstand kürzer als die Blätter, mit mehreren Blüten; Brakteen 0,2 cm lang, 3eckig, spitz. Blüten klein: rötlich purpurn. Sepalen 0,8–1,1 cm lang, 0,35–0,5 cm breit, länglich-elliptisch, spitz oder etwas langspitzig, an den Rändern nach hinten gebogen. Petalen 0,7–1 cm lang, bis 0,3 cm breit, schief-elliptisch, spitz. Lippe sitzend, 0,7–0,9 cm lang, 0,4–0,5 cm breit, sackartig bis hutförmig, aus herzförmigem Grunde eiförmig, am unteren Rande geöhrt, fleischig, vorn langspitzig. Säule nur 0,4–0,6 cm lang, dick, am Grunde am breitesten, oben lang zugespitzt.
Verbreitung: Mexiko und Guatemala; in Wäldern oder auf Felsen; bis zu 1300 m.
Geschichte: H.G. Reichenbach beschrieb diese Pflanze 1854 in »Xenia Orchidacea«, Vol. I; zugrunde lag eine Herbariumpflanze unbekannter Herkunft.
Anmerkung: Die Art ist nahe verwandt mit *M. wendlandii,* läßt sich aber leicht von dieser durch ihre sackartige Lippe und die breite Basis der Säule unterscheiden.

Meiracyllium wendlandii Rchb.f.

Mit kräftigem Rhizom wachsende, kleine kriechende und niederliegende epiphytische Pflanze. Stämme bis 100 cm lang, bogig aufsteigend. Blätter sitzend bis 5 cm lang und 2–3 cm breit, verkehrteiförmig oder länglich, vorn stumpf oder abgerundet, fleischig-lederig. Blütenstand 1blütig; Schaft kurz, bis 3,5 cm lang; Brakteen 0,1–0,3 cm lang, eiförmig-3eckig, spitz. Blüten klein, rot. Mittlere Sepale 1–1,7 cm lang, bis 0,4 cm breit, länglich-elliptisch, konkav, spitz; die seitlichen 1–1,7 cm lang, 0,3–0,4 cm breit, schief-länglich-lanzettlich bis verkehrtlanzettlich, auf dem Rücken gekielt, spitz bis langspitzig. Petalen 0,8–1,5 cm lang, 0,1–0,25 cm breit, linealisch-verkehrtlanzettlich, an den Rändern gezähnt. Lippe fleischig, 1–1,3 cm lang, bis 0,7 cm breit, verkehrteiförmig oder fächerig (ausgebreitet), konkav, an den Rändern aufwärts gebogen, vorn langspitzig und nach unten gebogen. Säule dünn, 0,8 cm lang, oben spitz.
Verbreitung: Mexiko und Guatemala.
Geschichte: Die Pflanze wurde 1857 von Wendland am Rio Sucio in Guatemala gefunden und von H.G. Reichenbach nach ihm benannt (Beiträge zu einer »Orchideenkunde Central-Amerikas« 1866).
Anmerkung: Die Art ist *M. trinasutum* Rchb.f. ähnlich, unterscheidet sich aber von ihr durch ihre mehr länglichen Blätter, besser entwickelte Stämme, die Form der Petalen und die dünne Säule.
Synonym: Meiracyllium gemma Rchb.f.

Microcoelia Lindl.

Tribus: Vandeae
Subtribus: Aerangidinae

Kleine, blattlose Epiphyten mit sehr langen oder kurzen Stämmen; Wurzeln verlängert und meistens verzweigt, oft dorsoventral abgeflacht, silberfarben im trockenen und grün im feuchten Zustand. Blütenstände mehrblütig, traubig, oft sehr kurz; Brakteen sehr klein. Blüten klein bis winzig, oft durchscheinend. Sepalen und Petalen frei, untereinander ähnlich. Lippe ungeteilt, am Grunde gespornt; Sporn kugelig bis fädlich, kurz bis verlängert, selten nach der Spitze zu erweitert. Säule kurz, kräftig; Pollinien 2, eiförmig; Stipes nach dem dünnen Grunde zu verschmälert, am Gipfel mehr oder weniger gabelig; Klebscheibe elliptisch.
Umfang und Verbreitung: Etwa 26 Arten; vom tropischen Afrika bis nach Südafrika, auch in Madagaskar.
Ableitung des Namens: Aus dem Griechischen »mikros« = klein und »koilia« = Unter- oder Hinterleib; eine Anspielung auf den kugeligen Sporn der Typus-Art.
Anmerkung: J. Lindley begründete die Gattung 1830 in »Genera and Species of Orchidaceous Plants«. Sie wurde letzthin von V. Summerhayes revidiert (»Botanical Museum Leaflets of Harvard University« 1943).
Typus-Art: M. exilis Lindl.
Kultur: Substrat: am besten wachsen die Pflanzen montiert. Mindesttemperatur im Winter 12–16°C. Sonst wie für *Chiloschista* angegeben.

Microcoelia guyoniana (Rchb.f.) Summerh.

Kleiner, oft in dichten Kolonien auf Bäumen und Sträuchern wachsender Epiphyt. Stämme sehr kurz, blattlos. Wurzeln im trockenen Zustand grau, grün, wenn feucht, 16–30 cm lang. Blütenstände zahlreich, schlank, 5–10 cm lang, traubig, 30–50blütig; Brakteen stengelumfassend, stumpf. Blüten einseitswendig, weiß. Sepalen 2 mm lang, 1 mm breit, eiförmig, stumpf. Petalen den Sepalen ähnlich aber etwas kleiner. Lippe 2 mm lang, 1,3 mm breit, länglich-verkehrteiförmig, stumpf oder mit aufgesetztem Spitzchen; Sporn ungefähr 2,3 mm lang, konisch, hängend oder einwärts gebogen. Säule winzig, kräftig.
Verbreitung: In Bergwäldern oder Savannen des tropischen Afrika.
Geschichte: Schimper entdeckte die Pflanze 1840 in der Umgebung von Dscheladscharam in Äthiopien. Sie wurde in der Zeitschrift »Linnaea« 1849 von H.G. Reichenbach in der Gattung *Angraecum* beschrieben. V. Summerhayes versetzte sie 1943 (»Botanical Museum Leaflets of Harvard University«) in die Gattung *Microcoelia.*
Verwandtschaft: Die Art ähnelt *M. obovata* Summerh., läßt sich aber leicht durch die stengelumfassenden Brakteen von ihr unterscheiden.
Synonyme: Angraecum guyonianum Rchb.f.; *Gussonea globulosa* Ridl.

Miltonia Lindl.

Tribus: Oncidieae

Epiphyten mit kurzen, meisten ziemlich unscheinbaren, in Abständen auf dem kriechenden Rhizom stehenden, am Gipfel 2blättrigen Pseu-

dobulben. Blütenstände am Grunde der Pseudobulben achselbürtig, oft kurz, aufrecht oder gebogen, 1- bis wenigblütig oder manchmal verlängert und traubig und vielblütig. Blüten mittelgroß bis groß, augenfällig, mit langen, schlanken Stielen, mit allen Blütenteilen in einer Ebene ausgebreitet. Sepalen untereinander ähnlich, abstehend, frei oder die seitlichen etwas miteinander verwachsen. Petalen den Sepalen fast ähnlich oder nur etwas breiter. Lippe ungeteilt, breit, abstehend, am Gipfel manchmal eingeschnitten, mit dem Grunde sitzend oder manchmal kurz und breit genagelt und mit der Basis der Säule einen rechten Winkel bildend; Platte entweder kaum merklich oder prominent von Leisten durchzogen. Säule kurz, vorn ausgehöhlt, am Gipfel mit zwei Öhrchen oder geflügelt, oben gestutzt oder 2lappig, selten häutig und verbreitert; ohne Fuß; Pollinien 2, wachsartig.
Umfang und Verbreitung: Ungefähr 20 Arten; vorwiegend in höheren Lagen der Anden von Südost-Brasilien und mit 1 Art in Costa Rica und Panama.
Ableitung des Namens: Benannt zu Ehren von Earl Fitzwilliam, Viscount Milton (1786–1857) of Wentworth House, Yorkshire, einem großen Förderer des Gartenbaues und eifrigem Orchideensammler.
Anmerkung: J. Lindley begründete die Gattung 1837 im »Botanical Register«. An der kurzen Säule kann man ihre Blüten von denen von *Oncidium* und *Odontoglossum* unterscheiden. L. Garay und G. Dunsterville (»Venezuelan Orchids Illustrated« 1976) haben die von Godefroy-Lebeuf begründete, aber später mit *Miltonia* vereinigte Gattung *Miltoniopsis* wieder aufgegriffen (siehe Anmerkung zu *Miltoniopsis*).
Typus-Art: M. spectabilis Lindl.
Kultur: Substrat A. Mindesttemperatur im Winter 12–15 °C. Arten mit gebüschelt angeordneten Pseudobulben, wie z.B. *M. candida,* wird man am vorteilhaftesten in Töpfen halten; demgegenüber eignen sich Arten mit kriechenden Rhizomen besser zur Kultur in flachen Schalen oder Körben. Alle Arten verlangen in der Wuchsperiode reichlich Wasser und etwas Beschattung; wenn die Pseudobulben voll entwickelt sind, ist nur noch wenig Wasser notwendig.

Miltonia candida Lindl.

Diese in Brasilien beheimatete Art steht verwandtschaftlich *M. clowesii* nahe, läßt sich aber ohne Schwierigkeiten von dieser unterscheiden durch ihre mehr länglich-stumpfen Sepalen und Petalen und eine Lippe, die kürzer als die Petalen ist und am Grunde die Säule umgreift.

Miltonia clowesii Lindl.

Pseudobulben des Epiphyten 7,5–10 cm lang, länglich-eiförmig im Umriß, seitlich zusammengepreßt, am Gipfel 2blättrig. Blätter 30–45 cm lang, 1,8–2,4 cm breit, linealisch-riemenförmig, vorn stumpfspitzig, gelblichgrün. Blütenstand bis 45 cm lang, traubig, 7–10blütig. Blüten 5–7,5 cm breit: Sepalen und Petalen kastanienbraun mit gelblichen Querstreifen; Lippe aus violettem Grunde weiß; Schwiele weiß oder gelb. Sepalen 3,6–3,9 cm lang, bis 0,9 cm breit, lanzettlich, langspitzig, mit zurückgerollten Rändern. Petalen den Sepalen ähnlich, 3,4 cm lang, 1 cm breit. Lippe geigenförmig, 3,2 cm lang, 2 cm breit, langspitzig oder mit aufgesetztem Spitzchen; Schwiele aus fünf bis sieben erhöhten Leisten von ungleicher Länge bestehend. Säule mit schmalen, ungeteilten Flügeln.
Verbreitung: Brasilien.
Geschichte: Die Pflanze blühte in Kultur zum ersten Mal 1839 im Gewächshaus von J. Clowes in Manchester, der sie von Gardner aus Rio de Janeiro erhalten hatte. Sie stammte aus dem Orgelgebirge. J. Lindley benannte sie nach Clowes, als er sie 1839 in »Sertum Orchidacearum« beschrieb.

Miltonia cuneata Lindl.

Auch diese Art ist nahe mit *M. clowesii* verwandt. Sie besitzt aber anders gefärbte Blüten: die Sepalen und Petalen sind braun gefleckt; die verkehrteiförmige Lippe ist weiß und zeigt im unteren Teil eine mit zwei Leisten versehene Schwiele.

Miltonia flavescens Lindl.

Pseudobulben des Epiphyten 5–12,5 cm lang, elliptisch-länglich, seitlich abgeflacht, am Gipfel 2blättrig. Blätter 30–35 cm lang, 1,3 cm breit, linealisch-riemenförmig, vorn spitz oder stumpflich. Blütenstand traubig, 7–10blütig; Schaft mit zweigig stehenden, wechselständigen, hellbraunen, krautigen Scheiden umhüllt; Brakteen 2zeilig angeordnet, länger als die Blütenstiele, bis 6,5 cm lang, linealisch und langspitzig. Blüten duftend: Sepalen und Petalen strohgelb; Lippe weiß oder gelb und in der unteren Hälfte mit rotlila Streifen. Sepalen 3,5–5 cm lang, 0,4 cm breit, linealisch-länglich, spitz. Petalen den Sepalen ähnlich. Lippe 2,5 cm lang, eiförmig-länglich, spitz, an den Rändern gewellt, am Grunde flaumig. Flügel der Säule sehr undeutlich.
Verbreitung: Brasilien.
Geschichte: Der Franzose Descourtilz entdeckte die Pflanze in der Umgebung von Bananal im Staat Minas Gerais. Später wurde die 1839 von J. Lindley in »Sertum Orchidacearum« veröffentlichte Art von Richard Harrison in Liverpool in die Kultur eingeführt; er hatte Exemplare von seinem Bruder William aus Brasilien erhalten.
Synonyme: Cyrtochilum stellatum Lindl.; *Oncidium flavescens* (Lindl.) Rchb.f.

Miltonia regnellii Rchb.f.

Pseudobulben der epiphytisch wachsenden Pflanze 5–10 cm lang, 1,2 cm breit, eiförmig-länglich, seitlich zusammengedrückt, bleich gelbgrün, am Gipfel 2blättrig. Blätter 19–30 cm lang, 1,3–1,5 cm breit, linealisch-bandförmig, vorn spitz. Blütenstand bis 40 cm lang, traubig, 3–5blütig. Blüten 5–7,5 cm breit: Sepalen und Petalen weiß und am Grunde mehr oder weniger zartrosa behaucht; Lippe hellrosa mit rosalila Zeichnung und weißen Rändern; Schwiele hellgelb. Sepalen 3 cm lang, 0,9 cm breit, länglich-lanzettlich, mit aufgesetztem Spitzchen. Petalen 2,7 cm lang, 1,1 cm breit (immer breiter als die Sepalen), elliptisch-länglich, spitz. Lippe 3–3,5 cm lang, 2,1–3,4 cm breit, undeutlich 3lappig, breit-verkehrtherzförmig, vorn ausgerandet; Schwiele aus sieben bis neun von einem Punkt ausstrahlenden Leisten bestehend. Flügel der Säule schmal, oben verlängert.
Verbreitung: Östliche Staaten von Brasilien.
Geschichte: Dr. Regnell entdeckte diese schöne Pflanze 1846 in Minas Gerais. Sie wurde zwei Jahre später von H.G. Reichenbach in der Zeitschrift »Linnaea« veröffentlicht. Dennoch wurde sie erst im Jahre 1885 mit einer aus Santa Catarina nach Hamburg geschickten Pflanze in die Kultur eingeführt.
Synonym: Oncidium regnellii (Rchb.f.) Rchb.f.

Miltonia schroederiana (Rchb.f.) Veitch

Pseudobulben 3,5–5 cm lang, eiförmig-länglich, am Gipfel 2blütig. Blätter 12,5–20 cm lang, bis 6 cm breit, linealisch-länglich, vorn spitz. Blütenstand bis 50 cm lang, traubig, aufrecht, 7–9blütig; Brakteen 1 cm lang, lanzettlich, spitz. Blüten

duftend, 6,3 cm hoch: Sepalen und Petalen kastanienbraun mit hellgelber Zeichnung; Lippe milchweiß auf der oberen und rosalila auf der unteren Seite. Sepalen 3 cm lang, 0,5 cm breit, linealisch-lanzettlich, spitz, an den Rändern zurückgerollt, auf dem Rücken gekielt. Petalen 2,5 cm lang, 0,5 cm breit, sichelig linealisch-lanzettlich, spitz. Lippe 2,4 cm lang, 1,6 cm breit, annähernd geigenförmig, mit aufgesetztem Spitzchen, konvex; Schwiele aus drei Auswüchsen bestehend die von je einer seichten Rinne begleitet sind. Säule weiß aber vorn gelb, ihre Flügel schmal.
Verbreitung: Mittelamerika.
Geschichte: Die Pflanze wurde vor 1885 von der Firma Sander & Co. in St. Albans importiert und 1887 von H.G. Reichenbach im »Gardeners' Chronicle« in der Gattung *Odontoglossum* beschrieben. J. Veitch (»Manual of Orchidaceous Plants«) versetzte sie 1892 zu *Miltonia.* Der Artname erinnert an Baron F. von Schroeder of the Dell, Egham, in dessen Sammlung sich das Typusexemplar befand.
Anmerkung: In ihrem Werk »Venezuelan Orchids Illustrated«, Vol. 6 (1976) haben L. Garay und G. Dunsterville die Gattung *Miltonia* auf die ostbrasilianischen Arten beschränkt und Arten des Andenbereiches und Costa Ricas in die Gattung *Miltoniopsis* gestellt. Daraus ergibt sich, daß *M. schroederiana* und *M. warscewiczii* innerhalb der Gattung *Miltonia* eine Anomalie darstellen. Zukünftige Untersuchungen könnten zeigen, daß diese beiden Arten besser in *Odontoglossum* unterzubringen wären. Siehe auch Anmerkung unter *Odontoglossum laeve.*
Synonym: Odontoglossum schroederianum Rchb.f.

Miltonia spectabilis Lindl.

Mit kräftigen, kriechenden, beschuppten Rhizomen wachsender Epiphyt. Pseudobulben in Abständen angeordnet, 7,5–10 cm lang, 2 cm breit, eiförmig-länglich, seitlich abgeflacht, ockergelb, am Gipfel 2blättrig. Blätter 10–15 cm lang, 1,3 cm breit, linealisch-riemenförmig, ockergelb, vorn abgerundet. Blütenstand bis 25 cm lang, aufrecht, 1blütig; Schaft mit sich deckenden 2schneidigen Scheiden bedeckt; Brakteen den Fruchtknoten völlig bedeckend, bis 7 cm lang. Blüten flach, 7,5 cm breit: Sepalen und Petalen aus rosa behauchtem Grunde weiß oder cremefarben; Lippe weinrotlila mit dunkleren radialen Linien, an den Rändern weiß oder bleich rosa; Schwiele gelb. Sepalen 3,5–4 cm lang, 1,6 cm breit, länglich-lanzettlich, stumpflich oder spitz. Petalen ähnlich den Sepalen aber breiter. Lippe groß, abstehend, 4,5–5 cm lang, 4–4,6 cm breit, verkehrtei-kreisförmig; Schwiele aus drei Leisten bestehend, von denen jede in einer aufrechten Platte endet. Flügel der Säule annähernd 3eckig, rosalila.
Verbreitung: Brasilien.
Geschichte: M. spectabilis repräsentiert die Typusart der Gattung. Sie wurde von J. Lindley 1837 im »Botanical Register« veröffentlicht. Seiner Beschreibung lag eine von Weddell angeblich in der Sierra de Estrada gesammelte Pflanze zugrunde. Die Birmingham Botanical and Horticultural Society erhielt schon 1835 Exemplare dieser Art von Fry aus Brasilien; diese kamen in der Gärtnerei von Loddiges und in der Sammlung von George Barker in Birmingham 1837 zum Blühen.
Anmerkung: Eine durch M. Porte aus Brasilien an M. Morel in St. Mandé 1846 gesandte Pflanze ist als var. *moreliana* bekannt. Diese beachtliche Pflanze besitzt größere Blüten mit pflaumenfarbigen Sepalen und Petalen und eine rosa Lippe mit intensiver gefärbter Beaderung.
Synonym: Macrochilus fryanus Knowles et Westc.

Miltonia warscewiczii Rchb.f.

Pseudobulben 10–12,5 cm lang, 2,5 cm breit, seitlich abgeflacht, länglich, am Gipfel 1blättrig. Blatt 12,5–30 cm lang, 2–3,5 cm breit, linealisch-länglich, vorn spitz oder stumpf. Blütenstand länger als das Blatt, traubig oder häufiger rispig, vielblütig; Brakteen 2 cm lang, kürzer als die Fruchtknoten, langspitzig. Blüten 5 cm hoch, dicht gruppiert: Sepalen und Petalen bräunlichrot mit gelben oder weißen Spitzen; Lippe rosalila, die Platte rotbraun mit weißen Rändern; Schwiele gelb. Obere Sepale 1,8–3 cm lang, 0,5–1,3 cm breit, länglich-spatelig, gewellt, spitz. Petalen 2,5 cm lang, 1,4 cm breit, länglich-spatelig, an den Rändern gewellt, vorn abgerundet. Lippe flach, 2,2–3 cm lang, 2–3,2 cm breit, breitlänglich oder geigenförmig, undeutlich 4lappig, vorn ausgerandet; Platte am Grunde mit zwei kleinen Zähnen. Flügel der Säule abgerundet, rotlila.
Verbreitung: Peru, Kolumbien und Costa Rica.
Geschichte: Erstmals wurde die Pflanze von dem deutschen Botaniker E. Poeppig 1830 nahe Cuchero in den Anden von Peru entdeckt. Aber erst 1855 wurde sie, auf von J. Warscewicz gesammelten, getrockneten Herbariumexemplaren begründet, von H.G. Reichenbach in »Xenia Orchidacea« beschrieben. In die Kultur wurde die Pflanze durch die Firma Linden eingeführt, die ihre Exemplare durch Wallis aus Kolumbien erhielt.
Synonyme: Oncidium fuscatum Rchb.f.; *Odontoglossum weltonii* hort.

Miltoniopsis Godefroy-Lebeuf
Tribus: Oncidieae

Epi- oder Lithophyten mit meistens gebüschelt angeordneten, abgeflachten, am Gipfel 1blättrigen Pseudobulben. Blütenstand am Grunde seitlich an den Pseudobulben entspringend, aufrecht oder gebogen, 1- bis wenigblütig. Blüten groß, augenfällig, ziemlich flach. Sepalen und Petalen abstehend; Petalen in der Mitte zurückgebogen. Lippe groß, flach, am Grunde geöhrt und durch eine kielartige Leiste fest mit der Säule verbunden. Säule ziemlich kurz, ungeflügelt, vorn gekielt, ohne Fuß; Narbe groß, fast quadratisch; Rostellum breit-3eckig, gabelig gespalten; Pollinien 2; Stipes 1, linealisch; Klebscheibe klein.
Umfang und Verbreitung: 5–6 Arten; in Costa Rica, Panama, Venezuela, Ecuador und Kolumbien.
Ableitung des Namens: Der Name verweist auf die Ähnlichkeit der Blüten mit denen von *Miltonia.*
Anmerkung: Die Gattung wurde 1889 von A. Godefroy-Lebeuf in »Orchidophile« begründet. Spätere Autoren konnten sie jedoch nicht anerkennen und stellten die fünf Arten in die Gattung *Miltonia.* Erst in jüngster Zeit wurde *Miltoniopsis* von L. Garay und G.C.K. Dunsterville (»Venezuelan Orchids Illustrated«, Vol. 6, 1976) wieder aufgegriffen. Ihre Argumente für diese Entscheidung sind überzeugend, haben aber bis jetzt noch nicht die Zustimmung aller Botaniker gefunden. Sie unterscheiden die Gattung von *Miltonia* an den 1blättrigen, in dichten Gruppen stehenden Pseudobulben, die fehlenden Öhrchen, der nicht ausgehöhlten Säule und die Art ihrer Verbindung mit der Lippe.
Typus-Art: Miltoniopsis vexillaria (Rchb.f.) Godefroy-Lebeuf.
Kultur: Substrat A. Mindesttemperatur im Winter 12–15 °C. Die Pflanzen wachsen am besten in kleinen Töpfen und verlangen Schatten und hohe Luftfeuchtigkeit. In der Wachstumsperiode benötigen sie reichlich Wasser, später wesentlich weniger.

Miltoniopsis phalaenopsis
(Lind. et Rchb.f.) Garay et Dunsterv.

Pseudobulben des Epiphyten 2,5–3,8 cm lang, eiförmig, seitlich zusammengepreßt, hellgrün, am Gipfel 2blättrig. Blätter 12,5–22 cm lang, bis 0,6 cm breit, linealisch, vorn langspitzig, bleichgrün. Blütenstand traubig, kürzer als die Blätter, 3–5blütig. Blüten flach, 5–6,5 breit: Sepalen und Petalen weiß; Lippe von weißer Grundfarbe, Seitenlappen lila gefleckt. Sepalen 2 cm lang, 0,8 cm breit, elliptisch-länglich, spitz. Petalen 2 cm lang, 1,2 cm breit, elliptisch-länglich, stumpf. Lippe 2,6 cm lang, 2,8 cm breit, 4lappig; Seitenlappen abgerundet; Mittellappen fächerig, ausgerandet; Schwiele aus drei stumpfen Zähnen bestehend. Flügel der Säule sehr kurz.
Verbreitung: Kolumbien; in schattigen, feuchten Standorten zwischen Höhenlagen von 1300 und 1650 m.
Geschichte: Die Pflanze wurde von Schlim 1850 auf Westhängen der östlichen Kordilliere gesammelt und an die Gärtnerei Linden in Brüssel gesandt. H.G. Reichenbach beschrieb sie gemeinsam mit J. Linden 1854 als *Odontoglossum* in der Zeitschrift »Bonplandia«. Viele Autoren betrachten die art als zur Gattung *Miltonia* gehörig, zu der sie Nicholson 1886 (»Illustrated Dictionary of Gardening«) gestellt hatte. In jüngster Zeit wurde die Pflanze jedoch von L. Garay und G. Dunsterville in die wiedererrichtete Gattung *Miltoniopsis* versetzt (»Venezuelan Orchids Illustrated«, Vol. 6, 1976).
Synonyme: Odontoglossum phalaenopsis Lind. et Rchbf.; *Miltonia phalaenopsis* (Lind. et Rchb.f.) Nicholson.

Miltoniopsis roezlii (Rchb.f.) Godefroy-Lebeuf

Pseudobulben 5–6,5 cm lang, eiförmig-länglich, seitlich zusammengedrückt, bleichgrün, am Gipfel 1blättrig. Blatt 22–30 cm lang, ungefähr 1,5 cm breit, linealisch-bandförmig, bleichgrün. Blütenstand bis 30 cm lang, traubig, 2–5blütig; Brakteen 0,9 cm lang, lanzettlich, spitz. Blüten flach, 8–10 cm breit: weiß und mit einem lila Flecken auf jedem Segment; Schwiele orangegelb. Sepalen bis 5 cm lang, 2,1 cm breit, eiförmig-länglich, spitz. Petalen den Sepalen ähnlich aber bis 2,5 cm breit. Lippe 3–5,1 cm lang, 3,5–5,5 cm breit, breit-verkehrteiförmig, ausgerandet und mit einem Spitzchen in der Bucht, am Grunde jederseits mit einem kleinen hornartigen Öhrchen versehen; Schwiele aus drei erhöhten Leisten am Grunde bestehend, vor denen wiederum zwei zahnartige Auswüchse stehen. Flügel der Säule fehlend.
Verbreitung: In Höhenlagen zwischen 350 und 650 m in der Antioqua-Provinz von Kolumbien.
Geschichte: Die außerordentlich aparte Pflanze wurde 1837 von B. Roezl in der westlichen Kordilliere gefunden. Das von ihm gesammelte Exemplar blühte unter der Pflege von William Bull erstmals in Kultur in Chelsea. H.G. Reichenbach beschrieb die Art 1873 in »Xenia Orchidacea« als *Odontoglossum;* aber für viele Jahre war sie besser unter dem Namen *Miltonia roezlii* bekannt, nachdem G. Nicholson 1886 seine Umkombination im »Illustrated Dictionary of Gardening« veröffentlicht hatte. A. Godefroy-Lebeuf versetzte die Art 1889 in die Gattung *Miltoniopsis* (in »Orchidophile«).
Synonyme: Odontoglossum roezlii Rchb.f.; *Miltonia roezlii* (Rchb.f.) Nicholson.

Miltoniopsis vexillaria
(Rchb.f.) Godefroy-Lebeuf

Aufrechter oder aufsteigender, bis 30 cm hoher Epiphyt. Pseudobulben 4 cm lang, 1,8 cm breit, eiförmig bis kegelig, seitlich stark zusammengedrückt, am Gipfel 1blättrig aber außerdem begleitet von drei bis sechs Blättern, von denen die äußeren stark reduziert sind. Blätter bis 20 cm lang und 2 cm breit, riemenförmig, im Querschnitt v-förmig, hellgrün, vorn schief-spitz, am Grunde deutlich abgesetzt. Blütenstand seitenständig, an der Basis der Pseudobulbe, bis 30 cm lang, meistens 4blütig; Brakteen ungefähr 1 cm lang, lanzettlich, am Rücken gekielt. Blüten groß und prächtig: weiß, rosa oder weiß und mit rosa Streifung; Lippe mit brauner Zeichnung und am Grunde mit gelben Flecken. Sepalen 3 cm lang, 1,6 cm breit, verkehrteiförmig, mit sehr feinem Spitzchen. Petalen 3 cm lang, 1,8 cm breit, länglich-verkehrteiförmig, mit aufgesetztem Spitzchen und an der Spitze zurückgebogen. Lippe breit und fächerig bis nierenförmig, geöhrt, am Gipfel tief eingeschnitten und mit abgerundeten Lappen; Schwiele aus drei kleinen Leisten geformt. Säule kurz, aufrecht.
Verbreitung: An den Rändern von Bergwäldern in Höhenlagen zwischen 1220 und 2000 m in Kolumbien und Ecuador.
Geschichte: Ursprünglich wurde die Pflanze 1866 oder 1867 in Kolumbien von Bowman, einem Sammler der Firma Veitch, gefunden; er starb jedoch, ehe er sie nach Europa senden konnte. Für die gleiche Firma wurde sie von B. Roezl und außerdem von dem für Linden sammelnden G. Wallis wiederentdeckt. Schließlich gelang es Chesterton 1872 ein Exemplar an Veitch zu exportieren, das dann im folgenden Jahr zur Blüte kam. H.G. Reichenbach beschrieb die Art als *Odontoglossum vexillarium* 1867 im »Gardeners' Chronicle«; sie wurde von G. Bentham 1881 nach *Miltonia* versetzt und unter diesem Namen ist sie heute noch allgemein bekannt. A. Godefroy-Lebeuf stellte die Art 1889 (»Orchidophile«) in die Gattung *Miltoniopsis.*
Synonyme: Odontoglossum vexillarium Rchb.f.; *Miltonia vexillaria* (Rchb.f.) Nicholson.

Miltoniopsis warscewiczii
(Rchb.f.) Garay et Dunsterv.

Pseudobulben des Epiphyten 3,8–5 cm lang, eiförmig-länglich im Umriß, seitlich zusammengedrückt, am Gipfel 1blättrig. Blätter 22–30 cm lang, linealisch-lanzettlich, bleichgrün, vorn spitz. Blütenstand traubig, bis 30 cm lang, 3–5blütig; Brakteen klein, angepreßt, spitz. Blüten flach, 6,5 cm breit: weiß mit einem hellrotlila Flecken am Grunde jedes Sements; Schwiele gelb. Sepalen und Petalen elliptisch-länglich, spitz. Lippe breit geigenförmig; unter Lappen klein, abgerundet; Mittellappen ausgerandet; Schwiele halbmondförmig. Säule mit schmalen sanftrosaroten Flügeln.
Verbreitung: Costa Rica.
Geschichte: Die Pflanze wurde auf Bäumen (Leguminosae) wachsend in der Kordillere von Veragua 1849 von J. Warscewicz in Höhenlagen von 1500 und 200 m erstmals gefunden. In die Kultur eingeführt wurde ein von Endres 1873 gesammeltes Exemplar durch die Firma Veitch & Sons. H.G. Reichenbach beschrieb die Art als *Odontoglossum* 1852 in der »Botanischen Zeitung«. In jüngster Zeit haben L. Garay und G. Dunsterville sie in die wiedererrichtete Gattung *Miltoniopsis* versetzt (»Venezuelan Orchids Illustrated«, Vol, 6, 1976). Wollte man die Art in der Gattung *Miltonia* belassen, wäre der gültige Name *M. endresii.*
Verwandtschaft: M. phalaenopsis (siehe dort); *M. roezlii* (siehe dort).
Synonyme: Odontoglossum warscewiczii Rchb.f.; *Miltonia endresii* Nichols; *M. superba* Schltr.

Mormodes Lindl.
Tribus: Cymbidieae
Subtribus: Catasetinae

Epiphyten oder terrestrische Pflanzen mit mehrblättrigen, fleischigen Pseudobulben und 2zeilig angeordneten, gefalteten Blättern. Blütenstände einzeln oder zu mehreren seitlich an den Knoten der Pseudobulben entspringen, traubig, oft hängend. Blüten augenfällig, mono- oder polymorph (siehe Anmerkungen). Sepalen und Petalen frei, abstehend oder nach hinten gebogen, selten zusammengeneigt. Lippe ungeteilt, 3lappig oder unten gezähnt, kahl oder flaumig behaart, inwärts aufsteigend, doppelt eingefaltet oder manchmal konkav; Seitenlappen eingerollt oder zurückgeschlagen; Mittellappen mit aufgesetzter Spitze. Säule dick, aufrecht, nach einer Seite gedreht, ohne Fuß; Pollinien 4, wachsartig, länglich im Umriß.

Umfang und Verbreitung: Ungefähr 20 Arten; in Mittel- und Südamerika.

Ableitung des Namens: Aus dem Griechischen »mormo« = ein Phantom und »eides« = sieht aus wie; ein Hinweis auf das groteske Aussehen der Blüten.

Anmerkung: J. Lindley begründete die Gattung 1836. Sie ist systematisch schwierig und wegen der bei einigen Arten auftretenden polymorphen Blüten und des eigenartigen Bestäubungsmechanismus von besonderem biologischen Interesse. Charles Darwin studierte ihn als erster an *M. ignea* (»The various contrivances by which British and Foreign Orchids are fertilised« 1862). Van der Pijl und C. Dodson (»Orchid Flowers« 1966) haben den Vorgang bei 12 Arten am natürlichen Standort beobachtet und zusammenfassend beschrieben. Alle diese Arten werden von Bienen der Gattung *Euglossa* bestäubt. *Mormodes*-Arten besitzen entweder getrennte männliche und weibliche Blüten oder ihre Blüten sind protandrisch. Bei den männlichen Blüten ist die Säule nach einer Seite gedreht, so daß ihr Gipfel in einer Höhlung der in der Blüte oben stehenden Lippe zu liegen kommt und die Anthere dementsprechend nach außen gerichtet ist.

Vom Duft der Blüte angelockt wird eine männliche Biene auf der Lippe landen und dabei die Säulenspitze berühren, wobei die Klebscheibe ausgelöst wird. Bei diesem Vorgang wirkt die Antherenkappe wie ein Gelenk, um das die Klebscheibe mit Stipes und Pollinium nach oben und über die Lippe schwingen und auf dem Rücken der Biene landen. Da die von der Klebscheibe ausgeschiedene Klebsubstanz augenblicklich trocknet, bleibt sie mit dem spiralig eingerollten Stipes an dem Insekt haften. Im Verlauf der nächsten halben Stunde streckt sich der Stipes gerade, so daß die Pollinien aufrecht stehen, wenn die Biene eine weibliche Blüte aufsucht und die Pollinien dabei unwillkürlich mit der Narbe in Berührung bringt. Von anderen Gattungen mit dimorphen Blüten wie *Catasetum* und *Cycnoches* unterscheidet sich *Mormodes* durch die einseitswendige Säule. Eine Gesamtstudie der Gattung liegt noch nicht vor; an regionalen Bearbeitungen sind zu erwähnen: Für Brasilien F.C. Hoehne in »Flora Brasilica« (1942) und G. Pabst und F. Dungs in »Orchidaceae Brasilienses« (1975); für die 17 Arten in Kolumbien G. Pabst in »Orquideologia« (1968, 1969). In Mittelamerika ist die Artenzahl wesentlich geringer; man findet sie behandelt in den einschlägigen Florenbearbeitungen von Panama, Guatemala und Mexiko.

Typus-Art: M. atropurpurea Lindl.

Kultur: Substrat A oder B. Mindesttemperatur im Winter 12–15 °C (wesentlich wärmer, wenn Pflanzen im Wachstum begriffen). Wie für *Catasetum* angegeben. Alle Arten verlangen viel Licht, Wärme und reichlich Wasser. Nach dem Blattfall hält man die Pflanzen kühler und trockener.

Mormodes colossus Rchb.f.

Große epiphytische Pflanze mit runden, sich nach oben verschmälernden, bis fast 30 cm langen und 4,5 cm breiten Pseudobulben. Blätter bis 30 cm lang, schmal-elliptisch, längsfaltig, hinfällig aber den Blattgrund zurücklassend. Blütenstände nahe dem Grunde der Pseudobulben entspringend, bis 60 cm lang, bogig, dicht vielblütig. Blüten duftend, in Größe und Färbung veränderlich: Sepalen und Petalen olivgrün, gelblichbraun oder cremefarben; Lippe braun, lederfarben oder gelb. Sepalen 3,5–5 cm lang, 0,6–0,8 cm breit, linealissch-lanzettlich, lang zugespitzt, spreizend. Petalen 3,2–4,5 cm lang, 0,7–1 cm breit, lanzettlich. Lippe 3,2–5 cm lang, 1,6–2,5 cm breit, kurz genagelt, elliptisch-eiförmig bis rhombisch-eiförmig, spitz oder lang zugespitzt, an den seitlichen Rändern stark zurückgebogen. Säule 1,5-1,7 cm lang, gedreht.

Verbreitung: Costa Rica und Panama.

Geschichte: Die Art wurde 1852 in der Botanischen Zeitung durch H.G. Reichenbach unter Zugrundelegung einer 1850 von J. Warscewicz in Mittelamerika in Höhenlagen zwischen 1800 und 2100 m gesammelten Pflanze.

Synonyme: Mormodes macranthum Lindl. et Paxt.; *M. wendlandii* Rchb.f.; *M. powellii* Schltr.

Mormodes maculatum (Kl.) L.O. Williams

Pseudobulben des mittelgroßen Epiphyten 12,5–15 cm lang, spindelförmig, mehrblättrig. Blätter 30–38 cm lang, bis 3 cm breit, linealisch-lanzettlich, vorn lang zugespitzt, unten von einer ausdauernden Blattbasis abgegliedert. Blütenstand bis 40 cm lang, bogig, traubig, dicht vielblütig; Brakteen klein, eiförmig, zugespitzt. Blüten halbeinseitswendig angeordnet, angenehm duftend, hell ledergelb und meistens mit braunroten Flecken. Sepalen und Petalen einander ähnlich, 2,8–3,5 cm lang, 0,8 cm breit, eiförmig, zugespitzt, einwärts gebogen. Lippe kürzer als die Petalen, 2,4 cm lang, 1,6 cm breit, 3lappig; alle Lappen zugespitzt. Säule 1,8 cm lang, gedreht.

Verbreitung: Mexiko.

Geschichte: Die Pflanze wurde 1836 vom Grafen Karwinsky in der Provinz Oaxaca gefunden; er sandte sie J. Bateman in Knypersley, wo sie im Juli 1838 erstmals zum Blühen kam. In seinem Riesenwerk »Orchidaceae of Mexico and Guatemala« wurde sie von J. Bateman als *Mormodes pardina* beschrieben und abgebildet (T. 14). Allerdings stellte L.O. Williams 1950 (»Ceiba«) fest, daß J. Klotzsch die gleiche Art früher als J. Bateman als *Cyclosia maculata* beschrieben hatte. Die als var. *unicolor* bekannte Pflanze besitzt hellgelbe Blüten.

Synonym: Mormodes pardina Batem.

Mormodes warscewiczii Klotzsch

Pseudobulben des über 50 cm hohen Epiphyten bis 16 cm lang und 5 cm breit, spindelförmig-zylindrisch, vielknotig, etwas zusammengedrückt, mit weißen papierartigen Scheiden bedeckt. Blätter 15–23 cm lang, 1–4,5 cm breit, linealisch-lanzettlich bis elliptisch-lanzettlich, vorn langspitzig, unten deutlich von der Scheide abgesetzt. Blütenstände zu mehreren an jeder Pseudobulbe, an den Knoten stehend, bis 50 cm lang, traubig, mehrblütig; Schaft schlank; Brakteen bis 0,7 cm lang, eiförmig-hutartig, spitz. Blüten in Größe und Farbgestaltung verschieden: Sepalen und Petalen fleischig, grün, gelblich oder kastanienbraun, mit starker braunpurpurner Zeichnung; Lippe rötlichbraun, grünlichweiß oder gelb, rot oder purpurn getüpfelt. Sepalen 1,7–3,5 cm lang, 0,5–1,2 cm breit, länglich-lanzettlich bis lanzettlich, spitz oder langspitzig. Petalen 1,7–3,2 cm lang, 0,6–1,3 cm breit, elliptisch-lanzettlich, spitz bis kurz langspitzig, oben zurückgebogen, an den Rändern wellig und gekräuselt. Lippe 1,7–3 cm lang, nahe der Basis tief 3lappig, behaart oder flaumig; Seitenlappen linealisch-verkehrtlanzettlich, verdreht, 0,8–1,5 cm lang; Mittellappen linealisch auslaufend, vorn abgerundet oder gestutzt, 1,2–2 cm lang, bis 1,2 cm breit. Säule etwas verdreht, gebogen, gefurcht, 1,3–2,7 cm lang.

Verbreitung: Mexiko.
Geschichte: Diese polymorphe Pflanze wurde erstmals in Tabasco von Ghiesbrecht gesammelt und an J. Linden geschickt, der sie 1859, gemeinsam mit H.G. Reichenbach, in der »Hamburger Gartenzeitung« beschrieb.
Synonym: Mormodes histrio Linden et Rchb.f.

Mormolyca Fenzl

Tribus: Maxillarieae
Subtribus: Maxillariinae

Kleine Epiphyten mit einem auf kurzem Rhizom erscheinenden, oben 1blättrigen Pseudobulben. Blütenstände am Grunde der Pseudobulben austretend, aufrecht, 1blütig, mit schlankem Schaft. Sepalen und Petalen untereinander ähnlich, frei; die seitlichen Sepalen ein Mentum bildend. Lippe fast aufrecht, 3lappig; Seitenlappen winzig, aufrecht; Mittellappen groß, herabgebogen: Platte schwielig. Säule gekrümmt, flügellos; Pollinien 4, wachsartig; Klebscheibe halbmondförmig.
Umfang und Verbreitung: 6 Arten; nur bekannt in Mittelamerika und im nördlichen Südamerika.
Ableitung des Namens: Aus dem Griechischen »mormolyca« = Kobold; wegen des grotesken Aussehens der Blüte und ihrer Färbung.
Anmerkung: E. Fenzl begründete die Gattung 1850 in den »Denkschriften der Akademie zu Wien« (Mathematisch-Naturwissenschaftliche Klasse). Sie unterscheidet sich von *Maxillaria* durch ihren die Blätter überragenden Blütenstand und die halbmondförmige Klebscheibe und von *Trigonidium* durch das Fehlen einer Kelchröhre am Grunde der Blüte. L. Garay und W. Wirth haben die Gattung revidiert, ihre Arten ausgeschlüsselt und begründet, weil sie sie mit *Cyrtoglottis* Schltr. vereinigt haben (»Canadian Journal of Botany« 1959).
Typus-Art: M. lineolata Fenzl (syn. *M. ringens* (Lindl.) Schltr.).
Synonym: Cyrtoglottis Schltr.
Kultur: Substrat A. Mindesttemperatur im Winter 12–15 °C. Wie für *Maxillaria* angegeben. Man hält die Pflanzen in Töpfen oder besser noch in Schalen, da jede Pseudobulbe zwei Neusprosse bildet. Solange sie wachsen, verlangen sie mäßigen Schatten und viel Wasser. Wenn die Pseudobulben voll entwickelt sind, ist ein etwas trockeneres Regime angezeigt.

Mormolyca peruviana C. Schweinf.

Pseudobulben des mittelgroßen, bis 16 cm hohen Epiphyten bis 2 cm lang, dicht gebüschelt, elliptisch im Umriß, zusammengepreßt, am Gipfel 1blättrig. Blätter ungefähr 14 cm lang und 1,2 cm breit, riemenförmig, vorn spitzlich, lederig. Blütenstände zu mehreren grundständig, 8–12 cm lang, aufrecht, 1blütig. Blüten im Verhältnis zu denen anderer Arten der Gattung groß, 3 cm breit, rachenartig, gelb. Sepalen ungefähr 2 cm lang und 0,5 cm breit, länglich-lanzettlich, mit aufgesetztem Spitzchen, an den Rändern zurückgebogen. Petalen 1,9 cm lang, 0,4 cm breit, linealisch-länglich, spitz oder mit aufgesetzter Spitze. Lippe aufrecht und parallel zur Säule orientiert, 1,5 cm lang, 0,7 cm breit, in der Mitte 3lappig; Seitenlappen aufrecht und hervorstehend, schieflanzettlich, langspitzig; Mittellappen länglich, vorn abgerundet oder gestutzt; Schwiele in der Mitte sitzend, eiförmig, hervorstehend, vorn mit drei Läppchen. Säule 1,3 cm lang, gebogen, ohne Fuß, vorn konkav.
Verbreitung: Peru; 1800 m.
Geschichte: Die Pflanze wurde von Schunke im Chanchamayo-Tal gefunden und 1944 von C. Schweinfurth beschrieben (»American Orchid Society Bulletin«).
Anmerkung: Diese Art weicht von der weithin kultivierten *M. ringens* durch die größeren Blüten, deren Lippe verlängerte Seitenlappen besitzt, ab.

Mormolyca ringens (Lindl.) Schltr.

Pseudobulben des kleinen, in dichten Büscheln wachsenden Epiphyten aus einem dünnen, drahtigen Rhizom hervorgehend, 2–4 cm lang, 2–3 cm breit, fast kegelförmig, zusammengedrückt, unten mit 2zeilig angeordneten Scheiden, am Gipfel 1blättrig. Blätter 9–35 cm lang, 1,5–3,5 cm breit, linealisch-riemenförmig bis schmal-lanzettlich, vorn spitz bis stumpf, lederig. Blütenstände aufrecht, ungefähr so lang wie das Gipfelblatt, 6–33 cm lang, 1blütig; Brakteen bis 1,5 cm lang, bräunlich, trockenhäutig, spitz. Blüten fleischig: gelb bis lavendelfarbig; Sepalen mit purpurvioletten Linien; Lippe lavendelfarbig bis kastanienbraun. Sepalen 1,6–1,9 cm lang, bis 0,8 cm breit, länglich-elliptisch, stumpf oder abgerundet. Petalen 1,3–1,5 cm lang, 0,4–0,6 cm breit, elliptisch, konvex, stumpf oder abgerundet. Lippe halbaufrecht, ungefähr 1 cm lang, 0,3–0,5 cm breit, verkehrteiförmig-elliptisch bis elliptisch-länglich, in der Mitte 3lappig, fein flaumig, bewimpert; Seitenlappen winzig, aufrecht, stumpf oder spitz; Mittellappen breitkreisrund, fleischig, herabgebogen; Platte in der Mitte mit einer fleischigen, 3zähnigen Schwiele. Säule 1 cm lang, gekrümmt, fein flaumig.
Verbreitung: Von Mexiko bis Costa Rica; häufig in Wäldern; von Meereshöhe bis 1000 m.
Geschichte: Die erstmals von K. Hartweg in Mexiko gesammelte Pflanze wurde von J. Lindley 1840 im »Botanical Register« in der Gattung *Trigonidium* beschrieben. In seinem Werk »Die Orchideen« versetzte sie R. Schlechter 1914 in die heutige Gattung.
Synonyme: Mormolyca lineolata Fenzl; *Trigonidium ringens* Lindl.

Nageliella L. O. Williams

Tribus: Epidendreae
Subtribus: Laeliinae

Vorwiegend kleine Epiphyten, seltener terrestrisch wachsend, mit kriechenden Rhizomen und am Gipfel 1blättrigen Pseudobulben. Blütenstand gipfelbürtig, fast doldig, traubig oder rispig und mit sehr kurzen, dicht angeordneten Ästen. Blüten klein, wenige bis viele. Sepalen zusammenneigend; die seitlichen mit dem Fuß der Säule ein prominentes Mentum bildend. Petalen linealisch bis elliptisch-lanzettlich. Lippe mehr oder weniger der Säule angewachsen, am Grunde bauchig oder sackartig, in oder über der Mitte zusammengezogen, ungeteilt oder 3lappig. Säule schlank, nach dem Gipfel zu geöhrt, gekrümmt; Pollinien 4, wachsartig.
Umfang und Verbreitung: 2 Arten; in Mittelamerika.
Ableitung des Namens: Benannt nach Otto Nagel, der ausgiebig Pflanzen in Mexiko gesammelt hat.
Anmerkung: L. O. Williams begründete die Gattung 1940 in »Botanical Leaflets of Harvard University«. Sie ist mit *Hexisea* und *Epidendrum* verwandt; sie unterscheidet sich durch die Form der Lippe und das deutlich ausgeprägte Mentum.
Typus-Art: N. purpurea (Lindl.) L. O. Williams.
Synonym: Hartwegia Lindl. non Nees.
Kultur: Substrat A. Mindesttemperatur im Winter 12–15 °C. Die Pflanzen wachsen in kompakten Büscheln und sollten nicht geteilt werden. Während der Wachstumsperiode benötigen sie reichlich Wasser und feuchte Luft. Wenn aber die neuen Blätter völlig ausgewachsen sind, sollte man die Wassergaben stark einschränken. Die Pflanzen verlangen nur mäßigen Schatten und sollten nicht direkt der Sonne ausgesetzt werden. Die Blütenstände erscheinen am Gipfel der neuen Stämme im Frühling und wachsen langsam über mehrere Monate, ehe sie im Sommer zur Blüte kommen.

Nageliella purpurea (Lindl.) L. O. Williams

Stämme des büscheligen, 10–55 cm hohen Epiphyten 1,5–8 cm lang, pseudobulben-ähnlich, aufrecht, dünn-keulenförmig. Blätter am Grunde etwas stengelumfassend, 3–12 cm lang, 0,7–3 cm breit, lanzettlich oder eiförmig-lanzettlich, vorn spitz oder etwas stumpflich, lederig, mehr oder minder intensiv bronzepurpurn gefleckt. Blütenstand aufrecht bis 48 cm lang, eine doldenförmige Traube oder Rispe; Brakteen klein, eiförmig, trockenhäutig. Blüten klein, purpurrot. Mittlere Sepale 0,7–0,9 cm lang, 0,2–0,4 cm breit, elliptisch, konkav, spitz; die seitlichen 0,7–1 cm lang, 0,2 cm breit, schief-länglich-lanzettlich, stumpf bis spitz, auf der Rückseite gekielt. Petalen 0,6–0,8 cm lang, 0,1–0,2 cm breit, elliptisch-lanzettlich, etwas asymmetrisch, spitz bis stumpf, an den Rändern sehr kurz bewimpert. Lippe an der Basis mit einem sackartigen Sporn, im unteren Teil gekniet und zusammengezogen, mit der Säule verwachsen; Vorderteil herabgeschlagen, herzeiförmig, stumpf bis spitz. Säule dünn, 0,6–0,7 cm lang, über der Mitte gekrümmt.
Verbreitung: Mexiko, Guatemala und Honduras; bis 1500 m.
Geschichte: Die Pflanze wurde von dem für die Horticultural Society of London sammelnden Theodore Hartweg in der Nähe von Vera Cruz in Mexiko gefunden. J. Lindley benannte sie ihm zu Ehren *Hartwegia purpurea* (»Botanical Register«). Da dieser Name aber bereits für eine Gattung der *Liliaceae* verwendet worden war, versetzte L. O. Williams die Art 1940 zur Gattung *Nageliella* (»Botanical Museum Leaflets of Harvard University«).
Synonym: Hartwegia purpurea Lindl.

Neobathiea Schltr.

Tribus: Vandeae
Subtribus: Angraecinae

Kleine bis mittelgroße Epiphyten mit sehr kurzen bis kurzen Stämmen. Blütenstände länger als die Blätter, traubig, 1- bis mehrblütig. Blüten groß oder mittelgroß, vorwiegend weiß oder grün, aber manchmal gelb. Sepalen und Petalen untereinander ähnlich, abstehend oder nach rückwärts gebogen. Lippe viel größer als die anderen Blütenteile, ungeteilt oder 3lappig, am Grunde gespornt; Sporn mit weitem Schlund, unten fädlich, oft sehr lang. Säule kurz, fleischig, am Gipfel geöhrt; Rostellum kurz, mit prominentem Mittellappen, dick, fleischig; Pollinien 2, kugelig; Klebscheiben 2.
Umfang und Verbreitung: 7 Arten; in Madagaskar und auf den Komoren.
Ableitung des Namens: Benannt nach Henri Perrier de la Bâthie, Verfasser des Orchideenbandes der »Flore de Madagascar«.
Anmerkung: Die Gattung wurde 1925 von R. Schlechter in Fedde, »Repertorium« (Beihefte) begründet. Sie ist mit *Aeranthes* verwandt, besitzt aber keinen sackförmigen Säulenfuß. Von der ihr ebenfalls nahestehenden Gattung *Jumellea* ist sie zu unterscheiden durch die weite Spornöffnung und die oft 3lappige Lippe. *Neobathiea* wurde letzthin von J. Bosser revidiert (»Adansonia« 1969).
Typus-Art: N. perrieri (Schltr.) Schltr.
Kultur: Substrat A. Mindesttemperatur im Winter 15 °C. Am besten hält man die Pflanzen in kleinen Töpfen in feuchter Luft und bei mäßigem Schatten. Solange sie wachsen, verlangen sie sehr viel Wasser; danach wässert man sie wesentlich weniger, vermeidet jedoch völlige Trockenheit.

Neobathiea filicornu Schltr.

Kleiner Epiphyt mit kurzen, bis 6 cm langen, 4–5blättrigen Stämmen. Blätter 4–4,8 cm lang, 0,8–1,2 cm breit, riemenförmig bis elliptisch, vorn ungleichmäßig und stumpflich 2lappig. Blütenstand etwas kürzer als die Blätter, 1blütig; Schaft 2–2,3 cm lang; Brakteen eiförmig-3eckig. Blüten im Verhältnis zur Pflanze groß, reinweiß oder bleich grün, aber mit zunehmendem Alter mehr oder minder gelb werdend. Sepalen 1,3 cm lang, 0,4 cm breit, länglich-riemenförmig bis verkehrtlanzettlich, spitz, zurückgebogen. Petalen 1,1 cm lang, sonst den Sepalen ähnlich. Lippe 2 cm lang, 1 cm breit, eiförmig-lanzettlich oder herzförmig, langspitzig; Sporn 14 cm lang, aus breitem Rachen fädlich verschmälert, hängend. Säule 0,3 cm lang, fleischig.
Verbreitung: Zentral-Madagaskar und Komoren.
Geschichte: Die Pflanze wurde in Manankayo, nordöstlich von Ankazobe 1923 von H. Perrier de la Bâthie gefunden und 1925 von R. Schlechter (»Fedde, Repertorium«) veröffentlicht.

Neobathiea perrieri (Schltr.) Schltr.

Kleiner, fast völlig stammloser Epiphyt. Blätter 4–6, 3,5–7 cm lang, 1–1,9 cm breit, länglich-spatelförmig, an den Rändern gewellt; vorn abgerundet und ungleichmäßig 2lappig. Blütenstand 6–12 cm lang, 1- oder 2blütig; Schaft schlank, aufrecht oder etwas überhängend; Brakteen 0,4 cm lang, eiförmig, spitz. Blüten weiß. Sepalen 2,2 cm lang, 0,3 cm breit, lanzettlich-spatelförmig, am Grunde seitlich verschmälert, vorn langspitzig, zurückgebogen. Petalen den Sepalen ähnlich, zurückgeschlagen. Lippe 2 cm lang und breit, ungefähr in der Mitte 3lappig, am Grunde herzförmig; Seitenlappen 3eckig, stumpfspitzig oder gestutzt; Mittellappen länger als die Seitenlappen, eiförmig, spitz; Sporn; 7–10 cm lang, aus breitem Rachen fädlich auslaufend. Säule sehr kurz.
Verbreitung: West-Madagaskar.
Geschichte: Die Art wurde von H. Perrier de la Bâthie am Ufer des Flusses Besafotra gefunden. R. Schlechter beschrieb sie 1913 in »Annales Museum Coloniale«, Marseille, in der Gattung *Aeranthes* und benannte sie nach ihrem Entdekker. Später (»Fedde, Repertorium« 1925) begründete er eine neue Gattung, wiederum Perrier de la Bâthie ehrend, unter Zugrundelegung dieser Art.
Synonyme: Aeranthes perrieri Schltr.; *Bathiea perrieri* (Schltr.) Schltr.

Neocogniauxia Schltr.

Tribus: Epidendreae
Subtribus: Laeliinae

Kleine Epiphyten mit kurzen, am Gipfel 1blättrigen, unten mit röhrigen Scheiden bedeckten Stämmen. Blütenstand schlank, länger als das Blatt, aufrecht oder gebogen, am Gipfel 1blütig. Blüte augenfällig. Sepalen und Petalen untereinander ähnlich, frei, abstehend. Lippe kleiner als die anderen Blütenelemente, ungeteilt oder schwach gelappt, oben papillös, parallel zur Säule gestellt. Säule im Querschnitt halbkreisrund, oben gekrümmt, am vorderen Rande gezähnt; Pollinien 8.
Umfang und Verbreitung: 2 oder 3 Arten; in Jamaika, Kuba und Santo Domingo.
Ableitung des Namens: Benannt nach dem belgischen Botaniker Alfred Cogniaux (1841–1916), Verfasser des Orchideenbandes von P. von Martius, »Flora Brasiliensis«.
Anmerkung: R. Schlechter begründete die Gattung 1913 in Urban »Symbolae Antillanae«. Sie unterscheidet sich von der verwandten Gattung *Laelia* in der Tracht, durch die viel kürzere Lippe und den gezähnten Gipfel der Säule.
Typus-Art: Neocogniauxia monophylla (Griseb.) Schltr.
Kultur: Substrat A. Mindesttemperatur im Winter 10 °C. Die kleinen Pflanzen hält man in Töp-

fen oder montiert sie auf Kork- oder Baumfarnblöcke. Sie dürfen niemals austrocknen und verlangen hohe Luftfeuchtigkeit und mäßigen Schatten.

Neocogniauxia monophylla (Griseb.) Schltr.

Stämme des 10–30 cm hohen, kleinen Epiphyten von einem kriechenden Rhizom entspringend, schlank, 2–9 cm lang, aufrecht, am Gipfel 1blättrig, von zwei bis drei gescheckten Scheiden bedeckt. Blätter aufrecht oder leicht nach hinten gebogen, 12–25 cm lang, 0,7–1 cm breit, linealisch-elliptisch oder linealisch-länglich, vorn stumpf. Blütenstand aufrecht oder elegant gebogen, vom Grunde des Stammes ausgehend, 5–30 cm lang, fast immer länger als das gipfelständige Blatt, 1blütig; Braktee scheidenartig, mit purpurnen Tüpfeln. Blüte sehr augenfällig, ungefähr 5 cm breit: intensiv scharlachrot bis orangerot; Säule orangefarbig; Anthere purpurn. Sepale abstehend, 1,7–2,2 cm lang, 0,6–0,8 cm breit, länglich-elliptisch, stumpf. Petalen abstehend, 1,4–1,7 cm lang, 0,6–0,9 cm breit, verkehrteiförmig-elliptisch, stumpf bis stumpfspitzig. Lippe 0,7–0,9 cm lang, verkehrteiförmig, der Säule angepreßt, ganz vorn 3lappig und am Gipfel mit aufgesetztem Spitzchen; Platte papillös und auf der Mittellinie mit einem sackartigen Auswuchs. Säule 0,6–0,9 cm lang, geöhrt, am oberen Rande ausgebissen und gezähnt.
Verbreitung: Jamaika; in Wäldern; um und über 1000 m.
Geschichte: Aufgrund einer von Bancroft gesammelten Pflanze beschrieb A. Grisebach diese Art 1864 (»Flora of the British West Indies«) in der Gattung *Trigonidium.* Später wurde sie zu *Octodesmia* und *Laelia* versetzt, um endlich 1913 ihren Platz in *Neocogniauxia* zu finden (I. Urban, »Symbolae Antillanae«).
Synonyme: Trigonidium monophyllum Griseb.; *Octadesmia monophylla* (Griseb.) Benth.; *Laelia monophylla* (Griseb.) Hook.f.

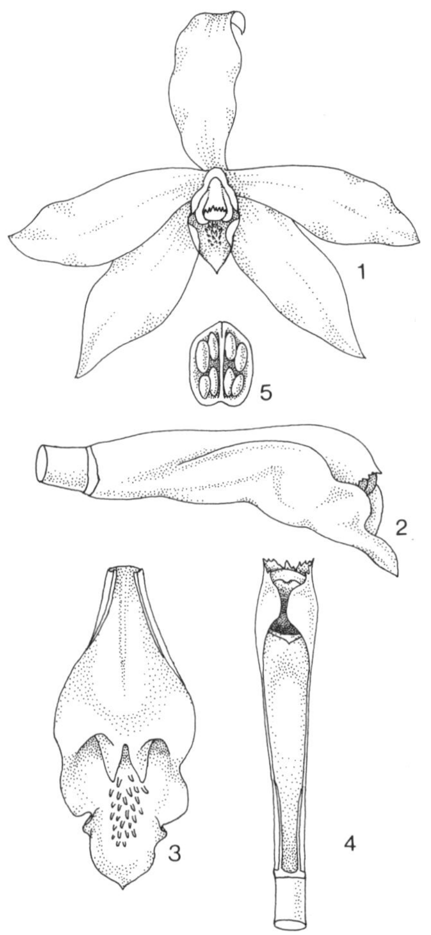

Neocogniauxia monophylla
1 = Blüte von vorn (× 2)
2 = Lippe und Säule von der Seite (× 4 1/3)
3 = Lippe ausgebreitet (× 4 1/3)
4 = Säule von vorn (× 4 1/3)
5 = Anthere mit Pollinien (× 6 1/2)

Neofinetia H. H. Hu
Tribus: Vandeae
Subtribus: Sarcanthinae

Epiphyten mit kurzen, beblätterten monopodialen Stämmen; Blätter 2zeilig angeordnet. Blütenstände traubig, blattachselbürtig, locker mehrblütig. Blüten auffällig. Sepalen und Petalen untereinander ähnlich, frei, abstehend. Lippe aufrecht, undeutlich 3lappig, am Grunde mit einem langen, fädlichen, gekrümmten Sporn. Säule ziemlich kurz, geflügelt, fleischig, ohne Fuß; Pollinien 2, knorpelig; Stipes breit-3eckig; Narbe groß.
Umfang und Verbreitung: Monotypische Gattung; China, Korea, Japan und auf den Riukiu-Inseln.
Ableitung des Namens: Benannt nach M. Achille Finet (1862–1913), der die Orchideen von China und Japan studierte.
Anmerkung: Die Gattung wurde von H. H. Hu 1925 in »Rhodora« begründet. L. Garay und H. Sweet (»Botanical Museum Leaflets of Harvard University« 1972) vereinigten sie mit *Holcoglossum;* kürzlich haben sie jedoch diese Entscheidung wieder rückgängig gemacht (»Orchids of the Southern Ryukyu Islands« 1974).
Typus-Art: Neofinetia falcata (Thunb.) H. H. Hu.

Kultur: Substrat A. Mindesttemperatur im Winter 10–12 °C. Die Pflanze sollte man in einem kleinen Topf oder in einem Korb bei hoher Luftfeuchtigkeit und mäßigem Schatten halten. Solange die Wurzeln aktiv wachsen, brauchen sie reichlich Wasser; nach Abschluß des Wachstums ist eine etwas trockenere Behandlung anzuraten.

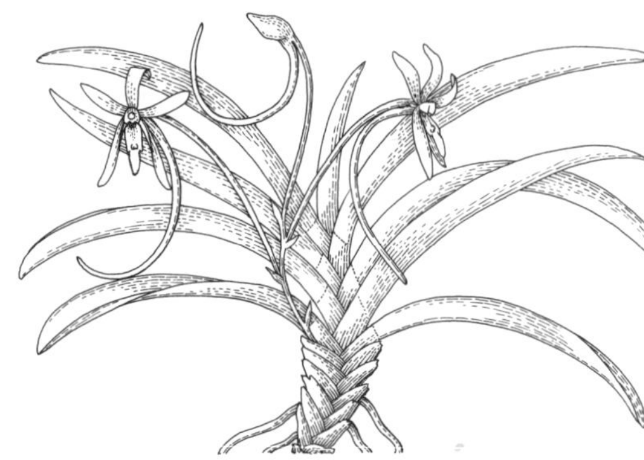

Neofinetia falcata (× 3/5)

Neofinetia falcata (Thunb.) H. H. Hu

Stamm des kleinen, bis 15 cm hohen Epiphyten kurz, abgeflacht, mit zusammengefalteten, ausdauernden alten Blattbasen bedeckt. Blätter bis 10 cm lang, 2zeilig angeordnet, linealisch-sichelförmig, lederig-fleischig. Blütenstand blattachselbürtig, aufrecht, traubig, locker 3- bis mehrblütig. Blüten auffällig, etwa 2,5 cm breit, mit langem gestielten Fruchtknoten, zart duftend (besonders in der Nacht): weiß. Sepalen und Petalen einander ähnlich, bis 1,1 cm lang, linealisch-länglich bis linealisch-lanzettlich, spitz. Lippe 0,8–1 cm lang, 3lappig, zurückgekrümmt; Seitenlappen aufrecht, stumpf, halbeiförmig und mit weit herablaufenden Rändern; Mittellappen zungenförmig; Sporn bis 4 cm lang, fädlich elegant gebogen.
Verbreitung: Japan, Korea und auf den Riukiu-Inseln.
Geschichte: Die Pflanze wurde von C. Thunberg in Japan entdeckt und von ihm als *Orchis*-Art 1784 in seiner »Flora Japonica« beschrieben. H. H. Hu versetzte sie 1925 in die von ihm aufgestellte neue Gattung (»Rhodora«).
Synonyme: Orchis falcata Thunb.; *Oeceoclades falcata* (Thunb.) Lindl.; *Angraecum falcatum* (Thunb.) Lindl.; *Aerides thunbergii* Miq.; *Angraecopsis falcata* (Thunb.) Schltr.; *Holcoglossum falcatum* (Thunb.) Garay; *Nipponorchis falcata* (Thunb.) Masamune.

Neomoorea Rolfe

Tribus: Maxillarieae
Subtribus: Zygopetalinae

Epiphyten mit kräftigen, am Gipfel 2blättrigen Pseudobulben. Blütenstände aufrecht oder gebogen, am Grunde der Pseudobulben entspringend, traubig. Blüten verhältnismäßig groß und auffällig. Sepalen untereinander ähnlich, frei, abstehend. Petalen den Sepalen ähnlich, aber am Grunde schmaler. Lippe tief 3lappig, mit dem Fuß der Säule gegliedert; Seitenlappen groß, abstehend, annähernd nierenförmig; Mittellappen konkav, lanzettlich, langspitzig, am Grunde mit einem kurzgestielten Kamm und zwei seitlichen Flügeln. Säule fast keulenförmig, halb kreisrund im Querschnitt, etwas gekrümmt, flügellos, am Grunde mit kurzem, breitem Fuß; Pollinien 4, in zwei ungleichen Paaren angeordnet, wachsartig.
Umfang und Verbreitung: Eine nur aus Kolumbien und Panama bekannte, monotypische Gattung.
Ableitung des Namens: Benannt nach F. Moore, Kurator des berühmten Glasnevin Botanischen Gartens in Dublin.
Anmerkung: R.A. Rolfe begründet die Gattung 1904 im »Orchid Review«. Früher hatte er die Gattung bereits unter dem Namen *Moorea* beschrieben, entdeckte aber später, daß dieser Name bereits für eine andere Gattung verwendet worden war. *Neomoorea* steht *Stanhopea* nahe, unterscheidet sich aber durch die Struktur der Lippe. Von *Acineta* und *Peristeria* kann man sie durch den lanzettlichen, langspitzigen Mittellappen der Lippe leicht unterscheiden.
Typus-Art: N. irrorata (Rolfe) Rolfe.
Synonym: Moorea Rolfe.
Kultur: Substrat B oder C. Mindesttemperatur im Winter 15 °C. Die Pflanzen sollten in einer feuchten Atmosphäre und leicht schattig gehalten werden. Wenn die neuen Sprosse erscheinen, darf man sie nur vorsichtig gießen; danach jedoch verlangen sie reichlich Wasser. Erst nachdem die Pseudobulben voll entwickelt sind, gießt man nur sehr wenig, bis der Neuwuchs wieder einsetzt.

Neomoorea irrorata Rolfe

Aufrechter Epiphyt mit dornigen Wurzeln, die am Grunde der Pflanze ein dichtes Geflecht bilden. Pseudobulben 4–11 cm lang, 2,5–6 cm im Durchmesser, eiförmig im Umriß, seitlich zusammengedrückt, längsgefurcht, am Gipfel 2blättrig. Blätter 45–75 cm lang, 10–13 cm breit, elliptisch-lanzettlich, halb lederig, stark beadert, längsgefaltet, vorn spitz. Blütenstände 15–45 cm lang, wenig- bis 12blütig, traubig, aufrecht oder bogig überhängend. Blüten groß, auffällig: Sepalen und Petalen aus weißem Grunde rötlichbraun; Lippe hellgelb mit braunpurpurner Zeichnung und gelbem, rot punktiertem Mittellappen. Sepalen untereinander fast gleich, 2–2,8 cm lang, 1–1,8 cm breit, elliptisch-lanzettlich oder elliptisch-eiförmig, konkav, spitz. Petalen 2,2–2,5 cm lang, 1,2–1,4 cm breit, elliptisch-verkehrteiförmig, spitz. Lippe 1,4–1,6 cm lang, 1,5–1,7 cm breit, tief 3lappig, am Grunde gegen den Säulenfuß deutlich abgesetzt; Seitenlappen groß, fast nierenförmig, spreizend; Mittellappen hohl, lanzettlich, zugespitzt; Schwiele mit einem auffallenden Kamm versehen, aufrecht. Säule 1,2–1,4 cm lang, schwach keulenförmig gebogen, mit kurzem Fuß.
Verbreitung: Kolumbien und Panama.
Geschichte: Ursprünglich beschrieb R. Rolfe die von der Firma Shuttleworth aus den Anden eingeführte Pflanze im »Gardeners' Chronicle« 1890 unter *Moorea.* Da dieser Gattungsname aber bereits vorher für eine andere Gruppe verwandt worden war, begründete er später die Gattung *Neomoorea.*
Synonym: Moorea irrorata Rolfe.

Notylia Lindl.

Tribus: Oncidieae

Kleine Epiphyten mit oder ohne Pseudobulben (wenn vorhanden, dann am Gipfel 1blättrig). Blütenstand entweder am Grunde einer Pseudobulbe entspringend oder blattachselbürtig, gebogen oder hängend, traubig bis rispig, wenig- bis vielblütig. Blüten klein. Sepalen und Petalen aufrecht oder abstehend, frei oder die seitlichen Sepalen am Grunde zu verschiedenem Grade miteinander verwachsen. Lippe genagelt, einfach, mit Schwiele. Säule aufrecht, am Gipfel rückwärts gebogen, stielrund oder gefurcht, flügellos und ohne Fuß; Rostellum lang, aufrecht.
Umfang und Verbreitung: Ungefähr 40 Arten im tropischen Mittel- und Südamerika.
Ableitung des Namens: Aus dem Griechischen »neton« = Rücken und »tylon« = ein Buckel; wohl eine Anspielung auf die Krümmung der Säule.
Anmerkung: J. Lindley begründete die Gattung 1825 im »Botanical Register«. Von den mit ihr verwandten Gattungen *Macradenia* und *Cryptarrhena* R.Br. weicht sie durch ihre ungeteilte Lippe ab. A. Cogniaux teilte die Gattung in zwei klar unterscheidbare Untergattungen auf: (En) *Notylia* mit 1blättrigen Pseudobulben und flachen Blättern und *Macroclinium* mit reitenden, 2zeilig angeordneten und sich ziegelartig deckenden Blättern (Blätter manchmal am Grunde eine kleine, verflachte Pseudobulbe einschließend). Eine weitergehende Untergliederung in zwei Sektionen (eine mit vier Gruppen) findet man bei G. Pabst und Dungs »Orchidaceae Brasilienses« 1977; allerdings schließt diese Studie nur die in Brasilien vorkommenden 27 Arten ein.
Typus-Arten: N. punctata Lindl. und *N. multiflora* Lindl.
Synonyme: Tridachne Lindl.; *Macroclinium* Barb. Rodr.
Kultur: Substrat A. Mindesttemperaturen im Winter 12–15 °C. Die Pflanzen hält man entweder in kleinen Töpfen oder montiert auf Kork- oder Baumfarnblöcken. Sie verlangen eine feuchte Atmosphäre, Schatten und – solange sie wachsen – viel Wasser. Nach Abschluß des Wachstums gießt man wesentlich weniger.

Notylia barkeri Lindl.

Pseudobulben des mittelgroßen bis 33 cm hohen Epiphyten gebüschelt angeordnet, 1–3,5 cm lang, 0,6–1,6 cm breit, im Umriß elliptisch, zusammengepreßt, von beblätterten und unbeblätterten trockenen Scheiden begleitet, am Gipfel 1blättrig. Blätter 3,5–20 cm lang, 1,5–4,5 cm breit, länglich-riemenförmig bis breit-elliptisch, lederig, gerade abstehend bis schräg-aufrecht, vorn abgerundet bis spitzlich, hellgrün. Blütenstand blattachselbürtig, überhängend, 5–32 cm lang, traubig oder seltener rispig, locker vielblütig; Brakteen klein, 0,2 cm lang, 3eckig-lanzettlich, langspitzig, trockenhäutig. Blüten klein, variabel, etwas duftend: grünlichweiß, auf den Petalen gelb getüpfelt. Sepalen 0,3–0,7 cm lang, 0,2–0,3 cm breit, länglich-bandförmig bis elliptisch-lanzettlich, am spitzen oder stumpfen Gipfel zurückgerollt; die seitlichen bis ungefähr zur Mitte miteinander verwachsen. Petalen 0,3–0,6 cm lang, 0,1–0,2 cm breit, elliptisch-lanzettlich, stumpf. Lippe kurz genagelt, 0,3–0,6 cm lang, 0,1–0,2 cm breit, eiförmig bis schwach pfeilförmig-lanzettlich, stumpflich bis langspitzig, ohne Schwiele. Säule 0,3 cm lang, stielrund.
Verbreitung: Von Mexiko südwärts nach Panama; in Wäldern, Sümpfen und Kaffee-Plantagen; bis zu 1600 m.
Geschichte: J. Lindley beschrieb diese Art 1838 im »Botanical Register« unter Zugrundelegung

und von ihm zur Kultur nach Deutschland ausgeführt. H. G. Reichenbach beschrieb sie 1852 in der »Botanischen Zeitung«.

Odontoglossum cervantesii Lexarza

Pseudobulben des 8–32 cm hohen Epiphyten 2–6 cm lang, 1–3 cm breit, im Umriß eiförmig, stark zusammengepreßt und 2schneidig, unten mit mehreren trockenen Scheiden, am Gipfel 1blättrig. Blätter 10–15 cm lang, 1,2–3,2 cm breit, länglich oder elliptisch-lanzettlich, spitz. Blütenstand schräg aufrecht bis hängend, 12–32 cm lang, 3–6blütig; Schaft mit trockenhäutigen Scheiden bekleidet; Brakteen 3–6 cm lang, lanzettlich, langspitzig. Blüten augenfällig, groß, 3,6–5 cm breit: Sepalen und Petalen weiß, am Grunde mit schokoladebraunen, unterbrochenen Querstreifen (bei Vorderansicht der Blüte fast wie konzentrische Kreise erscheinend); Lippe weiß, mit einem purpurnen Querband vor der Schwiele; Säule weiß. Sepalen 2–3,3 cm lang, 0,6–1,2 cm breit, eiförmig-länglich, oben abgerundet oder mit aufgesetztem Spitzchen. Petalen 1,8–3 cm lang, 1–2 cm breit, breit-elliptisch-verkehrteiförmig bis fast kreisrund, vorn abgerundet oder etwas spitzlich. Lippe kurz genagelt, 1–2,3 cm lang, 1–2,7 cm breit, 3lappig; Seitenlappen aufrecht; Mittellappen breit-herzförmig, an den Rändern ausgebissen; Schwiele 2lappig, flaumig und mit einem eingeschnittenen Knötchen zwischen den Lappen. Säule 1 cm lang, mit abstehenden länglichen Flügeln.
Verbreitung: Mexiko und Guatemala; 1500–3000 m.
Geschichte: Die Pflanze wurde im 19. Jahrhundert erstmals von den beiden spanischen Botanikern C. de La Llave und J. de Lexarza gefunden. J. de Lexarza beschrieb sie 1825 in »Orchidiarum Opusculum« und benannte sie nach Vincentio Cervantes, einem Professor der Botanik in Mexiko. Erst viel später, nämlich 1847, wurde *O. cervantesii* aus Oaxaca in Mexiko von der Firma Loddiges in Hackney zur Kultur nach Europa importiert.
Synonym: Odontoglossum membranaceum Lindl.

Odontoglossum cirrhosum Lindl.

Pseudobulben des großen Epiphyten 3–8 cm lang, im Umriß länglich-eiförmig, zusammengepreßt, unten mit drei blatttragenden, 2zeilig angeordneten Scheiden, am Gipfel 1blättrig. Blätter 10–30 cm lang, bis 2,8 cm breit, linealisch-länglich bis elliptisch-länglich, vorn spitz. Blütenstand grundständig, meistens länger als die Blätter, bis 60 cm lang, traubig oder rispig, locker vielblütig. Blüten groß, ungefähr 10 cm breit: milchweiß, mit braunen Flecken auf den Sepalen, Petalen und Mittellappen der Lippe; hinterer Teil der Lippe gelb mit roter Zeichnung. Mittlere Sepale 4 cm lang, 0,7 cm breit, schmal-lanzettlich, allmählich langspitzig ausgezogen; die seitlichen ähnlich aber asymmetrisch. Petalen bis 3,8 cm lang und 1,4 cm breit, rhombisch-lanzettlich, langspitzig. Lippe ungefähr 3 cm lang, nahe der Basis 3lappig und mit ihr die Säule umfassend; Seitenlappen aufrecht bis abstehend, breit-abgerundet; Mittellappen zurückgebogen, verlängert und schmal-lanzettlich, langspitzig; Platte zwischen den Seitenlappen mit zwei s-förmigen, aufsteigenden Hörnern. Säule gerade, 1 cm lang, am Gipfel mit zwei aufwärtsgerichteten rankenähnlichen Anhängseln (daher der Artname).
Verbreitung: Ecuador und Peru; auf der westlichen Kordillere der Anden.
Geschichte: Colonel Hall fand die Pflanze erstmals im Mindo-Tal in Ecuador; später wurde sie auch von Jamieson dort gesammelt. J. Lindley beschrieb sie 1833 in seinem Werk »Genera and Species of Orchidaceous Plants«. Die ersten lebenden Exemplare wurden 1875 durch die Brüder Klaboch nach Europa eingeführt.
Synonyme: Oncidium cirrhosum (Lindl.) Beer; *Odontoglossum hrubyanum* hort.

Odontoglossum constrictum Lindl.

Pseudobulben des Epiphyten 5–7,5 cm lang, eiförmig im Umriß, 2schneidig, anfangs hellgrün, am Gipfel 2blättrig. Blätter 16–43 cm lang, 1,5–2 cm breit, linealisch-lanzettlich, vorn spitz oder stumpflich. Blütenstand schlank, gebogen, bis 65 cm lang, traubig oder offen rispig, vielblütig; Brakteen 0,4 cm lang, eiförmig-3eckig, spitz. Blüten 3,5–5 cm breit, duftend: Sepalen und Petalen gelb oder grünlichgelb, mit rotbraunen Flecken; Lippe weiß, vor der Schwiele mit einem rosa Klecks; Säule weiß. Sepalen 1,8–2,4 cm lang, 0,45–0,6 cm breit, länglich-lanzettlich, spitz bis langspitzig. Petalen den Sepalen ähnlich. Lippe geigenförmig, 2,3–2,5 cm lang, bis 1 cm breit, vorn mit aufgesetzter Spitze; Schwiele 2zähnig und mit ausgebissenen Rändern. Säule am Gipfel mit zwei rankenartigen Anhängseln.
Verbreitung: Venezuela, Kolumbien und Ecuador.
Geschichte: Die Pflanze wurde 1843 aus La Guayra und Caracas durch J. Linden in Brüssel nach Europa eingeführt und noch im gleichen Jahr von J. Lindley im »Botanical Register« veröffentlicht.

Odontoglossum cordatum Lindl.

Pseudobulben des Epiphyten in Abständen auf dem aufsteigenden Rhizom stehend, bis 5 cm lang und 3 cm breit, im Umriß eiförmig, zusammengepreßt und 2schneidig, am Gipfel 1blättrig. Blätter 14–20 cm lang, 3,5–5 cm breit, länglich-lanzettlich bis schmal-elliptisch, dunkelgrün aber mit helleren Nerven, vorn spitzlich. Blütenstand aufrecht, 30–60 cm lang, rispig, vielblütig; Schaft 2schneidig; Brakteen 2,5–3 cm lang, dünn, hellbraun. Blüten ungefähr 7,5 cm breit: Sepalen kastanienbraun, am Gipfel gelb; Petalen hellgelb, mit rotbraunen Tüpfeln; Lippe weiß, vorn, an den Rändern und manchmal auch in der Mitte braun getüpfelt. Sepalen 2,6–5 cm lang, bis 0,6 cm breit, lanzettlich, langspitzig, auf dem Rükken gekielt. Petalen 2,2–3 cm lang, 0,6–0,9 cm breit, elliptisch-lanzettlich, langspitzig. Lippe kurz genagelt, 2,3 cm lang, 1,5 cm breit, herzförmig, langspitzig; Schwiele mit einer Leiste, zwei aufrechten Läppchen und vorn mit zwei stumpfen Zähnen. Säule keulenförmig, weiß und grün.
Verbreitung: Guatemala, Mexiko, El Salvador, Honduras, Costa Rica und Venezuela.
Geschichte: Die Pflanze wurde 1838 erstmals aus Mexiko von G. Barker, Birmingham, in die Kultur eingeführt und noch im gleichen Jahr von J. Lindley im »Botanical Register« veröffentlicht. Unkenntnis der natürlichen Bedürfnisse der Pflanze führte bald zu ihrem Verlust. Erst 1854 wurde sie wiederholt und erfolgreich von M. Linden in Brüssel in Kultur genommen.
Anmerkung: Ähnlich ist *O. maculatum;* diese Art besitzt jedoch kein aufsteigendes Rhizom.
Synonym: Odontoglossum hookeri Lem.

Odontoglossum crispum Lindl.

Pseudobulben des außerordentlich vielgestaltigen Epiphyten bis 7,5 cm lang, breit eiförmig oder länglich-eiförmig im Umriß, 2schneidig, am Gipfel 2blättrig. Blätter 30–42 cm lang, 1,8–3,1 cm breit, linealisch-lanzettlich, halbaufrecht, vorn spitz. Blütenstand geschwungen oder herabhängend, traubig oder rispig, bis über 50 cm lang, vielblütig; Brakteen klein, bis 1,2 cm lang, lanzettlich-hutförmig. Blüten veränderlich, sehr attraktiv, 6–8,5 cm breit: vorwiegend weiß oder

rosa behaucht, selten hellgelb, mehr oder minder stark rot oder purpurn getüpfelt oder gefleckt; Schwiele hellgelb, Sepalen 3,1–5 cm lang, 1,2–2,2 cm breit, eiförmig-lanzettlich, gewellt, auf dem Rücken gekielt, stumpf bis langspitzig. Petalen 3–4,5 cm lang, 1,7–3,8 cm breit, eiförmig-elliptisch bis länglich-elliptisch, an den Rändern ausgebissen und gezähnt, spitz bis langspitzig. Lippe 2–3 cm lang, 1,2–1,5 cm breit, länglich oder annähernd geigenförmig, an den Rändern gezähnt, vorn stumpf und ausgerandet oder mit aufgesetzter Spitze; Schwiele fleischig, am Gipfel mit zwei auseinanderstrebenden Läppchen. Säule etwas gebogen, mit zwei zerfetzten Flügeln.
Verbreitung: Kolumbien, auf westlichen Ausläufern und Hängen der östlichen Kordillere, 2250–3000 m.
Geschichte: Wenn für nichts anderes, Theodor Hartweg wird für die Entdeckung der berühmtesten Art der Gattung im Erinnerung bleiben. Er fand sie 1841, als er im Auftrag der Horticultural Society of London sammelte. J. Lindley beschrieb die Art unter Zugrundelegung von Hartwegs Aufsammlung 1852 in »Folia Orchidacea«. Überraschend ist die Tatsache, daß die Pflanze erst 1863 in die Kultur eingeführt wurde. Weir, Blunt und Schlim sammelten sie für die oben erwähnte Horticultural Society und respektive für die Firman Low & Co in England und Linden in Brüssel. Von den von Blunt gesammelten Exemplaren wurde eines an John Day in Tottenham verkauft, der es als erster in Kultur zur Blüte brachte.
Anmerkung: Diese populäre Art ist in der Kultur mit vielen Varietäten und Farbformen anzutreffen.
Synonym: Odontoglossum alexandrae Batem.

Odontoglossum cruentum Rchb.f.

Pseudobulben des Epiphyten 2,5–5,5 cm lang, 1,5–2,5 cm breit, im Umriß ei- bis birnenförmig, zusammengedrückt, unten mit zwei bis drei blatttragenden Scheiden, am Gipfel 2blättrig. Blätter bis 22 cm lang und 1,9 cm breit, linealisch-riemenförmig, halbaufrecht, vorn spitz. Blütenstand aufrecht, etwas gebogen, bis 45 cm lang, traubig oder wenig verzweigt, locker vielblütig; Brakteen bis 1 cm lang, lanzettlich, spitz. Blüten ungefähr 5 cm breit: Sepalen und Petalen grünlichgelb, auf der Innenseite mit einigen kastanienbraunen Flecken; Lippe gelb und in der Mitte mit einem braunen Fleck; Säule rot. Sepalen 2,5–3,2 cm lang, 0,5–0,6 cm breit, linealisch-verkehrtlanzettlich, langspitzig, die seitlichen etwas gedreht. Petalen 2–2,8 cm lang, bis 0,5 cm breit, schmal-elliptisch-lanzettlich, an den Rändern wellig, spitz bis langspitzig. Lippe kurz genagelt, 1,8–2 cm lang, bis 0,6 cm breit, länglich-geigenförmig, an den Rändern rückwärts gebogen, vorn langspitzig, nach dem untersten Drittel scharf abwärts gekrümmt; Schwiele auf dem Nagel, fleischig, oben gabelig geteilt und unten jederseits mit einem Zahn. Säule 1 cm lang, keulenförmig, gebogen, mit schmal-länglichen Flügeln.
Verbreitung: Kolumbien und Ecuador; 2000–2500 m; in Nebelwäldern.
Geschichte: Die Pflanze wurde im Februar 1866 von Wallis in Chuquiribamba in Ecuador gefunden und von H.G. Reichenbach im zweiten Band von »Xenia Orchidacea« veröffentlicht.

Odontoglossum hallii Lindl.

Pseudobulben des sehr großen, verschiedengestaltigen Epiphyten auf dem kurzen Rhizom stehend, 5–10 cm lang, im Umriß länglich-eiförmig, stark zusammengedrückt, unten von 2zeilig angeordneten, beblätterten Scheiden begleitet, am Gipfel 1–2blättrig. Blätter 13–30 cm lang, 2–4,5 cm breit, länglich-lanzettlich bis riemenförmig, vorn spitz. Blütenstand aus den Achseln der Scheiden hervortretend, 30–90 cm lang, traubig oder seltener rispig, locker 4–20blütig, mit etwas zickzackartiger Achse. Blüten groß: Sepalen und Petalen gelb, purpurbraun getüpfelt und gefleckt; Lippe weiß, mit wenigen dunkelpurpurnen Tüpfeln; Schwiele gelb. Mittlere Sepale 3,6–5,5 cm lang, bis 1,2 cm breit, lanzettlich bis elliptisch-lanzettlich, langspitzig; die seitlichen der mittleren ähnlich aber etwas asymmetrisch. Petalen bis 5 cm lang und 1,5 cm breit, schief-eiförmig-lanzettlich, spitz. Lippe kurz genagelt, geigenförmig-länglich, am vorderen Rande gefranst-gezähnt; Schwiele aus mehreren erhabenen reich mit Fransen besetzten Leisten bestehend. Säule 1,6–1,9 cm lang, stark gebogen, ihre Flügel in schmale Zähne oder Ränkchen geteilt.
Verbreitung: Kolumbien, Ecuador und Peru; bis zu 2600 m.
Geschichte: Eine der exquisiten *Odontoglossum*-Arten, die Colonel Hall 1837 im Lloa-Tal in den Anden von Ecuador fand und die J. Lindley noch im gleichen Jahr im »Botanical Register« beschrieb. Sie wurde erst 1864 und 1865 von den Firmen Low & Co, Linden, Backhouse und Veitch zur Kultur nach Europa eingeführt.

Odontoglossum harryanum Rchb.f.

Pseudobulben des großen Epiphyten in dichten Büscheln angeordnet, 6–8 cm lang, im Umriß länglich-eiförmig bis kurz kegelförmig, unten mit mehreren blatttragenden Scheiden, am Gipfel 2blättrig. Blätter bis 44 cm lang, 2,5–4 cm breit, länglich-elliptisch bis schmal-länglich, unten deutlich gestielt, vorn spitz bis stumpf. Blütenstand bis 100 cm lang, fast aufrecht, traubig, mehr- bis vielblütig. Blüten groß und augenfällig: Sepalen und Petalen bleich- bis kastanienbraun; Petalen am Grunde purpurviolett gestreift; Lippe weiß und am Grunde ebenfalls purpurviolett gestreift. Mittlere Sepale bis 4,5 cm lang, 1,3–2,5 cm breit, elliptisch-länglich bis elliptisch, spitz; die seitlichen ähnlich aber asymmetrisch. Petalen 4,2 cm lang, 2,3 cm breit, elliptisch-länglich bis schmal-elliptisch, spitz. Lippe bis 4,5 cm lang, kurz genagelt, geigenförmig oder undeutlich 3lappig, an den Seiten einwärts gebogen, im vorderen Teil fast herzförmig, spitz oder stumpf; Platte mit einer erhabenen, zerfetzten oder gefransten Schwiele. Säule nur 1,2–1,7 cm lang, oben mit gezähnten Flügeln.

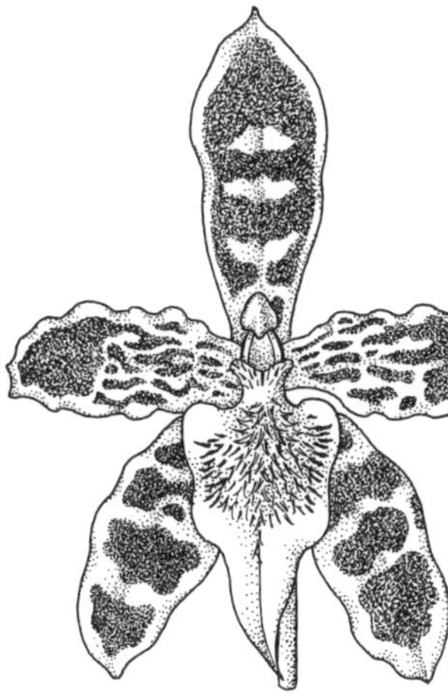

Odontoglossum harryanum (× 3/5)

Verbreitung: Kolumbien und Peru.
Geschichte: Die Pflanze wurde von der Firma Horsman & Co. in Colchester in die Kultur eingeführt und 1886 von H.G. Reichenbach in »Gardeners' Chronicle« veröffentlicht. Der Artname wurde zu Ehren von Harry Veitch, dem Eigentümer der weltberühmten Gartenfirma, gewählt.

Odontoglossum krameri Rchb.f.

Pseudobulben der Zwergorchidee bis 5 cm lang und 4 cm breit, fast kreisrund im Umriß, stark zusammengedrückt und 2schneidig, hellgrün, am Gipfel 1blättrig. Blätter gestielt, bis 25 cm lang und 4,3 cm breit, länglich bis länglich-lanzettlich, vorn spitz. Blütenstand aufrecht, seitlich hervorstehend oder hängend, 16–21 cm lang, 3blütig; Brakteen bis 1 cm lang, hutförmig, spitz. Blüten 3,5–4 cm breit: violett, lila oder selten elfenbeinfarbig; Schwiele gelb, mit einigen roten oder purpurnen Tüpfeln und vorn mit einem orangefarbigen Streifen. Sepalen bis 2,1 cm lang, 0,8–0,9 cm breit, riemenförmig-elliptisch oder länglich-elliptisch, spitz. Petalen bis 1,8 cm lang und 0,9 cm breit, riemenförmig oder verkehrtlanzettlich, oben abgerundet. Lippe genagelt, ihre Fläche 1,9 cm lang, 1,6 cm breit, nieren- bis trapezförmig, vorn ausgerandet; Schwiele auf dem Nagel sitzend, aus zwei Leisten bestehend.
Verbreitung: Panama und Costa Rica, auf der atlantischen wie auch auf der pazifischen Seite der Zentral-Kordilliere.
Geschichte: Die Pflanze wurde erstmals von Kramer, einem Sammler der Firma Veitch in Costa Rica gefunden und 1868 von H.G. Reichenbach im »Gardeners' Chronicle« beschrieben.
Anmerkung: Die Art ist mit *O. pendulum* verwandt (siehe dort); die Unterschiede zu dieser Pflanze liegen in der Größe und Farbe der Blüte und der anders gestalteten Schwiele.

Odontoglossum laeve Lindl.

Pseudobulben der großen, oft bis über 100 cm hohen epi- oder lithophytischen Orchidee 5–12 cm lang, 2,5–6,5 cm breit, im Umriß eiförmig-elliptisch, zusammengedrückt, am Gipfel 2–3blättrig. Blätter 15–45 cm lang, 2,5–5,5 cm breit, linealisch-riemenförmig bis länglich-riemenförmig, lederig, biegsam, vorn abgerundet bis spitzlich. Blütenstand aufrecht, rispig, bis über 100 cm lang, vielblütig, von einer großen Scheide begleitet; Brakteen bis 1,5 cm lang, eiförmig-hutförmig, trockenhäutig, spitz. Blüten sehr augenfällig, mittelgroß: Sepalen und Petalen gelb, mit rotbraunen Rändern und Flecken; Lippe oben weiß, purpurartig unterhalb der Mitte. Sepalen 2,5–3,5 cm lang, 0,6–0,9 cm breit, schmal-elliptisch bis verkehrtlanzettlich, spitz; die beiden seitlichen auf dem Rücken gekielt, am Gipfel zurückgebogen und an den Rändern rückwärts gekrümmt. Petalen 2,5–3 cm lang, 0,7–0,8 cm breit, schief-schmal-elliptisch. Lippe 2–3 cm lang, 1–1,3 cm breit, länglich-geigenförmig, in der vorderen Hälfte herabgeschlagen, vorn ausgerandet und mit aufgesetzter Spitze; Schwiele fleischig, im unteren Viertel gefurcht, über dem Knie der Lippe in zwei bis fünf Leisten endend. Säule ungefähr 1 cm lang, keulenförmig, geöhrt.
Verbreitung: Mexiko und Guatemala; seltene Pflanze im Regenwald; bis 1600 m.
Geschichte: Die Pflanze wurde zuerst von G.U. Skinner und danach von T. Hartweg in Guatemala entdeckt und 1844 von J. Lindley im »Botanical Register« veröffentlicht.
Anmerkung: Wie R. Dressler und N. Williams (»Orquidea (Mexico)«) 1975 feststellen, ist die Frage um die Stellung dieser Pfanze in den Gattungen *Odontoglossum* oder *Oncidium* nicht klar zu beantworten. Das gleiche gilt für die nahe verwandte Art *Odontoglossum reichenheimii* und außerdem für *Miltonia schroederiana.*

Odontoglossum lindenii Lindl.

Pseudobulben der büschelig wachsenden terrestrischen Pflanze bis 6 cm lang, 2–5 cm breit, im Umriß eiförmig, am Gipfel 2blättrig. Blätter bis 35 cm lang und 3 cm breit, linealisch, aufrecht, ziemlich dünn, mit eingerollten Rändern, vorn spitzlich. Blütenstand aufrecht, die Blätter überragend, 40–100 cm lang, rispig, mit kurzen und etwas verdrehten Ästen; Brakteen bis 2,6 cm lang, länglich, hutförmig, mit aufgesetzter Spitze. Blüten ungefähr 3 cm breit, leuchtendgelb. Sepalen 2 cm lang, 0,8 cm breit, kurz genagelt, verkehrtlanzettlich oder spatelförmig, stumpf, an den Rändern wellig. Petalen 1,7 cm lang, 0,7–0,8 cm breit, elliptisch-spatelig, spitzlich bis stumpf, an den Rändern stark wellig. Lippe 1,6 cm lang, 1 cm breit, eiförmig, manchmal sehr schwach 3lappig, vorn mit aufgesetzter Spitze; Schwiele am Grunde mit zwei Leisten und vorn mit mehreren Fortsätzen. Säule stielrund, gelb.
Verbreitung: Jamaika, Venezuela, Kolumbien und Ecuador.
Geschichte: Die Pflanze wurde in Kolumbien von J. Linden in einer Höhenlage von 2800 m entdeckt. J. Lindley benannte sie nach ihm 1852 in seiner Veröffentlichung in »Folia Orchidacea«.
Synonyme: Odontoglossum jamaicense Griseb.; *O. platyodon* Rchb.f.

Odontoglossum lindleyanum Rchb.f.

Pseudobulben bis 7,5 cm lang, 1,6–3,2 cm breit, im Umriß breit eiförmig, stark zusammengepreßt, 2schneidig, am Gipfel 2blättrig. Blätter bis 30 cm lang, 1,2–1,8 cm breit, linealisch-lanzettlich, schräg-aufrecht, vorn spitz. Blütenstand bogig geschwungen bis fast hängend, traubig oder rispig, vielblütig; Brakteen 0,8 cm breit: Sepalen und Petalen gelb, mit einem rotbraunen Flecken in der Mitte und nach der Basis zu rotbraun getüpfelt; Lippe rotbraun, mit gelblicher Spitze, am Grunde weiß und purpurn getüpfelt. Sepalen 2,9 cm lang und 0,6 cm breit, linealisch-lanzettlich, spitz. Petalen den Sepalen ähnlich, 2,7 cm lang, 0,7 cm breit. Lippe 2,5–3 cm lang, bis 1 cm breit, schwach 3lappig, in der Mitte gekniet; Seitenlappen sehr klein, Mittellappen lanzettlich, zurückgeschlagen, spitz; Schwielen 2, hornartig. Säule 1,8 cm lang, gerade mit schmalen Flügeln.
Verbreitung: Kolumbien; in der mittleren und östlichen Kordillere.
Geschichte: Die Pflanze wurde 1842 oder 1843 von J. Linden gefunden; er sandte Exemplare an J. Lindley, der sie irrtümlich als *O. epidendroides* H.B.K. bestimmte. Später kam H.G. Reichenbach zu dem Schluß, daß Lindens Pflanze eine neue Art repräsentiert. Er beschrieb sie 1854 in »Bonplandia« und benannte sie zu Ehren des zweifellos bedeutendsten Orchidologen aller Zeiten, John Lindley.
Anmerkung: Diese Art ist mit *O. odoratum* verwandt, unterscheidet sich aber durch Blütenfarbe und Blütenmarkierungen, durch den von deutlich genagelten Kiel und durch die Säule, die oben keine verlängerten zugespitzten Arme besitzt.

Odontoglossum luteo-purpureum Lindl.

Pseudobulben des Epiphyten bis 7 cm lang und 3 cm breit, im Umriß eiförmig, zusammengepreßt, unten mit einigen blatttragenden Scheiden, am Gipfel 2blättrig. Blätter 23–60 cm lang, 1,6–2,3 cm breit, linealisch oder linealisch-lanzettlich, schräg aufrecht, vorn spitz. Blütenstand aufrecht, bis 100 cm lang, traubig, vielblütig; Blüten augenfällig, 6–8,5 cm breit: Sepalen und Petalen leuchtend kastanienbraun, an den Rändern und Spitzen gelb; Lippe gelblichweiß, mit rotbraunen Flecken; Schwiele intensiv gelb. Sepalen 4–5 cm lang, bis 1,4 cm breit, lanzettlich, wellig, spitz bis langspitzig. Petalen bis 4,2 cm lang und 1,2 cm breit, lanzettlich an den Rändern wellig-gekräuselt, langspitzig. Lippe bis 3 cm lang und 2 cm breit, schwach 3lappig; Seitenlappen klein; Mittellappen genagelt, nierenförmig, vorn meistens ausgerandet, an den Rändern zerfetzt; Schwiele mit vielen rankenartigen Anhängseln. Flügel der Säule gezähnt.

Verbreitung: Kolumbien, 2500 m.
Geschichte: Die sehr verschiedengestaltige Pflanze wurde von J. Linden in den Wäldern der Umgebung von Quindiu in 2500 m Höhe gefunden und von J. Lindley 1846 in seinem Werk »Orchidaceae Lindenianae« veröffentlicht.
Anmerkung: In der Kultur findet man viele Varietäten dieser interessanten Pflanze.
Synonym: Odontoglossum hystrix Batem.

Odontoglossum maculatum La Llave et Lexarza

Pseudobulben des 12–50 cm hohen, mit kräftigem, kriechendem Rhizom wachsenden Epiphyten 4–9,5 cm lang, bis 3 cm breit, im Umriß eiförmig bis eiförmig-elliptisch, zusammengedrückt, am Gipfel 1–2blättrig. Blätter 7,5–32 cm lang, 1,8–5,5 cm breit, elliptisch-riemenförmig bis elliptisch-lanzettlich, lederig, vorn stumpf bis spitz. Blütenstand bis 40 cm lang, hängend, wenig- bis vielblütig; Brakteen bis 2,7 cm lang, breit-elliptisch, spitz. Blüten auffällig, ungefähr 8 cm breit: Sepalen gelb und mit rotbraunen Tüpfeln oder gänzlich rotbraun. Petalen und Lippe gelb, mit rotbraunen Tüpfeln (besonders dicht am Grunde); Schwiele gelb mit roter Zeichnung. Sepalen 2,4–4 cm lang, 0,5–1 cm breit, linealisch-lanzettlich bis elliptisch-lanzettlich, auf dem Rücken gekielt, langspitzig; die seitlichen asymmetrisch. Petalen 2,2–3,2 cm lang, 1–1,5 cm breit, kurz genagelt, elliptisch oder verkehrteiförmig, spitz oder etwas langspitzig. Lippe kurz genagelt, 1,5–2,2 cm lang, 1,3–2,4 cm breit, 3eckig-herzförmig oder herz-nierenförmig, an den Rändern ausgebissen und gekräuselt, vorn spitzlich; Schwiele auf dem Nagel angeordnet, fleischig, mit zwei Seitenlappen, einer Mittelleiste, die zwischen einem Paar auseinanderstrebender Hörner endet. Säule weißlich, 1,2 cm lang, fein flaumig.
Verbreitung: Mexiko und Guatemala; in Kiefern- und Eichenwäldern; bis 3000 m.
Geschichte: Die Pflanze wurde von den bedeutenden spanischen Botanikern La Llave und Lexarza in den Irapea-Bergen bei Valladolid in Mexiko gefunden und 1824 in ihrem Werk »Novum Vegetabilium« beschrieben. *O. maculatum* wurde erstmals 1838 durch die Firma Barker in Birmingham in die Kultur eingeführt.
Anmerkung: Die Art ist nahe mit *O. cordatum* Lindley verwandt, unterscheidet sich aber von ihr durch kürzere, langspitzige Petalen. Von *O. cervantesii* ist sie in der Größe verschieden, außerdem hat sie an der Säule keine Öhrchen.

Odontoglossum majale Rchb.f.

Pseudobulben des kleinen, bis 35 cm hohen Epiphyten gebüschelt auf dem kurzen Rhizom angeordnet, 4–7 cm lang, 2–2,5 cm breit, im Umriß eiförmig-elliptisch bis schmal-eiförmig, zusammengedrückt, fast völlig von groben, trockenen, hellbraunen Scheiden verdeckt, am Gipfel 1blättrig. Blätter 10–30 cm lang, 1,8–3 cm breit, linealisch-riemenförmig, schräg aufrecht, vorn spitzlich oder stumpf. Blütenstand aufsteigend bis aufrecht, 10–14 cm lang, 2–4blütig; Brakteen 1–1,8 cm lang, eiförmig, trockenhäutig, spitzlich. Blüten augenfällig: purpurn oder rosenrot; Lippe mit dunkel purpurvioletten Flecken oder karminrot. Sepalen 2–2,7 cm lang, 0,65–0,8 cm breit, länglich-lanzettlich oder lanzettlich, auf dem Rücken gekielt, konkav, spitz. Petalen asymmetrisch, 2–2,5 cm lang, 0,5–0,6 cm breit, länglich-elliptisch bis schmal verkehrtlanzettlich, spitz bis stumpflich. Lippe 1,7–2,8 cm lang, 1,7–3,2 cm breit, mit einem schlanken Nagel, eiförmig-quadratisch, vorn ausgerandet, an den Rändern zurückgebogen; Schwiele mit zwei zweizähnigen Läppchen. Säule 1,2–1,5 cm lang, weiß, keulenförmig, schlank.
Verbreitung: Guatemala; selten; bis 2600 m.
Geschichte: Die Pflanze wurde 1886 von H.G. Reichenbach in der Zeitschrift »Flora« veröffentlicht.
Synonym: Odontoglossum platycheilum Weathers.

Odontoglossum odoratum Lindl.

Pseudobulben 4–7,5 cm lang, im Umriß breiteiförmig, stark zusammengepreßt und 2schneidig. Blätter bis 30 cm lang und 4 cm breit, linealisch-lanzettlich, auf der Unterseite gekielt, annähernd aufrecht. Blütenstand 50–75 cm lang, traubig oder rispig, locker vielblütig; die Äste zickzackförmig. Blüten duftend, 3,8–5 cm breit: hell- bis dunkelgelb, mit rotbraunen oder kastanienbraunen Tüpfeln. Sepalen 1,9–3,5 cm lang, 0,4–0,7 cm breit, schmal-lanzettlich, langspitzig und oben zurückgebogen. Petalen bis 3 cm lang und 0,6 cm breit, lanzettlich, an den Rändern gewellt, sehr langspitzig. Lippe kurz genagelt, 3lappig, 2,4 cm lang und 1 cm breit, im untersten Drittel gekniet; Seitenlappen aufrecht, abgerundet; Mittellappen lanzettlich bis länglich-elliptisch, in der vorderen Hälfte herabgeschlagen, in der unteren drüsig-flaumig, langspitzig; Schwiele weiß, 2zähnig, mit Drüsenhaaren besetzt. Säule oben mit zwei rankenartigen Anhängseln.

Verbreitung: Venezuela und Kolumbien.
Geschichte: Die Pflanze wurde 1842 oder 1843 im westlichen Venezuela erstmals von J. Linden gefunden und später von Schlim in der östlichen Kordillere in Kolumbien. J. Lindley beschrieb die angenehm duftende (weißdorn-ähnlich) Pflanze 1846 in »Orchidaceae Lindenianae«.
Synonyme: Odontoglossum gloriosum Lind. et Rchb.f.; *O. glonerianum* Lind.

Odontoglossum oerstedii Rchb.f.

Pseudobulben der bis 20 cm hohen Zwergorchidee 2,2–5 cm lang, 1,8–2,5 cm breit, im Umriß eiförmig, zusammengepreßt, am Gipfel 1blättrig. Blätter gestielt, 7,5–12,5 cm lang, 1,7–3 cm breit, elliptisch-lanzettlich, aufrecht, lederig, vorn stumpf. Blütenstand aufrecht, bis 17 cm lang, traubig, 2–5blütig; Brakteen 1,2 cm lang, lanzettlich. Blüten 2,5–3,8 cm breit: mit Ausnahme des gelben Lippengrundes weiß. Sepalen 1,3–1,7 cm lang, 0,5–0,7 cm breit, schmal-elliptisch-länglich, spitzlich. Petalen 1,4–1,8 cm lang, 0,7–1 cm breit, schmal-länglich, stumpf oder abgestutzt. Lippe 1,4–2,3 cm lang, 1,4–2,4 cm breit, schwach 3lappig; Seitenlappen klein, öhrchenartig; Mittellapen fast kreisrund-fächerig, vorn ausgerandet; Schwiele erhaben, quadratisch, mit zwei Leisten, gelb mit orangefarbigen Tüpfeln. Säule weiß.
Verbreitung: Costa Rica; in großen Höhen, bis 3000 m.
Geschichte: J. Warscewicz fand die Pflanze 1848 erstmals auf den höheren Abhängen von Irasu und Turialba in Costa Rica; später wurde sie an den gleichen Stellen auch von A. Oersted, H. Wendland und Endres gesammelt. H.G. Reichenbach beschrieb sie 1855 in »Bonplandia«. In die Kultur wurde die Art erst 1872 durch die Firma Veitch eingeführt.

Odontoglossum pendulum (La Llave et Lex.) Batem.

Pseudobulben 10–15 cm lang, 5–7,5 cm breit, im Umriß eiförmig, stark zusammengepreßt und 2schneidig, am Gipfel 2blättrig. Blätter 12–30 cm lang, bis 3 cm breit, breit-riemenförmig, lederig, vorn spitz. Blütenstand bis 100 cm lang, hängend, traubig, vielblütig, mit den Neusprossen erscheinend. Blüten 6,3–7,5 cm breit, nach Zitronen duftend: Sepalen und Petalen reinweiß, am Grunde mehr oder weniger rosa behaucht; Lippe bleich- oder tiefrosenrot; Schwiele gelb,

mit roten Tüpfeln. Sepalen 2,3–2,6 cm lang, bis 1,5 cm breit, eiförmig-elliptisch, gewellt, abgerundet. Petalen 2–2,8 cm lang, bis 1,5 cm breit, elliptisch, gewellt, oben stumpf oder ausgerandet. Lippe lang genagelt; ihre Fläche 2,2–3,2 cm lang, 2,8–4 cm breit, nierenförmig, vorn ausgerandet und in der Bucht meistens mit aufgesetztem Spitzchen; Schwiele auf dem Nagel angeordnet, aus zwei an beiden Enden abgerundeten und unten erhabenen Leisten bestehend. Säule auf dem Rücken und auf jeder Seite mit einem ausgebissen-gezähnten Flügel.
Verbreitung: Mexiko; in Eichenwäldern; ungefähr 1500 m.
Geschichte: Die Pflanze gehört zu den schönsten, von den beiden Spaniern C. de La Llave und J. de Lexarza entdeckten *Odontoglossum*-Arten. Sie beschrieben sie 1825 in ihrem Werk »Orchidiaum Opusculum« als *Cuitlauzina pendula;* aber die Pflanze blieb umstritten, bis George Barker in Birmingham sie durch seinen Sammler Ross 1838 zur Kultur nach Europa einführte. J. Lindley beschrieb sie 1842 im »Botanical Register« als *O. citrosmum,* unter welchem Namen sie auch heute noch in Gärtnerkreisen bekannt ist.
Anmerkung: Siehe auch *O. krameri.*
Synonyme: Odontoglossum citrosmum Lindl.; *Cuitlauzina pendula* La Llave et Lex.

Odontoglossum pulchellum Lindl.

Pseudobulben des aufrechten, oft in großen Büscheln wachsenden Epiphyten bis 10 cm lang und 3,5 cm breit, in dichten Gruppen angeordnet, im Umriß eiförmig-elliptisch, zusammengepreßt, längsgefurcht, unten von mehreren 2zeilig angeordneten Scheiden umgeben, am Gipfel 2blättrig. Blätter 10–35 cm lang, 0,8–1,4 cm breit, linealisch-riemenförmig, lederig, aufrecht bis abstehend, vorn spitz. Blütenstand aufrecht, 12–50 cm lang, locker 3–10blütig; Brakteen 0,8–1,3 cm lang, 3eckig-lanzettlich, papierartig, langspitzig. Blüten 2,8–3,2 cm breit, duftend: weiß, aber die Außenseite der Sepalen und Petalen rosenfarbig; Schwiele gelb. Mittlere Sepale 1–2 cm lang, 0,6–1,3 cm breit, verkehrteiförmig oder elliptisch, konkav, mit aufgesetzter Spitze, die seitlichen Sepalen 1–2 cm lang, 0,5–1 cm breit, breitelliptisch, etwas asymmetrisch, an der Basis miteinander verwachsen, oben mit aufgesetzter Spitze. Petalen 1,3–2 cm lang, 0,7–1,5 cm breit, fast kreisrund bis verkehrt-eiförmig, etwas asymmetrisch, an den Rändern gekräuselt, konkav, mit aufgesetzter Spitze. Lippe an der Blüte oben stehend, gebogen, 1–1,8 cm lang, 0,8–1,1 cm breit, geigenförmig, an den Rändern gekräuselt; Schwiele länglich-quadratisch, aus drei fleischigen Leisten bestehend. Säule nur 0,4–0,5 cm lang, dick.
Verbreitung: Mexiko, Guatemala und El Salvador; häufig in Bergwäldern; bis 2600 m.
Geschichte: Die wahrscheinlich von G.U. Skinner gesammelte Pflanze wurde erstmals von J. Bateman in die Kultur eingeführt. J. Lindley veröffentlichte sie im »Botanical Register« 1841.
Anmerkung: Nahe verwandt sind *O. egertonii* und *O. convallarioides;* von beiden unterscheidet sich *O. pulchellum* durch ihre größeren Blüten und die stark gebogene Lippe.
Synonym: Osmoglossum pulchellum (Lindl.) Schltr.

Odontoglossum ramosissimum Lindl.

Pseudobulben des Epiphyten bis 12 cm lang und 5 cm breit, im Umriß eiförmig-länglich, zusammengepreßt und 2schneidig, unten mit mehreren 2zeilig angeordneten blatttragenden Scheiden, am Gipfel 1blättrig. Blätter 30–60 cm lang, bis 5 cm breit, linealisch-lanzettlich, vorn spitz. Blütenstand aufrecht, oft bis über 100 cm lang, rispig, ganz oben im Umriß pyramidenartig, dicht vielblütig. Blüten ungefähr 5 cm breit: weiß und violett getüpfelt. Sepalen 2,4–2,6 cm lang, bis 0,8 cm breit, schmal-lanzettlich, langspitzig, an den herabgebogenen Rändern gewellt. Petalen ungefähr 2,2 cm lang und 0,8 cm breit, lanzettlich, langspitzig, an den herabgebogenen Rändern gewellt. Lippe ungefähr 1,8 cm lang und 0,7 cm breit, verlängert-3eckig, zurückgeschlagen, langspitzig; Schwiele aus zwei Leisten gebildet, vorn mit vielen Zähnen, weiß. Säule undeutlich geflügelt, oft purpurn überlaufen.
Verbreitung: Kolumbien und Venezuela.
Geschichte: Die Pflanze wurde 1843 von J. Linden in der Nähe von Merida in Venezuela entdeckt und 1852 von J. Lindley in »Folia Orchidacea« veröffentlicht. G. Wallis sandte 1871 die ersten lebenden Pflanzen an die Firma Linden.
Synonyme: Odontoglossum angustatum Batem.; *O. liliiflorum* hort.; *Oncidium ramosissimum* (Lindl.) Beer.

Odontoglossum reichenheimii Lind. et Rchb.f.

Diese aus Mexiko stammende Art gehört zum Verwandtschaftskreis von *O. laeve;* manche Botaniker betrachten sie nur als eine Varietät dieser Art. Sie ist ziemlich groß und robust und besitzt einen vielblütigen Blütenstand von ungefähr 100 cm Länge. Im Gegensatz zur Blüte von *O. laeve* ist die Lippe bei ihr nicht herabgeschlagen.
Siehe auch Anmerkung unter *O. laeve!*

Odontoglossum retusum Lindl.

Pseudobulben der großen epi- oder lithophytischen Pflanze 2,5–5 cm lang, im Umriß eiförmig oder schmal-elliptisch, etwas zusammengepreßt, gebüschelt, unten mit drei bis vier Paaren 2zeilig angeordneter, sich ziegelartig deckender Scheiden versehen, am Gipfel 1blättrig. Blätter bis 29 cm lang und 2 cm breit, linealisch-elliptisch oder linealisch-verkehrtlanzettlich, vorn stumpf bis spitzlich. Blütenstand bis 60 cm lang, rispig, locker vielblütig, schlank, aufrecht. Blüten ziemlich klein für die Gattung: orangefarbig oder scharlachrot, mit goldgelber Lippe. Mittlere Sepale 1,3–1,6 cm lang, bis 0,55 cm breit, breit-verkehrtlanzettlich, konkav, spitz; die seitlichen der mittleren ähnlich aber asymmetrisch. Petalen ungefähr 1,3 cm lang, 0,4 cm breit, schmal-länglich-verkehrteiförmig, ein wenig asymmetrisch, spitz. Lippe ungefähr 1 cm lang und 0,75 cm breit, länglich-quadratisch, sitzend, ungeteilt oder schwach 3lappig, im vorderen Teil zurückgebogen und gestutzt; Platte in der Mitte mit zwei dicht beieinanderliegenden Leisten. Säule bis etwa 0,3 cm lang, dick, mit prominentem Rande auf jeder Seite.
Verbreitung: Ecuador, Kolumbien und Peru.
Geschichte: J. Lindley beschrieb diese Art 1844 in Bentham's »Plantae Hartwegianae« unter Zugrundelegung einer von T. Hartweg auf dem Berge Saraguni bei Loxa in Kolumbien gesammelten, auf Felsen wachsenden Pflanze.
Synonyme: Oncidium retusum (Lindl.) Beer; *Cyrtochilum retusum* (Lindl.) Kraenzl.

Odontoglossum rossii Lindl.

Ziemlich kleine epiphytische Pflanze, 10–25 cm hoch, oft in dichten Büscheln wachsend. Pseudobulben 3–6 cm lang, 1,5–3,5 cm breit, im Umriß eiförmig bis eiförmig-elliptisch, zusammengedrückt, am Gipfel 1blättrig. Blätter 5–20 cm lang, 1,5–4 cm breit, elliptisch bis elliptisch-lanzettlich, schwach lederig, vorn spitz. Blütenstand aufrecht oder bogig überhängend, 6–20 cm lang, eiförmig-lanzettlich, papierartig, spitz oder mit aufgesetztem Spitzchen. Blüten augenfällig, ungefähr 8 cm breit: weiß oder bleichrosa; auf den

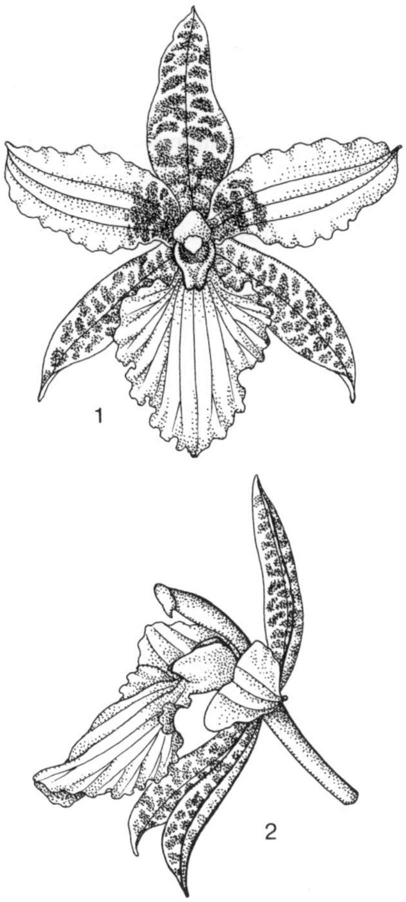

Odontoglossum rossii
1 = Blüte von vorn (× 1)
2 = Blüte von der Seite (× 1)

Sepalen mit dem unteren Teil der Petalen rotbraun gefleckt; Schwiele tief gelb und mit rotbraunen Tüpfeln; Säule rosaviolett. Sepalen 2,5–4,5 cm lang, 0,5–1,1 cm breit, länglich-elliptisch bis länglich-lanzettlich, an den Rändern abwärts gebogen, spitzlich bis langspitzig. Petalen kurz genagelt, 2,5–3,8 cm lang, 0,8–1,9 cm breit, länglich-elliptisch, oben spitz oder stumpf und rückwärts gebogen, an den Rändern wellig und gekräuselt. Lippe mit schlankem Nagel, 2–3,2 cm lang, 1,8–3,2 cm breit, breit-elliptisch, vorn manchmal ausgerandet, wellig; Schiele mit zwei Flügeln: jeder aufrecht, verkehrthalbherzförmig und oben mit zwei stumpfen Spitzen. Säule 1,5–2 cm lang, dünn, keulenförmig, gebogen, papillös, ungeflügelt.
Verbreitung: Mexiko, Guatemala und Nicaragua; nicht häufig in Bergwäldern; bis 3000 m.
Geschichte: Die Pflanze wurde 1837 erstmals von Ross, der für Barker in Birmingham sammelte, im Oaxaca-Distrikt in Mexiko gefunden. J. Lindley benannte sie nach ihrem Entdecker und beschrieb sie im folgenden Jahr in seinem Werk »Sertum Orchidacearum«.
Anmerkung: Nahe verwandt sind *O. cervantesii, O. majale* und *O. stellatum;* von allen unterscheidet sich *O. rossii* durch ihre ungefleckte Lippe und die stark gefleckten Sepalen.
Synonym: Odontoglossum dawsonianum Rchb.f.

Odontoglossum sanderianum Rchb.f.

Pseudobulben des Epiphyten bis 11 cm lang und 4,5 cm breit, im Umriß eiförmig, zusammengepreßt, in Büscheln auf dem verholzten Rhizom stehend, am Gipfel 2blättrig. Blätter bis 25 cm lang und 3,5 cm breit, linealisch-riemenförmig, auf dem Rücken gekielt, vorn spitzlich, schräg aufrecht. Blütenstand aufrecht oder schräg abstehend, rispig. Blüten 6 cm breit: Sepalen und Petalen bräunlichgelb, braun getüpfelt; Lippe weiß, unterhalb der Schwiele rotbraun gezeichnet; Schwiele weiß, mit gelber Spitze. Sepalen wellig, ungefähr 3,5 cm lang und 0,8 cm breit, lanzettlich, spitz oder langspitzig. Petalen den Sepalen ähnlich aber kürzer und stärker gewellt. Lippe 2,6 cm lang und 1,1 cm breit, genagelt, annähernd geigenförmig, vorn mit aufgesetzter Spitze, an den Rändern ausgebissen, wellig; Schwiele aus zwei unregelmäßigen, vorn in einen spitzen Zahn ausgehenden Leisten bestehend. Säule weiß, mit gelber Spitze, am Gipfel mit zwei pfriemlichen, rankenartigen Anhängseln.
Verbreitung: Venezuela und Kolumbien.
Geschichte: Die Pflanze wurde erstmals von Arnold, der für die Firma Sander & Son in St. Albans sammelte, gefunden und von H. G. Reichenbach 1881 im »Gardeners' Chronicle« beschrieben.
Anmerkung: Mehrere Orchideenkenner betrachten diese Art als eine großwüchsige Varietät von *O. constrictum* (siehe auch dort), mit der sie viele Merkmale gemein hat. In seiner Originalbeschreibung gab H. G. Reichenbach der Meinung Ausdruck, daß *O. sanderianum* ein Kreuzungsprodukt zwischen *O. nevadense* und *O. naevium* sein könnte.
Synonym: Odontoglossum constrictum var. *majalis* Lindl.

Odontoglossum triumphans Rchb.f.

Pseudobulben 7,5–10 cm lang, im Umriß eiförmig, zusammengepreßt, am Gipfel 2blättrig. Blätter 30–45 cm lang, 2–2,5 cm breit, schwertbis riemenförmig, unten gestielt, vorn spitz. Blütenstand 60–90 cm lang, bogig überhängend, traubig oder manchmal rispig; Brakteen klein, bis 1 cm lang, eiförmig-hutartig. Blüten 7,5–8 cm breit: Sepalen und Petalen goldgelb, kräftig und sehr dicht zimtbraun getüpfelt; Lippe weiß oder hellgelb, mit einem großen rotbraunen Flecken in der hinteren Hälfte; Schwiele weiß oder gelb; Säule weiß. Sepalen 3,8–5,3 cm lang, 0,9–1,6 cm breit, länglich-lanzettlich oder schmal-elliptisch, spitz oder langspitzig. Petalen 3–4,4 cm lang, 1,1–1,6 cm breit, elliptisch-rhombisch bis lanzettlich, spitz, an den Rändern gewellt. Lippe genagelt, 3–3,6 cm lang, 1,6–2 cm breit, länglich-eiförmig, betont langspitzig, an den Rändern gezähnt; Schwiele erhaben, vorn in zwei auseinanderstehende Zähne ausgehend. Säule gebogen, 1,7–3 cm lang, mit zwei ausgebissenen Flügeln.
Verbreitung: Kolumbien, in dichten Wäldern; von 1500–3200 m.
Geschichte: Die Pflanze wurde in der östlichen Kordillere erstmals 1842 von J. Linden und in der selben Gegend 1848 von J. Warscewicz nochmals gefunden. H. G. Reichenbach beschrieb sie 1854 in »Bonplandia«. In die Kultur wurde sie jedoch erst 1867 eingeführt, als die Firma Low in Clapton lebendes Material erhielt.
Synonym: Odontoglossum spectatissimum Lindl.

Odontoglossum uro-skinneri Lindl.

Pseudobulben des großen und robusten Lithophyten bis 10 cm lang und 7,5 cm breit, im Umriß eiförmig, zusammengedrückt, am Gipfel 1–2blättrig. Blätter 20–30 cm lang, bis 5 cm breit, lanzettlich, lederig, vorn spitzlich. Blütenstand über 70 cm lang, 10blütig (bis vielblütig); traubig oder rispig; Brakteen bis 2 cm lang, eiförmig, spitz oder langspitzig. Blüten auffällig groß, 5–8 cm hoch: Sepalen und Petalen tiefrot oder grünlich, braun marmoriert und/oder quergebändert; Lippe rosenrot mit weißer Beaderung. Mittlere Sepale 2,5–2,7 cm lang, 1,1–1,3 cm breit, breit-elliptisch, konkav, auf dem Rücken gekielt, spitz oder stumpf; die seitlichen Sepalen 2,7–3 cm lang, 0,7–0,9 cm breit, verkehrtlanzettlich-sichelig, auf dem Rücken gekielt, spitz bis langspitzig. Petalen 2,3–2,6 cm lang, etwa 1,3 cm breit, schief-eiförmig-elliptisch, spitzlich bis stumpf. Lippe kurz genagelt, bis 2,8 cm lang, 2,8–3,5 cm breit, halbkreisrund bis herzförmig, vorn breit abgerundet und oft ausgerandet; Schwiele auf dem Nagel sitzend, mit zwei Leisten, fein flaumig. Säule bis 1,8 cm lang, schlank, keulenförmig, papillös, am Gipfel mit schief-quadratischen Öhrchen.

Verbreitung: Guatemala und Honduras.
Geschichte: Die Pflanze wurde 1854 von G.U. Skinner bei Santa Catarina gefunden und ihm zu Ehren 1859 von J. Lindley im »Gardeners' Chronicle« benannt.
Anmerkung: Sehr nahe mit *O. bictoniense* verwandt aber mit größeren Blüten, anderer Farbgebung und verschieden gestalteten Petalen. J. Lindley glaubte, es könnte sich bei dieser Art um eine Hybride zwischen *O. bictoniense* und *O. rossii* oder *O. cervantesii* handeln.

Odontoglossum weirii Rchb.f.

Blütenstand rispig, mit abstehenden, meistens 6blütigen Ästen; Brakteen 1 cm lang, eiförmig, hutartig, spitz. Blüten ungefähr 4,5 cm breit: Sepalen und Petalen hellgelb, in der unteren Hälfte bleich rotbraun gefleckt und quergebändert; Lippe rot, am Gipfel gelb. Sepalen 2,3–3,4 cm lang, bis 0,5 cm breit, mit schmalem Nagel; ihre Fläche lanzettlich, langspitzig. Petalen 2,5 cm lang und 0,6 cm breit, sichelig-lanzettlich, langspitzig, an den Rändern gewellt. Lippe kurz genagelt, 2,1 cm lang und 0,7 cm breit, eiförmig bis fast pfeilförmig, zurückgeschlagen, gewellt, vorn langspitzig; Schwiele am Grunde der Fläche vor dem Nagel sitzend, fleischig, warzig-samtartig und papillös. Säule 1,2 cm lang, keulenförmig.
Verbreitung: Kolumbien.
Geschichte: Die Pflanze wurde von Weir im Jahre 1868 entdeckt; er sandte lebende Exemplare an J. Bateman nach England. Unter Zugrundelegung einer von Bateman zum Blühen gebrachten Pflanze beschrieb H.G. Reichenbach die Art 1875 im »Gardeners' Chronicle«.
Anmerkung: Die Pflanze ähnelt *O. tetraplasium,* unterscheidet sich aber von ihr durch die längere Säule, die größeren Blüten und ihren offenen Blütenstand.

Oeceoclades Lindl.
Tribus: Cymbidieae
Subtribus: Cyrtopodiinae

Kleine, terrestrische oder seltener epiphytische Kräuter mit meistens dicht beieinanderstehenden, am Gipfel 1–3blättrigen Pseudobulben. Blütenstand seitlich, traubig oder rispig. Blüten klein, von zarter Beschaffenheit, resupiniert. Sepalen und Petalen frei, abstehend. Lippe 3lappig, am Grunde gespornt, am Sporneingang mit quadratischen oder 3eckigen Schwielen. Säule aufrecht, kurz, an der Basis schief; Rostellum kurz; Anthere kappenförmig oder gekämmt; Pollinien 2; Stipes stark zurückgebildet; Klebscheibe groß.
Umfang und Verbreitung: 31 bekannte Arten: im tropischen Südamerika, den Westindischen Inseln, Florida, tropisch Afrika, Madagaskar, den Maskarenen und Seychellen.
Ableitung des Namens: Aus dem Griechischen »oikeios« = privat und »klados« = Ast, Zweig; schwer zu erklären: vermutlich wollte Lindley ausdrücken, daß die Gattung einen eigenen von *Angraecum* unabhängigen Zweig darstellt.
Anmerkung: J. Lindley begründete die Gattung 1832 im »Botanical Register«. Bis in die jüngste Zeit wurden ihre Arten zu Unrecht unter dem Namen *Eulophidium* Pfitzer geführt: L. Garay und P. Taylor (»Botanical Museum Leaflets of Harvard University« 1976) haben die Gattung revidiert und dabei zeigen können, daß E. Pfitzer nicht den geringsten Grund hatte, eine bereits über 50 Jahre zuvor aufgestellte Gattung erneut und aufgrund der gleichen Typus-Art zu benennen. In der vorausgehend zitierten Gattungsrevision findet man nicht nur alle nach den Regeln notwendigen Neukombinationen, sondern auch einen Schlüssel zu sämtlichen Arten.
Typus-Art: O. maculata Lindl.
Synonym: Eulophidium Pfitzer.
Kultur: Substrat B. Mindesttemperatur im Winter 15–18°C. Für Kulturzwecke teilt man die Gattung in zwei Gruppen auf:
1. Arten aus den Wäldern des tropischen Afrika und Südamerika. Diese Pflanzen verlangen starke Beschattung und nur eine kurze trockene Ruheperiode. In der Wachstumsperiode darf man ihnen Wasser nur vorsichtig zuführen, da sie nur wenige, verhältnismäßig dicke Wurzeln produzieren. Die meisten Arten besitzen schön gezeichnete Blätter.
2. Arten aus Madagaskar. Diese Pflanzen sind viel unempfindlicher als die der anderen Gruppe und verlangen nur mäßigen Schatten. Auch sie dürfen nur vorsichtig gewässert werden, müssen aber nach Abschluß der Wachstumsperiode fast trocken gehalten werden.

Oeceoclades angustifolia
(Senghas) Garay et Taylor

Pseudobulben der terrestrischen Pflanze 2 cm lang und 2 cm im Durchmesser, ei-birnenförmig, in dichten Gruppen angeordnet, am Gipfel 1blättrig (selten 2blättrig). Blätter bis 10 cm lang, 0,7 cm breit, linealisch, lederig, aufrecht oder fast aufrecht, matt grün mit violetter Marmorierung. Blütenstand bis 30 cm lang, traubig (sehr selten verzweigt), 5–15blütig; Brakteen 0,15 cm lang, angepreßt, schmal-3eckig, langspitzig. Blüten klein: Sepalen grünlichweiß unten und bräunlich oben. Petalen mit grünen Streifen; Lippe weiß mit ockergelben Mittellappen, Seitenlappen und Platte rot befleckt; Sporn grün. Sepalen 0,8 cm lang, 0,3 cm breit, elliptisch bis verkehrtlanzettlich, spitz. Petalen 0,6 cm lang, 0,45 cm breit, elliptisch, konkav, spitz. Lippe 1–1,2 cm lang, 1,4–1,6 cm breit, 3lappig; Seitenlappen aufrecht, quadratisch-kreisförmig; Mittellappen verkehrteiförmig, spreizend, vorn in zwei Läppchen gespalten; Schwiele 2lappig; Sporn fast kugelförmig, etwas nach innen gebogen, 0,3 cm lang. Säule 0,3 cm lang, 0,35 cm breit, halbkugelig.
Verbreitung: Nord-Madagaskar; zu finden in bemoosten Kalkfelsenrissen.
Geschichte: Die Pflanze wurde von W. Rauh und Buchloh 1961 in der Umgebung von Diego Suarez gefunden und von K. Senghas 1966 in der Zeitschrift »Adansonia« veröffentlicht. L. Garay und P. Taylor versetzten sie 1976 in die Gattung *Oeceoclades* (»Botanical Museum Leaflets of Harvard University«).
Verwandtschaft: Oeceoclades decaryana (H. Perr.) Garay et Taylor; diese Art besitzt jedoch gestielte Blätter und hat eine anders proportionierte Lippe.
Synonym: Eulophidium angustifolium Senghas.

Oeceoclades cordylinophyllum
(Rchb.f.) Garay et Taylor

Terrestrische oder lithophytische Pflanze von 60–80 cm Höhe. Pseudobulben im Querschnitt kreisrund, nach oben zu konisch verschmälert, am Gipfel 1blättrig. Blatt gestielt, ausdauernd, 13–19 cm lang, 6–8 cm breit, breit-elliptisch, vorn spitz, lederig; Stiel 16–30 cm lang, 5–9 cm über dem Grunde gegliedert. Blütenstand vor den Pseudobulben entwickelt, rispig; Schaft 40–50 cm lang; Brakteen 0,3 cm lang, rötlich, spitz. Blüten klein, gelbgrün mit violetten Flecken und einem violetten Klecks vor der Säule. Sepalen 0,7 cm lang, 0,35 cm breit, spatelig, stumpf. Petalen 0,6 cm lang, 0,5 cm breit, breit-verkehrteiförmig. Lippe 4lappig, nach der Basis hin flaumig behaart, 2schwielig; Seitenlappen 0,2 cm hoch, 0,3 cm breit, aufrecht; Mittellappen je 0,6 cm lang, 0,4 cm breit, fast rechteckig, auseinanderstrebend; Sporn 0,6 cm lang, kegelig, an der Mündung behaart. Säule 0,45 cm lang, an den Rändern bewimpert.
Verbreitung: Komoren und Madagaskar; in Felsschatten wachsend.

Geschichte: Die Pflanze wurde von L. Humblot auf den Komoren entdeckt und von H. G. Reichenbach 1885 in der Zeitschrift »Flora« als *Eulophia* veröffentlicht. Auf dem Umweg über *Eulophidium* (Summerhayes) kam die Art endlich in die heutige Gattung.
Synonyme: Eulophia cordylinophyllum Rchb.f.; *E. lokobensis* H. Perr.; *Lissochilus cordylinophyllus* (Rchb.f.) H. Perr.; *L. lokobensis* (H. Perr.) H. Perr.; *Eulophidium lokobense* (H. Perr.) Summerh.
Anmerkung: Diese Pflanze läßt sich leicht erkennen durch die flaumige Lippenschwiele und ihre breiten, 7nervigen, 30–50 cm langgestielten Blätter. Zu beachten sind auch die bewimperten Säulenflügel.

Oeceoclades maculata (Lindl.) Lindl.

Stämme der aufrechten terrestrischen Pflanze bis 2,5 cm lang, eiförmig, leicht gefurcht, dunkelgrün-braun, am Gipfel 1blättrig. Blätter bis 22 cm lang und 6 cm breit, länglich-elliptisch, halbaufrecht bis abstehend, lederig, grün und dunkler grün gefleckt. Blütenstand bis 40 cm lang, aufrecht, locker 12- bis mehrblütig. Blüten klein: Sepalen und Petalen rosa-grün; Lippe weiß, mit rotberandeten Seitenlappen und rosa im Einschnitt. Sepalen 0,8–1 cm lang, linealisch, stumpf; die seitlichen schwach sichelig. Petalen 1 cm lang, 0,35 cm breit, schmal-länglich, stumpf. Lippe 0,8 cm lang und breit, 3lappig; Seitenlappen aufrecht, abgerundet; Mittellappen länger als die Seitenlappen, breit-länglich, kurz genagelt, vorn ausgerandet; Sporn 0,4 cm lang, herabhängend, bräunlichgrün, zylindrisch, mit zwiebelförmiger Spitze. Säule 0,5 cm lang mit kurzem Fuß.
Verbreitung: Florida, Westindische Inseln, tropisches Südamerika und im tropischen Afrika von Senegal nach Angola und Rhodesien im Süden und Sansibar und die Insel Pemba im Osten.
Geschichte: Die von J. Lindley 1821 in seinen »Collectanea Botanica« als *Angraecum* beschriebene Pflanze war von der Firma Loddiges aus Brasilien importiert worden. In seinem Werk »Genera and Species of Orchidaceous Plants« hat J. Lindley sie 1833 zur Typuspflanze seiner neuen Gattung *Oeceoclades* gemacht. Unglücklicherweise mißachtete E. Pfitzer diese Gattung und versetzte die Art 1887 in die neue Gattung *Eulophidium.* In dieser Kombination war die Pflanze bis in die jüngste Zeit bekannt. Erst L. Garay und P. Taylor haben in ihrer Revision (1976) den richtigen Namen wieder zur Anwendung gebracht. Zweifellos ist das weite Verbreitungsgebiet die Ursache für die zahlreichen Synonyme unter denen die Pflanze zu verschiedenen Zeiten beschrieben worden ist.
Synonyme: Angraecum maculatum Lindl.; *Limodorum maculatum* Lodd.; *Aerobion maculatum* (Lindl.) Sprengel; *Eulophia maculata* (Lindl.) Rchb.f.; *Eulophidium maculatum* (Lindl.) Pfitzer; *Graphorchis maculata* (Lindl.) O. Ktze.; *Geodorum pictum* Link et Otto; *Eulophia leidenii* (N.E.Br.) De Wildem.; *Eulophidium warneckianum* Kraenzl.; *Eulophidium nyassanum* Schltr.

Oeceoclades roseovariegata
(Senghas) Garay et Taylor

Pseudobulben der terrestrischen Art 2,5 cm lang, 2,5 cm im Durchmesser, eiförmig, bräunlichviolett, am Gipfel 2blättrig, in dichten Gruppen angeordnet. Blätter bis 4 cm lang, 3,5 cm breit, eiförmig oder elliptisch-eiförmig, niederliegend, dunkel schwarzviolett mit bleichrosa Zeichnung, an den Rändern gewellt, langspitzig. Blütenstand bis 55 cm lang, traubig oder etwas verzweigt, aufrecht, locker vielblütig; Brakteen 0,2–0,8 cm lang, 3eckig, langspitzig. Blüten klein: Sepalen und Petalen grün aber außen violett überlaufen; Lippe weiß mit dichten roten Flecken; Säule gelblichgrün; Anthere elfenbeinweiß. Sepalen 0,5–0,6 cm lang, 0,2 cm breit, verkehrtlanzettlich, stumpf; die seitlichen schwach sichelig gebogen. Petalen 0,4–0,5 cm lang, 0,3 cm breit, länglich-lanzettlich, stumpf. Lippe ungefähr 0,4 cm lang, 0,75 cm breit, 3lappig; Seitenlappen länglich, aufrecht, gestutzt; Mittellappen stark zurückgeschlagen, fast quadratisch, gefurcht; Sporn 0,5 cm lang, zylindrisch, hängend.
Verbreitung: Nord-Madagaskar; in moosigen Spalten von Kalkfelsen.
Geschichte: Die von K. Senghas 1966 in »Adansonia« unter *Eulophidium* beschriebene Pflanze war von W. Rauh und Buchloh in der Nähe von Diego Suarez gefunden worden. In ihrer Revision der Gattung stellten P. Taylor und L. Garay die Art zu *Oeceoclades.* Es ist von Interesse, daß die Pflanze viele Jahre zuvor bereits von Perrier gesammelt worden war.
Synonym: Eulophidium roseovariegatum Senghas.

Oeceoclades saundersiana
(Rchb.f.) Garay et Taylor

Pseudobulben der aufrechten, terrestrischen Pflanze gebüschelt, bis 15 cm lang, 2–5 cm

Oeceoclades saundersiana
1 = Pflanze (× 1/5)
2 = Blüte von vorn (× 1 1/2)
3 = Säule mit Fuß (× 3)

dick, schmal-kegelig-spindelförmig, am Gipfel 2–3blättrig, glänzend dunkelgrün. Blätter gestielt, 10–27 cm lang, 3–8,5 cm breit, elliptisch oder elliptisch-lanzettlich, vorn langspitzig, lederig, halbaufrecht, glänzend dunkelgrün; Blattstiel bis 20 cm lang, schlank. Blütenstand bis 90 cm lang, locker vielblütig. Blüten für die Gattung groß: Sepalen und Petalen bräunlichgrün, mit dunkler Beaderung; Lippe gelb, und rot berandet. Sepalen 1,2 cm lang, 0,5 cm breit, linealisch-lanzettlich, stumpf. Petalen 1,2 cm lang, 0,3 cm breit, elliptisch, etwas asymmetrisch, stumpf. Lippe 1,5 cm lang, 1,2 cm breit, 3lappig; Seitenlappen aufrecht, abgerundet; Mittellappen mit schmalen Nagel, fächerig-verkehrtherzförmig,

vorn eingeschnitten, herabhängend; Sporn 0,4 cm lang, nach unten verschmälert; Schwiele am Munde des Sporns, 2lappig.
Verbreitung: Im tropischen Afrika von Sierra Leone ostwärts nach Kenia, Tansania und Sambia.
Geschichte: Die Pflanze wurde von G. Mann in Westafrika gefunden und 1866 von H.G. Reichenbach unter dem Gattungsnamen *Eulophia* in der »Botanischen Zeitung« veröffentlicht. L. Garay und P. Taylor versetzten sie in ihrer Revision der Gattung nach *Oeceoclades* (1976).
Anmerkung: Von anderen Arten unterscheidet sich *O. saundersiana* besonders durch die gestielten Blätter und die 2–3blättrigen Pseudobulben.
Synonyme: Eulophia saundersiana Rchb.f.; *Eulophidium saundersianum* (Rchb.f.) Summerh.; *Graphorchis saundersiana* (Rchb.f.) O. Ktze.; *Lissochilus barombensis* Kraenzl.; *Eulophia bierleri* De Wildem.; *E. mildbraedii* Kraenzl.

Oeonia Lindl.

Tribus: Vandeae
Subtribus: Angraecinae

Kleine bis mittelgroße Epiphyten, entweder mit langen, kletternden oder sich verzweigenden Stämmen oder fast stammlos. Zu mehreren, 2zeilig angeordnet. Blütenstand aufrecht, länger als die Blätter, traubig, mehrblütig. Blüten mittelgroß. Sepalen und Petalen frei, abstehend, untereinander ähnlich. Lippe 3–6lappig, mit der Basis die Säule umfassend. Säule kurz; Mittellappen des Rostellums so lang wie die Öhrchen; Pollinien 2, sitzend; Klebscheiben 2.
Umfang und Verbreitung: 6 Arten; in Madagaskar und auf den Maskarenen.
Ableitung des Namens: Aus dem Griechischen »oionos« = Raubvogel; vielleicht, weil die Blüte einem fliegenden Vogel ähnlich sieht.
Anmerkung: J. Lindley begründete die Gattung 1824 im »Botanical Register«, schrieb sie aber *Aeonia* (er berichtigte den Fehler im folgenden Jahr in »Collectanea Botanica«). *Oeonia* ist nahe mit *Cryptopus* Lindl. verwandt, unterscheidet sich aber von dieser Gattung durch die Teilung der Lippe.
Typus-Art: O. aubertii Lindl. (syn. *O. volucris* (Thou.) Dur. et Schinz.)
Kultur: Substrat A. Mindesttemperatur im Winter 15 °C. Man zieht diese Pflanzen am vorteilhaftesten in flachen Schalen oder Körben. Sie verlangen eine feuchte Atmosphäre, Schatten und ständige Ballenfeuchtigkeit während der Wachstumsperiode; nach Abschluß des Wuchses hält man sie wesentlich weniger feucht.

Oeonia volucris (Thou.) Dur. et Schinz

Stamm des schlanken Epiphyten hängend oder kletternd, etwas verzweigt, vielblättrig. Blätter entfernt stehend, bis 2,5 cm lang und 0,8 cm breit, eiförmig-länglich, unten verschmälert, vorn ungleichmäßig 2spitzig. Blütenstand auffällig lang, 30–35 cm hoch, aufrecht. Blüten klein: weiß, auf der Lippe mit roten Tüpfeln. Obere Sepale 1,2 cm lang, länglich-verkehrteiförmig, spitzlich; die seitlichen länger, spitz. Petalen 1,2 cm lang, länglich-verkehrteiförmig, spitzlich. Lippe 1,8 cm lang, 1,2 cm breit, 3lappig; Seitenlappen am Grunde sitzend, etwas eingerollt; Mittellappen genagelt, fächerig und eingeschnitten; Platte papillös; Sporn kurz, 0,6 cm lang, allmählich verdünnt. Säule sehr kurz.
Verbreitung: Madagaskar und Maskarenen, von Meereshöhe bis zu 1200 m.
Geschichte: A. de Petit Thouars fand die Pflanze auf der Insel Mauritius und veröffentlichte sie 1822 in seinem Werk »Orchidées des Isles Australes de l'Afrique«. In ihrem »Conspectus Florae Africae« wurde die Art von T. Durand und H. Schinz zu *Oeonia* gestellt.
Synonyme: Epidendrum volucre Thou.; *Epidorchis volucris* (Thou.) O. Ktze.; *Aeranthus volucris* (Thou.) Rchb.f.; *Oeonia humblotii* Kraenzl.

Oeoniella Schltr.

Tribus: Vandeae
Subtribus: Angraecinae

Epiphyten mit langen Stämmen und 2zeilig angeordneten Blättern. Blütenstände seitlich, blattachselbürtig, traubig, arm- bis reichblütig. Blüten fast einseitswendig, nicht resupiniert. Sepalen und Petalen frei, untereinander ähnlich. Lippe viel länger als die anderen Blütenteile, trompetenförmig, oben 3lappig, am Grunde mit einem kurzen Sporn; Seitenlappen abgerundet; Mittellappen pfriemlich, länger als die Seitenlappen. Säule kurz, kräftig; Pollinien 2, eiförmig, gefurcht; Stipites 2, linealisch; Klebscheibe einzeln, quadratisch-herzförmig.
Umfang und Verbreitung: 2 oder möglicherweise 3 Arten; nur aus Madagaskar bekannt.
Ableitung des Namens: Verkleinerungsform von Oeonia.
Anmerkung: R. Schlechter begründete die Gattung 1915 in den Beiheften zum »Botanischen Centralblatt«. In der Tracht sind diese Pflanzen ähnlich vielen Arten mit monopodialem Wuchs aus dem Verwandtschaftskreis von *Sarcanthus;* durch die trompetenförmige, kurzgespornte Lippe und anderen Eigenschaften erweist sich *Oeoniella* aber als eigenständige Gattung.
Typus-Arten: O. polystachys Schltr.; *O. aphrodite* (J.B. Balf. et S. Moore) Schltr.
Kultur: Substrat A. Mindesttemperatur im Winter 15 °C. Man behandelt die Pflanzen wie für *Vanda* angegeben. Ihre Stämme sind zwar schmaler als in dieser Gattung üblich, aber sie besitzen einen ähnlichen Habitus und produzieren zahlreiche Luftwurzeln. Am besten hält man *Oeoniella* in Töpfen oder Körben.

Oeoniella polystachys (Thou.) Schltr.

Stämme des Epiphyten aufrecht, 7–50 cm lang, steif, beblättert, mit seitlich austretenden grauen, kräftigen Wurzeln. Blätter 2,5–5 cm lang, 1,2 cm breit, länglich, fleischig. Blütenstand von horizontal abstehend bis fast aufrecht, 7–12blütig; Brakteen kurz und abgerundet. Blüten 3–6 cm breit: weiß (Sepalen und Petalen etwas dunkler), am Grunde grünlich. Sepalen 1,2–1,6 cm lang, linealisch-lanzettlich, langspitzig. Lippe ungefähr 1,6 cm lang, verkehrtherz- und trompetenförmig, am Gipfel 3lappig; Seitenlappen aufrecht, gekerbt; Mittellappen schmal-linealisch bis fädlich; Sporn 0,6 cm lang, nach der Spitze zu verschmälert. Säule kurz.
Verbreitung: Ziemlich häufige Pflanze in Madagaskar, den Komoren, Maskarenen und Seychellen.
Geschichte: A. du Petit Thouars fand die Pflanze in Ost-Madagaskar und beschrieb sie als *Epidendrum* in seinem Werk »Orchidées des Isles Australes de l'Afrique«. R. Schlechter versetzte die Art 1918 in seine neue Gattung *Oeoniella.*
Synonyme: Epidendrum polystachys Thou.; *Angraecum polystachyum* (Thou.) Rchb.f.; *Oeonia polystachya* (Thou.) Benth.; *Monixus polystachys* (Thou.) Finet.

Oncidium Sw.

Tribus: Oncidieae

Kleine bis sehr große, epiphytische, lithophytische oder terrestrische Pflanzen mit kurzen bis langen Rhizomen. Pseudobulben sehr klein bis groß, am Gipfel 1–2blättrig. Blütenstand am Grunde der Pseudobulben erscheinend, traubig bis rispig, wenig- bis vielblütig. Blüten unauffällig bis sehr augenfällig. Sepalen untereinander durchwegs ähnlich, oft frei oder die seitlichen mehr oder minder miteinander verwachsen. Peta-

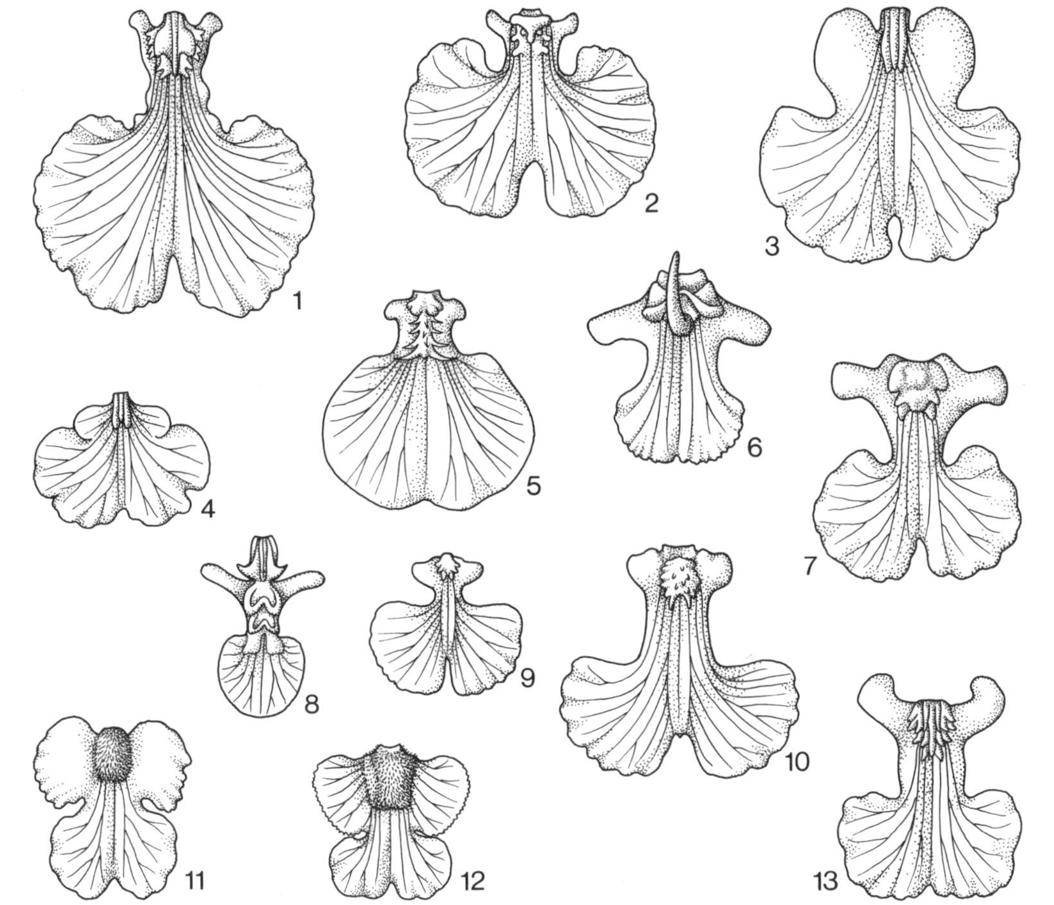

Oncidium
Lippen ausgebreitet
1 = *O. marshallianum* (× 1)
2 = *O. globuliferum* (× 1)
3 = *O. phalaenopsis* (× 1)
4 = *O. nubigenum* (× 1)
5 = *O. loxense* (× 1)
6 = *O. longicornu* (× 4)
7 = *O. reflexum* (× 1)
8 = *O. lietzii* (× 2)
9 = *O. oblongatum* (× 2)
10 = *O. obryzatum* (× 2)
11 = *O. robustissimum* (× 2)
12 = *O. pulvinatum* (× 2)
13 = *O. baueri* (× 2)

---

len der mittleren Sepale ähnlich aber oft größer. Lippe rechtwinklig zur Säule gerichtet, ungeteilt oder 3lappig; Seitenlappen öhrchenartig bis groß, abstehend oder zurückgeschlagen; Mittellappen abstehend, ausgerandet; Schwiele grundständig, fleischig, feinwarzig, papillös oder flaumig. Säule kurz, kräftig, aufrecht, oben meistens geöhrt; Pollinien 2, wachsartig, tief gefurcht.
Umfang und Verbreitung: Über 400 Arten; in den tropischen und subtropischen Regionen Amerikas.

Ableitung des Namens: Aus dem Griechischen »onkos« = eine Masse oder Polster (Verkleinerungsform); eine Anspielung auf die fleischige Schwiele vieler Arten.
Anmerkung: Die Gattung wurde 1800 von O. Swartz in »Konigl. Svenska Vetenskaps Akademiens Handlingar«, Stockholm, begründet. Sie gehört zu den größten und am meisten kultivierten Gattungen der Familie, bereitet aber auch bis heute noch nicht endgültig gelöste Probleme. Die Gliederung von *Oncidium* in klar umgrenzte Sektionen ist weithin umstritten, und außerdem ist ihre Abgrenzung gegen *Odontoglossum* und *Miltonia* noch unklar: gewisse Grenzarten wurden willkürlich der einen oder der anderen zugeordnet. Die Verwandtschaftsverhältnisse zwischen *Oncidium* und *Odontoglossum* wurden in jüngster Zeit in einem interessanten Artikel von R. Dressler dargelegt (»Orquidea« 1975). Die neueste Untergliederung in Sektionen wurde von L. Garay und J. Stacy (»Bradea« 1974) vorgeschlagen. Sie stößt in weiten Kreisen auf Ablehnung; doch hat bis heute niemand bessere Vorschläge unterbreitet. Als einzige Gesamtbearbeitung liegt nur die Revision von F. Kraenzlin von 1922 (Engler, »Das Pflanzenreich«) vor; sie ist noch immer brauchbar, wenn man sie zusammen mit den von L. Garay gemachten Korrekturen benutzt (»Taxon« 1970).
Typus-Art: *O. altissimum* (Jacq.) Sw.
Kultur: Substrat A. Mindesttemperatur im Winter 12–15 °C. In der Wachstumsperiode verlangen die Planzen eine feuchte Atmosphäre, mittleren Schatten und viel Wasser im Wurzelballen. In der Ruheperiode ist mehr Licht, nur etwas Luftfeuchtigkeit und wenig Wasser (ausgenommen Arten wie *O. luridum* mit großen Blättern) angezeigt. Sehr kleine Arten (z. B. *O. pusillum*) wird man am vorteilhaftesten auf Kork- oder Baumfarnblöcke montieren.

Oncidium altissimum (Jacq.) Sw.

Pseudobulben des bis 30 cm hohen Epiphyten gebüschelt, bis 10 cm lang und 7 cm breit, im Umriß eiförmig bis fast kreisrund, zusammengepreßt, am Gipfel 1blättrig (selten 2blättrig); Blätter bis 20 cm lang und 3 cm breit, länglich-riemenförmig, vorn spitz. Blütenstand gebogen bis hängend, bis zu 3 m lang, rispig mit kurzen, 2–3blütigen Ästen. Blüten klein, 3,5 cm breit; Sepalen und Petalen gelbgrün, mit kastanienbraunen Flecken; Lippe tiefgelb mit einem braunen Fleck am Grunde des Seitenlappens. Sepalen 1,8 cm lang, 0,5 cm breit, elliptisch-lanzettlich, auf dem Rücken gekielt, spitz bis etwas langspitzig, fleischig. Petalen 1,5 cm lang, 0,5 cm breit, sonst den Sepalen ähnlich. Lippe sitzend, 1,2 cm lang, 1 cm breit, am Grunde mit winzigen Öhr-

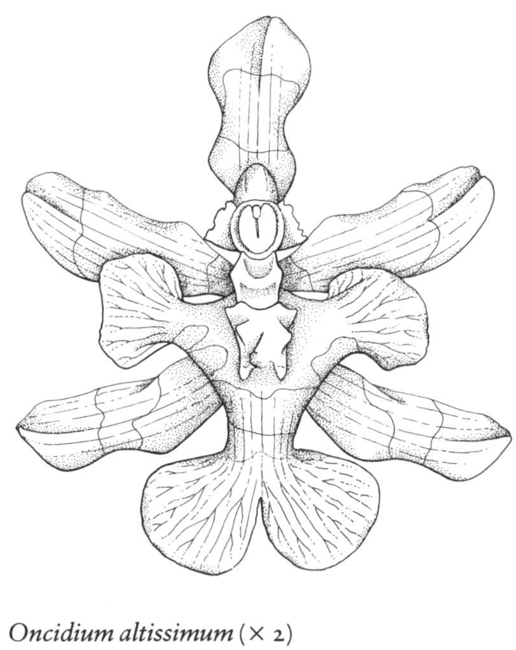

Oncidium altissimum (× 2)

chen; Mittellappen in zwei fast kreisrunde Läppchen geteilt; Schwiele vielzähnig. Säule 0,5 cm lang, etwas gekrümmt, mit öhrchenartigen Flügeln.
Verbreitung: Auf der Inselgruppe Martinique und St. Vincent in den kleinen Antillen.
Geschichte: N. von Jacquin beschrieb diese Pflanze 1760 aufgrund einer von ihm selbst gesammelten Pflanze in der Gattung *Epidendrum.* O. Swartz versetzte sie 1800 zu *Oncidium.* In einem Artikel in der Zeitschrift »Bradea« (1974) vertreten L. Garay und J. Stacy die Ansicht, daß der Artname *»altissimum«* auf eine bisher als *O. luridum* bekannte Pflanze anzuwenden sei; sie benannten die Pflanze deshalb *O. jacquinianum* Garay et Stacy. Ihre Begründung für diesen Schritt hat jedoch nicht den Beifall anderer Fachleute gefunden, und ich (P.C.) habe mich entschlossen, den Namen für diese Art im alten Sinne bezubehalten. *O. altissimum* gehört zu den frühesten in die Kultur der Botanischen Gärten zu Kew eingeführten tropischen Orchideen. Sie wurde 1793 durch Captain Bligh, der später durch die Meuterei auf seinem Schiff Bounty weltberühmt wurde, nach England gebracht.

Oncidium ampliatum Lindl.

Pseudobulben des bis 60 cm hohen Epiphyten in Büscheln auf einem kurzen Rhizom angeordnet, bis 10 cm lang und 8 cm breit, stark von beiden Seiten zusammengepreßt, im Umriß fast kreisrund, am Gipfel 1–2blättrig, hell leuchtendgrün, purpurbraun getüpfelt. Blätter bis 25 cm lang und 7 cm breit, elliptisch-lanzettlich bis linealisch-elliptisch, vorn stumpf oder abgerundet. Blütenstand bis 60 cm lang (manchmal länger), traubig oder rispig, vielblütig; Schaft stielrund, grün. Blüten 2,25 cm breit: Sepalen hellgelb bis braungelb, mit starker schokoladenbrauner Zeichnung; Petalen ähnlich aber weniger intensiv gezeichnet; Lippe leuchtendgelb mit cremefarbiger Schwiele. Sepalen 0,9 cm lang, 0,7 cm breit, verkehrteiförmig bis breit-spatelig, konkav, abgerundet. Petalen 1 cm lang, 0,8 cm breit, breitspatelig, abgerundet. Lippe auffällig groß, bis 2,5 cm lang und 1,8 cm breit, schwach 3lappig; Seitenlappen sehr schmal; Mittellappen breit-länglich und vorn tief ausgebuchtet; Schwiele aus drei erhabenen Leisten bestehend: die mittlere klein; die seitlichen schmetterlingsförmig. Säule aufrecht, geflügelt; Flügel elliptisch, mit seicht ausgebissenen Rändern.
Verbreitung: Von Guatemala nach Panama, Kolumbien, Ecuador, Peru, Venezuela und Trinidad; auf Bäumen in heißen Tieflandlagen; bis 600 m.
Geschichte: J. Lindley beschrieb diese Pflanze 1833 in seinem Werk »Genera and Species of Orchidaceous Plants«; sie war 1831 von H. Cuming in Costa Rica entdeckt worden. Später wurde sie von anderen Sammlern wie G.U. Skinner und J. Warscewicz aus anderen Gebieten Mittelamerikas in die Kultur eingeführt.
Synonym: Oncidium bernoullianum Kraenzl.

Oncidium ansiferum Rchb.f.

Pseudobulben des großen, bis über 100 cm hohen Epiphyten gebüschelt oder nahe beieinander auf dem Rhizom stehend, 6–14 cm lang, 3,5–7 cm breit, im Umriß annähernd kreisrund bis elliptisch-länglich, stark zusammengepreßt, am Gipfel 1–2blättrig. Blätter 10–45 cm lang, 2–5,5 cm breit, länglich-elliptisch bis verkehrtlanzettlich, unten gefaltet, vorn spitz und stumpf. Blütenstand bis über 100 cm lang, biegsam, eine lange offene Rispe; Schaft stielrund, am Grunde mit einem Blatt; Rispenäste kurz, 3–8blütig. Blüten übelriechend, klein: Sepalen und Petalen rotbraun, an den Rändern und am Gipfel gelb; Lippe gelb, mit gelbbrauner Zeichnung; Schwiele weißlich, bleichbraun getüpfelt. Sepalen zurückgeschlagen, genagelt, 1,2–1,7 cm lang, 0,4–0,6 cm breit, länglich-elliptisch bis schmal-lanzettlich, spitz oder langspitzig, an den Rändern wellig-kräuselig. Petalen 1–1,6 cm lang, 0,4–0,7 cm breit, länglich bis breit-elliptisch-lanzettlich, stumpf, an den Rändern wellig-gekräuselt. Lippe 1,4–1,8 cm lang, 0,9–1,3 cm breit, geigenförmig, 3lappig; Seitenlappen bis 0,3 cm breit, öhrchenartig, abgerundet; Mittellappen über einem breit-3eckigen Nagel halbkreisrund, breit-verkehrtnierenförmig oder in zwei Lappen geteilt; Schwiele fleischig, im Umriß verkehrteiförmig, vorn 3zähnig und jederseits über der Mitte mit 2–4 Zähnen. Säule 0,6 cm lang, dick; Flügel breit, kerbig-gezähnt.
Verbreitung: Costa Rica, Guatemala und Panama.
Geschichte: Die Art wurde 1852 von H.G. Reichenbach in der »Botanischen Zeitung« veröffentlicht.
Anmerkung: Ähnlich sind *O. baueri* Lindl. und *O. sphacelatum* Lindl.; sie unterscheiden sich von *O. ansiferum* in der Blütenfarbe, die viel kleineren Blätter und durch fast kreisrunde Pseudobulben.
Synonyme: Oncidium delumbe Lindl.; *O. lankesteri* Ames; *O. naranjense* Schltr.

Oncidium barbatum Lindl.

Pseudobulben der kompakten Zwergorchidee 3–6,5 cm lang, 2–3,5 cm breit, im Umriß eiförmig-länglich, zusammengepreßt, am Gipfel 1blättrig. Blätter 7,5–10 cm lang, 1–2,5 cm breit, linealisch oder elliptisch-länglich, steif, vorn spitz oder ausgerandet, auf der Oberseite intensiv grün, auf der unteren bleicher. Blütenstand 40–60 cm lang, aufrecht oder geschwungen, locker-rispig; Schaft schlank, zusammengedrückt, hellgrün mit rotbraunen Tüpfeln; Rispenäste kurz und dünn; Brakteen 3–5 cm lang, konkav, angedrückt. Blüten 2,5 cm breit: Sepalen und Petalen gelb, mit kastanienbraunen Flecken; Lippe hellgelb; Schwiele rot getüpfelt. Sepalen genagelt, 1,2–1,4 cm lang, 0,5 cm breit, elliptisch-länglich, gewellt, spitz; die seitlichen etwas schmaler und länger als die mittlere und im unteren Drittel miteinander verwachsen. Petalen genagelt, 1–1,2 cm lang, 0,6–0,7 cm breit, länglich, etwas asymmetrisch, abgerundet. Lippe flach, 1,1–1,2 cm lang, 2 cm breit, tief 3lappig; Seitenlappen 0,6–0,7 cm lang, verkehrteiförmig, stumpf; Mittellappen verkehrteiförmig oder quer-länglich, ebenso groß wie die Seitenlappen, vorn ausgerandet bis mit aufgesetzter Spitze; Schwiele kreisrund, 5zähnig, am Rande bärtig. Platte schwach flaumhaarig. Säule mit rundlichen bis fast quadratischen Flügeln.
Verbreitung: Brasilien.
Geschichte: Swainson entdeckte diese Pflanze in der Umgebung von Rio de Janeiro und sandte Exemplare an Sir William Hooker im Botanischen Garten zu Glasgow, wo sie 1819 blühten. J. Lindley beschrieb sie in »Collectanea Botanica« (1821–1825).
Synonym: Oncidium microglossum Klotzsch.

Oncidium baueri Lindl.

Pseudobulben des großen Epiphyten aus einem dicken, kriechenden Rhizom entspringend, 5–15 cm lang, im Umriß schmal-länglich bis elliptisch, stark zusammengepreßt, am Gipfel 2blättrig, am Grunde mit zwei oder mehreren Paaren blatttragender Scheiden bekleidet. Blätter 20–78 cm lang, 2–6 cm breit, linealisch-länglich bis riemenförmig, vorn stumpf bis kurz langspitzig. Blütenstand kletternd, bis über 3 m hoch, rispig, vielblütig. Blüten verhältnismäßig klein, bis 3 cm breit: Sepalen und Petalen grüngelb bis leuchtendgelb, mit braunen Querbändern; Lippe gelb, mit brauner Zeichnung im unteren Teil. Sepalen 1,2–1,7 cm lang, 0,3–0,5 cm breit, elliptisch-lan-

zettlich bis verkehrtlanzettlich, spitz. Petalen 1,2 cm lang, 0,3 cm breit, schief-elliptisch-länglich, am spitzen Gipfel rückwärts gebogen. Lippe bis 1,8 cm lang, unten 1–1,2 cm breit, 3lappig; Seitenlappen öhrchenartig; Mittellappen 1,1–1,5 cm breit, nierenförmig, vorn ausgerandet; Schwiele fast quadratisch, mit vielen in drei Reihen angeordneten Zähnchen und oben mit drei fast gleichen Gipfelzähnen. Säule bis 0,6 cm lang, dick; jederseits mit einem breiten Flügel.
Verbreitung: Brasilien, Peru und Ecuador; von Meereshöhe bis 1200 m.
Geschichte: J. Lindley benannte diese Pflanze zu Ehren des hochbegabten Pflanzenillustrators Ferdinand Bauer; die Beschreibung dieser Art erschien in Bauers »Illustrations of Orchidaceous Plants« 1833. Die Pflanze wurde erstmals von Colville in Chelsea kultiviert; er erhielt für sie eine Goldmedaille der Horticultural Society of London im Jahre 1833.
Anmerkung: Die Art wird oft mit *O. altissimum* (siehe auch dort) verwechselt; sie unterscheidet sich von dieser jedoch durch längere Pseudobulben, längere und schmalere Blätter, kleinere Blüten und andere Lippenform.

Oncidium bicallosum Lindl.

Pseudobulben des Epiphyten auf einem kurzen, dicken Rhizom stehend, nur bis 1,5 cm lang, am Gipfel 1blättrig, mit mehreren 2zeilig angeordneten Scheiden bedeckt. Blätter 14–33 cm lang, 4–8,5 cm breit, länglich-elliptisch, fleischig-lederig, längsgefurcht, vorn stumpf. Blütenstand 20–65 cm lang, hängend, vielblütig; Schaft an den Knoten mit trockenhäutigen Brakteen besetzt. Blüten groß und augenfällig, 5 cm breit: Sepalen und Petalen grüngelb bis intensiv gelb und braun behaucht, an den Rändern gelb oder karminrot; Lippe gelb; Schwiele weiß mit roten Tüpfeln. Sepalen 1,5–2 cm lang, 1,2–1,6 cm breit, verkehrteiförmig-spatelig bis kreisrund-verkehrteiförmig, stumpf. Petalen 1,5–2 cm lang, 1–1,5 cm breit, kreisrund-verkehrteiförmig, abgerundet, an den Rändern wellig-gekräuselt. Lippe 2–3 cm lang, tief 3lappig; Mittellappen groß und auffällig, quer-länglich bis nierenförmig, von den Seitenlappen durch einen breiten Nagel getrennt; Schwiele mit zwei Warzen: die untere breit; die obere schmal und in drei Läppchen gespalten. Säule 1–1,2 cm lang, dick, in Gipfelnähe jederseits mit einem fleischigen, sichelförmigen, herabgeneigten Flügel.
Verbreitung: Mexiko, El Salvador und Guatemala; bis zu 1500 m.
Geschichte: Das Typusexemplar dieser Art wurde von T. Hartweg in Guatemala gesammelt; J. Lindley veröffentlichte seine Beschreibung 1842 in Bentham's »Plantae Hartwegianae«. Vor T. Hartweg hatte aber G.U. Skinner bereits die Pflanze in Guatemala entdeckt; er sandte lebende Exemplare an J. Bateman, der sie 1842 erstmals zur Blüte brachte.
Anmerkung: Die Pflanze ähnelt im Wuchs *O. cavendishianum* (siehe Beschreibung dort).

Oncidium bifolium Sims

Pseudobulben des kleinen Epiphyten 3–4 cm lang, 1–2 cm breit, eiförmig bis zylindrisch-eiförmig, mit zunehmendem Alter gefurcht, am Gipfel 2blättrig (selten 1blättrig). Blätter 6–12 cm lang, 0,6–1,4 cm breit, linealisch-länglich, vorn spitz, etwas lederig. Blütenstand 20–35 cm lang, locker 7–12blütig, meistens nickend, einfach oder manchmal verzweigt; Brakteen steif, schmal-3eckig, sehr spitz, 0,3–0,5 cm lang. Blüten ungefähr 2–2,5 cm breit: Sepalen und Petalen gelb, mit kastanienbrauner Zeichnung; Lippe gelb; Schwiele kastanienbraun gefleckt. Mittlere Sepale 0,6–0,65 cm lang, 0,4–0,45 cm breit, elliptisch-eiförmig, abgerundet oder mit winzigem, aufgesetztem Spitzchen; die seitlichen Sepalen bis 0,9 cm lang und 0,35 cm breit, breit-länglich, spitz. Petalen 0,7–0,75 cm lang, 0,5–0,6 cm breit, ei-geigenförmig im Umriß, vorn abgerundet oder ausgerandet, sitzend, herabgebogen, 3lappig, an den Rändern gewellt; Seitenlappen klein, am Grunde ansitzend, öhrchenartig; Mittellappen viel länger, kurz genagelt, querlänglich-nierenförmig; Schwiele fleischig, gekämmt, vorn fein warzig. Säule kurz, jederseits der Narbe geöhrt, an den Rändern der Flügel wellig-gezähnt.
Verbreitung: Brasilien, Uruguay, Argentinien und Bolivien.
Geschichte: J. Sims beschrieb diese Art 1812 im »Botanical Magazine« unter Zugrundelegung einer von der Firma Loddiges kultivierten Pflanze, die fast während der ganzen Seereise von Montevideo, in der Schiffskabine hängend, geblüht hatte.
Synonym: O. vexillarium Rchb.f.; *O. celsium* A. Rich.

Oncidium blanchetii Rchb.f.

Pseudobulben gebüschelt, aufrecht, 6–9 cm lang, 2,5–3,5 cm breit, im Umriß schmal-eiförmig-länglich, zusammengepreßt, anfangs völlig glatt, später längsfurchig, am Gipfel 3blättrig. Blätter aufrecht, 35–50 cm lang, 1,5–3 cm breit, linealisch-riemenförmig, lederig, steif, vorn spitz. Blütenstand 60–140 cm lang, aufrecht, kräftig, immer viel länger als die Blätter, oben verzweigt, vielblütig. Äste abstehend bis halbaufrecht, dünn; Brakteen konkav, 0,3–0,5 cm lang, lanzettlich. Blüten am Grunde fleischig, darüber häutig: gelb. Mittlere Sepale kurz genagelt, 0,6–0,7 cm lang, 0,25 cm breit; länglich, spitz; die seitlichen 0,6–0,75 cm lang, 0,15–0,2 cm breit, ebenfalls kurz genagelt, schief-lanzettlich, am Grunde miteinander verwachsen, oben hakig. Petalen 0,6–0,65 cm lang, 0,4–0,5 cm breit, länglich bis fast geigenförmig, an den Rändern gewellt. Lippe 1,2–1,3 cm lang, ungefähr 1,1 cm breit, sitzend, 3lappig, etwas herabgeschlagen; Seitenlappen rückwärts weisend, länglich-spatelig; Mittellappen viel größer als die Seitenlappen, schmal-genagelt, über dem Nagel breit-nierenförmig, vorn ausgerandet, an den Rändern gewellt; Schwiele fleischig, fast rechteckig, warzig. Säule kurz, fleischig, mit fast quadratischen, an den Rändern gewellten Flügeln.
Verbreitung: Brasilien.
Geschichte: Blanchet entdeckte die von H.G. Reichenbach in der Zeitschrift »Linnaea« 1849 veröffentlichte und nach ihm benannte Pflanze in der Nähe von Jacobina im Staate Bahia.

Oncidium brachyandrum Lindl.

Eine mit *O. concolor* verwandte Art. Sie unterscheidet sich von ihr durch grünlich, stark braunpurpurn gefleckte Sepalen und eine aus drei Leisten bestehende Schwiele.

Oncidium bracteatum Rchb.f. et Warsc.

Pseudobulben 7,5 cm lang, 3,8 cm breit, im Umriß elliptisch-länglich, stark zusammengepreßt, am Gipfel 2blättrig. Blätter 20–35 cm lang, bis 2,5 cm breit. Linealisch-riemenförmig, bogig und biegsam, vorn spitz. Blütenstand gebogen, 1–1,3 m lang, rispig, mit kurzen 2–3blütigen Ästen; Brakteen bis 1,2 cm lang, papierartig, hellkastanienbraun, hinfällig. Blüten 2,5 cm breit: Sepalen und Petalen gelbgrün, stark braunpurpurn getüpfelt; Lippe auf dem Nagel rotbraun, sonst gelb oder bleichgelb. Mittlere Sepale 1,7 cm lang, 0,45 cm breit, linealisch-länglich, gewellt, spitz; die seitlichen etwas breiter, linealisch, gewellt, auf dem Rücken gekielt. Petalen 1,4 cm lang, 0,4 cm breit, linealisch-länglich, spitz. Lippe 1,3 cm

lang, 1,5 cm breit, schwach 3lappig; Seitenlappen öhrchenartig, 0,6 cm lang, an den Rändern rückwärts gebogen; Mittellappen kurz genagelt, quer-länglich, ausgerandet; Schwiele fleischig, warzig, vorn 3zähnig. Säule mit schmalen Flügeln.
Verbreitung: Costa Rica und Panama.
Geschichte: J. von Warscewicz fand diese Pflanze 1849 erstmals auf dem Vulkan de Chiriqui in Veragua, Costa Rica, in Höhenlagen zwischen 1750 und 2200 m. H. G. Reichenbach veröffentlichte sie gemeinsam mit ihrem Entdecker 1852 in der »Botanischen Zeitung«.

Oncidium carthagenense (Jacq.) Sw.

Pseudobulben des bis über 2 m hohen Epiphyten sehr klein, bis 2,5 cm lang, am Gipfel 1blättrig, von trockenhäutigen Scheiden völlig verdeckt. Blätter 9–40 cm lang, 3–7 cm breit, elliptisch, länglich oder lanzettlich, steif, lederig, getüpfelt, vorn spitz bis langspitzig. Blütenstand aufrecht, bis über 2 m lang, rispig, vielblütig; Schaft unten mit einer trockenhäutigen Scheide und mit kleineren an den Knoten. Blüten klein aber augenfällig, 2,5 cm breit: bleichgelb oder weiß, mit rotbraunen, magentaroten oder lavendelblauen Flecken. Sepalen genagelt, 0,8–1,3 cm lang, 0,4–0,8 cm breit, spatelig, abgerundet oder selten ausgerandet, an den Rändern gewellt-kräuselig. Petalen kurz aber breit genagelt, an den Rändern gewellt-kräuselig. Lippe 0,9–1,6 cm lang, 0,7–1,4 cm breit, 3lappig, geigenförmig; Seitenlappen halb-kreisrund, an den Rändern rückwärts gebogen; Mittellappen nierenförmig bis breit-fächerig, von den Seitenlappen durch einen breiten Nagel getrennt; Schwiele fleischig, unten mit einem Paar hervortretender Fortsätze und oben verdickt und in drei Läppchen geteilt. Säule kurz, fleischig, am Gipfel mit zwei 2lappigen Flügeln.
Verbreitung: Häufig vorkommende Pflanze von Florida durch Mexiko und Mittelamerika bis Panama, das nördliche Südamerika und die Westindischen Inseln.
Geschichte: N. von Jacquin entdeckte die Pflanze in Kolumbien in der Umgebung von Cartagena an der Küste und beschrieb sie 1762 in seiner »Enumeratio Plantae« unter der Gattung *Epidendrum.* O. Swartz versetzte die Art 1800 in die heutige Gattung.
Anmerkung: Die Pflanze ist mit der ihr nicht unähnlichen Art *O. luridum* nahe verwandt; allerdings besitzt sie kleinere Blüten mit anderer Farbgebung.
Synonym: Oncidium kymatoides Kraenzl.

Oncidium cavendishianum Batem.

Pseudobulben des großen, bis zu 1,5 m hohen Epiphyten sehr klein, bis 2 cm lang, am Gipfel 1blättrig, von mehreren 2zeilig angeordneten trockenhäutigen Scheiden verdeckt. Blätter aufrecht, 15–45 cm lang, 5–13 cm breit, breit-lanzettlich oder elliptisch, fleischig-lederig, vorn spitz oder langspitzig. Blütenstand aufrecht, kräftig, 60–150 cm lang, rispig, vielblütig. Blüten auffällig, 3,8 cm breit, stark duftend: Sepalen und Petalen gelb oder gelbgrün, mit rötlichbraunen oder schokoladenbraunen Tüpfeln; Lippe tiefgelb; Schwiele weiß mit rotbrauner Zeichnung. Sepalen 1,2–1,7 cm lang, 0,7–1,2 cm breit, verkehrteiförmig bis fast kreisrung, konkav, abgerundet oder stumpf, an den Rändern gewelltkräuselig. Petalen kurz genagelt, 1,2–1,6 cm lang, 0,8–1,1 cm breit, länglich-verkehrteiförmig bis elliptisch-quadratisch, abgerundet oder stumpf, an den Rändern gewellt-kräuselig. Lippe 1,4–2,5 cm lang, tief 3lappig; Seitenlappen 0,7–1,3 cm lang, 0,6–1,2 cm breit, schief verkehrteiförmig-kreisrund, abgerundet; Mittellappen breit-nierenförmig oder quer-länglich, in zwei Läppchen geteilt, an den Rändern gewellt und kräuselig; Schwiele unten mit aufrechten Tuberkeln besetzt, oben 3lappig und fein warzig. Säule 0,8–1 cm lang, kurz, dick, am Gipfel jederseits mit einem sicheligen, herabgeschlagenen rot getüpfelten Flügel.
Verbreitung: Mexiko, Honduras und Guatemala; seltene Pflanze; bis zu 2800 m.
Geschichte: J. Bateman beschrieb diese Pflanze 1837 in seinem monumentalen Werk »Orchidaceae of Mexico and Guatemala« unter Zugrundelegung einer von G. U. Skinner in der Umgebung von Guatemala City gefundenen Pflanze. Er dedizierte die Art dem Herzog von Devonshire (Cavendish-Familie), dessen Großzügigkeit es Sir Joseph Paxton ermöglichte, in den Gewächshäusern des Schlosses Chatsworth ein modernes System der Orchideenkultur zu begründen.
Anmerkung: Die Art ist nahe mit *O. bicallosum* verwandt.
Synonym: Oncidium pachyphyllum Hook.

Oncidium cebolleta (Jacq.) Sw.

Pseudobulben des etwas verschiedengestaltigen Epiphyten nur schwach wahrnehmbar, kegelig, bis nur 1,5 cm lang, meistens nur als leichte Anschwellung am Grunde der Blätter zu erkennen, am Gipfel 1blättrig, von einer großen weißen Scheide verdeckt. Blätter 7–40 cm lang, 1–2,5 cm breit, stielrund, fleischig, aufrecht oder schräg-abstehend, vorn in eine scharfe Spitze allmählich verschmälert, graugrün und purpurn getüpfelt. Blütenstand bis 150 cm lang, aufrecht bis gebogen, traubig oder rispig mit kurzen Ästen, vielblütig. Blüten klein, 2–3,5 cm breit: Sepalen und Petalen gelb oder grüngelb, mit rotbrauner Zeichnung; Lippe leuchtend gelb oder grüngelb, mit rotbrauner Zeichnung; Lippe leuchtend gelb, um die Schwiele herum rotbraun getüpfelt. Sepalen 0,8–1,4 cm lang, 0,4–0,8 cm breit, spatelig, stumpf. Petalen 0,9–1,3 cm lang, 0,4–0,6 cm breit, undeutlich genagelt, länglich, gestutzt. Lippe bis 2 cm lang, 2,5 cm breit, 3lappig; Seitenlappen abstehend, etwas verkehrteiförmig, ziemlich groß; Mittellappen quer-länglich, in zwei sich überdeckende Läppchen geteilt; Schwiele aus drei Leisten bestehend: die mittlere hoch und kielartig; die seitlichen viel kürzer. Säule aufrecht, kurz, mit ungeteilten, länglichen Flügeln.
Verbreitung: Durch das tropische Amerika. Die Pflanze hat von allen *Oncidium*-Arten das größte Verbreitungsgebiet. Sie wächst in heißen Gebieten, die sich durch eine ziemlich lange Trockenperiode auszeichnen; bis zu 1700 m.
Geschichte: N. von Jacquin entdeckte diese Pflanze in den Wäldern bei Cartagena in Kolumbien; er beschrieb sie als *Epidendrum* 1760 in seiner »Enumeratio Plantae Caribbeanae«. O. Swartz versetzte sie 1800 in die heutige Gattung. In der Kultur blühte die Art erstmals 1837 in den Gewächshäusern der Firma Low & Co. in Clapham.
Anmerkung: O. cebolleta laßt sich von der mit ihr verwandten Art *O. ascendens* durch die stumpfen Flügel der Säule, die breit-verkehrteiförmigen Seitenlappen der Lippe und die Zähnung der Schwiele unterscheiden.
Synonym: Epidendrum cebolleta Jacquin.

Oncidium cheirophorum Rchb.f.

Pseudobulben der Zwergorchidee 2,5 cm lang, 1,5 cm breit, im Umriß länglich-3eckig, am Gipfel 1blättrig, zusammengepreßt. Blätter bis 11 cm lang und 1,3 cm breit, verkehrtlanzettlich bis riemenförmig, aufrecht, vor spitzlich. Blütenstand aufrecht oder bogig, bis 20 cm lang, rispig, mit halbaufrechten, zickzackförmigen Ästen, vielblütig; Brakteen 2 cm lang, 3eckig-eiförmig. Blüten 1,4 cm breit, duftend: reich goldgelb. Mittlere Sepale 0,5 cm lang, 0,3 cm breit, verkehrteiförmig, abgerundet, konkav; die seitlichen hinter der Lippe versteckt, 0,4 cm lang, 0,3 cm breit, verkehrteiförmig, mit zurückgebogenen Rän-

dern. Petalen 0,3 cm lang, 0,25 cm breit, fast völlig kreisrund, kurz genagelt. Lippe 1 cm lang, 1,5 cm breit, 3lappig; Seitenlappen aufrecht abstehend, länglich, unten zurückgebogen; Mittellappen kreisrund, vorn ausgerandet, an den Rändern aufwärts gebogen; Schwiele fleischig, länglich, vorn mit drei freien Zähnen. Säule aufrecht, am Gipfel geflügelt. Anthere vorn lang geschnäbelt.
Verbreitung: Panama und Kolumbien.
Geschichte: Die Pflanze wurde von J. von Warscewicz auf dem Vulkan de Chiriqui in 2500 m Höhe entdeckt. H.G. Reichenbach beschrieb sie 1852 in der »Botanischen Zeitung«. In der Kultur kam sie erstmals bei Senator Jenisch und Konsul Schiller in Hamburg zum Blühen.
Anmerkung: Diese Art ist mit *O. ornithorhynchum* verwandt, läßt sich aber leicht durch ihre gelben Blüten und die 3lappige Schwiele auf der Lippe unterscheiden.

Oncidium cimiciferum (Rch.f.) Lindl.

Pseudobulben des großen Epiphyten bis 7,5 cm lang, im Umriß breit- bis schmal-länglich, am Gipfel 1–2blättrig, am Grunde mit mehreren sich überdeckenden blattragenden Scheiden. Blätter 20–65 cm lang, 3–5 cm breit, schmal-lanzettlich bis riemenförmig, vorn spitz oder langspitzig. Blütenstand bis über 3 m lang, rispig, mit vielen kurzen Ästen, vielblütig; Blütenstandachse zickzackförmig. Blüten klein, fleischig: grüngelb oder braun. Mittlere Sepale 0,9–1,2 cm, 0,4 cm breit, spatelig bis verkehrtlanzettlich, spitz, zurückgebogen; die seitlichen bis 1,4 cm lang und 0,35 cm breit, schief-länglich-verkehrtlanzettlich, spitz. Petalen bis 1 cm lang und 0,6 cm breit, schief-verkehrteiförmig-elliptisch, spitz. Lippe 0,9 cm lang, 0,8 cm breit, ungeteilt, sitzend eiförmig-3eckig, konvex, vorn spitz oder langspitzig; Schwiele viellappig. Säule 0,4 cm lang, dick, am Grunde jederseits mit einer fleischigen Verdikkung und oben undeutlich geflügelt.
Verbreitung: Peru und Ecuador; in Bergwäldern; bis über 2300 m.
Geschichte: H.G. Reichenbach beschrieb die Art 1849 in der Zeitschrift »Linnaea« unter dem Gattungsnamen *Odontoglossum*.In seinem Werk »Folia Orchidacea« versetzte sie J. Lindley 1855 in die Gattung *Oncidium.*
Anmerkung: Diese Art läßt sich leicht ansprechen durch ihre breite eiförmige Lippe und ihren sehr langen verzweigten Blütenstand.
Synonyme: Oncidium flexuosum Lindl.; *Cyrtochilum flexuosum* (Lindl.) H.B.K.; *Odontoglossum cimiciferum* Rchb.f.

Oncidium concolor Hook.

Pseudobulben des kleinen, bis 15 cm hohen Epiphyten dicht gebüschelt, 3–5 cm lang, 1–2,5 cm breit, im Umriß schmal-länglich oder eiförmig-länglich, mit zunehmendem Alter längsgefurcht, am Gipfel 2blättrig. Blätter 9–15 cm lang, 1,5–2,5 cm breit, lanzettlich-riemenförmig, steif, aufrecht bis schräg abstehend, vorn spitz. Blütenstand gebogen, 12–30 cm lang, locker arm- bis reichblütig; Schaft stielrund, im oberen Teil etwas zickzackförmig; Brakteen angedrückt, 0,7 bis 1 cm lang, konkav, hellgrün. Blüten mittelgroß: intensiv zitronengelb. Mittlere Sepale 1,4–2,1 cm lang, 0,5–0,9 cm breit, schmal-verkehrteiförmig-länglich, konkav; die seitlichen bis fast zur Mitte miteinander verwachsen, länger und schmaler als die mittlere. Petalen 1,4–2 cm lang, 0,5–0,9 cm breit, elliptisch-länglich, abgerundet oder mit aufgesetzter Spitze, an den Rändern ein wenig wellig. Lippe genagelt, ungeteilt, bis 3,5 cm lang, 3,2 cm breit, etwas konvex; Nagel etwa 1 cm lang; Fläche 1,8–2,5 cm lang, bis 3,2 cm breit, undeutlich 4lappig; Schwiele mit zwei erhabenen Leisten, mit einem winzigen Stämmchen auf jeder Seite. Säule aufrecht, nach dem Gipfel zu mit zwei länglichen Flügeln.
Verbreitung: Brasilien (in den Staaten Rio de Janeiro und Minas Gerais).
Geschichte: Sir William Hooker beschrieb die von Gardner 1837 im Orgelgebirge gesammelte Pflanze 1839 im »Botanical Magazine«. Gardner wie auch Sellow und Glaziou sandten lebende Exemplare nach Europa; dennoch zählte die Art zu den Seltenheiten in der Kultur, bis im Jahre 1876 die Firma Veitch & Sons sie in großen Mengen aus Rio de Janeiro nach England einführte.
Synonyme: Oncidium unguiculatum Klotzsch; *Cyrtochilum citrinum* Hook.

Oncidium crispum Lodd.

Pseudobulben des mittelgroßen bis großen Epiphyten gebüschelt, 7–10 cm lang, 3–5 cm breit, eiförmig, stark zusammengepreßt, am Gipfel 2–3blättrig, mit zunehmendem Alter tief längsfurchig. Blätter groß, 15–20 cm lang, 3–5 cm breit, länglich-lanzettlich, unten verschmälert, vorn unvermittelt zugespitzt, abstehend oder halbaufrecht, lederig, am Grunde schwach rot getüpfelt. Blütenstand aufrecht bis überhängend, immer länger als die Blätter, 70–110 cm lang, rispig, vielblütig; Brakteen 0,3–0,6 cm lang, eiförmig-3eckig, spitz oder etwas langspitzig. Blüten groß und augenfällig, abstehend oder etwas nickend: Sepalen und Petalen kupferrot bis olivenbraun; Lippe ähnlich in der Färbung aber mit gelber Basis und Schwiele. Sepalen 1,5–2,6 cm lang, 0,6–1,3 cm breit, verkehrteiförmig oder länglich-verkehrteiförmig, spitz, abgerundet oder ausgebuchtet, an den Rändern wellig. Petalen 1,8–2,6 cm lang und breit, eiförmig, abgerundet, an den Rändern wellig-gekräuselt. Lippe herabgeschlagen, kurz genagelt, 2–3 cm lang und breit, über dem Nagel fast kreisrund, am Grunde 3lappig; Seitenlappen öhrchenartig; Mittellappen annähernd kreisrund oder quer länglich-elliptisch, vorn stumpf und/oder ausgerandet, an den Rändern wellig; Schwiele aus drei Leisten bestehend: die mittlere vorn hakenartig fortgesetzt; die seitlichen vielzähnig. Säule kurz, fleischig, geflügelt; Flügel fast quadratisch, gezähnelte Ränder.

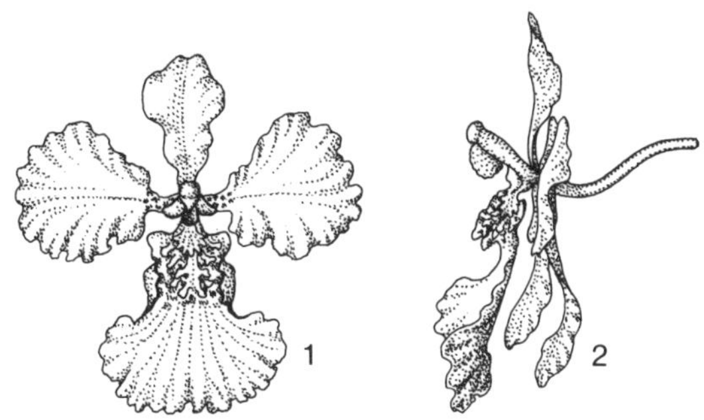

Oncidium crispum
1 = Blüte von vorn (× 3/4)
2 = Blüte von der Seite (× 3/4)

Verbreitung: Brasilien.
Geschichte: Die Pflanze wurde von G. Loddiges eingeführt und von ihm 1832 im »Botanical Cabinet« beschrieben.

Oncidium cucullatum Lindl.

Pseudobulben des mittelgroßen Epiphyten klein, gebüschelt oder nahe beieinander stehend, 2–5 cm lang, 0,8–2,5 cm breit, eiförmig bis etwas birnenförmig, schwach zusammengepreßt, am Gipfel 1–2blättrig, von mehreren sich ziegelartig deckenden, meistens blatttragenden Scheiden bedeckt. Blätter 15–20 cm lang, 1,8–3,6 cm breit, linealisch oder schmal-lanzettlich, vorn spitz bis stumpf, lederig. Blütenstand von den Achseln unterer Scheiden ausgehend, bis über 50 cm lang, schlank, aufrecht oder schräg abstehend, traubig oder manchmal verzweigt, arm-bis reichblütig; Brakteen klein, eiförmig, spitz. Blüten bis ungefähr 3,5 cm breit: Sepalen und Petalen dunkel-

braunschwarz, mit hellgrünen Rändern; Lippe weiß bis rosapurpurn, dunkelkarminrot getüpfelt; Schwiele gelb und rot. Mittlere Sepale 1,2 cm lang, 0,6 cm breit, länglich-elliptisch, konkav, spitz; die seitlichen tief konkav, 1,3 cm lang, 0,8 cm breit, miteinander verwachsen, oben gabelig geteilt. Petalen 1,2 cm lang, 0,8 cm breit, länglich-elliptisch, spitz. Lippe bis 2,5 cm lang und 3,5 cm breit, am Grunde 3lappig; Seitenlappen annähernd quadratisch, abstehend; Mittellappen genagelt, über dem Nagel nierenförmig, vorn mit aufgesetzter Spitze, an den Rändern wellig; Schwiele aus drei kielartigen Leisten bestehend: die mittlere länger als die seitlichen, unten flaumig behaart. Säule kurz, dick.
Verbreitung: Ecuador und (vielleicht) Süd-Kolumbien.
Geschichte: Diese Pflanze wurde von Jameson auf der Westseite vom Pichincha in Ecuador entdeckt und 1838 von J. Lindley in »Sertum Orchidacearum« beschrieben.

Oncidium dayanum Rchb.f.

Pseudobulben des Epiphyten klein, gebüschelt oder locker beieinander stehend, 2–5 cm lang, 0,7–2,5 cm breit, ei- bis fast birnenförmig, etwas zusammengepreßt, am Gipfel 1–2blättrig, unten von meistens blatttragenden Scheiden umhüllt. Blätter bis 20 cm lang und 3,5 cm breit, schmallanzettlich oder linealisch, vorn spitz, etwas lederig. Blütenstand fast aufrecht, bis über 30 cm lang, traubig oder manchmal verzweigt, armblütig. Blüten bis 3 cm breit: Sepalen und Petalen weiß, mit karminroten Tüpfeln oder Bändern. Lippe weiß, auf den Seitenlappen und um die glänzend gelbe Schwiele herum mit karminroten Tüpfeln. Mittlere Sepale 1,3 cm lang, 0,6 cm breit, schmal-elliptisch, spitz; die seitlichen 1,6 cm lang, 0,7 cm breit, miteinander vereint, gabelig geteilt. Petalen 1,3 cm lang, 0,7 cm breit, annähernd spatelförmig bis elliptisch, spitz. Lippe 2 cm lang, 2,4 cm breit, ganz unten 3lappig; Seitenlappen abstehend, gerandet; Mittellappen quer-länglich, vorn ausgebuchtet, an den Rändern wellig; Schwiele aus drei Leisten gebildet, vorn spitz, am Grunde flaumig behaart; die kürzere Mittelleiste die äußeren überragend. Säule kurz, kräftig.
Verbreitung: Ecuador.
Geschichte: H.G. Reichenbach veröffentlichte diese Pflanze ursprünglich als eine Varietät von *O. cucullatum* (»Gardeners' Chronicle« 1871); zugrunde lag ein von John Day in Tottenham kultiviertes Exemplar. J. Stacy erhob sie 1975 in den Artrang, als er die Sektion *Cucullata* revidierte (»Botanical Museum Leaflets of Harvard University«).
Anmerkung: *O. dayanum* ist sehr nahe mit *O. phalaenopsis* verwandt und wird öfters mit ihr verwechselt, unterscheidet sich aber durch die Struktur der Schwiele (siehe dort). Bei der auch nahe verwandten Art *O. tripterygium* Rchb.f. ist die mittlere Leiste der Schwiele länger als die seitlichen. Schließlich läßt sich *O. mimeticum* Stacy von *O. dayanum* durch eine kräftigere und an der Lippe hutförmige Säule unterscheiden; Blütenfarbe und Schwielenform dieser Art erinnern mehr an *O. cucullatum.*
Synonyme: Oncidium cucullatum var. *dayanum* Rchb.f.; *O. phalaenopsis* var. *brandtiae* hort.

Oncidium divaricatum Lindl.

Pseudobulben des kleinen Epiphyten 2,5–3,8 cm im Durchmesser, fast kreisrund im Umriß, stark zusammengepreßt, diskusförmig, am Gipfel 1blättrig. Blätter 14–30 cm lang, 4–8 cm breit, schmal-länglich bis länglich-elliptisch, lederig, halbaufrecht, vorn stumpf. Blütenstand 120–200 cm lang, rispig; Schaft dunkelpurpurn; Äste vielblütig, öfters nochmals verzweigt; Brakteen 0,1–0,3 cm lang, schmal-eiförmig, sehr spitz. Blüten 2–5 cm breit: Sepalen und Petalen gelb, am Grunde mit einem kastanienbraunen Klecks; Lippe gelb, mit kastanienbraunen Tüpfeln. Sepalen 1,1–1,2 cm lang, bis 0,6 cm breit, spatelig, konkav, abgerundet. Petalen 1,2–1,3 cm lang, bis 0,8 cm breit, länglich, kurz genagelt, gewellt, stumpf. Lippe 1,2–1,3 cm lang, unten bis 1,5 cm breit, 3lappig (alle Lappen fast gleich groß); Seitenlappen fast kreisrund, abstehend, an den Rändern verbissen; Mittellappen 0,6 cm lang, 0,9 cm breit-quer-länglich, ausgerandet, an den Rändern wellig; Schwiele aus vier gleichgroßen kissenähnlichen, papillösen Lappen bestehend. Säule aufrecht, kurz, kahl, mit halbkreisförmigen Flügeln.
Verbreitung: Brasilien.
Geschichte: Die Pflanze wurde erstmals von dem französischen Reisenden Descourtilz in der Sierra das Argoas und außerdem bei Corcovado gefunden. In die Kultur nach Europa wurde sie durch den britischen Konsul in Brasilien, Heatherly, eingeführt; er sandte 1826 Exemplare an die Horticultural Society in London. Im folgenden Jahr wurde die Art von J. Lindley im »Botanical Register« veröffentlicht.

Oncidium excavatum Lindl.

Pseudobulben des großen, robusten, bis über 100 cm hohen Epiphyten zahlreich gebüschelt, 7–18 cm lang, im Umriß eiförmig bis länglich-eiförmig, etwas zusammengedrückt, am Gipfel 1–2blättrig, an der Basis mit einigen beblätterten Scheiden besetzt. Blätter 30–50 cm lang, 2,5–4 cm breit, linealisch bis schmal-länglich, am Grunde anscheinend gestielt, vorn allmählich zugespitzt. Blütenstand 60–150 cm lang, aufrecht oder gebogen, rispig, locker vielblütig. Blüten in der Größe abwandelnd, bis 3,8 cm breit: Sepalen und Petalen gelb, in der unteren Hälfte mit braunen Querbändern und Tüpfeln; Lippe von ähnlicher Farbgebung. Mittlere Sepale 1,2–1,6 cm lang, 0,9 cm breit, verkehrteiförmig oder verkehrtlanzettlich, am Gipfel unvermittelt zugespitzt; die seitlichen bis 1,9 cm lang, 0,7cm breit, länglich-verkehrtlanzettlich, etwas asymmetrisch, spitz. Petalen bis 1,7 cm lang und 1,5 cm breit, länglich-verkehrteiförmig oder 3eckig-verkehrteiförmig, oben ausgerandet, an den Rändern gewellt. Lippe 3lappig, 1,2–2,2 cm lang, bis 2 cm breit; Seitenlappen klein, halbrund; Mittellappen kurz und breit genagelt, über dem Nagel herz-nierenförmig, undeutlich in zwei Läppchen geteilt; Schwiele konvex, aus vier warzigen in zwei erhabenen Leisten auslaufenden Linien gebildet, mit einzelnen freien Wärzchen auf jeder Seite. Säule 0,5 cm lang, kräftig; Flügel häutig, hervorragend, meistens viereckig.
Verbreitung: Ecuador und Peru.
Geschichte: Lindley beschrieb diese Art 1838 in »Sertum Orchidacearum« aufgrund einer im gleichen Jahr von Matthews bei Chachapojas in Nord-Peru gesammelten Pflanze. In Europa blühte sie erstmals 1834 in den Gewächshäusern der Firma Loddiges in Hackney.
Synonym: Oncidium aurosum Rchb.f.

Oncidium falcipetalum Lindl.

Pseudobulben der großen, epiphytischen oder gelegentlich terrestrisch wachsenden Pflanze von kletterndem Wuchs in Abständen von 20–25 cm auf einem kriechenden Rhizom stehend, bis 15 cm lang und 5 cm breit, im Umriß eiförmig bis länglich, am Gipfel 1blättrig (selten 2blättrig). Blätter bis 60 cm lang und 5 cm breit, verkehrtlanzettlich bis schmal-elliptisch, vorn spitz oder etwas langspitzig. Blütenstand bis zu 6 m lang, rispig, oben mit kurzen 3–6blütigen Ästen; diese stielrund aber an der Ansatzstelle verbreitert; Blütenstandachse zickzackförmig. Blüten in der Größe sehr veränderlich, meistens 6–7 cm breit: Sepalen honigbraun, an den oberen Rändern und an der Spitze gelb; Petalen mit größerem Anteil von Gelb; Lippe vorwiegend grünlichbraun, auf den Seiten glänzend braun, nach der Basis hin

gelblich, Schwiele leuchtendgelb. Sepalen 2,6 bis 3,2 cm lang, 1,6–2,6 cm breit, kurz und schmal genagelt, kellenförmig, spitz; der Nagel an der Basis geflügelt. Petalen den Sepalen ähnlich aber in der oberen Hälfte nach vorn gekrümmt, an den Rändern wellig und gekräuselt. Lippe 1,2 cm lang, 0,5 cm breit, schmal-länglich, vorn spitz; Schwiele kompliziert gestaltet, im wesentlichen aus drei (am Grunde) und fünf (oben) Leisten bestehend, jede dieser Leisten mit zahlreichen Fortsätzen (besonders oben) besetzt. Säule aufrecht, nach dem Gipfel zu jederseits mit einem nach vorn deutenden fingerartigen Fortsatz, gelbbraun und am Grunde rot getüpfelt; Anthere braun.
Verbreitung: Venezuela, Kolumbien, Ecuador und Peru; bis zu 2700 m.
Geschichte: Die von Funck in der Umgebung von Merida gesammelte Pflanze wurde 1846 von J. Lindley in seinem Werk »Orchidaceae Lindenianae« veröffentlicht. In der Kultur erschien die Art erstmals 1886, wo sie in den Gewächshäusern der Firma Veitch & Sons in Chelsea blühte.

Oncidium flexuosum Sims

Pseudobulben des mittelgroßen Epiphyten 3–5 cm voneinander entfernt auf dem Rhizom stehend, 4–8 cm lang, 2–3 cm breit, schmal-eiförmig oder eiförmig-elliptisch im Umriß, stark zusammengepreßt, 2schneidig, am Gipfel 1–2blättrig. Blätter mehr oder minder abstehend 10–22 cm lang, 1,5–3 cm breit, schmal länglich-riemenförmig, vorn stumpf oder unvermittelt spitz, etwas lederig. Blütenstand aufrecht oder aufsteigend, immer die Blätter überragend, bis 100 cm lang, im oberen Teil verzweigt, vielblütig; Brakteen sehr kurz, schmal-3eckig, spitz. Blüten ziemlich klein: Sepalen und Petalen gelb, mit kastanienbraunen Bändern; Lippe intensiv gelb, um die Schwiele herum rotbraun gezeichnet, sonst sehr fein orangefarbig getüpfelt; Schwiele gelb. Mittlere Sepale 0,35–0,4 cm lang, bis 0,2 cm breit, eiförmig-länglich, oben kreisförmig, abgerundet, konkav, die seitlichen bis 0,4 cm lang und 0,15 cm breit, länglich, stumpf. Petalen ungefähr 0,5 cm lang und 0,25 cm breit, verkehrteiförmig, abgerundet. Lippe am Grunde 3lappig, 1,2–1,3 cm lang, 1,2–1,5 cm breit; Seitenlappen öhrchenartig; Mittellappen kurz genagelt, über dem Nagel breit nierenförmig, vorn ausgerandet; Schwiele fleischig, kammartig, vorn mit drei zerfransten Läppchen. Säule kurz, fleischig, ein wenig kleiig, jederseits der Narbe mit einem fast quadratischen Flügel.
Verbreitung: Brasilien, Argentinien und Paraguay.
Geschichte: Die von der Firma Loddiges in Hackney aus Brasilien eingeführte Pflanze wurde 1821 von J. Sims im »Botanical Magazine« beschrieben und abgebildet.
Anmerkung: O. flexuosum ist nahe mit *O. bifolium* Sims verwandt. Diese Art besitzt eine größere Blüte, eine mehr gespaltene Schwiele, wellige Lippenränder und längere Petalen mit weniger regelmäßiger Bänderung.
Synonyme: Oncidium haematochrysum Rchb.f.; *O. haematoxanthum* Rchb.f.; *Epidendrum lineatum* Vell.

Oncidium forbesii Hook.

Pseudobulben des zwergwüchsigen Epiphyten 5–7,5 cm lang, 2,5–4 cm breit, im Umriß länglich oder elliptisch-eiförmig, zusammengepreßt, am Gipfel 1blättrig (selten 2blättrig). Blätter 15–25 cm lang, 2,4–4 cm breit, lanzettlich oder länglich-riemenförmig, lederig, vorn spitz oder mit aufgesetztem Spitzchen. Blütenstand aufrecht oder nickend, 45–90 cm lang, rispig oder traubig; Schaft schlank, grün und dunkelpurpurn marmoriert; Brakteen 0,4–0,5 cm lang, häutig, schmal-3eckig, spitz. Blüten groß, 5–8 cm breit: kastanienbraun, mit goldgelber Behauchung und Zeichnung. Mittlere Sepale kurz genagelt, 2 cm lang, 1,2–1,5 cm breit, breit-eiförmig-elliptisch, abgerundet, an den Rändern wellig; die seitlichen kurz genagelt, 2,2–2,4 cm lang, 0,8–1 cm breit, schmal-länglich, im unteren Drittel miteinander verwachsen, von der Lippe verdeckt, abgerundet. Petalen 2,6–2,8 cm lang, 2–3,3 cm breit, genagelt, über dem Nagel fast kreisrund bis verkehrteiförmig, an den Rändern gekräuselt, vorn abgerundet oder ausgerandet. Lippe 3,2–3,4 cm lang, 3 cm breit, undeutlich 3lappig; Seitenlappen nur 0,3 cm lang, öhrchenartig; Mittellappen breit genagelt, fächerförmig, 2lappig, an den Rändern gekräuselt und wellig; Schwiele 5lappig, warzig. Säule kurz; ihre Flügel halbkreisrund, fleischig, purpurviolett, rot getüpfelt.
Verbreitung: Brasilien.
Geschichte: Gardner entdeckte diese Pflanze 1837 im Orgelgebirge, Heimat so vieler prächtiger Orchideen. Er schickte lebende Exemplare an den Herzog von Bedford nach Woburn. Sir William Hooker beschrieb die Art 1839 im »Botanical Magazine« und benannte sie nach Forbes, einem Gärtner im Dienste des Herzogs.
Anmerkung: Die Art ist sehr nahe mit *O. crispum* Lodd. verwandt.
Synonyme: Oncidium crispum var. *forbesii* Burbidge; *O. crispum* var. *marginatum* hort.

Oncidium gardneri Lindl.

Pseudobulben des Epiphyten 5–7,5 cm lang, 3–4 cm breit, im Umriß schmal-eiförmig, stark zusammengepreßt, im Alter mit Längsfurchen, am Gipfel 2blättrig. Blätter 15–30 cm lang, 2,5–5 cm breit, linealisch bis länglich-lanzettlich, lederig, vorn stumpf, auf der Oberseite dunkelgrün, unten mehr oder minder intensiv purpurn. Blütenstand aufrecht oder aufsteigend, 45–90 cm lang, rispig, vielblütig; Äste abstehend, dicht vielblütig; Brakteen 0,4–0,5 cm lang, 3eckig-lanzettlich, sehr spitz. Blüten ungefähr 5 cm breit: Sepalen braun, mit gelben Querbändern; Petalen kastanienbraun, an den Rändern gelb gezeichnet; Lippe leuchtendgelb, mit einem breiten Streifen ineinander verschmelzender roter Tüpfel in Randnähe; Schwiele rotbraun getüpfelt. Mittlere Sepale genagelt, 1,2–1,5 cm lang, 0,7–0,9 cm breit, eiförmig-länglich, konkav, an den Rändern gewellt, abgerundet; die seitlichen bis über die Mitte miteinander verwachsen, 1,4–1,7 cm lang, 0,5–0,6 cm breit, sonst der mittleren ähnlich. Petalen kurz genagelt, 1,6–1,8 cm lang, 1,2–1,4 cm breit, fast kreisrund, konkav, oben ausgerandet, an den Rändern wellig. Lippe 2–2,5 cm lang, und ebenso breit, 3lappig; Seitenlappen öhrchenartig, 0,4–0,5 cm lang; Mittellappen abstehend, fächerig, an den Rändern wellig; Schwiele fleischig, 3eckig, flach, oben fein warzig, auf jeder Seite mit einem warzigen Auswuchs. Säule etwas gekrümmt, 0,3–0,4 cm lang, gelbgrün; Flügel halbkreisrund, 0,15–0,2 cm breit, gelb, purpurn getüpfelt.
Verbreitung: Brasilien.
Geschichte: Neben so vielen Orchideen wurde auch diese Pflanze von Gardner im Orgelgebirge gesammelt. J. Lindley beschrieb sie 1843 im »Journal of Botany« und benannte sie nach ihrem Entdecker. Die ersten lebenden Exemplare wurden 1846 von der Firma Rollinson nach England eingeführt.
Synonyme: Oncidium flabelliferum Pax.; *O. praetextum* Morren; *O. forbesio-disystyle* Rolfe.

Oncidium ghiesbrechtianum A. Rich. et Gal.

Kleiner Epiphyt von ungefähr 17 cm Höhe. Pseudobulben bis zu 3,5 cm lang und 2 cm breit, im Umriß ei- oder birnenförmig, seitlich zusammengedrückt, glänzend, am Gipfel 2–3blättrig. Blät-

ter bis zu 11 cm lang und 1,2 cm breit, linealisch-lanzettlich bis verkehrtlanzettlich, gebogen. Blütenstand bis zu 15 cm lang, aufrecht oder gebogen, locker wenigblütig; Brakteen nur 0,2 cm lang, unten scheidig. Blüten augenfällig: Sepalen weiß oder gelblich, mit rosenroten Flecken; Lippe gelb; Schwiele orangegelb; Säule weiß; Anthere gelb. Sepalen 1,4 cm lang, 0,35 cm breit, frei, schmal verkehrtlanzettlich, spitzlich, abstehend. Petalen bis 1,2 cm lang und 0,4 cm breit, vorstehend und aufsteigend, fast parallel zur Säule angeordnet, schmal-elliptisch-verkehrtlanzettlich, spitzlich. Lippe 1,7 cm lang, 1 cm breit, herabgeschlagen, mit dem Fuß der Säule gegliedert, 3lappig; Seitenlappen abstehend, elliptisch, oben abgerundet; Mittellappen viel länger als die Seitenlappen, tief ausgerandet; Schwiele eine linealische, vorn gabelig geteilte Leiste bildend. Säule gebogen, mit kurzem Fuß. Pollinien 2, kugelig, gefurcht; Stipes linealisch-dreieckig; Klebscheibe eiförmig.
Verbreitung: Nur aus den mexikanischen Staaten Guerrero, Michoacan und Oaxaca bekannt.
Geschichte: Aufgrund einer von Ghiesbrecht in Mexiko gesammelten Pflanze beschrieben A. Richard und H. Galeotti diese Art 1845 in den »Annales des Sciences Naturelles«. Wegen ihrer eigenartigen Säulenstruktur und der hervorstehenden Petalen hat L. Garay (»Bradea« 1974) auf dieser Art seine neue Gattung *Mexicoa* begründet.
Synonyme: Odontoglossum warneri Lindl; *Oncidium warneri* (Lindl.) Lindl.; *Mexicoa ghiesbrechtiana* (A. Rich. et Gal.) Garay.

Oncidium globuliferum H.B.K.

Pseudobulben des bis 9 cm hohen, kriechenden Epiphyten in großen Abständen auf dem biegsamen und verwickelten Rhizom stehend, bis 2,5 cm lang und 2 cm breit, im Umriß kreisrund-länglich, zusammengepreßt, am Gipfel 1blättrig, unten mit ein oder zwei beblätterten Scheiden versehen. Blätter bis 6,5 cm lang und 2,4 cm breit, länglich, fleischig, halbaufrecht, vorn stumpf. Blütenstand bis 9 cm lang, 1blütig; Blütenstiel bis 5 cm lang, mattpurpurn gefärbt. Blüten bis 3,7 cm breit: gelb, mit roten oder hellroten Tüpfeln (besonders nach unten zu). Mittlere Sepale 1,6 cm lang, 0,7 cm breit, verkehrteiförmig, spitzlich bis stumpf, an den Rändern gewellt; die seitlichen sichelig gekrümmt, 1,7 cm lang, 0,7 cm breit, länglich, kurz genagelt, spitz, gewellt. Petalen kurz genagelt, 1,8 cm lang, 0,8 cm breit, länglich, spitzlich, gewellt. Lippe 3,1 cm lang, 3,7 cm breit, am Grunde 3lappig; Seitenlappen öhrchenartig, mit rückwärts gebogenen Rändern; Mittellappen kurz genagelt, fächerig, tief 2lappig geteilt, an den Rändern wellig; Schwiele flach verkehrt-3eckig, vorn mit mehreren stäbchenartigen Wärzchen. Säule aufrecht, jederseits der Narbe geflügelt; Flügel schief, gelb.
Verbreitung: Kolumbien, Venezuela, Costa Rica und Panama; mit den Rhizomen in Baumkronen dichte Netze bildend.
Geschichte: Die Pflanze wurde 1815 von A. von Humboldt, A. Bonpland und K. Kunth in ihrem Werk »Nova Genera et Species« beschrieben.
Synonym: Oncidium werkleri Schltr.

Oncidium harrisonianum Lindl.

Pseudobulben des zwergwüchsigen Epiphyten klein, bis 2,5 cm lang, 0,8–1,8 cm breit, im Umriß elliptisch-länglich bis kreisrund, zusammengepreßt, diskusartig, am Gipfel 1blättrig. Blätter klein, 7,5–15 cm lang, bis 3 cm breit, linealisch-länglich bis länglich-lanzettlich, fleischig, halbaufrecht oder nach hinten gebogen, vorn spitzlich, blaugrün, mit grauen Tüpfeln. Blütenstand aufrecht oder gebogen, bis 30 cm lang, rispig, mit ungefähr 6blütigen Ästen; Brakteen sehr kurz, 3eckig-lanzettlich, spitz. Blüten ungefähr 1,6 cm breit: Sepalen und Petalen gelb oder orangegelb, mit wenigen schokoladenbraunen Flecken in der Mitte; Lippe gelb, auf den Seitenlappen mit einigen schokoladenbraunen Längsstreifen; Schwiele braun. Mittlere Sepale bis 0,9 cm lang, 0,4 cm breit, verkehrteiförmig, konkav, am spitzlichen Gipfel rückwärts gebogen; die seitlichen 0,9 cm lang, 0,4–0,5 cm breit, weit abstehend, schief spatelig, spitzlich. Petalen 0,8–1 cm lang, 0,3–0,4 cm breit, spatelig, spitzlich. Lippe abstehend oder etwas herabgeschlagen, 0,9–1 cm lang, 0,7–0,8 cm breit, 3lappig; Seitenlappen fast quadratisch, halbaufrecht stehend; Mittellappen genagelt, 2lappig geteilt, nierenförmig (die Lappen nach oben gebogen); Schwiele 5lappig. Säule sehr kurz, fleischig, mit deltaförmigen Flügeln.
Verbreitung: Brasilien.
Geschichte: William Harrison fand diese Pflanze im Orgelgebirge und sandte lebende Exemplare an seine Verwandte, Mrs. Arnold Harrison, nach Liverpool. Sie brachte sie 1832 zum Blühen, und J. Lindley beschrieb sie noch im selben Jahr in seinem Werk »Genera and Species of Orchidaceous Plants« und auch im »Botanical Register«.
Anmerkung: Die Art ist nahe mit *O. divaricatum* und *O. pulvinatum* verwandt, aber immer leicht an ihrer 5lappigen Schwiele zu erkennen.
Synonyme: Oncidium pallidum Lindl.; *O. pantherinum* Hoffmannsegg; *O. acrobotryum* Klotzsch.

Oncidium hastatum Lindl.

Pseudobulben der epi- oder lithophytischen Pflanze 7,5–11 cm lang, 5–6 cm breit, im Umriß eiförmig-3eckig, zusammengepreßt, am Gipfel 2blättrig, unten mit vier 2zeilig angeordneten beblätterten Scheiden versehen. Blätter 15–43 cm lang, 1,5–3 cm breit, linealisch bis linealisch-lanzettlich, biegsam, meistens rückwärts gebogen, vorn spitz oder langspitzig. Blütenstand bis über 100 cm lang, rispig, mit halbaufrechten, 6- oder mehrblütigen Ästen; Brakteen 0,6 cm lang, lanzettlich. Blüten verhältnismäßig klein: Sepalen und Petalen gelb, stark braun getüpfelt; Lippe weißlich, auf dem Mittellappen mit rosapurpurnen Flecken, besonders am Grunde; Schwiele weiß, mit rosapurpurnen Linien. Sepalen 2–2,4 cm lang, 0,3–0,7 cm breit, schmal-lanzettlich, an den Rändern wellig, langspitzig. Petalen 2 cm lang, 0,4–0,7 cm breit, lanzettlich, langspitzig. Lippe 1,7–2,1 cm lang, unten 1,5 cm breit, am Grunde 3lappig; Seitenlappen länglich oder kreisrund-quadratisch, abstehend; Mittellappen elliptisch-eiförmig, kurz genagelt, langspitzig; Schwiele fleischig, längsgerichtet, vorn 4lappig (die inneren Lappen größer als die äußeren). Säule mit einwärts gebogenen, fast quadratisch-rundlichen Flügeln.
Verbreitung: Mexiko; von 1000–2000 m.
Geschichte: Diese Pflanze wurde bei Oaxaca von H. Galeotti entdeckt und von J. Lindley 1850 in Paxton's »Flower Garden« veröffentlicht.
Anmerkung: Die Art ähnelt *O. karwinskii* und *O. maculatum;* beide besitzen eine breitere, weniger deutlich 3lappige Lippe, deren Mittellappen keine rote Tüpfelung besitzt.

Oncidium hastilabium
(Lindl.) Garay et Dunsterville

Pseudobulben des kriechenden Epiphyten gebüschelt stehend, bis 6 cm lang und 4 cm breit, im Umriß länglich-eiförmig, stark zusammengepreßt und 2schneidig, am Grunde von mehreren blatttragenden Scheiden begleitet, am Gipfel 1–2blättrig. Blätter bis 20 cm lang und 4 cm breit, länglich-riemenförmig bis verkehrtlanzettlich, abstehend, vorn stumpf oder mit aufgesetztem Spitzchen. Blütenstand bogig bis fast aufrecht, bis über 75 cm lang, rispig, vielblütig. Blü-

ten sich nacheinander öffnend, 6–7,5 cm breit, duftend: Sepalen und Petalen hellgelbgrün, im unteren Zweidrittel mit schokoladenbraunen Querstreifen; Lippe aus purpurnem Grunde weiß; Säule an der Basis gelb, darüber lavendelblau. Sepalen bis 4 cm lang, 0,8–1 cm breit, schmal-lanzettlich, langspitzig. Petalen den Sepalen ähnlich aber 3,4 cm lang und 0,9 cm breit. Lippe 3,2 cm lang, 1,8–2,4 cm breit; 3lappig; Seitenlappen klein, sichelig, hervorstehend; Mittellappen genagelt, herzförmig, vorn spitz mit aufgesetzter Spitze; Schwiele aus drei gespaltenen Leisten bestehend, die mittlere vorn in drei Läppchen geteilt. Säule mit sehr schmalen, länglichen Flügeln.
Verbreitung: Kolumbien.
Geschichte: Die Pflanze wurde von J. Linden bei Tesqua in der Provinz Pamplona in einer Höhenlage von 750 m gefunden. J. Lindley beschrieb sie 1846 als *Odontoglossum* in »Orchidaceae Lindenianae« In ihrem Werk »Venezuelan Orchids Illustrated« (1976) wurde die Art von U. Garay und G. Dunsterville in die Gattung *Oncidium* versetzt.
Synonym: Odontoglossum hastilabium Lindl.

Oncidium heteranthum Poepp. et Endl.

Pseudobulben des bis über 70 cm hohen Epiphyten gebüschelt angeordnet, bis 5 cm lang und 3 cm breit, im Umriß eiförmig-3eckig, 2seitig zusammengepreßt, leicht gefurcht, am Gipfel 2blättrig (selten 1blättrig). Blätter bis 15 cm lang und 2 cm breit, verkehrtlanzettlich, ziemlich dünn, auf der Unterseite gekielt, vorn spitz. Blütenstand bis 70 cm hoch, aufrecht bis überhängend, rispig; Schaft mit winzigen Warzen besetzt; Äste im unteren Teil mit unentwickelten und nur oben mit ein bis drei fertilen Blüten; Brakteen winzig, schmal-3eckig. Blüten 1 cm breit: Sepalen und Petalen grüngelb, mit brauner Zeichnung; Lippe leuchtendgelb, um die Schwiele herum braun gezeichnet; Schwiele weiß, mit braunen Flecken. Sepalen 0,7 cm lang, 0,2 cm breit, verkehrtlanzettlich, stumpf. Petalen 0,7 cm lang, 0,4 cm breit, verkehrteiförmig, stumpf. Lippe bis 1,5 cm lang und breit, 3lappig, Seitenlappen 3eckig, mit zurückgebogenen Rändern; Mittellappen quer-elliptisch, in zwei Läppchen geteilt; Schwiele aus meistens fünf Leisten bestehend, deren mittlere am Ende mit einem hakenartigen Fortsatz. Säule aufrecht, gelb, ihre länglichen Flügel die Antherenkappe umfassend.
Verbreitung: Costa Rica, Panama, Venezuela, Kolumbien, Ecuador, Peru und Bolivien; auf Bäumen in Bergwäldern.
Geschichte: E. Poeppig und S. Endlicher beschrieben die von E. Poeppig in den Anden Boliviens gefundene Pflanze 1836 in ihrem Werk »Nova Genera et Species«.
Synonyme: Oncidium bryolophotum Rchb. f.; *O. ionops* Cogn. et Rolfe; *O. megalous* Schltr.

Oncidium hookeri Rolfe

Pseudobulben der kleinen hängenden bis 45 cm langen epiphytischen Pflanze 3–6 cm lang, bis 1,5 cm breit, schmal-kegelig, gerippt, am Gipfel 1–2blättrig, an der Basis mit zwei beblätterten Scheiden versehen. Blätter aufrecht oder abstehend, 8–20 cm lang oder manchmal länger, 0,5–1,5 cm breit, verkehrtlanzettlich, lederig. Blütenstand aufrecht oder gebogen, 2–4,5 cm lang, rispig, vielblütig. Äste lang, nur im oberen Teil Blüten tragend; Brakteen häufig 0,1–0,2 cm lang, 3eckig, langspitzig. Blüten klein, nur 1 cm breit: Sepalen und Petalen gelb, braun überlaufen; Lippe gelb, auf der Schwiele und in ihrer Umgebung hellbraun. Sepalen 0,5 cm lang, 0,15 cm breit, länglich-lanzettlich, spitz, völlig zurückgeschlagen. Petalen 0,45 cm lang, 0,2 cm breit, den Sepalen ähnlich, konkav. Lippe 0,6 cm lang, 0,5 cm breit, 3lappig, mehr oder minder konvex; Seitenlappen länglich-3eckig; Mittellappen genagelt, schmal-fächerig, in zwei Lappen geteilt; Schwiele 5lappig (die Lappen etwas konkav und fleischig). Säule 0,2 cm lang, gelbgrün, ungeflügelt.
Verbreitung: Brasilien.
Geschichte: Gardner sammelte diese Pflanze, zusammen mit *O. forbesii,* zum erstenmal 1837 im Orgelgebirge. R. Rolfe beschrieb sie fünfzig Jahre später im »Gardeners' Chronicle« 1887.
Anmerkung: Die Art ist ähnlich *O. loefgrenii,* welche aber eine komplizierter gestaltete Schwiele besitzt. Nach der Ersteinführung wurde die Pflanze irrtümlich als *O. raniferum* Lindl. bestimmt; aus diesem Grunde blieb sie ein halbes Jahrhundert unerkannt. *O. hookeri* läßt sich von *O. raniferum* jedoch leicht unterscheiden: diese Art besitzt größere Blüten, bei denen die seitlichen Sepalen bis zur Mitte miteinander verwachsen sind.

Oncidium isthmii Schltr.

Pseudobulben des Epiphyten bis 10 cm lang und 3 cm breit, im Umriß schmal deltaförmig, zusammengepreßt, am Gipfel 2blättrig, unten von meistens vier beblätterten Scheiden umgeben. Blätter 28–41 cm lang, bis 2,6 cm breit, schmal-linealisch-lanzettlich, halbaufrecht, im untersten Teil gefaltet, vorn spitz oder langspitzig. Blütenstand ziemlich lang, bis über 100 cm lang, rispig, vielblütig; Äste abstehend, mit ungefähr zehn Blüten besetzt; Brakteen 0,7 cm lang, eiförmig, konkav, trockenhäutig. Blüten klein: gelb, am Grunde alle Teile kupferbraun gezeichnet. Mittlere Sepale 1 cm lang, 0,3 cm breit, verkehrtlanzettlich, stumpf, an den Rändern wellig; die seitlichen 1,4 cm lang, 0,3 cm breit, linealisch-verkehrtlanzettlich, spitz. Petalen 1,2 cm lang, 0,35 cm breit, länglich-verkehrtlanzettlich, stumpf. Lippe 1,3 cm lang, 1,6 cm breit, an der Basis 3lappig, abstehend-herabgeschlagen; Seitenlappen 0,3 cm lang, öhrchenartig, abstehend; Mittellappen schmal genagelt, quer-länglich, ausgerandet; Schwiele fleischig, mehrlappig: die vorderen drei abstehend. Säule kurz, aufrecht mit schief-hobelförmigen Flügeln.
Verbreitung: Costa Rica und Panama.
Geschichte: Diese Art wurde 1922 von R. Schlechter in den Beiheften zum »Fedde, Repertorium« beschrieben.
Anmerkung: O. oblongatum ist nahe mit dieser Art verwandt, besitzt aber größere Blüten. Von *O. ampliatum* unterscheidet sie sich durch die längeren Blütenstandäste, eine kleinere Lippe und die typische Form der Schwiele.

Oncidium incurvum Lindl.

Pseudobulben des Epiphyten 7,5–10 cm lang, 2–3 cm breit, im Umriß eiförmig, zusammengepreßt, auf den flachen Seiten gerippt, am Gipfel 2–3blättrig. Blätter 30–85 cm lang, bis über 2 cm breit, linealisch-riemenförmig, lederig, vorn spitz. Blütenstand aufrecht oder gebogen, 100–200 cm lang, rispig; Äste 2zeilig und wechselständig angeordnet, locker mit Blüten besetzt. Blüten ungefähr 2,5 cm breit: Sepalen und Petalen weißlich, mit violetten Tüpfeln; Lippe rosa und weiß; Schwiele gelb, mit brauner Zeichnung. Mittlere Sepale 1,2 cm lang, 0,3 cm breit, linealisch-verkehrtlanzettlich, gewellt, spitz; die seitlichen gekrümmt, 1,7 cm lang, 0,3 cm breit, schmal-verkehrtlanzettlich, spitz. Petalen 1,4 cm lang, 0,3 cm breit, linealisch-lanzettlich, spitzlich, gewellt. Lippe 1,5 cm lang, 1,1 cm breit, 3lappig; Seitenlappen klein, 0,4 cm lang, länglich oder halbkreisförmig; Mittellappen genagelt, abstehend, fast kreisrund, mit aufgesetzter Spitze; Schwiele mit fünf Zähnen (der mittlere am längsten). Säule weiß, 0,7 cm lang, aufrecht; ihre Flügel 2zähnig, rosa behaucht.

Verbreitung: Mexiko.
Geschichte: R. Ross und H. Galeotti fanden diese Pflanze in der Provinz Oaxaca in Höhenlagen zwischen 1200 und 1500 m. J. Lindley beschrieb die Art 1840 im »Botanical Register«. Der von G. Barker vorgeschlagene Artname bezieht sich auf die einwärts gekrümmten Petalen junger Blüten. In die Kultur wurde die Pflanze 1840 von G. Barker in Birmingham eingeführt.
Anmerkung: Die von L. Garay und J. Stacy mit *O. baueri* und *O. ansiferum* (siehe dort) in die Sektion *Planifolia* gestellte Pflanze läßt sich von diesen beiden Schwesterarten durch ihre weißvioletten Blüten leicht unterscheiden. In der Kultur ist eine rein weißblütige Art unter dem Namen var. *alba* bekannt.

Oncidium jonesianum Rchb. f.

Pseudobulben des aufrechten bis hängenden Epiphyten ziemlich klein, ungefähr 1 cm lang und breit, eiförmig, 1blättrig. Blätter 20–40 cm lang, 0,5–1,5 cm im Durchmesser, stielrund, linealisch, mit völlig durchlaufender Längsrinne, fleischig, vorn dornartig, meistens herabhängend. Blütenstand elegant übergebogen bis hängend, 30–50 cm lang, traubig, 6–16blütig; Schaft schlank, zusammengedrückt; Brakteen 0,5–0,8 cm lang, eiförmig-3eckig, etwas langspitzig. Blüten sehr augenfällig, nickend, bis über 5,5 cm breit: Sepalen und Petalen hellgrün, mit großen kastanienbraunen Flecken; Lippe weiß, mit gelborangenen Seitenlappen. Seitenlappen, Schwiele und Grund des Mittellappens mit karminroten Tüpfeln. Sepalen 2–2,7 cm lang, 0,8–1,1 cm breit, länglich-eiförmig, abgerundet, wellig. Petalen den Sepalen ähnlich. Lippe sitzend, 2,1–2,3 cm lang, 1–1,2 cm breit, 3lappig; Seitenlappen abstehend, öhrchenartig; Mittellappen breitlänglich, vorn ausgerandet, an den Rändern gewellt; Schwiele fleischig, mit mehreren Läppchen, jeder mit winzigen Höckern besetzt. Säule aufrecht, 0,6–0,7 cm lang, auf jeder Seite der Narbe geflügelt; Flügel oben zugespitzt, hellgrün, mit roten Tüpfeln.
Verbreitung: Brasilien und Paraguay; in Uferwäldern.
Geschichte: Die Art wurde 1883 von H.G. Reichenbach im »Gardeners' Chronicle« veröffentlicht.
Anmerkung: Im Wuchs ist diese Pflanze *O. cebolleta* nicht unähnlich, läßt sich aber von ihr durch die größeren und anders gefärbten Sepalen und Petalen wie auch durch die weiße Lippe unterscheiden.

Oncidium kramerianum Rchb. f.

Pseudobulben des Epiphyten haselnußförmig, 1,7 cm im Durchmesser, mit netzartiger Oberfläche, am Gipfel 1blättrig. Blätter bis 16 cm lang und 6 cm breit, länglich bis länglich-elliptisch, vorn spitzlich, auf der Oberseite reichgrün und unregelmäßig purpurn marmoriert, auf der Unterseite mit purpurnen Tüpfeln. Blütenstand aufrecht; Schaft stielrund, mit geschwollenen Knoten, 1- (selten, dann aber gleichzeitig) oder 2blütig. Blüten bis über 10 cm hoch und 8 cm breit: Sepalen unten ziegelrot und oben purpurn mit gelben Rändern; Petalen gelb und über und über mit ziegelroten großen Tüpfeln bedeckt; Lippe gelb, unterhalb der Ränder und ganz am Grunde ziegelrot. Mittlere Sepale aufrecht, 5 cm lang und 1 cm breit, spatelig, abgerundet, an den zurückgebogenen Rändern gewellt; die seitlichen halbaufrecht stehend, 7,2 cm lang, 0,8 cm breit, sichelig gekrümmt, spatelig, spitzlich, an den nach hinten gebogenen Rändern wellig. Petalen herabgeschlagen, kurz genagelt, 4 cm lang, 2,2 cm breit, schief-eiförmig, spitz, an den Rändern gewellt. Lippe 4,5 cm lang, 4,2 cm breit, 3lappig; Seitenlappen fast quadratisch, am Vorderrand ausgebissen; Mittellappen kurz genagelt, querlänglich, in zwei sich vorn überdeckende Lappen gespalten, an den Rändern gewellt und kräuselig; Schwiele fleischig, vorn schwach 3lappig (der mittlere Lappen am längsten). Säule aufrecht, grün; Anthere gelb, mit purpurnen Tüpfeln; Flügel oben zerschlitzt oder verbissen, ganz oben antennenartig ausgezogen und mit einer Drüsenspitze, ganz unten nierenförmig und einwärts gebogen.
Verbreitung: Costa Rica, Panama, Ecuador und Peru; 300–1000 m.
Geschichte: Die Art wurde von H.G. Reichenbach 1855 in Otto und Dietrich's »Allgemeiner Gartenzeitung« veröffentlicht.
Anmerkung: Ähnlich *O. papilio,* welche aber einen knotenlosen Schaft und eine andere Säulenstruktur besitzt. Auch *O. sanderae* ist nahe verwandt; diese besitzt jedoch einen stark ausgeprägten Drüsenbesatz an den Flügeln der Säule und hat getüpfelte Lippenränder.
Synonyme: Oncidium papilio var. *kramerianum* Rchb. f.; *O. nodosum* Morrey; *O. papilioniforme* Regel.

Oncidium lanceanum Lindl.

Pseudobulben des manchmal bis über 30 cm hohen Epiphyten entweder fehlend oder sehr klein, aufrecht, bis 2 cm lang, schmal-eiförmig im Umriß, stark zusammengepreßt. Blätter bis 4,8 cm lang und 1,2 cm breit, länglich-lanzettlich, mehr oder minder ausgestreckt, lederig, grün, purpurn getüpfelt. Blütenstand bis 30 cm hoch, 10–12blütig; Schaft aufrecht, kräftig, dunkelgrün, am Grunde mit graubraunen Scheiden. Blüten sehr augenfällig, 6 cm breit, duftend: Sepalen und Petalen gelb, kräftig braunpurpurn getüpfelt; Lippe purpurviolett (dunkler in der unteren Hälfte); Säule grünlichgelb im unteren und dunkelpurpurn im oberen Teil. Sepalen 3,5 cm lang, 2,2 cm breit, elliptisch, sehr kurz genagelt, stumpf, an den Rändern wellig; die seitlichen länger und schmaler als die mittlere, leicht konkav. Petalen 3,5 cm lang, 2 cm breit, breit verkehrteiförmig-spatelig, stumpf. Lippe 3,8 cm lang, 2,4 cm breit, 3lappig; Seitenlappen tief ansitzend, öhrchenartig bis kurz-länglich, bis 0,6 cm lang und 0,5 cm breit; Mittellappen lang genagelt, so breit oder breiter als der Lippengrund, spatelig; Schwiele 3lappig (der mittlere Lappen kielförmig und länger als die seitlichen), intensiv violettpurpurn. Säule kurz, 0,8 cm lang; Flügel elliptisch, Antherenkappe purpurn.
Verbreitung: Brasilien, Guayana, Venezuela und Trinidad.
Geschichte: Die von J. Lindley 1836 in den »Transactions of the Horticultural Society of London« veröffentlichte Pflanze wurde zwei Jahre später von John Henry Lance zur Kultur aus Surinam nach England importiert.
Anmerkung: Diese Art nimmt in der Gattung eine verhältnismäßig isolierte Stellung ein und läßt sich keiner Verwandtschaft zuordnen.

Oncidium leucochilum Lindl.

Pseudobulben des großen, bis über 3 cm hohen Epiphyten 5–13 cm lang, 3–6 cm breit, im Umriß eiförmig-elliptisch, zusammengepreßt, mit zwei bis drei hervorstehenden Rippen auf den abgeflachten Seiten, am Gipfel 1–2blättrig, unten mit mehreren trockenhäutigen Scheiden. Blätter 10–60 cm lang, 1,5–4,5 cm breit, riemenförmig, lederig, an der Basis gefaltet, vorn stumpf. Blütenstand bis zu 3 m lang, rispig, vielblütig; Schaft am Grunde von einer Scheide begleitet. Blüten verhältnismäßig klein: Sepalen und Petalen leuchtend- bis bleichgrün, mit rotbraunen Flekken; Lippe weiß, mehr oder weniger intensiv rosa oder gelb überlaufen; Schwiele purpurn gefärbt. Sepalen 1,3–2,3 cm lang, 0,5–1,2 cm breit, länglich-elliptisch bis elliptisch-lanzettlich, stumpf bis etwas langspitzig, auf dem Rücken gekielt. Peta-

len den Sepalen ähnlich. Lippe 1,6–2,5 cm lang, 1,4–2,3 cm breit, geigenförmig, 3lappig; Seitenlappen klein, halbeiförmig bis länglich, an den Rändern nach hinten gebogen; Mittellappen von den Seitenlappen durch einen langen Nagel getrennt, quer-länglich bis nierenförmig, an den Rändern gewellt und kräuselig; Schwiele länglich, mit fünf bis neun schlanken, fleischigen Zähnen (die 3 vorderen rückwärts gekrümmt). Säule nur 0,7 cm lang, am Gipfel jederseits mit einem gekerbten Flügel.
Verbreitung: Mexiko, Honduras und Guatemala; seltene Pflanze in trockenen bis feuchten Wäldern; bis 2000 m.
Geschichte: Das Typusexemplar dieser Art wurde von G. U. Skinner 1835 in Guatemala gesammelt und 1837 von J. Lindley im »Botanical Register« beschrieben; im gleichen Jahr wurde die Pflanze auch in dem Riesenwerk »Orchidaceae of Mexico and Guatemala« von J. Bateman abgebildet.
Synonym: Oncidium digitatum Lindl.

Oncidium lietzii Regel

Pseudobulben 5–12 cm lang, 1–2 cm breit, etwas spindelförmig bis konisch, glänzend grün, am Gipfel 1–2blättrig. Blätter steif, 11–20 cm lang, 3–5 cm breit, länglich-elliptisch oder riemenförmig, vorn spitz und nach hinten gebogen, aufrecht bis abstehend, auf der Oberseite tiefgrün, heller unten. Blütenstand gebogen, 40 bis über 70 cm lang, traubig oder rispig; Schaft purpurn gefärbt mit weißen Flecken; Brakteen 0,9–1,2 cm lang, angepreßt, konkav, hellgrün. Blüten fast einseitswendig angeordnet, 2,2–3,3 cm breit: Sepalen und Petalen gelb oder grüngelb, mit rotbraunen Querlinien; Seitenlappen der Lippe gelb, mit ein oder zwei schokoladenbraunen Flecken; Mittellappen schokoladenbraun; Schwiele hellorangebraun. Mittlere Sepale bis 1,5 cm lang und 0,8 cm breit, spatelförmig, konkav, stumpf; die seitlichen 1,2 cm lang, 0,8 cm breit, bis zum ausgerandeten Gipfel miteinander verwachsen. Petalen 1,4–1,6 cm lang, bis 0,9 cm breit, spatelförmig, einwärts gebogen, stumpf. Lippe 1 cm lang, 0,9 cm breit, 3lappig, schwach konvex; Seitenlappen schmal-länglich, einwärts gebogen, an den Rändern zurückgekrümmt; Mittellappen mit einer verhältnismäßig großen, warzig-gekörnten Schwiele. Säule 0,4–0,5 cm lang, gelb, flaumig behaart, mit nach innen gekrümmten riemenförmigen Flügeln.
Verbreitung: Brasilien.
Geschichte: Die von C. Lietz in Ost-Brasilien entdeckte Pflanze wurde im Botanischen Garten in St. Petersburg kultiviert und 1880 von E. von Regel in den »Acta Horti Petropolitani« beschrieben.

Oncidium limminghei Lindl.

Pseudobulben des kleinen, kriechenden Epiphyten in Abständen von 1–2 cm auf dem verzweigten Rhizom angeordnet, am Boden liegend, bis 2 cm lang und 1,5 cm breit, im Umriß elliptisch, zusammengepreßt, am Gipfel 1blättrig. Blätter mehr oder minder dem Substrat aufliegend, ungefähr 3,5 cm lang und breit, elliptisch bis eiförmig-elliptisch, an der Basis asymmetrisch, fein runzelig, hellbraungrün mit kastanienbrauner Zeichnung. Blütenstand seitlich am Grunde neuer Pseudobulben entspringend, aufrecht, 2–3blütig; Schaft bis 10 cm lang, drahtig. Blüten bis 4 cm breit: Sepalen dunkelrotbraun; Petalen leuchtendrotbraun, mit helleren braunen Querbändern; Lippe gelb, orangebraun getüpfelt; Schwiele hellgelb, mit orangebrauner Zeichnung. Sepalen 1,5 cm lang, 0,8 cm breit, verkehrteiförmig-spatelig, stumpf bis etwas langspitzig. Petalen 1,7 cm lang, 0,9 cm breit, länglich gestutzt. Lippe 2 cm lang und breit, 3lappig; Seitenlappen länglich, etwas aufwärts gerichtet, an den Rändern zurückgekrümmt; Mittellappen viel größer als die Seitenlappen, genagelt, in zwei Lappen gespalten; Schwiele mit drei Leisten, deren mittlere höher und länger. Säule kräftig, aufrecht, mit gefransten Flügeln; Antherenkappe gelb.
Verbreitung: Brasilien und Venezuela.
Geschichte: Diese attraktive Pflanze wurde erstmals in der Umgebung von Caracas von dem holländischen Konsul von Lansberg gesammelt. Er sandte lebende Exemplare an E. Morren, eine davon lag der Beschreibung von J. Lindley in »Folia Orchidacea« 1855, zugrunde.
Anmerkung: Die Art ähnelt einer zwergigen *O. papilio,* und deshalb wurde sie von verschiedenen Kennern gemeinsam in die Sektion *Glanduligera* gestellt. In jüngster Zeit haben L. Garay und J. Stacy *O. limminghei* aufgrund ihrer kleinen Pseudobulben in die Sektion *Plurituberculata* versetzt.

Oncidium longicornu Mutel

Pseudobulben gebüschelt, 3–7 cm lang, 1–2 cm breit, im Umriß länglich-deltaförmig, gerippt, schwach zusammengedrückt, am Gipfel 2blättrig. Blätter aufrecht, 8–16 cm lang, 1,2 cm breit, länglich bis länglich-riemenförmig, steif, vorn spitzlich, auf der Oberseite tiefgrün, auf der unteren heller. Blütenstand 25–45 cm lang, rispig, vielblütig; Äste verlängert, schlank, anscheinend 2zeilig angeordnet, abstehend; Brakteen 1–1,5 cm lang, häutig oder krautig. Blüten verhältnismäßig klein, nicht fleischig: Sepalen gelbgrün oder rötlichbraun überlaufen; Petalen rötlichbraun mit gelben Spitzen; Lippe hellrot auf der Unterseite, gelb oben. Mittlere Sepale 0,5–0,6 cm lang, 0,25–0,3 cm breit, länglich-elliptisch, konkav, spitz; die seitlichen bis 0,6 cm lang und 0,2 cm breit, länglich, bis zur Mitte miteinander verwachsen. Petalen bis 0,6 cm lang und 0,3 cm breit, länglich, gewellt, schwach konkav, gestutzt. Lippe 1–1,1 cm lang, 0,6–0,8 cm breit, etwas konvex, 3lappig; Seitenlappen länglich, an den Rändern rückwärts gebogen; Mittellappen genagelt, über dem Nagel fächerförmig, vorn ausgerandet; Schwiele in der Form eines langen rückwärts gekrümmten hornartigen Anhängsels. Säule 0,4–0,45 cm lang, gelbgrün, schwach einwärts gebogen, fast keulig, flügellos.
Verbreitung: Brasilien.
Geschichte: Die Pflanze wurde von P. Mutel 1838 in »Memorial de la Scarpe« veröffentlicht.
Synonyme: Oncidium unicorne Lindl.; *O. monoceras* Hook.

Oncidium longipes Lindl. et Paxt.

Pseudobulben des kleinen, bis 20 cm hohen Epiphyten gebüschelt in Gruppen von drei oder vier auf dem dicken, aufsteigenden Rhizom angeordnet, 2–2,5 cm lang, 0,7 cm breit, im Umriß schmal-eiförmig, am Gipfel 1–2blättrig. Blätter 10–15 cm lang, bis 1,7 cm breit, linealisch-länglich, vorn mit aufgesetztem Spitzchen. Blütenstand aufrecht, bis 15 cm lang, 2–5blütig. Blüten 2–3,3 cm breit: Sepalen und Petalen ledergelb oder rötlichbraun, mit querverlaufenden gelben Schlieren, an der Spitze gelb; Lippe leuchtendkanariengelb, auf der und um die Schwiele herum dunkelrot getüpfelt. Schwiele mit weißen Warzen besetzt. Mittlere Sepale bis 1,3 cm lang und 0,4 cm breit, schmal-länglich bis spatelförmig, am spitzen Gipfel rückwärts gebogen; die seitlichen 1,6 cm lang, 0,4 cm breit, verkehrtlanzettlich, spitz, am Grunde miteinander verwachsen. Petalen 1,1 cm lang, 0,6 cm breit, spatelförmig, stumpf. Lippe 1,2 cm lang, 1,1 cm breit, 3lappig; Seitenlappen länglich-verkehrteiförmig, aufwärts gerichtet abstehend, an den Rändern wellig; Mittellappen genagelt (der Nagel gefranst), vorn breit-ausgerandet, an den Rändern etwas wellig; Schwiele mit vielen warzigen Erhebungen. Säule

unterhalb der Narbe mit einer breiten Platte; Flügel sehr schmal.
Verbreitung: Im Orgelgebirge Brasiliens.
Geschichte: J. Lindley und J. Paxton beschrieben diese Art 1851 in Paxton's »Flower Garden« aufgrund einer im vorhergehenden Jahre bei Rio de Janeiro gesammelten Pflanze.
Anmerkung: Oncidium uniflorum Lindl. ist nahe verwandt, unterscheidet sich aber durch 1blütigen Blütenstand und eine gut entwickelte typische Schwiele (aus einem Büschel glatter Erhebungen gebildet). Manche Autoren betrachten *O. croesus* als eine zu *O. longipes* gehörige Varietät; sie besitzt allerdings größere Blüten und ist anders gefärbt; die Sepalen und Petalen sind purpurn und die Lippe ist goldgelb.
Synonym: Oncidium janeirense Rchb. f.

Oncidium loxense Lindl.

Pseudobulben 7,5–12,5 cm lang, bis über 4 cm breit, im Umriß ei-birnenförmig, zusammengepreßt, am Gipfel 1blättrig. Blätter 22–38 cm lang, 3–5 cm breit, schmal-lanzettlich oder riemenförmig, lederig, vorn langspitzig. Blütenstand 1–1,8 m lang, kletternd, rispig. Blüten entfernt stehend, fleischig, 7,5 cm breit: Sepalen zimtbraun mit gelben Querstreifen; Petalen olivbraun mit unregelmäßig verteilten, querliegenden gelben Flecken; Lippe leuchtend orangegelb (auf der Platte etwas bleicher), auf der Schwiele karminrot getüpfelt. Sepalen 2,7 cm lang, 1,1 cm breit, schmal-genagelt, elliptisch-länglich bis eiförmig, spitzlich, an den Rändern gewellt, auf dem Rücken auffallend gekielt. Petalen den Sepalen ähnlich, 2,7 cm lang, 1,4 cm breit, stumpf, schwächer gekielt. Lippe 2,2 cm lang, 2,4 cm breit, lederig, aus geöhrtem Grunde spatelförmig; Schwiele fleischig: hinten mit vier flachen Platten und in der Mitte mit einer erhabenen, auf beiden Seiten borstigen Platte. Säule aufrecht, auf jeder Seite der Narbe geflügelt.
Verbreitung: Ecuador.
Geschichte: Diese außerordentliche Pflanze wurde 1842 von T. Hartweg in der Umgebung von Loxa entdeckt und 1852 von J. Lindley in Paxton's »Flower Garden« beschrieben. In die Kultur wurde die Art wahrscheinlich erstmals 1883 von Edward Klaboch eingeführt, als er lebende Exemplare an die Firma Sanders & Sons nach St. Albans schickte.
Anmerkung: Wie *O. macranthum* und *O. superbiens* gehört diese mit ihnen verwandte Art zur Sektion *Cyrtochilum;* von beiden ist sie durch ihre spatelförmige Lippe und die borstige Schwiele leicht zu unterscheiden.

Oncidium luridum Lindl.

Pseudobulben des großen, bis über 2 m hohen Epiphyten sehr klein, etwa 1,5 cm lang, am Gipfel 1blättrig, von mehreren steifen, trockenen, sich ziegelartig deckenden Scheiden völlig verdeckt. Blätter 12–85 cm lang, 3,5–15 cm breit, länglich-elliptisch bis elliptisch-lanzettlich, lederig, steif, vorn spitz bis stumpf. Blütenstand 1–5 m lang, rispig, vielblütig; Schaft am Grunde von einer trockenen Schwiele begleitet. Blüten 3,8 cm breit, in der Farbgebung wechselnd, meistens gelb oder grünlichgelb, rotbraun bis purpurn marmoriert oder getüpfelt; Schwiele gelb; purpurn getüpfelt. Sepalen mit kurzem Nagel, 1,5–2 cm lang, 0,7–1,2 cm breit, spatelförmig, verkehrteiförmig oder fast ei-kreisförmig, abgerundet, an den Rändern kräuselig-gewellt. Petalen schmal-genagelt, 1,2–1,8 cm lang, 0,7–1,2 cm breit, breit-eiförmig bis spatelig-länglich, gestutzt, an den Rändern kräuselig-gewellt. Lippe 1,4–2 cm lang, 0,7–0,9 cm breit, 3lappig; Seitenlappen öhrchenartig, an den Rändern zurückgekrümmt; Mittellappen mit einem kurzen aber breiten Nagel, viel breiter als die Seitenlappen, halb-kreisrund-nierenförmig, an den Rändern ganz oder gekerbt; Schwiele aus fünf fleischigen, mit winzigen Wärzchen besetzten Läppchen bestehend. Säule nur 0,5 cm lang, jederseits mit einem 2lappigen Flügel.
Verbreitung: Häufige Pflanze in Florida, Mexiko, durch Mittelamerika bis nach Honduras, die Westindischen Inseln und im nördlichen Südamerika bis nach Peru; von Meereshöhe bis zu 1400 m.
Geschichte: J. Lindley beschrieb diese Art 1823 im »Botanical Register« aufgrund einer von Griffin in South Lambeth kultivierten Pflanze. Allerdings war die Pflanze selbst schon C. von Linné bekannt, der ihr den Namen *Epidendrum guttatum* gab. In ihrer »Flora of the Lesser Antilles« (1974) hatten L. Garay und H. Sweet die Ansicht, daß der richtige Name für diese Art *Oncidium altissimum* (Jacq.) Sw. sei; ihre Argumente sind jedoch nicht für alle Fachleute akzeptierbar.
Anmerkung: O. luridum ist mit *O. carthaginense* verwandt; es unterscheidet sich aber von dieser Art durch die Größe und Gestalt des Mittellappens der Lippe.

Oncidium macranthum Lindl.

Pseudobulben des großen Epiphyten 7–15 cm lang, im Umriß ei-deltaförmig, mehr oder minder zusammengedrückt, am Gipfel 2blättrig, unten von drei bis vier sich ziegelartig deckenden Scheiden umgeben; Blätter 25–55 cm lang, 2,5–5 cm breit, linealisch-länglich bis verkehrtlanzettlich, vorn spitz. Blütenstand 60–300 cm lang, rispig; Äste entfernt stehend, bis 30 cm lang, mit je drei bis fünf Blüten. Blüten groß und augenfällig, 7–10 cm breit: Sepalen fade gelbbraun; Petalen goldgelb; Lippe cremefarbig im Zentrum, auf den Seiten purpurbraun. Sepale genagelt, 3,5–4,5 cm lang, 2,4–3,1 cm breit, fast kreisrund bis spatelig, abgerundet. Petalen genagelt, bis 3,5 cm lang und 3 cm breit, kreisrund-eiförmig, abgerundet, an den Rändern kräuselig-gewellt. Lippe 2,5 cm lang, 1,9 cm breit, schwach 3lappig; Seitenlappen öhrchenartig; Mittellappen aus herzförmiger Basis 3eckig, langspitzig; Schwiele aus drei zusammenfließenden Leisten hinter drei kleinen Zähnen bestehend. Säule dick, ungefähr 1 cm lang; Flügel fleischig, fächerförmig und oben unregelmäßig 2lappig.
Verbreitung: Peru, Ecuador und Kolumbien.
Geschichte: H. Ruiz und J. Pavon entdeckten die Pflanze erstmals in der Nähe von Guayaquil in Ecuador. J. Lindley beschrieb sie 1833 in seinen »Genera and Species of Orchidaceous Plants«. Erst 1838 wurde die Art erneut gefunden, und zwar von Mathews in der Umgebung von Tunguragua (später wieder von Hartweg, Jamieson und Spruce). In der Kultur findet man sie erstmals 1868 in der Sammlung von Lord Londesborough in Norbiton (Surrey).
Synonym: Cyrtochilum macranthum (Lindl.) Kraenzl.

Oncidium marshallianum Rchb. f.

Pseudobulben des Epiphyten 9–15 cm lang, 2,5–4 cm breit, im Umriß eiförmig-länglich, schwach zusammengepreßt, am Gipfel 2blättrig. Blätter aufrecht bis abstehend, 21–30 cm lang, 2,5–4 cm breit, länglich-lanzettlich, vorn spitz, steif. Blütenstand abstehend oder bogig, 1–1,8 m lang, rispig, locker vielblütig; Äste abstehend oder schräg aufwärts gerichtet, schlank, anscheinend 2zeilig angeordnet; Brakteen 0,2–0,4 cm lang, schmal-3eckig, sehr spitz, steif. Blüten in Farbe und Größe stark abändernd, 6,7–7,5 cm breit: Sepalen fade gelb, mit rotbraunen Querbändern; Petalen leuchtendkanariengelb mit rotbraunen Tüpfeln in der Mitte; Lippe leuchtendgelb, auf Nagel und Schwiele orangerot getüpfelt. Mittlere Sepale 1,2–1,5 cm lang, 0,9–1,1 cm breit, länglich-verkehrteiförmig, konkav, abgerundet und mit aufgesetzter Spitze; die seitlichen durch die Lippe verdeckt, 1,8–2,1 cm lang,

0,5–0,7 cm breit, länglich, im ersten Drittel miteinander verwachsen. Petalen 2–2,4 cm lang, 1,6–1,9 cm breit, schmal-genagelt, breit-länglich-verkehrteiförmig, oben ausgerandet, an den Rändern gewellt. Lippe 3,5–4 cm lang, 3,5–4 cm breit, schwach 3lappig; Seitenlappen öhrchenartig; Mittellappen groß, abstehend, breitlänglich, vorn 2lappig; Schwiele in der Mitte eine aufrechte, 3eckige Platte mit zwei basalen Zähnen unten und zwei kleineren oben. Säule 0,6–0,7 cm lang, gelb, mit kurzen, quadratischen weißen Flügeln.
Verbreitung: Brasilien.
Geschichte: Die Pflanze wurde erstmals 1865 von Blunt für die Firma Low & Co. in der Umgebung von Novo Friburgo im Orgelgebirge gesammelt. H.G. Reichenbach beschrieb sie 1866 im »Gardeners' Chronicle« und benannte sie nach William Marshall aus Bexley, einem weitbekannten Orchideengärtner.
Anmerkung: Die Pflanze unterscheidet sich von der auch von Blunt im Orgelgebirge gefundenen Art *O. crispum* (siehe dort) in der Blütenstruktur und durch die leuchtendgrünen Pseudobulben; von der verwandten *O. pectorale* durch die Form der Blüte und die verschieden gestaltete Schwiele.

Oncidium microchilum Batem. et Lindl.

Pseudobulben des großen Lithophyten 3,8–5 cm lang, im Umriß eiförmig oder kreisrund, stark zusammengepreßt, am Gipfel 1blättrig. Blätter 17–30 cm lang, 6–7,5 cm breit, länglich oder elliptisch-länglich, vorn spitzlich, auf der Unterseite gekielt, lederig, steif, etwas blaugrün. Blütenstand 100–140 cm lang, in der oberen Hälfte verzweigt, am Grunde mit einer gekielten Scheide; Äste kurz und armblütig. Blüten klein, 2,4–3,5 cm im Durchmesser, in der Farbe abändernd; Sepalen gelb, stark mattbraun marmoriert; Petalen gelb, mit purpur oder kastanienbraun marmoriert; Lippe lila oder weiß, auf Seiten- und Mittellappen purpurn getüpfelt; Schwiele unten purpurn und gelb, oben purpurn getüpfelt. Mittlere Sepale 1,2 cm lang, 1 cm breit, spatelig-eiförmig, stumpf, konkav; die seitlichen 1,3 cm lang, 0,8 cm breit, spatelig, stumpf. Petalen immer schmaler als die Sepalen, 1 cm lang, bis 0,3 cm breit, verkehrtlanzettlich, stumpf, nach vorn gekrümmt. Lippe sehr klein, 0,7 cm lang, 1,1 cm breit, 3lappig; Seitenlappen hobelförmig, nach vorn gebogen; Mittellappen schwach ausgeprägt, breit-länglich, mit aufgesetzter Spitze; Schwiele groß, viellappig, fast die ganze Fläche zwischen den Seitenlappen einnehmend. Säule 6 cm hoch, lila, purpurn getüpfelt, auf jeder Seite der Narbe geflügelt; Flügel schief-3eckig, weiß; Anthere geschnäbelt.
Verbreitung: Guatemala; auf Felsen hängend.
Geschichte: Diese Pflanze wurde 1838 von G.U. Skinner auf sonst unbewachsenen Felsen am Gipfel des Cuesta de Puentezuelas gefunden. Er schickte lebende Pflanzen an J. Bateman, der die Art benannte und gemeinsam mit J. Lindley 1840 im »Botanical Register« beschrieb.
Anmerkung: Die zur Sektion *Cyrtochilum* gehörende Art nimmt aufgrund ihres eigenartigen Mittellappens der Lippe eine isolierte Stellung ein.

Oncidium micropogon Rchb. f.

Pseudobulben des Epiphyten 5–6,5 cm lang, im Umriß breit-eiförmig, stark zusammengepreßt und scharfkantig, auf den flachen Seiten mit zwei bis drei Rippen, am Gipfel 1-2blättrig. Blätter 10–15 cm lang, 3–4 cm breit, linealisch-länglich, vorn abgerundet, halbaufrecht, lederig. Blütenstand 30–45 cm lang, traubig, biegsam, aufrecht, 7-10blütig; Brakteen 4 cm lang, eiförmig-3eckig, spitz. Blüten in der Größe abändernd, bis 3,8 cm breit: Sepalen gelb, mit rötlichbraunen Querbändern; Petalen leuchtendkanariengelb; Lippe gelb; Schwiele gelb und braun. Mittlere Sepale 2,4 cm lang, 0,9 cm breit, linealisch-länglich, langspitzig; die seitlichen 2,4 cm lang, 0,8 cm breit, länglich-lanzettlich, spitz, am Grunde miteinander verwachsen. Petalen genagelt, 2,1 cm lang, 2 cm breit, fast kreisrund, vorn ausgerandet und mit aufgesetzter Spitze. Lippe 1,5 cm lang, 2,7 cm breit, 3lappig; Seitenlappen kreisrund; Mittellappen von gleicher Größe wie die Seitenlappen, breit-verkehrtherzförmig oder fast kreisrund, vorn mit aufgesetzter Spitze; Schwiele fleischig, mit kegelförmigen Wärzchen besetzt, an den Rändern kammartig gezähnt. Flügel der Säule deltaförmig.
Verbreitung: Brasilien.
Geschichte: Oncidium micropogon wurde in Europa erstmals im Jahre 1853 von Konsul Schiller in Övelgönne bei Hamburg kultiviert. Im folgenden Jahr beschrieb sie H.G. Reichenbach in »Bonplandia«. Die erstimportierten Pflanzen überlebten nicht lange; 1886 wurde die Art erneut durch die Firma Sander & Son eingeführt.
Anmerkung: Die Art ist nahe verwandt mit *O. barbatum,* unterscheidet sich aber eindeutig von ihr durch größere Blüten und die Form von Sepalen, Petalen und Schwiele.
Synonym: Oncidium dentatum Klotzsch.

Oncidium nanum Lindl.

Pseudobulben des kleinen bis 25 cm hohen Epiphyten später fehlend, anfangs bis 1,5 cm lang, 1 cm breit, am Gipfel 1blättrig. Blätter bis 13 cm lang und 4 cm breit, länglich-elliptisch, vorn spitzlich, fleischig-lederig, mattgrün, purpurn behaucht und getüpfelt, auf der Unterseite nahe der Basis gekielt. Blütenstand 10–25 cm lang, hängend, rispig, wenig- bis vielblütig. Blüten 1,3 cm breit: Sepalen und Petalen bräunlichgelb, mit rötlich-schokoladenbrauner Zeichnung; Lippe gelb, auf den Seitenlappen schokoladenbraunrot gezeichnet. Schwiele honigfarben; Säule gelbbraun und kastanienbraun behaucht. Sepalen 0,8 cm lang, 0,5 cm breit, spatelig, konkav, stumpf. Petalen 0,8 cm lang, 0,5 cm breit, spatelig, gestutzt. Lippe 0,8 cm lang, 0,9 cm breit, sehr schwach 3lappig; Seitenlappen kaum wahrnehmbar; Mittellappen quer-länglich, vorn schwach 2lappig. Säule aufrecht, in der Mitte mit zwei nach vorn weisenden stielartigen Fortsätzen; Anthere drüsig, kastanienbraun.
Verbreitung: Guayana, Venezuela, Peru und Brasilien; auf Bäumen in Tieflandwäldern; unterhalb 100 m.
Geschichte: Aufgrund einer von Sir Robert Schomburgk an den Ufern des Pomeroon Flusses in Guyana gesammelten und von der Firma Loddiges 1842 kultivierten Pflanze beschrieb J. Lindley diese Art 1842 im »Botanical Register«.

Oncidium nubigenum Lindl.

Pseudobulben des mittelgroßen bis großen Epiphyten gebüschelt, 3–10 cm lang, im Umriß schmalförmig bis deltaförmig, etwas zusammengepreßt, am Gipfel 2blättrig, unten mit zwei Paaren sich ziegelartigen deckender Scheiden. Blätter 5–40 cm lang, bis 3 cm breit, linealisch-elliptisch bis verkehrtlanzettlich, vorn spitz bis langspitzig. Blütenstand bis über 25 cm lang, halbaufrecht oder gebogen, traubig oder selten rispig, 3–10blütig (selten mehrblütig). Blüten klein bis mittelgroß: Sepalen und Petalen rosapurpurn mit weißen Rändern; Lippe hellrosa oder weiß, mit rosa Tüpfeln und am Grunde purpurn oder bleichrosa; Schwiele gelb. Sepalen 1,1–1,5 cm lang, 0,5–0,8 cm breit, länglich bis verkehrteiförmig, kapuzenartig, abgestutzt; die seitlichen im ersten Drittel miteinander verwachsen, an den freien Gipfeln mit aufgesetzter Spitze. Petalen bis 1,4 cm lang und 1 cm breit, elliptisch oder verkehrteiförmig, spitz oder stumpf. Lippe 1,6–1,8 cm lang, 2,2–2,8 cm breit, verkehrteiförmig-

kreisrund, 3lappig; Seitenlappen öhrchenartig; Mittellappen sitzend, quer-nierenförmig bis herznierenförmig; Schwiele an der Basis 3–5lappig geteilt, ohne Haarbüschel. Säule 0,3 cm lang, dick, flügellos.
Verbreitung: Peru, Ecuador und Kolumbien; bis 3000 m.
Geschichte: Die erstmals von Jameson in Azuay-Gebirge in Ecuador gesammelte Pflanze wurde 1833 von J. Lindley in seinen »Genera and Species of Orchidaceous Plants« veröffentlicht.
Anmerkung: In der Vergangenheit hat man *O. nubigenum* oft in die Synonomie von *O. cucullatum* Lindl. gestellt. J. Stacy (»Botanical Museum Leaflets of Harvard University«) konnte jedoch 1975 zeigen, daß die Art eigenständig ist. *O. cucullatum* kann leicht an einem Haarbüschel an der Basis der Schwiele (umschlossen von dem geöhrten Grunde der Säule) erkannt werden.

Oncidium oblongatum Lindl.

Pseudobulben des dichtwachsenden Epiphyten 6–10 cm lang, 2,5–3,5 cm breit, im Umriß eiförmig bis eiförmig-elliptisch, zusammengepreßt, am Gipfel 2blättrig. Blätter 15–45 cm lang, 1,5–2,5 cm breit, länglich-riemenförmig bis linealisch-lanzettlich, am Grunde verschmälert, halblederig, schräg aufrecht, vorn spitz bis stumpf. Blütenstand bis 140 cm lang, rispig, vielblütig. Blüten augenfällig, mittelgroß: leuchtendgelb mit unregelmäßiger brauner oder rotbrauner Zeichnung. Sepalen 1,2–1,5 cm lang, 0,3–0,5 cm breit, elliptisch-verkehrtlanzettlich bis verkehrteiförmig-lanzettlich, stumpflich bis spitz. Petalen 1,3–1,5 cm lang, 0,5–0,7 cm breit, schief-elliptisch-verkehrtlanzettlich, abgerundet, an den Rändern wellig. Lippe groß, 1,9–2,5 cm lang, 1,1–1,3 cm breit, 3lappig; Seitenlappen klein, schief-kreisrund, zurückgeschlagen; Mittellappen viel größer, mit einem kurzen schmalen Nagel, fast kreisrund, vorn tief ausgeschnitten; Schwiele fleischig, unten schwach 4lappig, oben mit drei Zähnen. Säule dick, fleischig, 0,5–0,7 cm lang, nach dem Gipfel zu jederseits mit einem abgerundeten Flügel.
Verbreitung: Mexiko und Guatemala; nicht häufig; in Wäldern; bis zu 2700 m.
Geschichte: J. Lindley beschrieb diese Art 1844 im »Botanical Register«.
Anmerkung: Ähnlich im Aussehen wie *Oncidium sphacelatum,* aber leicht durch die andere Farbgebung der Blüte und die anders ausgebildeten Flügel der Säule von dieser zu unterscheiden.

Oncidium obryzatum Rchb. f.

Pseudobulben des kompakten Epiphyten bis 10 cm lang und 4 cm breit, aufrecht, im Umriß deltaförmig, zusammengepreßt, gerippt, am Gipfel 1blättrig, glänzend grün. Blätter bis 35 cm lang, 4–6 cm breit, länglich-riemenförmig, halbaufrecht, vorn schief eingeschnitten. Blütenstand bis über 100 cm lang, halbaufrecht bis bogig überhängend, mehr als 100blütig. Blüten in der Größe abwandelnd: gelb, mit schokoladenbrauner Zeichnung; Schwiele gelb oder weiß, mit wenigen schokoladenbraunen Tüpfeln. Sepalen genagelt, 1–1,5 cm lang, 0,4–0,6 cm breit, spatelig bis länglich, gestutzt. Petalen 1,1–1,5 cm lang, bis 0,8 cm breit, verkehrteiförmig bis spatelig, abgerundet. Lippe 1,8–2,5 cm lang, 1,6–2,5 cm breit, 3lappig; Seitenlappen öhrchenartig, klein; Mittellappen viel größer als die Seitenlappen, genagelt, klein; vorn in zwei elliptischen Läppchen gespalten; Schwiele mit einer Mittelleiste, diese unten auf jeder Seite von zwei gezähnten Leisten und oben von je einer hervortretenden ungezähnten Leiste begleitet. Säule aufrecht, auf jeder Seite mit einem wie ausgebissen erscheinenden Flügel.
Verbreitung: Venezuela, Kolumbien, Ecuador, Peru, Costa Rica und Panama.
Geschichte: Die Pflanze wurde erstmals 1852 durch J. von Warscewicz in Peru gefunden und 1854 von H.G. Reichenbach in »Bonplandia« beschrieben. Der Artname ist griechischer Ableitung und bedeutet »geläutertes Gold«, wohl in Anspielung auf die Blütenfarbe.
Synonyme: Oncidium obryzatoides Kraenzl.; *O. fulgens* Schltr. *O. varians* Schltr.; *O. brenesii* Schltr.; *O. graciliforme* C. Schweinf.

Oncidium ornithorhynchum H. B. K.

Pseudobulben des Epiphyten bis 6 cm lang und 3 cm breit, im Umriß elliptisch-deltaförmig, zusammengepreßt, am Gipfel 2blättrig. Blätter bis 24 cm lang und 3,5 cm breit, länglich-verkehrtlanzettlich, vorn spitz, etwas gebogen. Blütenstand bis über 30 cm lang, bogig abstehend oder hängend, rispig. Blüten 2,2–2,5 cm breit: purpurn, rosa oder weiß, mit goldgelber Schwiele. Mittlere Sepale 0,8 cm lang, 0,3 cm breit, länglich-lanzettlich, wellig, spitz; die seitlichen 0,8 cm lang, 0,25 cm breit, sichelig gekrümmt, am Grunde miteinander verwachsen und im rechten Winkel zur Lippe abstehend. Petalen kurz genagelt, 0,7 cm lang, 0,3 cm breit, länglich-lanzettlich, gewellt, spitzlich, Lippe 1 cm lang, 0,8 cm breit, auf kurzem Nagel, etwas pfeilförmig, schwach 3lappig; Seitenlappen schwach entwikkelt, am oberen und unteren Rande rückwärts gebogen; Mittellappen vorn in zwei Läppchen gespalten, am oberen Rande nach hinten gebogen; Schwiele unregelmäßig kammartig. Säule aufrecht, jederseits mit einem abstehenden, schief-hobelförmigen Flügel.
Verbreitung: Mexiko, Guatemala, El Salvador und Costa Rica.
Geschichte: A. von Humboldt entdeckte diese Pflanze im Gebirge bei Valladolid in Mexiko und beschrieb sie gemeinsam mit A. Bonpland und K. Kunth in ihrem Werk »Nova Genera et Species« 1815. In die Kultur wurde die Pflanze gleichzeitig von J. Bateman, der Pflanzen von G.U. Skinner aus Guatemala erhielt, und die Firma Loddiges, die Exemplare von Karwinsky aus Mexiko bekam, eingeführt.
Anmerkung: Die verwandte Art *O. cheirophorum* läßt sich leicht durch ihre gelben Blüten unterscheiden.

Oncidium papilio Lindl.

Pseudobulben des bis 100 cm hoch werdenden Epiphyten gebüschelt, 3–5 cm lang, im Umriß kreisförmig, 2seitig zusammengepreßt, gerunzelt, braun, am Gipfel 1blättrig. Blätter bis 20 cm lang und 5 cm breit, länglich bis länglich-elliptisch, vorn stumpf, lederig, olivgrün und rot oder purpur-grün marmoriert. Blütenstand aufrecht oder halb-aufrecht, bis fast 100 cm lang, mehrblütig aber mit jeweils nur einer Blüte am Gipfel; Schaft unten stielrund, oben zusammengedrückt, grün und mit kastanienbraunen Tüpfeln. Blüten äußerst augenfällig, bis über 10 cm hoch: Sepalen und Petalen gelblich, orangebraun gezeichnet; Lippe gelb, mit orangebrauner Zeichnung; Schwiele hellgelb oder weiß, mit orangebraunen Tüpfeln. Mittlere Sepale bis 8 cm lang, 0,5 cm linealisch-lanzettlich, spitz; die seitlichen 5 cm lang, 2 cm breit, lanzettlich, sichelig gebogen, an den Rändern gewellt und ausgebissen, spitzlich, rückwärts gebogen. Petalen der mittleren Sepale ähnlich. Lippe 4 cm lang, 3,5 cm breit, 3lappig; Seitenlappen klein, rundlich; Mittellappen mit breitem Nagel, kreisrund, vorn ausgerandet, an den Rändern verbissen; Schwiele mit drei aufrecht stehenden Leisten auf einer fleischigen Platte (die mittlere viel länger als die seitlichen). Säule aufrecht, jederseits mit einem zerfransten Flügel und darüber unterhalb der Antherenkappe mit einem fühlerartigen Fortsatz.
Verbreitung: Trinidad, Venezuela, Kolumbien,

Ecuador und Peru; in tieferen Lagen von Bergwäldern.
Geschichte: Die Pflanze wurde 1824 vom Gouverneur von Trinidad, Sir Ralph Woodford, in die Kultur eingeführt und 1825 von J. Lindley im »Botanical Register« beschrieben.
Anmerkung: Sehr nahe mit *O. kramerianum* verwandt (siehe dort).
Synonym: Psychopsis picta Raf.

Oncidium phalaenopsis Lind. et Rchb.f.

Pseudobulben 1,5–4,5 cm lang, 1–2 cm breit, im Umriß eiförmig bis ei-deltaförmig, im Alter mit Längsfurchen, am Gipfel 2blättrig. Blätter 7–18 cm lang, 1,5–2 cm breit, linealisch-verkehrtlanzettlich, schräg-aufrecht oder bogig, vorn stumpflich. Blüten auffällig, 3,5 cm breit: Sepalen und Petalen weiß, dunkelpurpurn getüpfelt; Lippe weiß bis bleichrosa, in der Mitte purpurn behaucht und getüpfelt; Schwiele gelb. Mittlere Sepale 1,8 cm lang, 0,9 cm breit, länglich-verkehrteiförmig, konkav, stumpf; die seitlichen 1,8 cm lang, 0,7 cm breit, miteinander verwachsen, oben 2geteilt. Petalen 1,7 cm lang, 1 cm breit, kurz genagelt, elliptisch, abstehend, spitz. Lippe 3,3 cm lang, am Grunde 2,2 cm und am Mittellappen 3,2 cm breit, abstehend-herabgeschlagen, schwach 3lappig; Seitenlappen unterentwickelt, rundlich; Mittellappen quer-länglich, vorn ausgerandet, an den Rändern wellig; Schwiele verkehrteiförmig, konkav, oben 2zähnig, in der Mitte mit einer kurzen Leiste.
Verbreitung: Ecuador.
Geschichte: J. Linden und H. G. Reichenbach beschrieben diese Art 1869 im »Gardeners' Chronicle« unter Zugrundelegung einer von G. Wallis in Ecuador gesammelten Pflanze.
Anmerkung: Die Art ist nahe mit den anderen Arten der Sektion *Cucullata* verwandt, läßt sich aber durch die Struktur ihrer Schwiele von ihnen gut unterscheiden.

Oncidium phymatochilum Lindl.

Pseudobulben des kurzwüchsigen, aufrechten, bis über 60 cm hohen Epiphyten 5,5–12,5 cm lang, bis 2,5 cm breit, spindelförmig, nur wenig zusammengepreßt, am Gipfel 1blättrig, unten von mehreren sich ziegelartig deckenden Scheiden umgeben. Blätter 25–35 cm lang, 4,5–7,5 cm breit, elliptisch bis elliptisch-verkehrtlanzettlich, lederig, vorn spitz oder stumpf, dunkelgrün, auf der Unterseite mit roten Flecken. Blütenstand bis 60 cm lang, rispig, locker vielblütig; Schaft purpurbraun überlaufen; Blütenstandachse zickzackartig. Blüten augenfällig, bis 5 cm breit: Sepalen und Petalen gelb oder bleichgrün, unterhalb der Mitte mit rosabrauner Zeichnung; Lippe weiß; Schwiele gelb, rotorange getüpfelt. Sepalen zart, 1,8–3,5 cm lang, am Grunde bis 0,3 cm breit, leicht gedreht, auf der Rückseite gekielt. Petalen den Sepalen nicht unähnlich aber kürzer und rückwärts gekrümmt. Lippe 1,5–1,8 cm lang, 1,1 cm breit, geigenförmig, 3lappig; Seitenlappen öhrchenartig, 0,4 cm breit, abgerundet, wellig; Mittellappen breit ei-herzförmig, vorn zurückgebogen und mit aufgesetzter Spitze; Schwiele fleischig, am Grunde jederseits mit einer gezähnten Klappe und oben mit drei Wärzchen. Säule aufrecht, 0,5 cm lang, schlank, am Gipfel jederseits mit einem halbherzförmigen Flügel.
Verbreitung: Mexiko, Guatemala und Brasilien; seltene Waldpflanze; bis zu 1300 m.
Geschichte: Die Pflanze wurde erstmals von J. Clowes in Manchester und auch von der Firma Loddiges um 1840 kultiviert. J. Lindley beschrieb sie 1848 im »Gardeners' Chronicle«.
Anmerkung: Die Art nimmt innerhalb der Gattung eine isolierte Stellung ein; in vieler Hinsicht sieht sie aus wie eine *Brassia.*

Oncidium pubes Lindl.

Pseudobulben des bis zu 23 cm hohen Epiphyten gebüschelt, 5–7 cm lang, 1–1,5 cm breit, im Umriß länglich bis schmal-länglich, nur wenig zusammengedrückt, grün, am Gipfel 1–2blättrig. Blätter aufrecht oder abstehend, 7–12 cm lang, 2–3 cm breit, schmal-länglich-lanzettlich, vorn spitz, halblederig. Blütenstand 30–60 cm lang, bogig, rispig, vielblütig. Blüten 2 cm breit: Sepalen und Petalen bräunlichpurpurn, mit gelben oder grünen Querbändern. Lippe bräunlichpurpurn, mit gelben Rändern. Mittlere Sepale bis 1,2 cm lang, 0,8 cm breit, verkehrteiförmig, gestutzt; seitliche Sepalen 1 cm lang, 0,4–0,5 cm breit, linealisch-bandförmig, spitz oder spitzlich, rückwärts gebogen, bis fast zur Spitze verwachsen. Petalen 1,2 cm lang, 0,6 cm breit, schmal-verkehrteiförmig-spatelig, oben abgerundet bis fast gestutzt. Lippe 1,1 cm lang, 0,7 cm breit, tief 3lappig; Seitenlappen nur 0,3 cm lang; Mittellappen breit-nierenförmig, zurückgebogen, am Grunde gestutzt-herzförmig, vorn ausgerandet; Schwiele mit zwei Leisten, vorn in zwei Hörner ausgezogen, flaumig behaart. Säule aufrecht, 0,4 cm lang, weiß, jederseits mit einem 0,2 cm langen Flügel.

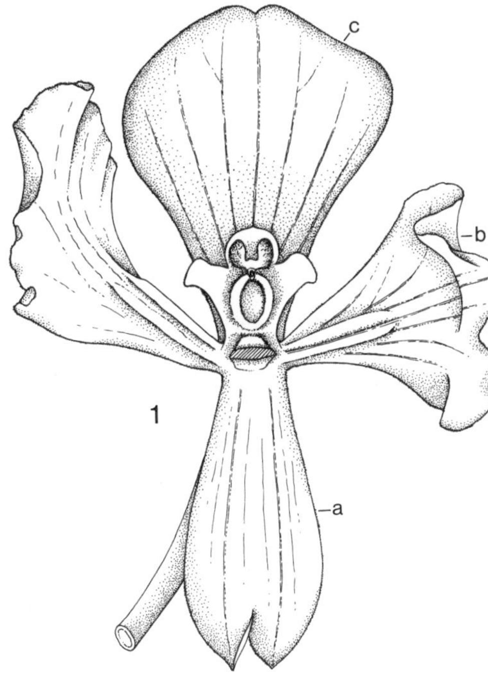

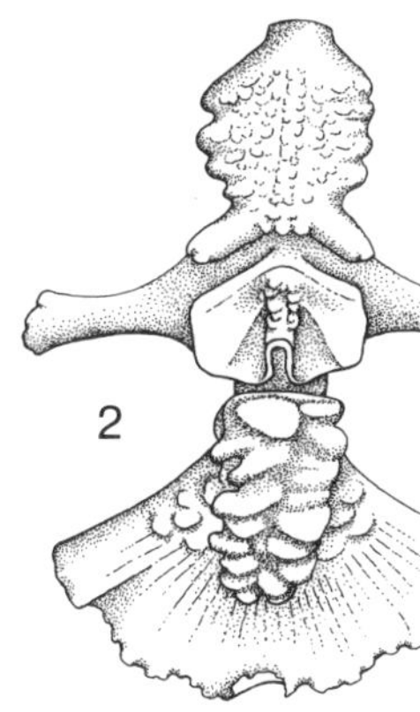

Oncidium pubes
1 = Blüte von vorn, Lippe entfernt (× 4)
a = seitliche Sepalen verwachsen
b = Petale
c = mittlere Sepale
2 = entfernte Lippe (× 4)

Verbreitung: Brasilien (in den Staaten Rio de Janeiro und Minas Gerais) und Paraguay.
Geschichte: Die Pflanze wurde erstmals von Descourtilz in Minas Gerais entdeckt. Das Typusexemplar wurde jedoch von D. Douglas 1824 von Rio de Janeiro an die Horticultural Society in London geschickt. J. Lindley veröffentlichte seine Beschreibung 1826 im »Botanical Register«.
Synonyme: Oncidium bicornutum Hook.; *O. pubescens* Duchartre.

Oncidium pulvinatum Lindl.

Pseudobulben des robusten Epiphyten 3,5–5 cm breit, im Umriß kreisrund-länglich, zusammengepreßt, am Gipfel 1blättrig. Blätter halbaufrecht, 24–30 cm lang, 5–8 cm breit, länglich, steif, vorn spitz. Blütenstand 1,7–3 m lang, biegsam, locker rispig, vielblütig; Äste einfach oder verzweigt, abstehend; Brakteen 0,2–0,4 cm lang, linealisch-3eckig, sehr spitz. Blüten 2,5 cm breit; Sepalen und Petalen unten orangerot, oben gelb; Lippe gelb, rot oder orangerot getüpfelt; Schwiele weiß, mit roten Tüpfeln. Sepalen bis 1,3 cm lang und 0,6 cm breit, spatelig, spitzlich bis stumpf. Petalen den Sepalen ähnlich, aber stumpf-gestutzt. Lippe bis 1,4 cm lang und 1,1 cm breit, 3lappig; Seitenlappen halbkreisrund, abstehend, an den Rändern wellig und gezähnt; Mittellappen breit-länglich, vorn in zwei Läppchen gespalten; Schwiele in der Form eines fleischigen Kissens, papillös. Säule aufrecht, 0,4 cm lang, keulenförmig, jederseits mit einem abgerundeten, purpurgestreiften Flügel.
Verbreitung: Brasilien.
Geschichte: Die Pflanze wurde, wie so viele, von William Harrison bei Rio de Janeiro gesammelt und 1838 an seinen Bruder Richard nach Liverpool geschickt. Noch im gleichen Jahr veröffentlichte J. Lindley die Art im »Botanical Register«.
Anmerkung: Die Art ist nahe mit *O. divaricatum* verwandt, läßt sich aber leicht an der anders gestalteten Schwiele erkennen.
Synonym: Oncidium sphegiferum Lindl.

Oncidium pumilum Lindl.

Pseudobulben des Zwergepiphyten stammartig, gebüschelt, winzig, 0,3–0,5 cm lang, 0,4–0,6 cm breit, breit-eiförmig, zusammengepreßt, am Gipfel 1blättrig. Blätter 5–12 cm lang, 1,6–3,5 cm breit, länglich bis riemenförmig, halbaufrecht, lederig, vorn spitzlich. Blütenstand meistens aufrecht, 8–15 cm lang, rispig, dicht vielblütig; Schaft dünn; Brakteen 0,1–0,15 cm lang, eiförmig, spitz, lederig. Blüten klein, etwas glockenförmig, 0,6 cm breit: Sepalen und Petalen senfgelb, schokoladenbraun getüpfelt; Lippe bleichgelb, jederseits der Schwiele mit einer braunen Querlinie. Mittlere Sepale 0,3 cm lang, 0,1 cm breit, verkehrteiförmig, konkav, stumpf; die seitlichen 0,2 cm lang, 0,1 cm breit, länglich, stumpf. Petalen 0,25 cm lang, 0,1 cm breit, vorwärtsgekrümmt, stumpf. Lippe 0,5 cm lang, 0,35 cm breit, breit 3lappig; Seitenlappen 0,2 cm breit, 0,3 cm lang, eiförmig-länglich, vorwärtsgekrümmt; Mittellappen eiförmig bis 3eckig-eiförmig, nach vorn gebogen, spitzlich; Schwiele aus vier fleischigen, etwas auseinanderstrebenden Leisten gebildet. Säule aufrecht, grün oder purpurn, geflügelt: Flügel jederseits der Narbe abstehend, jeder einen stabartigen, herabweisenden Fortsatz bildend, dessen andere Enden sich am Gipfel der Säule miteinander treffen.
Verbreitung: Brasilien.
Geschichte: Die Art wurde 1825 erstmals von Dean Herbert in Spofforth (Yorkshire) kultiviert. Er hatte sie von einem Korrespondenten in Brasilien erhalten, der sie auf *Bombax ceiba* in der Umgebung von Botofoga wachsend gefunden hatte. J. Lindley beschrieb sie noch im gleichen Jahr im »Botanical Register«.
Anmerkung: Verwandt mit *Oncidium nanum;* diese Art besitzt aber noch kleinere Blüten und hat eine andere Lippenstruktur.
Synonym: Epidendrum ligulatum Vell.

Oncidium pusillum (L.) Rchb.f.

Blätter der 4–8 cm hohen Zwergorchidee reitend angeordnet, fächerartig gestellt, bis 7 cm lang und 1,2 cm breit, linealisch-länglich bis länglich-elliptisch, gespaltet, vorn spitz. Blütenstand aufrecht oder abstehend, bis 6 cm lang, 1–6blütig; Schaft zusammengepreßt. Blüten 1,5 cm breit, 2,7 cm hoch: Sepalen und Petalen gelb, mit schwacher roter Zeichnung; Lippe gelb, besonders auf der Schwiele und um sie herum mit rotbrauner Zeichnung. Sepalen klein, 0,5 cm lang, 0,2 cm breit, auf dem Rücken gekielt, am Grunde miteinander verwachsen, von Petalen und Lippe verdeckt; die mittlere stumpf, die seitlichen spitz. Petalen 0,8 cm lang, 0,4 cm breit, länglich-eiförmig, stumpf, an den Rändern etwas verbissen und grob gekräuselt. Lippe 2 cm lang und breit, 3lappig; Seitenlappen fast kreisrund, abstehend; Mittellappen breit genagelt, in vier rundliche Läppchen gespalten (die beiden mittleren am größten); Schwiele auffällig, aus drei erhabenen Flächen bestehend: eine untere quadratisch, die mittlere fast kreisrund, die vordere an der Spitze am breitesten, alle an den Rändern mit Papillen besetzt. Säule aufrecht, von der mittleren Sepale umschlossen, mit großen gezähnten Flügeln.
Verbreitung: Von Mexiko südwärts bis nach Brasilien und Bolivien, auch in Trinidad.
Geschichte: C. von Linné beschrieb diese Pflanze 1753 in »Species Plantarum« unter dem Gattungsnamen *Epidendrum.* H.G. Reichenbach versetzte sie 1863 nach *Oncidium,* und unter diesem Namen ist sie heute weitgehend kultiviert. C. Dodson und R. Dressler haben jedoch in jüngster Zeit (»Phytologia« 1972) alle *Oncidium*-Arten mit reitenden Blättern in der Gattung *Psygmorchis* zusammengefaßt; wir haben sie aber aus praktischen Gründen in *Oncidium* belassen. Eine aus Ecuador bekannte natürliche Hybride zwischen *O. pusillum* und *O. pumilo* wurde von H.G. Reichenbach als *O. glossomystax* beschrieben.
Synonyme: Epidendrum pusillum L.; *Oncidium iridifolium* H.B.K.; *Psygmorchis pusilla* (L.) Dodson et Dressler.

Oncidium raniferum Lindl.

Pseudobulben des kleinen bis mittelgroßen Epiphyten 2,5–6,5 cm lang, 0,7–2 cm im Durchmesser, schmal- bis normal eiförmig, bekleidet mit mehreren papierartigen Blattschuppen und zwei oder drei beblätterten Scheiden. Blätter halbaufrecht, dünn lederig, 6–17 cm lang und 0,5–1,5 cm breit, linealisch oder linealisch-verkehrtlanzettlich, spitzlich. Blütenstand aufrecht, bis zu 35 cm lang, vielblütig, stark verzweigt; Zweige bis zu 11 cm lang, abstehend; Brakteen ungefähr 1,5 mm lang, lanzettlich, spitz. Blüten klein aber augenfällig; Sepalen und Petalen bleich gelb mit braunen bis rotbraunen Tüpfeln; Lippe gelb, auf Platte und Schwiele intensiv rotbraun. Sepalen 2 mm lang und 1 mm breit, abstehend, länglich-elliptisch, stumpf. Petalen den Sepalen ähnlich aber etwas kleiner. Lippe 3lappig, herabhängend, 4–5 mm lang und 2–3 mm breit; Seitenlappen klein, am Grunde der Lippe abstehend; Mittellappen verkehrtei- bis herzförmig, vorn ausgerandet; Schwiele aus sechs glänzenden Erhebungen zwischen den Seitenlappen bestehend. Säule aufrecht, kurz, jederseits der Narbenhöhle schmalgeflügelt.
Verbreitung: Östliches Brasilien: Rio de Janeiro und Pernambuco.
Geschichte: J. Lindley beschrieb diese Art 1838 im »Botanical Register« unter Zugrundelegung einer von Gardner im Orgelgebirge gesammelten Pflanze.

Oncidium reflexum Lindl.

Pseudobulben der mittelgroßen Pflanze 3–8 cm lang, 1–5–4 cm breit, im Umriß eiförmig, zusammengepreßt, am Gipfel 2blättrig. Blätter 15–30 cm lang, 1,5–4 cm breit, linealisch-lanzettlich, vorn spitz. Blütenstand liegend, aufsteigend oder herabhängend, 60–75 cm lang; Schaft hellgrün,

rötlich marmoriert. Blüten 3,8 cm breit: Sepalen und Petalen hellgelbgrün, mit mattrotbraunen Querbändern. Lippe leuchtend harzgelb, auf der und um die Schwiele herum mit roten Tüpfeln. Sepalen 1,5 cm lang, 0,5 cm breit, linealisch-länglich, gewellt, zurückgebogen, spitz; die seitlichen im unteren Drittel gebogen. Petalen 1,7 cm lang, 0,6 cm breit, linealisch-länglich, wellig, spitz. Lippe 1,5–1,8 cm lang, 2–1–2,4 cm breit, 3lappig; Seitenlappen länglich, abgerundet, an den Rändern zurückgerollt; Mittellappen genagelt, querlänglich, vorn mit einer Bucht; Schwiele aus zehn kleinen Wärzchen von gleicher Größe gebildet. Säule mit hobelförmigen, gezähnten Flügeln; Anthere geschnäbelt.
Verbreitung: Mexiko und Guatemala.
Geschichte: Die Pflanze wurde erstmals vom Grafen Karwinski 1832 im südlichen Mexiko gesammelt und 1837 von J. Lindley im »Botanical Register« beschrieben.
Synonyme: Oncidium pelicanum Lindl.; *O. cruentum* hort.; *O. suave* Lindl.

Oncidium robustissimum Rchb.f.

Pseudobulben des kräftigen Epiphyten kurz, im Umriß elliptisch, zusammengepreßt, am Gipfel 1blättrig. Blätter fleischig, 30–40 cm lang, länglich, auf der Unterseite gekielt, olivgrün. Blütenstand bis 200 cm lang, rispig, mit kräftiger Achse; Äste zahlreich, 6–15 cm lang, mit mehreren Blüten; Brakteen 3 cm lang, 3eckig-lanzettlich, spitz. Blüten verhältnismäßig klein: Sepalen und Petalen oben gelb, unten braun; Lippe gelb, mit zimtbraunen Querstreifen oder Tüpfeln. Sepalen 1,2 cm lang, 0,4 cm breit, keilförmig-länglich, abgerundet. Petalen 1,1 cm lang, 0,5 cm breit, länglich-verkehrtlanzettlich, stumpf oder gestutzt. Lippe 1,1 cm lang, 1 cm breit, am Grunde 3lappig; Seitenlappen abgerundet, an den Rändern gesägt; Mittellappen fächerförmig, vorn tief ausgerandet; Schwiele am Grunde mit einem behaarten Kissen. Flügel der Säule quer-länglich, hellbraun gestreift.
Verbreitung: Brasilien.
Geschichte: Soweit bekannt, wurde die Pflanze erstmals von Frederick Horsman in Colchester kultiviert. Eine seiner Pflanzen lag der Beschreibung von H.G. Reichenbach im »Gardeners' Chronicle« 1888 zugrunde.
Anmerkung: Nahe verwandt sind *Oncidium harrisonianum* Lindl.; *O. sphegiferum* R.Br. und *O. divaricatum* Lindl.

Oncidium sarcodes Lindl.

Pseudobulben des Epiphyten in der Größe stark abwandelnd, 10–15 cm lang, 1,5–3 cm breit, annähernd spindelförmig, nur wenig zusammengepreßt, am Gipfel 2blättrig (selten 3blättrig). Blätter halbaufrecht oder waagerecht abstehend, 15–25 cm lang, 3–5,6 cm breit, länglich, vorn spitz. Blütenstand 100–180 cm lang, gebogen, rispig; Schaft schlank, mattpurpurn, mit grünen Tüpfeln; Äste kurz, mit wenigen Blüten; Brakteen 4–6 cm lang, schmal-3eckig, spitz. Blüten 3,7–5 cm breit: Sepalen und Petalen kastanienbraun, mit gelben Rändern; Lippe leuchtendgelb, mit wenigen rötlichen Tüpfeln um die Schwiele herum; Schwiele gelb, mit braunen Punkten. Mittlere Sepale 1,3–1,5 cm lang, bis 1,3 cm breit, verkehrtherz- bis eiförmig, abgerundet; die seitlichen 1,3–1,5 cm lang, 0,6–0,8 cm breit, verkehrteiförmig-länglich, auf dem Rücken gekielt; Ränder aller Sepalen wellig. Petalen 1,6–1,7 cm lang, 1,1–1,3 cm breit, verkehrteiförmig, stumpf; an den Rändern wellig. Lippe 1,7–2 cm lang, 1,7–1,9 cm breit, 3lappig; Seitenlappen 0,2–0,3 cm lang, länglich, abstehend, mit zurückgebogenen Rändern; Mittellappen quer-länglich, an den Rändern wellig; Schwiele in der Form einer länglichen Platte, jederseits mit einem Zahn, vorn gelappt. Säule 0,4–0,5 cm lang, etwas keulenförmig, flaumig behaart, jederseits mit einem fleischigen, kurzen, dreieckig abgerundeten Flügel.
Verbreitung: Brasilien.
Geschichte: Zum erstenmal wurde die Pflanze 1849 von der Horticultural Society of London kultiviert; sie hatte sie von P.N. Don, wahrscheinlich aus Rio de Janeiro, erhalten. Spätere Aufsammlungen dieser schönen Pflanze kamen, wie gesagt wird, aus der Umgebung von Novo Friburgo im Orgelgebirge. J. Lindley beschrieb die Art 1849 im »Journal« der oben erwähnten Gesellschaft.
Synonym: Oncidium rigbyanum Paxt.

Oncidium sphacelatum Lindl.

Pseudobulben des Epiphyten 10–15 cm lang, 2,5–3,5 cm breit, im Umriß annähernd länglich, zusammengepreßt, mit scharfen Kanten an den Seiten. Blätter 37–60 cm lang, 2–3,5 cm breit, linealisch-riemenförmig, halbaufrecht, steif, vorn spitz. Blütenstand 100–180 cm lang, rispig, vielblütig; Äste zahlreich, halbaufrecht, kurz; Brakteen 2,5 cm lang, 3eckig. Blüten verhältnismäßig klein, 3 cm breit, leuchtend gefärbt: Sepalen und Petalen dunkelkastanienbraun, mit gelben Querbändern; Lippe goldgelb, vor der Schwiele mit einem rotbraunen Streifen; Schwiele weiß, mit orangegelben Tüpfeln. Mittlere Sepale 1,3 cm lang, 0,5 cm breit, schmal-länglich, oben spitz und zurückgeschlagen; die seitlichen der mittleren ähnlich aber größer und zurückgeschlagen. Petalen 1,5 cm lang, 0,6 cm breit, schmal-länglich-eiförmig, wellig, am Gipfel spitzlich bis stumpf und zurückgeschlagen. Lippe etwas geigenförmig, 1,6 cm lang, 1,7 cm breit, schwach 3lappig; Seitenlappen annähernd quadratisch; Mittellappen quer-länglich, vorn ausgerandet oder mit aufgesetzter Spitze, an den Rändern wellig; Schwiele aus einer fleischigen Platte bestehend, an den Seiten gezähnt, vorn mit drei Läppchen. Flügel der Säule klein, länglich, an den Rändern wellig, weiß und in Randnähe rot punktiert.
Verbreitung: Von Mexiko bis El Salvador.
Geschichte: T. Hartweg sammelte die Pflanze 1840 in Mexiko und sandte lebende Exemplare an die Horticultural Society of London; ein Jahr später erhielt die Firma Loddiges Pflanzen aus Honduras. J. Lindley beschrieb die Art 1841 in »Sertum Orchidacearum«.
Anmerkung: Nahe verwandt sind *Oncidium wentworthianum* Lindl. und *O. stenotis* Rchb.f.
Synonym: Oncidium massangei Morren.

Oncidium sphegiferum Lindl.

Eine *O. pulvinatum* sehr nahe stehende Art aus Brasilien. Sie besitzt aber etwas größere und reicher gefärbte Blüten. Die Schwiele der Lippe ist länglich und ihr Mittellappen an den Rändern gewellt.

Oncidium spilopterum Lindl.

Pseudobulben des kleinen bis mittelgroßen Epiphyten dicht gebüschelt, 3–4 cm lang, 2–2,5 cm breit, eiförmig bis konisch, etwas zusammengedrückt, am Gipfel 2blättrig, mit zunehmendem Alter tief gefurcht. Blätter 15–20 cm lang, 1,5–2,5 cm breit, linealisch-lanzettlich, aufrecht bis abstehend, vorn spitz, auf dem Rücken gekielt, schwach lederig. Blütenstand 30–40 cm lang, gebogen, aufrecht oder nickend, ungeteilt, locker 6–10blütig; Brakteen steif, 0,4–0,6 cm lang, 3eckig-linealisch, langspitzig. Blüten nikkend klein: Sepalen und Petalen braunviolett, grüngelb gezeichnet; Lippe schwefelgelb, mit intensiv purpurvioletter Schwiele. Mittlere Sepale 0,9–1 cm lang, bis 0,5 cm breit, eiförmig bis ei-

förmig-länglich, spitz; die seitlichen 1,3–1,4 cm lang, 0,35–0,4 cm breit, länglich-sichelförmig, spitz, am Grunde kurz miteinander verwachsen. Petalen 0,9–1 cm lang, 0,5–0,6 cm breit, eiförmig bis fast quadratisch, am Grunde kurz genagelt, oben abgerundet und etwas ausgerandet. Lippe 2–2,5 cm lang, 2–3 cm breit, ganz unten 3lappig, herabgeschlagen; Seitenlappen länglich-spatelförmig, geöhrt; Mittellappen kurz genagelt, nierenförmig, an den Rändern gekräuselt, vorn ausgerandet; Schwiele fleischig, fast kreisrund, sehr dicht feinwarzig. Säule kurz, fleischig, mit vorstehenden stumpf-quadratischen Flügeln.
Verbreitung: Brasilien und Paraguay.
Geschichte: J. Lindley beschrieb diese Art 1844 im »Botanical Register« aufgrund einer durch die Firma Loddiges aus Brasilien eingeführten Pflanze.
Synonyme: Oncidium ghillanyi Pabst; *O. saint-legerianum* Rolfe.

Oncidium splendidum Duchartre

Pseudobulben des bis über 100 cm hohen Epiphyten 4–5 cm lang, 3–4,5 cm breit, gebüschelt, im Umriß fast kreisrund, zusammengepreßt, am Gipfel 1blättrig, unten von faserigen Scheiden umgeben. Blätter 14–27 cm lang, 3–4,5 cm breit, länglich-elliptisch, im Querschnitt v-förmig, lederig, gefurcht, vorn stumpf. Blütenstand aufrecht, bis über 100 cm lang, rispig, vielblütig. Blüten groß und augenfällig: Sepalen und Petalen leuchtend zitronengelb, mit rötlichbraunen Flecken und Tüpfeln; Lippe gelb, auf den Seitenlappen lavendelblau gezeichnet, Schwiele weiß. Sepalen 2,5 cm lang, 1 cm breit, elliptisch-lanzettlich, am Gipfel spitz bis langspitzig und zurückgebogen. Petalen 3 cm lang, 1 cm breit, schief elliptisch-länglich, stumpf. Lippe 4 cm lang, 1,8 cm breit, seicht 3lappig; Seitenlappen schwach ausgebildet, abgerundet; zurückgeschlagen; Mittellappen mit kurzem und breitem Nagel, quer-länglich, an den Rändern wellig; Schwiele aus drei Kämmen gebildet, der mittlere ungefähr 1 cm lang, die seitlichen kürzer und viel schmaler. Säule 1 cm lang, dick, am Gipfel jederseits mit einem abgerundeten konkaven Flügel.
Verbreitung: Guatemala und Honduras; sehr seltene Pflanze.
Geschichte: Die Art wurde von Duchartre 1862 im »Journal de la Société Imperiale et Centrale d'Horticulture«, Paris, beschrieben. Zugrunde lag eine von Merment 1852 in Guatemala gesammelte und im Herbarium Achillé Richard präservierte Pflanze.

Oncidium stramineum Lindl.

Pseudobulben des Epiphyten sehr schwach entwickelt, 1blättrig. Blätter 14–20 cm lang, 3,5–4,2 cm breit, schmal-länglich-elliptisch oder länglich-lanzettlich, dick lederig, steif, fast aufrecht. Blütenstand bogig, rispig, mit kurzen Ästen, vielblütig; Brakteen nur 0,4 cm lang, 3eckig, spitz. Blüten 2,2 cm breit: Sepalen und Petalen cremeweiß; Lippe cremeweiß, gelb auf den Seitenlappen und der Schwiele: diese und der Mittellappen am Grunde mit purpurnen Tüpfeln. Sepalen 0,8 cm lang, 0,65 cm breit, länglich-kreisrund, oben ausgerandet. Petalen 0,8 cm lang, 0,35 cm breit, länglich, kurz genagelt, gestutzt. Lippe 0,8 cm lang und breit, 3lappig; Seitenlappen länglich, abstehend und etwas einwärtsgebogen; Mittellappen genagelt, nierenförmig, vorn ausgerandet; Schwiele aus einem mittleren, fleischigen, bis auf den Nagel reichenden Lappen und zwei seitlichen auf jeder Seite davon gebildet. Säule weiß, aufrecht, auf jeder Seite der Narbe mit einem purpur gezeichneten Flügel.
Verbreitung: Mexiko.
Geschichte: Die Pflanze wurde 1837 erstmals von T. Hartweg im Auftrag der Horticultural Society of London gesammelt (wahrscheinlich in der Nähe von Orizaba). Im folgenden Jahr beschrieb sie J. Lindley im »Botanical Register«.

Oncidium superbiens Rchb.f.

Pseudobulben des Epiphyten bis 10 cm lang und 3,5 cm breit, im Umriß deltaförmig, zusammengepreßt, am Gipfel 1–2blättrig, unten von mehreren beblätterten Scheiden umgeben. Blätter 30–45 cm lang, 3,5–4 cm breit, länglich-riemenförmig, breit-linealisch oder verkehrtlanzettlich, vorn spitz. Blütenstand biegsam, unregelmäßig verzweigt, locker 20–30blütig; Äste bis 15 cm lang, mit wenigen Blüten; Brakteen 2 cm lang, bootförmig, spitzlich. Blüten 6–8 cm breit: Sepalen schokoladenbraun, mit gelber Spitze; Petalen gelb, mit schokoladenbraunen Querbändern; Lippe kastanienbraun; Schwiele gelb. Sepalen 3–3,5 cm lang, 1,5–2,3 cm breit, mit schmalem Nagel, spatelig, auf dem Rücken gekielt, abgerundet, an den Rändern etwas wellig. Petalen kurz genagelt, 2 cm lang, 1,6 cm breit, eiförmig, am Gipfel spitz und rückwärts gebogen, an den Rändern gewellt-kräuselig. Lippe 2–3 cm lang, 1,5 cm breit, zurückgekrümmt, am Grunde geöhrt, im Umriß andeutungsweise pfeilförmig, kurz genagelt; Schwiele fleischig, mit einer Mittelleiste und jederseits mehreren winzigen Wärzchen. Säule gelb und braun, auf jeder Seite der Narbe mit einem Flügel.
Verbreitung: Kolumbien und Venezuela.
Geschichte: Zum erstenmal wurde die Pflanze 1846 von Purdie in der Sierra de Santa Marta, und dann wieder 1847 von Funck und Schlim zwischen Pamplona und Ocaña gesammelt. H. G. Reichenbach beschrieb sie 1848 in der Zeitschrift »Linnaea«. In die Kultur wurde die Art 1871 von der Firma Veitch & Sons eingeführt.

Oncidium tigrinum La Llave et Lexarza

Pseudobulben des großen, blühfreudigen Epiphyten 7,5–10 cm lang, 1,7–6 cm breit, fast kreisrund im Umriß, zusammengepreßt, am Gipfel 2–3blättrig. Blätter 24–45 cm lang, 1,3–2,6 cm breit, linealisch-länglich oder lanzettlich, lederig, vorn spitz. Blütenstand 60–90 cm lang, aufrecht, locker rispig. Blüten ungefähr 7,5 cm hoch, duftend: Sepalen und Petalen leuchtendgelb, stark braun gefleckt; Lippe gelb. Sepalen 2,4–2,7 cm lang, 0,6–0,8 cm breit, schmal-länglich, gewellt, am spitzen Gipfel zurückgebogen; die seitlichen sichelförmig gebogen. Petalen 2,2 cm lang, 0,8 cm breit, schmal länglich, gewellt, am spitzen Gipfel rückwärts gebogen. Lippe schmal genagelt, abstehend, groß, bis 3,4 cm lang, 3–4 cm breit, schwach 3lappig; Seitenlappen öhrchenartig, abgerundet; Mittellappen auf schmalem Nagel, breit-länglich, vorn ausgerandet; Schwiele aus drei Leisten bestehend, die mittlere am längsten und von drei stumpfen Zähnen abgeschlossen. Säule auf jeder Seite mit einem ohrförmigen Flügel.
Verbreitung: Mexiko; auf Eichen wachsend; 2000–2500 m.
Geschichte: Die Pflanze wurde von den beiden spanischen Botanikern C. de La Llave und J. de Lexarza entdeckt und 1825 in ihrem Werk »Novarum Vegetabilium Descriptiones« veröffentlicht. In Europa wurde sie erstmals 1839 oder 1840 von Barker in Birmingham kultiviert.
Synonym: Oncidium unguiculatum Lindl.

Oncidium variegatum (Sw.) Sw.

Pseudobulben des kleinen Epiphyten kaum erkenntlich, am Gipfel meistens mit einem verkümmerten Blatt, umgeben von mehreren, sich ziegelartig deckenden, blatttragenden Scheiden. Blätter 2zeilig angeordnet, 4–15 cm lang, 1–1,6 cm breit, lanzettlich, zusammengefaltet, an den Rändern gesägt, dunkelgrün, vorn sehr scharf zuge-

spitzt. Blütenstand aufrecht oder bogig, 15–45 cm lang, traubig oder rispig, nach dem Gipfel zu dicht vielblütig; Äste halbaufrecht, mit je vier bis fünf Blüten; Brakteen 4 cm lang, lanzettlich-3ekkig, spitz. Blüten sehr langlebig, groß: Sepalen orangebraun; Petalen rosa, an der Basis bräunlich; Lippe rosa und am Grunde bräunlich; Schwiele cremeweiß. Sepalen im Verhältnis zum Rest der Blüte klein, 6 cm lang, 2 cm breit, spatelig, spitzlich. Petalen kurz genagelt, 7 cm lang, 5 cm breit, eiförmig-spatelig, stumpf oder ausgerandet, an den Rändern wellig. Lippe 0,7–1,5 cm lang, 1–2 cm breit, am Grunde 3lappig; Seitenlappen kreisrund-3eckig, am Vorderrand gezähnt-verbissen; Mittellappen breit-länglich oder nierenförmig, vorn ausgerandet, an den Rändern gewellt oder gezähnt; Schwiele fleischig, am Gipfel warzig und jederseits mit einem fingerartigen Fortsatz. Säule aufrecht, jederseits der Narbe mit einem hobelförmigen Flügel.
Verbreitung: Puerto Rico, Dominica, Haiti, Kuba; auf xerophytischen Bäumen und Sträuchern.
Geschichte: O. Swartz beschrieb diese Pflanze 1788 in seinem »Prodromus Descriptionem Vegetabilium« ursprünglich als *Epidendrum*, versetzte sie selbst aber 1800 in die Gattung *Oncidium.*
Synonym: Epidendrum variegatum Sw.

Oncidium waluewa Rolfe

Pseudobulben des kleinen Epiphyten 4–6 cm lang, 0,8–1,5 cm breit, im Umriß schmal-länglich bis länglich, etwas zusammengepreßt, am Gipfel 1blättrig, mit tiefen Längsfurchen. Blätter aufrecht oder schräg abstehend, bis 6 cm lang und 1,2 cm breit, lanzettlich, unten gestiehlt, vorn spitz, schwach lederig. Blütenstand aufrecht oder nickend, ungefähr 10 cm lang, oben 20blütig; Brakteen 0,3–0,4 cm lang, eiförmig-dreieckig, spitz, grünweiß. Blüten stark konkav, klein: weiß bis grüngelb, auf den Petalen mit rosapurpurnen Querbändern; auf der Lippe mit rosapurpurnen Bändern und Rändern; Schwiele purpurn. Mittlere Sepale 0,8–0,9 cm lang, bis 0,35 cm breit, länglich-spatelförmig, über die Säule gekrümmt, stumpf; die seitlichen 0,7–0,8 cm lang, 0,4–0,5 cm breit, bis fast zum Gipfel miteinander verwachsen. Petalen ungefähr 0,8 cm lang und 0,5 cm breit, verkehrteiförmig, abstehend und etwas herabgebogen, stumpf. Lippe sitzend, 0,7–0,8 cm lang, 0,5–0,6 cm breit, am keilförmigen Grunde kurz mit der Säule verwachsen, über der Mitte tief 3lappig; Seitenlappen zurückgebogen, breit-3eckig, abgerundet; Mittellappen verkehrt-eiförmig bis nierenförmig; Schwiele linealisch, an der Basis fein warzig, nach oben zu fleischig und fein warzig. Säule kurz, auf jeder Seite der Narbe mit einem nach vorn gebogenen, schmal-linealischen Flügel.
Verbreitung: Brasilien und Paraguay.
Geschichte: Ursprünglich hatte E. von Regel diese Pflanze als *Waluewa pulchella* beschrieben (»Gartenflora« 1891). Als R. Rolfe die Art nach *Oncidium* versetzte (»Kew Handlist of Orchids«, 2. Aufl. 1904), fand er, daß dieser Artname bereits für eine andere Pflanze verwendet worden war.
Synonyme: Leochilus pulchellus (Regel) Cogn.; *Waluewa pulchella* Regel.

Oncidium wentworthianum Lindl.

Pseudobulben des großen, bis über 100 cm hohen Epiphyten 7,5–10 cm lang, bis 4,5 cm breit, im Umriß eiförmig-elliptisch, zusammengepreßt, am Gipfel 2blättrig, unten von faserig-trockenhäutigen Scheiden umgeben. Blätter 13–35 cm lang, 1,5–2,8 cm breit, linealisch-riemenförmig bis lanzettlich, halblederig, vorn spitz. Blütenstand bis über 100 cm lang, rispig, vielblütig; Äste kurz, je 3–10blütig. Blüten augenfällig, bis etwas über 3 cm breit: Sepalen und Petalen dunkelgelb, mit unregelmäßigen rotbraunen Klecksen; Lippe gelb, am Grunde des Mittellappens mit rotbraunen Felcken; Schwiele und Säule rotbraun marmoriert. Sepalen 1,4–2,2 cm lang, 0,5–0,9 cm breit, elliptisch-eiförmig, zurückgebogen, spitz, stumpf oder mit aufgesetzter Spitze. Petalen 1,2–2,2 cm lang, 0,6–1 cm breit, schief-eiförmig-elliptisch, abgerundet. Lippe 1,5–2,3 cm lang, 1,4–2,3 cm breit, 3lappig, herabgeschlagen; Seitenlappen asymmetrisch, annähernd kreisrund bis verkehrteiförmig, an den Rändern gekerbt; Mittellappen auf einem langen, breiten Nagel sitzend, verkehrtherzförmig bis verkehrt-nierenförmig, vorn in zwei Läppchen geteilt, an den Rändern wellig; Schwiele fleischig, jederseits mit zwei Zähnen und vorn mit einem langen, zahnartigen Fortsatz in der Mitte. Säule kräftig, 0,6–0,7 cm lang, am Gipfel jederseits mit einem 3eckig-öhrchenartigen Flügel.
Verbreitung: Mexiko und Guatemala; seltene Pflanze in Wäldern; bis 1500 m.
Geschichte: J. Lindley beschrieb diese Art 1840 im »Botanical Register« aufgrund einer von G. U. Skinner 1839 im Santa Rosa Gebirge in Guatemala gesammelten Pflanze, die er an J. Bateman geschickt hatte. In Europa wurde die Pflanze erstmals in den Gewächshäusern der Horticultural Society of London kultiviert, nachdem T. Hartweg lebende Exemplare aus Mexiko gesandt hatte. Mit dem Artnamen wird der Earl Fitzwilliam of Wentworth geehrt.

Ophrys L.

Tribus: Orchidieae
Subtribus: Orchidinae

Aufrechte, meistens unter 60 cm hohe, terrestrische Pflanzen mit zwei oder seltener drei ungeteilten, unterirdischen Knollen. Blätter meistens grundständig, 3 bis mehrere, mehr oder weniger dem Boden anliegend. Blütenstand aufrecht, 2- bis mehrblütig. Blüten oft von insektenartigem Aussehen, meistens augenfällig, klein bis mittelgroß, von Insekten durch Pseudokopulation bestäubt. Sepalen abstehend, meistens grün oder rosa. Petalen oft kleiner als die Sepalen, manchmal fühlerartig. Lippe in verschiedenem Grade 3lappig, oft – besonders an den Rändern – stark behaart, mit einer glänzenden, blauen, grauen oder stahlblauen Fläche (Spiegel) in der Mitte. Säule aufrecht, am Gipfel jederseits mit einer Anthere.
Umfang und Verbreitung: Über 20 Arten; in Europa, Nordafrika und dem Mittleren Osten.
Ableitung des Namens: Aus dem Griechischen »ophrys« = Augenbraue.
Anmerkung: Die wegen ihres eigenartigen Bestäubungsmechanismus wohl am meisten studierte Orchideengattung wurde 1753 von C. von Linné in »Species Plantarum« begründet. Viele *Ophrys*-Arten sind in der Blütenfarbe sehr variabel. In starkem Grade ist diese Verschiedengestaltigkeit auf natürliche Bastardbildung begründet. Eine eingehende und lesenswerte Studie über *Ophrys*-Hybriden stammt aus der Feder von E. Danesch (»Orchideen Europas«, Bern und Stuttgart, 1972).
Typus-Art: O. insectifera L.
Kultur: Substrat: Verschiedene Mischungen von kalkhaltiger Erde und Sand (pH 7–8,5) haben sich bewährt; gute Durchläßigkeit des Pflanzstoffes ist sehr wichtig. Man wird sie im Kalthaus oder an sehr geschützten Stellen im Freien unter Glas halten; auf keinen Fall dürfen sie Frost ausgesetzt werden. Da die Pflanzen fast durchweg aus dem Mittelmeergebiet stammen, blühen sie im Frühjahr. Solange sie wachsen, muß man sie vorsichtig gießen. Nach der Blüte, wenn sie fast völlig verwittert sind, hält man sie völlig trocken. Beim Umpflanzen oder Umtopfen achte man darauf, daß die Knollen so wenig wie möglich gestört werden.

Ophrys lutea Cavan.

Kleine 10–30 cm hohe, mit Knollen wachsende terrestrische Pflanze. Blätter bis 8 cm lang und 2,5 cm breit, am Grunde des Stengels gehäuft und mehr oder minder dem Boden aufliegend, gelblichgrün, schmal-eiförmig, spitz auslaufend. Blütenstand aufrecht, locker 2–7blütig. Blüten augenfällig, in regelmäßigen Abständen angeordnet: Sepalen gelbgrün; Petalen gelb oder gelblichgrün; Lippe gelb, mit einem grauvioletten, dunkelpurpurbraun umrandeten Mal. Mittlere Sepale ungefähr 1 cm lang und 0,4 cm breit, länglich, konkav, mit den Rändern zurückgeschlagen, abgerundet; die seitlichen abstehend, 1 cm lang, länglich-elliptisch, abgerundet. Petalen kurz, nur 0,3–0,5 cm lang, 0,15 cm breit, linealisch. Lippe 0,9–1,8 cm lang, verkehrteiförmig, ganz vorn 3lappig, mit flachen Rändern; Seitenlappen schmal-länglich, gestutzt; Mittellappen ausgerandet, breit-länglich-fächerförmig; Platte intensiv kastanienbraun; Mal ungeteilt oder aus zwei miteinander verschmelzenden länglichen Streifen bestehend.
Verbreitung: Über den weiteren Küstenbereich des Mittelmeergebietes.
Geschichte: A. Cavanilles sammelte die Pflanze erstmals in Spanien und beschrieb sie 1793 im zweiten Band seines Werkes »Icones et Descriptiones Plantarum«. Man unterscheidet drei Unterarten. Die Abbildung zeigt *O. lutea* ssp. *galilaea.*
Synonyme: O. vespifera Brot.; *O. sicula* Tineo; *Arachnites lutea* (Cav.) Tod.

Ophrys speculum Link

Kleine 10–30 cm (selten bis 50 cm) hohe, krautige Pflanze mit bewurzelten Knollen. Grundständige Blätter groß, länglich, stumpflich; Stengelblätter lanzettlich, spitz. Blütenstand aufrecht, eine kompakte, 2–6blütige Ähre. Blüten auffällig: Sepalen mattgrün mit hellbraunen oder purpurnen Streifen; Petalen braun, orangebraun oder purpurbraun; Lippe braunrot, mit einem großen glänzenden stahlblauen bräunlichgelb berandeten Mal. Mittlere Sepale 0,6–0,8 cm lang, 0,3 cm breit, elliptisch, abgerundet, tief konkav, mit zurückgebogenen Rändern; die seitlichen spreizend, 0,8 cm lang, 0,4 cm breit, spitzlich, schwach konkav. Petalen kurz, nur 0,2–0,3 cm lang, 0,15 cm breit. Lippe 1,3–1,5 cm lang, in der unteren Hälfte 3lappig, an den Rändern sehr dicht mit rotbraunen oder braunen Haaren besetzt; Seitenlappen abstehend oder herabgebogen, länglich oder linealisch; Mittellappen viel größer, verkehrteiförmig oder kreisrund, zum größten Teil vom Mal bedeckt.
Verbreitung: Im Küstengebiet des Mittelmeeres (Nordafrika, Europa und Naher Osten).
Geschichte: Die Pflanze wurde erstmals in Portugal gesammelt und 1799 von H. Link in »Schraders Journal für die Botanik« veröffentlicht.
Anmerkung: Man unterscheidet zwei Unterarten. Während die typische Unterart durch das gesamte Artareal verbreitet ist, ist die ssp. *lusitanica* Danesch auf Portugal (im Norden bis Coimbra) beschränkt; sie ist vielblütig, hat grüne Petalen und eine anders geformte Lippe mit rötlichen oder gelblichen Randhaaren.
Synonyme: O. vernixia Brot.; *O. scolopax* Willd. non Cav.

Orchis L.

Tribus: Orchideae
Subtribus: Orchidinae

Aufrecht, meistens weniger als meterhohe terrestrische Pflanzen mit zwei oder manchmal drei unterirdischen Knollen und meistens grundständigen Blättern. Blütenstand aufrecht, vielblütig, ährig oder traubig. Blüten augenfällig, meistens klein. Sepalen und Petalen frei, hutartig zusammenneigend oder die äußeren abstehend und herabgeschlagen. Lippe vorstehend oder abwärts gebogen, ungeteilt oder 3lappig, kahl, glatt oder papillös, am Grunde gespornt. Säule kurz; Antheren aufrecht; Rostellum 3lappig; Klebmassen mit Bursicula (ein die Klebmasse umgebendes häutiges Beutelchen).
Umfang und Verbreitung: Über 30 Arten; durch Europa und Asien bis nach China.
Ableitung des Namens: Aus dem Griechischen »Orchis« = Hoden; anspielend auf die Form der meistens paarigen Knollen (daher im Deutschen Knabenkraut).
Anmerkung: Die Gattung wurde von C. von Linné 1753 in »Species Plantarum« begründet. Viele ursprünglich in ihr beschriebene Arten werden heute in anderen Gattungen zusammengefaßt, so daß die in *Orchis* verbliebenen eine einheitliche, gut umschriebene Gruppe bilden. Eine der letzten von ihr abgetrennten Artgruppen besitzt Segmente, die nur selten hutartig zusammenstehen und fingerartige, 2–5lappige Knollen; sie bildet die Gattung *Dactylorhiza.*
Typus-Art: O. militaris L.
Kultur: Substrat: Abhängig von der Herkunft der Pflanze; einige Arten verlangen basischen, andere sauren Pflanzstoff; in allen Fällen, besonders bei Topfkultur, achte man auf gute Durchläßigkeit. Im allgemeinen ist Frost zu vermeiden, doch einige Arten sind winterhart. Im Falle von einheimischen Arten muß man ihnen im Freiland ähnliche Bedingungen wie am natürlichen Standort bieten. Arten aus Gegenden mit wärmerem Klima lassen sich wie *Ophrys* vielleicht in Töpfen kultivieren. Man hält sie im Kalthaus oder im Freien an sehr geschützten Stellen unter Glas. Das Wasserbedürfnis hängt wiederum vom natürlichen Standort der Pflanze ab. In der Regel verlangen alle Arten in der Wachstumsperiode viel Wasser und weniger oder viel weniger, wenn sie oberirdisch abgestorben sind. Bei uns sind alle Orchideen geschützt. Wildpflanzen dürfen deshalb nicht in Kultur genommen werden.

Orchis militaris L.

Aufrechte, 20–60 cm hohe terrestrische Pflanze mit eiförmigen Knollen. Blätter 10–18 cm lang, 2–5 cm breit, länglich-lanzettlich oder länglich-eiförmig. Blütenstand aufrecht, eine vielblütige Ähre, anfangs kegelförmig, später zylindrisch; Brakteen kürzer als der Fruchtknoten, oft violett. Blüten auffällig: Sepalen und Petalen eine rosafarbige Kappe bildend, mit violetten Tüpfeln und Schlieren; Lippe weiß oder rosa, mit purpurnen Tüpfeln. Sepalen 1–1,5 cm lang, eiförmig oder eiförmig-lanzettlich, spitz. Petalen linealisch. Lippe 1,2–1,5 cm lang, am Grunde 3lappig; Seitenlappen linealisch, stumpf; Mittellappen unten schmal, vorn mit zwei auseinanderstrebenden Lappen; Sporn schmal-zylindrisch, hängend, halb so lang wie der Fruchtknoten.
Verbreitung: Durch Europa von Süd-England und Nordwest-Rußland südwärts bis Nord- und Zentral-Spanien, Zentral-Italien und Bulgarien; auf Wiesen und in Gebüschen; auf Lehm- oder Kalkböden, nirgends häufig; geschützte Pflanze; von Meereshöhe bis zu 1600 m.
Geschichte: Die Pflanze wurde von C. von Linné 1753 in »Species Plantarum« beschrieben.
Anmerkung: Von der nahe verwandten *Orchis simia* läßt sich die Pflanze leicht dadurch unterscheiden, daß sich ihre Blüten vom Grunde des Blütenstandes nach oben hin öffnen, während bei *O. simia* immer zuerst die oberste erblüht.

Orchis papilionacea L.

Aufrechte, 10–40 cm hohe terrestrische Pflanze mit ei- oder kegelförmigen Knollen. Blätter in grundständiger Rosette angeordnet, lanzettlich bis linealisch-lanzettlich, spitz. Blütenstand lok-

ker wenigblütig; Schaft kantig, nach oben zu rötlich. Blüten augenfällig: purpurn, seltener rot oder bräunlich; Lippe gegen einen etwas helleren Hintergrund purpurn getüpfelt. Sepalen und Petalen gemeinsam einen Helm bildend. Sepalen 1–1,8 cm lang, eiförmig-länglich. Petalen und Sepalen ähnlich. Lippe ungeteilt, 1,2–2,5 cm lang, 1,2–2,5 cm breit, genagelt, verkehrtherzförmig oder annähernd kreisrund; Sporn herabgeschlagen, zylindrisch, kürzer als der Fruchtknoten.
Verbreitung: Im Küstenbereich des Mittelmeeres (Europa und Naher Osten) und auf den Mittelmeerinseln; in trockener Vegetation in steinigen Böden oder in Torf; öfters in Olivenhainen.
Geschichte: Diese Art wurde von C. von Linné 1759 in »Systema Naturae« veröffentlicht.
Anmerkung: In Spanien, Griechenland und Nordafrika findet man var. *grandiflora;* sie besitzt größere Blüten, wobei die Lippe Ausmaße von 2,5 × 2,5 cm erreicht.

Ornithocephalus Hook.
Tribus: Maxillarieae
Subtribus: Ornithocephalinae

Epiphyten ohne Pseudobulben. Stämme kurz, völlig von 2zeilig angeordneten, sich ziegelartig deckenden Blattscheiden bedeckt. Blätter reitend, fächerartig angeordnet, von der Scheide deutlich abgesetzt. Blütenstände blattachselbürtig, traubig, locker wenig- bis mehrblütig. Blüten klein. Sepalen und Petalen einander ähnlich, abstehend oder zurückgeschlagen, frei. Lippe einfach oder gelappt; Schwiele am Grunde sitzend, verdickt, vorn einwärts gebogen. Säule kurz, ohne Fuß und flügellos; Anthere deutlich geschnäbelt; Pollinien 4, wachsartig; Stipes dünn; Klebscheibe klein.
Umfang und Verbreitung: Etwas über 50 Arten; beschränkt auf die Tropen der Neuen Welt.
Ableitung des Namens: Aus dem Griechischen »ornis, ithos« = Vogel und »kephale« = Kopf (der Gipfel der Säule der Typus-Art erinnert an einen Vogelkopf).
Anmerkung: Sir William Hooker begründete die Gattung 1825 in seiner »Exotic Flora«. Sie ist sehr nahe mit *Zygostates* und *Dipteranthus* verwandt. In vieler Hinsicht ähnelt sie *Lockhartia,* läßt sich aber leicht unterscheiden durch den viel kürzeren Stamm, den traubigen Blütenstand, die eigentümliche Schwiele der Lippe und vier Pollinien.
Typus-Art: O. gladiatus Hook.
Kultur: Substrat A. Mindesttemperatur im Winter 12–15 °C. Die Pflanzen hält man entweder in kleinen Töpfen oder montiert sie auf Kork- oder Baumfarnblöcke. Zu jeder Zeit verlangen sie feuchte Luft und schattige Standorte; zwischen den regelmäßigen Wassergaben sollten die Wurzeln etwas trocken werden.

Ornithocephalus bicornis Lindl.

Kleiner stammloser Epiphyt von 3,5–10 cm Höhe. Blätter fächerartig angeordnet, reitend, gegliedert, 1,5–7 cm lang, 0,4–1,7 cm breit, lanzettlich oder länglich-lanzettlich, steif, vorn spitz. Blütenstand blattachselbürtig, traubig, meistens ungefähr so lang wie die Blätter, wenig- bis vielblütig; Schaft dünn, biegsam. Brakteen 0,2–0,5 cm lang, breit-eiförmig bis kreisrund, spitz, an den Rändern bewimpert. Blüten klein, ungefähr 0,6 cm breit: grünlichweiß oder grünlichgelb; Blütenstiel und Fruchtknoten steif behaart. Sepalen voneinander frei, 0,15–0,2 cm lang und breit, fast kreisrund, mit aufgesetztem Spitzchen, konkav, abstehend, außen steif behaart. Petalen so groß wie die Sepalen, fast kreisrund, konkav, an den Rändern ausgebissen. Lippe 0,4–0,5 cm lang, 3lappig, am Grunde fleischig; Seitenlappen sehr undeutlich, 0,1 cm lang, linealisch, sichelförmig, zurückgebogen; Mittellappen schmal-linealisch, spitz, auf dem Rücken gekielt, gebogen. Säule sehr klein, weniger als 0,1 cm lang, dünn.
Verbreitung: Guatemala, Honduras, Costa Rica und Panama; in Wäldern; von Meereshöhe bis zu 1100 m.
Geschichte: Die Pflanze wurde in Panama während der Weltumsegelung von H.M.S. Sulphur gesammelt und 1846 von J. Lindley in »Bentham's Botany of the Voyage of H.M.S. Sulphur« beschrieben.

Ornithocephalus iridifolius Rchb.f.

Kleiner stammloser Epiphyt von 3,5–8 cm Höhe. Blätter fächerförmig angeordnet, linealisch-schwertförmig, fleischig, vorn spitz bis langspitzig. Blütenstand 4–8 cm lang, blattachselbürtig, traubig, locker vielblütig; Achse zickzackförmig und gezähnt-geflügelt; Brakteen 0,5 cm lang, kreisrund-eiförmig, auf der Rückseite gekielt, an den Rändern ausgebissen und bewimpert. Blüten klein: weiß. Sepalen frei, 0,25 cm lang und 0,2 cm breit, fast kreisrund bis breit-eiförmig, konkav, mit aufgesetztem Spitzchen, an den Rändern bewimpert, abstehend. Petalen fächerig, 0,35 cm lang und 0,4 cm breit, abgerundet, an den Rändern ausgebissen und bewimpert. Lippe 0,5 cm lang und breit, tief 3lappig, abstehend; Seitenlappen fleischig, fast kreisrund; Mittellappen dünn, eiförmig-3eckig, stumpf, konkav. Säule nur 0,3 cm lang, fleischig.
Verbreitung: Mexiko und Guatemala; seltene Pflanze in offenen Wäldern und Kaffee-Plantagen; bis zu 900 m.
Geschichte: Die Pflanze wurde von Liebold bei Zacuapan in Mexiko entdeckt und 1864 von H.G. Reichenbach in »Walpers, Annales Botanices« beschrieben.

Ornithocephalus kruegeri Rchb.f.

Ein sehr kleiner kurzstämmiger Epiphyt. Blätter 2zeilig gestellt und fächerartig angeordnet, 2–4 cm lang, 0,4–0,9 cm breit, gefaltet und zusammengepreßt, länglich-lanzettlich, spitz, unten von einer 1,5 cm langen gefalteten Blattbasis abgesetzt. Blütenstände blattachselbürtig, traubig, vielblütig, aufrecht: ihre Achse wie auch die Brakteen und Außenseite der Blüten mit kurzen, dübelartigen Haaren bekleidet. Blüten klein: Sepalen und Petalen cremeweiß (Sepalen mit grünem Mittelnerv); Lippe mit fünf grünen Nerven und einer auf jeder Seite grünen Schwiele; Säule cremefarben; Anthere hellgrün. Sepalen 0,24 cm lang, 0,2 cm breit, verkehrteirund, stumpf. Petalen 0,3 cm lang und breit, verkehrteirund-kreisförmig, vorn gestutzt. Lippe 0,4 cm lang, 0,25 cm breit, länglich, stumpf, unterhalb der Schwiele gekniet; Schwiele fleischig, mehrlappig. Säule kurz, spitz; Rostellum lang, zugespitzt.
Verbreitung: Trinidad, Surinam, Venezuela, Brasilien und Peru.
Geschichte: Die Pflanze wurde von Krueger in Arima (Trinidad) erstmals gesammelt und 1864 durch H.G. Reichenbach in »Walpers, Annales Botanices« veröffentlicht.

Ornithocephalus myrticola Lindl.

Kurzstämmiger kleiner Epiphyt. Blätter 2zeilig gestellt und fächerartig angeordnet, 1,5–2,5 cm lang, 0,5–0,7 cm breit, schmal-lanzettlich-riemenförmig, sichelig gebogen, vorn spitz oder lang zugespitzt, an den Rändern durchsichtig, am Grunde von einer steifen Scheide abgesetzt. Blütenstände 4–8 cm lang, achselbürtig, herabhängend, mehr oder minder bogig, zickzackförmig, dicht vielblütig; Schaft wie auch die Blütenaußenseite lang und dicht drüsig behaart. Blüten klein, kurz gestielt, nach Zitronen duftend, weiß und grün. Sepalen 0,3–0,4 cm lang, 0,2 cm breit,

aber bereits früher für eine andere Artengruppe benutzt worden war, ist er nach den Regeln der Internationalen Botanischen Nomenklatur ungültig. L. Garay gab der Gattung deshalb 1973 (»Bradea«) den heutigen Namen. Sie ist nahe mit *Zygopetalum* verwandt, unterscheidet sich aber durch die genagelte Lippe, das Fehlen eines fächerigen oder hufeisenförmigen Kammes auf der Lippe und die Form der Pollinien.
Typus-Art: P. viridis (Lindl.) Garay.
Kultur: Substrat A. Mindesttemperatur im Winter 12–15 °C. Sonst wie für *Zygopetalum* angegeben.

Pabstia jugosa (Lindl.) Garay

Pseudobulben der mittelgroßen epiphytischen oder lithophytischen Pflanze 5–7 cm lang, 2–3 cm breit, schmal-eiförmig oder eiförmig-länglich im Umriß, stark zusammengedrückt und 2kantig, leicht gefurcht in dichten Gruppen stehend, am Gipfel 2blättrig. Blätter 15–25 cm lang, 3–5 cm breit, lanzettlich-länglich, nach dem Grunde zu allmählich verschmälert, vorn kurz, scharfspitzig, halbblederig. Blütenstand 12–20 cm lang, aufrecht, locker 2–4blütig; Brakteen länglich-lanzettlich, langspitzig. Blüten groß und auffällig, fast kugelförmig, fleischig: Sepalen elfenbeinfarben; Petalen grünlichweiß mit tief purpurner Marmorierung; Lippe weiß mit rosenroten Flekken und Punkten. Sepalen 2,9–3,1 cm lang, 1,3–1,7 cm breit, breit-länglich, stumpf, abstehend; Mentum kurz. Petalen 2,6–2,8 cm lang, 1,4–1,6 cm breit, schmal-länglich-verkehrteiförmig, stumpf oder abgerundet, aufrecht-abstehend. Lippe schmal genagelt, 2,5 cm lang, 1,2–1,3 cm breit, im Umriß eiförmig-länglich, tief 3lappig; Seitenlappen klein, aufrecht; Mittellappen halbkreisförmig, vorn rund; Platte bis zur Mitte 4rinnig, am Grunde sehr fein flaumig. Säule 1,3 cm lang, kräftig, keulig, weiß und oben violettfleckig.
Verbreitung: Brasilien.
Geschichte: Die Pflanze wurde 1840 aus der Provinz Rio de Janeiro durch die Firma Loddiges in die Kultur eingeführt. Zunächst wurde sie 1840 von J. Lindley im »Botanical Register« unter *Maxillaria* beschrieben aber dann 1843 in der gleichen Zeitschrift von ihm *Colax* zugeordnet. Allerdings hatte er leider bereits 1825 diese Gattung auf eine andere Art begründet. Aus diesem Grunde stellte L. Garay 1973 (»Bradea«) die neue Gattung *Pabstia* auf.
Synonyme: Maxillaria jugosa Lindl.; *Colax jugosus* (Lindl.) Lindl.; *Lycaste jugosa* (Lindl.) Nichols; *Zygopetalum jugosum* (Lindl.) Schltr.

Palumbina Rchb.f.
Tribus: Oncidieae

Kleine Epiphyten mit kleinen, 1blättrigen Pseudobulben. Blütenstände am Grunde der Pseudobulben angesetzt, traubig, wenigblütig. Blüten klein aber recht ansprechend. Mittlere Sepale frei, aufrecht; die seitlichen bis zur Spitze miteinander verwachsen. Petalen abstehend, frei. Lippe ungeteilt, sitzend, herabgeschlagen; Schwiele grundständig, fleischig, 2lappig. Säule kurz, am Gipfel geflügelt; Pollinien 4, walzlich-birnenförmig.
Umfang und Verbreitung: Nur 1 Art; in Guatemala.
Ableitung des Namens: Aus dem Lateinischen »palumbina« = einer Taube zugehörig (wohl wegen der weißen Blüten).
Anmerkung: Die Gattung wurde von H.G. Reichenbach 1861 in Walpers »Annales Botanices« begründet. Sie ist so nahe mit *Oncidium* verwandt, daß ihr manche Botaniker das Recht der eigenen Gattung absprechen. Der einzige Unterschied besteht in der völligen Verwachsung der seitlichen Sepalen.
Typus-Art: P. candida (Lindl.) Rchb.f.
Kultur: Substrat A. Mindesttemperatur im Winter 12 °C. Die Pflanze gedeiht gut in kleinen Töpfen oder Schalen; sie verlangt eine feuchte Atmosphäre und mäßigen Schatten. In der Wachstumsperiode ist der Wurzelballen reichlich mit Wasser zu versorgen; wesentlich weniger ist angezeigt, wenn die Pseudobulben voll entwickelt sind.

Palumbina candida (Lindl.) Rchb.f.

Pseudobulben des kleinen, bis 40 cm hohen Epiphyten bis 4,5 cm lang und 1,5–2 cm breit, im Umriß länglich-elliptisch, zusammengedrückt, am Gipfel 1blättrig. Blätter 10–30 cm lang, 1–1,5 cm breit, linealisch lanzettlich, vorn spitz oder langspitzig, schwach lederig, biegsam. Blütenstand aufrecht oder abstehend, traubig, armblütig; Brakteen nur etwa 0,1 cm lang, 3eckig, spitz, trockenhäutig. Blüten fleischig, klein: reinweiß, am Grunde der abstehenden Sepalen und Petalen purpurn getüpfelt; Schwiele gelb, mit roten Tüpfeln. Mittlere Sepale ungefähr 1 cm lang und 0,5 cm breit, elliptisch oder länglich-elliptisch, aufrecht, abgerundet; die seitlichen zu einer elliptischen Lamina vereinigt, 0,9–1 cm lang, am Gipfel 2geteilt. Petalen 1–1,1 cm lang, 0,7 cm breit, verkehrteiförmig, abgerundet oder ausgerandet. Lippe 1,4–1,6 cm lang, bis 0,8 cm breit, eiförmig-elliptisch, konvex, vorn stumpf oder abgerundet; Schwiele am Lippengrunde sitzend, feinwarzig. Säule nur 0,4 cm lang, mit annähernd quadratischen, ausgebissenen Flügeln.
Verbreitung: Guatemala.
Geschichte: Die Pflanze wurde von T. Hartweg 1840 entdeckt. J. Lindley beschrieb sie 1843 im »Botanical Register« in der Gattung *Oncidium.* H.G. Reichenbach begründete schließlich 1863 seine monotypische Gattung *Palumbina* auf diese Art (»Walpers, Annales Botanices«).
Synonym: Oncidium candidum Lindl.

Paphinia Lindl.
Tribus: Gongoreae

Mittelgroße Epiphyten mit 1–2blättrigen Pseudobulben. Blütenstände hängend, wenigblütig, einzeln oder zu mehreren am Grunde der Pseudobulben entspringend. Blüten augenfällig. Sepalen und Petalen untereinander ähnlich; die Petalen etwas kleiner. Lippe kleiner als die Sepalen und Petalen, genagelt, 3lappig, verschiedentlich mit fleischigen Schwielen und Drüsenhaaren besetzt; Seitenlappen länglich, vorstehend; Mittellappen schief 3eckig bis pfeilförmig. Säule im Querschnitt halbkreisrund, keulenförmig, am Gipfel geöhrt, unten mit einem Fuß; Anthere unter dem Gipfel angesetzt; Pollinien 4, verkehrteiförmig; Stipes lang; Klebscheibe rundlich.
Umfang und Verbreitung: 3 oder 4 Arten; im nördlichen Südamerika und Guatemala.
Ableitung des Namens: Paphia ist der Name für Aphrodite in Zypern; auch die Stadt Paphos ist nach ihr benannt.
Anmerkung: J. Lindley begründete die Gattung 1843 im »Botanical Register«. Sie ist mit *Houlletia* verwandt, die nur 1blättrige Pseudobulben besitzt. Von *Lacaena* unterscheidet sie sich durch den schlanken Nagel der Lippe und die Form ihrer Seitenlappen.
Typus-Art: P. cristata (Lindl.) Lindl.
Kultur: Substrat A. Mindesttemperatur im Winter 15 °C. Man hält die Pflanzen am besten in kleinen Schalen in feuchter Luft und bei mäßigem Schatten. In der Wachstumsperiode muß der Wurzelballen stets feucht sein; später brauchen die Pflanzen wesentlich weniger Wasser.

Paphinia cristata (Lindl.) Lindl.

Pseudobulben des mittelgroßen Epiphyten bis 5 cm lang, 1,5–2,5 cm breit, im Umriß länglich-eiförmig, etwas zusammengepreßt, mit Längsfur-

chen, am Gipfel 2blättrig. Blätter 15–25 cm lang, 2,5–4,5 cm breit, breit-lanzettlich bis elliptisch-lanzettlich, vorn spitz, längsgefaltet, von weicher Beschaffenheit, nicht lederig. Blütenstand hängend, 5–10 cm lang, schlank, 1–3blütig. Blüten groß und augenfällig, bis über 8 cm breit: Sepalen weiß, mit roten Streifen; Lippe purpurn, auf dem grünen Nagel mit weißen Zähnen; Säule grünlich, am Gipfel gelblich. Sepalen und Petalen ziemlich fleischig, 4–5 cm lang, 1–1,5 cm breit, breit-lanzettlich, spitz. Lippe fleischig, bis 2 cm lang und 1,8 cm breit, 3lappig, am Grunde borstig; Seitenlappen aufrecht, linealisch-sichelig bis länglich-sichelig, stumpf bis spitz; Mittellappen eiförmig bis pfeilförmig, spitz oder stumpf, am vorderen Rande gewimpert-gefranst oder grob bewimpert; Schwiele fleischig, gefranst. Säule 2–3 cm lang, am Gipfel mit zwei schmalen Flügeln ; Säulenfuß 0,7–0,8 cm lang.
Verbreitung: Kolumbien, Venezuela, Guayana und Trinidad.
Geschichte: J. Lindley beschrieb diese, von R. Schomburgk in Guayana gesammelte Pflanze 1836 im »Botanical Register« unter dem Gattungsnamen *Maxillaria*. Später versetzte er sie selbst in die Gattung *Paphinia* (»Botanical Register« 1843).
Synonyme: Maxillaria cristata Lindl.; *Lycaste cristata* (Lindl.) Benth.

Paphiopedilum Pfitzer
Unterfamilie: Cypripedioideae

Vorwiegend terrestrische, selten epiphytische, meistens weniger als meterhohe Kräuter, unten mit dicken horizontal ausgebreiteten Wurzeln. Blätter gefaltet, 2zeilig angeordnet. Blütenstandschaft endständig, stielrund. Blüten 1 bis mehrere in jedem Blütenstand, von wachsartigem Aussehen, mittelgroß bis sehr groß, immer augenfällig. Mittlere Sepale aufrecht, groß; die seitlichen untereinander verwachsen und das sogenannte Synsepalum bildend. Petalen abstehend, horizontal oder nach unten gerichtet und manchmal hängend. Lippe sackartig, dabei der Sack mehr oder weniger die halbe Länge der Lippe ausmachend; Seitenlappen einwärts gebogen, meistens geöhrt. Säule horizontal, kurz, oben vor den zwei Antheren mit einem fleischigen Staminodium; Pollinien 2, klebrig; Narbe groß, vorn liegend, fleischig, kurz gestielt, mehr oder weniger hinter den Seitenlappen der Lippe verbogen.
Umfang und Verbreitung: Ungefähr 60 Arten; in Indien, Birma, Südostasien, Südwest-China, Indonesien, Neuguinea, Bougainville und den Philippinen.
Ableitung des Namens: Pflanzen dieser Gattung sind volkstümlich als Frauen- oder Venus-Schuh-Orchideen bekannt. Ein Blick auf die Lippe macht jede weitere Erklärung überflüssig. Der Gattungsname stammt aus dem Griechischen »Paphos« = Insel mit einem der Venus geweihten Tempel und »pedilum« = Pantoffel. Ähnlich ist der Name der Schwestergattung *Cypripedium* abzuleiten, nämlich aus »Cypris« = der Venus gewidmete Insel und »pedium« = Verballhornung von »pedilum«. Arten der Gattung *Paphiopedilum* werden oft fälschlich in Gärtner- und Sammlerkreisen als *Cypripedium* angesprochen. Heute werden in der letztgenannten Gattung alle Arten der nördlichen gemäßigten Zonen mit hinfälligen Blättern zusammengefaßt.
Anmerkung: E. Pfitzer begründete die Gattung 1886 in seiner Arbeit »Morphologische Studien über die Orchideenblüte«. Seine Untergliederung der Gattung in drei mehr oder minder natürliche Gruppen findet man in Engler, »Das Pflanzenreich« 1903. Viele Arten sind sehr verschiedengestaltig und von abweichender Farbgebung; kein Wunder, daß sie deshalb – oft aufgrund kleiner Unterschiede – wiederholt beschrieben wurden. Manche dieser ungültigen Namen tauchen immer wieder in Gartenliteratur und Handelskatalogen auf. *Paphiopedilum* ist nahe verwandt mit drei anderen Gattungen von Frauenschuh-Orchideen, die ursprünglich alle zu *Cypripedium* gehörten. Sie lassen sich mit Hilfe des folgenden Schlüssels auseinanderhalten (nach Rolfe, »Orchid Review« 1896):

1. Blätter gefaltet (plicatus), wechselständig; Rhizom stark ausgeprägt; beblätterte Sprosse mit deutlichen Internodien 2
2. Beblätterte Sprosse öfters verzweigt; Pflanzen bis zu 5 m hoch; Blütenstand mit zahlreichen kleinen Blüten; Fruchtknoten 3fächerig; (Herkunft: Mittel- und Südamerika) .... *Selenipedium*
2. Beblätterte Sprosse, niemals verzweigt; Pflanzen höchstens einen Meter hoch; Blütenstand mit wenigen verhältnismäßig großen Blüten; Fruchtknoten 1fächerig (Herkunft: Gemäßigtes und subtropisches Amerika, Europa und Asien) .... *Cypripedium*
1. Blätter doppeltliegend (conduplicatus), 2zeilig angeordnet; Rhizom vorhanden aber stark unterdrückt; beblätterte Sprosse ohne auffällige Internodien; Blütenstandschaft lang 3
3. Sepalen sich dachziegelartig deckend. Fruchtknoten 1fächerig (Herkunft Südostasien) ... . *Paphiopedilum*
3. Sepalen sich klappig deckend. Fruchtknoten 3fächerig (Herkunft: Mittel- und Südamerika) .... *Phragmipedium*

Eine moderne Bearbeitung der Gattung *Paphiopedilum* liegt noch nicht vor; aber die meisten aller kultivierten Arten wurden von H. und C. Waters kurz beschrieben (»A Survey of the Slipper Orchids« 1973). Zusätzlich findet man viele kritische Arten besprochen und farbig abgebildet in verschiedenen Ausgaben des »Orchid Digest« (besonders durch J. A. Fowlie) wie auch im »Orchid Review« durch M. W. Wood.
In der Natur findet man zahlreiche, und oft

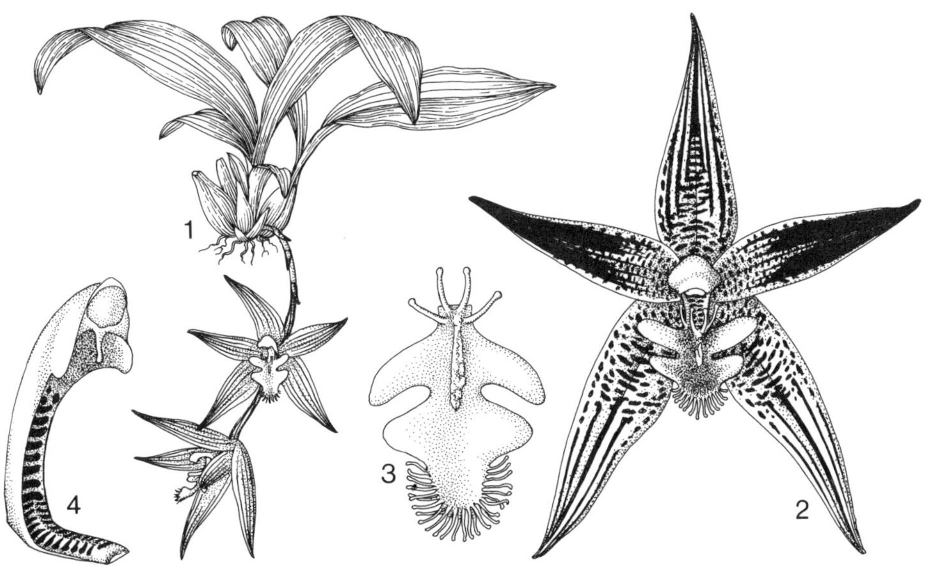

Paphinia cristata
1 = Pflanze (× 1/4)
2 = Blüte von vorn (× 3/5)
3 = Lippe ausgebreitet (× 1 1/3)
4 = Säule mit Fuß und Antherenkappe (× 1 1/3)

prächtige, natürliche Hybriden, die zum Teil als echte Arten beschrieben worden waren, ehe man ihre wahre Herkunft erkannte. Zu den bekanntesten gehören:

P. siamense	= *callosum* × *appletonianum*
P. kimballianum	= *rothschildianum* × *dayanum*
P. frankeanum	= *superbiens (curtisii)* × *tonsum*
P. littleanum	= *dayanum* × *lawrenceanum*
P. nitens var. *vallieri*	= *villosum* × *insigne*
P. shipwayae	= *hookerae* × *dayanum*

Typus-Art: P. insigne (Lindl.) Pfitz.
Kultur: Substrat A. Mindesttemperatur im Winter, je nach Art, 10–15 °C. Die Arten dieser Gattung fallen in zwei Gruppen, nämlich solche wie *P. insigne,* die ein kühleres Regime verlangen, und andere, wie *P. callosum* und *P. concolor,* die größere Wärme verlangen. Alle Arten benötigen eine ständig feuchte Atmosphäre und müssen vor direktem Sonnenlicht geschützt werden. Da sie keinerlei Wasserspeicherorgane besitzen, darf der Wurzelballen niemals völlig austrocknen.

Paphiopedilum acmodontum M. W. Wood

Blätter der mittelgroßen, kurzstämmigen terrestrischen Pflanze 18 cm lang, 4 cm breit, 2zeilig angeordnet, elliptisch-länglich, vorn langspitzig und mit drei winzigen Zähnchen, auf der Oberseite netzartig hell- und dunkelgrün, an den Rändern ganz unten gewimpert. Blütenstand aufrecht, 1blütig, bis 25 cm lang; Schaft grün mit purpurvioletter Zeichnung, etwas flaumhaarig; Brakteen bis 3 cm lang, eiförmig, etwas zottig behaart. Blüten groß: Mittlere Sepale weiß, stark rosapurpurn überlaufen und mit purpurgrünen Linien; die seitlichen weiß, etwas purpurn behaucht und mit grünen und purpurnen Streifen; Petalen grünlichweiß, in der oberen Hälfte purpurn und unten sowohl mit dunkelgrünen Linien wie auch erhabenen purpurnen Tüpfeln; Lippe bleich olivengrün. Mittlere Sepale 4 cm lang, 3 cm breit, eiförmig, langspitzig; die seitlichen 3,2 cm lang, 1,5 cm breit, eiförmig, spitz. Petalen 4,5 cm lang, 1,5 cm breit, verkehrtlanzettlich, abstehend und ein wenig nach hinten gebogen, abgerundet und mit drei Zähnchen, auf der Innenfläche etwas flaumig behaart, an den Rändern schwach bewimpert. Lippe 4 cm lang, 2,3 cm breit, pantoffelförmig, 3lappig, geöhrt, sehr fein flaumig behaart. Staminodium verkehrteiförmig, 1 cm lang, 0,9 cm breit, bleichgrün und dunkler grün und purpurn behaucht, am Vorderrande 2geteilt, am hinteren jederseits mit einem Zahn und einem längeren in der Mitte, sehr fein flaumig behaart.
Verbreitung: Philippinen.
Geschichte: Obgleich G. Schoser 1969 diese Art auf dem 6. Weltorchideenkongreß öffentlich erwähnte, erfolgte ihre gültige Veröffentlichung erst 1976 durch M.W. Wood im »Orchid Review«.

Paphiopedilum amabile Hall.

Bis über 50 cm hohe terrestrische Pflanze. Blätter bis 15 cm lang und 3,5 cm breit, schmal-elliptisch, dunkel- und hellgrün marmoriert. Schaft bis 50 cm lang, 1blütig (manchmal 2blütig). Braktee 2 cm lang, dicht flaumig, behaart. Blüte bis 7,5 cm hoch. Mittlere Sepale 3 cm lang, 2 cm breit, eiförmig, zart hellgrün, mit 13–17 grünen Nerven; die seitlichen hellgrün, eiförmig, kürzer als die mittlere Sepale. Petalen bis 5,5 cm lang, 1–1,5 cm breit, lang-spatelig, mehr oder minder herabgeschlagen, unten ledergelb und purpurn getüpfelt, oben purpurviolett, an den Rändern lang gewimpert und unten gewellt. Lippe 4 cm lang, sackartig, bräunlichrot und vorn dunkler marmoriert, am Grunde grünlich. Staminode schwanzartig, hinten eingebuchtet, im vorderen Einschnitt mit einem Zähnchen.
Verbreitung: West-Borneo.
Geschichte: Die Pflanze wurde 1893 oder 1894 in der Nähe von Sintang erstmals gefunden. Hallier beschrieb sie 1895 in der »Natuurkundig Tidschrift voor Nederlandsch Indie«.
Anmerkung: P. appletonianum und *P. bullenianum* sind sehr nahe mit dieser Art verwandt; eingehende Studien konnten zeigen, daß sie sogar als eine Art betrachtet werden können.

Paphiopedilum appletonianum (Gower) Rolfe

Blätter der bis 60 cm hohen, terrestrischen Pflanze bis 21 cm lang und 3,5 cm breit, schmal-elliptisch, hellgrün aber mit dunkleren Nerven und einigen dunkelgrünen Flecken. Blütenstandschaft bis 50 cm lang, braun, flaumig; Braktee 1,8 cm lang, ein Drittel der Länge des Fruchtknotens. Blüte 8–9 cm hoch und bis 12 cm breit. Mittlere Sepale 3,5 cm lang, 2,6 cm breit, eiförmig, spitz, grün, mit dunklerer Beaderung; die seitlichen bis 2,4 cm lang, eiförmig-lanzettlich, spitz, grün. Petalen bis 5 cm lang und 1,4 cm breit, riemen- bis spatelförmig (nach oben zu verbreitert), spitz, bewimpert, am Grunde hellgrün mit kleinen braunen Flecken, oben purpurn oder violett. Lippe 4,5 cm lang, sackartig, violettbraun (bleicher unten) auf den Seitenlappen mit glänzenden Warzen. Staminodium länglich-verkehrtherzförmig, im vorderen Einschnitt mit einem Zahn, grün und weiß berandet.
Verbreitung: Assam und Thailand.
Geschichte: Diese Art wurde erstmals von Gower 1893 in der Zeitschrift »The Garden« erwähnt, und zwar als *Cypripedium appletonianum;* man hatte sie in einer Sendung gefunden, die aus Exemplaren von *P. hookerae* bestand. Die Pflanze wurde von W.M. Appleton in Weston-super-Mare 1893 erstmals zum Blühen gebracht. Im »Orchid Review« von 1896 finden wir sie von R. Rolfe in die Gattung *Paphiopedilum* versetzt. In Liebhaberkreisen ist sie auch als *P. wolterianum* bekannt (beschrieben von F. Kraenzlin 1895 im »Gardeners' Chronicle« und benannt nach D. Wolter in Magdeburg).

Paphiopedilum argus (Rchb.f.) Stein

Blätter der bis 45 cm hohen, terrestrischen Pflanze bis 24 cm lang und 4 cm breit, elliptisch oder länglich-elliptisch, hellgrün marmoriert und mit dunkelgrünen Nerven, nach unten zu an den Rändern gewimpert, vorn eingeschnitten und ganz fein gesägt. Blütenstandschaft bis 40 cm lang, mit einer Blüte; Braktee 4,5 cm lang, halb so lang wie der Fruchtknoten. Blüte bis 7,5 cm hoch. Mittlere Sepale 3,5–4,5 cm lang, bis 3,5 cm breit, breit ei-herzförmig, langspitzig, weißlich mit grünen Streifen, an den Rändern fein gewimpert; die seitlichen kleiner, mit bleicheren Streifen als die mittlere, am Gipfel mit einer Kerbe. Petalen 4,5–6,5 cm lang, 1–1,5 cm breit, zungenförmig, herabgeschlagen, an den Rändern gewimpert, gewellt: weiß mit grünen Nerven, dunkelpurpurnen Tüpfeln, Augenflecken und Warzen und purpurviolett im obersten Drittel. Lippe 3–4,2 cm lang, bis 2,4 cm breit, breit-pantoffelförmig: matt braunpurpurn oben, hellgrünbraun unten und auf den einwärtsgebogenen hellvioletten Seitenlappen tief purpurn getüpfelt. Staminodium fast hufeisenförmig.
Verbreitung: Auf den Philippinen (Oriental Negros und Luzon), auf Kalkböden in Höhenlagen zwischen 700 und 2000 m.
Geschichte: Die Pflanze wurde von G. Wallis, der für die Firma Veitch sammelte, 1872 auf der Insel Luzon gefunden. In der Kultur blühten sie erstmals im April 1873. H.G. Reichenbach beschrieb sie noch im gleichen Jahr im »Gardeners'

Chronicle« in der Gattung *Cypripedium.* In seinem Orchideenbuch versetzte B. Stein die Art 1892 nach *Paphiopedilum.*
Anmerkung: Der Artname bezieht sich auf Argus, ein vieläugiges griechisches Sagentier (wegen der Augenflecken auf den Petalen). Nahe verwandt sind *P. superbiens* und *P. ciliolare;* sie besitzt aber ein anderes Staminodium und die Petalen zeigen weniger aber größere Flecken.

Paphiopedilum barbatum (Lindl.) Pfitzer

Blätter der bis 36 cm hohen, terrestrischen Pflanze 10–20 cm lang, 2–3 cm breit, schmal-elliptisch, dünn, mattgrün mit dunklerer Marmorierung. Blütenstandschaft bis 25 cm hoch, 1blütig (selten 2blütig); Braktee 1,5 cm lang, ein Viertel so lang wie der Fruchtknoten. Blüte bis 8 cm im Durchmesser. Mittlere Sepale groß, bis 4 cm lang, fast kreisrund, unten an den Rändern zurückgebogen: weiß oder hellgrün, mit 15 am Grunde grünen und oben purpurnen Längsstreifen; die seitlichen nur 2,1 cm lang, schmal-elliptisch, stumpf. Petalen 4,5 cm lang, 1,2 cm breit, linealisch-länglich aber nach der Spitze hin etwas verbreitert, etwas herabgeschlagen, an den Rändern gewimpert und oben mit einigen schwarzen behaarten Warzen, am Grunde bräunlichgrün, nach der Spitze zu purpurn. Lippe pantoffelförmig, ungefähr 3,6 cm lang, tief braunpurpurn; die einwärts gebogenen Seitenlappen mit einigen purpurnen Punkten und Wärzchen. Staminodium hufeisenförmig, grün mit purpurner Zeichnung, am Grunde jederseits mit einem deutlichen Fortsatz.
Verbreitung: Malaya und die Halbinsel von Thailand; in feuchten, schattigen Gebirgstälern, auf moosbewachsenen Granitfelsen oder zwischen Moos auf sandigen oder moorigen Böden; 700–1200 m.
Geschichte: Die Pflanze wurde 1838 auf dem Berge Ophir von H. Cuming gesammelt und an die Firma Loddiges gesandt, wo sie 1841 erstmals blühte. Thomas Lobb sammelte sie 1844 in großen Mengen und schickte sein Material an Veitch & Sons nach Exeter. J. Lindley beschrieb die Loddiges-Pflanze 1841 im »Botanical Register«, und zwar als *Cypripedium.* E. Pfitzer versetzte sie 1888 nach *Paphiopedilum* (Pringsheim, »Jahrbücher für wissenschaftliche Botanik«).
Anmerkung: P. barbatum ist nahe mit *P. callosum* verwandt, besitzt aber meistens dunklere Blüten und leicht herabgeschlagene Petalen. Sie repräsentiert die eine Elternart der ersten beiden künstlich hergestellten Hybriden der Gattung, nämlich *P. harrisianum* (Dominy 1869) mit *P. villosum* und *P. vexillarium* (1870) mit *P. fairrieanum.*

Paphiopedilum bellatulum (Rchb.f.) Stein

Blätter der kleinen, selten über 10 cm hohen Pflanze 17–25 cm lang, 7,5–8,5 cm breit, elliptisch, auf der Oberseite sattgrün und schwach marmoriert, auf der Unterseite tief purpurn getüpfelt. Blütenstandschaft sehr kurz (die Blüte in Berührung mit den Blättern), tief purpurn, flaumig. Braktee mehr als halb so lang wie der Fruchtknoten. Blüte bis über 7 cm breit, weiß bis hellgelb mit violettbraunen Tüpfeln. Mittlere Sepale 2,5 cm lang, 4 cm breit, elliptisch bis fast kreisförmig, kurz bewimpert (wie die seitlichen Sepalen und Petalen); die seitlichen fast so lang wie die mittlere aber schmaler, weiß. Petalen sehr groß, 5 cm lang, 3,5 cm breit, breit-eiförmig-länglich, etwas herabgebogen, am Gipfel eingekerbt. Lippe 3,5 cm lang, 2 cm breit, sackförmig, weniger als der Rest der Blüte getüpfelt. Staminodium fast kreisrund oder elliptisch, schmaler als bei *P. niveum,* mit drei Zähnchen am Grunde.
Verbreitung: Burma, Thailand; auf feuchten, bemoosten Kalkfelsen an schattigen Plätzen; ungefähr 200 m.
Geschichte: Die Pflanze wurde im Frühling 1888 durch die Firma Low & Co. in Clapton nach Europa eingeführt. H.G. Reichenbach beschrieb sie im gleichen Jahr im »Gardeners' Chronicle« (als *Cypripedium*). B. Stein versetzte die Art 1892 nach *Paphiopedilum* (»Orchideenbuch«).
Anmerkung: P. bellatulum ist nahe mit *P. godefroyae* und *P. niveum* verwandt. In der Kultur kennt man verschiedene Pflanzen mit intermediärer Farbgestaltung der Blüte, von denen man annimmt, daß sie Hybriden zwischen diesen Arten darstellen. Möglicherweise sind alle drei nur Formen einer weit verbreiteten Art.

Paphiopedilum bullenianum (Rchb.f.) Pfitzer

Blätter der bis 38 cm hohen terrestrischen Pflanze bis 15 cm lang und 3 cm breit, schmal-elliptisch, hell-bläulichgrün und schwach marmoriert mit dunklerem Grün. Blütenstandschaft bis 30 cm lang, 1blütig; Braktee 1,5 cm lang, ein Viertel der Länge des Fruchtknotens: Blüten bis 7 cm im Durchmesser. Mittlere Sepale 3,5 cm lang und 2,1 cm breit, eiförmig, an den Rändern nach unten hin zurückgebogen, hellgrün mit einem dunkleren Band in der Mitte; die seitlichen kürzer und schmaler. Petalen 5 cm lang, 1,5 cm breit, waagerecht abstehend und mit den etwas verbreiterten Enden leicht abwärts geneigt, grünlich, mit drei bis vier schwarzen Warzen auf den Seitenrändern; die Enden purpurn behaucht und am Rande hellgelb. Lippe 4 cm lang, 1,7 cm breit, sackförmig, purpurrot; die einwärts gebogenen Seitenlappen mit großen Warzen besetzt. Staminodium eiförmig, auf dem Rücken gebuchtet, am Gipfel 2lappig.
Verbreitung: Nord-Borneo, Malaya (vielleicht auch auf anderen indonesischen Inseln wie Sulawesi, Ceram und Amboina).
Geschichte: H. Low sammelte die Pflanze in Sabah (N. Borneo); H.G. Reichenbach beschrieb sie 1865 als *Cypripedium* in der »Botanischen Zeitung«. In Engler, »Botanische Jahrbücher« wurde sie durch E. Pfitzer 1894 in die Gattung *Paphiopedilum* versetzt.
Anmerkung: Die Art ähnelt *P. appletonianum,* hat jedoch mehr ausgeprägt marmorierte Blätter und ein tief ausgebuchtetes Staminodium.

Paphiopedilum callosum (Rchb.f.) Stein

Blätter der bis 45 cm hohen terrestrischen Pflanze bis 25 cm lang und 5 cm breit, elliptisch, hellgrün mit etwas dunklerer Marmorierung auf der Oberseite, vorn eingeschnitten. Blütenstandschaft bis 38 cm lang, tief violett, flaumig behaart, 1blütig (manchmal 2blütig); Braktee 2,2 cm lang, ein Drittel der Länge des Fruchtknotens. Blüte etwa 10 cm breit. Mittlere Sepale 5 cm lang, 4,5 cm breit, ei- bis herzförmig, mit den Rändern über der Mitte zurückgebogen: weiß aber am Grunde grün und darüber mit purpurnen Linien; die seitlichen 3,5 cm lang, eiförmig bis lanzettlich, stumpf. Petalen zungenförmig, 5,5 cm lang, 1 cm breit, um 45° nach unten abgewinkelt, an den Rändern gewimpert und am oberen mit schwarzen Warzen: grün aber mit dunkleren Linien und im oberen Drittel rosapurpurn. Lippe 4,7 cm lang, 2,2 cm breit, helmförmig, dunkelbronze; die grünen Seitenlappen mit großen schwarzen Warzen besetzt. Staminodium hufeisenförmig, oben weit offen, unten mit einem vorstehenden Hörnchen.
Verbreitung: Thailand und Indochina; 300–1000 m.
Geschichte: Die Pflanze wurde in Thailand oder Cochinchina entdeckt und von A. Regnier 1885 nach Europa eingeführt. H.G. Reichenbach beschrieb sie 1886 im »Gardeners' Chronicle«, und zwar als *Cypripedium.* In seinem »Orchideenbuch« versetzte sie B. Stein 1892 in die heutige Gattung.

Anmerkung: Die Art läßt sich von *P. barbatum* durch ihre größere Blüte, die eiförmigen und spitzen seitlichen Sepalen und durch die Warzen auf den Petalen leicht unterscheiden.

Paphiopedilum chamberlainianum (O'Brien) Stein

Blätter der über 50 cm hohen, terrestrischen Pflanze bis 45 cm lang und 10 cm breit, länglich, mattgrün mit hellgrüner Marmorierung, vorn fein eingeschnitten. Blütenstandschaft aufrecht, bis über 60 cm lang, dunkelbraun, vielblütig (bis zu 30) aber immer nur eine Blüte offen; Brakteen 3,7 cm lang, ausgesprochen 2zeilig angeordnet, eiförmig, spitz, junge Knospen fast völlig umhüllend, gewimpert. Blüten prunkvoll, 7,5 cm hoch, 8 cm breit. Mittlere Sepale 3 cm lang, 2,5 cm breit, eiförmig: grünlich bis cremeweiß, mit tiefbraunen Längsstreifen, am Grunde purpurn gefleckt; die seitlichen 2,7 cm lang, eiförmig, grünlichweiß. Petalen 4 cm lang, 0,5 cm breit, linealisch, spiralig gedreht, an den Rändern flaumig (der Vorderrand gewimpert), cremeweiß mit purpurner Zeichnung. Lippe ungefähr 4 cm lang, tief-sackförmig, unten breit-abgerundet, mit weitem Schlund, rosa aber dicht purpurn getüpfelt. Staminodium rhombisch, braun.
Verbreitung: Sumatra, auf Kalk-Klippen; 700–2000 m.
Geschichte: Diese ungewöhnliche Pflanze wurde um 1892 von der Firma Sander & Co. in die Kultur eingeführt und von J. O'Brien im gleichen Jahr im »Gardeners' Chronicle« veröffentlicht, und zwar als *Cypripedium chamberlainianum.* Mit dem Artnamen ehrte er den zu seiner Zeit bedeutenden Politiker und Orchideenliebhaber Sir Joseph Chamberlain. In seinem »Orchideenbuch« versetzt B. Stein die Art 1892 zu *Paphiopedilum.*
Anmerkung: Die öfters kultivierte subsp. *liemanianum* zeichnet sich durch folgende Merkmale aus: Blätter bis 20 cm lang und 6,5 cm breit, oben dunkelgrün (oft marmoriert), unten mit purpurnen Flecken, an den Rändern gewimpert und vorn schief eingeschnitten. Nicht unähnlich ist *P. glaucophyllum* (siehe dort), besitzt aber blaugrüne Blätter und ein anders gestaltetes Staminodium. Die ebenfalls nahe verwandte Art *P. primulinum* M. Wood et P. Taylor hat gelbe Blüten, längere, schmalere Blätter und ein unten anders (weniger spitz) berandetes Staminodium. In einem kürzlich erschienenen Artikel (»Orchid Review« 1976) hat M. Wood *P. chamberlainianum,* die var. *liemanianum* Fowlie, *P. glaucophyllum* und *P. primulinum* alle als Unterarten dem sehr verschiedengestaltigen *P. victoria-regina* (Sander) M. Wood zugeordnet. Diese Behandlung des Formenkreises ist wahrscheinlich botanisch zu rechtfertigen und bringt die Verwandtschaftsverhältnisse vielleicht klarer zum Ausdruck. Wir jedoch (P.C. und E.L.) fürchten, daß Gärtner und Orchideenliebhaber die aus diesem Konzept resultierenden langen Namenskomplexe nur schwer oder langsam annehmen werden und behalten für dieses Buch deshalb die herkömmlichen Namen bei.
Synonyme: Cypripedium victoria-mariae M.T. Masters; *C chamberlainianum* O'Brien; *C. victoria-regina* Sander; *Paphiopedilum victoria-mariae* (M.T. Masters) Rolfe; *P. victoria-regina* (Sander) M.W. Wood.

Paphiopedilum charlesworthii (Rolfe) Pfitzer

Blätter der bis 25 cm hohen terrestrischen Pflanze bis 25 cm lang und 2,5 cm breit, linealisch, glänzend grün, am Grunde der Oberseite und auf der ganzen Unterseite purpurn marmoriert. Blütenstandschaft bis 15 cm lang, flaumig behaart; Braktee 2,6 cm lang, zweidrittel der Länge des Fruchtknotens. Mittlere Sepale 5 cm lang, 5,5 cm breit, breit-eiförmig, weiß und mit karminroten Nerven; die seitlichen 3,3 cm lang. Petalen 5 cm lang, 1,7 cm breit, schmal-spatelförmig, kastanienbraun, an den Rändern bewimpert. Lippe 3,5 cm lang, ziemlich seicht napfförmig, kastanienbraun. Staminodium eiförmig, am vorderen und hinteren Rande etwas konkav, in der Mitte mit einer kleinen Warze, glänzend weiß.
Verbreitung: Birma und Ost-Assam; isoliert auf Bergen in Höhen von ungefähr 1500 m.
Geschichte: R. Moore fand die Pflanze 1893 ungefähr 40 km südwestlich vom Inle-See in Birma. Im gleichen Jahr wurde die Pflanze nach Europa eingeführt, wo sie in der Pflege von Charlesworth in Keaton (Bradford) zur Blüte kam. R. Rolfe benannte sie ihm zu Ehren 1893 in »The Orchid Review«, beschrieb sie aber unter dem Gattungsnamen *Cypripedium.* E. Pfitzer versetzte sie zu *Paphiopedilum* (Engler, »Botanische Jahrbücher« 1894–1895).

Paphiopedilum ciliolare (Rchb.f.) Stein

Blätter der bis zu 45 cm großen terrestrischen Pflanze bis über 20 cm lang und 4 cm breit, schmal-länglich oder elliptisch-länglich, vorn stumpf, gemischt, dunkel- und hellgrün. Blütenstandschaft bis 38 cm lang, stark flaumig behaart, 1blütig; Braktee 1,7 cm lang, eiförmig, ein Viertel so lang wie der Fruchtknoten. Blüte bis 10 cm hoch und breit. Mittlere Sepale 4,5–5 cm lang, 3,5–4,5 cm breit, breit-eiförmig, langspitzig, an den Rändern bewimpert: am Grunde purpurn, sonst weiß mit abwechselnd kurzen grünen und purpurnen Nerven; die seitlichen viel kleiner, nur 2,9 cm lang, eiförmig, langspitzig, weißlich mit grünen Nerven. Petalen 5,5–6,5 cm lang, 1,5–2,5 cm breit, zungenförmig, herabgeschlagen oder abwärtsgebogen, an den Rändern mit langen schwarzen Haaren: in den unteren Zweidrittel grün und dicht mit schwarzen Wärzchen besetzt, oben hellpurpurn. Lippe 5,5 cm lang, helmförmig, matt purpurbraun; die einwärts gebogenen Seitenlappen hell gelbgrün und mit purpurnen Wärzchen besetzt. Staminodium nierenförmig, oben eingekerbt, unten mit drei Zähnchen, grünlich und rosa behaucht.
Verbreitung: Philippinen (Inseln Mindanao, Luzon und Dinagat).
Geschichte: Die Pflanze wurde von der Firma Low & Co. in Clapton 1882 erstmals eingeführt und im gleichen Jahr von H.G. Reichenbach im »Gardeners' Chronicle« als *Cypripedium* veröffentlicht. Im folgenden Jahr führten Veitch & Sons große Mengen der Pflanze aus Mindanao ein. B. Stein versetzte die Art 1892 in die heutige Gattung.
Anmerkung: Die Art ist nahe mit *P. superbiens* verwandt; Unterschiede siehe dort.

Paphiopedilum concolor (Batem.) Pfitzer

Blätter der bis 20 cm hohen terrestrischen Pflanze (meistens fünf) 10–15 cm lang, 4–5 cm breit, elliptisch, vorn eingeschnitten, auf der Oberseite dunkelgrün mit hellerer Marmorierung, unten mehr oder minder kräftig purpurn gefleckt. Blütenstandschaft bis 10 cm lang, dunkelbraun, flaumig behaart 1–2blütig (manchmal mehr); Brakteen 1–2 cm lang, eiförmig, viel kürzer als der Fruchtknoten. Blüten 5–7,5 cm hoch: bleich gelb und sehr fein purpurn getüpfelt. Mittlere Sepale 2,7 cm lang, 2,2 cm breit, eiförmig, am Gipfel 3teilig; die seitlichen ähnlich aber 1,9 cm lang und schmaler. Petalen 3 cm lang, 1,7 cm breit, breit-elliptisch-länglich, stumpf bis abgerundet, an den Rändern (wie auch die Sepalen!) fein behaart. Lippe 2,4 cm lang, 1,4 cm breit, schmal-kegelig-sackförmig, zusammengepreßt. Staminodium variabel-herzförmig, gelb mit dunkelgelben Flecken in der Mitte und purpurn getüpfelt.
Verbreitung: Birma, Thailand, Nord- und Süd-

vietnam, Kambodscha und Süd-China; in Höhlungen von Kalkfelsen.
Geschichte: *P. concolor* wurde erstmals von C. Parish 1859 nahe Moulmein in Birma gefunden. J. Bateman beschrieb die Pflanze 1865 im »Botanical Magazine«. E. Pfitzer versetzte sie 1888 nach *Paphiopedilum* (Engler und Prantl, »Natürliche Pflanzenfamilien«).
Anmerkung: Die Art gehört in den Verwandtschaftskreis von *P. niveum, P. bellatulum* und *P. godefroyae* von denen sie sich durch ihre gelbe Blüte unterscheidet. Dennoch kennt man bei diesen Arten Formen mit gelbem Farbgrund. *P. niveum* und *P. bellatulum* bilden zweifellos die Extreme einer Farbpalette, die die anderen zwei Arten einschließt. *P. niveum* unterscheidet sich von *P. concolor* durch ihre breiteren und mehr abgerundeten Petalen, kleinere seitliche Sepalen, eine aufgeblähte Lippe und das nierenförmige Staminodium.

Paphiopedilum delenatii Guillaumin

Blätter der bis 25 cm hohen terrestrischen Pflanze bis 13 cm lang und 5 cm breit, schmal-elliptisch, hellgrün marmoriert mit dunkleren Nerven, auf der unteren Seite purpurn getüpfelt, vorn schief eingeschnitten. Blütenstandschaft bis 20 cm lang, rötlich, 1–2blütig. Blüten vorwiegend rosa, bis 8 cm breit. Mittlere Sepale 3 cm lang, 2,5 cm breit, eiförmig, spitz, weiß mit schwachem rosa Anflug; die seitlichen 2,7 cm lang, 2 cm breit, eiförmig. Petalen 4 cm lang, 3,5 cm breit, eiförmig, stumpf, weiß und rosa behaucht. Lippe 3,5 cm lang, 1,8 cm breit sackförmig, mit schmaler Öffnung, unten abgerundet. Staminodium eiförmig, rosa mit gelber Mitte und Basis (um die Mitte dunkler gelb).
Verbreitung: Nord- und Zentralvietnam und Thailand.
Geschichte: Die Pflanze wurde erstmals 1913 aus Tonkin von Delenat nach Europa eingeführt. Eine zweite Fundstelle in Annam kam 1922 zu Tage. A. Guillaumin beschrieb die Art 1924 im »Journal de la Socété Nationale d'Horticole«.

Paphiopedilum druryi (Bedd.) Stein

Bis über 25 cm hohe, aufrechte terrestrische Pflanze. Stämme kurz, gebüschelt, 4–5blättrig. Blätter bis 15 cm lang und 3,4 cm breit, länglich-riemenförmig, lederig, halbaufrecht bis abstehend, vorn abgerundet. Blütenstand aufrecht, 1blütig; Schaft purpurn, stielrund, am Grunde mit einer kurzen, zusammengedrückten, grünen Scheide, dicht drüsig-flaumig und lang behaart; Braktee bis 2 cm lang, hellgrün. Blüten etwas nickend, ungefähr 5,5 cm breit, außen flaumig behaart, Grundfarbe: hell mattgelb, mit braunen oder purpurvioletten Linien und Tüpfeln. Mittlere Sepale 3,5 cm lang, 3,3 cm breit, breit-eiförmig, stumpf, vorwärts gekrümmt: bleich grünlichgelb mit einem breiten, tiefbraunen Längsstreifen in der Mitte; seitliche Sepalen 3 cm lang und 2,3 cm breit, eiförmig-elliptisch, spitzlich: sehr bleich grünlich und mit zwei purpurnen Längsstreifen. Petalen 4,2 cm lang und 2 cm breit, verkehrtlanzettlich-länglich, zugleich nach vorn und nach unten gebogen, an den Rändern gewimpert und in der unteren Hälfte gewellt, am Gipfel 3zähnig: gelb, mit einem mittleren braunen Längsstreifen, purpurn getüpfelt und an der Basis mit einigen braunen Haaren. Lippe 3,3 cm lang und 1,9 cm breit, 3lappig, sackartig; Seitenlappen einwärts gebogen, undeutlich; Mittellappen umgekehrt helmförmig, ausgerandet: außen glänzend gelb, innen purpurn getüpfelt. Staminodium verkehrtherzförmig, oben 2lappig, 3zähnig: dunkelgelb und in der Mitte mit einem dottergelben Fleck.
Verbreitung: Süd-Indien; 1500 bis 1700 m.
Geschichte: Die Pflanze wurde von Colonel Drury in den Travancore-Hügeln gefunden und von R. Beddome nach ihm benannt (»Icones Plantarum Indiae Orientalis 1869–1874«). Der genaue Herkunftsort der Pflanze blieb für viele Jahre unbekannt, bis V. Mammen, geführt von Hinweisen auf goldene Blumen in der indischen Literatur, den Fundort aufspüren konnte. Er führte auf diese Weise die Pflanze 1968 mit mehreren Exemplaren in die Kultur ein; sie gehört zu den großen Seltenheiten in Orchideensammlungen.
Synonym: Cypripedium druryi Bedd.

Paphiopedilum exul (Ridley) Rolfe

Blätter der bis 40 cm hohen terrestrischen Pflanze 20–33 cm lang, 2–4 cm breit, linealisch, fast aufrecht, glänzend grün. Blütenstandschaft bis 30 cm lang, flaumig behaart, 1blütig; Braktee 4 cm lang, fast den Fruchtknoten bedeckend. Blüte 6–8 cm breit. Mittlere Sepale 4–5 cm lang, 2,5 cm breit, breit-eiförmig, stumpf, auf dem Rücken gekielt und flaumig: gelbgrün mit mehreren braunen Flecken nach unten zu, weiß berandet, innen glänzend; die seitlichen jede so groß wie die mittlere, nach vorn gekrümmt, hellgrün. Petalen 4,5 cm lang, 1,2 cm breit, schmal-länglich, nach vorn gebogen: gelb, mit purpurnen Längsschlieren in der Mitte. Lippe 4,5 cm lang, 2 cm breit, zylindrisch-bauchig, fast rechtwinklig zur mittleren Sepale stehend, glänzend ockergelb, deutlich geöhrt. Staminodium fast kreisrund mit einem Wärzchen in der Mitte, mattgelb.
Verbreitung: Halbinsel Thailand; in Felsspalten.
Geschichte: Die Pflanze wurde von H. Ridley erstmals im »Gardeners' Chronicle« von 1891 als *Cypripedium insigne* var. *exul* erwähnt. Im folgenden Jahr verlieh ihr R. Rolfe im »Journal of Horticulture« Artrang. Eingeführt nach Europa wurde die Pflanze 1891 von verschiedenen Firmen, von denen F. Sander & Co. in England und J. Linden in Belgien hervorzuheben sind. R. Rolfe versetzte die Art im »Orchid Review« 1896 zu *Paphiopedilum.*
Anmerkung: Der Pflanze *P. insigne* durchaus ähnlich. Diese besitzt jedoch stärker niederliegende Blätter und ist auf der mittleren Sepale kräftiger getüpfelt. Möglicherweise handelt es sich nur um extreme Varietäten der gleichen Art.

Paphiopedilum fairrieanum (Lindl.) Stein

Blätter der zwergwüchsigen, bis 27 cm hohen Pflanze 10–15 cm lang, 2,5 cm breit, elliptisch bis riemenförmig, auf der Unterseite mit hervortretender Mittelrippe, mattgrün. Blütenstandschaft 10–20 cm lang, mit purpurvioletten Haaren besetzt, 1blütig. Blüte 6–7,5 cm hoch, 4 cm breit. Mittlere Sepale 3,5 cm lang, 2,4 cm breit, eiförmig, ganz oben 2lappig, an den Rändern gewellt und gewimpert, grünlichweiß mit purpurnen Nerven; die seitlichen kleiner, 2,5 cm lang, hellgrün mit purpurnen Streifen. Petalen 4 cm lang, 0,9 cm breit, lanzettlich, herabgebogen und an der Spitze rückwärts gekrümmt, gewellt und gewimpert, in der Farbe der mittleren Sepale ähnlich aber purpurn berandet. Lippe bis 4 cm lang, becherförmig, mit weiter Öffnung, bräunlichgrün mit purpurnem Netzwerk; die einwärts gefalteten Seitenlappen cremeweiß. Staminodium elliptisch, unten 2lappig und lang ausgezogen.
Verbreitung: Bhutan und Sikkim, 1300–3000 m.
Geschichte: Nachdem die Pflanze 1857 nach Europa eingeführt worden war, gelang es Fairrie in Liverpool als einem der ersten, sie zum Blühen zu bringen. Der ursprüngliche Fundort geriet in Vergessenheit, bis die Pflanze 40 Jahre später von Sander & Sons in St. Albans aus Assam erneut eingeführt wurde. Beschrieben wurde sie 1857 durch J. Lindley im »Gardeners' Chronicle«, und zwar unter dem Gattungsnamen *Cypripedium.* B. Stein versetzte sie in seinem »Orchideenbuch« 1892 in die heutige Gattung.

schmal-länglich, vorn stumpf und mit drei Zähnen, netzartig tief- und hellgrün. Blütenstand 1blütig, bis 40 cm lang; Schaft tief purpurn, flaumig behaart; Braktee 2–2,5 cm lang, eiförmig, spitzlich. Blüte 10–12 cm breit und 7,5 cm hoch: Mittlere Sepale grün, mit dunklerer Beaderung, an den Rändern weiß oder cremefarbig; die seitlichen hellgrün; Petalen kupferfarbig bis rötlichpurpurn, nach der Basis hin grünlich, in der oberen Hälfte dunkelpurpurn getüpfelt; Lippe hell kastanienbraun, oben gelblich, auf den Seitenlappen olivenbraun und mit purpurnen Fleckchen; Staminodium grünlichbraun und gelb berandet. Mittlere Sepale 3–4 cm lang, 3–4,5 cm breit, breit-eiförmig, stumpf, bewimpert; die seitlichen bis 3 cm lang, eiförmig, spitz. Petalen 4,5–6 cm lang, 1,2–2 cm breit, spatelförmig, abgerundet, abstehend, fein bewimpert. Lippe 4,5–5,5 cm lang, 2–2,5 cm breit, pantoffelförmig, Staminodium verkehrt-eiförmig; Seitenzähne auf der Bauchseite lang und einwärts gekrümmt, der Mittelzahn stumpf.
Verbreitung: Borneo und umliegende Inseln.
Geschichte: H.G. Reichenbach beschrieb diese Pflanze im »Gardeners' Chronicle« 1879 als *Cypripedium mastersianum* zu Ehren von Maxwell Masters. B. Stein versetzte die Art 1892 zu *Paphiopedilum* in seinem »Orchideenbuch«.

Paphiopedilum niveum (Rchb.f.) Stein

Blätter der bis zu 26 cm hoch werdenden Zwergpflanze 10–15 cm lang, 2,7–3,3 cm breit, elliptisch, dunkelgrün, auf der Oberseite mit grauer Zeichnung, unten purpurn getüpfelt. Blütenstandschaft aufrecht, bis 17 cm lang, 1–2blütig. Blüten 7,5 cm im Durchmesser: weiß, mit feinen purpurnen Pünktchen am Grunde der Petalen. Mittlere Sepale 3 cm lang, 2 cm breit, länglich, abstehend. Lippe bis 3 cm lang, im Umriß elliptisch, mit schmaler Öffnung, die durch Säule und Staminodium fast völlig geschlossen ist. Staminodium etwas veränderlich, annähernd elliptisch, in der Mitte gekielt.
Verbreitung: Auf den Langkawi-Inseln (West-Malaysia), in Thailand und (wahrscheinlich) auf den Tambelan-Inseln zwischen Borneo und Singapur, auf Kalkböden in Seenähe.
Geschichte: Veitch & Co. importierte die Pflanze 1868 aus Moulmein (Birma). Man nimmt an, daß sie dort von einem Sammler eingeführt worden war. H.G. Reichenbach beschrieb sie 1869 im »Gardeners' Chronicle« als *Cypripedium.* B. Stein versetzte sie zu *Paphiopedilum* (»Orchideenbuch« 1892).
Anmerkung: Die nahe verwandten Arten *P. bellatulum* und *P. godefroyae* lassen sich von *P. niveum* durch ihre getüpfelten Blüten unterscheiden (siehe auch unter *P. bellatulum*).

Paphiopedilum parishii (Rchb.f.) Stein

Blätter des bis 70 cm hohen Epiphyten bis 40 cm lang und 6,5 cm breit, länglich-riemenförmig, vorn eingeschnitten, glänzend hellgrün. Blütenstandschaft bis 60 cm lang, aufrecht, robust, hellgrün, federig-flaumig, 4–8blütig; Brakteen 4 cm lang, eiförmig, aufgeblasen, spitz, halb bis dreiviertel des Fruchtknotens bedeckend. Blüten bis 7,5 cm hoch und 1,8 cm breit. Mittlere Sepale 3–5 cm lang, 2,5 cm breit, elliptisch-länglich, spitz, mit der oberen Hälfte nach vorn gebogen, unten an den Rändern nach hinten gekrümmt: hellgelb mit grünen Nerven; die seitlichen ähnlich aber kleiner und auf dem Rücken mit zwei Kielen. Petalen 9–12,5 cm lang, 1,2 cm breit, linealisch, verdreht, anfangs abstehend, später herabhängend, an den Rändern gewellt: in der unteren Hälfte grün und mit einigen schwarzen Flecken, vorn schwarzpurpurn mit bleichen Rändern. Lippe 4,5 cm lang, pantoffelförmig, mit weiter Öffnung: tief grün mit purpurbrauner Schattierung; Seitenlappen schmal, glatt. Staminodium länglich-verkehrteiförmig, oben mit einem Zähnchen, unten ausgebuchtet, hellgelb mit grün.
Verbreitung: Birma, Thailand und Yunnan (China); auf großen Bäumen zwischen Vogelnestern und epiphytischen Farnen, manchmal auch am Grunde von Farnen.
Geschichte: Diese außerordentlich attraktive Orchidee wurde 1859 von C. Parish im Moulmein-Distrikt erstmals gesehen. Er fand sie 1866 wieder und sandte Blüten nach Kew. Die ersten lebenden Pflanzen wurden 1868 von der Firma Low & Co. in Clapton eingeführt; auf diesen beruht H.G. Reichenbachs Beschreibung von 1869 in »Flora« (als *Cypripedium*).
Anmerkung: *P. parishii* ist nahe mit *P. philippinense* verwandt, hat aber größere Blüten.

Paphiopedilum philippinense (Rchb.f.) Stein

Blätter der bis 50 cm hohen terrestrischen oder epiphytischen Pflanze bis 30 cm lang und 4 cm breit, länglich-elliptisch, glänzend grün. Blütenstandschaft 20–50 cm lang,. flaumig behaart, grün und mit braunvioletten Schlieren; 3–5blütig; Brakteen 2,2 cm lang, ein Drittel so lang wie der Fruchtknoten. Blüten bis 15 cm hoch und 18 cm breit. Mittlere Sepale 4 cm lang, 2–3 cm breit, eiförmig, spitz, an den Rändern flaumig, weiß mit braunvioletten Streifen; die seitlichen 3,7 cm lang, eiförmig aber schmaler als die mittlere, weiß mit grünen Nerven. Petalen 12,5–15 cm lang, linealisch, bandartig, verdreht, hängend, an den Rändern der unteren Hälfte mit Haarbüscheln: aus gelbem Grunde purpurrot und am Gipfel bleich grün. Lippe 3 cm lang, 1,7 cm breit, helmförmig, ledergelb mit hellgrünbrauner Beaderung. Staminodium eiförmig bis fast herzförmig, jedoch oben und unten 2lappig, an den Seitenrändern flaumig.
Verbreitung: Beschränkt auf die Insel Guimares in den Philippinen, wo die Pflanze in Küstennähe auf den Wurzeln von *Vanda batemanii* wächst.
Geschichte: Die Pflanze wurde von J.G. Veitch 1865 gefunden und in die Kultur eingeführt. Allerdings hatte sie H.G. Reichenbach bereits 1862 in »Bonplandia« anhand einer Herbariumpflanze als *Cypripedium* beschrieben. B. Stein versetzte sie 1892 in die Gattung *Paphiopedilum* (»Orchideenbuch«).
Anmerkung: Die hängenden und verdrehten Petalen unterscheiden die Pflanzen von der oberflächlich ähnlichen *P. rothschildianum.* Von *P. praestans* läßt sie sich durch ihre kleineren Blüten und herabhängenden Petalen leicht auseinanderhalten.
Synonyme: P. roebellinii (Rchb.f.) Pfitzer; *P. laevigatum* (Bateman) Pfitzer.

Paphiopedilum praestans (Rchb.f.) Pfitzer

Blätter der bis über 50 cm hohen terrestrischen Pflanze bis 30 cm lang und 3 cm breit, schmallänglich, vorn abgerundet, ziemlich fleischig, grün. Blütenstandschaft bis 50 cm lang, zart flaumig behaart, bis 5blütig; Brakteen bis 4,5 cm lang, ungefähr halb bis zwei Drittel so lang wie der Fruchtknoten, lanzettlich. Blüten 10 cm lang und breit. Mittlere Sepale bis 5,5 cm lang, 2 cm breit, eiförmig, spitz, dunkelgelb mit dunkleren Linien; die seitlichen 4 cm lang, lanzettlich, spitz. Petalen verdreht, bis 12 cm lang, 0,5 cm breit, bandartig, im Winkel von ±45° nach unten gerichtet, gewimpert, unten an den Rändern gewellt und mit schwarzen Warzen besetzt, grün mit dunkler Mittellinie. Lippe 4,5 cm lang, 2 cm breit, pantoffelförmig, ohne Öhrchen, hellgrün mit dunklerer Beaderung. Staminodium länglich, fleischig, an den Seiten mit Knötchen und unten mit kurzem Spitzchen, gelb.
Verbreitung: Auf den Nordwest-Guinea vorgela-

gerten Inseln und in West-Neuguinea; in ungefähr 1700 m Höhe.
Geschichte: Die verwandtschaftlich zwischen *P. stonei* und *P. rothschildianum* stehende Pflanze wurde im Dezember 1886 durch die Firma J. Linden nach Europa eingeführt. Von präservierten Blüten dieser Pflanzen beschrieb H. G. Reichenbach die Art 1886 im »Gardeners' Chronicle« als *Cypripedium praestans* E. Pfitzer ist für die Neukombination in *Paphiopedilum* verantwortlich (Engler, »Botanische Jahrbücher« 1894–1895).
Anmerkung: Von *P. philippensis* unterscheidet sich die Pflanze durch ihre größere mittlere Sepale und die etwas kürzeren und mehr abstehenden Petalen; von *P. rothschildianum* durch das längliche Staminodium und die verdrehten Petalen.

Paphiopedilum primulinum M. Wood et P. Taylor

Blätter der mittelgroßen terrestrischen, stammlosen Pflanze zu 4–8 2zeilig angeordnet, 14–33 cm lang und 2,5–4 cm breit, lanzettlich-länglich, vorn 3zähnig, oberseits dunkelgrün, blasser auf der Unterseite. Blütenstand aufrecht, seine 7–10 Blüten von unten nach oben nacheinander erblühend; Schaft 10–30 cm lang, grün, flaumig behaart. Blüten mit grünlichgelben Sepalen und Petalen; Lippe primelgelb (eine Form mit purpurn überlaufender Lippe ist in der Kultur bekannt). Mittlere Sepale 2,5–2,7 cm lang und 2,3–2,5 cm breit, eiförmig, stumpf, an den Rändern bewimpert, auf der äußeren Oberfläche kurz flaumig behaart; Synsepalum ähnlich aber kleiner, ungefähr halb so groß wie die mittlere Sepale. Petalen 2,8–3 cm lang und bis 0,7 cm breit, linealisch, abstehend, stumpf, ganz oben einmal verdreht, an den Rändern wellig und bewimpert. Lippe tief bauchig, 2,7–2,9 cm lang und bis 1,5 cm breit, mit zwei auffälligen seitlichen Öhrchen; die einwärts gebogenen Ränder berühren sich in der unteren Hälfte. Säule etwa 2 mm lang; Staminodium fast kreisrund, 0,7–0,6 cm, in der Mitte mit einem Vorsprung.
Verbreitung: Auf das nördliche Sumatra beschränkt; in Höhenlagen von 400–500 m.
Geschichte: Diese Art gehört zu den jüngstbeschriebenen dieser beliebten Gattung (M. Wood and P. Taylor, »Orchid Review« 1973); allerdings ist sie auch stark umstritten. Ihrer Beschreibung lag eine von Liem Khe Wie in Sumatra (Gunung Lauser) gesammelten Pflanze zugrunde. Die Art ist zweifellos nahe mit *P. chamberlainianum* verwandt, unterscheidet sich aber von ihr durch die schmaleren Blätter, die Blütenfarbe und die Form des Staminodiums. Einige Botaniker betrachten *P. primulinum* lediglich als eine Unterart von *P. chamberlainianum.* Wir sind jedoch der Ansicht, daß diese Pflanze zumindest, wenn nicht gar mehr, so verschieden von der Vergleichsart ist, wie die zweifellos als gute Arten bezeichneten *P. callosum* und *P. barbatum.*
Synonyme: Paphiopedilum victoriae-regina (Sander) M. Wood ssp. *primulinum* (M. Wood et P. Taylor) M. Wood; *P. chamberlainianum* (Sander) Stein ssp. *liemianum* forma *primulinum* Fowlie.

Paphiopedilum purpuratum (Lindl.) Stein

Blätter der bis 29 cm hohen terrestrischen Pflanze bis 12,5 cm lang und 4 cm breit, länglich-elliptisch, vorn unregelmäßig 3zähnig, oben hell- und dunkelgrün marmoriert, unten hellgrün. Blütenstandschaft bis 18 cm lang, purpurn und mit weißen Flaumhaaren besetzt, 1blütig; Braktee 2,2 cm lang, halb so lang wie der Fruchtknoten, hellgrün, flaumig behaart. Blüte 7,5–8,5 cm hoch. Sepalen gewimpert, die mittlere 3,9–4,5 cm lang, 4,2–4,6 cm breit, fast kreisrund, spitz, unten mit zurückgebogenen Rändern: weiß aber in der Mitte grün überlaufen, mit 8–10 gebogenen braunpurpurnen Streifen; die seitlichen 3–4,2 cm lang, eiförmig, spitz, grünlich. Petalen gewimpert, 5–6 cm lang, 1,8–2,1 cm breit, fast spatelig, abstehend: purpurkarminrot mit tief purpurnen oder grünen Nerven, am Grunde mit zahlreichen schwarzen Wärzchen besetzt. Lippe 4,2–4,6 cm lang, 2,6 cm breit, fast zylindrisch: bräunlichpurpurn mit intensiver purpurnen Nerven, die eingefalteten Seitenlappen purpurn und mit vielen schwarzen Wärzchen besetzt. Staminodium halbmondförmig, oben eingekerbt, unten mit einem Zähnchen, mattgrün und violett behaucht.
Verbreitung: Nur von Hongkong bekannt.
Geschichte: Bei dieser Pflanze handelt es sich um die dritte nach Europa zur Kultur eingeführte Art. Man weiß, daß sie in der Royal Exotic Nursery um 1836 erfolgreich von Knight kultiviert wurde. J. Lindley beschrieb die Art 1837 im »Botanical Register« als *Cypripedium.* B. Stein versetzte sie 1892 in seinem »Orchideenbuch« zu *Paphiopedilum.*
Anmerkung: Die Pflanze ähnelt der indischen Art *P. barbatum,* aber diese besitzt keine Warzen auf den (breiteren) Petalen, ihre mittlere Sepale ist spitz und weniger intensiv purpurn gezeichnet.

Paphiopedilum randsii Fowlie

Blätter der kurzstämmigen, epiphytischen oder terrestrischen Pflanze grundständig, 12–35 cm lang, 5–6 cm breit, länglich oder elliptisch-länglich, vorn abgerundet, weder netzartig gefärbt noch marmoriert. Blütenstand 3–5blütig, 25–40 cm lang, aufrecht, dicht behaart; Brakteen 2,5–3 cm lang, 1,6–2 cm breit, lanzettlich, spitz bis langspitzig. Blüten groß: Sepalen weiß oder hellgrünweiß, mit starken kastanienbraunen Linien; Petalen hellgrünweiß, mit kastanienbraunen Längsstreifen; Lippe hellgelbgrün mit dunklerer Beaderung; Staminodium hellgrün. Mittlere Sepale 3,8–4,2 cm lang, 1,8–2,2 cm breit, eiförmig, spitz und etwas hutförmig, am Gipfel konkav; die seitlichen der mittleren Sepale ähnlich, aber am Gipfel gestutzt, 3–3,2 cm lang, 1,8–2,2 cm breit. Petalen 3,8–4,5 cm lang, 0,4–0,6 cm breit, linealisch, zurückgekrümmt, abgerundet, an den Rändern kurz bewimpert. Lippe 2,8–3,2 cm lang, 1,2–1,5 cm breit, pantoffelförmig, 3lappig; Seitenlappen stumpf, einwärts gebogen; Mittellappen am Grunde geöhrt, am Gipfel gerinnt. Staminodium elliptisch, unten gestutzt, 0,5 cm lang, 0,4 cm breit, an den Seiten flaumig behaart.
Verbreitung: Philippinen, Insel Mindanao; ungefähr 500 m.
Geschichte: Diese Pflanze wurde 1968 durch Patricia K. Manuel bei Agusan entdeckt und durch Ray Rands in die USA eingeführt. J. A. Fowlie benannte sie nach ihm und veröffentlichte die Art 1969 im »Orchid Digest«.
Anmerkung: P. randsii ist mit *P. philippinense* und *P. stonei* verwandt, läßt sich aber leicht durch die Zeichnung der Sepalen und Petalen und ihre eigentümliche Lippe unterscheiden.

Paphiopedilum rothschildianum (Rchb.f.) Stein

Blätter der bis 55 cm hohen terrestrischen Pflanze 40–60 cm lang, 4,5–7,5 cm breit, schmal-elliptisch oder riemenförmig, fast aufrecht. Blütenstandschaft bis 45 cm lang, rötlich, schwach kurz behaart, 3- bis mehrblütig; Brakteen fast so lang wie der kahle Fruchtknoten, am Gipfel 3schnittig, hell gelbgrün mit schwarzen Linien. Mittlere Sepale 6,6 cm lang, 3,5–4,5 cm breit, keilförmig-länglich: gelblich, mit vielen schwärzlichen Längsstreifen und weißen Rändern; die seitlichen 5,7 cm lang, fast so breit wie die obere. Petalen nicht verdreht, 11–14 cm lang, 1 cm breit, linealisch-lanzettlich, allmählich spitz ausgezogen, am Grunde gewellt, nach vorn verdreht: gelbgrün und mit dunklen Längslinien, am Grunde

dunkel gefleckt. Lippe 4,5–5,7 cm lang, 2,2 cm breit, pantoffelförmig, hervorstehend: zimtfarbig, um die Öffnung herum zinnoberrot. Staminodium schnabelartig, an der Spitze behaart.
Verbreitung: Nord-Borneo, Mount Kinabalu.
Geschichte: Die von vielen Liebhabern als die schönste aller Arten der Gattung angesehene Pflanze wurde 1887 fast gleichzeitig durch die Firmen F. Sander & Co. nach England und J. Linden nach Belgien eingeführt. Sie wurde von beiden Firmen erfolgreich zur Blüte gebracht. Einige der noch heute kultivierten Klone gelten als wenig blühfreudig. Die Art wurde von H.G. Reichenbach im »Gardeners' Chronicle« 1887 beschrieben und zu Ehren von Baron F. de Rothschild benannt.
Anmerkung: Die Art ist nicht leicht mit anderen zu verwechseln. Von der oberflächlich ähnlichen *P. praestans* läßt sie sich durch das typische Staminodium und ihre verdrehten Petalen unterscheiden.

Paphiopedilum spicerianum Rchb.f.

Blätter der bis 20 cm hohen, meistens 5blättrigen, terrestrischen Orchidee bis 22 cm lang und 5,5 cm breit (meistens schmaler), länglich, vorn spitz 2lappig, matt grün aber der Mittelnerv meistens matt dunkelpurpurn, am Grunde der Unterseite purpurn marmoriert. Blütenstandschaft bis 30 cm lang, 1blütig (selten 2blütig); Blütenstiel bis 10 cm lang, stielrund, kahl, purpurn; Braktee eiförmig, spitz, hellgrün und purpurn getüpfelt; Fruchtknoten kahl, purpurn. Blüte bis 9 cm hoch, 7,5 cm breit, auffällig. Mittlere Sepale 4 cm lang, 5,6 cm breit, herzförmig (durch die zurückgebogenen Ränder anscheinend verkehrteiförmig): weiß, mit einem purpurnen Längsstreifen in der Mitte und am Grunde grün oder gelbgrün; die seitlichen 3,5 cm lang, 2,5 cm breit, hellgrün und schwach purpurn gestreift. Petalen 4 cm lang und 0,8 cm breit, schmal-länglich, vorn abgerundet, am oberen Rande gewellt; gelbgrün, kräftig purpurn marmoriert und mit purpurnem Mittelstreifen. Lippe 4,1 cm lang, 2,9 cm breit, sackförmig: bronzegrün und mit gelben Rändern, auf den Seitenlappen gelb mit purpurnen Tüpfeln. Staminodium eiförmig, oben mit zwei zurückgebogenen Lappen: weiß und purpurn marmoriert, in der Mitte mit einem gelben Knopf.
Verbreitung: Assam, Indien; in steilen Flußtälern, 1000–2000 m.
Geschichte: Die in einer Sendung verschiedener *Paphiopedilum*-Arten aus Indien nach Europa gebrachten Pflanze wurde von Herbert Spicer in Godalming (Surrey) 1878 erstmals in der Kultur zum Blühen gebracht. H.G. Reichenbach benannte sie nach ihm 1880 im »Gardeners' Chronicle«.
Anmerkung: Das nahe verwandte *P. insigne* läßt sich durch Blütenfarbe, Staminodiumform und Tüpfelung auf der mittleren Sepale von *P. spicerianum* unterscheiden. In der Vergangenheit wurde die Pflanze oft zur Produktion kommerzieller Hybriden verwendet, und auch heute noch findet man sie im »Stammbaum« solcher Hybriden.

Paphiopedilum stonei (Hook.f.) Stein

Blätter der bis 60 cm hohen, terrestrischen Pflanze 30–38 cm lang, bis 4 cm breit, riemenförmig, lederig, grasgrün. Blütenstandschaft bis 60 cm lang, grünlichpurpurn, schwach flaumig behaart, 3–5blütig; Brakteen ein Drittel der Länge des Fruchtknotens, lanzettlich, langspitzig. Blüten bis 10 cm hoch. Mittlere Sepale 6 cm lang, 4,2 cm breit, eiförmig bis herzförmig, langspitzig: weiß, mit zwei oder drei purpurnen Längsstreifen; die seitlichen etwas schmaler, sonst ähnlich. Petalen 12–15 cm lang, 0,5 cm breit, linealisch, herabhängend, nicht gedreht, am Grunde etwas schwarz behaart: gelblich, nach unten zu mit länglichen braunen Flecken besetzt, im vorderen Drittel karminrotbraun. Lippe 6 cm lang, 2,5 cm breit, pantoffelförmig: matt rosenrot mit dunklerer Beaderung, unten und auf den Seitenlappen weißlich. Staminodium ähnlich wie bei *P. philippense,* länglich an den Rändern gewimpert.
Verbreitung: West-Borneo; auf Kalkhügeln, bis zu 450 m.
Geschichte: Diese außerordentlich schöne Pflanze wurde erstmals 1860 von Sir Hugh Low gesammelt und an die Firma Low & Co nach Clapton geschickt. Sie kam in der Sammlung von John Day in Tottenham 1861 erstmals zum Blühen. J.D. Hooker beschrieb die Art im »Botanical Magazine« 1862 und benannte sie zu Ehren von Days Gärtner Stone.
Anmerkung: Die meistgeschätzte aller Venusschuh-Orchideen ist zweifellos die durch breite Petalen ausgezeichnete var. *platytaenium.* Sie entstammt einer 1867 in Days Sammlung blühenden Pflanze. Er vermehrte sie erfolgreich, und vier Exemplare erreichten Rekordpreise, als er seine gesammte Sammlung verkaufte. Es handelt sich bei dieser Varietät um eine Mutation der typischen Art; eine im Kew-Herbarium präservierte Pflanze hat eine Blüte, deren eine Petale normal und deren andere so erweitert ist; die anderen Blüten der gleichen Pflanze haben alle charakteristische »Platytaenium-Petalen«.

Paphiopedilum sukhakulii Schoser et Senghas

Blätter der bis 30 cm hohen terrestrischen Pflanze bis 25 cm lang und 5 cm breit, schmal-elliptisch, vorn ganz fein 3schnittig, hell- und dunkelgrün marmoriert mit dunkelgrünen Nerven. Blütenstandschaft bis 25 cm lang, 1blütig; Braktee 1,5–2,5 cm lang, eiförmig, ein Drittel so lang wie der Fruchtknoten. Blüten bis 14 cm breit, breiter als hoch. Mittlere Sepale 4 cm lang, 3 cm breit, herz- bis eiförmig, langspitzig: weiß oder hellgrün mit dunkelgrünen Längsstreifen; die seitlichen lanzettlich, sonst ähnlich. Petalen ungefähr 6 cm lang und 1,5 cm breit, schmal-länglich, in der vorderen Hälfte ein wenig breiter, spitz: hell gelbgrün und tief purpurn getüpfelt. Lippe 4,5 cm lang, 3 cm breit, tief sackförmig, nach vorn zu verschmälert: hellgrün, mit purpurner Marmorierung und Beaderung, auf den Seitenlappen purpurn gezeichnet. Staminodium mondförmig, mit drei kurzen Zähnen im unteren Ausschnitt, hellgelb mit Grün in der Mitte.
Verbreitung: Nordost-Thailand; in reichlich von altem Blattlaub durchsetzten sandigem Lehm; 250–1000 m.
Geschichte: Die Pflanze wurde 1964 in Deutschland von Fritzer und Netzer zwischen aus Thailand importierten Exemplaren von *P. callosum* gefunden. G. Schoser und K. Senghas beschrieben den Neuling 1965 in »Die Orchidee« und benannten die Art nach P. Sukhakul in Bangkok, dessen Firma die eingeführten Pflanzen gesammelt hatte.
Anmerkung: Wie die oben erwähnten Autoren bereits schrieben, ist die Art sehr nahe mit *P. wardii* verwandt. Sie ist von dieser verschieden durch das Fehlen von jeglicher purpurner Zeichnung auf der Blattunterseite: Außerdem sind ihre Petalen mehr waagerecht ausgerichtet und vorn nicht gedreht; auch sind die Zähnchen des Staminodiums mehr ausgeprägt. Die große Ähnlichkeit mit *P. wardii* und das beschränkte Verbreitungsgebiet der Arten lassen jedoch vermuten, daß es sich nur um eine Varietät von *P. wardii* handelt.

Paphiopedilum superbiens (Rchb.f.) Stein

Blätter der bis 40 cm hohen, terrestrischen Pflanze bis 20 cm lang und 8 cm breit, elliptisch bis länglich, vorn fein 2schnittig, hell- und dunkel-

grün marmoriert, mit dunkelgrünen Nerven. Blütenstandschaft dunkelpurpurn und mit purpurnen Flaumhaaren besetzt, bis 30 cm hoch, 1blütig; Braktee 2,1 cm lang, ein Drittel so lang wie der Fruchtknoten. Sepalen gewimpert; die mittlere bis 5 cm lang und 4 cm breit, annähernd herzförmig, langspitzig: weiß, in der Mitte hellgrün, mit purpurnen und grünen Längsstreifen; die seitlichen 2,6 cm lang, schmaler als die mittlere, eiförmig, langspitzig, weiß und mit grünen Linien. Petalen 6 cm lang, 1,6 cm breit, riemenförmig, leicht herabgeschlagen und nach unten gekrümmt, an den Rändern gewimpert: rosaweiß, mit purpurner Beaderung und mit schwarzen Wärzchen besetzt (größere Wärzchen am oberen Rande). Lippe groß, 4,2 cm lang, 3,1 cm breit, sackartig, satt dunkelpurpurn, auf den eingebogenen Seitenlappen bleich purpurn und mit purpurnen Warzen besetzt. Staminodium breit hufeisenförmig oben gekerbt, unten mit drei Zähnchen zwischen den einwärts gebogenen Seitenarmen.
Verbreitung: Sumatra; zwischen Fallaub in Wäldern, 300–350 m.
Geschichte: Die Pflanze wurde 1855 von H.G. Reichenbach in »Bonplandia« beschrieben. Ursprünglich war die Art nur von zwei verschiedenen Importen je eines Exemplares bekannt; die erste erhielt die Firma Rollison angeblich von Java oder Assam (beides unwahrscheinlich) und die zweite kam zur Firma Veitch & Sons vom Mt. Ophir in Sumatra. Beide wurden erfolgreich fortgepflanzt und bis in die jüngste Zeit von diesem Bestand kultiviert; erst vor einigen Jahren wurde die Pflanze erneut eingeführt. Die für lange Zeit als *P. curtisii* (beschrieben 1883) bekannte Form wurde 1883 von S. Curtis in der Nähe von Padang in Sumatra gesammelt.
Anmerkung: Über die nächste Verwandtschaft siehe unter *P. argus* und *P. ciliolare.*

Paphiopedilum tonsum (Rchb.f.) Stein

Blätter der bis 40 cm hohen, terrestrischen Pflanze bis 20 cm lang und 5 cm breit, länglich-elliptisch, hell- und dunkelgrün marmoriert. Blütenstandschaft bis 38 cm lang, dunkelgrün und mit purpurner Zeichnung, 1blütig; Braktee 2 cm lang, ein Drittel der Länge des Fruchtknotens. Mittlere Sepale 5 cm lang, 4 cm breit, breit-herzförmig, spitz, an den Rändern fein gewimpert: weißrosa, mit grünen und dunkelpurpurnen Längsstreifen; die seitlichen 4 cm lang und viel schmaler als die mittlere, elliptisch-länglich, spitz Petalen 6,5 cm lang, 2 cm breit, annähernd spatelförmig, am oberen Rande nach vorn zu fein bewimpert und mit einigen Wärzchen bestückt: hellgrün, mit dunkelgrünen Nerven, manchmal purpurn gefleckt und auf dem Mittelnerven mit Warzen. Lippe 5,6 cm lang und 3,5 cm breit, helmförmig, mattgrün, mit Braun und Karminrot behaucht, auf den Seitenlappen warzig. Staminodium nierenförmig, oben tief gekerbt, unten mit einem abgerundeten Zähnchen, hellgrün.
Verbreitung: Sumatra und Nord-Borneo.
Geschichte: H.G. Reichenbach beschrieb die Art 1883 in »Gardeners' Chronicle« – als *Cypripedium* – unter Zugrundelegung einer von C. Curtis für die Firma Veitch in Sumatra gesammelten Pflanze. Stein versetzte die Art in die Gattung *Paphiopedilum* 1892 in seinem »Orchideenbuch«.

Paphiopedilum venustum (Wall.) Pfitzer

Blätter der bis 40 cm hohen terrestrischen Pflanze 17–29 cm lang, bis 4,5 cm breit, schmal-elliptisch, vorn gleichmäßig fein 2lappig, oben dunkel- und hellgrün marmoriert, unten tief purpurn. Blütenstandschaft 17–30 cm lang, tief purpurn, flaumig behaart; Braktee 2,2 cm lang, eiförmig; Fruchtknoten 3,5 cm lang, flaumig behaart. Blüten 6 cm lang 7–8,8 cm breit. Mittlere Sepale 3 cm lang, 2,5–3 cm breit, eiförmig, spitz: weiß mit grünen Längsstreifen; die seitlichen 2,8 cm lang, schmal-eiförmig. Petalen 5 cm lang, 1,5 cm breit, schmal-verkehrteiförmig bis verkehrtlanzettlich, spitz, an den Rändern gewimpert: aus grünem Grunde in der vorderen Hälfte purpurn, mit grünen Nerven und einigen schwarzen Flecken. Lippe bis 4 cm lang, breit-helmförmig: bronzegrün mit dunkelgrüner Beaderung, innen heller. Staminodium halbmondförmig, oben gekerbt und unten mit einem glatten Zahn.
Verbreitung: Nepal und Assam; zwischen 1000 und 1500 m.
Geschichte: *P. venustum* repräsentiert die erstentdeckte Art der Gattung; sie wurde von N. Wallich in Silhat (jetzt in Bangladesh) gefunden. Die ersten Pflanzen wurden von der Firma Whitley, Brames & Milne eingeführt und 1819 zur Blüte gebracht und im »Botanical Magazine« in der Gattung *Cypripedium* beschrieben. Zu *Paphiopedilum* wurde die Art 1888 von E. Pfitzer versetzt (Pringsheim, »Jahrbücher für wissenschaftliche Botanik«).
Anmerkung: Die Art gehört zu den frühesten, die zur Erzeugung künstlicher Hybriden benutzt wurde. *P. crossii,* 1871 von Cross (Gärtner von Lady Ashburton of Melchet Court in Hampshire) erzeugt, war das Kreuzungsprodukt von *P. venustum* und *P. insigne.* Seitdem hat die Art eine große Rolle in der Erzeugung wichtiger Hybriden gespielt.

Paphiopedilum villosum (Lindl.) Stein

Blätter des bis 30 cm hohen Epiphyten 25–40 cm lang, bis 4 cm breit, schmal-lanzettlich, vorn spitz 2lappig, halbaufrecht, dunkelgelbgrün, auf der Unterseite am Grunde purpurn getüpfelt. Blütenstandschaft bis 15 cm lang, dunkelgrün und mit langen purpurroten Haaren besetzt, 1blütig; Braktee 5 cm lang, fast so lang wie der Fruchtknoten. Blüte auffallend groß, fast 15 cm breit, von glänzendem, lackiertem Aussehen. Mittlere Sepale 5,5 cm lang, 3,5 cm breit, breiteiförmig, bewimpert, unten an den Rändern zurückgebogen: leuchtend grün aber in den unteren zwei Dritteln intensiv braunpurpurn gefärbt, an den Rändern weiß; die seitlichen 4,5 cm lang, schmaler als die mittlere, eiförmig, zurückgeschlagen, hellgelbgrün. Petalen 6,5 cm lang, 3 cm breit, spatelig, elegant vorwärts geschweift, abgerundet, an den Rändern gewimpert: vorn gelbbraun, mit einer dunkelpurpurnen mittleren Längslinie, unten etwas heller braun. Lippe 5,5 cm lang, 3 cm breit, spitz-pantoffelförmig, mit weiter Öffnung: hell goldgelb, mit dunklerer Beaderung und einer dunklen Mittellinie. Staminodium herzförmig, mit einer Warze unterhalb der Mitte und einem kurzen Spitzchen am Grunde, ledergelb.
Verbreitung: Assam, Birma und Thailand; in Gebieten mit sehr hohen Niederschlägen; ungefähr 1600 m.
Geschichte: T. Lobb entdeckte die Pflanze 1853 im Gebirge in der Umgebung von Moulmein. Im folgenden Jahr wurde sie von J. Lindley im »Gardeners' Chronicle« veröffentlicht. B. Stein versetzte die Art 1892 in seinem »Orchideenbuch« zu *Paphiopedilum.*
Anmerkung: Eine der ältesten Hybriden (1869) in der Gattung, *P. harrisianum* ist das Kreuzungsprodukt von *P. barbatum* und *P. villosum;* auch in modernen Kreuzungen spielt die Art eine große Rolle.

Paphiopedilum violascens Schltr.

Blätter der kurzstämmigen, terrestrischen Pflanze zu 4–6, aufrecht oder abstehend, 13–21 cm lang, 2,5–4 cm breit, länglich-lanzettlich, vorn fein 3zähnig graugrün, auf einem dunkelgrünen Hin-

tergrund marmoriert. Blütenstand 1blütig, bis 30 cm lang, aufrecht; Schaft dunkelbraun bis schwarz, flaumig behaart. Blüten 6–7 cm hoch: Mittlere Sepale weiß oder rosa, mit magentaroten, grünen oder purpurnen Längsstreifen; die seitlichen bleicher als die mittlere Sepale; Petalen aus purpurner Basis weiß, mit purpurner Beaderung; Lippe braun und olivgrün, glänzend; Staminodium cremegelb, mit grüner Beaderung und Marmorierung. Mittlere Sepale 3,2 cm lang, 2–8 cm breit, eiförmig, spitz, gewimpert; die seitlichen 2,4 cm lang, 1,5 cm breit, eiförmig-lanzettlich, spitz. Petalen 3,9–4,5 cm lang, 1,5–1,7 cm breit, länglich bis linealisch-riemenförmig, sichelförmig herabgebogen, gewimpert. Lippe pantoffelförmig, 4,4 cm lang, 2,7 cm breit, 3lappig; Seitenlappen einwärts gebogen; Beaderung auf der Außenseite sehr deutlich ausgeprägt. Staminodium 1,2 cm lang, 1 cm breit, nieren- bis halbmondförmig, oben etwas gespalten, die Seitenzähne länger als der mittlere.
Verbreitung: Neuguinea und anliegende Inseln und möglicherweise Bougainville.
Geschichte: R. Schlechter beschrieb diese Art 1911 im »Fedde, Repertorium« aufgrund einer von ihm selbst 1908 im Finisterre Gebirge in 1200 m Höhe gesammelten Pflanze.

Pecteilis Raf.

Tribus: Orchideae
Subtribus: Orchidinae

Kleine bis mittelgroße, terrestrische Pflanzen mit verlängerten Knollen und aufrechten Stämmen. Blätter über den Stamm verteilt oder in grundständiger Rosette angeordnet. Blütenstand aufrecht, wenigblütig. Blüten meistens augenfällig, weiß oder weiß und gelb. Sepalen frei, untereinander ähnlich. Petalen viel schmaler als die Sepalen. Lippe 3lappig; Seitenlappen abstehend, mehr oder weniger stark gewimpert; Mittellappen ungeteilt; Sporn lang und dünn. Säule mit weit auseinanderstehenden Antherenfächern; Rostellum mit stumpfem Mittellappen; Narben sitzend; Pollinien 2, schmal, lang-keulenförmig; Klebscheibe eiförmig, klein.
Umfang und Verbreitung: Kleine Gattung von ungefähr 6 Arten, in Südostasien und nordwärts bis nach Japan.
Ableitung des Namens: Aus dem Griechischen »pectein« = Kamm; wohl wegen den gewimperten Seitenlappen der Lippe.
Anmerkung: C.S. Rafinesque begründete die Gattung 1836 in seiner »Flora Telluriana«. Sie ist sehr nahe mit *Habenaria* und *Platanthera* verwandt; viele Autoren haben sie sogar in die letztgenannte einbezogen. Der wesentliche Unterschied von beiden liegt in der charakteristischen, sitzenden, 2lappigen Narbe.
Typus-Art: Folgend seiner Gattungsbeschreibung erwähnt Rafinesque die folgenden 3 Arten: *Habenaria gigantea* Sm.; *Orchis susannae* L. und *O. radiata* Pers.
Kultur: Substrat C. Mindesttemperatur im Winter 15 °C. Solange die Pflanze ruht, sollte man die kleinen Knollen umtopfen und fast völlig trocken halten, bis auf der Oberfläche des Pflanzstoffes die grünen Sprosse erscheinen. Von diesem Zeitpunkt an brauchen die Pflanzen Wasser, einen warmen und schattigen Platz und Luftfeuchtigkeit. Nach dem Abblühen, und wenn die Blätter abgestorben sind, hält man die Töpfe kühler und fast trocken.

Pecteilis radiata (Thunb.) Rafin.

Aufrechte, bis 45 cm hohe, terrestrische Orchidee. Knollen meistens unter 1 cm lang, im Umriß eiförmig oder elliptisch. Stamm schlank, stielrund, 3–7blättrig. Blätter 2–10 cm lang, 0,3–0,7 cm breit, in der Mitte des Stammes am längsten, linealisch-lanzettlich, langspitzig, schräg aufrecht stehend, am Grunde scheidig. Blütenstand gipfelbürtig, 1–3blütig; Brakteen ungefähr 1 cm lang, lanzettlich, langspitzig. Blüten augenfällig: Sepalen und Sporn grün; Petalen und Lippe weiß. Sepalen 1 cm lang, 0,5 cm breit, eiförmig-lanzettlich, langspitzig. Petalen fast aufrecht, 1,2 cm lang, 0,6 cm breit, eiförmig, spitzlich, an den Rändern verbissen und gezähnt. Lippe genagelt, bis 2 cm lang und 3 cm breit, tief 3lappig; Seitenlappen verkehrteiförmig, abstehend, am hinteren Rande wie auch an der Seite zerfranst, vorn ganz; Mittellappen linealisch-riemenförmig, viel kleiner als die Seitenlappen, spitz; Sporn hängend, 3,5–5 cm lang, zylindrisch aber nach vorn zu etwas erweitert. Säule aufrecht, weiß.
Verbreitung: Japan und Korea.
Geschichte: Die von C.P. Thunberg in Japan entdeckte Pflanze wurde von ihm als *Habenaria* in seinen »Icones Plantarum Japonicarum« (1794–1805) veröffentlicht. C. Rafinesque versetzte die Art 1836 in »Flora Telluriana« in die Gattung *Pecteilis.*
Synonyme: *Habenaria radiata* Thunb.; *Platanthera radiata* (Thunb.) Lindl.; *Orchis susannae* Thunb. non. L.; *Hemihabenaria radiata* (Thunb.) Finet.

Pecteilis sagarikii Seidenf.

Knollen der bis 25 cm hohen terrestrischen Pflanze eiförmig, ungefähr 3 cm im Durchmesser. Blätter in grundständiger Rosette angeordnet, niederliegend, 10–12 cm lang, 6–9 cm breit, eiförmig, vorn abgerundet oder stumpf, glänzend dunkelgrün. Blütenstand aufrecht, mehr oder minder dicht 2- bis mehrblütig; Schaft mit vier bis mehreren über seine Länge verteilten Scheiden besetzt; Brakteen ungefähr 3 cm lang, lanzettlich, spitz oder langspitzig. Blüten augenfällig, schwach duftend, weiß oder cremefarben; Lippe cremefarben oder leuchtend gelb. Mittlere Sepale aufrecht, ungefähr 2,4 cm lang und 1,4 cm breit, eiförmig; seitliche Sepalen fast aufrecht bis abstehend, 2,4 cm lang und 0,9 cm breit, lanzettlich. Petalen halbaufrecht bis abstehend, 2 cm lang und 0,9 cm breit, lanzettlich. Lippe 2,4 cm lang und 2 cm breit, etwas herabgeschlagen, konvex, am Grunde undeutlich 3lappig, fast eiförmig, vorn abgerundet oder stumpf; Seitenlappen schwach definiert, viel kleiner als der Mittellappen, rundlich; Sporn hängend, fädlich, etwas gekrümmt, 3–5 cm lang. Säule aufrecht; Antherenfächer 5 mm voneinander entfernt.
Verbreitung: Auf Thailand beschränkt.
Geschichte: Diese attraktive Pflanze wurde von R. Sagarik bei Pracinburi in Thailand erstmals gefunden. Er sandte lebende Exemplare durch T. Smitinand an G. Seidenfaden, der sie zum Blühen brachte und 1973 in der »Botanisk Tidsskrift« beschrieb.

Pelatantheria Ridley

Tribus: Vandeae
Subtribus: Sarcanthinae
Epiphyten mit langen, aufrechten Stämmen. Blütenstände seitlich entspringend, kurz traubig. Blüten klein oder mittelgroß. Sepalen lanzettlich oder eiförmig-lanzettlich. Petalen den Sepalen ähnlich. Lippe gespornt, 3lappig; Seitenlappen mit der Säule verwachsen; Mittellappen länger, flach, mit einer zahnartigen Schwiele besetzt; Sporn im Schlunde schwielig. Säule kurz, breit, mit verlängerten, aufrechten Stelidien; Anthere groß, eiförmig, 2fächerig; Pollinien 2; Stipes kurz, breit, fast quadratisch; Klebscheibe groß, nierenförmig bis fast quadratisch.
Umfang und Verbreitung: Nur 5 Arten; in Südostasien, Süd-China und Indonesien.
Ableitung des Namens: Aus dem Griechischen »pelates« = Nachbar und »anthera« = Anthere; die Bedeutung ist unklar.
Anmerkung: H. Ridley begründete die Gattung

1896 im »Journal of the Linnaean Society«. Er verglich sie mit *Sarcanthus,* unterschied sie aber von dieser Gattung durch die völlig andere Tracht, die außerordentlich breite Säule und den Bestäubungsapparat.
Typus-Arten: P. cristata (Ridley) Ridley; *P. ctenoglossum* Ridley; *P. insectifera* (Rchb.f.) Ridley.
Kultur: Substrat A. Mindesttemperatur im Winter 15 °C. Die Pflanzen können in Töpfe gepflanzt werden, bedürfen jedoch wegen ihres aufrechten, schlanken Wuchses einer Stütze. Sie verlangen hohe Luftfeuchtigkeit und mäßigen Schatten; solange die Wurzeln aktiv sind, sollte man die Pflanzen regelmäßig spritzen oder benebeln.

Pelatantheria insectifera (Rchb.f.) Ridley

Stämme des großen Epiphyten über 30 cm lang, 0,5 cm im Durchmesser, kletternd, beblättert. Blätter bis 5 cm lang und 1,6 cm breit, dicht gestellt und sich meistens fast ziegelartig dekkend, länglich, vorn ungleichmäßig eingeschnitten, lederig. Blütenstand sitzend, nur etwa 2 cm lang, wenigblütig; Brakteen klein, hinfällig. Blüten 1,3 cm breit, dick lederig: Sepalen und Petalen grünlichgelb, mit rotbraunen Streifen; Lippe weiß und rosa oder purpurn. Sepalen 0,5–0,7 cm lang, 0,25–0,3 cm breit, eiförmig-länglich, stumpf. Petalen 0,6 cm lang, 0,2 cm breit, länglich, spitz. Lippe 1,2 cm lang, 0,6 cm breit, 3lappig; Seitenlappen fast kreisrund; Mittellappen breit-3eckig-eiförmig, spitz bis langspitzig, fleischig; Sporn kurz, grünlich, breit konisch, im Schlunde mit einer flaumigen Leiste. Schwiele groß. Säule sehr kurz und dick, am Gipfel zurückgebogen, mit rückwärts gekrümmten Armen.
Verbreitung: Indien, Birma und Malaya.
Geschichte: H.G. Reichenbach beschrieb diese Pflanze 1857 in der »Botanischen Zeitung« als Sarcanthus; zugrunde lag ein von Konsul Schiller aus Kalkutta eingeführtes Exemplar. Im »Journal of the Linnaean Society« versetzte H. Ridley die Art 1896 in die heutige Gattung.
Synonym: Sarcanthus insectifer Rchb.f.

Pelexia L.C. Rich.

Tribus: Cranichideae
Subtribus: Spiranthinae

Terrestrische Pflanzen mit zahlreichen, fleischigen, gebündelten Wurzeln und in grundständigen Rosetten angeordneten, gestielten Blättern. Blütenstand aufrecht, oft dicht flaumig behaart, traubig, wenig- bis vielblütig. Blüten mittelgroß. Mittlere Sepale aufrecht, mit den Petalen eine schmale Kappe bildend; die seitlichen linealisch, am Grunde herablaufend und ein verlängertes, linealisches Mentum bildend. Lippe am Grunde der Säule angesetzt, aufrecht, linealisch, unten gerinnt, oben abstehend, oft an der Basis jederseits in einen Sporn fortgesetzt. Säule kurz, ohne Fuß; Rostellum flach, häutig, lang pfriemlich-langspitzig; Pollinien 2, schmal eiförmig, feinkörnig.
Umfang und Verbreitung: Ungefähr 50 Arten; im tropischen und gemäßigten Südamerika südwärts bis nach Argentinien und Paraguay, aber am häufigsten in Brasilien.
Ableitung des Namens: Aus dem Griechischen »pelex« = Helm.
Anmerkung: Die Gattung wurde 1818 von L.C. Richard in den »Mémoires du Muséum d'Histoire Naturelle«, Paris, begründet und von J. Lindley 1840 in seinen »Genera and Species of Orchidaceous Plants« beschrieben. Sie ist u.a. nahe mit *Spiranthes* und *Stenorrhynchus* verwandt. An wichtigen, regionalen Bearbeitungen sind zu verzeichnen: F. Hoehne in »Flora Brasilica Orchidaceas«, 1945; G. Pabst und F. Dungs »Orchidaceae Brasilienses«, 1975.
Typus-Art: P. adnata (Sw.) L.C. Rich.
Kultur: Substrat C. Mindesttemperatur im Winter 12–15 °C. Alle Arten verlangen feuchte Luft und gute Beschattung. Im Wurzelballen müssen sie während des ganzen Jahres feucht (weniger nachdem die Blätter abgestorben sind) gehalten werden.

Pelexia maculata Rolfe

Bis über 75 cm hohe, terrestrische Pflanze mit zahlreichen, büschelig auftretenden, fleischigen Wurzeln. Blätter zu 3–4 in einer grundständigen Rosette angeordnet, bis 19 cm lang und 8 cm breit, langgestielt, eiförmig bis lanzettlich, etwas asymmetrisch, vorn spitz bis abgerundet, dunkelgrün, auf der Oberseite mit hellgrünen Flecken. Blütenstand bis 75 cm lang, traubig, dicht oder locker vielblütig. Schaft unten kahl, oben flaumig behaart. Blüten klein, nach oben weisend, außen flaumhaarig: grün, mit weißer Lippe. Mittlere Sepale 1–1,2 cm lang, breit-verkehrtlanzettlich, spitz, konkav; die seitlichen schief-linealisch-verkehrtlanzettlich, spitz, abstehend, miteinander verwachsen und in einen zylindrischen Sporn mit eiförmig-kegeliger Spitze ausgezogen. Lippe am Grunde mit den Sepalen verwachsen, 1,7 cm lang, 0,5 cm breit, schmal-verkehrtlanzettlich oder keilig-spatelförmig, die unteren Ränder mit der Säule verwachsen, vorn mit einem spitzen, quer-eiförmigen Läppchen, und am Grunde mit zwei Schwielen. Säule schlank, oben erweitert; Rostellum pfriemlich.
Verbreitung: Venezuela (?), Peru und Bolivien.
Geschichte: R. Rolfe beschrieb die Pflanze nach einem Exemplar unbekannter Herkunft 1893 im »Kew Bulletin«. In den »Botanical Museum Leaflets of Harvard University« wurde sie 1941 von C. Schweinfurth in die Gattung *Spiranthes* versetzt. Wir schließen uns aber der Ansicht von R. Schlechter an und belassen die Art in der Gattung *Pelexia.*
Synonym: Spiranthes maculatum (Rolfe) C. Schweinf.

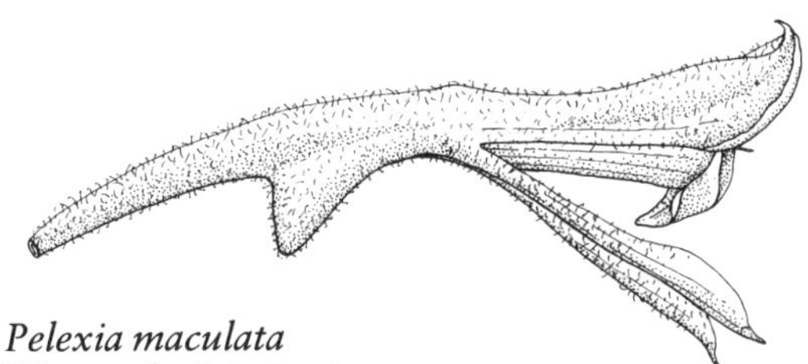

Pelexia maculata
Blüte von der Seite (× 2)

Peristeria Hook.

Tribus: Gongoreae

Große Epiphyten oder seltener terrestrische Pflanzen mit fleischigen, am Gipfel 1- bis mehrblättrigen Pseudobulben. Blätter gestielt und meistens sehr lang. Blütenstände seitlich am Grunde der Pseudobulben entspringend, traubig, aufrecht oder gebogen. Blüten augenfällig, annähernd kugelig. Sepalen zu einer Kugel zusammengeneigt, breit; die seitlichen an der Basis miteinander verwachsen. Petalen den Sepalen in der Form ähnlich, aber kleiner. Lippe fleischig, 3lappig, aus der Säule hervorgehend; Seitenlappen aufrecht, die Säule umgreifend; Mittellappen unmittelbar angesetzt oder am Grunde abgesetzt; Platte oft schwielig. Säule sehr kurz, kräftig, ohne Fuß, nahe am Gipfel geöhrt; Pollinien 2, oft gefurcht oder geteilt.
Umfang und Verbreitung: Nur 6 Arten; in den amerikanischen Tropen von Costa Rica und Panama südwärts bis nach Peru und Brasilien.
Ableitung des Namens: Aus dem Griechischen »peristerion« = Taube; die von den Seitenlappen der Lippe umgriffene Säule mit den Antheren gibt der Blüte ein vogelartiges Aussehen.
Anmerkung: Sir William Hooker begründete die

beschrieb sie in »L'Heritier, Sertum Anglicum« und kurz danach auch in »Aiton's Hortus Kewensis« als *Limodorum*. C. Blume versetzte die Art 1852 nach *Phaius*. Der Artname wird oft fälschlich »tancarvilliae« geschrieben.
Synonyme: Phaius bicolor Lindl.; *P. grandifolius* Lindl.; *P. wallichii* Hook. f.; *Limodorum incarvilliae* Pers.; *L. tankervilleae* Roxb. non Banks; *L. tankervilleae* Banks.

Phaius tuberculosus (Thou.) Bl.

Große, terrestrische Pflanze mit kurzem, aufsteigendem Rhizom. Pseudobulben in Abständen stehend, ziemlich kurz, nur bis 2,5 cm lang und 0,4 cm breit, von Blattscheiden völlig verdeckt, 5–6blättrig. Blätter 30–60 cm lang, 2–3 cm breit, lang gestielt, schmal-lanzettlich, vorn spitz, längsgefaltet, abstehend; der Stiel scheidig. Blütenstand so lang wie oder etwas länger als die Blätter, 40–65 cm lang, 6–8blütig; Brakteen hinfällig, weiß, schmal-lanzettlich. Blüten auffällig, groß: Sepalen und Petalen reinweiß; Seitenlappen der Lippe gelb und dicht rotgetüpfelt; Mittellappen weiß und mit lila oder violett getüpfelten Rändern; Platte und Schwiele gelb. Sepalen 3,2–4,4 cm lang, 1,4–1,6 cm breit, breit-elliptisch-lanzettlich, mit aufgesetzter Spitze. Petalen kleiner als die Sepalen, 2,4 cm lang und 1 cm breit. Lippe ausgebreitet, schwach 3lappig; Seitenlappen halbkreisförmig, aufrecht wegstehend, kahl, an den Rändern gewellt; Mittellappen herabgeschlagen, an den Rändern gewellt; Platte mit drei warzigen Leisten, die bis zur Basis des Mittellappens reichen, am Grunde drüsig-flaumig. Säule 1,8 cm lang, weiß.
Verbreitung: Östliches Madagaskar.
Geschichte: Diese attraktive Pflanze wurde von du Petit Thouars gefunden und von ihm 1822 in seinem Werk »Orchidées des Isles Australes de L'Afrique« unter der Gattung *Limodorum* veröffentlicht. C. Blume stellte sie 1822 zu *Phaius*.
Anmerkung: Ähnlich sind *P. humblotii* und *P. françoisii* (Schltr.) Summerh.; beide besitzen rosa Sepalen und Petalen und eine anders gestaltete Lippe.
Synonyme: Gastrorchis tuberculosa (Thou.) Schltr.; *Limodorum tuberculosum* Thou.; *Bletia tuberculosa* (Thou.) Sprengel; *Phaius warpuri* Weathers.

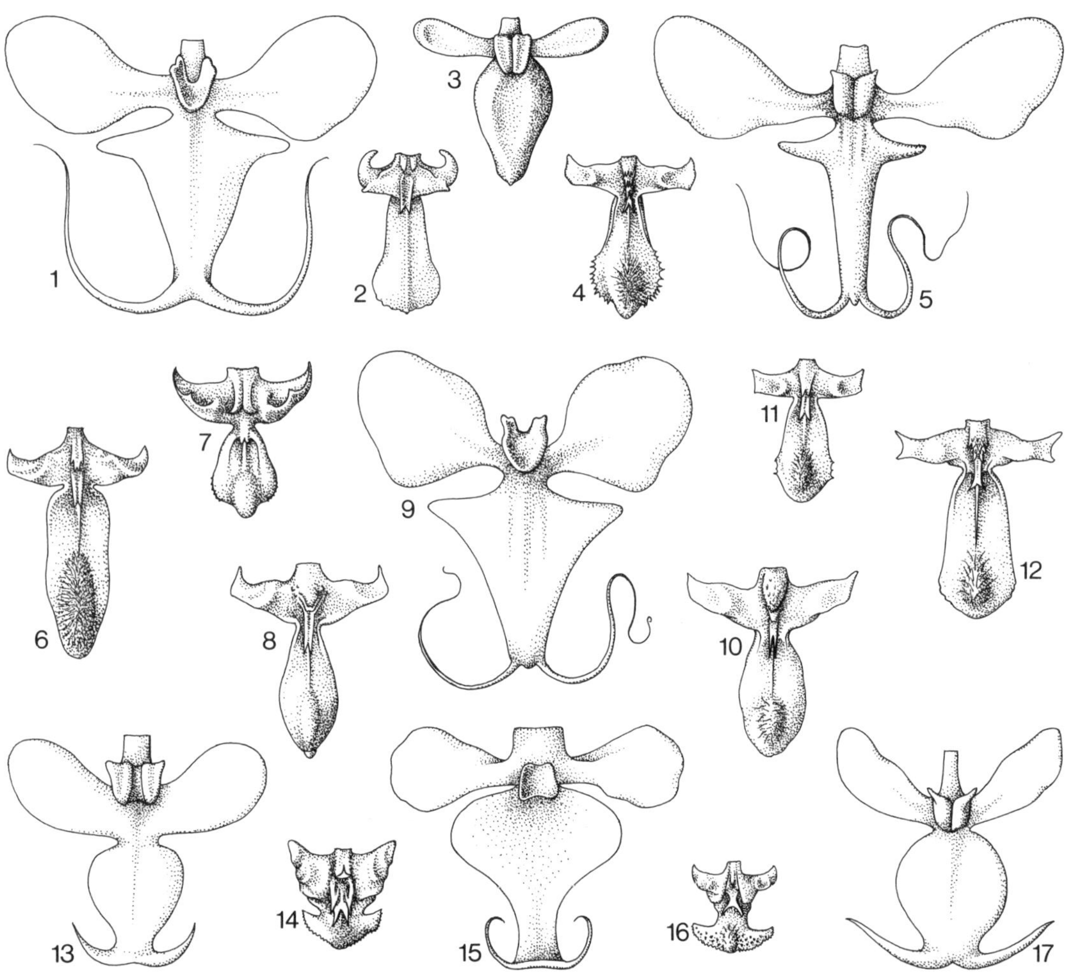

Phalaenopsis
Lippen ausgebreitet (alle × 1½)
1 = *P. sanderiana*
2 = *P. lowii*
3 = *P. equestris*
4 = *P. fimbriata*
5 = *P. amabilis*
6 = *P. sumatrana*
7 = *P. gigantea*
8 = *P. violacea*
9 = *P. aphrodite*
10 = *P. lueddemanniana*
11 = *P. pallens*
12 = *P. hieroglyphica*
13 = *P. schilleriana*
14 = *P. cornu-cervi*
15 = *P. intermedia*
16 = *P. mannii*
17 = *P. stuartiana*
(nach H. Sweet, 1968)

Phalaenopsis Bl.

Tribus: Vandeae
Subtribus: Sarcanthinae

Epi- oder lithophytische Kräuter ohne Pseudobulben. Wurzeln stammbürtig, fleischig, in blattlosen Arten chlorophyllhaltig. Stämme kurz, beblättert. Blätter 2zeilig angeordnet, vorn meistens am weitesten, selten gestielt. Blütenstand seitlich, traubig oder rispig, 1- bis vielblütig; Brakteen kleiner als der gestielte Fruchtknoten. Blüten klein bis groß, langlebig, oft augenfällig, von verschiedener Färbung. Sepalen frei abstehend. Petalen den Sepalen in der Form ähnlich, aber viel länger und breiter, nach unten zu verschmälert oder genagelt. Lippe 3lappig; Seitenlappen aufrecht, parallel zur Säule stehend, nahe der Mitte fleischig geschwollen; Mittellappen vorstehend, fleischig, oft mit einer Mittelleiste, mehr oder weniger dicht flaumig behaart; Platte zwischen den Seitenlappen mit einer fleischigen Schwiele besetzt. Säule aufrecht, ungeflügelt, unten mit einem kurzen Fuß; Narbe groß; Pollinien 2, annähernd kugelig, geflügelt.
Umfang und Verbreitung: Ungefähr 4 Arten; in Indien, Südostasien, Indonesien, den Philippinen und Nord-Australien.
Ableitung des Namens: Aus dem Griechischen »phalaina« = Motte und »opsis« = ähnlich, aussehend wie; wohl eine Anspielung auf vorwiegend weiße Färbung einiger Arten.
Anmerkung: C. Blume begründete die Gattung 1825 in »Bijdragen«. Seitdem wurde sie wieder-

holt revidiert von H. Sweet (»American Orchid Society Bulletin« 1968–1969), der 46 Arten auf 9 Sektionen verteilt.
Typus-Art: P. amabilis (L.) Bl.
Kultur: Substrat A. Mindesttemperatur im Winter 15 °C. Obgleich die Pflanzen ohne weiteres in Töpfen gehalten werden können, sollte man sie in Körbe pflanzen, wo die Wurzeln besser der Luft ausgesetzt sind. Sie müssen sorgfältig beschattet werden; besonders im Frühling, wenn die jungen Blätter wachsen. Neben guter Luftfeuchtigkeit verlangen alle Arten Wasser während des ganzen Jahres, besonders aber in der Wuchsperiode.

Phalaenopsis amabilis (L.) Blume

Sehr veränderlicher, robuster Epiphyt. Stamm kurz, hängend, mit sich ziegelartig deckenden Blattresten bekleidet, 3–5blättrig. Blätter bis 50 cm lang und 10 cm breit, eiförmig-elliptisch, eiförmig oder länglich-verkehrteiförmig, geschwungen, glänzendgrün auf der Oberseite, vorn meistens stumpf. Blütenstand schlank, bis 100 cm lang, traubig oder rispig, locker wenig- bis vielblütig; Brakteen klein, bis 0,5 cm lang, 3eckig, trockenhäutig. Blüten in Form und Farbe stark abändernd, sehr zart, groß und auffallend, duftend, lang ausdauernd: Sepalen und Petalen milchweiß, auf der Rückseite, besonders nach unten hin, rosa behaucht; Lippe weiß mit intensiv goldenen Rändern; Schwiele goldgelb und rot getüpfelt. Obere Sepale bis 4 cm lang und 2,5 cm breit, elliptisch oder eiförmig-elliptisch, kurz genagelt, stumpf; seitliche asymmetrisch bis 4 cm lang und 2,5 cm breit, eiförmig, eiförmig-elliptisch oder eiförmig-lanzettlich, spitz bis langspitzig. Petalen bis 4 cm lang und 5 cm breit, aus keilförmiger Basis fast nierenförmig oder halbkreisförmig. Lippe bis 2,3 cm breit, genagelt, in der unteren Hälfte 3lappig, fleischig; Seitenlappen schief-spatelförmig, aufrecht; Mittellappen kreuzförmig mit kurzen Seitenarmen, am Gipfel mit zwei peitschenartigen Anhängseln; Schwiele fast quadratisch, 2lappig, fleischig. Säule kurz, zylindrisch.
Verbreitung: Queensland, Neuguinea, von Indonesien bis Sumatra im Westen und zu den Palawa-Inseln der Philippinen im Norden.
Geschichte: Im Jahre 1750 wurde die Pflanze auf der Insel Amboina gefunden und als *Angraecum album majus* von Rumphius beschrieben. 1752 wurde sie von Peter Osbeck auf der Reise nach China wieder gesammelt; das entsprechende Herbarium-Exemplar geriet in die Hände von C. von Linné, der es 1753 in »Species Plantarum« als *Epidendrum amabile* beschrieb. Im Jahre 1825 wurde die Art dann von C. Blume als Typus für die Gattung *Phalaenopsis* verwendet.
Anmerkung: Die Pflanze wird manchmal verwechselt mit *P. aphrodite* Rchb.f., die allerdings eine 4lappige Schwiele und einen wesentlich breiteren Mittellappen der Lippe besitzt.
Synonyme (in Auswahl): *Epidendrum amabile* L.; *Cymbidium amabile* (L.) Roxb.; *Synadena amabilis* (L.) Raf.; *Phalaenopsis grandiflora* Lindl.; *P. gloriosa* Rchb.f.; *P. rimestadiana* (Lind.) Rolfe.

Phalaenopsis cornu-cervi
(Breda) Blume et Rchb.f.

Stamm des robusten Epiphyten rhizomartig, kurz, von dicht angeordneten Blattgrundresten verhüllt. Blätter 12–22 cm lang, 2–4 cm breit, länglich-riemenförmig bis länglich-verkehrtlanzettlich, fleischig, vorn stumpf. Blütenstand 9–42 cm lang, traubig oder rispig, mehrblütig; Blütenstandachse biegsam, geflügelt; Brakteen 2zeilig angeordnet, bis 5 cm lang, eiförmig-kapuzenartig, auf dem Rücken gekielt. Blüten fleischig und von wachsartigem Aussehen, mehrere zylindrisch aufgeblüht: Sepalen und Petalen gelb oder grünlichgelb und entweder zimt- oder rotbraun getüpfelt oder gefleckt; Lippe weiß aber mit parallelen rotbraunen Streifen auf den Seitenlappen und am Grunde der Säule. Obere Sepale 1,6–2,3 cm lang, 0,5–0,8 cm breit, elliptisch bis verkehrtlanzettlich, auf dem Rücken gekielt, an den Rändern zurückgebogen, spitz; seitliche nicht unähnlich aber 1,9–2,3 cm lang und 0,7–0,9 cm breit, etwas asymmetrisch, spitz bis langspitzig. Petalen 0,7–1,8 cm lang, 0,5–0,6 cm breit, lanzettlich, spitz bis stumpf. Lippe 8 cm lang, 10 cm breit, betont fleischig; Seitenlappen länglich, gestutzt, aufrecht, am Grunde verdickt; Mittellappen ankerförmig, seine Seitenläppchen ausgebissen; Schwiele kompliziert, aus drei Anhängseln in einer Reihe bis zum Mittellappen bestehend. Säule bis 0,8 cm lang, fleischig, gebogen.
Verbreitung: In Indonesien von Sumatra bis Borneo, außerdem in Thailand und Birma.
Geschichte: Die Art wurde von van Hasselt in der Provinz Bantam in Birma erstmals gefunden und 1827 von J. van Breda in Kahl und Bredas »Genera and Species of Orchidaceae« als *Polychilos cornu-cervi* veröffentlicht. Im Jahre 1860 jedoch wurde sie von C. Blume und H.G. Reichenbach (»Hamburger Gartenzeitung«) in die Gattung *Phalaenopsis* überführt.
Anmerkung: In der Natur bildet *P. cornu-cervi* manchmal natürliche Hybriden mit *P. violacea*. Die var. *picta* (Hassk.) Sweet läßt sich von der Art unterscheiden durch die mit rotbraunen Querstreifen, und nicht Flügeln, versehenen Sepalen und Petalen.

Phalaenopsis equestris (Schauer) Rchb.f.

Stamm des Epiphyten kurz, mit sich ziegelartig deckenden Blattresten bekleidet, bis 5blättrig. Blätter bis 20 cm lang, 6,5 cm breit, länglich-elliptisch bis länglich-eiförmig, zurückgebogen, fleischig, meistens spitz. Blütenstand halbaufrecht, gebogen, traubig oder rispig, vielblütig, mit biegsamer, violetter Achse; Brakteen klein, bis 0,2 cm lang. Blüten sehr zart, in Form und Farbe veränderlich: Sepalen und Petalen in der Regel weiß oder rosa; Lippe intensiv rosa und gelb auf den Seitenlappen. Obere Sepale 1–1,7 cm lang, 0,5–0,7 cm breit, länglich-elliptisch bis eiförmig-elliptisch, an den Rändern zurückgebogen, spitz; seitliche ähnlich aber etwas asymmetrisch, 1–1,5 cm lang und 0,5–0,8 cm breit, elliptisch bis rhombisch, an den Rändern zurückgebogen, spitz oder stumpf. Lippe 1–1,4 cm lang, 1–1,6 cm breit, 3lappig; Seitenlappen länglich-eiförmig, stumpf oder abgerundet, an den vorderen Rändern fleischig verdickt; Mittellappen eiförmig bis elliptisch, in der Mitte eingedellt, am Gipfel fleischig und spitz; Schwiele zwischen den Seitenlappen sitzend, fast quadratisch, gestielt, fleischig. Säule gebogen, bis 0,9 cm lang.
Verbreitung: Über die Philippinen; von Meereshöhe bis 300 m.
Geschichte: Die Pflanze wurde erstmals von Meyer auf der Insel Luzon gesammelt und 1843 von J. Schauer in »Nova Acta Naturae Curiosorum« als *Stauroglottis equestris* veröffentlicht. 1849 versetzte sie H.G. Reichenbach zu *Phalaenopsis* (»Linnaea«).
Anmerkung: Die Art ähnelt *P. lindenii* (siehe auch dort); diese besitzt jedoch marmorierte Blätter, eine grüne Blütenstandachse und ihre Lippe hat einen halbkreisförmigen Mittellappen.
Synonyme: Stauroglottis equestris Schauer; *Phalaenopsis stauroglottis* hort.; *P. esmeralda* auct. non Rchb.f.; *P. riteiwanensis* Masamune; *P. rosea* Lindl.

Phalaenopsis fasciata Rchb.f.

Stamm des Epiphyten kurz, von alten ausdauernden Blattscheiden völlig bedeckt; mit zahlreichen

fleischigen, kahlen Wurzeln. Blätter 2zeilig angeordnet, 14–20 cm lang, 6–7,5 cm breit, elliptisch oder verkehrteiförmig, auf dem Rücken gekielt, stumpf oder abgerundet. Blütenstand seitenständig, gerade und aufrecht bis schief gebogen, traubig, länger als die Blätter, mit zerbrechlicher Achse; Brakteen bis 0,4 cm lang, 3eckig, spitz. Blüten fleischig und von wachsigem Aussehen: Sepalen und Petalen bleich gelb mit vielen zimtfarbenen Querbändern; Lippe schwefelgelb und vorn hellila. Mittlere Sepale 2–3,1 cm lang, 1,2–1,5 cm breit, elliptisch oder eiförmig-elliptisch, auf dem Rücken gekielt; seitliche 2–3,1 cm lang, 1,2–1,5 cm breit, schief-eiförmig oder eiförmig-elliptisch, gekielt. Petalen 2,2–2,6 cm lang, 0,9–1,3 cm breit, eiförmig bis eiförmig-elliptisch, spitz oder stumpf. Lippe 2–2,7 cm lang, kurz genagelt, 3lappig; Seitenlappen schmal-länglich, am gestutzten Gipfel verbreitert, in der Mitte fleischig, abstehend; Mittellappen keilförmig-fächerig, nach dem Gipfel zu etwas ausgebissen, mit einer zentralen Leiste, die sich am Gipfel mit einer Schwiele vereinigt; Platte mit einer Schwiele, die viele schwarze ausgestreckte Zähne besitzt und vorn 2lappig ist. Säule 1,2–1,6 cm lang, gebogen.
Verbreitung: Philippinen.
Geschichte: Die Pflanze wurde 1882 von der Firma Low & Co in Clapton importiert. Im gleichen Jahr noch beschrieb sie H.G. Reichenbach im »Gardeners' Chronicle«.
Anmerkung: Die weithin kutivierbare Art wird öfter mit *P. lueddemanniana* Rchb.f. var. *ochracea* Rchb.f. verwechselt. Sie kann jedoch von allen Varietäten der *P. lueddemanniana* durch ihre eigenartigen Schwielen unterschieden werden.

Phalaenopsis fimbriata J. J. Smith

Stamm des Epiphyten kurz, mit sich ziegelartig deckenden, ausdauernden Blattscheiden bedeckt. Blätter 14–23 cm lang, 3–7 cm breit, länglich-elliptisch bis elliptisch-verkehrteiförmig, halbaufrecht, vorn stumpf oder spitz. Blütenstand bis 27 cm lang, bogig überhängend, locker vielblütig, mit kantiger Achse; Brakteen 0,2–0,4 cm lang, eiförmig-3eckig. Blüten fleischig, sich alle gleichzeitig öffnend: Sepalen und Petalen weiß und grünlich nach der Spitze zu (die seitlichen schwach rotviolett gestreift); Lippe mit weißen Seitenlappen, violett am Grunde und an der Spitze, und purpurnem oder magentarotem weiß behaarten Mittellappen; Schwiele goldgelb. Mittlere Sepale 1,5–2 cm lang, 0,6–0,9 cm breit, elliptisch oder länglich-elliptisch, auf dem Rücken gekielt, stumpf; die seitlichen 1,3–2 cm lang, 0,8–1,2 cm breit, etwas asymmetrisch, eiförmig-elliptisch oder länglich-elliptisch, auf dem Rükken gekielt, meistens spitz. Petalen 15–18 cm lang, 0,6–0,8 cm breit, länglich-elliptisch, spitzlich oder stumpf. Lippe 1,4–1,6 cm lang, 1–1,4 cm breit, 3lappig; Seitenlappen aufrecht, schieflänglich, in der Mitte fleischig; Mittellappen konvex, sehr fleischig, eiförmig-rhombisch, an den Rändern dicht gewimpert; Callus am Gipfel des Mittellappens sitzend, fleischig, eiförmig, dicht mit weißen Haaren besetzt; Platte mit zwei Leisten mit vorstehenden, gegabelten Auswüchsen. Säule 0,6–0,8 cm lang, fleischig, aufrecht.
Verbreitung: Java und Sumatra.
Geschichte: Die Pflanze wurde von Tollens in Java gesammelt und erfolgreich im Botanischen Garten zu Bogor kultiviert. J. J. Smith beschieb sie 1921 im »Bulletin du Jardin Botanique de Buitenzorg.

Phalaenopsis gigantea J. J. Smith

Stamm des großen Epiphyten kurz, völlig verdeckt von Blattbasen, 5–6blättrig. Blätter hängend, bis 50 cm lang und 20 cm breit, länglich-eiförmig bis elliptisch, lederig, auf beiden Seiten glänzend, vorn stumpf. Blütenstand blattachselständig, bis 40 cm lang, hängend, dicht 20–30blütig; Brakteen 0,5–0,6 cm lang, 3eckig, spitz. Blüten fleischig, ungefähr 5 cm breit, sich alle gleichzeitig öffnend: Sepalen und Petalen grüngelb bis weiß, mit dicht beieinander stehenden braunen Tüpfeln; Lippe weiß, mit karminroten Tüpfeln oder Flecken. Mittlere Sepale bis 3,1 cm lang und 2,1 cm breit, elliptisch oder eiförmig-elliptisch, stumpf, abstehend; die seitlichen fleischig, ebenso groß, schief-elliptisch oder eiförmig-elliptisch, am Grunde mit dem Säulenfuß verwachsen, stumpf. Petalen bis 2,7 cm lang und 2 cm breit, elliptisch oder rhombisch-elliptisch, spitz oder stumpf. Lippe sehr fleischig, klein, 1,5 cm lang und breit, 3lappig; Seitenlappen 3eckig-halbsichelförmig, mit einer zentralen Schwiele; Mittellappen eiförmig, am 2zähnigen Gipfel mit einer eiförmigen Schwiele, an den Rändern gezähnt; Platte mit einer fast zylindrischen oben gegabelten Schwiele. Säule 1,1 cm lang, zylindrisch, fleischig.
Verbreitung: Borneo; auf Bäumen des Urwaldes.
Geschichte: *P. gigantea* wurde erstmals von Matri Jaheri mit der Niewenhuis Expedition 1896–1897 gesammelt. Ein Exemplar blieb bis zum Jahre 1909 am Leben und lag der Beschreibung im »Bulletin du Department de l'Agriculture aux Indes Néerlandaises« zugrunde. Die Pflanze geriet dann in Vergessenheit, bis sie 1937 in großen Mengen an einer anderen Stelle in Borneo gefunden wurde. Die Art ist heute in der Natur sehr selten.

Phalaenopsis hieroglyphica (Rchb. f.) Sweet

Hängender oder halbaufrechter Epiphyt mit groben, fleischigen aber biegsamen Wurzeln. Stamm kurz, mit sich ziegelartig deckenden Blatcheiden bedeckt, wenig- bis vielblättrig. Blätter bis 30 cm lang und 9 cm breit, länglich-riemenförmig, vorn spitz oder stumpf, lederig. Blütenstand fast aufrecht oder gebogen, einfach oder verzweigt, bis 32 cm lang, vielblütig; Brakteen 0,5 cm lang, eiförmig, kappenartig. Blüten langlebig: Sepalen und Petalen okkergelbweiß mit kleinen zimtbraunen Figuren, Kreisen oder Tüpfeln. Sepalen 2,3–4,1 cm lang, 1–1,7 cm breit, elliptisch bis eiförmig-elliptisch, spitz, nach oben zu auf dem Rücken gekielt. Petalen 2,2–3,3 cm lang, 1,1–1,6 cm breit, eiförmig-elliptisch, spitz oder mit aufgesetzter Spitze. Lippe kurz genagelt, 3lappig, 2–2,5 cm lang, 1,4–1,8 cm breit; Seitenlappen schief länglich-linealisch, gestutzt, in der Mitte mit einer kissenartigen Verdickung; Mittellappen keilig-fächerförmig, etwas ausgebissen nach der Spitze hin, fleischig, in der Mitte behaart; Schwiele zwischen den Seitenlappen am Grunde des Mittellappens angeordnet, unten stark geteilt und vorn mit einem Paar langer Anhängsel. Säule etwas gebogen, zylindrisch, bis 1,2 cm lang.
Verbreitung: Auf den Philippinen Inseln Polillo und Palawan.
Geschichte: Ursprünglich wurde diese Pflanze 1887 im »Gardeners' Chronicle« als eine Varietät von *P. lueddemanniana* beschrieben. H. Sweet erhob sie 1969 im »American Orchid Society Bulletin« zur selbständigen Art.
Anmerkung: Die Unterschiede zu *P. lueddemanniana* findet man in der stark geteilten Schwiele und der hieroglyphenartigen Zeichnung auf den Sepalen und Petalen.
Synonyme: Phalaenopsis lueddemanniana var. *hieroglyphica* Rchb. f.; *P. lueddemanniana* var. *palawanensis* Quisumbing; *P. lueddemanniana* var. *surigadensis* hort.

Phalaenopsis × intermedia

Bei dieser Pflanze von den Philippinen handelt es sich um eine natürliche Hybride zwischen *P. aphrodite* und *P. equestris.* Es ist die erste Botanikern bekannte Kreuzung dieser Art.

Phalaenopsis lindenii Loher

Stamm des hängenden Epiphyten sehr kurz, völlig von sich ziegelartig deckenden Blattscheiden verdeckt. Blätter bis 25 cm lang und 4cm breit, länglich-lanzettlich, oder länglich-verkehrtlanzettlich, vorn spitz oder stumpf und etwas eingeschnitten, grün und silberweiß marmoriert. Blütenstand traubig (selten verzweigt), schlank, mit biegsamer Achse; Brakteen klein, 0,1–0,2 cm lang. Blüten delikat: weiß und zart rosa behaucht, mit einigen rötlichen Flecken am Grunde der Sepalen und Petalen; Lippe auf dem Mittellappen amethystrosa und mit mehreren von der Basis ausstrahlenden dunkleren Linien; Seitenlappen weiß (mit winzigen orange Tüpfeln und drei purpurnen Linien). Mittlere Sepale 1,6 cm lang, 0,7 cm breit, länglich-elliptisch, stumpf oder abgerundet; die seitlichen 1,5 cm lang, 0,8 cm breit, länglich-eiförmig, etwas gekielt, spitz. Petalen 1,4 cm lang, 0,8cm breit, elliptischrhomisch, stumpflich bis spitz. Lippe kurz genagelt, 1,4 cm lang, 1,8 cm breit, ziemlich weit unten 3lappig; Seitenlappen verkehrtlanzettlich bis länglich, oben abgerundet, am vorderen Rande fleischig verdickt; Mittellappen kreisrund bis elliptisch, mit aufgesetzter Spitze, im Zentrum etwas eingedellt; Schwiele zwischen den Seitenlappen, 6–8seitig. Säule violett, 1 cm lang, zylindrisch, etwas gekrümmt.
Verbreitung: Philippinen-Insel Luzon.
Geschichte: Die nach dem berühmten belgischen Orchideenzüchter Jean Linden benannte Pflanze wurde von A. Loher gesammelt und von ihm 1895 im »Journal des Orchidées« beschrieben.
Anmerkung: Die Art ist nahe mit *P. equestris* (siehe auch dort) verwandt, läßt sich aber leicht von ihr unterscheiden durch die marmorierten Blätter und den kreisrunden Mittellappen der Lippe. Einige Orchidologen betrachten *P. lindenii* als natürliche Hybride zwischen *P. equestris* und *P. schilleriana.*

Phalaenopsos lowii Rchb.f.

Stamm des mittelgroßen Epiphyten oder Lithophyten ziemlich kurz, von sich ziegelartig dekkenden Blattresten bedeckt und mit wenigen fleischigen, länglichen Wurzeln versehen, 1–5blättrig. Blätter bis 9 cm lang und 3 cm breit, eiförmig-lanzettlich bis länglich-lanzettlich, vorn spitz, am Grunde von der Blattbasis abgesetzt, auf der Oberseite dunkelgrün und gerieft, auf der unteren mit purpurnen Flecken. Blütenstand gekrümmt bis herabhängend, einfach oder seltener verzweigt, bis zu 30 cm lang, locker vielblütig; Brakteen 0,3–0,4 cm lang, 3eckig, spitz. Blüten auffällig, von zarter Beschaffenheit: Sepalen und Petalen bleich rosenrot; Säulengipfel und Mittellappen der Lippe tief rosa purpurn bis violett; Seitenlappen am Grunde gelb. Mittlere Sepale 1,5–2 cm lang, 0,9–1,2 cm breit, länglich-elliptisch bis eiförmig-elliptisch, spitzlich. Seitliche Sepalen 1,5–2 cm lang, 0,9–1,2 cm breit, asymmetrisch eiförmig bis eiförmig elliptisch, spitzlich. Petalen 1,7–2,2 cm lang, 1,8–2,4 cm breit, fächer-nierenförmig oder fast kreisrund, oben abgerundet. Lippe ungefähr 1,5 cm lang und 1 cm breit (wenn ausgebreitet), 3lappig; Seitenlappen aufrecht, sichel- bis hakenförmig, von einer diagonal verlaufenden fleischigen Leiste durchzogen; Mittellappen verkehrteiförmig-länglich, stumpf, mit einer durch die Mitte laufenden Längsleiste, am vorderen Rande unregelmäßig; Schwiele zwischen den Seitenlappen sitzend, fleischig, vorn gabelig gespalten und hervorstehend. Säule gekrümmt, kurz, am Gipfel mit einem rüsselartigen herabgeschlagenen Rostellum.
Verbreitung: In Kalkgebieten des Tenasserim-Distriktes in Birma.
Geschichte: Die von C. Parish entdeckte Pflanze wurde von der Firma Low & Co. kultiviert. H.G. Reichenbach beschrieb sie 1862 in der »Botanischen Zeitung«.
Synonym: P. proboscidioides Rchb.f.

Phalaenopsis lueddemanniana Rchb.f.

Stamm des in der Größe sehr variablen Epiphyten aufrecht oder aufsteigend, völlig von Blattscheiden verdeckt. Blätter bis 30 cm lang und 9 cm breit, meistens überhängend, elliptisch, verkehrteiförmig oder länglich-elliptisch, fleischig, vorn stumpf oder spitz. Blütenstand halbaufrecht, bogig oder hängend, traubig oder manchmal verzweigt, viel länger als die Blätter, mit etwas zickzackförmiger Achse; Brakteen 2zeilig stehend, bis 0,5 cm lang, eiförmig 3eckig, spitz. Blüten bis 6 cm breit, fleischig und wachsartig, von verschiedener Färbung: Sepalen und Petalen von weißer Grundfarbe auf der Innenseite und mit violetten bis magentaroten unregelmäßigen Querbändern oder großen Flecken; Lippe aus gelblichem Grunde mit karminroter Zeichnung. Obere Sepale 2,2–3 cm lang, 1–1,4 cm breit, elliptisch oder länglich-elliptisch, auf dem Rücken gekielt, spitz oder stumpf; die seitlichen 2–3 cm lang, 1–1,4 cm breit, schief-eiförmig-elliptisch, ebenfalls gekielt. Petalen bis 2,7 cm lang und 1,2 cm breit, elliptisch oder eiförmig-elliptisch, spitz oder stumpf. Lippe 1,8–2,2 cm lang, 1,5–1,8 cm breit, 3lappig; Seitenlappen schmal-länglich, abstehend, im Zentrum fleischig verdickt; Mittellappen in der Form variabel, schmal-länglich, eiförmig oder länglich-eiförmig, fleischig, mit einer am Gipfel kissenartig verdickten Mittel-Leiste (vor der Verdickung grob behaart); Schwiele zwischen den Seitenlappen, fleischig, in der unteren Hälfte papillös, vorn gegabelt. Die Säule ist violett gefärbt.
Verbreitung: Philippinen.
Geschichte: Die von H.G. Reichenbach 1865 in der »Botanischen Zeitung« veröffentlichte Pflanze war von M. Lueddemann in Paris importiert worden.
Anmerkung: In der Kultur findet man meistens zwei Varietäten:
1. var. *delicata* Rchb.f.; bei ihr sind die oberen Hälften der Sepalen und Petalen entweder zimt- oder ockergelb gezeichnet.
2. var. *ochracea* Rchb.f.; bei ihr findet man ockergelbe Zeichnung auf einem bleichgelben Hintergrund.
In Form und Größe sind beide Varietäten identisch. Von der nahe verwandten *P. violacea* (siehe auch dort) läßt sich die Art durch die Querbänder auf Sepalen und Petalen wie auch durch die behaarte Schwiele unterscheiden.

Phalaenopsis mannii Rchb. f.

Stamm des hängenden Epiphyten kurz, völlig von sich ziegelartig deckenden Blattscheiden verdeckt, 4–5blättrig. Blätter bis 37 cm lang und 7 cm breit, länglich-verkehrtlanzettlich bis länglich-riemenförmig, fleischig, vorn meistens spitz. Blütenstand schlank, ungefähr so lang wie die Blätter, hängend, traubig oder seltener verzweigt, locker vielblütig; Brakteen bis 1 cm lang, eiförmig-lanzettlich. Blüten ungefähr 5 cm breit, fleischig und von wachsartigem Aussehen, sich nacheinander öffnend: Sepalen und Petalen gelb und zimtbraun getüpfelt oder gefleckt; Lippe weiß und violett. Obere Sepale 2–2,4 cm lang und 0,7–0,8 cm breit, eiförmig-verkehrtlanzettlich, an den Rändern zurückgebogen, auf dem Rücken nach oben hin gekielt; die seitlichen 2,2–2,5 cm lang, 0,9–1,1 cm breit, schief-eiförmig-elliptisch, sonst wie die obere. Petalen 1,7–2 cm lang, 0,5–0,6 cm breit, lanzettlich, schwach sichelig gebogen, spitz. Lippe 0,9–1,1 cm lang, 1–1,1 cm breit, kurz genagelt, 3lappig, ausgesprochen fleischig; Seitenlappen schmal-länglich, spreizend, am Gipfel schief gestutzt, in der Mitte

mit einer dicken Schwiele; Mittellappen genagelt, 2lappig, an den Rändern ausgebissen gezähnt, auf den Läppchen papillös, am Gipfel mehr oder weniger dicht behaart und mit einer fleischigen Verdickung; Schwiele zwischen den Seitenlappen sitzend, vorn mit zwei rankenartigen Fortsätzen. Säule gelb.
Verbreitung: Sikkim, Assam und Vietnam.
Geschichte: Die nach ihrem Entdecker Mann benannte Pflanze wurde von H.G. Reichenbach 1871 im »Gardeners' Chronicle« beschrieben.
Synonym: P. boxallii Rchb.f.

Phalaenopsis mariae Burb. ex. Warn. et Wms.

Stamm des Epiphyten kurz, mit sich überdeckenden Blattscheiden bedeckt. Blätter 2zeilig angeordnet, bis 30 cm lang und 7 cm breit, länglich-riemenförmig, bis verkehrteiförmig-riemenförmig, fleischig, herabgeschlagen, vorn spitz oder stumpf. Blütenstand seitlich austretend, kürzer als die Blätter, hängend, wenig- bis vielblütig; Brakteen 2zeilig angeordnet, bis 0,4 cm lang, 3eckig-eiförmig. Blüten bis 5 cm breit, fleischig: Sepalen und Petalen weiß oder cremefarben, mit großen kastanienbraunen Flecken; Lippe hellila oder violett, mit gelben Schwielen auf den Seitenlappen. Sepalen 1,6–2,2 cm lang, 0,7–1,1 cm breit, länglich-elliptisch bis schmal-elliptisch, stumpf. Petalen 1,5–1,7 cm lang, 0,6–0,9 cm breit, länglich-elliptisch, stumpf. Lippe 1,2–1,5 cm lang, 1,2 cm breit, 3lappig, fleischig; Seitenlappen schmal-länglich, gespreizt, oben abgestutzt, mit je einer halbmondförmigen Schwiele in der Mitte; Mittellappen verkehrteiförmig, spitzlich, an den Rändern ausgebissen gezähnt, mit einer in einer behaarten Schwiele endenden Mittelleiste; Schwiele zwischen den Seitenlappen fleischig, 2lappig, nadelförmig. Säule bis 0,7 cm lang, aus violettem Grunde weiß, etwas gekrümmt.
Verbreitung: Philippinen und Borneo.
Geschichte: Ein Sammler der Firma Veitch, F.W. Burbridge, fand die Originalpflanze auf der Insel Sulu (Jolo). Seinem Vorschlag entsprechend wurde die Pflanze zu Ehren seiner Frau benannt und von R. Warner und B. Williams 1883 in »Orchid Album« veröffentlicht. *P. mariae* wurde erstmals in großen Mengen aus Mindanao von der Firma Low & Co. eingeführt.
Anmerkung: In der Form der Lippe ist die Art *P. pallens* (siehe unten) ähnlich. Sie läßt sich aber leicht von dieser in der Farbgebung der Blüte, den ausgebissenen gezähnten Rändern der Seitenlappen und durch die stark behaarte Schwiele auf dem Mittellappen unterscheiden.

Phalaenopsis pallens (Lindl.) Rchb.f.

Stamm des zwergwüchsigen Epiphyten kurz, aufsteigend, mit ausdauernden Blattbasen bedeckt. Blätter 2zeilig angeordnet, 12–18 cm lang, 4,5–6 cm breit, elliptisch bis eiförmig, überhängend, fleischig, vorn stumpf oder abgerundet und schwach schief ausgeschnitten. Blütenstand schlank, selten länger als die Blätter, 1blütig (bis wenigblütig); Brakteen bis 0,4 cm lang, eiförmig-3eckig, spitz. Blüten ziemlich zart, bis 4,8 cm breit: Sepalen und Petalen weiß oder hell gelbgrün, mit braunen Querstreifen. Lippe weiß und mit gelber Schwiele. Mittlere Sepale 1,2–2,3 cm lang, länglich-elliptisch, spitz oder stumpf; die seitlichen 1,5–2,2 cm lang, 0,8–1 cm breit, sonst der oberen ähnlich. Petalen 1,1–2 cm lang, 0,5–0,9 cm breit, sonst den Sepalen ähnlich. Lippe 1,3–1,7 cm lang, 1,2–1,4 cm breit, 3lappig; Seitenlappen schmal-länglich, gestutzt, in der Mitte mit je einer halbmondförmigen Schwiele; Mittellappen verkehrteiförmig, an der Spitze abgerundet oder mit aufgesetztem Spitzchen, mit einer mittleren Längsleiste und einer behaarten, kissenartigen Verdickung an der Spitze, an den Rändern ausgebissen gezähnt. Schwiele zwischen den Seitenlappen sitzend, fleischig und aus zwei hintereinanderstehenden nach vorn weisenden gegabelten Fortsätzen bestehend, sehr schwach behaart. Säule schwach gekrümmt, 0,8 cm lang.
Verbreitung: Philippinen.
Geschichte: Die Pflanze wurde im Jahre 1849 durch den Herzog von Devonshire importiert und zum Blühen gebracht. J. Lindley beschrieb sie 1850 im »Journal of the Horticultural Society« unter dem Gattungsnamen *Trichoglottis*; 1864 wurde sie von H.G. Reichenbach zu *Phalaenopsis* gestellt (»Walpers, Annales«).
Synonyme: Trichoglottis pallens Lindl.; *Phalaenopsis lueddemanniana* var. *pallens* Burb.; *P. foerstermannii* Rchb.f.; *P. mariae* var. *alba* Ames et Quis.

Phalaenopsis pulchra (Rchb.f.) Sweet

Mittelgroßer, halbaufrechter oder aufsteigender Epiphyt mit fleischigen, ziemlich biegsamen, kahlen Wurzeln. Stamm sehr kurz, von sich ziegelartig deckenden Blattscheiden eingeschlossen. Blätter halbaufrecht, gebogen, bis 15 cm lang, 6 cm breit, länglich-elliptisch bis schmal-verkehrteiförmig, fleischig, vorn spitz oder stumpflich. Blütenstände seitlich erscheinend, einfach, halbaufrecht oder gebogen, kürzer als die Blätter, locker wenigblütig; Brakteen 3eckig, spitz, kurz. Blüten fleischig: leuchtend dunkelmagentarot. Sepalen 1,9–2,8 cm lang, 0,9–1,5 cm breit, elliptisch bis eiförmig, spitz oder stumpflich. Petalen 1,8–2,3 cm lang, 0,8–1,1 cm breit, asymmetrisch, elliptisch oder eiförmig-elliptisch, spitz oder stumpflich. Lippe 1,7–2,3 cm lang, 1,6–2 cm breit, 3lappig, fleischig; Seitenlappen schmal-länglich, aufrecht, gestutzt, in der Mitte stark verdickt; Mittellappen fächerförmig oder keilig-fächerförmig, am Vorderrand ausgebissen, in der unteren Hälfte gekielt und mit zerstreut stehenden Haaren in der Mitte nach der Spitze zu; Schwiele zwischen den Seitenlappen angeordnet, plattenartig, oben papillös, davor mit zwei darüberstehenden Schwielen oder oben – am Grunde des Mittellappens – mit einem fleischigen, gegabelten, spitzen Fortsatz. Säule fleischig, aufrecht oder schwach gekrümmt und keulig, 0,8–1,3 cm lang.
Verbreitung: Philippinen.
Geschichte: Die von der Firma Low erstmals importierte Pflanze wurde von H.G. Reichenbach 1875 im »Gardeners' Chronicle« als Varietät von *P. lueddemanniana* beschrieben. H. Sweet erhob sie 1968 im »American Orchid Society Bulletin« in den Rang einer Art.
Anmerkung: Von *P. lueddemanniana* unterscheidet sich die Pflanze durch ihre charakteristische Schwiele und das völlige Fehlen von Streifen auf den Sepalen und Petalen.
Synonyme: P. lueddemanniana var. *pulchra* Rchb.f.; *P. lueddemanniana* var. *purpurea* Ames et Quisumbing.

Phalaenopsis sanderiana Rchb.f.

Diese sehr nahe mit *P. aphrodite* verwandte Pflanze stammt aus Mindanao und einigen der umliegenden Inseln in den Philippinen. Manche Botaniker betrachten sie lediglich als eine Varietät von ihr. Sie unterscheidet sich durch folgende Merkmale: Seitenlappen der Lippe weniger kantig; Mittellappen jederseits mit schmalen, gewinkelten Kanten und kräftigeren endständigen »Fühlern«; Schwiele deutlich ausgeprägt und weniger stark gezähnt.

Phalaenopsis schilleriana Rchb.f.

Stamm des kräftigen Epiphyten kurz, völlig von ausdauernden Blattresten und Wurzeln verdeckt. Blätter bis 45 cm lang und 11 cm breit, elliptisch, länglich-elliptisch bis verkehrtlanzettlich, vorn stumpf, dunkelgrün mit Silbermarmorierung auf der Oberseite. Blütenstand hängend, bis fast 100

cm lang, meistens rispig, locker wenig- bis über 250blütig; Brakteen klein, bis 0,5 cm lang, eikapuzenförmig. Blüten auffällig, von zarter Struktur, 7 cm breit, duftend, in der Farbgebung variabel: Sepalen und Petalen sanft rosenrosa, an den Rändern bis fast weiß ausbleichend (Sepalen unten violett getüpfelt); Lippe weiß bis tief violett, am Grunde der Seitenlappen gelb und karminrot getüpfelt. Obere Sepale bis 3,5 cm lang und 1,6 cm breit, elliptisch bis eiförmig-elliptisch, abgerundet; die seitlichen ähnlich aber etwas asymmetrisch. Petalen 4 cm lang und breit, rhombisch, kurz genagelt, leicht gewellt oben stumpf oder abgerundet. Lippe variabel, bis 2,2 cm lang und 3,4 cm breit, 3lappig, genagelt; Seitenlappen spreizend, elliptisch oder fast kreisrund; Mittellappen eiförmig, vorn in zwei auseinanderstrebende, zurückgekrümmte, spitze Fortsätze auslaufend; Schwiele zwischen den Seitenlappen sitzend, fast quadratisch, gestutzt. Säule kurz, fleischig.
Verbreitung: Philippinen-Insel Luzon und auf einigen benachbarten kleineren Inseln.
Geschichte: Die schöne Pflanze wurde von H. G. Reichenbach 1860 in der »Hamburger Gartenzeitung« beschrieben und nach dem Konsul Schiller benannt, der sie importiert und im Jahre 1858 erstmals in der Kultur zur Blüte gebracht hat.
Anmerkung: Aufgrund ihrer stark abwandelnden Blüten sind in der Kultur mehrere Varietäten bekannt. Die var. *immaculata* Rchb. f. ist in der Blüte völlig frei von rosa und violett; die var. *splendens* Warner besitzt größere Blüten als die typische Form und hat außerdem prächtig marmorierte Blätter.

Phalaenopsis stuartiana Rchb.f.

Stamm des mittelgroßen Epiphyten kurz, von sich ziegelartig deckenden ausdauernden Blattresten bedeckt, wenigblättrig. Blätter bis 35 cm lang und 8 cm breit, elliptisch-länglich oder verkehrtlanzettlich, fleischig, gebogen bis überhängend, vorn stumpf, grün und auf der Oberseite silbergrau marmoriert. Blütenstand bis 60 cm lang, geschwungen bis hängend, traubig oder rispig, locker- bis vielblütig, Brakteen bis 1 cm lang, eiförmig bis kapuzenartig. Blüten sehr zart, 5 cm breit, schwach duftend: Sepalen und Petalen weiß oder schwefelgelb; die seitlichen Sepalen in der unteren Hälfte mit zimtbrauenen Flecken; Farbgebung der Lippe: Seitenlappen oben weiß, unten orange; Mittellappen hellgelb mit weißen Rändern und weißen Fortsätzen; Schwiele orange (alle Teile mit zimtfarbigen Tüpfeln). Obere Sepale bis 3,5 cm lang und 1,5 cm breit, elliptisch oder eiförmig-elliptisch, stumpf; die seitlichen bis 3,2 cm lang und 1,5 cm breit, länglich-elliptisch oder eiförmig-elliptisch; stumpf oder abgerundet. Petalen bis 3,3 cm lang und 2,6 cm breit, rhombisch bis rhombisch-eiförmig, sehr stumpf oder abgerundet. Lippe bis 2,5 cm lang und 3 cm breit, mit kurzem und schmalem Nagel, in der unteren Hälfte 3lappig; Seitenlappen verkehrteiförmig, spreizend, oben abgerundet; Mittellappen eiförmig, vorn mit zwei auseinanderstrebenden spitzen Fortsätzen; Schwiele zwischen den Seitenlappen, fleischig, mit zwei nach hinten deutenden spitzen Läppchen. Säule fleischig, zylindrisch.
Verbreitung: Philippinen-Insel Mindanao.
Geschichte: Diese prächtige Pflanze wurde 1881 erstmals von W. Boxall im Auftrag der Firma Low & Co. gesammelt. Stuart Low, ein berühmter Gärtner seiner Zeit, sandte die Pflanze an H.G. Reichenbach, der sie nach ihm benannte und noch 1881 im »Gardeners' Chronicle« beschrieb.
Anmerkung: Die Art ist nahe mit *P. schilleriana* verwandt; in der Tat so nahe, daß einige Autoren sie als Varietät dieser Art betrachten. Die Unterschiede liegen in der Farbgebung der Blüte und der verschiedenen Gestalt der Schwiele.
Synonyme: P. schilleriana var. *vestalis* Rchb.f.; *P. schilleriana* var. *stuartiana* (Rchb.f.) Burb.

Phalaenopsis sumatrana Korth. et Rchb.f.

Stamm des robusten Epiphyten kurz, mit ausdauernden Blattresten bedeckt. Blätter 15–30 cm lang, 4–11 cm breit, länglich-elliptisch oder verkehrteiförmig, elegant gebogen bis hängend, vorn spitz bis abgerundet, fleischig. Blütenstand bis 30 cm lang, aufrecht oder leicht gekrümmt, traubig oder etwas verzweigt, locker wenig- bis vielblütig. Blütenstandachse etwas zickzackförmig; Brakteen bis 0,6 cm lang, 3eckig. Blüten bis 5 cm breit, fleischig, variabel in der Farbgebung, in der typischen Form weißlich oder hellgelb: Sepalen und Petalen mit rötlichbraunen Querbändern; Lippe mit zwei magentaroten Streifen jederseits der Mitte. Sepalen 2–4 cm lang, 1–1,5 cm breit, länglich bis elliptisch-länglich, auf dem Rücken gekielt, spitz. Petalen 2,2–2,5 cm lang, 0,9–1,2 cm breit, lanzettlich, spitz. Lippe 2,5 cm lang, 1,5 cm breit, fleischig, 3lappig; Seitenlappen aufrecht, linealisch-länglich, oben schief abgeschnitten; Mittellappen konvex, länglich-elliptisch (seine erhabene fleischige Mittelleiste zur Spitze hin kissenartig verdickt und flaumig behaart); Platte mit einer mehrfingerig geteilten Schwiele, außerdem mit einer fleischigen, gegabelten Schwiele am Grunde des Mittellappens. Säule bis 1,5 cm lang, fleischig, gekrümmt.
Verbreitung: Sumatra, Java, Borneo, Malaya und Thailand; auf Bäumen entlang Wasserläufen.
Geschichte: Die Pflanze wurde von P. Korthals in der Provinz Palembang auf Sumatra gefunden und von ihm und H. G. Reichenbach 1860 in der »Hamburger Gartenzeitung« veröffentlicht. Sie wurde 1865 im »Botanical Magazine« erstmals abgebildet nach einem Exemplar aus der hervorragenden Sammlung von John Day in Tottenham.
Anmerkung: P. sumatrana ist nahe verwandt mit *P. cumingiana* Rchb.f., die jedoch längsgestreifte Sepalen und Petalen und eine eingegrabene Schwiele besitzt. Man kennt eine Anzahl von Varietäten von *P. sumatrana,* die sich hauptsächlich in Blütengröße und Farbunterschieden manifestieren.
Synonyme: P. zebrina Witte; *P. zebrina* Teijs. et Binn.; *P. acutifolia* Lind.

Phalaenopsis violacea Witte

Stamm des Epiphyten aufrecht, mit kräftigen biegsamen Wurzeln, von ausdauernden Blattresten bedeckt. Blätter 20–25 cm lang, 7–12 cm breit, länglich-elliptisch, elliptisch oder verkehrteiförmig, von der Blattscheide abgesetzt, fleischig oder lederig, glänzend dunkelgrün. Blütenstand halbaufrecht, oft etwas gebogen, wenigblütig, mit auffallend abgeflachter zickzackförmiger Achse; Brakteen bis 0,7 cm lang, eiförmig, konkav. Blüten fleischig und wachsartig, 5–8 cm breit, immer eine oder zwei gleichzeitig zur Blüte gelangend: Sepalen und Petalen violett mit grünen Spitzen; Säule und Mittellappen der Lippe magentarotpurpurn, die Seitenlappen gelb. Mittlere Sepale 2–3,5 cm lang, 1,1–1,7 cm breit, elliptisch, eiförmig oder eiförmig-lanzettlich, konkav, auf dem Rücken gekielt; die seitlichen 2,2–3,5 cm lang, 1,1–1,7 cm breit, mit dem Grunde der Säule verwachsen, eiförmig-lanzettlich, oben etwas gekrümmt, hinten gekielt; Petalen 2–3 cm lang, 0,7–1,7 cm breit, elliptisch oder eiförmig-elliptisch, spitz oder stumpf-spitzig. Lippe 2–2,8 cm lang, 1,6–2,3 cm breit, 3lappig; Seitenlappen abstehend, schmal-länglich, oben abgeschnitten; Mittellappen verkehrteiförmig, mit aufgesetzter Spitze, am Gipfel fleischig; Schwiele fleischig und unregelmäßig mit Wärz-

chen besetzt, in eine bis drei davorliegende Leisten übergehend. Säule 1,5 cm lang, fleischig, leicht gekrümmt.
Verbreitung: Sumatra, Borneo, Malaya; an schattigen Stellen in Flußnähe in tieferen Lagen.
Geschichte: P. violacea wurde erstmals von Teijsman gesammelt, der lebende Exemplare an Witte in Leiden schickte. Witte veröffentlichte seine Beschreibung 1860 in den »Annales« des Botanischen Gartens zu Leiden.
Anmerkung: Die Lippe dieser Art ist ähnlich der von *P. lueddemanniana* (siehe dort), die allerdings eine behaarte Verdickung am Gipfel des Mittellappens besitzt.
Synonym: Stauritis violacea (Witte) Rchb.f.

Pholidota Lindl.

Tribus: Epidendreae
Subtribus: Coelogyninae

Mittelgroße Epiphyten mit am Gipfel 1blättrigen, dicht gestellten oder entfernten Pseudobulben. Blütenstand schlank, traubig, mit gewundener bis zickzackförmiger Achse; Brakteen ziemlich groß, konkav, meistens hinfällig. Blüten in zwei Reihen angeordnet, klein, kugelig. Sepalen meistens konkav; die seitlichen oft auf dem Rükken gekielt. Petalen flach, breit oder schmal. Lippe am Grunde der Säule sitzend, aufrecht, am Grunde sackartig, fast ungeteilt oder nach oben hin 3–4lappig. Säule kurz, um die Anthere herum breit geflügelt; Pollinien 4, annähernd kugelig, frei oder in Paaren durch die Klebscheibe zusammenhängend.
Umfang und Verbreitung: Ungefähr 40 Arten; in Indien, Süd-China, Malaya, Indonesien, Neuguinea und Australien.
Ableitung des Namens: Aus dem Griechischen »pholidotos« = Schuppe; ein Hinweis entweder auf die großen Brakteen oder die großen, die Pseudobulben vieler Arten umgebenden Scheiden.
Anmerkung: J. Lindley begründete die Gattung 1825 in Sir William Hooker's »Exotic Botany«. In der »Flora of British India« (1890) unterteilte sie Sir Joseph Hooker in zwei Gruppen, je nachdem wie die neuen Pseudobulben am Gipfel oder am Grunde des alten entstehen.
Typus-Art: P. imbricata Lindl.
Synonyme: Crinonia Bl.; *Chelonanthera* Bl. (nach Holttum, »Orchids of Malaya« 1964).
Kultur: Substrat A. Mindesttemperatur im Winter 12–15 °C. Arten mit harten Pseudobulben wie *P. pallida* verlangen in der Wachstumsperiode viel Wasser und mäßige Beschattung. Wenn die Pseudobulben voll entwickelt sind, brauchen sie bis zum Ansatz der neuen Triebe nur wenig Wasser. Arten von aufrechtem Wuchs wie *P. articulata* sollte man mit Rinden- oder Korkscheiben stützen.

Pholidota convallariae (Rchb.f.) Hook.f.

Pseudobulben des mittelgroßen Epiphyten auf dem kriechenden Rhizom stehend, 2,5–6 cm lang, 1–1,5 cm breit, im Umriß länglich bis eiförmig-3eckig, 1–2blättrig. Blätter gestielt, 12,5–20 cm lang, 1,5–2,5 cm breit, linealisch bis länglich-lanzettlich, vorn langspitzig, lederig; Blattstiel schmal, 1–4 cm lang, Blütenstand 5–10 cm lang, aufrecht, traubig, kräftig, auf dem Gipfel junger Sprosse erscheinend; Brakteen ungefähr so lang wie die Blüten, lanzettlich oder eiförmig, abfällig. Blüten ungefähr 1,2 cm lang, einseitswendig, 0,5–0,6 cm breit: weißlich. Mittlere Sepale 0,5–0,6 cm lang, 0,3 cm breit, länglich oder eiförmig-lanzettlich, stumpf; die seitlichen ungefähr 0,6 cm lang, eiförmig oder lanzettlich, langspitzig, mit verdicktem Mittelnerv. Petalen lanzettlich bis eiförmig, stumpf; etwas kürzer als die Sepalen. Lippe ungefähr 0,4 cm lang und 0,35 cm breit, kahnförmig, im Umriß fast kreisförmig, schwach 3lappig, vorn ausgerandet, innen warzig; Schwiele am Grunde sitzend, sehr klein, etwas länglich. Säule 0,3 cm lang, breit-verkehrteiförmig, am Gipfel zusammengezogen.
Verbreitung: Assam, Khasia-Berge, Naga-Gebirge, Birma, Thailand und Annam; 800–1400 m.
Geschichte: H.G. Reichenbach beschrieb die Pflanze 1872 in der Zeitschrift »Flora« unter dem Gattungsnamen *Coelogyne;* zugrunde lag eine von Oliver in Indien angefertigte Zeichnung. Sir Joseph Hooker versetzte sie 1889 zu *Pholidota* (»Icones Plantarum«), nachdem er festgestellt hatte, daß er die Pflanze selbst in den Khasia-Bergen, T. Thomson und Prain im Naga-Gebirge und C. Parish in Moulmein gesammelt hatte.
Synonym: Coelogyne convallariae Rchb.f.

Pholidota pallida Lindl.

Pseudobulben dicht gebüschelt stehend, 2,5–7,5 cm lang, eiförmig bis fast zylindrisch, am Gipfel 1blättrig. Blätter gestielt, 15–30 cm lang, bis 6 cm breit, elliptisch-lanzettlich bis verkehrtlanzettlich, vorn spitz bis langspitzig; Blattstiel 5 cm lang. Blütenstand 7,5–30 cm lang, auf langem Schaft, überhängend, verlängert, vielblütig; Brakteen halbkreisförmig, 2zeilig angeordnet, 0,8 cm breit, konkav, ausdauernd. Blüten 2zeilig stehend, 0,6–0,7 cm breit: bleich fleischfarben oder weiß. Mittlere Sepale 0,5 cm lang und 0,3 cm breit, kreisrund, stumpf; die seitlichen am Grunde miteinander verbunden, kahnförmig, 0,6 cm lang, auf dem Rücken gekielt. Petalen ungefähr 0,4 cm lang und 0,15 cm breit, linealisch-länglich, sichelig gebogen, mit der mittleren Sepale einen Hut bildend. Lippe 3lappig, am Grunde sackartig; Seitenlappen aufrecht, breit abgerundet; Mittellappen kleiner, abstehend, tief zweigespalten. Säule kreisrund (ausgebreitet), breit geflügelt; Rostellum gestutzt; Anthere braun.
Verbreitung: Im tropischen Himalaja von Kumaon ostwärts, in den Khasia-Bergen, Birma, Süd-Indien, Ceylon, Malaya und Indochina.
Geschichte: J. Lindley beschrieb diese Art 1836 im »Botanical Register«; zugrunde lag eine von N. Wallich aus Indien eingeführte und 1828 im »Botanical Register« als *P. imbricata* abgebildete Pflanze. In der Kultur ist die Pflanze bis auf den heutigen Tag immer noch unter dem letzterwähnten Namen bekannt; leider ist er ungültig, da er bereits früher für eine andere Art Verwendung fand.
Synonyme: Pholidota imbricata sensu Lindl. non Roxb.; *Coelogyne imbricata* (Lindl.) Rchb.f.; *C. pallida* (Lindl.) Rchb.f.; *Ptilocnema bracteatum* Don.

Phragmipedium Rolfe

Unterfamilie: Cypripedioideae

Große, vorwiegend terrestrische, seltener epiphytische Orchidee mit kurzem Stamm, lederigen, gefalteten Blättern und faserigen Wurzeln. Blütenstände aufrecht, traubig oder rispig. Blüten groß und augenfällig. Sepalen abstehend; die mittlere frei, die seitlichen über die ganze Länge zu einem Synsepalum verwachsen. Petalen frei, abstehend, entweder der mittleren Sepale ähnlich oder lang schwanzartig ausgezogen. Lippe sitzend, pantoffelförmig, geschwollen. Säule kurz, kräftig, mit zwei seitlich stehenden, fertilen, 2fächerigen Antheren und einem rückenständigen, schildartigen Staminodium; Pollen körnig. Fruchtknoten 3fächerig.
Umfang und Verbreitung: Etwas mehr als ein Dutzend Arten, in Südamerika und nordwärts bis nach Panama und Guatemala.
Ableitung des Namens: Aus dem Griechischen »phragma« = Teilung, Abgrenzung, und »pe-

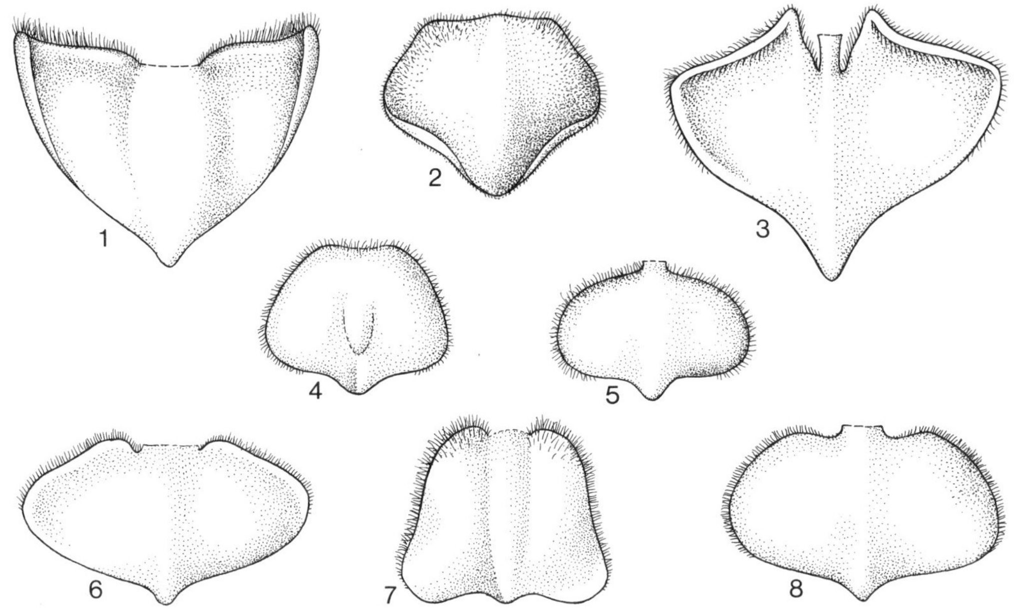

Phragmipedium
Staminodien (alle × 3½)
1 = *P. caudatum*
2 = *P. schlimii*
3 = *P. boisserianum*
4 = *P. pearcei*
5 = *P. pearcei*
6 = *P. hartwegii*
7 = *P. sargentianum*
8 = *P. longifolium*

---

dion« = Pantoffel, anspielend auf den 3fächerigen Fruchtknoten und die pantoffelartige Lippe.
Anmerkung: R. A. Rolfe begründete die Gattung 1896 im »Orchid Review« im Zusammenhang mit seiner Revision aller »Frauenschuh«-Arten. Er verteilte die tropisch amerikanischen Arten auf die Gattungen *Phragmipedium* und *Selenipedium*. *Phragmipedium* wurde 1903 von E. Pfitzer (Engler, »Das Pflanzenreich«) revidiert; er beschrieb auf 5 Sektionen verteilt 11 Arten und zahlreiche Varietäten. Von besonderem Interesse ist die Art *P. lindenii,* weil bei ihrer häufigsten Form die Lippe durch eine dritte Petale ersetzt ist. J. Lindley begründete auf diese ungewöhnliche Form seine Gattung *Uropedium.* Bis vor kurzem hätte man, den Regeln des Internationalen Codes für Botanische Nomenklatur folgend, eine auf einer Monstrosität begründete Gattung verwerfen können. Da man diese Regel aber geändert hat, und da aus Prioritätsgründen *Uropedium* der Vorrang gegeben werden müsse, haben R. Dressler und N. Williams vorgeschlagen (siehe »Taxon« 1976), den Namen *Phragmipedium* auf die Liste der *Nomina conservanda* zu setzen. Zweifellos würde eine Umbenennung aller Arten dieser wohlbekannten Gattung nicht nur heillose Verwirrung stiften, sondern auch kaum von den Orchideenliebhabern akzeptiert werden.
Die Gattung wurde 1979 von L. Garay (»Orchid Digest«) völlig revidiert. Dabei wurden alle Arten abgebildet und ausgeschlüsselt.
Typus-Art: P. caudatum (Lindl.) Rolfe.
Synonym: Uropedium Lindl.
Kultur: Substrat A. Mindesttemperatur im Winter 12–15 °C. Obgleich einige Arten dieser Gattung in größeren Höhenlagen vorkommen, tut man gut daran, sie in der Kultur wärmer zu halten. Da sie keine Wasserspeicherorgane besitzen, muß man sie während des ganzen Jahres gleichmäßig feucht halten, doch vermeide man stagnierende Nässe. Auch verlangen alle Arten hohe Luftfeuchtigkeit (nicht geeignet als Zimmerpflanze) und Schatten während der Sommermonate. Am besten hält man sie in dicht gebüschelten Gruppen und teilt nicht zu oft.

Phragmipedium boisserianum (Rchb.f.) Rolfe

Diese in Ecuador und Peru beheimatete Art ist mit *P. longifolium* verwandt. Sie unterscheidet sich durch intensiv gelbgrüne Blüten mit dunklerer Beaderung ohne wesentlichen purpurnen Anflug auf Lippe und Petalen, stark gekräuselte Sepalen- und Petalenränder, und ein charakteristisches quer-nieren-eiförmiges bis herzförmiges Staminodium.

Phragmipedium caricinum (Lindl.) Rolfe

Stamm der bis 40 cm hohen terrestrischen Pflanze meistens 5–6blättrig, ziemlich kurz. Blätter bis 43 cm lang, 0,6 cm breit, linealisch, halbaufrecht, steif, nach vorn zu allmählich verschmälert. Blütenstand bis 30 cm lang, traubig oder rispig, meistens 4- bis mehrblütig; Schaft stielrund, flaumig behaart, am Grunde mit einem Niederblatt; Brakteen 2–5 cm lang, 2zeilig angeordnet, lanzettlich, spitz. Blüten 5–7,5 cm hoch: lindgrün; Petalen mit hellpurpurnen Rändern; Seitenlappen der Lippe mit dunkelgrünen und purpurnen Tüpfeln. Mittlere Sepale 2–5 cm lang, 1–3 cm breit, lanzettlich, spitz, an den Rändern gewellt; die seitlichen 2,5 cm lang, 1,6 cm breit, eiförmig, spitz. Petalen 5–8 cm lang, bis 0,4 cm breit, bandartig, spitz. Lippe 3,5 cm lang, pantoffelförmig und etwas bauchig; die Seitenlappen einwärts gebogen. Staminodium verkehrtdreieckig, am oberen Rande behaart.
Verbreitung: Bolivien und Peru; öfters auf Felsblöcken in Flüssen zu finden.
Geschichte: Die Pflanze wurde von J. Lindley als *Cypripedium* in Lindley und Paxton's »Flower Garden« (1850–1851) beschrieben. Im Jahre 1896 versetzte sie R. Rolfe in die Gattung *Phragmipedium* (»Orchid Review« 1896).
Anmerkung: Im Wuchs ist die Art *P. klotzschianum* (siehe dort) sehr ähnlich.
Synonyme: Cypripedium caricinum Lindl.

Phragmipedium caudatum (Lindl.) Rolfe

Aufrechter, bis 70 cm hoher, Epi- oder Lithophyt mit meistens 5blättrigen, sehr kurzen Stämmen. Blätter bis 50 cm lang, 5,5 cm breit, riemenförmig, vorn ausgebissen, ziemlich steif aber in der oberen Hälfte überhängend. Blütenstand bis 60 cm hoch, fast aufrecht, 3-4blütig; Schaft etwas zusammengedrückt, fein behaart, am Grunde mit einer großen, blattartigen, sterilen Braktee; Brakteen bis über 10 cm lang, lanzettlich, bootförmig, spitz. Blüten sehr groß, bis über 35 cm hoch: Sepalen und Petalen hellgrün mit dunkelgrünen Nerven (Petalen an den Rändern und der Spitze zu bleichrosa); Lippe am Grunde weiß, nach oben zu rosa überlaufen, mit grüner Beaderung. Mittlere Sepale 10 cm lang, 2,5 cm breit, lanzettlich, spitz, an den Rändern stark gewellt, vorwärts gebogen: die seitlichen 10 cm lang und 4,5 cm breit, an den Rändern gewellt. Petalen bis 35 cm lang, 0,6 cm breit, bandartig, herabhängend, verdreht, abgerundet, an den Rändern im vorderen Teil purpurn bewimpert. Lippe pantoffelför-

mig, 3lappig, 7 cm lang, 2 cm breit; Mittellappen gebläht: Seitenlappen eingebogen und grün getüpfelt. Staminodium hellgelb, mit purpurnen, behaarten Rändern.
Verbreitung: Guatemala, Costa Rica, Panama, Kolumbien, Ecuador, Peru und Venezuela.
Geschichte: J. Lindley beschrieb die Pflanze 1840 als *Cypripedium* in seinem Werk »Genera und Species of Orchidaceous Plants«. R. Rolfe versetzte sie 1896 (»Orchid Review«) in die noch heute gültige Gattung.
Anmerkung: Viele Autoren betrachten die als *Uropedium lindenii* Lindl. beschriebene lippenlose Pflanze als bloße Varietät von *P. caudatum*. Man findet aber mitunter in Populationen dieser Pflanze Exemplare, die eine vollentwickelte Lippe besitzen und sich in dieser Form etwas von *P. caudatum* unterscheiden. Aufgrund dieser Tatsache haben R. Dressler und N.H. Williams kürzlich vorgeschlagen, für diese Pflanze den Namen *Phragmipedium lindenii* zu benutzen.
Synonyme: Cypripedium caudatum Lindl.; *C. humboldtii* Rchb.f.; *C. warscewiczianum* Rchb.f.; *Paphiopedilum caudatum* (Lindl.) Pfitzer; *Phragmipedium warscewiczianum* (Rchb.f.) Schltr.

Phragmipedium hartwegii
(Rchb.f.) L.O. Williams

Diese Art hat wie *P. longifolium* eine öhrchenartig berandete Lippe, unterscheidet sich aber durch folgende Merkmale: Das Staminodium ist querelliptisch, vorn undeutlich 3lappig und am Grunde weichstachelig flaumig behaart und besitzt deshalb nicht das augenbrauenartige Aussehen wie bei *P. longifolium*. In ihrer Verbreitung ist *Phragmipedium hartwegii* auf Ecuador beschränkt.

Phragmipedium klotzschianum (Rchb.f.) Rolfe

Stamm der bis 30 cm hohen, terrestrischen Pflanze 6blättrig, sehr kurz. Blätter bis 25 cm lang, 1 cm breit, linealisch, halbaufrecht, steif, vorn spitz 2lappig, glänzend grün (etwas bleicher auf der Unterseite). Blütenstand bis 30 cm lang, aufrecht, 2–3blütig (nacheinander blühend); Schaft rot oder hell kastanienfarbig, flaumig behaart, mit roten, scheidigen sterilen Brakteen; Brakteen kastanienbraun mit grünen Nerven. Blüten bis 6 cm hoch: Sepalen rosabraun mit dunkleren Nerven; Petalen an der Basis grün, oben und an den Rändern rosapurpurn; Lippe olivgrün oder hellgrün, auf den Seitenlappen purpurn getüpfelt. Mittlere Sepale 3 cm lang, 1 cm breit, lanzettlich, spitzlich; die seitlichen 2,8 cm lang, 1,7 cm breit, eiförmig, stumpf. Petalen bis 5 cm lang, 0,7 cm breit, linealisch, in der vorderen Hälfte gedreht, am Grunde und am abgerundeten Ende fein flaumig behaart. Lippe 2,7 cm lang, 1,5 cm breit, pantoffelförmig, 3lappig; Mittellappen mit eingerollten Rändern; Seitenlappen einwärts gebogen, fein bahaart. Staminodium hellgrün, 3eckig, gewellt, an den Rändern mit dunkelvioletten Haaren.
Verbreitung: Venezuela und Guayana; zu finden an Wasserläufen und an Orten, die zeitenweise überflutet sind.
Geschichte: Der Typus wurde 1848 von Sir Robert Schomburgk in Guyana gesammelt und ein Jahr danach von H.G. Reichenbach in der Gattung *Cypripedium* beschrieben (»Linnaea«). R. Rolfe versetzte die Art 1896 (»Orchid Review«) in die heutige Gattung.
Anmerkung: Diese Art läßt sich von *P. longifolium* durch ihren schlankeren Wuchs, das Fehlen von Öhrchen an der Lippe und die kahlen Petalen unterscheiden.
Synonyme: Cypripedium klotzschianum Rchb.f.; *C. schomburgkianum* Schomb.; *Paphiopedilum klotzschianum* (Rchb.f.) Pfitzer; *Selenipedium schomburgkianum* (Schomb.) Desbois.

Phragmipedium lindleyanum (Lindl.) Rolfe

Stamm der bis 100 cm hohen, terrestrischen Pflanze sehr kurz, meistens 5blättrig. Blätter bis 50 cm lang und 6 cm breit, linealisch-lanzettlich, fast aufrecht, ziemlich steif, vorn langspitzig. Blütenstand bis 100 cm hoch, traubig oder manchmal rispig mit kurzen Ästen, mehrblütig; Schaft stielrund, rötlichgrün, fein flaumig behaart; Brakteen bis 7,5 cm lang, lanzettlich-eiförmig. Blüten bis 8,5 cm breit: Sepalen und Petalen grün oder gelbgrün; Petalen auf den Nerven und an der Spitze purpurn; Lippe ockergelb, mit dunkleren Nerven und hellviolett getüpfelten Seitenlappen. Sepalen außen flaumig behaart; die mittlere 2,8–3,5 cm lang, bis 1,8 cm breit, eiförmig, konkav, stumpf; die seitlichen 2,8 cm lang, bis 2,5 cm breit, eiförmig, stumpf. Petalen außen flaumig behaart, 4–5,5 cm lang, bis 1 cm breit, linealisch-länglich, ganz vorn etwas gedreht, stumpf oder ausgerandet, an den Rändern gewellt. Lippe 3 cm lang, 1,4 cm breit, pantoffelförmig, 3lappig; Seitenlappen einwärts gebogen; Mittellappen ziemlich geschwollen, an den Rändern eingekrümmt. Staminodium gestutzt-3eckig, gelblich, am Rande purpurn bewimpert.
Verbreitung: Guayana und Venezuela; meistens auf von dünnen Bodenschichten bedeckten Felsen wachsend; in offenen oder schattigen Lagen.
Geschichte: J. Lindley beschrieb die Pflanze 1849 als *Cypripedium* in seinem Werk »Genera and Species of Orchidaceous Plants«, nachdem sie Sir Robert Schomburgk ein Jahr zuvor in Guyana gesammelt hatte. R. Rolfe versetzte sie 1896 (»Orchid Review«) in die Gattung *Phragmipedium*.
Anmerkung: Ihre schmaleren, gelben Petalen, die stärker aufgeblasene Lippe und das Fehlen von weißen Wärzchen auf den Seitenlappen der Lippe unterscheiden diese Art von dem nahe verwandten *P. sargentianum*.
Synonyme: Cypripedium lindleyanum Lindl.; *Selenipedium lindleyanum* (Lindl.) Rchb.f.; *Paphiopedium lindleyanum* (Lindl.) Pfitzer.

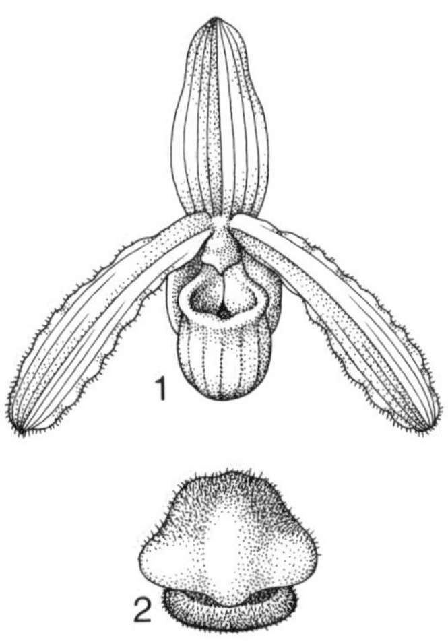

Phragmipedium lindleyanum
1 = Blüte (× 1/3)
2 = Staminodium (× 2 1/2)

Phragmipedium pearcei (Rchb.f.) Sengh. et Rauh

Stamm der oft in dichten Gruppen wachsenden terrestrischen Pflanze sehr kurz, meistens 6blättrig. Blätter bis 60 cm lang (die untersten etwas kürzer als die folgenden) und 3,4 cm breit, linealisch-lanzettlich, gebogen, vorn langspitzig, auf der Oberseite dunkelgrün, bleicher auf der unteren. Blütenstand ungefähr 40 cm lang, mehrblütig (nacheinander blühend); Schaft robust, stielrund, purpurn gefärbt, fast völlig von drei sterilen, zusammengepreßten, linealischen Brakteen verdeckt; Brakteen 2zeilig angeordnet, bis 6,5 cm lang, lanzettlich, spitz. Blüten ungefähr 13 cm breit: hell gelbgrün, die Nerven der Petalen

dunkler grün; Petalen purpurn berandet; Seitenlappen der Lippe hellpurpurn getüpfelt. Mittlere Sepale 5 cm lang, 1,6 cm breit, lanzettlich, spitz, nach vorn gebogen, an den weißlichen Seitenrändern zurückgebogen; die seitlichen 5 cm lang, 2,5 cm breit, sonst der mittleren ähnlich. Petalen 8–10 cm lang, 0,6 cm breit, linealisch, stark gedreht, nach vorn zu allmählich verdünnt. Lippe 4–5 cm lang, 1,5 cm breit, pantoffelförmig, mit ungeteiltem Rand und ohne Ausstülpungen in ihrer Öffnung. Säule 0,7 cm lang; Staminodium quer 3eckig-elliptisch, hellgrün, am unteren Rand mit langen steifen Haaren besetzt.
Verbreitung: Ecuador und Peru.
Geschichte: H.G. Reichenbach beschrieb diese Pflanze 1865 als *Selenipedium* in der »Hamburger Gartenzeitung«. K. Senghas und W. Rauh versetzten sie 1975 (»Die Orchidee«) in die Gattung *Phragmipedium.* Man unterscheidet die Pflanze von *P. longifolium* durch ihren ungeteilten Lippenrand.
Synonym: Selenipedium pearcei Rchb.f.

Phragmipedium sargentianum Rolfe

Stamm der terrestrischen Pflanze meistens 7blättrig, ziemlich kurz. Blätter 20–50 cm lang und 3–6 cm breit, lanzettlich oder länglich-lanzettlich, leuchtend grün, spitz bis langspitzig. Blütenstand bis 40 cm lang, aufrecht, 2–4blütig (nacheinander blühend!); Schaft aufrecht, flaumig behaart, rötlichpurpurn; Brakteen lanzettlich, grün, flaumig behaart. Blüten bis 11 cm breit: Grundfarbe grün oder gelblichgrün; Petalen auf den Nerven und an den Rändern purpurn; Lippe gelb mit purpurner Beaderung; ihre Seitenlappen purpurn getüpfelt. Mittlere Sepale 3 cm lang, 1,6 cm breit, eiförmig-elliptisch, konkav, spitz, an den Rändern bewimpert; die seitlichen 3 cm lang, 2,1 cm breit, spitz, gewimpert. Petalen 5,5 cm lang, 1,2 cm breit, länglich-riemenförmig, etwas gedreht, mehr oder minder waagerecht stehend, spitz, an den Rändern bewimpert. Lippe pantoffelförmig, auf den eingebogenen Seitenlappen mit je einem Paar weißer Wärzchen. Staminodium gestutzt 3eckig, gelblichgrün.
Verbreitung: Brasilien (Pernambuco).
Geschichte: Diese entzückende Pflanze wurde 1892 durch die Firma Sander & Son in St. Albans eingeführt. R. Rolfe beschrieb sie zunächst 1893 im »Orchid Review« unter *Selenipedium,* versetzte sie dann aber selbst in der gleichen Zeitschrift 1896 zu *Phragmipedium.*
Anmerkung: Siehe *P. lindleyanum.*
Synonym: Selenipedium sargentianum Rolfe.

Phragmipedium schlimii (Rchb.f.) Rolfe

Stamm der manchmal bis 50 cm hohen, terrestrischen Pflanze sehr kurz, ungefähr 8blättrig. Blätter bis 35 cm lang und 2,3 cm breit, linealisch-lanzettlich, fast aufrecht, steif, vorn spitz bis langspitzig. Blütenstand aufrecht, bis 30 cm überlang, 6–10blütig; Schaft stark behaart; Brakteen ungefähr 3 cm lang, eiförmig. Blüten für die Gattung verhältnismäßig klein, 5–6 cm breit: Sepalen und Petalen reinweiß, rosenrot marmoriert (besonders nach unten zu); Lippe rosenfarbig. Fruchtknoten dicht flaumig behaart. Mittlere Sepale 1,7 cm lang, 0,8 cm breit, länglich-eiförmig, stumpf, außen dicht behaart; die seitlichen ähnlich der mittleren. Petalen 2 cm lang, 0,9 cm breit, elliptisch, abstehend. Säule 0,6 cm lang; Staminodium kellenförmig, gelb aber mit rosa Gipfel, an den Rändern (besonders oben) gewimpert.
Verbreitung: Kolumbien; an Flüssen; von 1500–1800 m.
Geschichte: Die Pflanze wurde 1852 in der östlichen Kordilliere von Kolumbien in der Nähe von Ocaña von Schlim entdeckt und von H.G. Reichenbach 1854 in der Zeitschrift »Bonplandia« unter dem Gattungsnamen *Selenipendium* beschrieben. R. Rolfe versetzte die Art 1896 zu *Phragmipedium* (»Orchid Review«).
Anmerkung: Die Art steht in der Gattung ziemlich allein und läßt sich durch ihre rosa Blüten leicht ansprechen.
Synonym: Cypripedium schlimii (Rchb.f.) Batem.; *Selenipedium schlimii* Rchb.f.

Phreatia Lindl.

Tribus: Epidendreae
Subtribus: Thelasiinae

Epiphyten von sehr verschiedener Tracht. Stämme entweder äußerst kurz oder verhältnismäßig lang und dünn oder auch in Form von gebüschelten oder in Abständen auf dem Rhizom angeordneten Pseudobulben. Blätter von dünnstammigen Arten meistens zahlreich und 2zeilig, ziegelartig oder sogar reitend angeordnet, kurz oder lang, dünn oder dick und fleischig; bei Arten mit Pseudobulben einzeln oder zu zweit, lang oder schlank, meistens von dünner Beschaffenheit. Blüten meistens in ährigen Blütenständen angeordnet, wenige bis zahlreich, klein bis winzig, meistens weiß, oft sich nicht weit öffnend. Sepalen und Petalen einander nicht sehr unähnlich; die seitlichen Sepalen mit dem Fuß der Säule ein Mentum bildend. Lippe aus schmalem Grunde nach oben gebogen und für eine Strecke aufrecht stehend, dann wieder nach vorn gekrümmt, ungeteilt oder nur sehr undeutlich gelappt. Säule mit deutlichem Fuß; Pollinien 8, in zwei gleichen Gruppen angeordnet; Stipes I, lang und dünn.
Umfang und Verbreitung: Ungefähr 150 Arten, von Nord-Indien über Südostasien, Indonesien, Neuguinea nach Australien und die Inseln des Pazifik.
Ableitung des Namens: Aus dem Griechischen »phreatia« = Quelle, Brunnen; wohl wegen des Mentums so benannt.
Anmerkung: J. Lindley begründete die Gattung 1830 in seinen »Genera and Species of Orchidaceous Plants«. Sie wurde von F. Kraenzlin (Engler, »Das Pflanzenreich« 1911) revidiert; er beschrieb 77 Arten, die er auf die Sektionen *Octarrhena, (Eu)Phreatia* und *Thelasiformes* verteilte. R. Schlechter (»Die Orchidaceae von Deutsch Neu Guinea« 1914) machte die erste dieser Sektionen zu einer selbständigen Gattung und teilte die restlichen von ihm anerkannten 75 Arten aus dem Gebiet in 6 Sektionen auf.
Typus-Art: J. Lindley zitierte viele Arten.
Kultur: Substrat A. Mindesttemperatur im Winter 12–15 °C. Wegen ihrer feinen Wurzeln sollte man alle Arten dieser Gattung in entsprechend kleinen Töpfen oder Schalen halten. Sie verlangen hohe Luftfeuchtigkeit und mittleren bis starken Schatten; man sollte sie während des ganzen Jahres vorsichtig feucht halten.

Phreatia elegans Lindl.

Kleiner, büschelig wachsender Epiphyt mit kleinen Pseudobulben. Blätter 6–12,5 cm lang, 1,5–3,5 cm breit, linealisch-lanzettlich bis verkehrtlanzettlich, spitz oder ausgebuchtet, lederig, halbaufrecht, gerade oder etwas gebogen. Blütenstand die Blätter überragend, bis etwa 15 cm lang, ährig, dicht vielblütig; Brakteen länger als der Fruchtknoten, eiförmig-lanzettlich. Blüten sehr klein: weiß. Mittlere Sepale bis 0,2 cm lang und 0,1 cm breit, eiförmig, spitz oder langspitzig; die seitlichen 0,25 cm lang, 3eckig, spitz, ein kurzes abgerundetes Mentum bildend. Petalen bis 0,2 cm lang und 0,1 cm breit, breit-eiförmig-elliptisch, spitz. Lippe mit kurzem, sackartigen Nagel, darüber 3eckig bis breit-eiförmig oder annähernd kreisrund, innen behaart, vorn stumpf, an den Rändern wellig. Säule sehr kurz, ihr Fuß 0,1 cm lang.
Verbreitung: Nord-Indien und von Ceylon bis Java.
Geschichte: Die erstmals in Ceylon gesammelte

Pflanze wurde 1830 von J. Lindley in seinem Werk »Genera and Species of Orchidaceous Plants« beschrieben.
Synonym: Thelasis elegans (Lindl.) Blume.

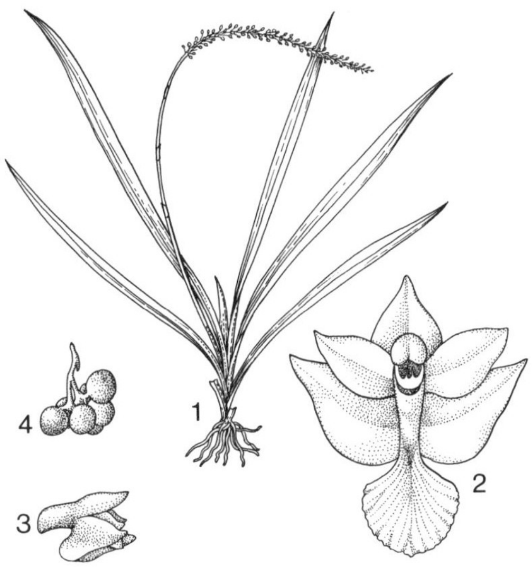

Phreatia elegans
1 = Pflanze (× 1/4)
2 = Blüte von vorn, Lippe ausgebreitet (× 12 1/2)
3 = Blüte von der Seite (× 7 1/2)
4 = Klebscheibe und Pollinien (× 30)

Physosiphon Lindl.

Tribus: Epidendreae
Subtribus: Pleurothallidinae

Kleine, Matten bildende, epiphytische Kräuter mit einem Blatt am Gipfel der aufrechten oder aufsteigenden Stämmchen; Blattscheiden röhrig; Wurzeln faserig. Blütenstände verlängert, traubig, blattachselbürtig. Blüten klein. Sepalen bis über die Hälfte miteinander röhrig verwachsen; Sepalenröhre 3kantig, geschwollen, am Grunde oft bauchig und oben zusammengezogen; die freien Enden abstehend. Petalen und Lippe in der Sepalenröhre eingeschlossen. Lippe vom Grunde der Säule oder des Säulenfußes abgesetzt, ungeteilt oder 3lappig, fleischig, rinnig. Säule klein, aufrecht, gekrümmt, im Querschnitt fast kreisrund; Pollinien 2, eiförmig, wachsartig.
Umfang und Verbreitung: Nur 6 Arten; in den Tropen Amerikas.
Ableitung des Namens: Aus dem Griechischen »physa« = Blasebalg und »siphon« = Röhre, Schlauch; eine Anspielung auf die Kelchröhre.
Anmerkung: J. Lindley begründete die Gattung 1835 im »Botanical Register«. Sie ist verwandt mit *Masdevallia* und *Pleurothallis*. Von der ersten weicht sie durch den traubigen Blütenstand und ihre verhältnismäßig kurzen freien Sepalenteile ab und von *Pleurothallis* durch den Besitz der Sepalenröhre.
Typus-Arten: P. emarginatum (Lindl.) Lindl. und *P. spiralis* Lindl.
Kultur: Substrat A. Mindesttemperatur im Winter 10–12 °C. Allgemein wie für *Pleurothallis*. Die Pflanzen gedeihen am besten in Schalen und blühen freudig, wenn man sie nicht teilt. In der Wachstumsperiode verlangen sie reichlich Wasser, danach wesentlich weniger.

Physosiphon tubatus (Lodd.) Rchb. f.

Stämme des kleinen Epiphyten aufrecht oder aufsteigend, 1,5–12 cm lang, gebüschelt, am Gipfel 1blättrig, mit röhrigen Scheiden besetzt. Blätter 4–15 cm lang, 1,5–3 cm breit, kurz gestielt, elliptisch bis verkehrtlanzettlich, vorn stumpf und ganz wenig ausgebuchtet, fast aufrecht bis ganz aufrecht. Blütenstand 8–42 cm lang, gebogen, locker vielblütig; Brakteen röhrig-tütenförmig, 0,3–0,7 cm lang, spitz bis langspitzig, trockenhäutig. Blüten zylindrisch bis glockenförmig: grüngelb bis ziegelrot. Sepalen bis über ihre halbe Länge röhrenartig zusammengefügt, 0,6–2,2 cm lang; freier Teil abstehend, elliptisch-länglich bis elliptisch-lanzettlich, stumpf bis spitz. Petalen 0,15–0,25 cm lang, bis 0,1 cm breit, verkehrteiförmig, stumpf oder seltener 3lappig. Lippe 0,2–0,35 cm lang, 0,1–0,2 cm breit, etwas gekrümmt, mit Längsrinne, ganz vorn 3lappig, auf dem Rücken gekielt; Seitenlappen halbaufrecht, abgerundet; Mittellappen eiförmig, stumpf, an den Rändern gekerbt. Säule 0,2–0,3 cm lang, schlank, gekrümmt, im Querschnitt halbkreisrund, am Gipfel 3lappig.
Verbreitung: Von Mexiko bis Guatemala; ziemlich häufige Pflanze in Regenwäldern und trockenen Wäldern; bis 3500 m.
Geschichte: Die Pflanze wurde 1828 von dem für die Firma Loddiges sammelnden M. Deppe bei Xalapa in Mexiko entdeckt. G. Loddiges beschrieb sie als *Stelis* 1830 im »Botanical Cabinet«. H.G. Reichenbach versetzte sie 1861 (Walpers »Annales Botanices«) zu *Physosiphon*.
Synonyme: Stelis tubatus Lodd.; *Physosiphon guatemalensis* Rolfe.

Platystele Schltr.

Tribus: Epidendreae
Subtribus: Pleurothallidinae

Kleine, rasig oder etwas büschelig wachsende Epiphyten mit sehr kurzen, 1blättrigen Stämmen. Blütenstände gipfelbürtig, schlank, traubig, meistens mehr oder weniger dicht vielblütig. Brakteen durchsichtig. Blüten klein. Sepalen untereinander ähnlich, etwas abstehend, länglich, stumpf oder kurz langspitzig. Petalen den Sepalen nicht unähnlich. Lippe winzig, breit-eiförmig bis fast kreisrund, kurz langspitzig, am Grunde von einer unauffälligen Querleiste durchzogen. Säule sehr kurz, ohne Fuß, oben verbreitert; Pollinien 2, im Umriß schief-elliptisch.
Umfang und Verbreitung: Ein halbes Dutzend Arten; in Mittel- und Südamerika.
Ableitung des Namens: Aus dem Griechischen »platys« = breit und »stele« = Säule.
Anmerkung: R. Schlechter begründete die Gattung 1910 in Fedde, »Repertorium«. Ihre Arten erinnern in der Tracht an gewisse Arten von *Pleurothallis* und *Masdevallia*. Manche Autoren (z.B. L.O. Williams) betrachten *Platystele* mit *Pleurothallis* sogar identisch. Die Gattung unterscheidet sich aber von *Pleurothallis* durch die kurze, kräftige Säule, die ungeteilte Lippe ohne Schwiele und durch die fast gleiche Länge von Sepalen und Petalen.
Typus-Art: P. bulbinella Schltr.
Kultur: Wie für *Pleurothallis* angegeben.

Platystele stenostachya (Rchb. f.) Garay

Blätter des kleinen, büscheligen Epiphyten bis 3,5 cm lang und 0,5 cm breit, verkehrteiförmig, auf der Oberseite gefurcht, schräg-aufrecht abstehend. Blütenstand blattachselbürtig, kürzer als das entsprechende Blatt, traubig, wenigblütig; Brakteen an der Basis scheidig. Blüten winzig, der Reihe nach an der sich verlängernden Achse aufblühend: Sepalen und Petalen gelblichbraun; Lippe dunkelbraun, mit goldener oder weißer Behauchung. Sepalen 0,12–0,14 cm lang, 0,1 cm breit, elliptisch, spitz; die seitlichen bis zur Mitte miteinander verwachsen. Petalen 0,1 cm lang, 0,03 cm breit, schmal-elliptisch, spitz. Lippe sehr fleischig, 0,1 cm lang, 0,05 cm breit, elliptisch-riemenförmig, dicht mit Papillen besetzt. Säule äußerst kurz, mit zwei verkehrtbirnenförmigen Pollinien.
Verbreitung: Häufig von Mexiko bis nach Panama, Venezuela und Kolumbien.
Geschichte: Wie viele Arten mit weitem Verbreitungsgebiet wurde auch diese unter verschiedenen Namen und sogar in drei verschiedenen Gattungen beschrieben. H.G. Reichenbach veröffentlichte die Art 1844 (»Linnaea«) als *Pleurothallis* unter Zugrundelegung einer Aufsammlung von Liebold bei Temperirtes in Mexiko.

Kürzlich wurde sie von L. Garay zu *Platystele* gestellt (»Caldasia« 1962).
Synonyme: Pleurothallis stenostachya Rchb. f.; *P. dubia* Rchb. f.; *P. minutiflora* Wats.; *P. myriantha* Lehm. et Kraenzl.; *P. lankesteri* Rolfe; *Humboldtia dubia* (Rchb. f.) O. Kuntze; *H. stenostachya* (Rchb. f.) O. Kuntze.

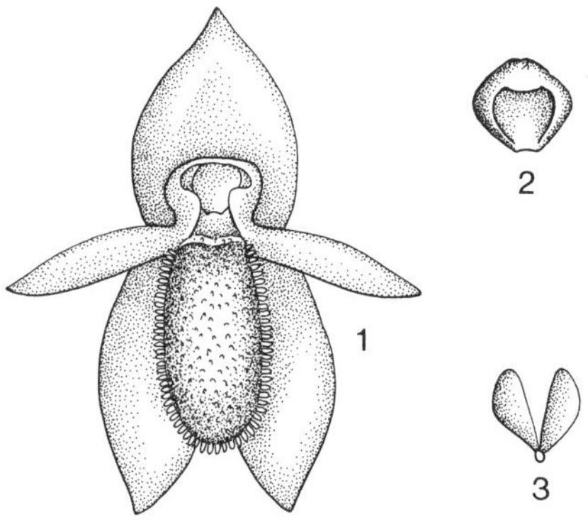

Platystele stenostachya
1 = Blüte von vorn (× 17½)
2 = Antherenkappe (× 36)
3 = Klebscheibe und Pollinien (× 36)

Pleione D. Don

Tribus: Epidendreae
Subtribus: Coelogyninae

Kleiner Epi- oder Lithophyt. Stämme pseudobulbenartig, gebüschelt, einjährig, meistens etwas warzig, am Gipfel 1–2blättrig. Blätter längsgefaltet, meistens vor der Blüte abfallend. Blüten 1–2 je Stamm, kurzlebig, groß und augenfällig, kurz gestielt. Sepalen und Petalen frei, schmal, einander ähnlich. Lippe undeutlich 3lappig, etwas trompetenförmig, die Säule umgreifend, auf der Platte mit zwei bis neun ganzen oder eingeschnittenen Leisten. Säule schlank, lang, am Gipfel erweitert; Pollinien 4.
Umfang und Verbreitung: Ungefähr 10 Arten, in Nord-Indien, China und Südostasien. Sie wachsen in Höhenlagen zwischen 900 und 3300 m in Wäldern mit hohen Niederschlägen. Ihre Blätter fallen im Herbst ab, wenn die Pseudobulben ihre volle Reife erlangen, die das Überstehen des folgenden, strengen Winters möglich machen.
Ableitung des Namens: Nach Pleione, der Mutter von Pleiaden der griechischen Mythologie, die durch Zeus in eine Sternengruppe verwandelt wurde.
Anmerkung: D. Don begründete die Gattung 1825 in seinem »Flora Nepalensis Prodromus«. Sie ist nahe mit *Coelogyne* verwandt, und ihre vor 1825 beschriebenen Arten gehörten zu dieser Gattung. Die Unterschiede zu *Coelogyne* liegen in den charakteristisch geformten, hinfälligen Pseudobulben, die geringere Blütenzahl und die Form der Lippe. Die letzte Bearbeitung von *Pleione* erfolgte durch P. F. Hunt und C. G. Vosa (»Kew Bulletin« 1971). Sie unterscheidet sich von früheren Bearbeitungen durch die Reduktion der Gattung auf nur 9 Arten; viele bekannte Arten wurden in die Synonymie verwiesen, z. B. *P. bulbocodioides* umfaßt jetzt die in der Kultur weitbekannten Namen *P. formosana, P. pricei* und *P. limprichtii,* neben anderen.
Typus-Art: P. humilis D. Don.
Kultur: Substrat A. Mindesttemperatur 5–7 °C. Im Sommer sollte die Temperatur, wenn möglich, 25 °C nicht übersteigen. Herbstblühende Arten wie *P. lagenaria* sollten nach dem Abblühen umgetopft und dann bis zum Erscheinen der neuen Schosse kühl und trocken gehalten werden. Danach verlangen die Pflanzen vorsichtiges Gießen und einen warmen, schattigen Standort; wenn die Blätter dann voll entwickelt sind, hält man sie wieder kühl und endlich nach dem Laubfall völlig trocken. Alle anderen Arten werden umgetopft, wenn die Sprosse 1–2 cm hoch sind. Wasser wird man erst geben, wenn die Wurzeln erscheinen, und wenn dann nur vorsichtig. In der Wachstumsperiode verlangen sie Luftfeuchtigkeit und leichten bis mittleren Schatten. Nach dem Laubfall wird man auch diese Arten kühl und trocken aufbewahren.

Pleione bulbocodioides (Franch.) Rolfe

Pseudobulben der epi- oder lithophytisch wachsenden Pflanze 2,5 cm lang, 2,5–4 cm im Durchmesser, birnenförmig, sich allmählich in einen schnabelartigen, 1blättrigen Gipfel verschmälernd, in dichten Gruppen angeordnet. Blätter bis über 25 cm lang, 3–6,5 cm breit, schmal-elliptisch-lanzettlich oder verkehrtlanzettlich, vorn spitz. Blütenstand 7–18 cm hoch, zugleich mit dem jungen Blatt erscheinend. Blüten bis 8 cm breit: Sepalen und Petalen rosa bis rosenrot; Lippe weiß bis rosa (ihre Kiele gelb oder weiß), stark hellbraun bis rosapurpurn getüpfelt. Sepalen bis 4,8 cm lang und 1 cm breit, schmal-länglich, spitz. Petalen bis 4,5 cm lang und 1 cm breit, schmal-verkehrtlanzettlich und leicht sichelförmig, spitz. Lippe bis 5 cm lang und 4 cm breit, beinahe eiförmig, schwach 3lappig; Seitenlappen aufrecht über der Säule stehend; Mittellappen breit länglich-kreisrund, an den Rändern ausgebissen-gezähnelt oder gewimpert; Platte mit vier bis sechs Kielen, die sich bis zur Basis des Mittellappens erstrecken. Säule 3 cm lang, weiß und mit rosa Antherenkappe.
Verbreitung: Tibet, China und Formosa; zu finden auf moosbewachsenen Felsen und Ästen; in 1200–2900 m.
Geschichte: Die Pflanze wurde von Père David in Tibet gefunden und 1888 von A. Franchet in der Gattung *Coelogyne* in »Nouvelle Archives du Museum d'Histoire Naturelle«, Paris, veröffentlicht. R. Rolfe versetzte sie 1903 nach *Pleione* (»Orchid Review«).
Anmerkung: P. bulbocodioides ist eine sehr variable Art mit einem großen Verbreitungsgebiet. Kein Wunder, daß sie für verschiedene Gebiete getrennt beschrieben wurde und daß man die Pflanze in der Kultur unter verschiedenen Namen findet. Nach P. Hunt und C. Vosa (»Kew Bulletin« 1971) muß man sie alle als Formen der gleichen Art betrachten. Für den praktischen Gebrauch sollte man Synonyme wie *P. limprichtii, P. formosana,* und *P. pricei* als Varietäten oder Formen von *P. bulbocoioides* betrachten. Die große Variationsbreite der Art läßt sich zum Teil durch Polyploidie erklären, die man in Pflanzen, kultiviert als *P. limprichtii* und *P. pogonoides,* nachweisen konnte. Die Art läßt sich von anderen Arten der Gattung durch ihre spitzen Sepalen und Petalen und auch dadurch unterscheiden, daß die Blüten bei ihr zugleich mit den unreifen Blättern erscheinen (Proteranthie).
Synonyme (in Auswahl): *P. delavayi* (Rolfe) Rolfe; *P. leroyi* (Rolfe) Schltr.; *P. pricei* Rolfe; *P. speciosa* Ames et Schltr.; *P. limprichtii* Schltr.; *P. smithii* Schltr.; *P. fargesii* Gagnep.; *P. formosana* Hayata.

Pleione forrestii Schltr.

Pseudobulben der lithophytischen Pflanze 2,8 cm lang, 2,5 cm breit, kegel- bis birnenförmig. Blätter bis 15 cm lang, 1,5–4 cm breit, schmal-elliptisch-lanzettlich, vorn spitz. Blütenstand 7–10 cm hoch, im blattlosen Zustand erscheinend; Brakteen länger als der Fruchtknoten. Blüten aufrecht, 5,5 cm breit: gelb bis orange; die Lippe braun gefleckt. Sepalen 4,5 cm lang, 1–1,5 cm breit, lanzettlich, stumpflich. Petalen 4,4 cm lang, 0,9 cm breit, verkehrtlanzettlich, stumpflich. Lippe 3,4 cm lang und breit, kreisrund, schwach 3lappig, ausgerandet; Seitenlappen kurz, abgerundet; Mittellappen breit-nierenförmig, an den Rändern gefranst; Platte mit sechs unregelmäßig gewellten Kielen. Säule 3,5 cm lang, gekrümmt, gelb.

Verbreitung: China (Yunnan) und Birma; auf moosbewachsenen Felsen und Klippen zu finden: bis zu 2700 m.
Geschichte: Diese reizende gelbblühende Orchidee wurde von George Forrest im Tali-Gebirge in Yunnan gefunden und von R. Schlechter 1912 nach ihm benannt (»Notes of the Royal Botanic Garden«, Edinburgh).
Anmerkung: Diese Art ist innerhalb der Gattung immer leicht durch ihre gelben Blüten (im Gegensatz zu Rosa und Weiß) anzusprechen.

Pleione hookeriana (Lindl.) B.S. Williams

Pseudobulben der epi- oder lithophytisch wachsenden Pflanze 3 cm lang und 1,5 cm im Durchmesser, kegelförmig. Blätter nach der Blüte ausdauernd, bis 15 cm lang und 3 cm breit, elliptisch-lanzettlich, vorn spitz, unten allmählich verschmälert. Blütenstand bis 12 cm hoch, mit den jungen Blättern erscheinend; Brakteen röhrig, stumpf oder schief abgeschnitten. Blüten bis 6 cm breit: Sepalen und Petalen rosa; Lippe weiß bis rosa, stark braun bis purpurn getüpfelt und in der Mitte mit einem aus Leisten gebildeten gelben Band (am Gipfel oft rosa oder purpurn). Mittlere Sepale elliptisch-länglich bis verkehrtlanzettlich, stumpf, 2,5–3 cm lang, 0,7–1,2 cm breit; die seitlichen länglich und schwach sichelig gekrümmt, spitz. Petalen 2,5–3,3 cm lang, 0,3–0,7 cm breit, verkehrtlanzettlich, abstehend. Lippe 2,5–4 cm lang, 3,5–4 cm breit, nierenförmig, schwach 3lappig, mit gewimperten Rändern; Seitenlappen abgerundet, aufrecht über der Säule stehend; Mittellappen an der Spitze ausgerandet; Platte mit sechs bis sieben bärtigen Leisten. Säule am Gipfel getüpfelt, weiß.
Verbreitung: Indien (Assam und Sikkim), Nepal, Bhutan, Thailand und Laos; in Höhenlagen zwischen 2100 m und 3900 m.
Geschichte: Sir Joseph Hooker sammelte die Art in der Umgebung von Darjeeling. J. Lindley benannte sie nach ihm, als er sie unter dem Gattungsnamen *Coelogyne* 1854 beschrieb (»Folia Orchidacea«). B.S. Williams versetzte die Art 1885 (»Orchid Growers' Manual«) hierher.
Synonyme: Coelogyne hookeriana Lindl. *Pleione laotica* Kerr.

Pleione humilis (Sm.) D. Don

Pseudobulben der epi- oder lithophytisch wachsenden Orchidee 3,5 cm lang, 2 cm breit. Blätter bis 26 cm lang und 4,5 cm breit, verkehrtlanzettlich, spitzlich. Blütenstand sehr kurz vor den Blättern erscheinend; Schaft mit grünen Scheiden bekleidet. Blüten aufrecht, bis 8,5 cm breit: weiß; Lippe stark dunkelpurpurn, karminrot oder gelborange getüpfelt. Sepalen 3,3–4,5 cm lang, 0,7–1,3 cm breit, schmal länglich bis verkehrtlanzettlich, spitzlich. Petalen 3,5–4,6 cm lang, 0,5–0,7 cm breit, schmal-verkehrtlanzettlich, stumpf. Lippe 4 cm lang, 3 cm breit, elliptisch, an den Rändern lang bewimpert, mit den Seiten über die Säule gebogen, schwach 3lappig, an den Rändern zerfranst oder gezähnt; Mittellappen abstehend, an den Rändern etwas zurückgebogen; Platte mit sechs bis sieben bärtigen Leisten. Säule weiß, oben purpurn getüpfelt.
Verbreitung: Sikkim, Nepal und Birma; in dichten Moospolstern wachsend; in Höhenlagen zwischen 1050 und 2400 m.
Geschichte: J.E. Smith beschrieb im Jahre 1806 die von F. Buchanan-Hamilton in Nepal gesammelte Pflanze in der Gattung *Epidendrum* (»Exotic Botany«). Auf dem Umweg über die Gattung *Coelogyne* wurde sie schließlich 1825 durch D. Don (»Flora Nepalensis Prodromus«) zu *Pleione* gestellt.
Synonyme: Epidendrum humile Smith; *Coelogyne humilis* (Sm.) Lindl.; *Pleione diantha* Schltr.
Anmerkung: Diese Pflanze ist mit *P. hookeriana* verwandt; sie unterscheidet sich von ihr u.a. darin, daß sie im blattlosen Zustand blüht. Von *P. bulbocoides* unterscheiden sich beide Arten durch den Besitz von sechs oder sieben Kielen auf der Lippe im Gegensatz zu vier oder fünf.

Pleione maculata (Lindl.) Lindl.

Pseudobulben dicht gestellt, 3 cm lang und 3 cm im Durchmesser, kurz-zylindrisch bis kegelig, grün und braun gezeichnet, mit kleinen weißen Warzen bedeckt, oben unvermittelt schnabelartig zusammengezogen, 2blättrig. Blätter bis 26 cm lang und 3 cm breit, elliptisch-lanzettlich bis verkehrtlanzettlich, vorn spitz. Blütenstand 5–8 cm hoch, am Grunde der blattlosen Pseudobulben erscheinend; Schaft und die grundständige Scheide nicht warzig. Blüten bis 6 cm breit: Sepalen und Petalen cremeweiß; Lippe am Grunde violett, darüber weiß mit dunkelpurpurnen Flecken an den Rändern des Mittellappens (seine Leisten unten weiß, oben gelb). Sepalen 3,5 cm lang, 0,7 cm breit, schmal-länglich-lanzettlich, spitz. Petalen 3 cm lang, 0,6 cm breit, schmal-lanzettlich, spitz. Lippe 2–3 cm lang, 2,5–3,5 cm breit, länglich, 3lappig; Seitenlappen etwas gestutzt, über die Säule gebogen; Mittellappen an den Rändern gewellt und ausgebissen; Platte mit fünf bis sieben sich bis zum Gipfel erstreckenden stark gekerbten Leisten versehen. Säule schlank, keulenförmig, am Gipfel ausgebissen und gezähnt.
Verbreitung: Assam, Sikkim, Bhutan, Birma und Thailand.
Geschichte: Unter Zugrundelegung einer von N. Wallich in Pundua (Indien) gesammelten Pflanze beschrieb J. Lindley die Art 1830 als *Coelogyne* (»Genera and Species of Orchidaceous Plants«). In Paxton's »Flower Garden« (1851) sehen wir sie dann vom gleichen Autor zu *Pleione* versetzt.
Anmerkung: Die Art ist mit *P. praecox* verwandt, besitzt aber kleinere Blüten, und die Leisten auf der Lippe erstrecken sich bis zu ihrem Gipfel. Darüber hinaus sind die Scheiden des Blütenstandes nicht warzig.
Synonyme: Coelogyne maculata Lindl.; *Pleione diphylla* Lindl.; *Gymnostylis candida* Wall. ex Pfitzer.

Pleione praecox (Sm.) D. Don

Pseudobulben der epi- oder lithophytisch wachsenden Pflanze 2,2 cm lang, 1,5 cm breit, gedrungen zylindrisch, braun, mit grünen Warzen besetzt, oben unvermittelt in einen schnabelartigen Gipfel zusammengezogen, nicht selten von den netzartigen Adern alter, verwitterter Blattscheiden umschlossen, am Gipfel 2blättrig. Blätter bis 20 cm lang, 3–6 cm breit, schmal-elliptisch-lanzettlich, vorn spitz. Blütenstand bis 13 cm hoch, am Grunde blattloser Pseudobulben erscheinend; Schaft am Grunde mit warzigen Scheiden. Blüten bis 8 cm breit: weiß bis purpurnrosa; die seitlichen Sepalen auf der Außenseite mit einem bräunlichen Mittelstreifen; Lippe weiß und mit violetten Streifen am Grunde und mit violetten Fleckchen an den oberen Rändern (Leisten der Platte unten weiß, oben gelb). Sepalen 4,5–6,5 cm lang, 0,9–1,2 cm breit, schmal-länglich-lanzettlich, spitz. Petalen 4–5 cm lang, 0,7 cm breit, schmal-lanzettlich und etwas sichelig, spitz. Lippe 5 cm lang, 3 cm breit, länglich, 3lappig; Seitenlappen unauffällig, über die Säule gebogen; Mittellappen ausgerandet, an den Rändern gefranst-gezähnt; Platte mit fünf papillösen bis auf den Mittellappen laufenden Leisten versehen. Säule schlank, in der oberen Hälfte gekrümmt, grünlichweiß, am Gipfel unregelmäßig gelappt.
Verbreitung: China, Assam, Sikkim, Nepal und Birma; auf moosbewachsenen Ästen und Felsen; in 1500–2700 m Höhe.
Geschichte: Diese Pflanze wurde von F. Buchanan-Hamilton in Nepal gefunden und 1806 von

J.E. Smith als eine *Epidendrum*-Art beschrieben (»Exotic Botany«). Später versetzte sie J. Lindley zu *Coelogyne*, und schließlich fand die Art 1825 durch D. Don ihren richtigen Platz (»Flora Nepalensis Prodromus«). *P. praecox* ist übrigens die Typus-Art der Gattung *Pleione*.
Anmerkung: Siehe auch *P. maculata*.
Synonyme: Coelogyne praecox (Sm.) Lindl.; *C. wallichiana* Lindl.; *Pleione reichenbachiana* (T. Moore et Veitch) B.S. Williams.

Pleurothallis R. Br.

Tribus: Epidendreae
Subtribus: Pleurothallidinae

Kleine bis mittelgroße epi- oder lithophytische Pflanzen mit kriechendem Rhizom. Stämme aufrecht, kurz, gegliedert, meistens 1blättrig. Blütenstände gipfelbürtig, kurz, bis sehr lang, traubig, oft gebündelt oder 1blütig. Blüten klein, gelegentlich einseitswendig. Sepalen einigermaßen untereinander ähnlich, abstehend oder rachenförmig angeordnet, in verschiedenem Grade miteinander verwachsen; die seitlichen entweder nur am Grunde oder bis fast zum Gipfel miteinander verwachsen, unten mit dem Säulenfuß ein mehr oder minder deutliches Mentum bildend. Petalen kleiner als die Sepalen. Lippe klein, einfach bis 3lappig, meistens genagelt. Säule mehr oder weniger deutlich geflügelt, meistens mit einem gut entwickelten Fuß; Pollinien 2, wachsartig ohne Stipes; Rostellum vorhanden.
Umfang und Verbreitung: Mit ungefähr 900 Arten eine der umfangreichsten Gattungen der Familie; beschränkt auf die Tropen Amerikas, am häufigsten in den Gebirgsregionen.
Ableitung des Namens: Aus dem Griechischen »pleuron« = Rippe und »thallos« = kurz, Ast; eine Anspielung auf die rippenartigen Stämme vieler büschelig wachsenden Arten.
Anmerkung: R. Brown begründete die Gattung 1813 in der 2. Auflage von Aiton's »Hortus Kewensis«. Aufgrund ihrer kleinen und verschiedengestaltigen Blüten sind die Arten dieser Gattung verhältnismäßig wenig bekannt und nur unzureichend studiert worden. Kein Wunder, daß es oft schwierig ist, neu eingeführte Pflanzen eindeutig zu bestimmen. Viele Arten sind nur unzureichend definiert und ungenau oder überhaupt noch nicht beschrieben worden. In letzter Zeit hat C. Luer es sich zur Aufgabe gemacht, die ganze Gattung monographisch zu bearbeiten. Unter dem Titel »Icones Pleurothallidinarum« soll seine Monographie serienweise in der Zeitschrift »Selbyana« veröffentlicht werden; einige Teile sind bereits erschienen. *Pleurothallis* ist mit *Masdevallia* verwandt; diese besitzt aber durchwegs größere Blüten und eine ausgeprägte Kelchröhre. Die Untergliederung der Gattung durch E. Pfitzer (in Engler und Prantl, »Natürliche Pflanzenfamilien« 1897) ist nach P. Allen (»Flora of Panama« 1949) »völlig künstlich und unmöglich zu benutzen«.
Typus-Art: P. ruscifolius (Jacq.) R. Br.
Synonyme: Kraenzlinella O. Kuntze;
Kultur: Substrat A oder montiert. Mindesttemperatur im Winter 12–15 °C. Obgleich die Gattung so umfangreich ist, kann man fast sämtliche Arten unter gleichen Bedingungen kultivieren. Die meisten gedeihen gut in Töpfen oder Schalen; aber kriechende Arten sollte man besser auf Kork- oder Baumfarnblöcke montieren. In der Wuchsperiode verlangen sie gute Beschattung, Luftfeuchtigkeit und viel Wasser im Wurzelballen; sobald die neuen Blätter völlig ausgewachsen sind, verlangen die Pflanzen nur sehr wenig Wasser; allerdings sollten sie niemals völlig trocken stehen.

Pleurothallis bivalvis Lindl.

Stämme des mittelgroßen, büschelig wachsenden Epiphyten bis 20 cm lang, aufrecht, stielrund, mit zwei grauen oder braunen angepreßten, röhrigen Scheiden bekleidet. Blätter bis 16 cm lang und 5 cm breit, aus herzförmigem Grunde eiförmig, vorn langspitzig. Blütenstand sehr kurz, mit 1–4 Blüten (der Reihe nach erscheinend), an der Basis mit einer braunen Scheide. Blüten mittelgroß: Sepalen hell grüngelb oder bräunlichpurpurn; Petalen kastanienbraun; Lippe rot oder kastanienbraun, an der Basis weiß. Mittlere Sepale 1,9 cm lang, 1,1 cm breit, elliptisch-eiförmig, spitzlich; die seitlichen 1,6 cm lang, 1 cm breit, miteinander verwachsen, stumpf. Petalen 1,2 cm lang, 0,1 cm breit, linealisch, sichelig gebogen, an den Rändern gewimpert. Lippe 1,1 cm lang, 0,6 cm breit, eiförmig-elliptisch, stumpflich, an den Rändern fein gezähnt; Platte am Grunde mit einer rundlichen, glänzenden Stelle. Säule 0,2 cm lang, gestutzt, orangefarbig und braun behaucht; Fuß der Säule mit Papillen besetzt.
Verbreitung: Kolumbien und Venezuela.
Geschichte: Die Pflanze wurde in offenen Wäldern bei Chipuará in Merida von J. Linden gefunden und 1846 von J. Lindley in seiner Arbeit »Orchidaceae Lindenianae« beschrieben.
Synonym: Humboldtia bivalvis (Lindl.) O. Kuntze.

Pleurothallis ciliaris (Lindl.) L. O. Williams

Stämme des kleinen, 5–14 cm hohen, rasig wachsenden Epiphyten dünn, 3–8,5 cm lang, zickzackartig, am Gipfel 1blättrig, verdeckt von tütenförmigen Scheiden; diese an den oberen Rändern und entlang der Rippen bewimpert. Blätter 2–6,5 cm lang, 0,35–1,3 cm breit, lanzettlich, linealisch oder länglich-elliptisch, vorn spitz oder spitzlich, lederig, purpurgrün. Blütenstände zu mehreren in Büscheln angeordnet, bis 2,5 cm lang, traubig, armblütig. Blüten sehr klein: gelbgrün bis rotpurpurn, purpurrot getüpfelt. Mittlere Sepale 0,4 cm lang und 0,2 cm breit, länglich-elliptisch, spitzlich, an den Rändern gewimpert; die seitlichen 0,35 cm lang und 0,3 cm breit, zu einer kreisrunden Lamina vereinigt, oben zurückgebogen, an den Rändern gewimpert. Petalen 0,15 cm lang, 0,05 cm breit, keilförmig bis länglich-quadratisch, abgerundet, an den Rändern unregelmäßig gezähnt und gewimpert. Lippe nur 0,2 cm lang und 0,1 cm breit, länglich-spatelig, vorn abgerundet, gebogen, am Grunde jederseits mit einem winzigen, mammillösen Öhrchen, an den Rändern gewimpert; Platte im unteren Drittel mit einer linealischen, vorn gegabelten Schwiele. Säule dünn, 0,2 cm lang, zurückgekrümmt.
Verbreitung: Von Mexico bis Costa Rica; in Wäldern und Kaffeeplantagen; bis 1300 m.
Geschichte: Die von der Firma Loddiges aus Mexiko importierte Pflanze wurde 1838 von J. Lindley im »Botanical Register« unter dem Gattungsnamen *Specklinia* veröffentlicht. L.O. Williams versetzte sie 1942 (»Caldasia«) in die heutige Gattung.
Anmerkung: Diese Pflanze läßt sich immer leicht durch ihre flaumig behaarten und typisch gefärbten Blüten ansprechen.
Synonym: Specklinia ciliaris Lindl.

Pleurothallis crenata Lindl.

Stämme der kleinen, bis 15 cm hohen, rasig wachsenden oder kriechenden Pflanze bis 1 cm lang, am Gipfel 1blättrig. Blätter 4,5–13 cm lang, 1–2,7 cm breit, breit- bis schmal-lanzettlich, vorn spitz oder stumpf, unten gestielt. Blütenstand meistens halb so lang wie die Blätter 1– bis mehrblütig; Schaft und Achse stielrund. Blüten klein: mattgelb, purpurn getüpfelt; Petalen und Lippe purpurn berandet; Säule weiß. Sepalen 1,1–1,8 cm lang, 0,15–0,35 cm breit, lanzettlich, spitz, abstehend, auf dem Rücken gekielt, vorn sehr fein papillös; die seitlichen bis zur Mitte mit-

einander verwachsen. Petalen 0,4–0,45 cm lang, 0,15–0,2 cm breit, länglich-lanzettlich, etwas geigenförmig, spitz. Lippe 0,45–0,5 cm lang, 0,15–0,2 cm breit, länglich-lanzettlich, stumpf oder spitzlich, mit den fleischigen Seiten aufrecht; Platte dicht warzig-papillös.
Verbreitung: Costa Rica, Mexiko und Panama.
Geschichte: P. crenata wurde von J. Lindley 1846 aufgrund einer von der Firma Loddiges aus Mexiko importierten Pflanze im »Gardeners' Chronicle« beschrieben.
Synonyme: Masdevallia aperta Kraenzl.; *Pleurothallis aperta* (Kraenzl.) Ames; *P. hamata* Ames; *P. hunterana* Schltr.

Pleurothallis endotrachys Rchb. f.

Stämme des mittelgroßen Epiphyten gebüschelt, nur 1–2 cm lang, kräftig, mit Längsfurchen, am Gipfel 1blättrig. Blätter 6–22 cm lang, 1,4–3 cm breit, verkehrtlanzettlich, fleischig, vorn stumpf oder stumpflich und mit drei Zähnchen. Blütenstand aufrecht, 12–35 cm lang, traubig, wenig- bis vielblütig; Brakteen 0,5–1 cm lang, gefaltet. Blüten nacheinander erscheinend, fleischig: rot oder orangerot. Mittlere Sepale 1,6–2 cm lang, 0,6 cm breit, eiförmig-lanzettlich, spitzlich; die seitlichen verkehrtlanzettlich, spitzlich, in der unteren Hälfte miteinander verwachsen und ein seichtes Mentum bildend; alle Sepalen auf der inneren Oberfläche papillös bis fein warzig. Petalen klein, nur 0,5 cm lang und 0,1 cm breit, schmal-länglich, abgerundet, innen papillös. Lippe gekrümmt, 0,5 cm lang, 0,2 cm breit, fleischig, länglich, spitzlich; in Nähe der Ränder mit je einer Längsleiste. Säule gekrümmt, oben erweitert und mit gezähnelten Flügeln; Säulenfuß 0,3 cm lang.
Verbreitung: Von Mexico nach Panama, Kolumbien und Venezuela; auf den Stämmen großer Bäume in Nebelwäldern; von 1300–2500 m.
Geschichte: Die Pflanze wurde von Endres in Costa Rica gesammelt und 1877 von H. G. Reichenbach in der Zeitschrift »Linnaea« beschrieben.
Synonyme: Humboldtia endotrachys (Rchb. f.) O. Kuntze; *Kraenzlinella platyrhachis* (Rolfe) Schltr.; *Masdevallia platyrhachis* Rolfe; *Pleurothallis platyrhachis* (Rolfe) Rolfe; *P. pfavii* Rchb. f.

Pleurothallis glandulosa Ames

Stämme des kleinen, in dichten Büscheln wachsenden, 2–5 cm hohen Epiphyten kaum wahrnehmbar, nur 0,5 cm lang, 1blättrig. Blätter aufrecht, 2–4 cm lang, 0,1–0,3 cm breit, schmal-linealisch oder linealisch-lanzettlich, vorn stumpf, lederig. Blütenstand 1,5–4,5 cm lang, 1–2 blütig; Schaft sehr dünn, drüsig-flaumig behaart; Brakteen 0,3 cm lang, trockenhäutig, mit aufgesetztem Spitzchen, außen papillös. Blüten sehr klein: rötlichgelb oder grünlichgelb. Sepalen an den Rändern mit papillenartigen Drüsen besetzt; die mittlere 0,4–0,8 cm lang, 0,15–0,3 cm breit, elliptisch oder schmal-lanzettlich, spitz oder spitzlich; die seitlichen 0,4–0,8 cm lang, 0,2 cm breit, länglich-lanzettlich, in der unteren Hälfte miteinander verwachsen. Petalen 0,2–0,3 cm lang, 0,2 cm breit, verkehrteiförmig, asymmetrisch, oben mit aufgesetztem Spitzchen, am vorderen Rande oben verbreitert. Lippe kurz genagelt, gebogen, 0,2–0,4 cm lang, 0,1–0,2 cm breit, aus herzförmigem Grunde linealisch-länglich oder lanzettlich, vorn abgerundet oder stumpf und bewimpert, an der Basis mit halbaufrechten Zähnen; Platte mit Drüsen besetzt. Säule dünn, 0,3 cm lang, am Gipfel 3zähnig.
Verbreitung: Von Mexiko bis Panama; häufig lokalisiert in Wäldern; bis zu 1000 m.
Geschichte: P. glandulosa wurde 1923 von O. Ames in seinen »Schedulae Orchidianae« beschrieben; zugrunde lag eine von C. W. Powell im Juna Grande Range in Panama gesammelte Pflanze.
Synonym: Pleurothallis vittariaefolia Schltr.

Pleurothallis grobyi Lindl.

Stämme des kleinen, 3–15 cm hohen Epiphyten sehr kurz, nur 0,6 cm lang, 1blättrig. Blätter 2–7 cm lang, 0,3–1,1 cm breit, verkehrteiförmig, elliptisch-länglich oder verkehrtlanzettlich, lederig, vorn stumpf oder ausgerandet, auffällig berandet. Blütenstand einzeln, 2,5–15 cm lang, locker armblütig; Schaft sehr dünn, zickzackartig, purpurviolett. Blüten veränderlich, sehr klein: hellgrün oder gelb, mit rotpurpurner Zeichnung. Mittlere Sepale 0,3–1 cm lang, 0,15–0,3 cm breit, eiförmig-länglich oder länglich-lanzettlich, langspitzig, konkav; die seitlichen 0,3–1,1 cm lang, bis 0,6 cm breit, miteinander verwachsen und eine eiförmig-elliptische, vorn 2zähnige Lamina bildend. Petalen 0,1–0,25 cm lang, ungefähr 0,1 cm breit, verkehrteiförmig bis lanzettlich, stumpf oder spitz. Lippe 0,2–0,3 cm lang, 0,1 cm breit, linealisch-riemenförmig oder länglich, vorn abgerundet oder stumpf, gerieft; Platte auf den Seitennerven schwach gekielt. Säule 0,3 cm lang, nach oben zu etwas geflügelt und am Gipfel 3zähnig.
Verbreitung: Westindische Inseln, Mexiko, Mittel- und Südamerika; häufige Pflanze in dichten Wäldern; bis 1500 m.
Geschichte: Die Pflanze wurde erstmals aus Demerara von J. Bateman importiert; er benannte sie zu Ehren von Lord Grey of Gosby, der sich als eifriger und geschickter Orchideenpfleger einen Namen gemacht hatte. Veröffentlicht wurde sie von J. Lindley 1835 im »Botanical Register«; seiner Abbildung lag eine von der Firma Loddiges in Hackney kultivierte Pflanze zugrunde.
Synonyme: Pleurothallis marginata Lindl.; *P. choconiana* S. Watson.

Pleurothallis lanceana Lodd.

Stämme des kleinen, büscheligen Epiphyten kurz, gefurcht, am Gipfel 1blättrig. Blätter bis 9 cm lang und 3 cm breit, länglich-elliptisch, fleischig, steif, vorn stumpf. Blütenstände 1–3, der Reihe nach erscheinend, länger als die Blätter, traubig, vielblütig. Blüten klein: Sepalen senfgelb (die mittlere mit purpurnen Flecken); Petalen goldgelb, rosa behaucht; Lippe gelblichbraun, mit kastanienbraunen Tüpfeln. Mittlere Sepale bis 1 cm lang und 0,15 cm breit, linealisch, spitz, in der oberen Hälfte verdickt; die seitlichen spitz, flaumig behaart, fast bis zur Spitze miteinander verwachsen, eine 1 cm lange und 0,5 cm breite, konkave Lamina bildend. Petalen ungefähr 0,3 cm lang, eiförmig, spitz, an den Rändern zerfetzt. Lippe kurz genagelt, 0,3 cm lang, 0,2 cm breit, elliptisch, abgerundet, fleischig und überall papillös. Säule dünn, 0,2 cm lang, gekrümmt.
Verbreitung: Guatemala, Costa Rica, tropisches Südamerika und Trinidad; in Nebelwäldern; zwischen 1500 und 2000 m.
Geschichte: Die nach ihm benannte Pflanze wurde erstmals von Lance 1831 in Surinam gesammelt, G. Loddiges beschrieb sie im gleichen Jahr in »Loddiges' Botanical Cabinet«.
Anmerkung: Diese Art läßt sich durch ihre fleischigen Blätter und den dichten Blütenstand leicht ansprechen. Man beachte auch, daß die seitlichen Sepalen bis zur Spitze miteinander verwachsen sind; die mittlere Sepale ist an den Rändern zerfetzt.
Synonyme: Humboldtia ciliata (Knowl. et Westc.) O. Kuntze; *Pleurothallis ciliata* Knowl. et Westc.; *P. plumosa* Lindl.; *P. crassifolia* Fokke; *P. minax* Rchb. f.; *P. huebneri* Schltr.

Pleurothallis loranthophylla Rchb. f.

Stämme des büscheligen Epiphyten bis 10 cm lang, aufrecht, stielrund, am Gipfel 1blättrig.

Blätter bis 10 cm lang und 3,5 cm breit, länglich-elliptisch, halbaufrecht, lederig, vorn 3zähnig. Blütenstände einzeln oder mehrere, traubig, locker mehrblütig, von einer großen, zusammengepreßten Scheide begleitet. Blüten klein: hellbraun, öfters kastanienbraun behaucht und getüpfelt; Lippe nicht selten leuchtend kastanienbraun überlaufen. Mittlere Sepale 0,8–1,1 cm lang, 0,2 cm breit, lanzettlich, spitz; die seitlichen bis zur Spitze miteinander verbunden, eine kurze 2zähnige Lamina von 0,8–1 cm Länge und 0,4 cm Breite bildend. Petalen 0,6–0,8 cm lang, 0,15–0,2 cm breit, lanzettlich, in der oberen Hälfte lang ausgezogen, Lippe 0,45–0,6 cm lang, bis 0,3 cm breit, eiförmig, vorn spitz, in der Mitte etwas zusammengezogen. Säule kurz, stielrund, gekrümmt.
Verbreitung: Kolumbien und von Venezuela südwärts bis nach Bolivien.
Geschichte: Die Herkunft der H. G. Reichenbach 1852 für seine Beschreibung in der »Botanischen Zeitung« zugrundeliegenden Pflanze ist unbekannt.
Synonyme: Rhynchopera punctata Karst.; *Pleurothallis subpellucida* Klotzsch; *P. intermedia* Schltr.; *P. punctata* (Karst.) Schltr.; *P. spathata* Schltr.

Pleurothallis octomerioides Lindl.

Stämme des mittelgroßen Epiphyten 0,1–1 cm entfernt auf dem kriechenden Rhizom stehend, 12–15 cm lang, kräftig, stielrund, am Gipfel 1blättrig, von drei bis vier röhrigen, rauhen Scheiden bedeckt. Blätter bis 12 cm lang und 2 cm breit, schmal elliptisch, vorn spitz, lederig. Blütenstände gebüschelt, wenig- bis vielblütig; Brakteen 0,3 cm lang, röhrig, bewimpert. Blüten sehr klein, fleischig: Sepalen und Petalen hellgelb; Lippe rot. Sepalen abstehend, 0,6–0,7 cm lang, 0,2 cm breit, schmal-verkehrteiförmig, stumpf; die seitlichen etwas asymmetrisch, am Grunde miteinander verwachsen und ein seichtes Mentum bildend. Petalen bis 0,6 cm lang und 0,15 cm breit, schmal-länglich-elliptisch, spitzlich. Lippe 0,3 cm lang, 0,1 cm breit, kurz genagelt, länglich, vorn abgerundet, fleischig, papillös, auf den Seitenkämmen warzig. Säule nur 0,15 cm lang, geflügelt, am Gipfel gezähnt; Fuß sehr kurz.
Verbreitung: Von Mexiko nach Panama.
Geschichte: Die Pflanze wurde von Henchman erstmals in Mexiko gesammelt und von J. Willmore in Olford kultiviert; er versorgte J. Lindley mit Exemplaren, die dessen Beschreibung im »Companion to the Botanical Magazine« 1836, zugrunde lagen.
Synonyme: Humboldtia octomerioides (Lindl.) O. Kuntze; *Pleurothallis octomeriae* Schltr.; *P. cerea* Ames.
Anmerkung: Wie sich dem Artnamen dieser Pflanze entnehmen läßt, sieht sie Arten – besonders großen – der Gattung *Octomeria* ähnlich. Besonders auffallend ist das Blütenbündel am Grunde eines langen, flachen Blattes.

Pleurothallis phalangifera (Presl) Rchb. f.

Stämme des mittelgroßen bis großen Epiphyten 12–47 cm lang, schlank, stielrund, im unteren Teil mit zwei bis drei getüpfelten, röhrigen Scheiden besetzt, am Gipfel 1blättrig. Blätter 11–17 cm lang, 4–7,5 cm breit, elliptisch-eiförmig, vorn 3zähnig, lederig, an der Basis abgerundet. Blütenstände 1–3, traubig, 15–25 cm lang, locker wenigblütig, von einer zusammengedrückten, bis 3 cm langen Scheide begleitet. Blüten für die Gattung groß, spinnenartig: purpurn. Mittlere Sepale 3,6 cm lang und 0,7 cm breit, eiförmig, oben allmählich verschmälert; die seitlichen bis nach oben miteinander verwachsen, 3,2–3,6 cm lang, 0,5–0,9 cm breit, eiförmig, langspitzig. Petalen 3,1–3,4 cm lang, 0,2–0,3 cm breit, länglich-lanzettlich, oben allmählich lang ausgezogen, an den Rändern ausgebissen. Lippe 0,5 cm lang, 0,3 cm breit, in der Mitte herabgebogen, 3lappig; Seitenlappen aufrecht, abgerundet; Mittellappen länglich, mit kurzem, aufgesetztem Spitzchen; Platte in der Mitte vertieft. Säule 0,4 cm lang, kräftig, mit kurzem Fuß.
Verbreitung: Von Venezuela und Kolumbien bis nach Peru.
Geschichte: Thaddaeus Haenke entdeckte diese Pflanze in den Bergen bei Huanuco in Peru. K. Presl beschrieb sie 1827 in seinem Werk »Reliquiae Haenkeanae« in der Gattung *Acronia.* Sie wurde 1861 von H. G. Reichenbach in »Walpers, Annales Botanices« in die Gattung *Pleurothallis* versetzt.
Synonyme: Acronia phalangifera Presl; *Humboldtia mathewesii* Lindl.) O. Kuntze; *Pleurothallis mathewesii* Lindl.; *P. bogotensis* Lindl.

Pleurothallis phyllocardia Rchb. f.

Stämme des mittelgroßen Epiphyten gebüschelt angeordnet, 10–27 cm lang, dünn, stielrund, in der unteren Hälfte mit zwei bis drei lockeren braunen Scheiden besetzt, am Gipfel 1blättrig. Blätter 5–16 cm lang, 3–7 cm breit, herzförmig, vorn langspitzig, lederig, etwas konkav. Blütenstände gebüschelt, von einer aufrechten, zusammengepreßten Scheide gestützt. Blüten einzeln der Reihe nach erscheinend, nach unten geneigt, purpurn. Mittlere Sepale 1,1–1,4 cm lang, 0,6–0,8 cm breit, länglich-eiförmig, spitz, an den Rändern zurückgerollt; die seitlichen miteinander verwachsen und eine der mittleren Sepale ähnliche Lamina bildend. Petalen 0,7–1 cm lang, 0,2 cm breit, linealisch, spitz, abstehend, an den Rändern fein gezähnt. Lippe 0,35 cm lang und breit, herzförmig-3eckig, fleischig, papillös. Platte mit zwei glatten, vertieften Stellen. Säule 1 cm lang, 2 cm breit, dick, mit sehr kurzem Fuß.
Verbreitung: Costa Rica und Panama; 2200–2500 m.
Geschichte: Die erstmals von H. Wendland in Costa Rica gesammelte Pflanze wurde von H. G. Reichenbach in seiner Arbeit »Beiträge zur Orchideenkunde Central-Amerikas« 1866 veröffentlicht.
Synonym: Pleurothallis triangulabia C. Schweinf.

Pleurothallis quadrifida
(La Llava et Lexarza) Lindl.

Stämme des mittelgroßen, 12–60 cm hohen Epiphyten 4–18 cm lang, aufrecht, stielrund, am Gipfel 1blättrig. Blätter bis 17 cm lang und 3 cm breit, linealisch bis länglich-elliptisch, vorn stumpf und ausgerandet, meistens deutlich berandet, lederig. Blütenstand einzeln, bis 45 cm lang, traubig, locker vielblütig; Schaft schlank, am Grund mit einer zusammengedrückten Scheide. Blüten nickend, durchsichtig, duftend, manchmal kleistogam: gelb oder gelbgrün. Mittlere Sepale 0,6–1,2 cm lang, 0,3–0,35 cm breit, eiförmig-länglich bis elliptisch-lanzettlich, konkav, spitzlich bis langspitzig, oben rückwärtsgebogen; die seitlichen miteinander verwachsen und eine elliptische, vorn 2zähnige, 0,5–1,2 cm lange und 0,35–0,55 cm breite Lamina bildend. Petalen kurz genagelt, 0,5–1,1 cm lang, 0,2–0,4 cm breit, länglich-lanzettlich, spitzlich. Lippe kurz genagelt, bis 0,6 cm lang und 0,3 cm breit, länglich-geigenförmig, gebogen, in der unteren Hälfte gerieft und mit aufrecht stehenden Rändern, außerdem an den Rändern gekerbt (untere Hälfte der Lippe fleischig, der vordere Teil zarter). Säule 0,2–0,4 cm lang, am Gipfel unregelmäßig gezähnt.
Verbreitung: Westindische Inseln, von Mexiko südwärts bis nach Panama; häufig Pflanze in Wäldern; bis 1500 m.

Geschichte: Die Pflanze wurde von C. de La Llava und J. de Lexarza in Mexiko auf dem Wege nach Jesus del Monte bei Vallisoleto gefunden und von ihnen in ihrem Werk »Novorum Vegetabilium descriptiones ...« 1825 als *Dendrobium* beschrieben. J. Lindley versetzte sie 1840 im »Botanical Register« in die Gattung *Pleurothallis*.
Synonyme (in Auswahl): *Pleurothallis incompta* Rchb. f.; *P. longissima* Lindl.; *P. ghiesbrechtiana* A. Rich. et Gal.

Pleurothallis secunda Poepp. et Endl.

Stämme der oft großen, sehr verschiedengestaltigen, epiphytischen oder terrestrischen Pflanze 7–80 cm lang, schlank bis kräftig, stielrund, im unteren Teil von zwei bis vier röhrigen Scheiden verdeckt. Blätter aufrecht, 9–30 cm lang, 2–13 cm breit, elliptisch oder länglich, vorn spitz bis langspitzig, lederig. Blütenstände bis zu 5, hängend, traubig, bis zu 20 cm lang, 2–9blütig; Brakteen röhrenförmig, 0,5 cm lang. Mittlere Sepale unten stehend, 0,9–1,6 cm lang, 0,3–0,5 cm breit, lanzettlich, spitz, durchscheinend gelbgrün; die seitlichen bis zur Spitze miteinander verbunden: die gebildete Lamina 1–1,6 cm lang, 0,7–1,2 cm breit, eiförmig, langspitzig, konkav, mit purpurnen Streifen. Petalen 0,8–1,5 cm lang, 0,2–0,3 cm breit, lanzettlich, langspitzig, fleischig, vorstehend, rot oder gelb. Lippe 0,25–0,4 cm lang, 0,25–0,45 cm breit, gelblich, fleischig, fast halbkreis- bis quer halbmondförmig, mit aufgesetztem Spitzchen, an den Rändern ausgebissen; Platte auf jeder Seite mit einer kegelartigen Schwiele. Säule 0,2 cm lang, 0,15 cm breit.
Verbreitung: Venezuela und von Kolumbien bis Peru.
Geschichte: Die Pflanze wurde von E. Poeppig bei Cuchero in Peru gesammelt und von ihm, gemeinsam mit S. Endlicher, 1836 in dem Werk »Nova Genera et Species Plantarum« beschrieben. Der Artname wurde gewählt, weil die Autoren irrtümlich annahmen, daß die Blüten einseitswendig stünden.
Anmerkung: Diese Art ist durch ihre hängenden, lockeren, wenigblütigen Infloreszenzen leicht anzusprechen.
Synonyme: Pleurothallis lindenii Lindl.; *Humboldtia lindenii (Lindl.)* O. Kuntze; *Humboldtia secunda* (Poepp. et Endl.) O. Kuntze; *Pleurothallis paraguensis* Ames; *P. subreniformis* Schltr.; *P. pendula* Schltr.; *P. nutans* Schltr.

Pleurothallis segoviensis Rchb. f.

Stämme des bis 22 cm hohen Epiphyten 1,5–5 cm lang, schlank, von trockenhäutigen, zusammengepreßten Scheiden fast völlig verdeckt, am Gipfel 1blättrig. Blätter aufrecht, 5–13 cm lang, 0,5–1,4 cm breit, länglich-riemenförmig, vorn stumpf und ausgerandet, lederig. Blütenstand einzeln, bis 17 cm lang, locker wenig- bis vielblütig; Schaft sehr dünn; Brakteen 0,5 cm lang, röhrenförmig, langspitzig. Blüten in der Färbung variabel: gelbgrün, mit brauner Zeichnung, bis purpurrot. Alle Sepalen am Grunde miteinander verwachsen, 0,5–1 cm lang, 0,15–0,4 cm breit; mittlere Sepale lanzettlich, spitz oder mit aufgesetztem Spitzchen; die seitlichen außerdem völlig miteinander verbunden: Lamina elliptisch, oben 2zähnig, innen behaart. Petalen asymmetrisch, 0,2–0,35 cm lang, 0,1–0,2 cm breit, länglich, stumpf oder mit aufgesetzter Spitze. Lippe kurz genagelt, 3lappig, 0,25–0,4 cm lang, ungefähr 0,25 cm breit, bogig zurückgekrümmt, kahl; Seitenlappen aufrecht, vorstehend, schief-länglich; Mittellappen länglich, vorn abgerundet; Schwielen 2, mammillös, mit zwei von den Seitenlappen bis zur Mitte der Platte laufenden Kielen. Säule 0,3 cm lang, keulenförmig, gebogen, mit kurzem Fuß.
Verbreitung: Von Mexiko bis nach Panama; in dichten Wäldern und Baumsavannen; bis 1800 m.
Geschichte: Die von A. Oersted bei Segovia entdeckte Pflanze wurde von H. G. Reichenbach 1855 in »Bonplandia« beschrieben.
Anmerkung: Diese Art läßt sich leicht daran erkennen, daß ihr Blütenstand länger ist als die Blätter, weiterhin an der typisch gestalteten Lippe mit ihren großen, parallel zum Mittellappen liegenden Seitenlappen.
Synonyme: Pleurothallis wercklei Schltr.; *P. amethystina* Ames.

Pleurothallis tuerkheimii Schltr.

Stämme des 15–70 cm hohen Epiphyten aufrecht, bis 25 cm lang, kräftig, stielrund, am Gipfel 1blättrig, von zwei tiefbraunen, glänzenden Scheiden bedeckt. Blätter 4–25 cm lang, 2–7,5 cm breit, eiförmig, länglich-elliptisch oder lanzettlich, vorn spitz, lederig. Blütenstand länger als die Blätter, bis 35 cm lang, gestützt von einer großen, zusammengepreßten Scheide. Blüten rötlichbraun und weiß, papillös. Mittlere Sepale 1,3–2,5 cm lang, 0,4–0,7 cm breit, lanzettlich, langspitzig; die seitlichen bis fast zur Spitze miteinander verwachsen: Lamina 1,3–2,7 cm lang, 0,5–0,9 cm breit, elliptisch-länglich, konkav, doppelt-langspitzig. Petalen weiß, 0,5–1 cm lang, 0,3–0,4 cm breit, länglich-eiförmig, oben abgerundet oder hutförmig. Lippe 0,6–1,1 cm lang, bis 0,3 cm breit, kurz genagelt, linealisch-lanzettlich, fleischig, am Grunde geöhrt, an den Rändern zurückgebogen; Schwiele auf der Platte sitzend, mit zwei Leisten, papillös. Säule nur 0,4 cm lang, am Gipfel 4zähnig.
Verbreitung: Von Mexiko bis Panama.
Geschichte: Die Pflanze wurde, neben vielen anderen, von H. von Tuerkheim 1907 in der Umgebung von Coban in Guatemala gefunden. R. Schlechter benannte sie ihm zu Ehren 1912 in Fedde, »Repertorium«.

Pleurothallis uniflora Lindl.

Stämme des kleinen, büscheligen, bis 7 cm hohen Epiphyten sehr kurz, mit grauen Scheiden bedeckt, am Gipfel 1blättrig. Blätter aufrecht, bis 7,2 cm lang, 1,2 cm breit, verkehrtlanzettlich oder schmal-elliptisch, vorn spitzlich, verhältnismäßig dünn. Blütenstand etwas kürzer als die Blätter, 1- bis mehrblütig. Blüten sich der Reihe nach öffnend, leuchtend orangefarben. Sepalen 0,65 cm lang, 0,3 cm breit, elliptisch-länglich, stumpf; die seitlichen bis zum obersten Drittel miteinander verwachsen. Petalen 0,25 cm lang, 0,15 cm breit, schief-verkehrteiförmig, stumpf. Lippe 0,25 cm lang, 0,15 cm breit, länglich-rhombisch, vorn abgerundet, in der Mitte fleischig verdickt, überall papillös. Säule 0,2 cm lang, stielrund.
Verbreitung: Brasilien, Guayana, Surinam und Venezuela.
Geschichte: Die Pflanze wurde von Descourtilz in Brasilien entdeckt und von J. Lindley 1836 in Hooker's »Companion to the Botanical Magazine« veröffentlicht.
Anmerkung: Durch ihre auf einem langen Schaft stehende Einzelblüte ist diese Art unverwechselbar.
Synonyme: Epidendrum marginatum L. C. Rich.; *Humboldtia uniflora* (Lindl.) O. Kuntze; *H. striata* (Focke) O. Kuntze; *Pleurothallis striata* Focke; *P. marginata* (L. C. Rich.) Cogn.

Podangis Schltr.

Tribus: Vandeae
Subtribus: Aerangidinae

Kleine Epiphyten mit sehr kurzem Stamm. Blätter wie unten beschrieben. Blütenstände viel kür-

zer als die Blätter, dicht vielblütig. Blüten durchsichtig, lang gestielt. Sepalen und Petalen untereinander ähnlich, frei, konkav. Lippe ungeteilt, konkav, gespornt; Sporn länger als die Lippe, vorn geschwollen, fast gerade. Pollinien 2; Stipites 2, mit gemeinsamer Klebscheibe.
Umfang und Verbreitung: Nur eine Art; in Kamerun, Zaire, Uganda, Tansania und Angola.
Ableitung des Namens: Aus dem Griechischen «podos« = Fuß und »angos« = Gefäß; wegen des fußähnlichen Aussehens des Sporns.
Anmerkung: R. Schlechter begründete die Gattung 1918 in den Beiheften zum »Botanischen Centralblatt«. Sie gehört zum gleichen Verwandtschaftskreis wie *Bolusiella, Diaphananthe* und *Aerangis*. Von der ersten weicht sie im Bau und in der Anordnung der Blätter wie auch in der Struktur der Blüte ab; von *Aerangis* ebenfalls durch den Aufbau der Blüte. *Diaphananthe* besitzt ebenfalls zarte, durchsichtige Blüten, ist aber verschieden in der Anlage des Spornes und durch einen anderen Bestäubungsmechanismus.
Typus-Art: P. dactyloceras (Rchb. f.) Schltr.
Kultur: Substrat A. Mindesttemperatur im Winter 12–15 °C. Am besten hält man diese kleinen Pflanzen montiert auf einem Kork- oder Baumfarnblock. Sie verlangen feuchte Luft, einigermaßen schattige Standorte und Wasser während des ganzen Jahres. Es ist ratsam, die Wurzeln zwischen dem Gießen trocken werden zu lassen; stauende Nässe ist – wie überhaupt – zu vermeiden.

Podangis dactyloceras (Rchb.f.) Schltr.

Stämme des kleinen Epiphyten bis 11 cm lang, meistens sehr kurz, am Gipfel beblättert. Blätter 4–16 cm lang, 0,5–1,2 cm breit, 2zeilig angeordnet, mehr oder weniger sichelförmig, von beiden Seiten zusammengepreßt, fleischig, vorn spitz. Blütenstände blattachselbürtig, bis zu 6 cm lang (einschließlich der Blüten), annähernd doldig, mehrblütig. Blüten glockenförmig, durchsichtig: perlenweiß, mit grüner Antherenkappe. Sepalen und Petalen 0,3–0,5 cm lang, 0,3–0,4 cm breit, elliptisch, stumpf. Lippe 0,6 cm lang, im Umriß annähernd kreisrund, konkav, an der Basis gespornt; Sporn 1,1–1,4 cm lang, mit weitem Schlund, in der Mitte zusammengezogen, an der Spitze geschwollen und meistens kurz 2lappig. Säule sehr kurz.
Verbreitung: In Westafrika von Sierra Leone bis nach Kamerun und südwärts nach Angola; auch in Uganda und Tansania.
Geschichte: Die Pflanze wurde von F. Welwitsch bei Pungo Adongo in Angola entdeckt und 1865 von H. G. Reichenbach als *Listrostachys* in »Flora« beschrieben. R. Schlechter versetzte die Art 1918 in den »Beiheften zum Botanischen Centralblatt« nach *Podangis*.
Synonym: Listrostachys dactyloceras Rchb.f.

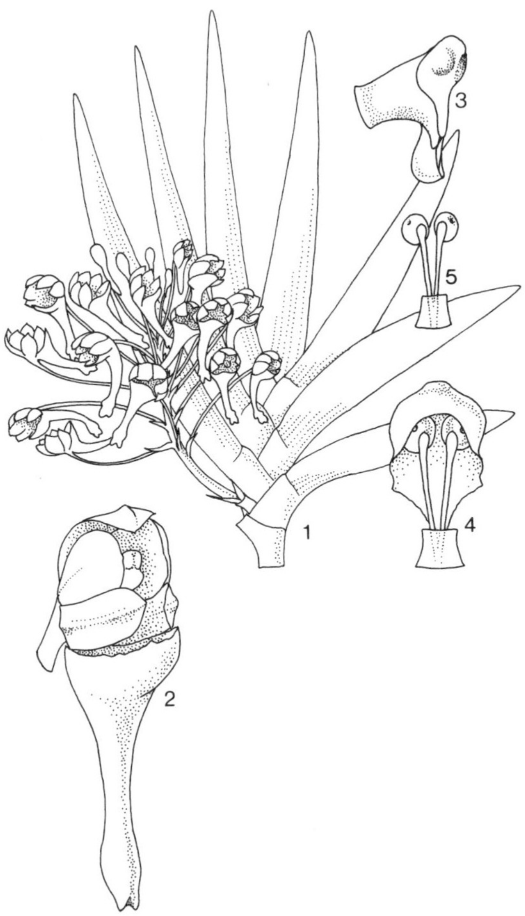

Podangis dactyloceras
1 = Pflanze (× 1/10)
2 = Blüte halb von vorn (× 3)
3 = Säule (× 4)
4 = Anthere (× 6 1/5)
5 = Klebscheibe, Stipites und Pollinien (× 4)

Polycycnis Rchb.f.
Tribus: Gongoreae

Mittelgroße Epiphyten mit sehr kurzen, bescheideten, sich zu fleischigen Pseudobulben entwickelnden, 1blättrigen Stämmen. Blütenstand seitlich am Grunde der Pseudobulben entspringend, aufrecht, traubig, locker mehr- bis vielblütig. Blüten mittelgroß bis ziemlich groß. Sepalen untereinander fast ähnlich, frei, abstehend. Petalen den Sepalen ähnlich, aber kleiner. Lippe fest dem Grunde der Säule ansitzend, abstehend, 3lappig; Seitenlappen schmal; Mittellappen rhombisch-eiförmig bis lanzettlich, spitz oder langspitzig, ungeteilt oder schwach 3lappig. Säule verlängert, schlank, gekrümmt, oben etwas keulenförmig, ohne Fuß; Pollinien 2, zylindrisch.
Umfang und Verbreitung: Etwa 7 Arten; von Panam nach Costa Rica, Kolumbien, Guayana und Peru.
Ableitung des Namens: Aus dem Griechischen »polys« = viel und »kycnos« = Schwan; eine Anspielung auf das Aussehen der Blüte.
Anmerkung: H. G. Reichenbach begründete die Gattung 1855 in »Bonplandia«. Sie unterscheidet sich von *Cycnoches* im wesentlichen durch ihre zwitterigen Blüten. In der Tracht ähnelt sie *Gongora*, besitzt aber keine so fleischige und kompliziert gebaute Lippe.
Typus-Art: P. muscifera (Lindl.) Rchb.f.
Kultur: Substrat A. Mindesttemperatur im Winter 12–15 °C. Arten mit hängenden Blütenständen pflanzt man am besten in Körbe, andere in Schalen. Die Kulturbedingungen sind ähnlich wie für *Stanhopea*. In der Wachstumsperiode soll man sie gut mit Wasser versorgen; erst wenn die Pseudobulben voll entwickelt sind, brauchen die Pflanzen wesentlich weniger.

Polycycnis barbata (Lindl.) Rchb.f.

Pseudobulben 2,5–4,5 cm lang, 1,8–2,5 cm im Durchmesser, eiförmig, längsgefurcht, am Gipfel einblättrig. Blätter 25–40 cm lang, 4–10 cm breit, elliptisch-lanzettlich, gefaltet, spitz, halbaufrecht. Blütenstände 28–32 cm lang, traubig, grundständig, bogig geneigt bis hängend, locker vielblütig; Achse fein flaumig behaart. Blüten mittelgroß: Sepalen und Petalen durchsichtig gelb mit roten Flecken; Lippe weiß und rotfleckig; Säule grün; Anthere violett. Obere Sepale 1,7–2,5 cm lang, 0,6–0,8 cm breit, lanzettlich, langspitzig; seitliche Sepalen 1,8–2,4 cm lang, 0,6–0,8 cm breit, schief-lanzettlich, am Grunde vereint, langspitzig. Petalen 1,8–2,4 cm lang, 0,3 cm breit, schmal verkehrtlanzettlich. Lippe kompliziert gebaut, kurz genagelt, am Grunde der Lamina geöhrt, 3lappig, Lippengrund mit der Säule verwachsen; Seitenlappen halbkreisförmig, aufrecht; Mittellappen eiförmig, mit aufgesetztem Spitzchen, lang flaumhaarig; Schwiele zentral, fleischig, hervorstehend, flaumig. Säule 1,8–2,2 cm lang, schlank, gebogen, keulenförmig.
Verbreitung: Costa Rica, Panama, Kolumbien, Venezuela und Brasilien.

Geschichte: Ursprünglich beschrieb J. Lindley 1849 die von J. Linden aus Kolumbien eingeführte Pflanze in der Gattung *Cycnoches* (»Journal of the Horticultural Society«, London). H. G. Reichenbach versetzte sie später (»Bonplandia« 1855) in die Gattung *Polycycnis.*
Synonyme: Cycnoches barbatum Lindl.; *Polycycnis gratiosa* Endres et Rchb.f.

Polycycnis muscifera (Lindl.) Rchb.f.

Pseudobulben des großen Epiphyten 5–6 cm lang, birnenförmig-zylindrisch, am Gipfel 1blättrig, unten von vermodernden Scheiden begleitet. Blätter gestielt, bis 37 cm lang, 12 cm breit, elliptisch, vorn spitz, längsgefaltet; Blattstiel bis 10 cm lang, gefurcht. Blütenstand seitlich, bis 60 cm lang, halbaufrecht bis gebogen, traubig, locker bis dicht vielblütig; Schaft bis 30 cm lang, flaumig behaart. Blüten mit abstehenden oder zurückgebogenen Sepalen und Petalen, nicht fleischig: hell ledergelb, braun getüpfelt, außen flaumig behaart. Sepalen bis 2 cm lang und 0,5 cm breit, länglich-lanzettlich, spitz; die seitlichen asymmetrisch. Petalen 2,2 cm lang und 0,3 cm breit, linealisch-verkehrtlanzettlich, etwas sförmig, spitz. Lippe bis 1,7 cm lang, tief 3lappig, mit einer klar abgegrenzten Hypochile; diese am Grunde mit einem Paar linealisch-sicheliger Hörner; Epichile groß, pfeil- oder eiförmig, vorn langspitzig oder spitz; Platte mit einer flaumigen, halbelliptischen Erhebung. Säule bis etwas über 2 cm lang, sehr schlank, gebogen, am Gipfel geflügelt.
Verbreitung: Von Kolumbien bis Peru.
Geschichte: J. Linden fand diese Pflanze erstmals in Kolumbien; sie wurde von der Firma Rollissons in die Kultur eingeführt. J. Lindley beschrieb sie ursprünglich in der Gattung *Cycnoches* in Paxton's »Flower Garden« (1852). Schließlich wurde die Art von H. G. Reichenbach 1855 in »Bonplandia« zur Gattung *Polycycnis* gestellt.
Synonym: Cycnoches musciferum Lindl.

Polystachya Hook.

Tribus: Polystachyeae

Kleine bis große Epiphyten, Lithophyten oder seltener terrestrische Pflanzen. Stämme einfach oder pseudobulbenartig, in Abständen gebüschelt auf dem kurzen Rhizom angeordnet, 1- bis mehrblättrig. Blütenstand traubig oder rispig, selten 1blütig, mit mehr oder minder einseitswendigen Ästen. Blüten klein, selten sonderlich augenfällig. Mittlere Sepale frei; die seitlichen größer, mit dem Fuß der Säule verwachsen und mit ihm ein meistens deutliches Mentum bildend. Petalen kleiner als die Sepalen, frei. Lippe ungeteilt bis 3lappig, in der Blüte oben stehend, meistens schwielig und flaumig behaart. Säule meistens kurz; Pollinien 4, kugelig oder walzlich; Stipes 1, kurz, oben mehr oder minder kappenförmig; Klebscheibe 1, elliptisch bis eiförmig.
Umfang und Verbreitung: Über 150 Arten; die meisten beschränkt auf Afrika, aber auch mit mehreren in Madagaskar, Asien und den Tropen Amerikas.
Ableitung des Namens: Aus dem Griechischen »polys« = viele und »stachys« = Ähre; wegen der Form der Blütenstände.
Anmerkung: Sir William Hooker begründete die Gattung 1825 in seiner »Exotic Flora«. Sie wurde 1926 von F. Kraenzlin (Fedde, »Repertorium«, Beihefte) revidiert. Seitdem wurden viele Arten besser gesammelt und eingehender studiert und zahlreiche neu entdeckt, besonders in Ostafrika und im südlichen Zentralafrika. Man kann Arten der Gattung mitunter fälschlich als *Bulbophyllum* oder *Stolzia* Schltr. ansprechen. Von der ersten unterscheidet sich *Polystachya* durch gipfelbürtige Blütenstände und 2- bis mehrknotige Pseudobulben (Stämme); von der anderen weicht sie u. a. durch die Zahl der Pollinien (*Stolzia* besitzt 8) und wiederum durch die mehrknotigen Pseudobulben ab.
Typus-Art: P. luteola Hook.
Synonym: Dendrorkis Thou.
Kultur: Substrat A. Mindesttemperatur im Winter 12–15 °C. Je nach Herkunft der Art hat man die Pflanzen wärmer oder kühler zu halten. Alle verlangen in der Wachstumsperiode feuchte Luft, Schatten und viel Wasser im Wurzelballen. Arten mit ausgeprägten Pseudobulben, wie *P. paniculata,* sollten nach Abschluß des Wuchses verhältnismäßig trocken gehalten werden; kleinere Arten und solche aus höheren Lagen, wie *P. vulcanica,* dürfen nie sehr trocken behandelt werden.

Polystachya affinis Lindl.

Halbaufrechter oder überhängender, bis 50 cm hoher Epiphyt. Pseudobulben 1–4,8 cm im Durchmesser, rundlich, zusammengepreßt und dem Substratum fest aufliegend, auffällig 1knotig, am Gipfel 2blättrig (selten 3blättrig). Blätter 9–28 cm lang, 2,6–6 cm breit, gestielt, verkehrtlanzettlich, länglich-verkehrtlanzettlich oder länglich-elliptisch, vorn spitz oder kurz langspitzig; Blattstiel in der Mitte oder darüber gegliedert, 5–14 cm lang, fast zylindrisch. Blütenstand 6–40 cm lang, aufrecht bis bogig überhängend, traubig oder rispig, locker vielblütig; Schaft mehr oder weniger dicht mit trockenhäutigen, sich ziegelartig deckende Scheiden bekleidet; Blütenstandachse stielrund, dicht flaumig behaart; Äste wenige, 3–11 cm lang, halbaufrecht; Brakteen 0,6–1,4 cm lang, eiförmig-lanzettlich und langspitzig, dicht flaumig behaart. Blüten weißlich, gelb oder senffarbig, mit brauner und roter Zeichnung, außen dicht flaumhaarig. Obere Sepale 6,5–7 cm lang, 2,7–4 cm breit, elliptisch-lanzettlich bis länglich-elliptisch, vorn abgerundet; die seitlichen 6,5–8 cm lang, 4,5–6 cm breit, schief-eiförmig-3eckig, spitzlich, mit dem Fuß der Säule ein konisches Mentum von 4,5–5,8 cm Höhe bildend. Petalen 5,7–6,5 cm lang, 1,2–2,2 cm breit, verkehrtlanzettlich bis länglich, stumpfspitzig bis gestutzt. Lippe 6,3–7,3 cm lang, 4,7–5,7 cm breit, in der Mitte undeutlich 3lappig; Seitenlappen schmal-länglich; Mittellappen 2,2–2,8 cm lang, 2,6–3,6 cm breit, länglich-eiförmig, vorn stumpflich bis abgerundet; Platte mit einer bis zur Mitte der Lippe reichenden, erhabenen, fleischigen Leiste. Säule sehr kurz, 0,1 cm lang, robust.
Verbreitung: Westafrika, Zaire, Angola und Uganda; im Regenwald und in Uferwäldern von 500–1000 m Höhe.
Geschichte: Diese klar umschriebene und an ihren niederliegenden Pseudobulben leicht ansprechbare Art wurde in Sierra Leone durch G. Don entdeckt und von der Horticultural Society in London kultiviert. J. Lindley beschrieb sie 1830 in »Genera and Species of Orchidaceous Plants«.

Polystachya bifida Lindl.

Stämme des mittelgroßen Epiphyten bis 40 cm lang, schlank, dicht angeordnet, bis 8blättrig. Blätter 2zeilig gestellt, bis 13 cm lang und 1 cm breit, linealisch, vorn ungleichmäßig 2lappig. Blütenstand 7–8 cm lang, traubig, kahl, wenig- bis vielblütig; Brakteen sehr klein, 3eckig, spitz. Blüten sehr klein, hell rosenrot. Obere Sepale winzig, 0,28 cm lang und breit, breit-eiförmig; die seitlichen größer, 0,6–0,8 cm lang und 0,65 cm breit; Mentum kegelig, 0,6 cm hoch, oben abgerundet. Petalen 0,28 cm lang, 0,1 cm breit, verkehrtlanzettlich, spitzlich. Lippe 0,75 cm lang, 0,3 cm breit, in der oberen Hälfte 3lappig; Seitenlappen aufrecht und nach vorn stehend, spitzlich; Mittellappen länglich, vorn ausgeran-

det; Platte am Grunde mehlig; Schwiele in der Mitte der Platte sitzend, hervorstehend, fleischig. Säule 0,1 cm lang, kräftig.
Verbreitung: Kamerun, Fernando Póo und Sao Thomé.
Geschichte: Die Pflanze wurde 1860 von Gustav Mann auf Fernando Póo entdeckt und durch J. Lindley 1862 im »Journal of the Linnaean Society« veröffentlicht.
Synonym: P. farinosa Kraenzl.

Polystachya caloglossa Rchb.f.

Aufrechter oder seltener hängender, bis 50 cm hoher Epiphyt. Stämme 5–40 cm lang, 0,2–0,7 cm im Durchmesser, stielrund, dicht gebüschelt, in der oberen Hälfte 4–5blättrig. Blätter 6–17 cm lang, 1,3–4,8 cm breit, verkehrteiförmig oder verkehrtlanzettlich, vorn stumpf, an den Rändern gewellt, auf der Oberseite dunkelgrün, auf der unteren violett. Blütenstand 4–12 cm lang, traubig oder rispig, mehrblütig; Schaft zusammengedrückt; Äste (wenn rispig) bis 3,5 cm lang; Brakteen bis 0,5 cm lang, eiförmig, sich ziegelartig deckend. Blüten sich nacheinander öffnend, fleischig, klein, auf der Außenseite flaumig behaart: gelb, aprikosenfarbig oder rötlichgrün. Obere Sepale 0,8–1,1 cm lang, 0,4 cm breit, schmal-länglich, vorn mit aufgesetzter Spitze; die seitlichen 1–1,3 cm lang, 0,8 cm breit, schief-3eckig, gemeinsam das 0,75 cm hohe, kegelige Mentum bildend. Petalen nur 0,9 cm lang und 0,4 cm breit, verkehrtlanzettlich, stumpf. Lippe kurz genagelt, in der Mitte schwach 3lappig, 0,9 cm lang und 1,1 cm breit; Seitenlappen einwärts gebogen aber aufrecht, abgerundet; Mittellappen breit-eiförmig, spitz; Platte in der Mitte mit einer vorstehenden Schwiele. Säule 0,2 cm lang, kräftig.
Verbreitung: Kamerun, Fernando Póo, Zaire und Uganda.
Geschichte: Die Pflanze wurde 1867 von Gustav Mann am Kamerunberg gefunden und 1881 von H.G. Reichenbach in »Otia Botanica Hamburgensia« veröffentlicht.

Polystachya concreta (Jacq.) Garay et Sweet

Stämme des kleinen Epiphyten nur bis 5 cm lang, 3–5blättrig. Blätter 8–20 cm lang, 1–2,5 cm breit, länglich–lanzettlich, vorn spitz. Blütenstand aufrecht, bis 45 cm lang, rispig, vielblütig, mit 12–15 einseitswendigen Ästen; Schaft und Blütenstandachse mit weißen, häutigen Scheiden bedeckt. Blüten ziemlich klein, fleischig, grünlichgelb. Obere Sepale 0,25 cm lang, eiförmig; die seitlichen 0,35 cm lang, asymmetrisch, 3eckig oder eiförmig-3eckig; Mentum eiförmig, stumpf. Petalen 0,25 cm lang, 0,1 cm breit, linealisch, spitz. Lippe 0,35 cm lang, 0,25 cm breit, aus keiliger Basis eiförmig, schwach 3lappig; Seitenlappen sehr klein, zahnartig, spitz; Mittellappen quer-länglich, an den Rändern gekräuselt, vorn ausgerandet; Platte kleiig-mehlig. Säule sehr kurz, fleischig.
Verbreitung: Florida, Guayana, Surinam, Brasilien und Westindische Inseln sowie Tropen und Subtropen der alten Welt.
Geschichte: N. von Jacquin fand die Pflanze auf der Insel Martinique und veröffentlichte sie 1760 in seinem Werk »Enumeratio Systematica Plantarum« als *Epidendrum concretum.* Spätere Botaniker ignorierten seine Beschreibung und verwendeten den von O. Swartz geschaffenen Namen *Cranichis luteola,* den W. Hooker 1825 wiederum verwandte, als er die Art zu *Polystachya* versetzte (»Exotic Flora«). In ihrer »Flora of the Lesser Antilles« (1974), fielen L. Garay und H. Sweet auf den alten Namen von N. von Jacquin zurück und – den Regeln des Internationalen Codes folgend – gaben der Pflanze den oben zitierten Namen. In einer anderen Publikation (»Orquideologia« 1974) wiesen die gleichen Autoren auf die Verbreitung der Pflanze in den Tropen und Subtropen der alten Welt hin und setzten zahlreiche Namen, unter denen sie im Laufe der Zeit beschrieben worden war, in die Synonymie.
Synonyme (in Auswahl): *Cranichis luteola* Swartz; *Dendrobium polystachyum* Swartz; *Dendrorchis minuta* O. Kuntze; *Epidendrum concretum* Jacquin; *Polystachya flavescens* (Bl.) J.J. Smith; *P. modesta* Rchb.f.; *P. mauritiana* Sprengel; *P. minuta* Britton; *P. luteola* (Sw.) Hook.; *P. tessellata* Lindl.

Polystachya cultriformis (Thou.) Sprengel

Stämme der kleinen epi- oder lithophytisch wachsenden Pflanze aufrecht, 4–10 cm lang, bis 1 cm breit, schmal kegelig-zylindrisch, am Gipfel 1blättrig. Blätter 7–20 cm lang, bis 2,5 cm breit, länglich, verkehrtlanzettlich oder elliptisch, am Grunde geöhrt, aufrecht oder halbabstehend. Blütenstand aufrecht, so lang wie oder länger als das Gipfelblatt, rispig, vielblütig; Brakteen bis 0,5 cm lang, 3eckig, spitz. Blüten ziemlich klein, in der Farbgestaltung sehr veränderlich: weiß, rosa, gelb oder gelbgrün. Obere Sepale 0,4–0,8 cm lang, 0,2–0,4 cm breit, eiförmig, mit aufgesetzter Spitze; die seitlichen schief-3eckig, 0,25–0,6 cm lang, 0,5–0,8 cm breit, mit dem Säulenfuß das 0,7 cm hohe, kegelige Mentum bildend. Petalen 0,35–0,75 cm lang, 0,1–0,25 cm breit, linealisch bis spatelförmig, spitz oder stumpf. Lippe 0,4–0,8 cm lang, 0,2–0,6 cm breit, 3lappig, in der Mitte stark zurückgebogen; Seitenlappen abgerundet; Mittellappen eiförmig-3eckig, spitz; Schwiele in der Mitte der Platte sitzend. Säule halbstielrund.
Verbreitung: Tropisches Afrika, Madagaskar und die Maskarenen.
Geschichte: Die Pflanze wurde auf der Insel Mauritius von Aubert du Petit Thouars gefunden und 1822 von ihm beschrieben und abgebildet in »Orchidées des Isles Australes de l'Afrique« als Art der Gattung *Dendrobium.* In seinem »Systema Vegetabilium« wurde sie 1826 von K. Sprengel zu *Polystachya* versetzt.
Anmerkung: Die Pflanze ist nahe mit *P. bicarinata* Rendle verwandt, die jedoch größere Brakteen und gekielte Sepalen besitzt.
Synonyme: Dendrobium cultriforme Thou.; *Polystachya cultrata* Lindl.; *P. appendiculata* Kraenzl.; *P. lujae* De Wild.; *P. kirkii* Rolfe; *P. monophylla* Schltr.; *P. gerrardii* Harv.

Polystachya fallax Kraenzl.

Pseudobulben des kleinen Epiphyten bis 6 cm lang und 1 cm breit, in Abständen auf dem Rhizom stehend, kegelig-spindelförmig, am Gipfel 1blättrig. Blätter aufrecht, bis 12 cm lang und 1 cm breit, riemenförmig-lanzettlich, vorn abgerundet. Blütenstand aufrecht, kürzer als das Blatt, am Grunde mit einer häutigen Scheide, meistens bis 7blütig. Blüten klein, weiß mit gelber Schwiele und violetter Antherenkappe. Obere Sepale bis 1,1 cm lang und 0,3 cm breit eiförmig-lanzettlich, langspitzig; die seitlichen bis 1,4 cm lang und 0,7 cm breit, schmal-schief-3eckig, langspitzig; Mentum 0,5 cm lang, schief-kegelförmig. Petalen bis 0,8 cm lang und 0,2 cm breit, linealisch-lanzettlich, spitz. Lippe bis 1,2 cm lang und 0,6 cm breit, in der Mitte 3lappig und scharf zurückgeschlagen; Seitenlappen abgerundet; Mittellappen linealisch-lanzettlich, langspitzig; Schwiele fleischig, in der Mitte der Platte sitzend. Säule nur 0,2 cm lang.
Verbreitung: Westliches Uganda und östliches Zaire; in Höhenlagen zwischen 1350–1600 m.
Geschichte: Die Pflanze wurde 1905 von Dawe am Fluß Mpanga gefunden und 1926 von F. Kraenzlin im »Kew Bulletin« veröffentlicht.

Anmerkung: Die Art ist nicht unähnlich *P. virginea* Summerh., aber von dieser verschieden durch ihre schmaleren Sepalen und die violette Antherenkappe.

Polystachya inconspicua Rendle

Stämme des kleinen, bis 20 cm hohen Epiphyten aufrecht, schlank, 1–6 cm lang, 0,1–0,2 cm im Durchmesser, dicht gebüschelt, am Gipfel 1blättrig. Blätter 2–14 cm lang, 0,2–0,7 cm breit, linealisch, fleischig, vorn eingeschnitten, aufrecht oder etwas abstehend. Blütenstand meistens länger als das Blatt, 3–16 cm lang, rispig, mit einseitswendigen Ästen, bis 40blütig. Blüten sehr klein: gelb oder gelbgrün; Säule und Seitenlappen der Lippe violett überlaufen. Obere Sepale bis 0,3 cm lang und 0,2 cm breit, elliptisch, mit kurzer, aufgesetzter Spitze; die seitlichen 0,45 cm lang und 0,6 cm breit, schief-3eckig, und mit dem Säulenfuß das zylindrische Mentum bildend, dieses am Gipfel etwas 2lappig. Petalen 0,3 cm lang und 0,1 cm breit, länglich-lanzettlich oder linealisch, spitzlich. Lippe fleischig, 0,3–0,7 cm lang, 0,3 cm breit, genagelt und scharf zurückgebogen, im oberen Drittel 3lappig; Seitenlappen länglich, hervorstehend; Mittellappen fast quadratisch und abgerundet, drüsig-flaumig; Schwiele schwach ausgeprägt, fleischig. Säule sehr kurz.
Verbreitung: Westafrika, Zaire, Uganda und Kenia, in Höhenlagen zwischen 300–2300 m.
Geschichte: Die Pflanze wurde von Bagshawe in Ruchigga (Uganda) gefunden und 1905 im »Journal of the Linnaean Society« von A. Rendle beschrieben.
Synonym: P. ashantensis Kraenzl.

Polystachya odorata Lindl.

Aufrechte, bis 40 cm hohe, epiphytisch oder seltener lithophytisch wachsende Orchidee. Pseudobulben 2–4,5 cm lang, 0,6–1,5 cm im Durchmesser, fast kugelig bis schmal-zylindrisch, 4–8blättrig. Blätter 13–26 cm lang, 2,8–4,2 cm breit, verkehrtlanzettlich bis schmal-länglich-elliptisch, vorn abgerundet bis fast spitz. Blütenstand aufrecht, 10–30 cm lang, so lang wie oder länger als die Blätter, rispig, vielblütig, mit abstehenden flaumigen Ästen; Brakteen ungefähr 0,4 cm lang, eiförmig-lanzettlich, langspitzig. Blüten ziemlich klein, auf der Außenseite flaumig behaart: weiß oder bleichgrün, auf den Sepalen violett behaucht oder gestreift; Lippe weiß und mit rosa Zeichnung auf dem Mittellappen; Schwiele gelb. Sepalen 0,5–0,8 cm lang, 0,2–0,6 cm breit, eiförmig, mit aufgesetzter Spitze; die seitlichen das 0,4–0,5 cm hohe, kegelige Mentum bildend. Petalen 0,5 cm lang, 0,15 cm breit, schief-verkehrtlanzettlich, stumpf bis abgerundet. Lippe 0,8 cm lang, 0,6 cm breit, in der Mitte 3lappig und zurückgekrümmt; Seitenlappen aufrecht, länglich-sichelig, spitzlich; Mittellappen fast kreisrund, ausgerandet; Platte sehr fein flaumig behaart; Schwiele elliptisch, fleischig. Säule etwa 0,2 cm lang.
Verbreitung: Fernando Póo von Ghana südwärts nach Angola und ostwärts nach Kenia und Tansania; im Regenwald oder in Flußwäldern von 750–1200 m.
Geschichte: Die Pflanze wurde von Gustav Mann 1860 auf Fernando Póo gefunden und 1862 von J. Lindley im »Journal of the Linnaean Society« veröffentlicht.
Anmerkung: Die mit dieser Art zweifellos verwandte *P. concreta* besitzt kleinere Blüten und einen einseitswendigen Blütenstand.
Synonym: P. rufinula Rchb.f.

Polystachya paniculata (Sw.) Rolfe

Pseudobulben des bis 40 cm hohen Epiphyten 4–6knotig, bis 12 cm lang und 2,2 cm breit, 4–5blättrig, zylindrisch- oder spindelförmig, seitlich zusammengepreßt. Blätter bis 25 cm lang und 3,5 cm breit, schmal-länglich, halbaufrecht, lederig, vorn abgerundet oder ungleichmäßig 2lappig, am Grunde von einer zusammengepreßten Scheide gegliedert. Blütenstand aufrecht, bis 22 cm lang, rispig mit bis zu zehn Zweigen, dicht vielblütig, am Grunde mit zwei zusammengedrückten Scheiden versehen; Brakteen winzig, 3eckig, langspitzig. Blüten klein, orangerot oder manchmal gelb. Sepalen 3–3,7 mm lang und 1,2 mm breit, lanzettlich, spitz. Petalen 2,5–3 mm lang, linealisch. Lippe ungeteilt, 2,5–3 mm lang und 1,5–2 mm breit, eiförmig, spitz am Grunde schwielig und zurückgebogen. Säule sehr kurz, ungefähr 1 mm lang, fleischig.
Verbreitung: Von Sierra Leone bis Zaire und Uganda; in Höhenlagen zwischen 400 und 1950 m.
Geschichte: O. Swartz beschrieb diese zu den schönsten der Gattung zählende Art 1799 in »Schraders Neues Journal« aufgrund eines von Afzelius in Sierra Leone gesammelten Exemplares. R.A. Rolfe versetzte sie 1897 (»Flora of Tropical Africa«) von *Dendrobium* zu *Polystachya*.
Synonym: Dendrobium paniculatum Sw.

Polystachya pubescens (Lindl.) Rchb.f.

Pseudobulben des kleinen Epiphyten (selten Lithophyt) 2–3 cm lang, 1–1,5 cm breit an der Basis, schmal-kegelig-birnenförmig, dicht gestellt, am Gipfel 2–3blättrig. Blätter 5–10 cm lang, 1–2,3 cm breit, riemenförmig, abstehend, vorn ungleichmäßig 2lappig, unten von einer kurzen Scheide scharf abgesetzt. Blütenstand aufrecht, 7–11 cm lang, innen viel länger als die Blätter, traubig, 7–12blütig. Blüten sehr klein, schwefelgelb mit brauner Zeichnung am Grunde der Sepalen und Petalen. Obere Sepale bis 0,8 cm lang und 0,3 cm breit, elliptisch stumpfspitzig; die seitlichen abstehend, 1 cm lang und 0,4 cm breit, länglich, stumpfspitzig; Mentum ungefähr 0,4 cm lang, stumpf-kegelig. Petalen 0,8 cm lang, 0,35 cm breit, spatelförmig. Lippe 0,6 cm lang, 0,4 cm breit, in der Mitte 3lappig, auf der Oberseite dicht mit langen, weißen Haaren besetzt; Seitenlappen sichelig, aufrecht; Mittellappen eiförmig, spitz. Säule sehr kurz.
Verbreitung: In Südafrika von der Kap-Provinz bis nach Transvaal und Swasiland.
Geschichte: J. Lindley beschrieb die Pflanze 1836 in W. Hooker's »Companion to the Botanical Magazine« in der Gattung *Epiphora*. H.G. Reichenbach stellte sie 1863 in die heutige Gattung (Walpers, »Annales«).
Anmerkung: Man kann *P. pubescens* leicht mit *P. sandersonii* und *P. zambesiaca* verwechseln, wenn man nicht auf die weiß behaarte Lippe achtet.
Synonyme: Epiphora pubescens Lindl.; *Lissochilus sylvaticus* Sonder; *Polystachya lindleyana* Harvey.

Polystachya stricta Rolfe

Stämme des aufrechten, 13–35 cm hohen Epiphyten in dichten Büscheln stehend, 9–24 cm lang, 3–5 cm im Durchmesser, stielrund, mit lokkeren röhrigen Scheiden besetzt, 3–6blättrig. Blätter voneinander entfernt, 10–23 cm lang, 1,2–2 cm breit, riemenförmig bis schmal-elliptisch, vorn spitz, halbaufrecht bis abstehend. Blütenstand aufrecht oder manchmal in der oberen Hälfte gebogen, 9–31 cm lang, rispig, mit vielen Ästen; Schaft stielrund, mit trockenhäutigen Scheiden bedeckt; Blütenstandachse flaumig und auch mit Scheiden besetzt; Äste einseitswendig, bis 4 cm lang. Blüten auf der Außenseite flaumig behaart, klein: cremefarbig bis grünlichgelb. Seitenlappen der Lippe rot oder braun berandet. Fruchtknoten dicht behaart. Obere Sepale bis 1 cm lang und 0,35 cm breit, länglich-lanzettlich, spitzlich; die seitlichen bis 1,1 cm lang und 0,65 cm breit, asymmetrisch, 3eckig-lanzettlich; mit dem Fuß der Säule das 0,6 cm lange, konische Mentum bildend. Petalen bis 0,8 cm lang und 0,25 cm breit, verkehrtlanzettlich, spitzlich. Lippe 0,7–1 cm lang, 0,7 cm breit, kurz genagelt, in der Mitte 3lappig, überall flaumig; Seitenlappen schief-3eckig, aufrecht; Mittellappen eiförmig, zurückgebogen, spitz; Platte mit einem fleischigen Kiel in der Mitte. Säule 0,2 cm lang, ziemlich breit.

Verbreitung: Nigeria, Kamerun, Zaire, Uganda, Tansania und Kenia; in Buschsavannen oder Flußwäldern; von 900–1700 m.

Geschichte: Die Pflanze wurde Anfang des Jahrhunderts in Ostafrika (wahrscheinlich in Kenia) entdeckt und 1903 erstmals in Kultur durch R. Lynch zum Blühen gebracht. R. Rolfe veröffentlichte sie 1909 im »Kew Bulletin«.

Anmerkung: Zu den nächsten Verwandten zählen *P. albescens* Ridley und *P. bennettiana* Rchb.f.

Polystachya virginea Summerh.

Pseudobulben des mittelgroßen, bis 40 cm hohen Epiphyten, aufrecht auf dem aufsteigenden Rhizom stehend, bis 15 cm lang, 0,5–1 cm breit, schmal-zylindrisch bis spindelig, etwas zusammengepreßt, am Gipfel 1blättrig. Blätter 10–27 cm lang, 1–3,6 cm breit, länglich-riemenförmig, vorn abgerundet. Blütenstand aufrecht, kürzer als das Gipfelblatt, bis 10blütig; Schaft stielrund, am Grunde mit einer aufgeblasenen, papierartigen Scheide; Brakteen klein, 0,25 cm lang, 3eckig. Blüten auffallend, reinweiß. Obere Sepale 0,8–1 cm lang, 0,5 cm breit, lanzettlich, meistens spitz; die seitlichen 1,5 cm lang, 0,85–1,1 cm breit, schief-3eckig, kurz langspitzig, mit dem Säulenfuß das 0,8–1 cm lange Mentum bildend. Petalen 0,8–1 cm lang, 0,3–0,4 cm breit, schief-verkehrtlanzettlich, spitzlich. Lippe 1,3 cm lang, 0,9–1 cm breit, in der Mitte 3lappig; Seitenlappen abgerundet; Mittellappen 3eckig; Schwiele fleischig, in der Mitte der Platte sitzend. Säule 0,3 cm lang, fleischig.

Verbreitung: Uganda, Zaire und Burundi; zwischen 2000 und 2400 m.

Geschichte: W. Eggeling fand die Pflanze im westlichen Uganda im Jahre 1936 und sandte sie an V. Summerhayes nach Kew, der sie 1942 im »Kew Bulletin« veröffentlichte.

Anmerkung: Die Pflanze ist mit *P. doggettii* Rendle et Rolfe verwandt; diese unterscheidet sich von ihr durch hellzitronengelbe Blüten und eine nicht aufgeblasene Scheide am Grunde des Blütenstandschaftes.

Polystachya vulcanica Kraenzl.

Stämme des kleinen, büschelig wachsenden Epiphyten sehr schlank, bis 6 cm lang und 0,1 cm im Durchmesser, fast drahtförmig, am Gipfel 1blättrig. Blätter 5–11 cm lang, 1,5–2 cm im Durchmesser, zylindrisch, oben mit einer Längsfurche. Blütenstand bis 8 cm lang, meistens kürzer als das Blatt, mehrblütig aber immer nur eine blühend; Brakteen 0,3 cm lang, 3eckig, spitz. Blüten im Verhältnis zur Pflanze groß: weiß oder hellrosa und mit violetter Zeichnung; Lippe und Antherenkappe intensiv purpurviolett. Obere Sepale bis 0,7 cm lang und 0,35 cm breit, eiförmig-elliptisch, konkav, mit aufgesetzter Spitze; die seitlichen 0,9 cm lang und 0,8 cm breit, schief-3eckig, mit aufgesetzter Spitze; Mentum bis 0,6 cm lang, kegelförmig. Petalen 0,6 cm lang, 0,2 cm breit, spatelförmig, stumpf. Lippe fleischig, 0,9 cm lang, 0,6 cm breit, schwach 3lappig; Seitenlappen schief-3eckig; Mittellappen länglich, vorn ausgerandet; Schwiele unauffällig, fleischig, in der Mitte der Platte sitzend. Säule nur 0,2 cm lang, fleischig.

Verbreitung: Östliches Zaire und westliches Uganda; zwischen 1800 und 2200 m.

Geschichte: Die Pflanze wurde 1908 von Kässner nördlich vom Kivu-See gefunden und 1923 von F. Kraenzlin in der »Vierteljahresschrift der Naturforschenden Gesellschaft« in Zürich veröffentlicht.

Anmerkung: Die Art ist nahe mit *P. aconitiflora* Summerh. verwandt; diese Pflanze hat kürzere linealische Blätter und kleinere Blüten; möglicherweise handelt es sich bei ihr um eine Varietät von *P. vulcanica.*

Ponthieva R. Br.

Tribus: Cranichideae
Subtribus: Cranichidinae

Kleine, terrestrische Pflanzen mit faserigen Wurzeln und in grundständigen Rosetten angeordneten Blättern. Blütenstand traubig, locker bis dicht wenig- bis vielblütig. Blüten klein, nicht resupiniert. Mittlere Sepale und Petalen miteinander an den Spitzen zusammenhängend; die seitlichen Sepalen frei oder am Grunde miteinander verwachsen. Petalen am Grunde des Säulenfußes angesetzt, asymmetrisch. Lippe in der Blüte oben stehend, meistens am Säulengrunde angesetzt, genagelt, oben unvermittelt zusammengezogen. Säule kurz; Pollinien 2, mehlig-körnig.

Umfang und Verbreitung: Ungefähr 25 Arten; von den südlichen USA, Mexiko und den Westindischen Inseln südwärts bis nach Chile.

Ableitung des Namens: Benannt nach Henri de Ponthieu, einem Handelsherrn in Französisch West-Indien, der 1778 Pflanzen an Sir Joseph Banks sandte.

Anmerkung: R. Brown begründete die Gattung 1813 in der 2. Auflage von Aiton's »Hortus Kewensis«. Sie ist mit *Cranichis* verwandt und unterscheidet sich von dieser durch den Ansatz der Petalen und oft auch der Lippe an der Säule.

Typus-Art: P. glandulosa R. Br.

Kultur: Substrat C. Mindesttemperatur im Winter 12–15 °C. In der aktiven Wachstumsperiode verlangen diese Pflanzen Schatten und feuchte Behandlung; anschließend brauchen sie wesentlich weniger Wasser, dürfen jedoch, da sie keine Speicherorgane besitzen, niemals völlig trocken werden.

Ponthieva maculata Lindl.

Bis 30 cm hohe epiphytische oder gelegentlich terrestrische Pflanze. Blätter grundständig, sitzend oder gestielt, 7–28 cm lang, 1,5–5 cm breit, eiförmig-lanzettlich bis verkehrtlanzettlich, vorn spitz oder kurz langspitzig. Blütenstand aufrecht, traubig, locker mehrblütig; Brakteen 1–2 cm lang, elliptisch-lanzettlich, langspitzig, konkav. Blüten augenfällig, nicht resupiniert, drüsig-flaumig auf den Sepalen: Mittlere Sepale und Petalen bronzefarbig oder gelb gestreift mit purpur oder braun; seitliche Sepalen weiß, grün oder dunkelpurpurn getüpfelt; Lippe rot bis grünlichrot oder gelb, mit weißer oder cremefarbener Zeichnung. Sepalen 0,9–1,6 cm lang, bis 0,8 cm breit, elliptisch, elliptisch-lanzettlich oder kreisrund, spitz. Petalen kurz genagelt, 0,7–1,2 cm lang, 0,2–0,3 cm breit, eiförmig-elliptisch, asymmetrisch, stumpf. Lippe klein, nur 0,2–0,4 cm lang, ungefähr 0,3 cm breit, verkehrteiförmig, fleischig, am Grunde verdickt und gefurcht. Säule 0,4 cm lang, keulenförmig.

Verbreitung: Von Mexiko südwärts nach Venezuela und Ecuador; in Wäldern; bis 2500 m.

Geschichte: P. maculata wurde von T. Hartweg bei Bogota in Kolumbien gefunden und von J. Lindley 1845 in »The Annals and Magazine of Natural History« veröffentlicht.

Synonyme: Ponthieva formosa Schltr.; *P. brenesii* Schltr.

Porroglossum Schltr.

Tribus: Epidendreae
Subtribus: Pleurothallidinae

Kleine Epiphyten mit kurzen, kriechenden Rhizomen und sehr kurzen, 1blättrigen Stämmen. Blütenstand aufrecht, länger als das Blatt, traubig, wenigblütig. Blüten eines Blütenstandes nacheinander aufblühend, klein bis mittelgroß. Sepalen unten röhrig miteinander verwachsen; ihre freien Teile unten 3eckig und oben schwanzartig, innen an den Rändern drüsig. Petalen viel kleiner als die Sepalen. Lippe am oberen Ende des Säulenfußes ansitzend, berührungsempfindlich, fleischig, keilförmig, aufrecht, mit einem linealischen, langen Nagel und quadratischer Schwiele. Säule aufrecht, sehr klein; Rostellum aufrecht, 3eckig; Fuß vorstehend, lang, am Gipfel frei; Pollinien 2, schief birnen-keulenförmig, einer sehr kleinen, runden Klebscheibe angeheftet. Narbe groß, fast die ganze Vorderseite der Säule einnehmend.
Umfang und Verbreitung: Ungefähr 8 Arten; in den Anden von Kolumbien, Ecuador, Peru und Venezuela, wo sie gewöhnlich auf bemoosten Baumstämmen und Ästen der Bergwälder in Höhenlagen zwischen 1800 und 2700 m wachsen.
Ableitung des Namens: Aus dem Griechischen »porro« = vorwärts und »glossa« = Zunge; ein Hinweis auf die vorstehende Lippe.
Anmerkung: R. Schlechter begründete die Gattung 1920 in Fedde, »Repertorium«, Beihefte. Sie steht *Masdevallia* nahe, unterscheidet sich aber von ihr durch die oben beschriebenen Säulenmerkmale. *Porroglossum* wurde von H. Sweet 1972 (»American Orchid Society Bulletin«) revidiert; seitdem hat er in der gleichen Zeitschrift (1973 und 1974) zwei weitere Arten beschrieben.
Typus-Art: P. colombianum Schltr.
Synonyme: Masdevallia sect. *Echidna* Kraenzl.; *Lothiania* Kraenzl.
Kultur: Substrat A. Mindesttemperatur im Winter 10–12 °C. Arten mit aufrechten Blütenständen, wie *P. echidna,* kann man wie *Masdevallia* in Töpfe pflanzen; demgegenüber wird man Arten, bei denen die Blütenstände unterhalb der Pflanze erscheinen, in hängenden Körben halten (etwa wie *Masdevallia bella* oder einige *Scaphosepalum*-Arten).

Porroglossum echidnum (Rchb.f.) Garay

Kleiner, büschelig wachsender Epi-oder Lithophyt. Blätter bis 5 cm lang und 1,5 cm breit, gestielt, elliptisch-länglich, aufrecht, lederig, vorn 3zähnig, mattgrün und violett behaucht. Blütenstand aufrecht, viel länger als die Blätter, mehrblütig (Blüten hintereinander aufblühend); Schaft 10–12,5 cm lang, stielrund, bedeckt mit zwei bis drei grünen Scheiden; diese mit moosartigen, drüsenspitzigen Haaren besetzt. Blüten mit spreizenden Sepalen: Sepalen hellgelb, purpurn berandet und mit dunkelgelben Fortsätzen. Perianthröhre breit, auf der Unterseite mit einem deutlichen, sackartigen Mentum. Obere Sepale 0,5 cm lang, 3eckig-länglich, ihr zurückgekrümmter Fortsatz 2 cm lang; die seitlichen Sepalen für 0,8 cm miteinander verwachsen, der freie Teil 0,5 cm lang, 3eckig-länglich; ihr schlanker, zurückgebogener Fortsatz 2,5 cm lang und am Ende keulenförmig. Petalen 0,8 cm lang, gelb und in der Mitte mit rotbraunen Streifen, linealisch, kurvig, am Gipfel verdickt und abgerundet, am oberen Rande abgewinkelt. Lippe genagelt, empfindlich gegen Berührung, oben löffelförmig, mit aufgesetzter Spitze, innere Oberfläche samtartig, an den Rändern steif behaart; Schwiele leuchtend gelb, rot getüpfelt, kissenartig und abgerundet. Säule kurz, hellgrün mit brauner Spitze.
Verbreitung: Ecuador und Kolumbien; zu finden auf vulkanischem Felsgestein oder auf den Stämmen kleiner Bäume; in Höhenlagen zwischen 1800–2300 m.
Geschichte: Die Pflanze wurde von Wagener in Ocaña in einer Höhenlage von ungefähr 1800 m gefunden und 1865 von H.G. Reichenbach in der Zeitschrift »Bonplandia« unter dem Gattungsnamen *Masdevallia* beschrieben. In jüngster Zeit hat L. Garay (»Svensk Botanisk Tidskrift« 1953) die Art in die Gattung *Porroglossum* versetzt.
Synonyme: Masdevallia echidna Rchb.f.; *M. muscosa* Rchb.f.; *Porroglossum muscosum* (Rchb.f.) Garay.

Promenaea Lindl.

Tribus: Maxillarieae
Subtribus: Zygopetalinae

Kleiner bis mittelgroßer Epiphyt mit charakteristischen, fleischigen, eiförmigen, zusammengepreßten, auf einem kurzen Rhizom stehenden Pseudobulben. Blätter zu 1–3, klein, längsgefaltet. Blütenstand meistens 1blütig und kürzer als die Blätter. Blüten mittelgroß, meistens augenfällig. Sepalen und Petalen ähnlich, frei, abstehend; die seitlichen Sepalen schief am kurzen Fuß der Säule inseriert und ein kurzes Mentum bildend. Lippe gelenkig mit dem oberen Ende des Säulenfußes verbunden, deutlich 3lappig; Seitenlappen schmal, aufrecht, die Säule umfassend; Mittellappen abstehend; Platte mit einem querlaufenden, gelappten oder mit Wärzchen besetzten Kamm besetzt. Säule fleischig, etwas einwärts gekrümmt, halb-stielrund, ohne Flügel, mit kurzem Fuß; Pollinien 4, wachsartig, verkehrteiförmig, zusammengedrückt, ungleich, auf der Klebscheibe sitzend.
Umfang und Verbreitung: Ungefähr 15 Arten in Brasilien.
Ableitung des Namens: Nach Promeneia, Priesterin von Dodona, erwähnt von Heroditas.
Anmerkung: J. Lindley begründete die Gattung 1843 im »Botanical Register«. Sie ist mit *Huntleya* und *Warscewiczella* verwandt, unterscheidet sich aber von diesen durch ihre charakteristischen, nackten Pseudobulben und krautige Blätter. Die jüngste Bearbeitung von *Promenaea* erfolgte durch G. Pabst und F. Dungs (»Orchidaceae Brasilienses« 1977); dort findet man ihre Aufgliederung in drei Gruppen und Schlüssel zu den Arten.
Typus-Art: J. Lindley erwähnt mehrere Arten.
Kultur: Substrat A. Mindesttemperatur im Winter 12–15 °C. Am besten hält man Arten dieser Gattung in kleinen Schalen an luftfeuchten und einigermaßen schattigen Orten. Während der Wachstumsperiode dürfen sie unter keinen Umständen trocken werden, doch muß man beim Gießen streng darauf achten, daß die jungen Sprosse nicht naß werden, weil sie sonst faulen. Sobald die Pseudobulben voll entwickelt sind, gibt man wesentlich weniger Wasser; man beachte aber, daß sie nicht schrumpfen.

Promenaea xanthina (Lindl.) Lindl.

Eine kleine epiphytische Pflanze mit kurzen, verzweigten Stämmen. Pseudobulben bis 2 cm lang und 1,5 cm breit, dicht gebüschelt angeordnet, aufrecht, breit-eiförmig im Umriß, zusammengepreßt, stumpf 4kantig, am Gipfel 2blättrig, unten von zwei blatttragenden Scheiden begleitet. Blätter bis 7 cm lang, 1–1,5 cm breit, schmal-verkehrtlanzettlich, vorn spitz. Blütenstand grundständig, abstehend, bis 10 cm lang, 1blütig (selten 2blütig). Blüten augenfällig: leuchtend gelb, mit mattroten Flecken am Grunde der Lippe, auf ihren Seitenlappen und auf der Säule. Sepalen 2 cm lang, 0,8–1 cm breit, schmal-länglich-lanzettlich bis eiförmig-lanzettlich, spitz. Petalen etwas kürzer als die Sepalen, schmal-eiförmig, spitz. Lippe 3lappig, 1,5 cm lang, 1,2 cm breit, länglich, am Gipfel stumpf oder abgerundet; Sei-

tenlappen länglich und etwas sichelförmig, aufrecht; Mittellappen breit-verkehrteiförmig bis fast kreisrund; Schwiele mit einem prominenten, 3lappigen Kamm versehen: sein Mittellappen mit einem fleischigen Vorsprung und am Gipfel gezähnelt. Säule keulenförmig, 1,5–1,7 cm lang (einschließlich des kurzen Fußes).
Verbreitung: Brasilien.
Geschichte: Diese Pflanze wurde von Gardner 1837 im Orgelgebirge in der Umgebung von Rio de Janeiro in etwa 1700 m Höhe entdeckt und von J. Lindley als *Maxillaria*-Art 1839 im »Botanical Register« veröffentlicht. Später versetzte er sie selbst in die auf sie begründete neue Gattung *Promenaea* (»Botanical Register« 1843).
Synonyme: Maxillaria xanthina Lindl.; *Zygopetalum xanthinum* (Lindl.) Rchb.f.; *Z. citrinum* (Don) Nicholson; *Promenaea citrina* Don.

Rangaeris (Schltr.) Summerh.

Tribus: Vandeae
Subtribus: Aerangidinae

Kleine bis mittelgroße Epiphyten mit kurzen bis verlängerten, beblätterten Stämmen. Blütenstand traubig, fast aufrecht bis bogig abstehend, locker bis etwas dicht vielblütig. Blüten klein bis ziemlich groß. Sepalen und Petalen abstehend, untereinander ähnlich, lanzettlich. Lippe den Sepalen ähnlich, lanzettlich bis eiförmig, gespornt, selten am Grunde 3lappig; Sporn öfters lang, schmal zylindrisch. Säule kurz bis lang; Pollinien 2, kugelig oder kugelig-walzlich; Stipites 2, linealisch-verkehrtlanzettlich; Klebscheiben 1 oder 2.
Umfang und Verbreitung: 6 Arten; vom tropischen Afrika bis nach Südafrika.
Ableitung des Namens: Ein etwas mißglücktes Anagramm, gebildet von *Aerangis.*
Anmerkung: V. Summerhayes begründete die Gattung 1936 im »Kew Bulletin« unter Zugrundelegung einiger Arten, die R. Schlechter in der Sektion *Rangaeris* der Gattung *Aerangis* zusammengefaßt hatte. Sie unterscheiden sich von *Aerangis* durch den Besitz von meistens einer Klebscheibe mit zwei Stipites.
Typus-Art: R. muscicola (Rchb.f.) Summerh.
Kultur: Substrat A oder montiert. Mindesttemperatur im Winter 12–15 °C. Sonst wie für *Diaphananthe* und *Tridactyle* angegeben.

Rangaeris muscicola (Rchb.f.) Summerh.

Stamm des kleinen Epiphyten 2,5 cm lang, 0,8–1 cm im Durchmesser, steif, umgeben von rotbraunen Blattbasen, 6–8blättrig. Wurzeln kräftig, 0,5–0,8 cm im Durchmesser, graubraun. Blätter 2zeilig stehend und fächerartig angeordnet, 7–12 cm lang, 1–2 cm breit, riemenförmig, zusammengelegt, fleischig, vorn ungleichmäßig eingeschnitten. Blütenstand 7–10 cm lang, traubig, 5–8blütig, blattachselbürtig, halbaufrecht abstehend; Schaft grün, stielrund; Brakteen scheidig, eiförmig, dunkelbraun, spitz. Blüten weiß, im Verblühen hellorange, süßlich duftend. Sepalen 0,7–1,2 cm lang, 0,3 cm breit, schmal-elliptisch-lanzettlich, abstehend, spitz. Petalen 1 cm lang, 0,3 cm breit, sichelig-lanzettlich, spitz, abstehend. Lippe 1 cm lang, 0,6 cm breit, ungeteilt, eiförmig-lanzettlich, spitz, zurückgeschlagen; Sporn 7–9,5 cm lang, hängend, leicht gedreht. Säule 0,3 cm lang, aufrecht.
Verbreitung: Tropisches und südliches Afrika.
Gechichte: Die Pflanze wurde durch F. Welwitsch am Pungo Andongo in Angola entdeckt und 1856 von H.G. Reichenbach in der Gattung *Aeranthus* (»Flora«) beschrieben. In der »Flora of Tropical Africa« wird sie 1897 von R. Rolfe als eine *Listrostachys*-Art behandelt, um endlich 1938 im »Kew Bulletin« durch V. Summerhayes in die heutige Gattung gestellt zu werden.
Synonyme: Aeranthus muscicola Rchb.f.; *Angraecum batesii* Rolfe; *Listrostachys muscicola* Rolfe.

Renanthera Lour.

Tribus: Vandeae
Subtribus: Sarcanthinae

Große Epiphyten mit langen bis sehr langen, monopodialen Stämmen. Blütenstände rispig, oft sehr lang, vielblütig. Blüten augenfällig, mittelgroß. Mittlere Sepale und Petalen ähnlich, abstehend; die seitlichen Sepalen größer, fast parallel zueinander stehend. Lippe viel kleiner als die Sepalen und Petalen, 3lappig, an der Basis gespornt oder sackartig; Seitenlappen aufrecht; Mittellappen bandförmig, nach hinten gebogen; Schwiele lamellenartig. Säule kurz, kräftig; Pollinien 4, in zwei Paaren, nierenförmig, ungleich; Stipes 1, linealisch; Klebscheibe elliptisch.
Umfang und Verbreitung: Ungefähr 15 Arten; in Südostasien und bis zu den Philippinen.
Ableitung des Namens: Aus dem Lateinischen »renes« = Nieren und dem Griechischen »anthera« = Anthere, Staubgefäß; eine Anspielung auf die Form der Pollinien.
Anmerkung: J. de Loureiro begründete die Gattung 1790 in »Flora Cochinchinensis«. Die Struktur der Säule und besonders die Anordnung der Pollinien zeigen ihre große Ähnlichkeit mit *Vanda* und *Aerides;* die Unterschiede zu diesen beiden Gattungen kommen im wesentlichen in der Gestaltung des Perianths zum Ausdruck.
Typus-Art: R. coccinea Lour.
Kultur: Substrat A. Mindesttemperatur im Winter 15 °C. Sonst wie für *Vanda* angegeben. Große Arten wie *R. coccinea* müssen gestützt werden.

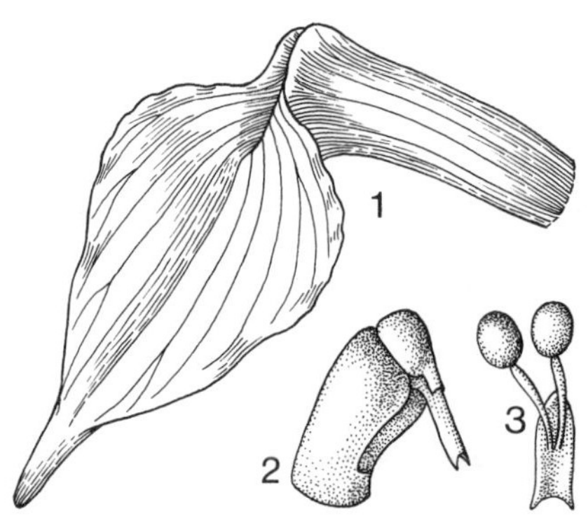

Rangaeris muscicola
1 = Spornbasis und Lippe (× 6)
2 = Säule mit Antherenkappe und Rostellum (× 6)
3 = Klebscheibe, Stipites und Pollinien (× 10)

Renanthera imschootiana Rolfe

Stamm der lianenartigen Pflanze ziemlich lang, ungefähr 0,5 cm im Durchmesser. Blätter 6–11 cm lang, 1,5–1,8 cm breit, linealisch, vorn gestutzt bis abgerundet. Blütenstand traubig oder rispig, bis 50 cm hoch, locker vielblütig; Brakteen ungefähr 0,2 cm lang, halbkreisförmig. Blüten 1–2 cm entfernt stehend, 3–4 cm breit: Sepalen orangefarbig oder rot, am Grunde gelb; Petalen gelb, rot getüpfelt; Lippe rot. Mittlere Sepale 1,8–2,2 cm lang, 0,4–0,5 cm breit, linealisch bis verkehrtlanzettlich, spitz oder stumpf; die seitlichen genagelt, 2,5–3,7 cm lang, bis 1,6 cm breit, länglich, an den unteren Rändern etwas wellig, schwach papillös. Petalen der mittleren Sepale ähnlich aber nur 1,2 cm lang. Lippe 3lappig, 0,6 cm lang; Seitenlappen lanzettlich, spitz, am Grunde mit einem winzigen Öhrchen; Mittellappen ungefähr 0,2 cm lang, elliptisch, konkav, abstehend oder herabhängend; Schwiele am Grunde mit sieben Wärzchen; Sporn 0,4 cm lang. Säule 0,3 cm lang, gestutzt, rot, papillös.
Verbreitung: Assam, Birma und Indochina.
Geschichte: Diese Pflanze wurde von der Firma Sander & Co. in St. Albans in die Kultur eingeführt. R. Rolfe beschrieb sie 1891 im »Kew Bulletin« nach einer Pflanze, die von M.A. van Imschoot in Gent (Belgien) zur Blüte gebracht worden war.

Renanthera matutina (Bl.) Lindl.

Stamm der bis ungefähr meterhohen, lianenartigen Orchidee kräftig, 30-90 cm lang, kletternd oder hängend, durchweg beblättert. Blätter in Abständen von 2–3 cm angeordnet, 5–20 cm lang, 1,2–1,6 cm breit, länglich oder riemenfömrig, fleischig, steif. Blütenstand aufrecht, 60–90 cm lang, locker vielblütig, mit langen abstehenden Ästen; Brakteen eiförmig, zurückgeschlagen. Blüten 2,5–5 cm breit: Sepalen und Petalen leuchtend karminrot, mit roten Tüpfeln; Lippe orangegelb und weiß, mit roten Tüpfeln, ihr Mittellappen rotbraun. Sepalen frei, 1,5–2,5 cm lang, 0,4–0,6 cm breit in der Mitte. Petalen bis 2,3 cm lang und 0,3 cm breit, linealisch, gerade, stumpf. Lippe sehr klein, nur 0,7 cm lang und 0,8 cm breit, 3lappig; Seitenlappen kurz, breit, an den Rändern zurückgerollt; Mittellappen riemenförmig, rückwärts eingerollt; Schwielen 2, auf dem Mittellappen sitzend; Sporn groß, 0,3 cm lang, zylindrisch, stumpf, etwas rückwärts gekrümmt. Säule fast 0,5 cm lang; Klebscheibe klein.
Verbreitung: Thailand, Malaya, Java und Sumatra.
Geschichte: Die Pflanze wurde erstmals von C. Blume in Java auf dem Berge Salak gefunden; er beschrieb sie 1825 in seinen »Bijdragen« als *Aerides.* J. Lindley versetzte sie 1833 in seinem Werk »Genera and Species of Orchidaceous Plants« nach *Renanthera.*
Synonyme: Aerides matutinum Bl.; *A. angustifolia* Hook. f.; *Renanthera micrantha* Bl.; *Saccolabium reflexum* Lindl.

Renanthera monachica Ames

Bis über 50 cm hoher, aufrechter Epiphyt. Blätter 2zeilig angeordnet, dicht gestellt, 5,5–13 cm lang, 1–1,5 cm breit, riemenförmig, vorn ungleichmäßig und stumpf 2lappig, lederig. Blütenstand blattachselbürtig, halb aufrecht, traubig, locker, bis 19 cm lang; Brakteen ungefähr 0,2 cm lang, röhrig. Blüten über 2,5 cm breit: gelb oder orangegelb, rot gefleckt. Mittlere Sepale 1,5 cm lang., 0,3 cm breit, schmallanzettlich, spitz; die seitlichen genagelt, 2 cm lang, 0,6 cm breit, lanzettlich, oben mit einem hakigen Fortsatz. Petalen 1,2 cm lang, 0,4 cm breit, schwach sichelförmig, nach der Basis zu verschmälert, oben spitz bis langspitzig. Lippe sehr klein, fleischig, sackartig, 3lappig; Seitenlappen 3eckig, spitz; Mittellappen länglich, 0,25 cm lang, 0,1 cm breit, vorn stumpf bis abgerundet; die sackartige Lippenbasis zylindrisch, stumpf, 0,15 cm lang. Säule 0,4 cm lang, fleischig, sehr fein flaumig behaart, am Gipfel mit einem Haarkranz.
Verbreitung: Beschränkt auf die Insel Luzon (Philippinen).
Geschichte: Die von M. H. Curran in der Provinz Zambales entdeckte Pflanze wurde 1915 von O. Ames seinen »Orchidaceae« beschrieben.
Anmerkung: Die Art ist mit *R. angustifolia* Hook. f. verwandt, unterscheidet sich aber von ihr durch die Form ihrer Sepalen und Petalen, das Vorhandensein von Anhängseln an den seitlichen Sepalen, dem ungeteilten Gipfel der Säule und dem unverzweigten Blütenstand.

Renanthera storiei Rchb.f.

Stamm ziemlich kräftig, 20–30 cm lang, 1–1,4 cm im Durchmesser. Blätter 10-(über)20 cm lang, bis 3,5 cm breit, länglich, 2zeilig angeordnet, lederig, vorn schwach 2lappig. Blütenstand den Blättern gegenüber stehend, waagerecht, rispig, vielblütig, mit verholzendem Schaft; Äste zu mehreren, alle fast in einer Ebene stehend. Blüten 4–4,5 cm breit: Mittlere Sepalen und Petalen orangefarbig, etwas marmoriert; seitliche Sepalen tief karminrot, rosenrot und karminrot getüpfelt; Lippe rot, mit gelben Seitenlappen und roten Streifen; Schwiele am Grunde der Lippe, weiß. Mittlere Sepale 2,2–2,8 cm lang, 0,3–0,5 cm breit, schmal-verkehrtlanzettlich, spitzlich; die seitlichen genagelt, 2,7–3,5 cm lang, 1,2–1,4 cm breit, elliptisch-verkehrteiförmig, wellig. Petalen 2,2–2,7 cm lang, 0,6–0,7 cm breit, keilig-riemenförmig, stumpf, an den Rändern gekräuselt und wellig. Lippe klein, 1,2–1,4 cm lang, 1–1,7 cm breit, 3lappig; Seitenlappen 3eckig, spitz; Mittellappen zungenförmig, stumpf, hervorstehend, im Eingang des kegeligen Spornes mit zwei quadratischen Leisten besetzt.
Verbreitung: Philippinen.
Geschichte: H. G. Reichenbach beschrieb diese attraktive Art 1880 im »Gardeners' Chronicle« nach einer von Stuart Low kultivierten Pflanze. Er benannte sie zu Ehren von James G. Storie, in dessen Pflege sie erstmals blühte.
Anmerkung: Mit *Renanthera coccinea* verwandt (siehe auch dort).
Synonym: Vanda storiei Rchb.f.

Restrepia H. B. K.

Tribus: Epidendreae
Subtribus: Pleurothallidinae

Kleine Epiphyten oder seltener Lithophyten mit gebüschelt stehenden, 1blättrigen Stämmen. Blütenstand gipfelbürtig, 1blütig, mit verlängertem Schaft. Blüten im Verhältnis zur Pflanze ziemlich groß, schmal. Mittlere Sepale linealisch-lanzettlich, mit etwas geschwollener Spitze; die seitlichen mehr oder weniger miteinander (oft bis zur Spitze) verwachsen, unten kappenförmig. Petalen der mittleren Sepale ähnlich, aber kleiner. Lippe viel kleiner als die Sepalen, zu verschiedenem Grade 3lappig, vorn in zwei Läppchen gespalten. Säule schlank, gekrümmt, nach dem Gipfel hin erweitert; Pollinien 4.
Umfang und Verbreitung: An die 30 Arten; von Mexiko südwärts bis zum nördlichen Argentinien.
Ableitung des Namens: Benannt zu Ehren von José E. Restrepo, welcher, der Widmung entsprechend »als erster die Geographie und Naturgeschichte der Antiguischen Anden« in Kolumbien untersuchte.
Anmerkung: A. von Humboldt, A. Bonpland und K. Kunth begründeten die Gattung 1815 in ihren »Nova Genera et Species«. Sie steht *Pleurothallis* nahe und wurde verschiedentlich mit dieser Gattung vereinigt. Heute ist man demgegenüber geneigt, sie wieder als eigenständig zu betrachten. Man unterscheidet sie durch den verlängerten, einblütigen Schaft, die eigentümliche Spitze der mittleren Sepale und der Petalen und die verwachsenen seitlichen Sepalen.
Typus-Art: R. antennifera H. B. K.
Kultur: Substrat A. Mindesttemperatur im Winter 10–12 °C. Sonst wie für *Pleurothallis* angegeben. Die Pflanzen gedeihen gut in kleinen Töpfen in feuchter Atmosphäre an schattigen Standorten. Man sollte sie nie für längere Zeit trocken werden lassen. Meistens blühen sie mehr als einmal im Jahr.

Restrepia antennifera H. B. K.

Stämme des kleinen, büscheligen Epiphyten aufrecht, bis 10 cm lang, mit drei bis vier purpurn getüpfelten scheidigen Brakteen besetzt. Blätter aufrecht oder gerade abstehend, 4–5,5 cm lang, 2,5–3 cm breit, eiförmig oder elliptisch, vorn stumpf oder abgerundet, lederig. Blütenstand blattachselbürtig, 1blütig; Schaft stielrund, schlank. Blüte im Verhältnis zur Pflanze groß, durchsichtig: weiß bis bleich gelbbraun, mit dunkelpurpurnen Streifen; Fortsätze der Sepalen grünlich; Lippe hellbraun, mit dunkelbraunen Tüpfeln. Mittlere Sepale 2,3 cm lang, 0,3 cm breit, schmal-eiförmig, oben allmählich lang schwanzartig ausgezogen, an der Spitze geschwollen; die seitlichen 2,3 cm lang, 0,6 cm

breit, schmal-elliptisch, bis fast zum Gipfel miteinander verwachsen, spitzlich. Petalen der mittleren Sepale ähnlich, aber kleiner, vorstehend. Lippe 0,1–1,1 cm lang, 0,3 cm breit, am Grunde 3lappig; Seitenlappen halbaufrecht, stachelartig; Mittellappen länglich-geigenförmig, papillös. Säule 0,5 cm lang, keulenförmig, gebogen, unten weiß, am Gipfel cremebraun.
Verbreitung: Venezuela, Kolumbien, Ecuador.
Geschichte: A. von Humboldt und A. Bonpland entdeckten diese Pflanze und beschrieben sie gemeinsam mit K. Kunth 1816 in ihrem Werk »Nova Genera et Species«.
Synonym: Pleurothallis ospinae Schultes.

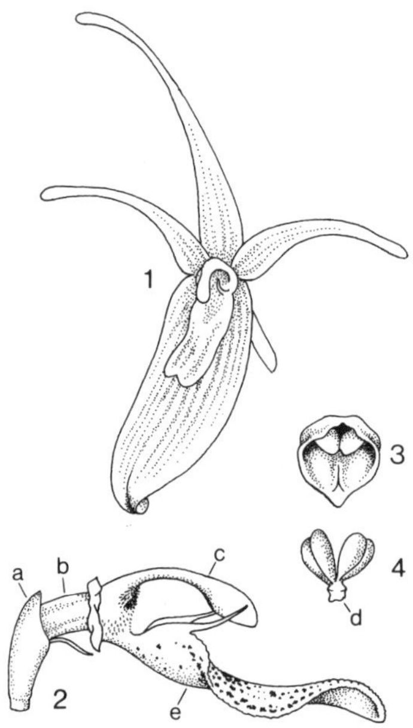

Restrepia antennifera
1 = Blüte von vorn (× 1)
2 = Lippe und Säule von der Seite (× $3\frac{1}{3}$)
a = Braktee
b = Fruchtknoten
c = Säule
e = Lippe
3 = Antherenkappe (× $4\frac{1}{3}$)
4 = Pollinien (× $4\frac{1}{3}$)
d = Klebscheibe

Restrepia elegans Karsten

Stämme des bis 8 cm hohen, kleinen Epiphyten gebüschelt angeordnet, 1blättrig, aufrecht, 4–6 cm lang, mit röhrenförmigen, spitzen, weißen Scheiden bedeckt. Blätter bis 6 cm lang und 4 cm breit, elliptisch, vorn stumpf, halbaufrecht, lederig, an den Rändern etwas herabgebogen. Blütenstand blattachselständig, schräg abstehend, 1blütig; Schaft bis 4 cm lang, schlank; Braktee weiß, stengelumfassend. Blüte schmal: mittlere Sepalen und Petalen durchsichtig weiß, mit kastanienbraunen Linien; seitliche Sepalen orangebraun mit kastanienbraunen Tüpfeln; Lippe hellbraun, mit dunkelbraunen Tüpfeln; Säule hellgrün, rosa behaucht. Mittlere Sepale aufrecht, 2,5 cm lang, 0,3 cm breit, lanzettlich, lang und allmählich verschmälert, keulenförmig; die seitlichen bis fast zur Spitze miteinander verwachsen, am Grunde sackartig vertieft, 2,4 cm lang und 0,9 cm breit. Petalen der mittleren Sepale ähnlich aber kleiner und vorstehend. Lippe 1,1 cm lang, 0,5 cm breit, fleischig, am Grunde 3lappig, am Gipfel gestutzt; Seitenlappen aufrecht und nach vorn stehend, sichelig-lanzettlich, langspitzig; Mittellappen länglich-verkehrtlanzettlich, gleich über der Basis etwas zusammengezogen, warzig. Säule schlank, gekrümmt, keulig, 0,5 cm lang.
Verbreitung: Venezuela.
Geschichte: Die Pflanze wurde 1847 von Karsten in der »Allgemeinen Gartenzeitung« beschrieben; zugrunde lag eine in Berlin kultivierte und blühende Pflanze.
Synonym: Restrepia punctata Lindl.

Restrepia guttulata Lindl.

Stämme des kleinen, büschelig wachsenden, aufrechten Epiphyten 1–15 cm lang, stielrund, am Gipfel 1blättrig, mit drei bis vier flachen Scheiden bekleidet. Blätter bis 8 cm lang und 3 cm breit, elliptisch oder eiförmig-elliptisch, vorn stumpf, steif, auf der Unterseite gekielt. Blütenstand hinter dem Blatt stehend, 1blütig, auf einem bis 7 cm langen, schlanken Schaft. Blüte schmal, bis 5 cm lang: Mittlere Sepale und Petalen weißlich, mit rosa bis purpurnen Linien und Spitzen; die seitlichen Sepalen orangebraun, dunkelbraun getüpfelt; Lippe hellbraun, mit rosapurpurnen Tüpfeln; Säule bleich cremefarbig, am Grunde vorn mit einem braunen Fleck. Mittlere Sepale bis 2,5 cm lang und 0,3 cm breit, lanzettlich, nach unten zu lang verschmälert, oben keulenförmig; die seitlichen bis 2,5 cm lang und 1 cm breit, elliptisch-länglich, bis oder fast bis zur 2zähnigen Spitze miteinander verwachsen. Petalen bis 1,3 cm lang und 0,1 cm breit, sonst der mittleren Sepale ähnlich. Lippe bis 1 cm lang und 0,4 cm breit, 3lappig, fleischig, in der vorderen Hälfte papillös-warzig, an der Basis konkav; Seitenlappen nach vorn gebogen, begrannt; Mittellappen viel länger als die Seitenlappen, länglich-geigenförmig, vorn gestutzt. Säule gekrümmt, schlank, aber nach oben zu verbreitert.
Verbreitung: Kolumbien, Ecuador und Venezuela.
Geschichte: Die von Jameson bei Pichincha in Ecuador gefundene Pflanze wurde 1836 von J. Lindley in Hooker's »Companion to the Botanical Magazine« veröffentlicht.
Synonyme: Restrepia leopardina hort.; *R. maculata* Lindl.; *R. pardina* hort.

Rhynchostylis Bl.

Tribus: Vandeae
Subtribus: Sarcanthinae

Epiphyten mit kurzen, kräftigen, beblätterten Stämmen, ohne Pseudobulben. Blätter sehr dick, meistens linealisch, gerinnt. Blütenstände aufrecht bis überhängend, dicht arm- bis reichblütig. Blüten augenfällig, vorwiegend weiß. Sepalen und die breiteren Petalen abstehend, am Grunde zusammengezogen. Lippe mit der Basis des Fußes der Säule verwachsen, entweder tief sackartig ausgebuchtet oder mit einem nach hinten weisenden, 2seitig abgeflachten Sporn, vorstehend, ungeteilt oder etwas 3lappig. Säule kurz, kräftig, ihr Fuß immer vorhanden, aber oft nur schwer zu erkennen; Pollinien 2, fast kugelig, gespalten; Stipes lang und dünn, oben etwas verbreitert; Klebscheibe klein; Rostellum und Anthere lang zugespitzt.
Umfang und Verbreitung: Ungefähr 15 Arten in Indien, Malaya, Indonesien und auf den Philippinen.
Ableitung des Namens: Aus dem Griechischen »rhynchos« = Schnabel und »stylis« = Säule; ein Hinweis auf die geschnäbelte Säule der Typus-Art.
Anmerkung: C. Blume begründete die Gattung 1825 in seinen »Bijdragen«. In Tracht und Form des Blütenstandes erinnert sie an *Aerides*; sie besitzt aber kürzere Stämme und dickere Blätter. Darüber hinaus sind Säulenfuß und die Form des Spornes anders gestaltet. Im blütenlosen Zustand kann man *Rhynchostylis* durch die blassen Linien auf den Blättern fast immer von *Aerides* unterscheiden. Einige Autoren versetzen alle *Rhynchostylis*-Arten in die Gattung *Saccolabium*, während R. Schlechter *R. violacea* und *R. gigantea* zu seiner Gattung *Anota* stellt. Diese beiden Arten besitzen jedoch, gegen seine Ansicht, einen wenn auch stark reduzierten Säulenfuß und sollten deshalb in *Rhynchostylis* belassen werden. R. Holttum hat die Gattung 1953 (»Orchid Journal«) revidiert und ihre Verwandtschaft bis ins einzelne diskutiert: er akzeptiert vier Arten für

die Gattung und gibt einen Schlüssel für ihre Erkennung.
Typus-Art: *R. retusa* (Sw.) Bl.
Kultur: Substrat A. Mindesttemperatur im Winter 15 °C. Im allgemeinen behandelt man diese Pflanzen wie *Aerides* oder *Vanda.* Sie verlangen hohe Luftfeuchtigkeit, mittleren Schatten und reichlich Wasser solange sie im Wachsen sind, aber weniger, wenn die Wurzeln inaktiv werden. Sie werden am besten in hängenden Körben gezogen, so daß die zahlreichen Luftwurzeln frei herabhängen können.

Rhynchostylis gigantea (Lindl.) Ridl.

Stamm robust, 15–20 cm lang, 2 cm im Durchmesser, mit kräftigen, 1,2–1,8 cm dicken Wurzeln. Blätter am Grunde sich ziegelartig deckend, 15–35 cm lang, 3,7–7,5 cm breit, sehr dick, linealisch, gerieft, vorn mit spitzen Läppchen. Blütenstände zu 2–4, auf kurzem aber dickem Schaft, zylindrisch, traubig, dicht vielblütig, überhängend: Brakteen eiförmig-3eckig. Blüten 2,5–3,1 cm breit, duftend: Sepalen und Petalen weiß und mit wenigen purpurnen Tüpfeln am Grunde, oder dunkelviolett; Lippe weiß mit leuchtend purpurnen Lappen. Sepalen 1,5–1,7 cm lang, 0,8–1 cm breit, elliptisch-länglich, stumpf oder abgerundet. Petalen den Sepalen ähnlich, 1,5 cm lang und 0,6 cm breit. Lippe 1,4 cm lang, 0,8 cm breit, 3lappig, vorn keilförmig, fleischig, etwas flaumhaarig; Platte mit zwei, bis in den Sporn hineinlaufenden, flaumig behaarten Leisten; Sporn kurz, geschwollen, nach hinten deutend.
Verbreitung: Birma, Indochina und Thailand.
Geschichte: Die Pflanze wurde von N. Wallich in der Nähe von Prome gefunden und 1833 von J. Lindley in seinem Werk »Genera and Species of Orchidaceous Plants« unter dem Gattungsnamen *Saccolabium* veröffentlicht. Im Jahre 1896 versetzte sie N. Ridley in die heutige Gattung (»Journal of the Linnaean Society«).
Anmerkung: Man kennt Formen dieser Art mit reinweißen und reinrosapurpurnen Blüten.
Synonyme: Saccolabium giganteum Lindl.; *Vanda densiflora* Lindl.

Rhynchostylis retusa (L.) Bl.

Stamm des verschiedengestaltigen Epiphyten robust, niederliegend, ziemlich kurz, 0,5–1 cm breit, bis 12blättrig. Blätter gebogen, 15–50 cm lang, 1,6–5 cm breit, riemenförmig, fleischig, tief gerinnt, auf der Unterseite gekielt, vorn abgebissen oder ausgerandet. Blütenstände überhängend, 10–45 cm lang, traubig, dicht vielblütig. Blüten 1,2–1,8 cm breit, wachsartig: Sepalen und Petalen weiß, rosa oder violett; Lippe am Grunde weiß, darüber purpurn; Sporn bleich violett (unsere Abbildung zeigt eine purpurblütige Form). Mittlere Sepale 1,2 cm lang, 0,7 cm breit, länglich, spitz; die seitlichen bis 1 cm breit, höckerig kreisrund-eiförmig, spitz oder mit aufgesetzter Spitze. Petalen ungefähr 1,2 cm lang und 0,6 cm breit, elliptisch, stumpf. Lippe 1,2 cm lang und 0,8 cm breit, konkav; Epichile von verschiedener Größe, keilförmig, ungeteilt oder ausgerandet; Platte flach oder undeutlich gefurcht; Sporn 0,8 cm lang, sackartig. Säule mit unklar abgegrenztem Fuß.
Verbreitung: Indien, Birma, Ceylon bis Malaya, Indochina und Philippinen.
Geschichte: C. von Linné beschrieb die Pflanze 1753 als *Epidendrum* (»Species Plantarum«). C. Blume versetzt sie in seinen »Bijdragen« 1825 in die Gattung *Rhynchostylis.* In die Kultur wurde sie 1838 oder 1839 aus Java von der Firma Loddiges eingeführt; in den ersten Jahren danach wurde die Art von J. Lindley allerdings als *Sarcanthus guttatus* bezeichnet, nachdem er eine in Kew kultivierte Pflanze in der Bibliothek von Sir Joseph Banks gesehen hatte.
Synonyme: R. praemorsa Bl.; *R. guttata* Rchb.f.; *R. garwalica* Rchb.f; *Saccolabium guttatum* Lindl.; *S. praemorsum* Lindl.; *S. rheedii* Wight; *S. retusum* (L.) Voigt; *S. heathii* hort.; *S. blumei* Lindl.; *S. garwalicum* Lindl.; *Sarcanthus guttatus* Lindl.; *Aerides guttatum* Roxb.; *A. retusum* Sw.; *A. spicatum* Don; *A. praemorsum* Willd.; *Limodorum retusum* Sw.; *Epidendrum retusum* L.

Robiquetia Gaud.
Tribus: Vandeae
Subtribus: Sarcanthinae

Epiphyten mit meistens hängenden, kurzen oder langen Stämmen und 2zeilig angeordneten Blättern. Blütenstände traubig, im Umriß kegelförmig oder zylindrisch, meistens hängend, vielblütig. Blüten klein. Sepalen und Petalen frei; die mittlere Sepale hutartig über der Säule stehend. Lippe unbeweglich der Säule ansitzend, 3lappig, unten gespornt; Seitenlappen klein, in der Mitte fleischig verdickt mehr oder weniger mit der Säule verwachsen; Mittellappen klein, sehr schmal-3eckig oder linealisch, fleischig oder ausgehöhlt, oft mit einer Leiste an der Basis; Sporn ziemlich lang, mehr oder minder zylindrisch, oft geknickt und abgeflacht, ohne Scheidewände, ohne Schwiele aber manchmal an der Rückwand verdickt. Säule ohne Fuß, kurz, in verschiedenem Grade oben nach hinten gekrümmt; Pollinien 2, mehr oder weniger tief gespalten; Stipes 1, oben verbreitert, Klebscheibe klein.
Umfang und Verbreitung: 25 bis 30 Arten; Indonesien, auf den Philippinen, in Australien und auf den Pazifischen Inseln.
Ableitung des Namens: Nach dem französischen Chemiker Pierre Robiquet, der neben anderen Substanzen Coffein und Morphin entdeckte.
Anmerkung: Die Gattung wurde 1826 von C. Gaudichaud in »Freycinet's Voyage« begründet. Von den anderen monopodialen Gattungen der Sarcanthinae unterscheidet sie sich durch den traubigen Blütenstand, den ungeteilten Mittellappen der Lippe und einen Sporn ohne innere Anhänge.
Typus-Art: *R. ascendens* Gaud.
Kultur: Substrat A oder montiert. Mindesttemperatur im Winter 12–15 °C. Man hält diese Pflanzen in Schalen oder montiert sie auf Kork- oder Baumfarnblöcke. In der Wachstumsperiode verlangen sie eine feuchte Atmosphäre, mäßigen Schatten und viel Wasser. Sobald sie voll entwikkelt sind, benötigt der Wurzelballen nur noch wenig Wasser.

Robiquetia spathulata (Blume) J. J. Smith

Stamm des mittelgroßen Epiphyten bis 50 cm lang, hängend, mit 2–3 cm langen Internodien. Blätter alle in einer Ebene liegend, an der Basis entsprechend gedreht, 12–20 cm lang, 4–5 cm breit, verkehrteiförmig-länglich, vorn ungleichseitig 2lappig. Blütenstände hängend, bis 25 cm lang, dicht vielblütig; Brakteen bis 0,5 cm lang, schmal, zurückgeschlagen. Blüten klein: Sepalen und Petalen gelb, stark rotbraun gezeichnet oder getüpfelt; Lippe gelb, auf den Seitenlappen und dem Mittellappen rotbraun gezeichnet, auf dem Sporn rotbraun getüpfelt; Säule weiß. Mittlere Sepale 0,5 cm lang, 0,35 cm breit, elliptisch, stumpf, konkav; die seitlichen 0,6 cm lang, 0,4 cm breit, elliptisch-sichelförmig, stumpf oder abgerundet. Petalen 0,4 cm lang, 0,35 cm breit, verkehrteiförmig, stumpf. Lippe 0,4 cm lang und breit, an der Basis 3lappig; Seitenlappen aufrecht, länglich-quadratisch; Mittellappen hervorragend, eiförmig oder 3eckig, vorn verdickt, verschmälert und mit aufgesetzter Spitze; Sporn am Schlunde breit, 0,5 cm lang, gestutzt, innen im vorderen Teil auf der Vorderseite mit einer fleischigen Schwiele besetzt. Säule nur 0,25 cm lang, dick.

Verbreitung: Birma, Malaya, Indonesien, Philippinen; meistens in Uferwäldern tiefer Lagen.
Geschichte: C. Blume veröffentlichte diese Pflanze ursprünglich als *Cleisostoma* (»Bijdragen« 1825). J. J. Smith versetzte sie 1912 in die heutige Gattung (»Natuurkundig Tijdschrift voor Nederlandsch Indie«).
Synonyme: Cleisostoma spathulatum Bl.; *C. spicatum* Lindl.; *Saccolabium densiflorum* Lindl.

Rodriguezia Ruiz et Pavon

Tribus: Oncidieae

Epiphyten mit verlängerten Rhizomen. Pseudobulben kurz, im Umriß eiförmig, zusammengepreßt, dicht beieinander oder entfernt, am Gipfel 1–2blättrig, meistens von blatttragenden Scheiden bedeckt. Blätter lederig. Blütenstände seitlich, traubig, einzeln oder zu mehreren, arm bis reichblütig. Blüten mittelgroß bis groß und fast immer augenfällig. Mittlere Sepale und Petalen einander ähnlich. Seitliche Sepalen verschieden lang miteinander verwachsen, mehr oder minder bauchig. Lippe genagelt, meistens kurz mit der Basis der Säule verwachsen, am Grunde mit einem kurzen Sporn, über dem Nagel verkehrteiförmig; Platte gekämmt. Säule schlank, ohne Fuß, am Gipfel erweitert und geflügelt. Pollinien 2, wachsartig.
Umfang und Verbreitung: Bis etwa 35 Arten in den amerikanischen Tropen mit Schwerpunkt in Brasilien.
Ableitung des Namens: Dem spanischen Botaniker und königlichen Apotheker Don Manuel Rodrigues gewidmet. Im Zander heißt es: Gattung Rodriguezia nach José Demetrio Rodriguez (1780–1846) benannt.
Anmerkung: Die Gattung wurde 1794 von H. Ruiz und J. Pavon in ihrem »Prodromus Florae Peruvianae et Chilensis« begründet. Sie ist mit *Ionopsis* und *Trichocentrum* verwandt. Von der ersten unterscheidet sie sich im wesentlichen durch den Besitz eines Spornes und von der zweiten durch die Verwachsung ihrer seitlichen Sepalen. R. Schlechter hat die Gattung im Fedde, »Repertorium« (1919–1920) untersucht und sie gegen die ebenfalls verwandten Gattungen *Capanemia* und *Rodrigueziella* ausgeschlüsselt. In der letzten neueren Bearbeitung von G. Pabst und F. Dungs (»Orchidaceae Brasilienses« 1977) wurden die brasilianischen Arten in 6 informelle Gruppen aufgegliedert; diese Gruppen entsprechen mitnichten den echten Verwandtschaftsverhältnisse der Arten, erleichtern aber die Übersicht über die Gattung wesentlich.
Typus-Art: Die Autoren zitieren *R. ensiformis* und *R. lanceolata.*
Synonyme: Burlingtonia Lindl.; *Physanthera* Steudel.
Kultur: Substrat A. Mindesttemperatur im Winter 12–15 °C. Mit Ausnahme von *R. decora,* die man auf einem Baumfarn- oder Korkblock kultivieren sollte, wachsen alle Arten der Gattung am günstigsten in kleinen Schalen. Sie verlangen Luftfeuchtigkeit und etwas Schatten. Solange sie wachsen, brauchen sie reichlich Wasser, aber viel weniger danach.

Rodriguezia batemannii Poeppig et Endl.

Sehr verschiedengestaltige, kleine bis mittelgroße, mit einem kriechenden, einfachen oder verzweigten Rhizom wachsende Pflanze. Pseudobulben entfernt stehend, 3–5 cm lang, zylindrisch, fast völlig von ein bis drei 2zeilig angeordneten, blatttragenden Scheiden verdeckt. Blätter 7–35 cm lang, bis 3 cm breit, länglich bis linealisch, vorn spitz oder mit aufgesetzter Spitze, dick lederig. Blütenstände blattachselbürtig, biegsam, manchmal überhängend, kürzer als die Blätter, traubig, locker wenig- bis vielblütig. Blüten in Farbe und Größe veränderlich: weiß, weiß und gelb oder lila, mehr oder weniger intensiv lila getüpfelt. Mittlere Sepale 1,6–2,5 cm lang, 0,8–1,1 cm breit, länglich-lanzettlich oder schmal-elliptisch, spitz; die seitlichen miteinander verwachsen, 2–3 cm lang, länglich-lanzettlich, am Gipfel 2zähnig, tief konkav. Petalen bis 2,5 cm lang, schief-elliptisch-lanzettlich, am Gipfel abgerundet bis spitz. Lippe 1,8–3,5 cm lang, 0,9–2,2 cm breit, ungeteilt, keilig-verkehrteiförmig, vorn ausgerandet, an der Basis in ein kurzes, fleischiges Horn verlängert; Platte mit einem Paar fleischiger, nach den Seiten gebogenen Leisten versehen. Säule schlank, 0,8–1,1 cm lang, keulig, flaumig behaart, oben geöhrt.
Verbreitung: Peru.
Geschichte: E. Poeppig entdeckte diese Pflanze bei der Yumaguas Mission in der Maynas-Provinz, Peru, und veröffentlichte sie gemeinsam mit S. Endlicher 1836 in ihrem Werk »Nova Genera et Species«.
Synonyme: Burlingtonia pubescens Lindl.; *B. batemannii* Cogn.; *Rodriguesia candida* Rchb.f. var. *batemannii* hort.

Rodriguezia candida Lindl.

Pseudobulben des mittelgroßen, kriechenden oder kletternden Epiphyten bis 3 cm lang und 1,3 cm breit, im Umriß eiförmig-elliptisch, stark zusammengepreßt, in der Mitte mit einer Längskante, nahe beieinander auf dem steifen Rhizom stehend, am Gipfel 1blättrig, unten mit zwei bis drei blatttragenden Scheiden versehen. Blätter 9–15 cm lang, 2–3 cm breit, länglich bis elliptisch-länglich, vorn schief eingeschnitten, steif-lederig, abstehend. Blütenstand bogig abstehend bis hängend, traubig, armblütig. Blüten augenfällig, groß: Sepalen und Petalen weiß; Lippe weiß, mit reingelber Platte. Mittlere Sepale bis 3 cm lang, 1,3 cm breit, verkehrteiförmig, konkav, abgerundet oder stumpf; die seitlichen bis zum Gipfel miteinander verwachsen: die gebildete Lamina 3 cm lang, im unteren Teil unvermittelt gebogen, tief konkav, am Gipfel eingeschnitten. Petalen bis 3,3 cm lang, 1,7 cm breit, schief-verkehrteiförmig, am Gipfel gestutzt und ausgerandet, Mittelnerv am Rücken in der unteren Hälfte stark verdickt. Lippe genagelt, bis 5,4 cm lang und 2,7 cm breit, verkehrteiförmig-länglich, vorn tief ausgerandet; Nagel mit versteiften Rändern, eingerollt; Schwiele fleischig, eine erhabene breite Leiste im unteren Teil der Lippe bildend. Säule schlank, 2 cm lang, am Gipfel erweitert und geöhrt.
Verbreitung: Brasilien, Guayana und Venezuela.
Geschichte: J. Bateman erhielt die erstmals 1834 gesammelte Pflanze von Colley aus Demarara; er brachte sie im April 1835 in Knypersley zum Blühen. J. Lindley beschrieb sie 1837 im »Botanical Register«. Kurz danach wurde die Art von den Brüdern Schomburgk in der Nähe des Flusses Demarara wiederentdeckt.
Synonym: Burlingtonia candida (Lindl.) Lindl.

Rodriguezia decora (Lem.) Rchb.f.

Pseudobulben des kleinen Epiphyten in Abständen von 8–12 cm auf dem dünnen und gegliederten, oft kletternden Rhizom angeordnet, 2,5 cm lang, im Umriß eiförmig, zusammengepreßt, am Gipfel und seitlich am Grunde mit je einem Blatt. Blätter ungefähr 15 cm lang, linealisch-länglich, vorn spitz. Blütenstände aus den Achseln der grundständigen Blätter entspringend, aufrecht, 30–40 cm lang, 5–15blütig; Brakteen klein, häutig, scheidenartig. Blüten 3,5 cm lang: Sepalen und Petalen weiß, braun getüpfelt; Lippe weiß; Säule am Gipfel mit purpurnen hornartigen Fortsätzen. Mittlere Sepale 1,2 cm lang, 0,4 cm breit, elliptisch-länglich; die seitlichen 1,5 cm lang, schmal-länglich, bis über die Mitte miteinander verwachsen, mit aufgesetztem Spitzchen. Petalen 1,4 cm lang, 0,6 cm breit, elliptisch-länglich, etwas konkav, oben schief-langspitzig. Lippe breit genagelt, 2,5–2,8 cm lang, 1,1–1,4 cm breit, fast

kreisrund, vorn in zwei Läppchen gespalten; Schwiele mit fünf erhabenen Leisten; Sporn 0,1 cm lang, stumpf. Säule stielrund, am Gipfel mit zwei aufrechten Hörnern begleitet von zwei kleineren und bleicheren.
Verbreitung: Brasilien.
Geschichte: Die Art wurde ursprünglich von C. Lemaire in der Gattung *Burlingtonia* beschrieben (»Le Jardin Fleuriste« 1852), zugrunde lag eine von Libon für de Jonghe in der Sao Paulo Provinz gesammelte Pflanze. H.G. Reichenbach versetzte die Art noch im gleichen Jahr in die heutige Gattung (»Botanische Zeitung«). In der Kultur blühte die Pflanze erstmals in der Pflege von Jacob Makoy in Lüttich im Mai 1851.
Synonyme: Burlingtonia decora Lem.; *B. amoena* J.E. Planch.

Rodriguezia secunda H.B.K.

Pseudobulben des aufrechten Epiphyten 2–3,5 cm lang, 1–1,6 cm breit, im Umriß länglich-elliptisch, zusammengepreßt, am Gipfel 1blättrig, fast völlig von zusammengefalteten, sich ziegelartig deckenden Blattscheiden verdeckt. Blätter 7–24 cm lang, 1–3,5 cm breit, linealisch-riemenförmig, lederig oder ziemlich fleischig. Blütenstände 1–6, aufrecht oder gebogen, 15–38 cm lang, traubig, vielblütig. Blüten ziemlich klein: rosa bis rosenrot. Mittlere Sepale 0,9–1,2 cm lang, 0,5–0,6 cm breit, eiförmig, konkav, mit feiner, aufgesetzter Spitze oder spitzlich; die seitlichen bis zur Spitze miteinander verwachsen, am Grunde ausgestülpt, 1–1,5 cm lang, 0,6 cm breit. Petalen 0,9–1,2 cm lang, 0,6 cm breit, verkehrteiförmig, spitz oder mit aufgesetzter Spitze. Lippe unscharf genagelt, ungeteilt; der doppelt-geöhrte Nagel mit dem Fuß der Säule verwachsen und in einem kurzen Sporn fortgesetzt; Rest der Lippe 1,2–1,5 cm lang, 0,5–0,7 cm breit, länglich-verkehrteiförmig, an den Rändern wellig und am Gipfel tief ausgerandet; Schwiele fleischig, hervorragend, mit zwei Kielen. Säule fast zylindrisch, am Gipfel erweitert und auf der Vorderseite 2zähnig.
Verbreitung: Panama, Kolumbien, Venezuela, Guayana, Surinam und Trinidad.
Geschichte: Die Pflanze wurde von A. von Humboldt und A. Bonpland in der Nähe von Cartagena im nördlichen Kolumbien entdeckt. Sie beschrieben die Art gemeinsam mit K. Kunth in ihrem Werk »Nova Genera et Species« im Jahre 1815. In die Kultur wurde die Pflanze erst 1818 aus Trinidad eingeführt.
Synonyme: Pleurothallis coccinea Hook.; *Rodriguezia lanceolata* Lodd.

Rodrigueziella O. Kuntze

Kleine, epiphytische Kräuter mit gebüschelt stehenden, am Gipfel beblätterten Pseudobulben. Blütenstände aufsteigend bis bogig, traubig, locker vielblütig. Blüten klein, abstehend oder nickend; Brakteen oft kaum wahrnehmbar. Sepalen und Petalen untereinander ähnlich, frei. Lippe zurückgebogen, meistens ungeteilt, am Grunde mit zwei flaumig behaarten Schwielen bestückt. Säule kurz, im Querschnitt halbkreisrund; Pollinien 2, ei-birnenförmig; Stipes eiförmig; Klebscheibe winzig.
Umfang und Verbreitung: 5 Arten; beschränkt auf Brasilien.
Ableitung des Namens: Benannt nach Dr. João Barbosa-Rodrigues, Autor von »Orchidearum Novarum« (1877–1881), einem Werk, in dem zahlreiche neue Gattungen und Arten beschrieben wurden.
Anmerkung: O. Kuntze benannte die Gattung 1891 in seiner »Revisio Genera Plantarum« neu, da der bestehende Name *Theodorea* Rodr. (1877) wegen eines früheren (*Theodorea* Cassini, 1818) ungültig war. Sie ist nahe mit *Gomesa* verwandt, von der sie sich durch das anders gestaltete Rostellum und die meistens zurückgebogene Lippe unterscheidet.
Typus-Art: R. gomezioides (Barb. Rodr.) O. Kuntze
Kultur: Substrat A. Mindesttempertur im Winter 12–15 °C. Sonst wie für *Gomeza* angegeben. Die Pflanzen hält man montiert auf Kork- oder Baumfarnblöcken. Sie verlangen hohe Luftfeuchtigkeit, mäßigen Schatten und – solange sie wachsen – viel Wasser, danach wesentlich weniger.

Rodrigueziella gomezoides (Barb. Rodr.) O. Kuntze

Pseudobulben des kleinen Epiphyten länglich, zusammengepreßt, 2blättrig, halbdurchsichtig. Blätter 7–15 cm lang, 0,6–1,3 cm breit, linealisch-lanzettlich, vorn langspitzig. Blütenstand ein wenig kürzer als die Blätter, bogig-abstehend, 8–15 cm lang, locker vielblütig; Brakteen länger als der Fruchtknoten, lanzettlich, langspitzig. Blüten hängend: Sepalen und Petalen gelbgrün, mit brauner Basis; Lippe weiß, mit orangefarbiger oder gelber Schwiele. Sepalen voneinander frei, 0,9–1,1 cm lang, 0,2 cm breit, linealisch-lanzettlich, langspitzig. Petalen den Sepalen ähnlich, aber kleiner. Lippe genagelt, 0,7–0,9 cm lang, 0,3 cm breit, lanzettlich, langspitzig, unvermittelt zurückgeschlagen; Schwielen im zurückgebogenen Teil gefurcht, mit zwei Kämmen und an den Rändern fein zerfranst. Säule nur 0,3 cm lang, aufrecht, an der Basis gezähnt.
Verbreitung: Östliches Brasilien.
Geschichte: Die Pflanze wurde von J. Barbosa Rodrigues in den Wäldern der Serra dos Posos in der Minas Gerais-Provinz und außerdem bei S. João da Boa Vista in der Provinz Sao Paulo gefunden und 1877 in seinem Werk »Genera et Species Orchidearum Novarum« beschrieben. Der Artname wurde wegen der Blütenfarbe gewählt, die man ähnlich in der Gattung *Gomesa* antrifft. Es ist bemerkenswert, daß A. Cogniaux in seiner Beschreibung der Orchideen für die »Flora Brasiliensis« die Art als *Gomeza theodorea* bezeichnete.
Synonyme: Gomeza theodorea Cogn.; *Theodorea gomezoides* Barb.-Rodr.

Rossioglossum (Schltr.) Garay et Kennedy

Tribus: Oncidieae

Mittelgroße bis große Epiphyten mit kurzem Rhizom und dicht aneinandergereihten, 2blättrigen Pseudobulben. Blütenstände seitlich entspringend, auf langem Schaft, traubig, locker mehrblütig; Brakteen sehr kurz, linealisch. Blüten groß, augenfällig. Sepalen und die etwas breiteren Petalen untereinander ähnlich, abstehend. Lippe frei, mehr oder minder geigenförmig, herabgeschlagen, rechtwinklig zur Säule stehend; Seitenlappen öhrchenartig; Mittellappen viel länger; Schwiele grundständig, fleischig, mehrlappig. Säule aufrecht, etwas gekrümmt, jederseits der Narbenhöhle mit einem linealisch-sichelförmigen Auswuchs, rinnig oder in die Fläche unterhalb der Narbe fortgesetzt; Rostellum kurz; Pollinien 2; Stipes schmal 3eckig; Klebscheibe klein.
Umfang und Verbreitung: Ungefähr 6 Arten; in Mittelamerika von Mexiko bis Panama.
Ableitung des Namens: Benannt nach dem Orchideensammler John Ross (er sammelte in Mexiko zwischen 1830 und 1840).
Anmerkung: Ursprünglich bildete *Rossioglossum* eine von R. Schlechter 1916 in »Orchis« begründete Sektion von *Odontoglossum.* L. Garay und G. Kennedy konnten jedoch zeigen (»Orchid Digest« 1976), daß die Arten dieser Sektion so stark von *Odontoglossum* im strengsten Sinne abweichen und deshalb zu einer selbständigen, wenn auch nahe mit *Odontoglossum* verwandten Gattung gehören sollten. Die Unterschiede

liegen in der freien, nicht am Grunde mit der Säule verwachsenen Lippe, in der Stellung der Lippe zur Säule, dem geöhrten Säulengrunde und der Säulenstruktur begründet.
Typus-Art: R. grande (Lindl.) Garay et Kennedy.
Synonyme: Odontoglossum sect. *Rossioglossum* Schltr.; *O.* sect. *Grandia* Pfitzer; *O.* sect. *Rossiorchis* O. Kuntze.
Kultur: Wie für *Odontoglossum.*

Rossioglossum grande (Lindl.) Garay et Kennedy

Verhältnismäßig robuster, bis 40 cm großer Epiphyt mit kurzem Rhizom. Pseudobulben gedrängt stehend, 4–10 cm lang, 3–6 cm breit, ei- oder fast kreisförmig im Umriß, zusammengedrückt, 2schneidig, blaugrün, am Gipfel 1–3blättrig. Blätter 10–40 cm lang, 3–6,5 cm breit, elliptisch oder lanzettlich, lederig, blaugrün, vorn spitz. Blütenstand bis 30 cm lang, 4–8blütig; Brakteen 3,5–4,5 cm lang, lanzettlich, trockenhäutig, angepreßt. Blüten groß und attraktiv: Sepalen gelb und mit rotbraunen Flecken und breiten Querbändern; Petalen oben gelb und in der unteren Hälfte rotbraun aber mit gelben Rändern; Lippe cremefarben mit rotbrauner Zeichnung. Sepalen 5,5–8,5 cm lang, 1–2 cm breit, lanzettlich, spitz oder langspitzig, an den Rändern gewellt. Petalen 5–8 cm lang, 1,8–3,2 cm breit, länglich-elliptisch bis verkehrtlanzettlich, spitz oder stumpf, an den Rändern gewellt. Lippe sitzend, 2,5–4,3 cm lang, breit-geigenförmig, ungleichmäßig 3lappig; Seitenlappen ganz am Grunde, öhrchenartig, nur 0,5 cm lang; Mittellappen kurz genagelt, 2–3,7 cm breit, halbkreisförmig-quadratisch, seicht ausgerandet; Platte mit einer quadratischen, zweilappigen, fleischigen Schwiele zwischen den Seitenlappen. Säule 1–1,5 cm lang, zart flaumig, mit einem einwärts gebogenen Flügel jederseits am Gipfel.
Verbreitung: Guatemala und Mexiko, selten; auf Bäumen in Wäldern bis zu 2700 m.
Geschichte: Die von G.U. Skinner in der Nähe von Guatemala City gefundene Pflanze wurde von J. Lindley 1840 im »Botanical Register« als *Odontoglossum grande* beschrieben. Unter diesem Namen ist sie auch heute noch weithin bekannt. L. Garay und G. Kennedy haben sie kürzlich in die Gattung *Rossioglossum* gestellt (»Orchid Digest« 1976).
Anmerkung: Die Art wird oft mit *R. williamsianum* (siehe auch dort) verwechselt, ist jedoch durch die runden Säulenflügel von ihr zu unterscheiden.

Rossioglossum insleayi
(Bark. ex Lindl.) Garay et Kennedy

Pseudobulben 7,5–10 cm lang, eiförmig, seitlich zusammengedrückt, am Gipfel 2–3blättrig. Blätter 10–12,5 cm lang, länglich, elliptisch. Blütenstand bis 30 cm lang, aufrecht, 5–10blütig. Blüten bis 9 cm breit: Sepalen und Petalen mattgelb mit rotbraunen Flecken und Querbändern; Lippe gelb, mit roten Querstreifen auf dem Nagel des Mittellappens und rotgefleckt an den Rändern; Schwiele gelb mit roten Tüpfeln. Sepalen schmal-länglich-elliptisch, mit aufgesetztem Spitzchen. Petalen etwas sichelig, schmal-länglich-verkehrtlanzettlich, stumpf, mit denRänden rückwärts gebogen. Lippe 3lappig; Seitenlappen öhrchenartig, nach oben gebogen; Mittellappen mit schmalem Nagel, fächerförmig-spatelig, an den Rändern gewellt; Schwiele zwischen den Seitenlappen sitzend, fleischig, schwach 2lappig. Säule aufrecht, kurz, mit zwei Flügeln jederseits am Gipfel.
Verbreitung: Mexiko.
Geschichte: Die Pflanze wurde von Ross 1838 oder 1839 gefunden; er schickte lebende Exemplare an Barker in Birmingham. Die erste erfolgreich zur Blüte gebrachte Pflanze wurde 1840 im »Botanical Register« von J. Lindley als *Oncidium insleayi* beschrieben (benannt zu Ehren von Barkers Obergärtner Insleay). Die Pflanze verschwand dann völlig, bis sie im Jahre 1866 von der Firma Low & Co. wieder importiert und unter verbesserten Kulturbedingungen gepflegt wurde. Die zweifelhafte systematische Stellung der Art ist aus der Tatsache erhellt, daß sie von J. Lindley später zu *Odontoglossum* gestellt wurde (»Folia Orchidacea« 1852) und kürzlich durch L. Garay und G. Kennedy ihren Platz in der neuen Gattung *Rossioglossum* fand (»Orchid Digest« 1976).

Rossioglossum schlieperianum
(Rchb.f.) Garay et Kennedy

Pseudobulben 7,5–10 cm lang, eiförmig, seitlich abgeflacht, am Gipfel 2–3blättrig. Blätter 10–12,5 cm lang, elliptisch-länglich. Blütenstand bis 25 cm lang, aufrecht, 2–8blütig. Blüten groß und auffällig, 7–8 cm breit: Sepalen und Petalen gelb oder grünlichgelb und in der unteren Hälfte mit rotbraunen Querbändern; Lippe von ähnlicher Farbgebung; Schwiele hellgelb mit roter Zeichnung. Sepalen lanzettlich bis elliptisch-lanzettlich, schwach spitzig, mit eingebogenen Rändern. Petalen länglich-elliptisch, meistens spitz, an den Rändern etwas gewellt. Lippe undeutlich 3lappig, länglich-geigenförmig bis spatelig, ausgerandet; Seitenlappen öhrchenartig, aufrecht; Mittellappen länglich-spatelig, stumpf, an den Rändern eingebogen. Säule kurz, aufrecht, mit fädlichen Flügeln auf jeder Seite.
Verbreitung: Costa Rica und Panama.
Geschichte: Die Pflanze befand sich 1856 in einer Sendung mittelamerikanischer Orchideen in Stevens Auktionshaus. Später wurde sie in der Natur von Wendland aus Herrenhausen wieder entdeckt. Obgleich sie von J. Lindley als eine Varietät von *Odontoglossum insleayi* beschrieben wurde, gab H.G. Reichenbach der Pflanze den Status einer Art (»Gardeners' Chronicle« 1865). Er benannte sie nach Schlieper aus Elberfeld, der sie als einer der ersten in der Kultur zur Blüte brachte. L. Garay und G. Kennedy versetzten die Art 1976 in die neue Gattung *Rossioglossum* (»Orchid Digest«).
Synonyme: Odontoglossum schlieperianum Rchb.f.; *O. warscewiczii* Bridges; *O. insleayi* var. *macranthum* Lindl.; *O. lawrenceanum* hort.

Rossioglossum williamsianum
(Rchb.f.) Garay et Kennedy

Pseudobulben des bis zu 60 cm hohen Epiphyten 9–10 cm lang, 4–5 cm breit, länglich-elliptisch im Umriß, seitlich zusammengedrückt, am Gipfel 1–2blättrig. Blätter 40 cm lang, 7–8 cm breit, elliptisch, lederig, kurz gestielt, vorn stumpfspitzig bis spitz. Blütenstand aufrecht, bis 60 cm lang, 6–8blütig; Brakteen 2–25 cm lang, tütenförmig, spitz. Blüten sehr auffallend: Sepalen gelb mit rotbraunen Querstreifen; Petalen in der oberen Hälfte und an den Rändern der unteren gelb, sonst braun; Lippe gelb mit braunen Punkten. Sepalen 4–5,2 cm lang, 1–2 cm breit, elliptisch-lanzettlich, vorn spitz und zurückgebogen, an den Rändern wellig; die seitlichen asymmetrisch und am Grunde 0,5 cm lang miteinander verwachsen. Petalen kurz genagelt, 3,3–5 cm lang, 1,8–2,8 cm breit, eiförmig-elliptisch, abgerundet oder mit aufgesetztem Spitzchen. Lippe sitzend, 2,5–3,5 cm lang, 1,7–2,7 cm breit, breitgeigenförmig; Seitenlappen klein, 0,5 cm lang, fast quadratisch, zurückgerollt; Mittellappen genagelt, ei- bis halbkreisförmig, ausgerandet; Schwiele auf dem Nagel sitzend, 2lappig, fleischig, gelb mit orangefarbenen Punkten, an der Basis mit zwei stumpfen Zähnen. Säule 1–1,3 cm lang, kräftig, gelb, flaumig, mit hakenförmigen Flügeln auf jeder Seite.
Verbreitung: Guatemala, Costa Rica und Honduras; selten in Regenwäldern bis zu 1000 m.
Geschichte: Die Pflanze wurde von H.G. Rei-

chenbach 1890 im »Gardeners' Chronicle« unter *Odontoglossum* beschrieben, aber 1976 von L. Garay und G. Kennedy in die heutige Gattung versetzt (»Orchid Digest«).
Anmerkung: Die Pflanze unterscheidet sich von *O. grande* (siehe dort) durch die hakigen Säulenflügel, den längeren Blütenstand, kleinere Blüten und die abgerundeten Petalen.
Synonyme: Odontoglossum grande var. *williamsianum* Rchb.f.; *O. williamsianum* Rchb.f.

Rudolfiella Hoehne

Tribus: Maxillarieae
Subtribus: Zygopetalinae

Kleine bis mittelgroße Epiphyten mit seitlich abgeflachten, am Gipfel 1blättrigen Pseudobulben. Blütenstände seitlich an den Pseudobulben entspringend, sehr locker mehrblütig, einfach. Blüten meistens augenfällig. Sepalen abstehend oder etwas einwärts gebogen; die seitlichen am Grunde mit der Säule ein rechteckiges Mentum bildend. Petalen wie die Sepalen frei voneinander, abstehend oder schwach einwärts gekrümmt. Lippe auffallend 3lapig, am Grunde mit einem schmalen Nagel und in der Mitte mit einer fleischigen Schwiele; Mittellappen im unteren Teil stark verdickt. Säule flügellos, etwas gekrümmt, mit deutlich ausgeprägtem Fuß; Pollinien 4, wachsartig; Stipites 2, kurz, länglich; Klebscheibe 1.
Umfang und Verbreitung: Ungefähr 5 Arten; im tropischen Südamerika und in Panama.
Ableitung des Namens: Benannt zu Ehren von Dr. Rudolf Schlechter (1872–1925).
Anmerkung: F.C. Hoehne begründete die Gattung 1944 in »Archivos de Botanica do Estado de Sao Paulo«. Einige Autoren, wie z.B. L. Garay und G. Dunsterville (»Venezuelan Orchids Illustrated«, Vol. I, 1959) schließen die Gattung in *Bifrenaria* ein. Demgegenüber betrachten G. Pabst und F. Dungs (»Orchidaceae Brasilienses«, Vol. II, 1977) sie als eigenständig. Man unterscheidet *Rudolfiella* von *Bifrenaria* durch ihre abgeflachten Pseudobulben, das typische Mentum und die tief 3lappige, schwielige Lippe.
Typus-Art: R. aurantiaca (Lindl.) Hoehne.
Synonyme: Lindleyella Schltr.; *Schlechteriella* Hoehne.
Kultur: Wie für *Bifrenaria* angegeben.

Rudolfiella aurantiaca (Lindl.) Hoehne

Pseudobulben der mittelgroßen Epiphyten in dichten Gruppen angeordnet, bis 5 cm lang und 4 cm breit, im Umriß eiförmig-kreisrund, seitlich zusammengedrückt, schwach 4kantig, am Gipfel 1blättrig. Blätter gestielt, 10–20 cm lang, 3–5 cm breit, länglich-keilförmig, vorn spitz, halbaufrecht. Blütenstand bis 30 cm lang, locker bis ungefähr 15blütig. Blüten auffallend: orangefarbig oder gelborange, mit braunen Tüpfeln. Sepalen 1,2–1,3 cm lang, 0,4–0,8 cm breit, länglich-eiförmig, spitz bis stumpf. Petalen 1,2–1,5 cm lang, 0,4–0,6 cm breit, verkehrteiförmig, spitz bis stumpflich. Lippe lang genagelt, 1,2–1,5 cm lang, in der Mitte 3lappig; Seitenlappen aufrecht, eiförmig-gebogen. Mittellappen quer-länglich, mit feinem aufgesetztem Spitzchen, 0,8 cm breit; Schwiele unten flaumig behaart, oben 3lappig. Säule 0,8–0,9 cm lang, etwas flaumig behaart.
Verbreitung: Guayana, Venezuela und Trinidad.
Geschichte: B. aurantiaca wurde von J. Lindley 1836 im »Botanical Register« beschrieben. Zugrunde lag eine aus Demerara stammende Pflanze, die im Oktober 1835 in der Sammlung des Herzogs von Devonshire in Chiswick geblüht hatte.
Synonym: Lindleyella aurantiaca (Lindl.) Schltr.; *Bifrenaria aurantiaca* Lindl.

Sarcochilus R. Br.

Tribus: Vandeae
Subtribus: Sarcanthinae

Mit horizontal oder manchmal aufsteigenden Stämmen wachsende Epi- oder Lithophyten. Blätter in zwei Reihen angeordnet, oft stehend oder hängend, vorn schief eingeschnitten. Blütenstände traubig oder ährig, wenig- bis vielblütig. Blüten augenfällig und duftend, verhältnismäßig kurzlebig, meistens weit offen, entweder in zwei Reihen stehend oder nach allen Richtungen weisend, meistens nur eine zu jeder Zeit oder wenige zusammen geöffnet. Sepalen und Petalen frei, untereinander ähnlich; die seitlichen Sepalen eine kurze Strecke mit dem Fuß der Säule verwachsen. Lippe mit dem Gipfel des Säulenfußes gelenkig verbunden, leicht gefurcht, 3lappig; Seitenlappen groß aber meistens schmal, aufrecht gekrümmt; Mittellappen klein, fleischig, oft 3geteilt; Schwiele auf der Mittellinie einer sackartigen Vertiefung der Lippe sitzend und bis auf den Fuß der Säule reichend. Säule meistens kurz, mit wohlentwickeltem Fuß, mit den seitlichen Sepalen verbunden; Pollinien 4 in zwei Paaren; Stipes ziemlich kurz; Klebscheibe klein, kreisrund oder elliptisch.
Umfang und Verbreitung: Ungefähr 12 Arten; hauptsächlich auf das nördliche und östliche Australien beschränkt.
Ableitung des Namens: Aus dem Griechischen »sarx« = Fleisch und »cheilos« = Lippe; ein Hinweis auf die fleischige Lippe der Typus-Art.
Anmerkung: R. Brown begründete die Gattung 1810 in seinem »Prodromus«. Innerhalb des Subtribus ist sie u.a. mit *Gastrochilus* Don, *Pteroceras* Hassk. und *Thrixspermum* Lour. verwandt, unterscheidet sich aber durch den Besitz von in zwei Paaren angeordneten vier Pollinien und eines kurzen Stipes wie auch in der Form und Beschaffenheit der Lippe und ihrem Verhältnis zum Säulenfuß. Im Verlauf ihrer Geschichte hat *Sarcochilus* viel Grund zu Verwirrungen gegeben; zu verschiedenen Zeiten wurden folgende Gattungen mit ihr vereint: *Chiloschista* Lindl., *Gunnia* Lindl., *Dendrocolla* Bl., *Ornitharium* Lindl. et Paxt., *Pteroceras* Hassk., *Orsidice* Rchb.f., *Grosourdya* Rchb.f., *Cylindrochilus* Th.W., *Microcarpa* Lindl. und *Camarotis* Lindl. Demgegenüber betrachtete H.G. Reichenbach (»Xenia Orchidacea« 1867 die Gattung synonym mit *Thrixspermum* Lour. Mehrere Botaniker, besonders J.J. Smith und R. Schlechter, haben sich um eine natürliche Abgrenzung der Gattung bemüht; die Ergebnisse ihrer Studien wurden von R. Holttum zusammengefaßt (»Kew Bulletin« 1960). Er weist auch darauf hin, daß seine eigene Behandlung der Gattung (»Orchids of Malaya« 1964) unbefriedigend ist, weil die asiatischen und indonesischen Arten sehr deutlich von den australischen verschieden sind. Seiner Ansicht nach ist *Sarcochilus* eine ausschließlich australische Gattung, und die nicht aus diesem Kontinent stammenden Arten sollten zu *Pteroceras* Hassk. gestellt werden. In seinem Werk »Australian Indigenous Orchids«, 1969, schließt sich A. Dockrill dieser Meinung an, und wir sind ihm hier gefolgt.
Typus-Art: S. falcatus R. Br.
Synonym: Gunnia Lindl.
Kultur: Substrat A. Mindesttemperatur im Winter 12–15 °C. Arten von aufrechtem Wuchs wird man am besten in Körben oder Schalen halten, während hängende Arten auf Baumfarn- oder Korkblöcke montiert werden. Alle Arten verlangen hohe Luftfeuchtigkeit und mittleren Schatten in der Wachstumsperiode mit reichlichen Wassergaben. Nach Abschluß des Wachstums sollte man nur vorsichtig gießen.

Sarcochilus fitzgeraldii F. Mueller

Stamm der epi- oder lithophytischen Pflanze ziemlich lang, 0,5–0,6 cm im Durchmesser, et-

was verzweigt, mit zahlreichen stammbürtigen Wurzeln, am Gipfel mit einem Blattbüschel, sonst mit den faserigen Resten alter Blätter besetzt. Blätter 6–16 cm lang, bis 1 cm breit, schmal-länglich bis riemenförmig, vorn spitz, satt dunkelgrün, verhältnismäßig dünn und herabhängend. Blütenstände waagerecht abstehend bis hängend, selten aufrecht, bis 22 cm lang, 4–6blütig; Schaft schlank, stielrund; Blütenstandsachse schwach zickzackförmig; Brakteen meistens etwas abstehend, 0,2–0,5 cm lang, dreieckig, spitz. Blüten abstehend, mittelgroß: Sepalen und Petalen weiß, rosa oder seltener karminrot, in der unteren Hälfte mit rosa oder roten Bändern. Lippe innen mit roten Schlieren, auf dem Mittellappen und der Schwiele gelb oder orangefarbig; Sporn gelb. Sepalen 1,2–1,7 cm lang, 0,6–0,7 cm breit, verkehrtlanzettlich-spatelig, stumpf. Petalen 1,2–1,7 cm lang, bis 0,5 cm breit, verkehrtlanzettlich, stumpf. Lippe 0,5 cm lang, eindeutig aber ungleichmäßig 3lappig; Seitenlappen aufrecht, schwach sichelförmig gekrümmt, elliptisch; Mittellappen kleiner als die Seitenlappen, vorn gestutzt; Schwiele groß, vorn 2lappig; Sporn konisch, vom Fuß der Säule und der Lippenbasis gebildet. Säule nur 0,25 cm lang, nach vorn gebogen, flach; Säulenfuß etwa 0,25 cm lang.
Verbreitung: Ostaustralien, Queensland und Neusüdwales; meistens in tiefen, feuchten Wäldern der Küstengebiete zu finden.
Geschichte: R.D. Fitzgerald fand diese Pflanze erstmals 1870 bei den Naroo-Fällen am Bellingen Fluß im nördlichen Neusüdwales. Baron F. von Mueller benannte sie nach ihrem Entdecker und beschrieb sie 1870 in »Fragmenta Phytographiae Australiae«.

Sarcochilus hartmannii F. Mueller

Stämme der sehr verschiedengestaltigen lithophytischen oder seltener epiphytischen Pflanze zahlreich, 5–10 cm lang, aufrecht, dick, 6–8blättrig. Blätter 10–18 cm lang, 1,5–2 cm breit, länglich-lanzettlich, sichelförmig gebogen, dick und fleischig, vorn spitz oder ungleichmäßig ausgerandet. Blütenstände aufrecht, fast immer länger als die Blätter, kräftig, bis 16blütig. Blüten 1–3,5 cm breit: weiß, mit karminroten Tüpfeln oder Klecksen in der Mitte, selten gänzlich weiß oder karminrot; Blütenstiele bis 2 cm lang, fein rot getüpfelt. Sepalen und Petalen 0,8–1,6 cm lang, 0,3–0,8 cm breit, eiförmig, verkehrteiförmig oder länglich-elliptisch, abgerundet (Petalen ein wenig schmaler als die Sepalen). Lippe klein, 3lappig; Seitenlappen eiförmig bis annähernd quadratisch, oben abgerundet; Mittellappen sehr kurz, aufrecht, stumpf, auf der Platte mit einer großen, gegabelten Schwiele; Sporn schwach konisch, 0,1–0,2 cm lang, fleischig. Säule 0,1–0,2 cm lang, fast rechtwinklig zu ihrem 0,15–0,3 cm langen Fuß stehend.
Verbreitung: Australien: Neusüdwales und Queensland; bis zu 1000 m; auf vollbelichteten Felsen und Klippen in Seenähe.
Geschichte: Die Pflanze wurde von Baron F. von Mueller 1874 in »Fragmenta Phytographiae Australiae« veröffentlicht.
Anmerkung: Verwandt mit und im Habitus ähnlich *S. fitzgeraldii* aber durch Blattform und kleinere Lippe wie auch die Form des Spornes leicht zu unterscheiden.

Sarcoglottis Presl

Tribus: Cranichideae
Subtribus: Spiranthinae

Terrestrische Pflanzen mit fleischigen, knollenartigen Wurzeln und rosettig angeordneten, zur Blütezeit meistens fehlenden Blättern. Blütenstand ährig, mit aufrechtem Schaft, locker wenig- bis vielblütig. Blüten klein bis mittelgroß, selten sonderlich augenfällig, oft auf der Außenseite drüsig-flaumig, nicht einseitswenig. Mittlere Sepale und Petalen zusammenneigend und über der Säule einen Hut bildend; die seitlichen Sepalen herabgeschlagen, oft am Grunde lang am Fruchtknoten herablaufend. Lippe sitzend oder deutlich genagelt, oft schmal, konkav, unten die Säule umschließend, ohne Schwiele oder Leisten. Säule stielrund, am Grunde herablaufend; Anthere eiförmig oder länglich, sitzend oder gestielt; Pollinien mehlig-körnig, mit kurzer Caudicula; Rostellum 2zähnig.
Umfang und Verbreitung: Ungefähr 50 Arten; in Mittel- und Südamerika wie auch auf den Westindischen Inseln.
Ableitung des Namens: Aus dem Griechischen »sarx« = Fleisch und »glotta« = Zunge; eine Anspielung auf die fleischige Lippe der Typus-Art.
Anmerkung: Presl begründete die Gattung 1827 in »Reliquiae Haenkeanae«. Sie ist nahe mit *Spiranthes* verwandt. Man unterscheidet sie von dieser Gattung im wesentlichen durch das Fehlen eines Mentums und die nicht spiralig angeordneten Blüten.
Typus-Art: S. speciosa Presl.
Kultur: Substrat C. Mindesttemperatur im Winter 12–15 °C. Sonst wie für *Pelexia* angegeben. Diese Pflanzen verlangen große Schalen oder können noch besser in Beeten gezogen werden.

Sarcoglottis acaulis (J.E. Sm.) Schltr.

Verschiedengestaltige, terrestrische Pflanze mit grundständiger Blattrosette. Blätter bis 30 cm lang und 6 cm breit, verkehrteiförmig-elliptisch, vorn spitz oder stumpfspitzig, auf der Oberseite samtig grün mit weißer Zeichnung, auf der Unterseite dunkelgrün. Blütenstand aufrecht, bis 75 cm lang, traubig, 5–10blütig (manchmal mehrblütig); Schaft Achse und Fruchtknoten flaumig behaart; Brakteen bis 6 cm lang, so lang wie oder länger als der Fruchtknoten, lanzettlich, aufrecht, spitz. Blüten aufrecht: Sepalen grün; Petalen und Lippe weiß, mit grüner Beaderung. Mittlere Sepale 3 cm lang und 0,5 cm breit, lanzettlich, spitz, vorstehend; die seitlichen 4 cm lang und 0,6 cm breit, lanzettlich und sichelförmig gekrümmt, spitz, in der unteren Hälfte miteinander verwachsen und die Basis der Lippe umfassend. Petalen 2,5 cm lang und 0,4 cm breit, verkehrtlanzettlich, mit der mittleren Sepale vereint, stumpf oder ausgebuchtet. Lippe 3,8 cm lang und 1 cm breit, verkehrtlanzettlich, unterhalb der erweiterten und herabgebogenen Spitze verengt, am Grunde drüsig-flaumig behaart, mit den Rändern um die Säule gebogen. Säule 1,5 cm lang, gerade, mit spitzem Rostellum.
Verbreitung: Im tropischen Amerika von Mexiko bis nach Argentinien.
Geschichte: J.E. Smith beschrieb diese Pflanze 1906 als *Neottia* in seiner »Exotic Botany«; zugrunde lag eine aus Trinidad stammende, von Evans in Stepney kultivierte Pflanze. Rudolf Schlechter versetzte die Art 1919 (Fedde, »Repertorium«, Beihefte) nach *Sarcoglottis*.
Synonyme: Neottia acaulis J.E. Sm.; *N. picta* R. Br.; *Sarcoglottis speciosa* Presl; *S. picta* (R. Br.) Lindl.; *Spiranthes picta* (R. Br.) Lindl.; *S. acaulis* (J.E. Sm.) Cogn.; *S. speciosa* (Presl) Lindl.

Satyrium Sw.

Tribus: Orchideae
Subtribus: Disinae

Mit rundlichen Knollen und unverzweigten, beblätterten Stämmen wachsende terrestrische Pflanzen (bei einigen Arten erscheinen die Blätter an besonderen sterilen Stämmen). Blütenstand gipfelbürtig, traubig oder ährig, wenig bis vielblütig. Blüten nicht resupiniert, oft augenfällig,

grün, weiß, gelb, rosa, rot oder purpurn. Sepalen und Petalen klein, einander ähnlich, meistens unten miteinander verbunden. Lippe hutartig, auf dem Rücken mit zwei kurzen bis langen Spornen. Säule aufrecht, lang, von der Lippe eingeschlossen; der obere Lappen die kissenförmige oder hutartige Narbe bildend; Antherenfächer hängend, zwischen ihnen das 3lappige Rostellum; Klebscheiben 2, durch Caudiculae mit den Pollinien verbunden.
Umfang und Verbreitung: Ungefähr 100 Arten; Afrika mit Schwerpunkt in Südafrika; 5 Arten kommen in Madagaskar vor und 2 in Asien.
Ableitung des Namens: In den griechischen Kräuterbüchern von Dioscorides und Plinius bezieht sich »satyrion« auf die Art *Aceras anthropophorum.* In der griechischen Mythologie waren Satyre wald- und gebirgsbewohnende Geister von sinnlicher und genußfreudiger Lebensweise. Die Bezugnahme auf *Aceras anthopophorum* wird durch die angeblich aphrodisierenden Eigenschaften der Wurzelknolle dieser Orchidee verständlich.
Anmerkung: O. Swartz begründete die Gattung 1800 in »Kongl. Svenska Vetenskaps Akademiens Nya Handlingar«, Stockholm; der Name wurde gegen den älteren (1753) von C. von Linné gebrauchten geschützt. *Satyrium* wurde 1899–1900 von F. Kraenzlin in seinem Werk »Orchidacearum Genera et Species« monographisch bearbeitet und im gleichen Jahr auch von R. Schlechter (Engler, »Botanische Jahrbücher«). F. Kraenzlin behandelte 79 Arten, R. Schlechter nur 63. In seiner Bearbeitung der Gattung für die »Flora of Tropical East Africa« 1968, folgt V. Summerhayes den Ansichten R. Schlechters und beschreibt 37 Arten für sein Gebiet.
Typus-Art: S. bicornis (L.) Thunb.
Synonyme: Diplectrum Pers.; *Satyridium* Lindl.; *Aviceps* Lindl.
Kultur: Substrat C. Mindesttemperatur während der Wachstumsperiode 12–15 °C, in der Ruheperiode 8–10 °C. Am besten hält man diese Pflanzen in Schalen. Solange sie wachsen, brauchen sie reichlich Wasser und mittleren Schatten. Nach dem Verblühen, wenn Stämme und Blätter abgestorben sind, gönnt man den Arten eine kühle und trockene Ruheperiode bis zum Ansatz der neuen Triebe.

Satyrium nepalense Don

Stämme der 15–75 cm hohen, aufrechten, terrestrischen Pflanze ziemlich kräftig, wenigblättrig, im oberen Teil mit Scheiden besetzt. Blätter 10–25 cm lang, 5–10 cm breit, länglich bis linealisch-länglich, am Grunde scheidig, vorn spitz, ziemlich fleischig. Blütenstand 2,5–15 cm lang, ährig, dichtblütig; Brakteen länger als die Blüten, aufrecht, abstehend oder rückwärts gebogen, länglich bis lanzettlich. Blüten klein, duftend: weiß bis dunkelrosa. Sepalen bis 0,7 cm lang und 0,15 cm breit, linealisch-länglich, stumpf, abstehend und rückwärts gebogen. Petalen den Sepalen ähnlich aber schmaler. Lippe oben stehend, 0,7 cm lang, 1 cm breit, breit-länglich, konkav, stark gekielt; Sporne 2, meistens 0,8–1,2 cm lang. Säule von der Lippe eingeschlossen, stielrund, an der Basis zusammengezogen; Anthere breit, mit keuligen Pollinien, kurzen Caudiculae und kreisrunden Drüsen.
Verbreitung: Indien, Himalaja und Birma; gewöhnlich zwischen 1200 und 2000 m, aber im Himalaja bis in 4000 m Höhe anzutreffen.
Geschichte: N. Wallich entdeckte diese Pflanze bei Gosaingsthan in Nepal. Sie wurde 1826 von D. Don in seinem »Prodromus Florae Nepalensis« beschrieben.
Synonyme: Satyrium perrottetianum A. Rich.; *S. albiflorum* A. Rich.; *S. pallidum* A. Rich.

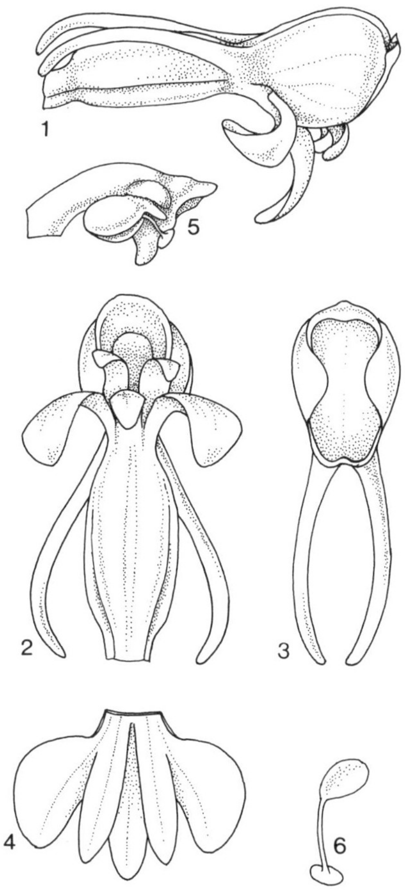

Satyrium nepalense
1 = Blüte von der Seite (× 3 1/3)
2 = Blüte von unten (× 3 1/3)
3 = mittlere Sepale mit Spornen (× 3 1/3)
4 = seitliche Sepalen, Petalen und Lippe (× 4 1/3)
5 = Säule von der Seite (× 6 1/2)
6 = Klebscheibe, Caudicula und Pollinium (× 11)

Scaphosepalum Pfitzer
Tribus: Epidendreae
Subtribus: Pleurothallidinae

Kriechend oder büschelig wachsende Epiphyten mit kurzen, von trockenhäutigen Scheiden bekleideten, am Gipfel 1blättrigen Stämmen. Blütenstände seitlich am Grunde der Sekundärstämme erscheinend, traubig, locker vielblütig. Blüten klein. Sepalen abstehend, schmal, oben schwanzartig ausgezogen; die seitlichen miteinander verwachsen, konkav. Petalen kleiner als die Sepalen. Lippe mit der Blüte zuoberst stehend, klein, mit von Leisten durchzogener Platte. Säule einwärts gebogen, unten mit kurzem Fuß, oben erweitert und entweder ausgerandet oder geflügelt; Pollinien 2, wachsartig, schmal eiförmig im Umriß, zusammengepreßt.
Umfang und Verbreitung: Ungefähr 20 Arten; auf das tropische Amerika beschränkt.
Ableitung des Namens: Aus dem Griechischen »skaphe« = Schale, Schüssel und dem Lateinischen »sepalum« = Kelchblatt; wegen der von den beiden verwachsenen seitlichen Sepalen gebildeten konkaven Lamina.
Anmerkung: E. Pfitzer begründete die Gattung 1888 in Engler und Prantl, »Die Natürlichen Pflanzenfamilien«. Die mit *Masdevallia, Pleurothallis* und *Lepanthes* verwandte Gattung besitzt als einzige unter den Pleurothallidinae seitenbürtige Blütenstände. Die letzte Bearbeitung erfolgte durch F. Kraenzlin (Fedde, »Repertorium«, Beihefte, 1925); er unterschied 25 Arten.
Typus-Art: E. Pfitzer zitierte *S. ochthodes* (Rchb. f.) Pfitzer und *S. verrucosum* (Rchb. f.) Pfitzer.
Kultur: Substrat A. Mindesttemperatur im Winter 10–12 °C. Man behandelt diese Pflanzen wie für *Pleurothallis* angegeben. Eine Ausnahme bilden Arten mit nach unten wachsendem Blütenstand wie *S. punctatum:* Man sollte sie in kleinen, offenen Körben kultivieren. Die meisten Arten dieser Gattung haben die angenehme Eigenschaft, während des ganzen Jahres zu blühen. Zu keiner Zeit dürfen sie trocken gehalten werden.

Scaphosepalum ochthodes (Rchb. f.) Pfitzer

Kleiner Epiphyt mit kurzen, büschelig angeordneten Stämmen. Blätter gestielt, 8–15 cm lang,

1,5–2,4 cm breit, spatelig-länglich, vorn mit drei spitzen Zähnen. Blütenstand schlank, aufrecht, 20–40 cm lang, vielblütig; Schaft und Blütenstandachse dicht warzig; Brakteen asymmetrisch, spitz, gekielt, mit winzigen Bläschen bedeckt. Blüten fleischig, klein: gelb, mit karminroten Linien und Flecken. Mittlere Sepale 0,8 cm lang, 0,3 cm breit, lanzettlich, oben in einen fleischigen, riemenförmigen Gipfel ausgezogen; die seitlichen aufrecht, bis fast zur Spitze miteinander verwachsen und direkt unterhalb der Spitze mit einer rechteckigen Verdickung, am Gipfel selbst rückwärts gebogen und mit aufgesetzter Spitze. Petalen genagelt, 0,4 cm lang, 0,2 cm breit, länglich-riemenförmig, spitz. Lippe 0,4 cm lang, 0,15 cm breit, 3lappig, gebogen; Seitenlappen halbeiförmig, ungeteilt; Mittellappen länglich, an den Rändern gesägt; Kiele 2, im Zentrum der Lippe, am vorderen Rande gesägt. Säule nur 0,3 cm lang, gekrümmt, cremefarben mit purpurnen Linien.

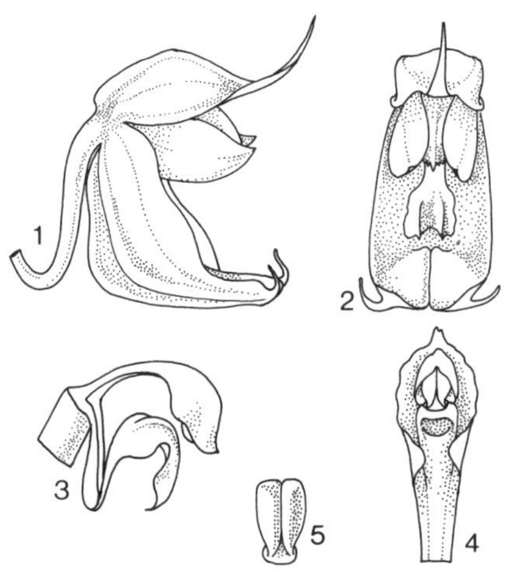

Scaphosepalum ochthodes
1 = Blüte von der Seite (× 3¹/₃)
2 = Blüte von vorn (× 3¹/₃)
3 = Lippe und Säule mit Fuß von der Seite (× 4¹/₃)
4 = Säule von unten (× 6¹/₂)
5 = Klebscheibe und Pollinien (× 11)

Verbreitung: Kolumbien.
Geschichte: H.G. Reichenbach betrachtete diese Pflanze als eine *Masdevallia*-Art; seiner Beschreibung (Walpers, »Annales Botanices« 1864) lag eine von Wagner in Ocana gesammelte Pflanze zugrunde. E. Pfitzer versetzte die Art 1888 in die heutige Gattung (Engler und Prantl, »Die Natürlichen Pflanzenfamilien«).
Synonym: Masdevallia ochthodes Rchb. f.

Scaphyglottis Poepp. et Endl.

Tribus: Epidendreae
Subtribus: Laeliinae

Kleine Epi- oder Lithophyten. Stämme dicht gebüschelt oder pseudobulbenartig, einfach oder verzweigt, am Gipfel 1– bis mehrblättrig. Blütenstand entweder gipfelbürtig oder an den Stammknoten entspringend, meistens traubig, manchmal mit gebüschelten Blüten. Blüten klein. Sepalen aufrecht und abstehend; die seitlichen mit dem Säulenfuß verwachsen und ein kurzes Mentum bildend. Petalen den Sepalen ähnlich, aber kleinere Lippe, ungeteilt, 3lappig oder ausgerandet, mehr oder weniger rückwärts gebogen, konkav. Säule kurz, flügellos bis breit geflügelt, mit Fuß; Pollinien 4 oder 6, zusammengepreßt, wachsartig.
Umfang und Verbreitung: 40 Arten; in den Tropen Amerikas.
Ableitung des Namens: Aus dem Griechischen »skaphe« = Schale, Schüssel und »glotta« = Zunge; wegen der konkaven Form der Lippe.
Anmerkung: E. Poeppig und S. Endlicher begründeten die Gattung 1835 in »Nova Genera et Species«. In heutiger Sicht ist sie mit *Laelia, Epidendrum* und deren Trabanten verwandt. Sie unterscheidet sich u.a. durch ihren deutlich ausgeprägten Säulenfuß. Manche Botaniker setzen sie in die Nähe von *Ponera* und *Isochilus,* die beide 2zeilig angeordnete Blätter besitzen. Viele Arten sind nur wenig bekannt und ihre Umgrenzung ist unsicher.
Typus-Art: S. graminifolia Poepp. et Endl.
Kultur: Substrat A. Mindesttemperatur im Winter 12–15 °C. Diese Pflanzen gedeihen gut in Töpfen oder Schalen, wo sie bald zu wahren Dikkichten heranwachsen. Sie verlangen eine feuchte Atmosphäre, mäßigen Schatten und – in der Wachstumsperiode – reichlich Wasser. Sobald die neuen Pseudobulben ausgewachsen sind, reicht man ihnen wesentlich weniger Wasser.

Scaphyglottis amethystina (Rchb. f.) Schltr.

Stämme des kleinen, 10–36 cm hohen Epiphyten pseudobulbenähnlich, kurz bis 12 cm lang und 1 cm breit, aufrecht oder aufsteigend und an den Knoten wurzelnd, gebüschelt, gekrümmt, am Gipfel 2blättrig. Blätter 2,5–12,5 cm lang, 0,5–1,2 cm breit, linealisch, fast aufrecht, vorn schief eingeschnitten. Blütenstand gipfelbürtig, mehr- bis vielblütig. Blüten weiß oder lila. Sepalen 0,5–0,8 cm lang, 0,1–0,2 cm breit, länglich-elliptisch, spitz bis spitzlich, konkav; die seitlichen unten miteinander verwachsen und ein prominentes Mentum bildend. Petalen 0,5–0,6 cm lang, 0,1 cm breit, linealisch, sichelig gebogen, spitz. Lippe 0,6–0,8 cm lang, 0,4–0,5 cm breit, fächerig-keilförmig, oben tief 3lappig; Seitenlappen eiförmig, stumpf; Mittellappen den Seitenlappen ähnlich aber spitz. Säule schlank, 0,5–0,7 cm lang, am Gipfel jederseits geöhrt, mit wohlentwickeltem Fuß.
Verbreitung: Von Guatemala bis Costa Rica und Panama; in Wäldern oder Baumsavannen; bis 300 m.
Geschichte: Ursprünglich wurde die Pflanze von H.G. Reichenbach in die Gattung *Ponera* gestellt; seiner Beschreibung in Saunders' »Refugium Botanicum« 1869, lag ein von G.U. Skinner in Santa Fé de Veraguas in Guatemala gesammeltes und an W. Wilson Saunders gesandtes Exemplar zugrunde. R. Schlechter versetzte die Art 1918 in die heutige Gattung (Beihefte zum »Botanischen Centralblatt«).
Synonym: Ponera amethystina Rchb. f.

Scaphyglottis prolifera (Rchb. f.) Cogn.

Stämme des mittelgroßen Epiphyten zahlreich, gebüschelt angeordnet, dichotom verzweigt, aufrecht oder aufsteigend, gegliedert, im unteren Teil spindelförmig, oben zylindrisch, 10–20 cm lang, 0,2–0,3 cm im Durchmesser, am Gipfel 2blättrig, Blätter abstehend, 2–4 cm lang, 0,3–0,5 cm breit, linealisch-riemenförmig, fast gegenständig, vorn stumpf und/oder ausgerandet, hellgrün, lederig. Blüten in Paaren oder gebüschelt angeordnet, mehr oder weniger abstehend: hellgelb. Sepalen aufrecht, 0,5 cm lang, 0,15 cm breit, schmal-länglich-spatelförmig, spitz; Mentum undeutlich. Petalen 0,5 cm lang, 0,1 cm breit, schmal-linealisch-spatelförmig, stumpf. Lippe ungeteilt, 0,5 cm lang, 0,25 cm breit, länglich-spatelförmig, unten allmählich verschmälert, vorn abgerundet und seicht ausgerandet. Säule schlank, aufrecht, 0,4 cm lang, gerade oder etwas gekrümmt.
Verbreitung: Brasilien, Guayana und Surinam.
Geschichte: Die Pflanze wurde ursprünglich von R. Brown 1813 in der zweiten Auflage von Aiton's »Hortus Kewensis« in der Gattung *Isochilus* veröffentlicht. Zugrunde lag seiner Beschreibung eine von den Westindischen Inseln 1793 von Edward Elcock in die Kultur eingeführte Pflanze. A. Cogniaux versetzte die Art 1905 in Martius' »Flora Brasiliensis« zu *Scaphyglottis.*
Anmerkung: Durch ihre kurzen, selten über 10 cm langen Stämme, die nicht zurückgerollten

Lippenränder und die Blütenfarbe ist diese Art leicht zu erkennen.
Synonyme: Isochilus proliferum R. Br.; *I. proliferum* Lindl.; *Ponera prolifera* (R. Br.) Rchb. f.

Schoenorchis Bl.

Tribus: Vandeae
Subtribus: Sarcanthinae

Epiphyten mit aufrechten oder hängenden, oft nur am Grunde verzweigten und sich dort bewurzelnden Stämmen. Blütenstände einfach oder verzweigt, aufrecht oder horizontal abstehend, mit vielen kleinen Blüten. Sepalen und Petalen untereinander ähnlich, nur wenig abstehend. Lippe 3lappig, gespornt, am Schlunde des Sporns auf der der Säule gegenüberliegenden Seite mit einer Schwiele oder fleischigen Verdickung; Seitenlappen aufrecht, kurz, abgerundet; Mittellappen gerade, oft winkelig, an der Basis zusammengezogen; Sporn zylindrisch oder elliptisch, gerade vorstehend oder einwärts gekrümmt, manchmal gekammert. Säule kurz; Anthere mit einem langen, über ihrem Grunde unvermittelt nach oben gebogenen Schnabel; Pollinien 4, in zwei kugeligen Körpern auf einer langen, schlanken Klebscheibe angeordnet; Rostellum aus zwei aufrechten, dünnen Armen gebildet.
Umfang und Verbreitung: Etwa 10 Arten; vom Himalaja bis nach Neuguinea.
Ableitung des Namens: Aus dem Griechischen »schoenos« = Schilf oder Rohr und »orchis« = (siehe *Orchis*); eine Anspielung auf die fast immer sehr schmalen, schilfartigen Blätter der meisten Arten.
Anmerkung: C. Blume begründete die Gattung 1825 in »Bijdragen«. Sie ist mit *Phalaenopsis* und *Gastrochilus* verwandt, unterscheidet sich aber deutlich durch ihren oben beschriebenen Blütenbau, insbesondere durch das eigentümliche Rostellum und die Anthere.
Typus-Arten: S. juncifolia Bl.; *S. micrantha* Bl.; *S. paniculata* Bl.
Kultur: Wie für *Cleisostoma* und *Saccolabium* angegeben.

Schoenorchis gemmata (Lindl.) J. J. Sm.

Stämme des bogig überhängenden bis völlig hängenden Epiphyten bis über 30 cm lang, am Grunde wurzelnd, stielrund, durchwegs beblättert. Blätter 5–10 cm lang, 0,3–0,6 cm breit, linealisch, im Querschnitt kreisförmig, fleischig, an der Basis scheidig, vorn 2–3zähnig. Blütenstände halbaufrecht bis überhängend, länger als die Blätter, rispig, blattachselbürtig, locker vielblütig; Brakteen klein, spitz. Blüten winzig, nur 0,3–0,4 cm lang: Sepalen weiß oder purpurn und mit weißer Spitze; Petalen purpurn; Lippe weiß, auf den Seitenlappen wie der Sporn purpurn oder purpurviolett. Sepalen 0,15–0,2 cm lang, 0,1 cm breit, eiförmig-länglich, spitz. Petalen 0,12 cm lang, 0,07 cm breit, verkehrteiförmig, stumpf. Lippe bis 0,2 cm lang und 0,15 cm breit, fleischig, undeutlich 3lappig; Seitenlappen aufrecht, abgerundet; Mittellappen verkehrteiförmig, stumpf, abgerundet oder mit aufgesetzter Spitze, betont fleischig; Sporn gerade 0,2 cm lang, vorn geschwollen. Säule sehr kurz, fleischig.
Verbreitung: Nord-Indien, Himalaja, Thailand und Indochina; 600–1500 m; häufige Pflanze.
Geschichte: Im «Botanical Register« beschrieb J. Lindley 1838 diese Pflanze ursprünglich als *Saccolabium*. Zugrunde lag ein von Gibson 1837 in den Khasia-Bergen gesammeltes Exemplar, das im folgenden Jahr in den Gewächshäusern des Herzogs von Devonshire in Chatsworth zur Blüte gekommen war. J. J. Smith versetzte die Art 1912 in die heutige Gattung (»Natuurkundig Tijdschrift voor Nederlandsch Indie«).
Synonym: Saccolabium gemmatum Lindl.

Schomburgkia Lindl.

Tribus: Epidendreae
Subtribus: Laeliinae

Mittelgroße bis große Epi- oder Lithophyten. Pseudobulben groß, im Alter oft ausgehöhlt, am Gipfel 2–3blättrig. Blütenstände aufrecht, sehr lang, traubig oder rispig, locker 10- bis vielblütig; Schaft schlank, reich gegliedert und an den Knoten mit auffälligen Scheiden besetzt. Blüten mittelgroß bis groß, augenfällig, lang gestielt. Sepalen und Petalen frei, untereinander ähnlich, gewellt. Lippe 3lappig; Seitenlappen seitlich aufrecht neben der Säule stehend, sie aber nicht umgreifend; Mittellappen abstehend. Säule vorstehend, ziemlich kurz; Pollinien 8, in zwei Vierergruppen.
Umfang und Verbreitung: Ungefähr 12 Arten; im tropischen Nordamerika, auf den Westindischen Inseln und im nördlichen Südamerika.
Ableitung des Namens: Benannt zu Ehren von Sir Richard Schomburgk (1811–1891), der – zusammen mit seinem Bruder Robert – das vormalige Britisch Guinea erforschte und umfangreiche Sammlungen einbrachte.
Anmerkung: J. Lindley begründete die Gattung 1838 in »Sertum Orchidacearum«. Ihre Arten lassen sich verhältnismäßig leicht von *Laelia* durch die welligen Petalen und Sepalen und die nicht von der Lippe umfaßten Säule unterscheiden. L. O. Williams (»American Orchid Society Bulletin« 1941) betrachtete *Schomburgkia* synonym mit *Laelia;* aber nur wenige Botaniker haben sich dieser Ansicht angeschlossen. In den »Annalen des Naturhistorischen Museums in Wien« hat 1966 H. G. Jones einen Abriß der Geschichte der Gattung veröffentlicht und dabei auch ihre Unterschiede zu *Laelia* dargestellt. Er folgt R. Schlechter und vertritt die Ansicht, daß *Schomburgkia* natürlich in zwei Untergattungen aufgeteilt werden kann:

I Subgen. *Schomburgkia* mit 2blättrigen spindelartigen Pseudobulben, schmalen, spitzen Blättern, die Blütenstiele in Länge überragenden Brakteen und einer Lippe mit schmalen abstehenden Seitenlappen.
  Eingeschlossen sind: *S. crispa* Lindl., *S. undulata* Lindl. und *S. superbiens* (Lindl.) Rolfe.

II Subgen. *Chauno-Schomburgkia* mit 3–4blättrigen konischen Pseudobulben, breiten stumpfen Blättern, nur die Hälfte (oder weniger) der Blütenstiele erreichenden Brakteen und eine Lippe mit breiten, die Säule umgreifenden Seitenlappen.
  Eingeschlossen sind: *S. tibicinis* Batem., *S. humboldtii* Rchb. f. und *S. galeottiana* A. Rich.

Typus-Art: S. crispa Lindl.
Kultur: Substrat A. Mindesttemperatur im Winter 12–15 °C. Im allgemeinen behandelt man die Pflanzen wie *Cattleya*. Man unterscheidet zwei Gruppen: Arten mit hohlen (z. B. *S. tibicinis*) und solche mit soliden, spindeligen Pseudobulben. Beide Gruppen verlangen in der Wachstumsperiode viel Licht und reichlich Wasser; Arten der ersten Gruppe benötigen aber eine lange, trockene Ruheperiode, wenn die Pseudobulben voll ausgewachsen sind. Alle Arten sollten so wenig wie möglich umgetopft werden.

Schomburgkia gloriosa Rchb. f.

Pseudobulben des großen Epiphyten in Abständen von 3–5 cm auf dem kriechenden Rhizom stehend, bis 30 cm lang und 5 cm breit, keulenförmig, im unteren Teil stielrund, leicht zusammengepreßt und gefurcht im oberen, 4–6knotig, am Gipfel 2–3blättrig. Blätter bis 32 cm lang und 6 cm breit, schmal-länglich, vorn stumpf, lederig, auf der Unterseite gekielt. Blütenstand gipfelbürtig, aufrecht, bis über 75 cm lang, mit dichter, endständiger 8–15blütiger Traube; Brakteen bis 6 cm lang und 1,2 cm breit, linealisch-lanzettlich,

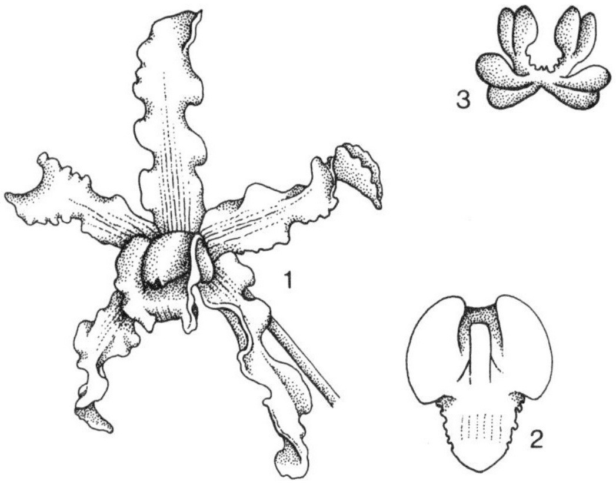

Schomburgkia gloriosa
1 = Blüte von vorn (× 4/5)
2 = Lippe ausgebreitet (× 4/5)
3 = Pollinien (× 6)

langspitzig, zurückgeschlagen. Blüten groß und augenfällig: Sepalen und Petalen hell honigbraun, mit dunkelbraunen Nerven und purpurn getönt; Lippe weiß, mit gelbbraunen Mittellappen und Rändern (manchmals rosa mit bräunlichen Mittellappen und Rändern). Sepalen und Petalen 3,5–4 cm lang, 1–1,2 cm breit, schmallänglich, stumpf oder mit aufgesetztem Spitzchen, an den Rändern wellig-gekräuselt. Lippe bis 2 cm lang und 1,8 cm breit, in der Mitte 3lappig; Seitenlappen schmal-elliptisch, aufrecht; Mittellappen zurückgeschlagen, eiförmig-elliptisch, stumpf, in der Mitte mit drei erhabenen Leisten; Platte unterhalb der Säule mit hohler Schwellung. Säule 1,8 cm lang.
Verbreitung: Venezuela, Guayana und Surinam.
Geschichte: Aufgrund einer von der Firma Booth kultivierten Pflanze beschrieb H. G. Reichenbach diese Art 1860 in der »Hamburger Gartenzeitung«. Wesentlich früher (1844) war ein von R. Schomburgk in Demerara gesammeltes und an Marryat gesandtes Exemplar dieser Art irrtümlich als *S. crispa* im »Botanical Register« abgebildet worden.
Anmerkung: Die Art ähnelt *S. crispa* Lindl. Bei dieser ist der kürzere Mittellappen der Lippe von den Seitenlappen durch tiefe Buchten getrennt; die Säule hat außerdem breite Flügel.
Synonyme: Bletia gloriosa (Rchb.f.) Rchb.f.; *Laelia gloriosa* (Rchb.f.) L.O. Williams; *Schomburgkia crispa* einiger Autoren.

Schomburgkia superbiens (Lindl.) Rolfe

Pseudobulben der 3–5 m hohen epiphytischen oder terrestrischen Pflanze stark verlängert, bis 300 cm und 3,5 cm breit, etwas zusammengepreßt, gefurcht, am Gipfel 1–2blättrig. Blätter bis 30 cm lang und 6,5 cm breit, länglich oder länglich-lanzettlich, vorn stumpf oder spitz, stark lederig. Blütenstand ungeteilt, traubig, vielblütig; Schaft bis über 80 cm lang, 1 cm im Durchmesser; Brakteen groß, bis 12 cm lang, lanzettlich, langspitzig, braun. Blüten groß und auffällig: purpurn mit gelber Zeichnung. Blütenstiel und Fruchtknoten bis 8 cm lang. Sepalen 5–7 cm lang, 1–1,5 cm breit, linealisch-länglich bis schmal-lanzettlich, spitz oder stumpf, manchmal wellig. Petalen 4,5–7 cm lang, 1,2–1,8 cm breit, schmal-länglich bis schmal-verkehrtlanzettlich, spitz bis abgerundet, abstehend. Lippe frei, 4–5,5 cm lang, 2,8–3,5 cm breit, über der Mitte 3lappig, bogig zurückgeschlagen, an den Rändern eingerollt, die Säule umfassend; Seitenlappen kurz, länglich, am gekräuselten oberen Rande abgerundet; Mittellappen größer, breit-verkehrteiförmig bis verkehrtherzförmig, vorn ausgerandet, bis 2 cm breit; Platte gelblich, mit fünf bis sechs stark erhabenen gekräuselten und gesägten Leisten. Säule 2,5–3 cm lang, keulig, gebogen.
Verbreitung: Mexiko, Guatemala und Honduras. Seltene Pflanze in Wäldern; bis 2000 m.
Geschichte: J. Lindley beschrieb die erstmals von G.U. Skinner in Guatemala gesammelte Pflanze 1840 im »Botanical Register« als *Laelia*. R. Rolfe versetzte sie 1917 im »Orchid Review« in die Gattung *Schomburgkia*.
Synonyme: Cattleya superbiens (Lindl.) Beer; *Laelia superbiens* Lindl.

Schomburgkia undulata Lindl.

Pseudobulben des großen Epiphyten bis 25 cm lang und 5 cm breit, spindelig, nach unten zu verdünnt, gefurcht, glänzend, am Gipfel 2blättrig. Blätter bis 30 cm lang und 5 cm breit, länglich-riemenförmig, steif, lederig. Blütenstand aufrecht, bis 150 cm lang, traubig oder fast doldenförmig, locker ungefähr 20blütig; Brakteen röhrenförmig, hängend; Blüten groß und auffällig, lang gestielt: Sepalen und Petalen satt glänzend kastanienbraun; Lippe leuchtend rosapurpurn und weiß in der Mitte. Sepalen und Petalen 3,2–3,5 cm lang, 1–1,3 cm breit, länglich bis schmal-elliptisch, vorn abgerundet, an den Rändern gewellt und gekräuselt. Lippe 2,5–2,7 cm lang, 1,7–2 cm breit, in der unteren Hälfte 3lappig, hervorstehend; Seitenlappen aufrecht, vorn abgerundet; Mittellappen länglich, in der vorderen Hälfte herabgebogen, mit sehr kleinem, aufgesetztem Spitzchen; Platte mit drei bis fünf bis zum Mittellappen reichenden parallelen Kielen. Säule kurz, kräftig, 1,6 cm lang, weiß und lavendelblau behaucht.
Verbreitung: Trinidad und Venezuela.
Geschichte: Diese Pflanze wurde in La Guayra von J. Linden gesammelt und an Rucker gesandt. J. Lindley veröffentlichte sie 1844 im »Botanical Register«.
Synonyme: Bletia undulata (Lindl.) Rchb. f.; *Cattleya undulata* (Lindl.) Beer; *Laelia undulata* (Lindl.) L. O. Williams.

Scuticaria Lindl.

Tribus: Maxillarieae
Subtribus: Maxillariinae

Mittelgroße Epiphyten mit sehr kurzem, 1blättrigem Stamm; Blätter lang, fleischig, im Querschnitt kreis- oder annähernd kreisrund. Blütenstand seitlich, oft nur 1blütig. Blüten groß oder mittelgroß, augenfällig. Sepalen und Petalen frei, untereinander ähnlich, aufrecht abstehend; die seitlichen mit dem Fuß der Säule verwachsen und ein ausgeprägtes Mentum bildend. Lippe am oberen Ende des Säulenfußes sitzend, gegliedert, breit, konkav, tief 3lappig; Seitenlappen groß, aufrecht; Mittellappen kleiner. Säule aufrecht, fleischig, im Querschnitt halbkreisförmig, ungeflügelt, am Grunde mit einem deutlichen Fuß; Pollinien 4, wachsartig; Stipes sehr kurz oder fehlend; Klebscheibe schuppenartig.
Umfang und Verbreitung: 5 Arten; in Brasilien, Guyana und Venezuela.
Ableitung des Namens: Aus dem Lateinischen »scutica« = Geißel; eine Anspielung auf die meistens hängenden, peitschenartigen Blätter.
Anmerkung: J. Lindley begründet die Gattung 1843 im »Botanical Register«. Sie unterscheidet sich von *Maxillaria* hauptsächlich durch ihre stielrunden Blätter.
Typus-Art: S. steelii (Hook.) Lindl.
Kultur: Substrat A. Mindesttemperatur im Winter 15 °C. Wegen ihrer hängenden Tracht hält man diese Pflanzen entweder in hängenden, flachen, etwas zur Seite geneigten Körben oder montiert sie auf Kork- oder Baumfarnblöcke. In der Wachstumsperiode verlangen sie viel Wasser und etwas Schatten; nach der Blüte erlaubt man ihnen eine trockene Ruheperiode.

Scuticaria hadwenii (Lindl) Hook.

Stämme des mittelgroßen Epiphyten sehr kurz, knotig, am Grunde geschwollen, aschenbraun. Blätter 22–45 cm lang, 0,5–0,7 cm dick, zylin-

drisch, auf der Oberseite längsrinnig, vorn spitz, dunkelgrün, herabgeschlagen. Blütenstand aufsteigend oder herabhängend, 4–5 cm lang, 1–2blütig, am Grunde bescheidet mit bräunlichen, schuppenartigen, spitzen Brakteen. Blüten nickend, 6–7,6 cm lang: Sepalen und Petalen fleischig, kastanienbraun, nach oben zu bleicher werdend, manchmal mit gelben Flecken auf grünem Hintergrund; Lippe hellgelb, mit hellbraunen Flecken und Tüpfeln, am Rande weiß und hellrosenrot getüpfelt; Säule mit purpurnen Tüpfeln und weiß am Gipfel. Sepalen abstehend, 4–4,5 cm lang, 1,2–1,5 cm breit, länglich, spitz. Petalen und Sepalen ähnlich. Lippe 3–3,6 cm lang, 2,5–3 cm breit, breit-verkehrteiförmig oder fast kreisrund, konkav, innen fein flaumig behaart; Schwiele im Umriß länglich, vorn 3zähnig, hinten geschwollen. Säule 1,5 cm lang, einwärts gekrümmt, schwach keulenförmig, leicht flaumig behaart.
Verbreitung: Brasilien und Guayana.
Geschichte: Die Pflanze wurde erstmals von Isaac Hadwen aus Rio de Janeiro importiert; sie blühte in seiner Sammlung in Liverpool 1851. Nachdem er sie an den Königlichen Botanischen Garten nach Kew gesandt hatte, wurde sie von J. Lindley in Lindley and Paxton's »Flower Garden« in der Gattung *Bifrenaria* beschrieben. Sie William Hooker versetzte sie 1852 nach *Scuticaria* (Curtis' »Botanical Magazine«).
Synonym: Bifrenaria hadwenii Lindl.

Scuticaria steelii (Hook.) Lindl.

Pseudobulben des großen, schlanken Epiphyten dicht beieinander stehend, klein, bis 3 cm lang und 1 cm im Durchmesser, spindel- bis birnenförmig, mit mehreren Knoten, am Gipfel 1blättrig, fast völlig verdeckt von dicht ansitzenden, grauen brakteenartigen Scheiden. Blätter bis 145 cm lang, 0,6 cm im Durchmesser, stielrund, auf der Oberseite mit einer Längsrinne, bogig-herabhängend. Blütenstand grundständig, eine sehr kurze Traube, 1–3blütig. Blüten groß und augenfällig, 3–8 cm breit, wachsartig: Sepalen und Petalen bleich grüngelb mit schokoladebraunen Flecken; Lippe hellgrünweiß, mit schokoladebraunen Streifen; Schwiele gelb; Säule weißlich, mit rosapurpurnen Linien. Sepalen fleischig; die mittlere 4,2 cm lang, 1,5 cm breit, schmal-elliptisch, spitz, etwas kapuzenartig; die seitlichen 3,2 cm lang, 2 cm breit, schief-länglich-elliptisch, spitzlich, mit dem Fuß der Säule ein 1,5 cm langes Mentum bildend. Petalen 3,8 cm lang, 1,2 cm breit, schief-elliptisch, spitzlich, fleischig. Lippe 3,2 cm lang, 4 cm breit, in der vorderen Hälfte 3lappig, dick und steif in der Mitte; Seitenlappen aufrecht und einwärts gebogen, halbkreisrund; Mittellappen kliner als die Seitenlappen, querlänglich, ausgerandet; Schwiele quer gestellt, mit fünf Spitzen, im oberen Teil flaumig behaart. Säule 2,2 cm lang, im Querschnitt halbkreisförmig, am Gipfel leicht gekrümmt.
Verbreitung: Brasilien, Guayana und Venezuela.
Geschichte: Sir William Hooker beschrieb diese Pflanze in der Gattung *Maxillaria* 1837 im »Botanical Magazine« aufgrund eines von Matthew Steek ein Jahr früher in Demarara gesammelten Exemplares, das in der Pflege von John Moss in Otterspool bei Liverpool geblüht hatte. J. Lindley versetzte die Art 1843 im »Botanical Register« in die heutige Gattung.
Synonyme: Maxillaria steelii Hook.; *M. flabellifera* Lindl.; *Scuticaria keyseriana* hort.

Selenipedium Rchb. f.

Unterfamilie: Cypripedioideae

Große bis sehr große terrestrische Pflanzen mit beblätterten, öfters verzweigten Stämmen. Blütenstand gipfelbürtig, traubig, vielblütig. Blüten klein bis mittelgroß, resupiniert. Fruchtknoten 3fächerig. Sepalen abstehend; die seitlichen bis fast zur Spitze miteinander verbunden. Petalen frei, schmal. Lippe sitzend, pantoffelförmig. Säule kurz, stielrund; Antheren 2, gestielt; Narbe papillös.
Umfang und Verbreitung: Mehrere (wahrscheinlich 3) Arten; von Costa Rica südwärts nach Kolumbien und Brasilien.
Ableitung des Namens: Aus dem Griechischen »selene« = Sichelform oder Mond und »pedilon« = Sandale.
Anmerkung: H.G. Reichenbach begründete die Gattung 1854 in »Bonplandia«. Von *Phragmipedium,* dem anderen Vertreter der Unterfamilie im tropischen Amerika, unterscheidet sie sich durch die viel kleineren Blüten und die anders gestalteten Blätter. Weitere Einzelheiten siehe unter *Paphiopedilum.*
Typus-Arten: S. chica Rchb. f. und *S. palmifolium* Rchb. f.
Kultur: Substrat B. Mindesttemperatur im Winter 10–12 °C. Diese Pflanzen sind wegen ihrer Größe (mehrere Meter!) schwierig und nur mit viel Platzaufwand zu kultivieren. Man hält sie wie für *Sobralia* angegeben; sie dürfen nie sehr trocken stehen und müssen im Sommer beschattet werden.

Selenipedium palmifolium (Lindl.) Rchb. f.

Stamm der aufrechten, bis zwei Meter hohen, terrestrischen Pflanze stielrund, im oberen Teil etwas verzweigt; die Zweige dicht und grob drüsig behaart. Blätter 11–22 cm lang, 2–6 cm breit, schmal-länglich bis länglich-elliptisch, auf der Oberseite kahl, flaumig behaart auf der unteren, vorn spitz. Blütenstand bis 20 cm lang; Brakteen bis 2 cm lang, breit-lanzettlich, drüsig-behaart. Blüten bis 4 cm lang: gelb mit violetten Tüpfeln auf der helleren Lippe. Obere Sepale bis 1,8 cm lang und 0,8 cm breit, elliptisch-eiförmig, spitz, gewimpert; die seitlichen kürzer aber breiter, miteinander verbunden, bewimpert, an der Spitze 2zähnig; Petalen bis 1,9 cm lang, linealisch, an den Rändern gewellt, spitz. Lippe breit-elliptisch, napfförmig, mit einwärtsgebogenen Rändern und kreisrundem Mund.

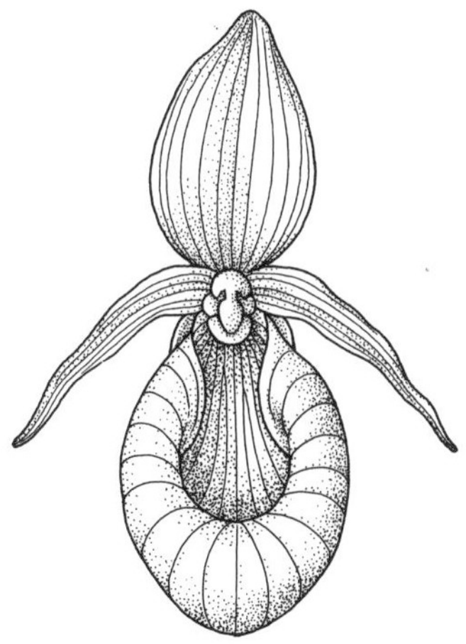

Selenipedium palmifolium
Blüte von vorn (× 1¹/₃)

Verbreitung: Guayana, Venezuela, Brasilien und Trinidad.
Geschichte: Die Pflanze wurde zunächst von J. Lindley (»Genera and Species of Orchidaceous Plants« 1840) in der Gattung *Cypripedium* untergebracht, später aber von H.G. Reichenbach (»Xenia Orchidacea« 1854) zu *Selenipedium* gestellt. Gattungsunterschiede Seite 379.

Sigmatostalix Rchb. f.

Tribus: Oncidieae

Mit kurzen Rhizomen wachsende kleine Epiphyten. Pseudobulben klein, 2schneidig, am Gipfel 1–2blättrig, meistens außerdem von zwei oder mehr Blättern begleitet. Blütenstand seitlich am

Grunde der Pseudobulben entspringend, von einem Blatt gestützt, traubig, meistens die Blätter überragend. Büten klein, oft an gebündelten, von mehreren Brakteen verdeckten Ästchen stehend. Sepalen und Petalen in Form und Größe ähnlich, abstehend oder zurückgeschlagen, frei oder die seitlichen Sepalen am Grunde etwas miteinander verwachsen. Lippe sitzend oder mit langem Nagel, ungeteilt oder auf verschiedene Weise geteilt, oft ziemlich kompliziert. Säule schlank und verlängert, am Gipfel etwas verbreitert, leicht gekrümmt; Pollinien 2, wachsartig.
Umfang und Verbreitung: Etwas über 20 Arten, beschränkt auf die amerikanischen Tropen von Mexiko bis nach Brasilien.
Ableitung des Namens: Aus dem Griechischen »sigma« = c-förmig und »stalix« = (Zaun)-Pfahl; wahrscheinlich im Hinblick auf die Form der Säule.
Anmerkung: H.G. Reichenbach begründete die Gattung 1852 in der »Botanischen Zeitung«. Sie ist mit *Leochilus* verwandt, unterscheidet sich aber in der Anordnung der Anthere. Von den etwas entfernter verwandten Gattungen *Oncidium* und *Odontoglossum* ist sie durch die meistens lang genagelte Lippe verschieden. *Sigmatostalix* wurde erstmals 1918 von R. Schlechter (Fedde, »Repertorium«) revidiert und später von F. Kraenzlin (Engler, »Das Pflanzenreich« 1923). R. Schlechter trennte alle Arten mit einer sitzenden Lippe ab und verteilte sie auf seine neuen Gattungen *Petalocentrum* und *Roezliella*. F. Kraenzlin akzeptierte die erste, führte aber die Arten der zweiten nach *Sigmatostalix* zurück; außerdem schloß er die Gattung *Ornithophora* in die Synonymie der Gattung ein. Dieser Schritt wurde letzthin (G. Pabst und F. Dungs »Orchidaceae Brasilienses« 1977) wieder rückgängig gemacht.
Typus-Art: S. graminea Rchb. f.
Synonym: Roezliella Schltr.
Kultur: Substrat A. Mindesttemperatur im Winter 10–12 °C. Alle Arten wachsen gut in Töpfen oder Schalen bei reichlicher Luftfeuchtigkeit im Halbschatten. Wenn die Wuchsperiode vorüber ist, gibt man weniger Wasser; die Pflanzen dürfen aber niemals sehr trocken werden.

Sigmatostalix bicallosa Garay

Pseudobulben der aufrechten, bis zu 30 cm hohen, epiphytischen Pflanze 2,5–3 cm lang, schmal-eiförmig, unten mit zwei beblätterten Scheiden (2zeilig angeordnet), am Gipfel 1blättrig. Blätter 8–12 cm lang, 0,6–0,7 cm breit, linealisch-lanzettlich, vorn mit aufgesetzter Spitze. Blütenstand seitlich, aufrecht, traubig, vielblütig mit großem Blütenabstand. Blüten für die Gattung ziemlich groß, nicht fleischig: Sepalen und Petalen hellgelb, dunkelpurpurn getüpfelt; Lippe gelb, purpurn bewimpert. Sepalen bis 1 cm lang und 0,2 cm breit, schmal-elliptisch-lanzettlich, langspitzig. Petalen so groß wie die Sepalen, schief-länglich-lanzettlich, langspitzig. Lippe 0,8 cm lang und breit, mit langem und schmalem Nagel, herz-nierenförmig, langspitzig, an den vorderen Rändern gewimpert; Schwielen 2, am Grunde des Mittellappens sitzend, halb-rhombisch. Säule aufrecht, sehr schlank, ungefähr 1 cm lang, in Gipfelnähe unvermittelt eingebogen und erweitert.
Verbreitung: Peru.
Geschichte: Die Pflanze wurde am Rio Branco in Peru 1905 von E. Koehler entdeckt; er fand sie als Epiphyt auf Kaffeebäumen. L. Garay beschrieb sie 1951 in den »Arquivos do Jardim Botanico do Rio de Janeiro«.
Anmerkung: Die Art ist mit *S. crescentilabia* C. Schweinf. und *S. picta* Rchb. f. verwandt. Sie unterscheidet sich von beiden durch den Besitz von zwei, nicht direkt mit dem Nagel verbundenen Schwielen. Außerdem ist die Lippe bei *S. bicallosa* fein papillös und gewimpert an den Rändern der Lippe im unteren Zweidrittel.

Sigmatostalix graminea (Poepp. et Endl.) Rchb. f.

Eine kleine epiphytische Pflanze mit kurzem, kriechendem Rhizom. Pseudobulben zahlreich, dicht angeordnet, nur 0,7–1,2 cm lang, zylindrisch-elliptisch, seitlich zusammengepreßt, am Grunde mit mehreren beblätterten, sich ziegelartig deckenden Scheiden, am Gipfel 1blättrig. Blätter klein, 3–5 cm lang, ungefähr 0,2 cm breit, linealisch, rückwärts gebogen, vorn spitz oder stumpflich. Blütenstand grundständig, 3–6 cm lang, meistens so lang wie die Blätter, aufrecht oder abstehend, traubig, locker wenigblütig. Blüten sehr klein, häutig: hellgelb und purpurn getüpfelt. Sepalen 0,25 cm lang, 0,1 cm breit, länglich oder elliptisch-lanzettlich, konkav, spitz. Petalen 0,25 cm lang, 0,1 cm breit, lanzettlich, spitz. Lippe kurz und breit benagelt, 0,3 cm lang und breit, eiförmig-quadratisch, ausgerandet, am Grunde gestutzt; Platte am Grunde ausgehöhlt, in der Mitte mit einer Leiste. Säule sehr schlank, 0,15 cm lang, keulig, oben abgerundet und geöhrt; Rostellum kurz 3eckig, sehr fein 2zähnig.
Verbreitung: Peru.
Geschichte: Die von E. Poeppig und S. Endlicher 1836 in ihrem Werk »Nova Genera et Species« in der Gattung *Specklinia* beschriebene Pflanze war von ihnen bei Cuchero in Peru gefunden worden. H.G. Reichenbach versetzte die Art 1852 (»Botanische Zeitung«) in die Gattung *Sigmatostalix*.
Anmerkung: Die kaum mehr als 2 mm breiten Blätter und die sehr kleinen Blüten dieser Pflanze machen sie unverkennbar.
Synonym: Specklinia graminea Poepp. et Endl.

Sigmatostalix guatemalensis Schlt.

Pseudobulben des kleinen, 10–34 cm hohen Epiphyten 1,5–4 cm lang, 0,7–1,8 cm breit, elliptisch oder eiförmig im Umriß, seitlich zusammengepreßt, gestützt von mehreren beblätterten Scheiden, am Gipfel 1blättrig. Blätter bis 13 cm lang, 0,8–1,7 cm breit, elliptisch-lanzettlich oder riemenförmig, etwas lederig, vorn stumpf oder spitzlich. Blütenstände aufrecht oder schief abstehend, traubig, locker mehrblütig. Blüten ungefähr 1,3 cm breit, mit grünlichgelben Sepalen und Petalen; Lippe gelb mit rotbrauner Zeichnung. Sepalen und Petalen ähnlich, 0,65–0,9 cm lang, 0,15–0,25 cm breit, lanzettlich, spitz bis stumpf, zurückgebogen. Lippe mit einem kurzen, fleischigen Nagel, 0,6–1 cm lang, 0,6 cm breit, eiförmig aus pfeilförmigem Grunde, vorn gestutzt oder mit aufgesetzter Spitze; Schwiele klein, fast aufrecht, am Gipfel stumpf oder gekerbt. Säule schlank, gekrümmt, 0,6–0,7 cm lang.
Verbreitung: Von Mexiko bis Panama; in feuchten Wäldern; bis 1700 m.
Geschichte: Die von Rudolf Schlechter 1911 in Fedde, »Repertorium« beschriebene Pflanze ist von v. Tuerkheim von Cobán im Gebiet von Alto Verapaz in Guatemala entdeckt worden.

Sobennikoffia Schltr.

Tribus: Vandeae
Subtribus: Angraecinae

Kräftige, terrestrische oder epiphytische Pflanzen mit kurzen bis langen, 2zeilig beblätterten Stämmen. Blütenstand seitlich, traubig, so lang wie oder länger als die Blätter, locker 5–15blütig. Blüten oft groß, nicht resupiniert. Sepalen un Petalen untereinander ähnlich, frei. Lippe länger als die Petalen, nach der Spitze zu 3lappig, kappenförmig, an der Basis gespornt; Sporn aus weitem Schlunde nach der Spitze hin verdünnt. Säule kurz, fleischig; Rostellum mit großen Öhrchen

und kleinen, schmalen Mittellappen; Pollinien 2; Stipes 1, annähernd rechteckig; Klebscheiben 2, schmal, durchsichtig.
Umfang und Verbreitung: 3 Arten; nur aus Madagaskar bekannt.
Ableitung des Namens: Benannt nach der Frau Rudolf Schlechters, einer geborenen Sobennikoff.
Anmerkung: R. Schlechter begründete die Gattung 1925 in Fedde, »Repertorium«, Beihefte. Sie steht *Oeoniella* und *Angraecum* sehr nahe, unterscheidet sich aber von der ersten durch den robusten, nicht verzweigten Stamm, die Form der Lippe und die Anordnung der Pollinien; von *Angraecum* weicht sie im wesentlichen durch die 3lappige Lippc ab.
Typus-Arten: S. fournieriana (Kraenzl.) Schltr.; *S. robusta* (Schltr.) Schltr.
Kultur: Substrat A. Mindesttemperatur im Winter 15 °C. Allegmein wie für *Oeoniella* angegeben. Die Pflanzen benötigen eine feuchte Atmosphäre, mäßigen Schatten und reichlich Wasser. Nach Abschluß der Wuchsperiode hält man sie etwas trockener.

Sobennikoffia humbertiana H. Perr.

Stamm des mittelgroßen Epiphyten 15–20 cm lang, 1–1,2 cm im Durchmesser, nach oben zu ungefähr 7blättrig. Blätter 2zeilig angeordnet, 9–20 cm lang, 1,8–2,2 cm breit, riemenförmig,

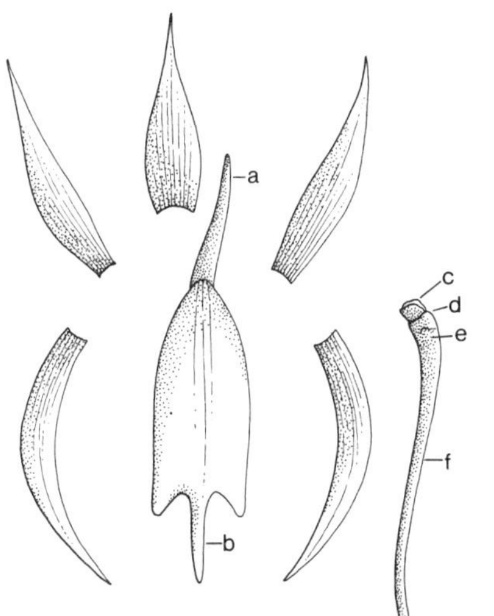

Sobenikoffia humbertiana
Blütenanalyse (× 1)
a = Sporn
b = Lippe
c = Anthere
d = Säule
e = Fruchtknoten
f = Blütenstiel

vorn stumpf und schief eingeschnitten. Blütenstand aufrecht, länger als die Blätter, blattachselbürtig, 5–8blütig; Schaft 9–11 cm lang; Brakteen 0,6 cm lang, sehr breit, stumpf. Blüten ansehnlich, weiß, im Verblühen gelb. Mittlere Sepale 2,5 cm lang, 0,6 cm breit, elliptisch-lanzettlich, spitzlich; die seitlichen schmaler, begoben. Petalen 2 cm lang und 0,7 cm breit, eiförmig-lanzettlich. Lippe 3–3,2 cm lang, länglich, in der oberen Hälfte 3lappig; Seitenlappen klein, stumpf, kürzer als die Mittellappen; dieser 1–1,2 cm lang, linealisch-lanzettlich, langspitzig; Platte mit drei Leisten, deren mittlere vorn gegabelt; Sporn 1,8 cm lang, mit breiter Mündung, nach unten zu verschmälert, gekrümmt. Säule dick, 0,3 cm lang, geöhrt; Rostellum mit einem 0,6 cm langen, zylindrischen Mittellappen.
Verbreitung: Madagaskar; in trockenen Wäldern; 400–1200 m.
Geschichte: Die Pflanze wurde von H. Humbert auf dem Berge Vohipolaka und im Andranomiforitra- sowie im Manambolo-Tal in Zentral-Madagaskar gefunden und von H. Perrier de la Bâthie 1938 in »Notulae Systematicae« beschrieben.

Sobralia Ruiz et Pavon

Tribus: Arethuseae
Subtribus: Sobraliinae

Terrestrische oder epiphytische Kräuter mit rohrartigen, kurzen bis sehr langen, beblätterten Stämmen. Blütenstand gipfelbürtig, traubig. Blüten meistens groß und augenfällig, im allgemeinen kurzlebig. Sepalen und Petalen frei, untereinander ähnlich. Lippe im unteren Teil röhrig, darüber abstehend, ungeteilt oder 2lappig, am Grunde mit der Säule verwachsen; Platte glatt oder mit einer kammartigen Schwiele. Säule verlängert, am Gipfel 3lappig; Pollinien 8, meistens körnig.
Umfang und Verbreitung: Ungefähr 35 Arten; in den Tropen von Mexiko, Mittel- und Südamerika.
Ableitung des Namens: Benannt nach dem spanischen Arzt und Botaniker Dr. Francisco Sobral.
Anmerkung: H. Ruiz und J. Pavon begründeten die Gattung in »Prodromus Florae Peruvianae et Chilensis«. Sie steht *Elleanthus* nahe, unterscheidet sich aber von dieser Gattung durch im allgemeinen größere Blüten, bei denen die Lippe weder sackförmig oder bauchig ist.
Typus-Art: S. dichotoma Ruiz et Pavon.
Synonyme: Fregea Rchb. f.; *Lindseyella* Ames et Schweinf.
Kultur: Substrat B. Mindesttemperatur im Winter 12–15 °C. Die Pflanzen kann man in entsprechend großen Töpfen oder Zuber pflanzen, aber die größeren Arten, wie *S. macrantha,* gehören in ein Beet mit gut durchläßigem Pflanzstoff. Solange sie im Wachsen begriffen sind, brauchen sie mäßigen Schatten und reichlich Wasser, danach ist wesentlich weniger Wasser nötig.

Sobralia candida (Poepp. et Endl.) Rchb. f.

Stämme der bis 90 cm hohen, schlanken, terrestrischen oder epiphytischen Pflanze büschelig angeordnet, oben 3–6blättrig, mit röhrenartig-verlängerten Scheiden bedeckt. Blätter entfernt stehend, bis 22 cm lang und 3 cm breit, schmal-lanzettlich bis schmal-clliptisch, vorn betont langspitzig; das größte in der Mitte. Blütenstand gipfelbürtig, bogig rückwärts gekrümmt, 1blütig (wenn mehrblütig, dann immer nur eine in Erscheinung tretend); Brakteen zahlreich, sich ziegelartig deckend und angepreßt. Blüten nicht fleischig: weiß oder cremeweiß; Lippe schneeweiß oder lachsfarben, rosa marmoriert. Sepalen 2,5–3 cm lang, 0,6–0,6 cm breit, lanzettlich, spitz. Petalen den Sepalen ähnlich, schmal-elliptisch-lanzettlich. Lippe 2,5–3 cm lang, 1–1,4 cm breit, länglich-elliptisch oder elliptisch (wenn ausgebreitet!), spitz oder mit aufgesetzter Spitze, im vorderen Teil schwach 3lappig oder zusammengezogen. Säule 1,4–2 cm lang, oben erweitert und geflügelt.
Verbreitung: Peru und Venezuela.
Geschichte: E. Poeppig fand die Pflanze bei Pampayacu und bei Cuchero in Peru. Er beschrieb sie, gemeinsam mit S. Endlicher, 1836 in dem Werk »Nova Genera et Species« in der Gattung *Cyathoglottis.* H.G. Reichenbach versetzt die Art 1853 in »Flore des Serres« in die heutige Gattung.
Synonym: Cyathoglottis candida Poepp. et Endl.

Sobralia cattleya Rchb. f.

Stämme der großen, rasig wachsenden, terrestrischen Pflanze über 2 m hoch, aufrecht oder gebogen, kräftig, beblättert. Blätter längsgefaltet, bis 30 cm lang und 7 cm breit, schmal-elliptisch-lanzettlich, vorn langspitzig. Blütenstände aus den Achseln der obersten vier Blätter entspringend, kurz rispig, 5–12blütig; Schaft und Blütenstandachse kräftig, im Querschnitt etwas kantig; Brakteen klein, grün. Blüten groß, auffällig, duftend: Sepalen weiß oder cremeweiß, an den Rän-

dern rosarot oder rosabraun aber an der Spitze weiß: Petalen kastanienbraunrosa oder innen rosabraun und außen weiß; Lippe am Grunde weiß, darüber braunviolett aber mit weißen Rändern, mit gelben oder gelbbraunen Kielen; Säule weiß. Sepalen 5–5,5 cm lang, bis 1,3 cm breit, länglich-elliptisch, stumpfspitzig; die seitlichen sichelig gebogen. Petalen bis 4,6 cm lang und 1,3 cm breit, länglich-verkehrtlanzettlich, stumpf, an den Rändern gewellt-gekräuselt. Lippe 4,5 cm lang, 5 cm breit, eiförmig-kreisrund (ausgebreitet), schwach 3lappig; Seitenlappen aufrecht, die Säule umfassend; Mittellappen breit-länglich, vorn ausgerandet, an den Rändern gewellt-gekräuselt; Platte 3kielig; Kiele längsgerichtet, bis zur Spitze durchlaufend, vorn gewimpert, von kürzeren Kielen auf jeder Seite begleitet. Säule keulenförmig, 2,6 cm lang.
Verbreitung: Venezuela und Kolumbien.
Geschichte: Die Pflanze wurde erstmals in Kolumbien von Carder und Shuttleworth gesammelt; lebende Exemplare wurden an Bull in England geschickt. H.G. Reichenbach beschrieb sie 1877 im »Gardeners' Chronicle«.
Anmerkung: Diese Art ist mit ihren vielblütigen seitlichen Blütenständen und ihren typisch gefärbten Blüten unverkennbar.

Sobralia dichotoma Ruiz et Pavon

Stämme der bis über 6 m großen, sehr variablen Pflanze, kräftig, oft in dichten Gruppen wachsend, beblättert. Blätter bis 35 cm lang und 8,5 cm breit, schmal-lanzettlich bis eiförmig-lanzettlich, vorn auffallend langspitzig, steif, papierartig. Blütenstände seitlich, traubig, bogig oder abstehend, locker wenig- bis vielblütig. Blüten etwas fleischig, duftend: außen weiß, innen violett oder hell- bis dunkelrosenrot. Sepalen bis 6 cm lang und 1,4 cm breit, länglich-verkehrtlanzettlich bis elliptisch-länglich, spitz oder mit aufgesetztem Spitzchen. Petalen etwas breiter als die Sepalen, länglich-spatelförmig bis elliptisch-länglich, an den Rändern gekräuselt. Lippe bis 6,5 cm lang, eiförmig-quadratisch (ausgebreitet), unten eingerollt, vorn ausgebreitet, fast ungeteilt bis schwach 3lappig; Mittellappen mit zwei Läppchen; Platte mit zahlreichen schmalen Leisten, deren mittlere vorn zerfetzt mit einen auffallenden Büschel bildend. Säule halb so lang wie die Lippe, keulenförmig.
Verbreitung: Kolumbien, Peru und Bolivien.
Geschichte: Die Pflanze wurde von J. Pavon in lockeren Wäldern bei Munã, Pozuzo und Chinchao in Peru, wo sie in Massen zwischen heißem Felsgestein wuchs, entdeckt. Gemeinsam mit H. Ruiz beschrieb er sie 1798 in ihrem Werk »Systema Naturae«.
Synonyme: Cattleya dichotoma (Ruiz et Pavon) Beer; *Sobralia mandoni* Rchb. f.

Sobralia leucoxantha Rchb. f.

Diese in Costa Rica und Panama beheimatete Art steht *S. macrantha* verwandtschaftlich nahe. Sie besitzt kleinere Blüten von anderer Farbgebung, und eine im Verhältnis zur Lippe viel längere Säule.

Sobralia macrantha Lindl.

Eine sehr große, oft bis über 2 m hohe, terrestrische oder seltener epiphytische Pflanze mit durchwegs beblätterten, stielrunden, gebüschelt angeordneten Stämmen. Blätter 13–30 cm lang, 2–7,5 cm breit, schmal- bis breit-lanzettlich, vorn auffallend langspitzig, abstehend. Blütenstand gipfelbürtig, 1blütig, mit einer großen blattartigen Braktee. Blüten sehr groß und auffällig, 15–25 cm breit: rosapurpurn; Lippe innen weiß und in der Mitte gelb überlaufen. Sepalen 8–10 cm lang, 1,5–2,6 cm breit, linealisch-länglich, spitz oder stumpf-spitzig, zurückgebogen. Petalen 6,5–9 cm lang, 2,3–4 cm breit, länglich-verkehrteiförmig, am Gipfel abgerundet und mit aufgesetztem Spitzchen, in der oberen Hälfte an den Rändern gewellt-gekräuselt. Lippe 8–11 cm lang, bis 7 cm breit, länglich-verkehrteiförmig (ausgebreitet), in der unteren Hälfte röhrig eingerollt, breit abgerundet in der oberen und tief eingeschnitten, an den Rändern gewellt-gekräuselt. Säule schlank, 3–3,5 cm lang, keulenförmig.
Verbreitung: Von Mexiko bis Costa Rica; gewöhnlich in verwittertem Laub auf Felsen oder auf sandigen Böden an Wasserläufen wachsend; bis 3400 m.
Geschichte: J. Lindley beschrieb die Art 1837 in »Sertum Orchidacearum«. Zugrunde lagen Pflanzen, die vom Grafen Karwinski bei Oaxaca in Mexiko und von Schiede in der Nähe von Hacienda de la Laguna gesammelt worden waren.

Solenidium Lindl.

Tribus: Oncidieae

Mittelgroße Epiphyten mit kurzem aber prominentem Rhizom und dicht beieinanderstehenden, am Gipfel 2blättrigen Pseudobulben. Blütenstand seitlich an noch nicht voll entwickelten Pseudobulben austretend, aufrecht, traubig, locker vielblütig. Blüten mittelgroß, nicht sonderlich augenfällig. Sepalen und Petalen frei, abstehend, untereinander ähnlich. Lippe dem Fuß der Säule angewachsen und rechtwinklig zu ihm stehend, genagelt, mit schwieliger Platte; Nagel schmal. Säule aufrecht oder leicht gekrümmt, dünn flügelartig berandet, unterhalb der Narbe mit einem Paar abgerundeter Arme besetzt, unten mit schräg aufsteigendem Fuß; Pollinien 2, eiförmig; Stipes schmal, verkehrtlanzettlich; Klebscheibe groß, auffällig.
Umfang und Verbreitung: Wahrscheinlich nur 2 Arten; in Venezuela, Kolumbien, Brasilien und vielleicht Peru.
Ableitung des Namens: Aus dem Griechischen »solenidion« = kleiner Kanal. Der Name wurde irrtümlich gegeben, weil der Nagel der Lippe der Typus-Art beim Pressen gefaltet worden war und deshalb ein kanalartiges Aussehen vortäuschte.
Anmerkung: J. Lindley begründete die Gattung 1846 in »Orchidaceae Lindenianae«. Oberflächlich sieht sie verschiedenen Arten von *Oncidium* ähnlich, aber nach H. Sweet (»Orquideologia« 1973) steht sie verwandtschaftlich *Leochilus* nahe. Bei beiden Gattungen findet man ähnliche Pollinien und Arme unterhalb der Narbe. H. Sweet hält die Gattung außerdem für monotypisch. Demgegenüber findet man bei G. Pabst und F. Dungs (»Orchidaceae Brasilienses« 1977) neben der Typus-Art auch noch *S. lunatum* (Lindl.) Kraenzl. als selbständige Art aufgeführt.
Typus-Art: S. racemosum Lindl.
Kultur: Substrat A. Mindesttemperatur im Winter 12–15 °C. Diese Pflanzen verlangen mäßigen Schatten und nach der Blüte reichlich Wasser im Wurzelballen. Erst wenn die Pseudobulben völlig entwickelt sind, hält man mit dem Gießen zurück; keinesfalls dürfen aber die Pseudobulben schrumpfen.

Solenidium racemosum Lindl.

Pseudobulben des kleinen bis mittelgroßen Epiphyten auf einem kräftigen, kriechenden Rhizom stehend, bis 6 cm lang und 2,5 cm breit im Umriß länglich, 2seitig zusammengepreßt, am Gipfel 2blättrig. Blätter bis 30 cm lang und 2,2 cm breit, riemenförmig, vorn langspitzig. Blütenstand fast aufrecht, am Grunde von Neuschossen entspringend, bis 35 cm lang, bis 40blütig; Brakteen 0,4 cm lang, lanzettlich, spitz. Blüten klein: Sepalen und Petalen gelb, stark kastanienbraun bezeichnet; Lippe ähnlich gefärbt aber mit großer,

weißer Schwiele. Sepalen und Petalen 1,1–1,4 cm lang, 0,5–0,6 cm breit, verkehrteiförmig, gestutzt oder schwach ausgerandet. Lippe bis 1,4 cm lang und 0,5 cm breit, ungeteilt, verkehrteiförmig, vorn schwach ausgerandet; Schwiele flaumig behaart, oben mit zwei aufrechten Läppchen. Säule nur 0,5 cm lang, am Gipfel gezähnt, unten mit zwei Kissen.
Verbreitung: Kolumbien, Venezuela; über 500 m.
Geschichte: Diese Pflanze wurde 1842 erstmals in der Umgebung von Pamplona in Kolumbien von J. Linden und fünf Jahre später in der gleichen Gegend von Funck und Schlim nochmals gefunden. J. Lindley beschrieb sie 1846 in »Orchidaceae Lindenianae«.
Synonym: Oncidium racemosum (Lindl.) Rchb. f.

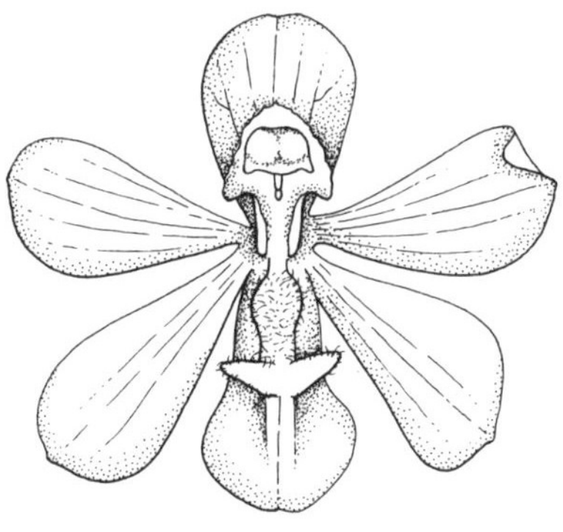

Solenidium racemosum
Blüte von vorn (× 2½)

Sophronitella Schltr.

Tribus: Epidendreae
Subtribus: Laeliinae

Kleine Epiphyten mit dünnem, kriechendem Rhizom und am Gipfel 1blättrigen Pseudobulben. Blütenstände kürzer als die Blätter, 1–2blütig. Blüten im Verhältnis zur Pflanze groß. Sepalen und Petalen untereinander ähnlich, länglich-lanzettlich, abstehend. Lippe herabgeschlagen, verkehrteiförmig, breiter als die Petalen, am Grunde mit einer 2lappigen, fleischigen Schwiele besetzt. Säule kurz, etwas verdickt, oben jederseits der Narbenhöhle mit einem sichelförmigen, gestutzten Arm; Antherenkappe verlängert; Pollinien 8, in 2 Vierergruppen angeordnet.
Umfang und Verbreitung: Nur 1 Art; im östlichen Brasilien.
Ableitung des Namens: Verkleinerungsform von *Sophronia* (siehe *Sophronitis).*
Anmerkung: R. Schlechter begründete die Gattung 1925 in Fedde, »Repertorium«, Beihefte. Sie unterscheidet sich von *Sophronitis* durch ihre Blütenfarbe, ihre herabgeschlagene, am Grunde die Säule nicht umfassende und mit einer basalen Schwiele besetzten Lippe, sowie auch durch die Form der Säule.
Kultur: Substrat A. Mindesttemperatur im Winter 12–15 °C. Sonst wie bei *Sophronitis.*

Sophronitella violacea (Lindl.) Schltr.

Pseudobulben des kleinen Epiphyten dicht gebüschelt auf dem dünnen, kriechenden Rhizom angeordnet, robust, 1,5–3 cm lang, 0,8–3 cm breit, länglich–spindelig oder schmal eiförmig, am Gipfel 1blättrig, nahe der Basis 1–2knotig. Blätter 4–7 cm lang, 0,3–0,5 cm breit, linealisch, gefaltet, vorn unvermittelt zugespitzt und mit einer feinen aufgesetzten Spitze, fleischig-lederig, meistens abstehend. Blütenstand aufrecht, 1–2blütig; Brakteen 0,4–0,9 cm lang, eiförmig, spitz. Blüten klein, augenfällig, fleischig: purpurviolett. Sepalen bis 2 cm lang, 0,3–0,4 cm breit, länglich-lanzettlich, spitz. Petalen 2 cm lang, 0,4–0,5 cm breit, länglich, spitz. Lippe viel weniger fleischig als der Rest der Blüte, 1,7 cm lang, 0,6 cm breit, am Grunde mit der Säule verwachsen, ungeteilt, schmal-verkehrteiförmig, unvermittelt zugespitzt; Platte am Grunde bauchig. Säule aufrecht und gerade, 0,5–0,6 cm lang, keulenförmig, am Gipfel mit fleischigen, sichelförmigen Flügeln.
Verbreitung: Ost-Brasilien.
Geschichte: Die Pflanze wurde von Gardner im Orgelgebirge in der Nähe von Rio de Janeiro entdeckt und 1840 von J. Lindley unter dem Gattungsnamen *Sophronitis* im »Botanical Register« veröffentlicht. R. Schlechter versetzte sie 1925 nach *Sophronitella* (Fedde, »Repertorium«).
Synonyme: Sophronitis violacea Lindl.; *Cattleya violacea* (Lindl.) Beer.

Sophronitis Lindl.

Tribus: Epidendreae
Subtribus: Laeliinae

Zwergwüchsige Epi- oder Lithophyten mit auf einem Rhizom dicht gebüschelt angeordneten 1blättrigen Pseudobulben. Blütenstand gipfelbürtig, 1blütig (selten mehrblütig). Blüten augenfällig, groß im Verhältnis zur Pflanze. Sepalen untereinander ähnlich, elliptisch, abstehend. Petalen breiter als die Sepalen, abstehend. Lippe kleiner als die Sepalen und Petalen, aufrecht, sitzend am Grund der Säule und kurz mit ihr verwachsen ungeteilt oder 3lappig, unten die Säule umfassend. Säule dick, kurz, jederseits der Narbenhöhle mit einem petalenartigen Flügel; Pollinien 8, in zwei Viererreihen.
Umfang und Verbreitung: Etwa 7 Arten; beschränkt auf Brasilien und das östliche Paraguay.
Ableitung des Namens: Verkleinerungsform von *Sophronia,* einer anderen südamerikanischen Orchideengattung: aus dem Griechischen »sophronia« = bescheiden, was zweifellos auf *S. cernua,* nicht aber auf *S. coccinea* zutrifft.
Anmerkung: J. Lindley begründete die Gattung 1827 im »Botanical Register«. Sie ist sowohl mit *Epidendrum* als auch mit *Laelia* verwandt; von beiden unterscheidet sie sich durch die oben beschriebenen Säulenmerkmale und das Verhältnis von Lippe und Säule. In zwei sehr gut illustrierten Artikeln (»Orchid Digest« 1972 und 1977) hat J. A. Fowlie die Artumgrenzungen innerhalb der Gattung dargelegt. *Sophronitis*-Arten, ganz besonders *S. coccinea,* haben in Kreuzungsprogrammen, wo ihre leuchtenden, scharlachroten Blütenfarben zur Verbesserung von Arten mit größeren Blüten eingeführt wurden, eine große Rolle gespielt. Die meisten Arten lassen sich leicht mit Arten verwandter Gattungen, besonders *Laelia, Cattleya, Schomburgkia, Epidendrum* und *Brassavola* kreuzen. Besonders bemerkenswert sind die aus solchen Kreuzungen hervorgegangenen Hybriden-Gattungen *Sophrolaelia* und *Epiphronites.*
Typus-Art: S. cernua Lindl.
Kultur: Substrat A. Mindesttemperatur im Winter 10–12 °C. Diese Zwergpflanzen montiert man am besten auf Kork- oder Baumfarnblöcke, man kann sie allerdings auch in flachen Schalen halten. Sie verlangen feuchte Luft, etwas Schatten und sollten niemals trocken werden; dennoch darf man sie im Winter nur vorsichtig gießen.

Sophronitis brevipedunculata (Cogn.) Fowlie

Diese mit *S. coccinea* verwandte Art ist im Staate Minas Gerais von Brasilien beheimatet. Man kann sie von ihrer Schwesterart unterscheiden durch die 2zeilig angeordneten, eiförmigen Pseudobulben und ihre Tatsache, daß ihr Blütenstand länger als ihre dicken Blätter ist.

Sophronitis cernua Lindl.

Kleine epi- oder lithophytische Pflanze mit einem derben, kriechenden, etwas verzweigten Rhizom.

Pseudobulben dicht gebüschelt, 1–2 cm lang, 0,5–1,2 cm dick, fast zylindrisch bis eiförmig, unten 2–3knotig, am Gipfel 1blättrig. Blätter ziemlich klein, meistens abstehend, 2–2,5 cm lang, 1,2–1,8 cm breit-eiförmig oder elliptisch-eiförmig, vorn stumpf oder mit feiner aufgesetzter Spitze, dick lederig, auf der Oberseite glänzend dunkelgrün, unten purpurn. Blütenstand aufrecht oder etwas abstehend, 2–5 cm lang, 2–5blütig. Blüten ungefähr 2,5 cm breit, fleischig: zinnoberrot bis orangerot, am Grunde der Lippe weiß oder gelb. Sepalen 1,2 cm lang, 0,5 cm breit, eiförmig-länglich, spitz. Petalen 1–1,2 cm lang, 0,5–0,6 cm breit, schmal-eiförmig-rhombisch, stumpf oder mit sehr kleiner, aufgesetzter Spitze. Lippe 0,8–1 cm lang, 0,6–0,7 cm breit, am Grunde mit der Säule verwachsen, breit-3eckig-eiförmig, vorn unvermittelt zugespitzt; Platte an der Basis etwas vertieft und quergekämmt. Säule aufrecht, 0,5 cm lang, keulenförmig, oben mit zwei Öhrchen und am Gipfel 3zähnig.
Verbreitung: Ost-Brasilien.
Geschichte: William Harrison sammelte die Pflanze als erster in der Umgebung von Botofogo, ungefähr 5 km von Rio de Janeiro entfernt und sandte sie an seine Schwägerin Mrs. Arnold Harrison nach Aigburgh bei Liverpool. Sie brachte das Exemplar im Dezember 1826 zur Blüte. Im folgenden Jahr erschien J. Lindleys Beschreibung im »Botanical Register«.
Synonyme: Sophronitis modesta Lindl.; *S. hoffmannseggii* Rchb. f.; *S. isopetala* Hoffmannsegg; *S. nutans* Hoffmannsegg; *Cattleya cernua* (Lindl.) Beer; *Epidendrum humile* Vell.

Sophronitis coccinea (Lindl.) Rchb. f.

Kleiner Epiphyt oder Lithophyt, mit einem kriechenden, verlängerten, verzweigten Rhizom wachsend. Pseudobulben gebüschelt, 1,5–4 cm lang, 0,2–0,6 cm im Durchmesser, stielrund, spindelförmig oder länglich-eiförmig, aufrecht oder aufsteigend, ganz unten 1–2knotig, am Gipfel 1blättrig. Blätter schräg abstehend, 3–6 cm lang, 1–2,5 cm breit, länglich-elliptisch oder schmal-eiförmig, vorn stumpf oder spitz, fleischig-lederig. Blütenstand aufrecht oder manchmal abstehend, 3–6 cm lang, 1blütig. Blüten sehr auffällig, verschiedengestaltig, 4–8 cm breit, fleischig: scharlachrot; Lippe am Grunde gelb. Sepalen abstehend, 1,7–2,2 cm lang, 0,7–1 cm breit, breit-länglich, stumpflich. Petalen 2–3 cm lang und breit, eiförmig-kreisrund, stumpf. Lippe 1,3–2 cm lang, 1,5–2,2 cm breit, am Grunde mit der Säule verwachsen, breit-eiförmig-3eckig, 3lappig; Seitenlappen aufrecht, breit-3eckig, abgerundet; Mittellappen länglich-3eckig, stumpf bis spitz, konkav; Schwiele am Grunde mit einem querlaufenden Kamm. Säule 0,6–0,9 cm lang, keulenförmig, am Gipfel etwas eingeschnitten, oft bleich purpurn.
Verbreitung: Brasilien.
Geschichte: J. Lindley beschrieb diese Art ursprünglich in der Gattung *Cattleya* (»Botanical Register« 1836); die Typuspflanze wurde von Descourtilz im Gebirge gesammelt, das Bananal von der Ilha Grande trennt. Im Jahre 1863 versetzte H. G. Reichenbach die Art in die Gattung *Sophronitis* (Walpers, »Annales Botanices«). Man kennt in der Kultur mehrere Varietäten, darunter var. *aurantiaca* mit orangefarbigen Blüten und var. *purpurea* mit purpurnen Blüten.
Synonyme: Cattleya coccinea Lindl.; *C. grandiflora* (Lindl.) Beer; *Sophronitis militaris* Rchb.f.; *S. grandiflora* Lindl. (unter diesem späteren (1838) Namen auch heute noch bekannt).

Spathoglottis Bl.

Tribus: Arethuseae
Subtribus: Bletiinae

Terrestrische Pflanzen mit faserigen, an sich für Epiphyten typischen Wurzeln; Pseudobulben 1–2blättrig. Blütenstand seitlich an den Pseudobulben entspringend, kräftig, traubig, oben vielblütig. Blüten gestielt, augenfällig. Sepalen und die breiteren Petalen aufrecht abstehend. Lippe unten 2lappig, mit einer eingedrückten, flaumig behaarten Schwiele, vorn aufrecht, spatelförmig. Säule aufrecht und etwas einwärts gebogen, oben erweitert; Pollinien 8, mit vier in jedem Antherenfach, keulig, mehlig; Narbe oben unter dem Rostellum angeordnet.
Umfang und Verbreitung: Ungefähr 40 Arten; in Indien, Südostasien, China, Indonesien, Neuguinea, Australien und auf den Pazifischen Inseln.
Ableitung des Namens: Aus dem Griechischen »spathe« = Spatha, und »glotta« = Zunge.
Anmerkung: C. Blume begründete die Gattung 1825 in »Bijragen«. Sie ist nahe mit *Ipsea* Lindl. verwandt, bei der die Säule am Grunde verlängert ist. Einige Arten, wie z.B. *S. affinis* de Vries besitzen hinfällige Blätter und blühen in der trockenen Jahreszeit in blattlosem Zustand. Die, neben einigen anderen, weit kultivierte Art *S. plicata* ist in Ost- und Westafrika nicht selten verwildert. R. Holttum (»Orchids of Malaya« 1964) hat die 13 aus dem Gebiet von Malaya, Indonesien und den Philippinen bekannten Arten beschrieben und ausgeschlüsselt.
Typus-Art: S. plicata Bl.
Kultur: Substrat B. Mindesttemperatur im Winter 12 °C. Solange sie wachsen, verlangen diese Pflanzen viel Wasser und mäßigen Schatten. Sobald die Pseudobulben voll entwickelt sind, ist bis zum Ansatz der Neusprosse nur wenig Wasser im Wurzelballen notwendig.

Spathoglottis plicata Bl.

Pseudobulben der manchmal bis 100 cm hoch werdenden terrestrischen Orchidee bis 7 cm lang und 5 cm breit, stark beblättert. Blätter gestielt, 30–120 cm lang, 2–7 cm breit, linealisch-lanzettlich, längstgefaltet, vorn langspitzig; Blattstiel 10–15 cm lang, an der Basis verbreitert. Blütenstand seitlich, 15–95 cm lang, mehrblütig, traubig, fein flaumhaarig; Brakteen 1,5–2,2 cm lang, lanzettlich, langspitzig. Blüten voneinander entfernt stehend, 2,5 cm breit : lilarosenrot oder purpurn. Mittlere Sepale bis 1,2 cm lang und 0,6 cm breit, elliptisch, mit aufgesetzter Spitze oder stumpf; die seitlichen bis 1,3 cm lang und 0,7 cm breit, elliptisch aber etwas sichelig gekrümmt. Petalen 1,5 cm lang, 0,8 cm breit, elliptisch-eiförmig, stumpf bis langspitzig. Lippe 1,7 cm lang, 1,4 cm breit, 3lappig; Seitenlappen 0,7 cm lang, länglich-eiförmig, ganz am Grunde angeordnet, oben stumpf oder etwas gestutzt; Mittellappen lang genagelt, keilförmig, etwa 1 cm lang, 0,6 cm breit; Schwiele auf dem Nagel des Mittellappens angebracht, herzförmig, schwach behaart, gelb. Säule 1,2 cm lang, keilförmig, geflügelt.
Verbreitung: Indien, Südostasien, Indonesien, Neuguinea und auf den Philippinen.
Geschichte: C. Blume entdeckte diese Pflanze in Ost-Indien und veröffentlichte sie 1825 in seinen »Bijdragen ...« (er habe sie im Walde gefunden).
Synonyme: Bletia angustata Gagn.; *Spathoglottis lilacina* Griff.

Sphyrarhynchus Mansf.

Tribus: Vandeae
Subtribus: Aerangidinae

Zwergepiphyten mit sehr kurzen, beblätterten Stämmen. Blütenstände blattachselbürtig, kürzer als die Blätter, wenigblütig. Blüten im Verhältnis zur Pflanze groß. Sepalen und Petalen untereinander ähnlich. Lippe gespornt, konkav; Sporn hängend, keulenförmig. Säule sehr kurz; Rostel-

lum kurz, vorstehend, von vorn hammerförmig; Pollinien 2, fast kugelig; Stipites 2, fädig; Klebscheibe 1, länglich.
Umfang und Verbreitung: Nur 1 Art, Tansania.
Ableitung des Namens: Aus dem Griechischen »sphyra« = Hammer und »rhynchos« = Schnabel (siehe Rostellum).
Anmerkung: R. Mansfeld begründete die Gattung 1935 im »Notizblatt für den Botanischen Garten Berlin«. In mancher Hinsicht ähnelt sie *Aerangis,* besonders in der Tracht, unterscheidet sich aber durch ihren kurzen Blütenstand und die Form von Rostellum und Sporn.
Typus-Art: S. schliebenii Mansf.
Kultur: Montiert. Mindesttemperatur im Winter 10–12 °C, im Laufe des Tages bis zu 25–30 °C steigend. Wegen ihrer Kleinheit montiert man diese Pflanze immer auf Kork- oder Baumfarnblöcke. Sie verlangen feuchte Luft, mäßigen Schatten und stets vorsichtige Wasserzufuhr.

Sphyrarhynchus schliebenii Mansfeld

Stämme des winzigen Epiphyten sehr kurz; seine Wurzeln graugrün und dem Substrat flach aufliegend. Blätter elliptisch oder länglich-elliptisch, vorn ungleichmäßig eingeschnitten. Blütenstand hängend, wenige Zentimeter lang, meistens 2–7blütig (selten mehrblütig); Schaft schlank, mit mehreren kurzen, schwarzen, scheidigen Brakteen. Blüten im Verhältnis zur Pflanze sehr groß, weiß mit einem hellgrünen Fleck auf der Mitte der Lippe. Sepalen schmal-länglich-elliptisch, spitz, etwas zurückgebogen. Petalen schmal-länglich, spitz. Lippe ungeteilt, zurückgeschlagen, zungenförmig, spitz. Säule mit einem hammerförmigen Rostellum.
Verbreitung: Nördliches und zentrales Tansania.
Geschichte: Die Pflanze wurde 1934 im Uluguru-Gebirge von H. J. Schlieben entdeckt und 1935 (»Notizblatt« Botanischer Garten, Berlin-Dahlem) von R. Mansfeld als Typusart für die neue Gattung beschrieben.

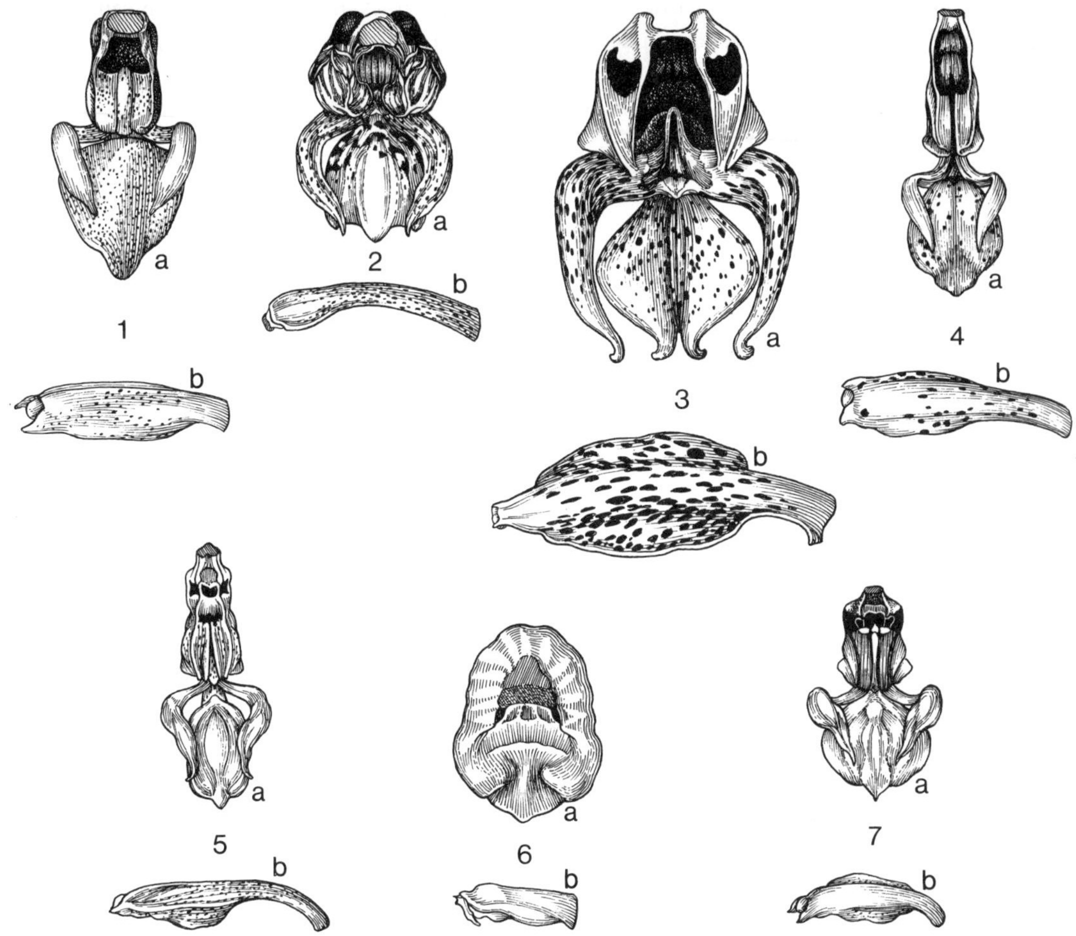

Stanhopea
a = Lippe; b = Säule (alle × 2/3)
1 = *S. graveolens*
2 = *S. devoniensis*
3 = *S. tigrina*
4 = *S. jenishiana*
5 = *S. oculata*
6 = *S. ecornuta*
7 = *S. wardii*
(nach Dodson, 1975)

Stanhopea Hook.

Tribus: Gongoreae

Mittelgroße bis große epiphytisch, lithophytisch oder terrestrisch wachsende Pflanzen mit kleinen, 1blättrigen Pseudobulben. Blütenstand seitlich an den Pseudobulben entspringend, hängend, traubig, 1- bis mehrblütig; Brakteen groß, papierartig. Blüten sehr kurzlebig, groß, fleischig, stark duftend. Sepalen und Petalen untereinander ähnlich, frei, abstehend bis herabgebogen. Lippe fleischig verdickt, etwas kompliziert gebaut: Hypochile schuhförmig oder kugelig; Mesochile – wenn vorhanden – ungeteilt oder gespalten, oft mit zwei hornartigen Auswüchsen; Epichile mit der vorigen gegliedert, ungeteilt oder 3lappig. Säule lang, aufrecht, mehr oder minder gekrümmt, entweder flügellos oder oben breit geflügelt; Pollinien 2, wachsartig.
Umfang und Verbreitung: Ungefähr 25 Arten; in den Tropen Amerikas.
Ableitung des Namens: Benannt nach Philip Henry Stanhope, Präsident der Medico-Botanical Society of London von 1829–1837.
Anmerkung: Sir William Hooker begründete die Gattung 1829 im »Botanical Magazine«. Von der mit ihr verwandten *Coryanthes* unterscheidet sie sich durch die nicht sackartig vertiefte Epichile ihrer Lippe. Die Blüten sind oft sehr verschiedengestaltig und variieren in der Farbgestaltung. Aus diesem Grunde wurden, besonders wenn nur geringe Aufsammlungen vorlagen, weit mehr Arten beschrieben als in der Natur vorkommen; die meisten waren auf Farbunterschiede begründet. Bis heute wurden ungefähr 500 veröffentlichte Namen auf nicht mehr als 25 Arten reduziert. Biologische und systematische Aspekte der Gattung wurden von C. Dodson und Frymire dargelegt (»Annals of the Missouri Botanic Garden« 1961). Weitere Studien von C. Dodson findet man in »Selbyana« 1975. Die Bestäubungsvorgänge der Blüte von *Stanhopea* wurden ausführlich von L. van der Pijl und C. Dodson (»Orchid Flowers« 1966) dargelegt.
Typus-Art: S. insignis Hook.
Kultur: Substrat A. Mindesttemperatur im Winter 12–15 °C (15 °C, wenn im Wachsen begriffen). Da die Blütenstände dieser Pflanzen seitwärts oder nach unten wachsen, muß man sie in

mit Öffnungen am Boden versehene Körbe pflanzen. In der Wachstumsperiode verlangen sie hohe Luftfeuchtigkeit, sehr viel Wasser im Wurzelballen und mäßigen Schatten (auf jeden Fall schütze man sie vor direkter Sonnenbestrahlung). Sobald die Pseudobulben voll entwickelt sind, hält man die Pflanzen trockener (nicht rocken) und kühler. Meistens blühen sie im Sommer.

Stanhopea devoniensis Lindl.

Pseudobulben der epiphytisch oder selten lithophytisch wachsenden Pflanze bis 6 cm lang und 3 cm breit, eiförmig-kegelig, etwas schief, unten mit trockenen Scheiden besetzt, am Gipfel 1blättrig. Blätter gestielt, 20–30 cm lang, 5–6,5 cm breit, länglich bis elliptisch-lanzettlich, langspitzig; Blattstiel bis 10 cm lang, dünn, gerinnt. Blütenstand seitlich austretend, 2–3blütig, Schaft kräftig, mit häutigen, beschuppten Scheiden bekleidet. Blüten groß, duftend: Sepalen und Petalen hellgelb oder gelblichorange, mit rotbraunen Flecken. Sepalen 5,5–6,5 cm lang, 2,5–3,8 cm breit, eiförmig-länglich bis eiförmig-elliptisch, stumpf oder abgerundet. Petalen 4–5 cm lang, 1,5–2 cm breit, länglich-lanzettlich, zurückgebogen, spitz. Lippe sehr fleischig; Hypochile fast kugelig, 2,5 cm lang, 3 cm breit, mit warziger Innenfläche; Mesochile ungefähr 2,5 cm lang, mit zwei von einem fleischigen Höcker ausgehenden einwärts gekrümmten Hörnern; Epichile eiförmig, 2,5 cm lang und 1,5 cm breit, etwas gerillt und vorn mehr oder minder 3zähnig. Säule schmal geflügelt, 4–5,5 cm lang, weiß, karminrot getüpfelt.
Verbreitung: Mexiko und Guatemala; seltene Pflanze in Wäldern; bis 1900 m.
Geschichte: Die Art wurde 1838 von J. Lindley in »Sertum Orchidacearum« beschrieben. Zugrunde lag eine in 1837 blühende Pflanze aus den Gewächshäusern des Herzogs von Devonshire in Chatsworth.
Anmerkung: Die Art ist der mexikanischen *S. hernandezii* (Kunth) Schltr. ähnlich. Diese Pflanze besitzt aber größere Blüten und das Hypochilium der Lippe ist innen mit Lamellen besetzt. In einem Artikel in »Selbyana« (1975) brachte C. Dodson beide Arten als identisch. Die Blüten von *S. devoniensis* sehen denen von *S. tigrina* sehr ähnlich, sind aber um etwa 1/3 kleiner.

Stanhopea ecornuta Lem.

Pseudobulben des Epiphyten bis 6 cm lang und 3 cm im Durchmesser, in dichten Gruppen stehend, eiförmig, längsgefurcht, am Grunde mit mehreren trockenhäutigen Scheiden, am Gipfel 1blättrig. Blätter gestielt, 35–40 cm lang, 8–18 cm breit, länglich-elliptisch oder breit-elliptisch, spitz, nicht lederig oder fleischig; Blattstiel bis 12 cm lang, dünn, gefurcht. Blütenstand hängend, 1–3blütig; Schaft bis 12 cm lang, mit mehreren häutigen, beschuppten Scheiden bekleidet. Blüten groß, fleischig: Sepalen und Petalen cremeweiß; Petalen nach dem Grunde zu purpurn getüpfelt; Lippe gelb, am Grunde und innen orangegelb; Säule gelb. Mittlere Sepale 4,5–5,5 cm lang, 2,7–3 cm breit, länglich-quadratisch, gestutzt, konvex; die seitlichen 5–6,3 cm lang, bis 3,8 cm breit, eiförmig oder eiförmig-elliptisch, asymmetrisch, stumpf, im unteren Teil konkav. Petalen 3,8–4 cm lang, 2,2–2,5 cm breit, schiefelliptisch, stumpf, konvex. Lippe 3,8–4,5 cm lang, bis 3 cm breit, einfach, ohne Hörner, pantoffelförmig, zusammengepreßt, dick, stumpf, mit mehreren Schwellungen am Grunde und am vorderen Rande. Säule 2 cm lang.
Verbreitung: Guatemala, Honduras, Nicaragua und Costa Rica; in Wäldern; bis 1200 m.
Geschichte: Die von C. Lemaire in »Flore des Serres ...« beschriebene Pflanze wurde von J. Warscewicz in Mittelamerika gesammelt und an den Garten von van Houtte in Belgien gesandt, wo sie im Juli 1846 erstmals blühte.

Stanhopea graveolens Lindl.

Pseudobulben der epi- oder lithophytisch wachsenden Pflanze 5–7 cm lang, bis 4 cm breit, eiförmig-kegelig bis doppelkegelig, schwach zusammengespreßt, längsgefurcht, am Gipfel 1blättrig. Blätter gestielt, 20–50 cm lang, 8–17 cm breit, elliptisch-lanzettlich bis breit-verkehrteiförmig-elliptisch, vorn unvermittelt zugespitzt; Blattstiel bis 15 cm lang, dünn, gerinnt. Blütenstand hängend, 3–9blütig; Schaft von mehreren trockenen, beschuppten Scheiden bekleidet. Blüten sehr auffällig, unangenehm duftend: Sepalen und Petalen grünlich oder cremeweiß, kastanienbraun getüpfelt; Lippe am Grunde orangegelb und mit einem braunen Klecks auf jeder Seite, darüber cremeweiß. Sepalen 4,8–6,5 cm lang, 2,6–4,5 cm breit, eiförmig-elliptisch bis länglich-eiförmig, stumpf, abgerundet oder auch spitz, konkav; die seitlichen für den untersten Zentimeter miteinander verwachsen. Petalen 4,5–5,5 cm lang, 1,3–2,3 cm breit, elliptisch-lanzettlich, spitz oder langspitzig, rückwärts gekrümmt, an den Rändern gewellt und gekräuselt. Lippe bis 5,5 cm lang und 3 cm breit; Hypochile kurz, sackartig, am Grunde kantig oder gezähnt, oben verdickt oder gefurcht; Mesochile mit einem Paar gekrümmter, vorstehender, spitzer Hörner, 3–3,5 cm lang; Epichile eiförmig bis fast kreisrund, spitz, manchmal zurückgerollt. Säule 4–5 cm lang, gekrümmt, oben breit geflügelt.
Verbreitung: Mexiko, Guatemala und Honduras; in Wäldern; bis 2700 m.
Geschichte: Die Pflanze wurde von J. Lindley 1840 im »Botanical Register« beschrieben; er glaubte, daß sie von Peru käme. Später belegte er eine ähnlich übelriechende Pflanze aus Brasilien mit dem gleichen Namen. C. Dodson (»Selbyana« 1975) konnte aber nachweisen, daß *S. graveolens* auf Mexiko, Guatemala und Honduras beschränkt ist und daß die Pflanze oft fälschlich *S. wardii* benannt wurde.

Stanhopea jenishiana Kramer et Rchb. f.

Diese in Ecuador und Kolumbien beheimatete Art ist mit *S. oculata, S. wardii* und *S. graveolens* verwandt. Von den beiden letztgenannten Arten unterscheidet sie sich durch die längere und schmalere Hypochile der Lippe und die oberhalb der Mitte geflügelte Säule. Von *S. oculata* weicht sie durch die kürzere und tiefer sackförmige Hypochile und die breitere, elliptisch-eiförmige Epichile der Lippe ab.

Stanhopea oculata (Lodd.) Lindl.

Pseudobulben der epiphytischen oder terrestrischen Pflanze 3,5–6,5 cm lang, schief-eiförmig, am Gipfel 1blättrig. Blätter 30–45 cm lang, 8–14 cm breit, gestielt, elliptisch oder breit-lanzettlich, spitz bis langspitzig; Blattstiel dünn, bis 12 cm lang, gerinnt. Blütenstand bis 25 cm lang, hängend, 5–8blütig; Schaft mit mehreren, geschwollenen, 2zeilig angeordneten, stengelumfassenden Scheiden bekleidet. Blüten auffällig, duftend, in der Farbgebung wechselnd; gelb oder weiß mit rotpurpurner Tüpfelung; Lippe weiß und am Grunde jederseits mit einem großen, purpurroten Fleck und mit vielen kleinen darüber. Sepalen 5,5–7 cm lang, 2,5–5 cm breit, elliptisch bis eiförmig, konkav, spitz oder stumpf. Petalen 5–5,5 cm lang, 1–2 cm breit, länglich-lanzettlich, spitz, an den Rändern wellig und gekräuselt. Lippe betont fleischig, bis 6,5 cm lang; Hypochile 3,5 cm lang, 1,5 cm breit, konkav, vorn verdickt und gefrucht; Mesochile 3 cm lang, mit zwei sichelförmigen, hervortretenden über die Epichile gekrümmten Hörnern; Epichile 2–3,2 cm lang, 1,5–3,2 cm breit, eiförmig-elliptisch, spitz. Säule

gebogen, 5–6 cm lang, in der oberen Hälfte breit geflügelt.
Verbreitung: Mexiko, Belize, Guatemala und Honduras.
Geschichte: Die Pflanze wurde von der Firma Loddiges importiert und 1832 von ihnen im »Botanical Cabinet« als *Ceratochilus* veröffentlicht. J. Lindley versetzte sie noch im gleichen Jahr in die Gattung *Stanhopea* (»Genera and Species of Orchidaceous Plants«).
Synonyme: Ceratochilus oculatus Lodd.; *Stanhopea cymbiformis* Rchb. f.; *S. bucephalus* Lindl.; *S. guttata* Lindl.

Stanhopea platyceras Rchb. f.

Pseudobulben des großen Epiphyten ungefähr 6,5 cm lang und 3 cm breit, ei-birnenförmig, am Gipfel 1blättrig. Blätter gestielt, 25–40 cm lang, 7–12 cm breit, elliptisch, vorn spitz, im oberen Teil gebogen; Stiel bis 10 cm lang. Blütenstand hängend, 2blütig; Brakteen 4–5 cm lang, länglich-eiförmig. Blüten groß, hängend: Sepalen und Petalen cremefarbig bis gelb, mit kleinen purpurnen Tüpfeln oder Ringen; Lippe cremefarbig, mit einem purpurnen Flecken auf jeder Seite der purpur getönten Hypochile, außerdem überall purpurn oder purpurviolett getüpfelt; Säule grünlich cremefarbig, dunkel purpurn getüpfelt.Sepalen bis 8,5 cm lang und 3,5 cm breit, länglich bis länglich-eiförmig, stumpf, zurückgeschlagen, mit rückwärts gebogenen Rändern. Petalen bis 7,5 cm lang und 2,2 cm breit, länglich, stumpf, zurückgeschlagen, an den Rändern wellig. Lippe kompliziert gebaut, bis zu 7,5 cm lang und 2,5 cm breit, sehr fleischig; Hypochile länger als der Rest der Lippe, tief sackförmig; Mesochile mit zwei kurzen, fleischigen, hervorragenden Hörnern, die Epichile überlagernd; Epichile eiförmig, spitzlich. Säule bis 6,5 cm lang, gebogen, in den oberen Zweidritteln geflügelt.
Verbreitung: Kolumbien.
Geschichte: Eine durch die Firma H. Low & Co. eingeführte Pflanze wurde von John Day in Tottenham gekauft, der sie im Herbst 1867 zum Blühen brachte. H.G. Reichenbach beschrieb sie 1868 im »Gardeners' Chronicle«.

Stanhopea tigrina Batem.

Pseudobulben des großen Epiphyten gebüschelt, 4–6 cm lang, 2,5–4 cm breit, eiförmig oder eiförmig-kegelig, mit vielen Längsfurchen und gerunzelt, anfangs mit vielen krautigen, langspitzigen Scheiden bedeckt. Blätter gestielt, aufrecht oder schräg abstehend, 20–35 cm lang, 5–10 cm breit, länglich, vorn spitz, lederig; Blattstiel robust, 5–16 cm lang. Blütenstand herabgeschlagen bis völlig hängend, 6–15 cm lang, 2–4blütig. Blüten groß und sehr augenfällig, duftend: Sepalen und Petalen hell- oder dunkelgelb, stark rötlichpurpurn getüpfelt; Hypochile der Lippe goldgelb, jederseits kastanienbraunpurpurn getüpfelt; Mesochile elfenbeinweiß, auf den seitlichen Hörnern purpurn getüpfelt: Epichile ebenfalls elfenbeinweiß und oft purpurn getüpfelt. Sepalen zurückgebogen, 7–8 cm lang, 3,5–5 cm breit, eiförmig-länglich oder schmal eiförmig, spitz, nicht fleischig; die seitlichen unten miteinander verwachsen. Petalen 7–7,5 cm lang, 1,2–1,5 cm breit, linealisch-riemenförmig, zurückgeschlagen, spitz, an den Rändern zurückgerollt und gewellt. Lippe aufrecht, 7–7,5 cm lang, kompliziert gebaut: Hypochile halbkugelförmig, etwas gekielt, innen von mehreren strahlig angeordneten, drüsigen Leisten durchzogen; Mesochile mit zwei Hörnern; Epichile eiförmig, am Gipfel ungleichmäßig 3zähnig. Säule 7–8 cm lang, breit-halblänglich, geflügelt.
Verbreitung: Von Mexiko südwärts bis nach Venezuela; Guayana und Brasilien.
Geschichte: Henchmann sammelte diese Pflanze erstmals in der Nähe von Xalapa in Mexiko. Sie wurde 1837 von J. Bateman in seinem im buchstäblichen Sinne monumentalen Werk – ein berühmter englischer Karikaturist bezeichnete es den Alptraum eines jeden Bibliothekars – »Orchidaceae of Mexico und Guatemala« veröffentlicht.
Synonyme: Stanhopea expansa P.N. Don;

Stanhopea wardii Lindl.

Pseudobulben des großen Epiphyten bis 8 cm lang und 4 cm breit, eiförmig, etwas zusammengepreßt, dunkelgrün. Blätter bis über 35 cm lang und 12 cm breit, längsgefaltet, elliptisch, gestielt, dunkelgrün. Blütenstände hängend, 8–12blütig; Brakteen dünnhäutig. Blüten groß, bis über 12 cm breit, stark duftend, lange ausdauernd: Sepalen und Petalen aus orangefarbenem Grunde hellgelb und fein purpurn getüpfelt; Lippe unten orangefarben und jederseits mit einem braunen »Auge«, darüber cremegrün; Säule sehr hellgrün. Sepalen fast ähnlich, 5,5–5,7 cm lang, bis 3,5 cm breit, lanzettlich, spitz, zurückgebogen, an den Rändern wellig und gekräuselt. Lippe kompliziert; Hypochile fleischig, konkav; Mesochile mit zwei gekrümmten, spitzen Hörnern von 3 cm Länge; Epichile fleischig, breit eiförmig, 2,4 cm lang und 3 cm breit, stumpfspitzig. Säule 4 cm lang, gekrümmt, geflügelt.
Verbreitung: Von Venezuela bis Peru.
Geschichte: Die von Ward in La Guayra gesammelte Pflanze wurde an die Firma Loddiges gesandt. J. Lindley beschrieb sie 1838 in »Sertum Orchidacearum«.
Synonyme: Stanhopea aurea Lindl.; *S. venusta* Lindl.; *S. amoena* Klotzsch.

Stelis Sw.

Tribus: Epidendreae
Subtribus: Pleurothallidinae

Kleine, gebüschelt wachsende, epi- oder lithophytische Pflanzen mit kriechendem Rhizom. Stämme aufrecht, 1blättrig. Blütenstände blattachselbürtig, einzeln bis viele, traubig, schlank. Blüten klein bis winzig, zahlreich. Sepalen untereinander ähnlich, meistens abstehend, die Blüte dominierend; die seitlichen unten mehr oder minder miteinander verwachsen. Petalen und Lippe winzig, fleischig, um die Säule herum angeordnet. Säule kurz, oben verdickt; Rostellum bandförmig; Anthere gipfelständig; Pollinien 2, wachsartig, birnenförmig, ohne Stipes.
Umfang und Verbreitung: Ungefähr 200 Arten; in den Tropen Amerikas von Mexiko und den Westindischen Inseln südwärts nach Bolivien und Brasilien.
Ableitung des Namens: Aus dem Griechischen »stelis« = kleine Säule.
Anmerkung: Die Gattung wurde 1799 von O. Swartz in Schrader, »Journal für die Botanik« begründet. Die Kleinheit der Blüten und ganz besonders der Petalen und der Lippe erschweren eine genaue Bestimmung der Arten beträchtlich. Darüber hinaus teilt *Stelis* mit *Pleurothallis* das Schicksal, für den Orchideenliebhaber und Erwerbsgärtner nur von geringem Interesse zu sein. Die Gattung steht *Pleurothallis* verwandtschaftlich nahe, unterscheidet sich aber von ihr durch die verwachsenen Sepalen und die Kleinheit von Petalen und Lippe.
Typus-Art: S. ophioglossoides (Jacq.) Sw.
Synonym: Humboldtia Ruiz et Pavon non Vahl.
Kultur: Substrat A. Mindesttemperatur im Winter 12–15 °C; im Sommer unter 26 °C, falls möglich. Allgemein hält man diese Pflanze wie *Pleurothallis.* Sie sollten niemals sonderlich trocken stehen und verlangen eine feuchte Atmosphäre. Bei sonnigem Wetter achte man auf gute Beschattung.

Stelis aprica Lindl.

Stämme des kleinen, gebüschelten Epiphyten aufrecht, 3–5 cm lang, gerade oder etwas hin- und hergebogen, stielrund, 1blättrig. Blätter aufrecht, 5–8 cm lang, 0,5–0,7 cm breit, linealisch-länglich oder etwas spatelförmig, vorn stumpf, rötlichgrün. Blütenstand einzeln, 5–12 cm lang, traubig, bis fast zum Grunde vielblütig, unten mit einer steifen Scheide bekleidet; Brakteen aufrecht bis abstehend, 2zeilig angeordnet, breit eiförmig, sehr spitz bis stumpf, im unteren Teil röhrig. Blüten winzig, einseitswendig, abstehend: grünlichgelb. Sepalen 1,25 mm lang, 0,1 mm breit, elliptisch-eiförmig, stumpf, unten miteinander verwachsen, nicht fleischig. Petalen äußerst klein, konkav. Lippe fleischig, breit 3lappig; Lappen abgerundet, die Seitenlappen am kleinsten.
Verbreitung: Brasilien und Venezuela.
Geschichte: Diese Pflanze wurde erstmals von Hindes in der St. Catarina Provinz in Brasilien gesammelt. J. Lindley beschrieb sie 1836 in Hooker's »Companion to the Botanical Magazine«.
Anmerkung: Diese Pflanze mit ihren winzigen Blüten und ihrem aufrechten, schlanken Blütenstand ist kaum mit einer anderen Art zu verwechseln.
Synonym: Stelis herzogii Schltr.

Stelis argentata Lindl.

Kleine bis sehr kleine Pflanze. Stämme gebüschelt angeordnet, sehr kurz, mit Scheiden besetzt, am Gipfel 1blättrig. Blätter aufrecht, bis zu 10 cm lang und 2,5 cm breit, verkehrtlanzettlich, unten kurz gestielt, vorn abgerundet oder mit zwei rundlichen Lappen. Blütenstand gipfelbürtig, bis 20 cm lang, aufrecht, traubig, locker vielblütig; Blütenstandachse kahl, hellgrün und kastanienbraun behaucht; Brakteen klein, hellgrün. Blüten flach, ungefähr 0,8 cm breit, grünlich bis hellpurpurrosa, außen dunkelbraunpurpurn. Sepalen abstehend, am Grunde miteinander verwachsen, etwa 0,55 cm lang und 0,5 cm breit, ei-herzförmig, stumpf. Petalen viel kleiner als die Sepalen, ungefähr 0,15 cm lang und 0,08 cm breit, gestutzt, von vorn gesehen halbmondartig, fleischig, mit weißen kristallartigen Einlagerungen. Lippe den Petalen nicht sehr unähnlich, querlänglich, vorn mit einer kurzen, aufgesetzten Weichspitze, fleischig. Säule kurz, kräftig, vorstehend; bleichbraun, ungefähr 0,08 cm lang; Anthere cremefarben.
Verbreitung: Im tropischen Amerika, von Mexiko südwärts bis nach Brasilien.
Geschichte: J. Lindley beschrieb die Art unter Zugrundelegung einer von R. Schomburgk in Guayana gesammelten Pflanze 1842 im »Botanical Register«.
Synonyme: S. lindleyana Focke; *S. endresii* Rchb. f.; *S. littoralis* Rodr.; *S. yauaperyensis* Rodr.; *S. parvibracteata* Ames; *S. huebneri* Schltr.

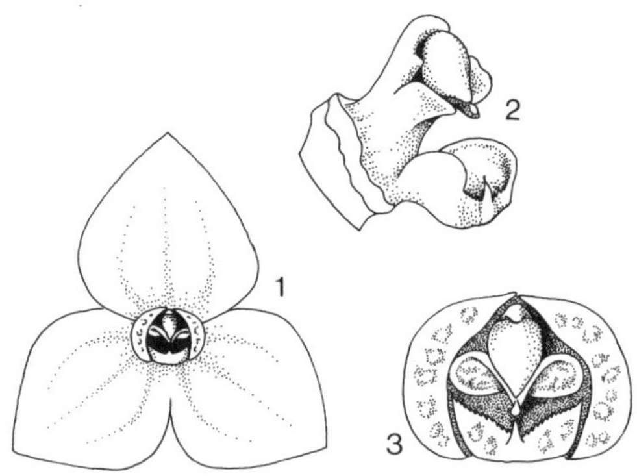

Stelis argentata
1 = Blüte von vorn (× 4¹/₃)
2 = Säule und Lippe (× 13)
3 = Teil der Blüte (× 11)

Stelis fragrans Schltr.

Kleiner, mit kurzem Rhizom wachsender, 10–12 cm hoher Epiphyt. Stämme einblättrig, 2,5–3 cm lang. Blätter aufrecht, 4,5–6 cm lang, 0,5–0,7 cm breit, verkehrtlanzettlich-riemenförmig, unten gestielt, vorn spitzlich. Blütenstand traubig, aufrecht, länger als das Blatt, locker 8–15blütig; Brakteen ei-kapuzenförmig, lang ausgezogen und mit aufgesetzter Spitze. Blüten klein, duftend: gräulich und rosa behaucht. Sepalen 0,4 cm lang, breit eiförmig-rhombisch, stumpf, an den Rändern und auf der Innenfläche fein papillös bewimpert, 3nervig; die seitlichen asymmetrisch. Petalen winzig, schief-nierenförmig, etwas abgestutzt, fleischig, kahl. Lippe halbkugelig, vorn stumpf, mit einer bis fast zum Gipfel durchlaufenden Delle, ungefähr so groß wie die Petalen. Säule kurz, gestutzt.
Verbreitung: Brasilien.
Geschichte: P. Dusen fand diese Pflanze erstmals in Parana; er sandte einige lebende Exemplare nach Berlin, so sie im Botanischen Garten im März 1918 blühten. Im gleichen Jahr veröffentlichte R. Schlechter seine Beschreibung der Art im »Notizblatt des Botanischen Gartens«, Berlin.
Anmerkung: Man erkennt diese Art leicht an ihren bewimperten Sepalen und an ihrer längsgefurchten fleischigen Lippe.

Stelis ophioglossoides (Jacq.) Sw.

Stämme der kleinen, büschelig wachsenden Pflanze bis 7 cm lang, aufrecht oder aufsteigend. Blätter 4–10 cm lang, 0,6–1,6 cm breit, schmallänglich oder elliptisch-länglich, gestielt, vorn 3zähnig. Blütenstand meistens einzeln, bis 16 cm lang, immer viel länger als die Blätter, am Grunde von einer großen Scheide umschlossen. Blüten sehr klein: gelblichgrün und violett getüpfelt. Obere Sepale 0,3 cm lang und breit, breit 3eckig-eiförmig, die seitlichen ähnlich der oberen, aber untereinander sowie mit der oberen bis zur halben Länge verwachsen. Petalen sehr klein, 0,6 mm lang, 1 mm breit, 3eckig-verkehrteiförmig. Lippe fleischig, 0,6 cm lang und breit, am Gipfel abgerundet oder gestutzt.
Verbreitung: Über die Westindischen Inseln.
Geschichte: Die Pflanze repräsentiert eine der ersten amerikanischen Ordhideen, die Botanikern zu Gesicht kam. Sie wurde von N. von Jacquin gesammelt und von ihm im Jahre 1760 in seiner »Enumeratio Systematica Plantarum« als *Epidendrum* veröffentlicht. Später wurde die Pflanze von O. Swartz in die Gattung *Stelis* versetzt, wo sie die Typusart darstellt (Schrader, »Journal für die Botanik« 1799).
Anmerkung: Diese Art läßt sich durch die Länge ihres Blütenstandes, die sehr kleinen gelblichgrünen Sepalen und die fleischige, oben gestutzte oder gerundete Lippe leicht erkennen.
Synonyme: Epidendrum ophioglossoides Jacq.; *E. trigoniflorum* Sw; *Dendrobium ophioglossoides* (Jacq.) Sw.

Stenia Lindl.

Tribus: Maxillarieae
Subtribus: Zygopetalinae

Kleine bis mittelgroße, kurzstämmige Epiphyten mit gebüschelt angeordneten, 1–3blättrigen Pseudobulben. Blüten sehr groß, augenfällig. Sepalen und Petalen abstehend, untereinander ähnlich; die seitlichen mit dem Grunde der Säule verwachsen. Lippe fleischig, 3lappig, konkav bis sackförmig; Seitenlappen klein, ungeteilt; Platte mit einer querliegenden, kammartigen Schwiele besetzt. Säule verlängert, mehr oder weniger dicht flaumig behaart; Pollinien 4, länglich, zylindrisch, ungleich.
Umfang und Verbreitung: 2 Arten; in Mittelamerika und dem nördlichen Südamerika.
Ableitung des Namens: Aus dem Griechischen »stenos« = schmal, eng; eine Anspielung auf die schmal-zylindrischen Pollinien.

Anmerkung: J. Lindley begründete die Gattung 1837 im »Botanical Register« und verglich sie mit *Maxillaria*. Sie ist jedoch wesentlich näher mit *Bollea, Huntleya* und *Chondrorhyncha* verwandt, von denen sie sich jedoch durch die verlängerte Säule und ihre auffällig ungleichen Pollinien unterscheidet.
Typus-Art: S. pallida Lindl.
Kultur: Substrat A. Mindesttemperatur im Winter 15 °C. Allgemein wie für *Chondrorhyncha* und *Pescatorea* angegeben. Die Pflanzen verlangen feuchte Verhältnisse und Schatten; der Wurzelballen sollte niemals sehr trocken werden.

Stenia guttata Rchb. f.

Pseudobulben des kleinen Epiphyten ziemlich klein, in dichten Gruppen stehend, mit blattlosen Scheiden bekleidet, am Gipfel 1–3blättrig. Blätter bis 13 cm lang und 3,5 cm breit, verkehrteiförmig, länglich oder elliptisch, vorn spitz. Blütenstände seitlich austretend, sehr kurz, zurückgebogen oder wegstehend, 1blütig. Blüte groß, nicht fleischig: strohfarbig bis hellgelbgrün, dunkelpurpurn getüpfelt. Mittlere Sepale 2–2,6 cm lang, 0,6–0,8 cm breit, länglich-eiförmig, spitzlich; die seitlichen länger, schief lanzettlich-eiförmig, spitzlich. Petalen der mittleren Sepale ähnlich. Lippe am Grunde tief konkav oder sackartig, undeutlich 3lappig; Seitenlappen 1,5–1,7 cm lang, nicht klar abgesetzt, halbkreisförmig; Mittellappen eiförmig-3eckig; Platte mit einem aus 7 Zähnen bestehenden, querlaufenden Kamm. Säule auf jeder Seite schwach kantig.
Verbreitung: Peru; von 800–2100 m.
Geschichte: Im Auftrag der Firma Veitch von Davis gesammelt und 1880 von H.G. Reichenbach im »Gardeners' Chronicle« beschrieben.

Stenoglottis Lindl.
Tribus: Orchideae
Subtribus: Orchidinae

Terrestrische Pflanzen oder Epiphyten mit kurzen Stämmen und fleischigen oder knollenartigen Wurzeln. Blätter zahlreich in grundständigen Rosetten oder Büscheln. Blütenstände aufrecht, am Schaft mit ein paar Scheiden besetzt, schlank traubig, vielblütig; Brakteen klein, kürzer als der Fruchtknoten. Sepalen für eine kurze Strecke mit Säule und Lippe verwachsen, sonst frei; die seitlichen asymmetrisch, abstehend in der voll geöffneten Blüte. Petalen oft ein wenig breiter als die Sepalen, aufrecht, asymmetrisch. Lippe ohne oder mit kurzem Sporn, mit der Säule verwachsen, keilförmig, oben 3–5lappig, länger als die Sepalen und Petalen. Säule sehr kurz und breit; Antherenfächer parallel, ohne Kanäle; Caudiculae der Pollinien kurz; Klebscheibe nackt; Narben keulenförmig; Rostellum sehr kurz.
Umfang und Verbreitung: 3 Arten; Süd- und Ostafrika.
Ableitung des Namens: Aus dem Griechischen »stenos« = schmal und »glotta« = Zunge; wegen des zungenartigen, freien Teiles der Lippe.
Anmerkung: J. Lindley begründete die Gattung 1836 in Hooker's »Companion to the Botanical Magazine«. Unter den verwandten Gattungen unterscheidet sie sich von *Holothrix* Lindl. durch sitzende Narben und von *Habenaria* durch die größtenteils mit der Säule verwachsene Lippe. F. Kraenzlin (»Orchidacearum Genera et Species« 1901) betrachtete *Stenoglottis* als monotypisch; aber spätere Autoren, besonders V. Summerhayes (»Flora of Tropical East Africa« 1968) fanden das vorhandene Material so verschiedengestaltig, daß sie es in drei Arten aufspalten konnten.
Typus-Art: S. fimbriata Lindl.
Kultur: Substrat C. Mindesttemperatur im Winter 10–12 °C. Solange die Pflanzen wachsen, verlangen sie leichten Schatten, Luftfeuchtigkeit und regelmäßige Wässerung. Während und nach der Blüte beginnen die Blätter abzusterben und zu diesem Zeitpunkt gibt man bis zum Beginn des Neuwuchses nur wenig Wasser.

Stenoglottis fimbriata Lindl.

Aufrechte, 10–36 cm hohe terrestrische, epi- oder lithophytische Pflanze, mit mehreren fleischigen, länglichen Wurzeln. Blätter zu 6–16 in einer grundständigen Rosette stehend, 2,5–11 cm lang, 1,2–2 cm breit, länglich oder lanzettlich, spitz, an den Rändern gewellt, purpurbraun gefleckt. Blütenstand bis 21 cm lang, aufrecht, vielblütig, mit etwas rauher Oberfläche. Blüten einseitswendig, rosa oder violett mit purpurroten Punkten auf der Lippe. Obere Sepale 0,5 cm lang, 0,2 cm breit, eiförmig, stumpf oder stumpfspitzig; die seitlichen sichelförmig-länglich, stumpf. Petalen nach vorn gebogen und gemeinsam einen Hut über der Säule bildend. Lippe 0,9 cm lang, 0,3 cm breit, im Umriß länglich-verkehrteiförmig, in der oberen Hälfte 3lappig; Lappen linealisch-lanzettlich, spitz. Säule kurz, weiß.
Verbreitung: Ziemlich häufig von Tansania bis zur Kap-Provinz.
Geschichte: S. fimbriata ist die Typusart der Gattung; sie wurde erstmals von Drége zwischen Omsamwubo und Omsamcabe (Kap-Provinz) gefunden. J. Lindley beschrieb sie 1836 im Hooker's »Companion to the Botanical Magazine«.
Anmerkung: Diese Art unterscheidet sich von der mit ihr nahe verwandten, größeren *S. longifolia* durch die 3lappige Lippe.
Synonym: Stenoglottis zambesiaca Rolfe.

Stenoglottis longifolia Hooker f.

Kleine terrestrische, litho- oder epiphytische Planze. Blätter zahlreich, in einer dichten Rosette angeordnet, 7,5–18 cm lang, 0,8–2,5 cm breit, schwertförmig oder linealisch-länglich, vorn langspitzig und nach hinten gebogen, an den Rändern wellig. Blütenstände aufrecht, 22–50 cm lang, traubig, unten mit linealisch-lanzettlichen Scheiden bedeckt; Brakteen 0,8–1,2 cm lang, lanzettlich, langspitzig. Blüten hellpurpurn oder selten weiß, auf der Lippe dunkelpurpurn getüpfelt. Sepalen 0,8 cm lang, breit-eiförmig, stumpflich. Petalen kleiner als die Sepalen, eiförmig, spitzlich, an den Rändern ausgebissen oder fein gezähnt. Lippe 0,8–1,2 cm lang, linealisch-länglich, 5spaltig. Säule kurz und breit.
Verbreitung: Zululand (Südafrika).
Geschichte: Der Kurator des Botanischen Gartens in Durban, J. Medley Wood, sandte die Pflanze an die Royal Botanic Gardens in Kew, wo sie im September 1889 erstmals blühte. Sir Joseph Hooker beschrieb sie 1891 im »Botanical Magazine«. Er bemerkte die große Ähnlichkeit dieser Art mit *S. fimbriata,* hielt sie jedoch für hinreichend verschieden, um als eigenständig betrachtet werden zu können.

Stenorrhynchus L.C. Rich.
Tribus: Cranichideae
Subtribus: Spiranthinae

Kleine bis große, terrestrische Pflanzen mit oftmals fleischigen und büschelig angeordneten Wurzeln. Stämme beblättert oder im blühenden Zustand blattlos. Blätter öfters in grundständigen Rosetten. Blütenstand auf langem, aufrechtem Schaft, traubig. Blüten klein bis groß, oft kurz gestielt. Sepalen frei, untereinander ähnlich; die mittlere aufrecht stehend und mit den Petalen einen Hut bildend; die seitlichen abstehend, schräg mit dem Gipfel des Fruchtknotens verwachsen und an der Basis einen Sack oder ein

Mentum bildend. Lippe sitzend oder deutlich genagelt, oft schmal, konkav, unten die Säule umfassend, oben abstehend, ungeteilt oder 3lappig, ohne Schwiele oder Leisten. Säule am Grunde herablaufend, stielrund; Rostellum kürzer oder länger als die Anthere, 2zähnig; Pollinien kömigmehlig, vorn in kurze Caudiculae fortgesetzt.
Umfang und Verbreitung: Über 60 Arten; in Mittel- und Südamerika und auf den Westindischen Inseln.
Ableitung des Namens: Aus dem Griechischen »stenos« = schmal, kurz, und »rhynchos« = Schnabel; eine Anspielung auf das schmale Rostellum der Typus-Art.
Anmerkung: L.C. Richard begründete die Gattung 1818 in »Mémoires du Muséum d'Histoire Naturelle«, Paris. Seitdem wurde sie verschiedentlich mit *Spiranthes* vereinigt. Wir folgen hier den Beispielen von A. Cogniaux (»Flora Brasiliensis« 1893) und R. Schlechter (Beihefte »Botanisches Centralblatt« 1920) und betrachten sie als eigenständig. Man kann *Stenorrhynchus* von *Spiranthes* unterscheiden durch die nicht spiralige Blütenanordnung, das deutlich ausgebildete Mentum, die schräge Basis der seitlichen Sepalen und die herablaufende Säulenbasis.
Typus-Arten: S. lanceolatus (Aubl.) L.C. Rich.; *S. orchioides* (Sw.) L. C. Rich.
Synonyme: Stenorrhynchium Rchb. f.; *Stenorrhynchos* Sprengl.
Kultur: Substrat C. Mindesttemperatur im Winter 12–15 °C. Sonst wie für *Pelexia* angegeben.

Stenorrhynchus lanceolatus (Aubl.) L. C. Rich.

Blätter der sehr variablen, 35–90 cm hohen terrestrischen Pflanze grundständig, nach der Blüte erscheinend, 10–40 cm lang, 2,5–5 cm breit, länglich-elliptisch bis länglich-lanzettlich, vorn spitz oder stumpf. Blütenstand aufrecht, dicht, vielblütig, mit drüsigen Flaumhaaren besetzt; Brakteen schmal-lanzettlich, langspitzig, mit roten Harzdrüschen getüpfelt. Blüten variabel, auffällig, abstehend bis halbaufrecht: grünlichweiß bis ziegelrot oder karminrot. Sepalen 1,4–3 cm lang, 0,36–0,7 cm breit, lanzettlich, langspitzig; die seitlichen am Grunde zu einem kurzen Mentum verlängert. Petalen 1,3–2 cm lang, bis 0,6 cm breit, lanzettlich, sichelig gebogen, spitz bis langspitzig. Lippe sitzend, 1,5–2,5 cm lang, 0,5–1 cm breit, eiförmig-lanzettlich, langspitzig, ungeteilt, in der Mitte sackartig vertieft, unterhalb der Mitte eingerollt, auf der Platte und an den Rändern flaumig behaart; Schwielen randnahe, linealisch, flach. Säule ungefähr 1 cm lang.
Verbreitung: Florida, Westindische Inseln und von Mexiko zum nördlichen Südamerika; in Grasland, trockenen Wäldern und Kiefernwäldern; bis 1500 m.
Geschichte: Die Pflanze wurde 1759 von Plumier in Martinique gefunden und von ihm mit dem Polynom *Helleborine purpurea asphodeli radice* belegt. J. Aublet veröffentlichte sie später (1775) in »Histoire des plantes de la Guiana Française« als *Limodorum.* L.C. Richard versetzte sie 1818 (»Mémoires du Museum d'Histoire Naturelle«, Paris) nach *Stenorrhynchus.* Leon versetzte sie endlich 1946 in »Contribuciones Ocasionales del Museo de Historia Naturel del Colegio de la Salle« in die Gattung *Spiranthes.* Wir folgen R. Schlechters Ansicht und belassen die Art in der Gattung *Stenorrhynchus.*
Synonyme: Limodorum lanceolatum Aubl.; *Satyrium orchioides* Sw.; *Neottia aphylla* Hook.; *Spiranthes orchioides* (Sw.) A. Rich.; *S. lanceolatus* (Aubl.) Leon; *Stenorrhynchus orchioides* (Sw.) Sprengel; *S. guatemalensis* Schltr.

Stenorrhynchus speciosus (J. F. Gmel.) L. C. Rich.

Meistens epiphytisch, seltener terrestrisch wachsende, 10–50 cm hohe Pflanze. Blätter immer grundständig, sitzend oder kurz gestielt, 4–20 cm lang, 2–6 cm breit, ei-kreisförmig bis verkehrtlanzettlich, vorn spitz bis langspitzig, grün und silbern gefleckt. Blütenstand aufrecht, auffallend, mit wenigen bis vielen Blüten in dichter Ähre; Brakteen länger als die Blüten, 2,5–4 cm lang, lanzettlich, langspitzig. Blüten hellrot bis purpurrot. Sepalen 1,3–1,6 cm lang, bis 0,4 cm breit, lanzettlich, langspitzig, an den Rändern eingerollt, an der Spitze rückwärts gekrümmt. Petalen den Sepalen ähnlich, aber etwas schmaler. Lippe sitzend, 1,2–1,5 cm lang, 0,5–0,6 cm breit, keilförmig-lanzettlich, in der Mitte seicht 3lappig; Seitenlappen breit-abgerundet; Mittellappen länglich, mit eingerollten Rändern; Platte flaumig behaart, am Grunde jederseits mit zwei flachen, fleischigen Schwielen. Säule kräftig, 0,5–0,7 cm lang, unten dicht flaumhaarig.
Verbreitung: Von Mexiko südwärts in das nördliche Südamerika und die Westindischen Inseln; in Wäldern, dichtem Buschwerk und offenen Grasflächen; bis 3000 m.
Geschichte: Die erstmals von N. von Jacquin auf den Westindischen Inseln gesammelte Pflanze wurde 1791 von J.F. Gmelin in der 13. Auflage von »Linnés Systema Naturae« in der Gattung *Serapias* veröffentlicht. L. C. Richard versetzte sie 1818 (»Mémoires du Museum d'Histoire Naturelle«, Paris) nach *Stenorrhynchus,* A. Richard hingegen 1853 (La Sagra, »Flora of Cuba«) nach *Spiranthes.* Wir folgen hier R. Schlechter, der die Gattung *Stenorrhynchus* als verschieden von *Spiranthes* betrachtete.
Anmerkung: Diese Art ist leicht an ihren leuchtendroten bis purpurnen Blüten und die längeren Brakteen zu erkennen.
Synonyme: Serapias speciosa J.F. Gmel.; *Spiranthes speciosus* (J. F. Gmel.) A. Rich.

Symphyglossum Schltr.

Tribus: Oncidieae

Kleine bis mittelgroße Epiphyten mit dicht gestellten, am Gipfel 2blättrigen Pseudobulben. Blütenstand gipfelbürtig an jungen Sprossen, gebogen, einfach oder etwas verzweigt, locker vielblütig; Brakteen viel kürzer als Fruchtknoten und Blütenstiel, angedrückt. Blüten meistens augenfällig. Sepalen länglich oder verkehrtlanzettlich; die seitlichen am Grunde oder selten bis zur Mitte miteinander verwachsen. Petalen breiter als die Sepalen, unten mit der Säule verwachsen. Lippe ungeteilt, genagelt, oben zurückgeschlagen; Schwiele aus zwei oder drei fast parallelen, bis zur Mitte der Lippe laufenden Leisten bestehend. Säule halbkreisförmig, oben etwas verbreitert; Rostellum fast aufrecht, 2zähnig; Pollinien 2, birnenförmig; Stipes linealisch-riemenförmig; Klebscheibe länglich-linealisch, rückwärts gerichtet.
Umfang und Verbreitung: Ungefähr ein halbes Dutzend Arten; in Venezuela, Kolumbien, Ecuador und Peru.
Ableitung des Namens: Aus dem Griechischen »symphein« = zusammenwachsen und »glossa« = Zunge; eine Anspielung auf die mit der Säule verwachsene Lippe.
Anmerkung: R. Schlechter begründete die Gattung 1919 in »Orchis«. Sie ist sehr nahe mit *Cochlioda* verwandt, läßt sich aber leicht von ihr unterscheiden durch die teilweise verwachsenen seitlichen Sepalen, die unten mit der Säule vereinigten Petalen und die ungeteilte Lippe. Außerdem besitzt *Symphyglossum* nur eine Narbenöffnung (*Cochlioda* hat zwei).
Typus-Arten: S. sanguineum (Rchb. f.) Schltr.; *S. strictum* (Cogn.) Schltr.
Kultur: Substrat A. Mindesttemperatur im Winter 12 °C. Sonst wie *Cochlioda* und die meisten *Odontoglossum*-Arten zu behandeln.

Symphyglossum sanguineum (Rchb. f.) Schltr.

Pseudobulben der epiphytisch wachsenden Pflanze 3,5–5 cm lang, im Umriß eiförmig-länglich, seitlich abgeflacht, manchmal mit brauner querverlaufender Zeichnung, am Gipfel 2blättrig. Blätter 18–22 cm lang, 1–1,5 cm breit, linealisch, spitz. Blütenstände traubig oder selten am Grunde verzweigt, 40–50 cm lang, bogig überhängend, locker vielblütig. Blüten 2,5 cm breit, rosenrot mit bleicherer Lippe und weißer Schwiele. Obere Sepale 1,1 cm lang , 0,5 cm breit, schmalelliptisch, spitz, konkav; die seitlichen bis über die Mitte miteinander verwachsen. Petalen 1,1 cm lang, 0,4 cm breit, elliptisch-länglich, mit aufgesetztem Spitzchen. Lippe genagelt, ungefähr 1 cm lang, mit sehr undeutlichen Seitenlappen und eiförmigem Mittellappen, der Nagel mit der Säule verbunden; Schwielen 2, länglich-3eckig, hoch mit der Säule verwachsen. Säule kurz, stielrund.
Verbreitung: Ecuador.
Geschichte: Professor Jameson entdeckte diese Pflanze in den Anden in der Umgebung von Quito, wo sie allerdings bereits 1851 von J. Warscewicz gefunden worden war. In die Kultur wurde sie erst 1866 von der Firma Backhouse in York eingeführt. H. G. Reichenbach beschrieb sie 1864 in Walpers, »Annales Botanices« unter *Mesospinidium.* G. Bentham, in Bentham and Hooker's »Genera Plantarum«, versetzte sie zu *Cochlioda;* R. Schlechter wiederum brachte die Art in seine neue Gattung *Symphyglossum* (»Orchis« 1919).
Synonyme: Mesospinidium cochliodum Rchb. f.; *Cochlioda sanguinea* (Rchb. f.) Benth.

Tainia Blume

Tribus: Arethuseae
Subtribus: Bletiinae

Mit deutlichem Rhizom wachsende epiphytische oder terrestrische Kräuter. Pseudobulben der sterilen Schosse mit trockenhäutigen Scheiden besetzt, am Gipfel 1blättrig. Blätter immer gestielt, längsgefaltet. Blütenstand aufrecht, meistens lokker, traubig. Blüten ziemlich augenfällig. Sepalen und Petalen kaum unterschiedlich, abstehend, Lippe mit dem Fuß der Säule verbunden, aufrecht, am Grunde entweder bauchig vertieft oder mit einem kurzen Sporn, 3lappig. Säule ziemlich schlank, etwas gekrümmt, jederseits geflügelt. Pollinien 8, in jedem Antherenfach zu viert, mehr oder weniger zusammengedrückt; Narbe unterhalb des Rostellums.
Umfang und Verbreitung: Zwischen 25 und 50 Arten; in Indien, Südostasien und Indonesien.
Ableitung des Namens: Aus dem Griechischen »tainia« = Binde oder Band; wohl wegen der langgestielten, langen, schmalen Blätter oder vielleicht wegen des erhabenen Kieles der Lippe.
Anmerkung: C. Blume begründete die Gattung 1825 in seinen »Bijdragen«. Sie ist mit *Nephelaphyllum* und *Chrysoglossum* verwandt; von der ersten unterscheidet sie sich durch ihre in der Blüte unten stehende Lippe und von der anderen durch den Besitz von acht und nicht zwei Pollinien. *T. wrayana* (Hooker f.) J. J. Smith, ähnelt *Nephelaphyllum* mit ihren nicht längsgefalteten Blättern, ist aber im Blütenbau hinreichend verschieden; einige Autoren haben diese Art der Gattung *Mischobulbum* zugeordnet. Im »Bulletin du Jardin Botanique de Buitenzorg« hat J. J. Smith 1919 die Untergliederung der Gattung *Tainia* diskutiert, wobei er *Mischobulbum* als Sektion betrachtet; die anderen sind (*Eu*) *Tainia* mit der Art *T. speciosa, Ascotainia* mit *T. hookeriana* King et Pantl. sowie *T. viridifusca* Lindl. und *Mitopetalum* mit *T. khasiana* Hook. f.
Typus-Art: T. speciosa Blume.
Kultur: Substrat B oder C. Mindesttemperatur 5–18 °C (in der Wachstumsperiode) und 12–15 °C (in der Ruheperiode). Im allgemeinen blühen die Pflanzen nach dem Abfallen der Blätter; ehe der neue Wuchs beginnt, ist nur wenig Wasser notwendig. In der Wachstumsperiode (bis zum Absterben der Blätter) verlangen sie eine feuchte Atmosphäre, viel Wasser und Schatten. Arten mit eiförmigen Pseudobulben wachsen zum Teil unterirdisch.

Tainia hookeriana King et Pantling

Pseudobulben der mit einem kurzen Rhizom wachsenden terrestrischen Pflanze dicht beieinander stehend, bis zu 7,5 cm lang und 6 cm breit, breit-eiförmig, am Gipfel 1blättrig, bläulich oder graugrün, mit stumpfkantigen Längsrippen. Blätter gestielt, 25–50 cm lang, 4–10 cm breit, lanzettlich oder elliptisch-lanzettlich, vorn spitz, längsgefaltet; Stiel dünn, bis 27 cm lang. Blütenstand am Grunde der Pseudobulbe entspringend, bis 90 cm lang, locker 10–25blütig; Brakteen 1–1,5 cm lang, schmal-lanzettlich, langspitzig. Blüten aufwärts gerichtet: Sepalen und Petalen gelb, dicht braun gestreift; Lippe weiß, gelbgetönt, vorn um den Kiel herum mit feinen rötlichen Tüpfeln; Sporn bräunlich. Sepalen und Petalen einander ähnlich, 1,7–2,5 cm lang, 0,3–0,5 cm breit, lanzettlich, langspitzig. Lippe 1,2–1,5 cm lang und breit, am Grunde keilförmig, oberhalb der Mitte 3lappig, an der Basis mit dem Fuß der Säule vereint und einen stumpfen, 0,3–0,4 cm langen, einwärts gebogenen Sporn bildend; Seitenlappen etwas aufrecht gestellt, oben abgerundet; Mittellappen quer elliptisch-kreisrund; Platte von drei erhabenen, nach unten tieferen, glatten Kielen durchzogen. Säule 0,8–1 cm lang, im Querschnitt halbkreisförmig, etwas einwärtsgebogen; Säulenfuß ungefähr 0,3 cm lang.
Verbreitung: Sikkim und Nord-Thailand.
Geschichte: Die Pflanze wurde erstmals in Wäldern zwischen 300 und 750 m 1896 im Teesta-Tal in Sikkim gesehen. G. King und R. Pantling beschrieben sie im gleichen Jahr im »Journal of the Asiatic Society of Bengal«.
Anmerkung: Mit *T. viridifusca* Hook. verwandt; diese hat jedoch streifenlose Sepalen und Petalen und eine Lippe mit zwei zusätzlichen Kielen.
Synonyme: Ania hookeriana (K. et P.) Tang et Wang; *Ascotainia hookeriana* (K. et P.) Ridl.

Telipogon H. B. K.

Tribus: Maxillarieae
Subtribus: Telipogoninae

Kleine bis mittelgroße Epiphyten oder terrestrische Kräuter. Stämme aus einem kriechenden Rhizom hervorgehend oder im unteren, niederliegenden Teil wurzelnd, kurz bis verhältnismäßig lang, nach oben hin in verschiedenem Grade verzweigt. Blätter wenige oder viele, 2zeilig angeordnet, meistens schmal, lederig oder fleischig. Blütenstände gipfelbürtig, aufrecht, traubig, 1- bis mehrblütig. Blüten mittelgroß bis groß und auffällig, seltener klein. Sepalen einander ähnlich, frei, abstehend, schmal. Petalen viel größer als die Sepalen, meistens mit auffälliger, netzartiger Beaderung. Lippe den Petalen nicht unähnlich aber oft breiter, ungeteilt, sitzend. Säule kurz, ohne Fuß, ungeflügelt, steif behaart oder mit Borsten besetzt; Anthere aufrecht; Pollinien 4; Stipes linealisch, oben etwas verbreitert.
Umfang und Verbreitung: Ungefähr 60 Arten, ziemlich häufig in Costa Rica und im nördlichen Südamerika, südlich bis nach Bolivien.
Ableitung des Namens: Aus dem Griechischen »telos« = Ende und »pogon« = Bart in Anspielung auf den Gipfel der Säule.
Anmerkung: Die Gattung wurde 1815 von A. von Humboldt, A. Bonpland und K. Kunth in ihrem Werk »Nova Genera et Species« begründet. F. Kraenzlin revidierte sie 1919 (»Annalen des Naturhistorischen Museums«, Wien) und

unterteilte sie in zwei Sektionen: *Brevicaules,* mit kurzen Stämmen und zusammengepreßtem Blütenstandschaft, und *Caulescentes,* mit verlängerten Stämmen und stielrundem Blütenstandschaft.
Typus-Art: *T. angustifolius* H. B. K.
Synonyme: *Telopogon* Mutis, *Thelypogon* Sprengel.
Kultur: Substrat A. Mindesttemperatur im Winter 10 °C. Im Sommer beträgt die Maximaltemperatur 24 °C. Die Pflanzen sind nicht leicht zu kultivieren und benötigen hohe Luftfeuchtigkeit und viel Schatten. Man muß sie während des ganzen Jahres gleichmäßig feucht halten.

Telipogon bruchmuelleri Rchb. f.

Stämme des kleinen, bis 8 cm hohen Epiphyten sehr kurz, mit mehreren Blättern. Blätter 2zeilig angeordnet, bis 6 cm lang und 1,5 cm breit, länglich oder schmal-elliptisch, vorn spitz, unten von einer gefalteten Blattbasis deutlich gegliedert, hellgrün. Blütenstand gipfelbürtig, aufrecht, traubig, 1–2blütig; Schaft bis 8 cm lang, geflügelt; Brakteen eiförmig, scharfkantig. Blüten im Verhältnis zur Pflanze groß, augenfällig: Sepalen und Petalen leuchtend gelbgrün, nach unten zu allmählich rosabraun werdend; Lippe hellgelbgrün, mit rosa Adern; Schwiele kastanienbraun und mit intensiv kastanienbraunen Haaren besetzt; Säule braun. Sepalen fast untereinander ähnlich, 1,5–2 cm lang, 0,5–0,6 cm breit, schmal-elliptisch-lanzettlich, spitz. Petalen 1,6–2,2 cm lang, 0,8–1,1 cm breit, unscharf genagelt, elliptisch, spitz. Lippe annähernd kreisrund, 1,4–1,9 cm lang, 1,4–2,2 cm breit, vorn mit aufgesetzter Spitze; Schwiele am Grunde angeordnet, flach, breit-eiförmig, flaumig behaart, Säule kurz, dick, lang behaart; Rostellum hervorstehend, zugespitzt.
Verbreitung: Von Nicaragua südwärts bis nach Kolumbien und Venezuela; in Bergwäldern; zwischen 2000 und 2300 m.
Geschichte: Albert Bruchmüller sammelte diese Pflanze erstmals bei Ocana. H. G. Reichenbach benannte sie nach ihm 1876 in der Zeitschrift »Linnaea«.
Synonyme: *Telipogon wallisii* Rchb. f.; *T. biolleyi* Schltr.; *T. schmidtchenii* Rchb. f.; *T. endresianum* Kraenzl.

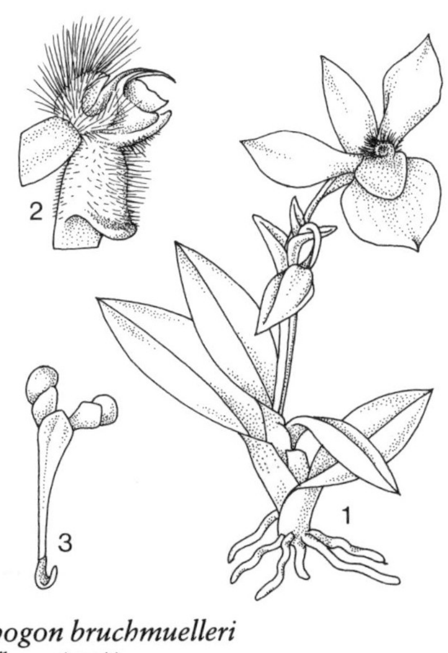

Telipogon bruchmuelleri
1 = Pflanze (× 3/4)
2 = Säule mit Fuß von der Seite (× 2)
3 = Klebscheibe, Stipes und Pollinien (× 4 1/3)
(nach Dunsterville und Garay, 3, 308, 1965)

Telipogon nervosus (L.) Druce

Stämme der kleinen bis mittelgroßen (seltener ziemlich großen) terrestrischen Pflanze fast aufrecht oder manchmal niederliegend und miteinander verschlungen, meistens 20–40 (selten bis 150) cm lang. Blätter 2zeilig angeordnet, 2 cm lang und breit, schmal-elliptisch, fleischig und steif, vorn spitz, abstehend; Blattscheiden zusammengepreßt. Blütenstände blattachselbürtig, seitlich oder am Gipfel entspringend, aufrecht, traubig, bis 25 cm lang, locker mehrblütig. Blüten groß: Sepalen hellgrün; Petalen grünlichgelb, mit braunen oder purpurnen Linien; Säule purpurkastanienbraun. Sepalen 1 cm lang, 0,5 cm breit, eiförmig, langspitzig. Petalen 1,4 cm lang, 1,2 cm breit, breit-eiförmig, spitz oder mit aufgesetzter Spitze. Lippe 1,4 cm lang, 1,7 cm breit, breiteiförmig oder querelliptisch, vorn mit aufgesetzter Spitze, am Grunde mit einer flaumig behaarten Leiste. Säule kurz, kräftig, fleischig, im oberen Teil mit feinen Haaren besetzt und am Gipfel vor der Anthere mit einem Kamm aufrechter Haare.
Verbreitung: Kolumbien, Venezuela und Ecuador; in Nebelwäldern; meistens in Höhenlagen über 2500 m.
Geschichte: C. von Linné beschrieb diese Pflanze ursprünglich als *Tradescantia* (»Mantissa Plantarum« 1764). G. C. Druce versetzte sie 1916 nach *Telipogon* (»Reports of the Botanical Exchange Club of the British Isles«).
Synonyme: *Tradescantia nervosa* L.; *Telipogon angustifolius* H. B. K.; *T. hoppii* Schltr.; *T. steyermarkii* Foldats.

Telipogon papilio Rchb. f. et Warsc.

Ein kleiner, mehrblättriger Epiphyt mit kurzem Stamm und langen, kahlen, faserigen Wurzeln. Blätter 3,5–6 cm lang, 1,2–1,7 cm breit, sehr dicht angeordnet, verkehrtlanzettlich, vorn mit aufgesetzter Spitze, unten von der Blattbasis abgesetzt. Blütenstand aufrecht, kürzer oder nur etwas länger als die Blätter, 4–17 cm hoch, traubig, 1–7blütig; Schaft fast stielrund bis schmal geflügelt und kantig. Blüten klein: orangegelb oder primelgelb mit roten Nerven. Blütenstiel und Fruchknoten mit drei schmalen Flügeln. Mittlere Sepale bis 1,8 cm lang und 0,7 cm breit, eiförmig-lanzettlich, langspitzig, konkav, auf dem Rücken gekielt; die seitlichen kürzer und asymmetrisch, sonst ähnlich. Petalen bis 1,9 cm lang und 1,8 cm breit, breit-rhombisch-verkehrteiförmig, asymmetrisch, 13–15nervig. Lippe bis 1,9 cm lang und 2,5 cm breit, quer-kreis-eiförmig, am Gipfel abgerundet, gefaltet und mit einem winzigen, aufgesetzten Spitzchen, Säule kräftig, umgeben von einem Büschel langer Borsten.
Verbreitung: Peru.
Geschichte: Die von J. Warscewicz entdeckte Pflanze wurde 1854 von ihm in »Bonplandia« veröffentlicht.
Anmerkung: Die Pflanze läßt sich von anderen Arten der Gattung leicht unterscheiden durch den kurzen Stamm, den 1–7blütigen Blütenstand, die 13–15nervigen Petalen und die ungefähr 25nervige Lippe.

Thunia Rchb. f.

Tribus: Arethuseae
Subtribus: Thuniinae

Mittelgroße bis große Epiphyten ohne Pseudobulben, mit aufrechten, 2jährigen, oben beblätterten Stämmen. Blütenstand gipfelbürtig, überhängend, immer an jungen, beblätterten Stämmen erscheinend; traubig, 5- bis mehrblütig; Brakteen groß, spatenartig, ausdauernd. Blüten kurzlebig, groß, augenfällig. Sepalen und Petalen frei, untereinander ähnlich. Lippe ungeteilt, am Grunde gespornt, am Vorderrand gefranst, von fünf bis sieben gefransten Querleisten durchzogen; Sporn kurz, stumpf. Säule schlank, geflügelt, am Gipfel halbkreisrund; Pollinien 4, alle 2geteilt.
Umfang und Verbreitung: Etwa ein halbes Dutzend Arten; in Indien, China und Südostasien.
Ableitung des Namens: Benannt zu Ehren des Grafen von Thun Hohenstein.

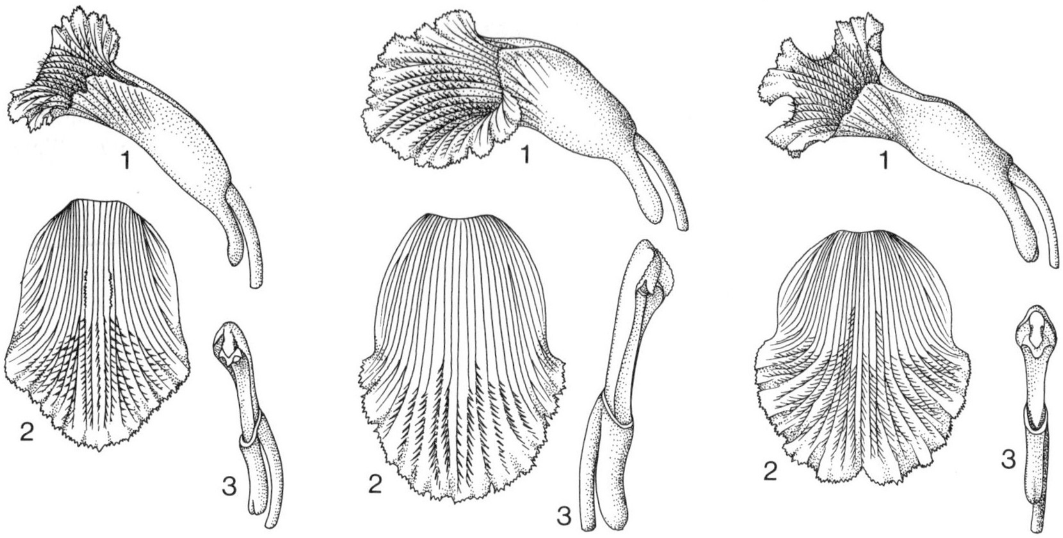

Thunia
T. alba (links)
1 = Lippe von der Seite ($\times$ 2/3)
2 = Lippe ausgebreitet ($\times$ 2/3)
3 = Säule, Sporn und Fruchtknoten ($\times$ 2/3)
T. bensoniae (mitte)
(1, 2, 3 wie oben)
T. marshalliana (rechts)
(1, 2, 3 wie oben)

Anmerkung: H.G. Reichenbach begründete die Gattung 1852 in der »Botanischen Zeitung«. Von der mit ihr verwandten *Phaius* unterscheidet sie sich durch das Fehlen von Pseudobulben, ihre etwas knotigen, 2jährigen, von unten nach oben mit zunehmend blatttragenden Scheiden besetzten Stämmen und die ausdauernden Brakteen.
Typus-Art: T. alba Rchb. f.
Kultur: Substrat B. Mindesttemperatur im Winter 12 °C (aber höher, wenn noch wachsend). Sobald bei diesen Pflanzen die neuen Sprosse erscheinen, sollte man sie umtopfen und in einem feuchten, warmen und etwas schattigen Gewächshaus unterbringen. Erst wenn die Sprosse etwa 15–20 cm hoch sind und die Wurzeln gutes Wachstum zeigen, beginnt man, dem Pflanzstoff Wasser zuzuführen. Solange die Pflanzen dann wachsen und bis die Blätter gilben und abfassen, verlangen sie reichlich Wasser. Sobald aber die Stämme kahl sind, muß man ein kühles und völlig trockenes Regime bis zum Ansatz der Neusprosse einhalten.

Thunia bensoniae Hook. f.

Diese in Birma beiheimatete Art ist sehr nahe mit *T. alba* und *T. marshalliana* verwandt. Sie besitzt violett behauchte Sepalen und Petalen sowie eine tief violette Lippe mit breiterem Mittellappen. In der »Flora of British India« wurde sie von Sir Joseph Hooker als Varietät zu *T. alba* gestellt.

Thunia marshalliana Rchb. f.

Stämme der aufrechten, 75–130 cm hohen terrestrischen Pflanze robust, gegliedert, oben beblättert, unten mit beblätterten Scheiden besetzt, Blätter 15–20 cm lang, länglich-lanzettlich, vorn langspitzig, auf der Oberseite grün, auf der Unterseite blaugrün mit bleichem Mittelnerv. Blütenstand gipfelbürtig, überhängend, traubig, 5–9blütig (manchmal mehrblütig), mit einer 4 cm langen, scheidigen, hutförmigen Braktee. Blüten groß und augenfällig: Sepalen und Petalen weiß; Lippe weiß, in der vorderen Hälfte tief gelb und mit orangegelben Leisten. Sepalen und Petalen ähnlich, 6,5–7,5 cm lang, 1,3–1,6 cm breit, länglich-lanzettlich, spitz. Lippe 5,5 cm lang, 4,3 cm breit, elliptisch-länglich, am vorderen Rande wellig und gefranst; Platte mit mehreren langgefransten, tief eingeschnittenen, dünnen Leisten (besonders in der vorderen Hälfte); Sporn ungefähr 1 cm lang, am Ende meistens etwas gespalten, gelblich. Säule 2–3 cm lang, kräftig, oben mit erweiterten Flügeln.
Verbreitung: Birma, Thailand und Süd-China.
Geschichte: Die in der Umgebung von Moulmein entdeckte Pflanze wurde von H.G. Reichenbach unter Zugrundelegung eines von W. Bull kultivierten Exemplares 1877 in der Zeitschrift »Linnaea« beschrieben.
Anmerkung: Die manchmal anzutreffende var. *ionophlebia* Rchb. f. besitzt eine Lippe, deren Mitte gelb und an den Seiten mit purpurnen Schlieren versehen ist. *T. marshalliana* ist mit *T. alba* verwandt; diese hat etwas kleinere Blüten, eine schmalere Lippe und heller gelbe Leisten.

Trichocentrum Poepp. et Endl.
Tribus: Oncidieae

Epiphyten mit kurzem Rhizom und sehr kleinen, 1blättrigen Pseudobulben. Blütenstand 1–3blütig. Sepalen und Petalen untereinander ähnlich, frei, abstehend. Lippe halbaufrecht, ungeteilt oder undeutlich 3lappig, mit schlankem oder höckerigem Sporn. Säule kurz, dick, bis fast zur Spitze mit der Lippe verwachsen, oben geöhrt oder geflügelt, ohne Fuß; Pollinien 2, wachsartig, gefurcht.
Umfang und Verbreitung: Höchstens 12 Arten; in den Tropen Amerikas.
Ableitung des Namens: Aus dem Griechischen »tricho« = Haar und »Klentron« = Sporn; eine Anspielung auf den charakteristischen, schlanken, langen Sporn der meisten Arten.
Anmerkung: E. Poeppig und S. Endlicher begründeten die Gattung 1838 in »Nova Genera et Species«. Sie steht *Comparettia* und *Ionopsis* nahe, ist aber deutlich von ihnen durch ihre feinen Sepalen, die Form des Spornes und ihren wenigblütigen Blütenstand zu unterscheiden.
Typus-Art: T. pulchrum Poepp. et Endl.
Kultur: Substrat A. Mindesttemperatur im Winter 12–15 °C. Man hält diese Pflanzen in kleinen Töpfen oder montiert sie auf Kork- oder Baumfarnblöcke. Sie verlangen eine feuchte Atmosphäre, Schatten und einen ständig feuchten Wurzelballen.

Trichocentrum albo-coccineum Linden

Pseudobulben des mittelgroßen bis 10 cm hohen Epiphyten klein, in dichten Gruppen stehend, eiförmig, am Gipfel 1blättrig. Blätter 7,7–9 cm lang, 2,5–4 cm breit, elliptisch, spitzlich, fleischig, vorn spitz. Blütenstand seitlich, 1blütig. Blüte ziemlich groß, ungefähr 5 cm breit, sehr variabel, ausgebreitet: innen braun und rötlich überlaufen, außen bleicher; Lippe purpurn oder weiß, am Grunde der Platte mit zwei purpurnen Klecksen, der Nagel weiß mit purpurnen Streifen. Mittlere Sepale 2 cm lang und 0,9 cm breit, länglich-verkehrteiförmig, spitz; die seitlichen schief-länglich-elliptisch, stumpflich. Petalen 1,8 cm lang, 0,8 cm breit, länglich-verkehrtlanzettlich, spitz. Lippe am Grunde mit der Säule verwachsen, genagelt; Nagel keilförmig, breit; Platte fast quadratisch-geigenförmig, 2,5 cm lang und 2,2 cm breit, am Grunde schwach herzförmig, vorn 2lappig; Sporn ungefähr 1,2 cm lang, kurz, kegelig, gekrümmt. Säule nur 0,5 cm lang, kräftig; ihre Flügel obenstehend, groß, hervortretend und etwas herabgebogen, 3eckig-lanzettlich.

Verbreitung: Brasilien und Peru.
Geschichte: Die Pflanze wurde von G. Wallis vom Rio Negro in die Kultur nach Europa eingeführt und von J. Linden 1865 in »La Belgique Horticole« veröffentlicht. Zum Blühen kam sie erstmals in den Sammlungen von Saunders in Reigate und J. Bateman in Biddulph Grange.
Anmerkung: Diese Art unterscheidet sich von *T. albopurpureum* durch kleinere Blüten, ihre Farbgebung und die schmaleren Sepalen und Petalen.
Synonyme: T. amazonicum Barb. Rodr.; *T. albopurpureum* Linden et Rchb. f.

Trichocentrum tigrinum Linden et Rchb. f.

Stamm des kleinen Epiphyten sehr kurz. Blätter 6–12 cm lang, 2–3 cm breit, schmal-länglich-elliptisch, fast aufrecht oder bogig abstehend, vorn stumpf, lederig, dunkelgrün und dunkelkarminrot getüpfelt. Blütenstände hängend bis fast aufrecht, bis 15 cm lang, 1–2blütig; Brakteen 1–1,3 cm lang, lanzettlich, spitz. Blüten groß und augenfällig: Sepalen und Petalen grünlich, mit purpurbrauner Marmorierung und Tüpfelung; Lippe weiß, am Grunde jederseits rosapurpurn getönt; Schwiele gelb; Säule weiß mit purpurnen Tüpfeln. Sepalen 3–3,6 cm lang, 0,8–1,2 cm breit, länglich-elliptisch, spitz, abstehend, an den Rändern etwas zurückgebogen. Petalen 3–3,5 cm lang, bis 0,8 cm breit, schmal-länglich-verkehrtlanzettlich, spitz, abstehend, an den Rändern etwas zurückgebogen. Lippe 4–4,5 cm lang, 3–4,5 cm breit, herabgeschlagen, im rechten Winkel zur Säule gerichtet, keilig-fächerig, ausgerandet; Schwiele aus fünf Leisten gebildet: die beiden äußeren halb so lang wie die anderen und vorn hornartig; die mittleren mehr erhaben und vorn spitz ausgehend. Säule 0,8 cm lang, aufrecht, jederseits mit einem gefransten Flügel.
Verbreitung: Mittelamerika (?) und Ecuador.
Geschichte: Die 1869 von dem für die Firma Linden sammelnden Richard Pfau angeblich in Mittelamerika entdeckte Pflanze wurde durch J. Linden und H.G. Reichenbach 1869 im »Gardeners' Chronicle« veröffentlicht.

Trichoglottis Bl.

Tribus: Vandeae
Subtribus: Sarcanthinae

Epiphyten mit langen, kletternden oder hängenden, 2zeilig beblätterten monopodialen Stämmen. Blütenstände blattachselbürtig, sitzend oder auf einem Schaft, traubig, 1- bis mehrblütig. Blüten klein, ziemlich fleischig, selten augenfällig. Sepalen und Petalen frei, betont fleischig, abstehend; die seitlichen Sepalen mit dem sehr kurzen Fuß der Säule verwachsen. Lippe dem Säulengrunde fest ansitzend, fleischig, teilweise behaart, mehr oder minder deutlich 3lappig, an der Basis entweder mit einer ausgeprägten, sackartigen Vertiefung oder gespornt; Seitenlappen aufrecht, öfters kielartig am Mittellappen oder der Platte herablaufend; Mittellappen ungeteilt oder 3lappig gespalten, hervorstehend; Sporn nicht gekammert, an der hinteren Wand unterhalb der Säule mit einem hervortretenden, behaarten, zungenartigen Auswuchs versehen. Säule kurz, mit sehr kurzem Fuß und gestutztem Klinandrium, am Grunde geöhrt. Pollinien 4, ungleich, in zwei Körper verschmolzen; Stipes ziemlich schmal; Klebscheibe klein.
Umfang und Verbreitung: Ungefähr 60 Arten; im östlichen Asien, Malaysia, den Philippinen, Polynesien und den umliegenden Inseln.
Ableitung des Namens: Aus dem Griechischen »thris« = Haar und »glotta« = Zunge (siehe Sporn!).
Anmerkung: C. Blume begründete die Gattung 1825 in »Bijdragen«. Von verwandten Gattungen wie *Acampe, Vandopsis, Sarcanthus* und *Pomatocalpa* unterscheidet sie sich durch den eigenartigen Auswuchs am Eingang zum Sporn, die geöhrte Säule und den meistens 3lappigen Mittellappen der Lippe. Die genauen Abgrenzungen dieser Gattungen gegeneinander sind allerdings nicht klar und bedürfen weiterer Untersuchungen; z.B. findet man bei *T. misera* (Ridley) Holtt. Merkmale, die sowohl *Acampe* wie auch *Trichoglottis* eigen sind.
Typus-Art: T. retusa Bl.
Kultur: Substrat A. Mindesttemperatur im Winter 15 °C. Im allgemeinen behandelt man diese Pflanzen wie *Vanda.* Die kletternden Arten bedürfen einiger Unterstützung. Andere wachsen nach unten und sollten deshalb in Körben oder montiert gehalten werden. Alle verlangen etwas Schatten und hohe Luftfeuchtigkeit; solange sie wachsen, sollte man mit Wasser nicht sparen.

Trichoglottis fasciata Rchb. f.

Stamm des Epiphyten bis ungefähr 60 cm hoch, 0,6 cm im Durchmesser, stielrund, kletternd, von ihm bis über 100 cm lange, seilartige, verzweigte Luftwurzeln ausgehend. Blätter 2zeilig angeordnet, 7,5–12 cm lang, bis 2,5 cm breit, länglich-riemenförmig, vorn stumpf und meistens mit aufgesetztem Spitzchen und schief eingeschnitten, lederig. Blütenstände waagerecht abstehend oder aufsteigend, länger als die Blätter, ungefähr 12 cm lang, 4- oder mehrblütig; Schaft kräftig; Blütenstandachse kantig; Brakteen kurz. Blüten 5 cm breit; Fruchtknoten kurz, im Querschnitt 3eckig: Sepalen und Petalen hell kastanienbraun, innen mit gelben Querbändern; Lippe weiß, auf dem Mittellappen mit einigen rotbraunen Tüpfeln. Sepalen und Petalen einander ähnlich, bis 2,8 cm lang und 1,1 cm breit, eiförmig-länglich bis elliptisch-länglich, spitz; die seitlichen Sepalen sichelartig gebogen. Lippe 3lappig, 2,2 cm lang und 1,5 cm breit, fleischig, oben flaumig behaart; Seitenlappen aufrecht, sich parallel gegenüberstehend, 0,5 cm hoch, länglich; Mittellappen abstehend, in drei Läppchen gespalten, vorn eiförmig-länglich und spitz, am Grunde mit zwei sichelartigen, abstehenden Läppchen, auf der Platte mit einer erhabenen, rundlichen Stelle. Säule kurz, halbaufrecht, braun, am Gipfel mit zwei Stelidien. Anthere gelb, papillös.
Verbreitung: Von Malaya und Sumatra bis zu den Philippinen.
Geschichte: Die Herkunft der ersten durch die Firma Veitch und Sir Trevor Lawrence 1872 in die Kultur eingeführten Pflanzen ist unbekannt. H.G. Reichenbach veröffentlichte die Art im gleichen Jahr im »Gardeners' Chronicle« unter Zugrundelegung einer von W. Bull bei Veitch gezogenen Pflanze.
Synonyme: Stauropsis fasciata (Rchb. f.) Bentham; *Staurochilus fasciatus* (Rchb. f.) Ridley.

Trichoglottis philippinensis Lindl.

Stamm des hohen Epiphyten bis 90 cm lang und 0,5 cm dick, aufrecht, kräftig, ganz oben beblättert, mit langen, weißen, verzweigten Wurzeln versehen. Blätter 2zeilig angeordnet, etwa 2 cm voneinander entfernt stehend, 3–6 cm lang, 1,5–3 cm breit, länglich bis länglich-eiförmig, vorn ausgebuchtet und mit aufgesetztem Spitzchen, lederig, gekielt. Blütenstände blattachselbürtig, 1blütig. Blüten 3 cm breit, fleischig, duftend: Sepalen und Petalen außen grünlich braun, innen bräunlich oder intensiv kastanienbraun; Lippe aus gelbem Grunde rosapurpurn, in der Mitte mit weißen Haaren. Mittlere Sepale 1,5 cm lang, 0,6 cm breit, länglich, spitz; die seitlichen 1,5–1,8 cm lang, bis 0,8 cm breit, lanzettlich, spitz, am Gipfel unvermittelt gebogen. Petalen 1,6 cm lang, 0,45 cm breit, linealisch-spatelförmig, stumpf oder spitzlich. Lippe an der Basis mit der Säule vereint, 1,6–1,9 cm lang, kreuzförmig,

auf der Oberfläche zottig behaart; Seitenlappen ganz vorn sitzend, schmal-3eckig; Spitze der Lippe 2seitig abgeflacht, vorn stark kantig; Platte jederseits an der Basis mit einem abgerundet 3ekkigen Läppchen und mit einem zungenartigen behaarten Anhängsel am seicht sackförmigen Grunde. Säule kurz und kräftig, vorwiegend weiß.
Verbreitung: Philippinen: Luzon, Mindanao und Negros; ziemlich häufige Pflanze; von Meereshöhe bis 300 m.
Geschichte: J. Lindley beschrieb die Art 1845 in »Annals and Magazine of Natural History«.
Synonym: Stauropsis philippinensis (Lindl.) Rchb. f.

Trichopilia Lindl.

Tribus: Oncidieae

Kleine bis mittelgroße Epiphyten mit kurzem, kriechendem Rhizom und kleinen, gebüschelt angeordneten, 1blättrigen Pseudobulben. Blütenstände am Grunde des Pseudobulben entspringend. Blüten groß und augenfällig. Sepalen und Petalen untereinander ähnlich, abstehend, schmal, verdreht oder schraubig eingerollt. Lippe mehr oder minder 3lappig, am Grunde mit der Basis der Säule verwachsen, unten röhrig eingerollt, oben abstehend. Säule schlank, keulenförmig, aufrecht, oben geflügelt oder 2zähnig; Pollinien 2, wachsartig; Stipes breit-3eckig.
Umfang und Verbreitung: Ungefähr 30 Arten; in den Tropen von Mittel- und Südamerika.
Ableitung des Namens: Aus dem Griechischen »tricho« = Haar und »pilos« = Filz (die Ränder des Klinandriums sind bewimpert oder gefranst).
Anmerkung: J. Lindley begründete die Gattung 1838 in der 2. Auflage zu »Introduction to Natural History«. Innerhalb der Oncidieae gehört sie zu einer Gruppe von Gattungen wie *Aspasia,* bei denen Lippe und Säule zu verschiedenem Grade miteinander verwachsen sind. Von *Helcia, Oliveriana* und *Neoescobaria* läßt sich *Trichopilia* unter anderem durch den oben beschriebenen Lippengrund unterscheiden.
Typus-Art: T. tortilis Lindl.
Synonym: Pilumna Lindl.
Kultur: Substrat A. Mindesttemperatur im Winter 12–15 °C. Diese Pflanzen hält man am besten in Schalen oder Körben. In der Wachstumsperiode muß man den Wurzelballen ständig aber mäßig feucht halten und die Pflanzen etwas beschatten. Wenn die Pseudobulben voll entwickelt sind, hält man die Pflanzen bis zum Ansatz des Neuwuchses kühler und fast völlig trocken.

Trichopilia fragrans (Lindl.) Rchb. f.

Pseudobulben des mittelgroßen Epiphyten bis 12 cm lang und 3 cm breit, fast riemenförmig, seitlich leicht zusammengepreßt, in dichten Gruppen angeordnet, am Gipfel 1blättrig. Blätter bis 26 cm lang und 6 cm breit, länglich-riemenförmig, vorn stumpfspitzig, aufrecht oder schief abstehend, der Mittelnerv auf der Oberfläche eingesenkt. Blütenstand grundständig, hängend, traubig, locker vielblütig; Brakteen bleichgrün, mit dunkelbraunen Tüpfeln. Blüten groß, duftend: Sepalen und Petalen hellgrün; Lippe weiß und mit einem gelben oder orangefarbenen Mittelstreifen im unteren Drittel. Sepalen und Petalen 3,4–3,7 cm lang, 0,6–0,7 cm breit, schmal linealisch-lanzettlich, spitz, etwas rückwärts gebogen, an den Rändern wellig. Lippe bis 3 cm lang und 2,2 cm breit, länglich-elliptisch, kurz genagelt, vorn ausgerandet, an der Basis mit den Rändern um die Säule gebogen, die vordere Hälfte abstehend und mit ausgebissen-gewellten Rändern; Schwiele als dünne Leiste im unteren Teil der Lippe erscheinend. Säule weiß, am Gipfel geflügelt, am hinteren Rande oben ausgebissen-gezähnt.
Verbreitung: Auf den Westindischen Inseln, Venezuela und von Kolumbien bis Bolivien.
Geschichte: Die von T. Hartweg in der Umgebung von Popayan entdeckte Pflanze wurde ursprünglich von J. Lindley in der Gattung *Pilumna* beschrieben (»Botanical Register« 1844). Im Jahre 1858 versetzte sie H. G. Reichenbach in die heutige Gattung (»Hamburger Gartenzeitung«).
Synonyme: Pilumna fragrans Lindl.; *P. wagneri* Rchb. f.; *Trichopilia candida* Lindl.; *T. lehmannii* Regel; *T. wagneri* (Rchb. f.) Rchb. f.

Trichopilia laxa (Lindl.) Rchb. f.

Pseudobulben des großen, bis 42 cm hohen Epiphyten 5–8 cm lang, eiförmig, stark seitlich zusammengepreßt, am Gipfel 1blättrig. Blätter 16–30 cm lang, 3,5–5 cm breit, länglich, vorn stumpfspitzig, lederig, an den Rändern oft zurückgebogen. Blütenstand vom Grunde der Pseudobulbe ausgehend, schlaff oder hängend, traubig, 4–7blütig, bis 26 cm lang; Achse stielrund, bleich rosagrün; Brakteen grün mit braunen Pünktchen. Blüten ungefähr 6 cm breit: Sepalen und Petalen hellgrün bis rosabraun; Lippe hellgrün mit weißer Basis. Sepalen und Petalen 2,5–3,6 cm lang, 0,4–0,5 cm breit, schmal-linealisch-elliptisch, stumpfspitzig. Lippe kurz genagelt, 1,5–2,6 cm lang, 0,8–1,4 cm breit, über dem Nagel fast quadratisch, vorn ausgerandet, in der unteren Hälfte röhrenartig eingerollt, der Säule angepreßt, vorn herabgeschlagen-zurückgebogen; Schwiele in der unteren Lippenhälfte sitzend, linealisch. Säule dünn, keulenförmig, bis 1,3 cm lang, hellgrün aber am Gipfel weiß; Anthere weiß.
Verbreitung: Venezuela, Kolumbien und Peru; in Regenwäldern; 1200–1800 m.
Geschichte: J. Lindley beschrieb diese von T. Hartweg in der Nähe von Popayan entdeckte Pflanze 1844 im »Botanical Register« unter dem Gattungsnamen *Pilumna.* H. G. Reichenbach versetzte sie 1858 in die Gattung *Trichopilia* (»Hamburger Gartenzeitung«).
Synonyme: Pilumna laxa Lindl.; *P. reichenheimiana* Klotzsch.

Trichopilia marginata Henfrey

Pseudobulben des aufrechten Epiphyten dicht beieinander stehend, 6–14 cm lang, 1–2,5 cm breit, im Umriß linealisch, stark zusammengepreßt und 2schneidig, am Gipfel 1blättrig, am Grunde umwickelt von einigen papierartigen, sich ziegelartig deckenden, auffällig gefleckten Scheiden. Platte 12–30 cm lang, 3–5,3 cm breit, elliptisch-lanzettlich bis lanzettlich, vorn spitz bis langspitzig, am Grunde gefaltet und kurz gestielt, lederig. Blütenstände grundständig, kurz, gebogen oder hängend, 2–3blütig. Blüten groß und augenfällig, in der Farbgebung wechselnd: Sepalen und Petalen meistens rötlich und heller berandet; Lippe in der Regel außen weiß und innen tief rosenrot, an den zurückgeschlagenen Rändern weiß. Sepalen abstehend, 4,5–6 cm lang, 0,6–1 cm breit, lanzettlich bis verkehrtlanzettlich, spitz, an den Rändern wellig. Petalen den Sepalen ähnlich. Lippe 5–8 cm lang, 4–5 cm breit, am röhrenförmigen Grunde mit der Säule verwachsen, 3lappig; verkehrteiförmig (wenn ausgebreitet); Seitenlappen tief ausgerandet, an den Rändern wellig; Platte ohne Kiel. Säule stielrund, mit vorstehenden Rändern, am Gipfel schwach 3lappig und zerfranst.
Verbreitung: Von Guatemala südwärts bis nach Kolumbien.
Geschichte: J. Warscewicz sammelte die Pflanze erstmals 1849 an den Abhängen des Chiriqui-Vulkanes in Panama. Henfrey beschrieb sie 1851 im »The Gardeners' Magazine of Botany«.
Anmerkung: Die große, attraktive Pflanze ist sehr nahe mit der in Mexiko und Guatemala vorkommenden *T. tortilis* verwandt; nach P. Allen (»Flora of Panama« 1949) könnte es sich viel-

leicht nur um eine robuste Varietät dieser Art handeln. – Man kennt mehrere ausgeprägte Farbvarietäten von *T. marginata.* var. *alba* Rchb. f. besitzt keine roten Farbtöne; var. *lepida* Veitch hat größere Blüten und bleichrosarote Petalen mit breiten weißen Rändern; var. *olivacea* ist durch olivgrüne Sepalen und Petalen ausgezeichnet.
Synonyme: Trichopilia coccinea Warsc.; *T. crispa* Lindl.; *T. lepida* hort.

Trichopilia suavis Lindl. et Paxt.

Pseudobulben des aufrechten Epiphyten dicht beieinander stehend, 3,5–8 cm lang, 2,5–6 cm breit, im Umriß länglich-eiförmig, elliptisch oder annähernd kreisförmig, zusammengepreßt, fleischig, am Gipfel 1blättrig, unten mit mehreren papierartigen, sich ziegelartig deckenden Scheiden bekleidet. Blätter 10–40 cm lang, 3,5–8 cm breit, elliptisch-lanzettlich, vorn spitz, unten mit einem gefalteten Stiel, lederig. Blütenstand grundständig, kurz, gebogen oder hängend, 2–5blütig. Blüten groß und augenfällig, duftend: Sepalen und Petalen weiß oder cremeweiß, rosa oder rot getüpfelt; Lippe weiß oder cremeweiß, rosarot getüpfelt und im Schlund gelb oder orange gezeichnet. Sepalen voneinander frei, abstehend, 3–5,5 cm lang, 0,6–1,1 cm breit, lanzettlich, spitz und an den Rändern gewellt. Petalen den Sepalen ähnlich. Lippe 4,5–6,5 cm lang, 3–5 cm breit, röhrig (verkehrteiförmig, wenn ausgebreitet); Seitenlappen abgerundet, an den vorderen Rändern gewöhnlich wellig oder gekräuselt; Mittellappen ausgeschnitten oder ausgerandet, an den zurückgeschlagenen Rändern gekräuselt; Platte gekielt. Säule verlängert, am Gipfel 4lappig geteilt und gefranst.
Verbreitung: Costa Rica bis Kolumbien.
Geschichte: Diese sehr schöne Pflanze wurde von J. Warscewicz 1848 in Costa Rica gefunden und von J. Lindley und J. Paxton in ihrem »Flower Garden« (1850–1851) veröffentlicht. Die interessantesten Formen dieser Art findet man auf dem Chiriqui-Vulkan in Panama, wo sie in bemoosten Wäldern zwischen 1100 und 1700 m Höhe vorkommen.
Synonym: Trichopilia kienastiana Rchb. f.

Trichopilia tortilis Lindl.

Pseudobulben des bis über 30 cm hohen Epiphyten 4–12 cm lang und bis 2 cm breit, schmaleiförmig bis länglich-zylindrisch, meistens mit alten Blattscheiden bedeckt, am Gipfel 1blättrig. Blätter halbaufrecht, 9–22 cm lang, 2,3–4,8 cm breit, elliptisch-lanzettlich bis verkehrtlanzettlich, vorn spitz, lederig. Blütenstand seitlich, 5–10 cm lang, herabhängend, 1–2blütig, mit dünnem Schaft; Brakteen röhrenförmig, bis 2,5 cm lang, trockenhäutig. Blüten groß und auffällig, duftend: Sepalen und Petalen bräunlichpurpurn bis bleich lavendelblau, mit gelblichen oder grünlichen Rändern; Lippe weiß oder gelblichweiß, mit gelbem und karminrot oder braun getüpfeltem Schlund; Säule grünlichweiß. Sepalen und Petalen spreizend, 5–8 cm lang, bis 1 cm breit, linealisch, spitz, deutlich spiralig gedreht. Lippe groß, im unteren Teil röhrenförmig eingerollt und die Säule umschließend, oben 3lappig breit-eiförmig, 4,8–6,5 cm lang, 3,8–4,5 cm breit; Platte am Grunde der Säule mit zwei Grübchen. Säule dünn, ungefähr 2 cm lang, keulenförmig, am Gipfel mit drei Läppchen.
Verbreitung: Mexiko, Guatemala, Honduras und El Salvador; in Regenwäldern; bis 1500 m.
Geschichte: Die von J. Lindley 1836 im »Natural System of Botany« (2. Ausgabe) beschriebene Pflanze wurde von G. Barker in Springfield (Birmingham) aus Mexiko in die Kultur eingeführt.

Tridactyle Schltr.
Tribus: Vandeae
Subtribus: Aerangidinae

Kleine bis mittelgroße Epiphyten (selten lithophytisch wachsend) mit kurzen bis langen, aufrechten bis hängenden, verzweigten oder einfachen, durchwegs beblätterten Stämmen. Blütenstände seitlich an den Stämmen entspringend, sehr kurz bis lang. Blüten 2zeilig angeordnet, klein. Sepalen und Petalen frei, abstehend oder rückwärts gebogen. Lippe herabgeschlagen, gespornt, ungeteilt bis 3lappig, am Grunde geöhrt; Seitenlappen oft abstehend, fingerig geteilt oder gefranst; Sporn kurz bis lang, öfters keulig angeschwollen. Säule kurz, fleischig; Pollinien 2, eiförmig bis annähernd kugelig; Stipes 1, ganz oder oben gabelig geteilt; Klebscheibe 1, kreisrund bis elliptisch.
Umfang und Verbreitung: Ungefähr 35 Arten; vom tropischen Afrika bis nach Südafrika.
Ableitung des Namens: Aus dem Griechischen »tri« = drei und »dactylos« = Finger.
Anmerkung: Die Gattung wurde 1914 von R. Schlechter in »Die Orchideen« begründet; die meisten zu ihr gestellten Arten gehörten früher zu *Angraecum.* Die Verwandtschaftsverhältnisse und Untergliederung von *Tridactyle* wurde von V. Summerhayes eingehend dargelegt (»Kew Bulletin« 1948).
Typus-Art: T. bicaudata (Lindl.) Schltr.
Kultur: Substrat A. Mindesttemperatur im Winter 12–15 °C. Junge, kleine Pflanzen wachsen meistens aufrecht, ältere und größere hängend; man wird sie dementsprechend entweder in Töpfe oder Körbe pflanzen. In der Wachstumsperiode verlangen sie eine feuchte Atmosphäre, Schatten und reichlich Wasser im Wurzelballen. Nach Abschluß des Wachstums gibt man ihnen wesentlich weniger Wasser.

Tridactyle bicaudata (Lindl.) Schltr.

In großen und schlaff ausgebreiteten Büscheln wachsende epiphytisch, lithophytisch oder selten terrestrisch wachsende Pflanze. Stämme schlank, bis 40 cm lang, ungefähr 0,7 cm im Durchmesser, aufrecht bis herabhängend, in der oberen Hälfte beblättert; Wurzeln mit schwach warziger Oberfläche. Blätter zu 8–14 2zeilig angeordnet, 6–12 cm lang, 1–1,5 cm breit, riemenförmig, abstehend, vorn ungleich 2lappig, unten deutlich von der ausdauernden Scheide abgegliedert. Blütenstände 6–7 cm lang, seitlich unterhalb der untersten Blätter abstehend, 8–16blütig. Blüten wechselständig, klein, ziemlich offen, 0,9–2 cm breit: lederfarbig, im Alter orange. Sepalen 0,5–0,7 cm lang, bis 0,2 cm breit, lanzettlich oder eiförmig-länglich, spitz. Petalen 0,5 cm lang und 0,15 cm breit, linealisch-lanzettlich, spitz. Lippe 0,8 cm lang und 0,4 cm breit, 3lappig in der oberen Hälfte, am Grunde geöhrt; Seitenlappen linealisch, abstehend, oben fein zerschlitzt; Mittellappen schmal-3eckig, spitz; Sporn zylindrisch, 1,4 cm lang. Säule sehr kurz, oben rotbraun.
Verbreitung: Tropisches Afrika und in Südafrika bis zur Kap-Provinz; von Meereshöhe bis zu 2000 m.
Geschichte: Die Pflanze wurde in Südafrika am Zwartkops-Fluß von Drége gefunden und 1837 von J. Lindley in Hooker's »Companion to the Botanical Magazine« unter dem Gattungsnamen *Angraecum* beschrieben. R. Schlechter in seinem Werk »Die Orchideen« versetzte 1914 die später von V. Summerhayes zur Typusart der Gattung bestimmte Art zu *Tridactyle.*
Synonyme: Angraecum bicaudatum Lindl.; *A. laciniatum* Kraenzl.; *Listrostachys fimbriatum* Rendle; *L. cirrhosa* Kraenzl.; *L. bicaudata* (Lindl.) Finet; *Tridactyle fimbriata* (Rendle) Schltr.; *T. polychista* Mansf.

Tridactyle tridactylites (Rolfe) Schltr.

Diese vom tropischen Afrika südwärts bis nach Mozambique verbreitete Art ist mit der voranstehenden verwandt. Sie unterscheidet sich von ihr durch breitere Blätter (bis zu 2 cm), ganzrandige Seitenlappen der Lippe und einen kürzeren, höchstens bis 1 cm langen Sporn.

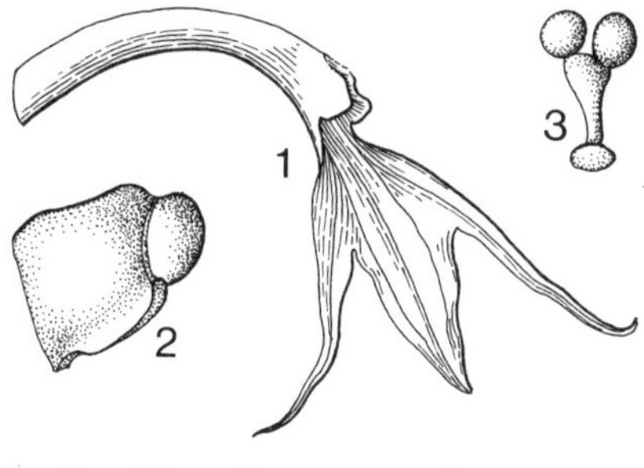

Tridactyle tridactylites
1 = Spornbasis und Lippe (× 6½)
2 = Säule mit Antherenkappe (× 6½)
3 = Klebscheibe, Stipes und Pollinien (× 6½)

Vanda Jones

Tribus: Vandeae
Subtribus: Sarcanthinae

Kleine bis große Epi- oder Lithophyten mit kurzen, beblätterten monopodialen Stämmen. Blütenstand blattachselbürtig, aufrecht, traubig, locker mehr- bis vielblütig. Blüten fast immer auffallend, groß. Sepalen und Petalen frei, untereinander ähnlich, abstehend, öfters deutlich genagelt. Lippe mit dem Grunde der Säule verwachsen, gespornt, 3lappig; Seitenlappen aufrecht; Mittellappen hervorstehend; Sporn konisch, stumpf, innen nackt. Säule kurz, zylindrisch, ohne Fuß; Anthere gipfelständig, 2fächerig; Pollinien 2 und gespalten oder 4; Stipes kurz, breit, fast quadratisch; Klebscheibe (Drüse) groß.
Umfang und Verbreitung: 30 bis 40 Arten; im tropischen Asien von Indien ostwärts nach Südostasien, Indochina, Neuguinea, Australien und von den Philippinen nach Formosa und die umliegenden Inseln.
Ableitung des Namens: Aus dem Sanskrit, die heute als *V. tessellata* bekannte, in Bengal und Indien beheimatete Pflanze bezeichnend.
Anmerkung: Jones begründete die Gattung 1795 in »Asiatic Researches«. Im Vergleich mit anderen Gattungen aus dem gleichen Verwandtschaftskreis besitzt sie verhältnismäßig einfach gebaute Blüten; das gilt besonders für den innen nackten Sporn und die einfache Belappung der Lippe. Eine Ausnahme bildet nur *V. hookeriana,* wo man ganz hinten auf der Lippe zwischen Säule und Sporn eine v-förmige Schwiele findet. Könnte man *Vanda*-Blüten stark verkleinern, würden sie denen von *Ascocentrum* verwechselnd ähnlich sehen (besonders *A. micranthum*): aus Gründen der Konvention hält man die beiden Gattungen aber getrennt. Die meisten Arten besitzen ziemlich lange und breite Blätter; nur *V. hookeriana* und einige ihr nahestehende Arten haben stielrunde Blätter und lange, kletternde Stämme. Für diese Gruppe hatte Schlechter seine neue Gattung *Papilionanthe* vorgeschlagen. R. Holttums Untersuchungen ihrer Blütenstruktur zeigten jedoch keine Abweichungen, die diese Entscheidung rechtfertigen würde. Einen Schlüssel, der auch die in der Kultur zu findenden Arten enthält, wurde von R. Holttum ausgearbeitet (»Orchids of Malaya« 1964).
Typus-Art: V. roxburghii R. Br.
Kultur: Substrat A. Mindesttemperatur im Winter 15 °C (für *V. coerulea* 12 °C). Wie die meisten Orchideen mit monopodialen Stämmen treiben diese Pflanzen zahlreiche Luftwurzeln; man wird sie deshalb in Körbe oder große Töpfe pflanzen. Tropische Arten aus tieferen Lagen verlangen viel Licht, hohe Luftfeuchtigkeit und – solange sie wachsen – viel Wasser. Arten aus höheren Lagen wie *V. coerulea* verlangen während der Wachstumsperiode die gleichen Bedingungen wie die anderen, aber eine folgende kühlere, trockene Ruheperiode.

Vanda alpina Lindl.

Stämme des Epiphyten 10–18 cm hoch, 0,5 cm im Durchmesser. Blätter 5–16 cm lang, 1–1,4 cm breit, breit-linealisch, vorn schief eingeschnitten. Blütenstände viel kürzer als die Blätter, 1–3blütig. Blüten 2,5 cm breit: Sepalen und Petalen gelblich; Lippe mit prupurnen Seitenlappen, sonst gelb mit purpurnen Schlieren; Blütenstiel herabgebogen. Sepalen einwärts gebogen; die mittlere bis 1,3 cm lang und 0,5 cm breit, verkehrteiförmig-spatelig, stumpf; die seitlichen verkehrteiförmig, sichelig, gebogen, stumpf. Petalen 1–1,2 cm lang, bis 0,4 cm breit, länglich-elliptisch, stumpf, einwärts gebogen. Lippe bis 1,2 cm lang und 0,6 cm breit, fleischig, 3lappig, ohne Sporn; Seitenlappen aufrecht, abgerundet, konkav; Mittellappen aus herzfömigem Grunde eiförmig, vorn stumpf oder ausgerandet und mit zwei hornartigen, rankigen Anhängseln. Säule nur 0,5 cm lang, weiß, im Querschnitt halbkreisförmig.
Verbreitung: In den subtropischen Regionen des Himalaja und in den Khasia-Bergen; 1000 bis 1600 m.
Geschichte: Gibson entdeckte diese Pflanze 1836 in den Khasia-Bergen und sandte sie zur Kultur nach Chatsworth (England) im folgenden Jahr. J. Lindley beschrieb sie 1838 im »Botanical Register« als *Luisia alpina,* versetzte sie aber 1853 nach eingehendem Studium der Pollinien in die Gattung *Vanda* (»Folia Orchidacea«).
Anmerkung: Die Pflanze ist nahe mit *V. cristata* verwandt; J. Veitch hielt sie nur für eine »alpine« Form dieser Art.
Synonyme: Vanda griffithii Lindl.; *Luisia alpina* Lindl.

Vanda amesiana Rchb. f.

Eine aufrechte, lithophytisch wachsende Pflanze mit bis 8,5 cm langem, kräftigem Stamm; Wurzeln im Verhältnis zur Pflanze ziemlich dick und zahlreich. Blätter 17–30 cm lang, halbkreisförmig im Querschnitt, fleischig, steif, längsgefurcht, vom Grunde an allmählich bis zur Spitze verschmälert. Blütenstände aufsteigend, länger als die Blätter, traubig oder selten rispig, vielblütig. Blüten durftend, 3,7 cm breit: Sepalen und Petalen zart hellrosapurpurn behaucht; Lippe auf den Seitenlappen rosa überlaufen, auf dem Mittellappen amethystpurpurn mit weißen Rändern. Sepalen und Petalen einander ähnlich, ungefähr 1,6 cm lang und 0,9 cm breit, elliptisch-länglich, stumpf. Lippe bis 1,8 cm lang, vorn 1,8 cm breit, 3lappig; Seitenlappen klein, annähernd quadratisch, oben abgerundet; Mittellappen breit genagelt, quer-länglich, ausgerandet, an den Seiten zurückgeschlagen, in der Mitte besetzt mit drei verdickten Längsleisten; Sporn sackartig, zusammengepreßt. Säule weiß, purpurn überlaufen.
Verbreitung: Birma, Kambodscha, China und vielleicht Thailand; auf Felsen in vollem Sonnenlicht; 1200–1600 m.
Geschichte: Stuart Low, Miteigentümer der Firma Low & Co., importierte die Pflanze aus den Shan-Staaten nach England. H.G. Reichenbach beschrieb sie 1887 im »Gardeners' Chronicle« und beannte sie zu Ehren von F.L. Ames aus Massachusetts.

Vanda coerulea Lindl.

Stämme des mittelgroßen Epiphyten 75–150 cm lang, mit zahlreichen Luftwurzeln. Blätter 7,5–26 cm lang, 2–3 cm breit, riemenförmig,

2zeilig angeordnet, vorn schief abgeschnitten und gezähnt. Blütenstände aufrecht oder schräg abstehend, 20–60 cm lang, auf verlängertem Schaft stehend, locker 6–15blütig. Blüten 7 bis 10 cm breit; Sepalen und Petalen hell- bis tiefblau, mehr oder minder dunkler netzaderig; Lippe meistens etwas intensiver blau als der Rest der Blüte. Mittlere Sepale 3,8–4,4 cm lang, genagelt, spatelig-verkehrteiförmig, abgerundet und oft ausgerandet; die seitlichen ähnlich aber größer, ungefähr 5,5 cm lang und 2,6 cm breit. Petalen genagelt (der Nagel leicht gedreht). 3,8–5,3 cm lang, bis 3 cm breit, breit-verkehrteiförmig, abgerundet bis etwas gestutzt und/oder ausgerandet. Lippe ungefähr 1,5 cm lang und 0,6 cm breit, linealisch-länglich, 3lappig; Seitenlappen klein, spitz; Mittellappen mit zwei verdickten, am Gipfel in zwei Knöpfchen endenden Längsleisten; Sporn 0,8 cm lang, konisch, stumpf. Säule oben weiß, unterhalb der Narbe violett, 0,4 cm lang.
Verbreitung: Assam, Birma und Thailand; auf verkümmerten Bäumen in Höhenlagen von 800–1300 (bis 1700) m.
Geschichte: W. Griffith entdeckte die Pflanze 1837, auf Eichen wachsend, in einer Höhenlage von 1250 m in den Khasia- und Jyntea-Bergen. Aufgrund einer von Griffith erhaltenen Herbariumpflanze beschrieb J. Lindley die Art 1847 im »Botanical Register« und im gleichen Jahr auch in seinen »Folia Orchidacea«. Im Jahre 1850 wurde die Pflanze von Sir Joseph Hooker und T. Thomson in den Khasia-Bergen wiederentdeckt, aber in die Kultur wurde sie im gleichen Jahr von der Firma Veitch & Sons in Mengen durch ihren Sammler Thomas Lobb eingeführt.

Vanda coerulescens Griff.

Stamm des Epiphyten ungefähr 10 cm lang, stielrund. Blätter 12,5–20 cm lang, bis 1,8 cm breit, riemenförmig, vorn eingeschnitten (beide Lappen stachelig), auf der Unterseite gekielt, oben rinnig. Blütenstände fast aufrecht büs überhängend, viel länger als die Blätter (bis über 50 cm lang), vielblütig. Blüten 2,5–3,5 cm breit: Sepalen und Petalen hellblau oder bleich lila; Lippe ähnlich in der Farbgebung aber tiefer. Sepalen und Petalen 1,4–1,6 cm lang, 0,6 cm breit, verkehrteiförmig-spatelig. Lippe 1,2 cm lang, 0,7 cm breit, 3lappig; Seitenlappen klein, länglich; Mittellappen verkehrteiförmig, vorn ausgerandet, an den Rändern zurückgebogen, auf der Oberfläche in der Mitte mit zwei dicken Längsleisten; Sporn nur 0,7 cm lang, leicht einwärts gekrümmt. Säule blau; Anthere gelblich.

Verbreitung: Birma und Thailand; zwischen 300 und 500 m.
Geschichte: W. Griffith fand diese Pflanze im April 1837 in der Umgebung von Bomo in Ober-Birma und veröffentlichte ihre Beschreibung 1853 in seinen »Notulae«. Sie blieb für die nächsten 30 Jahre vergessen bis General Benson sie in den Arracan-Bergen westlich von Prome wiederentdeckte. Im Jahre 1868 sandte er lebende Exemplare an die Firma Veitch & Sons, in deren Gewächshäusern in Chelsea sie zum erstenmal in der Kultur im Februar 1869 zur Blüte kamen.

Vanda cristata Lindl.

Stämme des Epiphyten kräftig, 7,5–15 cm lang. Blätter 7,5–12,5 cm lang, 1,2–1,8 cm breit, riemenförmig, zurückgebogen, steif lederig, auf der Unterseite gekielt, vorn gestutzt und 3zähnig. Blütenstand so lang wie oder kürzer als die Blätter, 5–6blütig, mit sehr kurzen, breiten Brakteen. Blüten 3,7–5 cm breit: Sepalen und Petalen gelb oder grün; Lippe goldgelb oder weiß, mit purpurvioletten Streifen. Sepalen 2–2,5 cm lang, 0,5–0,6 cm breit, schmal-spatelig-länglich, einwärts gebogen. Petalen ungefähr 1,9 cm lang und 0,4 cm breit, linealisch-länglich, einwärts gebogen. Lippe bis zu 2 cm lang und 1,4 cm breit, breit-länglich, 3lappig; Seitenlappen aufrecht, 3eckig; Mittellappen fast geigenförmig, mit fünf bis sieben verdickten und erhabenen Längslinien, vorn mit zwei auseinanderstrebenden, spindelförmigen Lappen und zwischen ihnen mit einem kleineren; Sporn kurz, konisch, stumpf. Säule 0,6 cm lang, weiß.

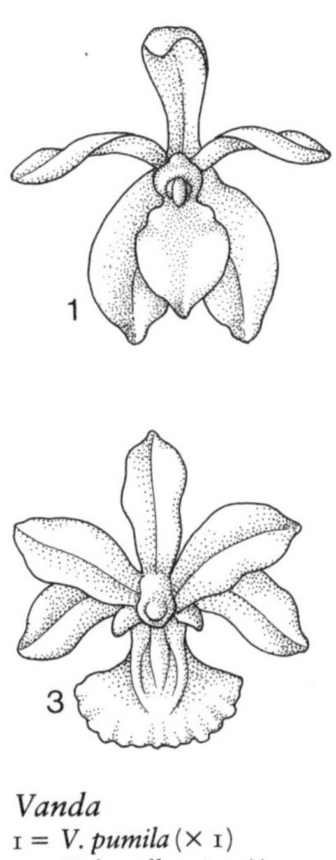

Vanda
1 = *V. pumila* (× 1)
2 = *V. lamellata* (× 3/5)
3 = *V. amesiana* (× 1)
4 = *V. hookeriana* (× 3/5)

Verbreitung: Im tropischen Himalaja und Silhat.
Geschichte: N. Wallich sammelte die Pflanze erstmals 1818 und sandte lebendes Material an die Royal Botanical Gardens nach Kew. Später wurde sie auch von W. Griffith in Bhutan und von Cathcart in Sikkim gefunden. J. Lindley veröffentlichte die Art 1832 in seinen »Genera and Species of Orchidaceous Plants«.
Synonyme: Vanda striata Rchb. f.; *Aerides cristatum* Wall. mss.

Vanda hookeriana Rchb. f.

Stämme der großen terrestrischen Pflanze kletternd, bis 220 cm lang, mit 4–5 cm langen Internodien, schlank, stielrund. Blätter 7–10 cm lang, 0,3 cm dick, stielrund, fast völlig gerade, mit einer Längsfurche, etwa 2 cm unterhalb der Spitze zusammengezogen, mit aufgesetztem Spitzchen. Blütenstand bis 30 cm lang, 2–12blütig. Blüten augenfällig, mittelgroß: Mittlere Sepale und Petalen weiß oder sehr bleich lila, mit tiefer lila netzartiger Beaderung und mehr oder weniger schwach getüpfelt; die seitlichen Sepalen fast immer weiß; Lippe intensiv purpurn, dunkler an der Basis und auf den Seitenlappen, und auf dem Mittellappen mit dunkelpurpurner Tüpfelung. Mittlere Sepale aufrecht, 1,8 cm lang,1,3 cm breit, verkehrteiförmig-länglich, stumpf, an den Rändern wellig und gekräuselt; die seitlichen abstehend, weniger ausgeprägt wellig. Petalen am Grunde gedreht, 2,2 cm lang, 1,5 cm breit, breitelliptisch-kreisförmig, an den Rändern wellig, 3lappig; Seitenlappen 1,3 cm lang, 0,7 cm breit, abstehend, 3eckig-sichelförmig bis länglich; Mittellappen keilig-fächerförmig, 2,8 cm lang, 4 cm breit, schwach in drei Läppchen gespalten; Schwielen 2, an der Basis des Mittellappens angeordnet, klein, abgerundet; Sporn 0,2 cm lang, konisch, spitz. Säule ungefähr 1 cm lang, stielrund, geknickt, an der Basis und in der Narbengegend flaumig.
Verbreitung: Malaya, Borneo und Sumatra; in sumpfigen Landschaften, oft in Küstennähe.
Geschichte: Mottely sandte eine Pflanze an Sir William Hooker nach Kew, aufgrund deren H.G. Reichenbach die Art 1856 in »Bonplandia« veröffentlichte. Möglicherweise aber war die Pflanze schon wesentlich früher von T. Lobb und Hugh Low in Borneo gefunden worden. Beide

Sammler konnten kein Material lebend nach England bringen. In der Tat wurde die Art nicht vor 1879 in die Kultur eingeführt, als die Firma Veitch & Sons mehrere Exemplare aus Borneo einführten; sie waren bei Labnan gesammelt worden.
Anmerkung: Die Versetzung dieser Art durch L. Garay (siehe unter *Aerides vandarum*) wurde von uns im Einklang mit R. Holttum nicht anerkannt, weil die Unterschiede zwischen *Vanda* und *Papilionanthe* zu geringfügig sind, um eine eigenständige Gattung zu rechtfertigen.

Vanda lamellata Lindl.

Stamm kurz, ungefähr 15 cm lang. Blätter 30 bis 42 cm lang, 1,2–1,8 cm breit, schmal-riemenförmig bis lanzettlich, zurückgebogen, auf der Unterseite stark gekielt, vorn ungleichmäßig 2lappig. Blütenstände aufrecht oder schräg abstehend, so lang wie die Blätter, vielblütig. Blüten 2,5–5 cm breit: hellgelb, mit kastanienbraunen Flecken; Seitenlappen der Lippe weiß. Sepalen und Petalen ungefähr 1,8 cm lang und 0,9 cm breit, länglich oder spatelig, stumpf; die seitlichen Petalen am breitesten, sichelig gekrümmt. Lippe 1,3 cm lang, 0,8 cm breit, 3lappig; Seitenlappen öhrchenartig, abgerundet, aufrecht; Mittellappen länglich, vorn ausgebuchtet, mit zwei erhabenen, in der Mitte am breitesten, und unterhalb des Gipfels mit zwei Wärzchen besetzten Flächen versehen; Sporn 0,6 cm lang, konisch. Säule 0,6 cm lang, hellviolett.
Verbreitung: Philippinen und Nord-Borneo.
Geschichte: Die Pflanze wurde von der Firma Loddiges durch ihren Sammler Hugh Cuming 1838 aus Manila zur Kultur eingeführt. Noch im gleichen Jahr veröffentlichte J. Lindley ihre Beschreibung im »Botanical Register«.
Anmerkung: Die var. *boxallii* Rchb. f. zeichnet sich durch längere, schmalere Blätter und leuchtendere, gefärbte Blüten (mittlerer Lappen der Lippe rosapurpurn) aus. Sie wurde für die Firma Low & Co. 1879 in der Umgebung von Manila gesammelt.

Vanda pumila Hook. f.

Stamm des kleinen, 12–45 cm hohen Epiphyten kräftig aber kurz, von alten Blattbasen verdeckt. Blätter 2zeilig angeordnet, 10–20 cm lang, 1,2–2 cm breit, riemenförmig, vorn ungleichmäßig 3zähnig. Blütenstand blattachselbürtig, aufrecht, ungefähr so lang wie die Blätter, oft 3blütig. Blüten augenfällig, duftend, 5–6,2 cm breit: Sepalen und Petalen cremefarbig, oder gelb; Lippe bleichgelb oder cremefarbig, mit purpurnen Schlieren. Sepalen 2,5–3 cm lang, 0,6–0,8 cm breit, schmal-verkehrtlanzettlich, stumpf oder spitz. Petalen 1,5–2,8 cm lang, bis 0,3 cm breit, schmal-linealisch, spitz. Lippe 1,8–2,3 cm lang, bis 1,6 cm breit, 3lappig; Seitenlappen kurz, 3eckig, aufrecht; Mittellappen breit-eiförmig, konkav, etwas langspitzig; Sporn etwas konisch, so lang wie der Mittellappen. Säule kurz, kräftig, weiß.
Verbreitung: Sikkim, Bhutan und Thailand; ungefähr in 600 m Höhe.
Geschichte: Sir Joseph Hooker beschrieb diese Art 1890 in seiner »Flora of British India« (Orchidaceae). Das Typusexemplar war von Cathcart in Sikkim gesammelt und von ihm selbst gezeichnet worden (»Kew Herbarium«).
Anmerkung: Verwandt mit *Vanda cristata* und *V. alpina;* aber verschieden durch den längeren Sporn und das Fehlen von hornartigen Fortsätzen auf der Lippe.

Vanda stangeana Rchb. f.

Stämme des Epiphyten kräftig. Blätter 2zeilig angeordnet, ungefähr 15 cm lang und 2 cm breit, riemenförmig, abstehend und rückwärts gebogen, vorn schief eingeschnitten. Blütenstand aufrecht oder schief abstehend, fast so lang wie die Blätter, locker mehrblütig. Blüten mittelgroß: Sepalen und Petalen goldgrün, mit kastanienbraunem Netzmuster; Lippe weiß, vorn ockergelb und auf jeder Seite des Sporns mit roten Tüpfeln besetzten Schlieren; Säule weiß. Mittlere Sepale 2,8 cm lang, 2 cm breit, keilig-verkehrteiförmig, stumpf; die seitlichen ähnlich aber größer. Petalen 2,8 cm lang, 2 cm breit, mit schmalem Nagel, verkehrteiförmig, an den Rändern wellig. Lippe 2,2 cm lang, 1,4 cm breit, geöhrt, aus breit herzförmigem Grunde allmählich verschmälert, vorn 2lappig gespalten und am Eingang zum Sporn mit einem Paar kleiner Schwielen; die Öhrchen halbeiförmig, auseinanderstrebend. Säule kurz und dick.
Verbreitung: Assam und Nepal.
Geschichte: Die Pflanze wurde durch den Konsul Schiller aus Assam in die Kultur eingeführt und 1858 von H. G. Reichenbach in der »Botanischen Zeitung« beschrieben; er benannte die Art nach Schillers Obergärtner Stange.

Vanda teres Lindl.

Stamm des großen Epiphyten verzweigt, oft kletternd, sehr lang, stielrund. Blätter 15–20 cm lang, 0,4 cm im Durchmesser, stielrund, 2zeilig angeordnet, gerade oder gebogen, halbaufrecht. Blütenstand 15–30 cm lang, 3–6blütig; Brakteen kurz, eiförmig. Blüten in der Größe veränderlich, 5–10 cm breit: weiß oder rosenrot; Lippe auf den Seitenlappen innen gelb und karminrot getüpfelt, auf dem Mittellappen purpurn oder rosenrot. Sepalen bis 3,8 cm lang und 3 cm breit, eiförmig bis annähernd rhombisch, abstehend, stumpf, etwas gewellt. Petalen fast kreisrund, bis 4,5 cm lang und 3,8 cm breit, an der Basis verdreht, waagerecht abstehend, an den Rändern gewellt. Lippe bis 3,8 cm lang und 3,2 cm breit, 3lappig, flaumig; Seitenlappen die Säule umfassend, abgerundet, klein; Mittellappen fächerig-verkehrtherzförmig, tief gespalten; Sporn 2,5 cm lang, trichterig, zusammengepreßt. Säule 0,9 cm lang, weiß, vorn flaumig.
Verbreitung: Thailand, Laos, Birma und in den Vorgebirgen des Himalaja; im Tiefland und in Tälern, oft in vollem Sonnenlicht auf großen Bäumen wachsend.
Geschichte: Die Pflanze wurde von N. Wallich in Silhat entdeckt und 1829 zur Kultur nach England geschickt, wo sie erst mehrere Jahre später zur Blüte kam. J. Lindley beschrieb sie 1833 von Herbarium-Exemplaren in seinem Werk »Genera and Species of Orchidaceous Plants«.
Anmerkung: Auch diese Art wurde wie *V. hookeriana* (siehe Anmerkung dort) hier belassen und nicht zu *Papilionanthe* versetzt.
Synonym: Dendrobium teres Roxb.

Vanda tessellata (Roxb.) G. Don

Stämme der kletternden Pflanze 30–60 cm lang. Blätter 15–20 cm lang, 1,2–1,8 cm breit, schmal-linealisch, gefaltet, vorn 3zähnig. Blütenstände halbaufrecht, 15–25 cm lang, 6–10blütig. Blüten 3,7–5 cm breit: Sepalen und Petalen gelblichgrün oder bläulich, mit braunem Netzmuster, an den Rändern und auf der äußeren Oberfläche weiß; Lippe violett, weiß berandet; Säule weiß. Sepalen und Petalen einander ähnlich, 2,2–3 cm lang, 1,2–2 cm breit, genagelt, verkehrteiförmig oder elliptisch-länglich. Lippe 3lappig, 1,3–1,9 cm lang, 0,8–1,2 cm breit; Seitenlappen klein, lanzettlich, spitz; Mittellappen geigenförmig, fleischig, konvex, vorn verbreitert, gestutzt und in zwei Läppchen gespalten; Sporn 0,7 cm lang, konisch, stumpf. Säule nur 0,6 cm lang.
Verbreitung: Indien, Ceylon und Birma.
Geschichte: W. Roxburgh beschrieb und illustrierte diese Pflanze ursprünglich als *Epidendrum* in seinem Werk »Plants of the Coast of

Coromandel« 1795; sie war im Circar-Gebirge gesammelt worden. O. Swartz versetzte sie 1799 nach *Cymbidium;* aber es war G. Don, der ihre Stellung richtig erkannte, als er sie 1830 in »Loudon's Hortus Britauicus« in die Gattung *Vanda* stellte. Sir Joseph Banks brachte die Pflanze erstmals 1819 in Spring Grove, Isleworth, zur Blüte.
Synonyme: Vanda tesselloides (Roxb.) Rchb. f.; *Cymbidium tesselloides* Roxb.; *C. tessellatum* (Roxb.) Sw.; *Epidendrum tessellatum* Roxb.; *Aerides tessellatum* (Roxb.) Wight.

Vanda tricolor Lindl.

Stämme der großen, aufrechten, epiphytischen, lithophytischen oder terrestrischen Pflanze 50–100 cm lang, 1,4 cm im Durchmesser, aufrecht. Blätter 37–45 cm lang, 3–4 cm breit, riemenförmig, gebogen, sich gegenseitig ziegelartig deckend, vorn eingeschnitten. Blütenstände aufsteigend oder abstehend, kürzer als die Blätter, 7–10blütig (selten mehrblütig). Blüten groß, augenfällig, duftend, 5–7,5 cm breit, in der Farbgebung veränderlich: Sepalen und Petalen gewöhnlich hellgelb und dicht leuchtend rotbraun getüpfelt, außen weiß; Lippe unten weißlich und mit rotbraunen Schlieren, darüber magentarotpurpurn; Sporn weiß. Sepalen und Petalen einander ähnlich, genagelt, 2–3 cm lang, bis 2,2 cm breit, eiförmig-länglich bis kreisrund-verkehrteiförmig, fleischig, gewellt; Petalen am Grunde verdreht. Lippe bis 2,5 cm lang, 1,8 cm breit, 3lappig; Seitenlappen fast quadratisch, einwärts gebogen; Mittellappen annähernd geigenförmig, tief ausgerandet, konvex und mit drei erhabenen Leisten; Sporn 0,9 cm lang, zusammengepreßt. Säule kurz, am Grunde auf jeder Seite geschwollen.
Verbreitung: Java und Laos.
Geschichte: Der für die Firma Veitch sammelnde Thomas Lobb fand die Pflanze erstmals 1846 in Java; vermutlich wurde sie zur gleichen Zeit oder sogar etwas früher auch von C. Blume entdeckt, der sie 1848 unter dem Namen *V. suaveolens* veröffentlichte. Allerdings hatte J. Lindley bereits 1847 seine Beschreibung im »Botanical Register« publiziert.
Anmerkung: Unter den zahlreichen beschriebenen Varietäten dieser attraktiven Pflanze verdienen zwei besondere Erwähnung: var. *planilabris* Lindl., sie besitzt eine flachere rosenrot oder magentarotpurpurne Lippe; var. *suavis* (Lindl.) Veitch (syn. *Vanda suavis* Lindl.) unterscheidet sich folgendermaßen: Sepalen und Petalen weiß oder weißlich, mit einigen rotvioletten oder rotpurpurnen Tüpfeln; Lippe purpurn; sie wurde von T. Lobb aus Java, wo sie gemeinsam mit der Typusvarietät auf den Stämmen von Zuckerpalmen wächst, in die Kultur eingeführt.
Synonyme: Vanda suaveolens Bl.; *V. suavis* Lindl.

Vandopsis Pfitzer

Tribus: Vandeae
Subtribus: Sarcanthinae

Aufrechte Pflanzen mit kurzen Stamminternodien und meistens sehr fleischigen Blättern. Blütenstand kräftig, aufrecht oder gebogen, vielblütig. Blüten groß, augenfällig, fleischig. Sepalen und Petalen untereinander ähnlich, weit abstehend. Lippe 3lappig, durch die Seitenlappen mit dem Säulengrund verbunden; Seitenlappen klein, durch eine fleischige, über den Grund des Mittellappens brückenartig verlaufende Schnalle miteinander verbunden; Mittellappen fleischig, 2seitig abgeflacht, mit einem nahe am Grunde unterbrochenen Kiel, kahl. Säule kurz, vorn am Grunde mit einem vorstehenden Auswuchs; Pollinien 4, flach, in fast zwei gleichen Paaren angeordnet; Stipes kurz, dünn, mit rückwärts gebogenen Rändern; Klebscheibe breit.
Umfang und Verbreitung: Ungefähr 8 Arten; in Südostasien, Süd-China, den Philippinen und Neuguinea.
Ableitung des Namens: Benannt wegen der Ähnlichkeit (»opsis« = ähnlich) mit *Vanda.*
Anmerkung: E. Pfitzer begründete die Gattung in Engler und Prantl, »Natürliche Pflanzenfamilien« (1888–1889). Sie steht *Arachnis* und *Trichoglottis* nahe: bei der letztgenannten ist die Zunge in der gleichen Position wie die die Seitenlappen der Lippe verbindende Schnalle. *V. undulata* aus Birma besitzt lange, kletternde Stämme und eine langgestielte Infloreszenz wie *Arachnis.*
Typus-Arten: V. gigantea (Lindl.) Pfitzer; *V. lissochiloides* (Gaud.) Pfitzer.
Kultur: Substrat A. Mindesttemperatur im Winter 15 °C. Allgemein wie für *Vanda* angegeben. Da allerdings einige Arten sehr robust sind, sollte man sie besser in Beeten mit gut durchläßigem Pflanzstoff halten Kleinere Arten kann man wie tropische *Vanda* behandeln; sie sollten zu jeder Zeit feucht gehalten werden.

Vandopsis lissochiloides (Gaud.) Pfitzer

Eine sehr große, mit einem gegliederten Rhizom wachsende epiphytische oder terrestrische Pflanze. Blätter 30–43 cm lang, 2–3 cm breit, schwertförmig, lederig, vorn abgerundet und 2lappig, Blütenstände bis über 200 cm hoch, vielblütig. Blüten augenfällig, 5–6 cm breit: Sepalen und Petalen intensiv gelb, auf der Innenseite mit rotpurpurnen Flecken, außen grüngelb; Lippe am Grunde und auf den Seitenlappen gelb, sonst rot; Säule gelb, hinten mit roten Tüpfeln und jederseits mit einem roten Fleck. Sepalen und Petalen 2,6–3,5 cm lang, 1–1,5 cm breit, länglich-verkehrteiförmig, stumpf. Lippe länglich, ungefähr 1,5 cm lang, gerieft, vorn gebuckelt, am Grunde sackförmig und jederseits mit zwei aufsteigenden Läppchen. Säule 0,4 cm lang, kräftig.
Verbreitung: Thailand und auf den Philippinen; an schattigen Stellen am Rande immergrüner Wälder.
Geschichte: Die Pflanze wurde erstmals auf der Insel Rawak in den Molukken gesammelt und 1829 von C. Gaudichaud-Beaupré in Freycinet, »Voyage sur l'Uranie et la Physicienne« in der Gattung *Fieldia* beschrieben. E. Pfitzer versetzte sie 1889 in die von ihm begründete Gattung *Vandopsis,* wo sie die Typusart bildet (Engler und Prantl, »Die Natürlichen Pflanzenfamilien«).
Synonyme: Fieldia lissochiloides Gaud.; *Vanda lissochiloides* (Gaud.) Lindl.; *V. batemannii* Lindl.; *Stauropsis lissochiloides* (Gaud.) Pfitzer.

Vandopsis parishii (Rchb. f.) Schltr.

Stamm sehr kurz. Blätter 15–23 cm lang, 4–7,5 cm breit, elliptisch-länglich, am Grunde scheidenartig, vorn ungleichmäßig 2lappig oder tief ausgerandet, leuchtend grün. Blütenstand sehr robust, länger als die Blätter 1–6blütig; Brakteen 1–1,5 cm lang, eiförmig, pfriemlich. Blüten 5 cm breit: Sepalen und Petalen grüngelb und leicht rotbraun behaucht; Lippe weiß, auf den Seitenlappen mit orangefarbigen Linien, auf den Mittellappen magentarot und weiß berandet; Säule weiß. Mittlere Sepale 2 cm lang, 1 cm breit, elliptisch, stumpf; die seitlichen 2 cm lang, 1 cm breit, länglich-spatelig, sichelförmig, auf dem Rücken gekielt. Petalen ein wenig kleiner als die mittlere Sepale, breit-elliptisch. Lippe 1,5 cm lang, 3lappig, mit sechs stumpfen Kielen; Seitenlappen klein, nur 0,8 cm lang, 0,6 cm breit, fast rechteckig, fleischig, vorn gekerbt; Schwiele groß, vorn rechteckig, hinten abgerundet; Sporn sehr kurz, nur 0,2 cm lang, sackartig. Säule 0,4 cm lang, fleischig.
Verbreitung: Birma und Indochina.
Geschichte: Die ihm zu Ehren benannte Pflanze wurde von C. Parish 1864 in der Umgebung von Moulmein gesammelt. H.G. Reichenbach be-

schrieb sie 1867 in der Gattung *Vanda* (»Xenia Orchidacea«, Vol 2). R. Schlechter versetzte sie 1912 in die heutige Gattung (Fedde, »Repertorium«). Im Jahre 1870 wurde die Art durch die Firma Low erneut aus Birma importiert; aber bis heute ist die Art nur selten in Kultur zu sehen.
Anmerkung: Die var. *mariottianum* Rchb. f. besitzt Blütenstände mit weniger Blüten. Ihre Blüten sind mehr symmetrisch als bei der typischen Varietät: Sepalen und Petalen am Grunde weiß, darüber bronzerot und braun behaucht; Lippe magentarotpurpurn, Seitenlappen weiß und mit purpurnen Schlieren.
Synonyme: Vanda parishii Rchb. f.; *Stauropsis parishii* (Rchb. f.) Rolfe.

Vanilla Miller

Tribus: Gastrodieae
Subtribus: Vanillinae

Epiphytische oder terrestrische Orchideen. Stämme monopodial, meistens kletternd, wenig verzweigt, an den Knoten mit je einem Blatt und einer Wurzel. Blätter meistens groß, seltener schuppenförmig, wechselständig, fleischig, lederig oder krautig. Blütenstände traubig oder ährig, blattachselbürtig oder nahe am Stammgipfel stehend, kurz. Blüten groß, kurzlebig, augenfällig. Sepalen und Petalen frei, abstehend oder rachenartig. Lippe mit einem deutlichen und mit der Säule verwachsenen Nagel, am Grunde mehr oder minder eingerollt, oben ungeteilt oder 3lappig. Säule schlank, lang, oft unten flaumig behaart; Anthere einwärts gerichtet. Pollen pulverig oder körnig. Frucht schotenartig, fleischig, lang, zylindrisch, öfters geschlossen bleibend.
Umfang und Verbreitung: Über 100 Arten, in den Tropen beider Hemisphären.
Ableitung des Namens: Aus dem Spanischen »vainilla« = kleine Schote.
Anmerkung: Vanilla wurde von Philip Miller 1754 in der 4. Auflage vom »Gardeners' Dictionary« begründet und nicht, wie oft angegeben, von O. Swartz 1799.
Wenn man vom Schmuckwert vieler Orchideen absieht, repräsentiert *Vanilla* – mit der Art *V. planifolia* Andr. – die einzige Orchideengattung von ökonomischer Bedeutung. *V. planifolia* wird als Gewürzpflanze weithin kultiviert; sie ist beheimatet in den amerikanischen Tropen, wo sie als Kletterpflanze in feuchten Wäldern bis zu Höhenlagen von 600 m vorkommt. Nur ihre Frucht produziert das geschätzte Vanillin. Als Kletterpflanze und im Habitus erinnert sie stark an *Vanda* und mit ihr verwandte Gattungen, läßt sich aber ohne Schwierigkeiten an den ihren Blättern gegenüberstehenden Adventivwurzeln erkennen. Die Wurzeln dienen der Pflanze als Stützorange und werden niemals sehr lang; die unteren wachsen dem Substrat entgegen und verzweigen sich reichlich, wenn sie mit ihm in Berührung kommen. Die taxonomische Bearbeitung der umfangreichen Gattung wird durch die Kurzlebigkeit ihrer Blüten erschwert. Die letzte Revision erfolgte 1896 durch R. A. Rolfe (»Journal of the Linnean Society«, Botany): er akzeptierte seinerzeit 52 Arten, von denen er 16 neu beschrieb, und gliederte die Gattung in 2 Sektionen: *Foliosae,* mit normalen Blättern; *Aphyllae* mit blattlosen Stämmen oder auf Schuppen reduzierten Blättern.
Typus-Arten: V. mexicana Miller (syn. *Epidendrum vanilla* L.).
Kultur: Substrat B oder C. Mindesttemperatur im Winter 15–18 °C. Wegen ihrer langen Stämme benötigen diese Pflanzen gute Stützen; entweder pflanzt man das bewurzelte Ende in einen Topf oder in ein gut durchlässiges Beet und befestigt den Stamm an Drähten oder Stäben. Die an den Knoten erscheinenden Wurzeln hängen entweder frei oder wachsen über ihnen in den Weg kommende Objekte. Alle Arten lieben das ganze Jahr über hohe Luftfeuchtigkeit und – besonders die blattlosen – Licht; allerdings sollte man sie vor greller Sommersonne schützen. Fast alle Arten blühen nur, wenn sie sehr groß geworden sind.

Vanilla planifolia G. Jackson

Stämme des kletternden Epiphyten lang, schlingpflanzenartig, mit zahlreichen in weiten Abständen angesetzten Blättern. Blätter bis zu 20 cm lang und 5 cm breit, elliptisch-länglich oder eiförmig-elliptisch, vorn spitz, fleischig. Blütenstand blattachselbürtig, fast sitzend, traubig, bis zu 5 cm lang, mehrblütig; Brakteen bis 0,7 cm lang, breit eiförmig-3eckig, spitz. Blüten der Reihe nach erscheinend, auffällig, rachenförmig: gelblichgrün. Sepalen und Petalen einander ähnlich, bis 6 cm lang, linealisch-länglich bis schmaleiförmig, stumpf oder spitz. Lippe bis 4 cm lang, röhrenförmig (keilförmig-verkehrt-3eckig wenn ausgebreitet), unten mit einem schmalen Nagel, vorn gestutzt und ausgerandet; Platte neben den Adern mit Längsreihen von Wärzchen oder Papillen und in der Mitte mit einem rückwärts gerichteten Haarbüschel. Säule schlank, bis 4 cm lang, oben schwach gekrümmt. Frucht bis 15 cm lang, fleischig.
Verbreitung: Die in Mittelamerika und auf den Westindischen Inseln beheimatete Pflanze ist in den Tropen weithin als Kulturpflanze (die einzige Orchideenart von kommerziellem Wert!) verbreitet.
Geschichte: Die Art wurde 1808 von G. Jackson in Andrews' »Botanical Repository« beschrieben. Zugrunde lag eine in der Sammlung von Sir Charles Greville blühende Pflanze, die durch den Marquis of Blandford nach England gebracht worden war.
Anmerkung: Man kann diese Pflanze immer an ihren fleischigen Blättern und den gelbgrünen Blüten sowie an der Säulen- und Lippenstruktur von anderen Arten der Gattung unterscheiden.
Synonyme: Myrobroma fragrans Salisb.; *Vanilla fragrans* (Salisb.) Ames.

Vanilla pompona Schiede

Stämme der Kletterpflanze fleischig, sehr lang, kräftig, stielrund, verzweigt, bis 1,5 cm im Durchmesser, jedes Internodium 5–13 cm lang. Blätter 10–30 cm lang, 4–10 cm breit, eiförmig-länglich bis schmal-elliptisch, dick und lederig, vorn spitz. Blütenstände blattachselbürtig, bis 15 cm lang, meistens bis 8blütig. Blüten groß, bis 14 cm breit, fleischig, grünlichgelb oder gelb. Sepalen bis 8,5 cm lang und 1,5 cm breit, schmal-verkehrlanzettlich, stumpf. Petalen den Sepalen ähnlich aber etwas kleiner. Lippe bis 9 cm lang und 4,5 cm breit, mit der Säule bis zur halben Länge verwachsen, schmal-länglich, schwach 3lappig, mit den hochgebogenen Seiten die Säule umfassend; Platte mit verdickter Beaderung und in der Mitte mit rückwärts gerichteten Schuppen. Säule 6–7 cm lang, gekrümmt, unten behaart.
Verbreitung: Von Mexiko südwärts in das tropische Südamerika und die Westindischen Inseln.
Geschichte: C. Schiede beschrieb die Art 1829 in der Zeitschrift »Linnaea«.
Synonyme (in Auswahl): *Vanilla grandiflora* Lindl.; *V. surinamensis* Rchb. f.

Vanilla roscheri Rchb. f.

Scheinbar blattlose, kriechende, terrestrische Pflanze von unbestimmter Größe. Stamminternodien bis 15 cm lang und 1,5 cm im Durchmesser, fleischig, stielrund aber jederseits mit einer seichten Furche, dunkelgrün; Stammknoten sich bewurzelnd und mit zahlreichen rudimentären Blättern besetzt. Blütenstände traubig, end- oder seitenständig, bis zu 35 cm lang, bis 35blütig; Brakteen bis 1,5 cm lang und 0,6 cm breit, 3ek-

kig, spitz, anfangs rosa. Blüten anfangs aufrecht, später herabgeschlagen: reinweiß, Schlund der Lippe aprikosenfarbig bis lachsrosa. Sepalen bis 8 cm lang und 2,5 cm breit, lanzettlich-länglich, spitzlich oder mit aufgesetzter Spitze. Petalen bis 8 cm lang und 3,8 cm breit, elliptisch-länglich bis eiförmig, mit aufgesetztem Spitzchen. Lippe ungeteilt, bis 8 cm lang und 4,5 cm breit, vorn stumpf aber mit aufgesetzter Spitze, an den Rändern wellig, am Grunde etwa 2 cm lang mit den Seiten der Säule verwachsen; Platte in der unteren Hälfte mit zwei zerschlitzten Kämmen und in der Mitte mit einem kürzeren besetzt. Säule bis 2,5 cm lang.
Verbreitung: Kenia, Tansania (auch Sansibar).
Geschichte: Diese Pflanze wurde erstmals von Roscher auf Sansibar gesammelt; er sandte Exemplare an den Botanischen Garten in Hamburg, wo sie 1851 zum Blühen gebracht wurden. H. G. Reichenbach beschrieb die Art 1877 in »Linnaea«.
Anmerkung: V. roscheri ist nahe mit der kleinblütigeren, hier abgebildeten Art *V. phalaenopsis* van Houtte von den Seychellen verwandt. Eingehendere Studien könnten zeigen, daß beide Arten identisch sind.

Warmingia Rchb. f.

Tribus: Oncidieae

Kleine Epiphyten mit sehr kleinen, 1blättrigen, pseudobulbenartigen Stämmen. Blütenstand blattachselbürtig am Grunde des Stammes, nikkend oder hängend, traubig, locker oder dicht wenigblütig. Blüten weiß, etwas durchsichtig, ziemlich klein. Sepalen und Petalen untereinander ähnlich, frei, abstehend; Petalen mit gezähnten Rändern. Lippe aus der Basis der Säule hervorgehend, sitzend, abstehend, 3lappig; Seitenlappen kurz, breit, gezähnt; Mittellappen schmal, verlängert; Platte mit zwei kurzen Schwielen besetzt. Säule aufrecht, frei, halbkreisförmig, ohne Fuß und ungeflügelt; Pollinien 2, wachsartig, annähernd kugelig; Stipes kurz, 3ekkig; Klebscheibe klein, fast kreisrund.
Umfang und Verbreitung: Wahrscheinlich nur 2 Arten; in Brasilien.
Ableitung des Namens: Benannt nach Professor Eugenius Warming, dem Begründer der Pflanzenökologie.
Anmerkung: H. G. Reichenbach begründete die Gattung 1881 in »Otia Botanica Hamburgensia«. Sie steht *Macradenia* und *Notylia* nahe; von der ersten unterscheidet sie sich durch ihre nicht die Säule umgreifenden Seitenlappen der Lippe, den langen Mittellappen und die Befestigung der Pollinien; von *Notylia* weicht sie durch die nicht genagelte, tief 3lappige Lippe ab.
Typus-Art: Warmingia eugenii Rchb. f.
Kultur: Substrat A. Mindesttemperatur im Winter 12–15 °C. Man hält diese Pflanzen am besten in kleinen Schalen bei hoher Luftfeuchtigkeit und in mäßigem Schatten. Während des ganzen Jahres sollte man den Wurzelballen mäßig feucht halten; besonders in der Wachstumsperiode.

Warmingia eugenii Rchb. f.

Pseudobulben des kleinen, bis 20 cm hohen Epiphyten 1–2 cm lang, 0,4 cm im Durchmesser, konisch bis zylindrisch, locker gebüschelt, am Gipfel 1blättrig. Blätter ungefähr 10 cm lang und 2–5 cm breit, sehr kurz gestielt, schmal-länglichelliptisch, vorn stumpf, schwach lederig, auf der Oberseite gefurcht. Blütenstand hängend, bis 12 cm lang, traubig, bis 30blütig; Brakteen lanzettlich, anfangs grün, später braun. Blüten hängend, durchsichtig, weiß. Sepalen 1,3–1,5 cm lang, bis 0,3 cm breit, schmal-lanzettlilch, spitz. Petalen 1,4 cm lang, 0,4 cm breit, lanzettlich, langspitzig, mit verbissen-gezähnten Rändern. Lippe 1,1 cm lang, 0,6 cm breit, ganz unten 3lappig; Seitenlappen fast kreisrund, unregelmäßig gezähnt; Mittellappen schmal-elliptisch bis verkehrtlanzettlich, langspitzig, mit gesägten Rändern; Schwiele am Grunde der Platte sitzend, tief gelb, 2lappig und mit einer Furche in der Mitte. Säule 0,3 cm lang, am Gipfel verbreitert und 2lappig.

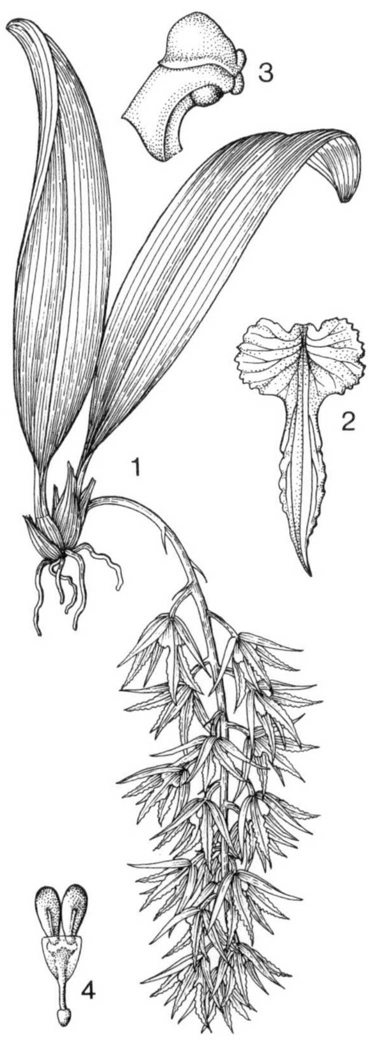

Warmingia eugenii
1 = Pflanze (× 1/2)
2 = Lippe ausgebreitet (× 2 1/2)
3 = Säule von der Seite (× 5 1/2)
4 = Klebscheibe, Stipes und Pollinien (× 8)

Verbreitung: Östliches Brasilien; in Wäldern.
Geschichte: Diese Pflanze wurde bei Lagao Santa im Staate Minas Gerais von Eugenius Warming, den wir heute als den Begründer des Wissenschaftszweiges Ökologie betrachten, entdeckt. H. G. Reichenbach benannte sie ihm zu Ehren und beschrieb sie 1881 in »Otia Botanica Hamburgensia«.
Synonym: Warmingia loefgrenii Cogn.

Xylobium Lindl.

Tribus: Maxillarieae
Subtribus: Zygopetalinae

Meistens Epiphyten, seltener terrestrische Pflanzen, büschelig oder seltener mit einem Rhizom wachsend. Pseudobulben dicht beieinander stehend, 1–2blättrig. Blätter groß, längsgefaltet, oft gestielt. Blütenstand seitlich, immer auf einem Schaft stehend, oben traubig locker bis dicht 4–30blütig. Blüten selten augenfällig, mit abstehenden Sepalen und Petalen. Sepalen frei; die seitlichen am Fuß der Säule herablaufend. Petalen der mittleren Sepale ähnlich aber kleiner. Lippe mit dem Fuß der Säule verwachsen, ungeteilt oder gelappt, zur Vorderseite der Säule parallel gestellt, deutlich schwielig. Säule aufrecht, zylindrisch, mit klar ausgeprägtem Fuß; Pollinien 4, in zwei Paaren auf einer der querliegenden schuppenartigen Klebscheiben angeordnet; Narben unterhalb der Rostellumplatte verschmelzend.
Umfang und Verbreitung: Ungefähr 30 Arten im tropischen Amerika.
Ableitung des Namens: Aus dem Griechischen »xylon« = lang und »bios« = Leben.
Anmerkung: Die Gattung wurde 1825 von J.

Lindley im »Botanical Register« begründet. Von der nahe verwandten Gattung *Maxillaria* unterscheidet sie sich hauptsächlich durch die gefalteten Blätter und den mehrblütigen Blütenstand.
Typus-Art: X. squalens (Lindl.) Lindl.
Kultur: Substrat A. Mindesttemperatur im Winter 15 °C. Alle Arten gedeihen gut in Töpfen an leicht schattigen Standorten. Solange sie wachsen, benötigen sie reichlich Wasser. Sobald aber die Pseudobulben voll entwickelt sind, wird man den Pflanzen eine Ruheperiode gewähren, in der man sie fast völlig trocken hält. Da die Blütenstände oft sehr kurz sind, erscheinen die Blüten in dichten Gruppen am Grunde der Pseudobulben und bieten so ein hübsches Bild.

Xylobium leontoglossum (Rchb. f.) Rolfe

Pseudobulben des großen, bis zu 90 cm hohen Epiphyten 5–9 cm lang, eiförmig, im Alter schwach gefurcht, dicht stehend, am Gipfel 1blättrig. Blätter gestielt, 30–90 cm (manchmal mehr) lang, 3–11 cm breit, elliptisch, vorn spitz, längsgefaltet, halbaufrecht, auf den Nerven gekielt; Blattstiel kräftig, bis 30 cm lang, stielrund. Blütenstand grundständig, mehr oder minder aufrecht oder bogig-wegstehend, traubig, dicht 30blütig; Brakteen 0,2 cm lang, klein, kastanienbraun. Blüten mittelgroß: cremeweiß bis goldgelb, hellrot getüpfelt und beadert, außen braun behaucht; Lippe weiß oder hellgelb, auf den Papillen rosa. Sepalen 1,4–2,7 cm lang, 0,9–1,2 cm breit, länglich-lanzettlich, spitz; die seitlichen mit dem Säulenfuß ein kurzes Mentum bildend. Petalen 1,2–2,5 cm lang, bis 0,7 cm breit, schmal länglich-verkehrtlanzettlich, spitz. Lippe 1,3–2 cm lang, 0,6–1,1 cm breit, in der Mitte schwach 3lappig; Seitenlappen aufrecht, an den vorderen Rändern verbissen; Mittellappen länglich bis fast kreisrund, fleischig, im Verblühen gefurcht, dicht warzig-papillös; Schwiele länglich. Säule weiß, kurz; Anthere cremefarbig.
Verbreitung: Kolumbien, Ecuador, Peru und Venezuela; in Nebenwäldern; ungefähr 2000 m.
Geschichte: Die Pflanze wurde von H.G. Reichenbach 1855 in »Bonplandia« unter dem Gattungsnamen *Maxillaria* veröffentlicht. Seiner Beschreibung lag ein von Wagener in San Pedro (Kolumbien) gesammeltes Exemplar zugrunde. R. Rolfe versetzte die Art 1889 in die heutige Gattung (»Gardeners' Chronicle«).
Synonyme: Maxillaria leontoglossa Rchb. f.; *Xylobium gracile* Schltr.

Xylobium variegatum
(Ruiz et Pavon) Garay et Dunsterv.

Pseudobulben des mittelgroßen Epiphyten bis 8 cm lang und 4,5 cm breit, eiförmig, an jungen Pflanzen hellgrün, am Gipfel 2blättrig (selten 3blättrig). Blätter bis 50 cm lang und 9 cm breit, länglich-elliptisch, kurz gestielt, stark gerippt, vorn spitz. Blütenstand grundständig, traubig, dicht vielblütig; Brakteen klein, kastanienbraungrün. Blüten klein: Sepalen und Petalen fleischig rosa, mehr oder weniger intensiv braun überlaufen; Lippe fleischig rosa, vorn kastanienbraun bis stark dunkelbraun; Schwiele weißlich. Sepalen bis 2,6 cm lang, 0,7–0,9 cm breit, lanzettlich, spitz; die seitlichen sichelig gebogen und ein kurzes Mentum bildend. Petalen bis 2 cm lang und 0,5 cm breit, schief-lanzettlich, spitz. Lippe bis 1,5 cm lang und 0,8 cm breit, etwas gekrümmt, in der vorderen Hälfte 3lappig; Seitenlappen aufrecht, an den vorderen Rändern verbissen; Mittellappen länglich, gestutzt, mit einer längslaufenden, gekerbten Leiste; Schwiele in der Mitte sitzend, fleischig. Säule 0,5 cm lang, weiß; Anthere gelbbraun.
Verbreitung: Costa Rica, Kolumbien und von Venezuela südwärts nach Bolivien und Brasilien.
Geschichte: H. Ruiz und J. Pavon beschrieben die Art ursprünglich in der Gattung *Maxillaria* in ihrem Werk »Systema Vegetabilium« (1798) nach einer von ihnen in Muña in Peru gesammelten Pflanze. Bis in die jüngste Zeit jedoch war die Pflanze weithin entweder als *Xylobium squalens* oder *X. scabrilingue* bekannt. Erst L. Garay und G. Dunsterville (»Venezuelan Orchids Illustrated«, Vol. 2, 1961) konnten nachweisen, daß beide Namen jüngere Synonyme sind und versetzten den ursprünglichen Namen in die Gattung *Xylobium.*
Synonyme (in Auswahl): *Maxillaria variegata* Ruiz et Pavon; *M. squalens* (Lindl.) Hook.; *M. scabrilingue* Lindl.; *Xylobium squalens* Lindl.; *X. scabrilingue* (Lindl.) Schltr.; *X. carnosum* Schltr.

Zygopetalum Hook.
Tribus: Maxillarieae
Subtribus: Zygopetalinae

Mittelgroße Epiphyten mit kurzen, am Gipfel 2- oder mehrblättrigen Pseudobulben. Blütenstände 1 bis mehrere, seitlich an den Pseudobulben entspringend, 1- bis mehrblütig. Blüten klein bis groß, meistens augenfällig. Sepalen und Petalen untereinander ähnlich, frei oder am Grunde kurz miteinander verwachsen; die seitlichen Sepalen dem Fuß der Säule ansitzend. Lippe sitzend, abstehend, 3lappig; Seitenlappen entweder klein und abstehend oder groß und aufrecht; Mittellappen abstehend, eiförmig bis kreisrund-verkehrteiförmig; Platte entweder mit einem querverlaufenden Kamm oder mit einer ungeteilten bis gelappten Schwiele. Säule einwärts gekrümmt, am Gipfel meistens kurz geflügelt, unten mit kurzem Fuß; Pollinien 4.
Umfang und Verbreitung: Ungefähr 40 Arten; vorwiegend in den Tropen Südamerikas: Brasilien, Paraguay, Argentinien, Peru und Bolivien.
Ableitung des Namens: Aus dem Griechischen »Zygon« = Kumt und »petalon« = Petale oder Sepale; sowohl eine Anspielung auf die verdickte Schwiele am Grunde der Lippe, die anscheinend wie ein Kumpt die Petalen zusammenhält.
Anmerkung: Sir William Hooker begründete die Gattung 1827 im »Botanical Magazine«. Von den mit ihr verwandten Gattungen *Lycaste* und *Xylobium* weicht sie durch die blattachselbürtigen Blütenstände und die Schwiele auf der Lippe ab. Der gesamte Verwandtschaftskreis um *Zygopetalum* wurde in jüngster Zeit von L. Garay (»Orquideologia« 1973) studiert. Als Ergebnis wurden mehrere Arten von *Zygopetalum* abgespalten und auf verwandte Gattungen wie *Mendoncella* A.D. Hawkes, *Neogardneria* Garay verteilt. Darüber hinaus konnten *Acacallis, Aganisia, Batemannia, Koellensteinia, Paradisanthus* neben *Zygopetalum* als selbständige Gattungen bestätigt werden.
Typus-Art: Z. mackaii Hook.
Kultur: Substrat A. Mindesttemperatur im Winter 12° C. Da fast alle Arten zahlreiche dicke Wurzeln produzierten, sollte man sie in entsprechend große Töpfe pflanzen. Sie verlangen feuchte Luft, mittleren Schatten und in der Wachstumsperiode reichlich Wasser ;sobald die neuen Pseudobulben voll entwickelt sind, ist wesentlich weniger Wasser im Wurzelballen nötig.

Zygopetalum crinitum Lodd.

Pseudobulben des mittelgroßen Epiphyten gebüschelt, 4–7 cm lang, 2–4 cm breit, im Umriß eiförmig-länglich oder eiförmig, zusammengepreßt, seicht gefurcht, glänzend dunkelgrün, am Gipfel 3–5blättrig. Blätter 25–40 cm lang, 2–5 cm breit, schmal-lanzettlich oder linealisch-lanzettlich, vorn spitz, nach unten zu verschmälert, lederig. Blütenstand aufrecht, 30–50 cm lang, 3–7blütig. Blüten auffällig, abstehend oder etwas nickend, duftend: Sepalen und Petalen grünlich

oder gelblich, dicht kastanienbraun getüpfelt; Lippe weiß, den Nerven entlang mit purpurnen oder roten Linien; Säule weiß oder gelb, mit roten Linien. Sepalen 3,3–4 cm lang, 1–1,4 cm breit, länglich, spitz, fleischig. Petalen 3,3–4 cm lang, 1–1,2 cm breit, schmal-länglich, spitz. Lippe abstehend, 3–4 cm lang, 2,5–3,5 cm breit, kurz genagelt, verkehrteiförmig, am Grunde keilig, vorn rundlich und seicht ausgerandet, am Vorderrande gewellt-kräuselig; Nerven mit Büscheln langer Haare besetzt; Schwiele hufeisenförmig, fleischig, etwas gestreift und tief gefurcht bis zur Mitte. Säule 1,6–2 cm lang, keulenförmig, unten dicht zottig behaart, oben schmal geflügelt.
Verbreitung: Ost-Brasilien.
Geschichte: Die Firma Loddiges in Hackney erhielt lebende Exemplare dieser Pflanze von Frederic Warre aus Brasilien. Sie blühten erstmals im August 1829; die Art wurde 1830 von G. Loddiges im »Botanical Cabinet« veröffentlicht.
Synonyme: (in Auswahl): *Zygopetalum mackaii* Hook. var. *crinitum* Lindl.; *Z. stenochilum* Lodd.; *Z. pubescens* Hoffmansegg; *Z. microtus* Hoffmansegg ex Rchb. f.

Zygopetalum intermedium Lindl.

Pseudobulben der großen terrestrischen Pflanze 4–8 cm lang, eiförmig-kegelig, dicht angeordnet, am Gipfel 5blättrig. Blätter 17–50 cm lang, 2–6 cm breit, länglich oder elliptisch-lanzettlich, vorn spitz bis langspitzig, längsgefaltet. Blütenstände seitlich, traubig, länger als die Blätter, etwa bis 60 cm lang, locker 3–5blütig; Brakteen deutlich ausgeprägt, ungefähr so lang wie Blütenstiel und Fruchtknoten. Blüten groß und auffällig, 6–8 cm breit, etwas variabel: Sepalen und Petalen grün mit karminroter Zeichnung; Lippe weiß und mit kräftigen purpurnen Linien und Schlieren. Sepalen 3–3,5 cm lang, bis 1 cm breit, länglich-lanzettlich, spitz oder stumpfspitzig. Petalen den Sepalen ähnlich. Lippe ungefähr 3,5 cm lang und 3 cm breit, breit-eiförmig im Gesamtumriß, am Grunde 3lappig; Seitenlappen klein, öhrchenartig; Mittellappen groß, keilig-verkehrteiförmig bis verkehrtherzförmig, vorn ausgerandet, an den Rändern wellig; Schwiele grundständig, fleischig, 2lappig, mit mehreren Furchen. Säule etwa 1,3 cm lang, kräftig, erweitert und geflügelt.
Verbreitung: Peru, Bolivien und Brasilien.
Geschichte: Die Pflanze wurde von der Firma Loddiges in die Kultur eingeführt und von J. Lindley, der sie für die »vielleicht Schönste der Gattung« hielt, 1844 im »Botanical Register« beschrieben.
Anmerkung: Die Art läßt sich von *Z. mackaii* Hook. durch ihre flaumige Lippe unterscheiden.
Synonyme: Eulophia mackayana Lindl.; *Zygopetalum mackaii* Paxt. non Hook.; *Z. bolivianum* Schltr.

Biographische Anmerkungen

Viele der genannten Persönlichkeiten besaßen weitere Interessen und Arbeitsgebiete; hier werden meistens nur auf Orchideen bezogene Angaben gebracht. Außerdem erhebt die Liste der hier genannten Orchideensammler und -gärtner keinen Anspruch auf Vollständigkeit.

Alexander, H.G. (1875–1972) wurde in Bath in Somerset geboren. Der Gärtner war ab 1897 Aufseher der Orchideensammlung in Blenheim Palace. 1899 übernahm er die Leitung der großartigen Orchideensammlung von Sir George Holford in Westonbirt, Gloucestershire. Nach dem Tode seines Arbeitgebers übernahm er dessen Sammlung und führte sie viele Jahre als Erwerbsbetrieb. Sein Hauptinteresse galt der Entwicklung von *Cymbidium*-Hybriden. Die weißblühende Hybride *Cymbidium* 'Alexanderi' ist nach ihm benannt.

Ames, Oakes (1874–1950) wurde in North Easton in Massachusetts geboren. Im Jahre 1895 begann er als Student seine Laufbahn an der Harvard Universität. Dort wurde er nacheinander Dozent für Botanik, Kurator am Arnold Arboretum, Vorstand der biologischen Laboratorien, Präsident des Vorstandsrates der botanischen Sammlungen und Direktor des Botanischen Museums. Seine eigene, 64000 Herbariumpflanzen umfassende Orchideensammlung vermachte er 1941 der Harvard Universität. Sie bildet das Kernstück des berühmten »Oakes Ames Orchideen-Herbariums«. Sein lebenslanges Interesse an Orchideen erhielt Impulse durch zahlreiche Expeditionen, besonders auf die Philippinen. Mit E.D. Merrill, dem dortigen Direktor des »Bureau of Science« kam es zu einer fruchtbaren Zusammenarbeit, die ihren Niederschlag in der Orchideenbearbeitung in Merrill's »Enumeration of Philippine Flowering Plants« fand. Später arbeitete Oakes auch mit E. Quisumbing an einer Artikelserie über Orchideen der Philippinen (»Philippine Journal of Science«, 1931–1937). Weitere wichtige Arbeiten von Ames sind »Orchidaceae« (7 Bände, 1905–1922) und »Schedulae Orchidianae« (1922–1930). Viele seiner Arbeiten illustrierte seine Frau Blanche. Zahlreiche Gattungen wurden nach Ames benannt.

Du Petit-Thouars, Aubert (1758–1831) kam aus Saint Martin de la Place, Anjou, und war einer der ersten Botaniker, die Madagaskar und die Maskarenen besuchten und die einmalige Flora dieser Inseln studierten. Seine wichtigsten Orchideenstudien »Orchidearum Africanum Genera« (1804) und »Histoire Particulaire des Plantes Orchidées« (1822) sind für die Botanik von besonderem Interesse, weil sie die ältesten Beschreibungen von Orchideen dieser Gebiete enthalten. Darüber hinaus sind sie wegen der systematischen Anordnung der Pflanzen, die völlig vom System Linnés abweicht, von Bedeutung. Eine eingehende Diskussion findet man bei Friis und Rasmussen in »Taxon« (1975). Seine gesammelten Orchideen gingen in die Herbarien von Paris, Berlin (zerstört) und einige nach Kew.

Banks, Sir Joseph (1743–1820) wurde in London geboren und entwickelte sich zum bedeutensten Wissenschaftler des Landes. Er nahm als Botaniker auf der »Endeavour« an der Weltumsegelung Kapitän Cooks (1768–1771) teil. Später, als Präsident der Royal Society (1778–1820), war sein Hauptanliegen der Ausbau der Kew Gardens, die heute höchste internationale Bedeutung haben. Er gehörte zu den ersten, denen es gelang, tropische Orchideen zu kultivieren. Die Benutzung hängender Körbe für diesen Zweck geht auf seinen Vorschlag zurück. Banks Sammlungen befinden sich im Britischen Museum (N.H.) in London.

Barbosa Rodrigues, João (1842–1909) wurde in Brasilien in Minas Gerais geboren. Er war der erste brasilianische Pflanzensystematiker und der erste, der sich dort besonders für Orchideen interessierte. Daneben beschäftigte er sich auch mit Palmen. Sein zwei Bände umfassendes Werk »Genera et Species Orchidearum Novarum« (1877–1882) war als Vorarbeit seines, später von Cogniaux verfaßten, Beitrages zu Martius' »Flora Brasiliensis« gedacht. Seine zahlreichen Zeichnungen und farbigen Wiedergaben brasilianischer Orchideen wurden nie veröffentlicht. Sie befinden sich im Original teilweise im Jardim Botânico in Rio de Janeiro und im Oakes Ames Herbarium. Von allen gibt es Kopien in Kew. Die Gattungen *Barbosa, Barbosella* und *Rodriguezieila* tragen seinen Namen. Herbarsammlungen von Barbosa Rodrigues lassen sich nicht auffinden.

Bateman, James (1811–1897) stammt aus Bury in Lancashire (England). Im Verlauf seines Lebens trug er eine große Sammlung von lebenden Tropenpflanzen, besonders Orchideen, zusammen. Er beschäftigte sogar T. Colley, der für ihn Orchideen in British-Guyana sammelte. Seine Begeisterung für Orchideen fand in mehreren Veröffentlichungen ihren Niederschlag, besonders in seinem monumentalen Meisterwerk »Orchidaceae of Mexico and Guatemala« (1837–1843). Außerdem solte man »Guide to Cool Orchid Growing« (1864), »Monograph of Odontoglossum« (1864–1874) und »Second Century of Orchidaceous Plants« (1867) erwähnen. John Lindley ehrte seinen Namen mit der Gattung *Batemannia*. Batemans Herbarpflanzen befinden sich in Kew.

Bauer, Franz (1758–1840) wurde in Felsberg in Österreich geboren und kam gemeinsam mit seinem Bruder Ferdinand 1788 nach England. Im Jahre 1790 wurde er von Sir Joseph Banks als botanischer Illustrator in Kew angestellt, wo er bis zu seinem Lebensende blieb. Orchideenliebhabern ist er bekannt durch sein, zusammen mit John Lindley verfaßtes Werk »Illustrations of Orchidaceous Plants« (1830–1838). Mehrere Orchideenarten wurden ihm zu Ehren benannt. Bauers Zeichnungen befinden sich in Kew und im Britischen Museum (N.H.).

Bentham, George (1800–1884) war der führende Pflanzensystematiker seiner Zeit und Mitarbeiter von Sir Joseph Hooker. Er stammt aus Stoke bei Plymouth in Devon (England). Seine Arbeiten über Orchideen machen nur einen kleinen Teil seines Werkes aus, sind aber von besonderer Bedeutung, weil sie die Orchideenbearbeitung für die »Genera Plantarum« von Bentham und Hooker (1862–1883) einschließen. Als wohlhabender Mann war er in der Lage, viele Jahre als Amateurbotaniker in Kew unabhängig zu arbeiten. In den Gattungen *Benthamia* und *Neobenthamia* wird sein Name geehrt. Benthams Herbarium befindet sich in Kew.

Blume, Carl Ludwig (1796–1862) wurde in Braunschweig geboren und war einer von mehreren Deutschen, die in holländischen Diensten im damaligen Ostindien beschäftigt waren. Er arbeitete in Java von 1817–1826. Seit 1822 war er Direktor des Botanischen Gartens zu Buitenzorg (heute Bogor). Im Jahre 1825 erschien sein Werk »Tabellen en Platen voor de Javaansche Orchideen«, das einen ersten Eindruck über den Reichtum der Orchideenflora von Java ermittelte. Weitere Gattungen und Arten wurden im gleichen Jahr in seinen einflußreichen Bijdragen tot de Flora van Nederlandsch Indië veröffentlicht.
Aus Gesundheitsgründen mußte Blume Java im folgen-

den Jahr verlassen. Er setzte seine Arbeit in Holland fort, wo er 1829 zum Direktor des Staatsherbariums in Leiden ernannt wurde. Von seinen späteren Werken hervorzuheben sind »Rumphia«, wo er in vier Bänden das Vor-Linnéische Werk von Rumphius unter Anwendung der binären Nomenklatur auf den neuesten Stand brachte und »Flora Javae et Insularum adjacentium«, in der (Sér. II, vol. 1) 1858 viele Orchideen beschrieben und abgebildet wurden. De Candolle benannte ihm zu Ehren die Gattung *Blumea*. Seine Herbarpflanzen befinden sich in den Sammlungen von Leiden, Bogor und Paris.

Bolus, Harry (1834–1911), geboren in Oxted in England, kam als 16jähriger nach Südafrika. Während seines ganzen Lebens sammelte er dort intensiv Pflanzen und verfaßte Arbeiten über zahlreiche Pflanzenfamilien. Unter seinen Publikationen über Orchideen sind hervorzuheben »Orchids of the Cape Peninsula« (1888) und »Icones Orchidearum Austro-africanarum Extra-tropicarum« in vier Bänden (1893–1913). Im Jahre 1902 gründete er den Lehrstuhl für Botanik am S. African College. Seine Sammlungen befinden sich in den Herbarien des Britischen Museums (N.H.), in Kew, Durban und Kapstadt.

Bonpland, Aimé Jacques Alexandre (1773–1858) kommt aus La Rochelle und wurde bekannt als Reisegefährte Alexander von Humboldts in Südamerika. Er veröffentlichte selbst nicht viel. Seine Sammlungen befinden sich in Berlin und Paris.

Boxall, William (1844–1910) gehört zu den am weitesten gereisten Orchideensammlern. Zunächst arbeitete er in den 60er Jahren des 19. Jahrhunderts für die Firma Veitch; später unternahm er Sammelreisen für Hugh Low und Co. in Clapton nach Burma, Philippinen, Borneo, Java, Brasilien und Mittelamerika. Von den nach ihm benannten Orchideen seien hier nur *Dendrobium boxallii* und *Paphiopedilum boxallii* genannt.

Brown, Robert (1773–1858) ist in nicht-botanischen Kreisen durch die Entdeckung der nach ihm benannten Molekularbewegung bekannt geworden. Die allgemeine Botanik verdankt dem in Montrose in Schottland geborenen Wissenschaftler die Entdeckung des Zellkerns. Nach dem Medizinstudium begleitete er Flinder als Botaniker auf seiner Australienexpedition (1801–1805). Nachdem er von 1810–1825 als Bibliothekar für Sir Joseph Banks tätig war, wurde er 1827 zum ersten »Keeper of Botany« (Abteilungsleiter) am Britischen Museum bestellt. Von 1849–1853 war er Präsident der Royal Society. Sein Hauptwerk »Prodromus Florae Novae Hollandiae« (1810) enthält, neben vielen anderen Blütenpflanzen, die frühesten Beschreibungen australischer Orchideen. R. Browns Herbarpflanzen befinden sich im Britischen Museum (N.H.) und in Edinburgh.

Burbidge, Frederik William Thomas (1847–1905) stammt aus Wymeswold in Leicestershire (England). Von 1868–1870 war er Gärtnerlehrling und bis 1877 Gärtner in den Botanischen Gärten in Kew. In den Jahren 1877–1879 reiste er im Auftrag der Firma Veitch & Sons zum Orchideensammeln nach Borneo. Anschließend war er bis zu seinem Tod Kurator des Gartens vom Trinity College in Dublin. Er ist Autor des Buches »Cool Orchids and how to grow them« (1874). J.D. Hooker benannte die Gattung *Burbidgea* nach ihm. Seine Herbarpflanzen befinden sich im Britischen Museum (N.H.) und in Kew.

Burke, David (1854–1897) kommt aus Kent in England und trat als junger Mann in den Dienst der Firma Veitch in Chelsea als Gärtner ein. Gemeinsam mit Charles Curtis wurde er 1880 zum Sammeln von Orchideen und anderen Tropenpflanzen mit gärtnerischem Wert nach Borneo geschickt. Später nahm er an Sammelreisen nach Guyana, den Philippinen, Neuguinea, Burma, Kolumbien und den Molukken teil. Seine Sammlungen befinden sich in Kew.

Cavendish, William George Spencer VI. Herzog von Devonshire (1790–1858) wurde in Paris geboren. Er gehörte zu den bedeutendsten Förderern des Gartenbaus seiner Zeit. Von 1838 bis zu seinem Tode war er Präsident der Horticultural Society von London. Zu seinen größten Verdiensten zählt sein Beitrag zur Ausgestaltung der Botanischen Gärten in Kew zu einer Institution von Weltgeltung. Für seinen eigenen Garten in Chatsworth in Derbyshire, wo er die beste Orchideensammlung seiner Zeit unterhielt, beschäftigte er Joseph Paxton als Verwalter. Mit den Orchideenarten *Oncidium cavendishianum* und *Stanhopea devoniensis* wurde sein Name geehrt.

Charlesworth, Joseph (1851–1920) wurde durch seine gemeinsam mit E. Shuttleworth 1908 in Haywards Heath in Sussex gegründete berühmte Orchideengärtnerei bekannt. Bereits im Jahre 1889 hatte er in den Anden selbst Orchideen gesammelt.

Cogniaux, Célestin Alfred (1841–1916) wurde in Robechies in Belgien geboren. Seine frühen botanischen Studien waren den Kryptogamen gewidmet. Später veröffentlichte er umfangreiche Arbeiten über mehrere Familien höherer Pflanzen, besonders über die *Cucurbitaceae* und *Melastomataceae*. In Orchidologenkreisen hat er sich durch die Bearbeitung der Orchideen für die »Flora Brasiliensis« (1893–1906) besondere Verdienste erworben. Dieser Band zählt heute noch zu den Standardwerken über südamerikanische Orchideen.
Kurz vor und nach seinem Eintritt in den Ruhestand – er war Kurator des Botanischen Gartens in Brüssel – im Jahre 1901 verfaßte er in Zusammenarbeit mit A. Goossens das »Dictionnaire iconographique des Orchidées« (1896–1907). Ebenfalls aus seiner Feder stammen zahlreiche Beiträge in »Lindenia« und dem »Journal des Orchidées«. Sein wichtigster Beitrag zur Orchideenkunde nach der »Flora Brasiliensis« ist der von ihm verfaßte 6. Band von Urbans »Symbolae Antillana« (1910), in dem 96 Orchideengattungen mit über 500 Arten der Westindischen Inselwelt behandelt sind. Seine Sammlungen befinden sich in den Herbarien in Brüssel, Liége, Utrecht und New York.

Colman, Sir Jeremiah (1859–1942) wurde in Gatton Park, Reigate (Surrey), geboren, wo er sein ganzes Leben verbrachte. Er war der Eigentümer der weltbekannten Senffirma Colman & Sons und Besitzer der zu seiner Zeit größten privaten Orchideensammlung des Landes. Im Jahre 1932 erschien sein Buch »Hybridisation of Orchids«.

Correll, Donovan Stewart (geb. 1908) stammt aus Wilson in North Carolina (USA). Mehrere Jahre arbeitete er mit Oakes Ames an der Harvard University und veröffentlichte mit ihm »Native Orchids of North America« (1950) und »Orchids of Guatemala« (1952–1953), außerdem mit O. Ames und C. Schweinfurth »The Genus Epidendrum in the United States and Middle America« (1936). Seine Sammlungen befinden sich im Oakes Ames Herbarium, Harvard.

Cuming, Hugh (1791–1865) wurde in West Alvington in Devon (England) geboren und hauptsächlich bekannt durch seine Expedition auf die Philippinen (1836–1840). Er brachte als erster mit Erfolg größere Mengen lebender Orchideen von Manila nach England. Seine Sammeltätigkeit begann bereits 1827, als er mit seiner Yacht »Discover« Juan Fernandez, die Osterinseln, Tahiti und Pitcairn bereiste. Seine zweite Seereise (1828–1830) führte ihn an die Westküste von Südamerika. Cumings Sammlungen befinden sich im Britischen Museum (N.H.), in Kew und in Oxford.

Curtis, Charles Henry (1869–1958) wurde in Wimbledon geboren und begann seine Laufbahn als Gärtner 1889 in Kew. Später war er als stellvertretender Superintendant der Gärten der Royal Society in Chelsea tätig. Am meisten bekannt wurde er als Redakteur der Zeitschriften »Orchid Review« (1933–1958) und »Gardeners' Chronicle« (1918–1950), außerdem verfaßte er das Buch »Orchids, their Distribution and Cultivation« (1950).

Curtis, Charles (1853–1928) stammt aus Barnstable in Devon. Von 1878–1884 bereiste er als Sammler im Auftrag der Firma Veitch & Sons Madagaskar, Mauritius, Borneo, Sumatra, Java, die Molukken und später auch die Halbinsel Malakka. Als Superintendant des Botanischen Gartens von Penang (1884–1903) unterstützte er N.H. Ridley bei seinen ersten Versuchen, Gummiplantagen anzulegen. Seine Sammlungen befinden sich im Britischen Museum (N.H.), in Kew, Kuala Lumpur, Penang und Singapur.

Darwin, Charles (1809–1882) ist der bekannteste Biologe aller Zeiten. Er war mit vielen Botanikern seiner Zeit befreundet. Unter den Orchideenkennern sind besonders John Lindley und die beiden Hookers zu nennen. Er wurde in Shrewsbury in Shropshire geboren und begann 1831 seine legendäre Reise mit »H.M.S. Beagle« nach Südamerika, zu den Pazifischen Inseln und nach Australien. Die Menge wissenschaftlichen

Materials und die Einsichten in die Natur, die er von der Expedition mitbrachte, waren Anstoß und Grundlage der in seinem Werk »Origin of Species« (1859) dargelegten revolutionären Theorien. Sein späteres Buch, »On the Various Contrivances by which British and Foreign Orchids are fertilized by Insects« (1862), beweist eine selten übertroffene wissenschaftliche Beobachtungsgabe. Die meisten in diesem Buch genannten Vermutungen und Tatsachen sind auch heute noch gültig. Zweifellos legte Darwin damit die Grundlagen zum Studium der Bestäubungsvorgänge nicht nur der Orchideen, sondern der Blütenpflanzen im allgemeinen. Seine Herbarbelege von der Beagle-Expedition befinden sich in Cambridge.

Davis, Walter (1847–1930) stammte aus Amport in Hampshire und arbeitete als Lehrling auf den Gütern des Marquis of Winchester und der Lady Herbert. 1870 trat er in den Dienst der Firma Veitch & Sons in Chelsea und sammelte 1873 in ihrem Auftrag Pflanzen, vorwiegend Orchideen in Südamerika. Später war er als Sekretär der Geological Society und der Royal Geographical Society tätig. *Masdevallia davisii* trägt seinen Namen.

Day, John (1824–1888) wurde in London geboren und verbrachte fast sein ganzes Leben in Tottenham in Nordlondon. Er machte sich als Amateurgärtner einen Namen und unternahm Sammelreisen nach Indien, Ceylon, Malaysia, Brasilien und Jamaica. Im Jahre 1881 erzielte seine Orchideensammlung den astronomischen Auktionspreis von 1000 engl. Pfund. Beachtlich sind auch seine heute in Kew befindlichen »Orchid scrapbooks« (gebundene Notizen, Zeichnungen und Skizzen) mit Hunderten von selbstgefertigten Aquarellzeichnungen. Days Bedeutung für die Orchideenkunde beruht im wesentlichen auf seiner engen Freundschaft mit H.G. Reichenbach. Viele seiner Zeichnungen liegen Reichenbachs Beschreibungen neuer Arten im »Gardeners' Chronicle« zugrunde.

Dominy, John (1816–1891) genießt den Ruhm, der erste gewesen zu sein, dem die Züchtung einer künstlichen Orchideenhybride (*Calanthe × dominyi* 1856) gelungen ist. Er wurde in Gittisham in Devon geboren und arbeitete für die Firma Veitch & Sons, zunächst in Exeter und später in Chelsea von 1834–1880. *Cypripedium dominyanum* trägt seinen Namen.

Don, David (1799–1841) ist der Verfasser des »Prodromus Florae Nepalensis« (1825), in dem viele der auffallendsten Orchideen dieses Gebietes zum erstenmal beschrieben wurden. Er wurde in Forfarshire in Schottland geboren und war von 1836–1841 Professor der Botanik am King's College in Cambridge. Seine Herbarpflanzen befinden sich im Britischen Museum (N.H.) und in Brüssel.

Don, George (1798–1856) war, ebenfalls in Forfarshire geboren, der ältere Bruder von David. Von 1816–1821 arbeitete er als Obergärtner am Chelsea Physic Garden und sammelte im Auftrage der Horticultural Society Pflanzen in Brasilien, auf den Westindischen Inseln, auf Sao Tomé und in Sierra Leone. Seine Sammlungen befinden sich im Britischen Museum (N.H.), in Kew und in Cambridge.

Drake, Miss (tätig zwischen 1830 und 1850) war wahrscheinlich eine Verwandte von John Lindley und arbeitete als wissenschaftliche Illustratorin. Von ihr stammen nicht weniger als 1100 Originalzeichnungen für das »Botanical Register« und viele Zeichnungen für Lindleys »Sertum Orchidacearum« wie auch Batemans »Orchidaceae of Mexico and Guatemala«. John Lindley benannte die Gattung *Drakaea* nach ihr.

Fitch, Walter Hood (1817–1892), ein aus Glasgow stammender Künstler, arbeitete von 1834 an über 40 Jahre als Illustrator in Kew, wo er über 2700 Originalzeichnungen für das »Botanical Magazine« anfertigte. Er gehört nicht nur zu den besten Pflanzenzeichnern in der Geschichte der Botanik, sondern war zweifellos der produktivste; wir kennen mindestens 10000 von ihm gezeichnete und veröffentlichte Illustrationen.

Fitzgerald, Robert David (1830–1892) wurde in Tralee in der Grafschaft Kerry in Irland geboren. Er wanderte 1856 nach Australien aus, wo er sich ab 1864 intensiv dem Studium einheimischer Orchideen widmete. Charles Darwin gehörte zu seinen regelmäßigen Korrespondenten. Sein Buch »Australian Orchids« (1875–1894) gilt auch heute noch als Standardwerk. Fitzgeralds Sammlungen befinden sich in Melbourne (Australien) und im Britischen Museum (N.H.).

Garay, Leslie A. (geb. 1924) wurde in Ungarn geboren, wanderte nach Kanada aus und ließ sich später in den Vereinigten Staaten nieder, wo er die Nachfolge von C. Schweinfurth als Kurator des Oakes Ames Herbariums antrat. Er hat mehrere Werke und Arbeiten über tropische Orchideen aus Amerika und Südostasien verfaßt. Seine wichtigsten sind »Venezuelan Orchids Illustrated« (mit G. Dunsterville, 1959–1976), »The Orchids of Southern Ryukyu Islands« (mit H. Sweet, 1974), und »Flora of Lesser Antilles-Orchidaceae« (mit H. Sweet, 1974). Außerdem stammen mehrere Gattungsrevisionen von ihm. Sein gesammeltes Material befindet sich im Oakes Ames Herbarium, Harvard.

Gibson, John (1815–1875) stammt aus Eaton Hall in Cheshire. Er war Gärtner des Herzogs von Devonshire in Chatsworth House in Derbyshire, der ihn 1835 mit dem Auftrag, Orchideen zu sammeln (im besonderen *Amherstia nobilis*), nach Indien sandte. Später wurde er Superintendant mehrerer großer Parks in London. Paxton benannte *Cymbidium gibsonii* nach ihm.

Griffith, William (1810–1845) wurde in Ham in der Grafschaft Surrey geboren. Im Jahre 1832 kam er als Assistenzarzt nach Madras, und von 1835 bis 1836 begleitete er Dr. N. Wallich nach Assam. Später reiste er, um Pflanzen zu sammeln, nach Bhutan, Afghanistan und in das Gebiet des heutigen Malaysia. Schließlich wurde er 1842 als Nachfolger von Wallich zum Superintendanten des Botanischen Gartens in Calcutta berufen. Alle seine Sammlungen befinden sich in Kew.

Harrison, Richard (tätig um 1825) besaß eine große Sammlung lebender brasilianischer Orchideen in Aigburgh bei Liverpool. Die meisten seiner Pflanzen erhielt er auf dem Seeweg von seinen in Rio de Janeiro wohnenden Brüdern William und Henry.

Hartweg, Carl Theodor (1812–1871) stammte aus Karlsruhe. Von 1836–1854 war er als Sammler für die Horticultural Society in London tätig. Seine Reisen führten ihn nach Mexiko, Guatemala, Ekuador, Jamaika, Madeira und Peru. John Lindley benannte die Gattung *Hartwegia* nach ihm. Seine Herbarpflanzen befinden sich in Kew.

Hoehne, Frederico Carlos (1882–1959) wurde in Juiz de Fova im Staate Minas Geraes in Brasilien geboren. Er begann seine Laufbahn als Orchideensystematiker und Gärtner am Botanischen Garten in Rio de Janeiro und beendete sie als Direktor des Botanischen Instituts von São Paulo. Sein wissenschaftliches Ziel bestand darin, die von Martius begründete »Flora Brasiliensis« auf den neuesten Stand zu bringen. Diese Aufgabe wurde niemals vollendet, aber etwa die Hälfte aller brasilianischen Orchideen wurde in vier, mit Beschreibungen und Illustrationen versehenen Bänden (1940–1953) erfaßt. Für Orchideenliebhaber veröffentlichte er eine zusammenfassende »Iconografia de Orquidaceas do Brasil« (1949). Seine Sammlungen befinden sich in São Paulo.

Holford, Sir George Lindsay (1860–1926) wurde in Westonbirt in Gloucestershire geboren. Er vergrößerte dort das von seinem Vater begründete Arboretum und bereicherte es durch eine große und berühmte Orchideensammlung, die von H.G. Alexander betreut wurde.

Holttum, Richard Eric (geb. 1895), ein in Cambridge ausgebildeter englischer Botaniker, wurde 1922 zum stellvertretenden Direktor des Botanischen Gartens nach Singapur berufen. Bereits drei Jahre später wurde er Direktor, und unter seiner Leitung entwickelte sich der Garten zu einem der wichtigsten botanischen Forschungsinstitute in Südostasien. Holttum interessierte sich für gärtnerische und systematische Aspekte zahlreicher Pflanzenfamilien, ganz besonders aber für die Farne und Orchideen. Sein Werk über die »Orchids of Malaya« (1953, 3. Aufl. 1964) ist bis heute als Standardwerk für dieses Gebiet unübertroffen.
Mit seinen Kreuzungsversuchen und Kulturexperimenten mit Orchideen aus dem Verwandtschaftskreis von *Vanda* legte er den Grundstein für die erfolg- und umfangreiche Schnittblumengärtnerei in Singapur. Er war der erste Professor für Botanik an der dortigen Universität. Nach seiner Versetzung in den Ruhestand kehrte er nach England zurück, wo er noch heute als Mitarbeiter am Kew-Herbarium wissenschaftliche Arbeit betreibt. Holttums Sammlungen befinden sich in Singapur und Kew.

Hooker, Sir Joseph Dalton (1817–1911) wurde in Halesworth in Suffolk geboren. Er übertraf mit seinen wissenschaftlichen Leistungen seinen berühmten Vater William. Seine botanische Karriere begann er als Arzt und Naturwissenschaftler mit der Teilnahme an der Reise des Schiffes »Erebus« (1839–1843) in die Antarktis, nach Neuseeland und das südlichste Südamerika. Anschließend verbrachte er ab 1847 vier Jahre als Pflanzensammler in Sikkim und Nepal. Obgleich das wichtigste Ergebnis dieser Reise die Ersteinfuhr vieler bis dahin unbekannter *Rhododendron*-Arten nach Europa war, entwickelte Hooker zu dieser Zeit ein erstes Interesse für indische Orchideen. Nachdem er 10 Jahre lang als stellvertretender Direktor in Kew tätig war, übernahm er 1865 die Leitung dieser weltberühmten Institution. Er studierte weite Bereiche der Botanik, was in seinen Büchern über Pflanzengeographie, in seinen Reiseberichten, Monographien und mehreren Florenwerken zum Ausdruck kommt.
Mit Charles Darwin verbanden ihn gemeinsame Forschungsinteressen. Hookers wichtigste Beiträge zur Orchideenkunde finden wir in »Genera Plantarum« (mit G. Bentham, 1881) und im Orchideenband der »Flora of British India« (1890–1891) (1895). Das letztgenannte Werk ist bis heute durch eine moderne Bearbeitung nicht übertroffen worden. Darüber hinaus verfaßte Sir Joseph Hooker für viele Jahre die Orchideenabhandlungen für »Curtis' Botanical Magazine«. O. Kuntze benannte nach ihm die Gattung *Sirhookera*. Alle Sammlungen Hookers befinden sich in Kew.

Hooker, Sir William (1785–1865) wurde in Norwich in Norfolk geboren und war der einflußreichste Botaniker seiner Zeit. Als erster Direktor (1841–1865) machte er die Botanischen Gärten in Kew zu einem der wichtigsten Forschungszentren aller Richtungen der Botanik. Zuvor hatte er sich bereits als Professor der Botanik in Glasgow einen guten Ruf erworben. Der Umfang seiner Pflanzenkenntnisse läßt sich an der Breite seiner Veröffentlichungen ermessen. Sir William Hookers wichtigster Beitrag zur Kenntnis der Orchideen ist »A Century of Orchidaceous Plants« (1849) sowie viele Beiträge über Orchideen, die er selbst illustrierte. Alle seine Herbarpflanzen befinden sich in Kew.

Jacquin, Nikolaus Joseph von (1727–1817) wurde in Leiden geboren. Auf Anraten des Barons van Sweeten wurde er zum Vorstand der kaiserlichen Gärten in Schönbrunn berufen, die sich unter seiner Leitung zu den berühmtesten und zweifellos schönsten Gärten in Europa entwickelten. Im Jahre 1763 folgte er einem Ruf als Professor der Chemie nach Chemnitz in Sachsen. Bereits nach fünf Jahren kehrte er als Professor der Botanik und Chemie und als Direktor der Universitätsgärten nach Wien zurück.
Im Jahre 1806 wurde der geborene Holländer, der zum bedeutendsten Botaniker Österreichs und größten Pflanzenillustrator seiner Zeit wurde, in den Adelsstand erhoben. Zuvor hatte er im Auftrage des Hofes eine umfangreiche Sammel- und Studienreise nach Südamerika und auf die Westindischen Inseln unternommen, von wo er eine große Anzahl Pflanzenzeichnungen, Skizzen und Herbarmaterial zurückbrachte. Darunter befanden sich auch zahlreiche, zum erstenmal in Europa bekannt gewordene Orchideen, deren Beschreibung im wesentlichen in folgenden Werken Jacquins enthalten sind: »Enumeratio Systematica Plantarum« (1760), »Enumeratio Stirpium Plerarumque« (1762) und »Selectarium Stirpium Americanum Historia« (1763 und 1780–1781). Die meisten seiner Herbarpflanzen befinden sich im Britischen Museum (N. H.), andere in Wien, Oxford und Uppsala.

Kraenzlin, Fritz Wilhelm Ludwig (1847–1934) stammt aus Magdeburg. In einer Zeit, die von H. G. Reichenbach, R. A. Rolfe, E. Pfitzer und R. Schlechter beherrscht wurde, schrieb er umfangreiche Werke über Orchideen, ohne jedoch das Niveau seiner Zeitgenossen zu erreichen. Unter seinen Arbeiten sind »Orchidacearum Genera et Species« (1897–1904), die mit zwei Bänden unvollkommen blieb, »Monographie der Gattung Masdevallia« (1925), »Monographie der Gattung Polystachya« (1926) sowie Beiträge zu Englers »Das Pflanzenreich« (1907–1923) hervorzuheben. Seine Herbarpflanzen wurden in Berlin während des Krieges zerstört.

Lawrence, Sir James John Trevor (1831–1913) wurde in London geboren. Er besaß eine umfangreiche private Orchideensammlung in Burford bei Dorking in der Grafschaft Surrey. Von 1885 bis 1913 war er Präsident der Royal Horticultural Society. F. C. Lehmann benannte die Gattung *Trevoria* nach ihm. Seine Herbarpflanzen befinden sich in Kew.

Linden, Jean (1817–1898) wurde in Luxemburg geboren, kam als Kind nach Belgien, wo er die Schule absolvierte und an der Universität von Brüssel studierte. 1836 unternahm er gemeinsam mit Funck und Ghiesbrecht im Auftrag der belgischen Regierung eine wissenschaftliche Expedition nach Brasilien, wo er in den Staaten Rio, Minas Gerais, Espirito Santo und São Paulo intensiv Pflanzen sammelte. Im darauffolgenden Jahr sammelte er in Kuba und 1838 in den Gebirgen von Mexiko und Yucatan. Von Mexiko wandte er sich südlich nach Guatemala. Später bereiste er die Vereinigten Staaten, Venezuela und Kolumbien. In allen diesen Gebieten suchte er besonders in den höheren Gebirgslagen nach Orchideen, die auch unter kühlen Bedingungen wachsen. Auf diese Weise entdeckte er in der Umgebung von Bogota die seltene Art *Odontoglossum crispum*.
Lindens zweite Reise wurde von Mr. Rucker aus Wandsworth und dem Pfarrer J. C. Clowes aus Manchester finanziert. Diesen beiden wurden die Neuentdeckungen *Anguloa ruckeri* und *A. clowesii* gewidmet. Nach 10 Jahren Sammlertätigkeit kehrte Jean Linden nach Belgien zurück und gründete mit seinem Sohn eine Orchideengärtnerei in Ghent, die er später nach Brüssel verlegte. Dieses Unternehmen wurde weltberühmt und war das erfolgreichste seiner Art auf dem europäischen Festland. Linden konnte aus seinen Einnahmen eine Reihe von Expeditionen zur Suche weiterer Orchideen nach Südamerika ausrüsten. Zahlreiche Orchideen wurden ihm zu Ehren benannt. Als Autor lieferte er Beiträge für »Lindenia« und »Hortus Lindenianus«. Seine Herbarstücke befinden sich in Brüssel und in Kew.

Lindley, John (1799–1865) kommt aus Norwich, England. Seine Verdienste um die Systematische Botanik im allgemeinen und die Orchideenkunde im besonderen lassen sich kaum ermessen. Allein beim flüchtigen Durchblättern dieses Buches stößt man auf seinen Namen als Autor von Gattungen und Arten mit einer Häufigkeit, die höchstens von H. G. Reichenbach übertroffen wird. Er machte schon früh die Bekanntschaft von Sir William Hooker und wurde 1818 als dessen Hilfsbibliothekar in London angestellt. Bald darauf erfolgte (1821) seine Ernennung zum Herausgeber der »Collectanea Botanica«, ein Inventar aller Pflanzen der Sammlung von William Cattley. Später war er für kurze Zeit als Gartenassistent für die Horticultural Society tätig, bis er 1826 als deren »Assistant Secretary« nach Chiswick und London berufen wurde. Gemeinsam mit mehreren Persönlichkeiten, darunter Sir Joseph Paxton, begründete er 1841 die Zeitschrift »Gardeners' Chronicle«, der er als Herausgeber vorstand und die sich in kurzer Zeit zur wichtigsten Gartenpublikation des Jahrhunderts entwickelte.
Seine Bekanntschaft mit den besten Berufs- und Liebhabergärtnern des Landes kam seinen Orchideenstudien zweifellos zugute. »Genera and Species of Orchidaceous Plants« (1830–1840) bilden einen Meilenstein in der Geschichte der Orchidologie, besonders auch, weil Lindley diesem Werk die erste Gesamtgliederung dieser großen Pflanzenfamilie vorschlägt. Weitere wichtige Werke aus seiner Feder sind »Folia Orchidacea« (1852–1859), »Sertum Orchidacearum« (1838–1842) und, gemeinsam mit F. Bauer, »Illustrations of Orchidaceous Plants« (1830–1838). Lindleys Herbarium befindet sich in Cambridge und (alle Orchideen) in Kew.

Linné, Carl von (1707–1778). Auf das Werk des großen schwedischen Naturforschers und Begründers der modernen biologischen Nomenklatur kann in diesem Buch nur insofern hingewiesen werden, als er in der ersten Auflage seiner »Species Plantarum« (1753) 62 Orchideenarten und 8 Gattungen beschrieben hat. Seine Herbarbelege befinden sich in London (Britisches Museum (N. H.), Linnaean Society) und in Stockholm.

Lobb, Thomas (1820–1894) stammt aus Perran-arworthal in Cornwall. Als Angestellter der Firma Veitch & Sons in Exeter in den 40er Jahren des vorigen Jahrhunderts sammelte er Pflanzen in Indien, Burma, Malaysia, auf Java, Borneo und den Philippinen. *Bulbophyllum lobbii* ist nach ihm benannt. Seine Herbarpflanzen befinden sich im Britischen Museum (N. H.), in Kew und in Oxford.

Lobb, William (1809–1864). Der in Perran-ar-worthal in Cornwall geborene Pflanzensammler ist der ältere Bruder des zuvor genannten Thomas Lobb. Im Dienst derselben Firma bereiste er von 1840–1848 Brasilien, Chile, Patagonien, Peru, Ekuador und Kolumbien, von 1849–1857 Kalifornien und Oregon. Von ihm gesammelte Herbarbelege sind im Britischen Museum (N.H.) und in Kew.

Lockhart, David († 1846) stammte aus Cumberland und wurde in Kew als Gärtner ausgebildet. Im Jahre 1816 begleitete er C. Smith auf einer Kongo-Expedition. Von 1818 bis zu seinem Tode stand er dem Botanischen Garten in Trinidad als Superintendant vor. Von dort sandte er viele, teils lebende Pflanzen nach Kew, die von Lindley, Darwin und Sir W. Hooker studiert wurden. Hooker benannte die Gattung *Lockhartia* nach ihm. Seine Herbarbelege befinden sich in Kew.

Loddiges, Conrad († 1865) ist der Gründer der berühmten Orchideengärtnerei gleichen Namens in Hackney. Diese Firma war für die Beliebtheit der Orchideenhaltung im vorigen Jahrhundert in hohem Maß verantwortlich. Ihr Ruf beruhte auf erfolgreichen Anzuchtmethoden tropischer Orchideen und auf einer ständigen Zufuhr von Orchideen-Neuheiten. George Loddiges (1784–1846), Sohn von Conrad Loddiges (1739–1826), war ebenfalls in der Firma tätig. Er begründete das einflußreiche »Botanical Cabinet« (1817–1834), in dem die Mehrzahl der Illustrationen von ihm selbst stammten. Herbarstücke von Loddiges befinden sich in Kew.

Low, Sir Hugh (1824–1905), Sohn von Hugh Low (1793–1863), ebenfalls Gründer einer berühmten Orchideengärtnerei, wurde in Clapton bei London geboren. Im diplomatischen Dienst der britischen Regierung kam er 1844 nach Borneo, wo er 1851 den Mt. Kinabalu, den höchsten Berg des Landes, bestieg. Von 1877 bis 1889 lebte er als Botschafter in Perak in Malaysia. Während seiner gesamten Dienstzeit in den Tropen sandte er Pflanzen, besonders Orchideen, nach Kew, wo heute seine Herbarexemplare zu finden sind. Mehrere Arten, darunter *Paphiopedilum lowii,* tragen seinen Namen.

Low, Stuart Henry (1826–1890) war der älteste Sohn des oben erwähnten Hugh Low und wurde ebenfalls in Clapton geboren. Er trat in die Firma seines Vaters ein und übernahm sie nach dessen Tod. Gemeinsam mit seinem Sohn, wiederum Stuart Henry (1863–1952), spezialisierte er sich auf Orchideen. Im Jahre 1882 übersiedelte die Firma nach Enfieid und wurde als Bush Hill Park Nursery bekannt. Von Low präparierte Herbarpflanzen liegen in Kew und in Wien.

Micholitz, Wilhelm (1854–1932) kam aus Sachsen und trat bereits in jungen Jahren als Pflanzensammler in den Dienst der Firma Sander & Sons in St. Albans in England. Seine ausgedehnten Expeditionen, die eine reiche Orchideenausbeute brachten, führten ihn auf die Philippinen (1884–1885), die Molukken (1891), nach Neuguinea und Sumatra (1891–1892), Burma (1900) und Südamerika (1900). Die wichtigsten Funde machte er im Fernen Osten, darunter die nach seinem Arbeitgeber benannte *Euanthe (Vanda) sanderiana* und mehrere nach ihm benannte Arten (z.B. *Aerides micholitzii, Phalaenopsis m., Bulbophyllum m.* und *Coelogyne m.*). Seine Herbarpflanzen wurden in Kew aufbewahrt.

Mociño, José Mariano (1757–1820) aus Temascaltepex in Mexiko begleitete Sessé auf seinen botanischen Sammelreisen in Mexiko von 1787–1804 (siehe auch unter Sessé).

Mueller, Sir Ferdinand Jakob Heinrich (1825–1896) wurde in Rostock geboren und wanderte als 22jähriger nach Australien aus. Im Jahre 1852 wurde er Regierungsbotaniker in Victoria und 1855 Direktor des Botanischen Gartens in Melbourne. Unter den zahlreichen von ihm in Australien gesammelten und beschriebenen Pflanzen befinden sich viele Orchideen. Die meisten wurden in seinem 12 Bände umfassenden Werk »Fragmenta Phytographiae Australiae« (1858–1882) veröffentlicht. Seine Herbarsammlungen befinden sich in Melbourne.

Parish, Charles Samuel Pollock (1822–1897). Der in Kalkutta geborene Theologe studierte in England und wurde 1852 als Armeegeistlicher nach Moulmein in Burma versetzt. 25 Jahre sammelte er Farne und Orchideen, von denen er viele lebend nach England schickte. H.G. Reichenbach benannte mehrere Orchideen nach ihm, darunter *Dendrobium parishii* und *Paphiopedilum parishii.* Sir Joseph Hooker ehrte seinen Namen mit der Gattung *Parishia.* Seine Zeichnungen befinden sich in Kew, seine Herbarien im Taunton Museum in Somerset und in Wien.

Pavon, José (1754–1844) war ein spanischer Forscher und Botaniker. Er reiste 1778 mit Ruiz (siehe auch dort) und Dombey nach Südamerika, wo er die folgenden 10 Jahre in Peru und Chile Pflanzen sammelte.

Paxton, Sir Joseph (1803–1865) wurde in Milton Bryant in Bedfordshire geboren. Im Jahre 1823 wurde er Gärtner am Botanischen Garten der Horticultural Society of London in Chiswick und schließlich 1826 Obergärtner des Herzogs von Devonshire in Chatsworth in Derbyshire. Dort gelang es ihm als erstem, *Victoria amazonica (V. regia)* zum Blühen zu bringen. Der Nachwelt ist er bekannt als Herausgeber von »Paxton's Magazine of Botany« (1834–1849) und (mit Lindley) »Paxton's Flower Garden« (1850–1853). Außerdem war er Mitbegründer des »Gardeners' Chronicle« 1841. John Lindley benannte die Gattung *Paxtonia* nach ihm.

Pfitzer, Ernst Hugo Heinrich (1846–1906) stammte aus Königsberg in Ostpreußen. Im Jahre 1872 wurde er Professor der Botanik und Direktor des Botanischen Gartens an der Universität Heidelberg, wo eine große Orchideensammlung sein Interesse an dieser Familie erweckte. Er entwickelte ein neues, vegetative und Blütenmerkmale in Betracht ziehendes Orchideensystem, das er 1880 im »Gardeners' Chronicle« erstmals in Umrißen veröffentlichte. Es folgten andere einflußreiche Werke: »Grundlage einer vergleichenden Morphologie der Orchideen« (1882), »Morphologische Studien über die Orchideenblüte« (1886) und »Entwurf einer natürlichen Anordnung der Orchideen« (1887). Schließlich schrieb er auch den Orchideenteil in »Die Natürlichen Pflanzenfamilien« von Engler und Prantl (1889). Darüber hinaus leistete er einen wesentlichen Beitrag zur Gattungsgliederung von *Paphiopedilum.*

Poeppig, Eduard Friedrich (1798–1868) aus Plauen im Vogtland sammelte von 1827 bis 1832 in Chile, Peru, Ekuador und Brasilien neben anderen Pflanzen eine große Zahl von Orchideen. Gemeinsam mit S.L. Endlicher beschrieb er die meisten seiner Funde in »Nova Genera et Species Plantarum ...« (1833–1835). Poeppigs Herbarsammlungen befinden sich in Wien, Leningrad, Berlin (im Krieg zerstört), Leipzig, Brüssel, Göttingen und im Britischen Museum (N.H.).

Reichenbach, Heinrich Gustav (1823–1889), der auch weithin als Reichenbach fil. bekannte deutsche Botaniker, hat wahrscheinlich mehr Orchideen beschrieben als irgend ein anderer Forscher auf der Welt. Er wurde in Leipzig als Sohn von H.G.L. Reichenbach, dem Verfasser der »Icones Florae Germanicae et Helvetiae«, geboren. Vom 18. Lebensjahr an entwickelte er ein zunehmendes Interesse an Orchideen, gerade zu einer Zeit, als diese Pflanzen massenweise aus den Tropen eingeführt wurden. Seine frühen Studien wurden stark von John Lindley unterstützt, und viele seiner Beschreibungen im »Gardeners' Chronicle« veröffentlicht.
Der größte Teil seiner Neubeschreibungen erschien in seinen »Xenia Orchidacea« (1858–1900). Von den drei Bänden wurde der letzte von F. Kraenzlin herausgebracht. Er enthält auch eine Synopsis der ganzen Familie. Seine großen Verdienste um die Orchideenkunde wurden durch eine eigenwillige Bedingung in seinem Testament getrübt: Er verfügte, daß sein ursprünglich für Kew vorgesehenes Herbarium erst 25 Jahre nach seinem Tode der Wissenschaft zugänglich gemacht werden dürfe. Auf diese Weise wurden viele von ihm bereits beschriebene Orchideen unter anderen Namen erneut veröffentlicht. Reichenbachs Herbarium befindet sich in Wien.

Ridley, Henry Nicholas (1855–1956) stammt aus West Harling in Norfolk. Seine botanische Karriere begann er 1880 als Assistent am Britischen Museum (N.H.) in London. Von 1888–1911 war er Direktor des Botanischen Gartens in Singapur. Während dieser Zeit machte er sich durch seine Beteiligung an der Einführung des Gummibaums nach Malaysia besonders verdient. Außerdem betrieb er intensive Studien über die Flora des Gebietes und ganz besonders der Orchideen. Von Ridley stammt »The Orchidaceae and Apostasiaceae of the Malay Peninsula« (1924). Zwei Gattungen, *Ridleyella* Schltr. und *Ridleyinda* O. Kuntze, wurden nach ihm benannt. Ridleys Herbarpflanzen befinden sich in Singapur, in Kew und im Britischen Museum (N.H.).

Roezl, Benedict (1828–1885) wurde als der kühnste Orchideensammler aller Zeiten bekannt. Er stammt aus Prag und trat bereits als Dreizehnjähriger in den Dienst des Grafen von Tun in Tötschen (Bayern) als Gärtner. Danach arbeitete er an mehreren großen Gärten in Europa. 1854 reiste er über New Orleans nach Mexiko, wo er eine eigene Gärtnerei gründete. Bei einem Unfall 1868 verlor er einen Arm und verdingte sich daraufhin bei der Firma Sander & Co. als Pflanzensammler. Roezl bereiste weite Gebiete der Neuen Welt von Washington im Norden bis nach Bolivien im Süden. Im Verlauf dieser Reisen entdeckte er über 800 der Wissenschaft unbekannte Pflanzenarten, darunter zahlreiche Orchideen. Mehrere Arten wurden nach ihm benannt; unter ihnen eine *Miltonia, Masdevallia* und *Bletia.*

Rolfe, Robert Allen (1855–1921) wurde in Ruddington in Nottinghamshire geboren. Seit 1880 arbeitete er als Pflanzensystematiker am Herbarium in Kew, wo er sich vorwiegend mit Orchideen beschäftigte. Die von ihm 1893 begründete »Orchid Review« gab er bis 1920 heraus. Seine wichtigsten Arbeiten sind die Orchideenbearbeitung der »Flora of Tropical Africa« (1897) und der »Flora Capensis« (1913) und das »Orchid Stud Book« mit C.C. Hurst (1909). Seine Herbarpflanzen befinden sich in Kew.

Ruiz Lopez, Hipolito (1754–1815) stammt aus Belorado in Spanien. Zusammen mit Dr. José Pavon und Dr. José Dombey reiste er 1778 nach Peru. Sie verblieben für die nächsten zehn Jahre in Südamerika, wo sie hauptsächlich in den Anden von Peru und später in Chile Pflanzen sammelten. Die ersten Ergebnisse dieser Expeditionen veröffentlichten sie in »Prodromo de la Flore Peruviana y Chilense« (1794). Diesem Werk folgten »Systema vegetabilium Florae Peruvianae et Chilensis« (1798) und »Flora Peruviana et Chilensis« (1798–1802); das letztgenannte erschien in vier Bänden und enthielt Beschreibungen und Abbildungen ihrer neuentdeckten Pflanzen. Die Sammlungen von Ruiz und seiner Gefährten befinden sich in Madrid, Oxford, Ghent, Washington und im Britischen Museum (N.H.).

Sander, Henry Frederik Conrad (1847–1920) wurde in Bremen geboren, wanderte aber 1865 nach England aus. Im Jahre 1881 begründete er in St. Albans seine später weltberühmte Orchideengärtnerei. Bald folgten auch Niederlassungen in New Jersey und Brügge. Die Firma spezialisierte sich auf die Einfuhr von Orchideenarten für Liebhaber und beschäftigte zahlreiche Sammler, die die Tropen der Alten Welt nach Orchideen abzusuchen hatten. Unter ihnen tat sich besonders der bereits erwähnte W. Micholitz hervor. Der Umfang des Handels dieser Firma läßt sich daran ermessen, daß sie in St. Albans einen eigenen Eisenbahnanschluß besaß. Der Nachwelt brachte sich Sanders besonders durch ein seinem Freund H.G. Reichenbach gewidmetes Foliantenwerk »Reichenbachia« in Erinnerung (1886–1894). Sein Herbarium liegt in Kew.

Schiller, G.W. Über den als »Konsul Schiller« bekannten Hamburger Ratsherren weiß man nur soviel, daß er eine private Sammlung lebender Orchideen besaß, die zu den größten und wichtigsten in ganz Europa gehörte. Die meisten seiner blühenden Arten wurden von H.G. Reichenbach bestimmt, der unter anderem auch die prächtige *Cattleya schilleriana,* die 1857 erstmals in der Sammlung blühte, nach ihm benannte. Schiller hatte für die Gattungen *Cattleya* und *Laelia* eigens ein Gewächshaus angelegt. Nach seinem Tode wurde die gesamte Sammlung vom Botanischen Garten der Hansestadt erworben und leider im Krieg völlig zerstört. Schillers Herbarexemplare befinden sich in Wien.

Schlechter, Friedrich Richard Rudolf (1872–1925) dürfte nach John Lindley der einflußreichste aller Orchideenspezialisten gewesen sein. Der in Berlin geborene Gärtner wanderte 1891 nach Südafrika aus und begann dort eine Karriere als Pflanzensammler, die ihn nach Kamerun und Togo (1895–1898), Neuguinea (1901–1902 und 1908–1909), Neukaledonien (1902–1903), Somaliland, Java, Zelebes, Borneo und die Bismarckinseln führte. Als Autor beschrieb er Hunderte von Orchideen. Zu seinen wichtigsten floristischen Arbeiten zählen »Die Orchideen von Deutsch Neuguinea (1911–1914) mit Beschreibungen von 1450 Arten (1102 Neubeschreibungen) und 116 Gattungen »Orchidaceae Stolzianae« (1915) sowie zahlreiche Artikel in »Fedde, Repertorium« und in »Orchis«. Darüber hinaus ist er Begründer und Verfasser des Standardwerkes »Die Orchideen« (1914–1915), von dem gegenwärtig eine Neubearbeitung (in Lieferungen) herausgegeben wird. Schlechter starb schon mit 53 Jahren. Seine Sammlungen wurden in Berlin während des Krieges völlig vernichtet. Duplikate vieler seiner Exemplare befinden sich aber in Brüssel, in Kew und im Oakes Ames Herbarium in Harvard (USA). Eines seiner wichtigsten Werke, »Das System der Orchidaceen« (1926) wurde posthum veröffentlicht. Das in ihm dargelegte System wurde weltweit anerkannt. Heute noch sind verschiedene führende Orchideenherbarien, darunter Kew, danach angeordnet. Viele Orchideen wurden nach Schlechter benannt, unter ihnen die Gattungen *Rudolfiella* und *Schlechteriella.*

Schomburgk, Sir Robert Hermann (1804–1865) stammte aus Freiburg und studierte in Königsberg. Er war der Bruder des unten genannten Moritz Richard Schomburgk, mit dem er gemeinsam in British Guyana reiste. Am bekanntesten wurde er als Entdecker der *Victoria amazonica (V. regia).* Als Konsul in St. Domingo (1848–1857) und Bangkok (1857–1864) machte er umfangreiche Sammelreisen auf den Westindischen Inseln, Guyana, St. Domingo und Siam. Er starb in Berlin. Seine Herbarpflanzen und Zeichnungen befinden sich im Britischen Museum (N.H.) und in Kew. Der zur gleichen Zeit lebende John Lindley ehrte ihn mit der Gattung *Schomburgkia.*

Schomburgk, Sir Moritz Richard (1811–1891) wurde in Frihault in Sachsen geboren. Er erhielt seine Ausbildung an den Königlichen Gärten in Potsdam und San Souci und begleitete 1840 seinen Bruder Robert auf seinen Reisen in British Guyana. Im Jahre 1865 wurde er zum Direktor des Botanischen Gartens in Adelaide in Australien bestellt, wo er bis zu seinem Tode blieb. Seine Herbarpflanzen und Briefe befinden sich in Kew.

Schroeder, Sir Henry (1824–1910) war der Besitzer einer der besten privaten Orchideensammlungen in England. Er lebte in Egham in Surrey. Sein Name wurde der Art *Masdevallia schroederiana* gegeben.

Seden, John (1840–1921) stammte aus Dedham in Essex und wurde 1861 als Gärtner bei der Firma Veitch & Sons in Chelsea angestellt, wo er von John Dominy in der Pflege, Vermehrung und Kreuzung von Orchideen unterwiesen wurde. Schließlich wurde er Dominys Nachfolger.

Seidenfaden, Gunnar (geb. 1908), ein dänischer Diplomat und Orchideenliebhaber, stammt aus Varda in Dänemark. Er unternahm umfangreiche Reisen in Grönland, Thailand, dem Fernen Osten und in der Neuen Welt. Seidenfaden gilt als der beste Kenner der Orchideen von Thailand und hat, gemeinsam mit T. Smitinand, das Werk »Orchids of Thailand« (1959–1964) geschrieben. 1975 erschienen »Orchid Genera in Thailand«, ein Werk, in dem er die Orchideen des Landes und angrenzender Gebiete ausführlicher darstellt. Außerdem ist er der Verfasser von »Contributions to a Revision of the Orchid Flora of Cambodia, Laos and Vietnam« (1974). Seidenfadens Herbarpflanzen liegen in Kopenhagen und im Royal Forest Herbarium in Bangkok.

Sessé y Lacasta, Martin († 1809), über dessen frühe Lebensjahre wenig bekannt ist, führte 1787 im Auftrage des spanischen Königs Carlos III. die erste Expedition nach Mexiko. Mit seinem Begleiter José Mocino erforschte er die reiche Flora des Landes, bis er 1804 wieder nach Spanien zurückkehrte. Die Ergebnisse seiner langen Reisen, auf denen viele neue Pflanzenarten entdeckt wurden, wurden in »Plantae Novae Hispanicae« (1887–1890) veröffentlicht.

Skinner, George Ure (1804–1867) wurde in Newcastle-upon-Tyne geboren. 1831 reiste er als Kaufmann nach Guatemala, wo er für den Rest seines Lebens blieb. Als eifriger Sammler besorgte er Orchideen im Auftrage von James Bateman. Viele Pflanzen sandte er an Sir William Hooker. Skinner entdeckte viele ausgesprochene Prachtorchideen, die zum Teil nach ihm benannt wurden (z.B. *Lycaste skinneri, Cattleya skinneri* und *Odontoglossum uro-skinneri*). Seine Sammlungen bildeten die Grundlage zu J. Batemans wichtigem Werk »The Orchidaceae of Mexico and Guatemala« (1837). Skinners Herbarpflanzen befinden sich in Kew.

Smith, Johann Jacob (1867–1947) wurde in Antwerpen in Belgien geboren und erhielt seine Ausbildung als Gärtner zunächst in Amsterdam und später in Kew und Brüssel. Neben C. Blume verdanken wir ihm die meisten Kenntnisse über die Orchideen Indonesiens. 33 Jahre arbeitete er am Botanischen Garten in Buitenzorg (heute Bogor). Während dieser Zeit unternahm er weite Reisen nach Hinterindien, Malaysia und Holländisch-Neuguinea. Die Ergebnisse seiner Orchideenstudien erschienen hauptsächlich im »Bulletin du Jardin Botanique de Buitenzorg«. Veröffentlichungen von Smith umfassen Studien der Orchideen von Java, Sumatra, Malaya, Amboina und anderer Inseln. Die meisten der Beschreibungen sind mit Zeichnungen der Blüten versehen. Sein wichtigster Beitrag zur Kenntnis der Orchideen von Neuguinea besteht aus einer Reihe, die zwischen 1909 und 1934 unter dem Titel »Resultats de l'expedition scientifique Néerlandaise à la Nouvelle-Guinée« veröffentlicht wurde. Die Herbarpflanzen von J. J. Smith befinden sich in Bogor und Leiden.

Summerhayes, Victor Samuel (1897–1974) wurde in Street in Somerset geboren. Als Nachfolger von R. A. Rolfe war er Leiter des Orchideenherbariums der Botanischen Gärten in Kew. Sein Hauptinteresse galt dem Studium afrikanischer Orchideen. Er schrieb Beiträge über diese Familie für die »Flora of West Tropical Africa« (1936; 2. Auflage 1968) und die »Flora of Tropical East Africa«, Teil I (1968). Darüber hinaus war Summerhayes eine Autorität für europäische Orchideen, was in seinem Buch »The Wild Orchids of Britain« (1951; 2. Auflage 1968) zum Ausdruck kommt. Die Gattung *Summerhayesia* trägt seinen Namen. Von Summerhayes gesammelte Herbarpflanzen befinden sich in Kew.

Swartz, Olof (1760–1818) stammte aus Nordkoping in Schweden und studierte als Schüler von Linnés Sohn in Upsala. Im Jahre 1783 begann er eine Reise, die ihn zunächst für ein Jahr nach Nordamerika und dann bis zu seiner Heimkehr 1786 nach Jamaika, St. Domingo, den Westindischen Inseln und an die Nordküste von Südamerika führte. Zu seinen wichtigsten Werken über Orchideen zählen »Prodromus Descriptionem Vegetabilium in Indiam Occidentalem« (1778) und die Orchideenbearbeitung in »Flora Indiae Occidentales« (1797–1806), wo er 27 Arten und 13 Gattungen abhandelt. Die beiden Werke bilden den Grundstein unserer Kenntnisse über Orchideen der amerikanischen Tropen. Ein weiteres, für die Orchideenmorphologie sehr wichtiges Werk war »Orchidernes Slägter ach Arter Upstallde« (1800). Von Swartz gesammelte Pflanzen befinden sich in den Herbarien von Stockholm und Upsala.

Thomson, Thomas (1817–1878) kommt aus Glasgow, wo er später ein Schüler von W. J. Hooker wurde. Im Jahre 1849 begleitete er J. D. Hooker auf einer Expedition in den Himalaja, die eine reichhaltige Orchideensammlung einbrachte. In den Jahren zwischen 1854 und 1861, als Superintendant des Botanischen Gartens in Kalkutta, sammelte er Pflanzen in Kaschmir. Seine Sammlungen befinden sich in Kew, Oxford und im Britischen Museum (N. H.).

Veitch, Sir Harry James (1840–1924) wurde in Exeter in Devon als jüngster Sohn von James Veitch (1815–1869), dem Begründer der später zu Weltruhm gelangten Gartenfirma geboren.
Im Jahre 1865 wurde er Mitinhaber der Firma, die 12 Jahre zuvor nach Chelsea umgesiedelt war. H. G. Reichenbach benannte *Masdevallia harryana* nach ihm.

Veitch, James Herbert (1868–1907) wurde als Sohn von H. J. Veitch in Chelsea geboren. Er unternahm im Auftrag der Firma Sammelreisen hauptsächlich nach Japan, Indien und Australien. Als Autor wurde er durch sein »Hortus Veitchii« (1906) bekannt. Alle seine Herbarpflanzen befinden sich in Kew.

Veitch, John Gould (1839–1870) wurde als zweiter Sohn von James Veitch in Exeter geboren. Auch er sammelte für den Familienbetrieb Pflanzen in Japan, China, auf den Philippinen (1860), in Australien und auf den Pazifischen Inseln (1864). Seine Sammlungen befinden sich ebenfalls in Kew.

Wallich, Nathaniel (ursprünglich Wolff, N.) (1786–1854) stammt aus Kopenhagen. Als Schüler von Vahl studierte er an der dortigen Universität Medizin und Botanik und wurde 1807 als Arzt der dänischen Siedlung in Serampore in Indien angestellt. 1813 trat er in den Dienst der »East India Company« und war von 1815–1845 als Vorsteher des Botanischen Gartens in Kalkutta. Während dieser Zeit sammelte er ausgiebig in Nepal. Die Ergebnisse seiner Sammelreisen veröffentlichte Wallich in »Tentamen Florae Nepalensis Illustratae« (1824) und »Plantae Asiaticae Rariores« (1830–1832). Sein Katalog nepalesischer Pflanzen wurde nie veröffentlicht, aber die Katalognamen von Orchideen wurden weitgehend von John Lindley »Genera and Species of Orchidaceous Plants« (1830–1840) verwendet. Herbarium in Kew.

Wallis, Gustav (1830–1878) wurde in Lüneburg geboren. Nach Lehrjahren als Gärtner in Detmold und München wurde er zur Gründung einer Gärtnerei nach Brasilien gesandt. Das Unternehmen endete 1858 durch Bankrott. Er selbst hatte das Glück, von Jean Linden angestellt zu werden, der ihn zum Pflanzensammeln nach Brasilien schickte, wo er den Amazonasstrom bis zur Quelle verfolgte. Im Jahre 1870 beauftragte ihn die Firma Veitch & Sons, auf den Philippinen nach *Phalaenopsis*-Arten zu suchen. Zwei Jahre darauf war er für die gleiche Firma auf der Suche nach wertvollen Orchideen in Kolumbien. Zahlreiche seiner Entdeckungen wurden ihm zu Ehren benannt, darunter *Epidendrum wallisii, E. pseudowallisii* und *Masdevallia wallisii.* Herbarium in Kew und Wien.

Warner, Robert (ca. 1814–1896) war der Verfasser des Werkes »Select Orchidaceous Plants« (1862–1891). Außerdem schrieb er gemeinsam mit B. S. Williams das »Orchid Album« (2 Bände, 1882–1897). *Cattleya warneri* wurde nach ihm benannt.

Warscewicz, Josef Ritter von Rawicz (1812–1866) stammt aus Wilno in Littauen. Aus politischen Gründen verließ er seine Heimat und arbeitete von 1840–1844 als Assistent am Botanischen Garten in Berlin. Nach Abschluß seiner Ausbildung reiste er mit finanzieller Unterstützung des Gärtnereibesitzers M. van Houte in Gent nach Guatemala, wo er Orchideen und andere Tropenpflanzen sammelte. Durch seine Tätigkeit erhielten die botanischen Gärten auf dem europäischen Festland, wie Hamburg, Berlin, Erfurt und Zürich, erstmals direkt und in großen Mengen Samen und Knollen lebender Orchideen, die zuvor im wesentlichen immer nach England gelangten. Warscewicz sammelte mehrere Jahre in den Gebirgen von Guatemala bis nach Panama, wo er unter anderem auch die prächtige *Cattleya dowiana* entdeckte.
Im Jahre 1849 suchte er in Kolumbien Orchideen, aber ein Jahr darauf zwang ihn das Gelbfieber zur Rückkehr nach Europa, wo er in Berlin H. G. Reichenbach kennenlernte und ihn bei seinen Orchideenstudien unterstützte. Kaum geheilt, reiste er 1851 wieder in die Neue Welt, wo er in den nächsten drei Jahren in Ekuador, Peru und Bolivien große Mengen Orchideen sammelte, bis ihn 1853 das Gelbfieber ein zweites Mal zur Heimreise zwang. Schließlich wurde er zum Kurator des Botanischen Gartens in Krakau berufen. Neben der von H. G. Reichenbach aufgestellten Gattung *Warscewiczella* wurden zahlreiche Orchideenarten nach ihm benannt. Sein eigenes Herbarium wurde in Berlin während des Krieges zerstört, aber viele seiner Pflanzen kann man noch in Kew und Wien finden.

Welwitsch, Friedrich Martin Joseph (1806–1872) wurde in Maria-Saal bei Klagenfurt geboren. Nach Abschluß seines Medizinstudiums in Wien siedelte er 1839 nach Lissabon über, wo er später Direktor des Botanischen Gartens wurde. Von 1853–1861 sammelte er in Angola Pflanzen, die zum Teil noch unbekannt waren. H. G. Reichenbach benannte einige Pflanzen nach ihm; auch *Welwitschia mirabilis* ehrt seinen Namen. Seine Herbarpflanzen befinden sich im Britischen Museum (N. H.), in Kew, Lissabon und Wien.

Wight, R. (1796–1872) stammte aus Milton in Schottland. Er studierte in Edinburgh Medizin und reiste 1819 als Assistenzarzt der »East India Company« nach Indien. Im Jahre 1826 wurde er zum Vorsteher des Botanischen Gartens zu Madras berufen. Unter seinen vielen Veröffentlichungen über die Pflanzenwelt Indiens sind besonders »Icones Plantarum Indiae Orientalis« (1840–1853) und (mit G. Arnott) »Prodromus Florae Peninsulae Orientalis« (1834) hervorzuheben. Wallich benannte die Gattung *Wightia* nach ihm. Seine Herbarpflanzen befinden sich in Kew.

Williams, Benjamin Samuel (1824–1890) wurde in Hoddesdon in Hertfordshire geboren. Nachdem er als Gärtner für Robert Warner gearbeitet hatte, gründete er zusammen mit Robert Parker 1854 einen Gärtnereibetrieb in Holloway, den er später unter dem Namen Victoria and Paradise Nursery nach Upper Holloway verlegte. Am besten wurde er als Verfasser des »Orchid-growers' Manual« (1852) bekannt. Dieses Werk war so erfolgreich, daß es nicht weniger als 7 Neuauflagen erreichte. Außerdem ist Williams der Mitverfasser des »Orchid Album« (siehe unter Warner) und Autor mehrerer Beiträge zu Warners weiterem Werk. *Dendrobium williamsianum* trägt seinen Namen.

Literaturverzeichnis

Ausgewählte Literatur

Arditti, J.: Orchid Biology, Reviews and Perspectives. Cornell U.P., Ithaca, London 1977.

Bateman, J.: Second Century of Orchidaceous Plants. L. Reeve & Co., London 1867.

Bateman, J.: A Monograph of Odontoglossum. L. Reeve & Co., London 1874.

Bauer, F., and Lindley, J.: Illustrations of Orchidaceous Plants. J. Ridgway & Sons, London 1830–1838.

Bechtel, H.: Orchideen im Heim. Landbuch Verlag, Hannover 1969.

Bechtel, H.: Exotische Orchideen. Franckh, Stuttgart 1971.

Bechtel, H.: Wunderbare und geheimnisvolle Welt der exotischen Orchideen. Bertelsmann, Gütersloh 1977.

Bechtel, H.: Orchideen – mein Hobby. Hallwag, Bern 1980.

Bernard, N.L.: L'évolution dans la symbiose. In: Annales des Sciences Naturelles, Botanique, 1–96, 1909.

Bentham, G., and Hooker, J.D.: Orchideae. In: Genera Plantarum 3. L. Reeve & Co., London 1883.

Blume, C.L.: Collection des Orchidées. Sulpke, Amsterdam 1858.

Burgeff, H.: Die Samenkeimung der Orchideen. G. Fischer, Jena 1936.

Burgeff, H.: Mycorrhiza of Orchids. In Withner, C.: The Orchids – Scientific Studies, 361–396, 1959.

Cogniaux, A., et Goossens, A.: Dictionnaire Iconographique des Orchidées. 1–17, Brussels 1896.

Curtis, J.T.: The relation of the specificity of orchid mycorrhizal fungi to the problem of symbiosis. Amer. J. Bot. 26, 390–398, 1939.

Darwin, C.: On the various contrivances by which British and Foreign orchids are fertilized by insects. J. Murray, London 1862.

Dressler, R.: Classification of the Orchid Family in Proceedings of the 7th World Orchid Congress. 259–278, Medellin, Colombia 1974.

Dressler, R., and Dodson, C.: Classification and Phylogeny in the Orchidaceae. Annals of the Missouri Botanic Garden 47, 25–67, 1960.

Dunsterville, G.C.K.: A letter to orchid conservationists. Amer. Orchid Soc. Bull. 44, 883–885, 1975.

Ebel, F.: Schöne und seltsame Welt der Orchideen. Wasmuth, Tübingen 1971.

Fast, G.: Orchideenkultur. Ulmer, Stuttgart 1980.

Garay, L.: On the Origin of the Orchidaceae. Botanical Museum Leaflets of Harvard University 19 (3), 57–96, 1960.

Garay, L.: On the Origin of the Orchidaceae, 2. Journal of the Arnold Arboretum 52, 202–215, 1972.

Hagsater, E.: Can there be a different view of orchids and their conservation. Amer. Orchid Soc. Bull. 45, 18–21, 1976.

Harley, J.L.: The Biology of Mycorrhiza. London 1959.

Hawkes, A.D.: Encyclopaedia of Cultivated Orchids. Faber & Faber, London 1965.

Hirmer, M.: Wunderwelt der Orchideen. Hirmer, München 1974.

Hofmann, M.: Eine Statistik kultivierter Orchideen. Die Orchidee 26, 30–33, 1975.

Hooker, J.D.: A Century of Orchidaceous Plants. Reeve, Bentham & Reeve, London 1849.

Hunt, P.-F.: Conservation of Orchids. Orchid Rev. 76, 320–327, 1968.

International Orchid Commission: Handbook of Orchid Nomenclature, ed. 2. I.O.C., London 1976.

I.U.C.N.: Convention on International Trade. In: Endangered Species of Wild Fauna and Flora. Morges, Schweiz 1973.

Johanson, D.: The ecology of vascular epiphytes in West Africa. Acta Phytogeographia Suecica 59, 1–129, 1974.

Knudsen, L.: Non symbiotic germination of orchid seeds. Bot. Gazette 75, 1–25, 1922.

Knudsen, L.: Flower production by orchid grown non symbiotically. New Phytol. 32, 192–199, 1930.

Linden, J.: Pescatorea. Gand 1860.

Linden, J.: Lindenia. Gand 1885–1901.

Lindley, J.: Genera and Species of Orchidaceous Plants. Ridgways, London 1830–1840.

Lindley, J.: Sertum Orchidacearum. 1838–1842.

Lindley, J.: Folia Orchidacea. J. Matthews, London 1852–1859.

Melville, R.: Red Data Book, Vol. 5: Angiospermae, 1970.

Morel, G.M.: Clonal Multiplication of Orchids. In: Withner, C.: The Orchids – Scientific Studies, 169–222, 1974.

Northen, R.T.: Home Orchid Growing, ed. 2. Van Nostrand, Princeton 1962.

Pfitzer, E.: Orchidaceae. In: Engler and Prantl: Die natürlichen Pflanzenfamilien 2 (6), 52–220, 1889.

Procter, M., and Yeo, P.: The Pollination of Flowers. Collins, London 1973.

Reichenbach, H.G.: Xenia Orchidacea. A. Brockhaus, Leipzig 1854–1900.

Reichenbach, H.G.: Orchides. In: Walpers, Annales Botanices 6, 1864.

Reinekka, M.A.: A History of the Orchid. Univ. of Miami Press, Florida 1972.

Richter, W.: Die schönsten aber sind Orchideen. Neumann, Radebeul 1958.

Richter, W.: Orchideen pflegen, vermehren und züchten. Neumann-Neudamm, Melsungen 1969.

Rolfe, R.A., and Hurst, C.: Orchid Stud Book. F. Leslie & Co., Kew 1909.

Sander, D.: Orchideen und Orchideen-Pflege. Schmersow. Hildesheim 1969.

Sander, F.: Reichenbachia. St. Albans 1888–1894.

Sander, F.: Sander's Orchid Guide. St. Albans 1901.

Sander, F.: Sander's List of Orchid Hybrids. St. Albans 1906.

Sanford, W.W.: The Ecology of Orchids. In: Withner, C.: The Orchids, Scientific Studies, 1–100, 1974.

Schlechter, F.: Das System der Orchidaceen. Notizblatt des Botanischen Gartens und Museums, Berlin, 9, 563–591, 1926.

Schlechter, R.: Die Orchideen. 2. Aufl. Parey, Berlin 1927.

Schlechter, R.: Die Orchideen. 3. Aufl. (F.G. Brieger, R. Maatsch, K. Senghas). Parey, Berlin und Hamburg. In Lieferungen ab 1970.

Schultes, R.E., and Pease, A.: Generic Names of Orchids. Academic Press, New York, London 1963.

Schweinfurth, C.: The Classification of Orchids. In: Withner, C.: The Orchids, a Scientific Survey, 15–43, 1959.

Summerhayes, V.S.: The Wild Orchids of Britain, ed. 2. Collins, London 1968.

Van der Pijl, L., and Dodson, C.: Orchid Flowers – their pollination and evolution. University of Miami Press 1965.

Veitch, J.: A Manual of Orchidaceous Plants. J. Veitch & Sons, Chelsea 1887–1894.

Warner, R.: Select Orchidaceous Plants. Lovell Reeve & Co., London 1862–1878.

Warner, R., and Williams, B.S.: The Orchid Album. B.S. Williams, London 1882–1897.

Withner, C.: The Orchids – a Scientific Survey. Ronald, New York 1959.

Withner, C.: The Orchids – Scientific Studies. Wiley-Interscience, New York 1974.

Zander, Handwörterbuch der Pflanzennamen. Von Encke, Buchheim, Seybold. Ulmer, Stuttgart 1979.

Spezialliteratur (nach Regionen)

Europa und mittlerer Osten

Camus, E.G.: Monographie des Orchidées. Lechevalier, Paris 1908.
Danesch, O. und E.: Orchideen Europas. Hallwag, Bern 1962.
Danesch, O. und E.: Orchideen Europas: Südeuropa. Hallwag, Bern 1969.
Danesch, O. und E.: Orchideen Europas. Oprhys-Hybriden. Hallwag, Bern 1972.
Godfery, M.J.: British Orchidaceae. Cambridge U.P., Cambridge 1933.
Keller, G., und Schlechter, R.: Monographie und Iconographie der Orchideen Europas und des Mittelmeergebietes, 1–45: Fedde, Repertorium, Sonderbeiheft A, Berlin 1925–1943.
Landwehr, J.: Wilde Orchideeën van Europa, 2 vols. Natuurmonumenten, Nederland 1977.
Nelson, E.: Gestaltwandel und Artbildung erörtert am Beispiel der Orchidaceen Europas und der Mittelmeerländer, insbesondere der Gattung Ophrys. E. Nelson, Chernex-Montreux 1962.
Nelson, E.: Monographie und Ikonographie der Orchidacee-Gattung Serapias, Aceras, Loroglossum, Barlia. E. Nelson, Chernex-Montreux 1968.
Nelson, E.: Monographie und Ikonographie der Orchidaceen-Gattung Dactylorhiza. Speich, Zürich 1976.
Nelson, E., und Fischer, H.: Die Orchideen Deutschlands und der angrenzenden Gebiete. Frisch, Berlin 1931.
Reichenbach, H.G.: Orchideae. In: Flora Germanica Recensitae. Hofmeister, Leipzig 1851.
Summerhayes, V.S.: Wild Orchids of Britain, 2nd ed. Collins, London 1968.
Sundermann, H.: Europäische und mediterrane Orchideen. 2. Aufl. Brücke, Hannover 1975.
Die Orchidee. Herausgeber: Deutsche Orchideen-Gesellschaft. Brücke-Verlag, Kurt Schmersow, Hildesheim. Viele Artikel über Orchideen Europas und des mittleren Ostens ab 1949.

Japan, China und Zentralasien

Garay, L., and Sweet, H.: Orchids of Southern Ryukyu Islands. Botanical Museum, Harvard Univ., Cambridge, Mass. 1974.
Hu, S.Y.: The Orchidaceae of China. In: Quart. J. Taiwan Museum, ab 1971.
Hu, S.Y.: The Genera of Orchidaceae in Hongkong. The Chinese U.P., Hongkong 1977.
Kraenzlin, F.: Orchidacearum Sibiriae Enumeratio. Fedde, Repertorium, Beihefte 65, 1931.
Lin, T.-P.: Native Orchids of Taiwan. 2 vols. Taipei, Taiwan ab 1975.
Maekwa, F.: The Wild Orchids of Japan in colour. Tokyo 1971.
Schlechter, R.: Orchideologiae Sino-Japonicae Prodromus. Fedde, Repertorium, Beihefte 4, 1919.

Indien und Birma

Duthie, J.F.: The Orchids of the North-Western Himalaya. Annals of the Royal Botanic Garden, Calcutta, 9, 1906.
Grant, B.: The Orchids of Burma. Rangoon 1895.
Hooker, J.D.: Orchideae. Flora of British India, 5, L. Reeve & Co., London 1890.
Hooker, J.D.: A Century of Indian Orchids. Annals of the Royal Botanic Garden, Calcutta, 5, 1895.
King, G., and Pantling, R.: The Orchids of the Sikkim-Himalaya. Annals of the Royal Botanic Garden, Calcutta, 8, 1898.
Pradhan, U.C.: Indian Orchids: Guide to Identification and Culture. 2 vols. Kalimpong 1976–1979.

Südost-Asien und Indonesien

Ames, O., and Schweinfurth, C.: The Orchids of Mount Kinabalu, British North Borneo. Orchidaceae, 6, Merrymount Press, Boston 1920.
Backer, C.A.: Beknopte Flora van Java – Orchidaceae 1–3. Rijksherbarium, Leiden 1952.
Gagnepain, F., et Guillaumin, A.: Orchidacées. Flore Générale de L'Indo-Chine, 2, Masson, Paris 1932.
Holttum, R.E.: Orchids of Malaya, ed. 3. In: A Revised Flora of Malaya. Government Printing Office, Singapore 1964.
Schlechter, R.: Blütenanalysen neuer Orchideen IV. Indische und malesische Orchideen. Fedde, Repertorium, Beihefte, 74, 1934.
Seidenfaden, G.: Contribution to a Revision of the Orchid Flora of Cambodia, Laos and Vietnam, 1. A Preliminary Enumeration. Fredensborg, Denmark 1975.
Seidenfaden, G.: Orchid Genera in Thailand. Dansk Botanisk Arkiv ab 1975.
Seidenfaden G., and Smitinand, T.: Orchids of Thailand, 1–4. The Siam Society, Bangkok 1959–1964.
Smith, J.J.: Icones Bogorienses – Orchidées. E.J. Brill, Leiden 1903.
Smith, J.J.: Die Orchideen von Ambon. Landsdrukkerij, Batavia 1905.
Smith, J.J.: Die Orchideen von Java in Flora von Buitenzorg, 6, 1905.
Smith, J.J.: Die Orchideen von Java, 1–8. In: Bulletin du Departement de l'Agriculture aux Indes Néerlandaises, and in: Bulletin du Jardin Botanique de Buitenzorg 1905–1924.
Smith, J.J.: Orchidaceae Buruenses. In: Bulletin du Jardin Botanique de Buitenzorg 9, 1928.
Smith, J.J.: Orchidaceae Seranenses. In: Bulletin du Jardin Botanique de Buitenzorg 10, 1928.
Smith, J.J.: Icones Orchidacearum Malayensium, 1–2. In: Bulletin du Jardin Botanique de Buitenzorg, 1930–1938.
Smith, J.J.: On a collection of Orchidaceae from Central Borneo. Bulletin du Jardin Botanique de Buitenzorg, 11, 1931.
Smith, J.J.: Enumeration of the Orchidaceae of Sumatra and neighbouring islands. Fedde, Repertorium, 32, 1933.

Philippinen

Ames, O.: Notes on Philippine Orchids. The Philippine Journal of Science 4, 1909.
Ames, O.: Orchidaceae 1–3, 5–7. Several articles on Philippine orchids 1905–1922.
Ames, O.: Schedulae Orchidianae. Several new species of Philippine orchids described 1922–1930.
Ames, O.: Enumeration of Philippine Apostasiaceae and Orchidaceae, in: Enumeration of Philippine Flowering Plants. Manila, Philippines 1925.
Ames, O., and Quisumbing, E.: New or Noteworthy Philippine Orchids, 1–6. The Philippine Journal of Science 44–59, 1931–1936.
Philippine Orchid Review. Viele Artikel über die philippinischen Orchideen, 1948–1959.

Neuguinea

Millar, A.: Orchids of Papua New Guinea. Australian National U.P., Canberra 1978.
Schlechter, R.: Die Orchidaceen von Deutsch-Neuguinea. Fedde, Repertorium, Beihefte 1 und 21, 1914–1928.
Smith, J.J.: Die Orchideen von Niederländisch-Neu-Guinea. In: Résultats de l'expedition scientifique Néerlandaises à la Nouvelle Guinée. E.J. Brill, Leiden 1909–1934.
Van Bodegom, J.: Enige Orchideeën van West Nieuw Guinea. Enschede, Nederland 1973.

Australien

Dockrill, A.W.: Australasian Sarcanthinae. The Australian Native Orchid Society, Sydney 1967.
Dockrill, A.W.: Australian Indigenous Orchids I. The Epiphytes; the Tropical Terrestrial Species. Halstead Press, Sydney 1969.
Firth, M.J.: Native Orchids of Tasmania. C.L. Richmond, Devonport, Tasmania 1965.
Fitzgerald, R.D.: Australian Orchids. Sydney 1875–1894.
Nichols, W.H.: Orchids of Australia. T. Nelson, Melbourne, Australia 1969.
Orchadian. Numerous articles on native species, ab 1963.

Pazifische Inseln

Guillaumin, A.: Orchidacées. In: Flore analytique et synoptique de la Nouvelle-Calédonie. Paris 1948.
Hallé, N.: Flore de la Nouvelle-Calédonie et Dependences 8. Orchidacées. Muséum National d'Histoire Naturelle, Paris 1977.
Hunt, P.F.: Orchids of the Solomon Islands. Philosophical Transactions of the Royal Society of London 255, 1969.
Kraenzlin, F.: Neu-Caledonische Orchideen. Viertel-

jahresschrift der Naturforschenden Gesellschaft, Zürich, 74, 1929.
Moore, L.B., and Edgar, E.: Orchidaceae. In: Flora of New Zealand, 2. Wellington, N.Z. 1970.
Parham, J.W.: Orchidaceae. In: Plants of the Fiji Islands. Suva, Fiji 1972.
Seemann, B.: Orchideae. In: Flora Vitiensis. L. Reeve & Co., London 1865–1873.

Tropisches Afrika

Morris, B.: Epiphytic Orchids of Malaŵi. The Society of Malawi, Blantyre 1970.
Piers, F.: Orchids of East Africa. 2nd ed. Cramer, Lehre 1968.
Rolfe, R.A.: Flora of Tropical Africa, 7: Orchidaceae. L. Reeve & Co., London 1897.
Schlechter, R.: Orchidaceae Stolzianae. In: Engler, A.: Botanische Jahrbücher 1915.
Schlechter, R.: Versuch einer natürlichen Neuordnung der afrikanischen angraekoiden Orchidaceen. Bot. Centralblatt, Beihefte, 36 (2), 1918.
Stewart, J.: Orchidaceae. In: Agnew, K.: Upland Kenya Wild Flowers. Oxford U.P. 1974.
Stewart, J., and Campbell, R.: Orchids of Tropical Africa. W.H. Allen, London 1970.
Summerhayes, V.S.: Numerous articles on the taxonomy of tropical African orchids. In: Kew Bulletin, 1927–1966.
Summerhayes, V.S.: Several articles on African orchids. Botanical Leaflets of Harvard University, 1942–1945.
Summerhayes, V.S.: Flora of West Tropical Africa. Orchidaceae, 2nd ed. London 1968.
Summerhayes, V.S.: Flora of Tropical East Africa, Orchidaceae pt. I. London 1968.
Williamson, G.: The Orchids of South Central Africa. Dent, London 1977.

Südafrika

Bolus, H.: Orchids of South Africa. W. Wesley & Son, London 1893–1913.
Harrison, E.R.: Epiphytic Orchids of Southern Africa. Durban 1972.
Kraenzlin, F.: Orchidacearum Genera et Species. I. Mayer & Müller, Berlin 1898.
Rolfe, R.A.: Flora Capensis, Orchidaceae. L. Reeve & Co., London 1913.
Schelpe, E.A.: An Introduction to the South African Orchids. MacDonald, London 1966.
Schlechter, R.: Contributions to South African orchidology. Annals of the Transvaal Museum 10, 1924.
South African Orchid Journal. Viele Berichte über südafrikanische Orchideen ab 1970.

Madagaskar und benachbarte Inseln

Perrier de la Bâthie, H.: Flore de Madagascar, Orchidacées. Tananarive 1939–1941.
Richard, A.: Orchidées des Iles de France et de Bourbon. Paris 1828.
Schlechter, R.: Orchidacéae de Madagascar – Orchidaceae Perrierianae Madagascarienses, 1913.
Thouars, A. du Petit: Orchidées des Iles Australes de l'Afrique. Paris 1913.

Nordamerika

Correll, D.S.: Native Orchids of North America. Stanford U.P., California 1950.
Luer, C.: The Native Orchids of Florida. New York Botanical Garden, 1972.
Luer, C.: The Native Orchids of the United States and Canada. New York Botanical Garden, 1975.

Mittelamerika

Ames, O., and Correll, D.S.: Orchids of Guatemala. In: Fieldiana, 1952–1953.
Bateman, J.: The Orchidaceae of Mexico and Guatemala, 1837–1843.
Hamer, F.: Las Orquideas de El Salvador. Min. de Educacion, San Salvador 1974.
Schlechter, R.: Beiträge zur Orchideenkunde von Zentralamerika. Fedde, Repertorium, Beihefte 17, 4–95, und 19, 3–307, 1922–1923.
Williams, L.O.: The Orchidaceae of Mexico. Ceiba 2, 1–321, 1951.
Williams, L.O.: An Enumeration of the Orchidaceae of Central America, British Honduras and Panama. Ceiba 5, 1–256, 1956.
Williams, L.O., and Allen, P.H.: Orchidaceae. In: Woodson, R.E., and Schery, R.W.: Flora of Panama. Ann. Missouri Bot. Garden, 1946–1949.

Antillen (Karibische Inseln)

Acuna Gate, J.: Catalogo Descriptivo de las Orquideas Cubanas. Estacion Experimental Agronomica, Boletin 60, Havana, Cuba 1938.
Cogniaux, A.: Orchidaceae. In: Urban, I.: Symbolae Antillanae, 6, 1909–1910.
Fawcett, W., and Rendle, A.B.: Orchidaceae. In: Flora of Jamaica, Vol. 1. British Museum, London 1910.
Garay, L., and Sweet, H.: Orchidaceae. In: Howard, R.A.: Flora of the Lesser Antilles. Arnold Arboretum, Harvard University, Jamaica Plain, Mass. 1974.
Schultes, R.E.: Native Orchids of Trinidad. Pergamon Press, Oxford 1960.

Südamerika

Cogniaux, A.: Orchidaceae. In: Martius, Flora Brasiliensis, Leipzig 1893–1906.
Correa, M.N.: Orchidaceae. In: Flora Patagonica 8, 1970.
Dunsterville, G.C.K.: Die Welt der Orchideen. Lectura Verlag, Caracas 1962.
Dunsterville, G.C.K., and Garay, L.: Venezuelan Orchids Illustrated, 1–6, 1959–1976.
Dunsterville, G.C.K., and Garay, L.: Orchids of Venezuela – an Illustrated Field Guide. Botanical Museum, Harvard University, Cambridge, Mass. 1979.
Foldats, E.: Orchidaceae. In: Flora de Venezuela, 15. Instituto Botanico, Caracas 1969–1970.
Hoehne, F.C.: Flora Brasilica – Orchidaceas. Noch unvollständig. São Paulo 1940–1953.
Hoehne, F.C.: Iconografia de Orchidaceas do Brasil. Gekürzte Ausgabe. São Paulo 1949.
Pabst, G., und Dungs, F.: Orchidaceae Brasilienses, 2 Bände. Brücke-Verlag, Kurt Schmersow, Hildesheim 1975–1977.
Rodrigues, J. Barbosa: Genera et Species Orchidearum Novarum. Fleiuss, Rio de Janeiro 1877.
Schlechter, R.: Mehrere längere Artikel über südamerikanische Arten und Gattungen. In: Fedde, Repertorium, Beihefte. 1919–1929.
Schlechter, R., and Hoehne, F.C.: Contribuicões ao Conhecimento das Orquidáceas do Brasil. In: Anexos das Memorias do Instituto de Butantan; und in: Archivos de Botanico do Estado de São Paulo, 1921–1922.
Schweinfurth, C.: Orchids of Peru. In: Fieldiana 1958–1961; Ergänzungen in Fieldiana, Chicago 1970.
Williams, L.O.: Las Orquideas del Noroeste Argentino. Lilloa 4, 1939.
American Orchid Society Bulletin. Viele Beiträge über südamerikanische Orchideen; ab 1932.
Bradea. Vile Beiträge über brasilianische Orchideen; ab 1969.
Orchid Digest. Viele Beiträge über südamerikanische Orchideen; ab 1937.
Orquidea. Vile Beiträge über brasilianische Orchideen; 1938–1973.
Orquideologia. Beiträge hauptsächlich über kolumbische Orchideen; ab 1966.

ster

cyan.
→ *Acam. rig.*
am. rig.
rig.
rig.
up.
. chrys.
n. chrys.
– *cin. chrys.*
Acoridium Nees ... *Dendrch.*
– *cobbianum* (Rchb. f.) Rolfe → *Dendrch. cobb.*
– *filiforme* (Lindl.) Rolfe → *Dendrch. fili.*
Acronia phalangifera Presl → *Pleur. phal.*
Acropera loddigesii Lindl. → *Gong. gal.*
Ada lehmannii Rolfe → *Ada aur.*
Aerangis albido-rubra (De Wild.) Schltr. → *Aerang. rhod.*
– *crassipes* Schltr. → *Aerang. styl.*
– *flabellifolia* Rchb. f. → *Aerang. brach.*
– *rohlfsiana* (Kraenzl.) Schltr. → *Aerang. branch.*
– *venusta* Schltr. → *Aerang. styl.*
Aeranthes calceolus (Thou.) S. Moore → *Angrcm. calc.*
– *leonis* Rchb. f. → *Angrcm. leo.*
– *muscicola* Rchb. f. → *Rang. musc.*
– *perrieri* Schltr. → *Neob. perr.*
– *sesquipedale* (Thou.) Lindl. → *Angrcm. sesq.*
– *volucris* (Thou.) Rchb. f. → *Oeon. vol.*
Aerides affine Wall. → *Aerid. mult.*
– *ampullaceum* Roxb. → *Asco. amp.*
– *angustifolia* Hooker f. → *Ren. mat.*
– *arachnites* Sw. → *Arach. flos.*
– *calceolare* J.E. Smith → *Gast. calc.*
– *cornutum* Roxb. → *Aerid. odor.*
– *cristatum* Wall. mss. → *Vand. cris.*
– *cylindricum* Hooker → *Aerid. vand.*
– *decumbens* Griff. → *King. decum.*
– *guttatum* Roxb. → *Rhyn. ret.*
– *latifolium* Thwaites → *King. decum.*
– *lobbii* hort. → *Aerid. mult.*
– *matutinum* Blume → *Ren. mat.*
– *praemorsum* Willd. → *Rhyn. ret.*
– *radiatum* Roxb. ex Lindl. → *Cirr. roxb.*
– *retusum* Sw. → *Rhyn. ret.*
– *rigida* J.E. Smith → *Acam. rig.*
– *roseum* Lodd. ex Paxt. → *Aerid. mult.*
– *spicatum* D. Don → *Rhyn. ret.*
– *thunbergii* Miq. → *Neof. falc.*
– *tessellatum* (Roxb.) Wight → *Vand. tess.*
– *trigonum* Klotzsch → *Aerid. mult.*
– *umbellatum* Wall. → *Gast. acut.*
– *veitchii* hort. → *Aerid. mult.*
– *williamsonii* Warner → *Aerid. field.*
Aerobion maculatum (Lindl.) Sprengel → *Oec. mac.*

Aganisia coerulea Rchb. f. → *Acac. cyan.*
– *tricolor* Batem. → *Acac. cyan.*
Alismorkis Thou. → *Calan.*
– *discolor* (Lindl.) O. Ktze. → *Calan. disc.*
Angorchis eburnea O. Ktze. → *Angrcm. ebur.*
– *fastuosa* (Rchb. f.) O. Ktze. → *Aerang. fast.*
– *scottiana* (Rchb. f.) O. Ktze. → *Angrcm. scott.*
– *sesquipedalis* (Thou.) O. Ktze. → *Angrcm. sesq.*
Angraecopsis falcata (Thunb.) Schltr. → *Neof. falc.*
Angraecum albido-rubrum De Wild. → *Aerang. rhod.*
– *arcuatum* Lindl. → *Cyrt. arc.*
– *articulatum* Rchb. f. → *Aerang. art.*
– *ashantense* Lindl. → *Diaph. bid.*
– *batesii* Rolfe → *Rang. musc.*
– *bicaudatum* Lindl. → *Trid. bic.*
– *bilobum* Lindl. var. *kirkii* Rchb. f. → *Aerang. kirk.*
– *brongniartianum* Rchb. f. → *Angrcm. ebur.*
– *cephalotes* (Rchb. f.) Kraenzl. → *Ancistror. ceph.*
– *chailluanum* Hooker f. → *Cyrt. chaill.*
– *christyanum* Rchb. f. → *Calyp. chris.*
– *comorense* Kraenzl. → *Angrcm. ebur.*
– *descendans* Rchb. f. → *Aerang. art.*
– *falcatum* (Thunb.) Lindl. → *Neof. falc.*
– *fastuosum* Rchb. f. → *Aerang. fast.*
– *fournierae* André → *Aerang. styl.*
– *giryamae* Rchb. f. → *Angrcm. ebur.*
– *guyonianum* Rchb. f. → *Micro. guy.*
– *humblotii* Rchb. f. → *Angrcm. leo.*
– *kirkii* Rolfe → *Aerang. kirk.*
– *kotschyanum* Rchb. f. → *Aerang. kots.*
– *kotschyi* Rchb. f. → *Aerang. kots.*
– *laciniatum* Kraenzl. → *Trid. bic.*
– *maculatum* Lindl. → *Oec. mac.*
– *mirabile* hort. → *Aerang. rhod.*
– *odoratissimum* Rchb. f. → *Cham. odor.*
– *pellucidum* Lindl. → *Diaph. pell.*
– *pertusum* Lindl. → *List. pert.*
– *philippinense* Ames → *Ames. phil.*
– *polystachyum* (Thou.) Rchb. f. → *Oeonl. poly.*
– *reichenbachianum* Kraenzl. → *Angrcm. scott.*
– *rhodostictum* Kraenzl. → *Aerang. rhod.*
– *rhopaloceras* Schltr. → *Angrcm. calc.*
– *rohlfsianum* Kraenzl. → *Aerang. brach.*
– *stylosum* Rolfe → *Aerang. styl.*
– *subfalcifolium* De Wild. → *Diaph. bid.*
– *superbum* Thou. → *Angrcm. ebur.*
– *virens* Lindl. → *Angrcm. ebur.*
– *voeltzkowianum* Kraenzl. → *Angrcm. ebur.*
Anguloa superba H.B.K. → *Acin. sup.*
Ania hookeriana (King et Pantling) Tang et Wang → *Tai. hook.*
Anisopetalum careyanum Hooker → *Bulb. car.*
Aporum anceps Lindl. → *Dendrb. leo.*
– *indivisum* Lindl. → *Dendrb. leo.*

– *leonis* Lindl. → *Dendrb. leo.*
Arachnanthe clarkei (Rchb. f.) Rolfe → *Esm. clark.*
– *moschifera* Blume → *Arach. flos.*
Arachnis bella (Rchb. f.) J. J. Smith → *Esm. clark.*
– *clarkei* (Rchb. f.) J. J. Smith → *Esm. clark.*
– *moschifera* Blume → *Arach. flos.*
Arachnites lutea (Cav.) Tod. → *Oph. lut.*
Arpophyllum cardinale Linden et Rchb. f. → *Arpo. gig.*
– *jamaicense* Schltr. → *Arpo. gig.*
– *squarrosum* hort. → *Arpo. gig.*
– *stenostachyum* Schltr. → *Arpo. gig.*
Arundina bambusifolia (Roxb.) Lindl. → *Arun. gram.*
Ascotainia hookeriana (King et Pantling) Ridley → *Tai. hook.*
Aviceps Lindl. → *Satyr.*

Batemannia burtii Endres et Rchb. f. → *Hunt. mel.*
– *meleagris* (Lindl.) Rchb. f. → *Hunt. mel.*
Bathiea perrieri (Schltr.) Schltr. → *Neob. perr.*
Bifrenaria aurantiaca Lindl. → *Rud. aur.*
Birchea teretifolia A. Rich. → *Lui. tenu.*
Bletia albida (Lindl.) Rchb. f. → *Lael. alb.*
– *anceps* (Lindl.) Rchb. f. → *Lael. anc.*
– *angustata* Gagn. → *Spath. plic.*
– *autumnalis* (Lindl.) Rchb. f. → *Lael. aut.*
– *capitata* R. Br. → *Ell. cap.*
– *cinnabarina* (Lindl.) Rchb. f. → *Lael. cinn.*
– *crispa* (Lindl.) Rchb. f. → *Lael. crisp.*
– *digbyana* (Lindl.) Rchb. f. → *Brass. dig.*
– *gebina* Lindl. → *Bletil. str.*
– *glauca* (Lindl.) Rchb. f. → *Brassv. glau.*
– *gloriosa* (Rchb. f.) Rchb. f. → *Schom. glor.*
– *graminifolia* D. Don → *Arun. gram.*
– *longipes* (Rchb. f.) Rchb. f. → *Lael. long.*
– *lundii* (Rchb. f. et Warming) Rchb. f. et Warming → *Lael. lund.*
– *pumila* (Hooker) Rchb. f. → *Lael. pum.*
– *rodriguesii* Cogn. → *Bletia cat.*
– *sanguinea* Poepp. et Endl. → *Bletia cat.*
– *sherrattiana* Batem. ex Lindl. → *Bletia cat.*
– *striata* (Thunb.) Druce → *Bletil. str.*
– *tuberculosus* Sprengel → *Phai. tub.*
– *undulata* (Lindl.) Rchb. f. → *Schom. und.*
– *watsonii* Hooker → *Bletia cat.*
Bletilla gebina (Lindl.) Rchb. f. → *Bletil. str.*
Bollea pulvinaris Rchb. f. → *Boll. coel.*
– *wendlandiana* Rchb. f. → *Chon. arom.*
Brassavola cocoensis Kraenzl. → *Brassv. ceb.*
– *cuspidata* Hooker → *Brassv. cuc.*
– *fragrans* Lemaire → *Brassv. tub.*
– *gibbiana* hort. → *Brassv. tub.*
– *perrinii* Lindl. → *Brassv. tub.*
– *rhopalorrhachis* Rchb. f. → *Brassv. nod.*
– *venosa* Lindl. → *Brassv. nod.*

Brassia angusta Lindl. → *Brass. lawr.*
– *aristata* Lindl. → *Brass. verr.*
– *brachiata* Lindl. → *Brass. verr.*
– *cinnabarina* Linden ex Lindl. → *Ada aur.*
– *cinnamomea* Linden ex Lindl. → *Ada keil.*
– *cochleata* Knowles et Westcott → *Brass. lawr.*
– *coryandra* C. Morr. → *Brass. verr.*
– *glumacea* Lindl. → *Ada glum.*
– *guttata* Lindl. → *Brass. mac.*
– *havanensis* hort. ex Lindl. → *Ada keil.*
– *imbricata* Lindl. → *Ada glum.*
– *keiliana* Rchb. f. ex Lindl. → *Ada keil.*
– *lawrenceana* Lindl. var. *longissima* Rchb. f. → *Brass. long.*
– *lewisii* Rolfe → *Brass. caud.*
– *longiloba* DC. → *Brass. verr.*
– *longissima* Schltr. → *Brass. long.*
– *ophioglossoides* Klotzsch et Karst. → *Brass. verr.*
– *wrayae* Skinner → *Brass. mac.*
Broughtonia Lindl. non R. Br. → *Otoc.*
– *coccinea* Lindl. → *Brou. sang.*
– *grandiflora* (H. B. K.) Sprengel → *Max. grand.*
Bulbophyllum breviscapum (Rolfe) Ridley → *Bulb. las.*
– *careyanum* Wall. non Sprengel → *Bulb. crass.*
– *clavigerum* Fitzg. → *Cirr. umb.*
– *godseffianum* Weathers → *Bulb. dear.*
– *leptorhachis* Schltr. → *Bulb. falc.*
– *lichenastrum* F. Muell. → *Dendrb. lich.*
– *longifolium* Thou. → *Cirr. umb.*
– *longissimum* (Ridley) Ridley → *Cirr. long.*
– *mastersianum* (Rolfe) J. J. Smith → *Cirr. mast.*
– *medusae* (Lindl.) Rchb. f. → *Cirr. med.*
– *ornatissimum* (Rchb. f.) J. J. Smith → *Cirr. orn.*
– *roxburghii* (Lindl.) Rchb. f. → *Cirr. roxb.*
– *taylori* F. Muell. → *Cad. tayl.*
Burlingtonia Lindl. → *Rodr.*
– *amoena* Planchon → *Rodr. dec.*
– *batemannii* Cogn. → *Rodr. bate.*
– *candida* (Lindl.) Lindl. → *Rodr. cand.*
– *decora* Lemaire → *Rodr. dec.*
– *rubescens* Lindl. → *Rodr. bate.*

Calanthe amamiana Fukuyama → *Calan. disc.*
– *comosa* Rchb. f. → *Calan. trip.*
– *corymbosa* Lindl. → *Calan. sylv.*
– *furcata* Batem. ex Lindl. → *Calan. trip.*
– *hosseusiana* Kraenzl. → *Calan. card.*
– *lurida* Decne. → *Calan. disc.*
– *natalensis* Rchb. f. → *Calan. sylv.*
– *perrottetii* A. Rich. → *Calan. trip.*
– *succedanea* Gagn. → *Calan. card.*
– *tokunoshimensis* Hatusim et Ida → *Calan. disc.*
– *veratrifolia* (Willd.) R. Br. → *Calan. trip.*
– *volkensii* Rolfe → *Calan. sylv.*
– *warpurii* Rolfe → *Calan. sylv.*
Callista aemula (R. Br.) O. Ktze. → *Dendrb. aem.*
– *amabilis* Kraenzl. → *Dendrb. herc.*
– *beckleri* (F. Muell.) O. Ktze. → *Dendrb. beck.*
– *gracilicaulis* (F. Muell.) O. Ktze. → *Dendrb. grac.*
– *hercoglossa* (Rchb. f.) O. Ktze. → *Dendrb. herc.*
– *kingianum* (Bidwill) O. Ktze. → *Dendrb. king.*
– *linguiformis* (Sw.) O. Ktze. → *Dendrb. ling.*
– *macfarlanei* (Rchb. f.) O. Ktze. → *Dendrb. john.*
– *rigida* (R. Br.) O. Ktze. → *Dendrb. rig.*
– *striolata* (Rchb. f.) O. Ktze. → *Dendrb. strio.*
– *smillieae* (F. Muell.) O. Ktze. → *Dendrb. smill.*
Camaridium Lindl. → *Max.*
Capanemia juergensenii (Kraenzl.) Schltr. → *Cap. sup.*
– *uliginosa* Barb. Rodr. → *Cap. sup.*
Catasetum baraquinianum Lemaire → *Cata. sacc.*
– *bungerothii* N. E. Br. → *Cata. pil.*
– *ciliatum* Barb. Rodr. → *Cata. disc.*
– *claesianum* Cogn. → *Cata. disc.*
– *claveringii* Lindl. ex Van Jeel → *Cata. macr.*
– *cogniauxii* Lindl. → *Cata. fimb.*
– *crinitum* Linden → *Cata. barb.*
– *cruciatum* Schltr. → *Cata. sacc.*
– *eburneum* Rolfe → *Dres. dil.*
– *floribundum* Hooker → *Cata. macr.*
– *gardneri* Schltr. → *Cata. disc.*
– *garnettianum* Rolfe → *Cata. barb.*
– *gnomus* hort. → *Cata gnom.*
– *heteranthum* Barb. Rodr. → *Cata. gnom.*
– *histrio* Klotzsch ex Rchb. f. → *Cata. sacc.*
– *incurvum* Klotzsch → *Cata. sacc.*
– *linguiferum* Schltr. → *Cata. macr.*
– *macrocarpum* Stein → *Cata. barb.*
– *maculatum* auct. non Kunth → *Cata. int.*
– *oerstedii* Rchb. f. → *Cata. macul.*
– *ornithorrhynchus* Porsch → *Cata. fimb.*
– *pflanzii* Schltr. → *Cata. fimb.*
– *polydactylon* Schltr. → *Cata. barb.*
– *proboscideum* Lindl. → *Cata. barb.*
– *roseoalbum* Lindl. → *Cata. disc.*
– *russellianum* Hooker → *Clow. russ.*
– *secundum* Klotzsch ex Rchb. f. → *Cata. sacc.*
– *sodiroi* Schltr. → *Cata. platy.*
– *spinosum* Lindl. → *Cata. barb.*
– *stupendum* Cogn. → *Cata. sacc.*
– *suave* Ames et Schweinf. → *Dres. dil.*
– *tricolor* hort. ex Planchon → *Cata. macr.*
– *tridentatum* Hooker → *Cata. macr.*
– *wredeanum* Schltr. → *Cata. fimb.*
Cattleya amabilis hort. → *Catt. int.*
– *amethystina* C. Morr. → *Catt. int.*
– *bogotensis* Linden ex. C. Morr. → *Catt. tri.*
– *brysiana* Lemaire → *Lael. purp.*
– *bulbosa* Lindl. → *Catt. viol.*
– *casperiana* Rchb. f. → *Lael. purp.*
– *cernua* (Lindl.) Beer → *Sophr. cern.*
– *citrina* (La Llave et Lex.) Lindl. → *Enc. cit.*
– *coccinea* Lindl. → *Sophr. cocc.*
– *crispa* Lindl. → *Lael. crisp.*
– *dichotoma* (Ruiz et Pavon) Beer → *Sobr. dich.*
– *eliatior* Lindl. → *Catt. gutt.*
– *flavida* Klotzsch → *Catt. lute.*
– *fulva* Beer → *Catt. forb.*
– *gigas* Linden et André → *Catt. wars.*
– *guatemalensis* S. Moore → *Catt. deck.*
– *guttata* var. *leopoldii* (Verschaff. ex Lemaire) Rolfe → *Catt. leop.*
– *intermedia* Graham var. *angustifolia* Hort. → *Lael. perr.*
– *isopetala* Beer → *Catt. forb.*
– *labiata* var. *mendelii* Rchb. f. → *Catt. mend.*
– – var. *mossiae* Lindl. → *Catt. moss.*
– – var. *percivaliana* Rchb. f. → *Catt. perc.*
– – var. *trianae* (Linden ex Rchb. f.) Duchartre → *Catt. tri.*
– – var. *warscewiczii* Rchb. f. → *Catt. wars.*
– *lemoniana* Lindl. → *Catt. lab.*
– *lutea* Beer → *Lael. flav.*
– *malouana* Lindl. et Rodr. → *Catt. max.*
– *marginata* hort. → *Lael. pum.*
– *mcmorlandii* Nichols → *Catt. eld.*
– *meyeri* Regel → *Catt. lute.*
– *pauper* Vell. → *Catt. forb.*
– *pinelii* Lindl. → *Lael. pum.*
– *pumila* Hooker → *Lael. pum.*
– *quadricolor* Lindl. → *Catt. tri.*
– *skinneri* var. *parviflora* Hooker → *Catt. deck.*
– *sulphurea* hort. → *Catt. lute.*
– *superba* Schomb. ex Lindl. → *Catt. viol.*
– *superbiens* (Lindl.) Beer → *Schom. sup.*
– *undulata* (Lindl.) Beer → *Schom. und.*
– *vestalis* Hoffmannsegg → *Catt. forb.*
– *violacea* (Lindl.) Beer → *Sophrl. viol.*
– *virginalis* Linden et André → *Catt. eld.*
Cephalangraecum Schltr. → *Ancistrorh.*
Centrosis aubertii A. Rich. → *Calan. sylv.*
– *sylvatica* Thou. → *Calan. sylv.*
Ceratochilus oculatus Lodd. → *Stan. ocu.*
Ceratostylis latipetala Ames → *Cera. retis.*
– *rubra* Ames → *Cera. retis.*
Chelonanthera Blume → *Coel.*
– Blume → *Phol.*
– *speciosa* Blume → *Coel. spec.*
Chelonistele Pfitz. → *Coel.*
Chondrorhyncha discolor (Lindl.) P. H. Allen → *Cochle. disc.*
– *lojae* (Schltr.) Schweinf. → *Kef. loj.*
Chysis aurea var. *bractescens* P. H. Allen → *Chys. bract.*
Cirrhopetalum breviscapum Rolfe → *Bulb. las.*
– *longifolium* (Thou.) Schltr. → *Cirr. umb.*
– *thouarsii* Lindl. → *Cirr. umb.*
Cleisostoma spathulatum Blume → *Rob. spath.*
– *spicatum* Lindl. → *Rob. spath.*
Cochlioda sanguinea (Rchb. f.) Benth. → *Symp. sang.*
Coelandria smillieae (F. Muell.) Fitzg. → *Dendrb. smill.*
Coelia bella (Lemaire) Rchb. f. → *Both. bell.*
Coelogyne brunnea Lindl. → *Coel. fusc.*
– *convallariae* Rchb. f. → *Phol. conv.*
– *coronaria* Lindl. → *Eria cor.*
– *dayana* var. *massangeana* Ridley → *Coel. mass.*
– *densiflora* Ridley → *Coel. mass.*
– *fimbriata* auct. non Lindl. → *Coel. fulig.*
– *hookeriana* Lindl. → *Plei. hook.*
– *huettneriana* auct. → *Coel. lact.*
– *humilis* (J. E. Smith) Lindl. → *Plei. hum.*
– *imbricata* (Lindl.) Rchb. f. → *Phol. pall.*
– *laotica* Gagn. → *Coel. fimb.*
– *leungiana* Hu → *Coel. fimb.*
– *macrobulbon* Hooker f. → *Coel. roch.*
– *maculata* Lindl. → *Plei. mac.*
– *ochracea* Lindl. → *Coel. nit.*
– *ovalis* auct. → *Coel. fimb.*
– *ovalis* auct. non Lindl. → *Coel. fulig.*
– *pallida* (Lindl.) Rchb. f. → *Phol. pall.*
– *pilosissima* Planchon → *Coel. oval.*
– *plantaginea* Lindl. → *Coel. roch.*
– *porrecta* (Lindl.) Rchb. f. → *Otoc. porr.*
– *praecox* (J. E. Smith) Lindl. → *Plei. prae.*
– *reichenbachiana* T. Moore et Veitch → *Plei. prae.*
– *tomentosa* var. massangeana Ridley → *Coel. mass.*
– *triplicatula* Rchb. f. → *Coel. oval.*
– *wallichiana* Lindl. → *Plei. prae.*
Colax aromaticus (Hooker) Sprengel → *Lyc. arom.*
– *jugosus* (Lindl.) Lindl. → *Pabs. jug.*
Cranichis luteola Sw. → *Polys. conc.*
Crinonia Blume → *Phol.*
Comparettia rosea Lindl. → *Comp. falc.*
Crybe Lindl. → *Bletia*
Cryptosaccus scriptus Scheidw. → *Leoc. script.*

Cuitlauzina La Llave et Lex. → *Odont.*
– *pendula* La Llave et Lex. → *Odont. pend.*
Cyathoglottis candida Poepp. et Endl. → *Sobr. cand.*
Cybelion utriculariae Sprengel → *Ion. utri.*
Cyclopogon ovalifolium Presl → *Cycl. elat.*
Cycnoches barbatum Lindl. → *Polyc. barb.*
– *cucullata* Lindl. → *Cyn. lodd.*
– *musciferum* Lindl. → *Polyc. musc.*
Cymbidiella humblotii (Rolfe) Rolfe → *Cymbla. falc.*
– *rhodochila* (Rolfe) Rolfe → *Cymbla. pard.*
Cymbidium albuciflorum F. Muell. → *Cymb. mad.*
– *aloifolium* auct. → *Cymb. finl.*
– *amabile* (L.) Roxb. → *Phal. ama.*
– *andersonii* Andrews → *Cyrt. and.*
– *bambusifolium* Roxb. → *Arun. gram.*
– *crassifolium* Wall. → *Cymb. aloi.*
– *crispatum* Thunb. → *Lael. crisp.*
– *erectum* Wight → *Cymb. aloi.*
– *gibsonii* Paxt. → *Cymb. lanc.*
– *giganteum* (L.) Sw. → *Euloph. spec.*
– – Lindl. var. *lowianum* Rchb. f. → *Cymb. low.*
– *grandiflorum* Griff. → *Cymb. hook.*
– *hillii* F. Muell. → *Cymb. can.*
– *humblotii* Rolfe → *Cymbla. falc.*
– *hyacinthinum* J.E. Smith → *Bletil. str.*
– *iridifolium* A. Cunn. → *Cymb. mad.*
– *leai* Rendle → *Cymb. mad.*
– *mannii* Rchb. f. → *Cymb. aloi.*
– *moschatum* Willd. → *Dendrb. mosch.*
– *pendulum* auct. → *Cymb. finl.*
– *pumilum* Rolfe → *Cymb. flor.*
– *queenianum* Klinge → *Cymb. mad.*
– *rhodochilum* Rolfe → *Cymbla. pard.*
– *sikkimense* Hooker f. → *Cymb. dev.*
– *sparkesii* Rendle → *Cymb. can.*
– *striatum* (Thunb.) Sw. → *Bletil. str.*
– *syringodorum* Griff. → *Cymb. ebur.*
– *tenuifolium* (L.) Willd. → *Lui. ten.*
– *tenuifolium* Wight → *Lui. tere.*
– *tessalloides* Roxb. → *Vand. tess.*
– *tessellatum* (Roxb.) Sw. → *Vand. tess.*
– *triste* Roxb. → *Lui. tere.*
– *umbellatum* (Forst.) Sprengel → *Cirr. umb.*
– *violaceum* H.B.K. → *Catt. viol.*
Cynorkis purpurascens Hooker f. → *Cyn. low.*
Cypripedium appletonianum Gower → *Paph. appl.*
– *argus* Rchb. f. → *Paph. arg.*
– *assurgens* Raf. → *Cypr. calc.*
– *aureum* Raf. → *Cypr. calc.*
– *barbatum* Lindl. → *Paph. barb.*
– *bellatulum* Rchb. f. → *Paph. bell.*
– *bullenianum* Rchb. f. → *Paph. bull.*
– *callosum* Rchb. f. → *Paph. call.*
– *caudatum* Lindl. → *Phrag. caud.*
– *chamberlainianum* O'Brien → *Paph. cham.*
– *charlesworthii* Rolfe → *Paph. charl.*
– *ciliolare* Rchb. f. → *Paph. cil.*
– *concolor* Batem. → *Paph. conc.*
– – var. *godefroyae* Hemsley → *Paph. god.*
– *druryi* Bedd. → *Paph. dru.*
– *exul* (Ridley) Rolfe → *Paph. exul*
– *fairrieanum* Lindl. → *Paph. fair.*
– *flavescens* De Cand. → *Cypr. calc.*
– *furcatum* Raf. → *Cypr. calc.*
– *glanduliferum* Veitch → *Paph. praes.*
– *godefroyae* Godefroy-Lebeuf → *Paph. god.*
– *haynaldianum* Rchb. f. → *Paph. hayn.*
– *hirsutissimum* Lindl. → *Paph. hirs.*
– *hirsutum* (Farwell) Miller → *Cypr. reg.*
– *humboldtii* Rchb. f. → *Phrag. caud.*
– *humile* Salisb. → *Cypr. reg.*
– *insigne* Lindl. → *Paph. ins.*
– – var. *exul* Ridley → *Paph. exul*
– *javanicum* Lindl. et Paxt. → *Paph. jav.*
– *klotzschianum* Rchb. f. ex Schomb. → *Phrag. klotz.*
– *lawrenceanum* Rchb. f. → *Paph. lawr.*
– *lindleyanum* Schomb. → *Phrag. lindl.*
– *lowii* Lindl. → *Paph. low.*
– *luteum* Aiton → *Cypr. calc.*
– *mastersianum* Rchb. f. → *Paph. mast.*
– *niveum* Rchb. f. → *Paph. niv.*
– *parishii* Rchb. f. → *Paph. par.*
– *parviflorum* Salisb. → *Cypr. calc.*
– – Sims et Salisb. → *Cypr. calc.*
– *praestans* Rchb. f. → *Paph. praes.*
– *pubescens* Willd. → *Cypr. calc.*
– *purpuratum Lindl.* → *Paph. purp.*
– *rothschildianum* Rchb. f. → *Paph. roth.*
– *schlimii* (Rchb. f.) Batem. → *Phrag. schl.*
– *schomburgkianum* Klotzsch ex Schomb. → *Phrag. klotz.*
– *sinicum* Hance → *Paph. purp.*
– *spicerianum* Rchb. f. → *Paph. spic.*
– *stonei* Hooker f. → *Paph. ston.*
– *superbiens* Rchb. f. → *Paph. sup.*
– *tonsum* Rchb. f. → *Paph. tons.*
– *venustum* Wall. → *Paph. ven.*
– *victoria-mariae* Sander ex M.T. Master → *Paph. cham.*
– *victoria-regina* Sander → *Paph. cham.*
– *villosum* Lindl. → *Paph. vill.*
– *warscewiczianum* Rchb. f. → *Phrag. caud.*
Crystopera gigantea (L.) Lindl. → *Euloph. spec.*
Cyrtochilum bictoniense Batem. → *Odont. bict.*
– *citrinum* Hooker → *Onc. conc.*
– *flexuosum* (Lindl.) H.B.K. → *Onc. cim.*
– *macranthum* (Lindl.) Kraenzl. → *Onc. macr.*
– *retusum* Kraenzl. → *Odont. ret.*
– *stellatum* Lindl. → *Miltn. flav.*
Cyrtoglottis Schltr. → *Morml.*

Dendrobium acuminatum Rolfe → *Epig. acum.*
– *alboviride* Parish → *Dendrb. scab.*
– *amoenum* Wall. ex Lindl. → *Dendrb. aphyll.*
– *andersonianum* F.M. Bailey → *Dendrb. disc.*
– *andersonii* J. Scott → *Dendrb. drac.*
– *atractodes* Ridley → *Dendrb. heter.*
– *aureum* Lindl. → *Dendrb. heter.*
– *boxallii* Rchb. f. → *Dendrb. grat.*
– *brachycarpum* A. Rich. → *Aerang. brach.*
– *brisbanense* Rchb. f. → *Dendrb. grac.*
– *bullerianum* Batem. → *Dendrb. grat.*
– *bursigerum* Lindl. → *Dendrb. sec.*
– *calceolaria* Carey → *Dendrb. mosch.*
– *cariniferum* Rchb. f. → *Dendrb. will.*
– *catenatum* Lindl. → *Dendrb. mon.*
– *cebolleta* Jacq. → *Onc. ceb.*
– *ciliatum* Parish ex Hooker → *Dendrb. dela.*
– *coeleste* Loher → *Dendrb. vict.*
– *coelogyne* Rchb. f. → *Epig. coel.*
– *coerulescens* Lindl. → *Dendrb. nob.*
– *crassinode* Bens. et Rchb. f. → *Dendrb. pend.*
– *cultriforme* Thou. → *Polys. cult.*
– *cupreum* Herbert → *Dendrb. mosch.*
– *cymbidioides* (Blume) Lindl. → *Epig. cymb.*
– *dalhousieanum* Wall. → *Dendrb. pulch.*
– *densiflorum* Lindl. var. *farmeri* Regel → *Dendrb. farm.*
– *eburneum* Rchb. f. → *Dendrb. drac.*
– *elongatum* A. Cunn. → *Dendrb. grac.*
– *fellowsii* F. Muell. → *Dendrb. grac.*
– *flexuosum* Griff. → *Dendrb. long.*
– *foelschei* F. Muell. → *Dendrb. can.*
– *fredianum* Hort. → *Dendrb. long.*
– *fusiforme* (F.M. Bailey) F.M. Bailey → *Dendrb. rupp.*
– *grandiflorum* H.B.K. → *Max. grand.*
– *hanburyanum* Rchb. f. → *Dendrb. lit.*
– *harrisoniae* Hooker → *Bifr. harr.*
– *hedyosmum* Batem. → *Dendrb. scab.*
– *henshallii* Rchb. f. → *Dendrb. trans.*
– *hillii* Hooker f. → *Dendrb. spec.*
– *hirsutum* Griff. → *Dendrb. long.*
– *hispidum* F. Muell. non A. Rich. → *Cad. tayl.*
– *hollrungii* Kraenzl. var. *australiense* Rendle → *Dendrb. smill.*
– *imperatrix* Kraenzl. → *Dendrb. goul.*
– *imthurnii* Rolfe → *Dendrb. goul.*
– *infundibulum* Rchb. f. non Lindl. → *Dendrb. form.*
– *japonicum* Lindl. → *Dendrb. mon.*
– *javanicum* Sw. → *Eria jav.*
– *johansoniae* F.M. Bailey → *Dendrb. john.*
– *jonesii* Rendle → *Dendrb. grac.*
– *lawanum* Lindl. → *Dendrb. crep.*
– *leopardinum* Wall. → *Bulb. leop.*
– *leucorhodum* Scholz → *Dendrb. ano.*
– *lindleyanum* Griff. → *Dendrb. nob.*
– *lindleyi* Stend → *Dendrb. agg.*
– *lineale* Rolfe → *Dendrb. goul.*
– *linguella* J.J. Smith → *Dendrb. herc.*
– *lyonii* Ames → *Epig. acum.*
– *macfarlanei* Rchb. f. → *Dendrb. john.*
– *macranthum* Hooker → *Dendrb. ano.*
– *macrophyllum* Lindl. → *Dendrb. ano.*
– *marginatum* Teijsm. et Binnend → *Epig. cymb.*
– *melanophthalmum* Rchb. f. → *Dendrb. pend.*
– *milliganii* F. Muell. → *Dendrb. strio.*
– *monile* (Thunb.) Kraenzl. → *Dendrb. mon.*
– *monodon* Kraenzl. → *Dendrb. john.*
– *mortii* Benth. → *Dendrb. beck.*
– *moulmeinense* hort. → *Dendrb. infund.*
– *moulmeinense* Parish ex Hooker f. → *Dendrb. dix.*
– *niveum Rolfe* → *Dendrb. john.*
– *nobile* var. *pallidiflora* Hooker → *Dendrb. prim.*
– *ophioglossoides* (Tacq.) Sw. → *Stel. ophio.*
– *ostrinoglossum* Rupp. → *Dendrb. las.*
– *paniculatum* Sw. → *Polys. panic.*
– *paxtonii* Lindl. → *Dendrb. chrys.*
– *paxtonii* Paxt. → *Dendrb. fimb.*
– *pierardii* (Roxb.) C.E. Fischr. → *Dendrb. aphyll.*
– *polystachyum* Sw. → *Polys. conc.*
– *pubescens* (Lindl.) Hooker → *Eria flav.*
– *pulchellum* Lodd. non Roxb. → *Dendrb. lodd.*
– *pungentifolium* F. Muell. → *Dendrb. pugi*
– *rhombeum* Lindl. → *Dendrb. heter.*
– *roseum* Dalz → *Dendrb. crep.*
– *rumphianum* J.J. Smith → *Dendrb. min.*
– *sanguineum* (Sw.) Sw. → *Brou. sang.*
– *schoeninum* Lindl. → *Dendrb. strio.*
– *schroederi* hort. → *Dendrb. densi.*
– *scortechinii* Hooker f. → *Dendrb. ano.*
– *seidelianum* Rchb. f. → *Dendrb. lodd.*
– *speciosum* J.E. Smith var. *fusiforme* → *Dendrb. rupp.*
– *striolatum* F.M. Bailey → *Dendrb. beck.*
– *suavissimum* Rchb. f. → *Dendrb. chrys.*
– *superbum* Rchb. f. → *Dendrb. ano.*
– *tattonianum* Batem. → *Dendrb. can.*

Dendrobium taylori (F. Muell.) Fitzg. → Cad. tayl.
– teres Roxb. → Vand. ter.
– teretifolium Lindl. non R. Br. → Dendrb. strio.
– tigrinum Hemsley → Dendrb. spect.
– topaziacum Ames → Dendrb. bull.
– tosaense Makino → Dendrb. stric.
– undulatum R. Br. → Dendrb. disc.
– uniflos F. Muell. → Cad. tayl.
– utricularioides (Sw.) Sw. → Ion. utri.
– velutinum Rolfe → Dendrb. trig.
– veratrifolium Lindl. → Dendrb. goul.
– veratroides Bakh. f. → Dendrb. goul.
– vexans Dammer → Dendrb. herc.
– wardianum Warner → Dendrb. pend.
Dendrorchis minuta O. Ktze. → Polys. conc.
Desmotrichum cymbidioides Blume → Epig. cymb.
– triflorum Blume → Epig. cymb.
Diacrium Lindl. → Caul.
– bicornutum (Hooker) Benth. → Caul. bic.
Dicrypta Lindl. → Max.
– iridifolia Batem. → Max. val.
– longifolia Barb. Rodr. → Max. taru.
Dimerandra emarginata (Meyer) Hoehne → Epid. sten.
– isthmii Schltr. → Epid. sten.
– rimbachii (Schltr.) Schltr. → Epid. sten.
– stenopetala (Hooker) Schltr. → Epid. sten.
Dinema polybulbon (Sw.) Lindl. → Epid. poly.
Diothonea gratissima Rchb. f. → Dioth. lloe.
Disa barellii Pnydt → Disa uni.
– grandiflora L. f. → Disa uni.
Dorites wightii (Rchb. f.) Benth. → King. decum.
Dracula erythrochaete (Rchb. f.) Luer → Masd. eryth.
Dressleria eburnea (Rolfe) Dodson → Dres. dil.
– suavis (Ames et Schweinf.) Dodson → Dres. dil.

Eckardia Rchb. f. ex Endl. → Peri
Elleanthus cephalotus Garay et Sweet → Ell. cap.
Encyclia deamii (Schltr.) Hoehne → Enc. liv.
– doeringii Hoehne → Enc. cord.
– guttata (A. Rich. et Galeotti) Schltr. → Enc. mac.
– nemoralis (Lindl.) Schltr. → Enc. aden.
Epidendrum acuminatum Sesse et Mociño → Enc. bac.
– adenocaulon La Llave et Lex. → Enc. aden.
– adolphii Schltr. → Epid. endr.
– aloifolium L. → Cymb. aloi.
– amabile L. → Phal. ama.
– amazonicum Schltr. → Epid. cor.
– articulatum Klotzsch → Enc. liv.
– atropurpureum auct. → Enc. cord.
– aurantiacum Batem. ex Lindl. → Catt. aur.
– avicula Lindl. → Lan. avic.
– baculus Rchb. f. → Enc. bac.
– belizense Rchb. f. → Enc. bel.
– beyrodtianum Schltr. → Enc. bac.
– bicornutum Hooker → Caul. bic.
– brassavolae Rchb. f. → Enc. brass.
– brevicaule Schltr. → Epid. schle.
– bulbosum Vell. → Enc. bulb.
– caespitosum Poepp. et Endl. → Enc. pyg.
– calamarium Lindl. → Enc. cal.
– calanthum Rchb. f. et Warsc. → Epid. ibag.
– caudatum L. → Brass. caud.
– cearense Barb. Rodr. → Epid. anc.
– chacaoense Rchb. f. → Enc. chac.
– ciliare var. oerstedii (Rchb. f.) L.O. Williams → Epid. oerst.
– citrinum (La Llave et Lex.) Rchb. f. → Enc. cit.
– cochleatum L. → Enc. coch.
– compositum Vell. → Epid. cor.
– condylochilum Lehm. et Kraenzl. → Enc. liv.
– congestoides Ames et Schweinf. → Epid. schle.
– coriaceum Hooker → Enc. vesp.
– costaricense Rchb. f. → Epid. oerst.
– crassilabium Poepp. et Endl. → Enc. vesp.
– cucullatum L. → Brassv. cuc.
– dasytaenia Schltr. → Enc. liv.
– deamii Schltr. → Enc. liv.
– decipiens Lindl. → Epid. ibag.
– densiflorum Hooker → Epid. panic.
– dickinsonianum Withner → Enc. gual.
– discolor Benth. → Epid. schle.
– elegans Vell. → Catt. leop.
– floribundum H. B. K. → Epid. panic.
– flos-aëris L. → Arach. flos.
– fragrans var. megalanthum Lindl. → Enc. bac.
– fulgens Brongn. → Epid. ibag.
– fuchsii Regel → Bark. skin.
– galeottianum A. Rich. et Galeotti → Epid. anc.
– gnomus Schltr. → Epid. porp.
– guatemalense Withner → Enc. bel.
– guatemalense Klotzsch → Enc. guat.
– guttatum A. Rich. et Galeotti non L. → Enc. mac.
– hanburyi Lindl. → Enc. hanb.
– henrici Schltr. → Enc. liv.
– hoffmanii Schltr. → Enc. chac.
– humile Vell. → Sophr. cern.
– imetrophyllum Paxt. → Epid. imat.
– inversum Lindl. → Enc. bulb.
– ionophlebium Rchb. f. → Enc. chac.
– laeve Lindl. → Epid. panic.
– lamellatum Westcott ex. Lindl. → Epid. sten.
– latilabre Lindl. → Epid. diff.
– latro Rchb. f. → Enc. bulb.
– leopardinum Rchb. f. → Enc. vesp.
– ligulatum Vell. → Onc. pum.
– lindleyanum (Batem ex Lindl.) Rchb. f. → Bark. lindl.
– lineare Jacq. → Iso. lin.
– lineatum Vell. → Onc. flex.
– lividum Lindl. → Enc. liv.
– lorifolium Schltr. → Epid. imat.
– luteolum Rchb. f. → Catt. lute.
– macrochilum Hooker → Enc. cord.
– maculosum A. H. S. → Enc. mac.
– madrense Schltr. → Enc. chac.
– marginatum L. C. Rich. → Pleur. uni.
– mariae Ames → Enc. mar.
– maximum (Lindl.) Rchb. f. → Catt. max.
– moschatum Buch. Ham. → Dendrb. mosch.
– moyobambae Kraenzl. → Epid. cor.
– musciferum Lindl. → Epid. anc.
– nemorale Lindl. → Enc. aden.
– nocturnum var. angustifolium Stehlé → Epid. noct.
– – var. latifolium Lindl. → Epid. lat.
– nodosum L. → Brassv. nod.
– ochraceum Lindl. → Enc. ochr.
– ophioglossoides Tacq. → Stel. ophio.
– pachycarpum Schltr. → Enc. chac.
– palpigenum Rchb. f. → Epid. imat.
– parviflorum Sesse et Mociño → Enc. ochr.
– pentotis Rchb. f. → Enc. bac.
– piliferum Rchb. f. → Epid. panic.
– polystachys Thou. → Oeonl. poly.
– porphyrophyllum Schltr. → Epid. porp.
– punctatum L. → Cyrt. punct.
– pusillum L. → Onc. pus.
– pygmaeum Hooker → Enc. pyg.
– radiatum Lindl. → Enc. rad.
– radicans Pavon ex Lindl. → Eoid. ibag.
– raniferum Lindl. → Epid. crist.
– retusum L. → Rhyn. ret.
– rhabdobulbon Schltr. → Enc. vesp.
– rimbachii Schltr. → Epid. sten.
– sanguinem Sw. → Brou. sang.
– selligerum Lindl. → Enc. sell.
– skinneri Batem. ex Lindl. → Bark. skin.
– spectabile (Batem. ex Lindl.) Rchb. f. → Bark. spec.
– subpatens Schltr. → Epid. cor.
– superbum (Schomb. ex Lindl.) Rchb. f. → Catt. viol.
– tesselatum Batem. ex Lindl. → Enc. liv.
– tessellatum Roxb. → Vand. tess.
– tigrinum Linden ex Lindl. → Enc. vesp.
– trigoniflorum Sw. → Stel. ophio.
– triste A. Rich. et Galeotti → Enc. ochr.
– tuberosum Low. → Bletil. str.
– umbellatum Forst. → Cirr. umb.
– umbellatum Sw. → Epid. diff.
– umlauftii Zahlbr. → Epid. oerst.
– uniflorum Lindl. → Enc. pyg.
– utricularioides Sw. → Ion. utri.
– vagans Ames → Enc. vag.
– variegatum Hooker → Enc. vesp.
– verrucosum Lindl. → Enc. aden.
– violaceum H. B. K. → Catt. viol.
– virens Lindl. et Paxt. → Enc. bel.
– viridipurpureum Hooker → Epid. anc.
– vitellinum Lindl. → Enc. vit.
– volucre Thou. → Oeon. vol.
– walkerianum (Gardn.) Rchb. f. → Catt. walk.
Epidorchis calceolus (Thou.) O. Ktze. → Angrcm. calc.
– volucris (Thou.) O. Ktze. → Oeon. vol.
Epiphora pubescens Lindl. → Polys. pub.
Eria convallarioides Lindl. → Eria spic.
– cylindropoda Griff. → Eria cor.
– fordii Rolfe → Erica car.
– fragrans Rchb. f. → Eria jav.
– laniceps Rchb. f. → Eria flav.
– pseudostellata Schltr. → Eria jav.
– pubescens Lindl. → Eria flav.
– rosea Wall. non Rchb. f. → Eria car.
– rugosa Lindl. → Eria jav.
– stellata Lindl. → Eria jav.
– suavis (Lindl.) Lindl. → Eria cor.
– vaginata Benth. ex D. Jackson → Eria jav.
Eriopsis fuerstenbergii Kraenzl. → Eriop. bil.
– rutidobulbon Hooker → Eriop. bil.
– schomburgkii (Rchb. f.) Rchb. f. → Eriop. bil.
Erycina major Schltr. → Eryc. echin.
Esmeralda bella Rchb. f. → Esm. clark.
– sanderiana (Rchb. f.) Rchb. f. → Euan. sand.
Eulophia bierleri De Wild. → Oec. saun.
– cordylinophyllum Rchb. f. → Oec. cord.
– krebsii (Rchb. f.) Bolus → Euloph. strept.
– ledienii (Stein ex N. E. Br.) De Wild. → Oec. mac.
– lokobensis H. Perr. → Oec. cord.
– lurida (Sw.) Lindl. → Graph. lur.
– mackaiana Lindl. → Zyg. int.
– maculata (Lindl.) Rchb. f. → Oec. mac.
– mildbraedii Kraenzl. → Oec. saun.
– saundersiana Rchb. f. → Oec. saun.
Eulophidium Pfitz. → Oec.
– angustifolium Senghas → Oec. ang.
– lokobense (H. Perr.) Summerh. → Oec. cord.
– maculatum (Lindl.) Pfitz. → Oec. mac.

– *nyassanum* Schltr. → *Oec. mac.*
– *roseovariegatum* Senghas → *Oec. ros.*
– *saundersianum* (Rchb. f.) Summerh. → *Oec. saun.*
– *warneckianum* Kraenzl. → *Oec. mac.*
Eulophiopsis Pfitz. → *Graph.*
– *lurida* (Sw.) Schltr. → *Graph. lur.*
Evelyna Poepp. et Endl. → *Ell.*
– *capitata* Poepp. et Endl. → *Ell. cap.*
– *furfuracea* Lindl. → *Ell. furf.*
– *longibracteata* Lindl. ex Griseb. → *Ell. long.*

Fernandezia Lindl. → *Lock.*
– *acuta* Lindl. → *Lock. ac.*
– *lunifera* Lindl. → *Lock. luni.*
– *robusta* Batem. → *Lock. oers.*
– *robusta* Klotzsch non Batem. → *Lock. luni.*
Fieldia lissochiloides Gaud. → *Vandop. liss.*
Finetia falcata (Thunb.) Schltr. → *Neof. falc.*
Fissipes hirsuta Farwell → *Cypr. reg.*
Forficaria Lindl. → *Disa*
Fregea Rchb. f. → *Sobr.*

Gastrochilus calceolarii D. Don → *Gast. calc.*
– *miniatus* (Lindl.) O. Ktze. → *Asco. mini.*
Gastrorchis (Blume) Schltr. → *Phai.*
– *tuberculosa* (Thou.) Schltr. → *Phai. tub.*
Gastrorkis Thou. → *Phai.*
Geodorum pictum Link et Otto → *Oec. mac.*
Ghiesbrechtia A. Rich. et Galeotti → *Calan.*
Gomesa theodorea Cogn. → *Rodr. gom.*
Gomphostylis Wall. ex Lindl. → *Coel.*
Gongora atropurpurea Hooker → *Gong. quin.*
– *macrantha* Hooker → *Cory. macr.*
– *maculata* Lindl. → *Gong. quin.*
– *nigrita* Lindl. → *Gong. quin.*
– *retrorsa* Rchb. f. → *Gong. quin.*
Goodyera discolor Ker-Gawl. → *Lud. disc.*
Grammangis falcigera Rchb. f. → *Cymbla. falc.*
– *pardalina* Rchb. f. → *Cymbla. pard.*
Grammatophyllum ellisii Lindl. → *Gramgs. ell.*
Graphorkis maculata (Lindl.) O. Ktze. → *Oec. mac.*
– *saundersiana* (Rchb. f.) O. Ktze. → *Oec. saun.*
Gunnia Lindl. → *Sarcoch.*
Gussonea globulosa Ridley → *Micro. guy.*
Gyas humilis Salisb. → *Bletil. str.*
Gymnostylis candida Wall. ex Pfitz. → *Plei. mac.*
Gyrostachys ovalifolia O. Ktze. → *Cycl. elat.*

Habenaria pusilla Rchb. f. → *Hab. rhod.*
– *radiata* Thunb. → *Pect. rad.*
– *xanthocheila* Ridley → *Hab. rhod.*
Haemaria Lindl. → *Lud.*
– *discolor* (Ker-Gawl.) Lindl. → *Lud. disc.*
Hartwegia Lindl. → *Nag.*
– *purpurea Lindl.* → *Nag. purp.*
Hemihabenaria radiata (Thunb.) Finet → *Pect. rad.*
Herschelia Lindl. → *Disa*
Heterotaxis Lindl. → *Max.*
Holcoglossum Garay et Sweet → *Neof.*
– *falcatum* (Thunb.) Garay → *Neof. falc.*
Hologyne Pfitz. → *Coel.*
Hormidium pygmaeum (Hooker) Benth. et Hooker → *Enc. pyg.*
Hormidium uniflorum (Lindl.) Heynh. → *Enc. pyg.*
Houlletia antioquiensis hort. → *Houl. odor.*
– *boliviana* Schltr. → *Houl. odor.*
– *buchtienii* Kraenzl. → *Houl. odor.*
– *juruenensis* Hoehne → *Houl. odor.*
– *picta* Linden et Rchb. f. → *Houl. odor.*
Humboldtia bivalvis (Lindl.) O. Ktze. → *Pleur. biv.*
– *ciliata* (Knowles et Wescott) O. Ktze. → *Pleur. lanc.*
– *dubia* (Rchb. f.) O. Ktze. → *Plat. sten.*
– *endotrachys* (Rchb. f.) O. Ktze. → *Pleur end.*
– *lindenii* (Lindl.) O. Ktze. → *Pleur. sec.*
– *mathewsii* (Lindl.) O. Ktze. → *Pleur. phal.*
– *octomerioides* (Lindl.) O. Ktze. → *Pleur. oct.*
– *secunda* (Poepp. et Endl.) O. Ktze. → *Pleur. sec.*
– *stenostachya* (Rchb. f.) O. Ktze. → *Plat. sten.*
– *striata* (Focke) O. Ktze. → *Pleur. uni.*
– *uniflora* (Lindl.) O. Ktze. → *Pleur. uni.*
Humboldtia Ruiz et Pavon non Vahl. → *Stel.*
Huntleya albo-fulva Lemaire → *Hunt. mel.*
– *burtii* (Endres et Rchb. f.) Rolfe → *Hunt. mel.*
– *cerina* Lindl. → *Pesc. cer.*

Ionopsis gardneri Lindl. → *Ion. utri.*
– *paniculata* Lindl. → *Ion. utri.*
– *tenera* Lindl. → *Ion. utri.*
Iridorchis gigantea Blume → *Cymb. gig.*
Isochilus elegans Focke → *Epi. sten.*

Jimensia striata (Thunb.) Garay et Schultes → *Bletil str.*

Katherinea A. D. Hawkes → *Epig.*
– *coelogyne* (Rchb. f.) A. D. Hawkes → *Epig. coel.*
Kingiella Rolfe → *King.*
– *decumbens* (Griff.) Rolfe → *King. decum.*
Kochiophyton coerulens Hoehne → *Acac. cyan.*
– *negrense* Schltr. → *Acac. cyan.*
Kraenzlinella O. Ktze. → *Pleur.*
– *platyrachis* (Rolfe) Rolfe → *Platyrh. end.*

Laelia acuminata Lindl. → *Lael. rub.*
– *digbyana* (Lindl.) Benth. → *Brassv. dig.*
– *fulva* Lindl. → *Lael. flav.*
– *glauca* (Lindl.) Benth. Brassv. glau.
– *gloriosa* (Rchb. f.) L. O. Williams → *Schom. glor.*
– *gouldiana* Rchb. f. → *Lael. aut.*
– *monophylla* (Griseb.) Hooker f. → *Neoc. mono.*
– *peduncularis* Lindl. → *Lael. rub.*
– *regnellii* Barb. Rodr. → *Lael. lund.*
– *reichenbachiana* Wendl. et Kraenzl. → *Lael. lund.*
– *rupestris* Lindl. → *Lael. crisp.*
– *superbiens* Lindl. → *Schom. sup.*
– *tereticaulis* Hoehne → *Lael. crisp.*
– *undulata* (Lindl.) L. O. Williams → *Schon. und.*
– *wetmorei* Ruschi → *Lael. xant.*
Latourea spectabilis Blume → *Dendrb. spect.*
Leiochilus Benth. → *Leoc.*
– *major* Schltr. → *Leoc. script.*
– *pulchellus* (Regel) Cogn. → *Onc. wal.*
Lepanthes micrantha Ames → *Lepa. lindl.*
Lichterveldia lindleyi Lemaire → *Odont. pend.*
Limatodes mishmensis Lindl. → *Phai. mish.*
Limodorum bidens Sw. ex. Pers. → *Diaph. bid.*
– *cucullatum* Sw. ex Pers. → *Euloph. cuc.*
– *eburneum* Willd. → *Angrcm. ebur.*
– *flos-aëris* (L.) Sw. → *Arach. flos.*
– *giganteum* (L.) Thunb. → *Euloph. spec.*
– *graminifolium* (D. Don) Buch. → *Ham.* → *Arun. gram.*
– *incarvilliae* Pers. → *Phai. tank.*
– *lanceolatum* Aubl. → *Stenor. lanc.*
– *luridum* Sw. → *Graph. lur.*
– *maculatum* Lodd. → *Oec. mac.*
– *retusum* Sw. → *Rhyn. ret.*
– *striatum* Thunb. → *Bletil. str.*
– *tankervilleae* Roxb. non Banks → *Phai. tank.*
– *tuberculosum* Thou. → *Phai. tub.*
– *veratrifolium* Willd. → *Calan. trip.*
Lindleyella Schltr. → *Rud.*
– *aurantiaca* (Lindl.) Schltr. → *Rud. aur.*
Lindsayella Ames et Schweinf. → *Sobr.*
Liparis boothii Regel → *Lip. vir.*
– *longipes* Lindl. → *Lip. vir.*
– *pendula* Lindl. → *Lip. vir.*
– *pleistantha* Schltr. → *Lip. vir.*
– *spathulata* Lindl. → *Lip. vir.*
– *triloba* Ridley → *Lip. vir.*
Lissochilus R. Br. → *Euloph.*
– *arenarius* Lindl. → *Euloph. cuc.*
– *barombensis* Kraenzl. → *Oec. saun.*
– *cordylinophyllus* (Rchb. f.) H. Perr. → *Oec. cord.*
– *krebsii* Rchb. f. → *Euloph. strept.*
– *lokobensis* (H. Perr.) H. Perr. → *Oec. cord.*
– *speciosus* R. Br. ex Lindl. → *Euloph. spec.*
– *streptopetalus* (Lindl.) Lindl. → *Euloph. strept.*
– *sylvaticus* Eckl. ex Sonder → *Polys. pub.*
Listrostachys bicaudata (Lindl.) Finet → *Trid. bic.*
– *cephalotes* Rchb. f. → *Ancistror. ceph.*
– *chailluana* (Hooker f.) Rchb. f. → *Cyrt. chaill.*
– *cirrhosa* Kraenzl. → *Trid. bic.*
– *dactyloceras* Rchb. f. → *Pod. dact.*
– *fimbriatum* Rendle → *Trid. bic.*
– *imbricata* Rolfe → *Bolus. imbr.*
– *iridifolia* Rolfe → *Bolus. irid.*
– *jenischiana* Rchb. f. → *List. pert.*
– *muscicola* (Rchb. f.) Rolfe → *Rang. musc.*
– *mystacioides* Kraenzl. → *Diaph. bid.*
– *odoratissimum* (Rchb. f.) Rchb. f. → *Cham. odor.*
– *pellucida* (Lindl.) Rchb. f. → *Diaph. pell.*
– *sedenii* (Rchb. f.) Schltr. → *Cyrt. arc.*
– *whitei* Rolfe → *Cyrt. arc.*
Lockhartia chiriquensis Schltr. → *Lock. micr.*
– *lankesteri* Ames → *Lock. micr.*
– *pallida* Rchb. f. → *Lock. ac.*
– *robusta* (Batem.) Schltr. → *Lock. oers.*
– *verrucosa* Rchb. f. → *Lock. oers.*
Lothiana Kraenzl. → *Porr.*
Ludisia furetii Blume → *Lud. disc.*
– *odorata* Blume → *Lud. disc.*
Luisia alpina Lindl. → *Vand. alp.*
– *birchea* Blume → *Lui. tenu.*
– *burmanica* Lindl. → *Lui. tere.*
– *platyglossa* Rchb. f. → *Lui. tere.*
– *zeylandica* Lindl. → *Lui. tere.*
– *zeylanica* Thwaites → *Lui. tenu.*
Lycaste balsamea A. Rich. ex Lindl. → *Lyc. cru.*
– *candida* auct. non Lindl. → *Lyc. leuc.*
– *candida* Lindl. → *Lyc. brev.*
– *cristata* (Lindl.) Benth. → *Paphin. crist.*
– *gigantea* Lindl. → *Lyc. long.*
– *grandiflora* (H. B. K.) Beer → *Max. grand.*
– *suaveolens* Summerh. → *Lyc. arom.*
– *virginalis* (Scheidw.) Linden → *Lyc. skin.*
– *harrisoniae* (Hooker) B. S. Williams → *Bifr. harr.*
– *jugosa* (Lindl.) Nichols → *Pabs. jug.*
– *lawrenceana* hort. → *Lyc. brev.*
– *leuco-flavescens* hort. → *Lyc. leuc.*

Macradenia modesta (Rolfe) Rolfe → *Macr. brass.*
Macrochilus fryanus Knowles et Westcott → *Miltn. spect.*
Macroclinium Barb. Rodr. → *Not.*

Macroplectrum calceolus (Thou.) Finet → *Angrcm. calc.*
– *leonis* (Rchb. f.) Finet → *Ancrcm. leo.*
– *ochraceum* (Ridley) Finet → *Angrcm. ochr.*
– *sesquipedale* (Thou.) Pfitz. → *Angrcm. sesq.*
Malaxis caudata (L.) Willd. → *Brass. caud.*
Marsupiaria iridifolia (Batem.) Hoehne → *Max. val.*
– *valenzuelana* (A. Rich.) Garay → *Max. val.*
Masdevallia acrochordonia Rchb. f. → *Masd. ephip.*
– *aequiloba* Regel → *Masd. civ.*
– *albida* Pinel → *Masd. infr.*
– *aperta* Kraenzl. → *Pleur. cren.*
– *astuta* Rchb. f. → *Masd. eryth.*
– *biflora* Regel → *Masd. calo.*
– *bruchmuelleri* hort. → *Masd. cor.*
– *candida* Klotzsch et Karst. → *Masd. tova.*
– *echidna* Rchb. f. → *Porr. echid.*
– *ellipes* Rchb. f. → *Masd. civ.*
– *fenestrata* Lindl. ex Hooker → *Crypt. atro.*
– *fragrans* Woolward → *Masd. civ.*
– *galeottiana* A. Rich. et Galeotti → *Masd. flor.*
– *gaskellianae* Rchb. f. → *Masd. eryth.*
– *haematosticta* Rchb. f. → *Masd. civ.*
– *harryana* Rchb. f. → *Masd. cocc.*
– *klabochorum* Rchb. f. → *Masd. caud.*
– *leontoglossa* Rchb. f. → *Masd. civ.*
– *lindenii* André → *Masd. cocc.*
– *longicaudata* Lemaire → *Masd. infr.*
– *ludibunda* Rchb. f. → *Masd. est.*
– *macroglossa* Rchb. f. → *Masd. civ.*
– *muscosa* Rchb. f. → *Porr. echid.*
– *myriostigma* C. Morr. → *Masd. flor.*
– *normanii* hort. → *Masd. reich.*
– *ochthodes* Rchb. f. → *Scaphos. och.*
– *platyrhachis* Rolfe → *Pleur. end.*
– *porcellipes* Rchb. f. → *Masd. civ.*
– *roezlii* Rchb. f. → *Masd. chim.*
– sect. *Echidna* Rchb. f. ex Kraenzl. → *Porr.*
– *senilis* Rchb. f. → *Masd. chim.*
– *severa* Rchb. f. → *Masd. chim.*
– *shuttleworthii* Rchb. f. → *Masd. caud.*
– *sulphurea* Kraenzl. → *Masd. civ.*
– *tridactylites* Rchb. f. → *Masd. triar.*
– *trochilus* Linden et André → *Masd. ephip.*
– *wallisii* Rchb. f. → *Masd. chim.*
– *winniana* Rchb. f. → *Masd. chim.*
Maxillaria abelei Schltr. → *Max. ruf.*
– *acutifolia* Lindl. → *Max. ruf.*
– *amparoana* Schltr. → *Max. ring.*
– *angustifolia* Hooker → *Max. var.*
– *aromatica* Hooker → *Lyc. arom.*
– *articulata* Klotzsch → *Max. ruf.*
– *atrata* Rchb. f. → *Max. cuc.*
– *atropurpurea* (Lindl.) Lodd. → *Bifr. atro.*
– *brevispatha* Klotzsch → *Lyc. brev.*
– *consanguinea* Klotzsch → *Max. pict.*
– *coriacea* Barb. Rodr. → *Max. desv.*
– *cristata* Lindl. → *Paphin. crist.*
– *cruenta* Lindl. → *Lyc. cru.*
– *deppei* Lodd. → *Lyc. depp.*
– *dichroma* Rolfe → *Max. eleg.*
– *eburnea* Lindl. → *Max. grand.*
– *echinochila* Kraenzl. → *Max. mose.*
– *flabellifera* Lindl. → *Sent. ste.*
– *fruscata* Klotzsch → *Max. pict.*
– *galeata* Lindl. → *Gong. gal.*
– *gigantea* (Lindl.) Beer → *Lyc. long.*
– *gracilifolia* Kraenzl. → *Max. ten.*
– *graminea* Lindl. → *Koell. gram.*
– *harrisoniae* (Hooker) Lindl. → *Bifr. harr.*
– *hatschbachii* Schltr. → *Max. mos.*
– *hirtilabia* Lindl. → *Max. park.*
– *houtteana* Rchb. f. → *Max. curt.*
– *iridifolia* (Batem.) Rchb. f. → *Max. val.*
– *jugosa* Lindl. → *Pabs. jug.*
– *kegelii* Rchb. f. → *Max. park.*
– *kreysigii* Rchb. f. → *Max. pict.*
– *lactea* Schltr. → *Max. ring.*
– *lehmannii* Rchb. f. → *Max. grand.*
– *leontoglossa* Rchb. f. → *Xyl. leo.*
– *leucantha* Klotzsch → *Lyc. leuc.*
– *leucocheila* Hoffmannsegg → *Max. pict.*
– *lindeniana* A. Rich. et Galeotti → *Max. mel.*
– *longifolia* (Barb. Rodr.) Cogn. → *Max. taru.*
– *longipetala* Ruiz et Pavon → *Lyc. long.*
– *loretoensis* Schweinf. → *Max. park.*
– *lorifolia* Rchb. f. → *Max. park.*
– *luteo-grandiflora* hort. → *Max. lut.*
– *maclaei* Lindl. → *Max. unc.*
– *obscura* Linden et Rchb. f. → *Max. cuc.*
– *pertusa* Lindl. ex Rchb. f. → *Max. lepi.*
– *petiolaris* Rchb. f. → *Max. desv.*
– *picta* var. *brunnea* Rchb. f. → *Max. cons.*
– *praestans* Rchb. f. → *Max. cuc.*
– *pubilabia* Schltr. → *Max. ring.*
– *punctata* Lodd. → *Max. grac.*
– *punctostriata* Rchb. f. → *Max. mel.*
– *queirogana* Barb. Rodr. → *Max. grac.*
– *rhombea* Lindl. → *Max. cuc.*
– *rousseauae* Schltr. → *Max. ring.*
– *rubrofusca* Klotzsch → *Max. nig.*
– *rugosa* Scheidw. → *Max. ruf.*
– *rupestris* Barb. Rodr. → *Max. pict.*
– *saxicola* Schltr. → *Max. lepi.*
– *scabrilingue* Lindl. → *Xyl. var.*
– *serotina* Hoehne → *Max. cons.*
– *skinneri* Batem. ex Lindl. → *Lyc. skin.*
– *squalens* (Lindl.) Hooker → *Xyl. var.*
– *steelei* Hooker → *Scut. ste.*
– *striatella* Kraenzl. → *Max. unc.*
– *tuerckheimii* Schltr. → *Max. ring.*
– *vanillodora* Rchb. f. → *Max. ruf.*
– *variegata* Ruiz et Pavon → *Xyl. var.*
– *virginalis* Scheidw. → *Lyc. skin.*
– *xanthina* Lindl. → *Prom. xanth.*
– *yzabalana* S. Wats. → *Max. ring.*
Megaclinium Lindl. → *Bulb.*
– *endotrachys* Kraenzl. → *Bulb. falc.*
– *falcatum* Lindl. → *Bulb. falc.*
Meiracyllium gemma Rchb. f. → *Meir. wend.*
Menadenia Raf. → *Max.*
– *parkeri* Raf. → *Max. park.*
Mesospinidium aurantiacum (Linden ex Lindl.) Rchb. f. → *Ada aur.*
– *aurantiacum* (Lindl.) Rchb. f. → *Ada aur.*
– *cochliodum* Rchb. f. → *Symp. sang.*
– *roseum* (Lindl.) Rchb. f. → *Cochli. ros.*
Mexicoa ghiesbrechtiana (A. Rich. et Galeotti) Garay → *Onc. ghies.*
Microstylis Blume → *Mal.*
– *calophylla* Rchb. f. → *Mal. calo.*
– *humilis* Cogn. → *Enc. pyg.*
Miltonia endresii Nicholson → *Miltp. wars.*
– *phalaenopsis* (Linden et Rchb. f.) Nicholson → *Miltp. phal.*
– *roezlii* (Rchb. f.) Nicholson → *Miltp. roez.*
– *superba* Schltr. → *Miltp. wars.*
– *vexillaria* (Rchb. f.) Nicholson → *Miltp. vex.*
Monachanthus Lindl. → *Cata.*
– *discolor* Lindl. → *Cata. disc.*
– *viridis* Lindl. → *Cata. macr.*
Monadenia Lindl. → *Disa*
Monixus polystachys (Thou.) Finet → *Oeonl. poly.*
Moorea Rolfe → *Neom.*
– *irrorata* Rolfe → *Neom. irr.*
Mormodes histrio Linden et Rchb. f. → *Mormd. wars.*
– *macranthum* Lindl. et Paxt. → *Mormd. col.*
– *pardina* Batem. → *Mormd. mac.*
– *powellii* Schltr. → *Mormd. col.*
– *wendlandii* Rchb. f. → *Mormd. col.*
Mormolyca lineolata Fenzl. → *Morml. ring.*
Myoda rufescens Lindl. → *Lud. disc.*
Mystacidium calceolus (Thou.) Cord. → *Angrcm. calc.*
– *infundibulare* (Lindl.) Rolfe → *Angrcm. infund.*
– *leonis* (Rchb. f.) Rolfe → *Angrcm. leo.*
– *ochraceum* Ridley → *Angrcm. ochr.*
– *sesquipedale* (Thou.) Rolfe → *Angrcm. sesq.*
Myanthus Lindl. → *Cata.*
– *barbatus* Lindl. → *Cata. barb.*
– *fimbriatus* C. Morr. → *Cata. fimb.*
– *spinosus* (Lindl.) Hooker → *Cata. barb.*
Myrobroma fragrans Salisb. → *Vanil. plan.*

Nanodes discolor Lindl. → *Epid. schle.*
– *mathewsii* Rolfe → *Epid. porp.*
– *medusae* Rchb. f. → *Epid. med.*
Neippergia chrysantha C. Morr. → *Acin. chrys.*
Neottia acaulis T. E. Smith → *Sarcog. acaul.*
– *aphylla* Hooker → *Stenor. lanc.*
– *minor* Jacq. → *Cycl. elat.*
– *petola* Blume → *Maco. pet.*
– *picta* R. Br. → *Sarcog. acaul.*
Nipponorchis falcata (Thunb.) Masamune → *Neof. falc.*
Notylia albida Klotzsch → *Not. bark.*
– *bernoullii* Schltr. → *Not. bark.*
– *bipartita* Rchb. f. → *Not. bark.*
– *guatemalensis* Schltr. → *Not. bark.*
– – S. Wats. → *Not. bark.*
– *trisepala* Lindl. et Paxt. → *Not. bark.*

Octadesmia monophylla (Griseb.) Benth. → *Neoc. mono.*
Octomeria arcuata Rolfe → *Oct. grand.*
– *pubescens* (Lindl.) Sprengel → *Eria flav.*
– *robusta* Barb. Rodr. → *Oct. grand.*
– *ruthiana* Hoehne → *Oct. grand.*
– *spicata* D. Don → *Eria spic.*
– *surinamensis* Focke → *Oct. grand.*
Odontochilus Blume → *Anoect.*
Odontoglossum alexandrae Batem. → *Odont. crisp.*
– *angustatum* Batem. → *Odont. ram.*
– *bluntii* Rchb. f. → *Odont. crisp.*
– *brachypterum* Rchb. f. → *Otog. brev.*
– *brevifolium* Lindl. → *Otog. brev.*
– *citrosmum* Lindl. → *Odont. pend.*
– *constrictum* var. *majiis* Lindl. → *Odont. sand.*
– *coronarium* Lindl. → *Otog. brev.*
– *crispulum* Rchb. f. → *Gom. crisp.*
– *dawsonianum* Rchb. f. → *Odont. ross.*
– *gloriosum* Linden et Rchb. f. → *Odont. odor.*
– *grande* Lindl. → *Ross. gra.*
– – var. *williamsianum* Rchb. f. → *Ross. will.*
– *hastilabium* Lindl. → *Onc. hast.*
– *hookeri* Lemaire → *Odont. cord.*
– *hrubyanum* hort. → *Odont. cirr.*
– *hystrix* Batem. → *Odont. lut.*

Pleione laotica A. F. G. Kerr → *Plei. hook.*
– *leroyi* (Rolfe) Schltr. → *Plei. bulb.*
– *limprichtii* Schltr. → *Plei. bulb.*
– *pricei* Rolfe → *Plei. bulb.*
– *reichenbachiana* (T. Moore et Veitch) B.S. Williams → *Plei. prae.*
– *smithii* Schltr. → *Plei. bulb.*
– *speciosa* Ames et Schltr. → *Plei. bulb.*
Pleurothallis amethystina Ames → *Pleur. seg.*
– *aperta* (Kraenzl.) Ames → *Pleur. cren.*
– *araguensis* Ames → *Pleur. sec.*
– *atropurpurea* (Lindl.) Lindl. → *Crypt. atro.*
– *bogotensis* Lindl. → *Pleur. phal.*
– *cerea* Ames → *Pleur. oct.*
– *choconiana* S. Wats. → *Pleur. grob.*
– *ciliata* Knowles et Westcott → *Pleur. lanc.*
– *coccinea* Hooker → *Rodr. sec.*
– *crassifolia* Focke → *Pleur. lanc.*
– *dubia* Rchb. f. → *Plat. sten.*
– *ghiesbrechtiana* A. Rich. et Galeotti → *Pleur. quad.*
– *hamata* Ames → *Pleur. cren.*
– *huebneri* Schltr. → *Pleur. lanc.*
– *hunterana* Schltr. → *Pleur. cren.*
– *incompta* Rchb. f. → *Pleur. quad.*
– *intermedia* Schltr. → *Pleur. lor.*
– *lankesteri* Rolfe → *Plat. sten.*
– *lindenii* Lindl. → *Pleur. sec.*
– *longissima* Lindl. → *Pleur. quad.*
– *marginata* (L. C. Rich.) Cogn. → *Pleur. uni.*
– – Lindl. → *Pleur. grob.*
– *mathewesii* Lindl. → *Pleur. phal.*
– *minax* Rchb. f. → *Pleur. lanc.*
– *minutiflora* S. Wats. → *Plat. sten.*
– *myriantha* Lehm. et Kraenzl. → *Plat. sten.*
– *nutans* Schltr. → *Pleur. sec.*
– *octomeriae* Schltr. → *Pleur. oct.*
– *ospinae* R. E. Schultes → *Rest. ant.*
– *pendula* Schltr. → *Pleur. sec.*
– *pfavii* Rchb. f. → *Pleur. end.*
– *platyrhachis* (Rolfe) Rolfe → *Pleur. end.*
– *plumosa* Lindl. → *Pleur. lanc.*
– *punctata* (Karst.) Schltr. → *Pleur. lor.*
– *purpurea* D. Don → *Bulb. car.*
– *spathata* Schltr. → *Pleur. lor.*
– *stenostachya* Rchb. f. → *Plat. sten.*
– *striata* Focke → *Pleur. uni.*
– *subpellucida* Klotzsch → *Pleur. lor.*
– *subreniformis* Schltr. → *Pleur. sec.*
– *triangulabia* Schweinf. → *Pleur. phyl.*
– *valenzuelana* A. Rich. → *Max. val.*
– *vittariaefolia* Schltr. → *Pleur. gland.*
– *wercklei* Schltr. → *Pleur. seg.*
Polychilos cornu-cervi Breda → *Phal. corn.*
Polycycnis gratiosa Endres et Rchb. f. → *Polyc. barb.*
Polystachya appendiculata Kraenzl. → *Polys. cult.*
– *ashantensis* Kraenzl → *Polys. inc.*
– *cultrata* Lindl. → *Polys. cult.*
– *farinosa* Kraenzl. → *Polys. bif.*
– *gerrardii* Harv. → *Polys. cult.*
– *kirkii* Rolfe → *Polys. cult.*
– *lindleyana* Harv. → *Polys. pub.*
– *lujae* De Wild. → *Polys. cult.*
– *luteola* (Sw.) Hooker → *Polys. conc.*
– *mauritiana* Sprengel → *Polys. conc.*
– *minuta* Britton → *Polys. conc.*
– *modesta* Rchb. f. → *Polys. conc.*
– *monophylla* Schltr. → *Polys. cult.*
– *rufinula* Rchb. f. → *Polys. odor.*
– *tessellata* Lindl. → *Polys. conc.*
Ponera amethystina Rchb. f. → *Scaphyg. amet.*
– *prolifera* (R. Br.) Rchb. f. → *Scaphyg. prol.*
Ponthieva brenesii Schltr. → *Pont. mac.*
– *formosa* Schltr. → *Pont. mac.*
Porroglossum muscosum (Rchb. f.) Schltr. → *Porr. echid.*
Preptanthe rubens Ridley → *Calan. rub.*
Promenaea citrina D. Don → *Prom. zanth.*
Pseudepidendrum spectabile Rchb. f. → *Epid. pseud.*
Pseuderiopsis schomburgkii Rchb. f. → *Eriop. bil.*
Psittacoglossum La Llave et Lex. → *Max.*
Psycopsis picta Raf. → *Onc. pap.*
Psygmorchis pusilla (L.) Dodson et Dressler → *Onc. pus.*
Ptilocnema bracteatum D. Don → *Phol. pall.*
Ptychogyne Pfitz. → *Coel.*

Quekettia micromera (Barb. Rodr.) Cogn. → *Cap. micr.*

Raphidorhynchus fastuosus (Rchb. f.) Finet → *Aerang. fast.*
Regnellia purpurea Barb. Rodr. → *Bletia cat.*
Renanthera arachnitis (Sw.) Lindl. → *Arach. flos.*
– *flos-aëris* (L.) Rchb. f. → *Arach. flos.*
– *micrantha* Blume → *Ren. mat.*
Restrepia leopardina hort. → *Rest. mac.*
– *pardina* Lamiere → *Rest. mac.*
– *punctulata* Lindl. → *Rest. eleg.*
Rhipidoglossum Schltr. → *Diaph.*
Rhyncholaelia digbyana (Lindl.) Schltr. → *Brassv. dig.*
– *glauca* (Lindl.) Schltr. → *Brassv. glau.*
Rhynchopera punctata Karst. → *Pleur. lor.*
Rhynchostelis Rchb. f. → *Leoc.*
Rhynchostylis garwalica Rchb. f. → *Rhyn. ret.*
– *guttata* Rchb. f. → *Rhyn. ret.*
– *praemorsa* Blume → *Rhyn. ret.*
Rodriguezia anomala Rolfe → *Cap. sup.*
– *candida* Rchb. f. var. *batemannii* hort. → *Rodr. bate.*
– *crispa* Lindl. → *Gom. crisp.*
– *lanceolata* Lodd. → *Rodr. sec.*
– *recurva* R. Br. → *Gom. rec.*
Roezliella Schltr. → *Sign.*

Saccolabium acutifolium Lindl. → *Gast.*
– *ampullaceum* (Roxb.) Lindl. → *Asco. amp.*
– *bellinum* Rchb. f. → *Gast. bell.*
– *blumei* Lindl. → *Rhyn. ret.*
– *calceolare* (D. Don) Lindl. → *Gast. calc.*
– *carinatum* Griff. → *Acam. pap.*
– *curvifolium* Lindl. → *Asco. curv.*
– *dasypogon* Lindl. → *Gast. dasy.*
– *densiflorum* Lindl. → *Rob. spath.*
– *denticulatum* Paxt. → *Gast. acut.*
– *filiformis* (Lindl.) Lindl. → *Clei. fili.*
– *garwalicum* Lindl. → *Rhyn. ret.*
– *gemmatum* Lindl. → *Schoe. gem.*
– *giganteum* Lindl. → *Rhyn. gig.*
– *guttatum* Lindl. → *Rhyn. ret.*
– *heathii* hort. → *Rhyn. ret.*
– *miniatum* Hooker non Lindl. → *Asco. curv.*
– – Lindl. → *Asco. mini.*
– *papillosum* (Lindl.) Lindl. → *Acam. pap.*
– *praemorsum* Lindl. → *Rhyn. ret.*
– *racemiferum* Lindl. → *Clei. race.*
– *reflexum* Lindl. → *Ren. mat.*
– *retusum* Lemaire → *Rhyn. ret.*
– *rheedii* Wight → *Rhyn. ret.*
– *rubrum* Lindl. → *Asco. curv.*
– *speciosum* Wight → *Aerid. mac.*
Sarcanthus Lindl. → *Clei.*
– *filiformis* Lindl. → *Clei. fili.*
– *guttatus* Lindl. → *Rhyn. ret.*
– *insectifer* Rchb. f. → *Pelat. insect.*
– *pallidus* Lindl. → *Clei. race.*
– *racemifer* (Lindl.) Rchb. f. → *Clei. race.*
– *scortechinii* Hooker f. → *Clei. scor.*
– *tricolor* Rchb. f. → *Clei. race.*
Sarcochilus luniferus (Rchb. f.) Hooker f. → *Chil. luni.*
– *nepalensis* Sprengel → *Gast. calc.*
– *obtusus* (Lindl.) Benth. ex Hooker f. → *Cam. obt.*
– *rubicentrum* Fitzg. → *Sarcoch. hart.*
Sarcoglottis elata (Sw.) P. N. Don → *Cycl. elat.*
– *picta* (R. Br.) Lindl. → *Sarcog. acaul.*
– *speciosa* Presl → *Sarcog. acaul.*
Sarcopodium Lindl. → *Epig.*
– *acuminatum* (Rolfe) Kraenzl. → *Epig. acum.*
– *coelogyne* (Rchb. f.) Rolfe → *Epig. coel.*
– *dearei* hort. → *Bulb. dear.*
– *leopardinum* Lindl. → *Bulb. leop.*
Sarcorhynchus Schltr. → *Diaph.*
Satyridium Lindl. → *Satyr.*
Satyrium albiflorum A. Rich. → *Satyr. nepal.*
– *elatum* Sw. → *Cycl. elat.*
– *giganteum* L. → *Euloph. spec.*
– *grandiflorum* (L. f.) Thunb. → *Disa uni.*
– *orchioides* Sw. → *Stenor. lanc.*
– *pallidum* A. Rich. → *Satyr. nepal.*
– *perrottetianum* A. Rich. → *Satyr. nepal.*
Scaphyglottis fusiformis (Griseb.) R. E. Schultes → *Hexad. fus.*
Schomburgkia crispa auct. → *Schom. glor.*
Schlechterella Hoehne → *Rud.*
Scuticaria keyseriana hort. → *Scut. ste.*
Selenipedium lindleyanum (Lindl.) Schomb. → *Phrag. lindl.*
– *schlimii* Rchb. f. → *Phrag. schl.*
– *schomburgkianum* (Klotzsch ex Schomb.) Desbois → *Phrag. klotz.*
– – Rchb. f. → *Phrag. klotz.*
Serapias speciosa Gmelin → *Stenor. spec.*
Serrastylis modesta Rolfe → *Macr. brass.*
Sigmatostalix radicans Rchb. f. → *Ornthph. rad.*
Sobralia mandonii Rchb. f. → *Sobr. dich.*
Sophronitis grandiflora Lindl. → *Sophr. cocc.*
– *hoffmannseggii* Rchb. f. → *Sophr. cern.*
– *isopetala* Hoffmannsegg → *Sophr. cern.*
– *militaris* Rchb. f. → *Sophr. cocc.*
– *modesta* Lindl. → *Sophr. cern.*
– *nutans* Hoffmannsegg → *Sophr. cern.*
– *violacea* Lindl. → *Sophrl. viol.*
Spathoglottis lilacina Griff. → *Spath. plic.*
Specklinia atropurpurea Lindl. → *Crypt. atro.*
– *ciliaris* Lindl. → *Pleur. cil.*
– *graminea* Poepp. et Endl. → *Sigm. gram.*
Spiranthes acaulis (J. E. Smith) Cogn. → *Sarcog. acaul.*
– *elata* (Sw.) L. C. Rich. → *Cycl. elat.*
– *maculata* (Rolfe) Schweinf. → *Pelex. mac.*
– *orchioides* (Sw.) A. Rich. → *Stenor. lanc.*
– *picta* (R. Br.) Lindl. → *Sarcog. acaul.*
– *preslii* Lindl. → *Cycl. elat.*
– *speciosa* (Presl) Lindl. → *Sarcog. acaul.*
– *speciosus* (Gmelin) A. Rich. → *Stenor. spec.*
– *variegata* Kraenzl. → *Cycl. elat.*
Stanhopea amoena Klotzsch → *Stan. ward.*
– *aurea* Lindl. → *Stan. ward.*

– *bucephalus* Lindl. → *Stan. ocu.*
– *cymbiformis* Rchb. f. → *Stan. ocu.*
– *expansa* P. N. Don → *Stan. tigr.*
– *guttata* Lindl. → *Stan. ocu.*
– *venusta* Lindl. → *Stan. ward.*
Stauritis violacea (Witte) Rchb. f. → *Phal. viol.*
Staurochilus fasciatus (Rchb. f.) Ridley → *Trichog. fasc.*
Stauroglottis equestris Schauer → *Phal. eques.*
Stauropsis lissochiloides (Gaud.) Pfitz. → *Vandop. liss.*
– *parishii* (Veitch ex Rchb. f.) Rolfe → *Vandop. par.*
– *philippinensis* (Lindl.) Rchb. f. → *Trichog. phil.*
Stelis endresii Rchb. f. → *Stel. arg.*
– *herzogii* Schltr. → *Stel. apr.*
– *heylandiana* Focke → *Stel. arg.*
– *huebneri* Schltr. → *Stel. arg.*
– *littoralis* Barb. Rodr. → *Stel. arg.*
– *parvibracteata* Ames → *Stel. arg.*
– *tubatus* Lodd. → *Phys. tub.*
– *yauaperyensis* Barb. Rodr. → *Stel. arg.*
Stenocoryne Lindl. → *Bifr.*
Stenoglottis zambesiaca Rolfe → *Stenog. fimb.*
Stenorrhychium Rchb. f. → *Stenor.*
Stenorrhynchos Sprengel → *Stenor.*
Stenorrhynchus guatemalensis Schltr. → *Stenor. lanc.*
– *orchioides* (Sw.) Sprengel → *Stenor. lanc.*
Synadena amabilis (L.) Raf. → *Phal. ama.*

Telipogon angustifolius H. B. K. → *Teli. nerv.*
– *biolleyi* Schltr. → *Teli. bru.*
– *buenaventurae* Kraenzl. → *Epid. sten.*
– *endresianum* Kraenzl. → *Teli. bru.*
– *hoppii* Schltr. → *Teli. nerv.*
– *schmidtchenii* Rchb. f. → *Teli. bru.*
– *steyermarkii* Foldats → *Teli. nerv.*
– *wallisii* Rchb. f. → *Teli. bru.*
Telopogon Mutis → *Teli.*
Tetramicra bicolor (Lindl.) Benth. → *Lept. bic.*
Tetrapeltis Lindl. → *Otoc.*
– *fragrans* Wall. → *Otoc. porr.*

Thelasis elegans (Lindl.) Blume → *Phre. ele.*
Thelypogon Sprengel → *Teli.*
Theodorea gomezoides Barb. Rodr. → *Rodr. gom.*
Thorwaldsenia speciosa Liebm. → *Chys. bract.*
Thrixspermum luniferum Rchb. f. → *Chil. luni.*
Tradescantia nervosa L. → *Teli. nerv.*
Triaristella reichenbachii Brieger ex Luer → *Masd. triar.*
Tribrachia purpurea (D. Don) Lindl. → *Bulb. car.*
Trichocentrum albo-purpureum Linden et Rchb. f. → *Trichoc. alb.*
– *amazonicum* Barb. Rodr. → *Trichoc. alb.*
Trichoglottis pallens Lindl. → *Phal. pall.*
Trichopilia candida Linden ex Lindl. → *Trichop. frag.*
– *coccinea* Warsc. → *Trichop. marg.*
– *crispa* Lindl. → *Trichop. marg.*
– *kienastiana* Rchb. f. → *Trichop. sua.*
– *lehmannii* Regel → *Trichop. frag.*
– *subulata* (Sw.) Rchb. f. → *Leuc. sub.*
– *wagneri* (Rchb. f.) Rchb. f. → *Trichop. frag.*
Trichosma suavis Lindl. → *Eria cor.*
Tridachne Liebm. ex Lindl. → *Not.*
Tridactyle fimbriata (Rendle) Schltr. → *Trid. bic.*
– *polychista* Schltr. ex Mansf. → *Trid. bic.*
Trigonidium monophyllum Griseb. → *Neoc. mono.*
– *ringens* Lindl. → *Morml. ring.*
Tropianthus Scheidw. → *Asp.*

Uropedium Lindl. → *Phrag.*

Vanda densiflora Lindl. → *Rhyn. gig.*
– *batemanii* Lindl. → *Vandop. liss.*
– *griffithii* Lindl. → *Vand. alp.*
– *lissochiloides* (Gaud.) Lindl. → *Vandop. liss.*
– *longifolia* Lindl. → *Acam. rig.*
– *multiflora* Lindl. → *Acam. rig.*
– *parishii* Veitch ex Rchb. f.→ *Vanop. par.*
– *roxburghii* R. Br. → *Vand. tess.*
– *sanderiana* Rchb. f. → *Euan. sand.*
– *striata* Rchb. f. → *Vand. cris.*
– *storiei* (Rchb. f.) Rchb. f. → *Ren. stor.*
– *tesselloides* (Roxb.) Rchb. f. → *Vand. tess.*
Vanilla fragrans (Salisb.) Ames → *Vanil. plan.*
– *grandiflora* Lindl. → *Vanil. pomp.*
– *surinamensis* Rchb. f. → *Vanil. pomp.*

Waluewa pulchella Regel → *Onc. wal.*
Warmingia loefgrenii Cogn. → *Warm. eug.*
Warrea discolor Lindl. → *Cochle. disc.*
Warscewiczella Rchb. f. → *Chon.*
– *aromatica* (Rchb. f.) Rchb. f. → *Chon. arom.*
– *discolor* (Lindl.) Rchb. f. → *Cochle. disc.*
– *wendlandii* (Rchb. f.) Schltr. → *Chon. arom.*

Xiphosium acuminatum Griff. → *Eria car.*
Xylobium carnosum Schltr. → *Xyl. var.*
– *gracile* Schltr. → *Xyl. leo.*
– *scabrilingue* (Lindl.) Schltr. → *Xyl. var.*
– *squalens* (Lindl.) Lindl. → *Xyl. var.*

Zygopetalum aromaticum Rchb. f. → *Chon. arom.*
– *bolivianum* Schltr. → *Zyg. int.*
– *burtii* (Endres et Rchb. f.) Benth et Hooker ex Hemsley → *Hunt. mel.*
– *cerinum* (Lindl.) Rchb. f. → *Pesc. cer.*
– *citrinum* Nicholson → *Prom. xanth.*
– *coeleste* Rchb. f. → *Boll. coel.*
– *discolor* (Lindl.) Rchb. f. → *Cochle. disc.*
– *gramineum* Lindl. → *Kef. gram.*
– *jugosum* (Lindl.) Schltr. → *Pabs. jug.*
– *mackaii* Hooker var. *crinitum* Lindl. → *Zyg. crin.*
– – Paxt. non Hooker → *Zyg. int.*
– *meleagris* (Lindl.) Benth. → *Hunt. mel.*
– *microtos* Hoffmannsegg → *Zyg. crin.*
– *pubescens* Hoffmannsegg → *Zyg. crin.*
– *rhombilabium* Schweinf. → *Hunt. heter.*
– *stenochilum* Lodd. → *Zyg. crin.*
– *wendlandii* Rchb. f. → *Chon. arom.*
– *xanthinum* (Lindl.) Rchb. f. → *Prom. xanth.*